De Boor-Newald

Geschichte der deutschen Literatur

Band V

GESCHICHTE
DER DEUTSCHEN LITERATUR

VON DEN ANFÄNGEN BIS ZUR GEGENWART

VON HELMUT DE BOOR

UND RICHARD NEWALD †

FÜNFTER BAND

C. H. BECK'SCHE VERLAGSBUCHHANDLUNG
MÜNCHEN

DIE DEUTSCHE LITERATUR VOM SPÄTHUMANISMUS ZUR EMPFINDSAMKEIT 1570–1750

VON

RICHARD NEWALD †

Sechste, verbesserte Auflage
mit einem bibliographischen Anhang von Georg Bangen
und Eberhard Mannack

C.H.BECK'SCHE VERLAGSBUCHHANDLUNG
MÜNCHEN

ISBN 3 406 00721 X

Unveränderter Nachdruck 1975 der sechsten, verbesserten Auflage 1967
© C. H. Beck'sche Verlagsbuchhandlung (Oscar Beck) München 1951
Druck der C. H. Beck'schen Buchdruckerei, Nördlingen
Printed in Germany

VORWORT ZUR SECHSTEN AUFLAGE

Der Literatur des in diesem Bande dargestellten Zeitraums gilt seit einigen Jahren ein lebhaftes Interesse der germanistischen Forschung. Diesem Umstand verdanken wir neben Ansätzen zu einer neuen Deutung einzelner Zeugnisse auch eine Reihe neuer biographischer und bibliographischer Aufschlüsse. Vor allem in den Kapiteln, die die Dichtung des 17. Jahrhunderts behandeln, hat Herr Dr. Eberhard Mannack zahlreiche Angaben von Daten und Fakten korrigiert oder neu eingefügt. Auf weitere Eingriffe in den Text wurde verzichtet. Der bibliographische Anhang, wiederum betreut von Herrn Georg Bangen und Herrn Dr. Mannack, wurde um die Neuerscheinungen der letzten Jahre ergänzt. Beiden Herren spreche ich meinen herzlichen Dank aus.

Berlin, im Sommer 1967   Helene Newald

INHALTSÜBERSICHT

EINLEITUNG

Es läßt sich mehrfach begründen, mit der Geschichte der neueren deutschen Literatur in den siebziger Jahren des 16. Jahrh.s zu beginnen; denn um diese Zeit waren die entscheidenden Wandlungen auf den verschiedenen Gebieten, welche das Schrifttum von außen und von innen her bestimmen, abgeschlossen und festigten sich die Ansätze zu Entwicklungen, welche für die kommende Zeit bedeutungsvoll werden sollten. Vor allem war die Umstellung des Literaturbetriebs von der *Handschrift* auf das *gedruckte Buch* vollzogen. Das bedeutete, daß nicht mehr der Abschreiber mit seinen individuellen Gewohnheiten die Gestalt des Textes bestimmte, sondern Verleger und Drucker mit ihren besonderen Interessen auftraten. Sie wählten den Titel, der die Kauflust anregen sollte, oder traten selbst als Auftraggeber auf. Von da an ist die Geschichte des Buchhandels mit der des Geschmacks eng verbunden. Wandlungen, die sich in beiden beobachten lassen, entsprechen den geistigen Strömungen. Die Verbreitung der literarischen Werke und die stärker fließenden Quellen lösen Fragen der Datierung, der Heimat des Verfassers oder die Zuordnung eines Werkes zu einem bestimmten Kulturkreis von selbst. Diese Veränderung des Stoffes bedingt die Anwendung anderer wissenschaftlicher Methoden als der für das Mittelalter gebrauchten. Die biographische Forschung meldet sich nun zu ihrem Recht. Den spärlichen und unsicheren Erwähnungen von Namen in den Urkunden des Hochmittelalters, woraus zumeist nur hervorgeht, daß der Namensträger zu einer bestimmten Zeit an einem bestimmten Ort in einer Funktion auftrat, stehen nun Angaben, Matrikeleintragungen, Protokolle, Briefe und andere Zeugnisse gegenüber, aus denen der Lebensgang oder wenigstens einige Phasen daraus mit Sicherheit erschlossen werden können. Dadurch werden sowohl die einzelnen Persönlichkeiten als auch die Erscheinungen des geistigen Lebens und ihre Auswirkung auf die Literatur in festeren Umrissen sichtbar.

Um 1570 ist man sich im Abendland darüber einig, daß an die Stelle der mittelalterlichen geistlichen und weltlichen Ordnung eine neue getreten ist und alle Versuche zu einer Wiederherstellung der zerspaltenen Einheit keinen Erfolg haben konnten. Politisch waren deren Erben die erstarkten *nationalen Einheitsstaaten* Frankreich, England, Spanien, das trotz der vorübergehenden und immer wieder angestrebten Verbindung mit dem Imperium seine Ansprüche auf die Weltherrschaft nicht behaupten konnte, und *Deutschland*, aufgespalten in viele territoriale Fürstentümer. Die seit dem Tridentinum erstarkende römische Kirche begann erfolgreich um die Wiedergewinnung schwankender oder verlorener Stellungen zu kämpfen. Sie konnte sich auf jene

Staaten, welche wie die italienischen Fürstentümer und Spanien von der Reformation unberührt geblieben waren oder wie Frankreich mit staatlichen Machtmitteln die Einheit hergestellt hatten, stützen. England und die nordischen Staaten hatten sich für die Reformation entschieden. In Deutschland aber maßen sich nicht nur die Kräfte der Reformation mit denen der Gegenreformation, sondern es standen auch die Lehren von Luther und Calvin und wie überall die Orthodoxen und Gemäßigten einander gegenüber.

Die abendländische Bildungsgemeinschaft, welche der Humanismus ins Leben gerufen hatte, erlitt nicht nur durch die Zugehörigkeit ihrer Mitglieder zu verschiedenen Glaubensbekenntnissen, sondern auch dadurch Einbußen, daß die lateinische Sprache die Gebiete der Dichtung den Volkssprachen abgeben mußte. Der gebildete Dichter horchte lieber nach dem Echo seiner Verse bei Hofe und in der tonangebenden Gesellschaft als nach dem Widerhall bei seinen Standesgenossen. Bei den religiös und politisch einheitlich ausgerichteten Nationen vollzog sich die Sättigung der Dichtung mit humanistischen Werten schneller als in Deutschland.

Was sich da im 17. Jahrh. abspielt und dessen literarisches Antlitz verändert, steht mit dem in Zusammenhang, was *Wentzlaff-Eggebert* Überwindung der lateinischen Tradition genannt hat, und worin eine geistige Wandlung erkennbar wird. Das Aufgeben der lateinischen und Aufnehmen der deutschen Formgebung ist im Zusammenhang mit anderen Erscheinungen des 17. Jahrh.s das Symptom einer geistigen Krise. Es stellt sich aber in eine allgemeine abendländische Entwicklungsproblematik, auf die hier hingewiesen sei, weil ihre weiten Zusammenhänge meines Wissens noch nie behandelt wurden; denn die Einzelheiten und Vorgänge sind zumeist im Umkreis der äußeren, d. h. akustisch und optisch faßbaren Formgebung beobachtet und daher als Stilphänomene angesehen worden. Hier äußert sich aber eine andere *Einstellung zur Sprache;* deshalb hat die Philologie ein Wort mitzusprechen, und muß auch die Prosa beachtet werden. Das Aufgeben einer bestimmten Ausdrucksweise und gleichzeitige Aufnehmen einer neuen geht zurück auf eine Veränderung der geistigen Lage, eine Gleichgewichtsverschiebung und die dämmernde Erkenntnis, daß ein Verfahren ungeeignet oder zu umständlich geworden ist und durch ein neues ersetzt werden soll.

Auf der lateinischen Sprache als Ausdrucksform aller Erscheinungen des geistigen Lebens ruhte die christliche Einheit des Abendlandes. Daher ist der hier skizzierte Vorgang keineswegs auf die deutsche Literatur beschränkt. Er ist in allen abendländischen Literaturen zu beobachten, nur vollzieht er sich offenbar reibungslos in den romanischen Sprachen, da sich diese ihrer Abkunft von der gemeinsamen Mutter *Latinitas* immer bewußt blieben, und der Aufstieg der Volkssprache zumeist auf soziologischen Voraussetzungen ruht. Der universale Gebrauch der lateinischen

Sprache war eine Selbstverständlichkeit und gleichsam von Gott sanktioniert. Abgesehen von der Volksdichtung und der Fortführung literarischer Überlieferungen, die immer lebendig blieben, erlitt sie die ersten Einbußen in den Bereichen geistlicher Dichtung, wenn sich ein Gebildeter, dessen angemessene Ausdrucksweise die lateinische Sprache war, an jenen Volksteil wandte, der des Lateinischen nicht mächtig war, und in den Bereichen des Rechtes, der Wiedergabe der Rechtsgewohnheiten und des einzelnen Verfahrens, dessen Abschluß die Urkunde bildet. Auf diesem Gebiet konnte die lateinische Sprache als Zwang angesehen werden, weil die mündlichen Verhandlungen in der Volkssprache geführt wurden, und es einmal als Widersinn empfunden werden mußte, die Ergebnisse der Verhandlungen in einer anderen Sprache wiederzugeben. Der Aufstieg der Volkssprache vollzog sich in der Richtung des geringsten Widerstandes. Sie war kein gleichwertiger Ersatz für die lateinische, aber sie hatte an dieser ein Vorbild, an dem sie sich immer schulen konnte und mußte. An der Grenzscheide der Sprachen ergeben sich die Möglichkeiten zu individueller Gestaltung, sobald sich der einen Sprache neue Bezirke eröffneten, und die andere den Rückzug begann, d. h. sobald das Problem der *Zweisprachigkeit* gelöst werden mußte. Solcher Lösungen gab es viele. Sie liegen zwischen der sauberen Scheidung der sprachlichen Geltungsbereiche und einem unsicheren Schwanken, dem Vortasten der einen Sprache in ein ihr bisher nicht zugängliches Gelände und dem zähen Festhalten der anderen an ihrem Besitz. Für die mittelalterliche Zweisprachigkeit und das Gebiet der Prosa wurden die Probleme einfach gelöst. Die lateinische Sprache gab als *Grammatica* den Ton an. Das bedeutet, daß sich auf ihr als Grundlage das gesamte abendländische Denken vollzog. Wie der Einzelne sich stellte, wenn er sich neben dem Lateinischen der Volkssprache bediente, ob er den Zugang zu ihr von Kindheit an bewahrt hatte oder ob er ihn über die lateinische Sprache suchen mußte, ist nicht festzustellen, weil über solche im Bereich des Unbewußten sich vollziehende Vorgänge keine Äußerungen vorliegen. Das Hin- und Herübersetzen bedingt bei zweisprachigen Individuen, bei denen sich die sprachlichen Fähigkeiten die Waage halten, den Wechsel der Basis des Denkens. Dieser Idealfall tritt jedoch selten ein. Die einzelnen Beobachtungen lassen vielmehr den Schluß zu, daß der lateinisch geformte Gedanke dem volkssprachlichen oder der volkssprachlich geformte Gedanke dem strengen lateinischen Sprachsystem nicht immer angepaßt werden kann. Es hängt auch von Begabung und Bildung des Einzelnen ab, wie er solche Schwierigkeiten bewältigt. Allerdings wäre es viel zu einfach, die Verhältnisse so darzustellen, als stünden sich lateinische und Volkssprache gegenüber wie Kunst und Natur. Es geht hier nicht um Polaritäten und Antithesen sondern um Geltungsbereiche und praktische Erwägungen über die Anwendung der Mittel. Die sich daraus ergebenden Spannungen und Mißverständnisse werden jedoch nicht aus der Kenntnis ihrer Voraussetzungen gelöst, da sie im Umkreis des Unbewußten liegen. Immerhin war das ruhige Nebeneinander beider Sprachen eine der vielen Voraussetzungen für die Stabilität des Mittelalters.

Diese erhielt einen schweren Stoß mit dem *humanistischen Aufstieg des klassischen Latein* und der Preisgabe des Mittellateinischen als Küchenlatein an das Gelächter einer geistigen Elite. Das bedeutete die Achterklärung über die ganze mittelalterliche rhythmische, d. h. die gereimte lateinische Dichtung. Damit wurden auch die Bezirke lateinisch-humanistischer und volkssprachlicher Kunstübung scharf voneinander getrennt. Wer sich im 16. Jahrh. als lateinischer Dichter und Beherrscher der klassischen Formen, die der Humanismus als die allein gültigen erklärt hatte, der Volkssprache gegenüber befand, hatte verschiedene Möglichkeiten. Er konnte wie *Erasmus* den Geltungsbereich der Volkssprache einschränken und für die lateinische Sprache alle Äußerungen der Wissenschaft und Kunst beanspruchen. Er konnte wie *Hutten* plötzlich mit seiner Wandlung zum Volksmann auf den Gebrauch des lateinischen

Sprache verzichten, wenn er aufklären wollte. Er konnte sich nach der Lage richten und wie früher die Geltungsbereiche trennen. Für den humanistischen Übersetzer gab es diese Problematik nicht. Die Erhebung der klassisch genormten Sprache zwang zum Nachdenken über die deutsche Sprache und begünstigte das Wachstum der *deutschen Grammatik*. Im Schrifttum scheiden sich säuberlich die Gebiete der beiden Sprachen. Jede von ihnen bestimmte den Stil, wie aus dem Beispiel von *Sixt Birck* zu ersehen ist, der seine volkstümlichen biblischen Basler Stücke zu Augsburg in lateinische Schuldramen mit höheren Ansprüchen verwandelte. Aber noch behandelte man im 16. Jahrh. den deutschen Sprachstoff nach in ihm liegenden metrischen Gesetzen. So hätte der Unterschied in der Formgebung allgemein zum Bewußtsein kommen müssen und hätten beide Kunstübungen nebeneinander bestehen können, wenn nicht das Gleichgewicht durch die Autorität aufgehoben worden wäre, und wenn sich nicht die Bezirke der Formgebung ineinandergeschoben hätten, daß die Ohren der meisten nicht hörten, was sie unterschied. So kam es, daß Ehrgeiz, Wagemut und Kunstgefühl sich daran machten, die Gebiete der lateinischen Dichtung für die deutsche zu erobern, teils durch Übersetzungen, teils durch dichterische Maßarbeit.

Die Erforschung des deutschsprachlichen Schrifttums und die des lateinischen liefen zumeist nebeneinander. Das war scheinbar gerechtfertigt, weil es ein Wechseln von einem ins andere kaum gab und man sie reinlich schied. Ihre Abgrenzung war außerdem – bequem. Aber sie stellte der Forschung Zäune auf, über die nur wenige und diese ungern hinübersahen. Die Problematik des Übergangs, welche für das Reformationszeitalter so einfach zu lösen war, begann nur langsam für die Dichtung zu gelten, bis sie als stilistisches Phänomen erkannt wurde. *Alewyn* mit seiner Untersuchung der Antigonebearbeitung von Opitz, *Pyritz* mit seinen Erkenntnissen des deutschen Petrarkismus und *Wentzlaff-Eggebert*, der den Durchbruch des deutschen Formgefühls bei Gryphius entdeckte, haben erfolgreich begonnen, die Zäune niederzulegen. Damit stellen sich viele Fragen auf dem Gebiet der formalen Wandlungen und ihrer seelischen Voraussetzungen neu. An ihre Lösung muß mit feinen Instrumenten und nach bewährten Vorbildern herangegangen werden. Phantasievolle Spekulationen, so verlockend sie auch sein mögen, weil die Auslegung und Ausdeutung einzelner Vorgänge nicht von aktenmäßig festliegenden Tatsachen aus unternommen werden können, führen auch hier nicht zu Ergebnissen, mit denen man weiterarbeiten kann. Wir haben festzuhalten, daß der Übergang von der lateinischen zur deutschen Sprache sich bei ganz wenigen Dichtern als ein Durchbrechen der lateinischen Tradition äußern kann, das Symptom des Absterbens antiker Überlieferungen ist, auf soziologischen Voraussetzungen ruht, Bildungsverhältnisse widerspiegelt und in formalen Erscheinungen sichtbar wird.

In diesen Zusammenhängen gebraucht man gerne Ausdrücke wie Beugen unter ein fremdes Joch oder Befreiung. Man sollte vorsichtiger mit deren Anwendung sein. Gewiß ist nationaler Ehrgeiz am Werk, hinter den dichterischen Leistungen anderer Nationen nicht zurückzustehen, oder die Absicht, durch systematische Übersetzungsübung die Vorbilder zu erreichen. Gewiß versucht man, die gelehrten und höfischen Kreise aus ihrer internationalen und sprachlichen Sonderstellung herauszuheben. Doch hätte das allein kaum eine so allgemeine Entwicklung hervorrufen können. Man muß sich von der Gewohnheit befreien, die neulateinische Dichtung lediglich als Schulübung, *Centopoesie*, mosaikartiges Zusammensetzen, in dem es bestenfalls zu einer virtuosen Beherrschung der Technik kommen kann, anzusehen. Bedeutung und Wert der Dichtung lagen nicht im schöpferischen Gestalten der Sprache und der Formen, sondern in der Vermittlung geistiger, ethischer und untrennbar damit verbundener formaler Werte. Werden deren Überlegenheit und absolute Vorbildlichkeit anerkannt, so beugt man sich widerspruchslos der Regel, da diese aus einer höheren Ordnung abgeleitet wurde. Man erfüllte seine Aufgabe in der Nachahmung, sei es der Wiedergabe des Vorbildes in der gleichen Sprache und Form, sei es – und damit tun wir den Schritt in die nationalen Literaturen – der Angleichung des Vorbildes mit den Mitteln und Ausdrucksformen einer anderen Sprache. Die hohe Einschätzung einer solchen Leistung ist aus der bis zum Überdruß wiederholten Wiedergabe und Variation des horazischen Gedankens aus dem Exegi monumentum zu ersehen. *Opitz* drückt es so aus:

,Denn ich bin der, durch den der Griechen schönes Wesen
Von nun an römisch wird gelesen‘

und fühlt sich als Geistesverwandten des Venusiers. Selbstbewußt meint er, die gleiche Großtat vollbracht, ein geistiges und formales Sein in einen brachliegenden Boden verpflanzt zu haben. In der höfischen Zeit nannte man das „*Impfen eines Reises in anderer Zunge*". Es geht um die Überlegenheit des Vorbildes, die Anerkennung seiner Autorität. Wird diese brüchig, in Frage gestellt, oder kann sie ersetzt werden, so ist ihre hohe Zeit vorüber.

Die deutsche Literatur, welche als einzige Trägerin der deutschen Einheit eine Berufung zu erfüllen hatte, vermittelt auf weite Strecken den Eindruck des Zerklüfteten. Sie ist reich an festen Überlieferungen in Landschaften, ja in einzelnen Städten, an mundartlich gefärbter Dichtung und kämpft mühsam gegen das Überhandnehmen dieser zentrifugalen Kräfte an. Verwirrend wirken die Vielfalt der Formen und deren Abwandlung, Nebeneinander und Wechsel der Ausstrahlungspunkte, Absonderung einzelner Gruppen, welche eine eigenartige Überlieferung pflegen, Aufnahme und Fortführung fremder Überlieferungen, wenn diese in ihrer Heimat längst ihre Bedeutung eingebüßt hatten, schnelles Aufnehmen des Fremden, ehe es einen breiten

Widerhall findet, langsames Verebben und Ausklingen einzelner künstlerischer Ausdrucksformen, welche durch Pietät, Autorität und Gewohnheit geschützt sind. Als Trägerin der Bildung und Literatur hält die Schule die Verbindung zu *Hof* und *Kirche,* zu weltlichen und geistlichen Bezirken aufrecht. In ihren Räumen gehen Dichtung, Glaube und Politik feste Bindungen ein, allerdings nicht so, daß gewissen Kunstformen besondere konfessionelle Geltungsbereiche zukamen, wohl aber, daß die Glaubensbekenntnisse das Wachstum besonderer Formen begünstigten oder hemmten.

Die politische und konfessionelle Einheit der abendländischen Staaten konnte das Problem der Schriftsprache und Dichtersprache ohne besondere Schwierigkeiten lösen. Anders lag es in Deutschland, wo zwar die gleichzeitigen Ansätze zu beobachten sind, aber die einheitlichen Lösungen ausblieben, weil es an einem politischen, kirchlichen, wirtschaftlichen und kulturellen Mittelpunkt fehlte. Die vorbildliche kaiserliche *Kanzlei,* aus deren Schreib- und Sprachgewohnheiten die ersten allgemein verbindlichen Regeln für die deutsche Grammatik abgeleitet wurden, verlor an Bedeutung. Die *Druckersprachen,* deren Voraussetzungen und Lebensbedingungen andere waren als die der Kanzleisprache, gewannen an Bedeutung. Ein Volks- und Hausbuch wie Luthers Bibel machte nicht nur in den Ländern der Reformation Schule. Aber trotz allem Streben nach einer normierten Schriftsprache lebten die territorialen Schriftsprachen weiter, welche zwar Ausdrücke und Redensarten von beschränktem Geltungsbereich mieden, aber an gewissen mundartlichen Eigentümlichkeiten festhielten. Die oberrheinischen Offizinen gaben ihre nördlichen Absatzgebiete in den sechziger Jahren des 16. Jahrh.s an *Frankfurt* ab. Die dortige Buchmesse und verlegerische Großunternehmer wie *Feyerabend* stärkten das mitteldeutsche Element, das seit der Reformation eine beherrschende Stellung behauptete. Die Gegenreformation hat die sprachliche Einheit weniger gefördert. Sie stärkte im Rheinland die mitteldeutsche Formgebung, im bayerisch-österreichischen Gebiet belebte sie die landschaftliche schriftsprachliche Überlieferung, welche von *Aegidius Albertinus* bis zum Ende des 18. Jahrh.s zu beobachten ist. Stärker waren die Kräfte, welche die neuhochdeutsche Einheitsdichtersprache trugen; denn das humanistisch-aristokratische Erbe wehrte sich erfolgreich gegen die Ausdrucksweise des *profanum vulgus,* die Mundart. Die Parallele zu mittelalterlich-höfischer Dichtung liegt nahe; denn dort wie hier geht es um eine von der kulturtragenden höheren Gesellschaftsschicht bestimmte Kunst. Damit ist weniger ein auf Stelzen gehendes Preziosentum oder eine vorübergehende literarische Mode bezeichnet als eine soziologisch erkennbare Ausrichtung, die in allen westeuropäischen Literaturen zu beobachten ist.

Diese Ausrichtung, welche gleichfalls von den siebziger Jahren an zu beobachten ist, folgt einem allgemeinen Zug, der zuerst in den kleinen Kulturzentren des Westens wie *Heidelberg* und *Straßburg* sichtbar wird. Die Anziehungskraft des Calvinismus, der französischen, italienischen und später der holländischen Universitäten bot eine Fülle von Anregungen und Beispielen zu wetteifernder Nachahmung mit anderen als den bisher üblichen sprachlichen Mitteln. Diese mußten erst mühsam geschaffen werden. Das sprachliche Formgefühl änderte sich durch den Aufenthalt in der Fremde und richtete sich an den neuen, romanischen und holländischen, aber auch an den alten lateinischen Vorbildern aus. Die Anbahner der neuen Entwicklung führen in ihrem nationalen Ehrgeiz, es den Fremden gleichzutun, oder in selbstbewußter Finderfreude die neuen Formen ein und bedienen sich einer gehobenen Sprache. Das Mitteldeutsche, welches durch Luther seine besondere Weihe erhalten hatte, bewährte sich auch da; es hatte weniger Widerstände zu überwinden als eine andere territoriale Schriftsprache oder Ausdrucksform. Kaum hätte die Reform von *Opitz* eine solche Wirkung ausstrahlen können, wenn sie sich nicht auf mitteldeutscher sprachlicher Grundlegung hätte entfalten können. Seit Opitz ist der Blick aller, welche für die Nation in deutscher Sprache dichten und schreiben, auf Schlesien gerichtet, obwohl dieses Land nicht als politische, kulturelle oder konfessionelle Einheit anzusehen ist und auch nicht über nennenswerte Vertreter des Buchgewerbes verfügte. Schlesien gab in der zweiten Hälfte des 17. Jahrh.s seine führende literarische Stellung an *Leipzig* ab, die Stadt, deren Universität und Buchhandel nach allen Richtungen wirksame Anregungen ausstrahlen konnte. Von da aus festigte sich in der organisatorischen Leistung *Gottscheds* dies Ansehen des Mitteldeutschen, das sich nun auch in den katholischen Gebieten des deutschen Südens durchsetzte und den Widerstand der Gegenkräfte brach. Gegenüber Gottscheds Verdiensten um die einheitliche deutsche Schriftsprache ist seine Bemühung um die deutsche Dichtersprache bedeutungslos; denn die mühsam aufgefrischten Regeln von Opitz hatten keine Lebenskraft mehr zu einer Zeit, da die Erkenntnis zu reifen begann, daß es mit der poetischen Gesetzgebung zu Ende ging. So läßt sich die Einheit des in diesem Band behandelten Zeitraums rechtfertigen.

Wenn die poetische Theorie auch den Roman und die Moralsatire in ihren Bereich einbezieht, so sind dennoch, abgesehen von wenigen Ausnahmen wie den englischen Komödianten, die Bezirke der gebundenen und ungebundenen Sprache für lange Zeit getrennt. Lyrik und Drama suchen die Verbindung zu anderen Künsten: über den Vers zur Musik, über die Bühne zur Mechanik, Malerei und Architektur. Sie sind zum Vortrag in der Öffentlichkeit und bei gewissen Gelegenheiten bestimmt, treffen sich also nur in Predigt und Rede, nicht in Satire, Erbauungsschrifttum und Roman mit den Gattungen der ungebundenen Rede. In diesen Gattungen entsteht eine ausgedehnte Leseliteratur, welche zumeist religiös ausgerichtet ist und das weltliche Element nur langsam verstärkt. Diese langsame Zunahme verläuft parallel mit der Emanzipation der Philosophie von der Theologie. Nachdem sich diese gegen die neuen Erkenntnisse der Naturwissenschaft gewehrt hatte, verlor sie langsam ihre beherrschende Stellung. Das bezieht sich vor allem auf die Scholastik und die Geltung der aristotelischen Philosophie. Der Widerspruch erhob sich zuerst gegen das Dogma, dann gegen die Kirche und schließlich gegen die Religion.

Sprachbewegungen und -wandlungen des Zeitraums sind noch wenig erforscht. Es ist anzunehmen, daß die zersplitternden Kräfte ein wildes Wachstum der Mundart begünstigten und die Bemühungen der Sprachgesellschaften um eine Festigung der Überlieferung keine Tiefenwirkungen ausübten. Über den Streit um Erscheinungen, die einem späteren Empfinden unwesentlich sind, und die Anerkennung einer fragwürdigen Autorität vergißt man zu leicht das gemeinsame Ziel, das man allerdings mit untauglichen Mitteln zu erreichen strebt. Die regelnde Norm steht über der Dichtung und Sprache. Die Gesetze, nach denen diese geregelt werden soll, stammen aus verwandten, aber keineswegs gleichgearteten Sprachen. Gewiß beobachten einzelne Grammatiker Besonderheiten und Eigentümlichkeiten der deutschen Sprache wie ihre Fähigkeit zu Wortzusammenfassungen und die Möglichkeit, in einem (wenn auch langen) Worte etwas zu bezeichnen, wozu andere Sprachen Adjektiva, präpositionale Ausdrücke oder gar Sätze verwenden müssen, doch bemühen sie sich nicht darum, eine Erscheinungswelt besonderer Art in einem System anschaulich zu machen, sondern um ein *System von Gesetzen*, aus denen man lernen kann, wie man sich ausdrücken hat. Parallelen zum Absolutismus, zur Gesetzgebung auf den Gebieten der Sitte und Kunst liegen nahe. Die Grundkonstruktion – sei sie noch so verdeckt von Zierat und Schnörkel – ist in jedem Werk der Baukunst deutlich zu erkennen. Ähnliche rationale und konstruktive Voraussetzungen sind in Äußerungen des geistigen Lebens zu beobachten. Alle Kunst des Zeitalters ist zumeist bewußte Schöpfung. Das macht sie uns fremd. Angesprochen werden wir nur da, wo wir vom Zeitlos-Menschlichen berührt werden. Fremd sind uns auch die Lebensformen und deren feste Bindung an die Dichtung. Sie begleitet die Menschen von Geburt und Taufe bis zum Tod und Grab und will alle möglichen allgemeinen Ereignisse und Lebensphasen für die Nachwelt festhalten, als ob diese nichts zu tun hätte, als solches Gedächtnis zu pflegen. Wie Gegenstände, welche in einem Warenhaus feilgeboten werden, muten die Schablonengedichte an, welche bei Taufen, Hochzeitschmäusen und an offenen Gräbern vorgetragen wurden. Wie die

Zeremonien, so standen auch Leben, Sitte und Kleidung unter dem Gesetz einer festen Standesordnung, welche nicht gestört werden durfte. So gehörte die Dichtung zum Leben, zum Tages- und Jahresablauf, zum Gottesdienst, zur Erbauung, zum Abschluß des Schuljahres und den großen und kleinen Familienfestlichkeiten und Gedenktagen. Deshalb heißt sie *Gelegenheitsdichtung* zum Unterschied von *Erlebnisdichtung* und wird als Profanierung der Kunst verachtet von jenen, welche die Freiheit der Kunst zur Parole erheben, nach absoluten Wertmaßstäben urteilen und die Dichtung vom Anlaß ihrer Entstehung trennen. Gewiß kommt auch im 17. Jahrh. der bewährten Dichtung eine Bedeutung zu, die über den Tag und den einmaligen besonderen Anlaß hinausreicht, aber sie ist doch in den meisten Fällen für einen besonderen Zweck geschaffen worden und hat ihre Aufgabe im Wesentlichen damit erfüllt. Das ist ein Zug, den sie mit den Erzeugnissen des *Journalismus* gemeinsam hat. Das gilt ganz besonders für die jesuitischen Schulfestspiele und die Freudenspiele mit der Huldigung an die hochgefeierten Zuschauer, zu deren Ehrung ein Drama mit allem Schaugepräge und musikalischen Darbietungen aufgeführt wurde. Dem beauftragten Gelegenheitsdichter entsprach der Gelegenheitsschauspieler. Erst mit dem Berufsschauspieler konnte sich der Berufsdramatiker entwickeln, der mit der Bühne und einer gleichbleibenden Truppe mit festen Rollenfächern zusammenarbeitet. Der Spielplan dieser Truppen bedurfte der aktuellen Stoffe und Werke, die mehrmals mit Erfolg aufgeführt werden konnten.

Die *schablonenhafte Gleichartigkeit* der literarischen Gattungen kann leicht zu der Auffassung verleiten, als fehle es dem Zeitalter an der Möglichkeit, seine Gefühle und Empfindungen auszusprechen. Es ist dagegen einzuwenden, daß diese keineswegs so vielgestaltig sind wie in späterer Zeit, und ihre gleiche Ausrichtung sie nur selten nach einem individuellen oder einer bestimmten einmaligen Situation entsprechenden Ausdruck suchen läßt. Der Alltag, das Leben, erhebende und bedrohende Ereignisse wie der Krieg mit allen seinen Folgen werden gleichartig empfunden und zwar so, daß die Menschen nach den ihrem Stand oder Typus entsprechenden Eigenschaften sich äußern und so handeln, wie es ihnen die Ordnung, der sie unterstehen, vorschreibt. Man findet in den Umständen und Ereignissen das Allgemeine, wie man in den Menschen das Typische, die Personifikation bestimmter Tugenden und Laster, sei es auch in gewissen Verbindungen und Mischungen, sieht. So steht hinter den einzelnen Werken ein Mechanismus, der vom Gesetz einer bestimmten Ethik regiert wird. Dem entspricht auch die *Namengebung*: Schäfer, Romangestalten und Figuren der Epigramme sind durch ihre Namen bestimmten Typen zugeordnet, welche in den poetischen Gattungen eine feste Heimat haben. Erst die individuellen Namen, welche die typischen und sprechenden ablösen, zeigen, daß man psychologische Probleme zu sehen beginnt. Vorerst steht die *Seelenkunde* ganz unter dem Gesetz der Moral und wird noch sehr beschränkt aus persönlichen Beobachtungen und Erfahrungen erweitert. Ein Blick auf das Rechtsverfahren zeigt, daß man sich recht wenig um eine verständnisvolle Aufklärung von Fällen bemüht, welche psychologisch zu erfassen sind. Hexen und Verbrecher, welche die göttliche und soziale Ordnung stören, werden schematisch abgeurteilt, ohne daß nach Gründen gefragt wird, weil man um diese nicht wußte. Daraus erklärt sich, daß der Individualismus in jenen Bereichen aufsteigt, wo die festen Ordnungen nicht anerkannt werden. Mystik und Pietismus sind seine erfolgreichsten Wegbereiter.

Allenthalben ist in den siebziger Jahren des 16. Jahrh.s eine Erschöpfung der mittelalterlich-volkstümlichen Formen festzustellen. Das heißt: diese üben auf größere Dichterbegabungen keinen Reiz mehr aus, so daß die Möglichkeiten ihrer Neubelebung ausgeschaltet werden. Die Kräfte, welche hinter diesen Formen standen, mönchischer Sammelfleiß, ritterlich-höfische Gesellschaftsformen, mystische Einkehr und derbe Lebensfreude erwiesen sich als zu schwach, die sangbare dreiteilige Liedstrophe, den Sprechvers der Moralsatire, des Epos und Dramas oder die rhythmische bewegte Kunstprosa des Mittelalters neu zu beleben. Selbst die jüngste Schöpfung des Mittelalters, das Fastnachtspiel, übte keine Anziehungskraft mehr aus, seit es der Propaganda im Glaubenskampf gedient hatte. Ähnliches läßt sich auch an der Dichtung in lateinischer Sprache, besonders an der Lyrik beobachten. Sie zog junge Talente nicht mehr an. Sichtbarer und planvoller vollzog sich die literarische Entwicklung in den romanischen Ländern und England, deren einheitliche und gepflegte Dichtersprachen der lateinischen viel früher den Rang abliefen als im deutschen Sprachgebiet. Die Blüte aus der volkssprachlichen Literatur in diesen Ländern ist mit Namen wie *Tasso, Ariost, Calderon, Lope de Vega, Cervantes, Ronsard, Sidney* und *Shakespeare* bezeichnet. Über die Gründe, daß die deutsche Literatur den Literaturen dieser Länder lange Zeit nichts Gleichwertiges entgegenstellen konnte, ist viel geschrieben worden. Es handelt sich da um einen Fragenkomplex, aus dem die Literatur nicht zu lösen ist. Die literaturfördernden Anregungen gingen in diesen Ländern nicht so sehr von der Geistlichkeit oder den Universitäten aus, sie verzichteten auf internationale Wirkungen und begünstigten so das Wachstum des Schrifttums in den Volkssprachen. Dazu fehlten in dem politisch und religiös zersplitterten Deutschland die gesellschaftlichen Voraussetzungen und Grundlagen. So mußte die Organisation eines *Opitz*, der am klarsten erkannt hatte, worum es ging, einen Ersatz schaffen für das, was in den westlichen Ländern in ruhigem organischem Wachstum wie selbstverständlich entstanden war. Eine Organisation aber ist

nie imstande, das Schönheits- und Formgefühl einer Epoche als lebendige und gestaltende Kraft weiter zu vermitteln, weil sie den umgekehrten Weg geht und von der Theorie aus durch Vorschriften zu
erreichen sucht, was sich nur frei und ohne Zwang entfalten kann.
Es fehlte der Zeit selbst an den Möglichkeiten, die Lage so zu beurteilen. Wenn man da von Befangenheit oder tragischem Irrtum spricht,
so ist damit wenig gesagt, weil eine solche Beurteilung von einem
Standpunkt aus erfolgt, der die Kenntnis der späteren Entwicklung
voraussetzt. Wir haben uns daran zu halten, daß die Dichtung hohen
Ranges von einem theoretisch begründenden und gesetzgebenden
Schrifttum begleitet wird. Im Widerspiel der einzelnen Dichtungen
gegen die Regel, in der verschiedenartigen Auslegung der Regel vollzieht sich ein ähnlicher Vorgang wie in der ständigen Auseinandersetzung des Rechtes mit den Gesetzen. Wenn auch die Poetik die
Richtmaße zur Bewertung der Dichtung aufstellte, so bildet eine Geschichte der poetischen Theorie noch keineswegs die Grundlage zu
einer Geschichte der Literatur; denn ein verhältnismäßig kleiner, sowohl
räumlich wie stofflich beschränkter Teil des Schrifttums hielt sich an die
poetischen Vorschriften, ein anderer kümmerte sich wenig darum und
ein dritter stellte sich bewußt außerhalb der Gesetze, sei es, daß diese gewisse Gebiete überhaupt nicht behandelten, sei es, daß die Werke selbst
ohne den Anspruch auftraten, in die hohe Literatur einbezogen zu werden.
Die Blickrichtung der Forschung auf die poetische Theorie vermittelte
den Eindruck einer gewissen Starrheit der Literatur. Von dieser Vorstellung mußte sich die Forschung erst mühsam befreien, bis sie sich
einer so überwältigenden Fülle gegenüber sah, daß sie der Einzelheit
nicht mehr gerecht werden konnte. Es gibt kaum eine geistige oder
religiöse Bewegung des Abendlandes im 17. Jahrh., welche nicht in der
deutschen Literatur einen Niederschlag gefunden hätte. Ähnlich steht
es auch mit den künstlerischen Ausdrucksformen und stilistischen
Eigentümlichkeiten. Die Feststellung ihrer Herkunft spaltete die Forschung in zwei Lager, eines, das die Erklärung in den verzweigten Beziehungen zu europäischen Erscheinungen fand, ein anderes, das den
Hauptwert auf die Erkenntnis des Waltens nationaler Kräfte legte.
Dieses nebelte sich oft selbst ein, weil es sich allzusehr von der Außenwelt abschloß. Die Kenntnis der europäischen Entwicklungen
ist eine unerläßliche Voraussetzung für das Erfassen der deutschen
Literatur des 17. Jahrh.s, ganz gleichgültig, ob man den angeblichen
Verlust einer Selbständigkeit bedauert und von Abhängigkeit spricht
oder ob man sich der Weite des gewonnenen Blickfeldes freut. Dabei
wird man sich einer gewissen Rückständigkeit der deutschen Forschung
bewußt, weil sie manche Probleme, welche in den anderen Literaturen
längst erkannt und durchforscht waren, entweder nur im Vorbeigehen

berührte oder viel später und da nur in Teilgebieten bearbeitete. So ist zum Beispiel der Geltungsbereich des *Petrarkismus* in der deutschen Literatur noch nicht abgesteckt worden. Auch das Gedankengut *Guevaras* ist in der deutschen Literatur fast nur in Übersetzungen festgestellt worden. Andererseits sind die Zusammenhänge der verschiedenen geistigen Bewegungen mit der Literatur für das deutsche Sprachgebiet weiter aufgedeckt worden als für andere Gebiete. Die vergleichende Literaturgeschichte kann mit einer Fülle von Themen aus dem 17. Jahrh. aufwarten, mag es sich um Stoffgeschichte, Übersetzungen oder Einbürgerung neuer Formen handeln.

Schon in der Anordnung des Stoffes, in der Anwendung von Einteilungen und Bezeichnungen liegen gewisse Bewertungen. Spricht man von den beiden Blütezeiten der bürgerlichen Literatur um 1500 und um 1800, so bewegt sich die literarische Produktion des 17. Jahrh.s in Niederungen und wird seine erste Hälfte als Ausklang, seine zweite als Vorbereitung angesehen. Dadurch wird die Einheit in Frage gestellt und dem Westfälischen Frieden eine viel zu große literarische Bedeutung beigemessen. Mit der Ablehnung dieses von Scherer festgelegten Rhythmus und der Annäherung an kunstgeschichtliche Betrachtungsweisen bemühte man sich um die Entdeckung neuer Prinzipien, indem man im Schaffen von Opitz einen *Renaissanceklassizismus* zu erkennen glaubte, der um die Mitte des Jahrhunderts vom Barock abgelöst wurde, in dem sich gotisch-germanische Kräfte am Werk zeigten. Der Blick nach den romanischen Literaturen ließ das 17. Jahrh. als „ein Stadium der nationalen Renaissance-Entfaltung" erscheinen. An solchen und ähnlichen Deutungs- und Erklärungsversuchen war kein Mangel. Sie hielten sich an die Bemühung um ein Erfassen des Begriffes Barock. Damit traten die geschichtlichen Erlebnisse der einzelnen Persönlichkeiten und Generationen in den Hintergrund, und begann die Diskussion über einen Begriff mit dem zwangsläufigen Ergebnis, daß dieser zerredet wurde. Die Anwendung des Wortes setzte sich dem Mißverständnis aus. Wer ganz sicher gehen will, müßte seinen Ausführungen eine Definition dessen voranschicken, was er unter Barock versteht. Wir legen uns deshalb bei der Anwendung des Wortes die größte Zurückhaltung auf.

Auf kaum einem Gebiet der deutschen Literatur ist in den letzten Jahrzehnten so gründlich umgewertet worden. Schnell errichtete Konstruktionen sind bald wieder verschwunden. In den zahlreichen Literaturberichten sind immer wieder eine Besinnung auf die gesicherten Ergebnisse und eine Bereitstellung des Tatsachenmaterials gefordert worden. Beide sind nicht voneinander zu trennen. Sie haben einen ungeheuren Stoff zu bewältigen und stoßen auch deshalb auf Schwierigkeiten, weil die meisten Arbeiten über die Literatur des

17. Jahrh.s Probleme der Formgeschichte behandeln. Das setzte schon früh ein. Zwei hervorragende Zeugnisse sind die beiden Arbeiten von Max Freiherrn von *Waldberg* über galante Lyrik (1885) und Renaissancelyrik (1888). Es wurde fortgeführt in dem bahnbrechenden Aufsatz von Fritz *Strich* über den lyrischen Stil (1916), ferner in den Artikeln des Reallexikons und von 1924 an in einer fast unübersehbaren Fülle von Analysen und Darstellungen von Entwicklungen.

Zur gleichen Zeit ist nun auch von der Kulturmorphologie als neuer wissenschaftlicher Betrachtungsweise viel die Rede gewesen. Wenn sich diese mit Recht des kartographischen Verfahrens bediente, und sich ihr Stoff mit dem der Geologie und überhaupt der Erdkunde vergleichen läßt, weil sie mit Erscheinungen zu tun hat, die an einen Raum gebunden sind, so ist eine Übertragung von ihrer Darstellungsweise und Arbeitsmethode auf den Stoff der Literaturgeschichte nur dann möglich, wenn es sich um räumlich bedingte Bildungserscheinungen und feste literarische Überlieferungen handelt. Schnellfertige Vergleiche mit geologischen Vorgängen können sich in der Formgeschichte irreführend auswirken. Das beruht zunächst darauf, daß man sich über Begriff und Wesen der Form keineswegs einig ist. Der Verfasser des maßgebendsten Lehrbuches der abendländischen Poetik für das 17. Jahrh., *Julius Caesar Scaliger*, gebraucht das Wort *Forma* im Sinne von *Idea*, bezeichnet also damit nicht die äußere Gestalt, Versmaß, Rhythmus, Stil, das gattungsbestimmte Äußere oder den Aufbau einer Dichtung, sondern deren geistigen Gehalt. Das gilt auch auf weite Strecken für die deutsche Poetik. Sie versteht unter Form nicht die äußere Gestalt oder eine Sammlung von Symptomen, welche aktenmäßig festzustellen sind, sondern das gestaltgebende formende Prinzip, das den Stoff bewältigt und in eine bestimmte Ordnung bringt. Solche Ordnungen sind bestimmt durch Religion, Moral, Absicht oder Tendenz, beim Drama durch die äußeren Darstellungsmittel der Technik; sie unterstehen somit einer von Geschmack und zeitlicher Lage bestimmten Wandlung, sind nichts Festes, sondern richten sich nach den geistigen Bedürfnissen der Aufnehmenden aus. Form sollte also nicht mit Schablone gleichgesetzt werden. Nur sehr bedingt gilt der Vergleich des Dichters mit dem Zubereiter einer Metallmischung aus bestehenden Elementen, die er zusammenbraut und dann in bereitgestellte Gefäße gießt, die mitunter gesprengt werden, weil sich der Stoff solcher Einzwängung widersetzt. Auch in dem Sinn des allgemeinen Sprachgebrauchs ist Form keineswegs etwas für sich Bestehendes, Festes und Faßbares, in dem von vornherein Mittel und Möglichkeiten einer Entwicklung und Weiterbildung liegen. Sie ist wie die Sprache kein selbständiger Organismus, der die Kräfte, welche in ihm wohnen, selbsttätig weiterbildet, sondern von den Menschen, welche sich ihrer bedienen, abhängig, ja sie kann nur durch den Menschen sinnlich und geistig faßbar werden; mag sie noch so sehr unter dem Einfluß eines Vorbildes stehen, so spiegelt sie doch etwas vom Wesen des Gestalters wider. Er ist gebunden an bestimmte Gesellschafts- und Bildungsideale, Ideengehalte, religiöse Voraussetzungen und das erlebte Geschehen, gleichgültig, ob dieses individuell-persönlich oder einheitlich-kollektiv ist, dem Denken und Fühlen einer bestimmten Gruppe entspricht. Wenn die Dichtungslehren des 17. Jahrh.s Vorbilder oder Merkmale einer Gattung aufstellen, so wird für unser Empfinden ein Zwang auf die äußere Gestalt der Werke ausgeübt. Darin liegt das Wesen klassizistischer Dichtung, deren Grundsätze von Opitz bis zur Geniezeit maßgebend sind. Ihre Regeln wurden weder von den Zeitgenossen als Zwang empfunden noch waren sie allgemein verpflichtend. Wer sich nicht daran hielt, verzichtete auf die gesellschaftlichen Ansprüche des Dichters und war vom Zugang zum Parnaß ausgeschlossen.

Klassizismus, wie er uns in diesem Zeitraum begegnet, ist eine Schöpfung *Scaligers*, bei dem das technisch-praktische und lehrhafte Interesse im Vordergrund steht. Die Verbindung eines historisch-philosophischen mit einem technisch-praktischen Moment ist das Kennzeichen des Klassizismus. Er verhindert den Aufstieg der Ästhetik. Die maßgebenden Grundsätze der Poetik werden aus *Aristoteles* und *Horaz* genommen. Auf das *prodesse* kann sich die sittenbildende Lehre berufen. Klassizismus erfordert Nachahmung und Nachbildung. Die Geschichte der Literatur im 18. Jahrh. wird von deren Überwindung erzählen.

Klassik trägt die Gesetze in sich und wird sich dessen bewußt, daß die richtige Handhabung der Regel dem Genius im Sinne der wahrhaft freien Persönlichkeit anheimgestellt sein muß, weil diese wie die Natur ans Werk geht.

Bei aller Freude und allem Unternehmungsgeist, mit dem sich die Forschung im letzten Menschenalter gerne auf das chaotische und rätselhafte 17. Jahrh. gestürzt hat, bei dem wiederholten Durchdenken gewisser Besonderheiten, den aufsteigenden Erkenntnissen von der besonderen Art seiner Dichtung, dem Zutagefördern neuer Stoffmassen und der Bemühung um neue Gliederungen ist immer zu beobachten, daß das Neuerschlossene seltener in zeitlich oder räumlich begrenzte Gruppen eingeordnet als in einen *gattungsgeschichtlichen Zusammenhang* gestellt wurde. Da der Bearbeiter diesen besser kannte, grenzte er ihn scharf ab und blickte nur selten über den Zaun. Dadurch wurden einzelne Flächen deutlich sichtbar, weil sich die Zusammenhänge nur in einer bestimmten Richtung und einer Dimension ergaben. Gleichzeitig wurden die Entwicklungsmöglichkeiten zu sehr an die einzelnen Gattungen gebunden. Ja, es konnte die Auffassung entstehen, daß die Keime des Wachstums in der Gattung selbst lagen. Das aber verwischt die Grenzen zwischen Geistes- und Naturwissenschaft. Es ist dem gegenüber darauf hinzuweisen, daß solche Betrachtungen wohl wertvolle Denkhilfen ergeben, aber nur als Richtzeichen in einem unerforschten Gelände.

Viele zusammenfassende Arbeiten über die deutsche Literatur des 17. Jahrh.s, welche sich um das Aufdecken großer Zusammenhänge bemühen, haben zwar das anders Geartete der Zeit erkannt, aber es zu sehr unter gewissen Aspekten gesehen. Diese wirkten wie ausgegebene Parolen. So wurde das Material zur Stützung eines vermuteten Lehrsatzes zurechtgebogen. Das aber heißt, den umgekehrten Weg des Beweises gehen. Wertvolles und Entscheidendes hat die Einzelforschung geleistet. Ihr bietet das 17. Jahrh. noch immer ein reiches Feld, auf welchem Entdeckungen gemacht, Zusammenhänge aufgedeckt und Beziehungen festgestellt werden können, die man nicht geahnt hatte. Eine Gesamtdarstellung der Literatur des Zeitalters hat deshalb so viele Schwierigkeiten zu überwinden, weil der Stoff sehr ungleichmäßig bearbeitet wurde, und es oft nicht möglich ist, die Schöpfer und Gestalter aus ihren Werken zu erschließen. Wurden die einzelnen Dichter nicht biographisch und ihre Werke nicht beschreibend und analysierend behandelt, so bietet sich ein unzureichender Ersatz in einer skizzenhaften Darstellung auf Grund des Eindrucks einer willkürlich getroffenen Auswahl, die einzelne Züge schärfer hervortreten läßt und dabei Wesentliches völlig vernachlässigen kann. Trotz des besten Willens und eines guten Einfühlungsvermögens bleiben Verzerrungen nicht aus. Skizze und Karikatur sind nah verwandt. Die Generalrevision, welche *Cysarz* 1924 anstellte, wird heute mit mehr Zurückhaltung gelesen als zur Zeit ihres Erscheinens.

Cysarz sprach von einem Barock in weiterem Sinn als einer Pseudorenaissance und von einem Barock in engerem Sinn, einem neuen Entwicklungsstadium nach dieser Pseudorenaissance. Unter solchen Voraussetzungen ist es üblich geworden, den Ausdruck auf die Literaturentwicklung von Opitz bis Günther anzuwenden. Schränkt man die Anwendung des Wortes auf die bairisch-österreichische Sonderentwicklung und von da aus auf die geistige Welt der Gegenreformation ein, so werden die Landschaften, welche sich der Reformation anschlossen, ausgeschaltet. Bei diesen spricht Cysarz vom nördlichen Wort- und Bürgerbarock, im Gegensatz zum südlichen Hof- und Kaiserbarock. Wird dann noch die Polarität von rational und irrational, den Elementen des Barock, die aus Renaissance und Antike einerseits, aus dem Mittelalter andererseits stammen, herangezogen, so werden Vorgänge und Erscheinungen damit keineswegs geklärt. Was immer über die im 17. Jahrh. angeblich besonders sichtbare Mainlinie der deutschen Literatur gesprochen wurde, und was die Spieltechnik mit polaren Begriffen zutage förderte, greift nur Einzelheiten aus dem Zusammenhang heraus und löst lebendige literarische Entwicklungen, deren Entstehungs- und Daseinsbedingungen noch keineswegs erkannt sind, in Mechanismus auf.

Es konnte nicht ausbleiben, daß bei dem steigenden Interesse an der Literatur des 17. Jahrh.s eine Armee von ungleich geschulten Kräften sich auf dieses Gebiet warf. Eine planmäßige Förderung erfuhr die Forschung im Barockseminar von *Julius Petersen* (1928), aus dem die besten Untersuchungen hervorgegangen sind, und von *Viëtor*. Der Enthusiasmus, die Reden aus dem Geist und die divinatorische Sehergabe, welche andere Bahnbrecher der literarischen Barockforschung beseelte, brachten zwar manche wertvollen Erkenntnisse, doch wirkten sich der Mangel an exakter Methode und der geringe Wert, welcher auf das Tatsächliche

gelegt wurde, ungünstig in den Arbeiten ihrer Schüler aus. Es erübrigt
sich heute, in einer Darstellung, welche das Wissen um die Erscheinungen vermitteln will, auf solch ephemere Einfälle und Gedankenfeuer-
werk einzugehen. Zur Beurteilung einer literarischen Leistung gehört
die Kenntnis des Tatbestandes. Man wird den einzelnen Leistungen
nicht gerecht, wenn man nicht zwischen *Übersetzung* und *Original*
scheidet. Jene eignet sich nicht zum Gegenstand einer Strukturanalyse,
d. h. zur Erprobung einer Methode, die sich über das Wesen ihres Gegenstandes kühn hinwegsetzt. Die Literaturgeschichte fragt zuerst nach
Leistung und Absicht des Verfassers und dann nach den Eindrücken,
welche die Werke auf ihre Zeitgenossen machten. Das 17. Jahrh. stellt
sich in eine lange Überlieferung mit der Empfehlung an die Dichter,
ihre Kräfte an fremden Originalen zu üben und damit Vorbilder zu
schaffen, nachzuahmen, was als groß galt. Diese Nachahmung begann
beim Kleinen, das variiert und paraphrasiert wurde. An das Große, den
Charakter in seinen Spielarten, den Aufbau wagte sie sich kaum mit ihren
verändernden Kräften. Dafür galten besondere Typen und Schemen.
Deshalb rückten die Leistungen des Übersetzers und Schöpfers, sofern
man überhaupt von Schöpfung eines Werkes im Sinne der Original-
genies sprechen kann, nahe aneinander und wurden gleich bewertet;
denn man *visierte* noch immer *auf den deutschen Meridian* wie Fischart, nur
legte Opitz sich eine gewisse Beschränkung auf. Man braucht mit ihm
keineswegs eine neue Periode der Übersetzungskunst beginnen zu lassen,
weil er die Grundsätze des Humanismus erneuerte und ihre strenge
Anwendung empfahl. Allerdings liegt die Stelle des deutschen Meridians,
auf welche er visiert, in einem kühleren Klima, einer Gegend ohne Er-
hebungen, in der eine gleichmäßige Temperatur herrscht. Der Übersetzer paßte also das Original, welches aus anderen Bedingungen lebt,
zumeist den Verhältnissen an, mit welchen seine Leser vertraut waren.
Ein Vergleich von Original und Übersetzung hat nicht die Aufgabe,
Fehler und Irrtümer zu registrieren, sondern muß feststellen, welche
stilistische Kleinarbeit geleistet wurde. Die Absicht des Übersetzers –
Aufstellung eines neuen Vorbildes oder Erschließung neuer Inhalte –
ist aus den im allgemeinen wenig beachteten Vorreden zu erschließen.
Oft lag dem Übersetzer nicht das Original, sondern dessen Übersetzung
in eine ihm vertraute Sprache, meist das Lateinische oder Französische,
vor. Wie sich die Ausdrucksweisen und -möglichkeiten zweier Sprachen
unterscheiden, kann aus zwei gleichzeitigen Übertragungen eines
Textes, z. B. eines lateinischen in das Deutsche und Französische, erschlossen werden. Aus solchen kaum unternommenen Untersuchungen
sind zudem Einblicke in das Widerspiel von Sprache und Kultur zu
gewinnen. Da liegt auch die Möglichkeit, individuelle Fähigkeiten
zu erkennen, genau so, wie sich das Wirken selbständiger Geister, mochte

sich deren Regelbewußtsein in der Auseinandersetzung mit den poetischen Gesetzbüchern entweder praktisch in Dichtungen oder theoretisch in Briefen und gelehrten Abhandlungen zeigen, keineswegs unterdrücken läßt. Die eklektisch mosaikartige *künstlerische Bauweise* setzt spätantike und mittelalterliche Denk- und Arbeitsmethoden fort. Prüfung und Auswahl ließen dem selbständigen Geist noch immer die Möglichkeit, seine individuellen Fähigkeiten zu entfalten und die Persönlichkeit nicht unter Konvention und Regel erstarren zu lassen. Die Weite des geistigen Lebensraumes spiegelt der noch keineswegs ganz erfaßte Sprachschatz des 17. Jahrh.s. Viele Worte, die dem Mittelalter und der Reformation vertraut waren, erscheinen zum letztenmal. Aber welche Fülle von Wendungen, Ausdrücken, Worten, Vorstellungen und Bildern, die uns heute noch vertraut sind, steigt nun auf! Zwischen dem auf manche Strecken allein literaturfähigen Pathos einer Prunkrede der hohen Rhetorik, in der der barocke, wolkenthronende Himmelsgott oder ein irdischer Herrscher gefeiert wird, und der einfach-schlichten Wiedergabe der Worte, wie sie das Volk in seiner Mundart sprach, bewegte sich in einer breiten Fahrrinne der mittlere Stil, der seine Auswahl zwischen Beschwingtheit und Nüchternheit, Symbolismus und Naturalismus treffen konnte. Auf ihn haben wir unser besonderes Augenmerk gelenkt.

So umstritten die Herkunft des Wortes b a r o c k ist – ob vom Merkwort für einen Syllogismus oder von der Bezeichnung für eine unregelmäßige Perle –, so vielfältig sind die Gebiete, auf welche das Wort angewendet wird. Es ist, wie wenn in Zeiten, die eine besondere Vorliebe für Kunst und Literatur des 17. Jahrh.s haben, das Wort selbst wieder eine magische Anziehungskraft auf andere sprachliche Elemente ausübe, mit denen es sich dann zusammensetzt. Dann tritt das Schillernde des Grundwortes noch mehr in Erscheinung und wird die Klarheit des Begriffes getrübt, der von der Kunstgeschichte zunächst ohne besondere Vorbehalte schon ziemlich früh auf die Dichtungs- und Geistesgeschichte übertragen wurde. Man glaubt in den einzelnen, mit merklicher Hast festgestellten Erscheinungen, aus welchen sich der Komplex Barock zusammensetzt, die untrüglichen Merkmale zu besitzen, um ein Kunstwerk der barocken Sphäre zuweisen zu können. S t i l u n t e r s u c h u n g e n , deren Ziel die Festlegung eines Begriffes und nicht eine Sammlung von Symptomen ist, müssen, wenn sie zu sauberen Ergebnissen führen sollen, mit großer Sorgfalt gemacht werden. Die Feststellung eines *Symptoms* führt weder in der Stilgeschichte noch in der Medizin zu einer richtigen Diagnose. Dadurch, daß im Ablauf sehr vieler Kunstentwicklungen ähnliche Erscheinungen beobachtet werden können, dehnte sich trotz des Einspruchs von *Werner Weisbach* die Bezeichnung barock in sehr viele Gebiete aus, weil die Annahme, daß der

Ablauf einer Entwicklung bestimmte, überall wiederkehrende Phasen durchlaufen muß, manches Bestechende für sich hat. Allerdings führt schon das Suchen nach Entwicklungen zu ganz bestimmten Auffassungen, die dann wieder den Erscheinungen zugrunde gelegt werden und sie mit Kräften ausstatten, so daß daraus leicht eine mechanische Konstruktion werden kann. Da spricht man dann von Gesetzen, die hinter dem antithetischen Lebensgefühl stehen. Das konnte dazu verführen, von einer notgedrungenen Auflösung harmonischer Einheit, von einem Wechsel zwischen apollinischer und dionysischer Weltsicht zu sprechen. Man erliegt leicht der Verführung, Wirklichkeiten und bewegende Kräfte anzunehmen, als ob der Geist wie ein regulierender Mechaniker hinter den Erscheinungen stünde und diese dann planmäßig auf die Leinwand werfe.

Vornehmlich aus Drama und Lyrik der Spätzeit hat *Flemming* das *Menschenbild* des 17. Jahrh.s erschlossen. Er stellte folgende Züge fest: Leidenschaftliche Bewegung, Erfolgstreben, Herrenmenschentum, gesteigertes Selbstbewußtsein und Geltungsbedürfnis, starke Betonung der Affekte, Hemmungslosigkeit, Vulkanismus im Sinn des Anaxagoras, Dynamik, Vorherrschen des Gefühls, und aus dem Gesetz der Antithetik das Ideal der in sich gefestigten Persönlichkeit, des christlichen Stoizismus. Aus dem gleichen Gesetze ergibt sich zwangsläufig der Gegensatz zwischen Klassik und Barock, wie er sich vorher bei *Fritz Strich* zwischen Renaissance und Barock ergeben hatte. So verlockend das Spiel mit der Polarität sein mag und so scharf sich danach auch einzelne Konturen abzeichnen mögen: Zwischenglieder und Übergänge kommen dabei zu kurz, die getroffene Auswahl kann sich von subjektiver Haltung kaum freimachen. Dieser Gefahr ist *Eva Lüders* entgangen mit ihrem dankenswerten Versuch, die Auffassung des Menschen im 17. Jahrh. aus den poetischen Handbüchern abzuleiten; denn was Lehrbücher und poetische Schatzkammern aufstapeln, zeigt besser, wie sich der Mensch in das Leben gestellt sah.

Die äußere Unsicherheit, die Stellung des Menschen in einer vom Krieg und dessen geistiger Gefolgschaft durchwühlten Zeit sind die Voraussetzungen seines Schwankens und Zögerns, des Hin- und Hergeworfenwerdens, des Ausgeliefertseins an Mächte, auf deren Auswirkungen der menschliche Wille keinen Einfluß nehmen kann. Zerrissenheit, innere Unsicherheit und Unruhe sind die Mütter des *Weltschmerzes*, des Zagens, eine feste Stellung einzunehmen. Sie kommen der Neigung zur *Antithese* auf halbem Wege entgegen. Bis zum Überdruß wird die Schiffahrt mit oder ohne Fortunasegel als Lebenssymbol abgewandelt. Damit wird der Sinn des irdischen Lebens in Frage gestellt, treten Vergänglichkeit und Eitelkeit der Welt in den Vordergrund. Die flüchtige Zeit, das Dahinschwinden, der Blick auf das Ende sind

Vorstellungen und Erscheinungen, die man häufig antrifft. Solcher Entwertung des Zeitlichen wird ein leidenschaftliches Streben zum Ewigen entgegengesetzt. Man schwelgt gleichsam in Sorge, Not und Angst. Aber während dies alles anfangs in Beziehung zu Gott und dem jenseitigen Leben gesetzt wird, dehnt man es später auf das Diesseitige aus und macht den Liebesschmerz zu einer Donquichotterie. Man stand unter dem Eindruck der Vorstellung, daß es in bester Ordnung sei, wenn der Mensch ganz von Leid zugedeckt sei, und suchte dieses sogar mit dem Gewicht zu bestimmen, wie man die Tränen zu Bächen werden und sie Seen bilden ließ. Eine Zusammenstellung von Wortbildungen, welche nur im 17. Jahrh. belegt sind, wäre lehrreich.

Verzicht, Bescheidenheit, Sehnsucht nach innerem Frieden und Ruhe, weise, aus Erfahrung gewonnene Resignation, Müdigkeit, Gleichgültigkeit gegenüber dem Leben und dem, was es bringt, die Vorstellung, als Schauspieler und Zuschauer an einer Theateraufführung teilzunehmen, welche das Leben ist: dies alles deutet auf eine Entwertung, auf eine bewußte Herabsetzung der äußeren Lebensgüter. Der Briefstil des 17. Jahrh.s meint es ernst mit dem untertänigsten Diener, dem im Staub und auf den Knien verharrenden Bittsteller. Wieviel bedurfte es, bis die Würde des Menschen errungen wurde! Das heißt nicht, daß sie dem 17. Jahrh. fehlte; denn sie war ein Erbteil der Antike und des Humanismus. Wenn sie sich zeigte, so war es meistens in fester Bindung an den Hof. Bis an die Grenzen des Möglichen wurden Titel und Lob gesteigert. Mit greller Beleuchtung, effektvoller Farbengebung und starken Eindrücken auf die Sinne arbeiteten die Künste. Es ist kein Zufall, daß die ersten Impressionisten wie Arno Holz das wachsende Verständnis für die Dichtung des 17. Jahrh.s gefördert haben. Die Übersteigerung führte schließlich die ganze Dichtung *ad absurdum*. Als Zeichen für das Fallen der festen Ordnungen ist die Ausdehnung des Geltungsbereiches einer vorerst begrenzten Terminologie anzusehen. Man nannte solche Erscheinungen und Vorgänge Synästhesie, Säkularisation, Permutation; sie sind nichts anderes als Äußerungen eines überreizten oder stark reagierenden Nervensystems. Verwandte Beobachtungen können an der Vorliebe für Synonyme, Metaphern und Umschreibungen gemacht werden. Ohne besondere Mühe kann man eine Fülle von Bezeichnungen für Gott aufstellen, die ihn als unpersönliche Macht, Herrn und Meister der Naturkräfte, wolkenthronende Majestät mit Ausblicken auf Bibel und weltlichen Hof ansehen. Das Zeitalter des Absolutismus naht sich seinem Gott mit Zittern. Deshalb schaltet die Mystik fast nur mit der zweiten göttlichen Person als dem Seelenbräutigam. Wie stark spielen die mystisch-pansophischen Gedankengänge in die Betrachtung der Natur hinein! Man bewundert ihre Fruchtbarkeit, sieht in ihr die Zeugerin und bindet ihre Aufgaben an die Gottes. Was sie schuf, z. B. die Welt, wird als zweckmäßig und weise eingerichtet bewundert. So wie in Natur und Welt die Vorstellung des *Makrokosmos* wach bleibt, hält sich auch die des *Mikrokosmos*, wenn vom Menschen die Rede ist. Höfische Ordnung und Naturphilosophie haben die Stärkung des freien Persönlichkeitsbewußtseins nur in sehr beschränktem Maße gefördert. Wenn Lebensfreude und Lebensgenuß nicht unter das Gesetz des Maßes gestellt werden, stehen auch sie im Zeichen der Sinnlosigkeit des menschlichen Daseins. Das Suchen nach einem sicheren Halt verankert sich im *christlichen Stoizismus* und seinem Tugendsystem. Ohne Geduld, Ausharren, Standhaftigkeit und Bändigung der Leidenschaften wäre der Mensch ein wildes Tier.

Aus solchen Gedankengängen kann sich die Vernunft als Richtmaß des menschlichen Lebens erheben. Gegen das höfische Ideal erkämpfen sich in der bürgerlichen Moralsatire aufrichtige Geradheit, Biederkeit, Wahrheitsliebe ein neues Lebensideal, das die Fragwürdigkeit der ständischen Ordnung zeigt, nach den Grundsätzen der christlichen Religion in allen Menschen gleiche Brüder sieht, daher den Menschen nicht verherrlichen kann und sich über die Illusionen hinwegsetzt. Der Vorliebe des Zeitalters für das Theater entsprechen Maske und Sinnenbetrug. Hinter beiden gähnen Leere und Eitelkeit der Welt. Bis zum Überdruß bedient sich die Dichtung des Bildes von der schönen Schale und dem faulen Kern mit allen Wandlungen. Mit der Blindheit des Menschen und seiner geringen Fähigkeit des Erkennens, die als eine Art Gnade angesehen wird, kommt das 17. Jahrh. den Anschauungen des Pietismus entgegen. Aus dem Prinzip des Gegensatzes oder Umschlagens in das Gegenteil, aus der Betrachtung der Erscheinungen von zwei Seiten ergibt sich der Aufstieg einer optimistischen Weltsicht. Diese beruft sich auf den Menschen als Ebenbild Gottes. Die Verstandeskräfte schaffen aus dem Chaos eine neue Ordnung. Sowie die Eindrücke, mit welchen der große Krieg die Menschen belastet hatte, überwunden wurden und unter die Schwelle des Bewußtseins sanken, lösten sich die Erinnerungen von all dem Schrecken und Grauen, die sich für so lange Zeit unmittelbar oder mittelbar durch die Erzählungen der Kriegsteilnehmer dem Gedächtnis eingeprägt hatten. Der schnelle Wechsel des Schicksals, das plötzliche Einbrechen der Kriegsfurie, die allgemeine Unsicherheit, das Gefühl des Ausgeliefertseins an eine unheimliche Macht zerstörten alles Vertrauen und machten den Menschen zum Spielball des Schicksals. Der wache Menschengeist aber bemühte sich dagegen um eine neue Sinngebung des Lebens, eine Stärkung des Selbstbewußtseins. Deshalb konnte das 17. Jahrh. den Nährboden für die Aufklärung schaffen.

Das dichterische Bild als Stilmittel ist nach den Erkenntnissen von *Fricke* über das Schaffen von *Gryphius* hinaus ein wesentliches

Kennzeichen der Dichtung und besonders der Lyrik des 17. Jahrh.s, dem die frei von den Dichtern selbstgeschaffene Form fremd ist. Deshalb unterstellt es das dichterische Bild den Gesetzen der Poetik. Nach *Buchner* ist es Aufgabe des Dichters, den Leser in eine „*beständige Bewegung durch Bewunderung*" zu versetzen und damit die seelischen und geistigen Kräfte anzuregen. Das aber kann nicht aus der geschlossenen inneren Einheit der Dichtung heraus erfolgen, sondern aus ihren Teilen und Teilchen, welche das Mosaikgemälde bilden. Der einzelne Gedanke, die geistreiche Wendung, der Einfall, der geistige Gehalt wird Stück für Stück eingekleidet in ein Sprachgewand, in ein Bild. Dahinter verbirgt sich der gedankliche Rohstoff. Daraus wird das Gesetz abgeleitet, daß dessen Gestaltung im Gleichnis, dessen Beseelung im allegorischen Sinnbild Aufgabe des Dichters ist. So kommt es, daß auf die Einzelheit und deren bewußte Gestaltung so großer Wert gelegt wird. Der Arbeitsplatz des Dichters ist daher mit Recht eine *Wortwerkstätte* genannt worden, in der er wie ein Mechaniker Teile und Teilchen fein säuberlich zusammenfügt und bereits vorhandene Gebilde aus einem Vorratsschrank hervorholt, um daraus sein Meisterstück zu machen. Das ist „*literarische Programmusik*", Konzertmeister- oder Dirigentenkomposition im Zeichen der Rhetorik. Nur tritt deren praktischer Zweck, zu überzeugen oder zu überreden, ganz zurück hinter der Absicht, Erhabenes in würdiger Form in Erscheinung treten zu lassen, aufzuschwellen, mit anderen Worten zu sprechen und die Geltungsberciche der Vorstellungen incinander zu schieben, eben das zu tun, was die Worte *Allegorie* und *Metapher* in ihrem Ursinn bedeuten.

Ein Blick auf die philologische Leistung des Jahrhunderts und seine Fortschritte in der Erkenntnis sprachlicher Strukturen belehrt uns, daß hinter Bezeichnungen wie *Haupt- und Heldensprache* oder *Stammwörtern*, hinter dem Wissen um die Möglichkeit einer abgestuften Sinngebung durch Wortzusammensetzungen eine ernste wissenschaftliche Bemühung steht. Spätere Zeiten, denen solche Zugänge zum 17. Jahrh. verschlossen blieben, sprachen da schnell von einem „kindischen" Spieltrieb mit den Elementen der Sprache, angefangen mit der Buchstabenvertauschung und Übertragung einzelner Elemente in eine andere Sprache bis zur Häufung von Synonymen und phantasievollen etymologischen Auslegungen. Mit der wissenschaftlichen Aufgabe, die Ursprache, die *lingua adamica*, zu erschließen, verbindet sich auch die Anwendung der ererbten Kraft der Namengebung, von der Fischart spricht. Die Sache wird von den Worten umkleidet. Dabei entfaltete sich die Fähigkeit der Kombination, der Erfindung, der Ableitung und Herstellung von Beziehungen, die aus den Dingen selbst erschlossen werden, so daß sie allgemein erfaßt und verstanden werden können. Die Person des Dichters und die Art, wie er die Erscheinungen auffaßt, ist ohne Bedeutung. Wesentlich ist es, daß er solche Beziehungen herstellen kann, welche Hörern und Lesern geläufig sind. Darin liegt eine Hauptaufgabe der Poesie, die keineswegs als bloße Ornamentik aufzufassen ist. Das Gleichnis besitzt noch einen ursprünglichen Sinn, die Erkenntnis zu fördern. Auch darüber schließen Dichtung und Wissenschaft ihren Bund; denn durch das Gleichnis wird Einblick in die Wahrheit gewährt. Es unterstützt den Trieb, in das Einzelne und das Verschiedene einzudringen. Aber da der Zugang zum letzten Geheimnis verschlossen bleibt, wird das Gleichnis zu einem geistvollen Spiel bei gesellschaftlichen Unterhaltungen. Die *Pegnitzschäfer* werden dafür die meisten Beispiele bringen. Als geistreiches Spiel, in welchem die Dinge und Worte geschüttelt werden, erschließt sich der rationalistische Zug des Zeitalters. Er wird u. a. auch in den Grundrissen, dem Aufbau und dem dramatischen Widerspiel von Handlung und Gegenhandlung sichtbar. Doch kann auch der Trieb in das Übersinnliche in den dichterischen Bildern beobachtet werden: in der Auffassung, daß die Dichtung ein redendes Gemälde sei, in der geheimnisvollen Bindung der Worte durch den Reim, in der Anwendung der Worte zur Erzielung akustischer und optischer Wirkungen, in der Forderung des Gleichklangs dichterischer und moralischer Ziele, in der Freude an Harmonien und mystischer Andeutung. Welche Bedeutung kommt dem Sinnbild zu, das so verschieden ausgelegt werden kann, dem Wort, das zu selbständiger Bedeutung gelangt, weil es die Sache abmalt! Der Sinn wird gestaltet, wie der Stoff durchgeistigt wird. So gewinnen die Worte als „*tonmalende Hieroglyphen*" der Dinge ihre Bedeutung und eröffnen der gnostisch-kabbalistischen Gedankenwelt einen Zugang. Intellektuelles Gedankenspiel und echte Mystik fließen ineinander. Bilderreihen und Metaphern aus den Schatzkammern einer bewährten Topik streut die Zauberlampe des Dichters über das ganze Jahrhundert. Alles Seh-, Hör- und Fühlbare wird aufgeboten: Licht, Sonne, Mond und Sterne, Nacht, Dunkelheit, Feuer, Hitze, strömendes Wasser, Meer- und Seefahrt, Schnee, Eis, Kälte, Gewitter, Sturm, Krachen, Abgrund, Schatten, Dunst, Staub und Farben. Wir folgen Fricke, der in dieses Labyrinth eine sinnvolle Ordnung gebracht hat. Aus der lebendigen Natur stellen sich in den Dienst des Dichters: Blume, Baum, Saat, Ernte, Tages- und Jahreszeiten, Tiere; aus dem menschlichen Leben: Liebe, Tränen, Wunden, Krankheit, Schlaf, Traum und die Sinne; aus der äußeren Umgebung: Haus, Geräte, Werkzeuge, Waffen, Steine, Gebrauchsgegenstände, Spielzeug. Dazu kommen noch alle Probleme, welche Leben, Liebe, Tod und die Urerlebnisse des Daseins bieten.

Die Erkenntnis, daß formale Erscheinungen aus geistigen Voraussetzungen erklärt oder mit ihnen in Zusammenhang gestellt werden müssen, band Stil und Weltanschauung näher aneinander. Weil aber Weltanschauung häufig mit einem Glaubensbekenntnis gleichgesetzt wird, kann man der Auffassung begegnen, es könnten einzelne Gebiete der Kunst nur vom konfessionellen Standpunkt aus betrachtet und beschrieben werden. Gewiß fördert der Gottesdienst besondere Kunstgattungen und läßt andere verkümmern. Er gibt also den Nährboden ab für das Wachstum einzelner Formen. Deshalb sind aber diese Formen keineswegs konfessionell gebunden. Getrennte Darstellungen der deutschen Literatur des katholischen, protestantischen und reformierten Volksteils wären trotz der feindlichen Haltungen, die sie gegeneinander einnahmen, ein Unding, weil sich mit einer beschränkenden Ausnahme des Kirchenliedes die einzelnen literarischen Formen fast über die gesamte kulturelle Einheit des christlichen Abendlandes erstrecken. Sehweise und Stil können also nicht der unmittelbare Ausdruck eines Glaubensbekenntnisses sein. Allerdings ist aus dem Inhalt, der Auffassung und Betrachtung von Einzelheiten das Glaubensbekenntnis des Verfassers zu erschließen, nicht aber aus den Worten, mit denen er Zwiesprache mit Gott hält, den Liedern, in denen er seine Liebste besingt, dem Eindruck, den die Greuel des Krieges bei ihm hinterließen. Die Formen wechseln aus einem religiösen Lager ins andere, die Insassen beider Lager müssen sich der gleichen Sprache bedienen. Oft könnten in den Streitschriften nur die Vorzeichen verändert oder die Namen mit denen der Gegenpartei vertauscht werden, um sie für den entgegengesetzten Zweck verwendbar zu machen. Daß die romanischen katholischen Länder Europas Ton und Geschmack angeben, daß *Paris* als Mittelpunkt der Kultur und die holländischen Universitäten als Pflanzstätten der Gelehrsamkeit gelten, darf ebensowenig dazu verführen, über die geistige Einheit des Abendlandes hinwegzusehen, wie die konfessionelle und politische Zerrissenheit des deutschen Sprachgebietes dazu verleiten darf, die Einheit des deutschen Schrifttums im 17. Jahrh. und das Streben nach einer überall verstehbaren Schrift- und Dichtersprache zu verkennen. Zwischen den Problemen der literarischen Entwicklung und den Fragen, ob Grimmelshausen katholisch war, ob unter den Gedichten des Cherubinischen Wandersmannes solche festzustellen sind, die vor, und solche, die nach seiner Konversion entstanden, besteht kein tiefer Zusammenhang.

Wie der Begriff *barock*, welcher schon in den neunziger Jahren des vorigen Jahrhunderts von der Kunst in die Literatur hinüberwechselte, unscharf geworden ist, ist aus der Anwendung des Wortes auf die verschiedensten Erscheinungen in der Kunst des 17. Jahrh.s zu ersehen. Wenn *Dehio* unter Barock Äußerungen der nordischen Völker, *Worringer* im Barock die unterdrückten katholischen Formenergien zu erkennen glaubt, so sind damit einzelne Erscheinungen mehr oder weniger willkürlich aus ihren festen Zusammenhängen gelöst worden.

mit dem Zweck, neue zu konstruieren. Ursprung und Nährboden des Barock sind die Sammlung der geistigen und künstlerischen Kräfte der romanischen Länder im Zeichen der Gegenreformation und des Absolutismus. Danach richten sich die Äußerungen der sämtlichen Künste aus. Ihr Ziel ist das Gesamtkunstwerk, die Vereinigung sämtlicher Künste, der darstellenden wie der redenden. In einem so weiten Rahmen erhält die Kunst, welche sich der sprachlichen Ausdrucksmittel bedient, ähnlich Sinn und Bedeutung wie ein Instrument oder eine Instrumentengruppe in einem Orchester. Die Dichtung ist also dann nicht eine in ihrer Eigengesetzlichkeit ruhende Kunst, sondern ein Teil, der im Zusammenhang mit dem Ganzen steht. Dieses Ganze wird mehr mit den Augen und weniger mit dem Ohr erfaßt. Die Welt wird in Farben, Linien, Bildern und Gestalten aufgenommen, erkannt und wiedergegeben, ehe sie in Wort, Ton und Gesang erklingt. Man sollte sich solcher Zusammenhänge bewußt bleiben, um die Dichtung so sehen zu können, wie sie von den Zeitgenossen bewertet wurde. Wir müssen uns bemühen, nicht mit absoluten Maßstäben, dem Geschmack oder den ästhetischen Kategorien eines späteren Zeitalters, das mit dem Anspruch auftrat, ewig Gültiges zu schaffen, dem 17. Jahrh. gegenüberzutreten, und versuchen, seine Dichtung aus den völlig anders gearteten Entstehungs- und Wachstumsbedingungen zu erklären. Unbewußt stellen sich bei solchen Versuchen Kategorien ein, welche aus späteren Erkenntnissen gewonnen wurden. Man erliegt allzu leicht der Versuchung, über Wesentliches hinwegzusehen und bei der Anwendung einer Terminologie auf den Bedeutungswandel der Worte keine Rücksicht zu nehmen.

Unter den Möglichkeiten einer zeitlichen Gliederung des deutschen Schrifttums von 1570–1750 erwies es sich als zweckmäßig, die Verbindung nach rückwärts im ersten Abschnitt aufrechtzuerhalten und im vierten Abschnitt auf das Kommende, die erste Auswirkung der Aufklärung, hinzuweisen. Der zweite Abschnitt steht im Zeichen des Dreißigjährigen Krieges; im dritten werden neben den Einflüssen des Schwulstes und der höfischen Lebensformen auch die Tendenzen zur Einfachheit sichtbar. Innerhalb dieser Abschnitte ergeben sich gewisse Einheiten nach poetischen Gattungen, geistigen oder ortgebundenen Voraussetzungen. Schematischer Systemzwang wurde vermieden. Wo es galt, gleichmäßige Entwicklungen und geschlossene Einheiten, z. B. Schwankliteratur oder Jesuitendichtung, darzustellen, ist diese weitgespannte Ordnung, welche um 1620, 1660 und 1710 ihre Merkzeichen aufgestellt hat, durchbrochen. Vom Standpunkt der heutigen Forschung aus zeichnet sich im Schaffen der verschiedenen Generationen das der aktiven und passiven Kriegsteilnehmer von dem der späteren ab, welche die Schrecken des Krieges geistig überwanden. Das bedeutet das Gleiche, wie wenn man von Phänomenen wie stilistischer Auswirkung der barocken Urspannung, Verschiebung des geistigen Schwergewichts vom ethischen Kern auf die dekorative Außenfläche, Übergang vom Hochbarock zum Spätbarock, Auflösung des hochbarocken Dualismus, Wandlungen der Denkstruktur spricht. Es wäre verfrüht, ohne die nötigen Vorarbeiten das Schaffen der Generationen und der sozialen Schichten abzustufen. Gefügigere Einteilungen werden sich ergeben, wenn die Symptome zurücktreten und sich organische Einheiten in der Entwicklung abzeichnen. So weit sind wir aber noch längst nicht.

Dennoch ist es keineswegs verfrüht, einen Überblick über die deutsche Literatur dieses Zeitraumes zu versuchen im Sinne einer Aufnahme der Bestände. Es gilt also, das Schrifttum nach seinem Inhalt und seiner Bedeutung darzustellen, sowie die Ergebnisse der wissenschaftlichen Forschung zu verarbeiten und zu verwerten. Das bedingte notwendiger Weise eine sich beschränkende Auswahl des Wichtigen und Kennzeichnenden, sowie dessen Eingliederung in örtlich gebundene, geistes- und formgeschichtliche Zusammenhänge und Entwicklungen. Um diese in ihrer Vielfalt, ihrem Fortschreiten und scheinbaren Stillstand sichtbar werden zu lassen, wurde auf die Ausarbeitung der Register besondere Sorgfalt angewandt.

LITERATUR

Dem Grundsatz, nur das Wesentliche zu bringen, bleiben wir auch hier treu. Die Auswahl ist so getroffen, daß außer den Ausgaben nur jene Werke und Abhandlungen genannt sind, welche demjenigen etwas bieten, der weiterforschen will.

Bibliographien und Nachschlagewerke: Unentbehrlich sind noch immer der 3. Bd. von Goedekes Grundriß, 2. Aufl. 1887, und die Artikel der Allgemeinen Deutschen Biographie. Über Dichtergruppen und Dichtungsgattungen gibt das Reallexikon der deutschen Literaturwissenschaft von P. Merker und W. Stammler, 4 Bde. 1924–31, Auskunft. Die beste und reichhaltigste Orientierung bietet die Bibliographie zur deutschen Barockliteratur von Hans Pyritz im Anhang zu der noch zu nennenden Literaturgeschichte von P. Hankamer. Zur Ergänzung: E. Trunz, Die Erforschung der deutschen Barockdichtung, Dte. Vjschr. f. Lit.wiss. u. Geistesgesch. 18 (1940) Erg.H. S. 1–100.

Gesamtdarstellungen: In den Literaturgeschichten, welche den Gesamtablauf schildern, kommt das 17. Jahrh. mit wenigen Ausnahmen (Wackernagel-Martin) zu kurz. Die erste Darstellung des Zeitraumes: C. Lemcke, Von Opitz bis Klopstock, Leipzig 1871, 2. Aufl. 1882, ist heute noch benützbar. Von W. Stammlers: Von der Mystik zum Barock. Epochen der deutschen Literatur Bd. II. 1.Teil (1927, 2. Aufl. 1950) kommen die letzten Teile in Frage. – H. Cysarz, Deutsche Barockdichtung, Leipzig 1924; Günther Müller, Deutsche Dichtung von der Renaissance bis zum Ausgang des Barock (in Walzels Handb. d. Literaturwissenschaft), Potsdam 1927–29 und P. Hankamer, Deutsche Gegenreformation und deutsches Barock (in Epochen der deutschen

Literatur Bd. II. 2. Teil), Stuttgart 1935. Nachdruck 1948. Diese drei letztgenannten sind die maßgebenden Darstellungen der deutschen Geistesgeschichte. W. Flemming, Deutsche Kultur im Zeitalter des Barock, Handb. der Kulturgesch. 1. Abt. Potsdam 1937. *Landschaftliche Entwicklungen:* Jos. Nadlers Literaturgeschichte der deutschen Stämme und Landschaften, 3. Aufl. 4 Bde. Regensburg 1929 ff., ist besser in dieser als der 1. Bd. in der letzten Auflage zu benützen. H. Heckel, Geschichte der deutschen Literatur in Schlesien, 1. Bd., Breslau 1929. *Problematik:* B. Croce, Der Begriff des Barock. Die Gegenreformation, Zürich 1925. W. Schulte, Renaissance und Barock in der deutschen Dichtung. In: Lw. Jb. 1 (1926) 47–61. K. Viëtor, Probleme der deutschen Barockliteratur, Leipzig 1928. Günther Müller, Höfische Kultur der Barockzeit. In: Hans Naumann u. G. M., Höfische Kultur, Halle 1929. Erika Vogt, Die gegenhöfische Strömung in der deutschen Barockliteratur, Leipzig 1932. W. Flemming, Die Auffassung des Menschen im 17. Jahrh. Dte. Vjschr. f. Lit.wiss. u. Geistesgesch. 6 (1928) S. 402–46. E. Lüders, Die Auffassung des Menschen im 17. Jahrh. Diss., Köln 1935. W. Weisbach, Barock als Stilphänomen. Dte. Vjschr. f. Lit.wiss. und Geistesgesch. 2 (1924) S. 225–256.

ERSTER ABSCHNITT

VORBEREITUNGEN

Die heutige Betrachtung kann die Literatur von 1570 an im Vorfeld des Dreißigjährigen Krieges sehen, dessen Anfänge ungefähr mit der längst fälligen Versreform zusammenfallen. Krieg und Literatur stehen jedoch nur in losem Zusammenhang über die geistig-religiösen Voraussetzungen. Diese werden in der Literatur sichtbar zunächst in der Scheidung der Geister und der Bildung fester Fronten, die nicht nur einen erbitterten Kampf führen, sondern auch ganz bestimmte Formideale und dichterische Ausdrucksmittel durch ihre Verbindung, sei es mit dem Gottesdienst, sei es mit der Glaubenspropaganda, prägen. Man muß hier statt der weiten Begriffe Reformation und Gegenreformation oder der politischen Parteien Union und Liga die engeren *Calvinismus* und *Jesuitismus*, Niederlande und Spanien anwenden. Genfer Gottesdienst und Psalmenbehandlung einerseits, puritanische Theaterfeindschaft anderseits begünstigen das Wachstum oder den Niedergang anderer Formen als gegenreformatorische Mission, jesuitische Schulordnung und schauprächtige Glaubenspropaganda. So werden Lyrik und Drama Träger neuer Entwicklungen, treten Straßburg, Heidelberg und die bayerischen Landschaften zunächst stärker hervor. Konservativismus, Kompromißfreude, Ehrgeiz, modern zu sein, und Reformeifer bilden ein verwirrendes Getriebe. Der Humanismus war zu schwach, die Glaubensgegensätze auszugleichen. Er ist, wenn überhaupt, nie lange außerhalb der Schule selbstherrlich gewesen. Was er in der Dichtung leistete, konnte eine spannunggeladene Welt nicht zusammenhalten mit den Rosenbändern der Lyrik, einem an örtliche Verhältnisse gebundenen Drama und einer Epik, die den Stoffen auswich, welche im Interesse der Zeit lagen. Der Rückgang der Dichtung in lateinischer Sprache geht außerhalb der Schule vor sich. Diese, besonders die jesuitische, hielt bis in das 18. Jahrh. am lateinischen Drama fest. Neben Schule und Staat zieht der Hof die literarischen Kräfte an sich. Wirkliche Entscheidungen fallen im Bereich der Literatur nicht. Ihre Erzeugnisse erwecken den Eindruck des Überreifen oder des Keimenden. Die Zeit ist arm an Blüten und Früchten. Nur wenige bringen eine gute Ernte in die Scheuer.

ERSTES KAPITEL

DER WANDEL IN DER BEHANDLUNG DES VERSES

Die Erschöpfung der verbrauchten Formen und das Streben nach neuen Ausdrucksmöglichkeiten zeigt sich wohl am deutlichsten in der Krise der deutschen Metrik um 1570. Die germanische Rhythmik mit der Betonung des sinntragenden Elementes im Satz hatte Bedeutung und Geltungsbereich verloren. Um ihr Erbe kämpften schon lange verschiedene Anwärter, die alle mit ausgleichenden Grundsätzen ans Werk gingen; mochten sie den Wechsel von Hebung und Senkung oder die Silbenzahl unter eine feste Norm stellen oder sich von antiken Grundsätzen leiten lassen, aus denen die richtigen Folgerungen abgeleitet werden konnten, so fehlte doch die Autorität eines Gesetzgebers, der sich alles willig beugte. *Comenius* hat den Unterschied von germanischer Rhythmik und antiken Grundsätzen noch einmal klar formuliert. Viele hielten sich in der Praxis längst an Richtlinien, welche die Theorie des 17. Jahrh.s immer wieder umständlich begründete und einschärfen zu müssen glaubte.

Der Lösung des Problems trat man zuerst im Bezirk des Kirchenliedes und dann in dem der weltlichen gesungenen Lyrik nahe. In beiden liegen dieselben musikalischen Voraussetzungen vor. Die aufsteigenden, neuen musikalischen Formideale des Humanismus waren eine Reaktion gegen die rationalen Ordnungen. Ihre Entwicklung geht wie die des Humanismus von der *Devotio moderna* aus, drängt zu einer Anpassung des Textes an die Melodie und fördert deren gegenseitige Beschwingtheit. Die Niederländer, welche im 16. Jahrh. vor allem in den westeuropäischen Ländern wirkten, wurden die Lehrmeister der neuen Melodik. Ihre Technik bildet die Grundlage auch für die schulemachende italienische Pflege weltlicher Formen, denen die italienische Volkssprache einen stärkeren Nachdruck verleihen konnte. Das Streben nach einer international anerkannten Kunstform mußte den einheitlichen sprachlichen Ausdruck entbehren. Doch dürfen die lateinischen, italienischen und französischen Texte, die z. B. in dem Antwerpener Druck (1555) des ersten Buches vierstimmiger Madrigale von *Orlando di Lasso* erschienen, nicht darüber hinwegtäuschen, daß die Voraussetzungen des Formwandels in den Niederlanden zu finden sind. Gleichzeitig wird das Zurücktreten religiöser Stoffe und Formen sichtbar. Die Affekte treten als Träger menschlicher Äußerungen in Erscheinung, der Petrarkismus setzt ein und die Schäferwelt steigt auf. Die Formgebung aber spielt von den geistlichen in die weltlichen Bezirke

hinüber. Die steigende Einschätzung der Laute, deren Lob Fischart verkündet, begleitet die Entwicklung und Einbürgerung der neuen Formen. Der Niedergang des Meistergesangs, das Versiegen heimischer
Traditionen zeigen das Erlahmen der alten Kräfte besonders in den
Bereichen der Lyrik, wenn man vom Kirchenlied absieht.

Daraus erklärt sich die Aufnahmebereitschaft für die neuen Formen
des *Madrigals*, der *Canzone* und *Villanella*. Der markanteste Ausgangspunkt für die neue Formgebung ist Clément Marot (1497–1544)
und sein Kreis. In Deutschland hat er weniger mit seiner galanten Gesellschaftsdichtung und den anmutig dahingleitenden Versen seiner
Chansons Schule gemacht als mit seiner Psalmenbehandlung,
in der, genau so wie in der Musik der Gegenreformation, Wort und
Sinngehalt über der Melodie standen. In den einzelnen Fällen wird es
nicht immer leicht sein, festzustellen, woher die unmittelbare Anregung
zur neuen Formgebung kam. Die sich schnell zur Höhe entwickelnde
italienische Kunst stand in wechselseitiger Beziehung zu den Niederlanden. Von dorther, aus dem alten burgundischen Kulturkreis, kamen
die Apostel. Deutsche brachten von ihrer Kavaliersreise, die sie nach
Genf führte, oder einem Studienaufenthalt an italienischen Universitäten die Erkenntnis heim, daß das deutsche Lied nur durch Schulung
am romanischen Vorbild zu der gesellschaftlichen Bedeutung gelangen
könne, die es anderwärts besitze. Die sichtbarsten Anreger waren neben
anderen ihrer niederländischen Landsleute: *Orlando di Lasso* (1532–94),
der als belgischer Orpheus gepriesen wurde, und *Jakob Regnart* (etwa
1540–99). Jener wirkte am Wittelsbacher Hof in München, dieser
unter den Habsburgern in Wien und Prag. Auf diesen Voraussetzungen
beruht der Anstoß zur Entwicklung des Kirchenliedes durch die
Psalmenübersetzungen und des weltlichen Liedes durch die südost-
deutschen Höfe und ihre Kapellmeister. In beiden Gebieten mußte die
Dichtung sich neuer Formen und Texte bedienen, die nach den modernen
Melodien gesungen werden konnten.

1. DIE PSALMENÜBERSETZUNGEN

Die Vorlage. Die ersten dreißig Psalmen *Marots* sind 1542, zwei
Jahre vor seinem Tode, erschienen. Erst 1562, gerade als die Bekämp-
fung der Hugenotten einsetzte, erschien der vollständige Psalter, den
Beza ergänzt hatte. Damit hatte der Calvinismus seinen künstlerischen
Mittelpunkt. Die Singweisen schufen *Bourgeois*, *Le Franc*, *Goudimel* und
Lejeune. Die markige Schlichtheit Marots haben die Fortsetzer nicht
erreicht. Doch ist das Original des Hugenottenpsalters trotz der Viel-
falt der Mitarbeiter ein einheitliches Werk, was die Harmonie von Wort

und Ton, die religiöse Grundstimmung und die Gesinnung betrifft. Er steht zwischen Volkslied, meistersingerlicher Kunstübung der rhétoriqueurs und der hohen Renaissancedichtung im Umkreis der Plejade.

Wie sehr die Zeitlage eines deutschen Hugenottenpsalters bedurfte, zeigt die gleichzeitige dreifache Bemühung um die Lösung des Problems: die Herstellung eines Textes, der sich streng an die Melodien halten und deshalb die französische Vorlage in Strophenform und Silbenzahl genau nachbilden mußte.

Die Übersetzer. Ambrosius Lobwasser (1515–85) aus Schneeberg im Erzgebirge, der in Leipzig Jura studiert, 1551 sich längere Zeit in Frankreich aufgehalten hatte und als Doctor iuris 1562 von Bologna nach der Heimat zurückgekehrt war, begann mehr aus Kurzweil und eigenem Vergnügen an der Poesie als Professor der Rechtswissenschaft in Königsberg (1563–80) mit einer Übersetzung des Hugenottenpsalters, die 1565 abgeschlossen war. Herzog Albrecht von Preußen, der sich dafür interessierte und um eine Veröffentlichung des Werkes bemühte, starb 1568. Lobwasser feilte an den Texten weiter, ließ sich von einem Franzosen (Jakob Gaurin) beraten und veröffentlichte das vollständige Werk 1573. Die Freude über den Erfolg seiner redlichen Gewissenhaftigkeit, die den Bedürfnissen der Zeit gerecht wurde, konnte wohl hinweghelfen über die Verdächtigung der Orthodoxen, welche ihn darob zum Kryptocalvinisten machen wollten.

Das lebendigere Interesse am deutschen Hugenottenpsalter steht hinter den beiden anderen Übersetzungen, welche von der calvinistischen Lehre und dem französischen Kultureinfluß ganz anders berührt sind. Schon *Kaspar Scheit* begann für den Kurfürsten Friedrich III. von der Pfalz Verse Marots zu übersetzen. Als Zufluchtsstätte der hugenottischen Flüchtlinge und Vorort des Calvinismus schien Heidelberg dazu berufen, dem deutschen Hugenottenpsalter seine geistige Atmosphäre zu vermitteln. Als der richtige Mann dafür wurde Paulus Melissus Schede (1539–1602) erkannt.

Er stammte aus Mellrichstadt in Unterfranken, wurde in Erfurt, Zwickau und Jena ausgebildet, leitete 1559/60 die Kantorei im fränkischen Königsberg, hielt sich 1560–64 in Wien auf, wo er Kaiser Ferdinand und dessen Nachfolger Maximilian II. mit lateinischen Gedichten feierte und geadelt wurde. Dann setzte sein Wanderleben ein: nach kurzen Aufenthalten in Wittenberg (1565), Leipzig, Würzburg und Wien machte er als Mentor junger Adeliger den ungarischen Feldzug mit. Kompositionen, die er um diese Zeit verfaßte (1565/66), zeigen seine Empfänglichkeit für die neuen musikalischen Formen, welche ihm von Orlando di Lasso und Goudimel her zugetragen wurden. So bereitete sich die entscheidende Wendung vor und zeigte sich die innere Bereitschaft zum neuen Stil, der ihm während eines längeren Aufenthaltes in Paris (1567) und noch mehr in Genf (1568–70) seine Berufung eröffnete, der Wegbereiter einer neuen Kunst zu werden. Der eifrige Calvinist war der Mann, in dem Kurfürst Friedrich III. einen Marot der deutschen Calvinisten entdeckte. Deshalb gab er ihm den Auftrag, ein Psalmengesangbuch für den calvinistischen Gottesdienst zu verfassen. Nach dem Tod seines Gönners verbrachte Schede die Jahre 1577–80 in Italien und reiste dann über Frankreich nach England (1585–86), dessen Königin Elisabeth er in Gedichten feierte. Von Johann Casimir wurde ihm 1586 die Leitung der kurfürstlichen Bibliothek in Heidelberg übertragen. 1593 heiratete er Emilie Jordan, die Tochter eines kurfürstlichen Rates.

Seine neulateinischen Gedichte *Schediasmata* (1574) zeigen stärkste Traditionsgebundenheit. Seine Kenntnis des geistigen Lebens in den romanischen Ländern, seine persönlichen Beziehungen zu *Henricus Stephanus*, der ihn anregte, Teile der griechischen Anthologie zu übersetzen, zu *Scaliger* und sein Ehrgeiz mochten ihm das Ziel vor Augen halten, Begründer einer geistig-künstlerischen Bewegung in Deutschland zu werden. In dieses Programm gehört neben der Organisation des Kirchengesangs auch seine Bemühung um die deutsche Schriftsprache. Für beide Aufgaben waren ihm französische Vorbilder maßgebend. Seine Bestrebungen sind verwandt mit denen der romanischen Poetiker und Reformorthographen, des Spaniers Antonio Nebrixa, des Italieners Trissino und der Franzosen Peletier und Ramus. Gleich diesen bemüht er sich um die Wiedergabe der feineren Lautnuancen. Schedes Übersetzung von Psalm 1–50 erschien 1572 unter dem Titel: *Die Psalmen Davids in teutische gesangreymen nach Frantzösischer melodeien unt sylben art mit sönderlichem Fleise gebracht.* Die beiden Bemühungen Schedes um die Orthographie und Dichtung wurden von den Zeitgenossen als preziös empfunden – Fischart spricht von der *„vnpoetisch Postimeleiseischen"* Manier – und abgelehnt. Lobwassers Psalmen und deren Erfolg hemmten zwar die Fortsetzung seiner Arbeit nicht ganz, aber er hat davon nichts mehr veröffentlicht. Opitz und die Fruchtbringende Gesellschaft lehnten Schede ab. Wo aber die Versbehandlung dem silbenzählenden französischen Vorbild nachstrebte, wie bei den Pegnitzschäfern, wurde Schedes Leistung anerkannt. *Harsdörffer* stellte ihm (1646) das Zeugnis aus, daß er als erster Dichter die volksläufige Orthographie zu reformieren begann und damit den Versuch machte, die schriftliche Wiedergabe den ausgesprochenen Lauten anzupassen. Sein rhythmisches Empfinden und die Absicht, an die Stelle erschöpfter Formen neue zu setzen, führten ihn zu einer radikalen und darum nicht erfolgreichen Reform der deutschen Metrik nach den Grundsätzen der Romanen. Dieses Streben erscheint bei ihm bewußter als bei seinen Zeitgenossen, welche ihr Dichten einer Mode anpassen.

Um die Herstellung der kurpfälzischen Kirchenordnung im Geiste des Calvinismus machte sich Philipp der Jüngere, Freiherr von Winnenberg (1538–1600) verdient. Als kurpfälzischer Burggraf wirkte er von 1584 an in Alzey. Von dort kam 1588 seine, die dritte Übersetzung des Hugenottenpsalters. Sie diente dem gleichen Zweck wie seine *christlichen Reuterlieder* (1582), nämlich der religiösen Erbauung und sittlichen Besserung. Das gilt auch für seine bald nach der Psalmenübertragung erschienenen „*Vünff hauptstucken*". Das waren von ihm verfaßte Liedertexte, die auf die Weisen des Hugenottenpsalters zu singen waren.

Charakteristik der drei deutschen Psalter. Gegenüber der allzu modernen Sprachbehandlung Schedes und der lehrhaften Volkstümlichkeit Winnenbergs setzte sich der Psalter Lobwassers durch, weil er die Verbindung zum Stammland der Reformation und zum evangelischen Kirchenlied wahrte. Schedes und Lobwassers wörtliche Textwiedergaben stehen Winnenbergs freier Behandlung des Textes gegenüber. Schede holt sich in Zweifelsfällen bei dem Heidelberger Hebraisten *Tremellius* Rat, Lobwasser hält sich an Luthers Sinngebung. Doch nicht nur in der späthumanistischen Gelehrsamkeit und der traditionsgebundenen Sachlichkeit wird der Unterschied zwischen der Dynamik Schedes und der Statik Lobwassers sichtbar. Als Geistesverwandter und von der französischen Renaissance zutiefst berührter Übersetzer gibt Schede den vollen Satzbau Marots wieder, Lobwasser bleibt einfach und rational, Winnenberg unbeholfen und schlicht. Dem reichen Sprachschatz und den kühnen Neubildungen Schedes stehen die klare Nüchternheit und Beschränkung Lobwassers, das volkstümliche Denken Winnenbergs gegenüber, dessen Persönlichkeit kaum in Erscheinung tritt. Schedes draufgängerische Entdeckerfreude und Ergriffenheit heben sich über Lobwassers Bedächtigkeit. Bei diesem ist der Zug zum Erbaulichen, bei Winnenberg die Lehrhaftigkeit und bei Schede das künstlerische Erlebnis die Triebkraft. Er sucht den aristokratischen Geist des Humanismus zu retten. Der Gebrauch des Personalpronomens – wo Schede „ich" singt, heißt es bei Lobwasser im Sinne des lutherischen Gemeindegesanges „wir" – lehrt, wie anders die Persönlichkeit von beiden aufgefaßt wird. Höfisches Herrenbewußtsein, ritterliches Standesgefühl und kirchlich-demokratisch-bürgerlicher Gemeinschaftsgeist stehen einander gegenüber.

Die Auffassung von Text und Melodie und deren Verhältnis zueinander wirken auf die metrische Gestalt. Die Weisen von Kirchen-, Kunst- und Volkslied strömen gleichsam in der ernsteren Getragenheit und der belasteten Rhythmik zusammen. Erhabene Ruhe trägt den sich dem Gemüt einprägenden schweren Sinn. Deshalb eigneten sich Lobwassers sorgfältig ausgefeilte Texte besser zur Melodie als die rhythmisch schwerfällig gebauten von Winnenberg oder gar der subjektive Gefühlsüberschwang, die innere Bewegtheit und Aufgewühltheit Schedes. Lobwassers Grundsatz, „höfische und ungewohnte Ausdrücke zu vermeiden", einfache, gebräuchliche, unanstößige und anständige Worte zu gebrauchen, bewährte sich und vermochte die Einheit von

Text und Weise besser herzustellen als Schede mit seinem reicheren Formenschatz und seiner starken inneren Ergriffenheit. Zwischen dem freien Gebrauch der französischen Strophenform bei Winnenberg und Schedes bei aller Kongenialität pedantischer Nachahmung der französischen Verskunst hält Lobwasser die Mitte. Schedes Ehrgeiz, die deutsche Formgebung mit einem Schlag der hochentwickelten französischen anzupassen und deren strenge Gesetzgebung (Vermeidung des Hiatus, Anwendung des Enjambements, Beobachtung der Zäsur) anzuwenden, war zum Scheitern verurteilt. Sein 37. Psalm bringt – anders als bei dem fremden Formen hilflos gegenüberstehenden Winnenberg und dem mit altem Traditionsgut schaltenden Lobwasser – dem Original entsprechend die *ersten Terzinen* in deutscher Sprache. Doch hat auch Lobwasser, der sonst vom Kirchenlied umfangen ist, als Erster deutsche *Alexandriner* gebaut in seiner Übersetzung des 89. Psalms. Bei Winnenberg hat man den Eindruck, als erschlösse sich ihm das französische sprachliche Vorbild in seiner künstlerischen Eigengesetzlichkeit überhaupt nicht, während man Schedes Versen die Bemühung anmerkt, den schwebenden Rhythmus und die Gesetze der französischen Verskunst treu nachzuahmen.

Die Kunstübung der Psalmenübersetzung verbreitete sich über das Kirchenlied hinaus und durchbrach zuerst nach dem Vorbild von Schede die Tradition, als Johannes Posthius gegen 1596 seinen deutschen Sonntagsevangelien französische Singweisen unterlegte.

Johannes Posthius (1537-97) stammt aus Germersheim. Er studierte von 1554 ab an der artistischen und medizinischen Fakultät Heidelberg, begrüßte dort 1557 Melanchthon mit einem lateinischen Gedicht. Er fühlte sich berufen, das poetische Erbe seines geistesverwandten Freundes Petrus Lotichius weiterzuführen und darf als das stärkste Talent unter den späteren Neulateinern angesprochen werden. Seine naturwissenschaftlichen und medizinischen Kenntnisse erweiterte er mit dem Besuch italienischer und französischer Universitäten. Zum Doctor medicinae promovierte er 1567 in Valence. Wie Schede trat er zu hervorragenden Vertretern des Humanismus, namentlich Henricus Stephanus, in Beziehung. Kurze Zeit war er Feldarzt bei der spanischen Armee in Antwerpen, folgte jedoch dem Ruf in seine Heimat und war 1569-85 bischöflicher Leibarzt und von 1582 an dazu Stadtarzt in Würzburg. Ein Gemeinschaftswerk *Collegii Posthimolissaei votum h. e. Ebrietatis detestatio atque potationis saltationisque detestatio* (Frankfurt 1573) zeigt ihn als Mittelpunkt eines Freundeskreises, zu dem auch Schede gehörte. Mit diesem erneuerte er seine Freundschaft, als er 1585 die Stelle eines Leibarztes bei Johann Casimir in Heidelberg annahm. In den letzten Jahren seines Lebens, als er *Aesop* ins Deutsche übertrug und die Sonntagsevangelien für seinen Sohn nach der neuen Weise umdichtete, trat er für die gleichen Formideale wie sein Freund Schede ein.

Lobwassers Psalmenübersetzung war das Gesangbuch der Reformierten bis in das 18. Jahrh. hinein und konnte die neuen metrischen Grundsätze auf dieser Basis ausbreiten. Daneben gingen vom französischen Hugenottenpsalter auch unmittelbare Anregungen aus, Opitz folgte

dem Beispiel der Psalmenübersetzer, indem er auf französische Weisen
Episteln der Sonntage (1628), Psalmen (1637) und geistliche Oden oder
Gesänge dichtete. Marot machte Schule in *Weckherlins* freien Psalmen-
paraphrasen nach französischen Melodien. Das wies ihm den Weg zum
Lied. Mit der Fortbildung des Kirchenliedes besonders von *Paul Ger-
hardt* und *Tersteegen* und den Kompositionen von *Schütz*, *Bach* und *Hän-
del* büßte der Hugenottenpsalter seine Bedeutung ein, und wurde ein
Ersatz dafür geschaffen.

2. WELTLICHES LIED UND HISTORISCHE RELATION

Der Anstoß zur Entwicklung, welchen die Psalmenübersetzungen
dem Kirchenlied gaben, ist eine Parallelerscheinung zu den Anregungen,
welche das weltliche Lied von Regnart empfängt. Auch auf diesem
Gebiet werden die Ausstrahlungen der französischen Kultur sichtbar.
Brennpunkt der französischen Renaissancedichtung ist der Kreis um
Pierre Ronsard (1524–85), der mit seiner Plejade die Wiedergeburt nationaler Dichtung symbolisierte, mit seinen lyrischen Gedichten das
formale Vorbild für die Dichtung in der Volkssprache aufstellte und,
ohne es zu wollen, der Bahnbrecher des Klassizismus wurde, wie er
auch bis in das 18. Jahrh. als regelgebende Normung für anspruchsvolle Dichter maßgebend war. Doch konnte die Kunstdiktatur, sofern
sie von den Akademien ausgeübt wurde, ohne demokratische Züge
nicht auskommen. Die Académie de poésie et de musique, welche
Jean de Baïf 1570 begründete, verlangte unter Berufung auf ein
mißverstandenes antikes Vorbild die Übereinstimmung des Textes
mit dem musikalischen Rhythmus. In dieser rationalistischen Betonung
des Wortsinnes und der Angleichung des Textes an die Melodie liegen
die Hauptforderungen der neuen Kunstideale. Die hohe Zeit des
Madrigals, sofern es der vergeistigten Geselligkeit der Höfe entspricht,
ist erst das 17. Jahrh. Doch berührt sich seine volkstümliche Gestaltung
mit *Canzone* und *Villanella*, dem bäuerlichen Tanzlied, auf das zuerst
die deutschen Texte der „*kurtzweiligen teutschen Lieder*" von Jakob
Regnart (1576–79) gesungen wurden. Das Beispiel machte Schule, weil
es der österreichischen Wesensart entgegenkam. Gleichgerichtetes
Streben und Kunstempfinden verbindet den Wiener Josef Weinheber
mit dem oberösterreichischen Adeligen des 16. Jahrh.s:
     Christoph von Schallenberg (1561–97). Er ist eine Parallel-
gestalt zu Schede. Seine erste Ausbildung empfing der lebensfrohe und
weltoffene Standesherr in der Landschaftsschule zu Enns und Linz unter
Lehrern wie Calaminus und Anomaeus, dann in Tübingen (1578/79)

und an den norditalienischen Universitäten Padua, Bologna, Siena (1580–82). Nachdem er sich auch in Süditalien und Sizilien aufgehalten hatte, kehrte er (1583) in seine Heimat zurück. Er verbrachte sein Leben teils in angesehenen Stellungen am Wiener Hof (1594 als Regent der österreichischen Lande, 1595 als oberster Schiffmeister), teils auf seinen Besitzungen Schloß Seißenegg und Leombach bei Wels. Er starb zu Wien an den Folgen einer Verwundung, die er sich im Türkenkrieg zugezogen hatte.

Der starke Eindruck, den Schallenberg während seines Aufenthaltes in Italien von italienischen Liedtexten und Melodien empfangen haben muß, veranlaßte ihn, seine mundartliche und die heimatliche, noch immer lebendige Dichtweise in den fremden Versgang einzupassen, dessen musikalischer Unterbau ihm am Wiener Hof durch die Darbietungen von Regnart vertraut blieb. Schallenberg war der Mittelpunkt eines Dichterdreibundes: *Johann Ferenberger von Egenberg* und *Johann Seeger von Dietach* sehen in ihm ihren Meister und Lehrer der Poesie. Auch Schallenberg beginnt mit lateinischen Gedichten – sie bestreiten den umfangreichsten Teil dessen, was von seinen Werken erhalten ist – und dichtet dann in deutscher Sprache. Doch ist dies bei ihm kaum wie bei anderen Dichtern das Ergebnis eines künstlerischen Reifens, ein Übersetzen des zuerst lateinisch Geformten ins Deutsche, auch nicht ein vorheriges Einbrechen des deutschen Formgefühls in seine lateinische Dichtung, sondern vielmehr ist anzunehmen, daß beide Kunstübungen bei ihm nebeneinander stehen.

Das Formerlebnis, welches Schallenberg offenbar in Italien gehabt haben muß, stellte sich unvermittelt zwischen seine lateinische und deutsche Dichtung, konnte sich besser mit den formelhaften Elementen des Volksliedes, den Resten des immer noch lebendigen Minnesangs, verbinden und seine frische Unmittelbarkeit bewahren. Vom Volkslied her muß Schallenberg den Zugang zur neuen Kunstform gefunden haben, die er der deutschen Dichtung als veredelndes Reis zuführte. Ähnliche Vorgänge lassen sich besonders häufig in der österreichischen Dichtung beobachten. Sie beruhen auf der innigen Berührung und Wechselbeziehung von Volks- und Kunstdichtung und werden vom Hang zur Parodie unterstützt. Von Walther von der Vogelweide wechseln Stoffe und Motive zu Neithart, vom Burgtheater zu den Vorstadtbühnen, von Raimund zu Grillparzer. Man beschränkt sich dabei stets auf eine Auswahl. So hat Schallenberg keineswegs den Ehrgeiz, die deutsche Dichtung ganz nach der italienischen auszurichten oder eine Generalreformation durchzuführen, welche nach der Ansicht mancher seiner Zeitgenossen fällig ist und dann auch von Opitz durchgeführt wird. Die Schäferdichtung reizt Schallenberg nicht zur Nachahmung, er muß sie als unnatürlich empfunden haben. Aber als Erster übersetzte er ein Lied von *Tasso*. Er verdeutschte die welschen Villanellen, dichtete auf sizilianische Weisen, verwendete den Elfsilber und die Terzine. Aber keines der metrischen Prinzipien, die er erkannt hat, führt er streng durch. So vereinigt sich in seinen deutschen Gedichten Antikes,

Modernes und Mundartliches, der Wille zur höchsten Form der Vollendung mit volkstümlicher Derbheit, Übermut und starkem Lebensgefühl.

Scheinbar ohne Zusammenhang mit der Dichtung ihrer Zeit stehen die „*Historischen Reimen von dem ungereimten reichstag anno 1613 durch einen kurzweiligen liebhaber der warheit ans liecht gebracht, desselben jars in der weinlese nach der stroernte*". Dieser sachlich glossierende Bericht vom Regensburger Reichstag ist nur in wenigen Handschriften seiner Zeit bekannt geworden. Er verdient nicht nur seines Verfassers wegen unsere besondere Beachtung.

Dieser ist Abraham von Dohna (1579–1631) aus Mohrungen in Ostpreußen. Er wuchs auf dem Familiengut Schlobitten heran, studierte in Rostock (1597) und Altdorf, bekleidete dort 1598 das Amt eines Rektors und unternahm dann eine Bildungsreise, die ihn ein volles Jahr (1599/1600) nach Paris und hierauf über Lyon und Genf nach Florenz, Rom und Neapel führte. Im Sommer 1601 stieß er in Heidelberg zu seinen Brüdern und schloß sich gleich diesen gegen den Willen des Vaters unter dem Einfluß des dort als Professor der Rhetorik wirkenden Schlesiers Abraham Scultetus der calvinischen Lehre an. Nach dem Tode seines Vaters kehrte er 1602 zu einem einjährigen Aufenthalt nach der Heimat zurück. Eine Einladung an den anhaltischen Hof in Dessau führte ihn wieder nach dem Westen. Nach kurzem Aufenthalt in Heidelberg, wo er sich dem Studium der Trigonometrie und des Befestigungswesens widmete, folgte er seinen Brüdern nach den Niederlanden, um dort das moderne Kriegswesen zu studieren. Er beschäftigte sich besonders mit der Theorie der Anlage fester Plätze und glaubte seinen Lebensberuf darin zu finden, so daß er Angebote, in Heidelberg und Kassel als Prinzenerzieher zu wirken, ausschlug. Nach dem Abschluß des Waffenstillstandes (1609) verließ er die Niederlande. Er konnte dort nicht nur seine gelehrte Bildung abschließen, sondern sich auch praktische Kenntnisse aneignen, die in einer vom Krieg bedrohten Zeit sehr begehrt waren. Das zeigte sich schon in seiner Ernennung zum Generalquartiermeister des Heeres und Präsidenten des Kriegsrates der Union (1610) im Feldzug gegen Jülich. Bald nachher trat er in den Dienst des Kurfürsten Johann Friedrich von Brandenburg und wurde von diesem mit verschiedenen diplomatischen Aufgaben betraut. Wohlvorbereitet nahm er als Führer der brandenburgischen Delegation am Reichstag zu Regensburg teil. Seine spätere Tätigkeit im Dienste der schlesischen Fürsten und Stände sowie seine Verhandlungen mit dem schwedischen Invasionsheer sind in diesem Zusammenhang von geringer Bedeutung.

In einem Tagebuch hat *Abraham von Dohna* die Ereignisse beim Regensburger Reichstag festgehalten. Aus dieser Vorlage und seiner frischen Erinnerung entstanden in den letzten Monaten des Jahres 1613 die „Historischen Reimen". Er zeigt sich als Anhänger Calvins und bitterer Hasser der katholischen Partei. Den Lutheranern gegenüber ist er im Gegensatz zu seinen Glaubensgenossen tolerant. In schwerfälligen *Alexandrinern* schildert er mit nüchterner Sachlichkeit ohne die Sprachkraft Fischarts, aber in dessen Geist, die Organisation der römischen Kirche und kennzeichnet deren Vertreter. Er wirft ihnen Gewinnsucht und Vergehen gegen den Anstand vor. Die Jesuiten nennt er Königsmörder, sie seien die eigentlichen Saboteure friedlicher Übereinkunft. Er machte sich das radikale Lutheraner-Programm einer Säkularisation sämtlicher geistlicher Güter zu eigen, trat für eine Reichsreform ein, welche den konfessionellen Verhältnissen Rechnung trage, und für ein starkes Kaisertum. Im Kaiser selbst verehrte er das Reichsoberhaupt. Aber auf dessen Umgebung hatte er es abgesehen, besonders auf den Wiener Bischof und Direktor des geheimen Rates *Melchior Khlesl*, dem Hochmut, religiöse Lauheit und Unbarmherzigkeit vorgeworfen werden. Noch übler kommt dessen Gegenspieler, der Reichsvizekanzler *Hans Ludwig von Ulm* weg. Er ist aufgeblasen und dumm. Das alles wird aber nicht wie oft in persönlichen Satiren in die Luft hinein behauptet, sondern mit Beispielen belegt. Aus all den Einzelheiten, die Dohna beibringt, ersieht man, daß er mit offenen Augen den Verhandlungen folgte, sich nichts vormachen ließ und, soweit es bei den festgefahrenen konfessionellen Standpunkten möglich war, sich um ein objektives Urteil bemühte. So empfiehlt er den Standesherren der Union das energische Auftreten des bairischen Habichts, des Kurfürsten Maximilian, gegen den Salzburger Erzbischof Wolfdietrich von Raitenau zur Nachahmung und meint, daß die protestantischen und reformierten Fürsten mit ihren geistlichen Nachbarn ähnlich verfahren, sie ins Gefängnis stecken und im Land einen Verwalter einsetzen sollten. Mit puritanischem Ernst und bitteren Worten wettert der Satiriker gegen die sinnlose und Leidenschaften aufreizende Prunksucht und Prachtentfaltung bei öffentlichen Aufzügen und Turnieren, die tierquälende Jagd und den Kleiderteufel. Als Erzieher zu Sparsamkeit und Frömmigkeit macht er sich mit zu Herzen gehender Eindringlichkeit ans Werk. Sein Verständnis für die Schwachen und Notleidenden zeigt sich in seinen Erziehungsgrundsätzen und dem energischen Eintreten für die Belange des kleinen Mannes, des Untertanen, auf dessen Rücken der Krieg ausgetragen wird. Klarer als die meisten seiner Zeitgenossen erkannte der von der Ahnung des kommenden Krieges beherrschte Dichter, daß die Fremden, deren Gesandte als Beobachter an den Verhandlungen teilnahmen, die eigentlichen Störer des Friedens waren, und daß dieser durch Torheit und Eigensucht der Großen am meisten gefährdet sei. Man versteht die Eindringlichkeit, mit der er sich an alle Parteien wendet und sie mahnt, unter allen Umständen den Frieden zu erhalten und sich schriftlich über die Meinungsverschiedenheiten auseinanderzusetzen. Ehe er sich am Schluß noch einmal an die einzelnen Parteien wendet und ihnen mit aller Eindringlichkeit vorhält, daß sie zur Besinnung kommen sollen, spricht er die Gesamtheit mit den Worten an:

> Ihr herren alzumal, wie ihr euch auch möcht nennen,
> Catolisch, evangelisch, ihr must es doch bekennen,

ihr habet harte köpf, keiner wil nit gern weichen,
wie könet ihr denn zu hauf kommen und enk vergleichen?
Ein theil soll von dem andern nichts unbillichs begeren,
so sol kein teil dem andern, was recht ist auch nit wehren.
Befleisst euch nur des Friedens, fangt ja kein Krieg nit an,
sonst mus es entgelten der arme pauersmann,
welcher unschuldig ist, weis nichts von euerm zank,
den wolt ihr so mutwillig legen auf die schlachtbank.
Woher nembt ihr denn gelt zu füllen eure taschen,
wenn dörfer, stet und schlösser da liegen in der aschen? (v. 2485–96)

Das ist das einzige dichterische Denkmal, welches Dohna hinterlassen hat. Er ist wohl der erste, der eine umfangreiche Dichtung von fast 2600 deutschen Alexandrinern verfaßt hat. Bemühte er sich auch vergeblich um die gleiche Silbenzahl und darum, die deutsche Sprache unter den gleitenden Tonfall zu beugen, so kommt dies doch dem Vers zugut, dessen feste Akzente und Worteinheiten sich dem starren Schema und der festen Zäsur noch nicht beugen. Liest man die Verse mit ihrer natürlichen Betonung, so wirken die Einsätze ähnlich wie die des alten Vierhebers. Es ist schwer zu sagen, ob der ostpreußische Edelmann auf der Höhe der Bildung seiner Zeit stand, sich theoretisch mit den in der Luft liegenden Fragen der Metrik auseinandergesetzt hat, oder ob Lobwassers Psalter ihm die Praxis der Sprachbehandlung vermittelte: das ist sicher, daß auch er mit Erfolg wie so viele seiner Vorgänger ein fremdes Reis auf die deutsche Sprache geimpft hat. Der charaktervolle Ernst, der Wille, der Wahrheit zu dienen, die scharfe Beobachtung der Einzelheiten, die treue Wiedergabe der Ereignisse, die Charakteristik der Gestalten und Persönlichkeiten nicht nur durch ihre Handlungen, sondern auch in ihrer Sprechweise – einzelne Reden der Österreicher werden in deren Mundart wiedergegeben – die nüchterne Sachlichkeit des Berichterstatters und die edle patriotische Gesinnung heben das Werk über die meisten politischen, aber auch anderen Dichtungen dieses Zeitraums hinaus. Wie Abraham von Dohna als Gelehrter, Diplomat, Kriegsmann und Verwaltungsbeamter eine Ausbildung genossen hat, die für das ganze Jahrhundert vorbildlich ist, so hat er auch als Dichter oder besser gesagt als Verfasser einer poetischen Relation in deutschen Versen, die an romanischen Vorbildern ausgerichtet sind, einem Formideal gedient, das sich erst langsam durchsetzte. Er war ein Vorläufer und konnte keine literarische Entwicklung begründen, weil kaum jemand um die Verse wußte, die er aus der Fülle des Erlebten und vor der Zukunft bangend für sich und wenige Gesinnungsgenossen schrieb.

3. THEORIE UND PRAXIS

Die Voraussetzung zur deutschen Versreform war weniger die Entartung des deutschen Verses, der sich doch bei Fischart, Rollenhagen, im Volks- und Kirchenlied noch bewährte, als der nationale Ehrgeiz, es den anderen Nationen gleichzutun und der deutschen Dichtung jene Gebiete zu erobern, die bisher ausschließlich die Domäne der lateinischen gewesen waren. Um das zu erreichen, mußte die deutsche Dichtung in die Schule geschickt werden. Seit Opitz wacht die Poetik schulmeisterlich über das Sprachkunstwerk. Damit wurde die alte Überlieferung aufgegeben. Die Vorgeschichte dieser Schule richtet sich nach zwei verschiedenen Lehrplänen, dem *romanischen* und dem *lateinischen*. Die allgemeine Tendenz zur Wiedergeburt war auf eine Regeneration des Verses der Volkssprachen am klassischen Latein gerichtet. Dagegen wehrte sich unbewußt das in den Sprachen wohnende Gesetz. Reim und Wortton fügten sich in keiner Sprache der antiken Ordnung.

Der neue Formbestand, der der deutschen Dichtung am Ende erschlossen wurde, erreichte die Vielfalt der sangbaren Lyrik des Meistergesanges und Volksliedes nicht. Von weittragender Bedeutung war es, daß die Versreform mit ihrem neuen Formbestand das Grundgefüge der deutschen Metrik erschütterte, indem die Herrschaft des alten Sprechverses, des Vierhebers oder Knittelverses, gebrochen wurde und die bis dahin festen Grenzen zwischen sangbarer und gesprochener deutscher Dichtung aufgehoben wurden.

Die ersten Theoretiker des deutschen Verses, Grammatiker, z. T. auch selbst Dichter, nahmen die Haltung gesetzgebender Erfinder an. Rücksicht auf den akustischen Eindruck der Sprache kannten sie nicht. Sie stellten den deutschen Sprachstoff unter optische Schemata. Daß man die lateinischen Fachausdrücke gebrauchte, über deutsche Verskunst in lateinischer Sprache schrieb, führte zu einer verheerenden Begriffsverwirrung; denn die einzelnen Fachausdrücke wurden auf die verschiedenste Weise erklärt, und das Unterscheidungsvermögen war nicht imstande, den idealen geforderten Gang des Verses mit dem natürlichen Sprachlauf in Einklang zu bringen. Da wurde das Problem des Rhythmus mit Fragen der Dauer und des Wohlklangs zusammengeworfen. Über Dauer und Stärke der Silben war man sich nie einig, weil man in das Wesen der deutschen Sprache nicht eingedrungen war. Es war einfach, den gordischen Knoten zu zerhauen und zu erklären: Starktonsilbe und schwache Silbe sind für den deutschen Vers dasselbe wie Länge und Kürze für den antiken. Aber wo lag die Grenze zwischen diesen Arten? Und wie steht es denn mit den langen Silben? Solche Fragen mußten diktatorisch entschieden werden. Ein feineres Sprachgefühl aber empörte sich über ein solches Diktat. Der welsche Vers konnte dem deutschen nicht helfen, er wußte nichts von dessen Lebensprinzip der abgestuften Betonung, der Pause, der schnelleren und langsameren Bewegung.

Die in der Geschichte der deutschen Verskunst schon früh einsetzenden Versuche, fremde Versformen in der deutschen Dichtung einzuführen (antike Odenstrophen und Rhythmen, französische Silbenzählung), begannen um 1530 feste Traditionen zu bilden. Den Anschluß an die lateinische Art zu dichten gewann fast gleichzeitig *Paul Rebhun* über die lateinische rhythmische (d. i. die von den Humanisten verpönte reimende) Dichtung. Damit näherte er sich ohne Schwierigkeiten dem romanischen glatten Auf und Ab. Er erreichte dieses etwas gewaltsam, indem er das unbetonte e der Ableitungssilben nach Bedarf abstieß. Allein diese „Barbarei" trennt ihn von Opitz.

Der Aufstieg der neuen Formprinzipien wird in einer nahezu gleichzeitigen Bemühung sichtbar: der *Adam Puschmanns* (vgl. S. 57f.) um die Belebung des deutschen Meistergesanges, dem die Segnungen der neuen Versbehandlung zugute kommen und veredelnd auf ihn wirken sollten, und der der deutschen Grammatiker *Laurentius Albertus* und *Albert Oelinger* (1573) um die deutsche Prosodia. Wie wenig klar war man sich über den Sprachstoff und die Möglichkeit, ihn aus eigenen Gesetzen zu formen! Erst nach zwei Jahrhunderten begann man klarer zu sehen. Albertus stellte den deutschen Vers unter das *lateinische* Gesetz, er empfahl den jambischen Gang als erstrebenswert und elegant. Deutlicher drückt sich *Clajus* (1578) aus, der von der französischen Verslehre unberührt blieb. Er setzte bei Rebhun ein und legte die deutschen Jamben und Trochäen nach Ton und Dauer fest. Er trat für eine saubere Trennung der Gebiete ein, in denen die alte und die neue Verskunst gelten sollten. Für diese, den griechischen und lateinischen Brauch nachahmende, galt: Hebung und Länge sind eins, wie Senkung und Kürze. Das vergewaltigte den deutschen Vers nicht so, wie es schon 1555 allerdings ohne Erfolg *Konrad Gesner* mit seiner kategorischen Bestimmung von Längen und Kürzen wollte. Dieser Pestalozzi des deutschen Verses erklärte Stammsilben, Vor- und Endsilben, wenn sie „positione" gestärkt seien, als Längen und, was dann noch übrig blieb, als Kürzen. Er wußte wohl, daß er sich damit vom Sprachgebrauch entfernte, aber er bändigte ihn nach dem Grundsatz, daß, was für das Griechische und Lateinische recht sei, für das Deutsche billig sein müsse. Der letzte Dichter, der die alte Übung noch kunstvoll meisterte, Fischart, spottete darüber. Die Bemühung, die deutsche an die antike Verskunst anzugleichen, erreichte ihren Höhepunkt in der Nachahmung schwieriger antiker Strophen und der Bestimmung der deutschen Lautwerte nach ihrer Verwandtschaft mit dem lateinischen. *Vater* hat sich also im deutschen Vers genau so zu benehmen wie *pater* im lateinischen. So wollte es Magister **Adamus Bythnerus** zu Weichselmünde (1639). Nicht ganz so radikal war der Versuch, dem *Hexameter* Heimatrecht in der deutschen Dichtung zu gewähren.

Johann Brandmüller (1593–1664), ein Kleinbasler, erlangte 1611 die Magisterwürde, wurde 1612 Prediger, wirkte 1613 im Toggenburg, 1616 in Langenbruck (Baselland) und von 1624 an in Mülhausen. Von seinem Hauptwerk, dem Poema Rauricum, einer poetischen Urgeschichte Basels in einem heroischen Gedicht in antiken Versmaßen, das die Schicksale des jungen Ritters Fridamor und des Schäfers Erotander mit der Geschichte von Augst verbindet, ist kaum mehr bekannt als der Titel der Handschrift in der Universitätsbibliothek Basel.

Anscheinend ohne Kenntnis seiner Vorgänger, z. B. Fischarts, versuchte **Brandmüller** deutsche Hexameter in Glückwunschversen an frischgebackene Baccalaureen (1621) und Magister (1624). Schon der Anlaß zeigt, daß er lateinische Glückwunschcarmina durch deutsche ersetzen will. Er bemüht sich nach dem Vorbild von Konrad Gesner um die Beobachtung der lateinischen metrischen Gesetze und gleitet, wenn es nötig ist, über die deutsche Wortstellung und Betonung hinweg. Hexameter, Disticha und lyrische Strophen baut er reimlos. Anakreontische, trochäische und jambische Verse reimt er. Seinem Überdruß über die gleichlangen Reimzeilen, welche er mit „*Schwebelhölzlin*" vergleicht, macht er Luft. Brandmüller ist ein lehrreiches Beispiel für einen wohl vereinzelt gebliebenen Versuch, die lateinische Tradition zu durchbrechen, und zwar so, daß er die lateinischen metrischen und rhythmischen Formen durch deutsche ersetzte. Er ist sich der Originalität seines Unternehmens durchaus bewußt und beginnt seine erste Sammlung mit einem deutschen Hexametergedicht, in dem er Jupiter den Befehl an Mnemosyne geben läßt, „*dass die Musae beyder Töchteren jhre so lang den Teutschen verhaltene newe Dichterey anheben*". Mag auch die deutsche Zunge einst grob und rauh gewesen sein, jetzt ist sie es nicht mehr. Die Absicht der kurzen Rede des Vaters der Götter und Musen steht in den Versen:

> Also wo nach langem den Teutschen käme von vnsern
> Töchtern ein anmut, jhre aller Zierde gemässe
> Vollkommne, vnd jmmer wortreichere zunge zu üben,
> Jhnen es vnmüglich nie wäre, mit heiliger Hilffe
> Fürohin alle deren spitzfindige Künste, Gedichte
> Vnd wercke auffs schärfste zu bringen in eigene Sprache.

Nun sagt jede Muse ihr nach antikem Muster gebautes deutsches Glückwunschgedicht an einen der neuen Träger der niedersten akademischen Würde. Dann fordert Apollo den Musensohn zu einem gemeinsamen Preislied auf. Am Ende hielt es der Dichter für nötig, sich gegen den *Zoilus Neidhart* zu wenden. Er wußte wohl, daß er mit solcher Neuerung die Kritik seiner scharfzüngigen Landsleute herausforderte.

Johannes Engerdus hat mit seiner deutschen Prosodie (1583) wenig Erfolg gehabt. Langsam gewöhnte sich das Ohr an die neue

Metrik, welche sich durch die Musik, den Psalter und das weltliche Lied festigen konnte. Von Wien und Prag (Regnart) griff das neue Lied nach Sachsen über. Drei dichtende Musiker festigten mit ihren Kompositionen und z. T. selbstverfaßten Liedern die Tradition.

Hans Leo Haßler (1564–1612), ein Nürnberger, wirkte nach einem Studienaufenthalt in Venedig (1584) als Organist in Augsburg, städtischer Kapellmeister in Nürnberg und im Dienste des Kurfürsten in Dresden. Er vertiefte die italienische Formgebung. *Neue teutsche Gesang*, die er 1596 veröffentlichte, bereiteten den Boden für die Versreform vor, die auf dem vorprellenden Gebiet des Liedes mit den neuen romanischen musikalischen Formen in innigster Verbindung steht.

Christoph Demantius (1567–1643) aus Reichenberg begründete die sächsische Musiktradition. Seine *neuen deutschen weltlichen Lieder* (1595) sind für die Entwicklung bedeutsam geworden.

Johann Hermann Schein (1586–1630) hat als Hofkapellmeister zu Weimar (1615) und Thomaskantor in Leipzig (1616) mit Villanellen, zu denen er selbst die Texte dichtete, und Waldliedlein die Verbreitung der neuen Form gefördert. Durch seine Beziehungen zu Opitz, als Lehrer von Fleming und den Königsbergern Albert und Dach hat er den Aufstieg der neuen Formgebung gefördert.

Psalter und weltliches Lied schwächten den Akzent. Sowie sich die Formgebung auf den gesprochenen Vers ausdehnte, unterstellte sich dieser dem wellenartigen Gleiten: d. h. der alte Vierheber zog sich zurück und die beliebig langen *alternierenden Verse*, an ihrer Spitze der Alexandriner, waren zum Einmarsch bereit. Bei Ernst Schwabe von der Heyde (1616) scheinen sich die Möglichkeiten einer Angleichung des französischen, von der Musik unterstützten Prinzips an das Lateinische eröffnet zu haben. Wem der Kompromiß gelang, der konnte sich auf eine Leistung berufen.

In *Heidelberg* wurde die von Schede herführende Tradition aufrechterhalten. Es scheint, daß Petrus Denaisius (1560–1610), ein Straßburger aus lothringischer Familie, der 1583 in Basel zum Doctor iuris promovierte, 1590 Assessor beim Reichskammergericht in Speyer war und als pfälzischer Rat von Heidelberg aus mit diplomatischen Sendungen in Polen und England beauftragt war, in seinen Gedichten die Spuren von Fischart und Schede sichtbar werden läßt; denn er setzte Fischarts scharfe Polemik gegen die Jesuiten (1607) fort und wird von Zincgref als Vorläufer von Opitz bezeichnet. Zincgref hätte mit seinem sicheren Blick neben sich selbst auch Hock und Weckherlin in diese Entwicklung auf Opitz hin einordnen können.

Theobald Hock oder Hoeck (1573 bis um 1621) aus Limbach i. d. Rheinpfalz, der am Hof des letzten Rosenbergers in Südböhmen um 1600 lebte, gab 1601 eine Gedichtsammlung *Schönes Blumenfeld* heraus, in der der Übergang vom Meisterlied zu romanischer Formgebung sichtbar wird. In manchem berührt er sich mit Schallenberg; denn wie dieser wollte er die Hofgesellschaft der deutschen Dichtung geneigt machen. Er mag die gespannte Atmosphäre in Böhmen vor Ausbruch des Dreißigjährigen Krieges gefühlt haben. Die Stimmung in seinen Gedichten schwankt zwischen stoischem Bekennertum und petrarkistischem Weltschmerz aus Enttäuschung über Hofdienst und Liebe. Es ist schwer zu sagen, ob er dem Vorbild und der Konvention verfällt oder ob er „*Erlebnislyriker vom Schlage der großen Kämpferseelen*" ist. Frische und Leidenschaft allein machen den Dichter nicht aus. Um Hock erfassen und würdigen zu können, müssen erst philologische Fragen geklärt werden: Welchen Anteil an den schlecht überlieferten Texten hat die Offizin, in der sie gedruckt wurden? Verleugnet Hock seine Heimatmundart und hält er sich wirklich schon an das reine Ostmitteldeutsche? Es wäre mehr als sonderbar, wenn er dies getan hätte, da Heidelberg noch immer geistiges Zentrum war und das Ostmitteldeutsche erst durch Opitz die deutsche Dichtersprache mit Beschlag belegte.

Georg Rodolph Weckherlin (1584–1653) studierte in Tübingen (1601), kam 1604 nach Leipzig, Halle und Wittenberg, 1606 nach längerem Aufenthalt in Paris auf drei Jahre nach England. Einige Jahre, nachdem er sich mit Elisabeth Raworth (1616) vermählt hatte, wurde er Unterstaatssekretär. In diesem Amt wurde 1649 *Milton* sein Nachfolger, dem er wegen dessen zunehmender Augenschwäche 1652 als Assistent beigesellt wurde. Da Weckherlin nur kurze Zeit in seiner schwäbischen Heimat lebte, Einzelgänger war und sich, als Opitz nach Heidelberg kam, nicht mehr in Deutschland aufhielt, strahlten wenig Anregungen von ihm aus. Seine Dichtung, die sich an Ronsard und du Bellay und damit an die französische Prosodie hält, trägt höfische Züge und hat kaum eine Verbindung mit der neulateinischen Dichtung. Weckherlins Stellung ist umstritten. Mit seiner Technik fühlte er sich vereinsamt, sonst hätte er sich nicht in den letzten Ausgaben seiner Gedichte (1641, 1648) zum Nachteil der Frische und Ursprünglichkeit der ersten Fassungen den Forderungen der neuen Kunst gefügt. In den vierziger Jahren konnte niemand mehr den Anspruch erheben, auf der Höhe der deutschen Dichtung zu sein, wenn er sich nicht vor Opitz beugte, dessen nicht zu erschütternde Autorität durch die Theorie gesichert wurde.

Bei Weckherlin erklingt *echtes Pathos*, das aus der höfischen Würde entspringt. Dem Schwaben liegen die gehobene Sprache, der Redeprunk und die sittliche Würde. Man ist versucht, aus seinen Gedichten den gleichen Grundton herauszuhören wie aus Schillers Jugendgedichten. Die Vorliebe für *Vergil* schlägt eine weite Brücke zwischen beiden. Doch ist Weckherlin viel weniger ein Geistesverwandter Fischarts als

Ronsards; denn was dessen Kunst erreichte, wollte auch Weckherlin wenigstens mit einer Dichtungsgattung, dem hohen Gesellschafts-lied. Er verfügte über die vielfältigsten Register, weil er noch aus Geist und Rhythmus der deutschen Sprache dichtete, weil er dem spröden Sprachstoff noch nicht die Zwangsjacke einer Versreform anlegte, wenn er sich auch später dem neuen Geschmack nicht entziehen konnte. Selbstsicher bewegte er sich in der höfischen Welt. Er war kein Parvenu wie Opitz. Die Verwandtschaft von Fischarts Trunkenlitanei mit Weckher-lins Ode „Drunckenheit" liegt mehr im Stoff und in der gleichen Art, das Leben in der Gabe des Bacchus zu genießen. Man darf sich diese „höfischen" Dichter nicht in den seidenen Fräcken des 18. Jahrh.s vor-stellen, sondern in ihren Lederkollern, im Sattel, als abenteuerhungrige und genießende Kraftmenschen. Sie redeten und dichteten, wie es ihnen ums Herz war, und hielten sich an das Volkslied, wo die gelehrte lateinische Dichtung der Schulfüchse versagte. Mit seiner selbstver-ständlichen Kunst, welche dasselbe wollte wie Opitz, der auf Stelzen ging, wirkte Weckherlin natürlicher. Er bleibt immer er selbst, mag er sich und seine Kunst noch so öffentlich zur Schau stellen. Er hat den festlichen Ode für das ganze Jahrhundert den Erfolg gesichert. Er wußte, daß die Dichter Träger des Ruhmes und der politischen Meinung sind. Er war am Vorabend des großen Krieges einer der wenigen politischen Dichter, die das Unheil heraufziehen sahen. Wenn er im Alter dichtete, hielt er sich an Psalmen und Hirtengesang. Das war die Flucht aus der Wirklichkeit, zu Gott und zur Natur. Weckherlin war ein Einzelgänger zu einer Zeit, da sich die Dichter in Gruppen vereinigten, und gelehrte und volkstümliche Kunstübung längst voneinander getrennt waren. Er hielt noch lange deren Elemente zusammen; er hatte aus der Er-fahrung und einem starken Sprachgefühl gelernt, was den kommenden Dichtern, die etwas auf sich hielten, das windige Büchlein von der deutschen Poeterey vermitteln mußte.

Julius Wilhelm Zincgref (1591–1635) ist als Sohn eines kur-fürstlichen Rates in Heidelberg geboren und schloß dort, nachdem ihn Studienreisen über Frankreich nach England und den Niederlanden geführt hatten, 1617 mit dem juristischen Doktorat seine Studien ab. 1622 floh er nach Frankfurt a. M. und Straßburg. Später begleitete er als Dolmetsch den französischen Gesandten Marescot auf seiner Reise in Deutschland. In Worms heiratete er 1626, dann war er Landschreiber in Kreuznach. Seine letzten Lebensjahre stehen im Zeichen von Krieg und Krankheit.

Von Zincgref geht eine starke Anregung aus. Er ist Verbindungs-mann zwischen den Heidelberger Professoren *Lingelsheim* und *Gruter* und den Straßburgern. Als Moralsatiriker setzte er den Journalismus Fischarts fort (*Quotlibetanischer Weltkefig*). Mit seinen *Facetiae Pennalium*

(1618) wollte er den verknöcherten Späthumanismus aufrütteln, indem er gelehrte Eitelkeit, Überheblichkeit und Scharlatanerie bloßstellte, sittliche Erneuerung forderte und gegen Grobianismus und Selbstgefälligkeit zu Felde zog. Seine *Emblemata* (1619) wurden oft aufgelegt und erneuert. Mit ihren Sinnsprüchen, Erläuterungen zu Bildern und Devisen machten sie Schule. Noch größere Lebenskraft bewährten die *Apophthegmata*, der Teutschen scharfsinnige und kluge Sprüch, welche 1626 zum erstenmal die Presse verließen. Lingelsheim, Moscherosch u. a. haben sich als Mitarbeiter späterer Auflagen bewährt. Die Vielfalt des Inhalts (Anekdoten, Aussprüche von Hofnarren, Eulenspiegeleien, Wortspiele und dgl.) versah den Mann von Welt mit Gesprächs- und Unterhaltungsstoff. Der Übergang vom Lateinischen zum Deutschen wird auch bei Zincgref sichtbar. Er will die heimische Tradition mit der neugeborenen deutschen Renaissancelyrik verbinden. Selbst wenn Opitz ihm das Heft nicht aus der Hand genommen hätte, hätte er sich bei der Tendenz der Zeit zur reinlichen Scheidung beider Kunstübungen mit solchen Absichten kaum durchsetzen können. Er steht der volkstümlichen Kunstübung näher als Opitz und ist kein radikaler Neuerer.

Eine Betrachtung von Weckherlin und Zincgref ruft nach ihrer Gegenüberstellung mit *Opitz* und führt zwangsläufig zu der bedauernden Feststellung, daß sich eine kräftige, überlieferungsbewußte Haltung und Formgebung vielleicht doch gegen das Dogma und die neue Kunstgesetzgebung hätte durchsetzen können, wenn ... und dann kommen phantasievolle Vermutungen, wie sich die literarische Entwicklung dann vollzogen hätte. Die Geschichte kennt solche Gegenproben nicht. Sie darf nur mit Tatsachen rechnen und darf vielleicht darin eine schicksalhafte Wendung erkennen, daß den Glaubensdogmen, den neuen sowohl wie den erstarkten alten, deren Kampf um die Vorherrschaft das ganze geistige Leben Deutschlands erschütterte, die Kunstdogmen folgten. Daß sie sich so schnell ausbreiteten und Anerkennung finden konnten, zeigt eben doch, daß sie lebenskräftig waren und die Zeit für das Neue empfangsbereit war, die alte Formgebung aber sich erschöpft hatte. Sie hörte aber doch nie ganz zu bestehen auf; ihre Elemente bewiesen eine zähe Lebensfähigkeit.

LITERATUR

Ungefähr gleichzeitig haben *Günther Müller*, Geschichte des deutschen Liedes, München 1925 und *A. Heusler*, Deutsche Versgeschichte, 3 Bde, Berlin 1925–29 die Forschung auf neue Grundlagen gestellt.

Psalmen: E. Trunz, Die deutschen Übersetzungen des Hugenottenpsalters. Euphorion 29 (1928) S. 578–617.

Schede: Die Psalmenübersetzung wurde von M. H. Jellinek Neudr. Nr. 144–48, Halle 1896, herausgegeben

Schallenberg: hrsg. von H. Hurch, BLVS 253 (1910).

A. v. Dohna: hrsg. von A. Chroust, München 1896.

Joh. Brandmüller: E. Martin, Verse in antiken Maßen zur Zeit von Opitz' Auftreten. Vjschr. f. Litgesch. 1 (1888) S. 98–114.

Th. Hock: Schönes Blumenfeld, hrsg. von M. Koch Neudr. Nr. 157–159 (1899).

G. R. Weckherlin: hrsg. von H. Fischer, BLVS 199 f. 245 (1894–1907).

Zur *Lyrik* sei ein für allemal auf die große Auswahl von H. Cysarz, DL Bar. Lyr. 1–3 (1937) und dessen Deutsches Barock in der Lyrik, Leipzig 1936, verwiesen.

ZWEITES KAPITEL

ALTE ÜBERLIEFERUNGEN

Wir fassen in diesem Kapitel die wirksamen alten Kunstübungen und Formen, welche einen verschiedenen Grad von Lebensfähigkeit zeigen, sowie deren Wiederbelebungsversuche zusammen. Nur sehr wenig von dem, was hier behandelt wird, läßt sich in der Literatur des 17. Jahrh.s weiter verfolgen. Die merkwürdigste Erscheinung in diesem Zusammenhang ist eine engere Verbindung des humanistischen Bildungsgutes mit dem Meistergesang. Es ist schon darauf hingewiesen worden, daß der Humanismus sich in die Schule zurückzieht, indes wird sich hier zeigen, daß seine Leistungen auf dem Gebiete der Dichtung über einen kleinen Kreis hinaus keine große Anziehungskraft mehr ausüben können. Nur wo er sich in den Dienst der geistigen und gesellschaftlichen Bildung stellte, hatte er Erfolg. Diese Geneigtheit zu Verbindungen mit anderen Bewegungen und Gattungen hatte er stets bewiesen. Die gewaltigen Stoffsammlungen an Erzählungen, Beispielen, moralischen Weisheiten kamen dem Bildungshunger auch jener entgegen, welche nicht lateinisch verstanden. So lebt denn die humanistische *Übersetzung,* welche im Südwesten des deutschen Sprachgebietes in den dreißiger Jahren des 16. Jahrh.s geblüht hatte, wieder auf. Aber damals waren es die Gelehrten, welche bewußt das Bildungsgut ausbreiten wollten. Am Ende des Jahrhunderts waren es zwar auch Vertreter der Bildung, aber ihre Ideale waren nicht an den klassischen, sondern an den volkstümlich-meistersängerlichen ausgerichtet, sie fühlten sich als Bürger. Wohl hatten sie erkannt, daß das handwerkliche Gebaren der Meistersänger sich im leblosen Formenreichtum erschöpfte, deshalb suchten sie, ihm neuen Stoff zuzuführen. Doch haben die beiden Notare, welche zur selben Zeit – der eine in Nürnberg, der andere in Augsburg – das Fastnachtspiel auffrischten und die volkstümliche Übersetzungskunst neu beleben wollten, keine Nachfolge und wenig Erfolg gehabt. Es mag an den schwachen Talenten gelegen haben, vielleicht aber auch an dem Begehren des Unmöglichen. Von einem anderen Gesichtspunkt aus erweist sich das Bürgertum, welches für eine Weile an allen literarischen Bemühungen teilgenommen hatte, nicht mehr fähig, die Spannungen, welche sich durch den Einbruch der neuen Kunstübungen ergaben, auszugleichen. Nur jene Gattungen, welche sich an die Allgemeinheit wandten, *Drama, Volksbuch, Schwank* und *Kirchenlied,* konnten erfolgreicher die alten Überlieferungen pflegen.

Man kann die hier behandelten Erscheinungen auch als ein Absterben der spätmittelalterlich-humanistischen Formen und Haltungen

ansehen, vom Herbst des Meistergesanges, der Übersetzung klassischer
Texte im alten Knittelvers, des Fastnachtspiels und Volkstheaters
sprechen. Vielleicht ist es auch berechtigt, in solchen Zusammenhängen
darauf hinzuweisen, daß einzelne Formen sich der neuen Überlieferung der
Texte durch den Druck nicht anpaßten, weil ihre Lebens- und Entwicklungsbedingungen sich nicht vom alten Herkommen lösen konnten.
Man hat das Recht, von einer Umwertung der Werte, einem Zerfließen
der festen Formen, kurzum von Auflösungserscheinungen zu sprechen.
Gleichzeitig entfaltet die Lebenskraft der frei gewordenen Bestandteile
ein wucherndes Wachstum.

1. NEULATEINISCHE DICHTUNG

In der Entwicklung der neulateinischen Dichtung fällt das langsame Zurücktreten der reinen Lyrik, die Pflege des Lehrgedichts
nach dem Muster von *Tibull* und die auch bei Frischlin zu beobachtende
Wendung zum umfangreichen Epos auf. Stoffe aus der biblischen
Geschichte des Alten Testaments, des Lebens Christi – besonders beliebt
sind der bethlehemitische Kindermord und Themen der Passion – und
der Heimatgeschichte werden mit mehr oder weniger Geschick, großem
Eifer und Gelehrsamkeit in Hexameterdichtungen von vielen tausenden
Versen oder kürzeren Zusammenfassungen von Episoden zusammengewoben. Die starke Verwendung der Allegorie in dieser Epik, die
noch nicht einmal registriert, geschweige denn in irgendwelche europäischen Zusammenhänge mit der Renaissanceepik gestellt ist, zeigt,
daß *Lucan*, die spätantike und christliche Dichtung (*Martianus Capella,
Prudentius*) zu Ehren kommen und ihren Rang unmittelbar neben *Vergil*
beanspruchen. Ähnlich wie im Drama werden auch im Epos die auf der
Erde sich abspielenden Vorgänge im Himmel oder Olymp beschlossen.
Die seelischen Handlungen vollziehen sich parallel zu den erdhaften
in einer höheren Welt und sind vom Lauf der Planeten bestimmt. Man
darf diese nicht als Phantasievorstellungen bezeichnen; denn sie sind für
die Menschen genau so wie das Reich der Dämonen und Teufel eine
Wirklichkeit. Wie nach der Auffassung der Zeit der Teufel lebt und
das Gebiet der Laster in seine Bezirke aufgeteilt hat, sein Unwesen entweder selbst treibt oder sich der Vermittlung der Hexen bedient, so
leben auch die guten Gegenkräfte der Engel, Heiligen und Tugenden
und ringen um ihre Bewährung. Heinrich Husanus (Haussen 1536–87), einer der berühmtesten
politischen Redner, hielt mit seiner Sammlung meist religiöser Gedichte
(*Imagines* 1573, *Elogiae* 1577) und einem gereimten Gebetbuch *Preces
anniversariae* (1587) noch am alten Brauch fest. Anton Mocerus

(Mocker 1535–1607) hingegen ging von einer *Historia passionis* (1588) und dem *Bellum scholasticum*, einer Dichtung, die den Lehrbetrieb mit allen seinen Krisen und Spannungen abzeichnet, zu einer *Psychomachia* (1596) über. Da stellt er den Kampf zwischen Vernunft und Willen, Tugenden und Lastern mit sprichwörtlichen Lebensregeln für die heranwachsende Jugend zusammen. Die beiden letztgenannten Werke zeigen, wie die Zeit für die großen Erziehungsreformen von Comenius, Andreae und Ratichius heranreift.

Gegen die Übertreibungen des Humanismus, die Belastung mit Wissensstoff und für eine zarte Behandlung des Kindes setzte sich *Nathan Chythraeus* (Kochhafe 1543–98) ein, der als Calvinist sich auf die Zähmung der Affekte im Sinne Catos berief, damit aber die vergilische Ausgeglichenheit und Anmut zu verbinden wußte. Chythraeus ist ein vielseitiger und fruchtbarer neulateinischer Dichter, der von weltlichen Stoffen übergeht zur religiösen Behandlung der kirchlichen Feste mit dem Ehrgeiz, ein *christlicher* Ovid zu werden, und mit dem Schuldrama *Abraham* (1595) und seinen *Ludi litterarii* (1580) sein Schaffen in den Dienst des Unterrichts und der moralischen Unterweisung stellte. Auch bei ihm zeigen sich Ansätze, die Verbindung mit dem Schrifttum in der Volkssprache aufzunehmen mit deutschen äsopischen Fabeln (1591), noch mehr mit der Sammlung des niederdeutschen Sprachschatzes (1582).

Chythraeus stammt aus Menzingen in der Pfalz, studierte 1555 in Rostock, 1560 in Tübingen und war von 1564 an Professor des Lateinischen in Rostock. Seiner Sympathien für den Calvinismus wegen wurde er 1592 seines Amtes enthoben. Er hatte einen erträglichen Lebensabend als Rektor in Bremen.

Der Rheinländer und Rektor von Regensburg Otto Gryphius, welcher 1593 das *Leben Jesu* in einem Epos behandelt hatte, schrieb zur Hochzeit des Herzogs Johann Friedrich von Württemberg mit Barbara Sophia von Brandenburg (am 5. November 1609) ein Epos *Wirtembergias*, eine Landesgeschichte, die mit Eberhard im Bart begann. Gryphius bringt seine antiquarische Gelehrsamkeit in vielen Exkursen unter, er folgt dem alten Brauch genealogischer Ableitungen und verbindet seinen Stoff dann auch wieder mit dem festlichen Geschehen, indem er z. B. ein Feuerwerk beschreibt.

Die humanistisch-neulateinische Kunstübung hat sich, von noch zu behandelnden Einzelerscheinungen abgesehen, um die Jahrhundertwende erschöpft. Sie wird entweder von den aufsteigenden neuen Vorbildern aus den romanischen Literaturen verdunkelt, welche zur Nachahmung in deutscher Sprache reizten, oder verbindet sich mit Formen und Gestalten, die in der volkstümlichen Überlieferung daheim sind. So ist wohl eine Eulenspiegelnatur wie Friedrich Taubmann (1565 bis 1613) aufzufassen, der als Professor der Poesie in Wittenberg von eifersüchtigen Kollegen ähnlich wie Frischlin in Tübingen behandelt wurde, sich aber als „*kurzweiliger Rath*" der sächsischen Kurfürsten in

der Hofgunst sonnte. Sein strenger Ciceronianismus steht in merk-
würdigem Gegensatz zu seiner wahlverwandten Vorliebe für *Plautus*.
Glaubte er, das Erbe des Humanismus dadurch zu retten, daß er versuchte, mit schlagfertigem Witz und gewandter Improvisationskunst
auffrischend und wiederbelebend zu wirken? Ist es berechtigt, aus den
Lebensbeschreibungen Taubmanns, die sein Andenken bis in das
18. Jahrh. wachhielten, zu schließen, daß seine frische Offenheit sich
naiver Selbstironie verband? Auf diesem Gebiet hatte er wohl keine
Nachfolge, hingegen machten seine breiten Erklärungen und seine
Vorliebe für spätantike Autoren Schule. Darüber hinaus hat er den
am Lateinischen geschulten Formsinn weitergegeben. Über seine Schüler
Kaspar von Barth und *Augustus Buchner* wurde er mit der neuen deutschen Formgebung verbunden.

Johannes Seusse (etwa 1560–1631) bekleidete eine führende Stellung im kur-
fürstlich-sächsischen Konsistorium. Er ist mit seinem Freunde Taubmann einer der
namhaftesten Vertreter neulateinischer Dichtung um die Jahrhundertwende. Seine
späteren deutschen Gedichte werden als wenig talentvolle Proben in der Manier von
Opitz bezeichnet. Das hohe Ansehen, in welchem er bei seinen Zeitgenossen, besonders
Taubmann, Opitz, Buchner, Fleming und Tscherning, stand, hätte ihn längst einer
eingehenden Betrachtung würdig gemacht.

Kaspar von Barth (1587–1658) empfing in der späthumanistischen
Luft von Halle seine erste Bildung. Taubmann sah in ihm ein Wunder-
kind, weil er mit 13 Jahren eine lateinische Abhandlung über die neuplatonische Philosophie schrieb. Sein Wissen erstreckte sich über die
breite spätlateinische Literatur, welche er nach Taubmanns Methode
erklärte. Dies gab ihm auch das Vorbild für seine eigenen lateinischen
Angriffs- und Liebesdichtungen, welche seine humanistisch-protestan-
tische Streitbarkeit und künstlerische Traditionsgebundenheit zeigen.
Über die kosmischen Ausblicke und die lehrhafte Satire seiner religiösen
Dichtung *Zodiacus vitae Christianae* führt sein Weg in die Zurückgezogenheit und zur geistigen Haltung der Kirchenväter, mit denen er sich im
Bewußtsein, eine Sendung zu erfüllen, trifft. Doch konnte er den Zwiespalt zwischen ungebändigter Lebenskraft, gesteigertem Selbstbewußtsein und bekenntnisfreudiger Zerknirschung nicht aufheben. Symbol
und Mythos des Phönix, dessen Bedeutung für die Alchemie in der
Verkörperung des höchsten irdischen Geheimnisses lag, zogen ihn besonders an. Zuerst schrieb er, von *Lactantius* und *Claudian* ausgehend,
eine lateinische Dichtung darüber. Sein „Deutscher Phönix" erschien 1626. Der durchsichtige Aufbau wird durch verschiedene Abschweifungen, den gelehrten Ballast und die unvermeidliche Polemik
gestört. Dadurch entsteht eine merkwürdige Mischung aus einer Wiedergabe der Fabel, deren Deutungen, zu denen Stellung genommen wird,
und referierendem Bericht. Die christliche Symbolik allein erhebt ihren

Geltungsanspruch. Als erstes christliches Epos in deutscher Sprache hat der deutsche Phönix seine besondere Bedeutung. Barth wetteiferte bewußt mit *du Bartas*, doch gelingt es ihm nicht wie diesem, das Phönixsymbol in seiner Tiefe zu erfassen. Er geht in die Breite, setzt sich seinem streitbaren Geltungsbedürfnis entsprechend mit anderen Auslegungen auseinander und leistet Mosaikarbeit in holprigen, silbenzählenden Alexandrinern.

Die schwankende Unsicherheit zwischen den Sprachen und das Virtuosentum in der Handhabung des lateinischen Verses wird in Übersetzungen und lateinischen Umdichtungen sichtbar. So hat Friedrich Hermann Flayder (1596–1640) *Petrarcas* Trionfi und *Tassos* Aminta in lateinische Verse übertragen, *Frischlins* Aristophanesübersetzung fortgeführt und sich als Verfasser lateinischer Lustspiele betätigt. Flayder war Tübinger und wurde dort schon unmittelbar nach Abschluß seiner Studien (1620) Professor am Collegium illustre. Gleichzeitig hielt er an der artistischen Fakultät Vorlesungen. Seine Ernennung zum Bibliothekar und seine Dichterkrönung, bei der er als zweiter Terenz gefeiert wurde, fallen in das Jahr 1626. Um diese Zeit sind auch seine das weibliche Element stark betonenden lateinischen Schuldramen entstanden: *Imma portatrix* (1625), Emma, die Eginhard auf ihren Schultern trägt, eine Bearbeitung des Graf-von-Gleichen-Stoffes (1625) und eine des Genovevamotivs. Lebendig ist eine Satire auf die deutschen Zustände *Moria rediviva* (1627).

Die hervorgehobene Stellung der Gelehrten, welche allgemein in Europa und ohne Beschränkung auf eine Konfession am Ende des 16. Jahrh.s als Stand in Erscheinung treten, ruht auf der humanistischen Bildung, welche die alte ständische Ordnung durchbrach. Der Gelehrte konnte aus Adel, Bürgertum oder Bauernstand kommen. Nur gewisse Stellungen in der Verwaltung blieben den Adeligen vorbehalten. Kenntnisse und Bildung, für welche der akademische Grad oder die Dichterkrönung Gewähr boten, verliehen dem Gelehrten das Ansehen, das ihm den Weg zu einer Stellung am Hofe oder zu einem akademischen Lehramt öffnete. Während die Bildung des Volkes mit den Mitteln aufgebaut war, welche die Muttersprache bot, ruhte die universale, einheitliche europäische Bildung auf der Rhetorik und legte besonderen Wert auf die Form im weitesten Sinne des Wortes. Weltläufigkeit und Weite des geistigen Horizonts wurden auf Reisen gewonnen. Das Lob der Bildungsreise, die gegen Ende des 17. Jahrh.s zur Kavalierstour wird, ist ein beliebtes Motiv neulateinischer Dichtung. Persönlich geknüpfte Beziehungen hielten die weitgespannten gelehrten Briefwechsel aufrecht. Literarische Freundschaften blühen auf der Grundlage der allgemeinen Bildung, des humanistischen Empfindens und der kunstvoll gepflegten Ausdrucksweise. Sie sind seelisches Bedürfnis und begünstigen das Werden einer europäischen geistigen Elite, die das Gelehrtentum mit internationalen Zügen ausstattet. Der *Brief*, der in diesen Zeiten die Aufgabe der späteren wissenschaftlichen Zeitschriften erfüllt, steht einerseits im Zeichen persönlichen Wollens und individueller geistiger Prägung, andrerseits unter dem selbstverständlichen

Gesetz einer vorgeschriebenen, gepflegten Ausdrucksweise und eines
kunstvollen Aufbaus. Man verläßt die Ebene des Alltags und die
vulgäre Ausdrucksweise, wenn man der Bildung im Zeichen der Freundschaft dient. Diese bewußten Äußerungen der stilisierten Erlebnisse und
Erfahrungen haben auch in den Formen der Dichtung, vor allem der
Schäferpoesie, ihre Parallelen. Erst wenn diese hier nur angedeuteten
Voraussetzungen in ihrer ganzen Tragweite erfaßt sind, kann man ermessen, was es bedeutete, einen Teil dessen, was bisher ausschließlich
Domäne der lateinischen Sprache war, der deutschen Sprache und einer
neuen Kunstübung zu übertragen, die erst mühsam nach fremden
Vorbildern geschaffen werden mußte. Wie verschieden verhalten sich
da die einzelnen Glaubensbekenntnisse, Landschaften, Dichtungsgattungen und Formen! Allein von diesem Standpunkte des Übergangs
vom Lateinischen zum Deutschen, der uns immer wieder beschäftigen
wird, ergibt sich eine verwirrende Problematik, verschiebt sich die
Autorität, fallen Scheidewände und Grenzpfähle, wird um das Neue
gerungen! Das Entscheidende in diesem scheinbaren Chaos aber ist die
nie ruhende und von immer neuen Erkenntnissen begleitete Durch-
formung der deutschen Dichtersprache und Ausbildung der deutschen
Prosa. Beide finden langsam auf scheinbaren Irrwegen zur Eigengesetzlichkeit der deutschen Formgebung zurück. In diesem Zusammenhang
ist unsere vornehmste Aufgabe, das Sinnvolle dieser Entwicklung zu
erkennen, den Anteil der einzelnen Dichter und Gruppen daran zu
bestimmen, in der verwirrenden Vielfalt der Personen, Formen,
Meinungen, Versuche die Einheit zu erfassen und auf dieses Ziel hin
die unbedeutende und die große Einzelheit auszurichten.

2. GEORG ROLLENHAGEN

Inmitten des Gedeihens frischer Samen und Absterbens von Gattungen treten immer einzelne auf, welche unberührt und unbeeinflußt
von neuen Anregungen das bewährte Alte auf ihre Weise pflegen und
ihm den zarten Stempel ihrer Persönlichkeit aufprägen. Sie sind mit
Lust und Liebe bei der Sache und kümmern sich um theoretische Erörterungen ebensowenig wie um Neuerungen und modische Kleidung.
Ihre *solide Altertümlichkeit* kommt ihnen selbst kaum zum Bewußtsein.
Sie wissen kaum, daß sie in einer Zeit, in der das ästhetische Gefüge und
die gesellschaftliche Ordnung ins Wanken geraten sind, mit ihrer Überzeugung und im Sinne ihrer Natur auf festem Grund stehen und sich
in ihrer Auffassung durch nichts beirren lassen. Die bedeutendste und
sympathischste Erscheinung dieser Art ist Georg Rollenhagen
(1542–1609).

Er besuchte die Schulen in Prenzlau und Magdeburg (1558), studierte in Wittenberg, kam 1563 als Rektor nach Halberstadt und wirkte von 1567 an in Magdeburg zuerst als Lehrer, dann (1573) auch als Prediger und schließlich als Rektor des altstädtischen Gymnasiums. Unter seiner Leitung wurde diese Bildungsstätte zur besuchtesten und berühmtesten Schule in Norddeutschland.

Der Schulhumanismus, in dem er wurzelt, verliert im Schaffen von Rollenhagen seine räumliche Einengung und Beschränkung auf die Gebildeten. Er geht eine feste Bindung mit der *Unterhaltungslektüre des Stadtbürgertums* ein, die er mit bewährter Zutat durchsetzt. Sein dramatisches Schaffen verbindet Schuldrama und Volksschauspiel. Es behält den demokratischen Zug bei und strebt nicht nach den Höfen. Es verbindet den Zug in die Weite mit einem geschlossenen, moralisch gefestigten Weltbild. Es lebt aus der Häuslichkeit und stellt die bürgerlichen Tugenden heraus, wie das Jesuitendrama gleichzeitig den Hofmann und Träger der Gegenreformation herauszubilden begann. Schlichte Treuherzigkeit gibt der gewollten Lehrhaftigkeit Rollenhagens eine liebenswürdig-realistische Note. Mit Glück setzt er die *Moralsatire* ins Dramatische um, so wenn er das Benehmen bei Tisch nicht kodifiziert oder in grobianischer Übertreibung durch das Gegenteil lehrt, sondern es in einer Szene, welche Gelegenheit zur Vorführung der vorbildlichen und verpönten Sitten bietet, *ad oculos* demonstriert. Die drei deutschen Dramen Rollenhagens: *Abraham* 1569, *Tobias* 1576, *Der reiche Mann und der arme Lazarus* 1590 zeigen in der Stoffwahl die Ausrichtung auf die Vorführung bürgerlicher, häuslicher, zeitnaher Verhältnisse. Sie werden zum Unterschied von den lateinischen, auf den internen Schulbetrieb beschränkten Dramen von ausgewählten Schülern öffentlich auf freiem Platze aufgeführt. Finder oder Bearbeiter neuer Stoffe ist Rollenhagen nicht. Doch schaltet er frei mit den Vorlagen und wertet sie für seine besonderen Absichten aus. In der genrehaften Ausgestaltung und Zutat liegt seine Stärke. Er synchronisiert die biblischen Stoffe, indem er sie mit Motiven, Szenen und Bräuchen aus seiner Zeit und Umwelt ausstattet. Hier kann er auf Glaubenspolemik verzichten, da er den Zugang zur Bibel über das zeitnahe Menschentum, nicht über das Dogma oder die reine Lehrhaftigkeit findet. Die paraphrasierende Technik der Moralsatire hat eine Parallele in Rollenhagens Einfügung von Episoden. Mit den Ehespiegeln und der Teufelsliteratur berührt sich das Tobiasdrama, sobald der Hausteufel *Unrath* darin sein Unwesen treibt. Den zahlreichen literarischen Beziehungen zu anderen Dichtungsgattungen und zur Moralsatire mögen örtliche und zeitgebundene Anspielungen auf Ereignisse und Begebenheiten entsprochen haben.

Besonders frei geht Rollenhagen mit der Vorlage seines Spieles vom reichen Manne um. Er hält sich mehr an den *Lazarus mendicus* (1541) von *Macropedius* als an das Spiel von *Joachim Lonemann*. Personenzahl (25) und Akteinteilung der Vorlage (1. Die Welt des Reichen. 2. Die des Bettlers. 3. Beerdigung des Reichen) weitet er im Gleichklang der sozialen und religiösen Gegensätze und unter Beobachtung eines strengen Parallelismus zu einem fünfaktigen Großspiel mit hundert Darstellern aus. Man wird sich davor hüten müssen, hier von barocker Schwellung und Antithetik zu sprechen. Die gleichmäßig erweiternde Darstellung überträgt hier nicht ein Werk von einem Stil in einen anderen, sondern hält sich an den Grundriß der Vorlage. Erster und zweiter Akt führen wie diese Leben und Dasein der Hauptpersonen vor. Im dritten leuchtet das breite, üppige Leben des Reichen in der Prachtentfaltung eines festlichen Mahles auf. Da kommen Pharisäer, Spielleute, Spaßmacher, Landsknechte, Modeaffen und Schmeichler auf die Bühne. Auch hier sind die Beziehungen zur Moralsatire mit den Händen zu greifen. Im vierten Akt sterben die beiden Hauptpersonen und im fünften erfolgt deren Bestattung sowie die Vergeltung im Jenseits. Der Ausklang des Werkes hält die Mitte zwischen dem versöhnenden Abschluß der Jedermannsspiele und dem unerbittlichen Ernst der Jesuitendramen (Gretsers Udo, Bidermanns Cenodoxus). Ein selbständiges Meisterwerk Rollenhagens ist die satirische Grabrede. Das volkstümliche protestantische Schuldrama seit Birck, Rebhun und Greff erreicht hier an einem seiner Endpunkte gleichzeitig auch seine Höhe. Was sich da als gesund und lebenskräftig erwies und die dramatische Entwicklung weiter tragen konnte, wurde ins Zwischenspiel verbannt. Es lebt in der Episode und lebensvoll wiedergegebenen Einzelheit im Drama des Hofes weiter, das im 17. Jahrh. die theatralisch-dramatische Entwicklung völlig beherrschte.

3. HOMERÜBERSETZUNG UND MEISTERGESANG

Von Halberstadt aus kam Rollenhagen um 1565 als Betreuer eines Zöglings – es war der Sohn des Magdeburger Stiftsherrn Christoph Werner – an die Universität Wittenberg und nahm dort an der Erklärung der pseudohomerischen *Batrachomyomachia* teil, welche *Veit Ortil* abhielt. Da empfing er die Anregung zu einer volkstümlichen Darstellung des Stoffes. Ein Menschenalter hat er daran gearbeitet und gefeilt. 1595 erschien sein Froschmeuseler. Den Grundgedanken faßte er in die Verse (37–39 vom Vorwort zum 2. Buch):

> Das man daraus spielweis solt sehen
> Wie der welt reich und ratschlag gehen
> Und wie sie auch billig gehn solten.

Neben dem Urtext hatte Rollenhagen als Vorlage die lateinische Übersetzung des Elisius Calentinus Amphratensis, die zuerst 1511 in Straßburg gedruckt wurde.

Zieht man die erste deutsche Prosaübersetzung der Ilias des Wiener Johannes Baptista Rexius (1584) heran, die ausschließlich die lateinische Übersetzung des Originals von *Lorenzo Valla* und *Raffael von Volaterra* benutzt, so treten die Unterschiede zwischen einer humanistischen Übersetzung und einer Ausdeutung auf die Zeitverhältnisse klar in Erscheinung. Die deutsche Ilias von Rexius und die deutsche

Odyssee von *Schaidenreißer* (1537) übersetzen in Prosa, wie man es in der Schule gelernt hat. Wie alle, auch die gelehrtesten Leser und Herausgeber der Zeit, sahen sie ihr Weltbild in die Antike hinein. Man hat eine Parallele dazu in den gleichzeitigen Gemälden, welche Motive aus der antiken Mythologie und Geschichte wiedergeben. Wo der Übersetzer den Gleichklang seiner Umwelt mit der Antike fühlt, schwingt der Sinn des Originals ganz anders mit, als wenn sich zwei fremde Welten berühren und gewaltsam einander angeglichen werden. Die protestantischen Standesherren, politischen Beamten und Kommandanten kleinerer Abteilungen im Krieg gegen die Türken, die Leute vom Schlag eines Schallenberg, welche Rexius in Wien und an den italienischen Universitäten erlebte, begegnen uns in seiner rauhen und ehrlichen Iliasübersetzung als Achilles, Agamemnon, Hektor, Diomedes und Menelaus, die alten erfahrenen Räte und Mahner zur Besonnenheit als Odysseus, Nestor und Priamus. Wenn Achilles sich mit Agamemnon versöhnt, vergißt er wie sein Urbild eine Weile den Schmerz um den toten Freund, überschlägt den Wert des Angebots und meint wie der Grundherr und Bauer, froh, seinen Besitz auf so einfache Art und zum Nachteil eines anderen vergrößern zu können: „*die geschanckh sein nit schlecht.*" Damit erst schlägt er in die hingehaltene Rechte.

Da lebt mehr vom Geiste der Ilias als in den Knittelversen, mit denen der Augsburger Meistersinger und Notar J o h a n n S p r e n g unter Heranziehung mehrerer Vorlagen und des griechischen Originals (griechisch-lateinische Ausgabe von *Sebastian Castalio*, die Hexameterübertragung von *Eobanus Hessus* und die Prosa von *Valla* und *Griffolini*) sich redlich abmüht. Seine beiden Berufe sind bezeichnend für die Verhältnisse zu Augsburg, wo sich die Singschule in eine Theatergesellschaft verwandelte, und für die vereinzelte Teilnahme der Gebildeten an der meistersingerlichen Kunstübung. Die Augsburger treten mit dem Anspruch auf, die Formgebung der antiken Literatur mit den Ausdrucksmitteln der Volkssprache zu ersetzen. Sie suchten ihren Zugang zur Antike ohne die lateinische Sprache, indem sie mit schwacher Begabung, aber um so größerem Eifer die humanistische Übersetzertätigkeit wieder aufleben ließen. Sie belebte den Meistergesang und führte ihm neue Kraftquellen aus dem akademischen Stadtbürgertum zu, das wie Spreng unermüdlichen Eifer und fortschrittliche Gesinnung mitbrachte. Daß eine solche Verbindung Erfolg haben konnte und den Lesehunger der Zeit befriedigte, zeigen die hohen Auflagen der Übersetzungen Sprengs (*Ovids Metamorphosen* 1564, 1571; *Ilias* 1610, 1617, 1625, 1630; *Aeneis* 1616, 1625, 1629) und seine anfängliche Verbindung (bis zum Beginn der achtziger Jahre) mit dem geschäftstüchtigen literarischen Großunternehmer *Sigmund Feyerabend* zu Frankfurt a. M., dessen Verlagswerke ein richtiges Empfinden für die Bedürfnisse des Büchermarktes verraten.

Bei seiner Aeneisübersetzung dachte Spreng wohl nicht mehr wie Murner (1515) an den Aufgang des Reiches, sondern er sah in Vergil, Ovid und Homer seinesgleichen, deshalb übersetzte er in Knittelversen.

Johann Spreng (1524–1601) war als Wittenberger *Magister artium* 1555–59 *Schulmeister* in seiner Heimatstadt Augsburg. Während eines späteren Studienaufenthaltes in Heidelberg und beim Reichskammergericht in Speyer nahm er die Fühlung mit den Heidelberger Dichterhumanisten, vor allem *Posthius*, auf und bildete sich zum Juristen aus, so daß er sich 1563 als Notar in Augsburg niederlassen konnte, wo er bis zu seinem Lebensende verblieb. Den Zugang zur neuen Kunstübung, den der Heidelberger Freund später suchte, hat Spreng ebensowenig gefunden wie einen unmittelbaren Übergang von seinen lateinischen Gelegenheitsgedichten zum Meistergesang. Beides packte er als solider Handwerker an, der zuerst die Regeln gelernt hat und sich dann um deren Einhaltung bemüht. Zur gleichen Zeit waren Spreng und Rexius an der Arbeit. Ihre beiden Übersetzungen zeigen, daß es um die Sicherheit in der Kenntnis der griechischen Sprache im 16. Jahrh. nicht gut bestellt war. Es währte noch fast zwei Jahrhunderte, bis den Trägern der Bildung die verschiedene Wesensart von Griechen und Römern zum Bewußtsein kam. Vorerst kam es in erster Linie auf die treue inhaltliche Wiedergabe an. Ein Empfinden für den Stil einer Vorlage dürfte bei den Übersetzern dieser Zeit kaum zu finden sein. Bei Spreng humpelten die homerischen Helden, wie Stadtbürger des 16. Jahrh.s geziert, auf handwerksmäßigen Versstelzen. Rexius bietet immerhin das, was *Herder* in den Frankfurter Gelehrten Anzeigen meinte, als er für Küttners Ilias sich ein an der Sprache des 16. Jahrh.s geschultes Deutsch wünschte. Es ist bezeichnend, daß zu einer Zeit, als sich *Scaligers* abweisendes Urteil über Homer auszubreiten begann, das deutsche Stadtbürgertum die homerische Welt in sich aufnahm.

Anderer Art als Sprengs und Rexius' Ilias ist Rollenhagens Froschmeuseler. Da wird das alte Tierepos in Zeit und Umwelt seines neuen Gestalters versetzt. Rollenhagen gesellt sich dem *Reineke Fuchs* und als Moralsatiriker erhebt er sich hoch über seinesgleichen. Der griechischen Vorlage verdankt er lediglich den Stoff. Daran erprobt er Begabung, Gestaltungskraft und Talent als *Märchenerzähler* für die großen und kleinen Leute. In der Namengebung hält er sich an das homerische Vorbild. Aus dem *ersten Buch* ist nach Rollenhagen zu lernen: die Bescheidung mit dem Notwendigen im Haushalten und gemeinen Leben, aus dem *zweiten*, daß in der Religion die Heilige Schrift, im weltlichen Regiment der König maßgebend ist, aus dem *dritten*, was im Krieg unternommen werden muß. Dabei paßt er den ganzen kriegerischen Apparat an seine Zeit an und benützt jede Gelegenheit, die schreckliche Unsinnigkeit des Krieges zu erweisen. Der Mäusekönig *Bröseldieb* verkündet die Ideale des bürgerlichen Kleinlebens, sein Gegner *Bausback* vertritt die politischen Ziele des 16. Jahrh.s. Die Kritik am geistlichen und weltlichen Regiment, das Wiederaufleben der Reformationssatire im Spott über die Ehelosigkeit der Priester und vor allem die Einbeziehung der Reformationsgeschichte – *Elbmarx* ist Luther und sein Helfer *Morx* ist Moritz von Sachsen – setzten dem Werk die aktuellen Lichter auf. Mit dem Froschmeuseler erhält Rollenhagen seinen Platz in der Geschichte der Moralsatire. Er gewinnt deren mittelalterliches Einsetzen mit dem Tierepos wieder zurück und nimmt die festen, niederdeutschen Überlieferungen von Reinke de Vos her wieder auf. Wie aller humanistischen Dichtung, so fehlt es auch den Werken Rollenhagens an der Gestaltung des Stoffes aus eigenem Erleben und an seiner Wiedergabe in einer selbstgeschaffenen Form. Solche Anforderungen aus späteren Erkenntnissen an sein Werk zu stellen und daran sein Schaffen zu messen, läßt sich nicht rechtfertigen. Seine Bedeutung liegt darin, daß er der lehrhaften Dichtung frisches Blut aus dem Leben der Zeit zuführte und den Rahmen, den ihm sein Talent vorschrieb, nie überschritt.

Daß von solchen Grundlagen der Anschluß an die neue Formgebung im Drama möglich war, zeigt Rollenhagens Sohn Gabriel (1583 bis etwa 1621), der schon als Leipziger Student eine beliebte deutsche Sammlung von Übersetzungsstücken und *Paradoxen* (1603) herausgab und während eines Studienaufenthaltes in Holland (1605) über Gruter und Heinsius sich fester in die humanistische Tradition stellte. Seine Gedichtsammlungen *Juvenilia* (1606), *Emblemata* (1611/13) und *Epigrammata* (1619) zeigen ihn ganz im Fahrwasser der Neulateiner. Man wäre geneigt, mit dem Stichwort *Epigone* die Akten über ihn zu schließen, wenn er nicht eine deutsche Komödie geschrieben hätte, die zwar auch im Schatten von *Plautus* und *Terenz* steht, von der sich aber eine Linie zur Geliebten Dornrose von Andreas *Gryphius* ziehen läßt. Sie heißt: *Amantes Amentes*, d. i. ein sehr Anmutiges Spiel von der blinden Liebe, oder wie mans Deutsch nennet, von der *Leffeley* (1609). Handlung und Namen der Liebenden (Eurialus und Lucretia) halten sich an die Novelle Enea Silvio Piccolominis. Am Ende empfehlen sich, nachdem der reiche Witwer Dr. Gratian mit einer Werbung abgeblitzt ist und sein Ständchen mißglückte, Lucretia und Eurialus sowie Aleke und Hans, Magd und Knecht, als Verlobte. Dem Beispiel seines Vaters und des Dramatikers *Joachim Schlüs* (Abraham) folgt Gabriel Rollenhagen, wenn er das dienende Paar in niederdeutscher Mundart sprechen läßt.

Adam Puschmann (1532–1600) war der Sohn eines Bäckermeisters in Görlitz. Dort ging er in die Lateinschule. Dann kam er zu einem Schneider in die Lehre. Hierauf ging er nach den wichtigsten Pflegestätten des Meistergesangs. Augsburg bot wenig Anregungen. Aber in Nürnberg (1555–61) lernte er bei Hans Sachs und wurde Meistersänger. Nach seiner Rückkehr förderte er als Kantor (1570) und Gesanglehrer die Musikpflege seiner Heimatstadt. Sein Programm war die Zusammenfassung der zersplitternden Kräfte des Meistergesangs. Darum besuchte er aufs neue die Schulen in Straßburg, Nürnberg, Augsburg, Ulm und Frankfurt. Dann ließ er sich als Schulmeister in Breslau nieder und bemühte sich dort um die Pflege des Meistergesangs.

Puschmanns Haupt- und Lebenswerk ist der „*Gründliche Bericht des deutschen Meistergesangs*" (1571, 2., völlig umgearbeitete Aufl. 1598), die wichtigste Quelle für die Kenntnis meistersängerlicher Kunstgesetzgebung, die unmittelbare Grundlage für Wagenseil (1697). Pusch-

manns Programm war eine durchgreifende Reform, welche sich von
der Entartung der übertriebenen Künsteleien wieder auf die alten
Grundsätze berief. Er unterscheidet sechs Reimarten und möchte den
Vers nicht länger als dreizehn Silben haben, sonst reiche der Atem nicht
aus. Maßgebendes Gesetz ist für ihn die *Nürnberger Tabulatur*. Dann
beschreibt er Töne und Melodien. Der letzte, später eingefügte Traktat
hält sich an die alten, vom Gesang abgeleiteten Regeln der gezählten
Silben und verzichtet auf die Berücksichtigung des Worttones. Der
„*sondierte Vers*" – so nennt er den korrekt gebauten, mit übereinstimmen-
dem Wort- und Versakzent – ist ihm zu schwer. Ein stärkeres Talent
als er hätte mit entsprechenden Beispielen und Ansätzen zu einem eigenem Ton vielleicht mehr erreicht. Er verstand es, in 50 Tönen,
welche andere vor ihm gefunden hatten, zu dichten und schuf noch
36 neue dazu. Diesen gab er fast durchweg Vogelnamen. Von seinen
dichterischen Erzeugnissen wird einzig sein *poetischer Nachruf auf Hans
Sachs* (1576) von menschlich warmen Gefühlen durchpulst. Das ver-
spürten die Herausgeber des Wunderhorns, welche ihre Sammlung mit
diesem *Elogium* abschlossen. Bedeutsam ist, was Puschmann auf seinen
Kunst- und Bildungsreisen an meistersängerlichem Liedgut gesammelt
hat. Sein *Singebuch* (1588) ist trotz mancher Flüchtigkeit eine der besten
Sammlungen von Texten und Melodien der Meisterlieder. Sein eigenes
Schaffen bildet den Abschluß einer mit Frauenlob einsetzenden ehr-
würdigen Kunstübung. Wenn die Breslauer Singschule 1588 ihre
Gesetze den Nürnbergischen von 1540 nachbildete, so gingen die
Anregungen dazu zweifellos von Puschmann aus. Aber es blieb bei den
Anregungen. Große Talente wurden davon nicht mehr angezogen.
Was des Straßburgers Georg Morgenstern, der 1597 in Breslau
seßhaft wurde, frische weltliche Lieder mit ihren Stoffen aus der
römischen Geschichte und humanistischem Bildungsgut wollten,
stimmt mit dem überein, was Spreng in größerem Ausmaß zu Augsburg
als Programm vertreten hatte.

Auch als Dramatiker richtete Puschmann seine Kunst an Hans Sachs aus. Dieser
konnte, wie Puschmann in der Vorrede zu seiner „*Comedia von den Patriarchen Jakob,
Joseph und seinen Brüdern*" (1580, Druck 1592) erklärt, einen solchen Stoff nicht dra-
matisieren, weil er nicht über das nötige Material verfügte. Die 44 Rollen von Puschmanns langatmigem Drama, das alles andere als originell ist, könnten zur Not von
18 Schauspielern gegeben werden. Vielleicht fühlte er, daß die volkstümliche Spieltradition mit Elementen des Schuldramas aufgefrischt werden müsse. Mit Musik
und Gesang ging die *Comedia* 1583 zu Breslau über die Bretter, nachdem Puschmann
an das Mitleid des Magistrats appelliert hatte.

4. JAKOB AYRER UND ANDERE DRAMATIKER

Jakob Ayrer (1543–1605) ist Nürnberger. Er lebte von 1570 an in Bamberg, ließ sich 1593 wieder in Nürnberg nieder und wirkte dort als Notar und Prokurator am Stadtgericht.

Ayrers Bamberger Chronik und Bearbeitung des Psalters halten sich ganz im Rahmen der Überlieferung und sind ohne besondere Bedeutung. Seine dramatischen Spiele haben schon früh die Aufmerksamkeit auf sich gelenkt. Tieck hat auf ihre Beziehungen zur Spielweise der englischen Komödianten aufmerksam gemacht. Ihre Bedeutung ist sehr umstritten. Einer Überschätzung, die in ihm ein *„tragisches Dichterschicksal"* oder gar *„die deutsche ungereifte Doppelerscheinung zu Shakespeare"* zu erkennen glaubte, ist endlich Gottfried Höfers gerechtere Beurteilung gefolgt. Ayrers Spiele sind zwischen 1592 und etwa 1602 entstanden. Er schrieb zu seiner Muße 106 Spiele. Davon sind 69 erhalten; 30 ernste und 36 Possenspiele überliefert das Opus theatricum, welches 1618 in Nürnberg gedruckt wurde, 3 Spiele sind darüber hinaus in einer Dresdener Handschrift überliefert. Der angekündigte zweite Teil des Opus theatricum ist nicht mehr erschienen. Ayrers erstes Stück über die *Gründung von Bamberg* ist noch während seines dortigen Aufenthaltes entstanden. Die gelehrte Unterhaltung über seine Beziehungen zu den *englischen Komödianten* ist seit Tieck nicht abgerissen. Offenbar wollte er die alte Nürnberger Spieltradition durch Mittel, die er den englischen Komödianten abgeguckt hatte, beleben. Deshalb ist sein Wirken nur bedingt mit dem des Herzogs Heinrich Julius in einem Atem zu nennen. Aufführungen englischer Komödianten, welche Ayrer in Nürnberg gesehen haben konnte, sind von 1593 an bis 1604 belegt. Robert Browne und Thomas Sacheville gehörten zu den ersten, die mit ihren Truppen dort auftraten.

Der Versuch, die Chronologie der Spiele Ayrers mit dem zunehmenden Einfluß der englischen Spieltechnik festzulegen, ist wohl endgültig gescheitert, denn Ayrer folgte ziemlich genau seiner Vorlage oder seiner Laune. Er hielt sich an Hans Sachs, sei es, daß er die gleichen Stoffe wie dieser auf die Bühne brachte, sei es, daß er dieselben oder spätere gleichartige Quellen benützte. Auch das ältere Fastnachtspiel (Peter Probst) kannte er. Macropedius und Frischlin waren seine Vorlagen. Vor allem aber vermittelten ihm die Schwanksammlungen von Kirchhoff und Schumann Stoffe. Dazu kommen der Decamerone, Eulenspiegel, Klaus Narr, Gesta Romanorum, Volksbücher und andere Quellen, die er z. T. selbst im Prolog anführt, um sich auf einen Gewährsmann zu berufen. Hans Sachs ist ihm ein bequemes Vorbild. Eine klare Scheidung des Motivbestandes in Nürnberger und englisches Gut ist in Ayrers Spielen nicht durchzuführen; denn manches, wie Züge der komischen Figuren oder Beschwörungsszenen, ist in beiden belegt. Das heitere Spiel liegt Ayrers Begabung besser als das ernste. Doch wirkt er in beiden Gattungen nüchterner, trockener, humorloser als Hans Sachs. Wenn Ayrer in einigen umfangreicheren Spielen von dem Brauch abgeht, den Epilog vom Ehrenhold sprechen zu lassen,

und das Schlußwort einem Mitwirkenden oder dem Narren erteilte, so glaubte er,
damit das schnelle Aufbrechen der Zuschauer nach der beendigten Handlung verhindern und der Moral aus dem Munde des Narren eine besondere Würze geben zu
können. Eisern hielt er am Knittelvers fest. Wiederholungen, eingefügte Episoden
schwellen den Umfang auf. Die Zahl der Personen vermehrte Ayrer auf zwanzig und
mehr. Dem Geschmack der Zeit folgend zielte er zum Nachteil der Charakteristik
der Personen auf eine stärkere Bühnenwirkung ab. Als besonderes Merkmal der englischen Spielweise wird sehr oft die feste Verbindung der Narrenrolle mit der
Handlung angesehen. Doch sind in der deutschen Überlieferung Ansätze vorhanden,
den Narren an der Handlung teilnehmen zu lassen. So tritt er schon in *Gengenbachs
Gauchmatt* (1521) als warnende Hauptperson auf. Allerdings gehörte die Narrenrolle
zum festen Bestand des Dramas der englischen Komödianten. Sie mußten schon deshalb, weil sie sich einer fremden Sprache bedienten, äußere Mittel anwenden, welche
der Unterhaltung der Zuschauer dienten und das Verstehen des Textes erleichterten,
indem sie seelische Vorgänge und Ausbrüche von Leidenschaften möglichst sichtbar und verständlich vorführten. Dazu dienten die Bühnenanweisungen. Ihre
Anwendung war eine der wesentlichsten Neuerungen Ayrers. Sie führte ihn zu den
naturalistischen Tendenzen aus der Frühzeit des Fastnachtspiels zurück;
denn er hat mit dessen Überlieferungen nie vollständig gebrochen. Seine letzten Werke
bevorzugen besonders heimische Stoffe. Was das deutsche Publikum von den englischen Komödianten vorgesetzt bekam, war alles andere als hohe Kunst. Der Blank-
vers der englischen Originale wurde in Prosa übertragen und diese dann auf deutsch
zurechtgemacht. Einem solchen Stil lag die Prosa des Herzogs Heinrich Julius besser
als der holprige Knittelvers. Ayrer bearbeitete phantastisch-heitere Spiele wie *Machins
Dumb Knight* und blutige Mordtragödien wie *Kyds Spanish Tragedy*. Die Spieltechnik,
welche dem verrohten Geschmack entgegenkam, mochte ihn dazu gereizt haben.
Er übertreibt, legt auf das Äußerliche der Regiebemerkungen besonderen Wert,
schwelgt in Mordszenen und in der Wiedergabe von Grausamkeiten. Wenn seine
Handlungen auch bewegter sind als die der älteren Fastnachtspiele, so fällt doch ein
Vergleich der zum größten Teil nachgewiesenen, unmittelbaren dramatischen Vor-
bilder der Stücke und einzelner Szenen durchweg zu Ayrers Ungunsten aus.

Höher wurden Ayrers Singspiele eingeschätzt. Dennoch darf er
nicht als Schöpfer dieser Kunstgattung angesprochen werden. Das
Drama des 16. Jahrh.s arbeitete bereits mit *musikalischen Einlagen.* Aber
es ist bedeutungsvoll, daß er den Versuch machte, die Nürnberger Spieltradition auch mit dieser Gattung zu beleben. Auch dazu ging die
Anregung von den englischen Komödianten und deren „*Jiggs*" aus, ursprünglichen Bänkelsängerliedern, die die komische Figur allein oder mit
anderen Personen tanzend und singend vorführten. Ayrer schrieb seine
Texte auf bekannte Volksmelodien, zumeist auf solche von komischen
Balladen, und knüpfte damit auch an die Überlieferung des Spielmanns-
liedes an. Die Singspiele dienten zur Unterhaltung der Zuschauer
während der Zwischenakte und boten einen Ersatz für die englischen
Pickelhäringspäße. Diese, die musikalischen Einlagen und komischen
Zwischenspiele, welche das ernste Spiel in regelmäßigen Abständen
mit einer parallelen Handlung unterbrachen, verdankt Ayrer der englischen Spieltechnik. Der Narr ist mit seinen Eigenschaften (Gefräßig-
keit, Faulheit, Neigung zum Wohlleben, pfiffiger Schlauheit u. a.) als

Genosse des Mimus in allen Literaturen daheim. Seine engere Verbindung mit der Handlung und die neuen Züge der Eitelkeit und Selbstironie stehen in Zusammenhang mit der von den englischen Komödianten geschaffenen festen Rolle. Schon dadurch, daß der Spaßmacher in den Stücken einer Schauspielertruppe immer mit dem gleichen Namen auftrat, wurde die Schaffung eines Typus begründet, der dem des Clowns entspricht und sich stets der gleichen Mittel bedient, um die Gunst der Zuschauer zu gewinnen. Ayrers Namengebung hält sich zum Teil an die englischen Vorbilder. Doch bedient er sich auch alter Bezeichnungen wie Rupel, Klaus Narr oder Lörlein. Häufig trägt der Narr den Vornamen Jan. Er übt verschiedene Berufe, zumeist den eines Dieners, eines Boten oder auch den eines Müllers aus.

Ayrer war nicht imstande, die Bedeutung des hochentwickelten englischen Dramas zu erfassen. Für ihn waren Moral und Burleske die Hauptsache. Den Charakteren stand er hilflos gegenüber. Die Behandlung desselben, aus der gleichen Quelle kommenden Stoffes von *Shakespeares Sturm* und *Ayrers Sidea* hat immer wieder zu Vergleichen angeregt. Shakespeare geht es allgemein um ein Erfassen des Menschen, Ayrer um die Festlegung seiner Moral. Daher wurden die Eigenschaften der Personen ganz anders dargestellt. Über dem Werk Shakespeares waltet versöhnender Ausgleich, über dem Ayrers das Widerspiel der Gegensätze. Die Zauberkraft wirkt sich bei Shakespeare als sinnvolles Bemühen aus, bei Ayrer ist sie eine auf Effekte berechnete Zutat. Shakespeare bewertet die Menschen nicht, er schildert sie mit ihren guten und schlechten Eigenschaften. Ayrer kennt nur gute und schlechte Menschen und stellt sie vor Entscheidungen. Ähnliches ergibt sich bei einer Gegenüberstellung Ayrers mit *Boccaccio*; denn Ayrer verliert den Zusammenhang der Handlung, indem er die Einzelheit bühnenmäßig ausnützt, er stellt die Schuldfrage und wertet den Stoff nach der moralischen Seite aus. *Frischlins Julius redivivus*, den er aus der deutschen Übersetzung von Jakob Frischlin für seine Zwecke zurecht richtet, gibt ihm Gelegenheit, seiner Neigung entsprechend die auftretenden Gestalten durch ihre Handlungen, für die er seine Anweisung gibt, zu kennzeichnen. Auf diese Art verschwindet der geistige Gehalt des humanistisch-nationalen Werkes hinter den derb nachgezeichneten und mit einzelnen neuen Zügen ausgestatteten Figuren. In der humanistischen Welt Frischlins sieht Ayrer nur das Merkwürdige und Ungewohnte. Näher liegt ihm *Wickrams Knabenspiegel*. Doch wenn er sich in der Vorrede zu der von Wickram festgelegten Moral bekennt, man solle der Lehre und dem Beispiel der Eltern gehorsam sein, so läßt er sich doch von den Einzelheiten der Vorlage dazu verleiten, die Hauptgestalten zu vernachlässigen und sich im Ausbau von Episoden zu verlieren. So nah Ayrer auch an *Hans Sachs* herangerückt wird, dessen Überlieferung er bewußt aufnahm, so besteht doch zwischen beiden ein großer Unterschied. Zwar lehnt sich Ayrer an den Wortlaut von Sachs an, dichtet in den gleichen Gattungen und Versen, läßt sich von der gleichen Stoffgier treiben, dennoch beruht das Dichten beider auf anderen Voraussetzungen. In der Verwendung der komischen Figur zeigt sich ein Unterschied, sofern Ayrer die lustige Person in das ernste Geschehen einfügt und es damit stört, während Sachs den Ernst zu wahren versteht. Dieser bemüht sich um die Straffung des Stoffes, während Ayrer sich in die Voraussetzungen und den Abschluß verliert. Eine Auseinandersetzung über Ayrers Bühne dürfte sich deshalb erübrigen, weil Ayrer kaum eine Bühne und eine Spielgemeinschaft zur Verfügung hatte. Daraus erklärt es sich, daß seine Bemühung keinen Widerhall hatte und als literarisches Curiosum anzusehen ist.

Als treibende Elemente in Ayrers Schaffen stellte Höfer überzeugend die Freude am Stoff und die Darlegung einer Moral im negativen Sinn fest. Der daraus entstehende Zwiespalt wird noch verstärkt durch seine Freude am Derben und Gemeinen. Die Fähigkeit selbständiger sprachlicher Formung fehlt ihm durchaus. Er stand unter dem Eindruck von Aufführungen englischer Komödianten, von Fastnachtspielen und Angelesenem und konnte sich nicht davon befreien. Er gestaltete die Personen, in erster Linie die lustige, nicht aus ihrem Wesen, mochte er noch so genaue Anordnungen und Verhaltungsmaßregeln geben. Darin zeigt sich der große Unterschied zu Herzog Heinrich Julius, der die einzelne Rolle Sacheville auf den Leib schrieb, während Ayrer nur aus der Erinnerung und ungenügendem Können Züge aneinanderfügt, aus denen er keinen Funken des Lebens wecken konnte. Deshalb darf man ihn nicht als Anbahner einer Entwicklung oder Bahnbrecher einer neuen Kunstübung ansehen, sondern eher als unrühmlichen Vollender, der noch einmal versuchte, eine absterbende Überlieferung mit unzulänglichen Mitteln aufzufrischen. Er ist eine Parallelgestalt zu seinen Standes- und Kunstgenossen Puschmann und Spreng.

Wenn 1596 der Stadtschreiber und Schulmeister von Silberberg Zacharias Liebholdt (1552–1626) eine Novelle von Boccaccio dramatisierte, welche auch für Shakespeares *Cymbeline* die Quelle war, so erhebt er sich kaum aus der absterbenden Überlieferung des bürgerlich-meistersängerlichen Spieles, welches sich nicht mehr als kräftig genug erweist und den Anschluß an das Schuldrama oder die Spielweise der englischen Komödianten sucht, wofür Jakob Ayrer das große Beispiel war. Daß die einzelnen festen Formenüberlieferungen stärkenden Anschluß an andere suchten, zeigten uns ja schon verschiedene Beispiele. Bei der religiösen und politischen Zersplitterung fehlte es an einem Kulturzentrum, in welchem sich aus den verschiedenen Überlieferungen, hinter denen keine anregenden Kräfte mehr standen, eine neue hätte bilden können, deren Vorbild für ein großes Gebiet maßgebend gewesen wäre.

Tobias Kober, der in Leipzig Medizin studiert und sich als Feldarzt bei der kaiserlichen Armee in Ungarn aufgehalten hatte, kam nach Breslau. Später (um 1607) wurde er Arzt in Löwenberg. Er sang 1593 in lateinischen Versen das Lob auf die Heldentaten der Stadt Breslau, dramatisierte Stoffe und Gestalten aus der Äneis (*Palinurus, Anchises*) und verfaßte einige nur zum Teil erhaltene *Planetendramen*, in denen er vornehmlich Stoffe aus den Türkenkriegen gestaltete. Eines davon, *Mars sive Zedlicius*, früher Idea Militis vere Christiani, bearbeitete er 1607 in deutscher Sprache. Held ist der schlesische Fahnenjunker Christoph Zedlitz, der 1529 bei einem Ausfall aus dem belagerten Wien von den Türken gefangen genommen wurde. Soliman nahm ihn gnädig auf, konnte ihn jedoch nicht zum Abfall von seinem Glauben und Bruch seines Fahneneides bewegen. Im letzten Akt des Dramas wird er befreit und nimmt an der Danksagung im Stefansdom teil. Die einzelnen Personen, den schwäbischen General, einen holländischen Fahnenjunker und einen schlesischen Fuhrmann in ihren Mundarten sprechen zu lassen, könnte Kober von Herzog Heinrich Julius gelernt haben.

Martin Behemb oder Böhme (1557–1622), Pastor zu Lauban in Schlesien, unterstützte als Dichter von *Kirchenliedern*, die er in drei Centurien (1606, 1608, 1614) erscheinen ließ, seine seelsorgerischen Absichten und knüpfte in seinen Betrachtungen an politische und Tagesereignisse aus dem Lebenskreis der Gemeinde an. Mit seinen drei Schuldramen (*Judith, Tobias, Acolastus*, Druck 1618) fand er die Verbindung zum Volk. In allen Stücken treten Bauern auf und sprechen in ihrer schlesischen Mundart. Die biblische Geschichte am Vorabend des Dreißigjährigen Krieges könnte man sie nennen. Holofernes ist ein Landsknechtshäuptling. Kleine Genrebilder von zeitloser Frische sind Böhme gelungen. Als selbständige Zutat gesellt er dem Acolastus einen Nachbarssohn, der sich aber aus seiner Gesellschaft entfernt, sobald das gute Leben zu Ende ist. Man könnte bei dem braven Schüler, der als Gegenbild des verlorenen Sohnes erscheint, an Wickrams Knabenspiegel denken. Die Tobiaskomödie ist wie gewöhnlich ein dramatischer Ehespiegel. Die Moral wird am Schluß noch einmal eingeprägt. Zwar neige, so sprechen es sieben Engel am Schlusse des verlorenen Sohnes aus, die menschliche Natur mehr zum Bösen als zum Guten, aber Gott habe dem Menschen die Mittel gegeben, erfolgreich dagegen anzukämpfen.

Georg Seidel (1550–1626) aus Ohlau wirkte von 1574 bis zu seinem Tode am Magdalenengymnasium in Breslau. Er hatte den Ehrgeiz, dort eine ähnliche Spieltradition zu begründen wie die des Straßburger Akademietheaters. Sein Hauptwerk *Nova tragicomoedia Tycherm(ae)a seu Stammatus* wurde 1613 in Breslau gedruckt. Es ist aus verschiedenen Quellen (der alten Prodikosgeschichte, Wickrams Knabenspiegel, Rosenfelds Moschus, Galens Protrepticus u. a.) zusammengestellt und beruht auf dem Gegensatz zwischen *Mocenicus*, einem Anhänger des Hermes, und dem Kreter *Stammatus*, einem eitlen Glücksritter, der, nachdem er den Staatsschatz von Venedig gestohlen hat, am Galgen endigt. Mocenicus hingegen wird als Gelehrter gefeiert. Im zweiten Akt tritt Fortuna mit großem Gefolge auf, Bauernszenen beleben die Handlung. Das Epos Seidels *Excidium Hierichuntis* erschien 1620. Es bleibt zu untersuchen, ob sein *Prosodiae latinae compendium* (1615) zur deutschen Versreform in Beziehung steht.

Das Lustspiel, welches sich vom Fastnachtspiel und dem Vorbild der römischen Komödie löst, befreit sich auch vom Grobianismus, wenn es die Satire ablegt. Eines der liebenswürdigsten Werke dieser Art verfaßte Ludwig Hollonius. Er dramatisierte die Geschichte vom betrunkenen Bauern, der auf Befehl des Fürsten in dessen Kleider gesteckt wird und einen Tag regiert, und wertet sie moralisch aus, so daß man daraus lernen könne:

> das vnsers Lebens Ehr vnd Macht
> Frewd, Herligkeit, Ruhm, Zier vnd pracht
> Sey nur ein Traum vnd falscher schein,
> Darumb soll man gewarnet sein,
> Trachten mit ernst vnd ja bey zeit
> Im glauben nach der Seligkeit.

Deshalb nannte er sein Drama *Somnium vitae humanae* (1605). Der Rahmen zu Shakespeares Der Widerspenstigen Zähmung, Masens Lustspiel, G. Hauptmanns Schluck und Jau behandelten den gleichen Stoff, der hier durch die Wendung ins Komisch-Erbauliche den Grobianismus mildern kann. Hollonius läßt den ganzen Hofstaat aufrücken. Die Bauern, Jan der Ebriack und seine Saufgenossen sprechen platt. Das Debut, welches Jan als Stellvertreter des Herzogs Philippo des Guten von Burgund gibt, kommt nicht auf die Bühne, sondern wird erzählt. Erst als Heimkehrer beim Wiedersehen mit seinem Weib Leutrud und den beiden Kindern Joanniscus und Leutrudula kommt er wieder auf die Bühne.

Ludwig Hollonius war ein Schüler von David Chytraeus, er wirkte als Pfarrer in Pölitz (Pommern). Sein Drama vom verlorenen Sohn ist in Stettin 1603 erschienen. Albert Wichgref (etwa 1575–1619) war der Sohn eines Predigers aus Hamburg. Er studierte in Rostock (1591), Helmstedt und Wittenberg (1594). In Rostock begann er 1597 seine akademische Lehrtätigkeit. Er wurde 1600 Schuldirektor in Pritzwalk und 1605 Prediger in Allermöhe bei Hamburg.

Wittenberger Anregungen verwertet Wichgref in seiner lateinischen Studentenkomödie *Cornelius relegatus* (1600), in der die Rostocker Verhältnisse und Personen (Rektor, Pedell, Kneipwirte) wiedergegeben werden. Es geht um einen akademischen verlorenen Sohn mit Zügen aus Stymmels Komödie. Cornelius pflegten die Studenten der Zeit das graue Elend zu nennen. Der Held dieses Namens verläßt mit vielen Mahnungen der Eltern und unter den Tränen der Braut sein Elternhaus. Er wird in die akademische Zunft aufgenommen und führt ein grobianisches Leben. Wegen nächtlicher Ruhestörung nach einem Zechgelage und Schulden muß er sich dem Universitätsgericht stellen. Dann bricht das Unheil über ihn herein: Relegation auf zehn Jahre, Enterbung, Tod der Eltern, Nachricht über die Geburt eines Söhnleins. Heimgekehrt ins verödete Elternhaus, folgt Cornelius der Einflüsterung eines bösen Geistes und will sich erhängen. Da gibt der von der Decke herabhängende Strick, dessen er sich dazu bedienen will, unter der Belastung nach und die daran befestigten Geldsäcke, welche er auf diese Weise ans Licht befördert, eröffnen ihm eine andere Zukunft. Nach dem Versprechen, sein Leben zu bessern, und auf Fürsprache des Fürsten wird die akademische Strafe aufgehoben. – Johannes Sommer verdeutschte diese Komödie 1603.

Ohne literarische Ansprüche trat der schlesische Adelige Hans von Schweinichen (1552–1616) in seinem Memorialbuch auf. Er war der Hofmarschall des tollen Piastenherzogs Heinrich XI., der so übel wirtschaftete, daß ihn der Kaiser 1582 verhaften ließ. Durch einen beispiellosen Aufwand glaubte Heinrich XI. seine Anwartschaft auf den polnischen Königsthron (1569) durchsetzen zu können. Als treuer Begleiter eines solchen Herrn hat Hans von Schweinichen den besten Einblick in die zerrütteten Verhältnisse des von seiner humanistischen Bildungshöhe abgesunkenen Herrschergeschlechtes bekommen. Er schrieb seine Erinnerungen als Familienbuch, um seine Nachkommen zu warnen und ihnen sein Leben als Beispiel vorzuführen, wie sie es nicht machen sollten. Schon Goethe wies auf das Memorialbuch als wichtige Quelle für die Erkenntnis der Kultur des ausgehenden 16. Jahrh.s hin. Das Leben der Zeit tritt uns in seiner Vollsaftigkeit, seinen materiellen Interessen und seiner geistigen Armut entgegen. Das belegen die sachlich erzählten und aneinander gereihten Kulturcuriosa. Die Massen von Speisen und Getränken, welche am herzoglichen Hofe vertilgt werden, bewähren sich selbst neben den Freß- und Saufkapiteln der Geschichtklitterung. Wenn Logau seine Zeitgenossen beschwor, nur weiter zu saufen, aber die Mode zum Teufel zu jagen, so konnte er an die offene Geradheit dieser Generation Schweinichens denken, der die Dinge beim Namen nannte, nichts beschönigte und seine Treue dem angestammten Herrn auch dann bewahrte, wenn diesen das Elend heimsuchte.

St. Grobianus ist nicht allein am Liegnitzer Hof in Ehren gehalten worden. Man huldigt ihm auch an den Sitzen des niederen Adels, wie die ständigen Auseinandersetzungen Frischlins mit der schwäbischen Ritterschaft belegen können. Nicht anders war es im Norden.

Johann Stricker (etwa 1540–98) aus Grube in Holstein studierte 1560 als Theologe in Wittenberg. Von 1561 an wirkte er durch 23 Jahre als Pfarrer in Cismar bei Grube. Da führte er einen mutigen Kampf als Seelsorger gegen das Schlemmerleben des ungebildeten Adels, bis ihn der Amtsmann von Oldenburg, Detlef von Rantzau, gewaltsam vertrieb. Als Pfarrer im Burgkloster zu Lübeck, wo er von 1584 bis zu seinem Tod wirkte, legte er gegen die Üppigkeit und Sittenlosigkeit der dortigen Domherren los.

Bußprediger ist Stricker auch in seinen beiden niederdeutschen Dramen, dem „*Geistlichen Spiel von dem erbermlichen Falle Adams und Even* (1570) und dem *Düdeschen Schlömer* (1584). Ehestandliteratur, Kinderzuchtlehre und Saufteufel werden hier ins Dramatische übersetzt. Beide Werke gehören zu den besten niederdeutschen Dramen des 16. Jahrh.s. Stricker hat es weniger auf die Vorführung des Sündenfalls abgesehen als auf dessen verderbliche Folgen. Er verbindet Adams Klage, Gottes Besuch bei Eva, ein Motiv, das Hans Sachs als Schwank und Fastnachtspiel bearbeitet hatte, und den Brudermord Kains zu einem bürgerlichen Familiengemälde. Schuld und Arbeit lasten auf dem Elternpaar. Nur Frischlin hat so lebenswahr gezeichnete *Kindergestalten* auf die Bühne gebracht. Der *Jedermannstoff*, der Stricker aus Macropedius (1539), Jasper von Gennep (1540) oder auch einer anderen dramatischen Bearbeitung bekannt sein konnte, liegt dem Düdeschen Schlömer zugrunde. Erkenntnis und Bekehrung des Sterbenden werden unter Verzicht auf den umfangreichen allegorischen Apparat aus der bürgerlich-patrizischen Welt in die des holsteinischen Adels verlegt. Held ist ein Adeliger, der ein sittenloses Leben mit seinen Kumpanen und einem leichtfertigen Liebchen führt. Wenig vermag dagegen die Hausfrau auszurichten. Der eigentliche Gegenspieler ist ein junger, scharf ins Zeug gehender Bußprediger. Allein dieser kann dem Sterbenden Trost spenden, indem er ihn auf den Erlöser verweist. Vor dem Gericht des Moses findet der Schlömer keine Gnade, wohl aber vermag der Prediger im Namen Christi das strenge Urteil aufzuheben. Dem mosaischen Gesetz steht die ausgleichende Güte des Evangeliums gegenüber. Die Handlung vollzieht sich an einem Tag. Der Narr glossiert mit seinen Bemerkungen das Trinkgelage. Die Spuren

5 DLG V

des Dramas werden in verschiedenen Nachdrucken und der Entlehnung einzelner Szenen sichtbar.

Moralsatire und Drama verband auch Bartholomäus Ringwaldt (1530/31 bis 1599), der in seiner Vaterstadt Frankfurt a. d. O. die Universität besuchte, dann in der Schule und von 1556 an als Pfarrer tätig war. Er wurde 1566 als Prediger im Dorfe Langenfeld bei Zielenzig im Deutschordensland eingesetzt und wirkte dort bis zu seinem Tod.

Spät setzt Ringwaldts literarische Tätigkeit mit *geistlichen Liedern* (1573) ein. Seine Hauptstärke liegt jedoch auf dem Gebiete der Rügedichtung. Das zeigt seine *Newe Zeittung so Hanns Fromman mit sich auss der Hellen vnnd dem Himel bracht hat* (1582). Als *Christliche Warnung des Trewen Eckart* gab er diese Warnung, auf mehr als das Vierfache angewachsen, 1588 heraus. Fromman geht den umgekehrten Weg Dantes. Er nimmt an den Freuden des Himmels weniger Anteil als an den Strafen der Hölle, die er auch verschiedenen seiner Zeitgenossen zugedacht hat. In dem Lehrgedicht *Die lauter Warheit* (1585) wird Ringwaldt zum Bußprediger. Er macht aus dem Handbüchlein des christlichen Streiters von *Erasmus* eine volkstümliche Auslegung. Er kämpft mit geistlichen Waffen gegen die Laster der Zeit, den Kleiderprunk, das Saufen und Raufen, die Habsucht des Adels, das unnütze Hadern. Er beschreibt das vorbildliche Familienleben, sagt, wie der rechte Schulmeister sein soll, und wettert gegen die bösen Richter. Bittere Worte spricht er über das zerrissene Vaterland. Der Friede ist ihm das höchste Gut, um dessen Erhaltung sich alle bemühen müssen. Das Werk steht in der Mitte zwischen Teufel- und Alamodeliteratur. Im *ersten* Teil seines Schauspiels *Speculum mundi* (1590) bringt Ringwaldt nach dem Vorbild Strickers einen betrunkenen Junker Hypocrass auf die Bühne und läßt ihn dann vom Teufel holen. Der *zweite* schildert das energische Eingreifen der Gegenreformation, welche aber nicht zum Erfolge kommt, weil sich das Volk zusammenschließt und dem Bischof, der den Frieden gestört hat, den Weg aus dem Lande weist. Der *dritte* Teil ist ein komisches Teufelsspiel: ein Teufel, der auf seiner Erdenfahrt wenig Erfolg hatte, wird deshalb von zweien seiner Kollegen verprügelt. Schließlich (1597) hat Ringwaldt noch *Daniel Cramers* lateinisches Spiel *Plagium*, die Darstellung des sächsischen Prinzenraubes, frei übersetzt.

Johannes Sommer (1545–1622) war am Ende des 16. Jahrh.s Lehrer und Conventuale im Kloster Bergen und von 1598 an Pastor in Osterweddigen. Er legte sich als Zwickauer den Namen *Cycnaeus* und im Sinne seines literarischen Vorbildes Fischart die Namen *Olorinus Variscus* und *Huldrich Thirander* zu. In Osterweddingen setzte seine literarische Tätigkeit mit deutschen Übersetzungen lateinischer Dramen (Daniel Cramers *Areteugenia* 1602 und *Plagium* 1603, *Albert Wichgrefs* Cornelius relegatus), Bearbeitungen älterer Stücke (Heinrich Julius, Von

einer Ehebrecherin) sowie der übersetzenden Bearbeitung von Rätsel-
büchern, Leberreimen und Sprichwörtersammlungen ein. Als Moralsatiriker und wortwendiger Volksmann, der seinen Zeitgenossen ins
Gewissen redet, nahm er ältere literarische Überlieferungen (Trinkliteratur, Fischart) auf. Ein weit ausgemaltes Kulturbild des beginnenden 17. Jahrh.s bildet seine *Ethographia mundi* (1608) in kräftigen, wohl-
geformten Knittelversen. Hier ersteht wieder der langlebige Heilige
der Zeit Grobianus, erweisen ironisches Lob und Teufelliteratur ihre
Zugkraft. Oft und eifrig solle man sein Büchlein lesen und das Gegenteil von dem tun, worüber er berichte. Das beginnt mit dem Verhalten
in der Kirche, dem Schwätzen und Liebäugeln mit den Mädchen, der
Hingabe an den süßen Schlaf. Was nützt der Anblick der schönen Dinge,
wenn man sie nicht genießt? Ein in diesem Geist Erzogener kümmert
sich nicht um Lehren von Eltern und Erziehern. Weit holt er bei der
Gegenüberstellung der alten und neuen Mode aus. Ganz in seinem
Element aber ist er, wenn er auf das Saufen zu reden kommt. Da ist er
unerschöpflich in Anekdoten und Beispielen, die die Tugenden und
Leistungen des wahren Zechers preisen. Er hat noch einmal (1611) in der
freien Übersetzung eines im Zeichen des erasmischen Lobs der Torheit
stehenden *Encomium Ebrietatis*, das der junge Leipziger Theologe
Christoph Hegendorfius (1519) verfaßt hatte, diesen Motivkreis aufgenommen. Im letzten Teil seines Knigge für das 17. Jahrh. empfiehlt Sommer
Müßiggang, Faulheit und Verschwendung. Der Erfolg des Werkes
veranlaßte Sommer, die 4. Ausgabe (1614) mit einem zweiten (*Malus
mulier*) und dritten Teil (*Imperiosus mulier*) zu erweitern und damit die
beliebte Ehestandliteratur weiter zu pflegen. Er setzt mit einem Dialog
zwischen Andreas und Simon (sie ist der Mann) über die *Regier- vnd
Zancksüchtigen Zopfspinnen vnd Hausdrachen* ein. An Eberlin von Günzburg knüpft die vierte „*Geldklage*" an, eine Darstellung der wirtschaftlichen und sozialen Not, als deren Ursachen er u. a..den Aufwand der
großen Herren, die Anlage großer Festungsbauten, die Kriegsvorberei-
tungen, Trunksucht, Habgier der römischen Klerisei, besonders der
Jesuiten, das Verhalten der Advokaten, Kleiderluxus und Gebaren der
Kaufleute anführt. Mit sozialem Verständnis schätzt er die Lage der
Bauern ein. Doch wirft er den ungehobelten *Rültzen und Knodasten* auch In-
dolenz und Faulheit vor. Ein Beispiel dafür, wie Sommer einen dankbaren
Stoff verwertet, ist seine Predigt über die *Martinsgans* (1609). Das maßgebende Vorbild ist *Wolfhart Spangenbergs* Ganskönig (1607). Die Fülle
von Beispielen, Anekdoten und Schwänken, welche Sommer ausschüttet,
zeigt seine Belesenheit in der bodenständigen und lebensfähigen weit-
verbreiteten Moralsatire. Vergleichende Quellenuntersuchungen an seinen
Werken und denen des Aegidius Albertinus wären lehrreich. Sie dürften
zeigen, daß die konfessionellen Unterschiede kaum zur Geltung kommen.

5. SCHWANK UND VOLKSBUCH

Im 16. Jahrh. hatte die Schwankliteratur, sofern sie es auf die niedere katholische Geistlichkeit abgesehen hatte, einen streitbaren Zug; denn ihr Nährboden war das protestantische Stadtbürgertum, das von den ungebildeten Bauern und den unbeliebten Rittern abgehoben wurde. Der Landsknecht wurde zu einer Lieblingsfigur. Das zahlungsfähige Stadtbürgertum kam aus Gründen des Absatzes gut weg. Die Sympathie begleitete das Leben und Treiben des *Handwerkers*. So zeigt die Geschichte der Schwanksammlungen und der ihnen nahestehenden zyklisch angeordneten Volksbücher aus heimischer Überlieferung verschiedene Veränderungen der geistigen Haltung an. *Stammes- und Ortsneckerei*, welche sich als offene Satire in den Facetien von *Bebel*, den Schwänken von *Hans Sachs*, bei *Burkhard Waldis* und ganz besonders in den Sammelbecken des alemannischen Raumes, der *Zimmerschen Chronik*, *Wickrams* Rollwagenbüchlein und *Freys* Gartengesellschaft bewährt hatte, wird nun auf einen Platz, die Pfahlbürger einer Kleinstadt, übertragen. Im Südwesten des deutschen Sprachgebietes, am Oberrhein, im Elsaß oder in Basel wurde das *Lalebuch* (1597) zusammengestellt. Eine rohe, wohl hessen-nassauische Bearbeitung schuf den Titel „*Schiltbürger*" (1598). Der Frankfurter Buchhandel gewann damit wieder ein günstiges Objekt. Die dritte Phase der Textgeschichte bildet der „*Grillenvertreiber*" (1603). Der zweite Titel, der auf den Schauplatz Schilda hinwies, setzte sich durch, und so ist das Volksbuch zu einer lustigen westmitteldeutschen Stadtchronik geworden. Über den Verfasser sind nur Vermutungen geäußert worden. Der Vers auf einem Titelblatt rät, aus den Buchstaben des Alphabets die richtigen auszuwählen, den Rest hinwegzuwerfen und aus dem, was bleibt, den richtigen Namen des Autors zusammenzusetzen. Als Parallelerscheinung zum Eulenspiegel schließen die Schiltbürger eine literarische Entwicklung ab. Von da ab tritt das Kleinbürgertum mit handelnden Personen und wohl auch als Leser der Volksbücher zurück. Vielleicht drängt die erbauende und bessernde Moralsatire diese literarische Unterhaltung in die mündliche Überlieferung, aus der sie immer wieder auftauchen wird. Die höfische Gesellschaft belustigt sich am Grobianismus und der Unbildung der Handwerker, wie es später die *Absurda comica* des *Andreas Gryphius* belegt.

Ebenso vergeblich wie um den oder die Verfasser der Schiltbürger hat man sich um das *Volksbuch von Dr. Johann Faust* bemüht. Vielleicht sind sie im Zwischenreich jener Literaten zu suchen, die ihr Studium aufgaben und ihren Lebensunterhalt bei geschäftstüchtigen Verlagsunternehmungen fanden. Das Faustbuch ist 1587 bei Spieß in Frankfurt a. M. erschienen. Es steht in der Überlieferung des großen Repertoriums der *Teufelliteratur*, das Feyerabend in den sechziger Jahren mehrmals aufgelegt hatte. Viele Erinnerungen daran führt das Faustbuch weiter. Kaum ein Abenteuer oder Zauberstück des Dr. Faust fehlt unter den Beispielen dafür, welch Unheil und Schabernack so einer aufführen kann, der sich mit den Teufeln einläßt. Doch läßt der Umfang der Disputation über gelehrte theologische Fragen darauf schließen, daß auf diese größerer Wert gelegt wurde. Da berührt das Volksbuch die geistige Welt der Gottsucher und Magier, die sich außerhalb der Glaubensbekenntnisse einen Weg zu Gott bahnen. Am Beispiel eines solchen, der Adlerflügel an sich nahm und alle Dinge ergründen wollte, wird gezeigt, daß dies unmittelbar ins Verderben führen muß. Aber bei allem Abscheu, den der Verfasser seinen Lesern vor solchem Tun einflößen will, geht doch ein Zug der Bewunderung für satanische Größe durch das ganze Werk. Das muß *Christopher Marlowe* verspürt haben, als er 1588 dem Stoff, der sich dem Volksbuch und der Erbauungsliteratur entwand, eine dramatische Gestalt gab und den Helden im Monolog sein unheimlich-dämonisches Wesen offenbaren ließ. Das war die Urform für das *Volks-schauspiel*, das englische Komödianten auf das Festland brachten und das später unter *Stranitzky* jene merkwürdige Ehe mit dem Hanswurst-spiel schloß. Die akademische Welt der Lutherzeit, ernste Bemühung um die religiöse Wahrheit, felsenfester Glaube an die unverrückbare göttliche Ordnung, deren Gefährdung durch das mächtige Reich des Teufels, Warnung und Mahnung, Erkenntnis der Eitelkeit dieser Welt, deren Freuden der Teufel gewährt, Seelenangst, Reue, Hybris, die über die Grenzen des Daseins hinausstrebt und in das unentrinnbare Ver-derben führt: das ist der Inhalt des Faustbuches. Seine geistige Grund-lage aber ist eine unverrückbare sittlich-religiöse Ordnung, in der das Gute und Böse ihre festen Plätze haben. Verschieben sich diese, und schafft sich das Faustische selbst neue Maßstäbe, wenn es das Recht des Ausnahme-Menschen zum Gesetz erhebt, so kann eine solche Entwick-lung, wie die Deutschlands in den letzten Jahrzehnten lehrt, zum Chaos führen. Die Schuldfrage, welche in solchen Zusammenhängen auch an Faust gestellt wurde, sollte aber literarische Gestalten und Symbole, selbst wenn sie Träger von Ideen geworden sind, aus ihrem Bereich aus-schließen. So ist zu hoffen, daß die Faustgestalt als das letzte wert-volle Vermächtnis des 16. Jahrh.s weiterleben wird. Das Volksbuch aber zeigt uns, wie gesättigt die deutsche Literatur mit humanistischen Werten ist.

Unter dem Pseudonym Lazarus Sandrub, der sich einen „Stu-diosen der Philosophie und der Theologie und der Poeterei besonderen Liebhaber" nennt, gab Balthasar Schnurr zu Frankfurt a. M. 1618 „*Delitiae historicae et poeticae*, historische und poetische Kurzweil" heraus, eine geschickte Vers-Umgestaltung bewährter Schwänke, an die eine Moral in Prosa angefügt ist. Gegen Ende des Dreißigjährigen Krieges regte sich die Schwankliteratur, zu deren mündlicher Weitergabe sich zahllose Möglichkeiten boten, von neuem. Ein sonst nicht bekannter *Johann Talitz von Liechtensee* veröffentlichte 1645 unter dem Titel „*Kurzweyliger Reissgespan*" eine Art neues Rollwagenbüchlein, das zur Unterhaltung der Reisenden dienen sollte. Das beliebte Werk ist noch zu Anfang des 18. Jahrh.s gedruckt worden. Es bringt in ständischer Ordnung Schwänke, Apophthegmen und geschichtliche Anekdoten. Der Sammler, unter dem man einen Schweizer vermutete, weil das Buch in Wien und Luzern erschienen ist, hält das Obszöne fern und zeigt damit seine Absicht, die Gattung durch Anwendung eines gehobenen Stils wieder zu Ehren zu bringen. Er nähert sich also der gelehrten Unterhaltungsliteratur. Die konfessionelle Polemik tritt zurück. Das Bestreben, in den einzelnen Teilen solcher Sammlungen eine saubere Trennung zwischen Prosaschwank und Spruch durchzuführen, wird immer wieder durchbrochen. Die alten Erzählweisen und die beliebten Stoffe des 16. Jahrh.s erwiesen ein zähes Leben. Innerhalb der Entwicklung ist mit guten Gründen (*Scherer, Gumbel*) eine Tendenz beobachtet worden, welche wieder zum Ausgangspunkt, dem Volkswitz und der Facetie, zur allgemein gefaßten Novelette und zum Volksschwank zurückführt.

Die Verbindung zur Unterhaltungsliteratur in lateinischer Sprache nahm mit Geschick Petrus de Memel mit seiner „*Lustigen Gesellschaft*" (1656) auf. Man hat Simon Dach hinter diesem Pseudonym vermutet. Vielleicht ist die Sammlung ein Jugendwerk des Vielschreibers Johannes Praetorius (1630–80), der längst eine ausführlichere Behandlung verdient hätte, wozu *Zarncke* schon 1888 die Anregung gab. Alle möglichen Elemente geben sich in der „Lustigen Gesellschaft" ein Stelldichein. Sie ist ein Gegenstück zu den Sammlungen von Harsdörffer und Rist. Da stehen Volkslieder, Epigramme, Gedichte von Fleming und Greflinger, Anekdoten, Sprachscherze, Facetien und Apophthegmata nebeneinander. Von da aus wurden Anschluß und Übergang zur gelehrt-enzyklopädischen Unterhaltungsliteratur gewonnen, in der noch immer die lateinische Sprache vorherrscht. Harsdörffers Ars Apophthegmatica (1655) z. B. stellt sich in die Tradition, welche von den Adagien des Erasmus ausgeht, und von der aus schon Zincgref versucht hatte, die Brücke zur volkstümlichen Übung zu schlagen. Masse und Vielfalt des Gebotenen, Zurückdrängung des Satirischen sind die typischen Züge der gelehrten Überlieferung. Ansätze zu deren Vereinigung mit der volkstümlichen sind schon bei Michael Kaspar Lundorfs „*Wissbadischem Wisenbrünnlein*" (1610) zu beobachten, in dessen Gefolgschaft sich das parodistische Element stark bemerkbar macht. Soldaten erscheinen als Träger der volkstümlichen, Studenten als solche der gelehrt-satirischen Gattung, welche es oft auf die Weltfremdheit der Professoren abgesehen hatte. Zu dieser gehören die zahlreichen Schulpossen, zu jener etwa „*Des Uhralten iungen Leyer-Matz Lustiger Korrespondenzgeist*" (1668). Die Neigung, verwandte Motive aus dem gleichen Umkreis auf einzelne Persönlichkeiten zu übertragen und zyklisch anzuordnen, ähnlich den Volksbüchern vom Kalenberger und Eulenspiegel, setzt sich in solchen Überlieferungen fest. Jetzt kommt der Typus des g e l e h r t e n H o f - n a r r e n zu Ehren, der den satirischen Kampf mit der katholischen hohen Geistlichkeit aufnimmt. Auf *Taubmann* und *Clément Marot* werden die Elemente gelehrt-volkstümlicher Überlieferung ebenso übertragen wie auf den Niederländer *Jan Tambour*. Langsam wandelt sich die Einstellung zum Bauern völlig, der die naturhafte Tugend zu verkörpern beginnt. Der edle Bauer feiert seinen Einzug. Die Zeiten der Bauernkriege, des „*gemeinen pöfels*" sind endgültig vorüber. Doch konnte die Kluft zwischen modehafter Bildung und ländlicher Wirklichkeit nicht überbrückt werden. Das war erst möglich, als die Schäferwelt ihren Glanz verlor. Die enge Bindung der literarischen Kurzform an die Moralsatire wird überall sichtbar. Beim Überblick über größere Zeiträume lassen sich die sozialen und bildungsgeschichtlichen Wandlungen aus der Wertung der einzelnen Stände erkennen. Die in ihren Anfängen steckende soziologische Literaturbetrachtung wird aus diesen Formen des Schrifttums, das sich mit der Alamodeliteratur nur schwach berührt, viel lernen können. Bürgertum und gelehrte Elemente treten im 17. Jahrh. mehr in den Umkreis des Schwankes. Er wird zu einem wichtigen Träger des A n t i m a c c h i a v e l l i s m u s und ist auf weite Strecken hof- und adelsfeindlich, während über die Fürsten selbst eine freundlichere Gesinnung strahlt.

6. DAS KIRCHENLIED

Das Kirchenlied hielt zäher an den alten Formen fest. Seine Geschichte kennt mehr Übergänge und Anpassungen an den gewandelten Geschmack als plötzliche Wendungen. Deshalb setzt sich weder im protestantischen noch im katholischen Kirchenlied die neue Art zu singen und zu dichten schnell gegen die alten Autoritäten durch. Das K i r c h e n - l i e d und überhaupt die e v a n g e l i s c h e K i r c h e n m u s i k sind Luthers Schöpfung und waren an Gegenwart, Volk, Gemeinde und Liturgie gebunden. Im Kirchenlied des neuen Glaubens trafen alte liturgische Gesänge, Volkslied und vorreformatorisches geistliches Lied zusammen. Als Bestandteil der Liturgie und gewichtigstes Bibelwort, nicht als Gebet oder erbauliche Betrachtung, gelangten die P s a l m e n zu ihrer überragenden Bedeutung. Als aber im Verlauf des 16. Jahrh.s die Einheit sowohl durch die konsequent durchgeführte politische Organisation der

Kirche Calvins, welche sich um die Wende zum 17. Jahrh. in der Pfalz, in Hessen und Brandenburg durchgesetzt hatte, wie auch durch die Spaltung der Gemeinde nach Stand und Bildung, Stadt und Land verhängnisvoll gestört wurde, zeigten sich verschiedene Bestrebungen zu einer Neubelebung des Kirchenliedes. Während das Lied der Calvinisten an der einfachsten Gestalt festhielt und die einzige Kirchenmusik blieb, bestimmte Michael Praetorius den Stil der protestantischen Kirchenmusik, ähnlich wie Palestrina für den der katholischen maßgebend war. Aber die Einheit des Kirchenliedes in den Ländern der Reformation war nicht zu retten. Man suchte sie wiederzugewinnen; denn am Ende des 16. Jahrh.s wurde die Bedeutung von Luthers Lied, das von echter Begeisterung getragen für die Wahrheit eintrat, und seine Vorbildlichkeit wieder in Erinnerung gebracht.

Diese Richtung vertritt Nikolaus Selnecker (1530–92) aus Hersbruck bei Nürnberg. Er wandelte sich unter Melanchthons Einfluß vom Juristen zum Theologen und wurde auf Empfehlung seines Gönners 1577 Hofprediger in Dresden, Prinzenerzieher und Leiter der Hofkantorei. Nachdem er bei Hofe in Mißgunst gefallen war, ging er 1565 nach Jena und nach Vertreibung der Philippisten 1568 nach Leipzig und später nach Wolfenbüttel. Die Angriffe von allen Seiten bestärkten ihn in seinem Glauben, das wahre Luthertum zu vertreten. In seiner Gewissensnot dichtete er die Lieder „*Laß mich dein sein und bleiben*" und „*Halt' mich bei deiner Lehr*'". 1573 hielt er sich kurz in Oldenburg auf. Dann setzte er sich, die Verbindung mit Jakob Andreae aufnehmend, für die Konkordienformel ein, wurde aber 1589 abgesetzt. In Hildesheim war er kurze Zeit Superintendent. Dann kehrte er wieder nach Leipzig zurück. Er entfaltete ein ausgebreitetes theologisches Schrifttum und veröffentlichte Predigten. Seine hohe musikalische Begabung und seine friedliche Natur treten in seinen Liedern in Erscheinung; 120 davon veröffentlichte er in der Leipziger Sammlung von 1587. Seine Dichtung ruht auf dem Psalter und ist nach dem Grundsatz ausgerichtet:

> Lutherus singt uns allen vor
> Nach Gottes Wort führt den Tenor.
> Wir singen nach und zwitschern mit,
> Gott will solch Stimm verachten nit.

Der starke Aufschwung der protestantischen Lieddichtung im Zeitalter der Gegenreformation läßt die eindringliche Unmittelbarkeit der Frühzeit vermissen. Pedanterie, Erbauungstendenz und Lehrhaftigkeit treten an die Stelle innerer Ergriffenheit und Begeisterung, die Familie an die der Gemeinde. Häusliche und persönliche Interessen erscheinen im Vordergrund. Dogmatische Erläuterungen nehmen die Verbindung zu Predigt und Prosaschrifttum auf. Schwärmerei, Zerknirschung, Ver-

senkung in das eigene Innere, der übersinnliche Ton mystischer Braut-
liebe, Sentimentalität und Jesuskult zerspalten die Einheit des Gemeindeliedes und sind die Träger neuer Stilformen. Das *private Andachtslied* ist
der Günstling der Zeit. So vollzieht sich die Trennung von Gemeindegesang und Kunstlied. Aus einem Träger des Gottesdienstes wird das
Kirchenlied zu einer Kunstübung vor genießenden Zuhörern und andächtigen Mitbetern. Aus der Kontemplation bekommt die Kirchenmusik starke Antriebe. Damit zeichnet sich der Weg zum Pietismus
ab. Diese hier angedeutete Entwicklung des Kirchenliedes im 17. Jahrh.
ist nichts anderes als eine Wiederholung von Erscheinungen, die bereits
im 16. Jahrh., von den siebziger Jahren ab, zu beobachten sind. Einige
typische Vertreter sollen dies zeigen. Sie schlossen sich an die Joachims-
thaler Mathesius und Nikolaus Herman an, welche die Sonntagsevangelien in Lieder umgedichtet hatten, oder eröffneten die Quellen
mittelalterlicher Mystik.

Philipp Nicolai (1556-1608) stammt aus Megeringhausen in Waldeck. Er studierte von 1575 an in Erfurt und Wittenberg. Seine seel-
sorgerische Tätigkeit zu Herdecke in Westfalen (1583) wurde durch die
Einführung der Gegenreformation gestört. Er war dann Prediger bei
den heimlichen Lutheranern in Köln und wurde 1587 Diakon in
Wildungen. Sein Auftreten gegen die Calvinisten zog ihm die Feindschaft des Landgrafen von Hessen zu, der seine Promotion zum Doktor
der Theologie in Marburg verbot. Doch erreichte er 1594 in Wittenberg
dieses Ziel. Als Prediger wirkte er von 1596 an in Unna in Westfalen.
Pest, Kriegsnot und theologische Streitigkeiten verbitterten ihm den
dortigen Aufenthalt. Von 1601 an hatte er als Hauptpastor an der
Katharinenkirche in Hamburg einen ruhigen Lebensabend. Aus Nicolais
Wildunger Zeit stammen seine bedeutungsvollen Kirchenlieder: ein
Parteilied gegen die Calvinisten, das er der Gräfin Margarethe von
Waldeck widmete („*Mag ich Unglück nicht widerstan*"), eine Bearbeitung
des 42. Psalms, das geistliche Brautlied „*Wie schön leuchtet der Morgenstern*" und das an das Evangelium Mt. 25, 1 anschließende geistliche Lied
von den klugen Jungfrauen „*Wachet auf, ruft uns die Stimme*". Das Motiv
der persönlichen Glaubens- und Liebesinnigkeit, welches Nicolai an-
schlägt, klingt durch das ganze 17. Jahrh. weiter. Die farbenfreudige
Schilderung überirdischer Zustände, die Wiedergabe der Gemüts-
bewegung bringen neue Motive in das evangelische Kirchenlied.

Valerius Herberger (1562-1627) aus Fraustadt studierte in Frankfurt a. d. O.
und Leipzig (1582). Er wirkte als Lehrer (1584), Diakon (1590) und Pastor (1597)
in seiner Vaterstadt. Seine Predigten sollen mit ihrer derben Anschaulichkeit
und Freude am Wortspiel an Abraham a Sancta Clara erinnern. Sein Lied „*Valet will
ich dir geben, du arge falsche Welt*" eröffnet mit Nicolais Liedern den Zugang zur deutschen Versreform, womit die Verbindung zwischen dem Kirchenlied und den Bestrebungen der Sprachgesellschaften ebenfalls hergestellt war. Über den mystischen

Strömen, welche Johannes Arndt öffnete, entfalten sich neue Liedformen: Persönliches Andachts- und Berufslied, Jesuslied, das aus der Not erklingende Lied, Sterbe-, Buß- und Kreuzlied.

Martin Rinckart (1586–1649) stammt aus Eilenburg. Er besuchte die Thomasschule und anschließend das Fürstenkolleg an der Universität Leipzig. An der Schule zu Mansfeld unterrichtete er 1610, wurde 1611 als Diakon nach Eisleben und 1613 als Pfarrer nach Erdeborn berufen. In seiner Heimatstadt Eilenburg wurde er 1617 Pfarrer und wirkte dort segensreich bis an sein Ende.

Mit *Reformationsdramen* um Luther setzt Rinckarts Dichtung ein. Der „*Eislebische christliche Ritter*" (1613) stellt mit Bezugnahme auf die Fabel von den drei Ringen und mit Motiven der alten Streitschriftenliteratur den Triumph Luthers über das Papsttum und den Calvinismus dar. Das allegorische Spiel *Lutherus desideratus* stellt die Kirchengeschichte von 1300 bis 1500 dar. Das Reformationsjubiläum feierte *Indulgentiarum confusus*. Später folgten zur Erinnerung an den Reichstag zu Worms *Lutherus Magnanimus* (aufgeführt am 8. September 1625, Text nicht erhalten), *Monetarius seditiosus* oder der Müntzerische Bauernkrieg (1624) und *Lutherus Augustus* (1630 zum Jubiläum der Augsburgischen Konfession). So wollte Rinckart seinen Glaubensgenossen die große Zeit wieder vergegenwärtigen. In seinen Kirchenliedern, die er selbst in Musik setzte, tritt der Charakter des Gemeindeliedes wieder stärker hervor (*Nun danket alle Gott*), allerdings mit starker Bezugnahme auf die häusliche Andacht.

Johann Matthäus Mayfart (1590–1642) studierte in seiner Vaterstadt Jena (1608), später in Wittenberg Theologie. Am Casimiranum in Koburg wurde er 1616 Professor und 1623 Rektor. Später wurde er an die Universität Erfurt berufen, war dort 1635 Rektor und wirkte von 1636 an gleichzeitig als Pastor an der Augustinerkirche. Bei der Universitätsreform bewies er seine pädagogischen Fähigkeiten. Mayfart eröffnete eine scharfe Polemik gegen die Jesuiten. In seine asketischen deutschen Schriften spielen die Motive der Eschatologie hinein. Er verbindet die Moralsatire mit eindringlicher Mahnung zur Versöhnung religiöser Gegensätze. Glaubensinnigkeit und Phantasie wurden ihm nachgerühmt. Bei den Zeitgenossen machte ihn seine *Trauerrede auf Gustav Adolf* berühmt. Seine Kirchenlieder erschienen zuerst in seinen Prosawerken. Auf den Gedankengängen der *Cautio criminalis* und eigenen Erfahrungen ruht ein deutscher *Traktat* Mayfarts *über die Hexen* (1636). Er ist einer der ersten protestantischen Bekämpfer des Hexenprozesses. Aus reichen Erfahrungen aus Koburg und Erfurt veröffentlichte er eine Schrift über die akademische Disziplin und bekämpfte er den Pennalismus, die Hörigkeit der jungen Semester gegenüber den älteren. Den geistlichen Würdenträgern empfahl er einen entsagenden Lebenswandel und bemühte sich darum, den Adel für den geistlichen Stand zu gewinnen. Der Widerstand, welchen er dem beginnenden Absolutismus entgegenstellte, und der Umstand, daß er ähnlich wie Johannes Arndt das jesuitische Schulwesen als vorbildlich bezeichnete, zeigen seine fortschrittliche Haltung. Heinrich Mayfart († 1637) ist als Kirchenlieddichter von größerer Bedeutung. Beide Brüder halten am Volkstümlich-Bürgerlichen fest und können als Vorläufer Paul Gerhardts angesehen werden.

Das katholische Kirchenlied stand im Zeitalter der Gegenreformation vor neuen Aufgaben. Es wurde von den Orden, welche sich besonders in den Dienst der Glaubenserneuerung stellten, von *Kapuzinern* und *Jesuiten*, besonders gepflegt. Dadurch, daß das Kirchenlied der Katholiken kein wesentlicher Bestandteil des Gottesdienstes ist, stellte es sich leicht in den Dienst der Erbauung und verband sich mit dem Prosaschrifttum. Es hatte wie dieses die Aufgabe, die Betrachtung zu fördern, zu belehren, und die Absicht der Predigt zu unterstützen. Dadurch ist, was den geistlichen Gehalt betrifft, eine Abgrenzung zwischen Moralsatire, Predigt und Kirchenlied nicht möglich. Mit der deutlichen Absicht, das weltliche Lied zu verdrängen, empfehlen die Vorreden der Sammlungen den Gesang der Lieder in der Kirche, im Haus, auf dem Feld, bei Prozessionen und Wallfahrten. So durchdringen und begleiten die Kirchenlieder das geistliche Jahr, indem sie betrachtend lehren oder lehrend betrachten. Die älteren katholischen Kirchenlieder erzählen schlicht und einfach das Leben des Heilandes. Der epische Ablauf des Geschehens wird von Zeit zu Zeit unterbrochen durch bewundernde, freud- oder leidvolle Zwischenrufe, durch Anrede besonders des schmerzenertragenden Heilands. Dasselbe Verfahren wird in Marien-, Heiligen- und Märtyrerliedern angewendet. An die Dogmen werden lehrhafte Betrachtungen angeschlossen. Die Betrachtung lockert das epische Gefüge. Der schlichte Volksliedton, der dem katholischen Kirchenlied eigentümlich ist, widerstand der neuen Dichtungsart, der man sich auch deshalb verschloß, weil sie vom Hugenottenpsalter ausging. Demgegenüber wurde die Überlieferung des geistlichen Volksliedes aufrechterhalten, welche durch das überarbeitete alte Gut oder die Eindeutschung lateinischer Hymnen und Sequenzen gestärkt werden konnte. Immerhin nahmen die *lyrischen Elemente* bedeutsam zu. Aber der Zusammenhang mit dem täglichen Leben und der Umwelt wird aufrechterhalten. Das liturgische Drama, welches die gleichen Zusammenhänge wahrte, festigte die Bindung an das Wirkliche und unterstützte die naive Lehrhaftigkeit. Die Eindringlichkeit verstärkte den Zug zum Realismus. Das *vlämische Gesangbuch* der Jesuiten (1609) vermittelte zum erstenmal ein aus seelischer Erschütterung kommendes Pathos und eine innere Ergriffenheit, wie sie dem süddeutschen katholischen Kirchenlied noch lange fremd blieb. Die franziskanische Sammlung *Seraphisch Lustgart* (Köln 1635) trug diesen subjektiv-pathetischen Gefühlston weiter. An die Stelle des Empfundenen und einer passiven Haltung ist nun das Erlebte mit starken Antrieben und innerer Ergriffenheit getreten. Die objektive Erzählung wird von der subjektiven, von Erschütterung zu Erschütterung springenden Darstellung der Eindrücke und Empfindungen abgelöst. Hier öffnet sich der Weg zur Steigerung, Übertreibung, Hyperbel und Verklärung. Der

Kölner Jesuitenpsalter (1638), welcher als erster Gedichte von Friedrich von Spee aufnahm, bildete eine wichtige Station in dieser Entwicklung. Bei den süddeutschen katholischen Liederdichtern verbinden sich lehrhafte Absicht und subjektives Gefühl. Jener kommt das Gespräch z. B. zwischen Christus und der Seele entgegen, in dem viele dogmatische Fragen erörtert werden.

LITERATUR

Neulateinische Literatur: G. Ellinger, Gesch. d. neulat. Lit. Deutschlands im 16. Jahrh. Berlin 1929 ff. behandelt die Lyrik. E. Trunz, Der deutsche Späthumanismus als Standeskultur. Zschr. f. Gesch. d. Erz. u. d. Unterr. 21 (1931) S. 17–33.

Husanus: J. Merkel, Heinrich Husanus (1536–87) herzogl. sächs. Rat, mecklenburg. Kanzler, lüneburg. Syndicus, Göttingen 1898.

Chytraeus: Die ludi litterarii hat G. Timm Rostock 1888 hrsg.

Barth: J. Hoffmeister, Kaspar von Barth, Leben, Werke und sein deutscher Phönix, Heidelberg 1931.

Flayder: G. Bebermeyer, Tübinger Dichterhumanisten, Tübingen 1927.

Puschmann: Den gründlichen Bericht gab R. Jonas Neudr. 73 (1888) heraus, das Singebuch G. Münzer Berlin 1906. – G. Sieg, Der Meistersinger Adam Puschmann. Neues Lausitz. Mag. 98 (1922) S. 99 ff.

Georg Rollenhagen: Den Froschmeuseler gab Goedeke 1876 heraus, die Dramen J. Bolte: Tobias Neudr. 285–87 (1930), Das Spiel vom reichen Mann Neudr. 270–273 (1929). J. Bolte, Quellenstudien zu Georg Rollenhagen. Sitzber.d.preuß.Akad. d. Wiss. phil.-hist. Kl. 1929 S. 668–89. A. Herdt, Quellen und Vorbilder zu G. Rollenhagens Froschmeuseler und seine Einwirkung auf Jakob Baldes Batrachomyomachia. Diss. Straßburg 1910.

Rexius: Vier Gesänge der Ilias gab R. Newald Berlin 1929 heraus. Ders. Zschr. f. dt. Philol. 54 (1929) S. 339–59.

Spreng: R. Pfeiffer, Die Meistersingerschule in Augsburg und der Homerübersetzer Johann Spreng. Augsburg 1919.

Gabriel Rollenhagen: K. Th. Gaedertz, Gabriel Rollenhagen. Sein Leben und seine Werke. Leipzig 1888.

Ayrer: Die Dramen wurden von A. v. Keller BLVS 76–80 (1865) hrsg. W. Wodick, J. Ayrers Dramen in ihrem Verhältnis zur einheimischen Literatur und zum Schauspiel der englischen Komödianten. Halle 1912. G. Höfer, Die Bildung Jakob Ayrers. Leipzig 1929.

Kober, Hollonius, Wichgref, Stricker, Sommer: Artikel in der ADB.

Hans von Schweinichen: Die Erinnerungsbücher wurden hrsg. von J. G. Büsching 3 Bde. Breslau 1820/23. E. Hegaur (= W. E. Oeftering) München 1911.

Schiltbürger: hrsg. von K. v. Bahder, Neudr. 236–39 (1914).

Faust: hrsg. von R. Petsch, Neudr. 7–8a (1911).

Sandrub: K. Schreinert, Wer war L. S.? In: Gedenkschr. f. F. J. Schneider. Weimar 1956. S. 6–23.

Volksbücher: H. Gumbel, Zur deutschen Schwankliteratur des 17. Jahrh. Zschr. f. dt. Philol. 53 (1928) S. 303–46.

Kirchenlied: F. Blume, Evangelische Kirchenmusik. Potsdam 1931 (Handb. d. Musikwissensch.). M.-L. Wolfskehl, Die Jesusminne in der Lyrik des deutschen Barock. Diss Gießen 1934.

DRITTES KAPITEL

NEUE KRÄFTE IM DRAMA

Wie wir schon beobachten konnten, läßt die Beteiligung des Bürgertums an der Literatur nach. Das zeigt sich im Niedergang des Fastnachtspiels, an dessen Stelle bescheidene Ansätze des Lustspieles (vgl. S. 63 f.) gezeigt werden konnten, in der Lösung der Verbindung zwischen Volksschauspiel und Schultheater. Dieses wurde zum Träger humanistischer Überlieferung und strebte nach dem Hof, jenes erhielt in den Spielen der englischen Komödianten einen gefährlichen Rivalen. In die Fülle der versinkenden, wiederbelebten und neuerstehenden Formen, der abbrechenden, neu ausgerichteten oder entstehenden Überlieferungen läßt sich nur schwer eine gewisse Ordnung bringen. Das gleiche gilt für die Vielfalt der Bühnenformen, welche sich den gegebenen örtlichen Verhältnissen bei Freilichtaufführungen oder bewährten Vorbildern anpassen. Die fruchtbarsten Anregungen kamen nun aus England und Italien. Die verschiedenen Einflußsphären sind noch nicht abgezeichnet. Der festliche Charakter, welcher das Theater des 17. Jahrh.s auszeichnet, wird nun vorgebildet, sei es in Abschlüssen des Schuljahres mit einer Aufführung, sei es in der Feier eines Familienanlasses im fürstlichen Hause oder eines besonderen politischen Erfolges. Es geht um eine Vereinigung der Künste, um eine Befriedigung der Schaulust.

Zunächst scheiden sich Formen und Spielüberlieferungen nach der Sprache. Das Schultheater in Straßburg und das der Jesuiten führen nur lateinische Stücke auf, die englischen und italienischen Truppen spielen am Hofe in ihrer Muttersprache. Rollenhagen und die niederdeutschen Spiele haben wenig Widerhall. Wo sich, wie in München, eine volkstümliche Spielübung zeigte, wurde sie unterdrückt. Das lateinische Schul- und Hofdrama beanspruchte eine Art Monopolstellung. Ansätze zu ländlich-bäuerlichem Spiel im Anschluß an Prozessionen und Umzüge sind zu beobachten, aber nichts, was die höfische Stellung des Dramas hätte beeinträchtigen können. Sie verdankt Bedeutung und Einfluß dem Zweck, dem sie das Drama unterstellt: Erziehung, moralilische Belehrung und Glaubenspropaganda. Deshalb sind die Ansätze zu feinerer Motivierung, zu psychologischer Darstellung besonderer Züge zunächst eher bei den Vertretern alter Ordnungen, welche sacht reformieren wollen, zu finden, bei Frischlin und den Anfängen des Lustspiels. Doch war die Zeit solcher Klein- und Feinarbeit nicht günstig gesinnt. Sie liebte die Karikatur, das Grelle und Krasse, den starken Effekt. Damit förderte sie wohl auch, wie jeder Naturalismus, die Darstellung seelischer Wandlungen und Vorgänge. Das letzte Ziel blieb

bei den Werken, welche die höchste Wirkung erzielten, die innere Erschütterung der Zuschauer. Das konnte nur mit sehr wirksamen und
ins Gewissen eindringenden Mitteln erreicht werden und bedingte eine
Förderung der Mittel, welche die Illusion tragen. Der Effekt bleibt
im 17. Jahrh. der ständige Genosse des Dramas. Darum ist das Zwischenspiel zumeist satirisch und ruft nach einem spöttischen, nur selten nach
einem befreienden Lachen. Desgleichen liegen die Ansätze zu einer
Individualisierung der Personen nicht im Bereich der dramatischen
Hauptströmungen. Der feste theoretische Unterbau und das Vorbild
Senecas stellten bestimmte Typen auf, deren Abwandlung zu verfolgen
ist. Das steht in unmittelbarem Zusammenhang mit der schematischen
Arbeitsweise und Serienproduktion.

1. NIKODEMUS FRISCHLIN

Die Altersgenossen Fischart und Frischlin haben wenig Gemeinsames: Volksschriftsteller und Humanist, deutscher Schreiber und Dichter und gewandter Handhaber des lateinischen Verses, Moralsatiriker
und Dramatiker, praktischer Jurist und akademischer Lehrer, bürgerlicher Familienvater und Bohémien sind mehr auf den gemeinsamen
Nenner kraftvoller Männlichkeit und der Eröffnung neuer Entwicklungen, also einer Übergangszeit, zu bringen. Als Späthumanist und
lateinischer Dichter, der die deutsche Form kaum pflegt, steht Frischlin
in festen Überlieferungen, die er nicht durchbricht. Die religiösen
Fragen treten bei ihm hinter dem Persönlichsten zurück. Insofern aber
stehen seine Werke in Zusammenhang mit seinem wechselvollen Leben,
als seine vielseitige Begabung zur *Gestaltung von Menschenschicksalen*
in ihnen sichtbar wird, und er vereinzelt an Probleme herangeht, an deren
praktischer Lösung im Leben er mit seinem ungebändigten Temperament scheitern mußte. Doch wird sein Charakter mehr aus seinem Schicksal und seiner Handlungsweise erschlossen als aus seinen Werken.
Humanistisch akademisches Herkommen, Geltungsdrang und Bedürfnis,
sich zu befreien von dem, was ihn bedrückte, freche Herausforderung,
angriffslustige Verteidigung seiner Rechtsansprüche, Erbitterung über
ungerechte Zurücksetzung, Gelehrsamkeit, nationales Selbstbewußtsein,
gewandte Beherrschung der wenn auch ausgespielten Register lateinischer Formgebung, geniales Erfassen der Einzelheit und deren Einordnung in große Zusammenhänge: dies alles spiegelt Frischlins
Schaffen, dessen Grundlage Schule und Lehrbetrieb sind.

Aus einer Pfarrersfamilie stammt Nikodemus Frischlin. Er ist in Erzingen bei
Balingen am 22. 9. 1547 geboren, wurde in der Schule zu Balingen, den Klosterschulen in Königsbronn (1560) und Bebenhausen (1562) auf den Besuch der Univer-

sität Tübingen vorbereitet, wo er, nachdem er 1565 das artistische Magisterexamen abgelegt hatte, zwei Jahre Theologie studierte. Mit 21 Jahren heiratete er Margarete Brenz und begann er seine Lehrtätigkeit an der artistischen Fakultät in Tübingen mit der Erklärung lateinischer Texte. Seine Trinkfestigkeit und Hingabe an die Freuden der Liebe erregten ebenso wie sein herausforderndes Auftreten Anstoß bei seinen Kollegen, besonders dem Gräzisten *Martin Crusius*, dessen Abneigung ihn um eine ordentliche Professur in Tübingen und um eine Berufung nach Graz an die Landschaftsschule brachte. Frischlin war nicht der Mann, solche Ungerechtigkeiten mit Gelassenheit hinzunehmen. Eine Rede auf die geistig zurückgebliebene schwäbischfränkische Ritterschaft und verschiedene Händel machten ihn in maßgeblichen Kreisen unbeliebt. Doch konnte er sich vor deren offenem Eingreifen schützen, weil er die Gunst Kaiser Ferdinands gewann und von diesem 1576 zum Dichter gekrönt wurde. Als er 1577 zum kaiserlichen Pfalzgrafen ernannt wurde, kostete ihn dies die Gunst seines Landesfürsten. Zwei Jahre (1582–84) verbrachte Frischlin als Leiter der krainischen Landschaftsschule in Laibach. Dort entstanden seine Lehrbücher. Inzwischen waren sich seine Gegner in Tübingen einig geworden, seine Wiederaufnahme in den Lehrkörper zu verhindern, indem sie die Anklage wegen Ehebruchs gegen ihn einreichten. Frischlin entzog sich dem Beweisverfahren durch die Flucht an den Rhein, kehrte 1586 nach Tübingen zurück, täuschte sich aber in seinen Hoffnungen, daß sich die Gegner beruhigt hätten, und wählte die Verbannung. Weit kam er herum, aber nirgends fand der unruhvolle Mann eine dauernde Wirkensstätte. Weder am Rhein noch in Prag und in Mitteldeutschland brachte man Verständnis für die ehrlich gerade und leidenschaftlich lospolternde Art auf. In Braunschweig leitete er die Lateinschule (1588), in Kassel, Marburg, Frankfurt war seines Bleibens nicht lange. Mit einer zornigen Eingabe verlangte er von der württembergischen Regierung (1590) die Herausgabe des ungerechtfertigt zurückgehaltenen Erbgutes seiner Frau. Daraufhin verhaftete man ihn zu Mainz und lieferte ihn an Württemberg aus. Beschwerdebriefe, die er aus seiner Haft an den Kaiser und den Bischof von Speyer schrieb, wurden abgefangen und veranlaßten seine Überführung nach Hohenurach. Ein mit unzulänglichen Mitteln unternommener Fluchtversuch mißglückte. Am Morgen des 29. November 1590 fand man seine zerschellte Leiche unter dem Fenster seines Gefängnisses.

Gesundheit und geistige Kraft spiegeln auch Frischlins Werke wider. Ihre gebändigte Form, Fülle und Vielseitigkeit setzen in Staunen. Dem Unterricht dienten seine *Quaestiones grammaticae* (Venedig 1584), ein lateinisch-griechisch-deutsches *Wörterverzeichnis* (1586) und eine methodische Schrift über den Unterricht. Sie erschien nach seinem Tode (1606) und stellte den letzten Ausläufern scholastischer Lehrweise als Bildungsziel die gewandte Beherrschung der lateinischen Sprache gegenüber. Von seiner formalen Begabung zeugen seine lateinischen Übersetzungen der Hymnen und Epigramme des *Kallimachos* (1571). Aus innerer Wesensverwandtschaft und verwandter Lebensfreude fühlte er sich von *Aristophanes* angezogen. Auf lange Strecken vermittelte seine lateinische Übersetzung der fünf Komödien Plutus, Ritter, Wolken, Frösche und Acharner (1586) die Kenntnis des „ungezogenen Lieblings der Grazien". Die Facetie entsprach seiner Laune, er mag sie seinen Studenten und Zechgenossen als Wortführer ihrer Symposia vorgetragen haben. Vielseitig sind die Gebiete, Formen und Stoffe, die er gestaltet und seinem Leben anpaßt. Es drängt ihn zu realistischer Anschaulichkeit und zur Befreiung von dem, was ihn im Leben bedrückte. Er sucht sein besseres Ich in den Gefilden der Dichtung zu gestalten; deshalb liegt ihm die Breite des biblischen Epos – im Kerker schrieb er eine *Hebraeis* von über 12000 Versen, die 1599 veröffentlicht wurde – weniger als Epigramm und Drama. Auf diesem Gebiet liegt seine nachhaltigste Leistung, die zwischen dem Schuldrama der älteren Ordnung und dem Straßburger Akademietheater steht. Ein abgeschlossenes, einheitliches und zielsicheres Schaffen sucht man bei ihm vergebens. Im Zeichen der Schule stehen die drei symbolischen Komödien *Priscianus vapulans, Julius redivivus* (1584) und *Phasma* (1592). Die erste wurde zum Tübinger Universitätsjubiläum 1578 aufgeführt. Da heilen Erasmus und Melanchthon die Wunden des zerschundenen Grammatikers. Im Julius redivivus kommen Cicero und Cäsar bei einem Urlaub von der Unterwelt nach Deutschland und stellen zu ihrer größten Verwunderung fest, daß sie sich in keinem Barbarenland befinden, und daß die Sprache Latiums im Munde der Nachkommen ihrer Landsleute zu einem unverständlichen Kauderwelsch geworden ist. Aus Menander stammt der Stoff zu Phasma, worin die reine lutherische Lehre sich von den phantasievollen Glaubenslehren der Sektierer – hier meint er die Pansophisten und Erben der Wiedertäufer – abhebt. Das erste und vierte Buch der Aeneis löste Frischlin in die beiden freien dialogischen Paraphrasen *Dido* (1581) und *Venus* (1584) auf, so wie er die Lektüre des ersten Buches von Cäsars Denkwürdigkeiten über den gallischen Krieg in eine Folge von Dialogen umsetzte (*Helvetiogermani* 1589).

Von ungleich größerer Bedeutung sind seine dramatischen Bearbeitungen von biblischen Stoffen: *Rebecca* (1576), *Susanna* (1578), letzte Planungen aus Hohenurach (Josephstrilogie, Ruth, Hochzeit zu Kanaa), von Themen aus der deutschen Geschichte: *Hildegardis magna* (1579) und *Frau Wendelgard* (1579), dem einzigen erhaltenen Drama in deutscher Sprache; denn der Graf von Gleichen und das Lustspiel „Die Weingärtner" sind verlorengegangen. Frischlin ist der ernsten, lehrhaft-erbaulichen und erzieherischen Tendenz des protestantischen Schul- und Volksdramas überdrüssig, kommt aber doch nur insofern von seinen Vorlagen los, als er die Haupthandlung durch den Kontrast mit einer derb-realistischen Nebenhandlung belebt, psychologisch vertieft und dem Drama neue Elemente zuführt, welche über die römische Komödie hinausgreifen. So sind Spuren von Lukian, Aristophanes, der satirischen Reformationsliteratur, Schwanksammlungen und Fastnachtspielen festzustellen. Der beabsichtigte Aufbau von Frischlins Dramen ruht auf dem Ineinanderspielen von Haupt- und Nebenhandlungen, der Einheit einzelner Szenenfolgen, dem Wechsel von Spannung und Lösung des Geschehens. Dennoch kann von kunstvoll-harmonisch-konsequenter

Zusammenfügung nicht die Rede sein. Frischlins Stärke ist – das liegt in seinem Charakter, seiner Arbeitsweise und den jeweiligen Anregungen – die Beleuchtung der Einzelheit, bestimmter Züge oder ganzer Episoden, bei deren Ausbau er den Formzwang sprengt, seine derb-realistische Charakterisierungskunst und seine spottende Überlegenheit anbringen kann. Mit den zeitbedingten Vorbehalten können die meisten Dramen Frischlins, sofern sie um das Eheproblem kreisen, als Erlebnis-dichtungen angesehen werden, und so gewähren sie auch einen Einblick in sein sittliches Denken, indem sie zeigen, wie schwer, wenn auch ver-geblich, er mit seiner ungebändigten Natur gerungen hat, daß er an der Unverletzbarkeit der Ehe festhielt und auch in den bedrängtesten Lagen seines Lebens aus dem Gefühl der ehelichen Verbundenheit stärkenden Trost empfing. Es ist durchaus berechtigt, von seiner inneren Er-griffenheit zu sprechen; denn realistische Darstellungen vom Familien-leben gab es im Schuldrama und Volksschauspiel auch vor Frischlin, wenn eine vorbildliche Häuslichkeit vorgeführt werden sollte. *Ansätze* zu einer *Problematik der Ehe* zeigen sich im deutschen Drama zuerst bei Frischlin in der Bemühung, Spannungen und Gegensätze psychologisch verständlich zu machen und die Konflikte zu lösen. Wie eine Einführung ist die Brautschau in der „Rebecca" anzusehen. Das Motiv der Ver-leumdung verbindet Susanna ˑ mit Hildegardis, der Gestaltung des Genovevastoffes. In beiden Dramen geht es um die Wiedergewinnung des Vertrauens. Das hohe Lied ehelicher Treue klingt in Frau Wendel-gard aus.

2. DIE ENGLISCHEN KOMÖDIANTEN

In den ersten Truppen der Berufsschauspieler, welche sich um die Mitte des 16. Jahrhunderts in England bildeten, erhoben sich einzelne geistige Nachkommen der Spielleute, *ioculatores, mimi*, Vaganten, Ar-tisten, Akrobaten und Spaßmacher über ihresgleichen und taten sich mit Vertretern ernster Kunstübung zusammen. Sie bildeten einen beliebten Stil aus und verpflanzten ihn in den achtziger Jahren auf das Festland. Von Dänemark wurde 1586 eine Truppe nach Dresden ein-geladen. Von Holland her gewannen sie 1592 in Frankfurt a. M. einen Stützpunkt. In Braunschweig und Kassel begannen sich feste Traditionen zu bilden. Manche Truppe blieb in Deutschland, füllte ihre Abgänge mit deutschen Schauspielern auf und wurde von einer englischen zu einer deutschen Wandertruppe. Von 1604 an sind Aufführungen in deutscher Sprache bezeugt. Um 1650, zu einer Zeit, da Schauspielübung und -technik veraltet und nicht mehr zugkräftig waren, ist die Be-zeichnung „englische Komödianten" längst verschwunden. Ihre hohe Zeit ist die Wende zum 17. Jahrh. und bis zum Ausbruch des Dreißigjährigen Krieges. Unter den ersten Truppen ist die von *Thomas Sacheville* die bedeutendste. Später traten *Robert Brown, Webster, John Green* und *John Spencer* hervor, von deren Truppen sich wieder neue abzweigten.

Die englischen Komödianten traten nicht etwa das Erbe der Meistersinger oder des Volksschauspiels an, sondern sie strebten ähnlich wie das Jesuitendrama nach dem Hof, teils weil von dort her der Geschmack bestimmt wurde, teils weil sie des Schutzes, der Privilegien und Empfehlungen bedurften, teils um über die tote Saison hinwegzukommen oder sich des Titels Hofkomödianten als Aushängeschild bedienen zu können. Im ganzen deutschen Sprachgebiet, vornehmlich im Westen und Norden, traten sie auf. In den einzelnen Städten hatten sie ihre bestimmten Spielzeiten, meist bei Messen. Ein vollständiger Überblick über die Wege der Truppen, deren Zusammensetzung und Spielrepertoire ist noch kaum möglich. Eine möglichst vollständige Sammlung von Daten und Bemerkungen, welche aus Akten und Urkundenmaterial erschlossen werden und noch zu erschließen sind, wird vielleicht nahe an dieses Ziel heranführen. Eine Truppe bestand aus rund fünfzehn Mitgliedern und etwa sechs Musikanten. Diese, aber auch einheimische Handwerksgesellen oder Studenten wurden als Statisten verwendet. Frauenrollen wurden von Männern gegeben. Die Leitung der Truppe lag in den Händen des verantwortlichen Prinzipals, der das Rollenfach des *Clowns* vertrat. Den einzelnen Mitgliedern kamen bestimmte Funktionen zu (Verwaltung der Kostüme, feste Rollen). Einschätzung und Ansehen, welche die Truppen genossen, hing vom Auftreten und der moralischen Führung ihrer Mitglieder ab. Die Spielzeit dauerte vierzehn Tage. Das Verbot, an Festtagen, während der Advents- und Fastenzeit zu spielen, konnte dadurch umgangen werden, daß geistliche Spiele aufgeführt wurden. Die Eintrittspreise wurden amtlich gutgeheißen. Steuern, Abgaben für Platzmiete wurden eingehoben. Zumeist wurde in großen Sälen, d. h. in gedeckten Räumen, gespielt. Die Vorderbühne war zum Unterschied von der durch Vorhänge abgeschlossenen Hinterbühne ein neutraler Raum. Eine Galerie diente als Oberbühne, auf der die Musikanten ihren Platz hatten. Der S p i e l p l a n der englischen Komödianten umfaßte Moralitäten, biblische Stücke und in erster Linie die aus der Blütezeit des englischen Dramas bekannten Gattungen, die *histories, tragedies* und *comoedies* mit ihrer Vielfalt von Stoffen. Textbücher wurden nicht gedruckt. Um 1630 begannen sich französische und italienische Dramen auszubreiten. Im 18. Jahrh. führten die Marionettenspiele diese Tradition weiter, sie sind bis in die Anfänge des deutschen Singspiels hinein zu verfolgen.

Die englischen Komödianten brachten eine *naturalistische Spielweise,* eine besondere Bühnenform und dramatische Technik mit. Sie eroberten das Leben des Alltags für die Bühne, brachten feststehende Gestalten und Charaktertypen mit, unter denen die komische Figur die wichtigste war. Das ist schon daraus zu ersehen, daß die Rolle vom Anführer der Truppe gespielt wurde und sich dessen Wesen anpaßte. *Thomas Sacheville* spielte als Johannes Bouset, *Spencer* als Hans von Stockfisch, *Robert Reynolds* als Pickelhäring. Die volksmäßige Spielübung zeigt sich im Gebrauch der Prosa und Mundart, einer willkürlichen Einteilung, umständlicher Monologe, ausführlicher Darlegung eines Planes, der nachher ausgeführt wird, und späterer Erzählung dessen, was vor den Augen der Zuschauer geschah. Das ist es, was mit seinen für einen verwöhnten Geschmack langweiligen Wiederholungen dem naiven Bedürfnis des einfachen Publikums entsprach. Dessen Liebling war die komische Figur. Sie war mit den Zügen des Narren und Spaßmachers ausgestattet und arbeitete mit dem breiten, unverwüstlichen Repertoire des Auffassens der Dinge in einem anderen als dem gewöhnlichen Sinn, des Mißverstehens, Wörtlichnehmens, Vergessens und sich an der falschen Stelle Erinnerns. Die Stellung des Dieners, der gerufen und ungerufen immer motiviert auf der Bühne erscheinen kann, gibt der komischen Figur einen Platz außerhalb der Handlung, so daß sie diese mit ihren Glossen begleiten und damit die Aufgabe des antiken Chors übernehmen kann, wozu ihr das vorlaute Wesen ein Recht gibt. Sie hat gleichsam die Fäden der Handlung in den Händen, und so läuft die innere mit der äußeren Regie zusammen, wenn der Prinzipal der Truppe das Rollenfach der lustigen Person übernimmt. Er konnte sich das *Extemporieren* leisten und unbemerkt vom Zuschauer eine unvorgesehene Entgleisung einrenken. Er führte ein Spiel im Spiel auf und bezog alles auf seine Person. Der Kunst und Fähigkeit des einzelnen Schauspielers blieb es überlassen, seine Begabung auszuwerten und nach bestimmten Richtungen zu entwickeln.

So tritt die schauspielerische Leistung in den Spielen der englischen Komödianten ganz anders hervor; denn die einzelnen Rollen konnten den Schauspielern auf den Leib geschrieben werden. Rollenfächer bildeten sich. Haupt- und Nebenrollen hoben sich voneinander ab. Dadurch konnten in der Handlung andere Akzente gesetzt werden als im Schuldrama. Der epische Aufführungsstil wird nun von einem dramatischen abgelöst, dessen angemessenes Ausdrucksmittel die Prosa ist. Pathetischer Nachdruck, prunkhafte Ausdrucksweise, Berechnung auf starke Wirkungen, markige Zitate und Sprüche, leidenschaftliche Ausbrüche und Gesten, naturalistische Wiedergabe bereiten Eigentümlichkeiten des neuen Dramas vor. Sie sind genau so auf die unmittelbare Wirkung im Publikum abgestellt wie die jesuitische Spieltechnik, nur wenden sich die Stücke der englischen Komödianten und die der Jesuiten an ein anderes Publikum, was allein schon der Unterschied in

6*

der Sprache bedingt. Das ganze Volk in seinen verschiedenen sozialen und religiösen Schichten zu erfassen, wären die Spiele der englischen Komödianten, welche in ihrer Heimat mit Shakespeare dieses Ziel erreichten, in Deutschland eher geeignet gewesen als das auf einer viel schmaleren Grundlage ruhende Jesuitendrama. Doch darf darüber das Gemeinsame beider Richtungen nicht vergessen werden. Denn was in den Dramen des Herzogs Heinrich Julius Schule machte, waren die erzieherische Absicht und die unerbittlich durchgeführte Bestrafung des Vergehens. Als Vorkämpfer der absolutistischen Rechtsordnung kennt er kein weichliches Mitleid und ist ebensowenig wie Gretser oder Bidermann zu irgendwelchen Kompromissen bereit.

3. FÜRSTLICHE DRAMATIKER

Herzog Heinrich Julius von Braunschweig (1564–1613) hat, wohl veranlaßt durch seine zweite Ehe mit der dänischen Prinzessin Elisabeth (1590), englische Komödianten an seinen Hof gerufen und von ihnen die unmittelbare Anregung zur Abfassung von Dramen empfangen, sofern er bei deren Konzeption ein bestimmtes Ensemble und eine Bühne vor Augen hatte. Er ist einer der ersten Dramatiker, der sich der deutschen Prosa bedient und sich um die Einführung eines entsprechenden Stils bemüht. Nach seiner ersten Begegnung mit den englischen Komödianten (1590) sind seine Dramen in einem kurzen Zeitraum entstanden und gedruckt worden (1593/94). Als *Thomas Sacheville* mit seiner Truppe im Herbst 1592 in Braunschweig spielte, mag er den Herzog bei der Abfassung seiner ersten Entwürfe, die sich an den englischen Vorbildern schulten, unterstützt haben. Zunächst vollzieht sich im Schaffen des Herzogs die Wandlung vom biblischen Drama zur Darstellung von Stoffen aus dem Leben.

Mit einem besonderen Spürsinn für neue Entwicklungsmöglichkeiten knüpfte Heinrich Julius an *Frischlins Susanna* an, einen Stoff, der bis dahin etwa ein dutzendmal dramatisch bearbeitet worden war. Die Leistung besteht in der Umformung eines lateinischen Schuldramas in einen anderen Stil und der Anpassung des Stoffes an die Spielart der englischen Komödianten. Man kann von einem Einbruch des Naturalismus sprechen. Die Personen reden wie das Volk in Prosa und Mundart. Das Alte Testament wird auf den deutschen Meridian visiert. Nicht in der Charakteristik der Hauptpersonen und Motivierung ihrer Handlungen entwickelte der Herzog das Drama weiter, sondern im Ausbau der Bauernszenen, dessen also, was im Susannadrama Beiwerk und Episode gewesen war. Es war nicht mehr die Beispielhaftigkeit der Bibel und des Lebens der Erzväter, was ihn an einem alttestamentlichen Stoff interessierte, sondern das Problem der Rechtsprechung: die verleumderischen Ankläger und Richter Susannas. Die Bauernszenen werden in die Handlung eingebaut, vielleicht weniger wie bei Frischlin, um den Juristen eins zu versetzen, als um die Gefahren der Rechtsunsicherheit zu zeigen. Der bestechliche Richter, welcher Geschenke annimmt und gegen seine Freunde kein Rechtsverfahren eröffnet, der Fleischhauer Sylvester, der seine Schulden nicht zahlt, der Wirt, der Leuten ihr Eigentum vorenthält, die Verweigerung des Rechtsschutzes: das ist es, was den Herzog nicht nur als Dramatiker, sondern auch als obersten Richter seines Landes geistig beschäftigt.

In dieser Richtung lagen auch seine nächsten, ungedruckten dramatischen Entwürfe und Versuche: *Von einem Fleischhauer* und das große *Wirtsdrama*, dessen beide Themen er später wieder aufnahm. Wieder werden zwei Motive miteinander verbunden: der Betrug des Fleischhauers durch falsches Gewicht und die beeinflußbare Rechtsprechung des Großvogts. Johann Conget, des Großvogts Diener, erbringt den Beweis für die Unehrlichkeit des Fleischhauers. Dieser wird bestraft, vertrieben und endet am Galgen. Großvogt und Marktmeister erkennen ihre Schuld und werden nach eindringlicher Schilderung ihrer Gewissensqualen – die Anweisung an den Schauspieler, der den Verzweiflungsmonolog zu sprechen hat, lautet: „er brüllet wie ein Ochs" – der gerechten Bestrafung zugeführt. In ähnlicher Weise wird im Wirtsdrama ein Betrüger entlarvt und bestraft. Die Handlung schwillt durch die Szenen, in welchen der Wirt von Wanderburschen zum besten gehalten wird, stark an.

Anscheinend unbefriedigt von diesem Entwurf, weil er fremde Elemente miteinander verkoppelte, entschloß sich der Herzog in seinen nächsten Werken, tragische und komische Vorwürfe nicht mehr miteinander zu verbinden, und bearbeitete zwei heitere Stoffe: den einen schälte er aus dem großen Wirtsdrama heraus, mit dem andern wandte er sich dem Thema des Hahnreis zu. Die Anregung dazu dürfte wohl von den lustigen Zwischenspielen der englischen Komödianten ausgegangen sein. Wie bei den Tragödien des Herzogs handelt es sich auch hier um einen Betrug. Dreimal erscheinen die drei Wanderburschen beim Wirt, dessen Diener Johann Bouset ist, und betrügen ihn um die Zeche: das erstemal muß er sie für ihr Geld (einen Pfennig), das zweitemal für ein Lied, das ihm gefällt (Ich sehe wohl, es will nicht anders sein, der Wirt, der will bezahlet sein) beherbergen. Beim drittenmal soll derjenige von ihnen die Zeche bezahlen, den Johann Bouset beim Blindekuhspielen ergreift. Da sich die Gesellen davonmachen, ist es der Wirt. Die tragischen Teile des großen Wirtsdramas stellen einen Betrug in den Mittelpunkt. Zu Eingang dieser Tragikomödie „*Von einem Gastgeber*" berichtet der Titelheld von den Vorteilen seines Gewerbes, das ihm manche Einnahmequellen (Betrug der Gäste, ungerechtfertigtes Zurückhalten von Pfändern) eröffne. Bei zwei Bauern und nachher bei einem Edelmann nimmt der Wirt eine solche Gelegenheit wahr und, als ihm sein Gebaren vorgehalten wird, erklärt er, der Teufel solle ihn holen, wenn er seine Gäste betrogen habe. Da kommt in einem langen Talar höchstpersönlich der Teufel als dritter Gast. Nachdem ihm das gleiche widerfährt, und der Wirt die gleiche Beteuerung von sich gibt, wirft der Gast den Talar ab, treibt als der Leibhaftige sein Spiel mit dem Wirt und verprügelt ihn tüchtig. Im Epilog bekennt der übel zugerichtete Wirt, den ein Gebet noch im letzten Augenblick gerettet hat, seine Missetaten, verspricht, ein neues Leben anzufangen, und warnt seine Mitmenschen mit dem Beispiel, das er ihnen gegeben hat. Das Spiel „*Von einem Weibe*" steht in der Gefolgschaft der Salbenkrämerszenen aus dem Osterspiel. Thomas Mercator ist der betrogene Ehemann, seine Frau Meretrix und Thomas Amator das Buhlerpaar, dessen stadtbekanntes Treiben Mercator verborgen bleibt. Der wissende Johann Bouset hat reichlich Gelegenheit, auf seinen leichtgläubigen Herrn mit dem Finger hinzuweisen. Die reinliche Scheidung tragischer und komischer Handlungen bestimmte die Überarbeitung des Susannadramas, in dem die komische Nebenhandlung stark eingeschränkt wurde.

Das Rechtsempfinden des Herzogs mochte von der leichtfertigen Behandlung des Ehebruchsmotivs nicht befriedigt gewesen sein. So treten denn bei dessen Wiederaufnahme die komischen Elemente zurück. Immerhin konnte die Behandlung des Stoffes in einer Komödie dadurch gerechtfertigt werden, daß sich Mercator durch seine ahnungslose Leichtgläubigkeit lächerlich machte. Tritt aber die Lächerlichkeit des betrogenen Ehemanns zurück und das ehebrecherische Paar, besonders die Frauengestalt, in die Mitte der Handlung, so ergeben sich andere Möglichkeiten, eine dramatische Entwicklung, die zum tragischen Ausgang führt, darzustellen. Die Spannung wird von den Episoden auf die Leidenschaft als innere Triebkraft, von der Situationskomik auf die Dämonie in den Charakteren verlegt. Das geschieht in dem Spiel „*Von einem Buhler und einer Buhlerin*", dessen Hauptperson der französische Adelige Pamphilus ist. Seine Liebe flammt bei der ersten Begegnung mit Dina auf und steigert sich so, daß er ein Bündnis mit dem Teufel Satyrus schließt, um zu seinem Ziel zu gelangen. Schwer ist dieses nicht zu erreichen; denn der Ehemann Josef ist ein Säufer von sechzig Jahren und Dina eine lebenslustige Sechzehnjährige. Das liebende Paar wird beim ersten Stelldichein ertappt. Aber Josef wird hernach von Dina so übel behandelt, daß er es vorzieht, das Haus zu verlassen. Nach einer zweiten Zusammenkunft wird Pamphilus von der Stadtwache aufgegriffen, ersticht einen davon und wird selbst erschlagen. An seiner Leiche hält Dina eine verzweifelte Anklage. Da weder die Elemente noch die Teufel auf ihren Anruf herbeikommen, bringt sie sich selbst ums Leben. Nun triumphieren die Teufel.

Damit ist der Übergang zu des Herzogs nächstem Drama, der *Blut*- und *Schauertragödie* im Stil von Shakespeares Titus Andronicus gegeben.

Der ungeratene Sohn, der die Handlung trägt und dessen Rolle außerordentliche Anforderungen stellt, heißt Nero. Da die komische Figur in dieser Tragödie fehlt, hat man mit Recht angenommen, daß Sacheville die Hauptrolle spielte. Wie eine Karikatur von Richard III. mutet dieser zweite Herzogssohn Nero an. Er soll seiner Wildheit wegen von der Regierung ferngehalten werden. Dieser Bösewicht, der sein Ziel mit beispielloser Folgerichtigkeit anstrebt, erreicht alles, indem er sich zu gegebener Zeit klug verstellt, dann aber allein oder mit Helfern seine raffiniert ausgedachten, aber keineswegs nach einer Schablone angefertigten Mordpläne an seinen Eltern, seinem Bruder, dessen Frau und Thronerben durchführt. Nero schreitet von verstockter Bosheit über heuchelnde Verstellungskunst zur Tat. Nachdem er seinen Bruder Probus als letzten beseitigt – die Mordszenen gehen meist auf offener Bühne vor sich – und sein Ziel erreicht hat, erfaßt die Reue zuerst seine Mitschuldigen und Helfer, dann ihn selbst. Gespensterhaft steigen die Geister der Toten immer wieder auf. Sie verfolgen ihn, treiben ihn in seiner Gewissensangst zum Selbstmord, den er auf drei verschiedene Weisen vergeblich versucht. Endlich reift sein Entschluß, sich Jehovas Gericht zu stellen, und er ruft die Teufel, welche die letzte Szene dieser Tragödien immer beherrschen. Der Nero ist vielleicht die blutrünstigste Tragödie in der deutschen Literatur. Sie muß auf die Zeitgenossen, welche die dreimalige Wiederholung der einzelnen Missetaten (Plan, Ausführung, Phantasiebild, das die Gewissensangst vorgaukelt) vertragen konnten, von großer Wirkung gewesen sein. Welche Spannungen mußten überwunden werden, bis der Individualismus, dessen Anfänge gleichzeitig ein solches Schauerdrama und die zarten Bekenntnisse des religiösen Liedes bergen, solche Gegensätze versöhnen konnte!

Die aufsteigende Erkenntnis, daß Charaktere wie dieser Nero ihr Schicksal selbst bestimmen, mag Heinrich Julius veranlaßt haben, das Thema des Ehebruchs zum drittenmal zu behandeln, indem ihm die Schuld des betrogenen Ehemanns zum Problem wurde. Auf diesem Weg fand er auch zur Komik zurück. Diesmal, in der Tragödie „Die Ehebrecherin", denkt sich der Verdacht schöpfende Ehemann einen Plan aus, um die Treue seiner Frau zu erproben. Mag die Situationskomik, mit der hier dreimal sehr glücklich gearbeitet wird, auch zum alten Bestand der Ehebruchskomödien gehören, so unterscheidet sich dieses Drama doch von den anderen durch die Wendung zur Tragik. Wenn auch die Ehebrecherin nie ertappt wird, so erhält ihr Mann doch jedesmal die Bestätigung seines Verdachtes durch den Buhler, den er selbst bestellt hat, und der ihm ahnungslos seine Abenteuer berichtet. Darüber wird der betrogene Ehemann wahnsinnig und, als seine Frau davon erfährt, wird sie in der Verzweiflung ein Opfer des Teufels, der ihr den Strick zuwirft.

Von den krassen Effekten seiner Tragödien kehrte der Herzog in seinen beiden letzten Dramen zur Komödie zurück. Nun wird die komische Figur in die Handlung einbezogen, sie verläßt ihren Zuschauerposten und spielt mit. Man hat den Eindruck, daß die Wendung zu heiterer Darstellung und Vorführung moralischer Lehrsätze Hand in Hand geht mit der Verausgabung der künstlerischen Kräfte und mit der Erkenntnis, daß eine Steigerung der Verzweiflung und Erschütterung unmöglich sei. Das Ausklingen der letzten Tragödie im Wahnsinn mag darauf hindeuten. Jetzt werden Traditionen aus dem Bereich der Schwankliteratur, Standessatire und konfessionellen Polemik aufgenommen. Die Komödie „*Von einem Edelmann*" geht im Umkreis eines Klosters vor sich. Sie arbeitet mit Antithesen, indem zuerst die redliche Zufriedenheit des Köhlers der Verkommenheit des Edelmanns Prodigus gegenübergestellt wird, der lieber betteln als arbeiten will, dann steht der Köhler dem Abt gegenüber, das einfache Leben dem üppigen. Prodigus überfällt den Abt, sucht ein Lösegeld zu erpressen, doch erklärt er sich bereit, davon abzustehen, wenn ihm der Abt in einer Stunde drei Fragen beantworte. Das besorgt Johann Bouset in des Abts Kleidern, wird aber um den ausbedungenen Lohn geprellt.

Im letzten Drama kündigt sich die Charakterkomödie an. Züge des *miles gloriosus* trägt „*Vincentius Ladislaus*", der allein sich selbst ernst nimmt, sich seinen Dienern und dem Wirt gegenüber in seinem Eigendünkel und seiner Großmannssucht offenbart. Am Hof des Herzogs Sylvester findet er im Hofnarren seinen Meister und wird schließlich in einer effektvollen Schlußszene, da er verliebt und ahnungslos in eine Bütte mit Wasser fällt, dem Gelächter preisgegeben. Die Annahme, daß Sacheville den Vincentius spielte und als Bühnenpraktiker den Herzog bei der Ausführung seiner Entwürfe unterstützte, ist kaum von der Hand zu weisen. So legt dieses Werk wohl ein Zeugnis ab für die letzte Zusammenarbeit des Herzogs, der später zu großen politischen Aufgaben am Habsburger Hof in Prag berufen wurde, mit dem Komödianten, der als wohlhabender Seidenhändler in Wolfenbüttel 1628 sein Leben beschloß.

Heinrich Julius hat im Landgrafen Moritz von Hessen (1572–1632) einen Geistes- und Kunstverwandten. Er konnte an die Spielübung, welche sein Vater Wilhelm der Weise gefördert hatte, anknüpfen und verpflanzte sie von der Schule an den Hof. Gleichzeitig bemühte er sich, seinen Hoffesten den italienischen Stil aufzuprägen. Die Taufe seiner Tochter Elisabeth (1596) wurde mit einem Fest nach dem Muster Ariosts begangen. Später berief er Castiglione als Lehrer des Italienischen und 1603 beauftragte er Cattarinus Dulcis in Kassel, später in Marburg, damit, die Kenntnis des Italienischen zu fördern. *Diederich von dem Werder*, der 1600–22 von der Hofschule zum Hofdienst in Kassel aufstieg, hat seine Anregungen zur Übersetzung Tassos am hessischen Hof empfangen.

Des Landgrafen poetische Tätigkeit erstreckt sich auf eigene Werke und schnell hingeworfene Skizzen, die er von anderen ausführen ließ. Bei einigen Werken ist seine Autorschaft nicht einwandfrei festzustellen. Wie Heinrich Julius wurde auch

Moritz von den *englischen Komödianten* und ihrer Spielweise angezogen, doch hielt er sich zunächst an die Ausarbeitung biblischer Themen (Holofernes, Nabuchodonosor, Esther, Saul). Er mußte wohl erst die Spieltradition überwinden, welche Hans Wilhelm Kirchhoff mit der Inszenierung des Verlorenen Sohnes und achtzehn anderer biblischer Stücke (1567–92) gefestigt hatte. Den Weg zu neuen Stoffen beschritt Moritz über Terenzbearbeitungen (Andria, Eunuchus). Seine *Sophronia* ist Romeo und Julia mit glücklichem Ausgang. Seine Schulkomödie *Praemium Pietatis* – des Landgrafen Autorschaft steht fest – gestaltet einen Stoff aus dem Leben mit allerhand Unwahrscheinlichkeiten und Widersprüchen. Aber die Wandergesellen, welche ihre besonderen Abenteuer in der Stadt haben, sind gut charakterisiert. Der kräftige Realismus und die bürgerliche Gesinnung ließen einen anderen als einen fürstlichen Verfasser vermuten.

Bedeutsamer als die sprunghafte Produktion des Landgrafen sind die Anregungen, welche von ihm ausgingen. Auch da fehlte die Gleichmäßigkeit und das zielsichere Wollen; schon vor seiner Abdankung (1627) war es mit der Verwirklichung seiner kulturellen Pläne zu Ende. Er erbaute das erste stehende Theater in Deutschland, das Ottoneum (1604/05), dessen Anlage man aus der Bemerkung, daß es „*auf die altrömische Art gebaut*" war, kaum erschließen kann. Daß italienische Vorbilder und die Ansicht, daß das moderne Theater eine getreue Nachahmung des römischen sei, maßgebend waren, darf als sicher gelten. Die Aufgabe, welcher der Theaterbau zu dienen hatte, verkündeten eine lateinische und eine deutsche Aufschrift. Diese lautet:

Was Menschen-Sitten fahen an
Guts oder böse Redt gethan.
Was Pracht zu Hof pflegt umbzugehen,
Was Helden für Thaten begehen,
Was Brauch man in den Städten hat
So wol beim Pöbel als beim Rath,
Wie sich der Bauern Weiss verhalt
Im Feld und in dem grünen Wald.
Diss alles lehrt diss Schau-Hauss fein
Zusehen, zuhören, zunehmen ein
Damit aus fremder Sitt von fern
Ein jeder sich erkennen lern.

So vielseitig ist auch, was über die Programme bekannt geworden ist. Auch hier fällt die Orientierung nach den *italienischen* Anregungen und das Anknüpfen an den *Frühhumanismus* (Plautus, Terenz) auf. Im 17. Jahrh. kommen die Anregungen aus England. Der landgräfliche Leibarzt Johannes Rhenanus (etwa 1590 bis nach 1627) reiste als Begleiter des Prinzen Otto nach England (1611) und lernte dort die englische Moralität *Lingua or the Combat of Tongue and the five Senses for Superiority* kennen. Damit werden englische Einflüsse auf der Kasseler Hofbühne sichtbar. Eine dramatische Satire auf Don Quichote, eine andere auf die englischen Platoniker, welche überall nach der Jungfrau Idea suchen, die sich einem jeden anders offenbart, und eine Verkleidungskomödie fanden den Weg nach Kassel. Ein wichtiger Vermittler und vielleicht Verfasser solcher Stücke, welche die englische Kunstübung aufs

Festland verpflanzten, ist der junge Engländer Johann (Robert) a Segar, der die Kasseler Hochschule 1610–13 besuchte und 1616 in Marburg Jura studierte.

Der reichen volkstümlichen Bühnenüberlieferung Tirols stellte Erzherzog Ferdinand (1529–94) ein Beispiel höherer Kunstübung an die Seite. Er war der Sohn König Ferdinands I. und war von 1547 bis 1566 Statthalter von Böhmen. Nach dem Tode seines Vaters trat er die Landesherrschaft in Tirol an. Als Ehemann der *Philippine Welser* ist er bekannter denn als Förderer der Gegenreformation, Begründer der Ambraser Sammlung oder gar als Dramatiker. Sein Drama *Speculum vitae humanae* (1584) will ein Abbild des menschlichen Lebens sein und berührt sich an manchen Stellen mit dem Jesuitendrama. Doch setzen die etwas steifen Prosadialoge auch das oberrheinische Revuedrama fort.

Anfang und Ende des neunaktigen Spieles sind parallel gebaut. Hauptperson ist ein adeliger Jüngling, der am Abend eines anstrengenden Reisetages während der Fütterung seines Pferdes über den Weltlauf nachdenkt und seine Begleiter, Hofmeister, Stallmeister, Secretari und Hausmeister, befragt, worauf er in seinem künftigen Leben besonders zu achten habe. Diese führen ihm die Vorzüge ihres Berufes (Hofleben, Krieg, Reise und Ehe) vor Augen. Am Ende kommt ein *Einsiedel* zu Wort, der sein Urteil über die Stände abgibt und eine Lobpredigt auf das Eheleben hält, weil es am besten geeignet sei, die Werke der Barmherzigkeit zu üben. Diesem Rat folgt der Jüngling im letzten Akt. Da befragt er noch einmal die Begleiter, welche ihm der Reihe nach eine reiche, eine hochmütige, deren Stolz bekämpft werden müsse, eine schöne und eine sanfte, arme Ehefrau empfehlen. Diese ist die richtige. Ehespiegelliteratur und Moralsatire spielen hier herein. Die sieben Akte, welche der Rahmen umspannt, führen die Werke der göttlichen Barmherzigkeit und die ihnen entgegengesetzten Todsünden (2. Hungrige speisen – Hoffahrt, 3. Durstige tränken – Zorn und Geiz, 4. Pilger beherbergen – Fraß und Völlerei, 5. Nackte bekleiden – Neid, 6. Kranke heimsuchen – Zorn, 7. Gefangene befreien – Unkeuschheit und Faulheit, 8. Fürbitte Marias für die Sünder) vor. So wird die Schlußrede des Einsiedels bild- und beispielhaft erläutert. Die oft skizzenhafte Ausführung ist wohl hinter dem ursprünglichen Plan zurückgeblieben. Mysterien- und Fastnachtspiel, Moralsatire, Teufel- und Ehestandliteratur, Allegorie, Himmel und Hölle geben sich hier ein Stelldichein. Dennoch verwertet der fürstliche Verfasser keineswegs nur literarisches Überlieferungsgut. Er rechtfertigt sich gegen den Vorwurf eines leichtfertigen üppigen Lebens und verteidigt seine Gesetzgebung während der Notjahre in Tirol. Über Hof-, Kriegs- und Reiseleben spricht er aus reicher Erfahrung. Mit persönlicher Wärme tritt er für seine geliebte, sanfte bürgerliche Gattin ein. Sprichwort und volkstümliche Redensart beleben die Sprache. Mit den englischen Komödianten und Herzog Heinrich Julius verbindet sich Erzherzog Ferdinand unbewußt durch die Einführung der Prosa in das deutsche Drama.

Selbst in den Alpengebieten, wo der feierliche Umzug bei den religiösen Festen die alte Spielübung, allerdings von den Jesuiten neu aufgefrischt, bewahrte, erlosch das bürgerliche Passionsspiel. Anton Dörrer bezeichnet die Sterzinger Aufführungen von 1580 als die letzten an den tirolischen Hauptplätzen. Wenn Erzherzog Ferdinand zur selben Zeit auf Veranlassung seiner zweiten Gattin, der Mantuanerin Anna Katharina, *Komödianten* aus deren Heimat auf fünf Wochen zu einem Gastspiel nach Innsbruck berief, so ist auch dies ein Beleg für die beginnende Doppelspurigkeit der Literatur.

4. DAS STRASSBURGER AKADEMIETHEATER

Keine der vielen örtlich gebundenen Spielüberlieferungen tritt am Ende des 16. Jahrh.s so deutlich hervor wie die des Straßburger Schultheaters, dessen Entwicklung durch das Zusammentreffen günstiger Umstände, verständnisvoll anregende Behörden, begabte Dramatiker und Spielleiter gefördert wurde. Aus der beschränkten Schulatmosphäre strebte das Theater in den Umkreis der städtischen Bildungsbelange. Das wird in der Überwindung der strengen humanistischen Regel, im zielbewußter werdenden Suchen nach einem neuen Stil sichtbar. Traditionsträger ist das protestantische Gymnasium, das seit der Berufung von Johann Sturm (1538) zu hoher Bedeutung gelangte. Anfangs tritt das dramatische Spiel in seinem Lehrplan zurück, doch gab er dem allgemeinen Zug der Zeit, der in den verschiedenen rationes studiorum erscheint, nach und empfahl 1565 die klassenweise Aufführung lateinischer und griechischer Stücke, welche in der Schule behandelt wurden. Aber dieser Beschränkung widersetzte sich der Drang in die Öffentlichkeit und zu modernen lateinischen Stücken. Neben den begabteren Schülern unterstützten jüngere Lehrer, die als Spielleiter, Chorführer oder Schauspieler mit auftraten, diesen Zug, den auch der Straßburger Magistrat förderte.

Außerhalb der Tradition steht das Eröffnungsfestspiel von 1538 des *Johannes Sapidus: Lazarus redivivus*. Zunächst beherrschten *Plautus* und *Terenz* die Bühne. Eunuchus wurde 1557, Phormio 1565 aufgeführt. Die Reihe der griechischen Dramen eröffneten der Ajas des *Sophokles* (1567) und die Iphigenie in Aulis des *Euripides*. Später wurden Ajas in der lateinischen Übersetzung von Scaliger (1587), die Trachinierinnen in der Naogeorgs (1588) und die Hekabe in der des Erasmus (1605) aufgeführt. Gleichzeitige Aufführungen von *Senecas* Dramen und einigen römischen Komödien sind bezeugt. Als man in den sechziger Jahren dem Theaterbetrieb neues Leben zuführen wollte, fand man in *Buchanans* Jephtes den Übergang vom antiken Drama zu moderner, allerdings von Euripides und noch mehr von Seneca abhängiger Kunstübung. Die deutsche Übersetzung von *Jonas Bitner* (1569) konnte den Unterschied zwischen der heroisch-klassischen Welt der Vorlage und der Vorbilder einerseits und dem bürgerlich-realistischen Alltag anderseits nicht ausgleichen; er wollte wohl auch nur den Zuschauern, welche nicht

Latein verstanden, den Inhalt und Gang der Handlung übermitteln. Erst nach Sturms Abgang (1581) gewann das Straßburger Schultheater mit Aufführungen der besten neulateinischen Dramen den Anschluß an eine gesellschaftliche und sozial bedingte Entwicklung und lockerte die an sich schon losen Zusammenhänge mit der volkstümlichen elsässisch-alemannischen Richtung. Die Ausdehnung der Zuhörerschaft auf Kreise, die dem lateinischen Text nicht folgen konnten, geht parallel mit Zugeständnissen an die Schaulust des Publikums und der Zunahme sichtbarer Theatereffekte. Die aus *Aristoteles* und *Horaz* abgeleitete technische *Theorie* der Antike und deren Vorbilder sowie das Streben nach Bühnenwirksamkeit sind maßgebend für Aufführungspraxis und dramatische Produktion des Straßburger Theaters.

Vielleicht wurde der Schaffhauser Malerdichter Tobias Stimmer (1539–84), welcher zu Fischarts Zeit an der astronomischen Uhr des Straßburger Münsters arbeitete, von dieser Spielübung berührt. Er schrieb 1580 eine „*Comoedia von zweien jungen eeleuten, wie sey sich in fürfallender reiss beiderseitz verhalten*". Sie bildet eine wichtige Station auf dem Wege vom Fastnachtspiel zum Lustspiel. Stimmers Hauptquelle ist der Esopus des Burkhard *Waldis*. Mit Recht nennt *Bächtold* dieses Schimpfspiel eine Komödie der Irrungen.

Honoratus nimmt Abschied von seiner Ehefrau Amorosa, die ihre Magd zur Verkürzung der Langeweile nach einem Buhler ausschickt. Der Pfaffe Hans ist gern bereit, den abwesenden Ehemann zu vertreten. Er macht sich als Holzhacker auf und läuft einem Kaufmann in den Weg, der ihn mit einem seiner Schuldner verwechselt und ihn tüchtig verbleut. Inzwischen führt die Magd den Bauern Gorgus bei Amorosa ein, welche ihn für den Pfarrer hält. Er durchschaut die Lage und nimmt Amorosas Bitte, es ihr zu tun wie seiner Frau, so wörtlich, daß er sie und nachher die Magd verprügelt. Er berichtet darüber dem heimkehrenden Honoratus und bewegt ihn zur Milde.

An der Beobachtung der strengen Formen wird in den Aufführungen zu Beginn der neunziger Jahre festgehalten. Neben *Hospeinius* (1590) ist es vor allem der Schlesier Georgius Calaminus (Röhricht 1547–95), dessen erstes Drama *Helis* (1591) mit der Abwandlung des Vater-Sohn-Motivs die aktuelle Frage der Vorteile der öffentlichen vor der privaten Erziehung verband. Schon nachdem er in Heidelberg und der Schweiz den Hugenotten nähergetreten war und sich in Straßburg als Privatlehrer niedergelassen hatte, verfaßte er ein lyrisch-dramatisches Weihnachtsspiel *Carmius sive Messias in praesepi* (1576), das die biblische Vorlage Luk. 2, 8–20 in vergilische Eklogengespräche auflöste. Für eine Schüleraufführung übersetzte er 1578 die *Phönissen* des Euripides in lateinische Verse. Seine Berufung an die Landschaftsschule nach Linz in Oberösterreich ist ein Zeichen für die Ausbreitung der Spieltradition. Er beschritt auch da den Weg über den *Schäferdialog* zum Schuldrama. *Philomusus* (1579) und *Daphnis sive Christus patiens* (1580) sind die beiden Vorstufen seiner dichterischen Entwicklung, die in lateinischen Oden und seinem historischen Drama *Rudolphottocarus* (1594) sichtbar wird. Bei seinem Schüler Christoph von *Schallenberg* setzt sich das anregende Vorbild seiner gesammelten Gedichte (1583) fort. Schul- und Hofluft weht im Rudolphottocarus, der das Haus Habsburg verherrlichte, die Jugend zur Beschäftigung mit vaterländischer Geschichte anregen sollte und mit den Elementen des griechischen Dramas (Botenbericht) arbeitete. Euripides war für die Behandlung des Chors, Seneca für den Ablauf der Handlung, die Darstellung der Greuel und die stoische Lebenshaltung maßgebend.

Aus der Erstarrung im Literarischen löste sich das Straßburger Schultheater in den Aufführungen bewährter neulateinischer Dramen, des *Josephus venditus* von *Aegidius Hunnius* (1597), der *Lucretia* des *Samuel Junius* (1599), des *Hieremias Naogeorgs* (1603), der *Conflagratio Sodomae* von *Saurius* (1607), der *Rebecca Frischlins* (1608), des *Coriolanus Kirchners* (1608) und des *Belsazar* von *Heinrich Hirtzwig* (1609), bis es K a s p a r   B r ü l o w und J o h a n n e s   P a u l   C r u s i u s gelang, eine neue Einheit von Theater und Bühne herzustellen. Die Frage, ob die deutschen Übersetzungen klassischer und humanistischer Dramen von Wolfhart *Spangenberg* für die Aufführung bestimmt waren, oder ob er sie lediglich als Textbücher schrieb, um die der klassischen Sprachen nicht mächtigen Zuschauer in Inhalt und Gang der Handlung einzuführen, ist ungeklärt. Die Annahme, sie als Vorläufer der Periochen anzusehen, hat manches Bestechende.

W o l f h a r t (*Lycosthenes*) S p a n g e n b e r g (etwa 1573 bis nach 1636) stammt aus der mansfeldischen Theologenfamilie und lebte das Wanderleben seines Vaters mit, der als Flacianer seine Heimat verlassen mußte. Die Familie kam zum erstenmal 1577 nach Straßburg. Nachdem er in Tübingen 1591 seine Prüfungen abgelegt hatte, ihm als Flacianer aber eine akademische Laufbahn versagt blieb, arbeitete er für verschiedene Straßburger Drucker und schloß sich dem Meistergesang an. Die Ü b e r s e t z u n g e n lateinischer und griechischer Texte von Dramen, welche das Akademietheater aufführte (Naogeorgs Jeremias 1603, des Euripides Alkestis 1604, Senecas Hecuba 1605, des Plautus Amphitruo, des Sophokles Ajas nach der Übersetzung von Scaliger 1608 u. a.), zeigen seine Bemühung um eine volksmäßige Ausweitung und Verbreitung der humanistischen Literatur. Sein Reimgedicht „*Ganskönig*" (1607) wandelt auf Fischarts Spuren. Die Beziehungen dieses Werkes zum Eselkönig sind ungeklärt. Man vermutete, daß Spangenberg einem Mitglied der Familie Eisen in Crailsheim, das sich Adolf Rosen von Creutzheim nannte, seine Stoffsammlung dazu überlassen hat. Den Weg vom Fastnachtspiel zum Lustspiel schlägt Spangenbergs K o m ö d i e „*Geist und Fleisch*" jedoch nicht so glücklich wie Tobias Stimmer ein. Von 1611 an war Spangenberg Pfarrer in Buchenbach an der Jagst. Dort hat er mit Glück das volkstümliche Lustspiel weitergepflegt.

Der Pommer K a s p a r   B r ü l o w (1585–1627) wurde 1609 in Straßburg seßhaft. Von 1611 an griff er mit ehrgeiziger Energie in den

Theaterbetrieb ein. Zuerst wurde *Andromeda* (1611) aufgeführt, dann folgten *Elias* (1613), *Chariklea* (1614), *Nebukadnezar* (1615), *Julius Caesar* (1616) und *Moyses* (1621). Zum Dichter wurde er 1616 gekrönt. Gymnasialdirektor war er seit 1622. In seinem Todesjahr wurde ein *Jonasdrama* aufgeführt, ein Gemeinschaftswerk seiner Schüler. Sein lateinisches Jubiläumsgedicht zur Hundertjahrfeier der Reformation (1617), eine dreibändige Auslegung der Heiligen Schrift (1619, 1625), Gelegenheits- und Widmungsgedichte treten an Bedeutung hinter seinen dramatischen Werken zurück, weil diese das Straßburger Theaterprogramm erfüllten und den Höhepunkt des Akademietheaters bedeuten. Lehrreich ist die Vorrede seines Caesar. Da wird als Zweck der Aufführungen bezeichnet: Übung in der Anwendung der lateinischen Sprache, Stärkung des Gedächtnisses, Wiederholung des biblischen und geschichtlichen Lehrstoffes, lehrhafte Vorführung der Belohnung guter und Bestrafung schlechter Taten.

Es ist bezeichnend, daß die Stärkung und Unterstützung des Glaubens nicht mehr von ausschlaggebender Bedeutung ist. Als *Spiegel des menschlichen Lebens* hat das Theater die Aufgabe, menschliche Charaktertypen vorzuführen, die Guten zu festigen, den Bösen ins Gewissen zu reden. Aufs Praktische gerichtet ist das Ziel, das den Schauspielern gesteckt ist, auf die gewandte Beherrschung der Ausdrucksweise. Auch Erholung und Unterhaltung ist die Aufgabe des Dramas. Diese Forderung strebt über das Schuldrama hinaus und verlangt nach dem Festspiel. Seneca mit den fünf Akten zu vier bis zwölf Szenen ist das äußerliche Vorbild für Aufbau, Anlage und Charaktere, ohne einen besonderen Zwang auszuüben. Brülows Ehrgeiz und Geltungsbedürfnis sind darin erkannt worden, daß er durch *Bühneneffekte*, jedoch ohne Zugeständnisse an die Pantomime, der Schaulust von Kreisen entgegenkam, die bisher als Publikum nicht in Betracht gekommen waren. Das gesprochene Wort kommt bei ihm stärker zur Geltung als bei einigen seiner Vorgänger. Deshalb und weil er in Eile arbeitet, übernimmt er oft umfangreiche Textstellen seiner Vorlagen. Der Aufbau seiner Dramen entspricht den Grundsätzen, die er selbst aufgestellt hatte. Sein Streben zur höfischen Festaufführung weist in die Zukunft, berührt sich mit dem *Jesuitendrama* und ist kein Erbstück des alemannischen Volksschauspiels, wie Scherer vermutete; denn davon gingen zu Brülows Zeiten keine zeugenden Kräfte mehr aus, trotz der Berührung mit Stoffen aus dem Alten Testament. Maßgebender waren für Brülow die griechische Mythologie, die Geschichte in antiken und zeitgenössischen Darstellungen von Buchanan, Hunnius und Crusius. Die Zahl der agierenden Schüler bestimmt den Personenapparat. Die Chorlieder, welche zumeist den Akt wirkungsvoll moralisierend abschlossen, komponierte Thomas Walliser. Das Aufgebot mythologischer und allegorischer Gestalten als Erklärer der Handlung und schicksalbestimmender Mächte dient der theatralischen Wirkung. Ansätze zu einer losgelösten und sich über das Erdengeschehen erhebenden Handlung sind zu beobachten. Effektvolle Frauencharaktere, dämonische Laster, Sterbeszenen, Weissagungen, Durchbrechung und Wiederherstellung der sittlichen und göttlichen Weltordnung zeigen verheißungsvolle Ansätze. Doch läßt in den späteren Werken die Bemühung um eine geschlossene Handlung und psychologische Motivierung nach. Technische Fragen, erzieherische Absichten, Ehrgeiz und Betriebsamkeit treten in den Vordergrund. Immerhin haben deutsche Übersetzungen den Dramen Brülows eine Wirkung in die Breite eröffnet. Die Abkehr von der einseitigen Ausrichtung an der Antike (Sophokles, Euripides, Terenz) und ihrer Theorie (Aristoteles, Horaz) begründete Brülow mit den besonderen Verhältnissen und damit, daß diese weder dem Publikum noch dem Theater der Antike entsprächen. Brülows dramatische Werke wurzeln im Stadtbürgertum seiner elsässischen Wahlheimat, einem starken, unter vernünftigen Gesetzen stehenden Regiment, nationalem Selbstbewußtsein und sittlicher Ordnung. Was immer diesen festen Bau stört, Tyrannei, Rebellion, Überheblichkeit und Götzendienst, kann zwar zur Höhe aufsteigen, verfällt aber schließlich dem sicheren Untergang.

Johannes Paul Crusius, ein Straßburger, der aus Paris 1611 in seine Heimat zurückkehrte, wechselte mit Brülow in der Erfüllung des Spielrepertoires ab. Streng beobachtetes Gesetz wird für ihn die Gliederung des Stoffes in eine Haupt- und mehrere Nebenhandlungen. Noch weiter als sein *Crösus* (1611) geht sein *Heliodor* (1617) mit Volksszenen, welche nur mehr in losem Zusammenhang mit dem dramatischen Geschehen stehen. Mit opernhaften Elementen und Greueldarstellungen überbietet er Brülow, aber er versteht es besser als dieser, den Stoff zusammenzufassen.

5. DAS JESUITENDRAMA

Obwohl das Jesuitendrama, im weiteren Sinne auch das nach diesem Vorbild sich ausrichtende und der Sonderart der Organisation Rechnung tragende Ordensdrama, häufig Gegenstand der Forschung gewesen ist, ist auch heute noch ein Überblick nicht leicht zu gewinnen. Die zahlreichen Arbeiten haben örtliche Überlieferungen behandelt, Titel und Stoffe zusammengestellt, die Einrichtungen und Möglichkeiten der Bühne beschrieben oder das Schaffen der bedeutendsten Dramatiker erschlossen. Die verschiedenen Wertmaßstäbe, welche dabei angelegt wurden, und die Unmöglichkeit, ja Sinnlosigkeit, aus der Lektüre vieler Texte ein Bild zu gewinnen und daraus feste Typen

abzuleiten, Perioden des Ablaufs zu bestimmen, erschweren das Verständnis. Wenn sich auch die Ausbildung einer festen Spieltradition an
den verschiedenen Ordensniederlassungen und Lehranstalten ziemlich
ähnlich vollzogen haben mag und die Organisation der dramatischen
Aufführungen nach den gleichen Grundsätzen und Vorschriften erfolgte,
so blieb doch ein gewisser Spielraum, innerhalb dessen sich die Auseinandersetzungen mit den vorhandenen Spielüberlieferungen vollzogen.
Das Auftreten des Ordens hinterließ keinen Zweifel, daß die Vorschrift
sich innerhalb kurzer Frist durchsetzte, sei es mit der Anwendung gewaltsamer Mittel, sei es, weil die Theaterbesucher von der Höhe und
Bedeutung der neuen Kunst überzeugt werden konnten. Zu ihrer Verbreitung wurden die besten Kräfte eingesetzt. Der Theaterpater (*pater
comicus*) war Dichter, Spielleiter und zumeist auch Komponist der Chöre.
Viele fühlten dazu eine Berufung, besonders in der Zeit der Entwicklung. Später ließ das Interesse nach, drückten die Vorbilder. Die Freude
der Zuschauer, an einem Fest teilzunehmen, wich der behaglichen Teilnahme an einer lieben Gewohnheit und schließlich dem Gefühl, an einer
Veranstaltung teilzunehmen, die durch das Herkommen eine Weihe
erhalten hat. Begabtere Dramatiker, welche neue Entwicklungsmöglichkeiten sahen, konnten sich nur an einzelnen Stellen vorübergehend
durchsetzen. Theorie, Vorbild und Schablone lasteten schon von der
Mitte des 17. Jahrh.s auf der Form. Der technische Apparat funktionierte,
die ersten Aufgaben hatte das Drama erfüllt. Neue stellten sich nach
der Durchführung der Gegenreformation dem Drama nicht mehr. Die
höfische adelige Gesellschaft, welche es einst erschüttert hatte, wollte
unterhalten sein.

Die Vielfalt der Stoffe, welche das Jesuitendrama behandelt, erstreckt sich vom Alten Testament bis in die unmittelbare Gegenwart.
Darüber ist ein Überblick möglich. Allerdings hat die Forschung sich
bisher nur an den Stoff gehalten, sein Verhältnis zu der meist angegebenen
Quelle geprüft und andere Bearbeitungen der gleichen Stoffe heran-
gezogen. Dabei wurde die gestaltende Idee, der erste Teil der
Bezeichnung, nicht berücksichtigt. Darauf aber, auf die Handlung,
welche im Reich der Allegorie vor sich geht, kam es den Vätern der
Gesellschaft Jesu an und nicht so sehr auf die Handlung, welche das
Beispiel bot. Deshalb könnte eine Ordnung der Jesuitendramen nach
dem geistigen Gehalt darlegen, worauf – nämlich auf Mahnung zur
Buße und Frömmigkeit, Standhaftigkeit, siegreiche Bewährung,
Triumph der Wahrheit u. ä. – es zu bestimmten Zeiten ganz besonders
abgesehen war. – Ein Beispiel soll zeigen, wie sich die Spieltradition
festsetzte. Das jesuitische Drama begann in München 1568 mit dem
Festspiel *Samson* zur Hochzeit des Herzogs Wilhelm V. Sehr bald wurden
die gewandten Theaterleute die Beherrscher der Spielübung. Der Stoff

der maßgebenden Stücke ist ein Gradmesser des Erfolgs; denn zum erstenmal wurde der triumphale Zug, welcher einst die christliche Kunst des 4. Jahrh.s beschwingt hatte, aus einer wahlverwandten *Siegesstimmung* wiederaufgenommen, als G e o r g A g r i c o l a s Constantinus 1574 mit einem Aufgebot von 185 Personen und 400 Reitern, welche den Triumphzug des ersten christlichen Kaisers begleiteten, aufgeführt wurde. Außer den Schülern des Kollegs stellten die marianische Kongregation und die herzogliche Leibwache die Schauspieler. Als die englischen Komödianten um die Jahrhundertwende am Hofe auftraten, hatte Jakob Bidermann bereits eine feste lateinische Spielübung begründet, der eine volkstümliche deutsche kaum mehr gefährlich werden konnte. Nur wenn diese auf das Religiöse ausgerichtet war, griff man ein. Der Schulmeister O s w a l d S t a d l e r von St. Peter in München erhielt die Weisung, „hinfüro", d. h. von 1599 an, keine deutschen, sondern nur mehr lateinische Komödien aufzuführen, damit die Jugend Nutzen daraus ziehen könne. Die gleiche Abneigung gegen das Theaterspiel und den Anspruch auf das Theatermonopol zeigten die Jesuiten bei einer anderen Gelegenheit, als sie dem Lederschneider Johann Mayer, der sich 1607 an die herzogliche Kleiderkammer mit der Bitte um Kostüme für die Darsteller seiner „*Tragödie von der Zerstörung der herrlichen Stadt Troja*" wendete, die Erfüllung dieses Ansuchens verwehrten. Wie stark der Wille zu bodenständiger Kunst noch immer war, zeigt das O b e r a m m e r g a u e r P a s s i o n s s p i e l, das von 1634 an alle zehn Jahre gespielt wurde. Ein Gelöbnis aus dem Pestjahr 1633 hat es ins Leben gerufen. Verschiedene Schichten, welche später von der abgesunkenen Jesuitendramatik überlagert wurden, sind in dem Text nachzuweisen. Ganz erschlossen ist dessen Überlieferung nicht, da mit dem Verlust wesentlicher Zwischenglieder zu rechnen ist. Meistersänger und Nachkommen der Wappendichter verbanden das alte Stadtlob und die poetischen Beschreibungen von Turnieren, Festen und Prozessionen mit dem Preis- und Ehrenlied, dessen Vorbilder in den romanischen Literaturen und bei den Neulateinern lagen. Auch das Volkslied und die gereimte Zusammenfassung zeitgenössischer Geschichte zeigen solche Zusammenhänge. Die mittelalterliche Spielübung hielt sich wie in Tirol auf dem Lande. In Regensburg trieb das F a s t n a c h t s p i e l noch 1618 zwei bemerkenswerte Blüten: in dem einen Spiel des Schreinermeisters *Stefan Egl* wird eine brennende soziale Frage – das Arbeiten der Handwerker bei künstlichem Licht – zugunsten der Gesellen entschieden, welche dann das Licht „ertränken". Im anderen bietet „*Hansel frischer Knecht*" ein bäuerliches Sittengemälde in baierischer Mundart.

Die Theorie. Die Jesuitenpoetik und -dramaturgie steht ganz im Zeichen der R h e t o r i k. Schon aus diesem Grunde wird die Tragödie höher bewertet als die Komödie. Wie Terenz das Schuldrama im beginnenden 16. Jahrh. trug, so trug Seneca die Tragödie um die Wende zum 17. Jahrh. *Scaliger* beruft sich auf diesen Gewährsmann, der für das Drama im allgemeinen maßgebend ist und zudem in der stoischen Haltung des Zeitalters einen festen Anker besitzt. Auf eine breitere, man kann sagen synkretistische Grundlage stellte Jakob Pontanus seine Poetik, welche nach den Ansätzen von *Possevino* (1593) ein wichtiges Lehrbuch für den inneren Theaterbetrieb der Jesuiten im 17. Jahrh. geworden ist. Auch für Pontanus ist Scaliger neben den antiken Gewährsmännern eine Autorität, doch da ihn dessen calvinistische Haltung dem Mönchtum gegenüber beleidigt, legt er mitunter Kritik an ihn an und hält sich lieber an die drei italienischen Gewährsmänner *Viperano*, *Robortelli*, dessen aristotelische Tragödiendefinition er übernimmt, und *Minturno*. Doch steht Pontans Bemühung um eine Theorie mehr im Zeichen einer Zusammenkittung verschiedener übernommener Elemente als einer kritischen Durchleuchtung seiner Gewährsmänner, deren verschiedenartige Terminologie ihm kaum zum Bewußtsein kommt, und einer wohlerwogenen Auswahl. Die italienische Theorie bestimmt den festspielartigen Charakter des Jesuitendramas.

Jakob Pontanus (Spanmüller 1542–1626) stammt aus Brüx in Böhmen. Er besuchte das Jesuitenkolleg in Prag und trat 1564 in den Orden ein. Von 1566 an wirkte er in bairischen Kollegien, Ingolstadt, Dillingen und zuletzt in Augsburg.

Pontans Theorie und Praxis geben einen Einblick in die Frühzeit des Jesuitendramas. Doch stimmen sie insofern nicht miteinander überein, als seine beiden umfangreichen Dramen *Eleazarus Machabaeus* und *Immolatio Isaac* fortschrittlicher sind als die *Poeticarum institutionum libri III*, deren erste Ausgabe 1594 erschienen ist. Die weite Verbreitung des Werkes läßt darauf schließen, daß es traditionsbegründend im Sinne allgemeiner Anweisungen und Richtlinien, also für die Schulung maßgebend war, während der Aufstieg des Jesuitendramas von Gretser über Bidermann zu Avancini mehr der Theorie von *Jakob Masen* verpflichtet war. Pontan bestimmte mit der Betonung der rhetorischerzieherischen Bedeutung des dramatischen Spiels und dem Beispiel seiner Schriften den Vortragsstil. Er stärkte damit die lateinische Traditon und festigte den Anschluß des deutschen Jesuitendramas an die italienische Kunstübung. Damit ist eine Rückkehr zum Humanismus verbunden, einem Humanismus allerdings, den nicht Erasmus geprägt hatte, und dem jede ironische Überlegenheit und eine in sich ruhende friedliche Haltung fremd sind. In einem entscheidenden Augenblick wurden der lateinischen Sprache wieder weite Gebiete der Dichtung zurückgewonnen oder neu erobert. Damit entstand eine ähnliche Lage wie zu Beginn des 16. Jahrh.s, als die gelehrte anspruchsvolle Dichtung der lateinischen, die volkstümlich-erbauliche der deutschen Sprache zugewiesen war. Doch bediente sich diese nicht mehr des alten Vierhebers wie Murner, sondern wie Albertinus der Prosa. Im Süden Deutschlands und an den katholischen Höfen gab das Latein den Ton an und bestimmte die Formgebung einer Dichtung, deren Träger Mönche und deren Mäzene Fürsten waren. Der Prosa bedienten sich Prediger und Erbauungsschriftsteller, deren eigene Leistungen oft nur im Übersetzen festzustellen sind.

Zwischen dem lateinischen Jesuitendrama und dem deutschen Erbauungsschrifttum steht die Lyrik. Wo sie im Preislied, der Ode, der ernsten Weltbetrachtung sich im höfischen oder gelehrten Umkreis bewegte, blieb sie lateinisch. Wenn sie aber Empfindungen wiedergab oder die allgemeine Frömmigkeit äußerte, wechselte sie zuerst in die deutschen Ausdrucksformen wie bei Friedrich von Spee. Diese vor allem soziologisch bedingte Zuweisung der Dichtungsbezirke an die lateinische und deutsche Sprache im Zeitalter der Gegenreformation zeigt sich besonders darin, daß die Jesuiten in Drama und hoher Lyrik an der lateinischen Sprache und den antiken Vorbildern festhielten, während die Kapuziner im Kirchenlied, im erbaulichen Betrachtungsgesang aus ihrer franziskanischen Naturverbundenheit in deutschen, volkstümlichen Formen dichteten.

Den Weg zur Höhe wies die *ars poetica* des italienischen Jesuiten Alexander Donatus, deren zweite Ausgabe in Köln 1633 gedruckt wurde. Hier wird auf die Geschlossenheit des dramatischen Baus, die Wahrung der drei Einheiten, die richtige Charakteristik der auftretenden Personen und die Verwendung der Musik besonderer Wert gelegt.

Der Vollender der Theorie des Jesuitendramas ist Jakob Masen (1606–81) aus Dalen im Herzogtum Jülich. Er absolvierte das Jesuitenkolleg in Köln und trat 1629 zu Trier in den Orden ein. Im Mosel- und Rheingebiet war er als Lehrer und Prediger tätig. Er starb zu Köln.

Masens dramatische Theorie geht wie alle von der aristotelischen Tragödiendefinition aus und deckt sich im Katharsisbegriff, den er im Sinn einer sittlichen Besserung (Furcht vor Strafe, Mitleid mit dem Unglücklichen) auslegt, annähernd mit dem der französischen Theorie des Klassizismus. Schrecken und Mitleid stellen das Gleichgewicht und Ebenmaß in der Seele her. Es ist bezeichnend, daß er über Pontanus hinausgehend das Auftreten allegorischer Gestalten damit rechtfertigt, daß sie der Wahrscheinlichkeit nicht widersprechen. Der Zuschauer ist sich der Täuschung ohne weiteres bewußt. Er weiß auch, daß die allegorischen Einlagen und Zwischenspiele keine schmückende Zutat sind, sondern daß sie in einer Parallelhandlung die Bühnenvorgänge auf der Erde erklären und auf einer höheren Ebene, gleichsam sichtbar in einem geistigen Raum, vor sich gehen. Masen arbeitet mit dem Moment der Überraschung. Er schreibt weder die Anzahl der Szenen noch die der Akte vor. Doch mahnt er zur Beschränkung, damit die

Übersicht nicht gestört werde. Ebenso rational sind seine Vorschriften, an den Stoffen keine Veränderungen vorzunehmen, bei der Charakteristik der Personen im Rahmen des Wahrscheinlichen zu bleiben und sich nicht von der menschlichen Sitte zu entfernen. Das Drama hat die Aufgabe, die Wirklichkeit in künstlerischer Verklärung wiederzugeben. Die bedeutendsten Jesuitendramatiker. Jakob Gretser (1562–1625) stammt aus Markdorf in der Bodenseegegend; er trat 1576 zu Innsbruck in den Jesuitenorden ein und wirkte 1584 als Lehrer der Humaniora am Jesuitenkolleg in Freiburg i. d. Schweiz. Mit dem Studium der Theologie begann er 1586 in Ingolstadt. Die Priesterweihe empfing er 1589. Bis 1616 war er Professor an der theologischen Fakultät in Ingolstadt.

Gretser stellte sich mit seinem ersten Drama, der Komödie *Timon* nach dem lukianischen Dialog, in die humanistische Überlieferung. Doch gab er dem Stoff dadurch eine Wendung ins Moralische und nützte ihn beispielhaft aus, daß er an Timons Schicksal, das ihn vom übermütigen Mißbrauch seines Glücks und Verschwendung ins Elend führt, die Vergänglichkeit irdischer Güter und die zufriedene Bescheidenheit mit dem Kleinen erwies. Biblische Dramen, unter denen der *Lazarus* besonders zu nennen ist, zeigen den Anschluß an die von Macropedius angebahnte Tradition. Erfolgreicher knüpfte er während seiner dramaturgischen Tätigkeit in der Schweiz an das dortige Volksschauspiel und Brauchtum an. Davon gehört der *Nikolaus Myrensis* in die Schulatmosphäre, da die dramatische Vorführung der Legende mit dem Bau der Nikolauskathedrale in Freiburg verbunden wird. Der *Nikolaus Unterwaldius*, ebenfalls ein Legendendrama, verherrlicht in dem Einsiedler und politischen Ratgeber der Eidgenossenschaft aus dem 15. Jahrh. gleichsam symbolhaft den Zusammenschluß der katholischen Kantone und deren geistige Einheit. An die Vorführung des Hostienwunders ließ sich die Auseinandersetzung zwischen einem Katholiken, einem Lutheraner und einem Calvinisten über die Lehre von der Eucharistie anschließen. Gretsers Auftreten und Wirken zeigt, mit welchem Geschick das Jesuitendrama an manchen Orten naheliegende, ortsgebundene Überlieferungen aufnahm, stärkte und im neuen gegenreformatorischen Sinne auslegend verwertete. Das gilt auch von Gretsers Legendendrama *Itha Doggia* (Ida von Toggenburg), in dem er sich nur an die Grundlinien der Quelle hielt und den dürftigen Stoff durch seine eigenen Zutaten belebte. Es ist schwer zu entscheiden, ob Gretser aus eigener Erkenntnis oder auf Weisung seiner Oberen, welche vielleicht mit der Aufnahme und Pflege autochthoner Stoffe den Anschluß an die Entwicklung des Jesuitentheaters in den anderen Ländern zu verlieren befürchteten, sich von der Dramatisierung örtlich gebundener Legenden nun wieder der Bearbeitung von Stoffen der Schule zuwendete. Seine Trilogie *Regnum Humanitatis* führt zuerst eine Gerichtszene vor, in der Humanitas über Solözismus und Barbarismus siegt. Dann bietet sie Einblick in den literarischen Betrieb und führt einzelne Typen vor, die scharf erfaßt werden, und schließlich wird über Aussprache und Rechtschreibung verhandelt.

Gretsers reifstes dramatisches Werk *Udo* wurde zu München 1598 als Festspiel zu Mariä Lichtmeß aufgeführt. Hier wurde ein neuer dramatischer Typus geschaffen, dessen Ausgestaltung deshalb erfolgreich Schule machte, weil der Stoff im Sinne der Bekehrung und des In-sich-gehens ausgewertet werden konnte. Der Kampf allegorischer Gestalten um die Seele des Menschen führt zu dem traurigen Untergang des Helden, der dem Bösen verfallen ist, weil er alle Mahnungen zur Besserung, Einkehr und Selbsterkenntnis nicht beachtet. Ein angesehener Kirchenfürst, Erzbischof Udo von Magdeburg, belädt seine Seele in seinem Ehrgeiz und weltlichen Machtbedürfnis mit schwerer Schuld und verfällt mit wiederholten eindrucksvollen Rufen *O aeternitas* der ewigen Strafe. Mit einem solchen Werke konnte sich die ernste Mahnung zur Erforschung des Gewissens und zur Buße verbinden. Die christliche Wahrheit blieb die Siegerin in diesem Streit. Doch triumphierte sie in dieser Frühzeit des Jesuitendramas noch nicht.

Der allgemeine Zug der Zeit zum Stoizismus, zu Seneca als dramatischem Vorbild kam der Ausbildung des beliebten Typus des Märtyrerdramas entgegen. Jakob Pontanus wies hier entscheidend die Richtung mit dem biblischen Drama *Eleazarus Machabaeus*. Die Denunziation dreier abtrünniger Juden, die sich damit die Gunst des Königs Antiochus zu erwerben hoffen, bringt Eleazar vor Gericht. Er widersteht allen Verlockungen und Drohungen, wird gegeißelt, läßt sich auch nicht zu einem frommen Betrug überreden und erleidet den Feuertod, der dem Zuschauer durch Botenbericht bekannt wird. Nun festigt sich die Spielübung, den abstrakten Handlungsvorgang in ein allegorisches Zwischenreich zu versetzen. In ihm wurden die opernhaften Elemente heimisch. Somit erfolgte die Interpretation des Bühnenvorgangs im Sinne des Dramatikers, der dadurch die Möglichkeit hatte, seine Lehre eindrucksvoll und in einem Sinne vorzutragen, der keine andere Ausdeutung zuließ. So verschmolz aber auch gleichzeitig das allegorisch humanistische Fest- und Schulspiel, das nie auf einem besonders festen Grund stand, mit dem Geschehen, das sich unter Menschen und mit Menschen vollzog. Des Pontanus *Immolatio Isaac* faßt die ganze Erdenhandlung als einen Kampf zwischen *natura* und *ratio* auf. Natura ist das natürliche, man ist versucht zu sagen animalische Empfinden, während ratio das Eingreifen von oben, Gnade und innere Erleuchtung bedeutet. Der von Gott geforderte Gehorsam bringt, auch wenn der Mensch zuerst den Sinn eines Befehls oder einer Anweisung nicht versteht, doch am Ende reiche Belohnung und die Erfüllung des Verheißenen.

Jakob Bidermann (1578–1639) stammt aus Ehingen. Er war Schüler von Jakob Pontanus. Seine dramatische Begabung wurde früh erkannt und gefördert. Nach Vollendung seiner theologischen Studien wirkte er als Professor am Jesuitenkolleg in München. Neben anderen Ämtern wurde ihm dort die Leitung des Theaters übertragen. Seine letzten Lebensjahre verbrachte er als Censor in Rom. Die Chronologie seiner dramatischen Werke, welche erst 1666 herausgegeben wurden, ist umstritten.

Hinter Bidermanns Dramen steht eine keinen Kompromiß kennende sittliche Ordnung, steht das Gesetz der Sühne, der unerbittlichen Gerechtigkeit Gottes. So ernst und erfolgreich hat kein Jesuitendramatiker zur Buße gemahnt. Nach der Aufführung des *Cenodoxus* in München (1609) zogen sich vierzehn angesehene adelige Hofbeamte zu geistlichen Übungen in die Einsamkeit zurück und änderten von Stund an ihr Leben. Der Chronist meint mit Recht, daß hundert Predigten kaum eine solche Wirkung erzielten wie dieses Spiel von wenigen Stunden. Mit späteren Werken, *Belisar* (1607), *Macarius* (1613), *Philemon Martyr* (1618), *Johannes Calybita* und anderen hatte Bidermann keine solchen Erfolge mehr.

Die Geschichte von Cenodoxus, dem gelehrten Doktor von Paris, berichtet die Legende des hl. Bruno; dieser sei zur Buße und Einkehr veranlaßt worden, als er bei der Seelenmesse für einen berühmten akademischen Lehrer an drei Tagen nacheinander dessen Leiche die Worte habe ausstoßen hören, er sei durch Gottes gerechtes Gericht angeklagt, gerichtet und verdammt worden. Bidermann beruft sich auf diese Quelle, sagt aber dazu, daß er den Namen Cenodoxus und dessen Laster, das ihn ins Verderben führt, erfunden habe. Lebensweise und -pose dieses eitlen Gesellen, dessen Handlungen sich nur nach dem Urteil der Maßgebenden, die sich so leicht täuschen lassen, ausrichten, ziehen an uns vorüber. Kleine Genrebilder reihen sich aneinander, lebensvoll sind die Typen aus dem Volk gezeichnet. Das Lebensziel, welches Cenodoxus verfolgt, ist die Befriedigung seines Ehrgeizes, für das zu gelten, als was er sich ausgibt. Am Ende des dritten Aktes setzt der Tod diesem eitlen Leben das Ziel. Die Zuschauer konnten im Vertrauen auf Gottes Gnade eine ähnliche Wendung zum Guten erwarten wie in den Jedermandramen. Nun aber bewährt sich die ungewöhnliche und nicht nur im deutschen Drama des 17. Jahrh.s seltene überzeugende Kraft. Gottes Gerechtigkeit kann nicht als Härte, sondern nur als innere Notwendigkeit empfunden werden. Das erschütterte die Menschen. Es waren die gleichen Waffen, welche zur selben Zeit Aegidius Albertinus schmiedete. Dieser Glaube an die Gerechtigkeit, der hier eingehämmert wurde, trägt nicht nur die Gegenreformation zu ihren gewaltigen Erfolgen. Er wird zum bestimmenden Gesetz jener Dichtung, welche die Ansprüche auf Bildung stellt. Kein Jesuitendrama hat je wieder eine solche Wirkung erzielt, mochte die Spielübung sich auch noch so prächtig entfalten. Wir schließen diesen kurzen Ausblick bis in das 18. Jahrh. hinein hier an.

Die größten Erfolge als Wiener Hofdramatiker hatte Nikolaus Avancini (1612–86), ein südtiroler Adeliger, der die Jesuitenschule in Graz besuchte. Er hat später als Leiter der Kollegien in Passau, Wien und Graz gewirkt und war in seinen letzten Lebensjahren Berater des Ordensgenerals in Rom. An die dreißig Dramen Avancinis sind erhalten. Sein berühmtestes Drama wurde vor Kaiser Leopold 1659 in Wien aufgeführt: *Pietas victrix sive Flavius Constantinus Magnus de Maxentio tyranno victor*. Hier triumphierte wieder die Gegenreformation. Zug um Zug treiben Gegenspiel und Spiel zur Entscheidung. Mit einem Aufgebot von allen zur Verfügung stehenden Darstellungsmitteln strahlt die wiedergewonnene Frömmigkeit ein überirdisches Licht über die Welt. Der Schwerpunkt des Jesuitendramas lag im Südosten des deutschen Sprachgebietes.

Die theoretischen Bemühungen der Spätzeit suchen den Anschluß an andere dramatische Entwicklungen. Franz Lang (1654–1725) aus Aibling in Oberbaiern trat

1671 in den Jesuitenorden ein. Er wirkte als Lehrer an jesuitischen Lehranstalten, besonders in München. Er gab in einer Schrift über *szenische Handlung* (1717) Anweisungen über die *passende Bewegungsfähigkeit des ganzen Körpers und der Stimme, die geeignet ist, Gemütsbewegungen zu erregen* und gewährt damit Einblick in Mimik und Technik des Spiels. Die Beziehung zwischen Geste, Stimm- und Sprachbehandlung, der inneren Bewegung des Darstellers und der Wirkung auf den Zuschauer werden festgelegt. An den Theaterregisseur werden hohe Anforderungen gestellt: angeborene Geschicklichkeit, dichterische Begabung, Vorstellungs- und Gestaltungskraft, hohe moralische Eigenschaften, Fähigkeit in der Handhabung der lateinischen Sprache, Kenntnis der Bühnentechnik, praktische Begabung, Beherrschung der Malerei und Musik. Kurzum, er soll über die ganze barocke Universalität verfügen. Lang warnt vor übermäßigem Prunk, der Verwendung großartiger Bühnenmaschinen und schärft in der Zeit des Niedergangs den ursprünglichen Zweck des Dramas als eines Bildungsmittels wieder ein.

Franz Noel (1651–1729) stellte das Jesuitendrama unter die strengen Gesetze des *französischen Klassizismus*. Indem er den Vorgang der Konzeption und Fertigstellung eines Dramas beschreibt, gibt er auch genaue Anweisung zur Reihenfolge der Abfassung: Erfindung des Stoffes, Ausbau der Verwicklung, Aufteilung der Handlung auf Akte und Szenen, wobei auf deren Zusammenhang und Aufführbarkeit zu achten ist. Die drei Einheiten werden als Konzentrierung der Handlung auf eine Person oder eine geschlossene Gruppe, auf einen Tag und einen bestimmten, allerdings nicht kleinlich beschränkten Ort, etwa einen Saal, sondern einen Palast oder eine Stadt ausgelegt. Vom Stil der Tragödie verlangt Noel Wucht, Sentenzenreichtum, Affektbeschwertheit und eine Ausdrucksweise, die dem Stand der Personen und ihrem individuellen Charakter gemäß ist. Dieser Weite entspricht die Neigung zur äußeren Pracht und prunkvollen Ausstattung. Noch enger an das gesetzgebende Vorbild Corneille schloß sich Anton Claus (1691–1754) an, dessen Dramen mit ihrem klaren Aufbau und ihrer Nüchternheit den Herbst des Jesuitenspiels in Ingolstadt einleiteten.

Ignaz Weitenauer (1709–83) aus Ingolstadt hat, nachdem er Poesie und Rhetorik in verschiedenen Kollegs unterrichtet hatte, von 1753 an als Professor der orientalischen Sprachen und Exegese in Innsbruck eine Erklärung der *Ars poetica* des *Horaz* und eine ebenfalls auf Horaz bezugnehmende Dramaturgie (1757) veröffentlicht. Corneille ist maßgebendes Vorbild. Beachtenswert sind die Ansätze zu stoffgeschichtlicher Literaturbetrachtung: er führt in den Einleitungen zu seinen Dramen die früheren Bearbeitungen des gleichen Stoffes an und nimmt dazu Stellung. Eine Rettung der Dichtung überhaupt und des bildenden und erziehenden Jesuitendramas versuchte Franz Neumayer (1697–1765) mit seinem Lehr- und Handbuch *Idea poeseos* (1751). Er legte die Vorschriften Corneilles so weitherzig aus, daß er die Verbindlichkeit der Kunstgesetze und die abgegrenzten Bezirke der dramatischen Gattungen lockerte. Lehrreich ist, daß er mit der Gattung *einfache Dramen* neben Tragödien und Komödien an das bürgerliche Familienschauspiel nahe herankommt. Er wollte die ausgeleierten Formen durch das *Melodrama* beleben. Mit dem Hinweis auf die besondere Weihe, welche dramatische Aufführungen einem Fest geben, und der Forderung einer Rückkehr zu alten Stoffquellen kehrte das Jesuitendrama zu seiner Ausgangsstellung zurück. Das Jesuitendrama verfügte auch zur Zeit, als der Orden aufgehoben wurde, trotz der Aufführungen in deutscher Sprache, nicht über Möglichkeiten einer Neubelebung. Dazu fehlten auch die Schüler, welche auf der Bühne gehen, stehen und sprechen lernten und durch das Spiel gebildet werden konnten. Schon am Vorabend der Geniebewegung hatte das Leben eine größere Macht.

LITERATUR

Frischlin: Seine deutschen Dichtungen wurden hrsg. von D. F. Strauß, BLVS 41 (1857), Julius redivivus von W. Janell, Berlin 1922. D. F. Strauß, Leben und Schriften des Dichters und Philologen Nikodemus Frischlin, Frankfurt a. M. 1856. G. Bebermeyer, Tübinger Dichterhumanisten, Tübingen 1927. *Englische Komödianten:* Texte hrsg. von W. Creizenach, DNL 23 (1889). A. Baeseke, Das Schauspiel der englischen Komödianten in Deutschland, Halle 1936. J. Bolte, Die Singspiele der e. K. Hamburg 1893.

Herzog Heinrich Julius: Die Dramen wurden hrsg. von W. L. Holland BLVS 36 (1855) und von Goedeke und Tittmann, Deutsche Dichter des 16. Jahrh.s 14 (1880). – F. Brüggemann, Versuch einer Zeitfolge der Dramen des Herzogs Heinrich Julius von Braunschweig, Aachen 1926.

Landgraf Moritz von Hessen: J. Bolte, Schauspiele am Hofe des Landgrafen Moritz von Hessen, Sitzber.d.preuß.Akad.d.Wissensch. phil.-hist. Kl. 1931 S. 6–28.

Erzherzog Ferdinand: Sein Speculum vitae humanae wurde hrsg. von J. Minor, Neudr. 79/80 (1889).

Das Akademietheater in Straßburg: A. Jundt, Die dramatischen Aufführungen im Gymnasium zu Straßburg, Progr. Straßburg 1881/82. J. Crüger, Zur Straßburger Schulkomödie, Festschr. z. Feier des 350jähr. Bestehens des protestant. Gymn. zu Straßburg, 1. T. Straßburg 1888, S. 305–54. G. Skopnik, Das Straßburger Schultheater, sein Spielplan und seine Bühne, Frankfurt 1935.

Jesuitendrama: W. Flemming, Geschichte des Jesuitentheaters in den Ländern deutscher Zunge, Berlin 1923. Joh. Müller, Das Jesuitendrama in den Ländern deutscher Zunge vom Anfang (1555) bis zum Hochbarock (1665), 2 Bde. Augsburg 1930. N. Scheid, Das lateinische Jesuitendrama im deutschen Sprachgebiet, Lit.wiss. Jb, 5 (1930) S. 1–96. K. v. Reinhardstöttner, Zur Gesch. d. Jesuitendramas in München, Jb. (1889) S. 53 ff. J. Ehret, Das Jesuitentheater in Freiburg i. d. Schweiz, Freiburg i. d. Schweiz 1921. J. Bielmann, Die Dramentheorie und Dramendichtung des Jakobus Pontanus S. J. (1542–1626), Litwiss. Jb. d. Görres-Gesellsch. 3 (1928) S. 45–85. A. Dürrwächter, Jakob Gretser und seine Dramen. Freiburg i. Br. 1912. M. Sadil, Jakob Bidermann. 2 Bde, Progr. Wien 1899 f. N. Scheid, Der Jesuit Jakob Masen, Köln 1898. Bidermanns Cenodoxus in der deutschen Übersetzung von J. Meichel und Avancinis Pietas victrix gab W. Flemming, DL Bar. Bd. 2, heraus.

VIERTES KAPITEL

PROSA

Im Bereich der deutschen Prosa treten die Glaubensbekenntnisse stärker als auf anderen Gebieten hervor. Der polemische Charakter ist ein Erbstück der Reformation und der Moralsatire, die auf den Vers verzichtet. Zwei oberdeutsche Landschaften, *Elsaß* und *Baiern*, treten nun in den Vordergrund. Gegenreformation und Calvinismus erweisen sich auch da als literarische Anreger. Mit dem Bekenntnis zur Prosa steigt auch das Interesse am *Roman*. Der Westen ist konservativer, auf seinem Boden entfaltet sich das Wachstum des Amadisromans, einer Gattung, welche zwar die Bahnen der Ritterromane beschreitet, aber neue Entwicklungsmöglichkeiten bietet und schließlich Stimmungen verbreitet, die den heroischen Roman tragen. In Bayern betritt der Picaro zuerst deutschen Boden und eröffnet eine literarische Gattung, die erst nach einem halben Jahrhundert veredelt werden konnte. Der Ehrgeiz, neue Formen einzuführen und weiter zu entwickeln, fehlt der Zeit, die die Auswahl aus dem fremden Formenschatz der romanischen Literaturen nach der Zweckmäßigkeit traf. Moralische Besserung, Bekehrung oder Glaubenspropaganda sind die Ziele, welche die Prosa verfolgt. Sie wirkt aufs engste mit der *Predigt* zusammen. Die ganze Weite des Prosaschrifttums zu erfassen, ist schwierig. Es fehlt an den nötigen Vorarbeiten, vor allem an einer Übersicht über die Predigt und deren Vorbilder. Kirchenväter, Erbauungsliteratur, Moralsatire, aber auch Scholastik, Polemik der Frühzeit, feste rhetorische Ordnungen und alte Beispielsammlungen scheinen sie zu speisen. Ob in den Predigten die Besonderheiten der einzelnen Glaubensbekenntnisse zu erkennen sind, scheint zweifelhaft, sobald sie das dogmatische Gelände verlassen. Das große religiöse Prosaschrifttum darf nicht darüber hinwegtäuschen, daß auch die Unterhaltung sich der Prosa gesellt. Eine Trennung zwischen beiden Bezirken ist schwer durchzuführen in einer Zeit, da die eigentlichen Hausbücher Postille und Legenden waren.

Wenn wir die kommenden Ausführungen im wesentlichen auf zwei beherrschende Gestalten beschränken, welche besondere Leistungen aufzuweisen haben, so ist damit auch Gelegenheit geboten, die beiden verschiedenen Haltungen, die eines bürgerlichen Späthumanisten, der in den siebziger Jahren des 16., und die eines gegenreformatorischen Moralsatirikers, der im zweiten Jahrzehnt des 17. Jahrh.s wirkt, zu zeigen. Fischart bedeutet einen Abschluß. Wenige Möglichkeiten, die sein reiches Schaffen bot, wurden ausgenützt und weiter entwickelt. So sieht es sich von uns aus an. Die Zeit selbst aber sah diese Möglichkeiten kaum.

Deshalb ist Fischart nur äußerlich nachgeahmt worden. Seine Sprache war nicht zu überbieten oder zu übersteigern. Er spielte mit dem Formenschatz der Sprachen. Das tut der gegenreformatorische Volksschriftsteller nicht, der bewußt den Anschluß an einen Fürstenhof sucht. Er hielt sich an bewährte Muster aus früherer Zeit. Könnten wir uns über die ästhetischen Maßstäbe hinwegsetzen und die Bedeutung der Schriftsteller lediglich aus ihrer Wirkung feststellen, so müßten wir Albertinus höher stellen; denn seine Ausstrahlungen reichen bis über das Ende des Jahrhunderts hinaus. Es ist ähnlich wie bei Opitz: die erfolgreichen Dichter ihrer Zeit haben die Höhen des Parnaß nie erreicht. Humanistisches Stadtbürgertum wird abgelöst von der höfischen Gegenreformation. Diese erweist sich als Begründerin neuer Entwicklungen.

1. JOHANN FISCHART

Die bedeutendste Gestalt in der deutschen Literatur des ausgehenden 16. Jahrh.s ist Fischart. Keiner seiner Zeitgenossen spielt so virtuos wie er als Wortschöpfer auf dem Instrument der deutschen Sprache. Kaum je hat sich einer mit einer solchen naiven Freude und Lust dem Spiel mit den Elementen der Sprachen, die er beherrscht, hingegeben. Das bildet die Voraussetzung seines persönlichen Stils, der sich seiner darstellenden Methode anpaßt. So kraus und wirr auch das Rankenwerk seiner Ausdrucksweise ist, und es scheinen mag, als lasse er sich vom plötzlichen Einfall oder irgend einer Eingebung bestimmen: er hat dennoch sein Ziel klar vor Augen, gleichgültig, ob er es erreicht oder nicht. Zu keinem seiner Werke hat Fischart selbst den Plan entworfen, für die meisten sind die Vorlagen und unmittelbaren Anlässe zu ihrer Abfassung festzustellen. Seine selbständige Leistung liegt in der *Paraphrase* und in der *Persiflage*, der Verdrehung und Umkehrung eines Vorwurfs. Von der engen Zusammenarbeit mit seinen Verlegern und seiner Arbeitsweise lassen sich Parallelen zu *Erasmus* ziehen. Wie dieser Bibel und Kirchenvätertexte in lateinischer Sprache erläuterte und daran seine persönlichen Betrachtungen anstellte, so geht Fischart mit den Texten um, welche für die Unterhaltung, Aufklärung und moralische Besserung seiner bürgerlichen Leser bestimmt sind. Er erläutert und macht verständlich. Nur vollzieht sich das bei ihm mit anderen sprachlichen Mitteln in einem anderen Bildungskreis. Das Thema wird angeschlagen, die Absicht des Autors entwickelt, der Gegenstand von verschiedenen Seiten betrachtet, das Allgemeine und die Weite werden aufgesucht, Parallelen gefunden, Hinweise gegeben, Vergleiche angestellt. Dann wird abgeleitet, und aus der Vielfalt der gleichartigen oder entgegengesetzten Erscheinungen ergibt sich die Begründung, nach deren Zusammenfassung sich wieder die Weite der Erscheinungen öffnet und die praktische Moral gewonnen wird. Diese Züge sind Fischarts unterhaltenden, erbauenden und agitatorischen Werken eigentümlich.

Die sprachliche Gestalt von Fischarts Werken ist von den Druckern abhängig und spiegelt die Bewegungen wieder, welche im nördlichen alemannischen Raum vor sich gehen. Es ist zu berücksichtigen, daß die ganze schriftsprachliche Entwicklung auch noch zu Fischarts Zeiten im Fluß ist. Seine Bemühungen um eine Reformierung der Orthographie treffen mit den allgemeinen Tendenzen der Zeit zusammen. Die Grundlage seiner Sprache ist die *niederalemannisch-elsässische Schriftsprache*. Sie erleidet zu Fischarts Zeit bedeutende Einbußen, weil der Einfluß von Frankfurt als Druckerstadt nach dem Süden ausstrahlte. Der Schwerpunkt des deutschen Schrifttums hatte sich um die Mitte des Jahrhunderts auf den Frankfurter Büchermarkt verlagert, den nicht mehr die fremden, sondern die einheimischen Offizinen *Feyerabend, Egenolff, Lechler, Braubach* u. a. beherrschten. Dazu kommt, daß die offizielle Veröffentlichung der amtlichen Reichspublikationen von *Mainz* ausging. Sofern also die Sprache in Fischarts Werken westmitteldeutsche Elemente in sich aufgenommen hat, beruht dies darauf, daß er selbst in diesen Gebieten seine Lehr- und Amtszeit verbracht hat, und daß verschiedene seiner Werke ihre äußere Gestalt durch mitteldeutsche Offizinen erhielten. Bis 1574 bestimmten die Offizinen die sprachliche Gestalt von Fischarts Werken. Demnach unterscheiden sich die auf westmitteldeutsch-rheinfränkischem Gebiet erschienenen Werke (Nacht Rab, Dominici Leben, Eulenspiegel und Amadis) von den in Basel und Straßburg gedruckten (Barfüßer Sekten- und Kuttenstreit, Praktik). Im Zeichen einer Orthographiereform, wie sie *Michael Beuther*, sein wahrscheinlicher Straßburger Lehrer und *Schede* anstrebten, bemühte sich Fischart von etwa 1575 an, die Textgestalt seiner Werke selbst zu bestimmen. Doch ließ seine Ausdauer in diesen Bestrebungen nach, so daß er von 1582 an zwar noch an gewissen Eigentümlichkeiten festhielt, aber doch die elsässische Schriftsprache der Straßburger Offizinen wieder die äußere Gestalt seiner Werke bestimmte.

Hans Fischer gen. Mentzer erwarb 1527 das Bürgerrecht zu Straßburg und kaufte dortselbst das *orthuss gegen der großen Erbslouben,* wo er sein Gewürzgeschäft betrieb. Der älteste Sohn aus Hans Fischers zweiter Ehe mit der Großhändlerstochter Barbara Kürmann Johann Baptist Friedrich ist Ende des Jahres 1546 geboren. Das wohlhabende, handeltreibende und geistig regsame Stadtbürgertum, in dessen Umwelt er aufwuchs, bestimmte den Umkreis und Widerhall seines späteren Schaffens. Er muß schon früh ein scharfer und zugleich ein liebevoller Beobachter alles dessen gewesen sein, was in seinen Gesichtskreis trat. Die Bildung vermittelte ihm das Straßburger Gymnasium, dessen Seele einer der bedeutendsten Schulmänner des 16. Jahrh.s, Johann Sturm, war. Nach dem Tode des Vaters um 1561, als die Mutter den Geschäftsnachfolger ihres verstorbenen Mannes geheiratet hatte, erlebte Fischart bei seinem Gevatter Kaspar Scheit, dem Rektor der Lateinschule, in Worms bis zum Frühling 1565 eine Art poetischer Lehre. Eine Pestepidemie, die Scheit dahinraffte, veranlaßte ihn, Worms zu verlassen. Er begab sich nach Flandern, vermutlich Gent, und von dort im Herbst nach Paris, wo er nach zwei Jahren das Baccalaureat an der artistischen Fakultät erwarb. Als Mitglied des Collegiums, das unter der Leitung von *Petrus Ramus* stand, hatte Fischart Gelegenheit, die geistige Haltung der Hugenotten kennenzulernen und ihr bedrohtes Schicksal mit warmer Teilnahme zu verfolgen. Nach einem kurzen Aufenthalt in Straßburg, wo er im Herbst 1566 das Magisterium erwarb, begann er mit dem Studium der Rechtswissenschaft in Siena. Anschließend daran oder spätestens von Straßburg aus im Winter 1572 reiste er nach England und über Holland nach seiner Heimat. Von da an, als Mitarbeiter seines regsamen und unternehmenden Schwagers Bernhard Jobin, führte er seinen Namen Fischart mit der niederländischen Endung. Vorübergehend hielt er sich in Basel auf, ließ sich im Mai 1574 an der dortigen juristischen Fakultät immatrikulieren und promovierte dort im folgenden August zum Doktor der Rechte. Das Bürgerrecht in Straßburg erwarb er 1576. Mit innerer Anteilnahme verfolgte er die politische Entwicklung seiner Heimat und in den westeuropäischen Staaten, griff in die religiösen Auseinandersetzungen ein und zeigte seine Sympathie für die Calvinisten, die schweizerischen Reformierten und jene stilleren Sucher nach einem dogmatisch nicht gebundenen Christentum. Beim Reichskammergericht in Speyer ließ er sich 1580 als Praktikant nieder mit der Absicht, später das Amt eines Advocatus camerae auszuüben. Doch verpflichtete ihn Graf Egenolf III. von Rappoltstein, Hohenack und Geroltseck als Vormund des unmündigen Grafen Johann VI. von Hohenfels-Reipoltskirchen als Amtmann nach Forbach. Dort zog Fischart als junger Ehemann ein. Er heiratete am 11. 11. 1580 Anna Elisabeth Hertzog, die Tochter eines hanau-lichtenbergischen Sekretärs. In seinen Händen lag die Leitung des Gerichtswesens, der Forste und der Polizei. Bis 1587 nahm ihn seine Amtstätigkeit so sehr in Anspruch, daß er seine schriftstellernde Arbeit ganz einstellte. Ob er dann sein Amt aufgab oder entlastet wurde, um wieder schreiben zu können, ist nicht festzustellen. Ende 1590 ist er gestorben.

Bei den von Verlegern und zumeist auch von aktuellen Ereignissen veranlaßten Werken und der dadurch bedingten impulsiven Arbeitsweise ist wohl ein Zunehmen der gestaltenden Fähigkeiten und der sprachlichen Gewandtheit Fischarts festzustellen. Doch prägen sich schon in seinen frühen Werken die Formideale, um deren Gestaltung er sich bemüht, und seine Arbeitstechnik aus. Auf der Höhe, welche sein Schaffen um 1575 erreichte, vermochte er sich nicht zu halten. Er war nicht dazu bestimmt, mit humanistischer Gelehrsamkeit ein neues System der poetischen Sprachbehandlung aufzustellen. Er stand in der oberrheinischen Tradition, kannte die meistersängerliche Formgebung und bemühte sich um eine Reform des alten Vierhebers, die das richtige Maß zwischen Formlosigkeit, dem allzu gleichmäßigen Auf und Ab von Hebung und Senkung und dem Zwang der Silbenzahl anstrebte. Diese Forderung lernte er bei Kaspar Scheit kennen. Fischart war nicht geschaffen, sich von der strengen Norm gängeln zu lassen.

Der Rhythmus des Volkslieds und die freie natürliche Betonung, welche der Satzakzent bestimmt, tragen seine besten Verse. Sein Einfühlungsvermögen, seine parodistische Fähigkeit und sein starkes rhythmisches Empfinden haben die Eigentümlichkeiten verschiedener deutscher und romanischer Kunstübungen aufgenommen. So bemüht sich seine Anpassungsfähigkeit erfolgreich um den ausgleichenden Zusammenschluß vieler Elemente, die er für die poetische Gestaltung zu gewinnen sucht. Kaum, daß er mit seiner Bemühung, fremde Formen für die deutsche Dichtung zu gewinnen, einen harmonischen Zusammenschluß dieser Elemente erstrebte. Auch hier ist die gleiche Freude am Werk, die er an den sich ihm erschließenden neuen Gestaltungsmöglichkeiten seiner Prosa empfand. Von der oberrheinischen Moralsatire, dem Meistergesang, Volks- und Tanzlied läßt ihn sein feines musikalisches Gefühl den Anschluß an Rondeau, Sonett, Distichon und makkaronische Dichtung finden. Man hat Fischart den letzten Vertreter der alten volkstümlichen Verskunst vor Goethes Erneuerung genannt. Er ist aber auch einer der ersten erfolgreichen Anbahner der neuen Formgebung.

Kein Dichter des 16. Jahrh.s verfügt über einen so reichen Wortschatz wie Fischart. Ein stattliches Buch könnten allein seine Synonyma ausfüllen. Aus vielen Quellen, der reichen elsässischen Mundart, den modernen und klassischen Sprachen, der akademischen und juristischen Fachsprache, der bürgerlichen, volksmäßigen und humanistischen Ausdrucksweise fließen ihm Worte und Wendungen zu, die er durcheinanderwirbelt, verdreht, neu zusammensetzt, mit denen er ein tolles Spiel treibt. Er schwelgt in grobianischen Übertreibungen, prunkt mit Kraftwörtern, deutscht die makkaronischen Verse als *Nuttelverse* ein, bedient sich der Reimprosa und Kreuzfiguren je nach seiner unberechenbaren Laune, die in den grotesken Satiren regiert. In der Anschwellung seiner Erläuterungen der Vorlage wird häufig eine Vorwegnahme des Barock gesehen, mit dem ihn auch die Vorliebe für die Sentenz, den eingrägsamen Denkspruch verbindet. Der Moralsatire ist stets die sprichwörtliche Redewendung willkommen. Manchen Zug hat Fischart mit seinem Landsmann Murner, den er den *obersten Dreckrüttler deutscher Nation* nennt, gemeinsam, so, wenn er wie dieser als Dirigent der Vorgänge auftritt. Aber Fischarts Ausdrucksweise verfügt über reichere Register. Sie wird von der Leidenschaft bestimmt, hält sich nicht an die Gesetze der Rhetorik, wird von Flüchen, Schwüren, Empfindungslauten, Häufungen und Ballungen des Ausdrucks bewegt. Immer wieder wird die gleichmäßig dahinfließende Darstellung durchbrochen, doch hält die Stimmung auf den satirischen Ton an. Fischart ist immer Warner, Mahner und Erwecker, der die Leistungen der Reformation gefährdet sieht und sich mit seiner ganzen Persönlichkeit für die Erhaltung ihrer Errungenschaften einsetzt. Er ist Epiker, doch

fehlt die Fähigkeit, Entwicklung und Werden eines Charakters zu
schildern. Er stellt ihn fertig vor den Leser, der sich das Bild des
Charakters dann mosaikartig aus den einzelnen Zügen zusammensetzen
kann. Auch diese entsprechen seinem bunten Sprachgewand, dem auf
den deutschen Grundstoff griechische, lateinische, holländische, französische und italienische Flicken geheftet sind. Aus naiver Freude an
seiner Sprachgewalt spielt Fischart mit seinen Lesern, neckt sie, vertauscht die Namen, gibt ihnen Rätsel zu lösen, hält ihr Interesse wach,
wirkt trotz breiter Einschübe in den Gang der Ereignisse nie langweilig.
Zwischen dem echten Pathos innerer Ergriffenheit, zorniger Erregung
und liebevoller Versenkung in die großen und kleinen Freuden des
weltgeschichtlichen und allgemeinmenschlichen Geschehens bewegt
er sich mit Sicherheit und mit dem Bewußtsein, die Ideale einer auf
bürgerlichem Gemeinschaftssinn ruhenden Ordnung zu vertreten.

Fischarts Werke lassen sich allgemeinen Gesichtspunkten entsprechend ihrem Inhalt nach in eine *satirische* und eine *didaktische* Gruppe
aufteilen, zwischen denen keine scharfen Grenzen liegen. Er will seine
Zeitgenossen bessern, indem er ihnen einen verzerrenden Spiegel vorhält. Er liefert seine Gegner dem Spott des Lesers aus. Als Volksschriftsteller und Rügedichter ist er stets von der besten Absicht geleitet. In
der Reformation wurde die allgemeine Zeitklage von der persönlichen
Satire mit dem direkten Angriff abgelöst. Damit eröffneten sich der
Satire verschiedene künstlerische Ausdrucksformen: Flugschrift, Fast-
nachtsspiel, lateinisches Schuldrama, Teufelliteratur oder einfache Tat-
sachenzusammenstellung und anschließende Erläuterung. Abwechs-
lungsbedürfnis und möglichste Eindringlichkeit bestimmten die Wahl
der Form. Gegenstand waren Angelegenheiten, welche von allgemeinem
Interesse, politischer oder religiöser Bedeutung waren, und was heute in
den kommentierenden Leitartikeln der Tagespresse stehen würde. Somit
sind Fischarts satirische Schriften aus der Kenntnis der geschichtlichen Begebenheiten zu verstehen. Sein erstes Werk *Nacht Rab oder Nebelkräh*
erschien ohne Namensnennung (1570). Er griff in die Lage ein, welche
sich nach dem Tode des Straßburger Bischofs Erasmus von Leinberg
(1568) ergab. Die nicht ohne Widerspruch hingenommene Niederlage
des Kandidaten der protestantisch gesinnten Partei veranlaßte J o h a n n
J a k o b R a b e zur Abwehr und Berufung auf die Erfolge des tridentini-
schen Konzils und die Jesuiten. Fischart nahm diesen Vorkämpfer der
katholischen Reaktion in einer Fabel her und machte ihn am Ende zum
Raben aus Noahs Arche, der nicht wieder zurückkehrte. Weder der
Fabelrahmen noch die systematische Abfertigung Rabes sind durch-
gehalten. Fischart bringt neben den alten Rechtfertigungsargumenten
der Reformierten auch persönliche Anschuldigungen und Verdächti-
gungen seines Opfers vor. – Das neue Werk, welches Fischart am

Schlusse angekündigt hatte, richtete sich gegen Johannes Nas, einen Franziskaner, der in seiner 4. Centuria (1568) an einem Holzschnitt die Anatomia Lutheri beschrieben hatte. *Der Barfüsser Secten vnd Kuttenstreit* (1570) setzt mit Fischarts Erklärung eines Holzschnittes ein, der den heiligen Franz von Assisi auf dem Boden liegend darstellte, wie er von seinen Ordensbrüdern auseinandergerissen wird. Die verschiedenen Zweige des Ordens werden satirisch betrachtet, lebendig werden die Eindrücke wiedergegeben, die Fischart bei seinem Besuch des Ablaßfestes (1. August) in Assisi gewonnen hatte. Leo, ein Genosse des heiligen Franz, legt dem träumenden Dichter den Holzschnitt aus. Dem heiligen Franz wird von seinen Anhängern, die ihn zerreißen wollen, und seinen Gegnern, den Dominikanern, bös zugesetzt. Vom schadenfrohen Gelächter des heiligen Dominicus erwacht der Dichter und kündigt zwei neue Streitschriften, eine gegen die Benediktiner und eine über Dominicus an. Nur diese wurde unter dem Titel ausgeführt *Von Sanct Dominici des Prediger münchs vnd Sanct Francisci Barfüsser artlichem Leben.* Wieder bedient er sich des Motivs der Anatomie. Doch führt er weder diesen Plan noch die Lebensgeschichte des heiligen Dominicus durch. Fischart nannte das Werk auch *Nasenspiegel,* weil es sich immer wieder mit diesem Gegner auseinandersetzt. Das einheitliche Thema bilden die Streitigkeiten innerhalb der katholischen Kirche, deren Sinnbild die verschiedenartigen Ordenstrachten sind. Fischart knüpfte an den *Alcoran* (1542) des *Erasmus Alberus* an. In Einzelheiten setzt er sich polemisch mit Bonaventura, den Fioretti, Bartholomäus von Pisa und Dietrich von Apolda auseinander oder karikiert deren Ausführungen. Nach diesen drei polemischen Reimpaardichtungen, welche es vornehmlich auf die Mönche abgesehen hatten, und deren letzte mit einem hoffnungsvollen Ausblick auf den Sieg der evangelischen Wahrheit schließt, wendet sich Fischart nun von der persönlichen zur allgemeinen Satire.

Unmittelbar an das Schaffen von *Kaspar Scheit,* dessen literarisches Erbe nun durch einen Größeren fruchtbar wird, schließt sich Fischart mit seiner Volksbuchbearbeitung *Eulenspiegel Reimenweis* (1572) an. Das niederdeutsche Volksbuch von etwa 1500 wurde im Elsaß durch die geschickte, wenn auch von sprachlichen Mißverständnissen nicht freie Bearbeitung belebt, welche um 1510 bei Grüninger in Straßburg erschien. Der durchtriebene Schalk im Umkreis der berufstätigen Kleinbürger und Handwerker war ein Günstling der Zeit, weil in einzelnen Geschichten fast zwanglos mit satirischer Lehrhaftigkeit gearbeitet werden konnte, und weil es den vom Humanismus unberührten Kreisen schmeicheln mußte, daß hier immer der gesunde Menschenverstand triumphiert. Eine lateinische Versbearbeitung des Stoffes von *Aegidius Periander* (Frankfurt 1567) steht zu Fischarts Werk in einem ähnlichen

Verhältnis wie Dedekinds Grobianus zu Scheits Bearbeitung. Fischart stattet den Schalksnarren mit grobianischen Zügen aus und rechtfertigt sich in der programmatischen Vorrede damit, daß sein Ziel im Erheitern und Bessern liege; deshalb legt er am Anfang oder Schluß einer Lebensepisode seines Helden einen besonderen Wert auf den moralischen Kern. Das Wichtigste sind ihm somit nicht die Schicksale des Helden, sondern das Allgemeine, was dahintersteht, das Wesen und die Offenbarung der Narrheit, der Schalkheit. Da hält sich Fischart an die alte oberrheinische Tradition: des Teufels Netz, Konrad von Ammenhausen, Narrenschiff, Narrenbeschwörung, Schelmenzunft und Gauchmatt. Abgesehen hat es Fischart im besonderen auf Ärzte, Apotheker, Juristen und Scholastiker, im allgemeinen aber genau so wie Brant und Murner auf die Torheiten der Mode, Sitte und des üppigen Lebens. Aber bei aller Ähnlichkeit verspürt man den Unterschied der Zeiten. Bei Brant ist der Grundton müde Resignation und Angst vor Entscheidungen, bei Murner zu Herzen sprechendes Mahnen und Bangigkeit vor der Zukunft. Fischart geht es nicht um die Wiedergewinnung verlorener sittlicher Haltungen, sondern um die Bewahrung und Bewährung des errungenen geistigen Besitzes. Die Gefahren sitzen für ihn bei den Trägern der Gegenreformation. Mehr als dreizehn und ein halbes Tausend Verse zeigen, wie Fischart die Themen des Volksbuchs erweitert hat und wie diese seiner Neigung zur Auslegung und Erläuterung entgegenkommen.

Das Zeitgeschehen und die Gier nach einer Ergründung der Zukunft begleiten seit der Erfindung des Buchdrucks zuerst in lateinischer, von 1500 an in deutscher Sprache die zahlreichen Prognostica, Kalender-, Wahrsage- und Aderlaßbüchlein. Für jedes Jahr wurden aus geheimer volkstümlicher Überlieferung oder gelehrter, astronomisch-wissenschaftlicher Bemühung die Ereignisse gedeutet, gewertet und ihr Ablauf bestimmt. Die krausen Erkenntnisse wurden in kleinen Büchern niedergelegt, die dazu allerhand Verhaltungsmaßregeln, Wettervorhersagen auf längere Sicht und anderes Wichtige für die Gesamtheit im allgemeinen und die Planetenkinder im besonderen boten. Solch ehrwürdige Vorläufer haben die jetzigen Wochenhoroskope einzelner Zeitungen in den Praktiken, einer leicht absetzbaren Ware, die auch für die Glaubenspolemik ausgenutzt wurde. Diesen Unsinn mit Methode machten schon einzelne Satiren vom Beginn des 16. Jahrh.s lächerlich. Die bedeutendste war Rabelais' *Pantagrueline Prognosticatio* (1533). Sie ist neben den Satiren von *Johann Weiermann* (1564) und der Practica Practicarum des *Johannes Nas* (1568) das wichtigste Vorbild für Fischarts *Aller Praktik Großmutter* (1572). Den selbständig verarbeiteten Elementen aus diesen Quellen fügt Fischart viele eigene Einfälle nach dem Geschmack des Volkes bei. Alles schließt sich im Zeichen einer derben Ironie zur Einheit zusammen. Mit der Jahresprophezeiung wird eingesetzt. Von den Planeten, dem Tierkreis, den Jahreszeiten und Finsternissen der Hauptgestirne handelt der erste Teil. Dann wird von den Monaten, dem Wetter, den Ernteaussichten gehandelt und schließlich von Gesundheitsregeln, Arzneien und vom Sterben. Bis 1635 wurde das Buch immer wieder gedruckt. Die dritte Fassung (1575) vermehrte Fischart mit allerlei Zutaten, z. B. über Horoskope und nationale Fehler.

Eine wichtige Station auf dem Weg zu epischer Darstellung ist die *Flöhhaz*, welche zur Fastenmesse 1575 erschien. Das neulateinische Schrifttum kennt die Motive und den Stoffkreis. Von *Matthias Holzwart* stammt die erste Fassung des ersten Teiles, eines selbständigen Tierepos, in dem der Floh vor Jupiter seine Klage vorbringt. Sein epischer Erlebnisbericht ist durch das Gespräch zwischen Floh und Mücke unterbrochen, welcher die Aufgabe zufällt, ihren Partner am Schluß zu trösten. Im zweiten Teil tritt Fischart als Flohkanzler auf. Er hält sich an das Vorbild einer anonymen französischen Strophendichtung *Procès des femmes et des puces*, nimmt als Anwalt der Frauen die Klage des Flohs auf und entkräftet sie Punkt für Punkt. Den moralischen Kern des Werkes, die gesetzten Standesordnungen nicht zu überschreiten, legt Jupiters Urteil bloß: die Flöhe haben sich mit Tierblut zu begnügen. Doch wird ihnen an den Frauen überlassen: der Leib im Bade, die Beine beim Tanz und allzeitig die geschwätzige Zunge. Am Schluß folgen Prosarezepte zur Abwehr der Flohplage. In der zweiten Fassung (1577) versah Fischart Holzwarts Text mit ausmalender Zutat. Ein weites Feld hatte seine sprachschöpferische Begabung bei der charakteristischen Namengebung der Flöhe.

Fischarts Übersetzung des 6. Buches des *Amadis* für den Verleger Feyerabend in Frankfurt (1572) ist die Vorstufe zu seinem Hauptwerk: *Affenteurliche vnd Ungeheurliche Geschichtschrift Vom Leben, rhaten vnd Thaten der for langen weilen Vollen wol beschraiten Helden vnd Herrn Grandgusier, Gargantoa vnd Pantagruel, Königen von Vtopien vnd Ninenreich*. Etwan von *Francisco Rabelais* Französisch entworfen: Nun aber vberschrecklich lustig auf den Teutschen Meridian visirt vnd vngefärlich obenhin, wie man den Grindigen laußt, vertirt durch *Huldrich Ellopskleron Reznem. Si premas erumpit: Si laxes effugit.* (1575). Die zweite (1582) und dritte (1590) Auflage bringen wortspielende Einschübe, keine Zutaten größeren Umfangs. Die dritte Auflage führte das Wort „*Geschichtklitterung*" in den Titel ein. An einem Werk der Weltliteratur, das aus dem Geist des bildungsfrohen Humanismus lebt, entfaltete sich Fischarts Talent. Rabelais kämpfte mit den blanken Waffen witziger Kritik, scharfer Beobachtung, Ironie und grotesken Humors gegen die geistige und religiöse Beschränktheit. Fischart erweiterte das erste Buch seiner Vorlage auf den dreifachen Umfang. Er schildert deutsche Verhältnisse, kürzt, wo es ihm angemessen erscheint, holt weit aus, wenn er geistige Vorgänge sinnlich eindrucksvoll gestaltet, für seine Leser auf den deutschen Meridian visiert, glossiert und weiter ausführt, was die Vorlage straff zusammenfaßt. Er setzt sich über deren Anordnung und Geschlossenheit hinweg und macht aus dem humanistischen Werk, dem es um Bildungswerte ging, ein volkstümlich unterhaltendes, das im Zeichen der Moral steht. Wo Rabelais andeutet, wird er grobianisch deutlich. Die verdeckten Angriffe der Vorlage auf kirchlich-religiöse Mißstände werden bei Fischart zu höhnischen Schimpfreden. Bei seinen Lesern konnte er kein Verständnis voraussetzen für die freie Entfaltung der menschlichen Natur, für einen Glauben, der auf keinem starren Dogma ruht, für die utopische Bildungsstätte der *Abtei Thelem*. Weit holt Fischart aus mit seinen kühnen sprachlichen Gestaltungen, virtuosen Wortbildungen und volkstümlichen Redensarten, den originellen Wendungen, die sein feines musikalisches Gehör dem Rhythmus anpaßt. Aber so sehr sich auch die erläuternde Vielfalt seiner Darstellung ausdehnt: er unterstellt doch alles dem Dienst seiner Absicht, eine volkstümliche, eindringliche Moralsatire zu schreiben, ein Gemälde zu entwerfen, in dem sich die Welt der Lieblingslektüre seiner Zeit, des volksbuchmäßig aufgebauten Ritterromans, grotesk abspiegelt. Parodistische Umwertung und Darstellung von Verhältnissen, wie sie sein sollten, sind die Grenzen, zwischen denen die Handlung abläuft. Auf seine Weisen wandelt er Themen der *Teufelliteratur* ab, welche zu dieser Zeit die Moralsatire trug. Aberglaube, Wucher, Üppigkeit der Tracht, Nachäfferei ausländischer Moden, Trunksucht sind die Laster, denen Fischart mit einer eigentümlichen Mischung von überlegen lachendem Spott und sittlicher Entrüstung auf den Leib rückt. Wo er aus der Fülle seiner Erfahrungen, seiner Vertrautheit mit Volksbräuchen, seiner Welt- und Lebenskenntnis schöpft, bietet er sein Eigenstes und Bestes. Durch Scherz zu belehren, unter einem lustigen Titel wertbeständige Richtlinien für das Leben zu bieten, ein *gutherziges Buch für müßige Stunden* vorzulegen, ist seine Absicht. So führt die Vorrede aus.

Mit der Genealogie des Helden, der ein Exkurs über Ahnenforschung folgt, setzt das Werk ein. Weit ausholend und mit grobianischen Zügen ausgestattet wird das Schlemmerleben des Riesenkönigs *Grandgousier* geschildert. Davon schwenkt Fischart zu einer Betrachtung über Ehe, Familie und Kindererziehung ab, bevor er die Vermählung Grandgousiers mit *Gargamella* beschreibt. Bei einem Schlachtfest vertilgt Grandgousier mehrere Eimer Kutteln. Dem Tanz folgt ein gewaltiges Trinkgelage, dessen Höhepunkt die Trunkenlitanei bildet. Darauf folgt die wunderbare Geburt des Riesenkindes *Gargantoa* durch das linke Ohr der Mutter. Tausende von Kühen spenden die Milch zu seiner Ernährung. Die Taufe ist der Anlaß zu einem polemischen Exkurs über die Namengebung, das Kleidungsproblem zu einer Philippika gegen die Modetorheiten. Während Rabelais in die Kapitel über die Erziehung seine persönlichen Erfahrungen im scholastischen Lehr- und Erziehungsbetrieb des *Collegium Montaigu* hineinverwob, nahm Fischart den mechanischen Lehrbetrieb aufs Korn und knüpfte an die Dunkelmännerbriefe an. Sensationell wirkt Gargantoas Auftreten in Paris, wo er seiner Riesenstute die Glocken von Notre-Dame um den Hals hängt. Sein Tages- und Erziehungsplan legt mehr Wert auf sportliche Ertüchtigung als auf wissenschaftliche Betätigung. Seine Studienzeit wird abgebrochen durch die väterliche Anweisung, im Krieg um den guten Kuchen von Lerné gegen den Nachbar *Pikrochol* mitzukämpfen. Er macht die Welteroberungspläne dieses Gegners zunichte, vollbringt gewaltige Heldentaten und kämmt sich nach seiner Heimkehr die Kanonenkugeln aus den Haaren. Fischarts ablehnende Haltung gegenüber dem Mönchtum läßt ihn der Gestalt des ritterlichen Bruders Jan sowie dessen Leitung der Abtei Thelem nicht gerecht werden. Der große Sieg wird durch einen milden Frieden gekrönt. Pantagruels Schicksal, welches Rabelais im zweiten Buch darstellt, hat Fischart nicht mehr behandelt. Er hat, wie er in der Vorrede sagt, *ein verwirrtes ungestaltes Muster der heut verwirrten ungestalten Welt* entworfen.

Die Form des ironischen Lobs, welche Erasmus mit dem Lob der Torheit geschaffen hatte, nahm Fischart im *Podagrammatisch Trostbüchlein* (1577) auf. Quellen und Vorlagen, nach denen er übersetzte, waren für den ersten Teil die humanistische *Schutzrede*, welche *Johannes Carnarius* im Herbst 1552 zu Padua gehalten hatte, für den zweiten Teil *Willibald Pirckheimers Apologia seu podagrae laus* (1522), die von dem Straßburger Arzt *Michael Toxites* (Schütz) 1570 neu herausgegeben worden war. Das Motiv wird vor Gericht im Ton einer Moralsatire mit lebendigen Kulturbildern abgewandelt. Ein beliebteres Thema, das Problem der Ehe, welches von Humanisten und Vertretern aller christlichen Glaubensbekenntnisse durch das ganze Jahrhundert behandelt wurde, nahm Fischart kurz nachher in einem seiner reifsten Werke, dem *Ehezuchtbüchlein*, auf. Es erschien zur Ostermesse 1578. Die zweite Auflage von 1591 kam mit etwas veränderter und erweiterter Vorrede sowie der Übersetzung von *Guevaras* Sendbrief an Eheleute als Anhang heraus. Spätere Auflagen (1597, 1607 und 1614) sind gleichfalls bei Fischarts Schwager Jobin, bzw. dessen Nachfolgern, erschienen. Das Ehezuchtbüchlein umfaßt vier Teile, der zweite, umfangreichste, bringt Beispiele und Materialien zum Thema und wird aus verschiedenen Quellen gespeist. Der erste und dritte sind eine übersetzende Bearbeitung zweier Traktate *Plutarchs*, von denen einer Anweisungen zur Führung einer guten Ehe, der andere Lehren zur Kindererziehung bringt. Beide lagen Fischart in der Übersetzung von *Wilhelm Xylander* (Basel 1572) vor. Der vierte Teil ist eine Übersetzung von des *Erasmus Coniugium*, das schon in der ersten Ausgabe der *Colloquia familiaria* (1522) erschienen war. Die Bewertung der Frau und Mutter gewinnt mit dem Aufstieg des Stadtbürgertums zur kulturtragenden Schicht sowie den sich neu gestaltenden Aufgaben der Erziehung an Bedeutung. So berühren sich auch an dieser Stelle die geistigen Welten spätantiker und humanistischer Stadtkultur. Die bunte Fülle von Fischarts Vorlage kehrt in den systemlos aneinandergereihten Bildchen wieder, welche durch lange gereimte Abschnitte belebt werden und durch die zusammenfassende Moral eindringlich wirken. Auf die Eheliteratur seiner Zeit bezieht sich Fischart nicht. Seine lebendige Darstellung läßt sie weit hinter sich zurück. Nach dem Ehezuchtbüchlein hat Fischart kein Werk dieser Art mehr geschrieben.

Im Zeichen der Tagesereignisse und ihrer moralisch-politischen Auswertung stehen einige kleineren Werke Fischarts, zu deren Abfassung er von seinen Verlegern

8*

veranlaßt wurde. Wie Sebastian Brant aktuelle Merkwürdigkeiten in Einblattdrucken behandelte, berichtete auch Fischart über einen *Kometen* (1573), an dessen Erscheinen er die Mahnung, zu wachen und zu beten, knüpfte, oder über eine *Mißgeburt* (1575), was ihn veranlaßte, vor dem säuischen Leben zu warnen. Der Stolz des freien Stadtbürgertums und der Preis der Arbeit und emsigen Fleißes beleben Fischarts Reimdichtung *Das glückhaft Schiff von Zürich* (1576). Sie hält die Erinnerung fest an die Fahrt von 54 Zürcher Bürgern, welche unter Leitung des Ratsherrn *Kaspar Thomann* am 20. Juni 1576 von Zürich zum Schützenfest nach Straßburg fuhren und ihre Flußfahrt, die mit dem Zug der Argonauten verglichen wird, in etwa 16 Stunden zurücklegten.

Ernster waren die Aufgaben, welche Fischart von Jobin, der von 1575 an eine Art *Nachrichtenagentur* leitete, übertragen wurden, nämlich in kleineren Dichtungen oder Prosaschriften Stellung zu verschiedenen wichtigen europäischen Ereignissen und Entwicklungen zu nehmen, auf drohende Gefahren hinzuweisen und das erworbene Material propagandistisch auszuwerten. Er ergreift die Partei der Hugenotten, Engländer und Niederländer, stellt sich auf die Seite der *Calvinisten* gegen die Spanier und die heilige Liga, verherrlicht Coligny in einem Gedicht und ist überall mit dem Herzen dabei, wo die Freiheit sich gegen Unterdrückung zur Wehr setzt. Teils sind es Übersetzungen von Flugschriften und Relationen, teils zusammenfassende und erläuternde Berichte, die Fischart verfaßte. Die Verhandlungen zu *Fleix en Périgord* am 26. November 1580 waren das letzte Ereignis, welches er behandelte. Diese publizistische Tätigkeit nahm Fischart 1588 wieder auf, indem er über Parteien und Kräftegruppierungen in der Eidgenossenschaft berichtete, den Untergang der spanischen *Armada* als Gottesurteil verkündete und Flugschriften der Gegner gewandt beantwortete. Die Begebenheiten nach der Ermordung Heinrichs III. sind die letzten Ereignisse, welche in Fischarts politischer Publizistik ihren Niederschlag finden.

Bei aller Mannigfaltigkeit der behandelten Stoffe, Motive und literarischen Gattungen und der Fülle von Erlebnissen, welche sich in Fischarts Werken widerspiegeln, sind es doch vor allem die Fragen des Glaubens, welche ihn am stärksten bewegen und auf die er immer wieder zurückkommt. Seine starke innere Ergriffenheit äußert sich nur selten in geistlichen Liedern und Psalmendichtungen, wie er sie unabhängig von anderen Psalmenverdeutschungen in der Ausgabe von Jobins *Gesangbüchlein* (1576) veröffentlichte. Einer Ausgabe von Luthers Katechismus (1578) fügte er eine *Anmahnung zu christlicher Kinderzucht* bei. Seinem Temperament und Charakter entspricht es mehr, im heftigen, unerbittlichen Geisteskampf ein Wort mitzusprechen und seine Meinung mit Nachdruck vorzutragen. Auch auf diesem Gebiet ist er kein Formschöpfer oder selbständiger Gestalter, sondern der gewandte Ausleger, der die Vorwürfe auf seine originelle Art erklärt und weiterspinnt. Neben der sachlichen braucht er immer eine literarische Anregung. So arbeitete er bis 1578 verschiedene *papstfeindliche Flugschriften* um und legte

Skulpturen am Straßburger Münster (1576) allegorisch aus. Wieder nahm er dabei Nas aufs Korn. In den beiden letzten Werken dieser Art setzte sich Fischart jedoch nicht mehr mit einzelnen Vertretern der katholischen Reaktion auseinander, sondern mit dem ganzen System und dem Generalstab der Gegenreformation, den Jesuiten. Quelle und Vorlage des *Bienenkorbs* (1579) ist das Werk des holländischen Calvinisten und Freundes von Wilhelm von Oranien *Philipp von Marnix* (1538–98) *Beyenkorf* (1574). Es lebt aus dem Geist des Humanismus, der weltklugen Ironie des Erasmus und der sprachlichen Formgebung Rabelais'. In der haßerfüllten Überzeugung, daß es in dieser Auseinandersetzung in Glaubensfragen keinen Ausgleich geben kann und darf, tarnt sich Marnix als Katholik, vertritt die Rechte des alten Glaubens, deutet dessen Ansprüche und spielt den anerkennenden Bewunderer. Er begründet die totale Autorität der Kirche und ihr machiavellistisches Recht, alles zu ihren Gunsten auszulegen. In diesem Geiste fährt er bei der Darstellung der Sakramente und religiösen Übungen fort, kennzeichnet den Gegensatz zwischen römischer Hierarchie und evangelischer Freiheit des Fleisches und gibt zum Schluß mit der Schilderung des Bienenstaates eine Darstellung der katholischen Hierarchie. Das war ein Werk nach dem Herzen Fischarts. Er hatte es aus einer Gegenschrift von Nas (1577) kennengelernt. In Äußerlichkeiten, der Wiedergabe von Versen und einzelnen Wendungen hält sich Fischart frei an das Original, kann es jedoch nicht unterlassen, auch dieses Werk auf den deutschen Meridian zu visieren und eine Paraphrase zu bieten, welche dick aufträgt, handgreiflicher vorgeht und einfügt, was ihm an Lieblingsgedanken in Kopf und Feder kommt. So ersetzt er die scheinbar unbeabsichtigte Objektivität der Vorlage mit persönlichen Herausforderungen des Gegners. Das zarte Seidengewebe des Holländers wird zum derben Leinen des Elsässers. Aus einem humanistischen Buch wird unter Fischarts Händen ein zugkräftiges Volksbuch, das viel Stoff in sich aufgenommen hat und zu den Glaubensangelegenheiten Stellung nimmt. Spätere Auflagen wurden mit neuen Zutaten, Schmähungen und spöttischen Hohnreden ausgestattet. Weniger beliebt war das *Jesuiterhütlein* (1580). Der Orden hatte 1576 zu Molsheim sein erstes Kolleg im Elsaß eröffnet und begann erfolgreich zu wirken. Eine hugenottische Dichtung war Fischarts Vorlage, von der er sich ziemlich freimachte und deren beschreibenden Teil er in eine lebhafte Erzählung umsetzte. Besonders anschaulich schildert er Zusammenkunft und Beratung der Teufel, deren Ergebnis das vierhörnige Jesuiterhütlein ist, welches die vier Hauptaufgaben des Ordens versinnbildlicht.

Fischarts religiöse Haltung ist jedoch keineswegs allein von dieser negativen Seite, seinen Angriffen auf die Gegenreformation, zu bestimmen. Er dachte allgemein im Sinne der Reformation. Obwohl er sich immer wieder für die bedrohten

Calvinisten einsetzt und ihrem Bekenntnis deshalb geneigt ist, hat er doch kaum sein Bekenntnis formell gewechselt. Daß er das literarische Erbe des *Toxites* († 1580) fortführte, vier alchemistische Schriften herausgab, läßt zwar nicht seine Beteiligung an der geistigen Bewegung der Wiedertäufer erschließen, wohl aber, daß er deren Bestrebungen nicht bekämpfte und sich mit ihnen in der Auffassung traf, daß die Reformation ohne Rücksicht auf die einzelnen Glaubensformen erhalten bleiben müsse. Denn es ist schwer zu entscheiden, ob er im Auftrag eines Verlegers und des Erwerbs wegen oder aus innerer Ergriffenheit und Überzeugung Schriften von *Celsus* (1577) und *Sebastian Franck* (1584) herausgab. Gegen die Anwendung gewaltsamer Bekehrungsmethoden und für eine gerechte Beurteilung der Ketzer hat er mehrmals das Wort ergriffen. Im tiefsten Grunde seiner friedliebenden Natur und seines zu festen sicheren Ordnungen strebenden Geistes ruht sein ausgeprägtes künstlerisches Empfinden. Seine Zusammenarbeit mit Tobias Stimmer, zu dessen Zeichnungen er dreißig Bildgedichte (1571–84) verfaßte, seine Verteidigung der deutschen Kunst und ihres Daseinsrechtes, seine Dichtung *artlich Lob der Lauten* können es beweisen.

Fischart scheint mehr unter den Eindrücken des Gehörs und rhythmischen Klanges als unter denen des Auges und der Farben zu stehen. Universale Gelehrsamkeit, die er in die Breite ausmünzt, zeigen die zahlreichen wissenschaftlichen Werke, welche er herausgab und zu denen er verständnisvolle Vorreden schrieb. In seinem Schaffen leuchtet noch einmal die spätmittelalterlich-alemannische Dichtungsüberlieferung und seelische Haltung auf, aus sorgenvollem Herzen die Mahnung zu sittlicher Besserung in die Zeit hineinzuschreien. Gleichzeitig kündigt sich die neue Formgebung der Dichtung an, setzt sich der Wille zu einer Neugestaltung des Lebens mit den feindlichen Mächten des Rückschritts auseinander, tritt das selbstbewußte Stadtbürgertum mit seinen Bildungs- und Rechtsansprüchen auf, offenbart sich der Zug zur Bescheidung und Beschränkung in einen wohlgefügten Umkreis und zur Zufriedenheit. So empfänglich Fischart auch in seinen Streitschriften für die Ironie ist, so sarkastisch und hart er werden kann, sobald es um die Aufrechterhaltung seiner Ideale geht, so verklingt doch der leidenschaftlich gestimmte Ton ganz, wenn er das Abbild eines nach außen und innen gefestigten Hausstandes, der das wahre Glück in sich zusammenfaßt, bieten will, wie in seiner weit ausholenden Übersetzungsparaphrase der zweiten Epode des *Horaz, Beatus ille*. Da verzichtet er auf den ironischen Schluß der Vorlage, weil dieser die innere Ruhe der glückhaften Bescheidung gestört hätte. Die bürgerlichen Tugenden sind die Elemente der inneren Zufriedenheit, des kleinsten wie des größten Haushaltes. Wo Fischart eine Gefahr sah – und das war für ihn vor allem in den Bereichen des Glaubens der Fall – wurde er zum zornigen Streiter und trat, zu Abwehr und Angriff bereit, auf den Kampfplatz. Diese Haltungen bedingen das Statische und Dynamische in seinen Werken. Er erschöpfte die reichen Möglichkeiten, welche in seinem Wesen lagen; deshalb hatte er wenige Nachfolger, und auch diese hielten sich zumeist an Äußerlichkeiten.

2. DAS SCHRIFTTUM DER GEGENREFORMATION IN BAYERN

In Bayern kann man von einer bewußten literarischen Lenkung reden. Sie wird in der Zusammenarbeit Albrechts V. und der Jesuiten bei der Durchführung der Gegenreformation sichtbar. Da sprach man von einer fünfzigjährigen Tobsucht und ging an eine Revision des Bildungsbestandes. Mit der Rückkehr zur Besinnung sollte auch das verschüttete Literaturgut wieder zu Ehren kommen. Anscheinend konnte *Orlando di Lasso*, der von 1563–94 am Münchener Hof wirkte, das deutsche Lied nicht beschwingen. Was zuerst zum Vorschein kam, waren jene literarischen Formen, denen die Reformation den Lebensnerv abgeschnitten hatte. Daraus erklärt sich die Pflege der Erbauung und der Legende. Beide bedienten sich wie im ausgehenden Mittelalter der lateinischen oder deutschen Sprache je nach dem Bedürfnis der Leser oder Hörer. Neu sind die Anweisungen zum Gebrauch der neuen geistigen Kampfmittel in den lateinischen Werken. Der polemische Ton ist die Erbschaft der Streitschriften aus dem Beginn des Jahrhunderts. Die ersten Versuche auf diesem Gebiet waren nicht gerade glücklich. Die *drei christlichen Predigten* von *Georg Lauther* (1571), welche die Regierung als Muster aufgestellt hatte, fanden wenig Anklang. Das gleiche gilt von einem Unternehmen, das der Herzog selbst besonders förderte. Der Lübecker Laurentius Surius (1522–78), welcher in Köln zum alten Glauben zurückkehrte und dort 1541 in den Karthäuserorden eintrat, schrieb außer umfangreichen asketischen Werken in lateinischer Sprache und deutschen Übersetzungen mittelalterlicher Mystiker eine große, nach den Festen des Jahres angeordnete lateinische Legendensammlung, *De probatis Sanctorum historiis*, welche in fünf Foliobänden 1570–75 gedruckt wurde. Mit einer deutschen Übersetzung dieses Werkes beauftragte Albrecht V. seinen Hofprediger *Johannes a Via* (Zumwege), einen Kölner. Er legte den ersten Band seiner Übersetzung zu München unter dem Titel *Historien der lieben Heiligen Gottes* vor, hatte aber damit keinen Erfolg. Dieser war später *Martin von Cochem* beschieden. Die Zeit für die Legende im Stil des ausgehenden Mittelalters war vorüber. Zudem bediente sich der Kölner einer Sprache, die in Bayern keinen Widerhall fand. Bessere Kräfte zog sich der Herzog in zwei Konvertiten heran, die *Petrus Canisius* der katholischen Kirche zuführte. Ihre Bedeutung ist schon daraus zu erkennen, daß Fischart sich beim Angriff auf sie seine ersten literarischen Sporen verdiente.

Der eine ist Johann Jakob Rabe (etwa 1545–86), der Sohn des Straßburger Münsterpfarrers, der 1553 nach Ulm kam. In Tübingen studierte Rabe Theologie, und in Wittenberg promovierte er. Unter dem Eindruck der Predigten von Canisius, den er wohl in Straßburg gehört hatte, trat er zu Dillingen 1565 zum Katholizismus über, besuchte dann das Collegium Germanicum in Rom und die Jesuitenkollegien in Mainz und Köln. Die Priesterweihe empfing er 1571. Später wurde er Herzog Albrechts Hofprediger in München und Kanonikus zu Moosburg. Als Stadtpfarrer und Kanonikus von St. Jakob kam er 1581 nach Straßburg.

Der andere belebte die Flugschriftenpolemik der zwanziger Jahre des 16. Jahrh.s: Johannes Nas (1534–90) stammt aus Eltmann bei Würzburg, war zuerst Schneidergeselle und ist in Nürnberg als Lutheraner nachzuweisen. In München kehrte er zum alten Glauben zurück, wurde 1552 Franziskaner, gewann als Student der Theologie in Ingolstadt engen Anschluß an Canisius und begann dort mit seinen antiprotestantischen Schriften. In Ordensangelegenheiten wurde er 1571 nach Rom gesandt, war dann Domprediger in Brixen und 1573–75 daneben Hofprediger in Innsbruck, gab aber diese Tätigkeit auf, weil er von den Jesuiten angefeindet wurde, und entfaltete in einem weiten Gebiete eine erfolgreiche Tätigkeit als Prediger. Zum Kommissär der Franziskaner wurde er 1578 ernannt. Zwei Jahre später wurde er Suffragan- und Weihbischof von Brixen. Er starb während eines kurzen Aufenthaltes in Innsbruck.

Der Schwerpunkt des literarischen Schaffens von Nas liegt in den sechziger Jahren. Er veröffentlichte streitbare urwüchsige Predigten. Er fühlte sich durch die *Hundert auserwählten großen papistischen Lügen* von *Hieronymus Rauscher* (1562) herausgefordert und stellte diesen 1565 seine erste Sammlung von Gegenargumenten *Antipapistische Eins und Hundert* entgegen. Seine folgenden Sammlungen, welche er Centurien nannte, gingen zum Angriff über. Die *zweite* (1567) richtete sich gegen Luthers Tischreden (1566), in der *dritten* und *vierten* (1568) kreuzt er die Waffen mit den Schöpfern der Konkordienformel, mit *Johann Friedrich Cölestin,* dessen Pantheon sive Anatomia Papatus mit der *Anatomia Lutheri* beantwortet wurde. Die letzten Centurien (1570) setzten sich mit Cyriacus Spangenberg und den Predigten über Luther auseinander. Nachher gingen die Anhänger der Reformation wieder zum Angriff auf Nas über. Spangenberg, Hesshus, Osiander, Nigrinus (Georg Schwarz 1530–1602) und vor allem Fischart sind daran beteiligt. Nach Murner und Hans Salat ist Nas wohl der begabteste katholische Polemiker des Jahrhunderts. Seine kampffrohe Satire meistert die Prosa besser als den Reim. Die volkstümliche, derbe Holzschnittmanier und Schlagfertigkeit sind die Voraussetzungen seiner Überlegenheit. Die Werke, welche sich nun über religiöse Fragen auseinandersetzen, sind sachlicher und ernster als in den zwanziger Jahren, wo es galt, den gemeinen Mann aufzuklären. Auch jetzt werden Argumente, Stoffe und Motive, welche die eine Partei mit Erfolg angewendet hatte, von der anderen aufgegriffen. Damals aber war das altgläubige Schrifttum im Nachteil, weil es nur über ein beschränktes Beweismaterial verfügte. Nunmehr konnte es sich über die Zersplitterung und Uneinigkeit der Gegner lustig machen. Auch Kirchenbräuche, Zeremonien und die Amtstracht wurden von Nas hergenommen. Nur Fischart, der gerade diese Motive aufgriff, zeigte sich überlegen. Aber es ist recht fraglich, ob die Zeitgenossen dies wirklich empfunden haben.

In den Werken von Nas wird es deutlich, daß die Entwicklung des Prosaschrifttums über die Polemik ging, daß die alten Orden und Weltpriester völlig zurücktraten oder versagten, wenn sie glaubten, mit alten Ladenhütern für die Gegenreformation wirken zu können, daß franziskanische Volkstümlichkeit mit der Predigt erfolgreicher war als jesuitische Gelehrsamkeit. Nur die aktiven Kräfte der Kapuziner und Jesuiten, welche in verschiedenen sozialen Bezirken arbeiteten, konnten zunächst einige verlorene Stellungen zurückgewinnen. Bald wurde man sich dessen bewußt, daß der heiße Atem der Polemik allein das Schrifttum nicht beschwingen könne.

Konrad Vetter (1548–1622) stammt aus Engen in Schwaben. Er trat 1576 in den Jesuitenorden, wirkte als Domprediger in Regensburg und starb in München. Seine polemischen Werke in deutscher Prosa lassen den Abstand sichtbar werden, der ihn von Albertinus trennt. In seinen zyklischen Kirchenliedern (*Rittersporn* 1605) nimmt er den Gedanken der geistlichen Ritterschaft auf. *Paradeisvogel* (1615) heißt die andere Sammlung.

Auf dem Gebiet der katholischen Erbauungsliteratur konnte auch mit solchen Mitteln kaum ein Erfolg erzielt werden. Hier galt es, die alte Überlieferung des 15. Jahrh.s mit dem Schrifttum Spaniens zu vereinigen. Das gelang Aegidius Albertinus.

Träger der schriftsprachlichen Bewegung im bairischen Gebiet ist die Gegenreformation. Übersetzungen antiker und humanistischer Werke, lateinische Schuldramen oder gesellschaftliche Unterhaltungsliteratur, moralische und polemische Werke stehen hinter den Leistungen in Mitteldeutschland und dem alemannischen Raum zurück, aus denen mancherlei Auftrieb kommt. Neben den Werken der Reformation wurde zumeist mitteldeutsches Schrifttum gelesen. Lehrreich sind die Verzeichnisse der Bücherbestände in den landständischen Bibliotheken der Hauptstädte der österreichischen Kronländer. Was sie an modernem Schrifttum aufweisen, spiegelt die Interessen der tonangebenden, neugläubigen Adeligen wider, so wie die Bestände der Klosterbibliotheken im 17. Jahrh. Einblicke in das geistige Leben der Gegenreformation gewähren. Darin tritt das *internationale lateinische Schrifttum* stärker hervor. Bestritten wird es fast ganz von den Jesuiten und ihren Schülern. So eröffnen sich feste Beziehungen zur spanischen Literatur, an welcher sich das volkstümliche deutsche Schrifttum heranbildet. In diesem Gebiet eröffnet Aegidius Albertinus eine neue Entwicklung, die den Eindruck sowohl einer rückläufigen literarischen Bewegung wie einer in die Zukunft weisenden erweckt, sofern sich neue literarische Typen festzusetzen beginnen. Man hat ihm einen Platz zwischen Geiler und Abraham a Sancta Clara angewiesen, weil er ein Sittenprediger war und reformieren wollte, wenn er auch als Laie die Kanzel nie bestiegen hat. Seine Sendung war ihm heiliger Ernst. Es fehlt ihm das fröhliche Lachen.

Die sprachliche Leistung des Holländers, der mit 33 Jahren in Bayern seßhaft wurde und mit etwa 38 Jahren deutsch zu schreiben begann, seine Anpassung an Geschmack und Denkweise des Volkes, seine Fähigkeit, Fremdes in sein Weltbild einzuordnen, mit den Worten, die ihm in bewundernswerter Fülle zu Gebot stehen, zu spielen, sein Bedürfnis, in die Weite zu wirken, den Zeitgenossen den Star zu stechen, und seine umfangreichen Werke, die er neben seiner Amtstätigkeit innerhalb zweier Jahrzehnte schrieb: dies alles bietet einen Einblick in den Aufwand von Energie und Kraft und den planmäßigen Einsatz der Mittel, über welche die Gegenreformation verfügte. Wie rauh und unerbittlich wurden die Menschen angefaßt, mit welchen Vorstellungen, Bildern und Erschütterungen wurden ihre Seelen heimgesucht, damit sie gefügig wurden! Auch die Gegenreformation hat *St. Grobianus* einen Altar aufgestellt. *Narr und Teufel* geben sich in den Werken des Albertinus ein Stelldichein. Er ist eine Art Gegenspieler von Fischart. Beider Schaffen steht im Dienst brennender Zeitfragen. Doch wahrt Albertinus den Abstand zum unmittelbaren Geschehen und wirkt wie die mittelalterliche Gelehrsamkeit durch die Macht der A u t o r i t ä t und die Fülle der B e i s p i e l e. Beide sind Volksschriftsteller und legen mehr Wert auf die Masse des Gebotenen. Beiden kommen Paraphrase und ausbauende Übersetzung entgegen. Beide visieren Romane auf den deutschen Meridian: Fischart einen französischen, satirisch-grotesken, Albertinus eine spanische Landstörzergeschichte, in der sich eine Fülle von erbaulichen Betrachtungen unterbringen läßt. In diesem Zug zur E r b a u l i c h k e i t unterscheidet sich Albertinus von Fischart. In seinen Werken fühlt man sich von der Welt des Mittelalters umfangen.

Über das Leben des Aegidius Albertinus ist wenig bekannt. Um 1560 ist er wohl in Deventer geboren. Seine niederländische Abkunft wird neuerdings angezweifelt. Seine Ausbildung empfing er bei den Jesuiten, von denen er auch gefördert wurde. Als Hofkanzlist ist er zuerst 1593 in München nachzuweisen. Hofsekretär wird er 1597 genannt. Von 1604 an war er nebenher noch herzoglicher Bibliothekar und wurde zudem mit diplomatischen Aufgaben betraut. Seine Ernennung zum *hof- und geistlichen Rathsecretarius* erfolgte 1618. Er starb zu München am 9. März 1620.

Albertinus kämpft um die Zurückgewinnung der Geborgenheit des Menschen, um die allgemeine Anerkennung fester Systeme und Ordnungen. Er will die Menschheit auf die moralischen Gesetze verpflichten, zu einem zufriedenen, glücklichen In-sich-Ruhen führen, fordert zur strengen Beobachtung der Gesetze auf und geht mit der unerbittlichen Härte eines *zornigen Propheten* zu Werk, dessen Phantasie im Ausmalen der Strafen schwelgt, die den Ungehorsamen und Abtrünnigen bedrohen. Freude, Heiterkeit, Anmut und Schönheit haben nur dann ihren Sinn, wenn sie über alles Irdische erhaben sind, so daß sich der Teufel ihrer nicht bedienen kann. In den Werken des Albertinus

strömt enzyklopädisches Wissen aus alten Speichern, zerlesenes Gedankengut aus der Bibel, den Vätertexten und mittelalterlichen Auslegern, zeitgenössisches Erbauungsschrifttum, Gedanken und Motive
aus der Kampfliteratur, Lebenserfahrung, konservative Gesinnung und
Bekehrungseifer in einem gewaltigen Sammelbecken zusammen und
wird in wohlerwogene oder schnellfertige Ordnungen aufgeteilt oder
hineingepreßt. Das Gleichartige erhält seine Ordnungszahl. Er sorgt
dafür, daß das Aufgeteilte leicht faßbar bleibt und sich dem Gedächtnis
einprägt. Seine Vorliebe zum Superlativ läßt ihn selten eine Be-
wertungsskala aufstellen. In 3, 5, 7, 8, 9, 10 Abteilungen – entsprechend
den göttlichen Personen, Geboten der Kirche, Sakramenten oder Todsünden, Seligkeiten, fremden Sünden und Gottesgeboten – läßt sich das
meiste unterbringen. Die Werke des Albertinus sind Musterbeispiele
für die Verstrickung und Verflechtung der einzelnen literarischen
Gattungen, die Gleichartigkeit der abgewandelten Themen und die
Eindringlichkeit, mit der von allen christlichen Glaubensbekenntnissen
an denselben Grundsätzen der Moral und Lebenshaltung festgehalten
wird, die gleichen Tugenden gepriesen und die gleichen Laster verdammt
werden, wozu das gleichartige Beispielmaterial ausgewertet wird. So ist
Luzifers Seelengejaid ein *Theatrum diabolorum* mit veränderten Vorzeichen,
eine Ausdeutung ähnlicher Motive im Sinne des katholischen Glaubens.

In weiten verwandtschaftlichen Beziehungen steht das literarische
Schaffen von Albertinus zur Legendensammlung, Serienpredigt, Moralsatire, Sprichwörter- und Fabelsammlung, sofern er sich der gleichen
Stoffe und Motive bedient. Diese tauchen in solcher Vielfalt auf, daß
die Überlieferungsströme, welche sie zu ihm führten, kaum festzustellen
sind. Ebensolchen Erfahrungen begegnet der Versuch, die originelle
Leistung des Albertinus zu bestimmen. Sie liegt viel weniger im Sammeln
oder Verstauen der Lesefrüchte im Zettelkasten als in der Formulierung der Einzelheit und deren Unterbringung in ein leicht faßbares
System, das er nicht selbst ausgeklügelt hat, sondern von irgendwoher
wahllos übernimmt. So setzt sich die gelehrt-mittelalterliche Überlieferung mit ihren *Summen* und *Weltspiegeln* fort. Die Ahnenreihe der
Werke des Albertinus beginnt mit dem *Speculum* des *Vinzenz von Beau-
vais*, das für die Zwecke der Gegenreformation neu aufgelegt wird.
Darin zeigt sich die gleiche Richtung wie in den Bestrebungen der do-
minikanisch-franziskanischen Frömmigkeitsbewegung des 13. Jahrh.s.
Die neuen Ansätze der Erfahrungspsychologie, die im Zeichen der von
Casaubonus herausgegebenen *Charaktere des Theophrast* stand, Natur-
philosophie und neuplatonische Tradition berühren die Welt des
Albertinus nicht.

Albertinus ist wohl der fruchtbarste deutsche Schriftsteller um die
Wende zum 17. Jahrh. Rund die Hälfte seiner Werke sind *Übersetzungen*

aus dem Spanischen (26), je vier Werke hat er aus dem Italienischen und Französischen übersetzt. Das Übrige ist teils übersetzt, teils aus anderen Werken gewonnen und neugeformt. Er nennt das *Colligiren* und bezeichnet damit seine kompilatorische Arbeitsweise. Sein Hauptgewährsmann ist der franziskanische Hofprediger Karls V. *Antonio de Guevara* (etwa 1480–1545), der in der Begleitung des Kaisers weit herumkam. Er ist als Übersetzer Mark Aurels, Verfasser eines Fürstenspiegels, Kritiker des Hoflebens und energischer Gegner des Amadisromans der wichtigste abendländische Wegbereiter des *Stoizismus* gewesen. Während sein Einfluß auf England (Lyly) und Frankreich im 16. Jahrh. untersucht wurde und feststeht, kann nur die Vermutung ausgesprochen werden, daß auf seinen Spuren stoisches Gedankengut erst ein Menschenalter später eben durch Albertinus in Deutschland seßhaft wird. Allerdings ist die Zeit mit ihrer Senecakenntnis und Ciceroverehrung und der ausgedehnten späthumanistischen Bildung gut vorbereitet.

Die ausführliche Behandlung einiger Werke von Albertinus rechtfertigt seine Bedeutung, da er einen Grundstein zur sittlichen Haltung, Welt- und Lebensbetrachtung für die Zukunft legte und die unserem Denken völlig fremde Welt aus seinen Werken verhältnismäßig leicht erschlossen werden kann. Vergleicht man die Unbefangenheit und die Bemühung, Erscheinungen und Einzelheiten von Grund aus zu erfassen, den harmonischen Zusammenklang von Erfahrungsweisheit und christlicher Lehre, das Ruhen in der menschlichen Natur als Voraussetzung des Humanismus mit den Kräften und dem Material, das in den Werken von Albertinus sichtbar wird, so wird man sich des Unterschiedes zwischen der geistigen Welt des *Erasmus* und der der *Gegenreformation* bewußt. Man kann daraus die Tragweite der Entscheidungen und Auswirkungen des *Tridentinums* ermessen und erkennen, von welcher Bedeutung es war, daß die Jesuiten im katholischen Lager den geistigen Kurs zur selben Zeit bestimmen wie der Calvinismus im Lager der Reformation, deren Einheit dadurch gefährdet war. Es entspricht dem Wesen der Glaubensbekenntnisse, daß die Spuren des einen im Kirchenlied, die der anderen im Drama sichtbar werden.

Großzügigkeit, Toleranz, Bemühung um das Verstehen und Berücksichtigung der besonderen Verhältnisse kennzeichnen die erzieherischen Werke des Erasmus, die sich von einem besonderen Anlaß her dem Allgemeinen und Grundsätzlichen zuwenden. In ihnen wird dem Leben sein Recht zuteil, strahlt die Sonne der Renaissance und waltet ein ähnlicher Geist wie in der Antike. Die Warnung des Erasmus vor der Anwendung gewaltsamer Methoden, ungerechter und eilfertiger Beurteilung ohne genaue Kenntnis der Verhältnisse, vor Radikalismus und Parteidoktrin verhallte in den Auseinandersetzungen des 16. Jahrh.s und wurde überschrieen, weil die bestimmenden Mächte davon überzeugt waren, daß Ausgleich und Versöhnung unmöglich seien. Was immer solch starrer Haltung entspricht, spiegelt das antithetische Denken der Zeit wider. Es gibt nur ein Entweder-Oder, Entscheidung und Durchhalten zum Sieg oder bitteren Ende. Methoden, Formen, Motive, Argumente werden ohne Rücksicht auf ihre Erfinder und ihre Herkunft angewendet, wenn sie nur ihren Zweck erfüllen. Gefordert wird nur die Gesinnungstüchtigkeit dessen, der sie handhabt. In solchen Zeiten triumphiert das Gesetz. Es regelt Sitte und Ausdrucksform, ist principium im vollsten Wortsinn als Anfang und Grundsatz. So und nicht anders schreibt es die Moral vor; jedes Abweichen davon ist vom Übel. Solche Haltung begegnet uns in den Werken von Albertinus.

Weltbild und sittliche Ordnung gibt seine *Hausspolicey* (1601/02) wieder. Den Stoff dazu hat er aus *vnterschidtlichen bewehrten Authoribus* zusammengetragen. In drei Hauptteilen werden jungfräulicher und ehelicher Stand, Zölibat abgewandelt, im vierten „wird den Weibern ein schöner vnd artlicher Spiegel geschenkt, darinn sich alle jhres gefallens spieglen können". Der fünfte Teil gibt Witwern und Witwen Vorschriften, der sechste handelt von Ehe und Keuschheit, der siebente von den Heilmitteln, mit denen der Unkeuschheit beizukommen ist. Schon diese Inhaltsangabe zeigt, wie eng sich Albertinus mit dem moralischen Schrifttum im allgemeinen und der *Eheliteratur* im besonderen berührt. Hinter der Bemühung um eine allgemeine sittliche Besserung tritt die konfessionelle Polemik zurück, doch schließt dies mittelbare oder unmittelbare Antworten auf Gedankengänge der Neugläubigen oder Widerlegungsbemühungen irgendwelcher Art nicht aus. Lange Beweisführungen werden vermieden. Argumente werden wie Glaubenssätze vorgebracht, oft ohne Begründung oder Ableitung: Die Weltflucht ist berechtigt, eine Jungfrau darf sich über das Fortbestehen ihres Geschlechtes keine Sorgen machen und sich auch durch Drohungen der Eltern von ihrem Entschluß, ins Kloster zu gehen, nicht abbringen lassen. Wird sie nach dem Grund ihrer Entschlüsse gefragt, so antworte sie, daß sie durch Christus zur Himmelskönigin bestimmt sei. Fröhliche Auferstehung feiert die mittelalterliche Weiberfeindschaft. Die verstockte Bosheit des Weibes gehe schon daraus hervor, daß nicht Mars, sondern Minerva den Krieg erfunden habe. Auch in der Bibel hat das Weib *ein böses Lob*. Offenbar, damit sich die bösen Anlagen des Weibes nicht entwickeln können, hält es Albertinus für das Beste, wenn ein fünfunddreißigjähriger Mann „ein züchtiges und verständiges Mädchen von achtzehn Jahren" heirate. In einigen Anweisungen, die bis in die letzten Einzelheiten gehen, beruft sich Albertinus auf das mosaische Gesetz. Wie in den Ehespiegeln und -dramen gilt auch hier Tobias als Muster. Schwerste Sünde ist der Ehebruch. Wer ihn begeht, belastet sich mit den sieben Todsünden und der Übertretung der zehn Gebote. Vielleicht hatte Albertinus das Gefühl, mit dieser Schuldballung zu weit gegangen zu sein; denn er sieht sich bei allem Verständnis für die betrogenen Ehemann veranlaßt, diesen davor zu warnen, seine auf frischer Tat ertappte Ehefrau umzubringen. Der Mann regiere über das Weib, doch sei er weder zu hart, noch dürfe er zu verliebt sein, sondern verhalte sich so, daß ihn sein Weib liebe, ehre und fürchte. Jedes Übermaß an Aufwand müsse vermieden werden. Im Spiegel der Weiber, den Anweisungen an die christliche Witwe und der Aufzählung ihrer Aufgaben kehren erasmische Gedanken wieder. Nirgends erhebt sich die Darstellung über das verständliche Mittelmaß. Irdische und himmlische Liebe und Schönheit – als Beispiel für diese wird *Sokrates* angeführt – werden banal erläutert. Als probates Mittel zur Austreibung von Buhlteufeln werden Schläge und

Kasteiungen empfohlen. Der Mensch bemühe sich, sich von den Teufeln, von denen sein Leib voll ist, zu befreien. Mit kirchenväterlichem Eifer werden die Lektüre buhlerischer Historien und Schriften, das Spielen von Komödien und Singen weltlicher Liedlein verboten. Nach dem Beispiel Davids hat die Musik allein im Umkreis des Gottesdienstes ihr Daseinsrecht. Von dieser wahren Musik werden auch Luthers Kirchenlieder und Marots Psalter ausgeschlossen. In der Ablehnung der modernen welschen Musik wird man des Albertinus Festhalten an der niederländischen Musikübung erkennen können. Es kommt nach seiner Meinung viel weniger an auf die Modulation und Zusammenstimmung der Noten, der Stimmen, des Tons und des Klanges als auf die Modulation und Symphonia der Gerechtigkeit „in vereinigung und vbereinstimmung dess eignen gewissens vnnd accordirung und vergleichung der gemüter der Vasallen und vnderthanen. Vnnd eben dises ist ein vrsach, warumb die Poeten erdicht haben, daß auss dem Marte und Venere geboren seye die Harmonia". Vielleicht hat Albertinus auch als Schriftsteller dieses Ideal der Harmonie erstrebt und schwebte ihm die eigene Gestaltung eines Stoffes, in dem sich die Welt spiegeln konnte, als höchstes Ziel vor.

Das ist aus zwei seiner Alterswerke zu ersehen, welche gleichartige Themen behandeln, geschlossener im Aufbau sind und eine Übersicht anstreben. Der volle Titel des einen lautet: *Lucifers Königreich und Seelengejaidt: Oder Narrenhatz*. In acht Theil abgetheilt. Im Ersten wird beschriben Lucifers Königreich / Macht / Gewalt / Hofhaltung / Hofgesind / Officier und Diener / die Hoffertigen / Ehrgeitzigen vnnd Fürwitzigen. II. Die Geitzhälss / Wuecherer / Simonisten / Rauber / etc. III. Die Fresser / Sauffer / Schwelger / vnd Störtzer. IV. Die Bueler / Hurer / Ehebrecher / etc. V. Die Neydhaelss / Ehrndieb / Leut an einander Knüpfer. VI. Die feindtselige / zornige martialische Haderkatzen / Tyrannen und Rachgirigen. VII. Die träge / faule / lawe / schläfrige / haelsstarrige / vnbuessfertige / Melancholische / trawrige / fantastische / vnsinnige / verzweifelte Gesellen. Im letzten wird der Orth der Verdampten beschriben / in welchem er die seinigen badet vnd butzet / vnd jhnen jhren verdienten Lohn gibt." Es ist in München 1616 erschienen. Die acht Jagdreviere des Teufels, welche zum Teil mit dem Geltungsbereich der Hauptsünden übereinstimmen, sind keine ganz feste Marschroute; denn zu gewissen Gedanken kehrt Albertinus mit Vorliebe zurück. Lang setzt er sich mit einzelnen Übeltätern wie *Macchiavelli* auseinander, widerlegt ihn mit handgreiflichen Argumenten und stellt am Schluß nicht ohne befriedigte Schadenfreude fest, daß ein solcher Teufelsbraten in der Hölle schmoren müsse. Die Eindringlichkeit, mit der Albertinus zu Werke geht, erfaßt auch seine Technik der Paraphrase. Das belege ein Beispiel: „Als Julius Cäsar von seinen Widersachern auffm Rahthauss zu Rom erbärmlich erstochen vnd vmbgebracht ward, ersahe er vnder jhnen auch den Brutum, der auf jhne zustache, derwegen sprach er mit seufftzendem Hertzen: *Et tu quoque fili mi:* Ob schon die Schwerter dieser mörderischen Hencker sehr scharpff seind, so durchtringen sie doch meinen gantzen Leib nit, aber O Brute, dein Schwert beschedigt und verwundet mich, es tringet auch durch mein Hertz, vnd verursachet mir einen grossen schmertzen, dann ob schon ich dich für einen Sohn auffgenommen vnnd darfür gehalten, so vergiltest du mir doch disen bösen Lohn, vnd gibst mir den aller tödtlichsten Stich zum Hertzen."

Am 25. Juli 1618 widmete Albertinus seinen „*Hirnschleifer*" Wolff Wilhelm von Schrattenbach Freiherrn zu Heggenberg und Osterwitz und Domherrn von Salzburg und Passau. Die Anregung ging von *Hieronymus Ruscelli, Le imprese illustri* (1584) und den oft aufgelegten Emblemata des *Andrea Alciati* aus. Doch wollte Albertinus mehr bieten als eine Übersetzung oder paraphrasierende Auslegung, nämlich „etwas denckwürdiges von meiner aignen composition". Aber an der Ausführung des ursprünglichen Planes behinderte ihn eine schwere Krankheit. Die Anlage des Werkes, dessen Kapitel mit hübschen Kupfern eingeleitet wurden, erinnert von fern an Brants Narrenschiff. Die Bilder stellen einzelne Gestalten, Situationen oder auch allegorische Figuren dar und werden im Text ausgedeutet. Das Bild der Angerona oder Kümmernis mahnt zur Schweigsamkeit. Das Bild eines Schreibers stellt die Bedeutung der Schrift heraus. Daran anschließende Auslegungen geben Anweisungen zum richtigen Gebrauch der Schrift. Wenn er über das Weiberregiment spricht, holt er weit aus mit den Grundsätzen des Regierens. Das Menschenhaupt, welches auf der Stirn die Inschrift *Ineffabilis* trägt, wird nach der Bedeutung seiner einzelnen Teile (Haare, Ohren, Augen usw.) beschrieben und die Erklärung des Wortes ineffabilis dazu ausgewertet, Würde und Bedeutung des Priesterstandes herauszustellen. Ein Mann, der im Spiegel einen Narren sieht, mahnt zum richtigen Gebrauch des Spiegels im Sinne der Selbsterkenntnis. Es muß zwischen der verschiedenen Art der Spiegel unterschieden werden: solchen, die die Wahrheit, und solchen, die die Verzerrung zeigen. Vier Larven führen auf das Thema Gleisnerei. In schwacher Beziehung zum Bild eines Fuchses mit einer Maske steht die Aufforderung an die Toren, sich durch Stillschweigen keine Blöße zu geben. Der König mit einem Doppelangesicht trägt auf ägyptische Weise ein Zepter, „auf dessen oberthail war ein Storchenkopff vnnd an dem vnder thail hing ein Meer ross. Der Storch ist von Natur gütig vnnd barmhertzig / der Meer Ross aber ist grimmig vnd wütig. Hierdurch bedeuteten sie / dass die König / als Gottes Leutenant vnd Statthalter / regieren sollen mit barmhertzigkeit und gerechtigkeit." Der Richter mit einem Auge und dem Zepter, dessen Spitze ein Auge trägt, warnt vor dem Mißbrauch der Gerechtigkeit. Janus mit drei Gesichtern (das dritte schaut nach oben) mahnt zu Bedachtsamkeit und Umsicht. Das Ehethema wird nach einem Bilde abgewandelt, in dem ein gefesselter Jüngling mit einer Binde vor den Augen und eine Jungfrau vor einem Priester stehen. Das modernisierte und verallgemeinerte Motiv Phyllis auf Aristoteles reitend gibt Anlaß, von der unwürdigen Unterwerfung des Mannes unter die Frau zu sprechen. Diogenes mit der Laterne Menschen suchend wird dahin ausgelegt, daß er heute ebensowenig echte Christen fände wie damals wahre Menschen. Eine Jungfrau, die sich vor einem Grabe ihre Haare ausreißt, wird neben anderen Erklärungen ausführlich als trauernde Kirche beschrieben. Viele Möglichkeiten der Deutung eröffnet das Bild von Löwe und Lamm, die miteinander weiden. Das Motiv des umschwenkenden Glücks versinnbildlicht ein Turm, dessen Spitze umfällt, das des Geizes eine Hand, die einen leeren Beutel nach unten hält. Ein Mann, der in einem Schiff ohne Mast schläft, gibt den Anlaß, das verbrauchte mittelalterliche Bild der Schiffahrt abzuwandeln. Eine Laute spielende Jungfrau schlägt das Thema des Sündenfalles an. Neuen Stoff führt die Auslegung allegorischer Bilder zu: der blinden Gerechtigkeit, Circes, die des Odysseus Genossen in verschiedene Tiere verwandelt, eines Königs, der ein Lamm auf der linken, eine Schüssel auf der rechten Schulter und ein Auge in der Hand trägt, eines nackten Jünglings mit verbundenen Augen, dem die Zeit folgt. „Dieselbe zeucht jhm den Faden aus dem fürhang oder schlayr / dann täglich nimbt sein leben ab / vnd je mehr die fäden auss dem schlayr gezogen werden, je mehr wirdt sein leben gekürzet vnd abgeschnitten." Eine Hand mit einem Auge zeigt Barmherzigkeit und Weisheit Gottes an. Ein Mann, der einen Löwen an einem Faden führt, bedeutet, daß der König zwar von niemand anderem gerichtet werden darf als von Gott allein, daß er aber doch verpflichtet ist, sich an die Gesetze zu halten. Sirenen zeigen die Gefahr der Verführung. Von den heidnischen wendet sich die Darstellung zu den christlichen Gleichnissen vom dürren Baum und vom Weingarten. Das Bild der Mohrenwäsche schlägt das Motiv vom Kampf Gottes mit dem Teufel um die menschliche Seele an. Zur Beständigkeit mahnt das Bild eines Jünglings. Die alte Prodikosgeschichte, Herkules und dessen Wahl zwischen Tugend und Laster, tritt hinter der Auslegung im Sinne des 12. Kapitels der Apokalypse ganz zurück. Erziehungsgrundsätze werden an dem Bilde einer Äffin, die ihr Junges im Arme trägt, entwickelt. Der entstellende Buckel eines Menschen wird mit den Auswirkungen der

Sünde auf die menschliche Seele verglichen. In den Bereich der Fabel führen die Bilder des Raben als Symbols der Schlechtigkeit und des Esels, dem alles aufgebürdet wird. Der Narr mit dem Dudelsack zeigt Eitelkeit und Gottlosigkeit weltlicher Musik an. Der biblische Spruch von den vielen Berufenen und wenigen Auserlesenen wird aus einem Bild von Schützen abgeleitet, die sich der verschiedensten Ausreden bedienen, wenn sie nicht in das Ziel geschossen haben. Wie leicht der Mensch betrogen wird, führt ein Mann vor, der ein zerbrochenes Rohr in der Hand trägt. Alte Physiologusweisheit steigt in dem Bilde von Pelikan und Eule auf, die beide die Einsamkeit lieben. Das mit der Luftzufuhr eines Blasbalges auflodernde Feuer zeigt die verzehrende Macht der Sünde. Ein auf zwei Kissen stehender Esel versinnbildlicht die wahllose Verteilung der Ehren und Glücksgüter. Ein Mann mit einer Krone in der Hand lehrt, daß wir uns mit Tugenden und Verdiensten den Anspruch auf die Himmelskrone erwerben können. Die drei Schwerter im Munde eines Menschen bedeuten Bosheit, Verleumdung und Heuchelei, zwei Menschenbeine und ein Ohr, die aus einem Löwenrachen herausgezogen werden, wieviel Arbeit und Mühe es kostet, jemanden ganz zu erretten, der in das Garn des Teufels geraten ist. Die Notwendigkeit langer Überlegung wird aus zwei alten Weibern erschlossen, die den Wagen der Justitia langsam dahinziehen. Gegenstück ist die reiche Liederlichkeit, die sich von vier Löwen ziehen läßt, einen Pfau und ein kostbares Zepter in der Hand hält. Ohne innere Beziehung wird endlich zur Ausdeutung der Sonne, einer Kanone, eines brennenden Herzens auf dem Berggipfel, eines Hundes, in dessen Rücken ein Pfeil steckt, eines zerbrochenen irdenen Kruges mit einem kostbaren Deckel, zweier Trompeter, von denen der eine bläst, der andere nicht, und zwei Laternen übergegangen. Den Abschluß bildet der Tod, der durch das Fenster einsteigt.

Der Schelmenroman. Predigt und Erbauungsliteratur der Gegenreformation – zwei Gebiete, die dringend einer systematischen Bearbeitung bedürfen – wirken mit den gleichen Mitteln und Stoffen wie die paraphrasierenden Arbeiten von Albertinus. Sie leiten den Strom des erbaulichen Schrifttums der fortgeschrittenen romanischen Literaturen, vor allem der spanischen, in die Mittelpunkte der Gegenreformation. Guevaras Weg in die deutsche Prosa führt über einen vermittelnden Holländer, der wenig Eigenes, um so mehr aber bewährtes Fremdes zu bieten hatte. Das gleiche gilt vom pikaresken oder Schelmenroman. Sein Held ist der *Landstörzer*, so nennt ihn Aegidius Albertinus. Lebensstationen und Schicksale eines solchen „Helden" eröffnen die Möglichkeiten satirischer Weltbetrachtung. Somit berührt sich diese literarische Gattung aufs engste mit der Erbauungsliteratur, der Mahn- und Warnrede. Ja, sie ist der lebendigste Trieb der *Moralsatire*, die nun von der stoffanhäufenden Aneinanderreihung in die episch geschlossene, biographische Prosadichtung hinüberwechselt. Das Spanien des 16. Jahrh.s, nicht als glanzvolles Weltreich, sondern als Paradies der Hochstapler und Fortunakinder, spiegelt sich in der Urform des Schelmenromans. Seine Hauptperson wird zu einem Typus, der den Weg durch die Weltliteratur macht. Er steht mit beiden Füßen auf der Erde, versteigt sich nie in die Welt der Illusionen, ist also ein Gegenbild zum Don Quichote. Mit Feen-, Zauber-, Drachenabenteuern, Entführungsgeschichten war die Gesellschaft übersättigt.

Sie verlangte nach derberer Kost. Da kam der Picaro wie gerufen, ein Allerweltskerl, dessen Verwendbarkeit im Roman eine Parallele zur komischen Figur im Drama bietet. Er steht als Icherzähler und Hauptperson, die nie vom Schauplatz abtreten kann, ganz im Mittelpunkt des Geschehens. Eine Zeit, deren Lebensformen auf weite Strecken vom Krieg, innerer und äußerer Unrast bestimmt wurden, braucht solche Gesellen. Ohne moralische Grundsätze – sie sind machiavellistische Fürsten in ihrem Umkreis – stiften sie Gutes und begehen sie böse Taten. Ihr Schicksal läßt sich leicht in das des verlorenen Sohnes hinüberführen, der sich bekehrt und die Ruhe in Gott findet. So kann die Lebensreise des Picaro außer einer Erziehung durch das Leben noch die Erkenntnis der Verirrung und die Heimkehr bringen. Der aus der Bahn geworfene, in allen Sätteln gerechte, jede neue Lebenslage mit Geschick und Umsicht ausnützende Glücksritter erzählt also sein Leben. Mit anerkennenswerter Wahrheitsliebe und Offenheit berichtet er von seiner dunklen Herkunft und zerstört damit alle Märchenillusionen im Leser, der vielleicht doch glauben könnte, er habe es mit einem verzauberten Prinzen zu tun. Seine dienenden Stellungen geben dem Picaro Gelegenheit, das Leben der Adeligen zu beobachten. Doch nicht von diesen, sondern von seinesgleichen lernt er, wie man sich im Leben zurechtfindet, wie man sich gegen alle Widerstände durchsetzt, ohne Rücksicht zu nehmen auf die Moral, wenn nur der Zweck erreicht wird. Betrug, Diebstahl und Lüge erweisen sich als die besten Mittel. Schlechte Erfahrungen, die er macht, wenn er ein Liebesabenteuer besteht oder eines Verbrechens überführt wird, dienen zu seiner Ausbildung. So gleitet sein Leben über Höhen und Tiefen: der Diener wird Herr und der Herr wird wieder Diener. Schätze, die er auf unredliche Weise erwirbt und die ihn üppig prassen lassen, zerrinnen schnell. Das schleudert ihn zu Boden, aber bald steht er wieder auf beiden Füßen. Betrug und Geiz umwittern den Landstörzer in den Wirtshäusern und an seinen Dienststellen bei Notaren, Apothekern, Pfarrern und verarmten Edelleuten, denen nichts als ihr Standesstolz geblieben ist.

Im spanischen Roman *Lazarillo von Tormes* (1554), als dessen Verfasser Mendoza vermutet wird, tritt der Picaro seinen Weg in die Weltliteratur an. Aber nicht dieser, sondern der *Gusman von Alfarache* genannte Picaro des *Mateo Aleman*, der 1599 erschien, wurde zuerst in Deutschland heimisch. Das war die Tat des Aegidius Albertinus, den man deshalb den „Vater des Schelmenromans" genannt hat. Seine Übersetzung ist 1615 erschienen und wurde noch zu seinen Lebzeiten mehrmals neu aufgelegt. Der volle Titel, der das Werk anpreist, zeigt an, was der Geschmack suchte. Zur Hand war folgende Ausgabe: *Der Landstörzer: Oder Gusman von Alfarache oder Picaro genannt / dessen wunderbarliches / abentheuerliches vnd possierliches Leben hierinn beschriben wirdt /*

wie vnd was gestallt der selbe schier alle fürnemere Ort inn der Welt
durchloffen / mancherley Handthierungen / Dienst und Embter versucht / hat vil guts gestifft vnd vil böses begangen / ist jetzt reich / bald
arm / vnd wiederum reich vnd gar elend worden / doch letztlichen sich
bekehrt. Durch den Authoren selbsten mit allem fleiß vbersehen/
corrigirt vnnd an vilen Orten verbessert/ vnd zum vierten mal wiederumb
in Truck geben Durch Aegidium Albertinum Bayrischen Secretarium
Gedruckt zu Augspurg / durch Andream Aperger Anno MDCXIX.
Albertinus ist aber weniger der Erzähler, in dessen Werk die bunte Welt
aufleuchtet, als der strenge Moralist. Er paßte das spanische Original
den bayerischen Verhältnissen seiner Zeit an.

Gusmans Vater ist ein durchtriebener Geselle. Im Gefängnis lernt er eine Kon-
kubine kennen. Daß das Kind eines solchen Paares zu einem abenteuerlichen Lebens-
lauf bestimmt ist und von vornherein vor nichts zurückschreckt, keine Standes-
vorurteile kennt, sich in allen Berufen und den verschiedensten Beschäftigungen
betätigen wird, liegt auf der Hand. So reihen sich Abenteuer und Berufserlebnisse
ähnlich wie im Leben von Eulenspiegel aneinander, aber im Rahmen einer weiten
Welt, in einem ständigen Auf und Ab schließt sich Episode an Episode und öffnet
sich dem Leser Einblick in das Leben der Priester, der Edelleute, der Klöster, der
Schenken sowohl wie der Schlösser. In der Anordnung der Abenteuer und Erlebnisse ist eine Ordnung insofern zu bemerken, als der Held seine Einsichten gewinnt und zu Erkenntnissen geführt wird. Bei einem Priester wird der Picaro erzogen, er wird Küchenjunge, Bärenhäuter, Soldat, tritt in den Sold der Franzosen,
bei denen er allerlei dazulernt, kommt zu einem italienischen Grafen, dessen Mahnung
zur Buße nichts nützt, er bettelt, tritt zu Rom in den Dienst eines Kardinals, geht
ins Kloster, springt aber wieder aus. Er heiratet eine reiche Frau und betrügt sie.
Nach ihrem Tod und nachdem er das Geld vertan hat, wird er Bergknappe in Tirol
und mit einem Schlag wieder reich. Als Mitglied einer Komödiantengruppe kommt
er durch ganz Deutschland und empört sich besonders über die fressenden und
saufenden deutschen Weiber. Schließlich ereilt ihn das Schicksal, er wird gefangen
und zum Galgen verurteilt, aber zu drei Jahren Galeere begnadigt.
Im zweiten Teil ist Albertinus wieder mehr in seinem Element, da er die Reue und
Besinnung seines Helden darstellen kann. Es ist des Picaro persönliche Rechtfertigung
in einer Art Beichtspiegel, einer volkstümlich lehrhaften Abhandlung über das
Insichgehen, das Sündenbewußtsein, Reue und Sühne. Der dritte Teil, dessen
Verfasser sich *Martinus Freudenhold* nennt, hinter dem sich vielleicht Albertinus
verbirgt, nimmt die Erzählung mit einer Pilger- und Bußreise nach Jerusalem
wieder auf. Da wird dem Picaro Gelegenheit geboten, bei seinen Abenteuern
mit Seeräubern und in fernen Ländern seine Standhaftigkeit zu bewähren, so daß
er geläutert heimkehren kann. Mit der Bußparaphrase dehnt sich das Thema vom
verlorenen Sohn aus. Albertinus hatte das richtige Gefühl dafür, daß die sich
aneinander reihenden, lose zusammengefügten Abenteuer im Dienste der Auslegung
und nur dann, wenn die Bekehrung und sichtbare Besserung des Helden vorgeführt wird, der Absicht dienen können, welche seinem ganzen Schaffen zugrunde lag; denn die Erziehung zum Durchkommen im Leben und zur Gerissen-
heit mußte er verurteilen.

Die Offizinen in *München* und *Augsburg* waren der Umschlagplatz
des pikaresken Romans. Seine moralsatirische und auf die Besserung

seiner Umwelt bedachte Haltung wurde in der deutschen Bearbeitung des Gusman durch Aegidius Albertinus bewahrt. In Augsburg war für den ernsten Nebensinn, den Albertinus zum Hauptsinn machte, weniger Interesse vorhanden. Der bewegliche Kaufmannsgeist erfreute sich des Abenteuers ohne die moralische Zukost. Dort veröffentlichte Niclas Ulenhart, wahrscheinlich ein Prager, seine Übersetzung des *Lazarillo von Tormes* und der Novelle des *Cervantes* Rinconete y Cortadillo unter dem Titel: *Historie von Isaak Winckelfelder und Jobst von der Schneid* (1617). Der regsame Frankfurter Buchhandel machte das weibliche Gegenbild des Picaro *Die Landstörtzerin Justina Dietzin* (1620) nach der spanischen Vorlage des Dominikaners *Perez* in Deutschland heimisch.

Als der Dreißigjährige Krieg einen dem Picaro verwandten, heimatlosen, soldatischen Glücksritter geschaffen hatte, ging die literarische Saat des pikaresken Romans auf in dem bedeutendsten Roman des 17. Jahrh.s, in Grimmelshausens Simplicissimus.

Nach Albertinus setzte sich unter dem Einfluß der Ingolstädter Theologen, welche das gelehrte Rüstzeug lieferten, eine maßvollere Haltung durch. Das wird im Wirken des Augsburgers *Jeremias Drexel* (1581–1638) sichtbar. Er war der Sohn lutherischer Eltern, trat 1598 in den Jesuitenorden und wirkte von 1615 bis zu seinem Tode als Hofprediger in München. Von seinen Werken verkauften drei Münchener Buchhändler bis zum Jahr 1642 170700 Exemplare. Seine lateinischen Werke, welche wohl mit gelehrteren Ansprüchen als Aegidius Albertinus auftraten, wurden ins Deutsche übersetzt. Als volkstümlicher Prediger hatte Drexel große Erfolge. Bisher hat sich noch niemand eingehender mit ihm beschäftigt. Die Handbücher nennen auch ihn einen Vorläufer Abrahams a Sancta Clara. Mit solcher Etikette werden die nicht gelesenen Prediger beider Konfessionen einer festen Ordnung zugeteilt. Damit ist nicht einmal etwas über die gewiß vorhandenen Besonderheiten des Schrifttums der einzelnen Orden und noch weniger über persönliche Eigentümlichkeiten ausgesagt. Aus Jakob Baldes Nachruf auf seinen Vorgänger Drexel ist wenig zu erfahren.

Die lebendigsten Kräfte im katholischen Schrifttum des Südens waren Konvertiten, zum Teil recht unruhige Geister, die von den Jesuiten gewonnen wurden, sich aber auch gegen sie wenden konnten.

Kaspar Schoppe (Gaspar Scioppius 1576–1649), der Sohn des evangelischen Amtmanns in Neumarkt (Oberpfalz), studierte in Heidelberg (1593), Altdorf (1594) und bei den Jesuiten in Ingolstadt (1595), von wo ihn sein Vater wieder nach Altdorf zurückberief. Auf seiner Bildungsreise nach Polen wurde er 1598 in Prag festgehalten und von dem kaiserlichen Rat Johann Matthäus Wacker von Wackenfels mit der Herausgabe einer gegen Lipsius gerichteten philologischen Schrift betraut. Er trat zum Katholizismus über, begleitete Wacker auf einer diplomatischen Reise nach Italien und blieb 1599 in Rom, wo er die besondere Gunst Clemens VII. genoß. Seine Verwendbarkeit in der Diplomatie bewies er als Rat Erzherzog Ferdinands beim Regensburger Reichstag (1608). Sein publizistisches Eintreten für die Oberhoheit des Papstes verwickelte ihn in eine lange Polemik mit französischen und englischen Gelehrten. Besonders begeisterte er sich für die politische und religiöse Sendung

Spaniens. An einen einjährigen Aufenthalt in Madrid schlossen sich diplomatische Reisen in Süddeutschland und Italien. Am Regensburger Kurfürstentag (1630) nahm er teil, mußte sich aber später vor den Gegenangriffen der Jesuiten, deren Politik er verurteilt hatte, nach Venedig begeben. Dort glaubte der unstete Geist noch einmal seine Stunde gekommen, indem er sich für den türkischen Abenteurer Sultan Jacchia und dessen Pläne, die Türken aus Europa zu vertreiben, einsetzte. Von 1636 an lebte er zurückgezogen in Padua.

Von 1595 an begann Schoppe, von den großen Philologen wie Scaliger anerkannte Untersuchungen und textkritische Arbeiten über die Priapeia, Plautus, Apuleius, Phaedrus und einige Kirchenväter zu veröffentlichen. In Italien wirkte er zunächst mit lateinischen Schriften im Sinne der Gegenreformation, setzte aber auch seine philologischen Arbeiten fort und wurde in eine langwierige Polemik mit Scaliger verwickelt, dem er als prahlerischem Calvinisten und Ketzer zusetzte. Unmittelbar nach dem Ausbruch des Dreißigjährigen Krieges warf er sich auf die politische Publizistik und setzte sich für den engeren Zusammenschluß der katholischen Fürsten gegen den gemeinsamen Feind in der Schrift *Classicum belli sacri* (1619) und einer Propagandarede für Philipp II., *Consilium regium*, ein. So stand er kurze Zeit im Mittelpunkt der politischen Tagesschriftstellerei, wechselte davon aber wieder zu philologischen Arbeiten, einer philosophischen Grammatik der lateinischen Sprache (1628) hinüber. Gegen den Kaiser und die Jesuiten setzte er sich 1630 im Sinne Urbans VIII. für eine allgemeine Beilegung des Krieges ein. Anschließend daran kritisierte er die von den Jesuiten abhängige Politik Kaiser Ferdinands II. In den letzten ruhigen Lebensjahren traten wieder seine philologischen, pädagogischen und erklärenden Werke (über die Apokalypse) in den Vordergrund. Scioppius ist ein Beispiel für viele, daß das Schrifttum in lateinischer Sprache in den katholischen Landesteilen noch immer den Ausschlag gab. Es bildete anscheinend mehr als in den protestantischen und reformierten ein festes dogmatisches Rückgrat.

Ein Gegenstück zu dem Deutschen, der schließlich auch italienisch schrieb, ist Hippolyt Guarinoni (1571–1654). Er stammt aus Trient und kam als Page an den Hof des Kardinals Borromäus nach Mailand. In Prag, wo sein Vater Leibarzt Rudolfs II. war, besuchte er die Schule der Jesuiten. Zum Doktor der Medizin hat er wohl in Padua promoviert. Nachdem er einige Zeit in Mähren praktiziert hatte, wurde er 1607 als Hausarzt des adligen Damenstifts und Stadtphysikus nach Hall i. T. berufen. Von ihm stammt die erste Schilderung einer *Hochgebirgsbesteigung* in Tirol (1609). Wenige Jahre vorher hatte Renwart Cysat von seiner Besteigung des Pilatus berichtet. Außer einer antimachiavellistischen Schrift in Dialogen und einem Traktat über die *Pest* (1612) schrieb er *Die Grewel der Verwüstung menschlichen Geschlechts* (Ingolstadt 1610). Diese merkwürdige Mischung von Anweisungen zu einem gesunden Leben und moralischen Lehren ist Kaiser Rudolf II. gewidmet. Seine Ablehnung des Paracelsus, ohne dessen Richtlinien er doch nicht auskommt, hat religiöse Voraussetzungen: er wollte mit den Wiedertäufern und deren Nachkommen keine Gemeinschaft haben. Das Werk ist eine ergiebige, aber noch nicht ausgeschöpfte Quelle für Mundart und Volkskunde.

LITERATUR

Fischart: A. Hauffen, Joh. Fischart. Ein Literaturbild aus der Zeit der Gegenreformation. 2 Bde, Berlin 1921/22. – V. Moser, Sprachliche Studien zu Fischart. Beitr. 36 (1910) S. 102–219. Die Straßburger Druckersprache zur Zeit Fischarts 1570–90, München 1920. Die frühneuhochdeutsche Sprachforschung und Fischarts Stellung in ihrem Rahmen. Journ. of Engl. and Germ. Philol. 24 (1925) S. 163–83.

Gegenreformation in Bayern: J. Duhr, Geschichte der Jesuiten in den Ländern deutscher Zunge. 4 Bde, Freiburg i. Br. 1907–28. S. Riezler, Geschichte Baierns, 6. Bd. Gotha 1903.

Nas: J. B. Schöpf, Joh. Nasus. Franziskaner und Weihbischof von Brixen 1534–1590. Progr. Bozen 1860. L. v. Pastor, Gesch. d. Päpste, 9. Bd. Freiburg i. Br. 1928 S. 448 ff.

Aegidius Albertinus: Lucifers Seelengejaid gab R. v. Liliencron DNL 26 heraus. C. v. Reinhardstöttner, Aeg. Alb. Jb. f. München. Gesch. 2 (1888). R. Alewyn, Grimmelshausen-Probleme. Zschr. f. Deutschkunde 44 (1930) S. 89 ff. H. Rausse, Zur Gesch. des Schelmenromans, Münster 1908.

Ulenhart: wurde von A. Sauer Prag 1923 hrsg. R. Alewyn, Die ersten deutschen Übersetzer des „Don Quixote" und des „Lazarillo de Tormes". Ztschr. f. dte. Philol. 54 (1929) S. 203 ff.

SOCIETAS CHRISTIANA UND UNIO MYSTICA

Die universale humanistische Bewegung löste sich, nachdem die Erörterung der Glaubensfragen in den Vordergrund getreten war, im Verlauf des 16. Jahrh.s wieder in ihre Elemente auf. Am sichtbarsten blieb sie in der Schule. Da äußerte sie sich in einer vornehmlich an der stoischen Moral ausgerichteten Erziehung. In der Reformationstheologie und der neubelebten Scholastik erwies sich der wieder zu Ehren kommende Systematiker *Aristoteles* als tüchtiger Gewährsmann. Die Besinnung auf das Menschentum, Natur und Weltall mit ihren der Erklärung harrenden Geheimnissen verschrieb sich der *neuplatonisch-mystischen Tradition*, deren Schicksal es ist, von den Vertretern der Orthodoxie als Abirren vom rechten Wege angesehen zu werden. Ihre Quellen, welche die platonische Akademie zu Florenz sorgsam und umsichtig gefaßt hatte, sprudelten munter weiter in der mündlichen Überlieferung des Volkes und der sich abschließenden geheimen Gesellschaften oder Berufsgemeinschaften. Ihr Lauf läßt sich weithin zurückverfolgen in den Orient, zu den weisen Sprüchen der Propheten und Sibyllen, zum Neupythagoräismus, zur Kabbala, der jüdisch-arabischen Philosophie. Den Zustrom spendeten die Kräfte des Gefühls, das Schauen und sich versenkende Betrachten, der Wille, den Lauf der Dinge zu erkennen. Weissagungen lüfteten die Schleier, hinter denen sich die Zukunft verbarg. Nur der Bevorzugte, der die Zeichen der Natur richtig deuten konnte, war als Jünger der Magie mit jener Erkenntniskraft ausgestattet, welche ihn über die festen Grenzen, die den übrigen Menschen gesteckt sind, hinaushob. Zeiten der inneren und äußeren Bedrückung, des Umbruchs und der Umwertung retten sich in solche Gedankengänge. Das Erscheinen des Antichrist bedrohte nach solchen Offenbarungen im Jahre 1588 die Menschheit.

Die Enttäuschung über die Reformation und ihre Erstarrung in unfruchtbaren dogmatischen Auseinandersetzungen nährte den Glauben an eine kommende Generalreformation, die alle weiten Gebiete des Lebens erfassen und mit der sittlichen Erneuerung beginnen sollte. Um 1600 blühen die geheimen Brüderschaften, steht die Universalwissenschaft Pansophie in hohem Ansehen, stellt sich die wahre Alchemie gegen ihre Verfälscher, und wird mit suchender Seele die Wiedergeburt und der Anschluß an das Urchristentum gesucht. Diese hier nur angedeuteten geistigen Strömungen, deren Ablauf *Peuckert* beschrieben hat, wurden aus mittelalterlichen (Joachim von Fiori, Raimundus Lullus) und späteren Gewährsmännern (Trithemius, Agrippa von Nettesheim), vornehmlich durch Paracelsus neubelebt. In der Gesellschaft der Rosenkreuzer treten sie am sichtbarsten in Erscheinung. Deren Ziel ist eine *Reformation der Wissenschaft*, d. h. der Theologie und Philosophie, woraus sich eine Reformation der Welt ergeben sollte. Begreiflich, daß ihre Gegner auf der Hut waren, ihren Einfluß schwinden sahen, Machtmittel gebrauchten, verketzerten, was sie nicht verstehen konnten, sie als Schwarmgeister, Wiedertäufer und Teufelsbündler ausschrien, unter dem unklaren Wollen und den von Geheimnissen umwitterten Zielen nur den Willen zu erkennen glaubten, die bestehenden Ordnungen zu zerstören. Mochte auch nur wenigen Anhängern dieser Generalreformation das Ziel einer Rückkehr zum Urchristentum und der Pflege einer geheimen Weisheit, die sich nur den Auserwählten erschließt, klar vor Augen sein – der Gedanke einer Societas christiana, die Hoffnung, die alten literarischen Götzenbilder zu zerbrechen und an ihre Stelle den wahren Erlöser zu setzen, wie Andreae an Comenius schrieb, blieb in den besten Köpfen der Zeit lebendig. Was innerhalb des Glaubens nicht zu erreichen war, suchte Comenius auf dem Gebiet der Erziehung weiterzupflegen.

1. MITTELALTERLICHE UND NEUE MYSTIK

Die Mystik des 17. Jahrh.s ist nicht an eine Konfession gebunden. Sie wurde im Widerspruch zu ihrem Wesen in den Glaubensstreit hineingezogen, weil sie sich in einer Reformation, die außerhalb der herrschenden Glaubenssysteme stand, äußern konnte. Dazu waren allerdings energische Ansätze vorhanden. Daß sich diese nicht weiter entwickeln konnten, belegt ihre Unfähigkeit, ein verpflichtendes System für eine große Glaubensgemeinschaft aufzustellen. Vom Mittelalter her blieben gewisse Überlieferungen wach, die sich den Bekenntnissen anpassen konnten. Die Werke der Mystiker sind im 16. Jahrh. nie ganz in Vergessenheit geraten. Mit ihrer Hilfe stellte man das eigene mystische Erleben unter eine Kontrolle und erwies damit die Daseinsberechtigung des eigenen Vorgehens. Dennoch geriet die Mystik als Weltanschauung der *Schwarmgeister* in Verruf. Die Liste ihrer Märtyrer nimmt im 16. Jahrh. bedeutend zu. Der Zwang einer festen Ordnung begünstigte ihr Wachstum. Wo immer die persönliche, frei gewollte Beziehung zu Gott, das Sendungsbewußtsein, bedroht ist, treten die Spuren der Mystik in Erscheinung.

Für die Nachfahren der *Wiedertäufer* und die gottsuchenden Kräfte unter *Naturphilosophen*, Pansophen und Rosenkreuzern hat Peuckert die Nachweise erbracht und die festen Überlieferungen, welche die neuplatonische Akademie und das Brauchtum des Volkes vermittelten, in das 17. Jahrh. hinübergeführt. Meister Eckhart und Jakob Böhme sind keine einsamen Säulen, sondern höchste Gipfel in einem durch Täler, Kammlinien und Höhenzüge gegliederten Gebirgssystem. Wie im

Mittelalter ist auch im 17. Jahrh. eine affektive, spekulative und praktische Mystik beobachtet worden. Die dritte wird im Pietismus für das 18. Jahrh. von besonderer Bedeutung. Die Mystik umspannt – auch hier zeigt sich die enge Beziehung zwischen Mittelalter und 17. Jahrh. – denkendes und schauendes Bemühen des Einzelnen um neue Erkenntnisse und Massenerlebnisse einer größeren, in Erregung versetzten Gemeinschaft. Die Abstufungsmöglichkeiten zwischen diesen Formen, die Bindung an die sich seit der Glaubensspaltung von einander abhebenden Dogmen, die persönlichen Voraussetzungen in der Verschiedenheit der im Einzelnen wirkenden Verstandeskräfte und Leidenschaften bieten theoretisch eine Fülle von Entstehungsbedingungen mystischer Phänomene und Individuen, die in der Wirklichkeit nicht festgestellt werden können. Doch lassen sich trotz aller zeit- und stoffbedingten Gleichartigkeit von den Vertretern der Mystik schärfere literarische Porträts mit hervorstechenden Zügen entwerfen als von den Vertretern anderer literarischer Gattungen und Formen. In den Bereichen der Mystik prägen sich *Persönlichkeitsbewußtsein und -erkenntnis*. Das wurde durch die Reformation gefördert, so gleichartig auch mystisches Erleben in allen Religionen zu sein pflegt.

Die Mystik des 17. Jahrh.s ist allein schon deshalb keine unmittelbare Fortsetzung oder Wiederaufnahme der mittelalterlichen, weil jene den Rahmen der Glaubensbekenntnisse nur selten verläßt und diese auf der Einheit der abendländischen christlichen Menschheit ruht. Wohl bereitet die Mystik des 17. Jahrh.s den Aufstieg der Toleranzidee vor, wohl gibt es viele Beispiele dafür, daß der Unterschied im Glaubensbekenntnis kein Hindernis zu freundschaftlichem Gedankenaustausch und gegenseitiger menschlicher Hochachtung ist, und wird oft die Erfahrung gemacht, daß Altgläubige oder Sektierer Menschen seien, mit denen man gut auskommen könne: aber deshalb fielen dennoch die Schranken zwischen den menschlichen Gemeinschaften, der im Geiste und der im Glauben, nicht. Von ihrem *Glaubensbekenntnis* finden die einzelnen mystischen Denker und Dichter des 17. Jahrh.s den Zugang zur Mystik. Nur vereinzelt führt sie das mystische Erlebnis zum Wechsel ihres Bekenntnisses; denn innerhalb eines jeden Bekenntnisses kann sich die *unio mystica* vollziehen. Nur eine Erneuerungsbewegung wie die der Rosenkreuzer bildet als eine das ganze Dasein erfassende Bewegung eine Ausnahme. Da wollte man von sich aus reformieren, bildete eine große Gemeinschaft, welche einmal die Welt umspannen sollte, und deshalb wurde das Mystische aus den konfessionellen Bindungen gelöst. Aber dafür sind die Zeiten nie reif gewesen. Wer sich darüber in bitteren Erfahrungen klar wurde, wie Andreae, konnte zum Neugestalter des religiösen Lebens werden oder wie Besold die Aufnahme in eine andere religiöse Gemeinschaft suchen.

Die Mystik des 17. Jahrh. entbehrt der in geistige Erregung versetzten Gemeinde. Sie ist nicht so sehr an Kloster, Wallfahrt und Andachtsstätte gebunden wie an die Arbeitsstellen der Gelehrten und ihre Zusammenkünfte. Durch ihre Jünger (Naturforscher, Ärzte, Erzieher, Geistliche, Edelleute) wurde sie auf einen *akademischen, gelehrten, höfischen Ton* gestimmt. Das ist eine Parallelerscheinung zu manchen anderen in den Bezirken des geistigen Lebens und Schrifttums. Auch die Mystik hat sich aristokratisch ausgerichtet. Das und die konfessionelle Zersplitterung, welche sie nie zu einer die Allgemeinheit erfassenden Bewegung werden ließ, sind die Gründe, weshalb sich eine neue Frömmigkeit nicht ausbreiten konnte und die Mystik ihre schönsten Blüten nur in den *Leistungen Einzelner* entfalten konnte. Die harten Erlebnisse der Zeit, Entbehrungen, körperliche Leiden, erhöhten die Bereitschaft des 17. Jahrh.s zum mystischen Erleben. Über die romanische Dichtung wurde das Hohe Lied als die eine, über die allgemein christlichen Vorstellungen die Passion als die andere Komponente der Mystik des 17. Jahrh.s wirksam. In beiden wird die Tradition von *Bernhard von Clairvaux* her sichtbar. Geistliche Brautschaft, Betrachtung der Wunden und Schmerzen des Heilands und das seelische Bedürfnis, beides zu erleben, füllen zum größten Teil die mystischen Bestände des 17. Jahrh.s. In der Möglichkeit einer Vereinigung der Seele mit Gott konnte im Geiste alle Mühsal des Seins überwunden werden. In solchen Gedankengängen verliert der Tod seine Härte, weil er die Pforte zum wahren Glück, die Heimkehr der Seele ist, und liegen die Möglichkeiten zu einer Übersteigerung des Erlebnisses der geistlichen Minne, die ihre Erfüllung in der Unio mystica findet. Die Sprache folgt dem bis an die Grenzen der Darstellung jener Vorgänge, welche sich noch im Kreise des Bewußtseins vollziehen. Sie erschöpft die Möglichkeiten der Allegorie und der Verdeutlichung seelischer Vorgänge mit Hilfe körperlicher, sinnlich-erotischer. Das mystische Erleben der Männer ist vielgestaltiger als das der Frauen.

Johannes Arndt (1555–1621) war der Sohn des Stadtpfarrers zu Ballenstedt in Anhalt. Nachdem er zuerst die Absicht gehabt hatte, Medizin zu studieren, begann er als Theologe in Helmstedt. Seine Studien setzte er in Wittenberg, Straßburg und Basel fort. In Ballenstedt wurde er 1581 Lehrer und übernahm 1583 die Pfarre in Badeborn. Da er sich den calvinistischen Neigungen des Herzogs Johann Georg widersetzte, wurde er seines Amtes enthoben, ging dann 1596 als Adjunkt nach Quedlinburg. Bald wurde er dort Pfarrer, kam jedoch schon 1599 an die Martinikirche in Braunschweig. Seine mystischen Neigungen zogen ihm viele Anfeindungen zu, so daß er nach einjährigem Wirken in Halberstadt einer Berufung an die Andreaskirche in Eisleben (1609) folgte. Nach zwei Jahren ernannte ihn Herzog

Christian von Braunschweig-Lüneburg zum Generalsuperintendenten von Celle, wo er eine ausgedehnte, segensreiche organisatorische und schriftstellerische Tätigkeit entfaltete.

Arndt eröffnete die Quellen mittelalterlicher Mystik (Bernhard, Tauler, Thomas a Kempis) und bemühte sich um eine Auslegung des Christentums aus dem Geist. Es ist bezeichnend für die geistige Lage, daß er von den Philosophen nur einen kennt, der aus dem Geist geschrieben habe: Seneca. Arndts Hauptwerk „*Vom wahren Christentum*" (1606–09) ist mehr als eine „Nachfolge Christi" für die Lutheraner. Es rief mit Erfolg von den dogmatischen Auseinandersetzungen zu ernster Betrachtung und Verinnerlichung des Glaubens auf. Er bestreitet nicht das Recht der Theologen, die Glaubensdogmen festzulegen, aber er wirft ihnen vor, daß sie durch die Rezeption des Aristoteles und die Erneuerung der Scholastik Wesentliches vernachlässigt haben. Nun möchte er an Stelle des *toten* einen *fruchtbringenden Glauben* aufrichten nicht durch Wissenschaft und Theorie, sondern, indem er die unmittelbare Beziehung zu Gott herstelle, um damit zu zeigen, wie das „rechte christliche Leben" sein müsse. Er wollte also die aktiven moralischen Kräfte des Christentums zur Geltung bringen. Von hier aus versteht man seine Einschätzung Senecas. Damit zog er einen scharfen Trennungsstrich zwischen sich und den Pansophen, wenn er auch mit den Vertretern dieser naturphilosophischen Richtung durch seine naturwissenschaftlichen Neigungen während seines Aufenthaltes in Straßburg und Basel in Berührung gekommen war und manche Anregungen von ihnen empfangen haben mochte. Wie nahe er aber den Reformationsbestrebungen zwischen den Konfessionen kam, zeigt, daß dieses „bedeutendste Buch der ganzen lutherischen Asketik" von Katholiken und Reformierten geschätzt wurde. Außerdem hat Arndt noch eine Reihe von Erbauungsbüchern (*Paradiesgärtlein* 1612) und Auslegungen (*Sonntagsevangelien, Psalter, Luthers Katechismus* 1617) geschrieben. Mit seiner Standhaftigkeit, seinem sicheren Auftreten und der überzeugenden Kraft, welche von ihm ausstrahlte, behauptete er sich gegen seine Angreifer, die ihn zum Ketzer machen und der Anhängerschaft an Schwenckfeld beschuldigen wollten. Im Zeitalter des Pietismus flackerte der Streit um Arndts Christentum wieder auf. Wenn er auch nicht mit literarischen Ansprüchen auftrat, darf er doch als der bemerkenswerteste unmittelbare Vorläufer von Johann Valentin Andreae gelten. Für die strengen Dogmatiker hat er die reine Lehre verfälscht, für die Frommen der Zeit aber die alten Quellen des Mittelalters eröffnet und damit der Veräußerlichung und Erstarrung kräftig entgegengearbeitet.

Der Quedlinburger Johann Gerhard (1582–1637) wandelt auf Arndts Spuren.

2. ANDREAE UND DIE ROSENKREUZER

Johann Valentin Andreae ist der Enkel des hochangesehenen Tübinger Universitätskanzlers und -propstes Jakob Andreae. Dieser war die Seele der württembergischen Reformation und genoß durch seine Mitarbeit an der Konkordienformel, unter der sich 1577 die protestantischen Reichsstände zusammenfanden, auch im Norden Deutschlands hohes Ansehen. Dessen Sohn Johann Andreae hat als Pfarrer in Herrenberg, wo Johann Valentin am 17. 8. 1586 geboren wurde, und von 1591 an als Propst in Königsbronn sich weniger mit Fragen der Dogmatik beschäftigt. Seiner ruhigen, beschaulichen Natur entsprachen naturphilosophische Spekulationen und alchemistische Versuche, die er in seinem eigenen Laboratorium vornahm. Seine Gattin Elisabeth, geb. Moser, stammte aus einer angesehenen Familie. Sie leitete später die Hofapotheke der Herzogin Sibylle in Tübingen. Der geistig lebendige Knabe wuchs in einer freien, großzügig-toleranten, geistigen Umgebung auf, in der sich neuplatonisch-mystisches Gedankengut mit dem wiederauflebenden paracelsischen Erkenntnisstreben und dem Willen zu einer neuen Reformation verband, ohne in ernste Konflikte mit der Rechtgläubigkeit zu geraten. Bald nach dem Tod von Jakob Andreae ließ sich die Familie (1601) in Tübingen nieder. An den Folgen eines Unfalls, den der fünfzehnjährige Knabe auf der Reise dahin erlitt, hatte er sein ganzes Leben zu tragen: er hinkte. Armut und körperliche Behinderung bannten ihn während seiner Studienzeit an das Zimmer und machten ihn zum einsamen Leser. Von Frischlins Werken fühlte er sich besonders angezogen. In seinen Spuren bewegen sich die beiden *englischen* Komödien *Esther* und *Hyazinth*, welche Andreae 1602/03 verfaßte. Anfang 1605 legte er das Magisterexamen an der artistischen Fakultät ab. Dann studierte er Theologie, beschäftigte sich aber nebenher viel mit Optik, Astronomie und Mathematik.

Von entscheidendem Einfluß auf seine geistige Entwicklung war der Verkehr mit dem Advokaten beim Tübinger Hofgericht und späteren Professor an der dortigen Rechtsfakultät Christoph Besold (1577 bis 1638), einem der kenntnisreichsten und belesensten Sucher nach einem Leben im Glauben und der Nachfolge Christi. Eifriges Studium und Erkenntnis der Zusammenschau der ältesten Offenbarungen des menschlichen Geistes führten ihn zur Erkenntnis der Nichtigkeit aller irdischen Belange einschließlich des Wissens. Um zum wahren Genuß Gottes zu gelangen, müsse die Fähigkeit des inneren Schauens gepflegt werden. Aus solcher Einstellung trat Besold 1630 zum Katholizismus über. Er ist einer der Väter der Rosenkreuzerbewegung, welcher sich Andreae anschloß, indem er an ihren Zusammenkünften teilnahm. Das war es, was seine Anstellung im württembergischen Kirchendienst vereitelte.

Zwischen seinen drei großen Reisen (1607–14) kehrte Andreae immer
wieder in die Heimat zurück und unterhielt seine Beziehungen zu Ge-
sinnungsgenossen weiter. Unter diesen fand er in dem niedersächsischen
Adeligen *Wilhelm Wense* einen fördernden Freund, der ihn in die religiöse Gesellschaft *Civitas solis* aufnahm, für welche Andreae einige
Programmschriften verfaßte. Die erste Reise führte ihn nach Straßburg,
Heidelberg und an den Rhein, die zweite nach Frankreich und der
Schweiz zu einem längeren Aufenthalt in Genf, wo er sich in das calvinistische Staatswesen vertiefen konnte. Ziel der letzten Reise war
Rom. Der Weg dorthin führte ihn über Österreich und Kärnten. Ein
starkes religiöses Erlebnis in Rom gab den Anstoß zu seiner Abkehr
von den Rosenkreuzern. Eine Fülle von Eindrücken auf den Gebieten
der Kunst, Wissenschaft, Gottesgelehrsamkeit, des Staatswesens, der
Sitten und Bräuche sammelte er systematisch und suchte überall den
Dingen auf den Grund zu gehen. Die Sehnsucht zu Gott und der Wille,
als Theologe zu wirken, begleiteten ihn auf seinen Fahrten.

Nach seiner letzten Reise und nachdem er ehrenvolle Berufungen an
weltliche Stellen ausgeschlagen hatte, trat er im März 1614 das Amt des
Pfarrhelfers in *Vaihingen* an. Unmittelbar darauf heiratete er Elisabeth
Grüninger. Den Mann, der das Wissen seiner Zeit beherrschte und die
Berufung in sich fühlte, seine Lebenserfahrungen und Kenntnise in der
Seelsorge zu verwerten, enttäuschten böswillige Gerüchte, Anfeindungen, Gehässigkeit und Verständnislosigkeit seiner Umwelt. Sein
ungewöhnlicher Lebens- und Bildungsgang machte ihn der Orthodoxie verdächtig. Er bedurfte der Resonanz und, da es ihm unmöglich
war, im kleinen Kreis durch sein persönliches Beispiel zu wirken, begann er seine Werke zu veröffentlichen. Sie verfolgen praktische, erzieherische oder aufklärende Ziele, fassen Erfahrungen und Programme
zusammen, üben Kritik an der Zeit und sind im weitesten Sinne des
Wortes zur Erziehung bestimmt. Künstlerische Ziele verfolgen sie
nicht. Von 1630 an konnte Andreae unmittelbar durch die Tat und
nicht durch das geschriebene Wort allein wirken, als er das Dekanat in
Calw und damit die Leitung des städtischen Schulwesens übernahm.
Nunmehr hatte er Gelegenheit, was er theoretisch in seinen Schriften
behandelt hatte, in die Praxis umzusetzen. Seine Sorge galt zuerst dem
Religionsunterricht und der Begründung einer christlichen Gesellschaft (1621), welche sich die Erfüllung caritativer Aufgaben zur Pflicht
machte. Als Calw vom Krieg heimgesucht (1634/35), geplündert und
gebrandschatzt wurde, nahm er sich der vom Elend Betroffenen und
Dürftigen an, sorgte für die Pestkranken und Sterbenden und richtete
die Verzweifelten auf. Der rasche Aufstieg Calws ist seinem Eingreifen
und beispielhaften Wirken zu danken. Zu Jahresanfang 1639 trat
Andreae sein neues Amt als Hofprediger und Konsistorialrat in Stutt-

gart an. Er wirkte im Sinne einer allgemeinen Kirchenreform und trat ohne Rücksicht auf irgendwelche Stimmungen für eine Erneuerung des religiösen und moralischen Lebens ein, legte die württembergische Kirchengesetzgebung fest, grenzte die Machtbefugnisse von Kirche und Staat ab, regelte das theologische Studium, begründete das *Tübinger Stift* und erließ genau geregelte Dienstvorschriften. Ehren und Anerkennungen wurden ihm in reichem Maße zuteil. Die theologische Fakultät Tübingen verlieh ihm 1641 das Doktorat. Er wurde Mitglied des Kirchenrates von Braunschweig und der Fruchtbringenden Gesellschaft. Die Entlassung aus seinem Amt mit den vielen Verpflichtungen wurde ihm erst vier Jahre, nachdem er darum gebeten hatte, gewährt (1650), als er zum Abt von Babenhausen ernannt wurde. Dort leitete er die Klosterschule und die württembergischen Kirchen. In Adelberg, wo ihm 1654 die Abtei zu seinen Ämtern übertragen wurde, hat er kaum mehr gewirkt. Er starb nach langer Krankheit am 27. Juni 1654.

Andreae versuchte sich nicht an dichterischen Formen, sondern war nur darauf bedacht, dem Inhalt seiner Schriften eine angemessene Gestalt zu geben. Nur wenige Werke, die sich an einen weiten Kreis wenden, sind in deutscher Sprache verfaßt worden: *Geistliche Gemälde* (1612), *Vom letzten und edelsten Beruf des wahren Dieners Gottes* (1615), *Chymische Hochzeit* (1616), *Geistliche Kurtzweil* (1619), *Adenlicher Zucht Ehrenspiegel* (1623).

Seine Hauptschriften wurden in *lateinischer* Sprache geschrieben. Zielstrebigkeit, klare Gliederung, ebenmäßiger Aufbau sind die besonderen Merkmale seiner Werke. Was er sagen will und zu sagen hat, ist wohl überlegt worden. Er bricht mit den alten Formen der Moralsatire und Beispielsammlung. Er ersetzt den durch Jahrhunderte mitgeschleppten Ballast von totem Wissen, Beispielen, Fabeln und moralischen Auslegungen durch seine Erfahrungen. Das ist das Entscheidende und nicht der nur zum Teil erschließbare selbstbiographische Gehalt. Vieles kleidet er in sinnvolles allegorisches Geschehen. Darin vereinen sich uraltes mystisches, orientalisches und okkultes Wissen aus den Geheimlehren, Elemente der mittelalterlichen Mystik, der humanistischen und der modernen abendländischen Dichtung, kurzum die gesamte, breite platonische Tradition des Abendlandes gleichsam als Baustoff mit dem persönlichen Erleben, das dadurch eine höhere Sinnbeziehung erhält. Es läßt sich schwer entscheiden, ob Ausgangspunkt und Triebkraft seines Schaffens religiös-künstlerische Visionen waren oder der Wille, die Menschen zur Besserung aufzurufen. Soviel ist sicher, daß er die Pfade der Bußpredigt, der breiten Moralsatire, des Traktats, der Diatribe verlassen hat und trotz des heiligen Ernstes, der Strenge seiner Anschauungen und der Androhung ewiger Strafe darauf verzichtete, die Legionen von Teufeln zu bemühen, welche das

Theatrum diabolorum, das Faustbuch, das Drama der englischen Komödianten und Aegidius Albertinus in strenger Ordnung aufmarschieren ließen, damit sie nach einem bestimmten Schlachtplan über ihre Opfer herfallen konnten. Gewiß kennt auch Andreae die Welt dieser Dämonen und Plagegeister des Gewissens. Doch spielen sie in dem Weltbild, das er vermittelt, keine entscheidende Rolle. Die Hauptwerke Andreaes hängen aufs engste mit seiner geistigen Entwicklung zusammen. Sie sind zu einem großen Teil Selbstbekenntnisse und der Hauptsache nach in Vaihingen überarbeitet oder niedergeschrieben worden. Von der Kritik an der eigenen Persönlichkeit kam er zur Kritik an der Zeit und Bildung und darüber hinaus zu festen Leitideen und Ordnungen in Gesellschaft und Staat. Da die Entstehungszeiten der Werke nicht genau festliegen, manche Entwürfe erst später ihre endgültige Gestalt erhielten und Andreae offenbar gleichzeitig an verschiedenen Werken arbeitete, empfiehlt sich eine stoffliche Abgrenzung.

I. Das Rosenkreuzerschrifttum. Unter diesem Titel vereinigt sich eine Fülle sonderbarer Werke verschiedenster Herkunft, deren Gemeinsames die Namenlosigkeit ihrer Verfasser ist. Dadurch, daß diese Geheimwissenschaft, welche das Schrifttum trägt, sich sagenhafter Persönlichkeiten bedient und deren angebliche Erlebnisse mit altem Überlieferungsgut zusammenbraut, fingierte Druckorte angegeben werden und überhaupt die Verschleierung zum Wesen der Gesellschaften gehört, aus deren Kreis sie stammen, ist es sehr schwierig, gesicherte Ergebnisse über einzelne Verfasser solcher Schriften, über deren Entstehung, ja überhaupt den Verlauf der ganzen Bewegung, ihre Vorläufer und Nachfolger, ihre Ausdehnung über Raum und Zeit festzustellen. Das Wesentliche ist der zeitlose Gedanke *innerer Einkehr* mit dem Ziel, zur Schau Gottes zu gelangen. Dem gliederte sich ernste Forschung und Erkenntnisstreben der klarsten Geister ebenso an wie Gewinnsucht und Scharlatanerie von solchen, welche Sensationslust und Neugierde der Menschen auszunützen streben. Während jene fortschreiten und bauen, zerstören diese und hemmen die Entwicklung. In ihren Bezirken haben die Symbole an Kraft und Bedeutung verloren. Das Entscheidende in solchen geistigen Entwicklungen ist immer das Aufsteigen der Kräfte des Gefühls, mögen sie sich zu erhabener Schau entfalten, mögen sie die Geister erhitzen, ihnen krankhafte Vorstellungen vorgaukeln, mögen sie zerstörend wirken, alte Ordnungen niederreißen, mögen sie Verschüttetes der Vergessenheit entziehen und ihm neues Leben einhauchen.

Die ersten Hauptschriften der Rosenkreuzer sind 1614/15 in Kassel erschienen. Als die Bewegung auf der Höhe stand, veröffentlichte Andreae seine „*Chymische Hochzeit Christiani Rosenkreutz anno 1549*", welche 1616 zu Straßburg dreimal gedruckt wurde. Diese Darstellung, als deren Verfasser er sich später, nachdem er sich von den Rosenkreuzern zurückgezogen hatte, bekannte, geht auf eine allegorische Fabel zurück, in der Andreae schon 1606 die Geschichte von Rosenkreuz behandelt hatte. Diese war damals mit anderen Schriften aus dem Kreis um Besold in Handschriften verbreitet worden. Als die Rosenkreuzerbewegung durch das Bekanntwerden der Werke Campanellas neuen Auftrieb in Tübingen erhielt, mußte sie sich gegen die Verdächtigung, politische Ziele zu verfolgen, wehren. Das war wohl der Grund, weshalb Andreae sein Werk, das Aufschluß gab über die Ziele der Bewegung, allerdings verhüllt unter Bildern und mit Beziehungen, die den Lesern der Zeit bekannt und verständlich waren, nochmals vornahm, überarbeitete und herausgab.

Die Handlung der *Chymischen Hochzeit* erstreckt sich über eine Woche vom Gründonnerstag bis Mittwoch nach Ostern. Sie setzt sich aus einer Fülle von Motiven aus dem spätantiken, orientalischen, mittelalterlichen und humanistischen Schrifttum zusammen. Unmittelbare Beziehungen zu Ereignissen und Personen der Zeit verstecken sich so hinter Vorstellungen und Bildern verschiedenster Herkunft, deren Quellen und symbolische Bedeutung oft nicht zu erschließen sind, weil die schriftliche Überlieferung nur in großen Zügen aufgedeckt und die mündliche nicht zu erwecken ist. So verschwistern sich Farben- und Zahlensymbolik, Bildgut aus der Bibel, antiken Werken, ihren arabischen und abendländischen Vermittlern mit aufsteigenden Kenntnissen aus der Beobachtung der Natur und der Himmelskörper, dem Glauben an den Zusammenhang des Makrokosmos mit dem Mikrokosmos. Die Vorgänge werden von Betrachtungen und Einschüben unterbrochen. Überall waltet und blüht die Phantasie und entfaltet sich ein Bilderreichtum, der sich in Massen darbietet und deshalb verwirrt.

Wohlvorbereitet, gestärkt durch einen Traum und mit den besten Hoffnungen beginnt Christian Rosenkreuz am Morgen des *zweiten* Tages seine *Himmelsreise*. Der rechte Weg wird ihm durch seine Errettung einer Taube vor der Verfolgungen eines Raben gewiesen. Abends trifft Rosenkreuz vor dem Königsschloß ein. Dann wandert er im Schloß durch die wohlbehüteten Tore mit den symbolischen Aufschriften und die einzelnen Zonen des Makrokosmos. Andreae ergreift wie so oft bei der Schilderung des Mahles die Gelegenheit, das Streben der wahren Berufenen von dem lauten Gebaren der Prahlhänse und Jünger der schwarzen Magie abzuheben. Eine Jungfrau verkündet das Gericht, in welchem am kommenden Tage die Berufenen von den Unwürdigen geschieden werden sollen. Nach der Nacht mit ihren vordeutenden Traumgesichten bricht der *dritte* Tag mit der siebenfachen Prüfung und dem Gericht an. Nur wer alle Teile in der bestimmten Reihenfolge überstanden hat, gehört zu den wahrhaft Berufenen. Die anderen werden vor den einzelnen Abteilungen, in welche sie nicht aufgenommen werden, ausgeschieden. Das starke Hervortreten der bürgerlichen Tugenden, die Kritik an den höheren Ständen und mehr an den alchemistischen Scharlatanen beleben die Darstellung. Nach verschiedenen Proben, deren Aufgabe es ist, die Scheidung der Geister noch deutlicher werden zu lassen, findet die Urteilsvollstreckung in einem gepflegten Garten statt. Die

Anwärter zur Aufnahme in den Orden werden von den sechs Gruppen der anderen getrennt. Seelen, die noch nicht reif für den Himmel sind, müssen wieder zur Erde zurück. Nun hat Rosenkreuz Gelegenheit, die Königsgräber, Bibliothek und Sammlungen zu betrachten. Die Unterhaltung bei Tisch wird im Aufgeben und Lösen von Rätseln geführt. Nach der Mahlzeit wird der Name der Jungfrau, welche die Seelen geleitet und Gericht gehalten hat, erraten und errechnet. Sie heißt *Alchinia*. Hierauf findet eine festliche Handlung statt, nach der man sich spät zur Ruhe begibt.

Der *vierte* Tag beginnt mit einem Aufenthalt im Garten, an einem Brunnen, als dessen Wächter ein Löwe die Inschrift *Hermes princeps* trägt. Darunter ist Hermes trismegistos zu verstehen. Hier erfolgt nun durch das hermetische Schrifttum die wahre Reinigung und Wiedergeburt. Als Geburtsjahr von *Christian Rosenkreuz* ergibt sich aus einer Rechnung 1378. Demnach wird er zu Luther in die gleiche Beziehung gesetzt wie Hermes als Träger der Uroffenbarung zu Christus. Mit Taufe, Trunk, Einkleidung und Ordensverleihung haben die Berufenen vier Sphären durchschritten und steigen über eine Wendeltreppe mit 365 Stufen in das oberste Gewölbe. Dort werden sie empfangen und bekommen das Hochzeitspaar zu Gesicht. Dann erfolgt eine eingehende Beschreibung der Örtlichkeit, die mit einer Schilderung des Altars abgeschlossen wird. Anschließend wird eine Komödie inszeniert, ein beziehungsreiches Spiel, das die Geschichte des alten Bundes in Visionen und Bildern vorführt und in der Hochzeit Christi mit der Kirche seinen Abschluß findet. Hierauf nimmt man das Abendmahl. Nachher beginnen die feierlichen Zeremonien der Hochzeit mit der Enthauptung der drei Königspaare und ihres Henkers. Am *fünften* Tag wird das Schloß nochmals besichtigt. Bei dieser Gelegenheit macht sich Rosenkreuz schuldig, indem er, seinem Erkenntnisdrang folgend, den Raum der Venus betritt. Immer wieder werden neue eschatologische Beziehungen aufgedeckt. Dann rüstet man sich zur Wiedererweckung der Enthaupteten. Es folgt die Seefahrt. Von der Meergöttin erhält der Zug eine Perle. Er kommt zum olympischen Turm, wo die Fahrer von einem alten Mann und dessen weißgekleideten Trabanten empfangen werden. Im untersten Geschoß beschäftigen sich die Geladenen mit analysierender Chemie. In der Nacht sieht Rosenkreuz die Geister der Enthaupteten über das Meer kommen und sich auf der Spitze des Turms niederlassen. Dann schläft er ein. Am *sechsten* Tag erfolgt der Aufstieg in die höheren Stockwerke und die Arbeit an der Wiedererweckung der Enthaupteten. So setzt sich der Wiederbelebungsprozeß fort. Von besonderer Bedeutung ist das *Phönixsymbol*, welches die Erwählten vom vierten Stockwerk an begleitet bis zur Enthüllung des letzten Geheimnisses im achten Stock, der Erweckung der Seele. Bei der letzten Mahlzeit auf dem olympischen Turm werden tiefsinnige Gespräche geführt. Am *letzten* Tag wird der Eintritt in die sechste Himmelshöhe symbolhaft angedeutet. Die unio mystica schildert Andreae also nicht. Bei der Rückkehr werden Rosenkreuz besondere Ehrungen zuteil, doch verfolgt ihn während der letzten Zeremonien das böse Gewissen. Das äußert sich zuerst in dem Spruch, den er in das goldene Buch einträgt: *summa scientia nihil scire*. Dann gesteht er sein Vergehen der Neugierde. Als Buße muß er das Amt des Torhüters übernehmen. Er hat seine Schuld durch den Sieg über sich selbst gesühnt. Damit ist die Vision zu Ende. – Diese eigentümliche Mischung von Wissenschaft, Wirklichkeit, uraltem religiösen Brauchtum aus den Geheimkulten mit persönlichen Lebenserfahrungen und deren Übertragung in eine übersinnliche Welt, die voll von Symbolen und Beziehungen ist, erschwert das Verständnis des Werkes, dessen Einzelheiten verschieden ausgelegt werden können. Nur die Eingeweihten konnten Sinn und Bedeutung des Ganzen erfassen, die Wirklichkeiten, das Wollen und die Ziele der Gesellschaft erkennen.

In *vier lateinischen Schriften*, welche Andreae nachher (1617–20) veröffentlichte, gewinnt er immer mehr Abstand von der Rosenkreuzerbewegung und ihren Auswüchsen. Er hielt ihnen entgegen, daß der wahre Mittelpunkt des Lebens Christus sei und die Bibel das Gesetzbuch, welches alle Menschen bindet; die wahre Brüderschaft müsse sich in der Nachfolge Christi zusammenfinden. Immer schärfer wird der Trennungsstrich zu jenen gezogen, welche sich anderen Gesetzen unterordnen, ihren mystischen Neigungen und dem Aberglauben hingeben. Der Gegensatz zwischen den wahren Christen und den Rosenkreuzern findet in den 25 Gesprächen der *Turris Babel* (1619) den klarsten Ausdruck. Wenn die Vertreter des Christentums erklären, daß es ein müßiges Bemühen sei, sich mit Astrologie und Zahlenspekulationen abzugeben, so bedeutet dies Andreaes völlige Absage an die Bemühungen seiner Jugendzeit. Das Werk, in welchem er seinen Weg zu dieser Erkenntnis beschreibt und zum Zeitkritiker wird, ist der Turbo (1616).

II. Zeitkritik. Dieses Bildungsdrama Turbo beschreibt die inneren Wandlungen des irrenden Menschen, der zu sich selbst gefunden hat. Es verweist in die Zukunft. Ahnend wird die Harmonie des Menschen gesucht und in einem Glauben gefunden, bei dem die innere Kraft entscheidet und nicht die äußere Form. Es ist eines jener Werke, dessen die Masse seiner Zeitgenossen nicht würdig ist. Es ist eine Lebensbeichte. Andreae faßt sich selbst als *„irrenden Ritter vom Geiste"* auf, als Sucher der Wahrheit, und berichtet über der Menschen Beschwernisse und Not, von denen er durch die völlige Weihe an Gott befreit wurde. So stellt auch der Turbo persönliche Erlebnisse und Erfahrungen dar. Schwerlich hat Andreae an die Aufführung des Werkes gedacht, das man den Faust der wahren Rosenkreuzer nennen könnte.

Ein allegorisches *Vorspiel* läßt die Wahrheit über Einbildung und Überheblichkeit triumphieren und deutet einen glücklichen Ausgang an. Zehn Jahre hat sich Turbo mit Dialektik, Ethik und Physik ohne Erfolg herumgeplagt. Augenblicklich widmet er sich der Logik. Nun, da er einsieht, durch Kenntnis einzelner Wissensgebiete nicht zur inneren Harmonie kommen zu können, nimmt er von seinem Schulmeister Abschied und stürzt sich in das Studium der Rhetorik. Auch dieses beginnt ihn zu enttäuschen, weil er beim Unterricht nichts von antiker Kultur und Kunst erfährt. Dann vermittelt ihm ein Mathematiker Liebe und Begeisterung zu seinem Fach. Auf ihn folgen der Politiker und Historiker. Turbo findet nun den Weg von den Wissenschaften zur Welt. Er wird von einem Weltreisenden auf das Studium des Menschen und ein Leben im Dienste der Menschheit gewiesen. So tritt er im *zweiten* Akt seine Bildungsreise an und kommt nach Paris, lernt dort die Sitten der Gesellschaft kennen, verachtet seine eigene Vergangenheit, versucht, ein Hofmann und Kavalier zu werden, will alle Sprachen lernen, um daraus die Ursprache abzuleiten. Damit hofft er sein Ziel, die Burg der Weisheit, ohne Gottesfurcht und Menschenliebe erreichen zu können. Im *dritten* Akt erfährt Turbo Glück und Enttäuschung einer Liebe. Mit solchen Erfahrungen kehrt er nach Deutschland zurück. Dort setzt er (im *vierten* Akt) alles aufs Spiel, um zum Glück zu gelangen, und ergibt sich der Magie. Schon glaubt er, die Verbindung mit den Geistern zu besitzen. Doch stürzt er auch aus diesen Illusionen und verliert mit seinem Geld auch seine letzten Hoffnungen. Im *fünften* Akt wird in einer Versammlung der Tugenden verkündet, daß Ruhe, Freiheit und Zufriedenheit allein in der Nachfolge Christi zu finden seien. Darauf folgt ein Verzweiflungsmonolog

Turbos. So trifft ihn die Weisheit mit den Tugenden an auf ihrem Weg durch die Lande, da sie alle jene finden will, welche in ihrem dunklen Drang nach der wahren Weisheit suchen. Vor ihr legt Turbo sein Bekenntnis ab, er habe in allen Winkeln der Welt nach ihr gesucht. Auf die Frage, ob er sie bei Gott gesucht habe, bekennt er, nur nach der Weisheit dieser Erde gesucht zu haben. Jetzt lernt er von den Tugenden, was der Mensch wissen müsse, um zu sich selbst und zur inneren Ruhe zu gelangen. Seine ganzen Erfahrungen und sein Leben in der Welt dienten nur dem einen Zweck, in ihm die Einsicht reifen zu lassen, daß alles menschliche Denken und Trachten nur in der Beziehung zu Gott seinen Sinn bekomme. In den vier *Zwischenspielen*, welche zum Schicksal Turbos in keiner inneren Beziehung stehen, werden die einzelnen Lebensformen mit überlegener Kritik in ihrer inneren Leere vorgeführt: eine gelehrte Disputation, Szenen aus dem Leben des Volkes und einzelner Stände, so daß der aus dem Jenseits kommende Wanderer Peregrinus diese Bilder mit einer Warnung vor den Strafen begleiten kann, die der Ungerechten und Bösen warten.

So kommt Andreae über das selbstbiographische Bekenntnis zur Zeitkritik. Wenn er auch den Lauf der Welt erkannt hat und keineswegs einen schönfärbenden Optimismus zur Schau stellt, so zieht er sich dennoch nicht auf sich selbst zurück, sondern fährt mit seiner Kritik an den Lebensformen und Mißständen der Zeit fort. Er will *durch Scherz und reizenden Witz* etwas Neues, Ernsthaftes begründen und in seinen Zeitgenossen die Liebe zum Christentum erwecken. Das war schon die Grundstimmung seiner Wanderjahre, welche die kleine Schrift *Veritas religionis Christianae* (1607) festhält. In den beiden Ausgaben des *Menippus* (1617/18) werden wahrer Zweck und Aufgabe der Seelsorge dahin bestimmt, daß sie nicht in Weissagungen, Streit über Unwesentliches und wüstem Geschimpfe bestehe, sondern das Volk zu einem christlichen Leben und sittlichen Handeln zu erziehen habe. Die Genußsucht beim Volk und die Praktiken der neuen Staatskunst: das sind die Hauptübel. Märchen nannte Andreae seine Schriften *Veri Christianismi solidaeque Philosophiae libertas* (1618) und *Mythologiae Christianae libri tres* (1619). Erfüllt von seiner Sendung wandelt er hier die gleichen Gedanken mit demselben überlegenen Ernst, besonderer Eindringlichkeit und dichterischer Gestaltungskraft ab. In den deutschen Schriften tritt die Kritik an den Zuständen zurück. Andreae ist mehr darauf aus, vorbildliche Verhältnisse zu zeigen und mit eindringlichen Worten seiner Umwelt ins Gewissen zu reden. Seine geistlichen Lieder zeigen ein zartes, frommes Empfinden. Aber was er der deutschen Sprache mit Mühe abringen muß, drückt er in der lateinischen mit einer alle Register beherrschenden Gewandtheit aus. Da steht er als Gestalter mit seiner reichen Phantasie, seinen wechselnden Stimmungen und seiner hinreißenden Überzeugung hinter den Werken. Was immer er aus der drängenden Fülle seiner Erfahrungen und seines edlen Wollens zu sagen hat, steht unter der geistigen Zucht eines klaren Denkens. Er ist von seiner Aufgabe durchdrungen, seine starke und große Persönlichkeit steht hinter den einzelnen Werken. Er erhebt sich über Umwelt und

Gegenwart und kann sie von hoher Warte aus beurteilen. Man könnte von seiner kirchenväterlichen Haltung sprechen.

III. Erziehung und Menschenbildung. Andreaes Hauptwerke liegen auf dem Gebiet der Menschenbildung. So muß man zum Unterschied von den Erziehungslehren seiner Zeitgenossen Comenius und Ratichius sagen. Schon seine Erfahrungen, die er als Erzieher junger Adeliger machte, legte er in einer verlorenen Schrift Theodosius nieder. Als er Vaihingen verließ, hatte er sieben grundlegende Arbeiten auf diesem Gebiet abgeschlossen, darunter den großen Staatsroman Reipublicae Christianopolitanae descriptio (1619). Von diesem und dem Theophilus (1649) führen die gleichen Wege zur pädagogischen Provinz der Wanderjahre, wie vom Turbo zum Faust. Was Andreae mit Comenius und Ratichius verbindet, ist die Anpassung naturphilosophischer Erkenntnisse an eine Lehrmethode, deren Ziel ein neues Bildungsideal war. Die Kritik an der erstarrten humanistischen Lehrwcise verbindet sich mit ihren aus Erfahrungen und Wünschen zusammengesetzten Programmen, deren Verwirklichung sie in großen Systemen zusammenfassen. Ihre Wunschbilder wirkten als fruchtbarer Samen. Sie kämpften mit neuen, selbsterworbenen Mitteln für eine moralische, geistige und religiöse Wiedergeburt und fühlten sich als Fortsetzer und Vollender der begonnenen Generalreformation. Ratichius sah seine Aufgabe in der Ausbildung der Menschen für diesseitige Ziele. Weltliche und religiöse Erziehung stehen in seinem System nebeneinander, die eine auf das Diesseits, die andere auf das Jenseits gerichtet. Andreae schloß sie zur harmonischen Einheit zusammen, indem er die Menschen zu Erden- und Himmelsbürgern erzog. Comenius richtete sein Wollen mehr nach dem Jenseits aus und stellte die religiöse Erziehung in den Vordergrund. Ratichius war nicht fähig, sein Ziel zu verwirklichen, obwohl er die praktische Möglichkeit dazu hatte. Comenius bemühte sich mit seinem sanften Herzen darum, die ganze Menschheit dem wahren Christentum zuzuführen. Andreae rechnete mit den Wirklichkeiten. Das zeigen seine Beziehungen zum naturwissenschaftlichen Denken der Zeit. In seiner Stellung konnte er durch persönliches Vorbild und tatkräftiges Wollen wirken. Im Pietismus leben seine Gedanken fort. Er stellte alles Wissen auf religiös-sittliche Grundlagen. Seine Fernschau hielt die Aufgabe der Erziehung nicht mit der abgelegten Lehrzeit für beendet. Er hatte erkannt, daß jeder äußeren Entwicklung und Wandlung im Leben, jedem bedeutsamen Ereignis, das von außen an den Menschen herantritt, auch eine innere Wandlung entspricht, die richtig zu erfassen und auszuwerten ist. Der Gedanke einer Reformation hat Andreae sein Leben hindurch nie verlassen. Er erwies ihre Notwendigkeit in einer zweibändigen Kirchengeschichte (1628/30) und dachte sich ihre Durchführung in den Händen einer großen Gemeinschaft von Männern gleicher Gesinnung.

10*

Was ihn an der Rosenkreuzerbewegung abstieß, Geheimnistuerei, krause Symbolik, Bemühung um einen okkulten Gottesdienst, läßt er in diesen Bestrebungen klar zutage treten. Andreaes Hauptwerk ist der Staatsroman *Reipublicae Christianapolitanae descriptio* (1619), dessen literarische Zusammenhänge zurück über *Campanellas* Sonnenstaat, die Utopia des Thomas *Morus* und die mittelalterlichen Erziehungslehren zu *Platons* Staat und voraus zu den ungezählten utopischen, historisch-theoretischen und Zukunftsromanen, zu *Schnabel*, *Haller*, *Bellamy* und *Hesses* Glasperlenspiel nur angedeutet werden können. Andreae stellt diesen Staat mit seinen Einrichtungen in der Form einer *Reisebeschreibung* dar, indem er die Aufgaben des Einzelnen festlegt und seine Kritik an den bestehenden Zuständen dahin wendet, daß er nur vorbildliche Verhältnisse vorführt. In drei Ständen (Nährstand, Handwerk, geistig Schaffende) sind die Bewohner als Interessengemeinschaften zusammengeschlossen. Alle genießen die gleichen Rechte und haben die gleichen Pflichten zu tragen. Der Staat sorgt für Nahrung und Kleidung. Der Einzelne darf nie mit Arbeit so belastet werden, daß ihm die Zeit mangelt, das Heil seiner Seele zu pflegen. Eine Abstufung oder Bewertung der Leistung ist ebenso unbekannt wie eine Entlohnung mit Geld. Die Führung des Staates liegt in den Händen der Tüchtigen, denen sich die anderen freiwillig unterordnen. Die erforderliche Disziplin wird nicht durch Strenge, sondern innere Übereinstimmung erreicht. Vornehmste Aufgabe des Staates ist die Erziehung und ständige Bildung der Kinder wie der Erwachsenen. Sie hat die Erziehung auf das künftige Leben zur Aufgabe. Die Richtlinien aller Handlungen bestimmt die Nachfolge Christi, so daß der ganze Lebensinhalt unter dem Gesetz steht: Liebe des Nächsten und Heimkehr zu Gott.

Der Idealstaat Andreaes lebt aus der christlichen Mitte. Als erster deutscher Staatsroman ist Andreaes Werk nur äußerlich von Campanellas Sonnenstaat abhängig, der im Kreis um Besold von 1613 an bekannt war. Andreaes christliche Grundhaltung stellt den Staat auf religiöse und sittliche Gesetze, deren Trägerin die Kirche und deren durchführende Behörde der Staat ist. Kirche und Staat lenken das unermüdliche Streben nach Vervollkommnung und Vorbildlichkeit. Der Einzelne ist ihr Diener und ordnet sich freiwillig in die Gemeinschaft ein, welche seine Selbständigkeit und Freiheit nicht einschränkt. Die Erziehungsgrundsätze sind nach dem Endziel, der Bildung der in Gott ruhenden Persönlichkeit, ausgerichtet. Das Wissen und die Erfahrung von der Vergänglichkeit des Irdischen werden vermittelt, um die Sehnsucht nach dem Dauernden zu wecken. Besuch der Schule ist Pflicht. Die staatlichen Lehranstalten erziehen zum Ringen um ein universales Wissen, das aus einer religiösen Weltanschauung fließt. Hinter allen Wissenschaften steht eine ewige Wahrheit. Durch sie tritt der Mensch in Beziehung zu Gott und gelangt zur Harmonie zwischen Diesseits und Jenseits. Damit wird jedes Einzelwissen nach einem Mittelpunkt ausgerichtet. Lehrsystem und Methode hat Andreae nicht geschaffen. Er stellte allgemeine, elementare Richtlinien auf, welche weit in die Zukunft hinein wirkten. Er bekämpfte Verbalismus und Formalismus, indem er vier Grundsätze aufstellte: 1. Anweisungen

und Regeln dürfen nicht in einer dem Schüler fremden Sprache gegeben werden.
2. Erziehung zum selbständigen Denken und geistigen Verarbeiten. 3. Behandlung
von Stoffen, die dem Alter der Schüler angemessen sind und erfaßt werden können.
4. Vermeidung von zersplitternder Ablenkung. Dadurch, daß er die Anschauung
zum Ausgangspunkt des Unterrichts machte, entfaltete er die Selbsttätigkeit des
Schülers, regte zu planmäßigem Aufbau an und stellte die Forschung auf die Erfahrung.

Andreae steht an einer Zeitwende. Er löste sich vom Späthumanismus
und den entarteten, erstarrten Bildungsformen. Sein Ausgangspunkt
war die Naturphilosophie. Sie wies ihm den Weg zur Erforschung
der Naturgesetze und Dienstbarmachung der Naturkräfte. Sein literarisches Schaffen steht nicht im Zeichen der Formschöpfung, sondern
im Dienste einer Sendung, von der er ganz erfüllt ist. Seine Werke
behandeln immer Gegenstände, die ihm am Herzen liegen. In den drei
Gesprächen des *Theophilus*, der schon 1622 abgeschlossen war, aber erst
1649 gedruckt wurde, rechtfertigt er noch einmal seinen Glauben und
wehrt sich dagegen, daß seine lutherische Rechtgläubigkeit angezweifelt wurde, indem er das falsche vom wahren Wissen um die
christliche Religion trennt. Sodann zeigt er den Weg zur Wiederherstellung der Moral und echten Frömmigkeit und stellt schließlich sein
Bildungsziel, richtige Gotteserkenntnis und frommen Lebenswandel,
auf. Da Lebenserfahrung, Selbstprüfung und Rechtfertigung immer
wieder die Themen sind, um die seine Werke kreisen, haben sie einen
selbstbiographischen Charakter. Das gilt ganz besonders von der *Vita*
(1642) und der *Freien Feder* (aus dem lateinischen Original 1678 ins
Deutsche übersetzt). Überall wird das Ringen eines sensiblen Menschen
sichtbar, dessen Optimismus gegen äußere und innere Hemmnisse
schwer anzukämpfen hat. So herrschen in den Spätwerken von 1635
an melancholische Stimmungen vor. Vergeblich kämpfte er gegen seine
Ermüdung, das Erlahmen der Widerstandskraft und dagegen an, daß
er sich mehr vornahm, als er leisten konnte.

Wenn er selbst in der Niedergeschlagenheit seines Alters glaubte,
daß er vergebens gewirkt habe, so zeigte die Zukunft, daß er in Schwaben
den Boden für den Pietismus geschaffen hatte. Das humanistische
Erbe wahrte er im Glauben an die Würde des Menschen und in seiner
Bindung an das Diesseits. Er steht gegen die Zeit mit ihrem antithetischen Denken, indem er Gegensätze zur Einheit zusammenschließt.
Harmonia, consensus vitae doctrinaeque, concordia sind bei ihm Worte und
Werte von höchstem Rang. Er stellte das religiöse Leben in Württemberg auf neue Grundlagen und vertiefte die christliche Lehre. Auch
er führte ihr etwas von den neuplatonischen Kräften zu, welche sie
immer wieder belebten. Im ewigen Wandel der Endlichkeit offen-
barten sich immer wieder dem suchenden Geist die Geheimnisse der
Schöpfung.

3. FESTIGUNG DER SCHLESISCHEN ÜBERLIEFERUNG

Die festesten Überlieferungen der Mystik zeigt Schlesien. An den schlesischen Adeligen *Kaspar von Schwenckfeld* (1489–1561), der als ruheloser, verketzerter Schwarmgeist und Wanderprediger zu Ulm starb, konnten sie anknüpfen. In den kleinen schwäbischen Gemeinden der Alb bestimmten sie das religiöse Leben. Als der Lütticher *Daniel Sudermann*, der geistliche Sprüche in lateinischer Sprache gedichtet hatte, 1583 nach Justingen kam, schloß er sich der dortigen schwenckfeldischen Glaubensgemeinschaft an. Eine andere Quelle der Mystik ist die *Naturphilosophie* in der Formung des Paracelsus, dessen Vermächtnis vor allem das Elsaß weitertrug. Erben der *Wiedertäufer* und Anhänger des *Socinianismus*, der in Polen weit verbreitet war, nährten den Glauben an die eine wahre Kirche Christi, welche eine Gemeinschaft im Geiste ist und im Gegensatz zu allen Machtansprüchen der Menschen steht. Die böhmischen Brüder, als deren größter *Amos Comenius* zur Würde ihres Bischofs aufstieg, hatten überall Anhänger und Freunde. Zeitstimmung und Zukunftsbangen begünstigten das Wachstum des Glaubens an das Geheimnis, das sich Berufenen offenbart. Ohne Rücksicht auf ihren Stand schlossen diese sich in losen Gemeinden zusammen. Ein Mittelpunkt dieser gottsuchenden Geister war Görlitz. Dort wirkte der Mann, der nicht die Menschen, aber die geistigen Anliegen der Zeit am Vorabend des Dreißigjährigen Krieges zusammenzufassen sich bemühte.

Jakob Böhme (1575–1624) stammt aus einer Bauernfamilie zu Alt-Seidenberg. Er wurde als schwächliches Kind für das Schusterhandwerk bestimmt und erwarb nach Lehr- und Wanderjahren 1599 das Meister- und Bürgerrecht in Görlitz. Höhere Bildung hat er nicht erworben; doch wurde er früh von der Allweisheit, den Paracelsusanhängern und den selbständigen Gottsuchern berührt. Weder im lutherischen noch im reformierten Glauben fand er volle Befriedigung seines Strebens. Er wollte sich mühevoll seinen eigenen Weg zu Gott bahnen. So begann er 1612 seine Gedanken schriftlich niederzulegen und seiner Berufung zu leben. Er verkaufte sein Geschäft (1613) und begann mit Garnhandel. Unmittelbar nachher wurde der Görlitzer Pastor Primarius *Gregor Richter* auf Böhmes Schrift *Morgenröte im Aufgang*, die ihm in einer Abschrift zugeleitet worden war, aufmerksam und eröffnete einen erbitterten Kampf gegen den Ungläubigen. Er verpflichtete ihn, nichts mehr zu schreiben. Trotz des Drängens seiner Freunde, zumeist Angehörigen des schwenckfeldischen Adels, und des Vertrauens auf seine Sendung hielt er sich über vier Jahre an dieses einseitige Abkommen und nützte die Gelegenheit, im Verkehr mit dem Arzt und Naturphilosophen *Dr. Balthasar Walther* seine Kenntnisse zu vertiefen. Von

1618 an begann er wieder zu schreiben und nach den in der Natur wirkenden Kräften zu suchen. Die zahlreiche Anhängerschaft, welche ihn förderte, zeigt, welche geistige Macht von ihm ausstrahlte. Der Druck von zwei kleinen Schriften, welche ohne sein Wissen 1624 herauskamen, brachte Richter erneut in Harnisch und veranlaßte ihn, Böhmes Ausweisung aus Görlitz zu beantragen. Die maßvoll-sachliche Verteidigung des einfachen Mannes bestimmte jedoch den Rat, nicht mit aller Strenge gegen ihn vorzugehen. In einer scharfen, sachlichen Antwort auf eine Schmähschrift Richters erwies Böhme seine Überlegenheit. Während eines Aufenthaltes in Dresden eröffnete sich ihm die Aussicht auf eine Unterstützung und Rechtfertigung seines Verhaltens in einem Gespräch mit dem Superintendenten. Auch auf die Hilfe des Kurfürsten konnte er hoffen. So schien ihm die Möglichkeit gegeben, sein Lebenswerk fruchtbar zu machen. In solchen Hoffnungen ist er bald nachher zu Görlitz gestorben.

Böhme konnte nur durch das gesprochene Wort und die handschriftliche Verbreitung seiner Werke wirken. Zu seinen Lebzeiten hat Schweinichen nur das Erbauungsbuch *Der Weg zu Christo* mit den Abhandlungen *Von wahrer Buße* und *Vom übersinnlichen Leben* drucken lassen. Seine großen Werke, kleineren Traktate und 66 theosophischen Sendbriefe sind erst später erschienen. Die Gesamtausgabe ist noch nicht abgeschlossen. Überlieferungsfragen sind schwierig zu lösen. Die Festlegung eines Systems, zu dem er sich durchrang, wird durch seine dunkle Ausdrucksweise, das Kreisen um die gleichen Gedanken und Vorstellungen erschwert. Mit der *Morgenröte im Aufgang*, später *Aurora*, begann er 1612. Mühevoll bahnte er sich unabhängig von der Orthodoxie seinen Weg. Was ihm aus alten mündlichen Überlieferungen des breiten neuplatonischen Gedankenstroms, der sich langsam, doch immer sichtbar durch die Zeiten bewegt, aus Gesprächen mit Anhängern Schwenckfelds, aus dem Studium naturphilosophischer und alchemistischer Schriften, aus eigener Denkbemühung und Erkenntnis zufloß, ist schwer voneinander zu trennen. Aus innerem Drang und Gerechtigkeitsstreben legte er sich die Frage vor: worin liegt Sinn und Sendung des Menschen? Wo wirkt Gott, wenn Barbaren das beste Land besitzen? Das ist *bäuerlich* gedacht. Wollte er aber in seinem Suchen nach der Harmonie wissen, wie Gott und Natur zueinander stehen, wieso das Böse einen sinnvollen Platz im geistigen Getriebe hat, dann dachte er *philosophisch* und führte alles Sein auf eine einheitliche Wurzel zurück. Die Antworten auf seine Fragen kamen in der Erleuchtung. Er wollte mit den anderen jene Reformation durchführen, die Luther nicht gelungen war. Für dieses Mißlingen macht er die Torheit der Menschen verantwortlich. Böhme sah zuerst die Welt von den beiden Prinzipien des Guten und Bösen, der Liebe und dem Zorn Gottes, regiert. Sie erzeugen die Natur. Lucifers Fall aber störte das harmonische Zusammenwirken der Kräfte. Noch gelingt Böhme keine scharfe Trennung zwischen Gott und der von ihm durchwalteten Natur, zwischen dem Geistigen und Körperlichen, zwischen der Liebe und dem Zorn Gottes, noch erkannte er das geheime Licht nicht, welches in der Seele erfaßt wird als waltendes Prinzip.

Wie sich in den Jahren seines Schweigens sein Weltbild umformte, zeigt die *Beschreibung der drei Prinzipien göttlichen Wesens* (1618/19). Darunter versteht er das gute, das böse und das materialistische Prinzip.

Die beiden ersten, welche in Gott unter der Herrschaft des Guten gegeneinander wirkten, wurden im dritten, in der Welt, sichtbar. Diesen Gedanken überträgt das Werk *Vom dreifachen Leben des Menschen* (1619/20) in die Menschenseele. Da treten sie als Mächte des Willens in Erscheinung. Der sichtbar werdende Widerstreit von Gottes Zorn und Liebe erklärt die Notwendigkeit des Leides und der Ungerechtigkeit damit, daß sie im Mittelzustand begründet sind. Böhme ringt um die Begründung der Freiheit Gottes, er nennt ihn *Ungrund*, in dem sich die Gegensätze aufheben. Den Ungrund drängt es nach Grund. Er besitzt den zeugenden Willen, aus dem die ewige Natur entsteht, in der die beiden Prinzipien wirken, aus deren ewigem Widerstreit das dritte erwächst. Die Empörung der Natur gegen Gott, Lucifers Tat, ist die Voraussetzung der zerrissenen Natur. Wird diese aufgehoben, so entsteht die Ruhe ohne Qual. Ähnlich wie Paracelsus erlebt Böhme die Unmittelbarkeit der Natur. Daraus stellt er die Frage nach Gott. Er übertrug die religiösen und sittlichen Voraussetzungen seiner Zeit, wie er sie ahnungsvoll fühlend erlebte, in das Weltbild, welches er für nur wenige seiner Zeitgenossen erschloß. Er kehrte außerhalb der festen Bindung an ein Glaubensbekenntnis zum Ausgangspunkt der Reformation zurück. „Luthers allmächtiger Gott wandelt sich bei Böhme in das kosmische Leben, in die ewige Schöpferkraft in der im Kampf sich erhaltenden Natur." In den religiösen Schriften Böhmes werden die Zusammenhänge mit der Gedankenwelt der Anhänger *Schwenckfelds* sichtbar; denn wie dieser und viele, so wollte auch Böhme das religiöse Leben zu den Urgründen des Christentums zurückleiten. Er wollte wie ein Prophet die Fesseln lösen, in die sich seine Zeit gebannt hatte. Das ist die Vollendung und Erfüllung der Forderung *ad fontes*, welche die neue Zeit eingeleitet hatte. Uns mag es befremden, daß das Zeitalter nicht mit exakten Methoden an die Lösung der Probleme, die sich ihm stellten, heranging, daß es versuchte und ahnte, wo man später rechnete, ableitete und lückenlose Überlieferungen feststellte. Aber das darf ihm nicht zum Vorwurf gemacht werden: das Entscheidende war, daß Böhme die Probleme sah, wenn auch deren Lösung erst mit anderen, neuen Methoden möglich war. Was die wissenschaftliche und künstlerische Bemühung des Zeitalters um die Natursprache ahnte, kam dem Denken in neu erschlossenen Räumen, der Gestaltung des Wortes und der Herrschaft über die Sprache zugut.

Die Schlichtheit, mit der Böhme einen Gedanken vortrug, mag seine Überzeugungskraft erhöht und ihm eine Anhängerschaft gesichert haben, von der noch zu sprechen sein wird. Im sentimentalischen Geist der Romantik erlebte er eine erste Wiedergeburt. Hegel und Schelling erkannten ihn als ihren Vorläufer. Für die Literatur und die Spekulationen der Sprachgesellschaften bedeutsam ist der Begriff *Natursprache*, welchen Böhme mit festlegte. Er knüpft an die *lingua adamica* an, in der die Beziehung zwischen Wesen und sprachlicher Wiedergabe festgehalten ist im Sinn von *Signatur*, welche nach Böhmes Auffassung das Wesen widerspiegelt. Sie gilt in dem von der antiken Überlieferung zehrenden theologischen Schrifttum als eine besondere Sprache. Adam verlor diese sprachordnende Fähigkeit durch den Sündenfall. Die lingua adamica wurde keineswegs mit der hebräischen Sprache gleichgesetzt, sondern als heilige göttliche Sprache angesehen, die von allen Völkern verstanden wird. Sie ist die Sprache des heiligen Geistes am Pfingstfest. Die eigentümliche, vom Geist erfüllte Ausdrucksweise Böhmes zeigt, wie er um ihre Wiedergewinnung gerungen hat. Der Begriff Natursprache steht auch mit der Laut-, Buchstaben-, Silben- und Wortsymbolik in Zusammenhang; denn in diesen Elementen der Sprache spiegelt sich eine tiefere Bedeutung geheimnisvoll wider. Aus den entsprechenden Namen werden über die Artikulation ihrer Elemente die geistigen, dahinterliegenden Vorgänge erschlossen. Als Geist besitzt der Buchstabe die Möglichkeit, eine Bedeutung wiederzugeben. Die Verschiedenheit der einzelnen Artikulationsstellen bedingt die einzelnen Bedeutungsinhalte. So werden diese zu Trägern der sieben Seelenkräfte, welche die Welt aufbauen. Es geht also darum, im Buchstaben einen göttlichen Vorgang zu erschließen. Die babylonische *Sprachverwirrung* bedeutet den Verlust der Natursprache, um deren Wiedergewinnung nun die Bemühungen einsetzen. Das ist ein Grundzug philologischer Arbeit des 17. Jahrh.s. Daraus erklärt sich der Ausdruck „Haupt- und Heldensprache", erklärt sich die Bemühung, das Alter einer Sprache möglichst nah an den Ursprung der Menschen heranzurücken. Als der Sprache der Offenbarung haftet der Natursprache auch die Vorstellung des *Wortzaubers* an. Das ernste Nachdenken des 17. Jahrh.s über die Sprache und ihr Wesen empfing manche Anregung aus der Kabbala. Auch diese ergoß sich in weite Spekulationen des Zeitalters. Böhme hat den Begriff der lingua adamica in den neuen Zusammenhang gewoben, daß Adam das wesenhaft wirkende Wort Gottes wieder aussprach. Aus dem inneren Wort wächst das Verstehen der Natursprache. Das bildet die Voraussetzung für die intensive Beschäftigung mit Etymologie, für die Freude am Wortspiel, am Vertauschen von Silben und Buchstaben, am Verschleiern von Namen. Das ist keineswegs als kindisches Spielen zu betrachten, sondern als ernstes Erschließen weiter geistiger Zusammenhänge. Das 17. Jahrh. wußte nichts um die Systeme und die verwandtschaftlichen Beziehungen der Sprachen. Es dachte von der Theologie zur Sprache; denn in ihr offenbarte sich ihm die Gottähnlichkeit des Menschen. Aus diesem Spracherlebnis Böhmes, das mit dem Hamanns in Beziehung zu setzen ist, erwuchsen die gestaltenden Kräfte und offenbarte sich die Welle des Schöpfertums.

Böhme wollte die Widersprüche aufheben, die Dissonanzen des
Daseins in Harmonien auflösen. Er wollte wie alle Mystiker den Menschen frei machen und aufnahmebereit für die göttliche Gnade. Das
versteht er unter Wiedergeburt, und damit kehrt das Wort Renaissance wieder zu seinem mystisch- religiösen Ursinn und Ausgangspunkt
zurück. Wenn auch die mittelalterliche Mystik in Böhme lebendig ist,
so machte er sich doch auch das Erbe der Reformation nutzbar. Er richtet
seinen Blick auf das Ganze. Die Bezirke der Dichtung und Wissenschaft,
der Philosophie und Theologie sind in seinem Denken nicht voneinander
zu trennen. Dieser Bauernphilosoph vereinigt die Züge des *poeta-vates*
mit seinem Glauben. Es ist ein merkwürdiges Spiel des Schicksals, daß
er im gleichen Jahre starb, in dem Opitz den Kanon für die neue Dichtung herausgab.

LITERATUR

Allgemeines: W. E. Peuckert, Pansophie. Ein Versuch zur Geschichte der weißen
und schwarzen Magie, Stuttgart 1936. Die Rosenkreutzer. Zur Geschichte einer
Reformation. Jena 1928. G. Krüger, Die Rosenkreuzer, Berlin 1932. F. W. Wentzlaff-
Eggebert, Das Problem des Todes in der deutschen Lyrik des 17. Jahrh.s, Leipzig 1931.
Deutsche Mystik zwischen Mittelalter und Neuzeit, 2. Aufl. Berlin 1946.
Arndt: W. Koepp, Joh. Arndt, Berlin 1912.
Andreae: R. Kienast, J. V. Andreae und die vier echten Rosenkreutzer-Schriften,
Leipzig 1926. J. Keuler, J. V. Andreae als Pädagog. Diss. Tübingen 1932.
Böhme: Sämtliche Werke hrsg. v. K. W. Schiebler, 7 Bde, Leipzig 1831–47. Sämt-
liche Schriften hrsg. v. A. Faust, 11 Bde, Stuttgart 1942 ff. W. Buddecke, Verzeichnis
der Jakob Böhme-Handschriften, Göttingen 1934. Lebensbilder von W. E. Peuckert,
Jena 1924. P. Hankamer, Bonn 1924. W. Kaiser, B.'s Natursprachenlehre und ihre
Grundlagen, Euph. 31 (1930) S. 521–62. H. G. Jungheinrich, Das Seinsproblem bei
J. B., Hamburg 1940. A. Faust, J. B. als „Philosophus Teutonicus", Stuttgart 1941.

ZWEITER ABSCHNITT

IM ZEICHEN DER POETIK

Kaum ein Zeitalter in der Geschichte der deutschen Literatur trägt so stark den Stempel eines vorgezeichneten Programms wie das 17. Jahrh. Kein Name wird so lange mit Ehrerbietung genannt wie der von Opitz. Die Frage, ob er dieses Ansehen wirklich verdiente, und warum er es genoß, ist schwer zu beantworten, weil man sich kaum vorstellen kann, wie sich die Literatur ohne ihn entwickelt hätte. Er hatte als echter Sohn seiner Zeit das Gefühl dafür, wessen sie am nötigsten bedurfte, und schrieb ihr die Gesetze. Auf deren Entwicklung und die Auslegung der anderen konnte er keinen Einfluß nehmen. Aber es war Geist von seinem Geiste, was die Poetiken der vierziger Jahre festlegten; denn die Theorie geht der Praxis voraus. Aus den großen Vorbildern der Antike, d. h. aus dem bestimmten Kanon der Schullektüre, werden die Gesetze abgeleitet. An ihnen wird die Leistung der Zeit gemessen und lernt man, wie der dichten muß, der einen Platz auf dem Parnaß beansprucht. Darum stehen die Fragen der Technik im Vordergrund. Wir werden das immer wieder beobachten können. Die Vorreden zu einzelnen größeren Werken oder Gedichtsammlungen wiederholen den Gedanken, daß die Dichter einen widerspenstigen Stoff unter das Gesetz stellen müssen. Solche Bändigung hemmte das freie Wachstum. Leben und Dichtung mußten sich fügen. Wenn man da von einem Zwang spricht, so gilt dies nur mit großer Einschränkung; denn es ist festzuhalten, daß die Autorität des Gesetzes keineswegs als Zwang oder Last empfunden wird. Im Gegenteil, es ist etwas Selbstverständliches, ihr zu folgen. Das aber ist ein Erbstück des Mittelalters, das durch die sogenannte Wiedergeburt der antiken Gelehrsamkeit gekräftigt und vergrößert wurde. Es geht nicht darum, solche Erscheinungen schädlich oder heilsam zu nennen. Die Grundlagen der geregelten Literatur – mag sie sich des Lateinischen oder der Volkssprache bedienen – ruhen auf der Antike. Deshalb hat die gesamte abendländische Dichtung bis weit in das 18. Jahrh. hinein immer wieder gewisse Züge aufzuweisen, die sie als Epigonendichtung kennzeichnen. Im 17. Jahrh. steht somit die Dichtung im Zeichen des Gesetzes, so wie das Leben auch unter regelnden Mächten steht. Im 18. Jahrh. erst verliert die Antike ihre strengen Züge und ihre Starrheit. Da lehrt sie die Dichter, daß sie sich nicht ihrer festen Formen bedienen dürfen, sondern aus den gleichen naturhaften Voraussetzungen schaffen sollen, die auch in ihnen schlummern.

ERSTES KAPITEL

MARTIN OPITZ

Der Brauch, von zwei schlesischen Dichterschulen zu sprechen, deren erste sich um Opitz schart und deren zweite einen Kreis um Hofmann von Hofmannswaldau bildet, geht von einseitigen Voraussetzungen aus, welche allzusehr auf Lyrik und Metrik abgestellt waren, Voraussetzungen, die die Forschung längst erschüttert hat. Da taucht immer wieder die Problematik des Begriffes *Dichterschule* auf sowie die des Gegensatzes zwischen Klassizismus und Barock oder Renaissance- und Barockdichtung. Hinter solchen und ähnlichen Bezeichnungen stecken selten klare Begriffe. So hat man den Stil der Werke der sogenannten ersten schlesischen Dichterschule als Renaissance oder Frühbarock, den der zweiten als barock im eigentlichen Sinn, hoch- oder spätbarock bezeichnet und Gryphius eine Art Vermittlerstellung zwischen beiden zugewiesen. Damit ist gesagt, daß es sich um verschiedene Stilrichtungen innerhalb einer landschaftlichen Sonderentwicklung handelt, die auf andere Landschaften übergreift kraft einer Autorität, die nach der Weite hin wirkt und auch anderswo Geltung hat, wenn ein empfänglicher Nährboden vorhanden ist.

Das Eigenartige bei dieser Erscheinung ist, daß die Grenzgebiete und Brücken, über welche neue Kunstübungen in Deutschland eingeführt werden, ihre Vermittlung zwar keineswegs aufgeben, aber daß diese Kunstübungen sich nach einem halben Jahrhundert gleichsam in einem neuen Brennpunkt sammeln und erst von da aus wirksam auszustrahlen beginnen. Was sich von den siebziger Jahren des 16. Jahrh.s an langsam und in ungepflegtem Wachstum entwickelt hat und Allgemeingut geworden ist, tritt nun aufs neue und nachdrücklicher in Erscheinung mit dem Anspruch, eine vollständige Umbildung und Umgestaltung herbeizuführen. Daß dies so aufgefaßt wurde und dieser Anspruch einen solchen Erfolg haben konnte, so daß sich Ansehen und Würde von Opitz bis weit in das 18. Jahrh. hinein halten konnten, und man sich erst ganz spät über die Perücke, die er gar nicht trug, lustig machte, zeigt die allgemeine Bereitschaft zu einer neuen Formgebung, welche sich ohne große Schwierigkeiten durchsetzen konnte, weil ihre Grundsätze in der Luft lagen. Man hat mit einem gewissen Recht gesagt, daß Opitz das Einmaleins bewies oder das Ei des Columbus aufstellte. Allgemeiner betrachtet handelt es sich um eine oft zu beobachtende Erscheinung: der Kairos hält sich an die Mittelmäßigen, die tüchtigen und soliden Köpfe, die mit den Gegebenheiten rechnen können, sich das aneignen, worum andere vor ihnen mühevoll gerungen haben, die die Konjunktur ihrer Sterne richtig ausnützen. Als Systematiker und Synthetiker erreichen sie, was sie wollen. Sie sind Ausdeuter von Ideen und Programmen anderer, haben ein laut widerhallendes Echo, das der glückliche Augenblick aufnimmt und in die Weite trägt. Sie arbeiten für den Durchschnitt der Zeit und das gibt ihrem Wirken die Resonanz.

Die Voraussetzungen für den neuen Dichterstil sind zahlreich: das *Versinken* der verbrauchten Kunstübungen, welche im zweiten Jahrzehnt des 17. Jahrh.s endgültig abgestorben sind, was daraus zu ersehen ist, daß keine Wiederbelebungsversuche mehr unternommen wurden; die allgemeine Erkenntnis von der *Rückständigkeit* deutscher Dichtung gegenüber der romanischen und englischen, aus denen die Vorbilder genommen wurden; das daraus sich ergebende Bestreben, es ihnen gleichzutun, ferner die soziale Umschichtung und ständisch-höfische Neugliederung und das damit zusammenhängende Zurücktreten des neulateinischen Professorendichters hinter den deutsch dichtenden *Hofbeamten* und Diplomaten, der die weltliche tonangebende Dichtung trägt, während die geistliche Dichtung ihre Bindung an die Diener der Kirche festigt und sich mehr an Pfarrhaus und Kloster hält. Nun werden die kleinen Zentren, mögen sie einem fürstlichen oder städtischen Regiment unterstehen, zu Vermittlern der Kultur. Die Schule als Literaturträgerin wird in ihren Bann geschlagen und erweist daraus ihre Lebensfähigkeit, während sie ihre literarische Bedeutung verliert, wenn sie auf sich selbst gestellt bleibt. Auch als Bildungsmittel verliert die Schule ihre ausschließliche Bedeutung. Der Hofmann muß seine Reise gemacht haben, in der ersten Hälfte des Jahrhunderts heißt sie Bildungsreise, am Ende des Jahrhunderts Kavalierstour. Beider Ziel ist Paris. Die Bildungsbeflissenen gehen nach Holland und Italien. Im Einklang damit steht es, daß die Artisten nicht mehr so ausschließlich den Dichterlorbeer für sich beanspruchen und sich neben ihnen die Juristen und die Problematik ihres Berufes zum Wort melden.

Zu den allgemeinen Schwierigkeiten, welche sich dem Einteilungsschema in schlesische Dichterschulen entgegenstellen, kommt, daß sich die große geistige Bewegung der Mystik, die in Jakob Böhme ihren Höhepunkt erreicht, und deren Anhänger beharrlich dagegen sträuben, als Mitglieder einer Dichterschule angesehen zu werden. Man zerreißt wichtige geistige Zusammenhänge, wenn man sie aus dem rein äußerlichen Grund, daß sie in der Manier von Opitz dichteten, in einen Kreis versetzt, mit dem sie sonst nichts gemeinsam haben. Das Ansehen, welches Opitz bei Zeitgenossen und Nachwelt genoß, hat dazu verführt, seinem Einfluß manches zuzuschreiben, wofür er nicht verantwortlich ist. Wir stellen ihn in den Mittelpunkt einer Generation meist schwächerer Talente, die nach 1640 kaum mehr Bedeutendes geleistet haben.

1. DIE VERSREFORM

Martin Opitz ist am 23. Dezember 1597 in Bunzlau geboren. Er stammt aus einer wohlhabenden evangelischen Bürgerfamilie. Die Schule besuchte er in Bunzlau und von 1614 an das Gymnasium zu St. Maria-Magdalena in Breslau. Drei Jahre später ging er mit der Absicht, Rechtswissenschaft zu studieren, nach Beuthen, wo man eine Universität für die schlesischen Protestanten aufbauen wollte. Früh (1616) begann er lateinisch zu dichten. Er versuchte sich auch in deutschen Versen und schlug in seiner Schrift *Aristarchus sive de contemptu linguae Teutonicae* (1617) nationale Töne an. In ihr verbinden sich humanistische Gedankengänge mit denen der Sprachakademien. Es war angelesenes Wissen, das Opitz mit einem Gefühl für die Bedürfnisse der Zeit da von sich gab. Die Kenntnis der altdeutschen Dichtung, jener wenigen Quellen, die Melchior Goldast in seiner Sammlung *Paraenetica* (Lindau 1604) u. a. bekanntgemacht hatte, beschwingt seine Ausführungen. Für ein Jahr (1618/19) besuchte er die Universität Frankfurt a. d. O., dann ging er nach Heidelberg, dem Mittelpunkt des westdeutschen Calvinismus und humanistischer Bestrebungen. Vorübergehend übernimmt Heidelberg als geistige Metropole die Rolle, welche Straßburg noch bis in die Zeit Fischarts gespielt hatte. Die hugenottischen Gelehrten hatten das Rechtsstudium neu belebt. Besondere Anregungen gingen von dem ehemaligen Prinzenerzieher und Professor Georg Michael Lingelsheim aus, der 1583 in Heidelberg seßhaft geworden war. In seinem Haus bekleidete Opitz eine Art Hofmeisterstellung. Lingelsheim und der Oberösterreicher Matthias Bernegger (1582–1644), welcher in Straßburg wirkte, brachten die durch den Hugenottenpsalter wirksam gewordenen neuen Formideale gleichsam in Umlauf.

In einer weltaufgeschlossenen, der neuen Kunstübung huldigenden Studentengemeinschaft mag Opitz das große Wort geführt haben, doch nicht in dem Sinne, daß er die anderen seine angemaßte Überlegenheit fühlen ließ. Er muß ein Talent zur Freundschaft besessen und seine Ideen und Pläne in kleinem Kreise mit wärmender Überzeugung vorgetragen haben. Schon im Herbst des Jahres 1620, als der Krieg die Stadt Heidelberg bedrohte, reiste Opitz nach Leyden, um dort Daniel Heinsius seine Aufwartung zu machen. Er konnte sich dort als Übersetzer von dessen *Lobgesang Jesu Christi* (1619) einführen. Nach kurzen Aufenthalten in Amsterdam und Den Haag verbrachte Opitz den Winter 1620/21 in Jütland. Die nächste Zeit blieb er, ohne angestellt zu sein, am Hof des Herzogs Georg Rudolf von Liegnitz. Dieser vermittelte ihm ein Amt an der humanistischen Lehranstalt zu Weißenburg in Siebenbürgen, welche der Fürst *Bethlen Gabor* als neue Bildungsstätte in seinem Barbarenland gegründet hatte. Angenehme Lebensbedingungen, die Gunst seines Herrn und vielleicht auch das Gefühl, als Calvinist, der er unter dem Eindruck seiner Reise geworden war, und humanistischer Gelehrter eine Sendung zu erfüllen, mochten Opitz veranlaßt haben, im Frühling 1622 sein Lehramt anzutreten. Die gelehrte Arbeit an dem

Denkmäler- und Inschriftenwerk *De Dacia antiqua* konnte ihm die fehlende Resonanz und Geselligkeit, deren er bedurfte, nicht ersetzen. Im Sommer 1623 schloß er sein abenteuerliches siebenbürgisches Jahr ab. Die Aussicht auf eine Reise nach Griechenland vermochte ihn nicht zu locken.

Am Hofe zu Liegnitz gingen die gelehrten Arbeiten weiter. Erinnerungen an seinen Aufenthalt im Osten hielt das Gedicht *Zlatna oder von der Ruhe des Gemüts* fest. Im Auftrage des Herzogs machte sich Opitz an die Abfassung geistlicher Lieder und poetischer Paraphrasen von Psalmenmotiven (*Die Episteln der Sonntage und fuhrnehmlichsten Fest' des gantzen Jahres* 1624) nach den Melodien des französischen Hugenottenpsalters. Er verwirklichte damit auch eine Heidelberger Anregung, indem er fast das gleiche unternahm wie einst Schede. Das große Jahr für Opitz ist 1624, weniger der geistlichen Lieder als einer Gedichtsammlung wegen, welche sein Heidelberger Genosse Zincgref im Verein mit Bernegger herausgab.

Die Sammlung, deren Schwergewicht eigentlich auf den Leistungen der Heidelberger ruht, stellte sich unter den Namen von Opitz. In der Vorrede von Zincgref kehren die Gedanken des Aristarchus wieder. Opitz, der um die Ausgabe wußte, war dennoch damit unzufrieden; denn er hatte inzwischen seine Formideale in Holland gefunden, und, was die Heidelberger von seinen Gedichten abdruckten, entsprach nicht mehr den Anforderungen, die er an die neue Dichtung stellte. Deshalb schrieb er zu seiner persönlichen Rechtfertigung, und um den Rat seiner Vaterstadt zu ehren, in fünf Tagen das *Buch von der deutschen Poeterey* (1624), eine Zusammenfassung der bekannten Regeln, welche das Richtmaß der europäischen Dichtung bildeten. Maßgebend waren die führende neulateinische, holländische und französische Dichtung, die Lehren von *Julius Caesar Scaliger, Ronsard,* die antiken Theoretiker *Aristoteles, Horaz, Quintilian* und verschiedene Humanisten wie *Vida* und *Casaubonus.* Das legte die aristokratisch-gelehrte Grundstimmung als Voraussetzung für die neue deutsche Dichtung fest. Opitz führte also einen Veredelungsprozeß durch. Er trat für die Würde der deutschen Dichtung, die Sauberkeit und Klarheit des Ausdrucks ein und erklärte den regelmäßigen Wechsel von betonten und unbetonten Silben, nicht die Zahl der Silben zum metrisch-rhythmischen Gesetz. Das Buch hat viel weniger durch seinen Inhalt, der längst bekannt war, als durch den überzeugenden Vortrag Schule gemacht.

In acht Kapitel gliedert Opitz den Stoff. Die ersten vier handeln von der Poesie, ihrem Wesen und ihren Aufgaben. Lehrbarkeit der Dichtung ist trotz der Berufung auf den *furor poeticus* das Hauptthema, wie es die humanistische Poetik im Anschluß an die Autoritäten der Antike verkündet hatte. Aber der geborene Dichter, der „Poet von Natur", lernt erst an „den griechischen und lateinischen Büchern den rechten Griff". Hier löst sich die deutsche Dichtung von der heimischen Überlieferung. Tritt diese dennoch über Goldasts Sammlung in Erscheinung, so nur als Beleg dafür,

daß die alten Deutschen schon der Dichtkunst oblagen. Hier aber tritt eine neue
deutsche Dichtung an die Stelle der Dichtung in lateinischer Sprache. Was Opitz
für die Würde der Poesie vorbringt, indem er sie als verborgene Theologie ansieht,
ihr die Vermittlung von Weisheit als Aufgabe zuweist und sie von der Gelegenheitsdichtung trennt, ist eine ideale, nicht einmal von ihm selbst erfüllte Forderung
geblieben. Gerade die Dichtung, welche sich von ihm Gesetze geben ließ, hat die
Überlieferung des lateinischen Gelegenheits- und Huldigungsgedichtes ausgeweitet
zur Verschönerung der Hochzeit- und Taufschmausereien der Spießbürger, die sich
für ihr Geld im Wahn der Unsterblichkeit wiegen konnten. Die andere Hälfte des
Buches wendet sich der poetischen Praxis zu. Sie übernimmt das Einteilungsschema Scaligers. Wie weitmaschig dieses ist, zeigt, daß Epigramme und Satire sich
nur durch den Umfang unterscheiden, ohne daß eine Verszahl als Grenze festgelegt
wird, daß Vergils Georgica zu den heroischen Gedichten gezählt werden, die Tragödie
sich unter Standesleuten, die Komödie unter *schlechten Personen* abspielen soll. Dann
legte er eine Lanze gegen das Fremdwort und für die gepflegte Sprache ein. Empfind-
lich traf er damit das Volkslied, das unflektierte Adjektiv in Verbindung mit dem
Substantiv und den apostrophierten Vokal der Endung. Der Ersatz, den er dafür bot,
schien reich zu sein: bildliche Ausdrucksweise, Lautmalerei und sinnvoll zusammengesetzte Neubildung. Das wirkte wie ein Alarmruf und hob später die Lexika des
poetischen Zierats aus der Taufe. Das Wichtigste steht im *siebenten* Kapitel, wo über
Metrik, Vers und Strophenbau gehandelt wird. Reinheit des Reimes, rhythmisches
Auf und Ab, das der natürlichen Wortbetonung entspricht, sind die Hauptgesetze.
Doch ließen sich Daktylus und Anapäst auf die Dauer nicht ausschließen. Noch zu
Lebzeiten von Opitz sicherte Buchner dem Daktylus seinen Platz und die Nürn-
berger erwiesen ihm alle Ehre. Als Ersatz für den Hexameter, dem er damit den Atem
nahm, setzte Opitz den Alexandriner ein, d. h. er sicherte ihm bis Gottsched einen
Ehrenplatz besonders im Drama, Lehrgedicht, Epigramm und Sonett. Die romanischen
Formen hielt Opitz offenbar für den Sprechvortrag besser geeignet als die antiken,
die er als sangbare gereimte Strophen einführen wollte, damit eine Überlieferung des
Kirchenliedes fortsetzend. – Die Spuren des Büchleins sind über ein Jahrhundert
sichtbar. Es trägt die überfällige und in der Praxis längst durchgeführte Revision der
Dichtungsbestände schulmeisterlich-gesetzgeberisch vor. Opitz schloß eine Bilanz
ab und fühlte sich als Bannerträger einer neuen Zeit, als Reformator. Das wurde
er durch seine Lehrhaftigkeit, die er in die Dichtung hineintrug. Er lockerte die Verbindung zwischen Dichtung und Moral und knüpfte ein festes Band zwischen Dichtung und Wissensstoff beliebiger Art. Das hatte er bei Heinsius gelernt.

Von da an gilt es als Dogma, daß Opitz den deutschen Vers in seiner
ursprünglichen Reinheit wiederhergestellt habe und daß der Jambus der
deutschen Sprache angemessener Vers sei. Durch Opitz wurde, wie
Baesecke sagt, die Verssprache von „erzwungenen Gelegenheitsformen,
mundartlichen Bequemlichkeiten und allem, was dem gelehrten Puristen
als Ungeschmack erschien," gesäubert. Gleichzeitig damit richtet sich
die Dichtung an der ostmitteldeutschen Sprachform aus. In den großen
Zusammenhang der deutschen Versgeschichte gestellt, bedeutet die
Leistung von Opitz die dritte Glättungswelle. Die erste im 9. Jahrh.
ging vom Mittellateinischen aus, die zweite im 12. vom Französischen;
in der dritten, die sich zwischen 1570 und 1640 durchsetzt, was aus der
Flut von poetischen Lehrbüchern der vierziger Jahre (Zesen, Titz,
Gueintz, Schottel, Harsdörffer) zu ersehen ist, vereinigen sich die Aus-

wirkungen beider. Opitz strebte nach einer Glättung, die nicht mehr zu überbieten war. Das Vorbild des französischen Verses hat nicht nur den Rhythmus sondern auch die Sprache in die Schule genommen. Es eröffnete eine Kluft zwischen Prosa und Vers. Dieser zählte das Einerlei der auf- und abgleitenden Silben. Daran ändert auch die von den Apologeten der Opitzschen Versreform vorgebrachte Verteidigung nichts, Opitz habe den deutschen Vers in die notwendige Zucht genommen. Solche Zucht stellt Sprache und Vers unter fremde Gesetze. Es ließe sich eine Formgeschichte der Dichtung des 17. Jahrh.s schreiben, welche den Druck dieser Gesetze und den Gegendruck des Stoffes, der sich nicht bändigen ließ, darstellt. Dichter mit dem stärksten Sprachgefühl bilden die Hauptstationen auf diesem Weg. Der Irrtum ist weit verbreitet, Opitz habe dem deutschen Vers eine andere Struktur gegeben. Als ob ein Strukturgesetz von außen an einen Stoff herangetragen werden könne, da es doch nur aus dessen Wesen abgeleitet werden kann! Dazu aber blieb der Zugang verschlossen. Wenn von einem verhängnisvollen Irrtum und dessen unseligen Auswirkungen gesprochen wird, so klingt es, als wenn auch da die Schuldfrage gestellt würde. Die Literaturgeschichte, welche ernst genommen werden will, zieht keinen Verantwortlichen vor ihren Richterstuhl. Sie hat oft genug Gelegenheit festzustellen, daß aus der schnellen Anwendung eines bequemen Wortes, hinter dem kein klarer Begriff steht, aus der Übertragung eines Wortes für einen festumrissenen Begriff auf einen anderen, ähnliche Irrtümer entstehen, die sich durch Jahrhunderte fortschleppen können. Es ist eine andere Frage, ob diese Irrtümer Ausdruck eines Stilwillens sind und warum sie unwidersprochen blieben und von der Autorität geschützt wurden. Ein solcher Irrtum ist die Anwendung des Wortes *Fuß* im Vers. Daraus wurde das Dogma abgeleitet, als sei der Fuß die Zelle des deutschen Verses und ein Organ. Zesen spricht davon, daß Steigen und Fallen in einer solchen Einheit *wider die Natur* seien, es also nur ein Entweder-Oder gäbe. Sobald man sich darüber klar wird, daß solche Gesetze aus ihrer Zeit gewonnen und von außen an den Stoff herangetragen wurden, daß sie das Messer einsetzten, um möglichst gleiche Portionen zu bekommen, die man bequem verteilen konnte, und auf den Klang, den Sprachrhythmus keine Rücksicht nahmen, weil dieser in den sangbaren Formen durch die Melodie ausgeglichen wurde, versteht man auch die Voraussetzungen dieses Irrtums. Für die Schede, Regnart, Zincgref als Praktiker und für Opitz mit seiner theoretischen Gefolgschaft war es kein Irrtum sondern eine Erkenntnis, aus der sich neue Grundsätze ableiten ließen. Unter dem einheitlichen Grundsatz, den *Andreas Heusler* seiner Versgeschichte zugrunde legt, der wir hier gefolgt sind, hat Opitz die Taktfüllung des deutschen Verses vereinfacht und starr gemacht.

2. ARGENIS UND OPER

Das ganze künftige Schaffen von Opitz stand im Zeichen dieser Reform. In allem, was er von nun an schrieb, dichtete oder übersetzte, bemühte er sich um die strenge Beobachtung seiner Regeln und um die Herstellung mustergiltiger Werke, welche als Vorbilder gelten konnten. Schon die neue Ausgabe seiner *Gedichte* (1625) zeigt, verglichen mit der von Zincgref besorgten, wie ernst es ihm um die Sache war. Gleichzeitig festigte er mit großem Erfolg sein Ansehen. Dazu trugen seine Krönung zum *poeta laureatus* von Kaiser Ferdinand II. in Wien (1625) und seine Werbereise nach Wittenberg, wo er sich Augustus Buchner als treuen Anhänger sicherte, und nach Dresden wesentlich bei. Dort lernte er den Kapellmeister *Heinrich Schütz* kennen. Wohl in der Erkenntnis der Unmöglichkeit, ein vorbildliches deutsches Originaldrama zu schaffen, welches sich durchsetzen konnte, übertrug Opitz *Senecas Troerinnen* (1625) in gereimte Alexandriner, die Chöre in kürzere, steigende und fallende Verse. Mit dieser dramaturgischen Lektion nach der Antike gab er gleichzeitig eine metrisch-technische, welche den Gebrauch des Handwerkszeugs regelte. Weniger streng hielt er sich an die biblischen Vorbilder in seinen *poetischen Paraphrasen* der Klagelieder des Jeremias, zu denen er die lateinische Bearbeitung von Hugo Grotius heranzog, des Hohenliedes (1627) und des Propheten Jonas (1628).

Von besonderer Tragweite war die deutsche Übersetzung des lateinischen Romans Argenis (1626). *John Barclay* (1582–1621), ein katholischer englischer Humanist, dessen *Euphormio* (1605) Elemente des pikaresken Romans in das lateinische satirische Epos versetzt hatte, hinterließ den abgeschlossenen Roman Argenis, welchen Peiresc noch 1621 veröffentlichte. Der Roman wurde in Rom geschrieben, und römisches Kolorit schimmert häufig durch das Geschehen, welches sich zwar in einer Idealwelt, aber mit deutlicher Beziehung zu politischen Ereignissen der Zeit abspielt. Die Widmung an Ludwig XIII. ist sich dessen bewußt, eine *neue Kunstgattung* einzuführen. Barclay schrieb eine Staatslehre und einen historischen Roman, der vor der Gründung Roms spielt.

Des sizilischen Königs Meleander Tochter Argenis wird von dem gewalttätigen Lycogenes, dessen Entführungsplan vereitelt wird, von dem König von Sardinien Radirobanes, dem Prinzen Archombrotus, ihrem Halbbruder und Thronerben, und Poliarchus, dem König von Gallien, umworben. Dieser trägt den Sieg davon. In der eigentümlichen Mischung von spätantiken und zeitgenössischen historisch-politischen Motiven mit phantastischer Allegorik werden Fragen des Tages zuerst in die Erzählungsliteratur eingeführt. Hinter Radirobanes verbirgt sich die spanische Politik, gegen welche sich England unter Elisabeth zur Wehr setzte. Lycogenes ist der Herzog von Guise, Meleander Heinrich III. Bei Argenis ist an Margarete von Valois zu denken, bei Poliarchus an Heinrich von Navarra und seinen Sohn Ludwig XIII. Einzelne Nebenpersonen sind aus der Richtigstellung der Buchstaben ihres Namens zu erschließen, z. B. Ibburanes und Dunalbius als die beiden Kardinäle Barberini und Ubaldini. Sich selbst führt Barclay als den Verseschmied Nicopompus ein. Politischer Schlüssel-, Staats- und heroischer Roman haben hier ihre Wurzeln.

Barclays Vorrede unterrichtet über Gedankengänge und Absichten: das Vielerlei einer bunten Geschichte lockt Eitelkeit und Neugierde der Menschen an, läßt sie aber keine moralische Lehrhaftigkeit vermuten. Und doch hält die belohnte Tugend und das bestrafte Laster den Lesern gleichsam den Spiegel vor. Man kann auch hier wie beim pikaresken Roman beobachten, wie sich der Roman von der *Erbauungsliteratur* löst oder wie der bloße Unterhaltungsroman durch die Elemente der Erbauungsliteratur belebt wird. Das Gerippe der Handlung ist uralt und bewährt; es stammt aus dem spätgriechischen Roman und ist aus den beliebten Äthiopischen Geschichten von *Heliodor* übernommen. Es wird uns bei den höfischen und heroischen Staatsromanen in der zweiten Hälfte des Jahrhunderts immer wieder begegnen und sei hier an einer wichtigen Eintrittsstelle in die deutsche Literatur behandelt.

Ein an Seele und Körper gleich schönes jugendliches Liebespaar wird durch irgendwelche, außerhalb ihres Daseins liegende Mächte (Intrigen, Unfälle, Reiseerlebnisse, Seeräuber, Schiffbruch und ähnliches) auseinandergerissen. Es wird ein gewaltiger Apparat in Bewegung gesetzt, um die Liebenden voneinander zu trennen. Dieses Gegenspiel beherrscht eine Weile völlig das Geschehen. Im Grunde ist es nur dazu da, die Standhaftigkeit der Liebenden zu bewähren und die Macht der ungünstigen Fortuna zu brechen. Allen Versuchungen und Bedrohungen der Keuschheit, glänzenden Zukunftsaussichten, Verführungen, Ablenkungen, ja selbst dem Tod gegenüber bewähren sie sich. Ist der durch allerlei Verzögerungsmanöver immer wieder hinausgerückte Höhepunkt endlich erreicht, setzt das Spiel ein: die ausharrende Geduld und Leidensfähigkeit triumphieren, die beiden Liebenden liegen einander in den Armen, genau so schön wie einst, doch gereifter, geprüft und erprobt, so daß ihnen keine feindliche Macht mehr etwas anhaben kann.

Dieser Mechanismus läßt sich ebensogut im *Drama* wie im *Roman* anwenden. Er zeigt seine Lebensfähigkeit im bürgerlichen Lustspiel, in den Anfängen der modernen Novelle und in dem späten Kind des Jesuitendramas, Mozart-Schikaneders Zauberflöte. Man darf das Gerüst dieser Handlung nicht als klappriges Gestell ansehen, das jedem zur Verfügung steht und das er nun mit Fleisch, Leben, Natur oder Mauerwerk ausstattet, indem er verschiedene Möglichkeiten ausnützt und mit Personen und Ereignissen nach eigener Willkür schaltet, sondern der Sinn dieses Mechanismus ist so zu verstehen, daß das Leben mit seinen Wechselfällen, seiner unendlichen Weite und seinen unausschöpfbaren Möglichkeiten noch nicht unmittelbarer Vorwurf, gestaltetes Werk war, sondern Beiwerk, wesentliche Zutat, hinter der sich die göttliche oder sittliche Weltordnung verbarg. Das bedingt auch die Charaktere der Personen, die Scheidung der Geister in gute und böse, Helden und Heldinnen sind Idealgestalten, welche den höfischen Adel verkörpern. Aus der schematischen

Personenbeschreibung ergibt sich die körperliche Schönheit: ausgeprägte klare Formen und Farben (z. B. der Augen und Haare), stattlicher Wuchs und Gleichmaß der Glieder, hoheitsvolles Auftreten. Die schönen Gestalten werden in der Bewegung gezeigt, die häßlichen in der Ruhe. Sie sind die Antithesen der guten. Sämtliche Gestalten treten in den Gewändern des 17. Jahrh.s auf. Das zeigt, wie die Ideale der Zeit in die Vergangenheit und ferne Länder hineingesehen werden. Dadurch wird eine schillernde, glanzvolle Farbenpracht entfaltet, die in erster Linie das Kostüm der Höfe, aber auch orientalisches und heroisch-kriegerisches Gepränge zur Schau stellt. So wird alles in eine ideale Sphäre versetzt. Die Personen werden zunächst sachlich vorgeführt. Werden sie jedoch durch andere, zu ihnen in Beziehung stehende eingeführt, so wird die Darstellung rhetorisch und bedient sich besonderer sprachlicher Ausdrucksmittel. Der Erzähler wird lyrisch, sobald Gefühlsbewegung eintritt, er verweilt an markanten Stellen, entwirft eine prächtige Szenerie und arbeitet auch mit Theatereffekten. Die Heldin erscheint mit Vorliebe als Amazone, ihre Gesten sind kriegerisch und groß. Die Situationen sind so gewählt, daß den Personen Gelegenheit geboten wird, ihren Mut zu zeigen. Die Gestalten der Romane des 17. Jahrh.s handeln zwangsläufig aus einem ihnen diktierten Gesetz, so daß ihr Wesen und ihre Handlung eine feste Einheit bilden. Sie werden in ein Schaugepränge hineingestellt und erhalten damit bestimmte Aufgaben: entweder beherrschen sie das Bild oder stellen als Nebenfiguren eine bestimmte Farbennuance dar. Der Roman steht gleichfalls unter den Gesetzen des Gesamtkunstwerkes. Helden- und Märtyrertum dürfen hier weniger der Erbauung des Lesers dienen als der Absicht, ihn in eine Stimmung des Grauens zu versetzen. Von wenigen Ausnahmen abgesehen, die sich zumeist in die Gefolgschaft des pikaresken Romans stellen, sind die Romane des 17. Jahrh.s nicht Entwicklungsromane. Daher wird besonderer Wert auf die Darstellung der Heldin oder des Helden im Elend gelegt. Gleichzeitig wird damit die Kontrastwirkung zu den Prunkszenen erzielt. Bei der Darstellung aufkommender Liebe arbeitet der heroisch-höfische Roman noch ganz mit den Mitteln der antiken Lyrik und des spätantiken Romans. Die Heldin wird von der Sehnsucht mehr heimgesucht als der Held. Die Frau beherrscht also nicht das Gefühl sondern läßt ihren Tränen oft freien Lauf. Der edle heroische Zorn ist ein häufig angewendetes Motiv. Er entstellt das Antlitz des Helden ebensowenig, wie er seine Seelenlage verändert. Der stoisch-christliche Weise büßt auch als Romanfigur weder im Affekt, der bei ihm nur edlen Voraussetzungen entsprechen kann, noch im Tod die Schönheit seiner Gesichtszüge ein. Erst gegen Ende des Jahrhunderts, da der Zug zum Menschlichen sich anmeldet, steigen zaghaft die neuen Kennzeichen gefühlvoller Empfindsamkeit und mit ihnen eine neue Problematik auf.

Man geht nicht zu weit mit der Behauptung, daß der *historisch-idealistisch-satirische Schlüsselroman* und *der heroische Roman* bis an das Ende des Jahrhunderts auf den Spuren wandeln, die ihnen Barclay in der europäischen und Opitz als dessen Vermittler in der deutschen Literatur vorgezeigt hatten. Daß Opitz gerade diesem Roman ein deutsches Gewand gab, zeigt seinen Spürsinn für entwicklungsfähige literarische Formen, wie sie die Zeit brauchte. Das gleiche gilt auch für seine Mitarbeit an der Einführung der italienischen Oper im deutschen Sprachgebiet. In den letzten Jahren des 16. Jahrh.s ist in Florenz die italienische Oper aus dem Willen entstanden, das griechische Drama zu erneuern. Nun verpflanzte man sie als höfisches Festspiel nach dem Norden. Um die Vermählung seiner Tochter Sophie Eleonore mit dem

Landgrafen Georg von Hessen-Darmstadt besonders festlich zu begehen, verschaffte sich Kurfürst Johann Georg von Sachsen Rinuccinis Text und Peris Komposition der Oper Daphne aus Florenz und beauftragte seinen Kapellmeister Heinrich Schütz mit den Vorbereitungen zu einer deutschen Aufführung. Dieser wendete sich an Opitz mit der Bitte, den deutschen Text nach dem italienischen Original zu verfassen. Es handelte sich also um eine parallele Aufgabe zu den Übersetzungen des Hugenottenpsalters in den siebziger Jahren des 16. Jahrh.s. Doch fügte sich der Text, den Opitz herstellte, nicht der italienischen Musik, so daß Schütz ihn für die Aufführung in Torgau am 1. April 1627 neu komponieren mußte. An eine ähnliche Aufgabe trat Opitz 1635 heran mit einem Operntext Judith, den Apelles von Löwenstern komponierte.

3. SCHÄFERDICHTUNG UND LEHRGEDICHT

Über die Weite des Jahrhunderts hinaus wirkte Opitz als kräftiger Mitanbahner der deutschen Schäferdichtung. Mit sicherem Blick für ihre Lebensfähigkeit hatte er ihre Bedeutung schon im Buch von der deutschen Poeterey erkannt. Die italienische Renaissance erneuerte die antike Ekloge. Petrarcas und Boccaccios Anregungen führte Sannazaros Arcadia (1502) weiter. Er öffnete der Schäferdichtung den Weg in die europäische Literatur. Den endgültigen Verlust der Volkstümlichkeit und die völlige Trennung der idealen Schäferwelt vom realen Leben ersetzten das konstruierte Gedankengebäude und die Möglichkeit, nach dem Beispiel des stets beobachteten Vorbildes der Eklogen Vergils, die Wirklichkeit zu verschleiern und die Gestalten in der Maske auftreten zu lassen. Der Roman öffnete sich der Schäferdichtung im Amadis (9.–11. Buch). Von da aus konnte sich die Stimmung ausbreiten, und der Weg zum heroisch-galanten und höfischen Schlüsselroman öffnen. Tassos Aminta (1572) und Battista Guarinis Pastor fido (1590) erschlossen der Schäferdichtung das Drama und die Oper. Fester ist die epische Spur, auf der sie in Spanien mit Montemayors Diana (1542), in England mit Philipp Sidneys Arcadia (1590) und in Frankreich mit Honoré d'Urfés Astrée (5 Teile 1607–27) eingeführt wurde. P. C. Hooft gab ihr mit dem Schäferspiel Granida (1605) in Holland eine Heimat. Roman und musikalisches Drama bezeichnen festere Stationen als die von den Neulateinern immer gepflegte Ekloge, die als selbständige Gattung oder Liedeinlage im Weihnachtsspiel den Anschluß an die geistliche Dichtung fand. In dieser Überlieferung konnte die Schäferdichtung als weltlich-höfische Gesellschaftskunst sich nicht entfalten. In den romanischen Ländern und England stand die Schäferdichtung um die Wende zum 17. Jahrh in der höchsten Gunst des Geschmacks. Der

deutschen Literatur ist sie später vermittelt worden. Der Ausdruck
Schäferei ist zuerst in einer Übersetzung aus dem Französischen festgestellt
worden, welche von 1595 an erschien: *Die Schäffereyen von der schönen
Juliana ein herrliches Gedicht* durch *Du Mont-Sacré* Teutsch durch F. C. V. B.
(wahrscheinlich *F. C. v. Borstel*). Das Original Les Bergeries de Juliette
stammt von *Nicolas de Montreux* (5 Bücher 1585–98). Unmittelbar nach
dem Beginn des Dreißigjährigen Krieges erschienen gleichzeitig (1619)
drei deutsche Übersetzungen von Schäferdichtungen: In Mömpelgard
die ersten Bände der *Astrée d'Urfés* (wahrscheinlich von Borstel übersetzt), in Nürnberg *Montemayors Diana* von *Hanns Ludwig Freiherrn von
Kuffstein* (1587–1657) – Harsdörffer gab 1646 davon eine Überarbeitung
heraus – und in Mühlhausen *Guarinis Pastor fido* von *Eilger Mannlich.*
Daß Kaspar von Barth zur selben Zeit einige Schäferdichtungen aus den
volkssprachlichen Originalen ins Lateinische übertrug, hat ihnen kaum
neue Freunde eingebracht. Da war es von größerer Bedeutung, daß
Opitz die 1629 zu Frankfurt a. M. erschienene Übersetzung von *Sidneys
Arcadia,* die einen weiter nicht bekannten *Valentin Theocritus von Hirschberg* als Übersetzer – nicht des englischen Originals, sondern einer Übertragung ins Französische – nennt, besser zugerichtet 1638 herausgab.

Als Sprachrohr einer allgemein gesellschaftsbedingten und -gebun-
denen Stimmung, als Gattung mit vielen Verwendungsmöglichkeiten
in Groß- und Kleinkunst und mit einer in den anderen Literaturen
bereits abgeschlossenen Entwicklung bot die Schäferdichtung ein
großes Stoffgebiet zur Auswahl. Opitz bewies auch in dieser Branche
sein Talent als Wegweiser. So gering auch seine Leistungen sein mögen:
seine Inventur der europäischen Schäferdichtung, die beiden Übersetzungen, deren eine die Überarbeitung einer älteren ist, und seine
eigene Schäferei stehen in einem festen Zusammenhang mit der gesamten, vielseitigen, deutschen Schäferdichtung des Jahrhunderts.
In Schlesien gab er ihr Heimatrecht mit der *Schäfferey von der Nimfen Hercinie* (1630). Diese Freundschafts- und Heimatdichtung mit lehrhaftem
Unterton ist in Prosa abgefaßt und von umfangreichen, lyrisch-
didaktischen Einlagen durchsetzt.

Mit Buchner, Venator und Nüßler, seinen Freunden, macht sich Opitz auf den Weg.
Sie führen eine gelehrt-gesellschaftliche Unterhaltung im Sinne der *Colloquia familiaria*
des *Erasmus* über den bildenden Wert des Reisens und das Wesen der Liebe. Die
poetische Bergwanderung führt sie aus dem Tal des Zackenbaches in die Höhe. Sie
kommen an eine Grotte, an deren Eingang ihnen die Nymphe Hercinie entgegentritt,
sie freundschaftlich empfängt und ihnen den Weg in das Bergesinnere weist. Eine
antik verbrämte, anmutige Geisterwelt hält hier Hof. Hercinie aber gibt ein geo-
graphisches Kolleg zum besten über Berge und Wasserläufe und die Geschichte des
freiherrlichen Hauses Schaffgotsch, zu dessen Preis das Werk verfaßt wurde. Heimische Mythologie (Rübezahl) und Hexenglauben lieferten ihre Beiträge zu dieser
Verherrlichung der Heimat. Opitz ergreift die Gelegenheiten, sich als Dichter und
Anfertiger kunstvoller Strophen zu bewähren.

Was Opitz an eigenen Dichtungen in seinen immer wieder neu aufgelegten, vermehrten und verbesserten Gedichtsammlungen und Einzeldrucken veröffentlichte, zeigt seine frühe Abhängigkeit von dem niederländischen *Bloemhof* (1610) und den niederländischen Gedichten von *Daniel Heinsius* (1616) nach Form und Inhalt. Schon das verweist auf Lyrik und Lehrgedicht als seine stärkste Seite. Die weithintragenden Anregungen, welche er für andere Dichtungsgattungen gab, liegen der Hauptsache nach in seinen Übersetzungen. Die weltliche Liebeslyrik des Gesellschaftsliedes entsprach seiner Begabung am besten. Ihre besondere Pflege liegt in seiner Dichterfrühzeit, als er noch nicht auf Stelzen ging. Der flotte Student war mancher Liebsten hold und kam ihrem Herzen nicht nur im phantasievoll ausgeschmückten Liebesspiel nahe. Zur gleichen Zeit, da ihn die Forschung als stoischen Philosophen entdeckte, rechnete sie ihm seine außerehelichen Kinder nach. Ein Erlebnis wird auch in den besten, selbständigen Gedichten nie greifbar. Die Würde der Poeterei, welche er herstellte, wußte den Abstand zu wahren. Doch sollte man ihn deshalb nicht zum reinen Artisten machen. Sein hohes Ziel und seine Absicht, Vorbilder aufzustellen, suchte er auch als Lyriker mit Übersetzungen zu erreichen. Seine Hauptstärke lag im Lehrgedicht, mochte er das *Lob des Feldlebens* (auch: *Die Lust des Feldbawes*) nach *Vergil* und *Horaz* singen und die stille Zurückgezogenheit des bäuerlichen Hirten verkünden, mochte er in seinem siebenbürgischen Gedicht *Zlatna* die Ruhe des Gemüts preisen und damit eine freundschaftliche Mahnung an den Leiter des Bergwerks zu Zlatna bei Weißenburg vereinigen, zu heiraten, und ihm Ratschläge bei der schwierigen Wahl erteilen. *Vielgut* (1629) überschrieb Opitz eine Dichtung des Dankes für erwiesene Gastfreundschaft an den Herzog Heinrich Wenzel von Münsterberg. Das alte humanistische Motiv des Gegensatzes von Hof- und Landleben wird hier abgewandelt. Leise kündet sich in diesen lehrhaften Betrachtungen doch ein neues Naturgefühl an. Mit ironischem Weihrauch umgab Opitz Mars in seinem *Lob des Kriegsgottes* (1628). Da nützte er die Gelegenheit, mit seinem Bildungsstoff zu prunken und geistreiche Beziehungen herzustellen. Das Wissen um die Ursachen eines vulkanischen Ausbruches zu vermitteln, bemüht sich der *Vesuvius* (1633). Da ging es Opitz nicht um die Wiedergabe und poetische Ausschmückung von Augenzeugenberichten über den Vesuvausbruch von 1631, sondern um die Anpassung des antiken Gedichtes von *Lucilius* über den *Aetna* an das 17. Jahrh. und die Auswertung des Ereignisses im Sinne der Erziehung: Gottes Zorn über das Treiben der Menschen offenbart sich hier. Schon in Jütland hatte Opitz sein *Trostgedicht in Widerwertigkeit des Krieges* verfaßt. Doch veröffentlichte er es erst 1633. Es ist eine der ersten vaterländischen Kriegsdichtungen. Hier tritt uns Opitz mit seiner

menschlichsten Seite entgegen. Das Elend der Bauern geht ihm zu
Herzen. Der Trost, den er verheißen kann, liegt in der Empfehlung
stoisch-christlicher Ideale (Standhaftigkeit, Gottvertrauen). Er wehrt
sich gegen die Anwendung von Zwang in Sachen des Glaubens und
stellt den unerschrockenen Mann, der durch nichts erschüttert werden
kann, als Idealbild hin.

Die Stellung, welche Opitz für sich beanspruchte, war die eines
Großliteraten nach romanischem Muster. Den Typus hatte Petrarca
geschaffen. In diesem neuen Beruf wußten wenige ihre geistige Unabhängigkeit so zu wahren wie Erasmus. Im Laufe des 16. Jahrh.s löste
sich der homo litteratus immer mehr von der Theologie und gewann
sein Ansehen aus der Poetik durch die theoretische Gesetzgebung. Die
dadurch gefestigte Bindung an die artistische Fakultät und das akademische Lehramt war jedoch nicht von Dauer. Der Glanz des Hofes zog
den Literaten an und stellte ihn vor ähnliche Aufgaben, die ihm auch
das humanistische Zeitalter gestellt hatte. Er wurde mit diplomatischen
Sendungen betraut, hatte Prunkreden zu halten und eindrucksvolle
Schriftstücke zu verfassen. Das Hofamt zog an. Die Stellung und
der Einfluß, den sein Träger ausüben konnte, konnten leicht die
Bedenken zerstreuen, welche das Streben nach geistiger Unabhängigkeit äußerte. Opitz konnte sich darüber hinwegsetzen, als er 1627
den Adelsbrief eines *von Boberfeld* besaß. Im Grunde berührten ihn
die Fragen des Glaubensbekenntnisses nicht sehr, sonst wäre er
kaum, anscheinend unter Heidelberger und holländischen Eindrücken,
vom lutherischen zum calvinistischen Bekenntnis hinübergewechselt.
Er dürfte auch keine besonderen Bedenken bei der Annahme des Angebots gehabt haben, als Sekretär die Geheimkanzlei des Burggrafen
Karl Hannibal von Dohna in Breslau zu leiten, zumal ihm völlige
Glaubensfreiheit zugesichert wurde. Es ist Opitz von seinen Biographen
immer wieder vorgeworfen worden, daß er sein Amt nicht dazu aus-
nützte, die Härten, mit welchen Dohna, von den Jesuiten unterstützt,
die Gegenreformation in Schlesien durchführte, zu mildern, ja daß er
für die Gegenreformation arbeitete, indem er das *Manuale controversiarum*
des Jesuiten *Martin Becanus* ins Deutsche übertrug (1631), und schließlich,
daß er überhaupt verantworten konnte, ein solches Amt auszuüben.
Man wird Opitz gewiß nicht von aller Literateneitelkeit freisprechen
können, doch sollte man ohne Kenntnis der näheren Umstände und
Beweggründe mit Worten wie Charakterschwäche und sittlicher Bewährung nicht so schnell bei der Hand sein. Für sein loyales Verhalten
gegenüber den Protestanten spricht es jedenfalls, daß er nach der Einnahme von Breslau (1632), welche sein Dienstverhältnis löste, un-
behelligt in der Stadt blieb, und die Zeitgenossen gegen ihn solche Vorwürfe nicht erhoben.

4. ÜBERSETZUNGEN

Eine Reise nach Paris (1630) bot Opitz Gelegenheit, persönliche Beziehungen zu Gelehrten zu festigen, aufzunehmen und sein Ansehen zu heben. Mit *Hugo Grotius*, dessen holländisches Gedicht *Von der Wahrheit der christlichen Religion* er (1631) übersetzte, verband ihn von da ab eine herzliche Freundschaft. Von 1633 bis 1635 stand Opitz im Dienste der Herzöge von Liegnitz und Brieg und machte in deren Auftrag verschiedene Reisen nach Frankfurt, Heidelberg, Cöthen, Berlin, Thorn und Böhmen. Sein Ansehen, sein Ruf eines Gelehrten und Dichters und seine Verwendbarkeit zur Erledigung diplomatischer Aufgaben brachten Opitz schließlich (1636) das Amt eines königlich polnischen Geschichtsschreibers am Hofe zu Danzig ein. Von da wendet er sich nach der Abfassung verschiedener *Lehrgedichte* und der Übersetzung der *Antigone des Sophokles* (1636) gelehrten Arbeiten aus der polnischen Geschichte und einer deutschen Übersetzung von *Augustins Gottesstaat* zu. Seine letzten Lebensjahre brachten eine reiche Ernte ein: 1637 vollendete er seine vollständige Übersetzung des *Psalters* in deutsche Reime. Lateinische und französische Übersetzungen waren ihm Vorbild. Viele Erklärungen zog er heran. Auch die Hilfe eines Hebräisten kam ihm zugute. Kurz vor seinem Tode erlebte er noch das Erscheinen seiner Ausgabe des *Annoliedes*. Er starb zu Danzig an der Pest am 20. August 1639.

Um Opitz als Übersetzer würdigen und damit die wichtigsten Leistungen seiner letzten Schaffensperiode beurteilen zu können, muß man auf Fischarts Geschichtsklitterung oder die Straßburger Übertragungen lateinischer Dramentexte zurückblicken. Von beiden trennt ihn eine Kluft. Er hält sich streng an den Wortlaut und will eine andere Atmosphäre vermitteln. Diese Bemühung um Korrektheit unterscheidet die gelehrte Dichtung von der volkstümlichen. Man löst damit die Dichtung von ihrem Nährboden. Ihre Gestalten verlieren die Züge der Menschlichkeit. Sie werden zu personifizierten Abstrakten, wandelnden Tugenden und Lastern, bekommen einen beispielhaften Charakter als Vorbilder oder abschreckende Zerrbilder. Das entspricht dem Hofleben, der Unterordnung unter die Gesetze der Gesellschaft, während sich das natürliche Leben frei entfaltet. Der Unterschied zwischen volkstümlich-humanistischer und gelehrt-höfischer Kunstrichtung wird kaum in einer anderen Gattung so sichtbar wie in Übersetzungen, deren *Originale* das *tertium comparationis* bilden. Wenn wir heute einen solchen Vergleich anstellen, so ist unsere Fragestellung zunächst: Wird das Original in seinem Zeitkolorit und seiner zeitbedingten geistigen Haltung erfaßt? Welche von beiden Fassungen kommt dem Original näher? Sie sollte aber lauten: Warum verändern sich Auffassung, Weltbild, Kostüm und Haltung der Gestalten? Die soziologische Umschichtung der Literatur spiegelt sich in dieser Veränderung. Nun wird auch die gelehrte Bemühung um die Erklärung der Texte in den Übersetzungen sichtbar. Der sich bildende neue Geschmack stellte einen anderen Kanon der Autoren auf. Er bewertete und konnte sich daher noch nicht um ein Verstehen der Originale aus deren Lebens- und Daseinsbedingungen bemühen, weil diese noch nicht erkannt waren. Es sollte sich bei einer Untersuchung der Übersetzungen nicht um eine Registratur von Irrtümern und Fehlern handeln, sondern um ein Eindringen in die Vorgänge der Aneignung geistiger Werte und der Angleichung des Formbewußtseins. Mag die Übersetzungstechnik, welche auf Werke des klassischen Altertums und moderne Werke angewendet wird, auch die gleiche sein, so ist doch das Ergebnis ein wesentlich anderes; denn das zeitgenössische Werk verändert nur den Sprachkörper. Es wird nicht aus seiner Zeit herausgehoben. Die Übersetzung wird von der Absicht diktiert, ein französisches, italienisches oder spanisches Werk mit seiner vorbildlichen äußeren Gestalt und mit seinem geistigen Inhalt den Zeitgenossen in ihrer Sprache vorzuführen und mit diesem Vorbild die dichterische Produktion zu beleben. Sie gilt als Vorstufe und Schulungsmittel. Ein Werk aus dem klassischen Altertum wird desgleichen nicht als Fremdkörper oder einmalige Erscheinung angesehen, die aus besonderen, geschichtlich bedingten Voraussetzungen erwachsen ist, sondern als eine Art S c h a b l o n e. Wenn man sich in Florenz um das Musikdrama, in Straßburg um das gehobene Schuldrama bemühte, so dachte man nicht an eine Neuschöpfung, sondern an eine Erneuerung und *Wiederbelebung* des antiken Dramas als Gesamtkunstwerkes. Daraus erklären sich Formzwang, Herrschaft der Regel und Ausrichtung an der Theorie. So rücken Vorbild und Nachahmung nahe zusammen. Den Zeitgenossen konnte der Unterschied zwischen einem Straßburger *Musikdrama* und einer Tragödie *Senecas*, der Oper *Dafne* von *Rinuccini* und einem Werke von *Sophokles* oder *Euripides* gar nicht zum Bewußtsein kommen. Dem 17. Jahrh., das selbst so viele verschiedene Stile anwendete und in seinen Werken vereinigte, fehlte die Möglichkeit, einen fremden Stil aus dessen anderen Lebensbedingungen zu erschließen. Wieder wird hier sichtbar, daß Herders Erkenntnisse den Zugang zur Dichtung des 17. Jahrh.s versperren. Von uns aus gesehen haben die Übersetzungen antiker Werke im 16. und 17. Jahrh., d. h. die humanistisch-volkstümlichen und die höfisch-gelehrten, das Verständnis der Antike wenig gefördert. Die höfisch-gelehrte Weltsicht machte energisch Schluß mit dem naiven Angleichen an die bürgerliche Welt. Sie terrorisierte die Gestalten und entzog sie dem naiven Zugriff des Knittelverses. Sie brach mit einer alten Überlieferung, indem sie glaubte, ihrem Bemühen sei es gelungen, daß die antike Welt wieder in Erscheinung treten könne, ohne dem

Christentum zu schaden, ja daß dieses durch die Weisheit und den Beispielvorrat der Antike gestützt und geschützt werde. So sah die Wiedergeburt der Antike aus. Die Vorherrschaft der römischen Antike aber versperrte den Zugang zum echten Griechentum noch lange Zeit. Die ununterbrochene Bemühung fast dreier Jahrhunderte trennte schließlich doch die beiden geistigen Bereiche der römischen und griechischen Antike, ehe sie die einzelnen Werke und Dichterpersönlichkeiten in ihrer geistigen Besonderheit erkennen konnte und das klassische Altertum in seiner Weite wiedergewann.

Mit seiner Übersetzung der Antigone gab Opitz ein neues Beispiel für die Schulbühne in einer antiken Tragödie, deren künstlerische Werte im Vordergrund standen. Er führte damit den hohen Stil in das Drama ein. Er glaubte dies durch eine möglichst wörtliche Wiedergabe zu erreichen und dadurch, daß er das griechische Original aus dem Stil des Sophokles in den Senecas umdichtete, ohne sich über dieses Ergebnis seines Fleißes klar zu werden. Die ewigen Lebensmächte und der Widerstreit menschlich-moralischer Pflicht gegen das Gesetz wandelten sich unter seinen Händen in den einfachen logischen Schluß: die Schuld müsse bestraft werden. Alles wird auf eine Normaltonart gestimmt. Die auftretenden Personen bewegen sich wie Marionetten, sie gehorchen den Schnürchen, die der Dichter hält, und reden in Worten, die seiner Dichterwürde und Stellung angemessen sind. In einer gegenüberstellenden Untersuchung kam Alewyn zur Prägung des Begriffs Vorbarocker Klassizismus für diesen Stil, der noch in Harsdörffers Japeta (1643) festgestellt wurde.

Was ihm ernteverheißend erschien, sammelte, übersetzte oder bearbeitete Opitz mit dem Erfolg, daß er damit die Richtung der deutschen Literatur für mehr als ein Jahrhundert festlegte; denn seither kämpfte sie erfolgreich um ihr Ansehen, bis sie sich mit Klopstock als Siegerin fühlte. Opitz schmiedete Dichtung und Theorie aufs engste zusammen. Das ist es, was seinen Klassizismus ausmacht. Bis Herder ist nun dieser vernunftgemäß ausgerichtete Klassizismus die Grundlage der deutschen Literatur. Es war für ihre Entwicklung von entscheidender Bedeutung, daß ihr die Theorie so lange die Vorbilder zur Nachahmung empfahl, bis sie aus anderen Kräften und anderer Gesinnung zu schaffen begann. Wie weit Opitz die Grenzen der deutschen Poesie steckte, und mit welchem Geschick er ihre Ordnungen bestimmte, zeigt sich in ihrer langen Bewährung, ja in der immer wieder geforderten Rückkehr zu seinen Grundsätzen. Die kritische Ausgabe seiner Werke, um die man sich im 18. Jahrh. bemühte, ist dazu eine Parallelerscheinung. Auf eine Linie zusammengeschrumpft führt die Entwicklung von Opitz weg zu einer Auflösung der klaren, gleichsam geometrisch faßbaren Linien und deren Überwucherung von Schnörkeln und sinngeladenem Zierat. Das heißt, diese Linien sind immer noch vorhanden als konstruktive Hilfen. Nur entziehen sie sich ganz dem Blick, der an der Oberfläche haften bleibt. Verliert aber die schmückende Zutat ihren geistigen Gehalt, so daß sie als überflüssig angesehen wird, dann tritt wieder eine

Rückbesinnung auf das Einfache und Klare ein. In der Terminologie
der Literaturgeschichte heißt dies: Der vorbarocke oder Renaissance-
Klassizismus eines Opitz entwickelt sich zum Hochbarock und mündet
von dort über die Hofdichtung im eigentlichen Sinn in den Auf-
klärungsklassizismus eines Gottsched und Lessing. Daher tragen
Ansätze und Ende dieser Bewegung gleiche oder ähnliche Züge.
Doch schließt das Ende der Entwicklung zwar die Möglichkeit
von einzelnen Rückschlägen keineswegs aus, wie dies die Rokoko-
dichtung zeigen wird, aber es ist doch eine völlig anders geartete Lage eingetreten. Daher kann die Entwicklung, zu welcher Opitz den wichtigsten
Grundstein legte, nicht als ein Vorgang angesehen werden, der aus zwei
einander entsprechenden Bewegungen, einer vorwärts treibenden und
einer rückläufigen, besteht, sondern es müssen allenthalben die neuen
Keime erkannt werden, welche erst im 18. Jahrh. Früchte brachten.
Wenn im Umkreis geistiger Entwicklungen von einem Gesetz gesprochen werden darf, so ist es dieses, daß die Rückkehr zu früheren
geistigen Haltungen einem rüstigen Vorwärtsschreiten in die Zukunft
gleichzusetzen ist. Innere Ergriffenheit und Drang zur Selbstoffenbarung
sind mit klassizistischer Haltung unvereinbar. Sie neigt zur Auswahl aus
dem weiten Umkreis der Muster, zu synkretistischem Zusammenweben
der Einzelheiten oder zu deren mosaikartiger Zusammenfügung. Zieht
man Ronsard, dessen Leistung für Opitz vorbildlich war, zum Vergleich
heran, so muß man die platonische Voraussetzung und Kunstbegeiste-
rung des Franzosen gegen die nüchtern rechnende, aristotelisch und
schulmäßig bestimmte Einstellung des deutschen Kunstrichters halten.

LITERATUR

Die Werke von Opitz wurden hrsg. von Bodmer und Breitinger. Zürich 1745,
jedoch nur ein Band, von J. Tittmann eine Auswahl: Deutsche Dichter des 17. Jahrh.s
1 (1869), von H. Oesterley: Geistliche und weltliche Dichtung DNL 27. G. Witkowski gab Neudr. 189–92 (1902) die Teutschen Poemata, ferner Leipzig 1888
den Aristarchus und das Büchlein von der deutschen Poeterey heraus. Dieses wurde
Neudr. 1 (1913) von W. Braune herausgegeben. –
Wichtige Quelle: A. Reifferscheid, Quellen zur Geschichte des geistigen Lebens
in Deutschland während des 17. Jahrh. Bd. 1 Heilbronn 1889.
J. B. Birrer, Die Beurteilung von M. O. in der deutschen Literaturgeschichte.
Diss. Freiburg i. d. Schweiz 1939. F. Gundolf, M. O. München 1923. G. Baesecke,
Die Sprache der Opitzschen Gedichtsammlungen von 1624 und 1625. Diss. Göttin-
gen 1899. R. Alewyn, Vorbarocker Klassizismus und griechische Tragödie. Neue
Heidelb. Jbb. 1926 S. 3–63.

ZWEITES KAPITEL

DIE AUSBREITUNG DER NEUEN VERSLEHRE

Die Darstellungen der Literatur des 17. Jahrh.s standen lange Zeit so unter dem Eindruck der Reformtat von Opitz, daß sie Dichter und Theoretiker danach einstuften, wie sie sich zur Lehre von Opitz hielten, und wie ihre poetische Praxis mit seiner Theorie übereinstimmte. Deshalb stand das Interesse an Lyrik und Theorie im Vordergrund. Die Theorie erfüllte eine ideale Forderung, indem sie ein praktisch unerreichbares Vorbild aufstellte, das aus einer fremden Formenwelt abgeleitet war. Die verschiedene Auffassung und Auslegung der wenn auch noch so umständlich festgelegten Gesetze, die Ausrichtung der eigenen mundartlichen Ausdrucksweise an dem streng geregelten Versgang des Vorbildes, die ehrgeizige Bemühung um eine den höchsten Anforderungen genügende Kunst an einem Sprachstoff, der immer wieder neu behauen und geglättet werden mußte, zeigen, wie heiß und schwer der Kampf um das neue Formideal war. Eine selbständige geistige Bewegung entfesselte die Reform von Opitz nicht. Sie blieb immer der Ausdruck des gebundenen künstlerischen und geistigen Wollens der Zeit. Wenn sie sich mit örtlichen Überlieferungen verband oder solche ins Leben rief, erwies sie ihre Anpassungsfähigkeit. Die Geschichte der Theorie wird trotz mancher selbständiger Leistungen des Zeitalters von der Auslegung der Worte des Meisters bestimmt. Er hatte die Reinheit der Dichtung wieder hergestellt, wie der Humanismus sich einst um die Reinheit des Bibeltextes bemüht hatte. Von diesem Standpunkt aus ist die Versreform ein letztes Glied der Renaissance, die hier wieder zu ihrem philologischen Ausgangspunkt zurückkehrt. Wenn man auch nicht von schulmäßiger Verpflichtung auf die poetischen Gesetze sprechen kann, so bedeutet die Lehre doch ein Programm. Zunächst verpflichtete sich Opitz seine schlesischen Landsleute, daran schlossen sich Leipziger Studenten. Über die Sprachgesellschaften wirkte er nach Königsberg, Nürnberg und Hamburg.

1. DIE SCHLESIER

Im Umkreis von Opitz erscheinen seine Landsleute, die nach ihrem Alter als Lehrer, Mitstrebende oder Schüler anzusehen sind. Da war sein Oheim Valentin Senftleben, Rektor zu Bunzlau, der 1609–12 drei deutsche Schulspiele aufführen ließ. Ein angesehener neulateinischer Dichter, vornehmlich Epigrammatiker, war der Breslauer Arzt Kaspar

Cunrad (1571–1633). Er hatte sich in Basel seinen Doktorhut geholt und war mit den Heidelbergern in Beziehung getreten. Auch der Arzt Daniel Rindfleisch, bei dem Opitz in Breslau wohnte, hatte in Heidelberg studiert und war wie Cunrad mit Schede befreundet. Tobias Scultetus von Bregeschütz (1565–1620), ebenfalls ein lateinischer Dichter, lenkte schon in Beuthen den jungen Kunstbeflissenen auf die niederländische Dichtung.

Unter den Altersgenossen von Opitz ist Christoph Köler (1602 bis 1658) der treueste Trabant seines Bunzlauer Landsmanns gewesen. Fünf Jahre (1624–29) verbrachte er in Straßburg, die letzten zwei davon als Hofmeister bei den Söhnen eines Münzmeisters. Wie hoch er als Dichter gewertet wurde, geht aus einem Gedicht hervor, das der verehrte Heidelberger Lehrer und Protektor junger Genies *Janus Gruter* 1627 kurz vor seinem Tode an Köler richtete. Es verdient nicht nur wegen seiner Mischung von rhythmischer deutscher Prosa mit lateinischen Versen Beachtung, sondern auch der Beteiligung wegen, welche die ältere Generation an der Generalreformation der deutschen Dichtkunst zeigte: „Die ihr in selbstlosem Streben, unter den schwersten Entbehrungen der Dichtkunst obliegt, durch eure literarischen Taten der Könige und Städte Neid erregt und den Musen und Grazien in Deutschland bisher ungewohnte Tempel errichtet, *in quae nil queant Livor, unda flamma, ferrum, temporum voracitas.*" Zu einer Veröffentlichung seiner Gedichte fehlten Köler die Mittel, und als sie ihm zu Gebote standen – er unterrichtete von 1634 an am Elisabethgymnasium in Breslau und wurde dort 1637 Prorektor – da hatte er sich mit der Gelegenheitsdichterei, die ihm den Lebensunterhalt verschaffen mußte, so ausgeschrieben, daß er nicht mehr viel zustande brachte. Scultetus, Scheffler, Hofmann, Titz und Mühlpfort gingen bei ihm in die Schule. Er veranstaltete zu Ehren von Opitz eine fürstliche Totenfeier, bei der er die Festrede hielt, und zwölf Schüler in Versen auf deutsch, lateinisch und griechisch zum Lob des Boberschwans sprachen. Frisch und lebensfroh sind allein seine Straßburger Gedichte. Sie klingen an das Volkslied an.

Christian Cunrad (1608–71) studierte in Straßburg und war dann wie sein Vater Kaspar Cunrad Arzt in Breslau. Später wurde er katholisch. Zum Landesmedikus in Troppau wurde er 1669 ernannt. Er war ein eifriger Vorkämpfer der Versreform. Früh (1624) begann er zu dichten. Doch als er auf Antrag von Opitz zum Dichter gekrönt worden war (1629), war das Flämmchen seiner Kunst ziemlich erloschen. Er war einer der Wegbereiter der Schäferdichtung und stellte über deren Motive die Verbindung zur religiösen Poesie her.

Matthäus Apelles von Löwenstern (1594–1648) war der Sohn des Sattlermeisters Ap(p)el in Neustadt. Er studierte in Frankfurt a. d. O. und war dann als Schulmeister und Leiter der Kirchenmusik in Leobschütz tätig. In Bernstadt erwarb er die Gunst des Herzogs Heinrich Wenzel von Münsterberg und Oels, gelangte zu hohem Ansehen, wurde geadelt und war schließlich kaiserlicher Rat in Breslau. Als vermögender Gutsbesitzer konnte er junge Talente wie Tscherning unterstützen. Er war ein eifriger Vorkämpfer der Versreform, deren Notwendigkeit ihm durch die Musik klar wurde. Die Formgebung der Kirchenmusik des 17. Jahrh.s war ihm vertraut. Ähnlich wie Heermann bereicherte er das Kirchenlied mit antiken Strophen und Übersetzungen lateinischer Hymnen. Er bildete einen Mittelpunkt des geistigen und gesellschaftlichen Lebens. Als Komponist des Operntextes *Judith* von Opitz löste er Schütz ab.

Andreas Tscherning (1611–59), verwandt mit Opitz und Scultetus, war der Sohn eines Kürschners in Bunzlau. Dort, in Görlitz und Breslau, besuchte er dieselben Schulen wie Opitz. Dieser, David Rheinisch und Christoph Köler waren ihm maßgebende Vorbilder. Mit Empfehlungsbriefen von ihnen kam er 1635 an die Universität Rostock und widmete sich mit besonderem Eifer dem Studium der orientalischen Sprachen. Zur Regelung seiner Erbschaft traf er 1636 wieder in Bunzlau ein, bemühte sich dort vergeblich um den Verkauf seines Hauses und schlug sich dann als Hauslehrer in Breslau durch. Wie hoch man ihn als würdigen Fortsetzer von Opitz schätzte, geht daraus hervor, daß ihn *August Buchner* nach Wittenberg einlud und ihm die Aussicht eröffnete, als Professor der Poesie und Beredsamkeit sein Nachfolger zu werden. Doch waren diese Bemühungen ebenso vergeblich wie die seines Freundes Czimmermann, ihm als Hofmeister zu einem Aufenthalt in Leyden und einer juristischen Lehrstelle am Gymnasium in Thorn zu verhelfen. Im Herbst 1642 traf Tscherning in Rostock ein. Von 1644 an bekleidete er dort die Professur für Poesie. Nach seiner Hochzeit mit der Witwe des Advokaten beim Lübeckischen Obergericht Marsilius (1645) floß sein Leben ziemlich gleichmäßig dahin. Die Verbindung mit seiner Heimat und seinen Landsleuten, besonders mit seinem Gönner Apelles von Löwenstern hielt er aufrecht. Sein großer Briefwechsel zeigt ihn als angesehenen Statthalter von Opitz, weshalb er sich auch neueren literarischen Strömungen (Rist, Zesen) gegenüber zumeist ablehnend verhielt.

Die meisten Gedichte Tschernings sind Paraphrasen von Texten, Variationen von bereits behandelten Themen, doch keineswegs so, daß er sie ornamental ausschmückte; denn häufig führt er sie auf einfachere Grundlagen zurück und stellt schlichter dar als die Vorlage. Die schweren Erlebnisse seiner Jugendzeit dämpfen seine ersten Dichtungen auf eine elegische Tonlage. Tod, Kriegsnot, Trauer über ferne Freunde und schlechte Zukunftsaussichten kehren häufig darinnen wieder. Der Übergang von lateinischer zu deutscher Dichtersprache ist für Tscherning, der sich ohne Selbstprüfung in den Bann von Opitz begab, kein Problem. In deutsche Alexandriner übertrug er (1634) die Elegie des *Caspar Barlaeus Rachel deplorans Infanticidium Herodis*. Seine Übertragung der Sprüche *Alis*, welche er 1641 mit einer wörtlichen lateinischen Übersetzung drucken ließ, ist die erste deutsche Übersetzung eines arabischen Textes, dessen prägnante Kürzung allerdings unter der anschwellenden Zutat leidet. Tscherning gewährt Einblick in seine poetische Werkstatt, wenn er darüber berichtet, daß er sich aus den Werken von Opitz und Fleming eine Blütenlese und Sammlung von Lesefrüchten, Bildern, Wendungen und Phrasen anlegte, die ihm das Material für sein poetisches Zusammensetzspiel boten. Es ist das gleiche wissenschaftlich-gelehrte

Verfahren, das für die neulateinischen Dichter eigentümlich ist, nur daß Tscherning meistens nicht – abzusehen ist von den antiken und neulateinischen Texten – zu den Quellen hinabstieg, sondern seinen Dichtstoff da zusammensuchte, wo er am leichtesten zugänglich und durch die Autorität gesichert war. Daß Tscherning nicht als Schäfer den Parnaß betrat und daß seine schlichte Natur dieses höfische Spiel nicht mitmachte, mag seiner Anlage und den Ansichten seines Rostocker Poetiklehrers *Peter Lauremberg* (1585–1639) entsprochen haben. Aber als Petrarkist macht er wacker mit. Seine Persönlichkeit und sein künstlerisches Wollen brechen in seiner Dichtung nirgends durch. Seine Stärke ist die formelle Gewandtheit. Die Zeitgenossen, die ihn schätzten, machten die Unterscheidung zwischen Neutönern und Epigonen nicht. Tschernings Drama *Judith* war 1642 abgeschlossen, 1643 fand in Thorn eine Aufführung statt. Tscherning erweiterte die Grundlinien der Judith von Opitz und stellte vor dessen Text zwei Akte und eine Szene Variationen und Wiederholungen, zu denen die Anregung auf ältere Bearbeitungen dieses Stoffes zurückgeht. Opitz, der mit seiner Daphne und der reichhaltigeren Judith der italienischen Oper den Weg bahnen wollte, hatte einen Operntext verfaßt. Doch hatte Tscherning für diese neue Formgebung kein Organ. Er kleisterte im Stil des Schuldramas seine Arbeit an den Text von Opitz an, ohne seinen Text dem Reichtum der metrischen Formen des verehrten Vorbildes anzugleichen. Apelles von Löwenstern komponierte die Chöre.

Die poetische Produktion ließ bei Tscherning bald nach. Das Aufblitzen einiger Lichter darf nicht darüber hinwegtäuschen, daß die Entwicklung des Dichters, der sich ganz im Bannkreis von Opitz bewegte, früh abgeschlossen war. Auch die P o e t i k, welche zwanzig Jahre (1658) nach ihrer ersten Planung erschien, unterstellte sich ganz dieser Autorität, deren Rat er oftmals eingeholt hatte. Seiner beabsichtigten Neuausgabe des Büchleins von deutscher Poeterey mit Paraphrasen und Erklärungen kam man in der Zeit der Hochflut der Poetiken – zwischen 1640 und 1645 sind mindestens zehn Arbeiten über die deutsche Prosodie erschienen – zuvor. Das war wohl der Grund, weshalb er seinen Plan zurückstellte, die Erfahrungen des akademischen Unterrichts seiner Arbeit zugute kommen ließ und die Gelegenheit ergriff, zu der Auffassung der anderen Stellung zu nehmen. Das tat er allerdings nur in einem beschränkten Rahmen. Doch bot er ein brauchbares Lehrbuch, das die Lehren der anderen ergänzte und zu Kompromissen z. B. in der Frage der Rechtschreibung neigte. Als Eklektiker hält sich Tscherning an seine Autoritäten. Erst im vierten Kapitel spricht er von der *Rein- und Zierlichkeit der Worte*, dem sprachlichen Material der Dichtung. Er bekennt sich zur hochdeutschen Tradition der Kanzleien und tritt für die Reinheit der Sprache ein. Es ist das Verdienst der Schlesier, der Söhne des ausschlaggebenden Literaturlandes im 17. Jahrh., die mitteldeutsche Grundlage der Schrift- und Dichtersprache gestärkt zu haben. Dafür tritt auch Tscherning in seiner Poetik ein. Bei aller Belesenheit in den theoretischen Schriften und Bemühung um klare Verhältnisse unterscheidet Tscherning nicht schärfer als seine Zeitgenossen. Das 17. Jahrh. stand den Fragen der sprachlichen Verwandtschaft, Etymologie, Laut- und Betonungslehre, kurzum jenen Gebieten, deren Beherrschung das sprachliche Unterscheidungsvermögen fördert, recht hilflos gegenüber, aber es bahnte die Diskussion darüber an, so daß sich mit den aufsteigenden Erkenntnissen die Möglichkeit verband, Wesen und Voraussetzung des Stoffes, mit dem die Dichtkunst arbeitet, zu erfassen. Parallel mit dieser Entwicklung gibt die Poetik ihre universale Stellung innerhalb der Wissenschaft auf und grenzen sich die Bezirke der Wissenschaft von der Sprache (Philologie) und der von der Dichtkunst (Poetik) ab und wird diese der Philosophie (Ästhetik) zugesellt. Mit dem sechsten Kapitel schließt der systematische Teil. Ein Anhang bietet eine Sammlung von Bildern und Metaphern, die zur Verwendung und Nachahmung empfohlen werden.

Tscherning impfte den Brauch der neulateinischen Dichter als Reis auf den Stamm der deutschen Dichtung. Das belegt wieder einmal die Erscheinung, daß die neue deutsche Dichtung später als die der anderen europäischen Nationen, aber um so anhänglicher die Erbschaft der Neulateiner des 16. Jahrh.s anzutreten meinte, indem sie sich von ihr gleichzeitig emanzipierte. Das ist daraus zu ersehen, daß sich Tscherning selten und nur mittelbar auf deren Autorität (Scaliger) beruft. Die Fortschritte der deutschen Dichtung über Lobwasser hinaus bucht Tscherning mit Befriedigung. Er hielt die von Opitz begründete Tradition aufrecht und vertrat zwischen den stark auseinanderstrebenden Auffassungen seiner Zeit, deren Pole die Fruchtbringende Gesellschaft und Zesen sind, eine mittlere Linie, welche dann der besonnene Morhof fortsetzte. Die unmittelbare Abhängigkeit der neuen deutschen Dichtung von der lateinischen Formgebung äußert sich darin, daß auf den anders gearteten Bau und die Abstufungsmöglichkeiten der deutschen Sprache keine Rücksicht genommen wird; denn es besteht noch keine Möglichkeit, von der Grammatik her den Ton- und Klangwert richtig abzustufen. So plagt sich Tscherning vergeblich damit ab, die Silbenquantitäten als feste Größen in seine Rechnung zu stellen und beugt in Zweifelsfällen den Vers rücksichtslos unter das Gesetz des regelmäßig wiederkehrenden Akzentes. Die metrische Bemühung um den Ausgleich des natürlichen und metrischen Rhythmus geht weiter. Vielleicht wird von hier aus verständlich, daß erst eine literarische Revolution von der Wucht der Geniebewegung imstande war, auf diesem Gebiet Wandel zu schaffen und das Natürlich-Organische über das starre Gesetz triumphieren zu lassen. Der idealen Forderung nach reinen Reimen beugt sich, wie in der höfischen Dichtung, die Mundart des Dichters nicht. Noch lange Zeit läßt sich die Heimat der Dichter aus ihren Reimen erschließen. Systematisch läßt sich die Anwendung der Kunstmittel zur Wiedergabe einer bestimmten Klangfarbe und Erzielung einer bestimmten Wirkung (Alliteration) sowie der Vers- und Strophenbau regeln. Es erschließt sich bei Tscherning kein Übermaß von neuen

Formen, aber doch eine solche Anzahl, daß die der gebräuchlichen neulateinischen Strophen übertroffen wird. Tscherning kannte die Grenzen seines Talents. In der Bescheidung auf das für ihn Erreichbare liegt seine menschliche und künstlerische Größe. Geduld und Demut stehen in seiner Tugendordnung an hoher Stelle. Er war ein beliebter akademischer Lehrer, tolerant und hilfsbereit, wenn er den guten Willen erkannte. Auch er besaß ein Talent zur Freundschaft. Als Statthalter von Opitz in Mecklenburg sorgte er für die Verbreitung der neuen Formideale. Daß diesen die Zukunft gehörte und nicht der heimischen Kunstübung, zeigt, daß Tscherning der Nachfolger der beiden Brüder Lauremberg auf der Lehrkanzel für Poetik in Rostock war.

Außerhalb des Kreises um Opitz stand Wenzel Scherffer von Scherffenstein (1603–70). Er stammte aus Leobschütz und wirkte von 1633 an als Organist der Schloßkirche zu Brieg. Er stellte sein nicht sehr großes, aber urwüchsiges und vielseitiges Talent in den Dienst der musikalisch-poetischen Überlieferung, ohne sich ganz den Gesetzen von Opitz zu beugen. Mit der Forderung nach mundartfreien Reimen konnte er sich nicht abfinden. Er ist am echtesten, wo er schlesisch redet, z. B. in seinen Hochzeitsliedern der Götter und Göttinnen, wenn er den ganzen Olymp aufbietet und ihn an die Vorstellungswelt seiner Landsleute heranbringt. Die höfische Dichtung gab ihm das formale Vorbild. Seine Lebenskunst leidet darunter nicht. Er ist ein fröhlicher Zecher und tanzt mit den polnischen Bauerndirnen. Seine Anakreontik ist Erfahrungsdichtung. Er kennt das Leben und weiß wie Mirza Schaffy, was das Paradies der Erde ist. Wenn so einer den erweiterten *Grobianus* von *Dedekind* (1552) dem Geschmack seiner Zeit in den geforderten Alexandrinern anpaßt, weil er seine Vorgänger Scheit und Hellbach als verstaubt empfindet (1640), so wahrt er den ursprünglichen Kern. Sein Hauptwerk ist *Der Musik Lob*. Da stellt er wie die Humanisten und Neulateiner den Ursprung seiner Lieblingskunst dar und preist sie als Veredlerin der Sitten. Kirchen- und Trinklied, die großen Wunder der Religion und die kleinen der Natur umkreist seine eigene Kunst. Als Satiriker, aufrechter Patriot und Feind des Alamodewesens hat er manchen Zug mit seinem Landsmann Logau gemeinsam. Erschütternde Augenblicksaufnahmen, die an Grimmelhausen erinnern, hielt er aus der Zeit des großen Krieges fest. Das Prunken mit Gelehrsamkeit und Wissen, die Schmeicheldichtung an seine Herrschaft, die Zurichtung von Tacitustexten in Alexandriner liegen ihm weniger. Trefflich sind seine Übersetzungen der Scherzreime des polnischen Dichters *Jan Kochanowski* (1652).

Zur Theorie führt Johann Peter Titz (1611–89) aus Liegnitz zurück. Früh verwaist kam er auf das Elisabethgymnasium nach Breslau. Dort unterrichtete ihn Köler. Von Danzig, wohin er 1636 geflüchtet war, ging er 1639 nach Rostock. Später knüpfte er feste Beziehungen zu den Königsbergern. Als Konrektor an der Marienschule zu Danzig (1648) und Professor der klassischen Sprachen wahrte er bis an das Ende des Jahrhunderts die strenge Regel. Er vermittelte sie an Pietsch und dieser gab sie an Gottsched weiter. Ein Studienaufenthalt in Leyden hat keine merklichen Spuren im Schaffen von Titz hinterlassen außer zwei Nachdichtungen von *Jakob Cats*, die Versnovellen *Leben aus dem Tode oder Grabesheirat zwischen Gaurin und Rhoden* und *Knemons Sendschreiben an Rhodopen*, den Heldenbrief des unglücklich liebenden Dichters an die von Psammetich zur künftigen Königin ausersehene Geliebte. Leid und Sehnsucht finden ergreifenden Ausdruck in dieser modernen Form, welche Titz vor Hofmann gepflegt hat. Mit seinen Gelegenheitsgedichten und Liedern steht Titz den Königsbergern nah. Seine Poetik (1642) ist „das reichhaltigste und durchdachteste der Lehrbücher". Sie ist die Quelle für zahllose andere geworden und war schon damals sehr beliebt, weil sie den poetischen Zierat wohlgeordnet ausbreitete und die Dichter einlud, sich der Wendungen, Bilder und Kunstmittel zu bedienen. Eine eingehende Untersuchung seiner Werke dürfte manchen wertvollen Aufschluß geben.

2. BUCHNER

Nach dem Tode von Opitz übernahm Buchner die Sendung, der Hüter der neuen deutschen Dichtkunst zu sein. Sein Porträt vermittelt den Eindruck eines wohlwollenden Patriarchen. Die überlegene Ruhe, welche er ausstrahlte, wirkte überzeugend. Seine Bedeutung lag im Vermitteln und Weitergeben. Die Wellen, welche die Heidelberger einst mit Schede und später unter der Ägide von Heinsius, Grotius und den anregenden Lehrern Lingelsheim und Bernegger in Bewegung gesetzt hatten und die sich durch Opitz von einem Zentrum her ausbreiteten, wurden schwächer und niedriger, je größer und weiter das Gebiet wurde, über das sie sich ausdehnten.

Augustus Buchner (1591–1661) wurde als jüngster Sohn des Oberzeugmeisters Paul Buchner zu Dresden geboren. Nachdem er bis 1610 Schulpforta besucht hatte, begann er mit dem Rechtsstudium in Wittenberg, sattelte jedoch unter dem Eindruck der Vorlesungen Taubmanns nach der philosophischen Fakultät um und wirkte von 1616 an bis zu seinem Tod von der Lehrkanzel aus, welche Taubmann bis 1613 innegehabt hatte. Oft verwaltete er akademische Ämter, von 1649 an hat er als Universitätssenior durch seine Beziehungen zum Dresdener Hof der Universität Wittenberg manchen guten Dienst leisten können.

Das Wirken Buchners als Professor der Poesie und Beredsamkeit mit der vielseitigen Aufgabe, klassische Texte zu erklären und Anweisungen zur Anfertigung lateinischer und deutscher Gedichte zu geben, zeigt die enge Bindung der neuen deutschen Dichtung an Schulhumanismus und neulateinische Dichtung. Bis ins 18. Jahrh. hinein sind Buchners durchgefeilte Briefe als Stilmuster neu aufgelegt und ausgeschrieben worden. Das gleiche, wohlgeschulte Formempfinden äußert sich auch in seiner lateinischen Dichtung, die das übliche Repertoire umspannt. Aber in ihrer Schlichtheit, Innigkeit und lebendigen Anschaulichkeit ist doch ein persönlicher Ton zu vernehmen. Der Zug zur Einfachheit, zu Plinius als Vorbild für die lateinische Prosa und die ausgeklügelte Formbeherrschung waren es, was die Zeitgenossen bewunderten. Je mehr man sich aber an so leicht zugänglichen Vorbildern schulte, um so höher wurde das Äußerlich-Technische geschätzt und um so schneller wurde der Gleichklang von Forma und Idea gestört, Als Herausgeber bewegte sich Buchner auf ähnlichen Gebieten wie sein

12*

Lehrer *Taubmann*. Von diesem kam auch die Anregung zur Beschäftigung
mit der durch Goldast bekannt gewordenen *altdeutschen Dichtung*. Daß
Buchner darinnen *vers communs* und Alexandriner aufstöberte, stellt ihn
in die Wiedergeburtsbestrebungen, welche ihre Daseinsberechtigung
auch dadurch erweisen müssen, daß ihre Neuerungen sich auf alte, ver-
gessene Bräuche berufen können, daß sie nichts anderes tun, als Vergessenes wieder zu Ehren zu bringen. Wenn Buchner einige mittelhochdeutsche Verse an den metrischen Gesetzen der romanischen
Sprachen verbessert, so ist er in der Anwendung von Prinzipien auf
einen Stoff, für den diese nicht geschaffen wurden, ein Vorläufer Lach-
mannscher Textkritik.

Zeit seines Lebens hat Buchner an seiner Poetik immer gefeilt und gebessert. Was
vor seinem Tod daraus bekannt wurde und über Wittenberg hinauskam, ist durch
seine Schüler verbreitet worden. Von den beiden Druckausgaben, welche 1663 und
1665 erschienen, geht die zweite, welche Buchners Nachfolger und Schwiegersohn
Otto Prätorius besorgte, unmittelbar auf die letzte Überarbeitung des Handexemplars
zurück. Mit *Handbuch zum Versemachen* sind Inhalt und Zweck des Werkes bezeichnet
worden. Die weit ausholende Einleitung bewegt sich in platonischen Gedankengängen,
sie weist auf die enge Verwandtschaft von Poesie und Philosophie und deren weite
Gebiete. Aufgabe des Dichters ist *prodesse* und *delectare*. Schon das zeigt, daß Buchner
auf die Hilfsstellungen verzichtete, welche *Scaliger*, *Ronsard* und *Heinsius* für Opitz gebildet hatten. In der Vertiefung der Lehre von Opitz und in der Zurückführung der
poetischen Grundsätze auf die antiken Autoritäten wird die eine Verbindung mit dem
Späthumanismus gefestigt und die andere zur Tradition romanischer Kunstübung
über den calvinistischen Kirchengesang gelockert. Die zentrale Stellung der Poetik
wird erschüttert durch die Annäherung der Dichtung an die Malerei. Buchner ist der
Systematiker der Lehren von Opitz. Er bemüht sich um feste Ordnungen nach Form
und Inhalt. Seine rhetorische Grundhaltung ist in *Quintilian* und *Cicero* gefestigt. Die
aristokratisch-höfische Einstellung spricht aus der Ablehnung volkstümlicher Redeweise und derber Kraftausdrücke. Aus der Scheu vor dem wilden Wachstum und den
entfesselten Naturgewalten wächst fast in allen geistigen Bezirken des 17. Jahrh.s das
Verlangen nach gesetzlicher Regelung. Man hat den Eindruck, daß den Auswirkungen
der Gesetze nicht nachgegangen wird, daß man sich über die Folgen ihrer strengen
Durchführung nicht viel Gedanken macht. Wenn sie nur da sind und die Autorität
hinter ihnen steht. Es bilden sich Parteien über Fragen wie die Berechtigung der Anwendung des Daktylus. In jedem Einzelfall sollte entschieden werden, was der Grund
der Meinungsverschiedenheiten ist, und ob sich hinter solchen Meinungen und festen
Standpunkten Stilgefühl oder Willkür äußert. Auf das ausgeprägte, normierte Stilgefühl verweist die Autorität der Antike, an deren Wiedergewinnung systematisch
gearbeitet wird. Sie ist die letzte Instanz auf den meisten Gebieten des geistigen Lebens.
Die einzelnen Kunstformen erreichen ihre Vollendung, je mehr sie mit ihr übereinstimmen. Die Übersetzerleistung steht in hohem Wert. Alle Bemühungen um eine
theoretische Grundlegung der Dichtung dienten dazu, das Stilgefühl zu wecken und
durch den Unterricht in der Poetik zu stützen. In dem Hinweis auf die griechischen
Leistungen als den Urquell der Dichtung schließt sich Buchner an Opitz an. Auch
hier wird die Beziehung zur *Musik* sichtbar; denn die Oper trat mit dem Anspruch
auf, das antike Theater zu erneuern. Doch meint Buchner, man bekäme des Griechischen genug mit, wenn man sich an Horaz und Vergil halte. Auf das Drama läßt er
sich nicht ein. Buchners Anweisung läßt sich ganz im Sinne von Opitz (vgl. S. 159)

in die Proportion fassen: die deutsche Dichtung verhalte sich zur lateinischen wie diese zur griechischen! Wenigstens in den Gebieten der Lyrik und Epik stellt sich die lateinische Dichtung zwischen die griechische und deutsche. Die Bemühung um die Ausschaltung der französischen und italienischen Vorbilder zeigt sich in der Anweisung: Verhaltet euch der lateinischen Dichtung gegenüber wie *Ronsard, du Bartas* und *Tasso*. Man muß diese Einstellung mit der mittelalterlichen und der des späten 18. Jahrs zusammenhalten, um darin einerseits die langsame Loslösung der Poesie von dem kirchenväterlichen Auswahlprinzip zu erkennen, andererseits den Fortschritt zu sehen, daß schließlich an die Stelle des aus der Antike genommenen Gesetzes die geistige Wahlverwandtschaft trat. Daß nur der Gelehrte etwas galt, der die klassischen Sprachen beherrschte, ist eine Erbschaft der Neulateiner. So aber wie diesen Adagia, Emblemata, Apophthegmata, Collectanea unentbehrliche Hilfsbücher beim Dichten waren, entstanden nun die Reimlexika, poetischen Kompendien und Schatzkammern, in welchen nach *Titz* ,,allerhand schöne Worte und Redens-Arten / zierliche Beschreibungen / wohlanständige Gleichnisse / und was dessen mehr ist / dadurch ein Gedicht anmuthig wird / und seinen Wohlstand bekommet / fleissig und bedachtsam zusammengebracht wurden''. Die lange Reihe eröffnete der *Pindus poeticus* der Fruchtbringenden Gesellschaft (1626). Ihre hohe Zeit ist in den sechziger Jahren. Wenn sie auch als Erleichterung gedacht sind, so wünschen ihre Verfasser und Herausgeber (Bergmann, Titz, von Peschwitz, Treuer, Werner u. a.) doch nicht, daß die angehenden Poeten es darüber aufgeben, die Werke der Dichter selbst zu lesen.

Buchner nahm die Anregungen von Opitz in dem Sinne auf, ihnen einen systematischen Unterbau zu geben, und die neue Kunst von der Volkskunst abzugrenzen. Er machte die deutsche Dichtkunst zum Lehrfach an der Universität Wittenberg. Von dort haben sie seine Schüler weithin getragen. Er ist durch sie der bedeutendste Vermittler formaler Bildung im 17. Jahrh. geworden. Welche verschiedenen Richtungen im Hörsaal Buchners zusammentreffen, zeigen die Namen einiger seiner bedeutendsten Schüler an, welche uns noch begegnen werden: *Buchholtz, Gerhardt, Gueintz, Claj, Schirmer, Schwieger, Schottel, Thomasius* und *Zesen*. In der lebendig und mündlich vermittelten Lehre liegt Buchners Wirkung viel mehr als in seiner Poetik, wenn diese auch den festen Formbestand der deutschen Dichtung für ein volles Jahrhundert sicherte. Die poetische Produktion Buchners bewegte sich mit Geschick im Bereich der von Opitz bestimmten Bahn. Wo ihm der Meister zu weit gegangen scheint, hält er ein seinem Wesen entsprechendes Maß, z. B. machte er die Schäfermode nicht mit. Auch sonst hat man den Eindruck, daß er alles vorsichtig vermied, woraus sich Ansätze zu einem Stil bilden konnten. Die Antike wies ihm den Weg zur Einfachheit. Er erfüllte seine Aufgabe in der Festigung der Dichtersprache, in der Anfertigung von mustergültigen Beispielen, von Paradestücken der neuen Verskunst. Ein Beispiel dafür, daß die neue Verskunst durch die Musik gefestigt wurde und man sich in der Verbindung mit ihr um einen größeren Formenreichtum bemühte, ist der Operntext *Orpheus*, welchen Buchner in Übereinkunft mit dem Komponisten Schütz zur Vermählungsfeier

des Kurprinzen Johann Georg mit Magdalena Sibylle von Brandenburg (1638) verfaßte.

Buchner ist, wie sein Briefwechsel und die große Anzahl seiner
Schüler zeigen, vielleicht die zentralste Gestalt in der deutschen Literatur des 17. Jahrh.s. Für Opitz mußte ein hilfsbereiter Mann willkommen sein, auf dessen Unterstützung und systematische Festigung
seiner Anregungen er rechnen konnte. Da sich Buchner von vornherein
für den Empfangenden hielt, war kein Anlaß zur Rivalität vorhanden. Er
erfüllte seine Vermittlersendung, weil er sie erkannt hatte. Über ihn
geht die Verbindung zur Fruchtbringenden Gesellschaft und dem Dresdener Kreis (Schütz) nach Schlesien und Holland.

Trotz Buchner wurde man um die Mitte des 17. Jahrh.s langsam der
poetischen Theorie überdrüssig. Wenn es auch kaum einer eingesteht,
so wurden doch der theoretische Gleichschritt als störend, und die feste
Formgebung als Zwang empfunden. Die Großformen des Dramas und
Romans entzogen sich diesem Zwang ziemlich bald. Über diese Gebiete
erstreckte sich das Regeldiktat nur insofern, als ihnen gewisse soziale
und stoffliche Gebiete zugewiesen wurden. Eine Diskussion über die
drei Einheiten im Drama entwickelte sich nicht. Der Übergang vom
antiken Vorbild *Seneca* zum modernen Vorbild *Corneille* vollzog sich
nur langsam. Da es an einem Nationaltheater fehlte und die beinahe
zahllosen örtlichen Überlieferungen sich nach Neigung und Geschmack
der leitenden Kräfte entwickelten, konnte sich kein öffentliches und
weitere Kreise erfassendes Interesse bilden. Daher fehlten auch wirkliche
Auseinandersetzungen über solche Fragen, die zur gleichen Zeit in
Frankreich die maßgebende Gesellschaft erregten. Die Zeit der Diskurse
über dramatische Fragen bricht bei uns erst mit *Gottsched* an. Er führte
eine dramatische Gesetzgebung ein, welche allgemein verbindlich sein
sollte. Daß die Prosaformen von der poetischen Theorie wenig gefördert
wurden, dürfte sich daraus erklären lassen, daß sie ihrer Gestalt nach
mehr den Gesetzen der Rhetorik unterstanden und deshalb vor allem
die drei Stilcharaktere der Antike für sie in Frage kamen, so der hohe
Stil für den heroisch-galanten Roman. Was die Bürger und Bauern
sprachen, paßte sich an den mittleren und niederen Stil an. Eine ähnliche
Abstufung zeigt auch das lateinische Ordensdrama: gesungene Allegorie,
dramatisches Geschehen in höfischer Umwelt in Versen, heiteres Volks-
und Soldatenspiel in Prosa.

3. PETRARKISMUS

Die ewige Bemühung um den Ausgleich zwischen *ratio* und *sensus*, Verstand und Gefühl, bestimmt auch die geistige Welt des 17. Jahrh.s. Gelingt

die Beschränkung der *ratio* auf Grundriß, Aufbau, Schema der Gedankengänge und die des Gefühls auf Ornament, Zierde, schmückende Zutat, auf alles, was Konvention und Formel bieten können, so kann dieser Ausgleich hergestellt werden. Beim Drama als konzentrierter poetischer Form, welche sich auch mit den Mitteln der Technik und anderer Künste äußert, ist es leicht, die Grundzüge der Handlung, die mathematische Ordnung von Stoß und Gegenstoß, Angriff und Parade und damit das gegenseitige, planmäßige Emportreiben der Entwicklung zum Höhepunkt, zu Katastrophe, Sieg und Triumph der ewigen Wahrheit zu führen. Die religiöse Haltung der Schuldramen und Festspiele beider Konfessionen ist fast immer apologetisch und lehrhaft. Das Beispiel vermittelte die Normen und Grundsätze, auf die Mitspieler und Zuschauer mit besonderem Nachdruck gestoßen werden mußten. *Das von der Empfindung volle Herz* wird nicht dazu angereizt, die Normen niederzureißen, es erfüllt seine Aufgabe ohne Widerspruch innerhalb der festen Ordnung. Wo wir seinen zarten Schlag vernehmen, sind wir unsicher, ob er über die Schwelle des Bewußtseins gedrungen ist. Das Gesetz und der abschreckende Sinn der drohenden Strafe, die darin bestand, daß jemand, der das Gesetz nicht beachtete, keinen Anspruch darauf erheben durfte, Mitglied der höfisch-gesellschaftlichen Gemeinschaft zu sein, ordneten Leben und Kunst. Deshalb wurde auf die Beherrschung des Handwerksmäßigen so großer Wert gelegt. Dies und das Absetzen von der Volksdichtung im weitesten Sinn lösen den Zusammenhang mit dem Leben und seinen Problemen. Das Herz des katholischen Ordensdramas, das allegorisch-musikalische Spiel, erhebt sich ebenso über die irdische Welt.

Was *Pyritz* für die Liebeslyrik im Zeichen des Petrarkismus abgeleitet hat, läßt sich allgemein von der hohen, offiziellen, unter der Kontrolle der Theorie stehenden Dichtung sagen: „Wie durch einen Filter werden jene Urerfahrungen des Menschlichen hindurchgetrieben, um verwandelt – gelöst aus dem lebendigen Strom des Blutes, entrissen allen persönlichen Zusammenhängen, rational umgriffen und gedeutet und schließlich zu ornamental-erhabener, pathosgeschwellter Gebärde stilisiert – in den Bezirk der Läuterung, das obere Reich der Dichtung einzugehen." Das petrarkistische System arbeitet mit metaphorischer Umschreibung, mythologischer Erklärung und Umsetzung seelischer Vorgänge in wahrnehmbare Bereiche. Es wird von konventioneller Sprache und Beobachtungen getragen, welche sinnliche und seelische Eindrücke mehr andeuten, als ihre Ausstrahlung weitergeben. Es ist ein äußerst bequemes Auskunftsmittel für den Dichter, sich nicht um die Formung individueller Gefühle zu bemühen. So sieht man die Lage von einer individualistisch bestimmten Kunst her. Man darf aber an die petrarkistische Liebeslyrik des 17. Jahrh.s ebensowenig solche Maßstäbe

anlegen wie an den höfischen Minnesang oder das Liebeslied der Volksdichtung. In solchen vorschnellen Urteilen und aufgehenden Rechnungen
ist das kollektive Gefühlsleben der Zeit unberücksichtigt geblieben.
Die Vielfalt der Gefühle und die Fähigkeit, sie wiederzugeben, wachsen
mit dem zunehmenden kritischen Scheidungsvermögen. Das stärkste
Hindernis, das sich diesem Wachstum entgegenstellt, ist die Neigung
zur Übertreibung, zum Auftragen starker Farben, zur Wirkung durch
den Gegensatz und die paradoxe Behauptung. Von der Grundstimmung
des Leides, welche der Petrarkismus festhält, wird der Zugang zur
Seelenhaltung eröffnet: unsicheres Schweben, das zu einem Aufgeben der
Selbstsicherheit wird. Der Liebende wird aus der Bahn geworfen. Dinge
und Erscheinungen der Außenwelt werden anders als sonst aufgenommen. Die neuen Erfahrungen zehren an seiner Kraft, so daß er nicht
weiß, was er will und soll. Er wird in einen Zustand des Schwankens
versetzt, weil er das innere Gleichgewicht verloren hat. Das vergebliche
Ringen um Harmonie führt zwangsläufig zur Antithese, in der sich der
Wechsel von Vorsätzen und Stimmungen als Ergebnis der Erschütterung
äußert. Daraus ergibt sich die hohe Einschätzung der Standhaftigkeit.
Mit welchem Eifer wurden die stoischen Lebensideale aufgenommen
und mit welcher Ergriffenheit wird um Gelassenheit und Seelenruhe
gerungen! In diesem Vorstellungskreis geht die Liebe auf Seelenraub
aus. Das Streben nach Unabhängigkeit kann zu einer plötzlichen Absage an die Liebe, zu einem völligen Verzicht führen, um damit die innere
Ruhe wiederzugewinnen, um zu sich selbst zurückzufinden. Um Leid
und Klage als Mittelpunkt kreist der Petrarkismus. Je stärker jenes
empfunden wird, desto lauter schreit diese. Sie wird das Sammelbecken
für das gesteigerte Pathos und die maßlose Übertreibung. Von der-
artigen Gedankengängen findet der Petrarkismus den Übergang in das
Reich der Metaphysik, indem er das Weltall in seine Betrachtung mit
einbezieht. Da mündet sein Denken in die neuplatonisch-mystische
Gedankenwelt, vereinigt sich mit den Vorstellungen des Mikro- und
Makrokosmos, welche auch die neulateinische Lyrik seit Celtis festhält,
und gewinnt den Zugang zur Natur vom Menschen aus. Die Liebe als
wirkende Kraft im Weltall wuchs aus dem erwachenden neuen Verstehen von *Lucrez*. Das eröffnete die Möglichkeit zu ausgedehnter
Spekulation. Wirkt die Liebe als Lebensprinzip und Naturkraft im Weltall, welche zermalmende Macht muß sie dann auf den Menschen ausüben! Er kann sich ihr nicht entziehen und steht unter ihren Gesetzen.
Aus solchen Zusammenhängen ergibt sich das rettungslose Verfallen-
sein des Menschen. In der Beziehung zum Überirdischen liegt die Macht
der Liebe. Sie ist weit mehr als Leidenschaft, Eigenschaft, Tugend oder
Seelenregung. Sie ist ein Lebensprinzip des Weltganzen. Man kann
von einem Fatalismus der Liebe sprechen; denn sie ist ein Gefühl,

dessen Erregung nicht in der Hand des Menschen liegt. Das ist auch der Grund, weshalb das Wesen, an dem sich die Liebe entzündet, so hoch gewertet wird. Es entfesselt die gleiche Kraft, welche auch im Kosmos wirkt.

Ähnliche Wandlungen, wie wir sie bei der Darstellung des Liedes feststellen konnten (vgl. S. 34f.), sind auch in der lyrischen Liebesdichtung zu beobachten. Die neuen Formen und Auffassungen, welche in der tonangebenden Gesellschaft den abgesunkenen und ausgeleierten Minnesang ablösen, gehen mittelbar auf Petrarca zurück. Das Wort Petrarkismus für eine moderne Auffassung der Liebe und den Gebrauch einer ihr entsprechenden, besonderen Ausdrucksweise ist von *Ronsard* geprägt worden. Man glaubte zu einer Zeit, da das volkssprachliche Dichten Petrarcas zu Ehren kam, sich auf seine Autorität, sein Vorbild berufen, aus ihm einen gültigen Kanon ableiten zu können, der jedoch nur mehr durch den Namen mit dem Canzoniere und seinen abgestuften Wiedergaben der Seelenregungen und Stimmungen in Verbindung war. Auch die *platonische* Gedankenwelt, welche sich im Umkreis der *Plejade* lyrisch formte, bedurfte des Gesetzes, das die gesellschaftlichen Umgangsformen, sprachliche und dichterische Ausdrucksweise einheitlich regelte. Man darf sie deshalb nicht der Gefühllosigkeit zeihen, weil sie genau so wie das Mittelalter die Minne in ein System bannte und gesetzlich festlegte. Die Nachwelt fand den Zugang zum echten Petrarca erst, als die Liebesdichtung die Konvention abgestreift hatte, d. h. als Formeln, Bilder und Ausdrücke nicht mehr vom Geist durchglüht waren, als die belebende Seele aus ihnen geflohen war. Die gleichartige Wirkung des Gesetzes macht es schwer, das Echte vom Unechten zu unterscheiden oder die Zeit annähernd festzustellen, wann die innere Ergriffenheit der Dichter aufhört und das mosaikartige Zusammensetzspiel mit den sinn- und bedeutungslos gewordenen Formeln beginnt. Es ist seit Herder schwer geworden, dieser Kunstübung Gerechtigkeit widerfahren zu lassen, weil die Vorstellung verloren ging, daß die Formel mit stärkstem Gehalt gefüllt war. Auf i h r lag die Schwere des Sinnes und nicht in den Wortschöpfungen, einmaligen Verbindungen oder persönlicher Formgebung. Die Formel ist kein konventionelles Bild, sondern ein mit geistigem Gehalt gefülltes Gefäß, eine dichterische Ausdrucksform im Ursinn des Wortes, also *Forma,* so wie *Scaliger* in seiner Poetik das Wort gebraucht als Synonym von *Idea.* Ihre Festigkeit, ihre durch die Theorie gestärkte und immer wieder gesicherte Gültigkeit, ihre· Gesetze sind nicht willkürliche Erlasse, sondern die Voraussetzungen, aus denen das künstlerische Erleben der Zeit erschlossen und festgestellt werden kann, wie diese Dichtungen auf ihre Zeitgenossen wirkten, weil sie ein allgemeineres und gleichartigeres Erleben widerspiegeln als unser zerrissenes, in Parteien, Individuen und vielfältige Geschmacksrichtungen aufgespaltenes Zeitalter erfassen kann. Wenn das 17. Jahrh. Vorbilder aufstellt und ihre Nachahmung vorschreibt, so hat es eine passende Auswahl aus dem vorhandenen antiken oder modernen Stoff getroffen und, was es selbst bewegt, in diese Auswahl hineingelegt. Es kleidet sein Wollen in die fortgeschrittenere romanische und vor allem die antike Formgebung.

Das petrarkische System, welches die Liebesdichtung der Neulateiner und romanischen Poeten bestimmt, hat sich von allen psychologischen Voraussetzungen und abgestuften Stimmungen, von der reizvollen Einmaligkeit des Erlebnisses gelöst, hält Formeln, Bilder und Situationen fest und gibt ihnen typische Bedeutung. Mit des Mannes Ruhe ist es für immer dahin, seinem schweren, von Liebesglut verzehrten Herzen entringen sich Seufzer. Er leidet. Die Frau ist die Unbarmherzige, welche den Zauber nicht löst, den sie bewußt und grausam ausübt. Solche Gegensätze, welche ihr Widerspiel in den dämonischen Machtweibern der Dramen und Romane besitzen, entsprechen dem Lebensgefühl des aufgewühlten Zeitalters. Die seelischen Vorgänge werden in feste Formeln und in Gesten gebannt. *Pessimismus* herrscht in der Liebe. Sie bietet nichts als Schmerzen. Die werbende Klage des Liebenden wird zur Anklage an das Schicksal. Für Erfüllung, Friede und Glück ist da kein Raum. In dieser extremen Form, die wie eine Karikatur wirkt, geht das Jahrhunderte währende platonische Gespräch über die Liebe eine Verbindung mit dem *Stoizismus* ein. In der neulateinischen, romanischen und niederländischen Dichtung steigt Petrarca zur Autorität in Liebesangelegenheiten auf. Manche Dichterreise führt an sein Grab. Als Gegenleistung für die Zypressenzweige, die der weltfromme Wallfahrer darauf streut, plündert er dann die Canzonen des Meisters, übersetzt oder paraphrasiert sie und läßt seinen Weltschmerz in Versen ausströmen. Petrarcas treueste Anhänger waren die Neulateiner des 16. Jahrh.s. Sie bildeten eine feste Tradition, welche *Scaliger* mit Begeisterung aufnahm und zur Vollendung führte, so daß er wohl zum eigentlichen Vermittler an die europäische volkssprachliche Dichtung wurde, wozu die Autorität seiner Poetik Wesentliches beitrug. Die Übersteigerung des Gegensatzes der Geschlechter, des männlichen Einfaltspinsels und Schmachtlappens, der vulkanischen Glut, welche das Weib einflößt, ist am Schreibtisch erdacht worden und hat alle Zusammenhänge mit dem Leben gelöst. Was da noch platonisch ist, ist Liebe in der Einbildung. In der Einbildung erleben die Petrarkisten ihre Liebe. Den Aufstieg der neuen Formen und des gelehrt-höfischen Lebensgefühls beschwingt die Illusion. Auf den heutigen Beurteiler mag der Petrarkismus in der neulateinischen und volkssprachlichen Dichtung den Eindruck einer Psychose machen, so wenn Scaliger sich in seinen Gedichten vom Tode bedroht fühlt im Gedanken, seine Geliebte nackt sehen zu müssen, oder wenn *Heinsius* ganz aus dem Häuschen kommt, wenn ihm die Geliebte seine Wünsche gewährt und damit verhindert, daß er sein petrarkisches Leid ausströmen kann. Die deutschen Neulateiner waren dieser literarischen Mode gegenüber zurückhaltender. Die volkssprachliche Liebeslyrik löste sich nur langsam aus der Überlieferung. Systematisch ist die Forschung diesen Spuren nie nachgegangen. Es ist das besondere Verdienst von Pyritz, auf diese Problematik hingewiesen zu haben, daß die breite Überlieferung der neulateinischen in die deutsche Dichtung hinübergleitet, welche für eine neu erstehende höfische Gesellschaft geschaffen wird. Den Vorsprung, den die anderen volkssprachlichen Literaturen vor der deutschen gewonnen hatten, stellte das Dasein der neuen Kunstübung in Frage. Deshalb appellierte sie an den nationalen Ehrgeiz.

Aus der deutschen Liebeslyrik des 17. Jahrh.s ist der Petrarkismus nicht wegzudenken. Opitz vermittelte dieses Geschenk, zu dessen dank-

barer Annahme der Boden wohlvorbereitet war. Von den volkssprachlichen und neulateinischen Petrarkisten, besonders von seinem Freund
Heinsius, wurde Opitz in den Bann gezogen. Er bearbeitete und übersetzte, verfiel aber nicht ausschließlich dieser Kunstrichtung. Gelegentlich spottete er sogar darüber. Immerhin empfahl er allein schon durch
seine Pflege des Petrarkismus die gelehrte Komposition der Liebeslyrik und entfernte diese vom Erlebnis. Das Liebesgedicht wurde auf
weite Strecken Literatur. Auch hier erweist es sich, daß die Wirkung
von Opitz darauf beruht, daß er nach der Erkenntnis handelte: wer vieles
bringt, wird jedem etwas bringen. Der Canzoniere hat nur indirekt in
der vergröbernden Vereinfachung über die Tintenfässer der gelehrten
Lyriker in die Breite und nicht in die Tiefe gewirkt.

4. PAUL FLEMING

Den Zugang zu Paul Fleming hat *Pyritz* aus seiner Liebeslyrik und Stellung zum Petrarkismus erschlossen. Fleming wechselte aus einem inneren
Drang von der lateinischen zur deutschen Formgebung und fand sein
Wollen in Opitz bestätigt. Dieser aber gab ihm nicht mehr als Regeln
und Handwerkszeug. Flemings Weg führte über Nachahmung, Übersetzung und Textparaphrase hinaus zu einem selbständigeren lyrischen
Schaffen und Formen, als man es sonst in dieser Zeit antrifft. Seinem
Wesen, seinen Neigungen und seiner paracelsischen Weltsicht, der er
sich als Arzt verband, entsprach der Petrarkismus als dichterische Ausdrucksform. Er ist dessen bedeutendster Jünger im deutschen Sprach-
umkreis geworden. Hier fand er eine Formgebung, die ihn zur Wiedergabe herausforderte, ohne daß sich vorerst noch sein eigenes Schöpfertum darin aussprechen konnte. In der Aufnahme der vielfältigen Motive, im Gebrauch des Formelschatzes und der bewährten seelischen
Erfahrungen erfüllte sich zunächst seine poetische Sendung. Seinem
Gewährsmann Opitz, vor dem er sich bewundernd neigt, verdankt er
die Vermittlung des Petrarkismus. Kaum ist er sich dessen bewußt geworden, daß er aus einem inneren Drang von der lateinischen zur deutschen Formgebung hinüberwechselte und die in der lateinischen Dichtung wurzelnde Tradition des Petrarkismus, an welcher die Liebeslyrik
noch lange festhielt, zu überwinden im Begriff war. Von einer Absage
oder Abwendung kann nicht die Rede sein, da sich der eigene Ton
stärker oder schwächer meldet, jedoch noch weit davon entfernt ist,
zur Dominante zu werden. Mit der Beherrschung des Formelschatzes
und der verschiedenen Register gewann Fleming die Möglichkeit,
sein persönliches Empfinden und Fühlen freier zu äußern. Je leichter
und gewandter er das Material handhabt, um so besser kann er die

Motive voneinander abheben und sich von gewissen Übertreibungen zurückhalten. Das Glück, das die Liebe gewährt, läßt sich nicht eindämmen. Jugend und Natur regen sich gegen die durch Autoritäten gestützte Mode. Aber das Ideal der starken, in sich ruhenden Persönlichkeit stoischer Prägung und das Gefühl der Verbundenheit der beiden Liebenden bleiben erhalten. Der Übergang von literatur- und überlieferungbedingter zu persönlicher Formung ist an Flemings Liebeslyrik im Einzelnen sichtbar gemacht worden.

Flemings paracelsische Neigungen kommen ebenso aus der Tiefe seines Wesens wie die auf jede konventionelle Formung verzichtenden Treuegelöbnisse seiner Lieder der Werbung und Sehnsucht. Kein Regelbuch der Zeit empfahl so einfache Mittel zur Wiedergabe der Stimmung. Die Sprache kam aus dem Innersten, sie suchte nach der Einheit von Stoff, Inhalt und Gestaltung. Nicht die Treue an sich war in der Liebeslyrik etwas Neues, wohl aber, daß sie so hoch gewertet wurde. Von da aus konnten dann natürliches Empfinden, gefestigte Moral und ernste Haltung wieder gewonnen werden. Fleming legt Pathos und Prunkgewand ab, er verzichtet auf die grellen Effekte. Mit der Vermeidung der Lautstärke geht eine Verdichtung der Gefühle Hand in Hand. Wenn auf einen solchen Vorgang der Ausdruck *Renaissance* angewendet wird, so muß darauf hingewiesen werden, daß es sich hier nicht um eine mechanisch oder modisch bedingte Wiederaufnahme, um eine Rezeption, also etwas planmäßig Gewolltes, sondern um eine aus wahlverwandter Gleichstimmung erfolgende, mehr zufällige als beabsichtigte Wiedergewinnung handelt. Daß die Ode Flemings Lieblingsform ist, daß er seinem musikalischen Lehrer Schein verbunden blieb, ja daß er altes Formelgut wie Priamel und Liebesgruß weiterpflegt, zeigt, daß er für die neue deutsche gelehrte Dichtung auch altes heimisches Erbe bereit hat.

Die lateinische Jugendlyrik hält sich an den üblichen Vorbilderkanon. Dieser erscheint in entsprechender Beschränkung noch in der petrarkistischen deutschen Lyrik. Doch treten die unmittelbaren Vorbilder zurück hinter den Formeln und Figuren, welche der Petrarkismus bot. Mochte Fleming auch vorübergehend in seiner Revaler Epoche unter diesem absoluten Gesetz stehen: er wählte doch schon bald aus, was seinem Wesen und der Lage entsprach, und glich es seinen persönlichen Bedürfnissen an. Er dämmte die Neigung zu übertreibender Steigerung ein, der er in Leipzig verfallen war, und wurde zurückhaltender. Aus der Traditionsgebundenheit befreite er sich mit der Auswahl dessen, was seinem Wesen entsprach, und brachte schließlich Töne zum Klingen, die darauf gestimmt waren. Flemings Jugenddichtung *Rubella* geht vom anaphorischen zum pointierten und von diesem zum antithetischen Stil über. Das ist die Vorstufe, mit deren Verlassen er für den Petrarkismus reif wird, von dem aus er dann einen maßvoll gebändigten Stil erreicht, sich über den Mechanismus erhebt und vom mythologischen Apparat unabhängig wird. Dadurch gelingt es ihm, auf dem Wege zu einer Form, die Ausdruck seiner Persönlichkeit ist, Stimmung zu vermitteln und in sich geschlossene, kleine, harmonische lyrische Kunstwerke zu schaffen.

Es ist selbst bei Fleming schwierig, durch den konventionellen Formelschatz zu den Ansätzen und Ausgangspunkten einer *persönlichen Formgebung* vorzustoßen, die prägende Kraft des Dichters zu erkennen. Die Macht des vorbildlichen Brauches und seine Empfehlung wirken gleichmachend. Das Vorbild wurzelt in einer allgemeinen Zeit- und Gesellschaftsatmosphäre. Bei den Dichtern ist nur der Grad der Ergriffenheit verschieden. Sie kann sich zwischen beschwingtester Begeisterung und schablonenhaftem Ausfüllen bewegen, als zehrende Leidenschaft oder tändelndes Spiel äußern, vom Allgemeinen oder Persönlichen abhängig sein. Fleming verschreibt sich zunächst der gesellschaftlich-überpersönlichen Renaissancedichtung, soweit sie als Parallelerscheinung zum Minnegesang angesehen und in die abendländische Minnekonvention einbezogen werden kann. Als Petrarkist erlebte er in Reval seine Liebe zu *Elsabe Niehus*. Da füllen sich seine Liebesgedichte aus der Revaler Zeit mit persönlichem Gehalt. Die persische Reise, welche den Dichter und Menschen Fleming auf sich selbst stellte und aus der gesellschaftlichen Bindung und Konvention heraushob, führte ihn durch das persönliche Erleben zu einer angemessenen dichterischen Ausdrucksform.

Flemings r e i f e L y r i k steht im Gegensatz zum Gedankenspiel seiner Zeitgenossen. Aus ihr ringen sich Bekenntnisse los, wie man sie ähnlich erst bei *Christian Günther* findet. Für diesen war es leichter und lag es näher als für Fleming, seine Dichtung von der Gesellschaft zu lösen und an das Leben zu binden. Nicht die Einsamkeit sondern die erlebte Isoliertheit Flemings auf seiner persischen Reise, des Einsiedlers Simplicissimus, Günthers, Robinsons und Rousseaus, das Gefühl, von der Gesellschaft ausgeschlossen zu sein, ihrer aus Not oder freiem Entschluß nicht zu bedürfen, bestimmt die Etappen, an denen sich ein neues Lebensgefühl vorbereitet. Trotz aller Stärke des Erlebnisses ergreift es nur langsam die seelischen Kräfte, wird noch nicht bis in letzte Einzelheiten ausgewertet und kann noch nicht über die Konvention triumphieren. Fleming schließt bewußt an *Opitz* an. Er ist für ihn der Begründer der neuen Dichtung, der *Herzog deutscher Saiten*, dessen Nachfolge er nicht aufgegeben hat. Er ist sich nie darüber klar geworden, daß er ein Einzelgänger war. Das aber ist der Grund, daß er in seinem Jahrhundert keine Schule machen konnte. Erst in Christian Günther erstand ihm ein Geistes- und Wesensverwandter, der die Leier aufnahm und ihr vollere Töne entlockte, deren Klang auch uns noch bewegen kann.

Paul Fleming (1609–40) aus Hartenstein in Schönburg-Waldenburg wurde an der Thomasschule (1623) in Leipzig ausgebildet und begann dort 1626 mit dem Studium der Medizin. Die neue deutsche Kunstübung wurde ihm durch schlesische Kommilitonen und Schein erschlossen. Auch er schulte sich in deutschen *Psalmendichtungen* (1631). Aufschlußreicher für seine Entwicklung sind jedoch seine lateini-

schen Gedichte *Rubella seu Suaviorum liber* (1632). Sein Freund Adam Olearius vermittelte ihm die Teilnahme an der persischen Gesandtschaftsreise (siehe unten) mit
den Aufgaben eines Hofjunkers und Truchseß. Über ein Jahr, bis die Leiter der
Expedition mit neuen Anweisungen und Vollmachten aus Gottorp zurückkehrten,
wurde Fleming in Reval festgehalten. Den Anschluß an die bürgerliche Gesellschaft
der alten Hansastadt mögen ihm seine Stellung und sein aufsteigender Dichterruhm
erleichtert haben. Er verkehrte im Hause des Kaufmanns Niehus(en) und lernte
dessen Töchter Elisabeth, Elsabe und Anna kennen. Der zweiten galten seine dichterischen Huldigungen. Als Verlobter trat er die Fahrt nach dem Süden an. Nach
einem Jahr löste Elsabe, gegen deren Willen Fleming die gefahrvolle Reise unternommen hatte, das Verlöbnis und heiratete bald darauf (Juni 1637) einen Professor
an der Universität Dorpat. Nach seiner Rückkehr verlobte sich Fleming in Reval mit
Anna Niehus. Seine geistige und künstlerische Entwicklung erfuhr durch die persische Reise und das Liebeserlebnis eine entscheidende Wandlung. Von Gottorp
reiste Fleming nach Leyden und promovierte dort zum Doktor der Medizin. Wenige
Wochen darauf ist er in Hamburg gestorben, nachdem er seine poetische deutsche
Grabschrift verfaßt hatte. Olearius und Vater Niehus machten sich um die Ausgabe
seiner deutschen Gedichte (*Prodromus* 1641, *Poemata* 1646) verdient.

Adam Olearius (1603–71) war der Sohn eines Schneiders in Aschersleben. Er
legte 1627 zu Leipzig das Magisterium ab und war dort 1630–33 Konrektor des
Nicolaigymnasiums, bis er als sprachkundiger Sekretär und Rat für die Gesandtschaftsreise gewonnen wurde, welche Herzog Friedrich III. von Holstein-Gottorp nach
Rußland und Persien ausrüsten ließ, um neue Handelsbeziehungen zu eröffnen. Der
böse Dämon der prunkvoll ausgestatteten Reisegesellschaft, welche zunächst 1634
in Moskau die Erlaubnis zur Reise erwirkte und im Frühling 1635 wieder in Gottorp
eintraf, war Otto Brüggemann. Im Oktober 1635 segelte die Expedition von Hamburg
ab. Nach stürmischer Seefahrt und Schiffbruch traf man sich in Reval mit den Dort-
gebliebenen und erreichte Moskau Ende März 1636. Im Juni machte man sich weiter
auf den Weg und bestieg in Astrachan im September ein Schiff, das aber in Nisawai
zurückgelassen werden mußte. Schließlich traf man im August 1637 in Ispahan ein.
Der Erfolg der Verhandlungen, welche Olearius als Dolmetsch führte, war wegen
des schroffen Auftretens von Brüggemann und des Mißtrauens der persischen Partner
sehr gering. Gegen Jahresende kehrte man auf einem kürzeren Wege nach Astrachan
zurück und kam schließlich zu Beginn des Jahres 1639 in Moskau an. In Reval trennte
sich Olearius von der Gesellschaft, um dem Herzog über Brüggemanns Gebaren
Bericht zu erstatten. Am Ende eines Prozesses wurde dieser zum Tode verurteilt.
Im Dienste des Herzogs hat Olearius von da an sein Leben verbracht. Seine bedeutsamen wissenschaftlichen Leistungen könnten das Mißbehagen über das verunglückte
Unternehmen mildern. Olearius, der als *Astronom* und *Geometer* eine wichtige Aufgabe zu erfüllen hatte, nützte mit sicherem Blick die sich bietenden Gelegenheiten
zur Forschung. Eine Karte des Wolgagebietes und die Beschreibung der Expedition,
welche 1647 erscheinen konnte, waren das unmittelbare Ergebnis. Seine sprachwissen-
schaftlichen Arbeiten, darunter ein arabisch-türkisch-persisches Wörterbuch, sind
ungedruckt geblieben. Seine universale Gelehrsamkeit kam der Kunstkammer und
der Bibliothek zugut, die er mit orientalischen Handschriften, welche er auf der Reise
erworben hatte, ausstattete. Olearius ist ein Begründer der *wissenschaftlichen Reisebeschreibung*. An seinen mit gelehrten Bemerkungen und Gedichten von Fleming
durchsetzten Tatsachenbericht schloß er in der ersten Ausgabe seines Reisewerkes
die Indien- und Afrikafahrt Joh. Albr. von Mandelslos (1616–44) an. Seine deutschen
Dichtungen treten, was Bedeutung und Auswirkung betrifft, ganz zurück hinter seinen
Übersetzungen aus den orientalischen Sprachen. Der Perser *Hakvirdi*, welcher
durch fünf Jahre Hausgenosse des Olearius war, hat einen besonderen Anteil an
der Sammlung *Persianisches Rosenthal* (1654), der ersten Blütenlese orientalischer,

persischer und arabischer Dichtung in der deutschen Literatur. Es sind vor allem Übersetzungen aus *Saadi*, den Fabeln von *Lokam* und den *Sprichwörtern*. Verdienstvoll wäre allein schon eine eingehende Behandlung dieses Werkes.

5. DIE ERSTE GENERATION DER LYRIKER

Die Dichter, welche ein Studium in Leipzig aneinander schloß, bilden nur insofern eine gewisse Einheit, als ihnen eine Beziehung zum Volkslied nachgesagt wird, und sich die Geltungsbezirke von höfisch-gelehrter und volkstümlicher Kunstübung bei ihnen nicht scharf voneinander abgrenzen lassen. Sie treffen im Studentenlied zusammen. Die immer wieder festgestellten Elemente des Volksliedes werden dort entweder als noch lebendig oder auch als plötzlich neu auftauchend bezeichnet. Da Untersuchungen auf breitester Grundlage fehlen und an verschiedenen Stellen ununterbrochene Überlieferungen nachgewiesen wurden, darf man mit dem beginnenden 17. Jahrh. oder dem Anfang des Dreißigjährigen Krieges kaum ein Ende des Volksliedes ansetzen; denn das Volkslied schließt sich nicht ab und versinkt, sondern es will auch aufsteigen und sich modern geben. Das zeigt eine wohl ältere Sammlung, der es ähnlich wie Schallenberg um eine gesäuberte Kunstform zu tun ist. Ihr weiter nicht bekannter Verfasser *Hilarius Lustig von Freuden-Thal* trug sein Liederbüchlein gereinigt *von allen fantastischen groben unflätigen und ungeschickten Liedern* zusammen und nannte es *Tugendhaffter Jungfrauen und Jungengesellen Zeit-Vertreiber.* Da singt der Soldat, der ins Ungerland zieht, sein Buhlscheidelied und verheißt seine siegreiche Heimkehr. Viele lebensfrische Keime, deren Spuren die Lieddichtung des 17. Jahrh.s weitertrug, werden hier sichtbar. Zur Blüte und Entfaltung kamen sie nicht, weil das Anathem der höfisch-gelehrten Gesellschaftsdichter darüber gesprochen war. Dennoch ließen sie sich dort, wo der poetische Kanon weniger streng eingehalten wurde, nicht unterdrücken.

Trink- und Tanzlied führen das Beiwort *lustig*. Wenn die Studenten die Musik anstimmten, dazu sangen und tanzten, so wollten sie damit ihren Tänzerinnen, den flotten, sauberen Wäscher- und Stubenmädchen, gefallen. Wenn sich ein solcher Studentendichter über den Unterschied des poetischen Stils hinwegsetzte, so vergab er sich dennoch nichts in seiner gelehrten Dichterwürde. Vom humanistischen Bohemien, der nur für seinesgleichen lateinisch gedichtet hatte, konnte er die rauhen Sitten und das handfeste Zugreifen lernen. Der gewollte Grobianismus nimmt gern die Maske des Bildungsverächters an. Der Student konnte Sitte und Bildung und die dazu gehörige poetische Gestaltung für eine Weile in die Ecke stellen. Wenn er sie brauchte, standen sie ihm schnell zur Verfügung. Solche Proteusnaturen bleiben dennoch echt in den verschiedenen Gestaltungen, die ihnen zu Gebote stehen. Treten sie später in festere Lebensordnungen, so werden die mitlaufenden schwachen Talente Philister, die andern versuchen, die künstlerischen Bestände auf eigene Faust ohne Beihilfe der Poetik zu bereichern. Zur Theorie fehlt die Verbindung. Auch die galante Dichtung wahrte den Abstand. Sie verzichtete auf das Grobianische und warf sich dem Frivolen in die Arme. In den Gedichten der beiden hier zu behandelnden Gruppen ist beobachtet worden, daß das erzählende, objektivierende Er-Gedicht verschwunden und an seine Stelle das berichtende Ich-Gedicht getreten ist. Es ist zu früh, aus solchen Symptomen überzeugende Folgerungen abzuleiten. Dazu bedarf es breiterer Grundlegung und Ausdehnung auf ein größeres Beobachtungsfeld, vor allem auf das Kirchenlied.

In Leipzig hielten die Komponisten, vor allem Schein, die Beziehungen zur neuen italienischen Kunstgebung aufrecht. Georg Gloger (1603–31) aus Habelschwerdt in der Grafschaft Glatz stellte die Verbindung mit Opitz her. Er studierte seit 1625 in Leipzig Medizin und gewann außer Fleming noch andere Kommilitonen für die Versreform. Die jungen Talente zog Schein an. An den italienischen Vorbildern und Formen lernten sie ihre deutschen Verse glätten, ohne zu ahnen, daß Schallenberg längst das gleiche versucht hatte.

Gottfried Finckelthaus (1614–48) aus angesehener Leipziger Familie, studierte gleichzeitig mit Fleming an der Universität und wurde 1633 Magister. Nach den Niederlanden und Frankreich ging er 1639 und von dort zu einem kurzen Aufenthalt nach Brasilien. Er kehrte 1641 zurück und wurde später Kammerprokurator der Lausitz in Bautzen.

Finckelthaus nannte sich Gregor Federfechter von Lützen. Er verwaltete das literarische Erbe seines Freundes Fleming in dessen Heimat. In der pathosgeschwellten Luft des Petrarkismus hat er sich kaum wohlgefühlt. Er fährt mit der frechen Unverfrorenheit eines Trinkliedes in das alamodische Schäferwesen. Sein Schäfer Flax ist ein Bauer mit der „Zippelmütze", im Kittel aus meißnischem Tuch. Er verzichtet bewußt und stolz als richtiger Vertreter des Nährstandes gern auf die Freuden der Stadt und des Hofes. In seinen vier frischen Gedichtsammlungen gibt Finckelthaus schon im Titel: *Deutsche Gesänge* (o. J.), *Dreißig teutsche Gesänge* (1642), *Deutsche Lieder* (1642), *Lustige Lieder* (1645) höhere Ansprüche auf. Die höfische Gesellschaftsdichtung verliert unter den Händen dieses studentisch-frischen, natürlichen Dichters ihre steifleinene Vornehmheit. Er zieht auch den Damen Bauernkittel an und parodiert die Schäferei. Das kecke, frische Wort bedurfte einer herausfordernden musikalischen Begleitung. So wollte es das bürgerlich-akademische Selbstbewußtsein.

Christian Brehme (1613–67) war der Sohn eines Leipziger Rates. Er studierte von 1630 an in Wittenberg und später in Leipzig. Die gleiche Unruhe, welche Fleming und Finckelthaus in die Ferne trieb, erfaßte ihn 1638, als er mit den Soldaten ging. Doch schon nach einem Jahr fand er den Weg in das Beamtenleben, wurde Bibliothekar in Dresden und später Senator, Bürgermeister und kurfürstlicher Rat.

Lustige, lebensfrohe Trink- und Liebeslieder, die er dichtete und im
Kreise der Kommilitonen mitsang, wollen nichts als erfreuen. Das ist
Brehmes Kunst, die sich im kleinen Genrebild bewährte. Das feste Rückgrat der Formgebung bleibt hier überall der Gesang. Vielleicht können
die Entstehungszeiten von Brehmes Gedichten nach der abnehmenden
Derbheit und zunehmenden Galanterie festgelegt werden. Oder macht
sich die Natur des Kriegsmannes und Abenteurers Luft, wenn er sich
in der gesellschaftlich-höfischen Umwelt nicht wohl fühlte?

Zacharias Lund (1608–67) aus Nübel in Schleswig war Buchners Schüler in
Wittenberg, ehe er sich dem studentischen Dichterkreis zu Leipzig 1636 anschloß.
Später ließ er sich in Dänemark nieder. Er starb in Kopenhagen.

Seine Poemata juvenilia, die er zu Hamburg 1635 veröffentlichte,
stehen in der neulateinischen Überlieferung von Elegie, Ode und Epigramm. In seinen deutschen Gedichten, welche zu Leipzig 1636 erschienen, fand er den Anschluß an Finckelthaus und Brehme. Ganz
ernst ist seine Versicherung, daß er sich als freier Dichter fühle und zu
seiner eigenen Lust Verse mache, nicht zu nehmen. Der frische Ton
sangbarer Studentendichtung erfreute im Jahrhundert der strengen
Regel immer.

Wahrscheinlich ist dieser Dichtergruppe auch ein sonst nicht bekannter Rudolph
Wasserhun beizugesellen, der in Hamburg 1644 eine Sammlung Das Kauff-Fenster
veröffentlichte. Er wollte darin außer dem feilgehaltenen juristischen, philosophischen
und historischen Kram auch die „Newen poetischen Inventiones" bekanntmachen. So
strahlte die höffliche Lieblichkeit, die von Opitz ausging, über Leipzig nach Hamburg.
Die unnützen Buhllieder – er bricht mit der volkstümlichen Überlieferung – ersetzt
er durch die neuen Lieder mit ihrer gebührenden Geschicklichkeit. Eine Klage der Kunst
tröstet sich über die vorübergehende Verachtung mit dem Gedanken, daß jene,
welche die Kunst hoch und wert halten, ein Leben mit den Göttern führen. Nicht
nur in lateinischen Überschriften seiner Gedichte, sondern auch in Paraphrasen einzelner Devisen oder Redensarten hielt er die Verbindung mit dem Humanismus aufrecht. So läßt er Marius im Krieg mit Jugurtha nach Sallust ein Soldatenlied über das
Thema Oblector sternere fortes (es freut mich, die Tapferen zu Boden zu strecken) an-
stimmen.

Ernst Christoph Homburg (1605–81) aus Mihla bei Eisenach kam 1632 als
Jurist nach Wittenberg. Er knüpfte 1635 in Hamburg literarische Beziehungen zu
Rist. Dann hielt er sich etwa ein Jahr in Holland auf, kehrte nach Hamburg zurück
und zog wahrscheinlich schon 1638 nach Dresden. Später tauchte er an der Universität Jena auf und trat zu Dilherr in Beziehungen. Als Gerichtsschreiber wurde er
1642 in Naumburg seßhaft.

Als Erasmus Chrysophilus Homburgensis gab er 1638 seine Schimpff- vnd Ernsthaffte Clio heraus. Auch in seinen Werken werden Beziehungen zu älteren Formen
(Priameln) sichtbar. Bedeutsamer ist, daß er wie Opitz durch die Schule holländischer
Formgebung gegangen ist. Etwa die Hälfte seiner Werke sind Übersetzungen aus
dem Holländischen und Französischen. J. Cats, als moral-religiöser Realist und welt-
zugekehrter Betrachter einer der beliebtesten Dichter nicht nur Hollands im 17. Jahrh.,
war ein Dichter nach Homburgs Herzen. Auch an Heinsius schulte er seine Schreib-
tischgedichte. Die französische Dichtung (Du Bellay, Desportes, de Mairet, Mathurin

Régnier) tritt hinter der holländischen zurück. Mit Geschick verdeutschte Homburg Oden von *Horaz*. Er ist Opitz treu ergeben, ohne auf die Treuherzigkeit persönlicher Bekenntnisse zu verzichten. In anakreontisch-konventionellem Spiel kreisen seine Gedanken um Wein und Liebe.

Die Macht des Vorbildes verführte die Forschung der jüngsten Zeit, ein künstlerisches Eigenleben und die Entwicklungsfähigkeit in die Formen zu legen und darüber hinwegzusehen, daß die Anstöße und Möglichkeiten einer Entwicklung allein in den Gestaltern liegen. Sie werden jedoch kaum bewußt ausgenützt. Man hat zu unterscheiden zwischen poetischer Kombination, in der sich der Spieltrieb äußert, und gestaltender Kraft, sowie unter den auftretenden Personen zwischen feststehenden Typen und Individuen. Der eintönigen Masse jener steht der Seltenheitswert dieser gegenüber. Wenn festgestellt wurde, daß die Dichtung des 17. Jahrh.s oft mit den gleichen Mitteln wie die hellenistische Spätantike arbeitet, so ist dies nicht als besondere Eigentümlichkeit anzusehen, sondern als eine seit einundhalb Jahrtausenden währende Tradition der gelehrten abendländischen Dichtung. Erst das 18. Jahrh. befreite sich von diesem Zwang. Die Topologie der Dichtersprache des 17. Jahrh.s läßt sich, dem Beispiel von *Ernst Robert Curtius* folgend, an die des Mittelalters anschließen. Man sollte also nicht von einem für eine besondere Zeit kennzeichnenden Naturgefühl sprechen, sondern von einer Naturauffassung, welche sich von der christlichen Spätantike bis zur Aufklärung hält. Auch da schwinden die Unterschiede zwischen Volks- und Kunstdichtung. Mit den gleichen Sinnen wird die Außenwelt aufgenommen, nur in der Wiedergabe der Eindrücke werden die sozialen und bildungsmäßig bestimmten Unterschiede sichtbar. Seltener steigen die antiken Götter in die Volksdichtung herab. Die Technik der *Übersetzung* und *Paraphrase* versieht den Dichter mit seinem Handwerkszeug. Die Begriffe künstlerischer Originalität und geistigen Eigentums kennt das 17. Jahrh. nicht. Es setzt an ihre Stelle Variation oder Parodie. Ohne Rücksicht auf Alter und Verbreitung kehren die gleichen Gedanken und Motive leicht verändert immer wieder. Es kam auf die Formulierung, nicht auf den Inhalt an. Der Dichter wollte nicht durch einen neuen Gedanken oder Einfall erfreuen, sondern durch die besondere Abtönung, durch das Visieren auf einen besonderen Meridian. Langsam regte sich erst das Gefühl für den literarischen Diebstahl. *Sacer* ist sich dessen bewußt, daß man ein Dichter werden kann, wenn man sich mit Schmuck und Ideen aus den Werken anderer aufputzt. So werde man zum Paradiesvogel, Papagei oder Wiedehopf. Es ist zwecklos, nach unmittelbaren oder mittelbaren Entlehnungen zu fragen, weil auch das Zeitalter solche Fragen für gegenstandslos hielt. Abwechslung, Buntheit der Beiwörter, Phrasen, Concetti und Tropen breiten die Zusammenstellungen eines

Bergmann aus, der systematisch, und eines *Treuer*, der alphabetisch vor-geht, um es dem Benützer möglichst leicht zu machen. *Männling* ver-bindet diese poetische Gebrauchswissenschaft mit der Mythologie. Berühmte und bewährte Vorbilder denken und dichten für diese Epi-gonen, die dann selbst wieder Gewährsleute werden. Entlehnung und Anlehnung werden zum künstlerischen Prinzip erhoben. Ein Dichter überbietet den anderen im Gebrauch des Schmucks. Die Häufung der Epitheta, die barocke Schwellung geht auf solche Voraussetzungen zurück. Was die neulateinischen Dichter noch mit Maß anwendeten, wurde bei den deutschen zur Manie. Die am meisten ausgeplünderten Dichter, wie Opitz, bestimmten auch den Rhythmus der Plünderer. Ab-seits von der gelehrten Dichtung, welche das Schicksal mit den Meister-sängern und den Neulateinern teilt, ja im Gegensatz zu ihr, hielten die überlieferungsgebundenen und dadurch freieren Satiriker die Verbin-dung mit dem Leben aufrecht. Die Prosa wahrte auf weite Strecken keimkräftige Samen, welche im 16. Jahrh. gereift waren.

6. DIE ZWEITE GENERATION DER LYRIKER

Was sich um die Mitte des Jahrhunderts nicht einer Dicht- oder Sprachgenossenschaft anschloß oder sich nicht deren Gesetzen unter-ordnete, steht in einer wenn auch losen Verbindung mit diesen Leip-ziger Studentendichtern. Die *Geharnschte Venus* (1660) möchte be-weisen, „wie die Heer-Trompete nicht so gar alle Musen verjagen könne". So singt und dichtet man dem Krieg zum Trotz und wendet sich den Freuden des Lebens zu. Eines ist diesen Dichtern gemeinsam: sie führen ein unstetes Wanderleben, werden aber im Alter seßhaft. Dann verstummt meist ihre Muse.

Georg Greflinger (etwa 1620 bis etwa 1677) stammt aus Regensburg. Nachdem er in den Kriegsläuften seine Eltern und Geschwister verloren hatte, führte er ein unstetes Soldatenleben. In Nürnberg ist er 1632 nachzuweisen. Ferner sind Aufent-halte in Magdeburg, Prag, Ungarn, Wien, Dresden, Leipzig, Pirna (1639) und Danzig (bis 1642) bezeugt. Kugelbüchse, Feder und Musikinstrumente mögen ihm seinen Lebensunterhalt beschafft haben. Während eines Aufenthaltes in Frankfurt (1643/44) erschienen dort seine ersten Gedichte. Dann kehrte er nach Danzig zurück, wo ihm inzwischen Flora, die er als Seladon besungen hatte, untreu geworden war, und unter-hielt anscheinend Beziehungen zu den Königsbergern. Wahrscheinlich über Frank-furt a. M. (1647) und Bremen traf Greflinger 1648 in Hamburg ein und übte dort das Amt eines *Notarius Publicus Caesareus* aus, in dem später sein Sohn aus zweiter Ehe sein Nachfolger war. Weniger als Dichter und Mitglied des Elbschwanordens denn als Übersetzer aus dem Spanischen, Holländischen, Französischen und Lateinischen, Verfasser einer Alexandrinerchronik des Dreißigjährigen Krieges und Herausgeber des *Nordischen Merkur*, der bis 1730 weiter bestand, hat Greflinger auf das geistige Leben seiner Wahlheimat bedeutenden Einfluß genommen.

Als ein vom Leben zur Klugheit erzogener, offener, männlicher
Charakter, der sich wenig um die Mächtigen kümmert, tritt uns
Greflinger entgegen. Seine Gedichte, zumeist sangbare Lieder, sind,
selbst wenn er als Schäfer auftritt, frisch und volkstümlich. Realistisch-
derbe Ichlieder stellen Leben und Treiben, Gestalten und Typen des
Alltags dar. Ohne mythologisches Aufgebot, mit kecker Laune werden
die einzelnen Genrebilder entworfen. Studenten- und Trinklieder berühren sich in den Motiven mit den *Carmina Burana*. Doch zeigen die
Liebeslieder, daß Greflinger auch mit dem Höfischen vertraut ist. So wird
seine Stellung in der Entwicklung des Gesellschaftsliedes sichtbar.

Er kümmert sich wenig um die Vorschriften der Poetik. Seine geistige Verwandtschaft mit Neidhart von Reuental fällt auf. Die Sammlung *Seladons Beständige Liebe* (1644) stellt eine innere Wandlung des
Dichters, seine Abwendung von der Löffeley zur wahren Liebe dar.
Wie sich Fleming in der erlebten Liebe vom Petrarkismus befreit, so
befreit sich Greflinger von der schäferlichen Konvention. Er gibt sich,
wie er ist, und wirft sich in keine Pose. Er ist seiner Elisa zugetan und
verdankt ihr, daß sie seinem Leben einen Sinn gegeben hat. Er spricht
von seinen Erlebnissen mit aller Offenheit. So beschwert er sich über die
Mutter, die den Liebenden kein Beisammensein gönnt. Als ihm die
Geliebte untreu wurde, verfolgte er sie mit seinen Gedanken und Vor-
würfen. In seiner Volkstümlichkeit zeigt er sich bei aller Wahrung des
persönlichen Stils den Königsbergern verbunden. Seine allgemein gehaltenen *Epigramme* (1645) sind in die Schule Owens gegangen. Doch
kommen neben den Typen, Lastern und Schwächen, den allgemeinen
Reflexionen und Sentenzen auch die persönlichen Widersacher dran.
Eine eigentümliche Stellung nimmt die dialogisierte, tragische Liebesgeschichte Ferrando-Dorinde (1644) ein. Greflinger nennt sie ein Trauerspiel und teilt sie in 16 Historien ein. Dem Liebesmonolog Ferrandos
folgt der Dorindes, deren Vater jedoch den alten Chremes begünstigt.
Die Nebenbuhler geraten in Streit: Chremes wird von Ferrando erstochen, worauf dieser von Themis ins Gefängnis geworfen wird und
sein Todesurteil erwartet. Am Ende ersticht sich Dorinde an seinem Grab.
Der parallele Aufbau, die Klagerede Dorindes vor dem Gefängnis, Ferrandos Gegenklage, das Eingreifen allegorischer Gestalten wie der Themis
legen die Vermutung nahe, daß es sich um einen Operntext handelt.

Als Notar in Hamburg gewann Greflinger Einblick in das politische Weltgetriebe
und wurde zum Chronisten. Zunächst war es seine Parteinahme für die Stuarts,
welche ihn veranlaßte, die Geschichte dieses Hauses und besonders die Schicksale
der beiden Könige Karls I. und II. zu behandeln. Auch in Gedichten und Flugblättern hat er gegen Cromwell Stellung genommen. Er will zeigen, daß auch die
Großen dieser Erde *vielem Elend unterworfen* sind. Wahrscheinlich hat er ähnlich wie
Fischart in einer politischen Nachrichtenagentur mitgearbeitet und sich vor die
Aufgabe gestellt gesehen, über die wichtigsten Ereignisse aus der europäischen Ge-

schichte zusammenfassend zu berichten, so daß sich ihm der Zugang zum *politischen Journalismus* eröffnete. Dahin führt auch seine Chronik des Dreißigjährigen Krieges (1657). Nicht was er als Kriegsteilnehmer selbst miterlebt hatte, sondern lediglich der Verlauf des Geschehens ist der Inhalt des Werkes. Es steht mit der Aufzählung der Kriegsschauplätze, der Feldherrn und Schlachten im Zeichen strenger Sachlichkeit. Nur *Gustav Adolf* ist liebevoll gezeichnet. Einem problematischen Charakter wie *Wallenstein* konnte Greflinger nicht gerecht werden. Die ablehnende Beurteilung, welche dieser poetischen Relation über das Kriegsgeschehen später zuteil wurde, hätte sich vor Augen führen sollen, daß Greflinger lediglich einen zusammenfassenden Bericht bietet und nicht etwa mit Lucan oder Grimmelshausen zu vergleichen ist. Er ging mit Umsicht ans Werk. Wenn er aus der durch den Stoff ihm auferlegten Reserve heraustritt, so verspürt man, daß er sein mitfühlendes Herz nicht ganz zum Schweigen bringen kann, und daß es seinem Talent angemessener wäre, über Einzelheiten im alten Ton der historischen Volkslieder zu berichten. Die rund 4400 Verse verteilen sich gleichmäßig auf zwölf Abschnitte, von denen zwei als Exposition gelten können. Sie klären mit der Darstellung der ersten Kriegshandlungen über das Kräfteverhältnis der Parteien auf. Himmelserscheinungen leiten zum Hauptteil hinüber, dessen einzelne Abschnitte mit dem Fall Magdeburgs, der Schlacht bei Leipzig, dem Tod Gustav Adolfs, der Belagerung von Regensburg, den Schlachten bei Wittstock und bei Rheinfelden, dem Tod Bernhards von Weimar abgeschlossen werden. Das Ende bilden die letzten Kampfhandlungen in Wolfenbüttel, bei Allersheim und Prag sowie die Friedensverhandlungen. Zwischenbemerkungen zeigen, wie hart dem Dichter, der sich gern eine beschränkende Auswahl aus dem großen Stoff auferlegt hätte, diese Arbeit geworden ist.

Als Übersetzer verschiedener *Emblemata* und der Gedächtnisrede von *Lope de Vega* auf Carl Stuart (1652) ist Greflinger noch nicht gewürdigt worden. Ob er mit seiner Übersetzung von *Corneilles* Cid (1650) auf eine Bühne einwirken und das deutsche Theater damit beleben wollte, läßt sich nicht mit Sicherheit feststellen. In der Vorrede weist er den poetischen Ehrgeiz von sich. Er übersetzt zu seiner Übung und bewährt volkstümliche, derb-lebendige Selbständigkeit. Treu und sinngemäß, ohne persönliche Zutat und Aufputz überträgt er. Geschickt handhabt er den Alexandriner und wahrt die Besonderheit des deutschen Satzbaus. Aber der ausgewogenen Rhetorik und dem kunstvollen Bau des Originals kann er nichts Ebenbürtiges entgegensetzen. Abstrakta gibt er mit konkreten Begriffen wieder. Seine naturhafte Begabung kommt hier eher zur Geltung als in seinen geschichtlichen Relationen. Noch 1681 wurde Greflingers Cidübersetzung neu gedruckt. Mit den reinen Reimen und korrekten Alexandrinern unterstellte er sich der schlesischen Vorschrift. Schlicht und klar ist seine Prosa. Kaum einem Dichter, dessen Werke mit höheren Ansprüchen auftreten, ist es so schwer geworden, seine natürliche Sprache und poetische Ausdrucksweise unter das zwingende Gesetz der Formgebung zu stellen.

Gabriel Voigtländer ist als Ratstrompeter von 1626 an in Lübeck nachzuweisen. Später (ab 1639) war er Hof- und Feldtrompeter in der Kapelle des dänischen Kronprinzen Christian (V.). Er starb um Neujahr 1643. Er komponierte einstimmige, volkstümliche Lieder und trug als einer der ersten humorvoll-fröhliche Texte zu bekannten

Melodien vor. Die fünf Auflagen seiner Liedersammlung (die erste von 1642) zeigen deren Beliebtheit und weite Verbreitung. Spärliche Opfer bringt seine urwüchsig-frische Volkstümlichkeit der Konvention. Seine *Oden und Lieder* sind auf italienische, französische und niederdeutsche Melodien und Arien ausgerichtet. Sie dürften wohl eine der fröhlichsten Sammlungen des 17. Jahrh.s sein. Reizvoll ist die Mischung volkstümlicher Motive mit solchen der Schäferdichtung. In scherzendsatirischem Ton und mit schalkhaftem Lächeln behandelt er den Gegensatz von Stadt- und Landleben, die Auswirkungen der Pfeile Amors und andere Motive der hohen Lyrik. Manches klingt wie eine Parodie der Petrarkisten. Seine Welt- und Lebenserfahrung spiegelt sich in den wechselnden Abbildern des Alltags. Mit Einfällen, welche ihm die Natur schenkt, unterhält er die hohen Herrschaften, welche seine Lieder hören. Als satirischem Weltgucker sind ihm die kleinen und großen Schwächen seiner Umwelt vertraut. Zu einem guten Leben gehörten nach seiner Auffassung nächst Gottes Beistand ein gutes Essen auf dem Herd, Freiheit von Schulden, Rechtshändeln und Sorgen, Gesundheit und „ein hübsches, frommes, fröhliches junges Weib".

Voigtländer ist durchaus selbständig. Er stellt keine hohen literarischen Ansprüche. Er steht zwischen den Leipzigern und Königsbergern. Zu den Moralsatirikern liegen bei einem Dichter, der weniger bessern als unterhalten will, kaum Beziehungen vor. Sein Repertoire ist reichhaltiger als das seiner musikalischen Vorgänger. Durch das Heranziehen von Choral, Kantate, Madrigal und Tanz eröffnete er dem Lied neue Möglichkeiten. Er paßte seine Texte bekannten Melodien an, stimmte Wort und Musik aufeinander ab und zeigte die gleiche Gewandtheit in der Behandlung volkstümlicher und kunstvoller Formen.

David Schirmer (etwa 1623–83) aus Pappendorf bei Freiberg besuchte die Stadtschule in Halle, war 1643 in Wittenberg, anschließend in Leipzig und kam 1650 nach Dresden. Dort wurde er 1656 Bibliothekar.

Schirmers vier *Rosen Gepüsche* sind in Halle 1657 erschienen; in Dresden gab er 1663 seine *Rauten Gepüsche* heraus. Er ist ein Vorahner der Anakreontik. Seine Gedichte fallen durch ihre anmutige Kürze auf. Man muß die wuchtigen Verse von Gryphius mit den stark gesetzten Akzenten neben die leicht fließenden Schirmers halten, um die entferntesten Ausdrucksmöglichkeiten der deutschen Dichtersprache des 17. Jahrh.s zu erfassen. Man hat bei Schirmer zu Recht eine Wendung zum Höfischen erkannt; denn nur in der höfischen Gesellschaft lebte der Sinn für eine Anmut, welche die Mitte hielt zwischen gehäuftem Wortschwall und gekünstelter Zierlichkeit. Da verstand man sich auf Ironie und trug das Schäferkostüm mit Grazie. Solche Stimmungskunst schließt gern mit witzigen Pointen, sie übertreibt den tändelnden Klingklang kaum und ist die Wegbereiterin der galanten Lyrik. Es kommt darauf an, die Spielregeln zu kennen; dann kann sich der Dichter der Verskunst so ungezwungen bedienen, wie sich der Höfling im Festsaal bewegt. Der Dichtung aber bekommt die enge Berührung mit der Etikette auf die Dauer niemals.

Jakob Schwieger (etwa 1630 bis nach 1661) stammte aus Altona und war wohl bäuerlicher Abkunft. In Wittenberg studierte er 1650. Aber es ist weniger die mitteldeutsche Kunst, welche es ihm angetan hat, als die holländische. Ob er unabhängig von Homburg sich an Cats schulte, ist nicht festzustellen. Homburg hielt sich mehr an die moralische Allegorie und das Beispielhafte des Holländers. Schwieger zogen die kleinen Versgeschichten und das Genrehafte seines Vorbildes an. Bürgerliches Standesbewußtsein regt sich, wenn Schwieger von Cats das Motiv übernimmt, daß ein einfaches Mädchen von einem Vertreter höheren Standes verführt wird. Da Schwieger seine Gedichtsammlungen zwischen 1654 und 1660 in Hamburg und Glückstadt veröffentlichte, hielt man ihn für den Dichter der „Geharnschten Venus".

Kaspar Stieler (1632–1707) aus Erfurt führte ein unstetes Studenten- und Kriegerleben. Aufenthalte sind belegt in Leipzig (1648), Erfurt, Marburg, Gießen (1650), Königsberg. Von 1654–57 war er Soldat, dann ging er auf Reisen, studierte aber in Jena nochmals 1662 und war dann Sekretär und Amtmann im Dienste verschiedener thüringischer Fürsten. Seine Lustspiele, welche 1665–84 in Rudolstadt und Weimar aufgeführt wurden, sowie seine grammatischen und rhetorischen Arbeiten (*Der teutsche Wolredner*, 1688) stehen zurück hinter der Gedichtsammlung *Geharnschte Venus* (Hamburg 1660), als deren Verfasser er sich *Filidor der Dorfferer* nannte (d. i. Erforder, das Pseudonym hat *A. Köster* 1897 gelüftet). Da kann er als Vertreter einer Dichtung gelten, die sich im Harnisch zeigt, nicht in dem eines Heerführers oder Ritters, sondern dem des einfachen Reiters und Landsknechts. Soldaten- und Feldleben ist Selbstzweck ohne Beziehung zu einer Partei, zur Heimat oder zum Vaterland. Der Student oder Schreiber, der die Feder mit der Kugelbüchse oder dem Pallasch vertauscht, fügt sich diesem Leben ein, in dem Fortuna regiert, und die Freuden des Tages bis zur Neige gekostet werden. Man weiß, daß dem Mutigen die Welt gehört. Nach solchen Rezepten konnte nur einer, der die Kunst wie selbstverständlich beherrschte, einem andächtigen Zuhörerkreis zu Dank singen. Wem es gefiel, was er vortrug, der hielt sich nicht für einen Philister. Zwölf Jahre nach dem Westfälischen Frieden versuchte man, das Soldatenleben wieder in Ehren zu bringen.

Johann Georg Schoch (1634 bis etwa 1690) stammt aus Leipzig und ist zwischen 1663 und 1688 als Rechts- und Verwaltungsbeamter in Naumburg, Westerburg, Cölln an der Spree und Braunschweig nachzuweisen.

Schoch ist gewiß noch vom Bann der Poetik berührt und zieht das konventionelle Schäfergewand an, aber er kümmert sich nicht allzusehr darum. Vielleicht hat ihm *Ovid*, von dessen *Metamorphosen* er 1652 einen Auszug mit Holzschnitten veröffentlichte, den Weg von den seit Taubmann und Barth besonders bevorzugten spätantiken Formen zum Leben gewiesen. Die reichhaltige Sammlung seiner Schäfer- und Liebeslieder, Sonette, Epigramme, Gespräche und Scherzreden veröffentlichte er zu Leipzig 1660 unter dem Titel *Neu erbauter Poetischer Lust- und Blumengarten*. Darin vereinigt sich Anakreontisch-Konventionelles mit parodistischen Ansätzen, natürlicher Frische, einem Zug zum Genrehaften, Äußerungen derber Trinkfreude und epigrammatischer Zuspitzung. Darin und in der Beobachtung der kleinen Züge des Lebens liegt seine Stärke. Das beweist auch seine mit manchen originellen

Zügen versehene Bearbeitung von Wichgrefs Cornelius relegatus
Comoedia vom Studentenleben (1657), deren Titel an Stymmels Lustspiel
anklingt.

Um die Mitte des Jahrhunderts stellt auch die Schweiz einen Vertreter der neuen
Kunstübung. Johann Wilhelm Simler (1605–72) stammt aus Zürich. Er studierte
in Genf, Paris und Sedan. Unmittelbar nach seiner Rückkehr wurde er Pfarrer in
Uetikon (1629). In gleicher Eigenschaft wirkte er in Herrliberg (1631–38). Dann
unterrichtete er bis 1670 an der theologischen Lehranstalt in Zürich.

Als Dichter von *Kirchenliedern* fand Simler wohl über die Melodien Anschluß an
die neuen metrischen Regeln, denen er seine mundartliche, überlieferungsgebundene
Ausdrucksweise anzupassen suchte. Von da aus fand er den Zugang zu Alexandriner,
Stanze und Sonett. In seiner Haltung und Einstellung zur Natur, seiner Sehweise,
moralischen Lehrhaftigkeit, behaglichen Nüchternheit und mundartlichen Bindung
wurzelt er in alten Überlieferungen (Hadlaub), welche er den modernen Forderungen
anzupassen strebt. Besondere Fortschritte sind in den vier Ausgaben seiner *Teutschen Gedichte* (1648–88) nicht festzustellen. Sein Rhythmus ist daktylisch bewegt.
Bei seinen Schilderungen der Natur fühlt er sich freier, als wenn er Psalmen oder
christliche Lehren eintönig lehrhaft in Merkverse zusammenpreßt. Ansätze zur
Satire bewegen sich in der Stoffwelt des 16. Jahrh.s (Tischzucht, Trinkliteratur,
Podagra- und Flohklage).

Es ist schwer, die Stellung dieser Dichter zu Opitz zu bestimmen.
Schon dadurch, daß sie Studenten waren und Gelegenheit hatten,
Vorlesungen über Poetik zu hören, müssen sie unter die gelehrten
Dichter gerechnet werden. Aber keiner von ihnen dürfte im Hörsaal
eines Buchner, Tscherning oder Titz zum Dichter geworden sein. Dennoch sähen die Werke dieser Dichter ohne Opitz und die Seinen
anders aus. Es gibt aber mehr Berührungspunkte zwischen den Kunstübungen, als es auf den ersten Blick scheinen könnte.

Die Trennung zwischen Volks- und Kunstlyrik, welche in vielen
Darstellungen des 17. Jahrh.s mit Recht durchgeführt wird, ist mit der
Feststellung der unterscheidenden Merkmale zu weit gegangen. Was
die Reformer der deutschen Dichtung unter Volksdichtung verstanden,
faßte den Meistergesang und die ungepflegte Ausdrucksweise der Lieder
zusammen, welche nach den alten Singweisen des *gemeinen Pöbels* gesungen wurden. Dem setzten sie die zu den neuen Melodien gesungenen
Texte in einer gepflegten Sprache, ausgerichtet nach lateinischen oder
romanischen Mustern, entgegen. Darin besteht der Unterschied, wie er
in der Ablehnung des nachgestellten unflektierten Adjektivs hinter das
Substantivum im Buch von der deutschen Poeterey sichtbar wird. Die
Art zu dichten aber, d. h. die Anwendung der Formeln, der Bilder
und des poetischen Zierats, blieb dennoch dieselbe. Beim Volksdichter
stellen sich die Formeln mehr von selbst, wie unbewußt, ein, während
sie der Kunstdichter bewußt aus den Sammlungen herausholt und sich
mehr auf Einzelheiten beschränkt. Der Volksdichter übernimmt größere
Stücke bis zu ganzen Strophenfolgen aus seinen Vorlagen. Es tut dabei

nichts zur Sache, ob solche Erscheinungen sich aus der Erinnerung einstellen oder aus Lehrbüchern und Eselsbrücken kommen. Wenn man da von Handwerk und bewußter Kunstübung spricht, so hält man sich zu sehr an das Äußerliche und berücksichtigt die gesellschaftlich-soziologischen Voraussetzungen nicht. Eine scharfe Trennung zwischen den einzelnen Gattungen ist jedoch kaum durchzuführen, weil sich weder die Menschen noch ihre künstlerischen Ausdrucksformen kastenmäßig abschließen lassen, Einzelnes aus der Höhe absinken oder aus der Tiefe aufsteigen kann und die gleichen Motive mit ähnlichen Worten und Ausdrücken wiedergegeben werden. Schoch beklagt sich darüber, wie schnell die einzelnen Lieder, sobald sie in den Schenken gesungen werden, ihre ursprüngliche Gestalt verlieren und gar *übel und lästerlich* zerzaust werden. Die hohe Kunst zielte darauf ab, durch die gepflegte Form zu wirken, sowie durch die besondere Eigenart, die Elemente der Dichtung zu verbinden. In der Verknüpfung des Materials konnten sich Individualität und persönlicher Stil offenbaren. Stoffe und Motive paßten sich der allgemeinen Sehweise des Zeitalters an und ließen die besondere Auffassung des Einzelnen durchschimmern. Die Lebensferne, welche in der Dichtung des 17. Jahrh.s beobachtet wurde, ist in engsten Zusammenhang mit der Gelehrtendichtung gebracht worden. Daraus ergab sich, daß jede Ausnahme von dieser Regel als Einströmen aus dem Bereich der Volksdichtung angesehen wurde. Dem gelehrten Dichter wird immer nachgesagt, daß er mit dem Leben nichts anzufangen wisse. Bei solchen Behauptungen aber ist größte Vorsicht am Platze. Selbst eine ganz mechanische Produktion der Dichtung kann das Leben nicht völlig ersticken.

Das Gefühl der Rückständigkeit gegenüber den anderen Literaturen mit ihrer einheitlichen Dichtersprache verführte zur Überschätzung der eigenen Leistungen. Darum wurden mit so lautem Selbstbewußtsein Wert und Bedeutung der deutschen Poesie verkündet. So offenbarte sich das Zeitalter in den Antithesen zwischen Wirklichkeit und Wunsch, Praxis und Theorie, frommer Inbrunst und üppiger Erotik, volkstümlicher Natürlichkeit, die die Dinge beim Namen nennt, und ausschweifender Künstelei, zwischen dem Realismus der Moralsatire und den Wunschbildern der Schäferwelt, dem derben Bauernkittel und dem prächtig ausgezierten Kostüm.

LITERATUR

Köler: M. Hippe, Christoph Köler, ein schlesischer Dichter des 17. Jahrh.s, Breslau 1902. Mitt. a. d. Stadtarch. u. der Stadtbibl. Breslau 5.

Cunrad: M. Hippe, Christian Cunrad, ein vergessener schlesischer Dichter Si lesiaca Festschr. f. Grünhagen, Breslau 1898, S. 253–88.

Appelles v. Löwenstern: P. Epstein, Appelles v. L. Breslau 1929.

Tscherning: H. H. Borcherdt, Andreas Tscherning, München 1912.

Scherffer v. Scherffenstein: P. Drechsler, Wenzel Scherffer v. Sch. Breslau 1895.

Titz: Deutsche Gedichte hrsg. von L. H. Fischer, Halle 1888.

Buchner: H. H. Borcherdt, Augustus Buchner und seine Bedeutung für die deutsche Lit. des 17. Jahrh.s, München 1919.

Fleming: J. M. Lappenberg gab BLVS 73 (1863) die lat. und BLVS 82/83 (1865) die deutschen Gedichte Flemings heraus. Grundlegend: H. Pyritz, P. Flemings deutsche Liebeslyrik. Leipzig 1932.

Leipziger Studentendichter: G. Witkowski, Geschichte des literarischen Lebens in Leipzig, Leipzig 1909.

Homburg: M. Crone, Quellen und Vorbilder E. Chr. Homburgs. Diss. Heidelberg 1911.

Greflinger: W. v. Oettingen, Über G. Greflinger aus Regensburg, Straßburg 1882.

Voigtländer: K. Fischer, Gabriel Voigtländer. Diss. Berlin 1910.

Schirmer: M. Sonnenberg, Studien zur Lyrik David Schirmers. Diss. Göttingen 1932.

Stieler: Geharnschte Venus hrsg. von Th. Raehse Neudr. 74/75 (1888). A. Köster, Der Dichter der Geharnschten Venus. Marburg 1897. J. Bolte, Eine ungedruckte Poetik Caspar Stielers. Sitzber. d. preuß. Akad. Berlin, phil.-hist. Kl. 1926, S. 97–122.

Schoch: Die Comoedia vom Studentenleben gab M. Fabricius, München 1892, heraus.

DRITTES KAPITEL

SPRACH- UND DICHTERGESELLSCHAFTEN

Die Sprachgesellschaften galten als pedantische Hüterinnen sprachlicher Reinheit und als Versammlung von nörgelnden Verbesserern und Wortfindern. Ihr vornehmstes Ziel ist die Reinerhaltung der deutschen Sprache von fremden Einflüssen und damit auch die dichterische Formgebung. Die lange herrschende Auffassung, daß sie in ihrem engeren und weiteren Umkreis ein ähnliches Amt ausüben wie die Merker unter den Meistersängern, läßt sich nur sehr beschränkt aufrechterhalten. Sie setzten vor allem die Bestrebungen der religiösen, gelehrten und geheimen Gesellschaften fort, in deren Interessenkreis auch sprachliche Probleme standen, an die sie von naturphilosophischen Spekulationen aus herangeführt worden waren. Die Beziehungen zur naturwissenschaftlichen, d. h. chemischen Methode liegen nahe. Wie man dort nach den Grundsätzen und Regeln der Zusammensetzung suchte, suchte man hier nach der Ur- oder Hauptsprache, der *lingua adamica*, und ging den Gesetzen nach, die in den Sprachen wirken. Nur auf solcher Grundlage ist die Geschichte der Grammatiken und Wörterbücher zu verstehen. Deshalb wird man das Streben nach neuen Erkenntnissen auch als Voraussetzung der Sprachgesellschaften ansehen müssen. Dazu kommt die nationale Erbschaft des Humanismus; denn wie die Elsässer um Wimpfeling und noch Frischlin bewiesen, daß die deutschen Gelehrten und Dichter in der Handhabung der lateinischen Sprache und mit ihren wissenschaftlichen Leistungen es den Italienern und anderen Nationen gleichzutun vermochten, ja sie übertrafen, so richtete sich der Ehrgeiz, nicht nur der deutschen gelehrten Dichtung, welche Opitz in den Sattel hob, sondern der deutschen Wissenschaft überhaupt dahin, es dem Auslande auf allen Gebieten gleichzutun und mit allen wissenschaftlichen Leistungen zu wetteifern. Die gelehrten Vereinigungen Europas traten an die Lösung von Aufgaben heran, die nur ein Stab von Gelehrten, nicht mehr ein einzelner lösen konnte. Diese wandten sich ihren Neigungen entsprechend den besonderen Aufgaben und Wissenszweigen zu. Das Wirken der Gelehrten suchte nicht mehr die Einsamkeit, sondern ging in aller Öffentlichkeit vor sich, es strebte nach Resonanz an den Höfen. Es sind somit gesellschaftliche Voraussetzungen, welche das Wachsen der Sprachgesellschaften mit bedingten.

1. DIE FRUCHTBRINGENDE GESELLSCHAFT

Die erste europäische Sprachakademie zu Florenz, die *Accademia della Crusca*, welche F. Gazzini 1582 begründet hatte, könnte genau ein

Menschenalter, nachdem sie ihre Tätigkeit aufgenommen hatte, ihr *Vocabulario* (1612) vorlegen. In ihrem Namen kehrt eine Vorstellung wieder, welche der Reformation und Renaissance gemeinsam ist: der Gedanke, die alten Quellen in ihrer Reinheit wieder herzustellen, das reine Mehl von der Kleie (*Crusca*) zu säubern. Unwillkürlich drängt sich hier die Vorstellung aus der reformatorischen Streitschriftenliteratur auf vom Müller Erasmus, der in seiner geistlichen Mühle das reine Mehl wieder herstellt. F ü r s t   L u d w i g   v o n   A n h a l t - K ö t h e n, der 1600 unter die Mitglieder der Crusca aufgenommen worden war, scheint nur auf den ernsten und würdigen Anlaß gewartet zu haben, in Deutschland eine ähnliche Vereinigung zu begründen. Wenn auch sein Hofmarschall *von Teutleben* im Anschluß an die Beisetzungsfeierlichkeiten der Herzogin von Sachsen-Anhalt, der Schwester des Fürsten Ludwig, anregte, am 24. August 1617 den feierlichen Gründungsakt mit dem Gedächtnis der Verstorbenen zu vereinigen, so ist doch der Fürst als erster Vorsitzender Anreger und Seele der Fruchtbringenden Gesellschaft oder des Palmenordens gewesen. Krieg und Politik hielten ihn nicht ab, sich den Aufgaben der Gesellschaft zu widmen. Sie trat mit den Leistungen des Erzschreinhalters T o b i a s   H ü b n e r und des Hofmanns Diederich von dem Werder an die Öffentlichkeit.

T o b i a s   H ü b n e r (1577–1636) stammte aus Dessau. Er studierte in Frankfurt und Heidelberg, war auch in Frankreich, ehe er 1608 in Dessau Prinzenerzieher wurde. Er beanspruchte den Ruhm, die ersten deutschen Alexandriner gedichtet zu haben. Der *Nutzbare* der Fruchtbringenden Gesellschaft wurde als deutscher Vergil und Ovid gefeiert. Seine bedeutendste Leistung ist die Übersetzung von *Du Bartas* (1622), in der er sich mit den Bestrebungen von Opitz traf und der deutschen Dichtung ein Vorbild aus dem Umkreis der Plejade vor die Augen stellte.

D i e d e r i c h   v o n   d e m   W e r d e r (1584–1657) wurde am Collegium Mauritianum in Kassel für seine großen dichterischen Aufgaben gut vorgebildet. Nachdem er in Marburg Rechtswissenschaft studiert und von einer daran anschließenden Reise nach Frankreich und Italien zurückgekehrt war, trat er in den hessischen Hofdienst, fiel jedoch 1622 in Ungnade und wurde als Mitglied der Fruchtbringenden Gesellschaft (seit 1620) von Herzog Ludwig von Anhalt-Köthen für verschiedene diplomatische Aufgaben verwendet. Seine Übersetzung von *Tassos Erlöstem Jerusalem* wurde 1624 abgeschlossen, sie ist 1626 erschienen. Freier übersetzte er 1632–36 die ersten Gesänge von *Ariosts Rasendem Roland* mit der Absicht, daraus ein Volksbuch zu machen. Auch ein Vorbild des heroischen Romans, *Loredanos Dianea*, übersetzte er (1644).

Unabhängig von den Psalmenübersetzern und Opitz bemühte sich die Fruchtbringende Gesellschaft um die n e u e   d e u t s c h e   V e r s f o r m. Sie wurde über die Übersetzung gewonnen, welche der Metrik des Originals möglichst getreu folgte. Als Erzschreinhalter versuchte Hübner die angemaßte Monopolstellung der Gesellschaft und sein Anrecht auf den Ruhm zu wahren, die deutsche Verskunst aus der Taufe gehoben und den Alexandriner erfunden zu haben. Deshalb verfolgte er eifersüchtig und mißtrauisch den Aufstieg von Opitz; denn beide Machtgruppen rangen unabhängig voneinander um den neuen deutschen Vers, und keine wollte sich von der andern in die Karten sehen lassen. Nach gespreizten brieflichen und mündlichen Verhandlungen, in welchen sich die Einsicht durchsetzte, daß ein Zusammengehen niemandem einen Nachteil bringen könne, und nachdem man einander einzelne Werke zur Beurteilung vorgelegt hatte, wurde *Opitz* kurz nach seiner Erhebung in den Adelsstand als der *Gekrönte* in die Gesellschaft aufgenommen. Zu einer verständnisvollen Zusammenarbeit der Gruppen ist es jedoch lange nicht gekommen. Buchner wurde als Bürgerlicher und eifriger theoretischer und praktischer Vorkämpfer des deutschen Daktylus erst 1641 in die Gesellschaft aufgenommen, weil Fürst Ludwig mit Leidenschaft für den alternierenden deutschen Vers eintrat. Es entwickelte sich eine lange Auseinandersetzung über diese Frage, welche schließlich zugunsten der Opitzianer entschieden wurde. Da zeigte sich wieder einmal, unter welchem Zwang die deutsche Dichtersprache stand. Der Fürst und Tobias Hübner, als Du Bartas-Übersetzer, hielten sich an die französische Silbenzählung und rechneten mit Längen und Kürzen, Opitz und die Seinen mit dem Akzentmechanismus. Sie hatten es nicht mehr nötig, sich mit der altdeutschen Versübung auseinanderzusetzen. Da sie das Erbe der Neulateiner übernahmen, waren die Geltungsbereiche der alten und neuen Kunst klar geschieden. Wichtiger war es, über die Heidelberger hinauszukommen. Das geschah mit der Forderung, die Betonung strenger zu beobachten, die Akzente über den ganzen Vers zu setzen. Solche Regeln konnten von der romanischen Autorität nicht gestützt werden. Es galt also, das Beispiel der Holländer nachzuahmen und auf die Antike zurückzugreifen. Die verschiedenen Auffassungen stießen jedoch nur in vereinzelten Punkten gegeneinander. Da man das Wesen der besprochenen Fragen, die Eigenschaften des Sprachstoffes, nicht erfaßt hatte, und hinter den Worten, welche man anwendete, keine klaren Begriffe standen, redete man solange aneinander vorbei, bis die Erfahrung lehrte, daß die metrischen und rhythmischen Gesetze aus der Sprache selbst entwickelt werden.

In den vierziger Jahren trifft man alles, was in der Literatur einen Namen hat, in den Reihen der Fruchtbringenden Gesellschaft. Zwischen verschiedenen Ansichten, Temperamenten und Persönlichkeiten, wie Gueintz, Buchner, Schottel, Harsdörffer, Zesen einen Ausgleich zu finden und Entscheidungen zu treffen, welche allgemein verbindlich sein konnten, war selbst dem Fürsten unmöglich. Nach seinem Tode (1650) wurde kaum mehr Nennenswertes für die deutsche Sprache und Dichtung geleistet.

Justus Georg Schottelius (1612–76) stammt aus Einbeck. Er mußte sich nach dem frühen Tod seines Vaters mühselig seine Bildung aneignen. Juristische Studien, die er in Leyden (1633) begann, setzte er in Leipzig und Wittenberg fort, bis er dann

Prinzenerzieher am Braunschweiger Hof wurde. Nach Erfüllung seiner Aufgabe kam er (1646) als Konsistorialrat nach Wolfenbüttel.

Seine erste Dichtung *Totenklage der hinsterbenden Germania* (1640) bewegt sich in Gedankengängen von Moscherosch und Rist. Seine Liebe zur Muttersprache führte ihn ganz der Wissenschaft zu. Seine *Teutsche Sprachkunst* (1641) eröffnete ihm einen Sitz in der Fruchtbringenden Gesellschaft. Doch machte er sich, ohne die Ergebnisse der Unterhaltungen über schwebende poetische Fragen abzuwarten, mit einer *Teutschen Vers- oder Reim-Kunst* (1645) selbständig, was ihm auch deshalb übel vermerkt wurde, weil er darin den Bestrebungen der Nürnberger eine Hilfsstellung leistete und zum Wegbereiter des Marinismus wurde. Er behandelte die Reime mit besonderer Sorgfalt. Seine gleichzeitige geistliche Lyrik löste sich von den Psalmen und wendete sich dem Hohenlied zu. Schottels Hauptwerk *Ausführliche Arbeit von der deutschen Haubtsprache* (1663) vereinigte Grammatik und Poetik mit Lobreden auf die deutsche Sprache, einem Dialog über das Übersetzen und einer Abhandlung über die deutschen Stammwörter. Keine Arbeit des Jahrhunderts über die deutsche Sprache bemühte sich so redlich um ein Erfassen der Erscheinungen aus der Tiefe. Vieles, was hier nur geahnt wird, ist erst in der Romantik für die Wissenschaft fruchtbar geworden. Sein *Horrendum bellum grammaticale Teutonum antiquissimorum* (1673) steht zwar in der Gefolgschaft des beliebten lateinischen Renaissanceepos von Guarna, greift aber von den Fragen der Grammatik auch auf politische Probleme über.

2. DIE KÖNIGSBERGER

Den Königsberger Dichtern wird nachgesagt, daß sie die Gelegenheitsdichtung besonders pflegten, ja sie organisierten. Bis zu einem gewissen Grade ist das richtig. Jedoch darf es nicht im Sinne eines geistigen oder formalen Zwanges verstanden werden. Die Angehörigen dieses Kreises bilden weder eine Schule noch eine Sprachgesellschaft. Sie sind eine lose Vereinigung von Freunden, die sich in der Pflege einer gemeinsamen Kunstübung zusammenfinden. Das Lied bewährte auch hier seine reformierende und aneinanderbindende Kraft. Um den Komponisten *Johannes Eccard* (1553–1611, 1580–1608 als Kapellmeister in Königsberg tätig) vereinigte sich schon zu Beginn des Jahrhunderts eine Gruppe, zu der *Valentin Thilo* der Ältere (1579–1620), *Peter Hagen* (1569–1620), *Georg Weissel* u. a., zumeist Dichter von Kirchenliedern, gehörten. Sie trugen das Musikleben von Königsberg, das später in den Händen von *Johannes Stobaeus* (1580–1646), dem Herausgeber der Lieder Eccards, und *Heinrich Albert*, dem Schüler seines Vetters Schütz und

Scheins, lag. Um diese bildete sich in den zwanziger Jahren eine lose Vereinigung von etwa 12 Mitgliedern, die sich im Stile der gesellschaftlichen Schäfereien ihre besonderen Namen zulegten (z. B. nannte sich Roberthin Berrintho), Lieder vorsangen, Gedichte vortrugen und Fragen der Kunst besprachen. Ein beliebter Versammlungsort war im Sommer der Garten Alberts am Pregel. Dort stand die Kürbishütte, welche ihren Namen von den Liedversen hatte, die Albert in Kürbisse schnitt. Das waren zumeist Todesmahnungen. So legten sich die Mitglieder der Gesellschaft auch den Namen *Sterblichkeitsbeflissene* zu. Die eigentümliche Zwischenstellung des Kreises zwischen Meistergesang und Dichterakademie gab die Vereinigung auch nach ihrem förmlichen Anschluß an Opitz, der 1638 ihr gefeierter Gast war, und trotz freundschaftlicher Beziehung zu dessen Trabanten Titz nicht auf. Sie hat den Zusammenhang mit dem Volk, Bürgertum und Adel gerade durch die Pflege des begehrten und bestellten Gelegenheitsgedichtes nie aufgegeben. Über die Mitte des Jahrhunderts hinaus hat sich die Vereinigung nicht gehalten.

Robert Roberthin (1600–48) aus Saalfeld in Ostpreußen war der geistige Mittelpunkt. Er hatte in Königsberg und Leipzig studiert und war in Straßburg in Berührung mit Opitz gekommen. Von 1637 an war er Sekretär am Hofgericht in Königsberg. Hohe Bildung und geistige Interessen ließen ihn die Verbindung mit den bedeutendsten Gelehrten seiner Zeit aufnehmen. Als Freund von Opitz, Lehrer, Mentor und Mäzen von Simon Dach hat er für die Ausbreitung der neuen Formgebung Entscheidendes geleistet.

Heinrich Albert (1604–51) stammt aus Lobenstein im Vogtland. Er wurde 1626 in Königsberg seßhaft, wo er 1630 als Domorganist das Amt seines Lehrers Stobaeus übernahm. Bei ihm liegen die Anfänge des neueren deutschen Sololiedes und die Meisterschaft der mehrstimmigen Generalbaßlyrik. Der Huldigungsgesang, den er zum Besuche von Opitz komponierte, nähert sich der Kantate.

Roberthin und Albert sind als geschmackvolle Liederdichter die Vorbilder des Dichterhauptes der Königsberger Gesellschaft Simon Dach (1605–59) gewesen. Dach ist in Memel geboren, erhielt in Königsberg, Wittenberg und Magdeburg seine Ausbildung und ließ sich 1626 in Königsberg nieder. Zuerst war er Lehrer an der Kneiphöfischen Schule, doch war seine schwächliche Gesundheit den Anstrengungen des Berufes nicht gewachsen. 1639 wurde er Professor der Poesie an der Universität. Er führte ein stilles Leben, das seiner beschaulichen Zurückgezogenheit und seinem Anschlußbedürfnis an wenige fördernde Freunde entsprach.

Es gelingt Dach, das von Mode, Geschmack und Formzwang Diktierte vom Persönlichen zu trennen, und so stößt man in seinen Dichtungen häufig auf seine menschliche Wärme. Sein Blick richtet sich aus dem Jammer und Elend des Erdendaseins auf Gott und die bevorstehenden Freuden des Himmels. Trost spenden allein Rechtfertigung durch Jesu Tod und Auferstehung, Gottvertrauen, geduldige Ergebenheit in den Willen Gottes. Wie das evangelische Kirchenlied der Zeit so wird auch Simon Dachs Dichtung nicht mehr von der Glaubenszuversicht Luthers getragen, sondern vielmehr, nach den bitteren Erfahrungen der Spaltungen der evangelischen Lehre und des Krieges, von vertrauensvoller Ergebung und Sehnsucht nach dem Jenseits. In schlichter Form, ohne den üblichen gelehrten Ballast, mit gesundem Empfinden für das Echte und zu Herzen Gehende, in unpathetischer Rede trägt Dach seine Gedanken vor. Seine religiöse Lyrik zeigt viele verwandte Züge mit der Paul Gerhardts. Das bedeutet aber keineswegs, daß er nicht weiß, wie man sich maßvoll nach dem Beispiel des *Horaz* den Freuden des Lebens hingeben kann. Die großen geistigen und politischen Auseinandersetzungen des Jahrhunderts, die nationalen Regungen und Bemühungen zur Zusammenfassung der Kräfte berühren Leben und Gedankenwelt Simon Dachs nur mit auslaufenden Wellen. Er war ein guter Patriot und treuer Anhänger des brandenburgischen Fürstenhauses. Durch seine Gedichte ziehen sich freundliche Erinnerungen an bessere Tage und Bilder der Vergangenheit. Man gewinnt Einblick in sein häusliches Leben, das stille Glück, das ihm an der Seite seiner Frau und im Kreis seiner Kinder lächelte. Der Tod der Freunde legt sich wie ein trüber Schleier über seine letzten Lebensjahre. Der Königsberger Freundeskreis mutet wie ein Eiland der Glücklichen an, dessen Strand die Wogen der stürmischen Zeit nur selten bespülen. Dachs Lieder klingen gedämpft, sie jubeln nie laut, sind nie von Leidenschaften aufgepeitscht, kommen aber auch nie aus verzweifelter Stimmung. Sein Ideal ist die *mâze*. So zart und schlicht ist keiner seiner Zeitgenossen. „Er freut sich an den weiten Blicken seiner norddeutschen Landschaft und er sieht doch das Kleinste: wie der Reif um das Gras liegt, der Fink auf den Weiden singt und die Raupen auf den Blättern kriechen."

Das reiche Schaffen Simon Dachs steht zuerst, etwa von 1630 an, ganz unter dem Gesetz der Konvention und der Kunst von Opitz. Noch 1634 wollte er lieber lateinisch als deutsch dichten. Doch entwickelte sich seine natürliche Veranlagung über das Lied und die eingestreuten Bilder zu einem freien Schalten, so daß er sich schließlich unbewußt über die Gesetze der Poetik erhebt, weniger was die Sprachgestaltung als das Äußern seiner persönlichen Gefühle betrifft. Die unpersönliche Verallgemeinerung, welche Opitz vorschrieb, weicht dem Einmaligen, dem Besonderen, so daß er Stimmungen vermitteln kann, wenn er von sich und seinen Erlebnissen spricht. Ein gegenständliches Landschaftsgemälde, wie es eine Klage über den Untergang der Kürbishütte vermittelt, ein persönliches Freundschaftsbekenntnis, wie es ein Gedicht an Roberthin birgt, sind in der Lyrik des 17. Jahrh.s selten. Das ist keine späthumanistisch-konventionelle Freundschaft, die mit überkommenem Wort- und Formelschatz abgewandelt wird, sondern intime Stimmungen werden lebendig. Häusliches, persönliches Leben wird sichtbar. Gewiß

geht Dach in den bestellten Gelegenheitsgedichten zu Hochzeiten und
Familienereignissen, den überaus zahlreichen poetischen Grabreden
und Nachrufen schematisch vor und beschwert sich auch, wenn ihm
wenig oder Unwesentliches über die Verstorbenen, deren Bild sein
Gedicht festhalten soll, mitgeteilt wird, gewiß leuchten aus der Fülle
seiner poetischen Lieferungen, die ihm den Lebensunterhalt einbringen
müssen, nur einzelne Gedichte auf, denen man es anmerkt, daß er aus
einem mitempfindenden Herzen schreibt, weil ihm die näheren Verhältnisse bekannt sind: das eben ist das Entscheidende, daß er darüber
klagt, der beliebteste Grabdichter seiner Zeit zu sein, daß er nicht irgend-
einen Typus, einen Komplex von Eigenschaften darstellen, sondern aus
echten und wahren Charakterzügen ein Bild entwerfen möchte, das das
Wesen eines Menschen festhält. Das Schema seiner Hochzeitsgedichte –
1. Naturschilderung oder mythologische Szene, 2. der Bräutigam,
3. die Braut, 4. Mahnung zur rechten Ehe oder Glückwunsch – entsprach durchaus dem, was die Zeitgenossen verlangten. Das Bedürfnis
nach Abwechslung läßt ihn zwar auf die Schablone nicht verzichten,
aber wenn er die Gefeierten anspricht, so schwingt ein Ton mit, den
man in der Gelegenheitsdichtung des Zeitalters nur selten vernimmt.
Mit seinen Trostgedichten wendet er sich ab von der hohen Dichtung
eines Opitz, Fleming und Gryphius; denn bei ihm handelt es sich um
volkstümliche Gebrauchskunst, wie sie die poetische Todes-
anzeige, das Trostreimchen erforderte. Das Wesentliche war, ein Ge-
meinschaftsgefühl zu wecken, aus dem Herzen der Trauerversammlung
zu sprechen. Auf den Trost kam es an und nicht auf den Preis der Taten
des Verstorbenen, nicht auf ein Denkmal. Erfüllte er die traurige Pflicht
des poetischen Nachrufs am Grab seiner Freunde Albert und Roberthin,
so wurden deren Gestalten noch einmal lebendig. Man spürt, wie sein
Inneres mitschwingt, wie er sein Seelenleben offenbart und sich als
mitfühlenden, zarten Menschen zeigt. Die Formen hoher Lyrik, Ode,
Sonett und Sinngedicht, welche Opitz gelehrt hatte, gab er auf,
weil er im Lied jene Form gefunden hatte, in der er sein Wesen am
besten aussprechen konnte. Die starke Bindung an die Musik wird aus
der Beziehung zu den Musikern des Kreises, seinen schlichten geistlichen Liedern und seinen Texten zu zwei Opern, welche Albert ver-
tonte, sichtbar. Die eine von ihnen, *Cleomenes*, wurde 1635 zu Ehren des
Polenkönigs Wladislaus IV., die andere, *Sorbuisa* (1644), zur Hundertjahrfeier der Universität Königsberg aufgeführt. Damit setzten Dach
und Albert fort, was Opitz und Schütz mit der Oper Daphne begonnen
hatten. In den Gedichten an den Kurfürsten weichen unpersönliche
Steifheit und Konvention bald einem vertraut-patriarchalischen Ver-
kehrston. Die Freude am Erzählen einzelner Begebenheiten läßt bedauern, daß die epische Dichtung im Schaffen Dachs nur schwach zur

Geltung kommt. Der ganze Unterschied zu Opitz und dessen pathetischer Rhetorik wird in den schlichten, gesund-selbstbewußten Versen Dachs sichtbar:

> Ich hab' erst der Musen Zier
> An den Pregel müssen holen.

Die sentimentale Erfindung, Dach habe das Lied *Ännchen von Tharau* zur Hochzeit eines anderen mit dem von ihm geliebten Mädchen gedichtet, ist durch den ziemlich sicheren Nachweis, Albert habe Melodie und Text verfaßt, wohl erledigt.

Unter den übrigen Mitgliedern der Königsberger Gesellschaft ist neben Christoph Wilkau (1598–1641), Albert Lingemann (1603–53), Valentin Thilo dem Jüngeren (1607–62), Andreas Adersbach (1610–60), Michael Behm (1612–50), Georg Mylius (1613–40), Jonas Daniel Koschwitz (1614–64) nur der Schlesier Christoph Kaldenbach (1613–98) aus Schwiebus bei Glogau besonders zu nennen. Er studierte in Frankfurt a. d. O. und Königsberg. Dort wurde er 1635 Rektor der Gelehrtenschule und später Professor der griechischen Sprache. 1656 folgte er als Professor der Poesie und Rhetorik einem Ruf nach Tübingen. Seine deutschen Gedichte mit Kompositionen gab er 1651 unter dem Titel ,,*Deutsche Sappho*'' heraus. Als Dramatiker (Babylonischer Ofen, Herkules am Wege der Tugend und Wollust) scheint er biblisches Spiel und allegorische Handlung noch als feststehende Kunstgattungen gepflegt zu haben.

3. HARSDÖRFFER UND DIE PEGNITZSCHÄFER

Ein besondere Stellung nimmt der Nürnberger Dichterkreis, der *Löbliche Hirten- und Blumenorden an der Pegnitz*, ein; denn in seinen Bestrebungen tritt die Sprachpflege hinter die Gesellschaftsdichtung zurück. Wie so viele mit der Theorie vertraute Dichter und Dichtervereinigungen führten auch die Nürnberger eine Revision der heimischen und ausländischen Bestände durch. Selbst der Minnesang, soweit ihn Goldast bekanntmachte, hat seinen Platz in dem Arsenal, das so vieles ohne sinnvolle Ordnung ausbreitete und zur Verwendung anbot. Dem entspricht auch das Ineinanderaufgehen der verschiedensten Formen, der wechselvolle Gebrauch von Poesie und Prosa, das Potpourriartige sowie die Gleichschaltung weltlicher und geistlicher Dichtung. Die Keimzelle der Gesellschaft sind Harsdörffers *Frauenzimmer-Gesprechspiele*, welche in acht Bänden (1641–49) erschienen. Darin unterhält sich eine vornehme Gesellschaft in höfischem Ton über alle möglichen Fragen der Dichtung und Wissenschaft. Nach horazischem Rezept wird die nützliche, lehrhafte Unterhaltung durch allerlei Spiele und Anekdoten unterbrochen. Aus solcher lehrhaft-literarischen Übung ging die Gesellschaft hervor. Bei einer Doppelhochzeit in der Familie Tetzel am 16. Oktober 1644 traten Harsdörffer und Klaj als die

Schäfer Strefon und Clajus mit den Symbolen Maiblümchen und Klee auf. Ende 1644 oder Anfang 1645 gründeten sie den Orden. Seine wichtigsten Mitglieder waren folgende:

Georg Philipp Harsdörffer (1607–58) stammt aus einer angesehenen Nürnberger Patrizierfamilie. Er studierte in Altdorf (1623) und unter Bernegger in Straßburg. Daran schloß er seine Bildungsreise nach der Schweiz, Frankreich, den Niederlanden und England. Von dort ging es nach Oberitalien, Rom und Neapel. In Siena verweilte er einen ganzen Sommer. Italienische Eindrücke und Vorbilder bestimmten seine literarisch-gesellschaftlichen Ziele. Trotz seiner späteren beruflichen Inanspruchnahme im Dienste der Stadt Nürnberg konnte er als vielseitiger Großliterat eine hervorragende Stellung im geistigen Leben einnehmen. Sein Briefwechsel verband ihn mit den bedeutendsten gelehrten Zeitgenossen. Alle Dichtungsgattungen, besonders die Schäferpoesie, und die poetische Theorie hat er gepflegt. Er gab im pegnesischen Schäferorden den Ton an, und die anderen stimmten mit ein. Das gab der gesamten Dichtung des Kreises die einheitliche Stimmung und den gleichen Gehalt. Weithin nach Straßburg, Schwaben, der Schweiz, Österreich, Hamburg, Schlesien strahlte sie ihren Einfluß aus.

Johann Klaj (1616–56) stammt aus Meißen. Er besuchte die dortige Ratsschule. Sein Studium begann er wahrscheinlich in Leipzig. 1634 studierte er in Wittenberg, wo er auch Buchner hörte. Zu Beginn des Jahres 1644 kam er nach Nürnberg und paßte sich dem dortigen literarischen Leben an. Mit seiner Anstellung an der Lateinschule zu St. Sebald (1647) war die Zeit, die er der Dichtung widmen konnte, beschränkt. Durch seine Ehe mit Maria Elisabeth Rhumelius (1648) gewann er den gesellschaftlichen Anschluß an die gebildete und geistig führende Bürgerschicht. Die Friedensverhandlungen gaben seiner Dichtung noch einmal einen Auftrieb. Während seiner letzten Lebensjahre, die er von 1650 an als Pfarrherr in Kitzingen am Main verbrachte, ist er nur selten als Dichter aufgetreten. Seine allzu versöhnliche Haltung gegenüber den Katholiken gestaltete sein Verhältnis zu der glaubensstarken Diasporagemeinde nicht sehr erfreulich.

Sigmund von Birken (1626–81) stammt aus Wildenstein bei Eger. Sein Vater wurde 1632 Prediger in Nürnberg. In Jena studierte Birken zuerst Rechtswissenschaft und dann Theologie. In den Blumenorden wurde er 1645 aufgenommen. Dann war er ein Jahr Prinzenerzieher der Herzöge Anton Ulrich und Ferdinand Albrecht in Wolfenbüttel und hielt sich längere Zeit in Nordwestdeutschland auf. Von 1648 an bis zu seinem Tode lebte er in Nürnberg.

Johann Helwig (1609–74), der sich nach Studien in Altdorf, Straßburg und Montpellier als Arzt in seiner Vaterstadt Nürnberg niedergelassen hatte, trat 1645 als *Montano* in den Orden. Als Übersetzer von *Francesco Ponas* Heldengedicht Ormund (1646) und *Boetius* (1660) bewegte er sich im Umkreis der gefährlichen höfischen Welt und des Stoizismus. Seit er als Leibarzt des Kardinals von Wartenberg in Regensburg lebte (1649), hielt er keine Verbindung mehr mit den Nürnbergern aufrecht.

Johann Georg Volckamer (1616–93), ein Nürnberger Patriziersohn, studierte in Jena und Altdorf Medizin, hielt sich lange Zeit in Padua auf, war 1641 wieder vorübergehend in Altdorf und empfing dann seine letzte Ausbildung bei dem berühmten Chirurgen Marcantonio Severini in Neapel. Er wirkte zuerst in Nürnberg als Arzt, leitete 1643 die Akademie der deutschen Naturforscher und wurde von Kaiser Leopold zu dessen Leibmedicus und zum Pfalzgrafen ernannt.

Heinrich Arnold Stockfleth (1643–1708) aus Hildesheim. Er war Theologe und wurde 1668 in den Orden aufgenommen. Im folgenden Jahr erschien sein Roman *Die Kunst- und Tugend gereizte Musui* it.

In kaum einer anderen Dichtervereinigung des 17. Jahrh.s ist das weibliche Element so stark zur Geltung gekommen wie bei den Nürnbergern. Unter ihren Mitgliedern erscheinen: Maria Catharina Stockflethin, Regina Magdalena Limburger u. a.

Von den späteren Mitgliedern und Leitern des Ordens seien erwähnt: Christoph Arnold (1627–85), der in Altdorf seine theologischen Studien 1646 abschloß und, nachdem er verschiedene Reisen unternommen hatte, 1653 Diakon an der Marienkirche und Professor am Egidiengymnasium war. Die beiden Ostpreußen Daniel Bärholz (1644–92) und Michael Kongehl (1646–1710), Jakob Hieronymus Lochner (1649–1700), Joachim Heinrich Hagen (1649–93), Sebastian Seelmann, der als Silvius II. 1668 in den Orden aufgenommen wurde und später Advokat in Regensburg war, Johannes Tepelius (geb. 1649) aus Schauenstein im Vogtland, der 1672 als Lilidan Mitglied wurde. Er leitete die Ordensfiliale in Altdorf, ging später nach Tübingen und schwand bald aus dem Gesichtskreis. Magnus Daniel Omeis (1646–1708) aus Nürnberg studierte in Altdorf 1644, trat 1667 in den Blumenorden und leitete ihn von 1697 an.

Christoph Fürer von Haimendorf (1663–1732) studierte in Altdorf, unternahm größere Reisen und wurde 1709 Nachfolger von Omeis. Von geringer Bedeutung war Johann Friedrich Riederer (1678–1743). Er zeigt mit gereimten *Fabeln* nach ietziger Art und möglichster Kürze gekleidet (1717), daß auch die Nürnberger am Ende ihrer Entwicklung auf dem Weg zu den Formen der Aufklärung waren. Als gelehrte Gesellschaft hat sich der Orden bis in unsere Zeit erhalten.

Von großem Einfluß auf den Orden, obschon er ihm nicht angehörte, war Johann Michael Dilherr (1604–69) aus Themar im Hennebergischen. Er war 1631 Professor in Jena, von 1642 an unterrichtete er an der Sebaldusschule in Nürnberg. Er wurde 1646 zum Prediger von St. Sebald ernannt.

In der Blütezeit des Ordens zierten die Namen von Rist, Schottel, Quirinus Moscherosch u. a. die Mitgliederliste der Gesellschaft. Ihr Ziel war die Pflege religiöser Dichtung, die Besserung der Sitten und die Reinerhaltung der deutschen Sprache. Man hat darin nicht mit Unrecht eine Hebung des Meistergesanges in einen gelehrt-höfischen Kreis gesehen. Die Pegnitzschäfer erfüllten ihre Sendung in der Vereinigung von Dichtung, Malerei und Musik. Die Kleinmalerei hat Harsdörffer zu einem wesentlichen Prinzip erhoben. Damit verlagerte er die Kräfte der Dichtung mehr in das Äußere (Schmuck, Sinnbild, Gleichnis, Umschreibung) und knüpfte eine feste Verbindung zwischen Malerei und Dichtung, während er zwischen Geschichtsschreibung und Dichtung feste Grenzen setzte. Er forderte eine überhöhende Steigerung. Zu Unrecht hat Harsdörffers· *Poetischer Trichter, Die Teutsche Dicht- und Reimkunst, ohne Behuf der Lateinischen Sprache, in VI. Stunden einzugiessen*, der in drei Teilen 1647, 1648, 1653 erschien und die Gesetzestafel der Dichtervereinigung enthält, die Pegnitzschäfer in Verruf gebracht. Man macht sich über den Anlaß, der zur Entstehung führte, lustig, daß sich Harsdörffer in einer Wette erboten habe, jemandem in sechs Stunden die Regeln der Dichtung beizubringen, nicht aber ihn in sechs Stunden zum Dichter zu machen. Entscheidender ist dabei der Seitenhieb auf die lange Tabulatur der Meistersinger, die niemand mehr beherrschen konnte, und die Befreiung vom lateinischen Zwang. Harsdörffer ist Neutöner. Er versuchte, die Klangmalerei zum Prinzip der Dichtung zu machen, und konnte sich auf eine lange Überlieferung berufen, deren Ausgangspunkte in der Antike liegen. Sein Auftreten hilft mit, der deutschen Dichtung den Vorrang über die lateinische zu geben, wenn auch diese noch mittelbar über die französische auf Harsdörffer wirkte. Wenn er über die getreue Sprachnachbildung der Naturlaute hinaus Klangentsprechung und Klangpflege verlangte, so folgte er darin der italienischen Literatur, die von allen neueren Literaturen den stärksten Eindruck auf ihn gemacht hatte.

Die politische Tätigkeit im Dienste seiner Vaterstadt nahm Harsdörffer stark in Anspruch. Um so bewundernswerter ist seine Belesenheit und schriftstellerische Fruchtbarkeit. In 22 Jahren hat er, wie Narciß feststellte, etwa 20000 Druckseiten veröffentlicht. Das ergibt eine Jahresproduktion von nahezu tausend Seiten. Die Anzahl der Quellenwerke, die er auszog, übersetzte oder verarbeitete, bewegt sich um tausend. Wenn man dazu noch seinen keineswegs vollständig erhaltenen Briefwechsel rechnet, so darf man ihn wohl einen Großliteraten nennen. Er übernahm die Erbschaft von Opitz und bildete sie selbständig weiter. Er ist vielleicht der erfolgreichste Träger der gelehrten Gesellschaftsdichtung in deutscher Sprache im westlichen Mitteldeutschland gewesen. Solange er die Pegnitzschäfer leitete, war Nürnberg ein wichtiger geistiger Umschlagplatz. Unternehmertum und Organisation sind Harsdörffers starke Seite. Dazu kommen wie bei Opitz ein Talent zur Freundschaft und der Spürsinn für das literarisch Erfolgreiche. Das Ansehen, welches er bei Lebzeiten genoß, und die Anerkennung, welche noch die Romantik seinen flüssigen Übersetzungen lyrischer Gedichte zollte, wich dem Spott über den kindischen Singsang der Binnenreime, das tändelnde Spiel seiner Sprachübung und den Nürnberger Trichter. Doch ist in unserem Jahrhundert vieles zu seiner Rettung vorgebracht worden. In seiner ersten Schaffensperiode (1641–45) ist Harsdörffer voll von den Eindrücken seines Aufenthaltes in Italien, des Schäfer- und Gesellschaftsspiels, der Oper und des Singspiels. In den folgenden drei Jahren steht die Theorie im Mittelpunkt seiner Interessen. Eine ordnende Neuorientierung an der französischen Dichtung ist in den Jahren 1649–54 zu beobachten. Schließlich legte er die Ergebnisse seines Sammeleifers (Apophthegmata, Briefe) vor. Man hat den Eindruck, daß er sich vor seinem Tode ausgeschrieben hatte.

Mit lateinischen Lobschriften auf Verstorbene und Übersetzungen von politischen Schriften aus dem Französischen ins Lateinische begann Harsdörffer. Als gewandter Beherrscher des Alexandriners in der Übersetzung der heroischen Komödie *Europe* des *Jean Desmarets* de Saint-Sorlin (1595–1676), eines Hauspoeten von Richelieu, ist Harsdörffer erst 1927 festgestellt worden. Das Original ist zu Anfang 1643 in Paris erschienen. Die deutsche Übersetzung kam gegen Ende des gleichen Jahres unter dem Titel heraus: *Japeta*. Das ist ein Heldengedicht, gesungen in dem Holsteinischen Parnasso Durch Die Musam Calliope 1643. Zeigen Untertitel und verschleierndes Inbeziehungsetzen der Personae dramatis mit Tugenden die Absicht des Übersetzers, sein Werk als Gesprächsspiel auszugeben, so wird damit Harmlosigkeit vorgetäuscht, damit das Werk sich nur dem Einsichtigen als politisch-aktuelles Zeitgemälde in der Gefolgschaft von Barclays Argenis offenbare. Der eigentliche Hintergrund der sehr geschickt abgefaßten, geistreichen Propagandaschrift für Richelieus Politik ist das Ringen Frankreichs mit Spanien um die Weltherrschaft. Das mißglückte Intrigenspiel Annas von Österreich (Austerwig), der Tochter Philipps II. und Gemahlin Ludwigs XIII., und der mantuanische Erbfolgestreit geben als Hauptepisoden Gelegenheit, die erfolgreiche französische Politik (Liliwerts) ins rechte Licht zu stellen. Dazu kommt als drittes dramatisches Element ein mit böser Absicht von Spanien (Iberich) ausgehendes und von Adelmann (dem deutschen Kaiser) überreichtes Friedensangebot an Liliwert. Der aber, als Hort der Bedrängten und Verkörperung der Gerechtigkeit, ist zu allen Opfern bereit, um Japeta den begehrten Frieden zu sichern, allerdings erst dann, wenn er selbst seine Ziele erreicht hat. Im Vergleich zum Ton der politischen und religiösen Flugschriften ist das Werk maßvoll. Deshalb lenkte Harsdörffer mit der Überschrift seiner Arbeit den Verdacht auf Rist als einzigen in Holstein lebenden Dichter, der noch dazu schon 1630 in seiner Irenaromachia seine Friedenssehnsucht deutlich ausgesprochen hatte. Harsdörffer folgt dem Gang der Handlung des französischen Originals, geht jedoch mit dessen Wortschatz und Perioden frei um und bemüht sich um knappere Fassungen. Es ist ihm kaum darum zu tun, ein bühnengerechtes Drama zu bieten. Der politische Hintergrund wird durch die Veränderung der Namen des Originals verdunkelt. Ein scharfes Wort gegen den Schwedenkönig wird unterdrückt. Die deutschfreundliche Haltung des Originals wird noch mehr unterstrichen. Schärfer jedoch arbeitet Harsdörffer die Episode um Königin Anna als Familientragödie im Hause Bourbon heraus. Nicht nur als zeitgeschichtliches Dokument, sondern auch als stilgeschichtliche Erscheinung ist die Japeta von besonderer Bedeutung. Sie darf, abgesehen von der deutschen Übersetzung des Cid (1641), die allerdings nur in einer Handschrift überliefert ist, als erster Versuch angesehen werden, ein Werk des französischen Klassizismus einzudeutschen; denn hier wird „ein französisches Bühnenwerk in der adäquaten Versform" vermittelt.

Nicht als Politiker von reichs- und kaisertreuer Gesinnung oder Feind der Gegenreformation sprach der versöhnlich ausgleichende, irenische Harsdörffer das entscheidende Wort, sondern als Begründer einer Gesellschaftskultur. Dazu sollten die *Frauenzimmer-Gesprechspiele* dienen, welche von 1641 an erschienen. Vom 3. Teil (1643) an nannte er sie *Gesprechspiele*. Der achte und letzte Teil ist 1649 erschienen. Zum Unterschied vom Dialog dienen die Gesprächspiele weder zur Entwicklung oder Ableitung eines Begriffes noch zur Unterhaltung: sie sind eine weitfaltige literarische Ausdrucksform, die dazu dient, eine scheinbare Ordnung in Materialansammlungen von Erzählungen und Stoffen aller Art zu bringen und eine Anleitung zu bieten, wie dieser Stoff als Spiel ausgewertet werden kann. *Scipio Bargagli*, Mitglied der sienesischen Academia degli Intronati, welche Harsdörffer zu ihrem Mitglied ernannt hatte, gebrauchte für eine so lose Form das Wort *Giuochi* (1581).

Gaffarel (1637) und wahrscheinlich auch *Desmarets* mit einer *Maison des ieux* (1643) machten sie in Frankreich heimisch. Harsdörffer hatte den universalen Ehrgeiz, alle romanischen Spielmethoden in Deutschland einzuführen. Auf die acht Bände wollte er dreihundert Spiele so verteilen, daß in den ersten vier Bänden je fünfzig, im Rest je fünfundzwanzig untergebracht werden sollten. Wie der erste Titel anzeigt, wollte Harsdörffer die Frauen und überhaupt die höheren kulturtragenden Schichten für ein neues gesellschaftliches Bildungsideal gewinnen. Er ging dabei ziemlich wahllos und unsystematisch vor. Das Gespräch war ihm das beste Mittel, die Forderungen der horazischen Poetik, das *prodesse* und *delectare*, zu erfüllen. Er wollte eine Anleitung geben, „wie bey Ehr- und Tugendliebenden Gesellschaften freund- und fruchtbarliche Gespreche aufzubringen und nach Beschaffenheit und eines jeden sinnreichen Vermögen fortzusetzen" sind. Harsdörffer ist Sammler, Anreger, Dilettant. Er hat den besonderen Ehrgeiz, modern zu sein, und damit erwirbt er sich das Verdienst, das Neueste aus der italienischen und französischen Literatur der deutschen angepaßt zu haben. Wertvolles, Wirksames und Aufbaufähiges erkennt er, doch trifft er keine schwerwiegenden Entscheidungen und stellt mehr zur Auswahl bereit, als daß er Muster und Normen vorschreibt. In seiner Unsicherheit findet er bei S c h o t t e l die Autorität, welche ihm fehlt. Er ist mehr Ohren- als Augenmensch, sonst legte er nicht solchen Wert auf die Klangmalerei. Er ist kein tiefer Denker, der den Sachen auf den Grund geht und den Problemen an den Leib rückt. Gesellschaftliche Oberflächlichkeit, journalistische Wendigkeit, Leichtigkeit der Produktion und Gewandtheit im Ausdruck machen ihn zu einem Anreger großen Stils. Er stellt sich unter den während seiner italienischen Lehrzeit noch verstärkten Einfluß der a n t i k e n R h e t o r i k. Sein ganzes Schaffen steht unter der Kontrolle des Verstandes und macht den Eindruck einer Mosaikarbeit.

Die Gesellschaft, welche sich zu den Gesprächen zusammenfindet, bildet einen erdichteten Redaktionsstab, eine fruchtbare und ausbaufähige Form des Journalismus, die uns bei den moralischen Wochenschriften bis herauf zu *Schreyvogels* Sonntagsblatt immer wieder begegnen wird. Später setzt er sich aus Temperamenten und Typen im Sinne von *Theophrasts Charakteren* zusammen. Bei Harsdörffer sind die Sprecher gleichmäßig auf die Geschlechter aufgeteilt. *Julia von Freudenstein,* eine kluge Matrone, und die beiden adligen Jungfrauen *Angelica von Keuschewitz* und *Cassandra Schönlebin* sind die Vertreterinnen der Frauen, *Vespasian von Lustgau,* ein alter Hofmann, *Degenwert von Ruhmeck,* ein verständiger und gelehrter Soldat, und *Reymund Discretin,* ein „gereist- und belesener" Student, die der Männer. Vespasian gibt in den drei ersten Bänden den Ton an. Er verfügt über die reichste Spielerfahrung, ist beinahe unerschöpflich im Erzählen von Geschichten und Beispielen, schnell bei der Hand mit seinen Reimen und übt eine Art Schiedsrichteramt aus. Vom vierten Band an tritt Harsdörffers Ebenbild Reymund mehr hervor. Er hat auf seinen Reisen große Erfahrungen gesammelt, ist der lebendige Geist in der Gesellschaft, leitet die Gespräche, wenn es schwierig wird, trägt Singspiele und Dramen vor und ist ein gewandter Dichter. Seine erfolglose Liebe zu Angelica ist das einzige Motiv, das auf eine Handlung zwischen den Gesprächspartnern hinzielt. Degenwert, der sich als Soldat seine Nützlichkeitsmoral zurechtgelegt hat, hat viel nachzulernen. Julia, einst Hofmeisterin bei einer Fürstin, ist eine gediegene Hausfrau, deren solide, beinah puritanisch anmutende Tüchtigkeit von der französischen Mode nichts wissen will. Cassandra liebt das gute Leben, schläft gern und bewegt sich am sichersten innerhalb der Grenzen, welche die Konvention gezogen hat. Ihr Ehrgeiz ist mehr darauf gerichtet, eine gute Hausfrau zu sein, als für geistreich zu gelten. Angelica, das jüngste Mitglied, ist die lebensvollste Gestalt, hübsch, schlagfertig, ein wenig eitel. Sie belebt die Unterhaltung mit ihren unerwarteten, natürlichen Zwischenbemerkungen. Die Mitglieder der Gesellschaft kommen in Vespasians Landhaus zusammen und unterhalten sich dort während einer Gondelfahrt, eines Spaziergangs durch die Anlagen oder den mit Skulpturen geschmückten Park, einer Besichtigung der Säle oder nach einer musikalischen Aufführung. Einmal trifft man sich bei Julia zu einer gemeinsamen Mahlzeit.

Das bedingt die Zwanglosigkeit der Unterhaltung und bietet die Möglichkeit, entweder an bereits Besprochenes anzuknüpfen oder von irgendwoher stammenden Stoff beizubringen. Harsdörffers jeweilige Lektüre und literarische Arbeiten, nicht die Politik oder irgendwelche Ereignisse aus dem Leben, bestimmen den Stoff, der nach bestimmten Regeln verteilt wird und zwar so, daß jedem Teilnehmer zu Beginn des Spiels eine Aufgabe zur Lösung oder eine Frage zur Beantwortung gestellt wird. Befriedigt seine Darbietung nicht, so hat er ein Pfand zu geben. Im anschließenden Pfänderspiel werden Anforderungen an die Geschicklichkeit gestellt. Das Wesentliche ist das Gespräch, die Unterhaltung. Auf die Bauernspiele in den Rockenstuben oder das Spiel der Kinder um des Spielens willen wird ein verächtlicher Seitenblick geworfen. Der Urheber und Leiter des Spiels führt den Gesprächsstab. Der Gegenstand soll so gewählt werden, daß er Anlaß zu „weitläufigen" Gesprächen bietet. Wird die Unterhaltung zu breit, muß dafür gesorgt werden, möglichst viel Abwechslung in die Methode zu bringen. Es werden drei Arten unterschieden: schwere, d. s. wissenschaftliche Themen berührende, mittlere, welche ohne besondere Schulung, und leichte Gespräche, die beinah ohne Nachdenken ausgeführt werden können. Der Stoff kommt aus drei Quellen: 1. Fertigkeit, Handwerk, Berufen und Künsten (Tanz, Musik); 2. Begebenheiten, Geschichten, Fragen und Antworten; 3. sichtbaren Erscheinungen der Außenwelt (Blumen, Wein, Wachs). Jedes Gespräch besteht für sich, kann aber an ein vorhergehendes anknüpfen. In den letzten Bänden tritt die Neigung zur Gruppenbildung stärker hervor. Zur Aufnahme von Erzählungen muß manches ersonnen werden, z. B. wird den einzelnen Mitgliedern ein Stichwort gegeben, welches in der Erzählung fällt, worauf sie ein Sprichwort zu sagen haben. Ein anderesmal muß die Moral für eine Geschichte oder müssen auf eine

Moral verschiedene Geschichten gefunden werden. Es kann auch die Aufgabe gestellt werden, eine Geschichte zu erzählen, in der ein bestimmter Buchstabe nicht vorkommt. Organischer fügen sich Gedichte oder Lieder in die Gespräche ein. Beim Drama knüpfen die Gesprächspiele, welche offenbar nicht den Zugang zur Tragödie großen Stils suchen, an die vorcorneilleschen *tragicomédies* an, in denen die Liebenden trotz allen Hindernissen (Eifersucht, Rivalität, Abneigung der Eltern) zueinander finden. Harsdörffer legt bei der sinngemäßen Wiedergabe von *Adrien de Montluc Comédies des proverbes* (1642) besonderen Wert auf die Gleichnisse und figürlichen Redensarten zum Schaden des dramatischen Charakters des Werkes. Unterstützt von einem Freund übertrug Harsdörffer für die Gesprächspiele auch die englische Studentenkomödie *Sophister* (1639) mit derselben nivellierenden und gelehrsamkeitprunkenden Technik, der auch sein Titel *Vernunftkunst* (1646) entspricht. Zur lebendigen Bühne besteht keine Beziehung. Das gilt auch für seinen Tribut an das grammatische Kampfspiel, welches sich in die Gefolgschaft von Andrea Guarnas *Bellum grammaticale* stellt. Für den Zweck der Gesprächspiele eigneten sich unter den dramatischen Formen die Hirtenspiele am besten; denn in ihnen konnte sich das Lehrhaft-Erbauliche im Gewand der Allegorie entfalten, und war Gelegenheit zu festlicher prunkvoller Aufmachung, wenigstens in der Phantasie, geboten. Auf die gleiche Ebene gehören die lebenden Bilder. Auch da konnte Harsdörffers Phantasie mit allen erdenklichen Mitteln arbeiten. Die auftretenden allegorischen Gestalten sangen ihre Lieder, Chöre lösten sie ab, und Symphonien stellten die Verbindung zwischen den gleichartigen Einzelheiten der Revuen her. Den ohnehin schon großen Stoffkreis der Gesprächspiele erweitert noch die jedem Band beigefügte Zugabe, in der kleinere, geschlossene Abhandlungen, Spiele und Übersetzungen abgedruckt sind. Für ernste Denkbemühungen, weltanschauliche oder sittliche Auseinandersetzungen ist in der Welt der Nürnberger kein Platz. Das liedhaft melodische Singspiel liegt ihnen besser als die mythologisch-heroische Oper. Vom Spiel her war dahin der Zugang versperrt. Aber dramatische Mischgattungen, in denen sich Schäferei, Allegorie und Opernhaftes zusammenfanden, waren willkommen. Es ging Harsdörffer nie um die Abgrenzung bestimmter poetischer Formen und Ordnungen, sondern um soziale Kategorien. Deshalb unterscheidet er die Dichtungsgattungen nicht nach ihren Formen, sondern nach der Umwelt, in welcher sie spielen. Adel, Bürger und Bauern haben ihre bestimmten Schauplätze: Paläste, einfache Gebäude, Landschaft.

Besonderen Wert legte Harsdörffer auf die Reimkunst. Er fordert Abwechslung. Nicht der Rhythmus, sondern die Reime sind es, welche den Vers von der freien Rede unterscheiden. Die Verse gleichen „dem eingezwängten Ton in der Trompete, welcher so viel stärker erklinget". Es entspricht seiner Auffassung von der Aufgabe der Dichtung, zu erheitern, der fröhlichen Aufmunterung zu dienen, wenn er die Vorzüge der *Datelverse* (Daktylen) preist. Er nennt sie das lieblichste Versmaß und beruft sich auf Buchner, der *diese noch fast unbekannte Art teutscher Reime* aufgebracht hat.

Klajs poetische Tätigkeit setzte im Sinne Harsdörffers (1644/45) mit kurzen dramatischen Spielen für die Nürnberger ein. Nach den Grundsätzen, die in Sachsen und Wittenberg längst vertraut waren, baute er seine Lieder. Mittel und Formen idyllischer Kleinmalerei konnte er für seine Stimmungsbilder verwerten. Nur wenn der Stoff selbst dramatische Spannungen hot, wurden diese ausgenützt. Das gilt

weniger für das Weihnachts- und Auferstehungsspiel oder die Passions-
darstellung als für die Pfingstspiele von Christi Höllen- und Himmelfahrt, Herodes, den Engel- und Drachenstreit. Die plötzlichen Übergänge von geistigen Bereichen zur Erde, die Verflechtung mit zeitgenössischer und als Vorbild verwerteter, neulateinischer und volkssprachlicher Dichtung, deren Benützung die Anmerkungen nachweisen,
und die Vorliebe für Triumphgepränge zeigen Klajs Bemühung um das
Gesamtkunstwerk. Beinahe fastnachtspielmäßig wirkt der Fluch der
bethlehemitischen Weiber, welche ihre derben Sprüchlein auf Herodes
niederprasseln lassen. Aber es wäre verfehlt, daraus auf eine literarische
Beziehung zur volkstümlichen Kunstübung zu schließen. Klaj ist gerade in diesen dramatischen Spielen ein typischer Vertreter gelehrter
Dichtung in deutscher Sprache, der sich von den äußeren Eigentümlichkeiten der Vorbilder beeinflussen läßt und sich nicht um einen selbständigen, neuartigen Aufbau bemüht. Das italienische Muster, welches ihm
spätestens Harsdörffer, wahrscheinlich aber schon Buchner vermittelt
haben konnte, führte ihn auf die Spur einer geistlichen Oper in
deutscher Sprache und machte ihn zu einem Wegbahner der Oratorien.
In seinem Engel- und Drachenstreit, dessen Quelle neben der Apokalypse (12. u. 20. Kap.) das neulateinische Epos *De bello angelico* (1597)
seines Landsmannes Friedrich Taubmann ist, trägt er in der vierten
Abhandlung den Entscheidungskampf als geschaute Vision vor, deren
Vorbild in *Lucans Pharsalia* zu finden ist. Da allerdings zeigt er die
anerkennenswerte Fähigkeit, die große Auseinandersetzung der Geister
als farbenreiches Schlachtengemälde aus dem Dreißigjährigen Krieg
abzubilden. So sind auch in anderen Spielen die Beziehungen des Dichters zu Zeit und Umwelt mit den Händen zu greifen.

Selbstverständlich ist es für den Pegnitzschäfer, daß er das Spiel von Christi Geburt
in die Welt seiner literarischen Wunschbilder versetzt. Mit Recht können sich Harsdörffer und Klaj rühmen, die Schäferei in Nürnberg heimisch gemacht zu haben. Das
erste pegnesische Schäfergedicht, ihr gemeinsames Werk, arbeitet in seinen erzählenden Teilen mit den Elementen des Schäferromans. Es zeigt deutlich, wie sich
nun die gelehrte Kunstübung in deutscher Sprache – weniger vielleicht die Lehren
und Gesetze von Opitz als die allgemeine Geschmacksrichtung – ausbreitete, indem
sie jetzt Nürnberg, den Hauptsitz des Meistergesangs, kampflos, schäferisch spielend
eroberte. Aus Sidneys Arcadia wählten die beiden Hauptschäfer ihre Namen *Strefon*
und *Clajus*. Bei der höchstgepriesenen Provinz *Sesemin* ist an Meißen zu denken;
denn in Klajs Heimat waren die Schäfereien der Nymphe Hercynia längst bekannt.
Von dort vertrieben, findet er seine neue Bestimmung in der glückhaften Auskunft,
welche ihm das Echo an der Pegnitz gewährt. Doch bedarf es umständlicher Zeremonien, bis er sich mit Strefon zusammenfindet. Nun wird das Leben der Dichter
ganz in die Welt der Allegorie versetzt; denn die unglückliche Pamela aus Sidneys
Arcadia ist niemand anderer als die arme, heimgesuchte Germania. Die Standbilder
des Gedächtnistempels erweisen sich als Darstellungen jener Familien, deren Nachkommen nun Hochzeit feiern. Die Kürbisse auf den Bäumen des Parks mit den ein-
geschnittenen Namenszügen und Versen erinnern an die Königsberger gelehrte

Geselligkeit. Als Siegespreis verheißt Fama dem Dichter des besten Hochzeitsgedichtes auf die jungen Paare eine Trompete mit einem Fähnchen. Werden hier die Wappen der Heroldsdichtung wieder gesellschaftsfähig? Nun folgt der Sängerkrieg, bei welchem das Thema der Liebe abgewandelt wird. Strefon ist ihr Anwalt, Clajus ihr Gegner. Doch einigen sie sich im Preise des Ehestandes und der Gattenliebe. Nach dem Vorbild dieses Gedichts richtete sich die lyrische Schäferdichtung der Nürnberger aus. Von hier konnte auch der Anschluß an die geistliche Hirtendichtung gewonnen werden.

Kurz nachdem Klaj in Nürnberg festen Fuß gefaßt hatte, wahrscheinlich am 18. Oktober 1644, hielt er eine „Lobrede der teutschen Poeterey", welche bald nachher gedruckt wurde. Die Abbildung des Priesterdichters Witdod, zu deren Erklärung sich Harsdörffer ausgiebig vernehmen läßt, verweist schon auf den göttlichen Ursprung der Dichtung und die ältesten Zeiten. Der mehr als flüchtige Überblick, welcher da über die Geschichte der Poesie geboten wird, und die mitgeteilten Proben wollen den Nachweis erbringen, daß die lautmalenden Elemente die Grundlage aller Dichtung bilden. Als Himmelsgnade dient sie der Belustigung *der hohen Potentaten* und überliefert deren Gedächtnis der Nachwelt. Die eindringliche Mahnung zur Pflege der deutschen Sprache und der patriotische Grundton zeigen, wie fruchtbar die Gedanken aus dem Aristarchus noch immer sind. Neues bietet Klaj in dieser Lobrede nicht. Opitz, Buchner, Schottel und vielleicht noch einige andere lieferten das Material, das schnell nach den herausgestellten Gesichtspunkten zusammengefügt wurde. Klaj fühlt sich hier ganz besonders als Wegbereiter einer modernen Kunstübung, an die er die höchsten Anforderungen stellte.

Die Fortführung der westfälischen Friedensverhandlungen in Nürnberg (1649/50) und besonders das Dankfest für den Abschluß der Verhandlungen Frankreichs mit Octavio Piccolomini am 14. Juli 1650 setzte die Muse der Nürnberger, besonders Sigmund von Birkens, in Bewegung. Seine Rede *Krieges- und Friedensbildung* (1649) und sein allegorisches Festspiel *Teutscher Kriegs Ab- und Friedens Einzug*, welches das Festmahl Piccolominis verschönte, wandeln auf den literarischen Spuren von Klaj: während in Birkens Gedichten und Prosadarstellungen (*Die Fried-erfreuete Teutonie* 1652) die Taten der Kaiserlichen im Vordergrund stehen, hält sich Klaj mehr an die Schweden. Seine vier Dichtungen (*Schwedisches Fried- und Freudenmahl*, *Wahrhafftiger Verlauff*, *Irene* und *Geburtstag Deß Friedens*) machen den Eindruck von Relationen in Versen mit lyrischen Beigaben und Gesängen; sie sind also wenigstens zum Teil als *Festoratorien* anzusehen. Es geht Klaj vor allem darum, die Bemühung des schwedischen Königs Karl Gustav um das Zustandekommen des Friedens in sein poetisches Scheinwerferlicht zu stellen. Auf das eindringliche Gebet Germanias kommen drei Engel vom Himmel mit der Friedensbotschaft, die nun Fama über die Lande dahinträgt. Der Auseinandersetzung zwischen Mars, welcher dreißig Jahre sein Unwesen getrieben hat, und Irene folgt ein Chorgesang, dessen Gegenstand ein Lob der Eintracht ist. Von da aus wird der Übergang zu den politischen und diplomatischen Verhandlungen gefunden sowie zu einer poetischen Beschreibung des Gastmahls. Die triumphale

Stimmung, zu der sich die Dichtung hinaufsteigert, wird in den letzten
Chorgesängen nicht festgehalten. Mit einem großen Aufgebot von
allegorischen und mythologischen Gestalten werden in allen diesen
ziemlich gleichförmigen Friedensdichtungen, zu welchen Rist den Ton
angeschlagen hatte, dieselben Gedanken abgewandelt. Endlich war das
Ziel der langen Sehnsucht erreicht. Eine eigentümliche Mischung von
Gestaltung echter Gefühle, poetischer Tatsachenberichterstattung,
allegorischen Vorgängen, Lyrik, Drama und festlichem Schaugepränge
stellt sich in dieser poetischen Gattung mit einem Zug zum Gesamtkunstwerk vor.

Klajs *geistliche Gedichte*, Andachts- und Kirchenlieder berühren sich mit der Mystik,
mit *Jakob Balde*, in der weltflüchtigen Stimmung mit *Heermann* und *Gryphius*. Hier
tritt er uns in seinen Berufen als Lehrer und Seelsorger entgegen. Klaj beherrscht
einen reichen Wortschatz. Der Anwendung rhetorischer Mittel verdankt er seine
eindrucksvolle Wirkung, doch hält er sich keineswegs an ein strenges syntaktisches
Gefüge. Das Gesetz, daß sich die poetische Sprache hoch über die des Alltags und
amtlichen Gebrauchs erheben solle, war für ihn verbindlich. Der Stil- und Formen-
wechsel in seinen Singspielen, die verschiedenen Register seiner Darstellungen zwischen höchst geschwungenem Pathos und nüchterner Wirklichkeitstreue, starker
Betonung der Gefühle und schlichter Wiedergabe dessen, was er gesehen und erlebt hatte, dürfen nicht als nervöse Unruhe oder hastige Unsicherheit gedeutet werden,
sondern als Ausdruck des starken und wesentlichen Bedürfnisses nach Abwechslung.
Dem entspricht auch die Vielfalt seiner metrischen und rhythmischen Formen.

Zu den Großformen sind die Pegnitzschäfer nicht vorgestoßen.
Dazu fehlte der Ehrgeiz. Trotz der hohen Ansprüche, mit welchen sich
ihre Dichtung auf höfische Grundlagen stellen wollte, kamen sie über
die bürgerlich-patrizische Umwelt nicht hinaus. Um Kriegserlebnis,
christliche Heilslehre und Gesellschaftston bewegt sich ihre gesamte
Dichtung in kleinen Kreisen, d. h. sie erschöpft sich in der Darstellung
eines geschlossenen, abgrenzbaren Stoffes, der immer zu überschauen
ist. Mögen die einzelnen auch versucht haben, mit den Gipfeln der
deutschen Dichtung, Fleming, Gryphius und Balde, zu wetteifern, sie
blieben Gesellschaftsdichter und bedurften der gegenseitigen Anregung.
Sobald sich einer, wie etwa Klaj, von den Genossen trennen mußte,
versiegte seine poetische Ader.

Verschwisterung der bildenden und redenden Künste, der Gesichts-
und Gehörseindrücke, verschwimmendes Ineinandergehen der ästhetischen Bezirke entsprechen dem Erleben jener Generation, die mit
vollem Bewußtsein Zeitgenossin des Dreißigjährigen Krieges war,
unter den unmittelbarsten Eindrücken des Geschehens stand, es zu
überblicken sich bemühte und alle ihre Hoffnungen durch den Westfälischen Frieden verwirklicht sah. Sie konnte durch nichts enttäuscht
werden, weil sie sich selbst bewußt täuschte und in Illusionen lebte,
weil sie feinnervig war, an die Gebilde der Phantasie glaubte und mit

Absicht die Zusammenhänge mit der Wirklichkeit des Lebens zerriß. Sie lebte in Stimmungen und schöpfte ihre Kraft aus einer Geistigkeit, in die uns vorerst nur Einblicke gewährt sind, sodaß wir oft vor unlösbaren Rätseln stehen. Die Nürnberger erkennen in der Natur ein ewiges Spiel übernatürlicher, leichtbeschwingter Kräfte. Sie ist das Ziel ihrer Flucht aus der rauhen Wirklichkeit. Malender Wortklang, sachlicher Bericht und musikalische Formgebung erheben die Dichtung über den Alltag in eine Traumwelt. In solcher Vereinigung liegen die günstigsten Wachstumsbedingungen für die Schäferdichtung, der bald jeder Anlaß willkommen ist, sich zum besten zu geben. Bei jeder passenden und unpassenden Gelegenheit, besonders aber wenn sie ein Gedicht oder Lied vortragen sollen, verkleiden sich die Nürnberger als Schäfer. Man kann von einer *Andacht zum Kleinen* sprechen, wenn darunter das Zierliche, Niedliche und Wohlgebildete verstanden wird, dem man bisher wenig Beachtung geschenkt hatte, weil es außerhalb der Bezirke des Pathos lag. Nun gewinnt die deutsche Dichtersprache ihre leichte, tändelnde Anmut. Das reizte zum Versuch, alle möglichen Formen auszuprobieren und Motive abzuwandeln, mit ihnen wie mit den Worten zu spielen. Das Mitteilungsbedürfnis verbindet sich mit dem Streben, die Kunst öffentlich zur Schau zu stellen. Wie so viele Dichter des Jahrhunderts steigen auch die Nürnberger auf die Bühne und bewegen sich unter den beobachtenden Blicken eines wirklichen oder eingebildeten, festlich gestimmten Publikums. Ihre sentimentalisch schmachtenden Tonfolgen lassen sich leichter abstufen als die impressionistische Wiedergabe des wirklichen Geschehens.

Die hohen Anforderungen, welche die Nürnberger Theorie an das Können, das lernbare Beherrschen des Handwerkszeugs stellte, verleitete zu artistischen Unternehmungen, zur Überbewertung der Einzelheit, zu allerlei Kunststücken, zur Berauschung an Lauten, Worten und Rhythmen, so daß schließlich die Frage nach dem Sinn von untergeordneter Bedeutung wurde. Dennoch steht diese von Gefühlen und Illusionen durchwogte Welt unter dem Gesetz verstandesmäßig bestimmter Ordnungen, die aus dem Romanischen stammen. Das kunstvolle Spiel mit dem *Emblema* spanischen Musters bietet die Möglichkeit, Bildung und gesellschaftliche Formen zu vermitteln. In den Schäfereien der Nürnberger kommen die Motive des spanischen Schäferromans mit lehrhafter Tendenz und realistischen Zügen zusammen. Die Elemente der Schäferromane werden vorerst bildungsmäßig in kleinen Dichtungen zusammengewoben. Sie bedürfen des besonderen äußeren Anlasses, der gesellschaftlich bedingt ist und den Übergang vom Allgemeinen zum Individuell-Persönlichen ermöglicht. Dieses findet zunächst seinen Niederschlag in der Stimmung. Sie verbindet sich mit der naturhaften Landschaft, die hinter Idylle und Allegorie, der Welt des schönen Scheins, sichtbar wird. In der Welt der Illusionen führt die Mythologie das große Wort. Aber wie immer endet der Hochflug in überweltliche Regionen beim Erwachen in des Alltags Nüchternheit. Die Scheinwelt löst sich auf. Das Leben verlangt gebieterisch seine Rechte und beruft sich auf seine eigenen Gesetze. Dann erst fallen die Grenzen zur heroisch-politischen Welt des Höfischen im eigentlichen Sinn des Wortes.

4. RIST

Johann Rist (1607–67) war der älteste Sohn des protestantischen Predigers Kaspar Rist in Ottensen bei Hamburg. Dort und in Bremen besuchte er das Gymnasium, studierte dann in Rinteln (1626) und Rostock neben Theologie auch Jura, Philologie, Medizin und Mathematik. Als die Besetzung Rostocks drohte (1628), floh er vor dem Wallensteinschen Heer nach der Heimat. Aufenthalte an den Universitäten Leyden und Leipzig sind wahrscheinlich, aber nicht nachzuweisen. Als Hauslehrer kam er 1633 zu den Kindern des Landschreibers Heinrich Sager nach Heide. Dauernde Bleibe fand er endlich als Prediger der Gemeinde Wedel bei Stormarn (1635). Krieg und Plünderung suchten ihn 1643 schwer heim. Dann aber fand seine weithin anerkannte literarische Tätigkeit überall Beachtung. Die Stationen seines Aufstiegs sind: Dichterkrönung, Erhebung in den Adelsstand und Verleihung eines Wappens (1646), Ernennung zum mecklenburgischen Kirchen- und Konsistorialrat, Aufnahme bei den Pegnitzschäfern (1646) und in der Fruchtbringenden Gesellschaft (1647), schließlich seine Ernennung zum kaiserlichen Pfalzgrafen (1654), wodurch er das Recht erhielt, selbst Dichter zu krönen. Die Unbilden des nordischen Krieges (1657–60) trafen ihn schwer.

Als Gründer des Elbschwanordens (1660) übte er die Statthalterschaft von Opitz im westlichen Norddeutschland aus. Den einzigen ihm überlegenen Widersacher und Konkurrenten *Zesen* wußte er geschickt aus dem Feld zu schlagen. Eigentümlich zwiespältig erscheinen uns sein kavaliersmäßiges Auftreten und seine bürgerliche Gesinnung. Nach Opitz verstand er es am besten, gelehrte und poetische Personalpolitik zu treiben. Dazu könnte aus dem keineswegs ausgeschöpften Briefwechsel reiches Material beigebracht werden. Wie Opitz versuchte sich auch Rist in literarischen Gattungen, durch man bekannt wird. So wurde er der wirksamste Vorkämpfer des Hochdeutschen und der neuen Dichtersprache. Damit zog er einen scharfen Strich zwischen den gewöhnlichen Reimemachern und den rechtschaffenen Poeten, welche sich auf Allegorie, zierlichen Ausruf und rhetorischen Schmuck verstehen. Als Dichteraristokrat gibt er sich in seinen Kirchenliedern.

In seiner ersten Gedichtsammlung *Musa Teutonica* (1634) empfahl er sich seinen Lesern aufs angelegentlichste, indem er ihnen versprach, später noch besser zu dichten. Ihm war's um die Abwechslung zu tun, so verzichtete er auf die strenge Ordnung. Seine Epigramme hielten sich mehr an Owen, den Günstling der Zeit, als an Martial. Wort- und Sinngebung verdankt er dem Engländer, von ihm lernte er, wie man die Laster angreift. Seine Oden nannte er *erbauliche Jugendlieder*. Er betrachtet moralisch lehrhaft, besingt die Liebste im Schäfergewand und übersetzt. Wirklichkeit ist hinter seinen petrarkistischen Gedichten kaum zu finden. Er setzt wie die andern bunte Steinchen zu einem Mosaikgemälde zusammen. In den Zeitgedichten hält er nüchtern die Tatsachen fest. Diesem *Utile* mischt er das *Dulce* der metrischen Form bei. Die Zeit um Gustav Adolfs Tod halten verschiedene seiner Gedichte fest, deshalb hat man auf seinen Aufenthalt in Leipzig geschlossen. Rist ist energischer Anhänger der Union und wiederholt in einzelnen Wendungen die alten Anschuldigen aus der mehr als hundertjährigen Streitschriftenliteratur der Reformation. Die als Wiedergabe einer französischen Übersetzung nach einem spanischen Original sich gebende Gedichtsammlung *Capitan Spavento* (1635) steht in der Gefolgschaft des *miles gloriosus*. Der Held versteigt sich zu den kühnsten Aufschneidereien und brüstet sich mit unmöglichen Heldentaten im engen Anschluß an die Rodomontades Espagnoles von *Jacques Gautiers* (1562–1633).

Von der weltlichen kommt Rist zur geistlichen Lyrik. Dazu gehört nach seiner Auffassung ein gelehrter, kenntnisreicher Dichter und die Ausrichtung der Dichtung auf Gott. Vom Liebes- und Freudenlied wird nun die Ode zu einem ernsten Lied der Einkehr und Betrachtung. Später nahm er mit der seiner Würde entsprechenden Reserve die Verbindung mit der volkstümlichen Überlieferung auf. Er wurde sich seiner Aufgaben als Vertreter der Theologie bewußt. Das Trauergedicht auf Opitz (1640) ist eine persönliche Kundgebung. Opitz wird als Sprachkenner, Vorkämpfer des Friedens und Dichter, der sein Ziel auf Tugend und Weisheit richtete, gepriesen. Das verschaffte ihm Ansehen bei den Fürsten. Am Schluß verschreibt sich Rist seinem Vorbild und verspricht, es immerdar zu preisen. Schon hier kündigt sich ein Hauptthema der Dichtung Rists an, Friedensliebe und Gegenüberstellung von Krieg und Frieden. Es trägt seine wichtigsten Dramen. Freundes- und Feindesheer wüten gleich schlimm im Land. Zum Unterschied von dieser Kriegsbedrohung wird die segensreiche Auswirkung des Friedens behandelt. Das führt Rists Dichtung *Kriegs- und Friedens Spiegel* (1640) aus. Er wird zum Beschreiber, zum Verfasser poetischer Relationen, zum Mahner und Rufer zu Buße und Besserung. Wenn er das Soldatenleben schildert, wirkt er wirklichkeitsgetreu wie Moscherosch und Grimmelshausen. Da schwingt der wahrheitliebende Dichter die Geißel des Spottes über die Soldaten, „deren eitler Ruhm und liegenhafftes Maul aller Welt zum spott und hohn" bekannt werden soll. Trotz seiner Absage an das weltliche Liebeslied hat Rist auch noch später dieser Gattung seine Opfer gebracht, wenn er sich auch (1642 und 1646) gegen die Veröffentlichung gewehrt hat. Das glaubte er seiner Würde schuldig zu sein. So steht denn seine lyrische Dichtung von da an im Zeichen des geistlichen Liedes.

Er erwies sich als Beherrscher der Formen und verband sich auch darin mit den Nürnbergern. Doch wahrte er auch die Überlieferung. Er ließ die schlichte Innigkeit zurücktreten, kehrte zum alten Gemeindelied zurück; dazu setzte er mit dem vollen Pathos und Schwergewicht des Wortes ein. Er wußte, daß die Kriegsgeneration nur mit starken Mitteln erschüttert werden konnte. Beim Eingang des Liedes „O Ewigkeit, du Donnerwort" denkt man an die Zentnerworte und den Aufwand an Mitteln, welche erschüttern müssen. Rist weiß darum, daß diese Stimmung nur dann gleichmäßig in den zehn Strophen festgehalten werden kann, wenn er den Standpunkt der Betrachtung ändert. Diese bewegt sich auf der Bahn eines Kreises, verliert sich nicht und kehrt wieder zum Ausgangspunkt zurück. Aber der Mittelpunkt, nach dem die Betrachtung zuerst ausgerichtet erschien, hat sich verändert. An die Stelle der schreckeneinflößenden Wucht des Donnerwortes tritt der Erlöser und lenkt die Hoffnungen der Gemeinde auf sich. Rists weltlicher Lyrik sind solche Wirkungen fremd.

Von dreißig Dramen Rists sind nur achtzehn Titel (darunter ein Wallenstein 1637) und davon nur wenige Texte erhalten. Es ist anzunehmen, daß die *Friedensspiele* seine dramatische Stärke zeigen. Ein allegorisches Prozeßspiel *Irenaromachia* (1630), das zum überwiegenden Teil von Ernst Stapel stammt, hält mit Motiven aus der *Andria* des *Terenz* die Stimmung der *Qerela pacis* des Erasmus fest. Im burlesken Zwischenspiel mit Beziehung zum niederdeutschen Volksstück stehen Soldat und Bauer gegeneinander. – Den Untergang des mazedonischen Königreichs nach *Livius* als Quelle für ein moralisch-lehrhaftes Beispiel im Drama auszunützen, hat Rist im *Perseus* (1634) neben anderen Dramatikern des Jahrhunderts versucht. Er wandelt das Motiv des Bruderzwistes konventionell ab. Mundartliche Volksszenen verbinden sich glücklich mit der Haupthandlung. Beziehungen zum Vincentius Ladislaus des Herzogs Heinrich Julius und zur Wanderbühne sind wahrscheinlich. Vom Spektakelstück führte Rists Entwicklung zu seinem beliebtesten Drama *Das Friedewünschende Teutschland* (1647). Das Leitmotiv, die Friedenssehnsucht, zieht sich durch drei Handlungen und ein Zwischenspiel. Der Gegensatz – das einst mächtige Vaterland, das jetzt als tief gesunkenes Bettelweib erscheint – fordert die Zeitgenossen zu Besserung und Besinnung auf. Prahlerische Soldaten des Zwischenspiels werden in die Haupt- und Staatsaktion einbezogen. Trotz der Anknüpfung an Frischlins Julius redivivus geht es mehr um Übertragung von Motiven der gleichzeitigen Moralsatire in das Drama, das man als nationales Passionsspiel und reifste dramatische Schöpfung von Rist angesehen hat. Die opernhafte Aufmachung des festlichen Singspiels *Das Friedejauchtzende Teutschland* (1653) weist wieder zu den Nürnbergern. Auch da regiert die moralisch-geistliche Besserungsabsicht. Doch geht Rist hier schärfer ins Zeug, wenn er die Stände Revue passieren läßt und mit ihnen ins Gericht geht. Hatte er in seinem Sehnsuchtspiel mit der Polemik gegen seine Amtsbrüder sich Zurückhaltung auferlegt, so ging er nun gegen Zesen, den Junker Sausewind, los. Das Nationale wich in der belebten, lehrhaften Handlung zurück. Gelegenheitsstücke und Allegorien mit solchem Einschlag konnten die Wirkung des ersten vaterländischen Spieles nicht mehr erreichen. Die Predigt von der Bühne aus hat Rist doch wohl mehr gelegen. Immerhin sind seine Allegorien menschlich durchwärmt. Sie konnten auch durch den Kontrast zur grellen Farbgebung der bäuerlichen Zwischenspiele wirken. Lebenswahr und übertrieben prägte er die Verkommenheit der Stände seinen Zeitgenossen ein.

Ähnlich, bessernd und bildend, setzten Rists Monatsgespräche ein, als er auf der Höhe des Ruhmes stand. Zwölf sollten es werden. Das erste erschien 1663, das sechste nach seinem Tod. Drei Mitglieder des Elbschwanordens kommen alle Monate einmal zum Rüstigen und unterhalten sich dort über beschränktere Themen, als Harsdörffer angeregt hatte. Bei Streitfragen hat der Rüstige das letzte Wort. Doch fällt eine feste Entscheidung nicht immer. Das Januargespräch geht um das alleredelste Naß. Tinte verdient den Vorzug vor Wein, Milch und Wasser. Im Februar wird das alleredelste Leben besprochen. Über dem der Soldaten – hier sind die edelsten Vertreter des Standes gemeint –, der Städte und des Hofes steht das Landleben. Bei Behandlung der naturwissenschaftlichen Frage nach der alleredelsten Torheit im Märzgespräch (1664) zeigt Rist Kenntnisse in der Astrologie, Vorliebe und Freude an physikalischen Experimenten. Seine Beziehungen zu den Nachfolgern der Rosenkreuzer werden hier sichtbar. Im April (1666) geht es um das *prodesse* und *delectare* der horazischen Poetik, wenn die alleredelste Belustigung bestimmt werden soll. Da werden Kenntnisse der dramatischen Literatur, Poetik und Bühnenpraxis ausgepackt, und wird der Malerei eine Stelle über der Natur eingeräumt. Man glaubt aber zu fühlen, daß Rist der Musik ihres göttlichen Ursprungs wegen, und weil sie die Harmonie des Weltalls versinnbildet, den höchsten Rang zuerkennen möchte. Eine Entscheidung zu treffen, fällt bei dem engen Zusammenwirken der Künste schwer. Im Mai (1667) beschäftigt sich das Gespräch mit der alleredelsten Erfindung. Mühlen, Arzneiwissenschaft, Magnet und Buchstaben werden besprochen mit der Neigung, den Wissenschaften ein besonders hohes Alter zuzuweisen. Rist, der die Geheimlehren kannte, die freie medizinische Forschung gegenüber den Galenisten und Buchgelehrten bevorzugte, gab seine Sprachauffassung zum Besten. Ihre Voraussetzungen sind die gleichen wie bei Zesen. Nichtsdestoweniger wird er von Rist bekämpft. Das sechste Gespräch (1668) ist von Rist nicht mehr redigiert worden. Es treten nur drei Gegenstände – Gespräch, Lektüre und natürliches Kunststücklein – zum Vergleich an. Das erste, sei es erbaulich oder weltlich, wie es Harsdörffer auswertet, bietet unausschöpfliche Möglichkeiten. Aus Reisebeschreibungen und Geschichtswerken gewinnt der Leser wertvolle Beispiele. Die endgültige Absage an Volksbuch und Amadis erklärt sich durch die Hochschätzung Sidneys, der christlichen Erbauungsliteratur und der Romane von Buchholtz. Beim letzten zeigt sich Rists Freude an Experimenten, optischen und mechanischen Apparaten, deren er selbst manche besaß.

Die einleitenden Unterhaltungen der Gespräche beschäftigen sich mit den Pflanzen, die im Garten des Rüstigen stehen. Er bietet uns ein Beispiel, daß das zunehmende Interesse an der Natur der Überlieferung des neuplatonisch-mystischen Erbes folgt; denn die Natur erhält ihre Bedeutung aus dem Dasein und Wirken Gottes. Als Führerin zur Gotteserkenntnis stellt sie sich neben die Bibel. Solche Gedankengänge werden noch bei Brockes fruchtbar. Die Natur ist für Rist auch ein Ersatz der antiken Götter. Er ist der erste gelehrte deutsche Dichter, der mehr aus religiösem Eifer als aus kunsttheoretischen Erwägungen sich wenig um die Antike kümmert. Neue Gedankengänge bringt dieser gelehrte Journalismus sonst nicht. Das meiste sind alte Erinnerungen. Ausgangspunkt war wohl ein stattgehabtes Gespräch, das in stilisierter Form wiedergegeben wird, mögen sich auch die persönlichen Ansichten der Unterredner mit ihren Äußerungen nicht decken. Bei Harsdörffer und Rist erfahren wir, wie sich die gelehrte Gesellschaft unterhielt, und wie die Dichterakademien ihre Ansichten festigten und verbreiteten. Das Persönliche, Selbstbiographisch-Intime mochte eine besondere Anziehungskraft ausüben. Diese Gespräche bilden wichtige Zwischenglieder zwischen den *Colloquia familiaria* des *Erasmus* und den *moralischen Wochenschriften*. Das war die beste Form, Collectaneen unterzubringen, und so bilden diese Inkunabeln des schöngeistigen Journalismus eine Vorstufe zu umfassenden literarischen Gattungen vom Schlag der *Acta eruditorum* – trotz des Spottes, mit dem Thomasius Rist bedenkt – und den Wissensenzyklopädien.

Mit geringem Erfolg hat der Lübecker v o n F i n x, E r a s m u s F r a n c i s c i (1627–94) die fehlenden sechs Gespräche nachgeliefert ohne die Beihilfe der Charis, welche Rist oft zur Seite stand. – Die Anregung zur Gründung des Elbschwanordens kam von fürstlichen Mitgliedern der Fruchtbringenden Gesellschaft, Herzog August dem Jüngeren von Braunschweig und Herzog Christian von Mecklenburg-Schwerin. Rist war die Seele des Ordens. Neben ihm ist kein Mitglied weder früher noch später stark hervorgetreten. Nach Rists Tod fehlte das gemeinsame Band. Als Lyriker sind die beiden Mitglieder von 1666, der Ostpreuße D a n i e l B ä r h o l z (vgl. S. 212) und der Schlesier F r i e d r i c h H o f f m a n n (1627–73) zu nennen. Diesen taufte Rist mit dem Namen Epigrammatocles.

5. ZESEN

Philipp von Zesen (1619–89) war der Sohn eines lutherischen Predigers in Priorau an der Mulde bei Dessau. Sein frühreifes Talent mag sich darin zeigen, daß er als Zwölfjähriger, wohl von seinem Lehrer Gueintz in Halle angeregt, ein Reimlexikon anlegte. In Wittenberg war er Buchners Schüler. Im Herbst 1641, nachdem er seine Studien abgeschlossen hatte, ging er nach Hamburg. Den Freundeskreis, der sich dort um ihn bildete, schloß er am 1. Mai 1642 zur *Deutschgesinnten Genossenschaft* zusammen. Ihre spätere Organisation hielt sich an das Vorbild der *Straßburger Tannengesellschaft*. Im Frühsommer 1642 trat Zesen seine Bildungsreise an. Trotz seiner hervorragenden Kenntnisse, seiner großen geistigen Fähigkeiten und gerühmten gesellschaftlichen Gewandtheit, die er besonders im Verkehr mit schwedischen Adeligen bewies, hat er nie ein Amt ausgeübt. Sein ganzes Leben ist eine Bildungsreise, sein Beruf ist der eines freien Literaten. Nicht nur das bestimmt seine Sonderstellung in der Literatur des 17. Jahrh.s. Zunächst begab sich Zesen nach Leyden, Amsterdam und England. Dann ging er nach den Haag und Paris. *Jesaias*

Rompler, mit dem er dort 1643 zusammentraf, gab ihm die Anregungen zum Ausbau seiner Sprachgesellschaft. Bis 1648 war Amsterdam sein Standquartier, von wo aus er verschiedene holländische Städte und Hamburg besuchte. Seine längeren Aufenthalte in Holland sind neuerdings in den Jahren 1649–52, 1655–67, um 1672 und 1679–83 festgestellt worden. Von Glück war dieses Leben nicht begünstigt, vielleicht, weil sein Träger immer in Illusionen lebte. Unstet treibt es ihn umher. Durch seine Beziehungen zum Dessauer Hof und fürstliche Fürsprache wurde er beim Reichstag zu Regensburg (1653) von Kaiser Ferdinand geadelt. In den Ostseeprovinzen und Anhalt hat er sich längere Zeit aufgehalten. Seine Beschreibung von Amsterdam (1664) trug ihm die Ernennung zum Ehrenbürger ein. Seine Ehe, die er 1669 schloß, war wenig glücklich. In Wolffenbüttel war er 1674, in Jena 1675, in Hamburg 1677–79. Dann fing er bei seinem letzten Aufenthalt in Holland einen Leinenhandel an. Den Rest seines Lebens verbrachte er von 1683 an in Hamburg.

Als Übersetzer, Schriftsteller in drei Sprachen, politischer Publizist, Philologe und Dichter entfaltete Zesen eine ungeheure Fruchtbarkeit. Sein Drang zu reformieren ist die Voraussetzung seiner einsamen Stellung, der Zurückhaltung seiner Berufsgenossen und der Anfeindungen, die er von den Sprachgesellschaften erfahren mußte. Gueintz und Rist, mit denen er anfangs gut auskam, verfolgten ihn mit ihrem Haß. Der versöhnliche Buchner und Harsdörffer hielten zu ihm. In der Karikatur des Junker „Sausewind" in Rists friedewünschendem (1647) und friedejauchzendem Deutschland (1649) geistert Zesen heute noch weiter in den Literaturgeschichten, die ihn zu einem Don Quichote unter den Sprachreinigern machen und über seine Romane sehr schnell zur Tagesordnung übergehen. Langsam beginnt man seiner Bedeutung und Leistung gerecht zu werden. Zesen ist eine ernste und aufrichtige Natur, wahrhaft fromm, Vorkämpfer der Glaubens- und Gewissensfreiheit, tolerant, ehrlicher Patriot, vielseitiger Könner. Eine eingehende Darstellung seiner Persönlichkeit und seines Schaffens wäre sehr zu wünschen. Allerdings verlangt eine solche Aufgabe eine reife Kraft und überdurchschnittliche Kenntnisse.

Zesens Lyrik ist unruhig bewegtes Spiel mit Dingen und Gedanken. Dem entspricht auch seine Rhythmik. Er konnte über die beschränkten antiken dichterischen Ausdrucksmöglichkeiten spotten und ihnen die Fülle der deutschen entgegenhalten, die er vor seinen Zeitgenossen in seinen Gedichten und seiner Poetik ausbreitete. Er empfand die verschiedenst abgestuften Nuancen der Stimmung und suchte sie in seinen Versen wiederzugeben. Kühn setzt er sich über die logische Beziehung zwischen Erscheinung und Wort hinweg und gibt sich dem Klangkörper des Wortes hin. Dies ist es, und viel weniger die Freude an Zierde und Schmuck, was ihn zum Dichter machte. Er weiß um die geheimnisvolle Beziehung zwischen dem sprachlichen Ausdruck und seinem Sinn. So konnte man bei Zesen von einem Vorklang der Empfindsamkeit sprechen, die ebensowenig wie er zwischen religiöser und weltlicher Sphäre scheiden konnte. Solcher Stimmung liegt die Welt des *Hohenliedes*

15*

nahe, mit dessen dichterischen Elementen Zesen virtuos spielt. Das angeschlagene Thema wird immer aufs neue variiert, um die Stimmung zu erhalten. Das heißt aber nicht, daß die Baugesetze der Strophen mißachtet werden. Es reizt ihn, der strengen Form neue Gestaltungsmöglichkeiten abzuringen. Die Bändigung der irrationalen Kräfte der Sprache entspricht durchaus seiner Theorie. Deshalb wahrt er die Distanz zu Erzählung und Handlung und ergibt sich der Stimmungskunst. Er bemühte sich immer, dem geistigen Gehalt seiner Werke das entsprechende Sprachgewand zu geben. Das gilt auch für die Romane; denn die *Assenat* hält eine dem feierlich-würdevollen Ernst des Geschehens entsprechende biblische, an den Psalmen geschulte Sprache fest.

Bei keinem Dichter des Jahrhunderts wird die Entwicklung des Stils so sichtbar wie bei Zesen, und keiner hat so bewußt an der Vervollkommnung seines sprachlichen Ausdrucks gearbeitet. Das führt von seinem Künstlertum zu seiner angeblich so pedantischen Sprachtheorie und seinen Bestrebungen um die Reinheit der deutschen Sprache. Hier ist auf die von *Peuckert* erschlossene Einheit von Sprachtheorie, Philologie und Mystik zu verweisen. Einzelne seiner Verdeutschungen, wie die der olympischen Götternamen oder der zum Überdruß zitierte *Tageleuchter* für Fenster, ließen ihn als übertriebenen Puristen gelten. Auf solche Äußerlichkeiten hat man viel mehr geachtet als auf die sprachschöpferische Kraft und die geistige Haltung. Zesen sucht in jedem Wort dessen Urgrund, der durch das Ansetzen verschiedenster fremder Elemente überdeckt wurde. Den Patriotismus, der sich gegen das Alamodewesen stellte, das nationale Pathos eines Moscherosch und der Sprachgesellschaften ließ man gelten, aber Zesen, der aus der Reihe tanzte, glaubte man in die Schranken weisen zu müssen. Dabei jagt kein Theoretiker des Jahrhunderts den Gefühlswerten der deutschen Sprache so nach wie er, der sich von der Tradition befreien und an die Stelle des gegenwärtigen verlotterten Sprachzustandes einen neuen, aus reinen Quellen abzuleitenden setzen wollte. So betrachtet ist Zesen ein letzter Vertreter der Renaissance und Anhänger der Wiedergeburtsidee. Die große geistige, religiöse Bewegung des ausgehenden Mittelalters hat gerade in ihren Anfängen die verlotterte lateinische Sprache, das Mittellatein, erfaßt und an seiner Stelle das bereitliegende klassische Latein sich zum Vorbild genommen. Solcher Rückformung wurde nach dem Kampf um den Glauben nun auch die deutsche Sprache unterzogen. Die ernste wissenschaftliche Bemühung darum belegen die Beschäftigung mit den altdeutschen Texten, die vielen deutschen Grammatiken und die Sprachgesellschaften. Ihr Ziel ist zu einem beträchtlichen Teil die Gewinnung der Ursprache, aus der sich die einzelnen europäischen Volkssprachen entwickelten. Diese Ursprache ist für Zesen die deutsche

Natursprache, um deren Wiederherstellung er sich vergeblich bemühte. Er mußte dies selbst am Ende seines Lebens einsehen. Aber das 17. Jahrh., in dem sich das Schrifttum in deutscher Sprache über das lateinische erhob, und man sich der Urkräfte in der deutschen Sprache ganz ähnlich wie im Zeitalter der Romantik bewußt wurde, hatte ein Recht, so zu denken. Aus Begeisterung an seiner hohen Aufgabe, nicht aber um seine Pedanterie den Zeitgenossen aufzudrängen, veröffentlichte Zesen in der Zeit der Hochflut der Poetiken den *Hochdeutschen Helicon oder Grundrichtige Anleitung zur hochdeutschen Dicht- und Reimkunst* (1641). Da bekannte sich der Einundzwanzigjährige zum Daktylus und zur Vielfalt der Formen. Mochte er Buchner auch sekundieren, es war doch eine Kritik an Opitz, und dazu gehörte Mut. Er bewies ihn weiter, indem er sich selbst treu blieb und ohne die Gewährsmänner der anderen über Sprache und Dichtung nachdachte. Darum ging er auch als Romanschriftsteller seine eigenen Wege.

Zesens Romanschaffen setzt mit der *Adriatischen Rosemund* (1645) als Originalwerk ein. Vorher liegen zwei Übersetzungen aus dem Französischen. Das Liebesproblem ist es, was ihn anzieht. Er wählte zuerst (1644) Les Amours de Lysandre et de Caliste von *d'Audiguier*, einen Roman, der sich von der Amadistradition freimacht und das Problem der Liebe eines Mannes zu einer verheirateten Frau in den Mittelpunkt stellt. Dann (1645) ging er an einen orientalischen historischen Roman, den Ibrahim Bassa der Mademoiselle *de Scudéry*. Er betrachtet die Übersetzung als Übung, Vorschule oder Gesellenstück zum Dichtmeister. Er geht überlegen mit dem Text um, zerreißt die gegebenen Formen, setzt eigenwillig zusammen, zeigt also ein Einfühlungsvermögen in den verschiedenen Bau der Sprachen. Wenn er auch in die gefeilten Reflexionen und psychologischen Erörterungen der Vorlage nicht eindrang, und ihm die Wiedergabe von Wortspielen mißlang, so hat er sich doch redlich um die Wiedergabe des Wortsinns bemüht. Der Überlegenheit der Vorlage sucht er durch ein Auseinanderfalten, Zergliedern und Ausbreiten des Stoffes gerecht zu werden. Schon diese Wahl zeigt, daß Zesen sich nicht auf die Bahnen begab, welche Opitz mit der Übersetzung von Barclay und Sidney eröffnet hatte. Der selbstbiographische Gehalt und zeitgeschichtliche Hintergrund dieses Briefromans ist nicht so groß, wie *Jellinek*, *Körnchen* u. a. annahmen. Gewiß haben sich einzelne Züge aus dem Leben mit literarischen Motiven fest verbunden. Aber es ist schwierig, den tatsächlichen Hintergrund zu bestimmen, d. h. das Erlebte und die Lebenserfahrung auseinander zu halten. Jedenfalls ist die adriatische Rosemund weder ein Schlüsselroman analog den politischen Romanen in der Gefolgschaft der Argenis noch ein Erlebnisroman wie Goethes Werther. Es wäre unmöglich gewesen, in einem Roman die Verhältnisse einer Honoratiorenfamilie so darzustellen,

daß die Zeitgenossen einzelne Personen darin wie in einem Spiegel
erkannt hätten. Markhold-Zesen hat die Rosemundgeschichte im Geiste,
mehr in seiner Phantasie als in der Wirklichkeit, erlebt. Zesen wollte
keine Wirklichkeit vortäuschen. Die Bilder des Landhauses, in dem
Rosemund wohnt, hat Zesen nie selbst gesehen. Sie sind in der Literatur
entstanden. Die zeitliche Ordnung des Romans stimmt nicht mit der
Wirklichkeit überein, wie *Scholte* überzeugend nachwies. Es handelt
sich also um *Erlebnisse im Geiste*.

Der Rahmen des Romans ist eng. Die Tendenz in die Breite verschwindet völlig.
Es handelt sich um eine Übertragung des *Euryalus- und Lucretiastoffes* in die bürgerliche Aristokratie Hollands. Die Verbindung der beiden Liebenden, eines vornehmen
Deutschen und einer adeligen Venezianerin, wird durch die Verschiedenheit ihrer
Glaubensbekenntnisse verhindert. Mit der Abreise Markholds setzen die Briefe ein,
deren Eindruck auf den Empfänger geschildert wird. Aus den Handlungen, Gedanken
und Überlegungen der Liebenden gewinnt der Leser Einblick in deren Seelenleben.
Das *erste Buch* berichtet von der Liebe und dem Hindernis, das sich einer Ehe entgegenstellt. In den *beiden folgenden* wechselt die Stimmung zwischen Hoffnung und Niedergeschlagenheit. Im *vierten* scheint sich alles zum Guten zu wenden. Doch siecht Rosemund dahin. Der Faden der Erzählung wird immer wieder fallen gelassen und neu
aufgenommen. Reisen, Wechsel der Schauplätze, Briefe, erzählende und lyrische
Einlagen tragen von außen her Unruhe und Bewegung in den Stoff. Rosemund geht
an ihrer Empfindsamkeit, deren äußeres Zeichen ihre Hinwendung zur Schäferei ist,
zugrunde. Der tragische Ausgang steht von vornherein fest. Das Neue in diesem
Roman ist die Bemühung um eine lebenswahre Darstellung. Nun meldet sich ein
Widerspruch gegen die vorgeschriebenen Gesten, Formeln und Gesetze der Etikette
zu Wort. Von einem Aufbäumen dagegen oder gar einem festen trotzigen Widerstand
ist nichts zu bemerken. Die Frage nach dem sittlichen Wert bleibt offen, aber das Mitleid führt zum Verstehen der Vorgänge. Der Nachdruck, der anfangs auf Markhold
ruht, wird in den letzten Büchern auf die Heldin verlegt. Mit dem Interesse des Lesers
an Markhold nimmt auch dessen Beteiligung an dem Erlebnis ab und steigt die Teilnahme am Schicksal Rosemunds. Vom stoischen Korsett seines Jahrhunderts und von
der Rhetorik vermochten sich weder Zesen noch seine Gestalten freizumachen. Die
Technik des idealistischen Romans übertrug Zesen auf die Darstellung eines zeitgenössischen Vorgangs und versuchte damit und mit der Anwendung realistischer
Mittel, dem Roman ein neues Gebiet zu erschließen. Mit der Handlung seines Romans
haben die Einlagen nichts zu tun. In ihnen melden sich, ähnlich wie in den dramatischen Zwischenspielen z. B. eines Gryphius, Mundart und realistisch-derbe Weltanschauung zum Wort. Das gilt auch von der *Niederländischen geschicht*, welche Markhold bei seinem letzten Besuch bei Rosemund erzählt. Da wird das Hauptthema abgewandelt. Nur ist das Ehehindernis diesmal nicht die Charakterfestigkeit des Helden,
der sich nicht entschließen kann, die eventuellen Töchter aus einer Ehe mit Rosemund
in einem anderen als seinem eigenen Glaubensbekenntnis erziehen zu lassen, sondern
die Absicht der Eltern, ihre Tochter mit einem alten reichen Mann und nicht mit
einem adeligen Rittmeister zu vermählen, den sie liebt. In diesem Falle setzt sich der
Wille der Liebenden durch. Mit den gelehrten Einschüben setzte Zesen dem Roman
jene Lichter auf, die in die Ideale der Vielwisserei und Stoffsammlung hineinleuchten.
Man darf auch hier keine später gewonnenen ästhetischen Maßstäbe anlegen und muß
das Potpourri- und Ragoutmäßige der Romane des 17. Jahrh.s als geschmackliche Erscheinung ansehen, in der die Bildungstendenzen des Zeitalters sichtbar werdsn.
Sie waren ebenso schwer zu zerreißen wie die Ketten des Petrarkismus, die auch

Zesens Liebeslyrik belasten. Wenn Körnchen von *unerträglichen Beigaben* und *grotesker Wirkung* gesprochen hat, so kann Zesen damit gerechtfertigt werden, daß er für Menschen seines und nicht des 20. Jahrh.s geschrieben hat.

Wie ein Innehalten kann es anmuten, daß Zesen unmittelbar nachher *de Gerzans Sophonisbe* (1647) übersetzte und den Anschluß an den griechischen Roman, die Heliodortradition, suchte. Man hat darin eine Wendung zum höfischen Roman sehen wollen. Jedenfalls passen Zesens Romanübersetzungen schlecht in seine erste, mehr lyrische Schaffensperiode, der dann eine Zeit folgt, in der sich sein Hauptinteresse den Beschreibungen zuwendet. Eine Aufteilung seines Schaffens in verschiedene Perioden ist bei seiner Vielseitigkeit und den langen Planungen recht schwierig. Er hat als feinnerviger Journalist seine Hand am Puls der Zeit. Die Pause, welche im Romanschaffen Zesens nun eintritt, ist die Folge seiner langen, gelehrten Sammeltätigkeit, die schon in den Unterhaltungen Markholds mit einem Freunde, den Dialogen von *Rosemând* (1651), einsetzen. Zwei Jahrzehnte hat ihn die Arbeit an der heiligen, das ist biblischen, Staats-, Liebes- und Lebensgeschichte *Assenat* (1670) beschäftigt. Er stellt die Lebensgeschichte seines Helden, des ägyptischen Joseph, nicht auf die Phantasie, sondern die Geschichte. Er schreibt einen heroischen Geschichtsroman, in dem Wissen und Wahrheit vermittelt werden. Von dem beabsichtigten biblischen Romanzyklus wurde noch *Simson* (1679), nicht aber Moses ausgeführt. Der einfache biblische Bericht der Josephgeschichte wird unter Heranziehung kritisch ausgewerteter Quellen, vornehmlich der Schriften des Jesuiten *Athanasius Kircher*, zu einer breiten höfischen Liebesgeschichte, einer Art Haupt- und Staatsaktion, angeschwellt. Die eingebaute Gelehrsamkeit bürgte für die Wahrheit des Inhalts. Wie bei Casper verschwimmen die Grenzen zwischen Dichtung und Vielwisserei. Aber bei Zesen geht es um heilige und weltliche Staatsgeschichte. Daraus erhalten die Hauptgestalten ihre Weihe und nicht wie im 18. Jahrh. aus ihrer Menschlichkeit und inneren Würde. Nach Assenats Tod bleibt Joseph *ein einsamer Turtelteuberich, dem sein Teublein gestorben* ist. Beide leben im religiösen Kultus als Apis und Isis fort. Zesen greift weit über die Bibelkommentare hinaus und zieht die griechischen und lateinischen Dichter und Kirchenväter heran. Hesiod, Plato, Seneca und Cicero als Philosophen sind ihm besser vertraut als Aristoteles. Er bemüht sich, seinen Lesern das Verständnis einer ihnen fremden Welt zu erleichtern. Darin kommt er den geistigen Bedürfnissen seiner Zeitgenossen besser entgegen als *Grimmelshausen*, der mit seinem Josephroman den Zugang zum heroischen Roman, zur Standesdichtung, vergeblich suchte. Daraus erwuchs dessen selbstbewußter kritischer Angriff auf Zesen. Der Autodidakt kann es dem gelehrten Fachmann auch im 17. Jahrh. nicht verzeihen, daß dieser die Sache doch besser versteht. Das Neue in

Zesens Roman liegt weniger im Inhaltlich-Stofflichen als in der äußeren Gestalt.

Für den *Simson* (1679) flossen die biblischen Quellen spärlicher. Da zog Zesen die deutsche Übersetzung des italienischen Romans von *Ferrante Pallavicini* heran, die *Johann Wilhelm von Stubenberg* (1657) veröffentlicht hatte. Zesens Roman unterscheidet sich von seiner Assenat nicht nur durch die leichtere und oberflächlichere Bewertung der Quellen, sondern auch durch die offene Form, die Einführung von Episoden. Außer in das Wissenschaftliche schweift der Roman auch in die Gebiete der Moralphilosophie und Staatslehre ab. Hier sucht Zesen mit dem belebten Dialog und der aufgenommenen Verbindung zu anderen Künsten einen Anschluß an die literarischen Tendenzen der Zeit. Doch gerät das Ringen der Dichtung um Geschlossenheit und harmonischen Bau in Widerspruch zur Tendenz der Anschwellung, zur Einfügung von Episoden und Exkursen. Die geistige Zucht, welche hier sichtbar wird, geht zweifellos auf *holländische Einflüsse* zurück. Die so oft beobachtete Sonderstellung Zesens ist daraus und aus seinem starken literarischen Talent, seiner journalistischen Wendigkeit, die ihn alle möglichen Anregungen aufgreifen läßt, zu erklären. Zesens Formwille wurde durch seine literarischen Erfolge der sechziger Jahre gefördert. Aber schließlich erlahmte er unter den Einwirkungen äußerer Hemmnisse und seiner Alterskrankheiten. Trotz aller Hindernisse verfolgte er das einmal als richtig erkannte Ziel lange Zeit mit großer Energie und Sicherheit. Die angestrebte Formvollendung erreichte er in der taciteischen Kürze seines Altersstils. Als Neuformer und Sprachgestalter mußten ihn auch seine Zeitgenossen würdigen; denn die Assenat erlebte vier Auflagen innerhalb eines Jahrzehnts. Bei kaum einem Dichter der Zeit tritt der konfessionelle Hader so wenig in Erscheinung wie bei Zesen. Das Religiös-Kultische steht in der Assenat, das Philosophisch-Moralische im Simson im Vordergrund. Insofern bedeuten Zesens gelehrt-wissenschaftliche Romane einen Fortschritt, als er einen Trennungsstrich zwischen Dichtung und Wissenschaft äußerlich dadurch zieht, daß er den gelehrten Apparat der Anmerkungen vom Text des Romans trennt.

LITERATUR

Sprachgesellschaften: F. Zöllner, Einrichtung und Verfassung der Fruchtbringenden Gesellschaft, Berlin 1899. H. Schultz, Die Bestrebungen der Sprachgesellschaften des 17. Jahrh.s für Reinigung der deutschen Sprache, Göttingen 1888. K. Viëtor, Probleme der deutschen Barockliteratur, Leipzig 1928.
von dem Werder: G. Witkowski, Diederich von dem Werder, Leipzig 1887.
Schottelius: Friedens Sieg, hrsg. von F. E. Koldewey, Neudr. 175 (1900).
Königsberger: Gedichte der Kürbishütte wurden hrsg. Neudr. 44/47 (1883) von L. H. Fischer, DNL 30 v. H. Oesterley, sämtl. Gedichte Simon Dachs v. W. Ziesemer Schrift. der Königsberger Gel. Ges. Bd. 4–7 (1936–38). Ziesemer, Simon Dach, Altpreuß. Forsch. 1 (1924) S. 23–56.
Harsdörffer: T. Bischoff, Festschrift zur 250jähr. Jubelfeier des pegnes. Blumenordens, Nürnberg 1894. G. A. Narciss, Studien zu den Frauenzimmergesprächen G. Ph. Harsdörffers, Leipzig 1927. F. J. Schneider, Japeta (1643), Stuttgart 1927. W. Kayser, Die Klangmalerei bei Harsdörffer, Leipzig 1932. A. Franz, J. Klaj, Marburg 1908.
Rist: Die Friedensspiele wurden von H. M. Schletterer, Augsburg 1864, das Friedewünschende Teutschland von H. Stümcke, Gotha 1915, die Irenaromachia von W. Flemming, DL Bar. 6 hrsg. – O. Heins, J. Rist und das niederdeutsche Drama

des 17. Jahrh.s, Marburg 1930. A. Jericke, J. R.s Monatsgespräche, Berlin 1928. L. Neubaur, Zur Geschichte des Elbschwanordens, Altpreuß. Monatsschr. 47 (1910) S. 113–83. *Zesen:* Die adriat. Rosemund ist das einzige von M. H. Jellinek Neudr. 160/63 (1899) neu hrsg. Werk Zesens. H. Harbrecht, Zesen als Sprachreiniger. Diss. Freiburg i. Br. 1912. H. Körnchen, Zesens Romane, Berlin 1912. H. Reinacher, Studien zur Übersetzungstechnik im deutschen Literaturbarock, Mme. de Scudéry – Phil. v. Zesen, Diss. Freiburg/Schweiz 1937. W. Beyersdorff, Studien zu Phil. v. Zesens biblischen Romanen, Leipzig 1928. H. Obermann, Studien über Phil. v. Zesens Romane. Diss. Göttingen 1933.

VIERTES KAPITEL

MYSTIK UND GEISTLICHE LYRIK

Die Auseinandersetzungen in den Fragen des Glaubens, die Festigung der Orthodoxie in den Lagern der streitbaren Religionen und die Verdächtigung jener Außenstehenden, welche ihren Weg selbständig zu Gott suchten, verhießen der Mystik keine günstigen Wachstumsbedingungen. Deshalb fanden ihre Anhänger den Anschluß an die festen Glaubensbekenntnisse. Wenn man von wenigen Ausnahmen absieht, war die Mystik die Wegbereiterin der Toleranz und des Pietismus. Sie rettete aber auch mittelalterliche Bestände. An philosophisch-theologischen Systemen baute sie nicht mehr, als sie den Glauben stärkte. Die Mystiker und geistlichen Lyriker haben im Zeitalter des großen Krieges am lautesten von der göttlichen Liebe gesprochen und gesungen. Deshalb erhebt sich die Mystik über die Bitterkeit und Härte des Daseins. Sie wendet sich ganz von dieser Welt, zerreißt bewußt alle Verbindungen mit dem Leben und begrüßt, wie dies *Wentzlaff-Eggebert* an der geistlichen Lyrik entwickelt hat, den Tod als Befreier. Solcher Vertrautheit mit Tod und Liebe kommt das Hohelied entgegen. Auf seinen Spuren bewegt sich die geistliche Dichtung unter dem Eindruck der Schrecken des Krieges. Die Psalmen hatten ihre formgebende Aufgabe erfüllt und traten zurück, indem sie Mittel der Erbauung wurden. Man dürfte in den dreißiger Jahren wohl auch das Abnehmen der Prosa und des Traktats als der die Seelsorge unterstützenden literarischen Mittel beobachten können. Auch die Moralsatire konnte nicht mehr so, wie unmittelbar nach dem Ausbrechen der Reformation, Leser und Hörer in ihren Bann ziehen. Hätte man einen Überblick über die Predigt, so fände man wahrscheinlich bestätigt, daß jene Formen des geistlichen Schrifttums, welche die Stimmungen der Zeit am schnellsten und unmittelbarsten wiedergeben, sich der Offenbarung Johannis, den letzten Dingen und in ihren Untergangsahnungen den eschatologischen Gedanken hingaben. Das Zeitalter hat das Leben satt und ist seiner überdrüssig. Dennoch wird es in seinem Glauben an die göttliche Weltordnung nicht irre. Von Selbstmorden, welche die stoische Moral als letzten Ausweg empfahl und das Drama in der Gefolgschaft *Senecas* bildhaft vorführte, hört man kaum etwas. Auch die Stimmung des Gotteshasses ist dem Leben des Zeitalters, nicht seinen Dichtungen, fremd. Gewiß sahen sich die Menschen dem Walten und Treiben der Fortuna ausgeliefert, aber sie wußten, daß die Göttin mit dem Rad und dem Segel dem Willen eines Höheren gehorcht. Deshalb nahmen sie, was immer über sie hereinbrach, als Schickung des Himmels und als Prüfung entgegen, die es zu bestehen galt; ja, sie dankten ihrem Gott daß er sie der Prüfung wert hielt. Das aber gab den Menschen ihren inneren Halt und ließ sie ihre Leiden tragen. Sie opferten ihr Leid, ihre Not und ihre Seelenangst auf dem Altar ihrer Seele, denn sie fühlten sich Gott verbunden. Solche Gedankengänge und seelische Verfassung sind uns fremd, scheinen uns unnatürlich. Sie sind schwer zu vereinbaren mit der Roheit der Henker und Kriegsknechte, der Räuber und Leuteschinder. Diese sind keine Gottesleugner, auch wenn sie scheinbar ein Leben ohne Gott führen. Mögen sie in der Feldschlacht auch Mut und Tapferkeit bewähren und auf ihre Grausamkeit stolz sein: sie sind das Gegenbild der anderen darin, daß ihnen die Angst im Herzen sitzt und der gefährlichste Feind ihres Lebenshungers ist. Sie machen sich kugelfest, glauben an Zauber, geheime Mächte und Hexen, unterstellen ihr Handeln einem eigenen Gesetz und wollen als die tätigen und zeitbewegenden Kräfte nichts Gemeinsames haben mit den Ständen, deren Ordnung sie stören und von deren Arbeit sie leben. Erst später treten die getreuen Abbilder dieser Wirklichkeiten des Krieges in der Literatur auf. Vorher aber vermitteln gerade sie den Bildern des Grauens kennzeichnende Züge. Leben und Wirklichkeit stehen weit ab von der geistlichen Dichtung. In ihrem Bereiche waren sie nicht zu gewinnen. Das blieb anderen Formen vorbehalten, welche sich in den sechziger Jahren entfalteten, als die hohe Zeit der Mystik vorüber war.

1. DIE NACHFOLGE JAKOB BÖHMES

Für sein Jahrhundert ist Böhme als Verkünder geheimer Weisheit und als Magier bedeutungsvoll gewesen. Er hat der Mystik seiner schlesischen Landsleute den Weg gewiesen. Ein besonderes Verdienst um die Rettung seiner geistigen Erbschaft erwarb sich Abraham von Franckenberg (1593–1652). Auch er verspann sich, wie manche seiner Zeitgenossen, in alchemistische Grübeleien, Spekulationen und Hoffnungen. Er wirkte weniger durch seine Lehren als durch seinen Charakter. Auf dem väterlichen Schlosse Ludwigsdorf bei Oels ist er geboren. Ein geregeltes akademisches Studium hat er kaum hinter sich gebracht. Abneigung gegen die willkürliche Handhabung der Gesetze, Scheu vor dem Auftreten in der Öffentlichkeit und die geförderte Anlage, sich in Gedanken einzuspinnen, führten ihn 1622 in den Kreis Böhmes. Dort kam er von der Zerrissenheit und zerquälten Unruhe zur inneren Schau und Gelassenheit. Nach dem Tod des verehrten Vorbildes suchte er die Einsamkeit in Ludwigsdorf. Sein Denken kreiste um Einheit und Harmonie und um die Gotterfülltheit der Welt. Er rang um die Teilnahme an Geheimnissen, nicht um moralische Besserung.

Das väterliche Gut, welches er 1633 übernehmen sollte, überließ er seinem Bruder Balthasar. Er kannte keine Kompromisse. Was andere in Wunschbilder und Hoffnungen kleideten, war für ihn Wirklichkeit. Er trat nicht in den Dienst des Herzogs von Oels, weil er seinen Grundsätzen treu bleiben wollte. Hilfreichen Beistand leistete er den Pestkranken (1634). Als *Schlußreden der Wahrheit* faßte er 1625 seine Ansichten in 27 Lehrsätzen zusammen. Er zeigte darin den Weg zur Vereinigung mit Gott durch den Beistand Christi und die Gnade des heiligen Geistes über Selbstverleugnung und Demut, Abkehr von Welt- und Lebensgenuß. Sein Ziel ist die Ruh' in Gott dem Herrn. Christus ist Vorbild. Er muß im Menschen über den Adam siegen und die wahre Lebensform bestimmen. Diesen Gedankengängen dienen seine schlichten, überzeugenden Andachts- und Erbauungsbücher, seine Kirchenlieder. Als Abraham von Franckenberg die innere Reife gewonnen hatte – von 1636 an – suchte er seine Erkenntnisse im Verkehr mit den Menschen zu verwerten und begab sich für längere Zeit nach Danzig, wo er sich im Hause des Bürgermeisters Helvelius astronomischen Studien widmete. Er führte nun seinen Kampf gegen die Veräußerlichung des Kirchenwesens, vertrat seinen Glauben und seine Überzeugungen vor aller Öffentlichkeit und predigte die Notwendigkeit der inneren Wiedergeburt. In seinen wichtigsten Werken *Mir nach* und der Blütenlese aus Bibelstellen *Vita veterum sapientium* (1637) zog er einen scharfen Trennungsstrich zwischen der Lehre der Rosenkreuzer und der w a h r e n M y s t i k, zu welcher er zurückgefunden hatte. Was er sonst noch schrieb, diente der Stützung und Ausmalung des Böhmeschen Weltbildes. In einem *Sendschreiben* sprach er sich über die göttliche Berufung Jakob Böhmes (1641) aus. Zur selben Zeit begab er sich auf Reisen. Er war 1642 in Danzig, ein Jahr darauf in Holland, wo er die Herausgabe der Werke Böhmes besorgte. Dann trieb es ihn wieder nach Danzig. Von dort kehrte er nach dem Tode seines Freundes Tschech (1649) in seine Heimat zurück. Er glaubte in dessen Sinn zu wirken, wenn er sich nun um die Bildung religiöser Gemeinschaften bemühte. Seine theosophischen Bestrebungen berühren sich in manchen Punkten mit den Auffassungen von Sprache, wie sie in den Kreisen der Sprachgesellschaften herrschten. So knüpften sich Verbindungen zwischen Schlesien und der Fruchtbringenden Gesellschaft, der deutschgesinnten Genossenschaft, zu Zesen, Comenius, Andreae, Harsdörffer und Rist. Doch waren solche wissenschaftlichen Bestrebungen weniger im Sinne Franckenbergs. Er strebte nach der wahren Weisheit, der Gelassenheit, und sah das religiöse Ziel, welches ihm vorschwebte, bei den anderen zurücktreten. Edelleute und Ärzte hielten treu zu ihm. Er hielt das Gedächtnis Böhmes fest in der wichtigsten Quelle für das Leben des Görlitzer Meisters: *Gründlicher und wahrhafter Bericht von dem Leben und Abschied des in Gott selig ruhenden Jakob Böhme* (1651). Nach Franckenbergs Tod zerstreuten sich die Mitglieder seines Kreises. Wer des inneren Halts bedurfte, suchte den Anschluß an eine Glaubensgemeinschaft.

Eine ähnliche Gestalt wie Franckenberg ist Johann Theodor von Tschech (1595–1649) aus Voigtsdorf in der Grafschaft Glatz. Er war Jurist in Marburg, Rat bei Friedrich von der Pfalz. Nach der Schlacht am Weißen Berge kam er an den Liegnitzer Hof. Ein Unfall (1621) machte ihn nachdenklich. Er verzichtete auf Amt und Würden, schloß sich Böhme an und wurde dessen Apostel. Unstet war sein Leben. In Padua gab er 1627 sein Buch *Vom wahren Licht* heraus. Die Stelle eines herzoglichen geheimen Rats in Brieg legte er schon 1629 nieder. Dann hielt er sich in den Niederlanden und den Ostseeprovinzen auf. Er starb in Elbing. Wie Franckenberg ist auch Tschech dem lutherischen Bekenntnis treu geblieben. Doch suchten beide nach dem Kern in den christlichen Glaubensbekenntnissen und der Aufhebung der Erbsünde, in der Rückkehr oder Heimkehr der Seele zu Gott als dem Urgrund. Gelassenheit und Ruhe sind das Wesentliche und nicht der Streit um die Behauptung der wahren Lehre. Seine Werke – Prosaabhandlungen, wenige lateinische Epigramme und deutsche geistliche Lieder – dienen der Erbauung und Erneuerung des religiösen Lebens. Auf solchen geistigen und soziologischen Grundlagen entfaltete die geistliche Lyrik in Schlesien ihre eigentümliche Blüte.

Hier fand die geistige Bewegung der Rosenkreuzer in Schlesien ihren Abschluß. Sie hatte eine vermittelnde Sendung zu erfüllen, indem sie die pansophischen und paracelsischen Ideen an die Theosophie weitergab. Die Aufgabe, gelehrte und gleichgesinnte Männer zu vereinigen und die Wissenschaft im Kreise der Auserwählten zu pflegen, wie es die Sprachgesellschaften taten, hielt die Idee der Reformation im Sinne einer Rückkehr zu den Grundsätzen des echten Christentums aufrecht und verwaltete damit ein Erbe, das der Pietismus von ihr übernehmen konnte. Das war aber erst dann möglich, als die Jesusliebe die düsteren Untergangsstimmungen und das zitternde Bangen vor der Zukunft überwunden hatte, und die beseligende Freude wieder in die Herzen der Menschen eingezogen war.

Johannes Heermann (1585–1647) stammt aus einer Kürschnerfamilie in Raudten (Niederschlesien). Er empfing seine Ausbildung in Fraustadt (1602), Breslau und Brieg. Zwei junge Adelige begleitete er 1609 nach Straßburg, kehrte jedoch bald wieder in seine Heimat zurück und wurde 1611 Pfarrer in Köben. Der kränkliche Mann mußte 1639 sein Amt niederlegen. Er verbrachte seine letzten Lebensjahre in Lissa.

Heermann wechselte von der gelehrt-lateinischen religiösen Dichtung zum deutschen Kirchen- und Erbauungslied und löste damit die Einheit von Jerusalem und Athen, Himmel und Olymp. Geselligkeit, Familienleben, Freundschaft, Liebe, Treue, Bewährung, das Lob der stoischen Tugenden zeigen den Dichter in seiner weltlichen Sphäre, welche sich von der religiösen keinesfalls scharf trennen läßt. Der Auseinandersetzungen müde schlägt er in seinen geistlichen Gedichten einen versöhnlichen Ton an. Doch ist das ebensowenig wie seine Anerkennung

der kaiserlichen Autorität als Annäherung an den alten Glauben anzusehen. Er hält am Wort fest, betont aber mehr als seine Zeitgenossen
die christlichen Grundlehren. Das Kriegserleben ließ Furcht und Hoffnung zu den beherrschenden Mächten der Zeit werden und führte damit
zur Berührung mit kirchenväterlichen Gedankengängen. Die Ergebenheit in den Willen Gottes, der mit dem Kriegsgeschehen den Menschen
die Vergänglichkeit alles Irdischen vor Augen führte, Sündenbewußtsein, Erlösungssehnsucht, Befreiung von der Sünde durch Christi Blut,
Versenkung in die Passion, Jesusliebe, Gottvertrauen zeigen als häufig
abgewandelte Motive seiner Dichtungen, daß es ihm vor allem um die
Andacht zu tun ist. Das Erbauungsbuch seines schlesischen Landsmannes Martin Moller, *Meditationes sanctorum Patrum* (1597), in dem
Gebete von Pseudoaugustin, Bernhard von Clairvaux, Tauler u. a. übersetzt sind, ist die Hauptquelle zu Heermanns Liedersammlung *Devoti
musica cordis* (1630). Ebenso zeigt sich die enge Beziehung seiner Kirchenlieder zur Erbauungsliteratur z. B. in der Anlehnung einzelner Lieder
an Gebete von Johannes Arndt. Auch Vätertexte und ältere Kirchenlieder hat Heermann umgearbeitet, offenbar in dem Bedürfnis, sie dem
neuen Formempfinden anzupassen, so wenn er die Reimpaare von
Nikolaus Herman in Alexandriner umdichtete. Seine zyklischen Werke
Flores (1609), *Andächtige Kirchenseuftzer* (1616), *Exercitium pietatis* (1630,
eine Überarbeitung der Flores), *Sonntags- und Festevangelia* (1636) ruhen
zumeist auf den Texten der Sonn- und Feiertagsevangelien und -episteln.
Er konnte sich da auf das Vorbild von Mathesius berufen. Die einzelnen Gedichte bewegen sich zwischen sangbarer biblischer Ballade
und in Verse umgesetzter Predigt oder Gebet. Die Versreform führte
Heermann vom Ende der zwanziger Jahre an streng durch, errang aber
etwa von 1642 an eine gewisse Freiheit wieder. Die Abfassung religiöser
Gebrauchsdichtung war ihm Herzensangelegenheit. Die Schulung an
der lateinischen Dichtung hat seinen Formensinn gestärkt und ihm die
Brücke zu Opitz gebaut. Männer wie Heermann verstanden es, auch in
der neuen Form ihre gefühlsmäßig bestimmte Frömmigkeit zu wahren.
Sie paßten das ältere Kirchenlied dem neuen Formgefühl an, und was
es dabei an seiner Ursprünglichkeit einbüßte, ersetzten sie mit ihrer
mystisch angehauchten Gottesliebe.

Heermann ist ein schwerblütiger Grübler. Die Lebensfreude seiner Jugendgedichte tritt hinter dem Vanitasgedanken ganz zurück. Um die menschliche Sünd-
haftigkeit kreisen seine Gedanken. Er ist ein erfolgreicher Wegbereiter der Mystik
in einer für sie empfänglichen Zeit. Er ist geistesverwandt mit *Andreas Gryphius*,
wenn er seine Seelennot und -bedrängnis in der Zwiesprache mit Gott äußert. Er
verband das starke, gefühlsmäßig bestimmte religiöse Erleben mit der Formfreude,
deren Herold Opitz gewesen war. Beides bewährt sich als Bollwerk gegen ein Übermaß von mystischen Spekulationen. Er kennt die Flucht in das spielende Tändeln mit
poetischem Zierat noch nicht. Er spricht nicht mehr die Gefühle einer glaubens-

starken Gemeinde aus, sondern offenbart sein persönliches Leid und seine Welt-verachtung. Die jugendliche Lebensfreude weicht dem Ernst eines leidvoll sich er-gebenden Grames. Daß ihn sein Halsleiden an der Ausübung seines Predigtamtes verhinderte, belastete ihn ebensosehr wie die Heimsuchung durch den Krieg. Sein dichterisches Schaffen zeigt den Weg, auf welchem das protestantische Kirchenlied den Anschluß an die heimische Mystik und den Kreis um Jakob Böhme finden konnte.

Wieder war es ein schlesischer Adeliger, der mit nüchterner Be-sonnenheit sein dichterisches Weltbild formte. Daniel Czepko von Reigersfeld (1605–60) stammt aus dem schlesischen Zweig eines mährischen Adelsgeschlechts. Sein Vater war Pfarrer in Koischwitz bei Liegnitz. Ein Jahr nach der Geburt des Sohnes kam er als Pfarrer nach Schweidnitz (1606) und starb 1623, gerade als sein Sohn die dortige Lateinschule absolvierte. Mit dem Studium der Medizin begann dieser in Leipzig und war dann in Straßburg Jurist. Dort, wo die wiedertäuferisch-paracelsisch-pansophische Überlieferung am lebendigsten war, erschloß sich ihm im Kreise Matthias Bern-eggers und seines gleichaltrigen Landsmannes Köler neben der neuen Dichtung auch eine Frömmigkeit, die sich nicht auf das Dogma berief und abseits der Orthodoxie lag. Diese sah in der mystisch-panso-phischen Bewegung und dem bekenntniskräftigen, neuplatonischen Gedankengut eine Gefahr und betrachtete deren Anhänger als Häretiker, obwohl sie sich nicht ihres Widerspruchs mit der Rechtgläubigkeit bewußt waren. Von Straßburg aus unternahm er Reisen, praktizierte dann als Jurist in Speyer und kehrte 1625 in das von Krieg und Pest heimgesuchte Schweidnitz zurück. Einige Jahre verbrachte er als Haus-lehrer und Gesellschafter auf schlesischen Gütern, namentlich in Dobroslawitz (Kreis Cosel) bei den Brüdern von Czigan. Gesellschaft-liche Liebesgedichte, ein *Schäferepos*, dessen Phyllis Barbara, die Schwester seiner Gastgeber, ist, und eine geistliche Trostdichtung wurden in der ländlichen Behaglichkeit verfaßt oder begonnen. In Schweidnitz ließ er sich 1634 nieder und heiratete 1636 Anna Katharina, die Tochter des wohlhabenden Stadtarztes Heintze, die ihm vier Landgüter und ein Stadthaus in die Ehe brachte. In der Verwaltung dieses Besitzes, ge-lehrten und künstlerischen Arbeiten (Epigrammen), der Förderung des geistigen Lebens und der Knüpfung von Beziehungen zum schle-sischen Adel (Abraham von Franckenberg) fand er einen angemessenen Wirkungskreis, aus dem er durch die kriegerischen Wirren heraus-gerissen wurde. Als kaisertreuer Wortsprecher seiner evangelischen Glaubensgenossen hatte er jedoch nach dem Abzug der Schweden (1644) einen schweren Stand. Erfolgreich bemühte er sich um den Bau der evangelischen Friedenskirche von Schweidnitz. Die Verweigerung der Druckerlaubnis für seine Monodisticha und die Enttäuschung darüber, daß er trotz fester Zusicherung nicht in die Fruchtbringende Gesellschaft aufgenommen wurde, veranlaßten ihn, von der Veröffentlichung seiner Dichtungen abzusehen. Sie sind nur in Handschriften überliefert und haben nie in die Breite gewirkt. Nach dem Tode seiner Frau (1658) und der Erfüllung seiner Aufgaben amtete er als Regierungsrat der Herzöge von Brieg in Ohlau, leitete den dortigen Landtag, wurde zum kaiserlichen Rat ernannt, mit diplomatischen Aufgaben und der Erledigung von Verwaltungsaufgaben betraut. Er starb im August 1660 auf einer Dienstreise in Wohlau.

Daniel von Czepko ist in seiner Vielseitigkeit und Fruchtbarkeit ein Erbe des Humanismus. Er ist der Wegbereiter literarischer Traditionen und Formen, er stellte seine wissenschaftlichen Erkenntnisse dichterisch dar und setzte die gelehrte lateinische Dichtung in deutscher Sprache fort. Das Epigramm wurde ihm zum Vermittler religiöser Erfahrungen, Wahrheiten und Erlebnisse. Von sechs- bis zehnzeiligen Gedichten kommt er zu den zweizeiligen Alexandrinern, der angemessenen Form Schefflers. Czepko geht den Dingen auf den Grund und legt ihr Wesen seiner Natur entsprechend straff zusammenfassend bloß. Von verstandesmäßigen Überlegungen kommt er zum Lied. Überall in seinem Schaffen wird der von Opitz gelegte Unterbau sichtbar. So wie er die romanischen Kunstformen mit volkstümlicher Anschaulichkeit durchwirkt, die Grenzen zwischen geistlichem und weltlichem Gedicht aufhebt, wie er zwischen Opitz und Böhme steht, wie sein dichterisches Schaffen noch einmal zusammenfaßt, was schon zu seiner Zeit auseinanderstrebt, ist er als Gestalt des Übergangs anzusehen und darf nicht einseitig betrachtet werden. Über Czepko führt die Entwicklung zu Andreas Gryphius, zur galanten Gesellschaftslyrik und zum Cherubinischen Wandersmann. Es entspricht seinem Streben nach Ausgleich und Harmonie, daß er bei den verschiedensten Gruppen, die sich sonst heftig befehdeten, in hohem Ansehen stand.

Zu Lebzeiten von Czepkos sind nur wenige seiner Werke veröffentlicht worden. In einem Drama, *Pierie* (1636), versuchte er sich als selbständiger Gestalter der neuen dramatischen Kunstform, welcher Opitz mit seinen Übersetzungen den Weg gewiesen hatte. Lateinische und deutsche Gelegenheitsgedichte, zumeist an die Habsburger, eine *Rede aus dem Grabe*, welche den *Kirchhofsgedanken* von Andreas Gryphius beigefügt ist, und eine poetische Psalmenparaphrase *Siebengestirn königlicher Buße* (1671) zeigen ihn als Gefolgsmann der Versreform und Verfechter einer mit Nüchternheit gepaarten Klarheit. Doch nicht darin liegt Czepkos Bedeutung sondern in seiner epigrammatischen Dichtung. Kaum ein Dichter des Jahrhunderts offenbart sich so wie Czepko als geschlossene, harmonisch in sich ruhende Persönlichkeit. Als Epigrammatiker ist er ein Geistesverwandter *Logaus*, mehr an Martial als an Owen geschult. Die Gedichtsammlung *Angefangener und vollendeter Ehestand* ist das poetische Tagebuch seiner jungen Ehe und seines Familienlebens. Hier bewegt er sich wie Opitz auf dem Boden des Lehrgedichts. Dasselbe gilt für die Schäferei *Corydon und Phyllis*, welche er den Geschwistern Czigan widmete. Das Schäfergewand mutet da fast wie ein unnötiges Überkleid an, das die schweren Kriegserlebnisse und religiösen

Erfahrungen konventionell umhüllt. Man erinnert sich, daß Opitz seine historisch-antiquarische Gelehrsamkeit in den Schäfereien der Nymphe Hercynia unterbrachte. Aber Czepko gestaltet Dinge und Erscheinungen, die ihm zu Herzen gehen. Seine Dichtung umfaßt drei Bücher, sechszeilige trochäische Strophen mit insgesamt mehr als 9000 Versen. Corydon – das ist Czepko selbst – begibt sich auf eine Reise. Phyllis, die Geliebte, und Daphnis, der Freund, führen mit ihm lange Gespräche, in denen er sie damit tröstet, daß er die Absicht habe, wiederzukommen. Das zweite Buch ist eine Art Anklage gegen den Wahnsinn des Krieges und seiner Folgen. Die einzelnen Stände marschieren mit ihren Fehlern und Narrheiten auf. Es ist eine Narrenrevue des 17. Jahrh.s, von der aus sich mehr als eine Parallele zu Sebastian Brants Narrenschiff ergibt. Nur daß hier das erlebte soziale Unglück, Bedrückung des Landes durch die Söldner, Flüchtlingselend und Not der Bauern, Üppigkeit und Prunkliebe der Bürger, Verkommenheit der Höfe, äußerliches Zurschautragen religiöser Gesinnung in den Vordergrund treten. Dies alles bildet den Gegensatz zu den Seligkeiten, welche das Hirtenleben gewährt. Das abschließende dritte Buch setzt mit dem lebendigen Gemälde eines Schlachtensieges (Nördlingen) ein und ergeht sich dann in Betrachtungen über die Vielfalt in Arbeit und Leben des Bauern.

Höher zu bewerten, weil die Echtheit seiner Gesinnung, die Erschütterung und Ergriffenheit seines Wesens darin sichtbar werden, sind jene Werke, in welchen Czepko, frei von aller Konvention, seine mystischen Erlebnisse ausspricht. Da zittert nicht mehr die innere Erregung nach, werden keine ekstatischen Zustände festgehalten, sondern das Erlebte wird ruhig sachlich geschildert, und Betrachtungen werden daran geknüpft. Aller Überschwang ist ihm fremd. In Dobroslawitz trat Czepko in Beziehungen zu dem Grafen Lazarus Henckel von Donnersmarck, einem Theosophen, der ihn mit den Gedankengängen Böhmes und Franckenbergs vertraut machte. Die deutsch abgefaßte *Consolatio ad Baronissam Cziganeam* ist eine Trostschrift in Prosa an die Baronesse Dorothea von Czigan über den Tod ihrer Schwester (1643). Dieses Werk, die Dichtungen *Das inwendige Himmelreich* (1638) und die *Gegen-Lage der Eitelkeit* zeigen Czepko auf den Spuren der mittelalterlichen Mystik. Es sind eckhartsche Gedanken, die er aus Taulers Schriften kennenlernte; denn hier wird die *unio mystica* in ihrer mittelalterlichen Form abgewandelt. Czepko deutet die Vorgänge in der Menschenseele, welche der unio mystica vorausgehen und auf sie hinführen. Unio mystica und ihre Verwirklichung liegen für Czepko und die mittelalterliche Mystik außerhalb des Bereichs der Erkenntnis. Die Trostschrift an die Baronin Czigan ruht auf der Überzeugung, daß der Tod nur ein Zustand des Durchgangs zur mystischen Vereinigung im Jenseits ist und für den Mystiker das höchste Glück bedeutet. Dieser Gedanke verbindet die vier Bücher des Werkes. Der Tod bildet den Übergang in einen Zustand höherer Freiheit. Dadurch kommt Czepko zur Einheit von Gott und Natur. So vielfältig alle Dinge und Erscheinungen auch sein mögen: sie sind doch eine Einheit und bleiben sich gleich, weil sie nur verschiedene Gestalten des einen unwandelbaren

Gottes sind. Daher ist es sinnlos, Gott außerhalb und über der Welt zu suchen. „Kehre deine Augen mit dem Gemüte um und besiehe das herrliche Gebäude deines Leibes. Bedenke wohl, wie es inwendig aus der Seele ohne Mittel gewirkt und geschaffen worden." Der Grundstein von Czepkos Mystik ist die Lehre Luthers. Deshalb verteilt er die Pflichten des Menschen gerecht auf das diesseitige und jenseitige Leben. Das Hauptwerk Czepkos sind die 1647 abgeschlossenen *Sexcenta Monodisticha Sapientium,* das sind Alexandrinerreimpaare. Schon *Daniel Sudermann* hatte sich 1628 ähnlicher Formen bedient. Aber erst Czepkos Beispiel machte Schule; denn Franckenberg gab die Monodisticha an Scheffler weiter. Den Monodisticha und ihrer größeren Nachahmung, dem Cherubinischen Wandersmann, ist gemeinsam, daß plötzliche Einfälle und Gedanken ohne ein inneres Band aneinander gereiht werden. Aber Czepkos Sprüche kreisen allein um die unio mystica, so daß nirgends Widersprüche sichtbar werden. Sie enthalten sich aller Begeisterung und allen Überschwangs. Die innere Beziehung zwischen Gott und Mensch, Gott und Natur, Mensch und Natur, das Einswerden alles Geschaffenen mit Gott, die Formung der Erscheinungen nach dem Ebenbild Gottes, die Ruhe als Ziel aller Bewegung und alles Strebens, die alte Vorstellung vom Leib als dem Gefängnis der Seele, die Gnade der Gemeinschaft mit Gott, der Prüfstein des Guten als Vermittlung der Seligkeit, des Bösen als Vermittlung der Pein, die Vorstellung von der Hölle als dem Reich, in welchem jeder unter dem Gesetz seines Willens steht, während die Gleichstimmung des Willens mit dem Gottes das höchste Gut bedeutet: das sind Gedanken und Vorstellungen, die bei Czepko immer wiederkehren. Er ist davon überzeugt, daß aus dem tiefsten Elend und der Verstrickung in die Sünde eine Wendung zu Gott möglich sei, sobald die Starrheit des Willens gebrochen wird und die Liebe und Gelassenheit in der Seele einkehren.

Czepkos Monodisticha bedeuten das Ende einer Entwicklung. Es währte eine Weile, bis der von ihm beschrittene Weg zu sich selbst, zur Individualität und geistigen Freiheit wieder aufgenommen wurde. Das lag weniger daran, daß seine Werke nicht gedruckt wurden und daher nur wenigen zugänglich waren, als daran, daß die Zeit zu einer Aufnahme auf breiterer Front nicht bereit war. Als dies aber der Fall war, dachte niemand mehr an den schlesischen Edelmann, der in der Einsamkeit erlebt hatte, was Pietisten und Erforscher der Seelenvorgänge wieder mühsam erringen mußten. Czepkos letztes Werk heißt *Semita amoris divini. Das heilige Dreieck* (1657). Da verliert sich eine lange Prosaeinleitung in kabbalistische Zahlenspekulationen und geheime Überlieferungen. Czepko versucht, altheidnisches und modernchristliches Gedankengut in Eins zu sehen. Die Gedichte des Hauptteils kreisen um die drei heiligen christlichen Zeiten und Feste: Weihnachten, Ostern und

Pfingsten. Die Generation, welcher Czepko angehört, hat als letzte versucht, den Gedanken der Duldung in die Herzen zu senken. Die Jüngeren, welche sie ablösten, sind in der Kriegszeit geboren. Die entscheidenden Jahre ihrer Entwicklung standen unter den Eindrücken einer harten Zeit, in der, weil sie Gefolgsleute brauchte, keine Männer der Vermittlung heranwuchsen.

2. LYRIK UND KIRCHENLIED

Die Bezirke weltlicher und geistlicher Dichtung oder Lyrik sind wohl nach ihren Stoffen, nicht aber nach Dichtern und Dichtweise voneinander zu unterscheiden. An Masse übertrifft die geistliche Dichtung bei weitem die weltliche. Manche Formen haben beide gemeinsam. So gibt es auch im 17. Jahrh. zahlreiche Kontrafakturen. Langsam lösen sich Drama und Roman von der geistlichen Dichtung. Auch da schlägt wie in der frühchristlichen Zeit die Allegorie eine Brücke zwischen Leben und Glauben, zwischen Welt und Religion. Nur rettet sich in der christlichen Frühzeit heidnisch-antikes Gedankengut über diese Brücke in die christliche Welt hinüber, während sich im 17. Jahrh. das weltliche Denken langsam von der Allegorie zu befreien sucht und beginnt, sich auf sein autonomes Daseinsrecht zu berufen. In der Lösung des Romans von der Moralsatire, des weltlichen Hauptspiels aus dem Ordensdrama und der damit verbundenen Annäherung an das Spiel der Wanderbühne werden sich die Stationen zeigen lassen, welche den Aufstieg der weltlichen Dichtung und des freieren Bürgertums bedeuten. Um die Mitte des 17. Jahrh.s aber beherrscht das religiöse Denken noch durchaus die deutsche Dichtung. Wollte man eine Geschichte der Entwicklung der geistlichen Dichtung schreiben, so müßten darin alle Namen jener Dichter genannt werden, die uns in anderen Zusammenhängen, etwa im Umkreis von Opitz, bei Sprach- und Dichtergemeinschaften sowie sonst noch begegnet sind und noch begegnen werden. Auch hier zeigt es sich, daß sich im 17. Jahrh. Ordnungen und Erscheinungen aufzulösen beginnen, welche seit dem Mittelalter bestanden, und an deren Alleingültigkeit niemand gezweifelt hatte. Alte und neue Töne klingen durcheinander. Es offenbart die unverwüstliche Lebenskraft der geistlichen Dichtung, daß sie sich den Bedürfnissen des Augenblickes anpassen und modern sein will und kann. Vom formalen Standpunkt aus ist Friedrich von Spees deutsche Dichtung ein gelungener Versuch, ohne Opitz formvollendet in deutscher Sprache zu dichten.

Friedrich Spee von Langenfeld (1591–1635) war der Sohn eines Burgvogtes von Köln und ist in Kaiserswerth geboren. Er trat 1610 zu Trier in den Jesuitenorden. In Köln erwarb er sich die Magisterwürde an der artistischen Fakultät (1613), daran

16*

schloß sich das Studium der Theologie in Fulda und Würzburg. Er wirkte in den Lehranstalten seines Ordens zu Speyer, Worms und Mainz. Anschließend, 1625/26, war er Professor der Philosophie in Paderborn. Dort gehörte es während seiner späteren Tätigkeit als Professor der Moraltheologie, Domprediger und Seelsorger (von 1629 an) ebenso wie in Würzburg zu seinen Aufgaben, die verurteilten Hexen auf den Tod vorzubereiten. Mit Eifer ging er 1628/29 an seine Aufgabe, Stadt und Grafschaft Peine dem katholischen Glauben zuzuführen. Nach einem mißglückten Mordanschlag, bei dem er schwer verwundet wurde, fand er in Falkenhagen Erholung und Muße. Dort entstanden die meisten seiner Gedichte. Nach Köln kam er 1631 als Professor der Moraltheologie und in gleicher Eigenschaft 1633 nach Trier. Dort leistete er pestkranken Soldaten Samariterdienste und starb an der Seuche.

Es klingt wie eine Rechtfertigung seines deutschen Dichtens gegenüber *Jakob Balde*, dessen Werke Spee kaum gekannt hat, wenn es in der Vorrede zur Trutznachtigall heißt, daß man nicht allein „in Lateinischer Sprach, sondern auch sogar in der Teutschen gut poetisch reden und dichten" könne. Wenn nur wenige das versuchten, so liege das nicht an der Sprache, sondern an den Personen. Gott solle auch in der teutschen Sprache seine Dichter haben. Spees Sprache steht zur Mundart in einem ähnlichen Verhältnis wie seine Metrik zu der des lateinischen Kirchenliedes. Das heißt, daß er sich unabhängig von Opitz seine eigene Dichtkunst schuf; denn, daß er den Versakzent und Wortakzent als Träger des Rhythmus erklärte, brauchte er nicht von dem Schlesier zu lernen. Spee zehrt auch vom Erbe des Humanismus, verfällt aber ebensowenig wie seine lateinisch dichtenden Ordensbrüder der Verkünstelung. Es ist kein Mangel an geistiger oder künstlerischer Zucht, wenn er den Gang seiner Gedichte nicht in sich abschließt. Er läßt den Blick in die Unendlichkeit offen wie der barocke Kuppelbau, dessen Fresken das Thema der Himmelfahrt so mannigfaltig abwandeln.

Spees *Güldenes Tugendbuch* und der Gedichtzyklus *Trutznachtigall* wurden gleichzeitig (1649), nachdem sie in Abschriften in Umlauf waren und Einzelnes in den Gesangbüchern erschienen war, veröffentlicht. Das erste steht in engerem Zusammenhang mit seinem Beruf. Es ist eine belehrende Unterweisung, welche ein Beichtvater mit seinem Beichtkind über die drei göttlichen Tugenden Glaube, Liebe und Hoffnung hält. Diese der Erbauung dienenden Dialoge gipfeln jeweils in einem Gedicht. Hier begann Spee damit, die Mystik mit ihrer Gefühlswelt in den Dienst der Gegenreformation zu stellen. War er des trockenen Tones der Erbauungsbücher und Moralsatiren satt und entfaltete er bewußt die lang zurückgedrängten Gefühlswerte, welche in der Lieddichtung der Gegenreformation mit elementarer Kraft hervorbrechen? Dessen bedurfte die Zeit, und aus solcher Stimmung wurde Spee zum Tröster der Hexen, die er auf ihrem letzten Gang begleitete. Aus diesen Erfahrungen schrieb er die *Cautio criminalis* (1631). Wenn er sie auch ohne Nennung seines Namens veröffentlichte, so ist sie doch eines der mutigsten Bücher des Jahrhunderts, ein Vorklang der Humanität, ein Angriff auf das allgemeine Gerichtsverfahren, nicht auf den Hexenglauben. Er konnte nicht an der Möglichkeit zweifeln, daß es Hexen gebe; denn der Bund der Hexe mit dem Teufel war das Widerspiel zur Vereinigung der Seele mit dem himmlischen Bräutigam. Aber daran mußte Spee zweifeln, daß alle jene, denen er Beistand leistete, wirklich Hexen waren. Die Welt mit allen ihren Erscheinungen, welche Spee

Gott zuordnete, ist für ihn unbestrittene Siegerin über das Reich des Teufels. Welch ein Fortschritt über Aegidius Albertinus hinaus! So tritt im Schrifttum der Gegenreformation die Lehrhaftigkeit zurück und steigt der poetische Gehalt. Im gleichen Zusammenhang dürfte der Aufstieg des Triumphgedankens zu beobachten sein. Meines Wissens ist die Literaturwissenschaft noch nicht darauf eingegangen. Doch dürfte sich aus der Entwicklung und dem Aufstieg dieses Gedankens, was leicht aus der Themenwahl der Dramatiker zu erschließen wäre, die gesamte jesuitische Dichtung und mit ihr die der Gegenreformation in eine organische Ordnung bringen lassen. – Bewährung der Tugend ist also das abgewandelte Thema von Spees Erbauungsbuch. Die Sicherheit, in der nun das erstarkte und erfolgreiche Glaubensbekenntnis ruht, und aus der ein gleichmäßiges Licht ausstrahlt, übergießt das Werk mit verklärender Milde. Leitgrundsatz für alle Handlungen ist die Selbstlosigkeit der echten Liebe. Die Gefahr, Gott je zu verlieren, ist bei Spee gebannt. Das gilt nicht für ihn allein, sondern auch für die Gemeinschaft, der er sich verbunden fühlt.

Geistliches Liebeslied, Betrachtung der Geburt und des Leidens Jesu, Bußmahnung eines zerknirschten Herzens, Lob des Schöpfers nach dem 48. Psalm, Versenkung in das Geheimnis der Dreifaltigkeit, Preis des großen Ostasienmissionärs und Ordensbruders Franz Xaver, das Wettspiel Damons und Haltons zum Lob des Schöpfers, geistliche Deutung der oft nur angedeuteten oder allgemein bekannten Vorgänge: das bieten die fünfzig Lieder der Nachtigall, die darüber klagt, daß sie nicht zur Ruhe kommen könne. Hier schlägt die Jesuitendichtung die Brücke zur Mystik. Das Hauptthema des geistlichen Hirten enthält nun erst mystische Färbung. Es ist uralt. Vergils Eklogen hatten sich in der Lyrik, aber auch im Weihnachtsspiel längst festgesetzt, ehe das Schäferspiel modisch wurde. Man könnte von einer *geistlichen Kontrafaktur* von *Schein* zu *Spee* sprechen; denn das Unerfüllte und die Sehnsucht sind den Hirtenliedern beider gemeinsam. Auch der Petrarkismus vermittelte verwandte Stimmungen, und diese ließen sich ohne Zwang auf jene übertragen, welche die Passion miterlebten. Das ist ein Vorgang, der nah verwandt ist mit der unio mystica, wenn er dieser nicht überhaupt streckenweise gleichzusetzen ist; denn des Unterschieds zwischen der mittelalterlichen und der neuen Mystik – man muß die Ausdrücke echt und unecht meiden – konnte sich das 17. Jahrh. nicht bewußt werden. Es sehnte sich nach Ruhe und Gelassenheit und glaubte, aus der Bewegung, einem Sichumtun, das uns beinahe nervös anmuten möchte, dazu gelangen zu können. Spricht man da von Krankheit und Fieber, so verschleiert dies den ausschlaggebenden Gehalt und entwertet die Kraft des Symbols. Zwischen diesem und der Wahrheit kennt das Zeitalter noch keinen Unterschied. Ihre Einheit heiligte das körperliche und geistige Dasein. Aus ihr zog man die Kraft, den Teufel zu bannen, und mit ihr eroberte man die Welt aus seiner Herrschaft zurück. Das Wort Liebe wird jetzt mit neuem Gehalt durchwärmt. Dem entspricht der Vorzug, welcher dem kleinen, dem Zierlichen und Unscheinbaren zuteil wird.

Paul Gerhardt (1607–76) war der Sohn eines Gastwirts und Bürgermeisters von Gräfenhainichen. Er besuchte die Fürstenschule in Grimma und begann 1628 in Wittenberg Theologie zu studieren. Ehe er Propst in Mittenwalde wurde, war er 1642–51 in Berlin als Hauslehrer tätig. Als Diakon trat er 1657 an der Nicolaikirche in Berlin sein Amt an. Da er sich den Erlassen des Großen Kurfürsten von 1662 und 1664 nicht fügte und nicht geneigt war, dem Calvinismus Zugeständnisse zu machen, wurde er schließlich, nachdem ihm entgegenkommende Vermittlungsvorschläge gemacht und goldene Brücken gebaut worden waren, er aber nicht darauf einging, 1666 seines Amtes enthoben. Als man ihn 1667 wieder in sein Amt einsetzte, ohne ihn auf die Erlasse zu verpflichten, konnte er sich nicht dazu entschließen, es wieder auszuüben. Er fand seinen Unterhalt als Privatlehrer, bis er 1669 als Archidiakon in Lübben eine Anstellung fand. Der Tod seiner Frau und zweier Kinder trübte seine letzte Berliner Zeit. In Lübben hat er nicht mehr gedichtet.

Die Schatten des großen Krieges und seine Folgen liegen über Gerhardts Leben. Im Zeichen von Opitz und Buchner begann er zu Wittenberg als Liederdichter. Das Gesang- und Erbauungsbuch von *Johann Crüger Praxis pietatis melica* (1647) brachte seine ersten (18) Lieder. In der zweiten Auflage (1663) wurden 63 abgedruckt. Gerhardt trat ohne literarischen Ehrgeiz auf. Er wurde weder gekrönter Dichter noch schloß er sich einer Gemeinschaft an. Nicht von der neulateinischen Dichtung her, sondern vom Kirchenlied, dem Gemeindegesang, fand er den Weg zur deutschen Dichtung. Sie war ihm Gottesdienst. Bei Gerhardt ist mit Recht eine entscheidende Wendung vom Bekenntnislied zum persönlichen Andachts- und Erbauungslied beobachtet worden. In seinen Liedern kündigt sich der Pietismus an. Stofflich bewegt er sich in den gleichen Gebieten wie Johannes Heermann. Sonntagsevangelien und Passion werden in lyrisch-epische Lieder umgesetzt und paraphrasiert. Es ist das Große seiner Kunst, daß er Vorwurf und Vorlage mit seinem Geiste zu füllen verstand, daß er sich selbst und seine Empfindungen ausspricht, daß er keine Zugeständnisse an literarische Moden macht. Wer denkt an den lateinischen Hymnus des 13. Jahrh.s, wenn er das Lied *O Haupt voll Blut und Wunden* hört? Daß Gerhardt als Liederdichter einen Höhepunkt erreicht hat, darf darüber nicht hinwegtäuschen, daß er im Gegensatz zu den mystisch angehauchten Lyrikern nicht mit Gesichten arbeitet, sondern mit dem, was er vor sich sah. Er ist Augenmensch. Die Beziehung des Bildes zu den Gefühlen, der äußeren Vorgänge in der Landschaft (*Nun ruhen alle Wälder*) zum Jenseits, die Ausrichtung des Erdenlebens auf die Freuden des Himmels, die Ruh' in Gott dem Herrn, das Gefühl, in der Hut Gottes zu sein: das ist die Voraussetzung der Volkstümlichkeit seiner Dichtungen. Von solchen Werken wurde der einfache Mann, der in der Umwelt der Kleinstadt oder im Bauernhaus lebte, angesprochen; denn er kannte seine Abhängigkeit von der Natur und wußte, daß er im Schutze Gottes stand. Das ist es, was Gerhardt immer wieder ausspricht und was seinen besten Liedern ihre Beliebtheit sichert.

Die Spannungen und sozialen Gegensätze des Zeitalters werden im fünften Jahrzehnt des 17. Jahrh.s im Kirchenlied besonders sichtbar. Die höfisch-kavaliersmäßige Haltung findet sich in den Liedern von Rist, die volkstümlich-bürgerliche, der die Zukunft gehört, bei Paul Gerhardt. Dieser kehrte in seinen Liedern zu Luther zurück, zur Haltung des Gemeindeliedes mit den festen Inhalten des Lehrgedankens, der Glaubenserfahrung und der Heilstatsachen. Seine schöpferische Kraft wird in der Meisterschaft über die Sprache sichtbar. Er bedeutet nicht nur im Kirchenlied des Jahrhunderts einen Höhepunkt. Rist ist mit Recht als *Virtuose der Persönlichkeit* bezeichnet worden. Auch bei ihm stößt man auf Pathos, Schwelgen in Worten und überbordende Ornamentik, hinter denen die innere, sich steigernde Ergriffenheit und Hingabe an die Ekstase stehen. Dazu steht die Freude an der glatten Formung und die weltmännisch-höfische Haltung in unmittelbarer Beziehung. Von seiner Persönlichkeit her als Mittelpunkt sind die Eindrücke gestaltet, sie stehen unter starken sinnlichen Reizen, dem Druck von Seelenangst und geistiger Not, versenken sich in die Leiden des Heilands und die ewige Pein der Hölle. In zehn Sammlungen, darunter: *Himlische Lieder* (1641), *Sabbahtische Seelenlust* (1651), *Passions-Andachten* (1664), legte er seine Kirchenlieder vor. Es ist bezeichnend für Rist, daß er in der Wahrung der Rechte seiner Persönlichkeit gewisse Zugeständnisse machte, und die stoische Charakterstärke für ihn nicht mehr ausschließlich maßgebend war. Er erklärte, er hätte an Paul Gerhardts Stelle den Revers unterschrieben.

Der Weißenfelser Georg Albinus (1624–79), welcher als Pfarrer in Naumburg wirkte, könnte als Übergangserscheinung von den Pegnitzer Schäfern zu den schwülstigen Schlesiern angesehen werden. Seine Paraphrase des Hohenliedes heißt: *Trauriger Cypressenkranz, Jüngstes Gericht, Freude des ewigen Lebens, Qual der Verdammten* (1653). Mit einem Massenaufgebot von Olymp und Heiligenhimmel wird der Cypressenkranz aus den fünf Wunden des Heilands zusammengefügt. Damit ist das synoptische Verfahren des Zeitalters gekennzeichnet. Böhmische Frühgeschichte und Schäfer treffen wie bei Neumark auch bei Albinus zusammen. Ob der Herr Pastor über die Geheimnisse der Frauenkosmetik aus eigener Erfahrung Bescheid wußte oder ob er sich die Schönheitsrezepte von Erfahrenen mitteilen ließ, bleibt dahingestellt. Jedenfalls wußte er schon, daß die schlanke Linie durch Zurückhaltung im Essen erhalten wird.

Georg Neumark (1621–81) stammt aus Langensalza in Thüringen. Er wurde 1653 Mitglied der Fruchtbringenden Gesellschaft. Sein literarischer Standort liegt zwischen den Leipzigern und Königsbergern. Als Liederdichter wandelt er auf den Pfaden *Ringwaldts*. Seinem Gottvertrauen, das manche Stimmungen des Pietismus vorwegnimmt, entspricht das Lied *Wer nur den lieben Gott läßt walten*. Weniger bedeutsam ist seine weltliche Lyrik. Eine Zwischenstellung zwischen Roman und Schwanksammlung nimmt sein *Poetischer und historischer Lustgarten* (1666) ein, eine beliebte Mischgattung, die sich der Prosa und des Verses bediente und Stoffe verschiedenster Herkunft kurz zusammenfassend erzählte. Einiges davon steht zu den dickleibigen

Romanen in einem ähnlichen Verhältnis wie die Periochen der lateinischen Ordens-dramen zum Text der Originale. Das läßt vermuten, daß solche Sammlungen mehr als Hilfsbücher gedacht waren, deren sich Dramatiker und Romanschriftsteller zu freiem Gebrauch bedienen konnten. Altes Testament, Antike, Sage und Geschichte spenden den Stoff. Die auftretenden Personen – gleichgültig ob es sich um Könige, Feldherren oder Bürger handelt – reden miteinander in der derben Sprache der Schwänke. Ob solcher Naturalismus dem Geschmack der höfischen Gesellschaft entgegenkam? War sie bereits gesättigt mit dem heroischen Pathos und der starren Tugendhaftigkeit? Parallelen dazu aus dem 13. Jahrh. (Neidhart, Heinrich von Freiberg und die Gesamt-abenteuer) ließen es vermuten.

Michael Johannsen, der von 1646 an als Pfarrer in Altengamme bei Hamburg lebte, gab in Hamburg 1662 seine Weihnachtsgedichte dem *Neu-gebohren Crist-Kindlein zu Ehren* heraus: *Sulamitische Christ- nud Freuden-Küsse*. Sie berühren sich mit der Gedanken- und Vorstellungswelt eines Spee und Scheffler. Was Rist an Anschaulich-keit fehlte, wird hier lebendig. Die bewegte Welt entspricht der sich steigernden Stimmung. Aber zum Unterschied von der katholischen Dichtung, welche bei aller betrachtenden Versenkung immer naiv bleibt, geht es Johannsen darum, die hinter den Erscheinungen stehende Idee zur Geltung zu bringen, um unmittelbar durch sie im Sinne der Erbauung zu wirken. Er sieht im Kinde Jesu den Erlöser. Deshalb findet er einen schnellen Übergang von der Krippe in Bethlehem zum Kreuz auf Golgatha. So steht der Dichter als liebevoll mitempfindender und trauernder Poet vor dem göttlichen Kinde, um dessen Zukunft er weiß.

Als Anzeichen für die veränderte geistige Lage kann es gelten, daß die mystisch-erotischen Motive nicht mehr wie bei Sudermann zur Erläuterung der mystischen Lehre dienen, sondern an sich lehrhaft verwertet werden. Das Erbauungsbuch *Sancta Amatoria* (1672–76) des Hamburger Pastors Peter Hessel (1639–77) bietet bei aller echten und tiefen religiösen Gesinnung dafür Belege. Die Wirklichkeit und bunte Fülle des Geschauten tritt zurück, und die Darstellung beschränkt sich auf die neue Auffassung des Pietismus.

Eine besondere Gruppe bilden die dichtenden Frauen, welche sich vor allem religiösen Gegenständen zuwenden. Goedeke zählt 75 Namen auf. Es bleibt dahingestellt, ob die Werke auch eine künstlerische Ein-heit bilden. Das Schaffen der Dichterinnen begleitet das ganze Jahrhun-dert. Im persönlichen Bekenntnis haben sie das Beste geleistet.

Anna Owena Hoyers (1584–1655) war die Tochter des Astronomen Hans Owen. Sie ist in Koldenbüttel (Eiderstedt) geboren. Sie heiratete 1599 den dortigen Landwirt Hermann Hoyers und lebte nach dessen Tode auf dem Landgut Hoyerswort. An-feindungen der holsteinischen Prediger veranlaßten sie, 1632 ihren Besitz zu verkaufen und sich in Schweden niederzulassen. Ihre *geistlichen und weltlichen Poemata* erschienen 1650 in Amsterdam.

Sibylle Schwarz (1621–38) war die Tochter des Landrates und Bürgermeisters von Greifswald Christian Schwarz. Ihre *deutschen poetischen Gedichte* gab Samuel Gerlach 1650 heraus.

Catharina Regina von Greiffenberg (1633–94) ist auf der Burg Seissenegg bei Amstetten in Niederösterreich geboren. Ihr ganzes Leben steht unter dem Druck der Gegenreformation. Zahlreiche Ver-wandte und Standesgenossen, welche gleich ihr das evangelische Glau-bensbekenntnis nicht aufgaben, sind nach Nürnberg ausgewandert.

Sie selbst hat sich mehrmals längere Zeit dort aufgehalten. Im Herbst 1664 heiratete sie mit Dispens des Markgrafen von Bayreuth den jüngsten Bruder ihres verstorbenen Vaters Hans Rudolf von Greiffenberg. Noch 1679 war sie in der Heimat. Damals gab sie die Hoffnung auf, den Familienbesitz erhalten zu können. Ihr hohes Ansehen im Kreis der ausgewanderten Standesgenossen besonders bei Stubenberg verdankte sie ihren Gedichten. Dieser erkannte ihre Meisterschaft an und empfahl sie an Sigmund von Birken. Nach dem Tode ihres Gatten (1677) mußte sie den Behörden gegenüber ihre Rechte verteidigen. Birken unterstützte sie darin. Er sorgte auch dafür, daß ihre Gedichte veröffentlicht wurden. In einer Vereinigung dichtender Frauen, der Ister-Nymphen-Gesellschaft, und als Obervorsitzerin mit dem Ehrennamen *die Tapfere* in der Lilienzunft, genoß sie hohes Ansehen. Zesen hat sie gefördert. Doch scheint sie sich in der Einsamkeit wohler gefühlt zu haben. Ihre Sprachenkenntnis erweiterte sie noch in den achtziger Jahren durch das Studium des Griechischen und Hebräischen. Die letzten Jahre ihres Lebens verbrachte sie im St. Egidienhof zu Nürnberg. Der Pfarrer Georg Albrecht Hagedorn von St. Lorenz hielt ihr die Leichenrede.

Die Anerkennung, welche ihr die Zeitgenossen zuteil werden ließen, galt vielleicht mehr dem edlen Charakter und der mannhaften Haltung dieser wahrhaft adeligen Frau als ihrer Kunst. Gelehrte geistliche Dichtungen sind ihre Werke, Bekenntnisse eines starken Glaubens, zumeist in Sonetten. Es gibt nichts in der gesamten Dichtung des Zeitalters, das so tiefe Einblicke in das Seelenleben einer Frau gewährt, welche die geistige Not der Zeit empfunden hat. Ihr Hauptwerk sind die *geistlichen Sonnette* (1662). Mit Inbrunst verschreibt sie sich der Weisheit, denn sie weiß, daß nichts ihr strahlendes Licht verdunkeln kann. Nie will sie aufhören, Gott zu loben, dessen Güte ein Wunderspiegel ist. Sie weiß, daß sie nur aus Gott und mit seiner Hilfe leben kann. Wenn wir von Unglück und Trübsal heimgesucht werden, so haben wir dies als Anweisung Gottes aufzufassen, der uns damit den Weg zur Tugend weist. Die Tränen sind ihr ein lieber Trost. Wenn sie vom Schwersten bedroht wird, wendet sie sich an ihren Willen, der im Dienste Gottes nie erlahmen dürfe. Und dennoch, – soviel die stille, ihrem Leid und ihrer Kunst lebende Dichterin auch gelesen haben mag, ihre Gedichte sind nicht in der Luft des Studierzimmers und ohne Beihilfe der poetischen Handbücher entstanden. Hier meldet sich ein neues Naturgefühl schüchtern an. Das ist wohl der tiefere Grund, daß Catharina Regina von Greiffenberg trotz ihrer freundschaftlichen Beziehungen zu Birken und ihrer Vorliebe für italienische Formen mit den Pegnitzschäfern keine Gemeinschaft hat. Das heißt keineswegs, daß sie in der Dichtungstheorie nicht bewandert war; denn streng baute sie ihre Verse und Strophen.

In ihren frühen Gedichten kämpfte sie um ihre Heimat und ihren Glauben. Erst als sie alle Hoffnungen aufgegeben hatte, den Greiffenbergischen Besitz erhalten zu können, versenkte sie sich in geistliche Betrachtungen. Es ist echte Mystik, die aus ihren Versen spricht. Deshalb sollten auch ihre späteren Dichtungen, die gewiß nicht als Schwärmerei und Anzeichen eines erschöpften Talentes anzusehen sind, die längst verdiente Beachtung finden. Sie bemühen sich, die elementare Kraft der Gefühlserlebnisse in Worte zu bannen. In der Ergriffenheit von den Geheimnissen des göttlichen Lebens zeigt sich die Greiffenberg mit *Andreas Gryphius* verwandt. Sie ringt wie wenige Dichter des Jahrhunderts darum, das, was sie bewegt, in eigenen Worten zu gestalten. Leidenschaft und Ergriffenheit zittern in der seelischen Erschütterung nach. Sie steigern sich zu einem inbrünstigen Verlangen und lösen sich in der Erfüllung der Sehnsucht. Ihre zwölf Passionsbetrachtungen sind die vollendetste dichterische Gestaltung der Jesusminne. Die Grundstimmung jener vom Schicksal so schwer heimgesuchten Kriegsgeneration, welche vergeblich versuchte, ihr Vermächtnis den Kommenden zu übermitteln, war die Erlösungssehnsucht. Auch darin bestätigte sich, daß das 17. Jahrh. sich erfolglos bemühte, das in Ehren gehaltene Erbe des Mittelalters weiterzugeben.

Die hessische Prinzessin Magdalene Sibylle (1652–1712), welche bei der schwedischen Königinwitwe Hedwig Eleonore ihre Jugend (1665–73) verbrachte und dann den Herzog Wilhelm Ludwig von Württemberg heiratete, veröffentlichte zwei *Andachtsbücher* (1690 und 1707). Sie hat noch vor ihrer Ehe einige Lieder gedichtet, welche mit denen der beiden Andachtsbücher die Grundstimmung gemeinsam haben: in der Ergebung in das Unvermeidliche, der stillen Zufriedenheit mit einem bescheidenen Los, der Abkehr von der Welt und dem festen Gottvertrauen zeigen sich Beziehungen zum Pietismus.

3. LATEINISCHE JESUITENLYRIK (JAKOB BALDE)

Die weite literarische Produktion der Angehörigen des Jesuitenordens könnte man überspitzt einen universalen Feuilletonismus nennen. Es gibt kaum ein Wissensgebiet, auf dem nicht irgendein Vertreter der Gesellschaft Jesu eine beachtenswerte Leistung aufzuweisen hätte. Dennoch hat der Jesuitenorden das geistige Leben in den katholischen Gebieten Deutschlands nicht so in den Händen wie die Benediktiner das Bildungsmonopol des frühen Mittelalters oder die Dominikaner die maßgebenden Lehrstätten des 13. Jahrh.s. Der veränderten Lage und ihrer Aufgabe, der Wiedergewinnung der Abgefallenen, entsprechend, schuf die jesuitische Gelehrsamkeit zusammenfassende dogmatische, asketische, moraltheologische, aber auch naturwissenschaftliche Kompendien und Abhandlungen, Werke, welche die Tätigkeit des Ordens ins rechte Licht stellten und Rechenschaft ablegten, und pflegte sie Formen, die der Glaubenspropaganda dienstbar waren, das Interesse maßgebender Kreise auf sich ziehen konnten und die Öffentlichkeit packten. Deshalb gelangte die Lyrik im literarischen Schaffen der Ordensangehörigen nur in beschränktem Maße zur Geltung.

Es sind erst Ansätze zu einer Darstellung der lateinischen Jesuitenlyrik vorhanden. Sie hält bis zur Aufhebung des Ordens an der humanistischen Tradition fest. Daß diese an einzelnen Stellen durchbrochen wurde, ist bis heute noch nicht festzustellen. Das heißt, es gibt kaum einen jesuitischen Lyriker, der lateinisch und deutsch gedichtet hat. Für die Jesuiten gab es das Problem, wie die deutsche Dichtung die Höhe der lateinischen oder ausländischen erreichen könne, nicht. Die persönliche Eigenart der Dichter prägt sich jedoch in der Jesuitenlyrik stärker aus als im Jesuitendrama, dessen Aufführungspraxis die verschiedenen *rationes studiorum* und zahlreichen poetischen Lehrbücher regelten. Die Lyrik im engeren Sinn – ausgeschlossen bleiben Hirtengedicht, Satire und Heldengedicht – steht nach der jesuitischen Vorschrift im Zeichen der *suavitas*, der sprachlich-musikalischen Vollendung. Das bedingt auch heitere Eleganz. Es entspricht der Feinheit und Anmut des Gegenstandes, daß er sich den aufnehmenden Organen und verarbeitenden Geisteskräften angenehm mitteilt. Das lenkt und beschränkt den Stoff der Lyrik auf das Schöne des Gegenstandes und der poetischen Formen, auf das Gute des Inhalts. Die sprachliche Vollendung wird nach der Poetik des *Jakob Pontanus* durch die Wortwahl erreicht. Im Kanon der vorbildlichen Dichter steht *Anakreon* an höchster Stelle. Seine Anmut wird mühelos mit selbstverständlicher Grazie, der man die Arbeit nicht anmerken soll, wiedergegeben. Rhetorik und Wortkunst sprechen das letzte Wort. Das entspricht der überzeugenden Lehrkraft des Gedichtes (*prodesse*) und dem ästhetisch bedingten Genuß (*delectare*). Lehrreich sind die technischen Anweisungen an den Lyriker. Aus ihnen geht, wie es auch kaum anders zu erwarten ist, eine feste Verbindung mit der übrigen neulateinischen lyrischen Kunstübung hervor. So sind die *Heroes Scaligers* für die Heiligengedichte maßgebend. Vom Elegiker, dem *Properz* als Vorbild aufgestellt wird, verlangt die Jesuitenpoetik Gelehrsamkeit. Die Sprache wird durch Pathos und Allegorie beschwingt. Zwischen Auge und Natur legt sich die alles gleichformende Konvention. Aus dem reichen Schatze des Hohenliedes, der Psalmen, der Kirchenväter, christlichen Dichter und mittelalterlichen Prosaiker erstehen die antiken und christlichen festen Formen zu neuer Verwendung. Sie kommen dem rhetorischen Pathos entgegen, doch wird vor dem allzu ausgiebigen Gebrauch solcher Zierde und vor Übersteigerung gewarnt. Davon wird die gesamte neulateinische Lyrik, nicht nur die der Jesuiten, genau so belastet wie die volkssprachliche weltliche Liebeslyrik vom *Petrarkismus*.

Dennoch ginge man fehl, wenn man die lateinische Lyrik der Jesuiten als Spiel zum Zeitvertreib, um die Nebenstunden auszufüllen, ansehen wollte. Sie ist das Ergebnis ernster und bewußter Bemühung, zumeist mit dem Ziele einer geistlichen Betrachtung. Ihr wesentlicher Inhalt ist die Paraphrase biblischer Texte. Für die Anordnung und Einteilung der Gedichte sind stoffliche Gesichtspunkte oder auch die klassischen Vorbilder, vor allem *Horaz* (4 Bücher Oden) und *Statius* maßgebend. *Pontans* Gedichtsammlung *Floridorum libri octo* (4. Aufl. 1602) ranken die Gedichte des ersten Buches um den Knaben Jesus, die des zweiten um die Passion, die des dritten sind hymnisch gehalten. Die des vierten und fünften Buches stellen die Lebensstationen Marias dar und preisen sie in Hymnen. Die Brautlieder des sechsten und siebenten Buches stehen im Zeichen des Hohenliedes. Sie deuten die Braut als christliche Seele und leben von der Allegorie. Jedes Lied trägt einen Vers des Hohenliedes als Überschrift, die dann paraphrasiert wird. Das achte Buch *(de nuptiis agni)* beschreibt in Anlehnung an die Apokalypse das himmlische Reich. Ein Hochzeitslied der Engelchöre beschließt die Sammlung. Mit der gesamten Lyrik des 17. Jahrh.s hat auch die Jesuitenlyrik den Zug zur Rhetorik gemein. Sie ist klassizistisch, was ihre formalen Bilder, ihre Begrifflichkeit, Unsinnlichkeit, rationale Haltung sowie das Vermeiden von Spannungen und die Wahrung der Objektivität betrifft. Dadurch drückt Pontanus trotz seiner Hochschätzung *Pindars* die Hymne auf ein allerdings hochgestimmtes Preislied, einen Bittgesang, ein Encomium, ein Festtagsgedicht herab, Gattungen, welche der Begeisterung und Beschwingtheit des Enthusiasmus völlig entbehren können. Was bei Pontan solchen Anschein erweckt, stammt aus den Quellen. Eine Sonderstellung nimmt nicht nur in der Jesuitendichtung, sondern überhaupt in der Dichtung des Jahrhunderts J a k o b B a l d e ein. Schon darin liegt eine Anerkennung seiner Kunst, daß sie manchen angeregt hat, in deutschen Versen so zu dichten, wie er in lateinischen. Die Bemühungen der katholischen geistlichen Dichtung, Glaubenswahrheit und christliches Denken mit antiken Kunstmitteln darzustellen, hat hier einen Höhepunkt erreicht.

J a k o b B a l d e (1604–68) stammt aus Ensisheim im Oberelsaß. Dort besuchte er von 1615 an das Gymnasium, ehe er 1620 seine Studien an der Jesuitenuniversität Molsheim begann. Als die mansfeldischen Truppen im Elsaß einfielen, verließ die Schule das Land. In Ingolstadt setzte Balde 1622 seine juristischen Studien fort, trat aber 1624 in den Jesuitenorden ein und wurde in Landsberg am Lech, München, Innsbruck und Ingolstadt ausgebildet. Das Amt eines Professors der Rhetorik am Gymnasium in München (1637) vertauschte er schon im folgenden Jahr mit dem eines Hofpredigers unter dem Kurfürsten Maximilian. Gleichzeitig oblag ihm die Erziehung der Neffen des Kurfürsten, der Söhne des Herzogs Albert VI. Fast gleichzeitig mit der Ablegung der feierlichen Ordensgelübde (1646) gab Balde seiner zarten Gesundheit wegen diese Ämter auf und wurde zum bayrischen Hofhistoriographen ernannt. Von München zog er sich 1650 nach Landshut und von dort 1653 nach Amberg zurück. Von 1654 bis zu seinem Tode lebte er in Neuburg a. d. Donau.

Das Bild der Persönlichkeit Baldes läßt sich aus dem erschließen, was er über sich aussagt. Allerdings übte die neulateinische Tradition mit ihren festen Vorbildern einen ebenso strengen Zwang auf ihn aus, wie die Regel seines Ordens sein Denken einem festen Willen unterordnete. Sein Innerstes offenbart seine Dichtung nicht. Wir dürfen annehmen, daß es in Einklang mit der allgemeinen Weltsicht war. Der hagere Mann klagt oft ähnlich wie *Erasmus* über seine körperlichen Leiden. Selbstironisch betrachtet er seine Magerkeit, indem er sich als einen dürren Knochenmann darstellt. Sein Gerippe wirke wie die Saiten einer Leier, die seinen Gesang begleiten. Doch tröstet er sich mit dem Gedanken, daß sein magerer Körper auf dem Fleischmarkt in geringem Wert stehe. Aus diesen persönlichen Berichten und Bekenntnissen über seinen Zustand, dem Ruf nach milderndem Schlaf, der Klage über innere Unruhe, die ihn nervös hin- und herjagt und nicht bei der Arbeit bleiben läßt, können seine labile Haltung und allergische Konstitution erschlossen werden. Dazu stimmt das Aufleuchten echter Lebensfreude, die gesunde Abwehr, welche er dem Tod keck und herausfordernd entgegensetzt. Tabakrauch und Wein bringen ihm ihre Freuden. Mag er bayrische Sitte, Lebensweise und Art, die Dinge zu betrachten, auch angenommen haben: an das rauhe Münchner Klima und das Bier konnte er sich nicht gewöhnen. Wenn auch das Bayerntum, zu welchem *Nadler* ihn verurteilt, in das grandiose Gemälde des bayrischen Barock paßt, so läßt doch sehr vieles in Baldes Gedichten erkennen, wie sehr er seiner elsässischen Heimat zugetan war. In der Klagerevue, welche Germania über ihre Landschaften hält, wird keines Landes mit solcher Trauer gedacht, wie des Elsaß, einst des Sitzes wahren Adels, jetzt allen Schmuckes und aller Zierde beraubt, einst des leuchtenden Edelsteins der Welt, jetzt eines erbarmenswerten und ausgeraubten Landes. Balde bläst den Tabakwolken, mit denen sich der deutsche Pegasus nun zu umgeben beginnt, neuen Stoff zu. Vielleicht offenbart sich Baldes Freiheitsstreben, wenn er gegen die stoische Lehre ankämpft. Er möchte mit den Fröhlichen fröhlich sein, mit den Traurigen weinen. Überlieferungsgebunden ist die frauenfeindliche Haltung und das Lob der Ehelosigkeit. Solche Züge hält die neulateinische Lyrik der Ordensleute lange fest. Doch bleibt Balde nicht immer streng abweisend, er mahnt einen Jüngling, der sich zur Ehe entschließt, alles wohl zu bedenken und auf die Lebenserfahrenen zu hören, aber er läßt doch die Möglichkeit offen, in der Ehe ein wahres Glück zu finden. Daß für Petrarkismus und Anakreontik in Baldes Dichtungen kein Platz ist, ist

selbstverständlich. Gegen Neider und Angreifer wußte er seine Persönlichkeit mit witziger Schlagfertigkeit durchzusetzen. Gewiß führte
er wie Rettenpacher Gespräche, die er mit Ordensbrüdern hatte, oder
Gedanken, die er im Beichtstuhl äußerte, in einem Gedicht weiter aus.
In dem aber unterscheidet er sich von Rettenpacher, daß die Aufgabe,
Geschichte zu schreiben, Quellen zu studieren und die Wahrheit zu
ergründen, seinem Wesen nicht entsprach. Welche Mühe kostet es
ihn, gegen innere und äußere Widerstände – Phantasie und demokratische Wahrheitsliebe – anzukämpfen! Er wehrt sich dagegen, ein eitler
Lobredner zu werden. Er wendet sich der zeitgenössischen Geschichte
zu, hält sich von der schwärmerischen Begeisterung eines *Statius* zurück und entsagt ungern dem Dienst seiner lyrischen Muse.

Baldes poetische Lehre hält sich an die seiner Ordensgenossen. Sie
wehrt sich gegen den Schaffensfreude und dichterische Kraft hemmen-
den starren Regelzwang. Er kämpft gegen die Veräußerlichung bloßer
Reimerei. Seine Stellung in der Geschichte der poetischen Theorie
liegt zwischen Opitz und den Nürnbergern. Sie richtet sich nach
ästhetischen Grundsätzen aus: auf die Gestaltung kommt es an, nicht
auf den Inhalt. Doch erhebt sich die Forderung nach neuen Stoffen,
nach Abwechslung. Hier verliert auch die mittelalterliche Verachtung,
welche den Erfinder wilder Mären traf, ihre Bedeutung, und erkämpfen
sich freie Erfindung und Gestaltung des Stoffes ihr Daseinsrecht. Aber
Wert und Bedeutung des Stoffes stehen zurück hinter der Forderung
einer kunstvollen Behandlung. Diese war lehrbar und Domäne der
Gelehrten. Deshalb kann solche Dichtung auch nicht allen zugänglich
sein. Die Erklärung muß die Schleier der Allegorie heben. Eben diese
Schleier bewahren sie vor dem Zugriff der Neider und des *profanum
vulgus*. Der Leser muß sich bemühen, die Rätsel zu lösen, die ihm der
Dichter aufgibt. Das ist kein Versteckenspiel, das der Autor beginnt,
sondern es ist Sinn und Aufgabe gelehrter Dichtung, den Leser zum Nachdenken zu bringen. Kommt er ans Ziel, so kann er sich der eigenen
Gelehrsamkeit freuen. Auch daraus ergibt sich die Geltung der erklärenden Paraphrase im Schrifttum der Zeit. Die gelehrte Dichtung verlangt die Ergründung der in ihr niedergelegten geheimnisvollen Weisheit. Daraus kann auch die Notwendigkeit technischer Arbeit und
sorgfältigen Ausklügelns der Dichtung gefolgert werden. Dennoch
ist Dichtung nicht lehrbar, sondern eine von Gott gegebene Kraft,
die den Reichtum der antiken Poesie erwirbt, aber frei mit ihm schaltet
und sich nicht damit aufputzt. Ernste Bemühung und Arbeit erfordert
die feilende Glättung des Verses. Solch bewußtem Formen steht das
Unwillkürliche, die begeisterte Stimmung des Dichters gegenüber.
Sie findet ihren Ausdruck in den Oden, denen Balde den Namen
Enthusiasmen gab. Diese sind es, an deren Übersetzung *Gryphius* zum

deutschen Dichter wurde. Da verspürt man den echten furor poeticus, den Zustand des Gotterfülltseins. Über den Unterschied von Malerei und Poesie hat Balde tiefer als seine Zeitgenossen nachgedacht. Die Einschätzung der Lyrik als einer Nebenbeschäftigung freier Stunden, wie sie bei Pontanus anzutreffen war, begegnet auch bei Balde. Er spricht nie von der lehrhaften Aufgabe der Dichtung, wenn natürlich auch ein großer Teil seiner Werke moralischen Inhalts ist. Seine scharfe Beobachtung und die Berührtheit seines Gefühls von den Eindrücken der Natur werden weniger in ausführlichen Naturschilderungen sichtbar als in gelegentlich hingeworfenen Bildern oder wiedergegebenen Empfindungen, in denen er nicht konventionell wirkt. Eindrücke, welche die Landschaft vermittelt, werden festgehalten. Es sind mehr akustische als optische Vorgänge. Kaum ein anderer Dichter der Zeit hat den Gesang und das Treiben der Vögel so liebevoll beobachtet und wiedergegeben. Der Zeisig, der offenbar sein Zimmergenosse war, ist ein bewußtes Gegenstück zum Sperling *Catulls*. Die Methode der Auslegung und Paraphrase wird auch auf Gegenstände der Natur angewendet. Der Gegensatz zwischen Stadt- und Landleben wird wie üblich abgewandelt. An seine schutzbefohlenen herzoglichen Zöglinge Franz Karl und Max Heinrich richtet sich das erste Buch der *Silvae*, welches die Überschrift *De Venatione* trägt und nur Jagdgedichte enthält. Sechzehn Oden vermitteln anschauliche Bilder zumeist von der Hochwildjagd. Gemse, Hirsch, Reh, Eber, Hase und Fuchs sind die beliebtesten Jagdtiere. Die Jagd fördert die Gesundheit und ist die beste Vorübung für den Krieg. Sie folgt alten, durch die Gewohnheit geheiligten Bräuchen und bedient sich einer besonderen Sprache. Zur Belebung des Stoffes wird jeder Ode eine Antithesis angefügt. Das abschließende Streitgespräch zwischen Diana und Pallas wandelt den Gedanken ab, daß die beiden Unterrednerinnen schwer zu versöhnen seien, aber daß dies den Söhnen des bayerischen Herzogs gelungen sei. In der Wiedergabe idyllischer Züge scheint Balde freier von den antiken Vorbildern zu sein, als wenn er pathetisch wird. Er überträgt die feste höfische Ordnung in die Natur, wenn er den Schatten eines hohen Berges mit dem Mantel vergleicht, den die Hügel verehrungsvoll küssen. Wenn Balde auf seine pathetisch-idyllische Art den Sternenhimmel beschreibt und die Sternbilder zu lebendigen Wesen werden läßt, so darf man annehmen, daß er, mit der Wissenschaft seiner Zeit wohlvertraut, seine Dichtung durch Bilder eines Himmelsglobus belegt. In Baldes religiösen Gedichten treten die Themen der neugläubigen Dichter (Psalmenparaphrase, Passion, biblische Stoffe aus den Festtagsevangelien und Episteln) ganz zurück hinter dem, was die Verehrung der Heiligen bot. Besondere Beachtung verdienen die in einer langen Tradition stehenden Preislieder der Dienen. Wenn sie eine auf dem Feld verlorene

Hostie entdecken, mit sich führen und einholen, so vereinigen sie sich in der mühevollen Sorgfalt, mit der sie das Allerheiligste bewahren, zu einem Triumphzug. Ähnliche Darstellungen begegnen uns auf den Kuppelfresken barocker Kirchen. Die Dichtungen auf Maria verteilt Balde sinnvoll über sein ganzes lyrisches Werk. Maria ist seine Muse, in ihrem Auftrag singt er. Sie ist die Himmelskönigin und Beschirmerin der Menschen, die Retterin der Bayern in der Not des Krieges. Ihrem Schutz empfiehlt er München und das kurfürstliche Haus bei drohender Pestgefahr. In diesen Gedichten lebt der ganze Schatz mittelalterlicher Mariologie wieder auf. Balde fühlt sich vom Pfeil des Amor marianus getroffen. In den Formen des Dithyrambus, des *traumhaft süßen Gesanges*, feiert er die Himmelskönigin mit hymnischem Pathos.

Die enge Verbindung der geistlichen Lyrik mit dem Erbauungsschrifttum und der Moralsatire ist auch in Baldes Dichtungen zu erkennen. Die Hauptmasse seiner Gedichte ist lehrhaft und vermittelt moralische Lehren. Das christliche Tugendsystem des Jahrhunderts gewinnt hier dichterischen Ausdruck. Über die Tugend im allgemeinen, Selbsterkenntnis, Selbstbeherrschung, Gleichmut, Genügsamkeit, Zufriedenheit, Schuldlosigkeit, Beherrschung der Leidenschaften, Maßhalten und Verachtung des Geredes der Menge zu dichten, lehrte ihn Horaz. Auf stoischen Voraussetzungen ruhen viele Themen dieser Gedichte. Altes humanistisches Traditionsgut ist, was um das Hofleben und seine Gefahren kreist, Schmeichelei, falscher Ehrgeiz, Lüge und Neid. An Lebenserfahrungen und Zeitereignisse können moralische Betrachtungen geknüpft werden. Noch werden diese nicht in die Weite ausgedehnt. Welt- und Lebensfreude erhalten erst durch moralische Ausrichtung ihren Sinn. Die Ausdeutung des Schachspiels, das breite Ausmalen einzelner Situationen erhält ihre besondere moralische Auslegung. Poetische Nachrufe dichtete Balde auf seinen Vorgänger, den Hofprediger *Jeremias Drexel*, und seinen Lehrer am Münchner Kolleg (1626–28), *Jakob Keller*, der offenbar die poetische Begabung seines Schülers erkannt hatte. Ihm widmete Balde ein Gedicht, das dem Walthers von der Vogelweide auf Reinmar an die Seite zu stellen ist. Lebendig ist Baldes Bild seines Gönners, des kurfürstlichen Kanzlers *Johann Christoph Abegg* († 1645). Ein Freundschaftsgedicht auf den Pfalzneuburger *Wolfgang Michael Silbermann* trägt verwandte Züge zu Werken der Nürnberger Dichter. Anscheinend im Auftrag eines Ordensobern feierte Balde den Kardinal *Peter Ludwig Caraffa* (1581–1655). In den Dienst der Politik stellten sich einige auf kurfürstliche Anweisung verfaßte Gedichte an den französischen Gesandten beim westfälischen Friedenskongreß *Claude de Mesmes Conte d'Avaux*. Leicht sind dem Elsässer diese Preislieder nicht geworden. Das ist mit Recht aus dem mehrfach wiederholten Gedankenspiel mit der verlorenen Leier geschlossen worden. Die letzten Gedichte an den Diplomaten werden von echter Friedenshoffnung getragen, sind allgemein gehalten und frei von besonderen Wünschen. Vielleicht lag es nur in der Absicht, den einflußreichen Gesandten versöhnlich zu stimmen, und nicht, ihm Vorschläge zu machen. Auch den päpstlichen Gesandten beim Friedenskongreß, Kardinal *Fabio Chigi*, den späteren Papst Alexander VII., hat Balde im Auftrag des Kurfürsten gefeiert. Lebendige Gelehrsamkeit vermitteln seine Gedichte über Gemälde und Skulpturen der kurfürstlichen Sammlungen.

Von besonderem Werte sind Zeitgedichte, aus denen Baldes persönliche Interessen, nicht nur die des Hofhistoriographen sprechen.

Er sah die Ereignisse nicht unmittelbar wie Grimmelshausen als Kriegsteilnehmer oder Gryphius als Geschädigter, sondern nur in ihrer mittelbaren Auswirkung vom Standpunkt der Politik und Diplomatie als
Patriot. Während des Krieges griffen die Dichtungen immer nur die
Einzelheit heraus und verherrlichten den großen Mann in Preisliedern.
So wurde Gustav Adolf von Weckherlin, von Johann Sebastian Wieland
und Adam Olearius gefeiert. Nur vereinzelt werden breite Kultur-
gemälde von Moscherosch und Grimmelshausen entworfen. Langsam
erlahmte die Kampfstimmung, und mit der Erkenntnis der Zwecklosig-
keit erstand die Seelenlage, von der aus Trost in der Widerwärtigkeit des
Krieges gespendet wurde. In solcher Stimmung richteten sich Blick
und Bitte an den Einzelnen. Wenn Balde, dessen Gedichte das Geschehen
des Dreißigjährigen Krieges auf lange Strecken begleiten, und Simon
Rettenpacher, der mit gespanntem Interesse als scharfer Beobachter
mit leidenschaftlicher Vaterlandsliebe den einzelnen Phasen der Türken-
kriege folgt, eine Ausnahme bilden, und anscheinend nur die neulateinische Dichtung eine solche Haltung einnimmt, so ist dies vielleicht
aus der besonderen Stellung der beiden Ordensleute zu erklären, welche
bei all ihrer Anhänglichkeit an die Dynastie doch freiere Beobachter
und unabhängigere Geister geblieben sind. Sie sahen die größeren
Zusammenhänge und brachten sie mit der göttlichen Weltordnung in
Einklang. Mochten sie auch bangen, wenn schlechte Nachrichten ein-
trafen: in ihrem Gottvertrauen und in der Erkenntnis, daß sie für eine
gerechte Sache einstehen, sind sie nie wankend geworden. Die meisten
Ereignisse des Dreißigjährigen Krieges von der Schlacht am Weißen
Berge an bis über den Westfälischen Frieden hinaus werden in Baldes
Gedichten erwähnt. Sie veranlassen ihn nicht zum Bericht, sondern zu
nachdenklicher Betrachtung. Dadurch treten die beispielhaften Züge
der Ereignisse hervor. Das traurige Schicksal seiner Heimat stand hinter
der eindringlichen Mahnung zur Einheit. Altes elsässisches geistiges
Erbe lebt in seinem Wunsch der Wiederherstellung der Kaiserherrlich-
keit. Sein Aufruf zum Kampf gegen die Schweden richtet sich nicht
gegen die Ketzer, sondern gegen die Feinde des Reiches. Der Reichs-
patriotismus des ganzen Jahrhunderts wird allein von den Katholiken
getragen. Er konnte in Zeiten der Not die Gegensätze der Glaubensbekenntnisse mildern. Balde nimmt auch das alte Motiv der Türken-
dichtung wieder auf. Anscheinend gingen die Anregungen dazu von
den Gedichten seines polnischen Ordensbruders *Matthias Casimir
Sarbiewski* (1596–1640) aus. Wie Balde die Einheit des Reiches im
Kampf gegen die Türken und Schweden fordert, so fordert sie später
Rettenpacher im Kampf gegen Türken und Frankreich. Das Wunschbild des ewigen Friedens wird von Balde mit leidenschaftlichem Pathos
vorgetragen. Wieder ist es elsässisches geistiges Erbe, wenn Balde im

dritten Buch der „Wälder" die Rückkehr zur alten Einfachheit fordert und den Idealzustand Deutschlands aus der Germania des Tacitus ableitet. Wie dieser geht er den Dingen auf den Grund. Er spricht von der verkehrten Jugenderziehung, der Vergnügungssucht, der sittlichen Verkommenheit der Frauen, der Ausgelassenheit, Lasterhaftigkeit und Grausamkeit der Männer und dem Unsinn des Zweikampfes. An seinen Landsmann Moscherosch fühlt man sich durch die Gedichte über das à la mode-Wesen erinnert, an Frischlins Julius redivivus, wenn er von der barbarischen Abwandlung der lateinischen Sprache in den romanischen Volkssprachen redet. Dazu tritt nun das Motiv von Höhe und Bedeutung der deutschen Hauptsprache. Mit dem Pathos des Zornes nimmt Balde Gedanken der Welschgattung auf und läßt eine Philippika gegen den Machiavellismus los. Vieles, was der Krieg und das schlechte Vorbild des Auslandes gebracht haben, müsse verschwinden, damit die Gelehrsamkeit wieder einkehren könne, und die Zeit besser werde. Wie leichtfertig gehen nach Baldes Auffassung die Dichter vor, wie wenig feilen sie an ihren Werken!

Balde ist in erster Linie moralischer Reflexionslyriker. Er bedient sich der Dialogform nach dem Vorbild der vergilischen Hirtengedichte und des mittelalterlichen Streitgesprächs. Allegorie, Sentenz, Paraphrase, hymnisches Lob, Totentanzvorstellungen, Visionen, prophetische Aussprüche, rhetorisches Pathos und Anwendung der Kunstmittel spätrömischer Dichtung (Lucan, Statius, Claudian) zeigen Balde als Sohn seines Jahrhunderts. Erhabenheit und Ernst erhalten in seinen Dichtungen ein anmutiges Gegenspiel in einem leicht beschwingten, aus der Fülle der Erscheinungen wieder zur Erde zurückrufenden Humor. Da berührt er sich vereinzelt mit volkstümlicher Dichtung. Anscheinend hat Spangenbergs Ganskönig im *clangor anseris* einen Widerhall gefunden. Diese Beziehung zur volkstümlichen Dichtung hält auch noch ein anderes früheres Werk, seine *Batrachomyomachia* fest, in welcher Einzelzüge aus Rollenhagens Froschmeuseler festgestellt wurden.

Baldes Gedichte sind weniger harmonisch gebaut als die Rettenpachers. Vielleicht, daß dieser als Dramatiker sich zu einem strengeren Aufbau seiner Dichtung erzog. Die Nürnberger Pegnitzschäfer, welche einzelne Gedichte Baldes übersetzten, legten ihm zuerst den Namen *deutscher Horaz* bei. Was das Äußere, die Anordnung der Gedichte – es ist beinahe Gesetz, vier Bücher Oden, ein Buch Epoden und neun Bücher Silvae nach Statius zu schreiben – und die Versmaße betrifft, ist Horaz absolutes Vorbild. Anfangsworte der Oden werden wiederholt. Wendungen, stilistische Eigentümlichkeiten und Motive kehren wieder. Baldes Verhältnis zu Horaz ist sehr ähnlich dem der Psalmenliederdichter zu den Psalmen. Das meiste, was das 17. Jahrh. an verwandten Anschauungen bei Horaz entdecken konnte, hat in Baldes Dichtungen einen Widerhall gefunden. Das freie Schalten mit den Stoffen und die Selbständigkeit der Auffassung nimmt mit der Behandlung kunstvoller Metren zu. Paraphrase und Variation, Parodie und Kontrafaktur bieten ihm Richtlinien.

Baldes Drama *Jephtias* wurde in Ingolstadt 1637 aufgeführt. Es zeigt das Streben nach selbständiger Gestaltung. Wie die Vorrede erklärt, hat er zwar *Buchanans* und des belgischen Benediktiners *Jacobus Cornelius Luminaeus a Marca* Stücke gelesen, hielt sich jedoch nicht an diese Vorbilder, ja er kritiert Buchanan der barbarischen Rohheit wegen. Da die Charaktere und die Hauptzüge der Handlung unverrückbar festlagen, sah Balde seine Aufgabe in einer Zurückdrängung effektvoller und naturalistischer Züge. Jephtes Standhaftigkeit wird als Gewissenhaftigkeit und nicht als Festhalten an dem Wortlaut eines Gelübdes, das aus dankbarer Stimmung gegeben wurde, aufgefaßt. Die Grausamkeit des Menschenopfers wird durch die Sinngebung einer messianischen Weissagung gemildert.

Die Handlung setzt mit dem Entschluß Jephtes ein, den Bitten seiner Brüder, die ihn verbannt hatten, nachzugeben und den Oberbefehl über die Streitkräfte im Kampf gegen die Ammoniter zu übernehmen. Der ägyptische Söldner Ariphanasso (= Pharaonissa, d. i. der Name der ägyptischen Königstochter, für welche Salomon das Hohe Lied geschrieben haben soll) liebt Jephtes Tochter Menulema (= Emanuel), verzweifelt aber an einer Erfüllung, weil er andersgläubig ist. Er entschließt sich aus Liebe zu Menulema, für die Juden zu kämpfen in der Hoffnung, sich auszuzeichnen und der Geliebten würdig zu werden. Der Sinn dieser Liebe liegt in der Allegorik des Hohen Liedes nach der Auffassung des Jahrhunderts, daß sich jede Seele zu Christus hingezogen fühle. Soweit die Exposition. Der Krieg ist eine beschlossene Sache, Jephtes Angebot zu Verhandlungen wird ausgeschlagen. Fürchterliche Nachrichten über die grausame Kriegführung der Ammoniter treffen ein. Ariphanasso erfüllt Jephtes Auftrag an Menulema, von ihrem Vater Abschied zu nehmen. Ungern gehorcht sie und bittet Ariphanasso, ihren Vater zu schützen. Jephte rüstet sich zur Schlacht, hält eine Rede an seine Soldaten und spricht das verhängnisvolle Gelübde aus, das Teuerste, was ihm nach siegreicher Rückkehr an seinem Hause entgegentrete, zu opfern. Dieses Motiv nimmt der dritte Akt vordeutend wieder auf, indem er Menulema zeigt, wie sie in einen Teppich Isaaks Opferung stickt. Von Boten wird der siegreiche Ausgang der Schlacht berichtet, dann bereitet sich der festliche Einzug vor und erfolgt die Begegnung von Vater und Tochter. Diese ist bereit, ihr Leben für das Vaterland hinzugeben, doch bittet sie, in der Einsamkeit mit ihren Freundinnen zwei Monate lang das Schicksal ihrer Kinderlosigkeit beklagen zu dürfen. Das im Traum geschaute Bild der sich gelassen zeigenden Menulema gibt Jephte die Kraft, seinen Entschluß auszuführen. Im fünften Akt tritt Ariphanasso wieder in Erscheinung, dessen Plan, König Ammon aus dem Hinterhalt zu töten, mißglückte. Es gelang ihm zu fliehen. Nach der Rückkehr zu den Seinigen erfährt er von den tragischen Vorgängen. In einem Bericht wird er genauestens über den standhaften Tod der Geliebten unterrichtet. Er empfängt Andenken, die alle auf Christi Opfertod umgedeutet werden und gelobt ewige Treue. Darauf deutet der Chor die Namen der Liebenden.

Als Lyriker versteht es Balde, Stimmung zu malen. Dadurch, daß Jephte und seine Tochter im vierten Akt vor der Katastrophe in ihrer Gefaßtheit gezeigt werden, alles Schreckliche von den Boten berichtet wird, und die Namen am Ende allegorisch gedeutet werden, wird die Wirklichkeit des grausamen Geschehens gemildert. Aus diesem einen Drama – das andere *Jocus Serius theatralis* hat ihn selbst weniger befriedigt – läßt sich schwer schließen, ob Balde die Entwicklung des Jesuitendramas bewußt über Bidermann hinausführen wollte, indem er an die Stelle des energischen Ins-Gewissen-Redens nun die standhafte Bewährung eines gefestigten Charakters in den Mittelpunkt der Tragödie stellte und die Allegorie enger mit der Haupthandlung verknüpfte.

4. SCHLESISCHE HÖHE

Vom Gedankenspiel und Schwärmen, das keine Entscheidungen fällen kann, wenden sich die geistlichen Dichter Schlesiens dem Glauben zu. Aus der Geborgenheit ihres Bekenntnisses war es leichter, das Gedankenspiel weiterzutreiben. Scheffler hat mit Böhme nur wenig zu tun. Im Besitz der Wahrheit kann er sich diese Virtuosität rhetorischer Darstellung leisten. Was immer hier an Widerspruchsvollem geäußert wird, liegt weniger im geistigen Gehalt als in der Form. Scheffler ist kein Denker wie Böhme und baut nicht an neuen Systemen. Er verwertet altes Bildungs- und Erbauungsgut. Dazu bieten die geschlossenen Formen des Epigramms und Sonetts die besten Gestaltungsmöglichkeiten. Sie stehen ebenso im scheinbaren Widerspruch zum sinnschweren Gefühlsüberschwang wie die zarte Versenkung des Mystikers zu dem streitbaren Glaubenseifer, der in den polemischen Schriften aufgeboten wird. Wer an die Verwirklichung seiner Ideale und die Gewinnung des göttlichen Reiches außerhalb der Konfessionen nicht glauben konnte, sah seine Hoffnung erfüllt, sobald er sich in den Schutz der Kirche begeben hatte. Die gebändigte und niedergehaltene Leidenschaft konnte sich nun erst entfalten und mit dem Sendungsbewußtsein verbinden. Deshalb geht es auch dieser Dichtung mehr um die Vermittlung von Wissen als darum, Gefühle zu gestalten und weiterzugeben. Das war zunächst der Ausgangspunkt dieser Dichtung, dann aber kehrte sie im Schaffen von Kuhlmann wieder dahin zurück.

Andreas Scultetus (um 1622–47) war der Sohn des Schusters Ambrosius Scholtz in Bunzlau und zog auf Veranlassung seines Onkels, der sich der strengen Durchführung der Gegenreformation nicht beugen wollte, nach Liegnitz. Dort besuchte er die Stadtschule (1638/39), anschließend das Elisabethgymnasium in Breslau, bei dessen Trauerfeier für Opitz (1639) er ein deutsches Gedicht vortrug. Geistige Förderung erfuhr der frühreife, erregbare und begabte Jüngling im Verkehr mit seinem Verwandten *Andreas Tscherning* und seinem Mitschüler *Johannes Scheffler*. Aus seinen ersten Dichtungen, *Friedens Lob- und Leidgesang* (1641), klingt ein melancholischer Grundton auf. Er sieht im Leid den Antrieb zu sittlicher Besserung und hofft auf Eintracht und Besserung der Menschheit durch die Betätigung der Demut. Die *Österliche Triumphposaune* (1642) gab Lessing neu heraus. Bald nachher erschien sein letztes Werk *Blutschwitzender Todesringender Jesus*, worin er den Gegensatz Christi zu Gottvater in Parallele zu Demut und Zorn setzt. In der Pflege des Alexandriners steht er zwischen Opitz und Scheffler. Er vollzieht die Wendung der Dichtung zu ernster Besinnung, innerer Einkehr und Buße, zu schwärmender Versenkung und religiöser Betrachtung, zu mystischer Schau und Todesbesinnung. Im Gefühl seiner Vereinsamung – Tscherning und Scheffler verließen Breslau, sein Gönner starb – und Gegensätzlichkeit zur Schule sowie unter dem Eindruck, den das Auftreten und der Lehrbetrieb der Jesuiten, in deren Lehranstalt er hinüberwechselte, auf ihn machten, nahm er den katholischen Glauben an und ging gegen seine ehemaligen Glaubensgenossen zum Angriff über, so daß er auf kaiserlichen Befehl 1644 aus Breslau ausgewiesen wurde. Anschließend trat er in das Jesuitenkolleg zu Brünn und wirkte noch kurze Zeit an der jesuitischen Lehranstalt in Troppau.

In der schlesischen Literaturentwicklung ist Scultetus eine Übergangserscheinung, sofern die Grundsätze der Ausgewogenheit und des logisch entwickelten Baus sich mystischem Gedankengut und dem Flug ins Reich der Phantasie gesellen. Er fühlt sich bei der Darstellung des Bösen wohl. Er ringt um ein innigeres Verhältnis zu Christus und weist seinem größeren Mitschüler Scheffler den Weg zum Höhepunkt der mystischen Dichtung des Jahrhunderts; denn die geistigen und formalen Werte, welche Scheffler schuf, sind unumstritten. Dennoch stimmt die Anerkennung des Cherubinischen Wandersmannes, des einzigen Dichters aus dem 17. Jahrh., der neben Grimmelshausen lebendig geblieben ist, schlecht zu den Auseinandersetzungen, welche die letzten Jahre dieses scheinbar so milden Gottesstreiters durchtobten und sich bis in unsere Zeiten, nur auf einer anderen Ebene, fortsetzten. Dieser Streit um Angelus Silesius ruht der Hauptsache nach auf den Ansprüchen, welche Parteien auf ihn geltend machen, um ihm einen Ehrenplatz auf ihrem Sonderparnaß zu sichern. Der Literaturgeschichte sollte ein solcher Separatismus fremd sein. Er ist der Erbe alter Leidenschaften. Die ruhige Gelassenheit, das traditionelle Vermächtnis der im Banne der Reformation stehenden schlesischen Mystik, steht im schärfsten Gegensatz zur zähen und zielbewußten Kampfstimmung der Gegenreformation. Das Eigentümliche bei Scheffler ist, daß er den umgekehrten Weg der meisten Mystiker geht, deren Leben mit dem Abflauen eines Sturmes, einer Abklärung oder Einkehr verglichen werden kann. Bestimmende Erlebnisse machten ihn zu einem leidenschaftlichen Vorkämpfer, dessen inneres Gleichgewicht gestört scheint. Die Erleuchtung, die er erlebte, entfesselte dämonische Kräfte, die mit der stillen Gemeinschaft der Mystiker sonst selten etwas zu schaffen haben. Man sah in diesen Kräften das Erbteil slawischer Herkunft. Man hat ihn als Dichter und Seher angesprochen, weil er sich berufen fühlte, verstandes- und sinnenmäßig nicht faßbare Vorgänge zu deuten. Er wollte lehrhaft sein und mitteilen, was er innerlich geschaut hatte. Es kam ihm auf den geistigen Gehalt, nicht auf die Formgebung an. Er gestaltete das Geschaute als sinnlich faßbares Symbol und zog die Verhältnisse des Lebens zur Erläuterung heran. Die scharf zugespitzte Gegensätzlichkeit wird durch ein buntes Spiel verdeckt. Dadurch tritt das Symbol so stark hervor, daß der rationale Unterbau schwer zu erkennen ist. Die Bilder werden dem Silbentritt des Alexandriners und seiner Zäsuren entsprechend aneinandergereiht. Scheffler wechselt vom Bildhaften zum Unbildlichen hinüber und vereinigt beides, so daß er die Grenze zwischen Abstraktem und Konkretem bald dahin, bald dorthin überschreitet. Die Bilder erhalten ihre Sinngebung durch die Beziehung auf das Ganze. Aus der mystischen Grundhaltung ergeben sich die Paradoxien und Vieldeutigkeiten. Scheffler ist kein selbständiger Denker. Er übernimmt, was andere, vor allem seine schlesischen Landsleute, die mittelalterlichen und spanischen Mystiker, vor ihm gedacht haben, und gibt es in der ihm eigentümlichen sprachlichen Formulierung schillernd wieder, so daß es lange währte, bis seine Quellen aufgedeckt werden konnten. Er fühlte den Widerspruch zwischen Himmel und Erde und rang um ihre ausgleichende Vereinigung. Dieses mystische Ziel wird immer wieder hinausgerückt und ist so schwer zu erreichen, weil es durch das Prinzip des Gegensatzes gestört wird, weil die Hölle als Macht aus sich selber heraus entsteht, während der Himmel sich als bloße Möglichkeit zeigt. Da nun entfaltet sich ein eigentümliches Kräftespiel, das sich zwischen Himmel und Hölle hin und her bewegt. Solche gegensätzliche Bewegungen vollziehen sich auch in der menschlichen Seele, welche, umfangen vom Kreis der Hölle, über diese hinaus zur Vereinigung mit Gott strebt. Die Harmonie der Vorgänge in Makro- und Mikrokosmos, wie sie das 16. Jahrh. suchte, ist nun aufgehoben. Die neuplatonische Tradition, welche sich bis dahin im Wesentlichen als Einheit darbot, ist durch die Antithetik gestört, und so hat man es auch hier schon, scheinbar in der Mitte barocker Mystik, mit dem Aufstieg von Elementen der Aufklärung zu tun.

Johannes Scheffler (1624–77) ist als Sohn eines Kriegsmannes, der der polnischen Krone gedient hatte, aber im Alter von 56 Jahren in Breslau seßhaft geworden war, dortselbst geboren. Am Elisabethgymnasium genoß er mit Scultetus den Unterricht Christoph Kölers. In Straßburg studierte er 1643 Medizin. Von dort ging er nach Leyden und trat in engere Beziehungen zu Mystikern. Bald nachdem er als Doktor der Heilkunde von Padua 1648 heimgekehrt war, wurde er Leib- und Hofmedikus des Herzogs Sylvius Nimrod zu Württemberg und Oels. Von da aus trat er dem Kreis um Abraham von Franckenberg und Daniel von Czepko nahe. Als ihm die Erlaubnis zum Druck einer Blütenlese von Übersetzungen aus den Schriften der *heiligen Gertrud* und des *Constantin de Barbaçon* nicht erteilt worden war, verließ Scheffler seinen Wirkungskreis und trat in Breslau im Juni 1653 zum katholischen Glauben über.

Die Beweggründe seiner Konversion sind schwer festzustellen. Das Vorbild seines Freundes Scultetus könnte auf ihn gewirkt haben. Wahrscheinlicher ist, daß er unter dem nachhaltigen Eindruck von Predigten der Jesuiten und der Erkenntnis stand, daß er seine mystischen Neigungen innerhalb des katholischen Glaubensbekenntnisses besser entfalten könne. Es geht jedoch nicht an, in solchen Zusammenhängen zwischen echter und unechter Mystik zu scheiden, unter jener eine katholische Eigentümlichkeit zu verstehen und den Weg des Gottsuchers, der schließlich zur katholischen Religion findet, als zwangsläufig zu bezeichnen. Festzuhalten ist, daß die Brücken, welche die Mystik zu den festen Glaubensbekenntnissen findet, nicht über die Dogmen, sondern über den Gottesdienst, die Sakramente und die innere Ergriffenheit von den Weihehandlungen führen, deren Auslegung der menschlichen Phantasie keine Grenzen setzt. Was immer als Motiv des Glaubenswechsels bezeichnet wird, Suchen des eigenen Vorteils, Kunstkatholizismus, Empfänglichkeit, Beeinflußbarkeit oder gar Hypnose: solche Deutungen kennen nur nüchterne materielle Erwägungen oder ein Handeln in einem Zustand geistiger Unzurechnungsfähigkeit. Aber so einfach liegen die Verhältnisse nicht, wenn es sich um geistige Vorgänge handelt, die sich im Bereich des Unbewußten vollziehen. Es läßt sich nicht einmal feststellen, ob ein starkes Erlebnis, der zunehmende Einfluß einer Persönlichkeit oder bestimmte Eindrücke der äußere Anlaß zum Glaubenswechsel waren. Ebenso ist festzuhalten, daß ein Gesinnungswechsel damit nicht Hand in Hand zu gehen braucht, wenn sich auch gewisse, bereits vorhandene Charaktereigenschaften nach dem Glaubenswechsel stärker ausprägen können. Wenn man, was in den seltensten Fällen möglich sein wird, nicht aus Selbstbekenntnissen oder Beobachtungen anderer über die einzelnen Stationen solcher geistigen Wandlungen unterrichtet wird, ist es schwierig und gefährlich, über derartige Vorgänge zu sprechen, deren Niederschlag in der Dichtung nicht sichtbar zu werden braucht. Man sollte auch hier mit Ausdrücken wie Durchbruch der Persönlichkeit, Sendungsbewußtsein u. a. sparsamer umgehen.

Seit seinem Übergang zum katholischen Glauben, in dem Scheffler zunächst die Möglichkeit zur Entfaltung seiner mystischen Neigungen gesucht und gefunden haben mag, tritt der Gedanke, eine Sendung zu erfüllen, immer deutlicher hervor. Von da ab entfaltete er seinen Bekehrungseifer und wurde zum Vorkämpfer der Gegenreformation, zunächst als Laie und Mitglied der Rosenkranzbruderschaft. Zum Priester wurde er 1661 geweiht. Die Gunst des neuernannten Fürstbischofs von Breslau und kaiserlichen Oberhauptmanns in Schlesien, Sebastian von Rostock, erhob ihn (1664) zum Hofmarschall. Doch scheint ihn der Gegensatz zu verschiedenen Persönlichkeiten der politischen und geistlichen Hofhaltung veranlaßt zu haben, schon 1667 aus diesem Amt zu scheiden. Seine letzte Lebenszeit verbrachte er im Ordenshaus der Kreuzherren mit dem roten Stern (St. Matthias) in Breslau. Er stellte seine gewandte Feder in den Dienst der Gegenreformation und führte ein zurückgezogenes, anscheinend übertriebener Askese gewidmetes Leben.

Schon der Umstand, daß Scheffler seine Streitschriften unter seinem bürgerlichen Namen, seine Dichtungen aber als Angelus Silesius veröffentlichte, zeigt, daß er sich der beiden Seelen, die in seiner Brust lebten, bewußt war. Kaum aber dürfte er sich darüber klar gewesen sein, daß er sich nur dann mit leidenschaftlicher Begeisterung einer Bewegung anschließen konnte, wenn er sich kompromißlos in die Gefolgschaft der eindrucksvollen Persönlichkeiten stellte, die ihn für sich und ihre Ideen gewannen. So war es *Abraham von Franckenberg*, der den Leibarzt zu Öls in seinen Bann zog, waren es nachher die treibenden Kräfte der schlesischen Gegenreformation, *Sebastian von Rostock* (1607–71) und der Zisterzienserabt *Bernhard Rosa* von Grüssau, welche sich seiner Mithilfe für ihr Bekehrungswerk bedienten. Die Zeitgenossen maßen Schefflers

Eintreten für den katholischen Glauben eine größere Bedeutung zu. Wesentlicher und bedeutungsvoller erscheinen uns seine Werke, unter die er den Namen Angelus Silesius setzte.

Der Umstand, daß Schefflers Gedichtsammlungen *Geistliche Sinn- und Schlußreime* und *Heilige Seelenlust* oder Geistliche Hirtenlieder der in ihren Jesum verliebten Psyche gleichzeitig 1657, rund vier Jahre nach seiner Konversion, erschienen, veranlaßte die Forschung, jene Dichtungen, welche vor 1653 entstanden, festzustellen. Das war eine Bemühung, deren Erfolg zweifelhaft war. Die neuen Bücher, welche zu späteren Ausgaben hinzugefügt wurden, sind erst nach 1657 entstanden. Die um das 6. Buch vermehrte neue Auflage der Sinn- und Schlußreime (1675) führte den Titel *Cherubinischer Wandersmann*. In diesen Dichtungen wird die neuplatonische Mystik in der Prägung des *Pseudodionysius Areopagita* sichtbar, während in der Heiligen Seelenlust das Gedankengut des Hohen Liedes in der Deutung *Bernhards von Clairvaux*, das Motiv der Liebe und Brautschaft und damit Gedankengänge der mittelalterlichen Mystik wieder lebendig werden. Nicht nur bei Scheffler verteilen sich die Motive der bernhardinischen Mystik auf drei Kreise, in die geistliche Brautschaft, die Betrachtung der Wunden Christi und die miterlebte Leidensgeschichte des Heilands. Die Entwicklung Schefflers ist deshalb so ungewöhnlich, weil er scheinbar über die Mystik zum Katholiken wurde, als Katholik aber sich von der Mystik entfernte; denn seit seiner Konversion traten die gefühlsbetonten Erlebnisse zurück und die verstandesmäßig betonten nahmen zu. Zunächst stand Scheffler unter dem Einfluß Czepkos. Wie dieser und auch Spee versenkte er sich in die Gefühlswelt des Hohen Liedes. Solche Stimmungen hält die Heilige Seelenlust fest. Hier erweist sich das Lied als geeignete Ausdrucksform für ein leidenschaftlich aufgenommenes und wiedergegebenes Erlebnis einer gesteigerten Frömmigkeit und die Darstellung der erfüllten Vereinigung der Seele mit Gott. In innigen Tönen singt die Seele ihr Liebeslied der Sehnsucht nach dem Bräutigam. Das geistliche Hirtenlied erreicht hier einen ähnlichen Höhepunkt wie die weltliche Lyrik bei Hofmann. Man kann bei manchen Gedichten Schefflers von einer geistlichen Kontrafaktur sprechen. Die stärksten und nachhaltigsten Erregungen waren gerade recht, um jene Wirkungen zu erzielen, welche die Zeit brauchte. Daraus findet der Reichtum an rhythmischen und metrischen Formen seine Erklärung und ergeben sich die zahlreichen, für uns so sonderbaren Parallelen zur sogenannten galanten Lyrik. Mit ähnlichen Mitteln, einem gewaltigen Aufwand von Ergüssen, Empfindungen, Gleichnissen, Bildern und Beiworten, die uns wie Narkotika anmuten mögen, suchte man die Seelen zu erbauen und Andacht zu wecken. Vergleiche mit Spees geistlicher Dichtung, die sich aufdrängen, zeigen des Jesuiten natürliche,

echte Ungezwungenheit und Schefflers krampfhafte Bemühung, aus
den Dingen und Erscheinungen das Letzte herauszuholen. Die ersten
drei Bücher der Heiligen Seelenlust sind als geistliches Epos bezeichnet
worden, das sich in drei Stufen abwandelt und mit der geistlichen Dichtung der Zeit zahllose stoffliche Berührungen aufweist. Das erste Buch
hält die Sehnsucht als Ausgangsstimmung der Mystik fest und läßt die
Seele sich in Betrachtungen über den Erlöser ergehen. Die Advents-
erwartungen werden erfüllt in der Anbetung des göttlichen Kindes.
Das zweite Buch stellt sich in die Reihe der zahllosen Passionsbetrachtungen. Im dritten steigert sich die Stimmung zu Triumph und Erfüllung in der Auferstehung des Heilands und seiner Himmelfahrt,
in der Hingabe der Seele an den Erlöser. So wird das mystische Grund-
erlebnis in die Heilslehre eingebaut. Die fortsetzenden Bücher sind ein
geistliches Gesangbuch. Das 5. Buch der Auflage von 1668 klingt heraus-
fordernder und männlicher. Kompositionen der Lieder von dem Musi-
kus *Georg Joseph* an der fürstbischöflichen Kapelle in Breslau sind beigegeben.

Die Zeitgenossen fühlten sich von der geistlichen Dichtung Schefflers, deren Spuren im Pietismus deutlich sichtbar werden, stärker angesprochen als von der Gedankendichtung des Cherubinischen Wandersmannes, dessen literarisches Vorbild Czepkos Monodisticha waren.
Diese Sammlung von gereimten Alexandrinersprüchen ist der Hauptsache nach unter dem Eindruck der Lektüre mystischer Schriften, zunächst der Werke von Weigel, Böhme und später der katholischen,
vor allem der spanischen Mystiker entstanden. Nicht der Inhalt, sondern
die knappe, geistreiche und zum Nachdenken anregende Fassung sind
Schefflers Werk. Darin erweist er seine volle Meisterschaft. Die Anordnung entspricht mehr einem planlosen Spaziergang als einer auf ein
Ziel gerichteten Wanderung. Obwohl er das Gedankengut der Mystik
verarbeitete, beabsichtigte Scheffler kein systematisches Kompendium
oder das Abbild einer geschlossenen Weltanschauung. Widersprechendes
und Gegensätzliches ließe sich leicht reihenweise zusammenstellen.
Gedankenreihen schieben sich durcheinander, neuplatonische Spekulationen wechseln mit scharfformulierten Dogmen. Gesteigertes Selbstbewußtsein frohlockt im Gedanken der Gottgleichheit. Demutvolle
Zerknirschung windet sich vor Gottes Allmacht im Staube. Vieles deutet darauf hin, daß ein erregter leidenschaftlicher Mensch Ruhe und Erfüllung sucht, so daß die Annahme Ellingers, der größte Teil des Inhalts der ersten fünf Bücher sei vor 1653 entstanden, viel für sich hat.
Im späteren 6. Buch vernimmt man den Widerhall der letzten streitbaren
Lebensjahre. Die Gedanken des Wandersmannes kreisen um die Erkenntnis Gottes und den Versuch, einen Ausgangspunkt dazu zu gewinnen.
Er fordert die Lösung des Menschen aus der Verstricktheit in die Fülle

der Dinge, aus der Brandung der Leidenschaften und die Einkehr in sich selbst. Das ist die Voraussetzung dafür, daß man Gott finde. Wo Scheffler über die Grenzen des sinnlich Faßbaren hinausstößt, berührt er sich mit dem Existentialismus. Aber hinter seiner Ausdrucksweise stehen stärkere und natürlichere schöpferische Kräfte, welche mit den Bildungselementen der Sprache noch nicht so gewaltsam umgehen. Er verlangt die tätige Mitarbeit des Menschen und gewinnt seine besten, wirksamsten Kräfte immer da, wo er sich in die Überlieferung stellt, wo er als Nachfolger Czepkos ein geistiges Erbe neugestaltet und weitergibt.

Die Wendung zur Erbauungsliteratur und der Moralsatire vollzog Schefflers Dichtung *Sinnliche Beschreibung der vier letzten Dinge* (1675). Sie ist als Volksbuch zur Unterstützung der Volkspredigt gedacht. Hier werden nicht mehr Gedanken in scharfer Formulierung und eigentümlicher Prägung geboten, wird nicht mehr poetisch philosophiert, sondern es wird mit den anschaulichsten und eindruckvollsten Mitteln einem breiten, wenig gebildeten Zuhörerkreis ins Gewissen geredet. Das Werk lebt aus den Gegensätzen der Erscheinungswelten, welche des Menschen nach dem Tode harren. Dem Reich der Seligkeit, das im Glanz von Schönheit, Reichtum und phantasievoll ausgeschmückten Freuden erscheint, steht die Welt der Verdammten mit all dem Unrat, Schrecken und grauenhaften Vorstellungen, welche die Gemüter einschüchtern, gegenüber. Dabei entfaltet Scheffler eine außergewöhnliche Darstellungskraft. Mittelalterliche Ordnungen, Vorstellungen und Bilder leben hier auf. Auch hier zeigt es sich, daß Scheffler weder ein Schöpfer neuer Formen war, noch neue Entwicklungen anbahnte oder alte Überlieferungen zusammenband, sondern daß er aus einer Richtung in die andere hinüberwechselte. Hier spricht er in Versen aus, was vor ihm ein Reservat der Prosa zu sein schien. Czepko hatte ihn gelehrt, das Gedankengut von Böhme und Franckenberg in gereimte Alexandriner umzusetzen. Nun übertrug er, was die ins Gewissen redende Prosa im breiten Überlieferungsstrom von Aegidius Albertinus her bot, in Strophen und Verse. Er war sich bewußt, in diesem Werk nicht mehr zu seinesgleichen zu sprechen, zu den gottsuchenden Denkern, sondern zu Hörern und Lesern, welche für das Grobsinnliche empfänglich waren. Deshalb wählte er seine Bilder nicht nach ihrer Bedeutung und Schönheit, sondern das Anschauliche und Eindringliche war ihm willkommen. Verspürte er selbst, wenn er sich am Schlusse seines Dichtens mit solchen Gründen rechtfertigte, daß er sich von seinem Ausgangspunkte weit entfernt hatte? Es scheint, daß die letzten Werke, welche er übersetzte – *Margarita evangelica*, ein niederländisches Erbauungsbuch, und der *Libellus desideriorum* von *Johannes Amatus* – eine Rückkehr Schefflers zur Stetigkeit der Beschauung anzeigen.

Allerdings wird dieser Eindruck getrübt von den Streitschriften seiner letzten Lebensperiode. Von 1663–75 verfaßte er 55 solcher Werke. Davon erschienen 39 in seinem Todesjahr unter dem Titel *Ecclesiologia* oder *Kirche-Beschreibung* in zwei Foliobänden. Er wollte damit seinen Glaubens- und Gesinnungsgenossen eine bequeme Sammlung von Beweisgründen zur Verfügung stellen und sie zum Kampf mit den scharfen Waffen ausrüsten, die er selbst gebraucht hatte. Der nüchterne und klare Denker, der logisch entwickeln und zwangsläufige Schlüsse ziehen sollte, wurde nur zu bald von der Leidenschaft erfaßt und warf alle Bedenken, die ihm anfangs aufgestoßen waren, beiseite. Hier flackert die Glaubenspolemik, welche das deutsche Prosaschrifttum seit der Reformation durchzieht, noch einmal auf, nur mit dem Unterschied, daß jetzt die Kräfte des alten Glaubens zum Angriff übergehen und mit den gleichen rechthaberischen Gesten ihre alleinigen Geltungsansprüche stellen. Scheffler unterstützte das große Bekehrungswerk der Jesuiten, das 1650 in Breslau einsetzte, vielleicht weniger aus eigenem Antrieb, als weil er seinen Gehorsam zeigen wollte, und weil Sebastian von Rostock annahm, in ihm eine besonders geeignete Kraft gewonnen zu haben. Scheffler glaubte, eine Sendung zu erfüllen. Da mußte er zunächst vor der Öffentlichkeit seinen Glaubenswechsel rechtfertigen. Seine erste Schrift: *Gründliche Ursachen und Motiven*, warumb er von dem Luthertumb abgetretten und sich zu der Catholischen Kyrchen bekannt hat, enthält bereits die meisten Argumente, die er dann in den späteren Schriften weiter entwickelte. Ihr Inhalt ist keineswegs sein geistiges Eigentum, sondern gehört zum eisernen Bestand der katholischen Apologetik. In den Waffenerfolgen der Türken (1663) glaubt er die Hand Gottes zu erkennen, die sich der Türken als Mittel bediene, um die Abtrünnigen, das sind die Anhänger der Reformation, zu bestrafen. Sehr bald regten sich die Gegner. Das Persönliche stellte sich neben das Sachliche. So blieb es nicht aus, daß ihm seine Gemeinschaft mit den Nachfolgern Böhmes, seine Beziehungen zu Franckenberg und Czepko vorgehalten wurden. Auch dagegen wehrte er sich, allerdings mit wenig festen Argumenten. Er fühlte sich zum Glaubensstreiter berufen und war entschlossen, dem Gegenangriff nicht zu weichen. Mit besonderer Energie trat er gegen Regungen der Duldsamkeit auf. Es konnte für ihn nur einen siegreichen Kampf geben, dessen Ende die Bändigung der Gegner war. Es ist schwer zu entscheiden, ob Scheffler aus der Erkenntnis, den Bedürfnissen der einfachen Leser damit entgegenzukommen, oder aus der Erinnerung an die ältere Streitschriftenliteratur die gleichen oder ähnliche Stoffe und Motive wählte, welche die reformatorischen Flugschriften mit gutem Erfolg angewendet hatten. So führt er einen studierenden Theologen vor, dessen Versuch, an den protestantischen Universitäten die wahre Religion zu finden, scheitert, weshalb er sich dem alten Glauben zuwendet. Ein andersmal läßt er einen Heiden nach der wahren christlichen Religion bei Protestanten und Calvinisten vergebens, bei den Katholiken aber mit gutem Ergebnis suchen. Der Priester eines reformierten Glaubensbekenntnisses wird als unfähig gezeigt, mit seinen Argumenten einen Bauern auf seine Seite zu bringen. Nach dem Tode von Rostock, der seinem Eifer Zügel angelegt hatte, ging Scheffler mit noch größerer Leidenschaft vor. Sein Vergleich der Ketzer mit Wölfen, Mördern und Dieben kam einer Aufforderung gleich, sie wie Ungeziefer und gefährliches Raubzeug zu vertilgen.

In losem Zusammenhang mit Schefflers Prosaschriften steht das Schaffen des Breslauers Samuel von Butschky (1612–78). Sein Vater war evangelischer polnischer Prediger. In Wittenberg studierte er Rechtswissenschaft. Er wurde zur selben Zeit wie Scheffler katholisch und stand später im kaiserlichen Dienst. In seiner Übersetzung von *Seneca* (1666) wird die Wendung zum Stoizismus sichtbar. Butschky bemühte sich um die Ausbildung des deutschen Stils und dessen Säuberung von den Floskeln der Kanzleisprache. Er stellte Briefmuster zusammen. Seine *Reden und Gemüts-Übungen* (1666), die Sammlung *Pathmos* (1677) und das nach seinem Tod erschienene *Wohlgebaute Rosen-Tal* (1679) enthalten die bekannten, moralsatirischen Betrachtungen, Beispiele und Nutzanwendungen auf das Verhalten bei Hofe und das Treiben in der Politik. Die menschlichen Fehler werden einer keineswegs planvoll angelegten Revue unterzogen. Er mag ähnliche Quellen wie Aegidius Albertinus benützt haben und ist wohl einer der letzten, welche *Guevaras* Gedanken auswerten. Auf zusammenfassende Ordnungen legte er keinen Wert.

Mit Scheffler tritt nicht nur die schlesische, sondern überhaupt die deutsche Mystik des 17. Jahrh.s, deren Quellen die Meister des Mittelalters, die neuplatonische Überlieferung der Renaissance und das spanische Schrifttum waren, in eine Krise. Eine Weiterentwicklung erwies sich als unmöglich. Und so kehrte sie entweder wieder zu Voraussetzungen zurück, welche im Anfang des Jahrhunderts lagen, oder übersteigerte sich und führte sich damit selbst *ad absurdum*. Sie endete in der Intoleranz Schefflers. Zwei seiner schlesischen Landsleute zeigen das Auseinandergehen einer Einheit in der Rückkehr zu Andreae und seinesgleichen, die Vorwegnahme pietistischer Haltungen (*Knorr*), sowie die Selbstüberhebung und phantastische Verstiegenheit (*Kuhlmann*). Beide nahmen die Verbindung mit Holland auf.

Christian Knorr von Rosenroth (1636–89) war der Sohn eines Pastors in Alt-Raudten. Er wurde an der Lateinschule zu Fraustadt herangebildet, besuchte das Pädagogium in Stettin, die Universitäten in Leipzig (1655–60) und Wittenberg (1660–63). Dann trat er seine Bildungsreise nach den Niederlanden, Frankreich und England an. Entscheidend für seine Beschäftigung mit der Naturphilosophie und Kabbala wurde die Verbindung, welche er mit *Henry More* und *Franciscus Mercurius von Helmont* dem Jüngeren aufnahm. Pietistische Frömmigkeit und ein sich entwickelnder Hang zum Ungewöhnlichen führten ihn auf diese gelehrte Bahn. Das brachte ihm die Anerkennung eines Leibniz, aber auch das verdächtigende Mißtrauen anderer Zeitgenossen ein. Auf Mores Empfehlung kam Knorr 1666 an den Hof des Pfalzgrafen Christian August in Sulzbach. Als fürstlichem Hofrat und Kanzler oblag ihm die Verwaltung des Finanzhaushaltes. Wichtiger aber als die Ausübung dieses Amtes und einer ärztlichen Praxis waren dem Fürsten die Erfahrungen und Kenntnisse Knorrs in den Geheimwissenschaften. Später legte er sein Amt nieder. Er starb auf seinem Gute Groß-Albersdorf.

Knorr besaß eine ungewöhnliche, vielseitige Gelehrsamkeit. Es wurde ihm nachgerühmt, daß er zwölf Sprachen beherrscht habe. Seine Bescheidenheit und Zurückhaltung brachten ihm den Namen des *Schamhaftigen* ein, den er in der deutschgesinnten Genossenschaft (1659) führte. Da ihm alle Auseinandersetzungen zuwider waren, veröffentlichte er seine Werke zumeist als stiller Mitarbeiter oder unter einem Pseudonym. Seine deutsche Übersetzung der Tröstungen der Philosophie des *Boetius*, welche er gemeinsam mit Helmont (1667) herausgab, und seine *Kabbala denudata* (1. Band 1677, 2. Band 1684) verweisen auf Stoizismus und Geheimlehre als Grundlagen seiner Wissenschaft. Sein Glückseligkeitsideal erfüllte sich im Gegensatz zu den Bemühungen der meisten seiner Zeitgenossen und zum Aufstieg des Rationalismus im Bereiche der Mystik. Er setzte sein Weltbild, das die Naturphilosophie des 16. Jahrh.s und die Lehren des Paracelsus widerspiegelt, dem Mechanismus entgegen, welcher hinter dem Weltbild der Aufklärung stand. Er ist ein bedeutsamer Vermittler des Irrationalismus an das 18. Jahrh. gewesen, indem er an der Einheit von Gott und Natur und an der Gleichartigkeit von Makro- und Mikrokosmos festhielt. Über beide findet Knorr seinen Weg zur Gottheit, nicht über die Askese, das tätige Bemühen oder das untätige Warten auf das Niedersteigen der Gnade. Er ist ein scharfer Denker und sorgsamer Beobachter der Erscheinungen. Das führt ihn zur Erkenntnis, und dazu wird er nicht in einem Zustand der Erregung oder der Ekstase gebracht, sondern durch ruhige Überlegung.

Schon der Titel seines Festspiels *Coniugium Phoebi et Palladis* oder die durch Phoebi et Palladis Vermählung erfundene Fortpflanzung des Goldes. Zur Vermählung Leopolds I. mit Eleonora Magdalena Theresia. Zur Vermehrung des allgemeinen Frohlockens ... in ein chymisches Prachtspiel verfaßt und aller unterthänigst überreicht von Chr. K. v. R. Sulzbach 1677 erinnert an *Andreaes* Rosenkreuzerschrift. Das Spiel wurde zur dritten Hochzeit Kaiser Leopolds gedichtet und entfaltet den ganzen Prunk der Hoffeste im Zusammenwirken der darstellenden Künste. Die Übereinstimmug der Spiele mit Knorrs Weltbild und die vielen Beziehungen zur Wissenschaft sind den Zeitgenossen wohl kaum allgemein zum Bewußtsein gekommen. Knorrs geistliches Lustspiel *Von der Vermählung Christi mit der Seelen* ist als Beigabe zu seinem *Neuen Helikon* (1684) gedruckt worden. Diese dramatische Allegorie bedient sich einer Handlung, die für den heroischen Roman eigentümlich und mit der Schäferdichtung in Parallele zu setzen ist. Wenn auch die Gestalten als Abstrakta unter arabischem Namen mit den Symbolen der Tugenden und Laster auftreten, und die Beziehungen zu geistigen Vorgängen stets klar zu Tage treten, so ist das Spiel doch alles andere als eine leblose Wiedergabe eines seelischen Prozesses. Die geistige Nähe von Mozart-Schikaneders *Zauberflöte* wird an vielen Stellen sichtbar. – Die lyrischen Gedichte des geistlichen Helikon nannte Knorr *Geistliche Sittenlieder*. Vielleicht ist er auch der Schöpfer der ihnen beigegebenen Melodien. Die Texte bewegen sich in den Bahnen des geistlichen Kirchenliedes und in der Ausgestaltung der Jesusliebe. Sie sind von einem starken persönlichen Gehalt erfüllt, so daß man sie mit Recht in die Gefolgschaft von Scheffler gestellt hat.

Die Übersteigerung der religiös-schwärmerischen Haltung mündet im Prophetentum Quirinus Kuhlmanns (1651–89). Er war der Sohn eines Handwerkers in Breslau und besuchte dort das Elisabethgymnasium. Früh wird von seinen Erleuchtungen und einer Berufung während einer schweren Erkrankung (1669) berichtet. In Jena begann er 1670 Jura zu studieren. Schon dort machte sein extravagantes Wesen unliebsames Aufsehen. Er mochte sich manche Förderung durch die Behauptung, er werde die Wissenschaft auf neue Weise begründen, verscherzt haben. Bereits in Jena gab er Werke erbaulichen Inhalts heraus, welche an *Butschky* anknüpfen. In Leyden setzte er 1673 seine Studien fort. Seine Absicht, das Corpus iuris dem Verstehen der Zeit nahezubringen, trat ganz zurück, als er mit Anhängern Böhmes in Beziehung kam. Von da an fühlte er sich zur Errichtung einer neuen Jesusmonarchie berufen. Er wurde, weil sein Vorgehen keineswegs als harmlos angesehen werden konnte, aus den Niederlanden ausgewiesen. In Lübeck förderte ihn der Kaufmann *Christian Werner*. In England unterstützte ihn der Theosoph *Johannes Bathurst*. Dann brach er mit einer alten Witwe und deren Töchtern 1678 zur Bekehrung des Sultans nach Konstantinopel auf, hatte allerlei Verfolgungen auszustehen, löste sich von seiner Familie und knüpfte neue Beziehungen zu Propheten und Schwärmern, die er in England, Frankreich und Holland aufsuchte. Als er sich mit einer jungen Schwärmerin verband, um mit ihr einen neuen David oder Jesus zu zeugen, entzog ihm Bathurst (1684) seine Gunst. Darauf besorgte er in Holland den Druck der drei Teile seines *Kühlpsalters* (1684–86) und machte sich mit einer neuen Geliebten, Esther Michaelis, auf den Weg an den Zarenhof nach Moskau, um dort 1689 das Jesueliterreich zu begründen. Er sammelte dort eine Gruppe von Gleichgesinnten, die sich bisher ruhig verhalten hatten, und endete als Erreger eines politisch ausgelegten Aufstandes auf dem Scheiterhaufen.

Die Versuchung, mit der Bemerkung *armer Irrer* und der spöttischen Aufschrift *Vielweiberei* die Akten über Kuhlmann zu schließen, liegt nahe. Es ist nicht leicht, eine solche Figur mit ihren Extravaganzen ernst zu nehmen oder als abgesunkenen Träger mystischer Überlieferungen anzusehen. Das wollte er selbst, wenn er sich als *Neubegeisterter Böhme* bezeichnete. Er nahm noch einmal den Gedanken der Reformation auf, indem er die Einheit des Christentums dadurch wiederherzustellen versuchte, daß er die christlichen Sekten bekämpfte. „Vertrauen und Dünkel, Demut und Größenwahn verbinden sich in ihm zu einem tiefen Bewußtsein für die Echtheit und Unabänderlichkeit seines Berufes." Ekstase und Überspanntheit verdecken seine innerliche Ergriffenheit. Er vermochte nicht zu unterscheiden zwischen der großen Bewegung vom Anfang des Jahrhunderts, als deren Fortsetzer und Vollender er sich fühlte, und den sensationshungrigen Abenteurern vom Schlag des niederländischen Apostels *Johannes Rothe.* Zu solchen Leuten, deren Gebaren sich in Äußerlichkeiten erschöpfte, zog es ihn, und in ihrem Interesse war er bereit, alle Opfer zu bringen. Er verschrieb sich einer Idee, war davon besessen und scheiterte schließlich an seiner eigenen Unfähigkeit, sie durchführen zu können. So verlor er alle Maßstäbe und konnte glauben, daß ihn seine Berufung über die sittlichen, staatlichen und anderen festen Ordnungen erhob. Kaum einer hat aber unter der Not der Zeit und seiner eigenen Unzulänglichkeit so gelitten wie er. Der 64. Kühlpsalm ist ein Aufschrei der innersten Not eines gedrückten und ringenden Herzens, das nicht zur Klarheit kommen kann. Man kann daran zweifeln, ob er es überhaupt wollte; denn er brauchte die innere Selbstzerfleischung. Über diese rätselhafte Erscheinung vermögen die Methoden der Psychoanalyse besser Aufschluß zu geben als die der Literaturwissenschaft. Immer stellte sich Kuhlmann zu große und unlösbare Aufgaben: die Reform des Corpus iuris, die Bekehrung des Sultans, seine Sendung in Rußland. Daß er immer wieder scheiterte und scheitern mußte, belehrte ihn nicht, die Folgerung zu ziehen und sich mit der Lösung kleinerer Aufgaben zu bescheiden. Es spornte ihn vielmehr in seiner Vereinsamung zu neuen Taten an und stärkte sein Sendungsbewußtsein.

Bis zur Grenze des Möglichen steigerte Kuhlmann die Dichtersprache des 17. Jahrh.s, ohne sie vertiefen zu können. Der Ausdruck blieb immer nur Mittel zum Zweck, seinen eigenen unklaren Gefühlen Raum und Luft zu schaffen. Deshalb trat er immer mit den höchsten Ansprüchen auf. Seine 1670 erschienene Sammlung *Entsprossene Teutsche Palmen* scheint die Verbindung zur Fruchtbringenden Gesellschaft gesucht zu haben. Die ersten Erzeugnisse des frühreifen Talents waren *Epigramme* (1666), deren von ihm als zweite bezeichnete Ausgabe 1671 gedruckt wurde. Die hundert *Unsterbliche Sterblichkeit* genannten *Grabe-Schriften* sind eine Art Dichter- und Gelehrtenkatalog, der mit Opitz beginnt. Gryphius steht an zweiter, Logau an dritter Stelle. Die anderen Gepriesenen gehören zum eisernen Bildungsbestande des Jahrhunderts. Am Hohen Lied entzündete sich auch Kuhlmanns geistliche Lyrik, deren erstes Produkt seine *Himmlischen Liebesküsse* (1671) waren, Paraphrasen von Stellen aus Bibel und Erbauungsliteratur, lehrhaft und ekstatisch zugleich, gegossen in streng gebaute Alexandriner und Sonette, eine eigentümliche Mischung von beherrschter Nüchternheit und schwelgendem Pathos. Die gleichzeitig (1671) erschienenen *Lehrreichen Weissheit-, Lehr-, Hof-, Tugend-Sonnenblumen* sind eine merkwürdige Mischung von Adagien, Sprichwörtern, Lesefrüchten und Aphorismen. Einige seiner Definitionen von abstrakten Erscheinungen deuten auf den Versuch, an Stelle der leblos gewordenen Allegorien festgefügte Begriffe zu setzen. Geistreiche Erkenntnisse stehen neben Wortspielen, deren tieferer Sinn auch wohlwollenden Zeitgenossen verborgen blieb, wenn sie sich nicht vom Wortrausch erfassen ließen. Die durch eigene Gedanken und Beiträge aufgeputzte Schriftstellerei setzte der *Lehrreiche Geschicht-Herold* (1673) fort. Die Vorrede dazu ist ein beachtenswertes Zeugnis für die Befreiung von der lateinischen Tradition. Kuhlmann sagte ihr geradezu den Krieg an, wenn er die lateinische Sprache für *Verwirrung und Verirrung der Völker* verantwortlich machte. Der lateinischen Teufelin stellt er die göttliche deutsche Sprache mit ähnlichen Begründungen ihrer Vorzüge wie Schottel entgegen. Er zielt wie Böhme auf die *lingua adamica* ab und glaubt, diese mit einem selbstkonstruierten mechanischen Wechsel der Laute und Buchstaben mechanisch wiederherstellen zu können. Seine beabsichtigte deutsche Sprachkunst und Rechtschreibereform mögen sich gleicher oder ähnlicher Mittel bedient haben. So kündigt sich die Auflösung der mühsam errungenen harmonischen Einheit des 17. Jahrh.s durch den Aufstieg des Rationalismus an. Da aber Kuhlmann selbst hinter allen Erscheinungen das göttliche Geheimnis witterte, so konnte er sich des Zwiespaltes, den er ahnungslos mit herauführte, gar nicht bewußt werden. Sein Verhalten gegenüber der Sprache hat noch eine Kehrseite: er übertrug die Methoden der Alchemie auf die Sprachwissenschaft und hielt das *innere Wort* den Sprachreinigern wie einen Fetisch entgegen. Sein Streben, das vernunftmäßig nicht Faßbare durch die Mittel der Sprache faßbar zu machen, ließ ihn der Sprache Gewalt antun. Er schwelgte in Neubildungen, Zusammensetzungen und Veräußerlichungen. Vielleicht fühlte er, wie zerredet, abgebraucht und gehaltlos Worte und Bilder der Dichtersprache waren, wie man ihren echten, aus der Ergriffenheit kommenden und ihren schablonenmäßigen Gebrauch nicht mehr unterscheiden konnte? Vielleicht wollte er auch da als Reformator wirken und Neues heraufführen? Doch war sein Ziel mit einer Übersteigerung der gleichen Mittel nicht zu erreichen. So gesehen, ist Kuhlmann eine tragische Figur. Wenn er wirklich früher als seine Zeitgenossen erkannte, daß die sprachliche Ausdrucksform ihre Höhe erreicht hatte, so war es ein tragischer Irrtum, die notwendig gewordene Neuerung mit ungeeigneten Mitteln zu versuchen.

Kuhlmanns großes Vermächtnis ist der *Kühlpsalter* (1684/86). Von den zehn Büchern sind die ersten sieben den Planeten oder Lebensgeistern, die anderen drei den Anfängen gewidmet. Jedes Buch umfaßt 15 Psalmen, je sieben beziehen sich auf äußere und innere Gestalten. Das zwischen ihnen liegende Mittelstück ist deren Vereinigung und Mittelpunkt. Man könnte die Selbstzucht und den streng durchgeführten Aufbau bewundern, wenn nicht die ständigen Beziehungen zu Kuhlmann selbst und den unbedeutenden Einzelheiten aus seinem Leben zeigten, wie wichtig er sich selbst nahm. So wird der Kühlpsalter zu einem Triumph des Ich eines trunkenen Schwärmers, der auch die lächerlichsten Vorgänge aus seinem Leben mit solchen im Weltall in Beziehung setzt. Daß er dazu noch mit Bildern, Vorstellungen und Wendungen aus der Apokalypse arbeitete, erschwert die Möglichkeit, den eigentlichen Kern des Werkes zu erfassen. Und doch bricht allenthalben eine ungewöhnliche Dichterkraft durch. Formen- und Bildsprache seiner Vorgänger hat Kuhlmann in seinen Dichtungen vereinigt. Man kann sie mit einer Sammellinse vergleichen, welche die aufgenommenen Strahlen weitergibt, oder mit einem Baum, der viele üppige Blüten trieb, aber keine Früchte zeitigte.

LITERATUR

Allgemeines: F. W. Wentzlaff-Eggebert, Das Problem des Todes in der deutschen Lyrik des 17. Jahrh.s, Leipzig 1931. M.-L. Wolfskehl, Die Jesusminne in der Lyrik des deutschen Barock. Diss. Gießen 1934. Vgl. auch die Literaturangaben auf S. 154.

A. v. Franckenberg: W. E. Peuckert, Die Entwicklung Abrahams von Franckenberg bis zum Jahr 1641. Diss. Breslau 1926.

Heermann: Die geistlichen Lieder gab Philipp Wackernagel, Stuttgart 1856, heraus. T. Hitzeroth, J. H. Marburg 1907.

Czepko: Werner Milch gab Czepkos geistliche Schriften, Breslau 1930, und weltliche Schriften 1932 heraus. Seine Monographie über C. erschien Breslau 1934.

Spee: Trutznachtigall und Güldenes Tugendbuch wurden von A. Weinrich, Freiburg 1908 hrsg., Trutznachtigall Neudr. 292–301 (1936) von G. O. Arlt. J. Diehl, F. Spee, 2. Aufl. Freiburg 1901. W. Kosch, F. v. Spee, 2. Aufl. München-Gladbach 1921. E. Reichert, Einflüsse und Anregungen auf die Dichtung F. v. Spees. Progr. Neuruppin 1913.

Gerhardt: Die Dichtungen wurden hrsg. von H. Ebeling, Hannover 1898. H. Petrich, P. G., 3. Aufl. Gütersloh 1914.

Neumarck: F. Knauth, G. N. Langensalza 1881.

A. O. Hoyers: A. B. Roe, A. O. H. Diss. Bryn Mawr (Pennsylvania) 1915.

C. R. v. Greiffenberg: H. Uhde-Bernays, C. R. v. G. Berlin 1903.

Jesuitenlyrik: J. Bielmann, Die Lyrik des Jakobus Pontanus S. J. Litwiss. Jb. 4 (1929) S. 83–102. Neu hrsg. wurden Baldes Carmina lyrica von B. Müller, München 1844. A. Henrich, Die lyrischen Dichtungen J. B.s. Straßburg 1915.

Scultetus: K. Schindler, Der schlesische Dichter Andreas Scultetus. Breslau 1930.

Scheffler: Die sämtlichen poetischen Werke und eine Auswahl der Streitschriften wurden von G. Ellinger, 2 Bde. Berlin 1924, hrsg. Eine Ausgabe sämtlicher poetischer Werke in 3 Bden und einem 4., der die theologischen Streitschriften enthält, wird von H. L. Held, München 1949 ff., besorgt. G. Ellinger, Angelus Silesius, Breslau 1927.

Knorr: K. Salecker, Christian Knorr von Rosenroth, Leipzig 1931.

Kuhlmann: J. Hoffmeister, Quirinus Kuhlmann, Euph. 31 (1930) S. 591–615.

FÜNFTES KAPITEL

DAS DRAMA IN DEUTSCHER SPRACHE. GRYPHIUS

Die Ansätze zu neuen Überlieferungen dramatischer Spielübung entfalten um die Wende zum 17. Jahrh. ein verwirrendes Spiel neuer Kräfte. Die Spielweise der englischen Komödianten, die italienische Oper, die verschiedenen Schulbühnen, welche mit neuen Mitteln alte Entwicklungen auffrischten oder wie die Jesuiten neue begründeten, wirkten nebeneinander. Kräftiger als die Höfe, welche sich vereinzelt und meistens nur für kurze Zeit um die Förderung des Dramas bemühten, wirkten die Schulen. Konnten diese, wie in Bayern und Österreich, am Hof und für die Hofgesellschaft spielen, so ergaben sich ähnliche Entwicklungsmöglichkeiten wie in den übrigen westeuropäischen Ländern. Aber die Schauspielkunst diente in Deutschland der Erziehung zu höfischem Anstand. Der Schüler war kein Berufsschauspieler. Erst mit der Entwicklung dieses Standes und seiner Einordnung in die bürgerliche Gesellschaft haben die leidvollen Wanderjahre des deutschen Theaters ihr Ende. Das größte Ansehen genoß das Ordensdrama in lateinischer Sprache, für dessen Pflege die Jesuiten das Vorbild aufstellten. Es hatte, wie wir bereits erwähnten, um die Mitte des Jahrhunderts zwar schon seinen künstlerischen Höhepunkt überschritten, aber es bewährte seine Lebenskraft auch als Vorbild für Gryphius, welcher das deutsche Drama aus der lateinischen Tradition befreien wollte.

1. SCHULDRAMA UND KOMÖDIANTENSPIEL

Nach Herzog Heinrich Julius verlor sich das Interesse der Höfe an der Spielübung der englischen Komödianten. Über die Tätigkeit ihrer Nachfolger, welche Stücke in deutscher Sprache aufführten, läßt sich noch wenig sagen. Der Krieg war ihrem Wirken nicht günstig. Wenn man erfährt, daß einer Theatergesellschaft da und dort das Spielen gestattet wurde, man auch den Namen eines Stückes hört, ja selbst einzelne Textsammlungen aus den Jahren 1620 und 1630 zu Gesicht bekommt, so ist man über das Vorhandensein eines Dramas in deutscher Sprache unterrichtet. Die zweite dieser Sammlungen trägt den Titel *Liebeskampff* und ist bei dem Verleger Große in Leipzig erschienen. Hier und in der späteren Sammlung *Schaubühne englischer und französischer Komödianten* (1670) erweist sich die Anziehungskraft romanischer Vorbilder, und bewährt sich eine frische, von Gelehrsamkeit und Überlieferung unbeschwerte Übersetzerkunst. Die Anregung, welche von den englischen

Komödianten weitergegeben wurde, betraf weniger die Eröffnung einer neuen dichterischen Kunstform als die einer Spieltechnik. Was schließlich davon übrigblieb, war die ewige Gestalt des Hanswurst, der Pickelhäring. Er beherrschte die Bühne. Vereinzelt suchte das Spiel dieser Wandertruppen ein Repertoire, das an die Bestände der Garderobe und die Zahl der Mitglieder gebunden war, zu erweitern. Es schaltete willkürlich mit allem, was sich ihm bot, und paßte die wirksame Einzelheit in das Spiel ein. Wenn die Leipziger Sammlung von 1630 an den Schäfereien besondere Freude hat, so beweist dies ein anscheinend erfolgloses Erheben über ausgeleierte und nicht mehr erfolgreiche Formen, aber kaum ein Streben nach dem Höheren, sondern nach zugkräftigen, kassenfüllenden Stücken. Vom lateinischen Schuldrama zur Wanderbühne führt kaum eine Brücke. Zeigen sich aber Verbindungen zwischen beiden, so geht dies auf wechselseitige Beziehungen zu holländischen, französischen, spanischen und italienischen Dramen zurück. Wenn auch das Schuldrama in deutscher Sprache den Abstand zum Spiel der Wandertruppen wahren mochte, so konnten sich doch vereinzelt Berührungspunkte zwischen diesen beiden Kunstübungen bilden. Zunächst will auch das Drama der Wanderbühne die Moralsatire unterstützen. Deshalb schreibt die Vorrede des Liebeskampfes Guevaras Güldenes Sendschreiben in der Übersetzung von Albertinus aus, wie die Dramen selbst bereitwillig Motive aufnahmen, die aus den Ritterromanen stammten. Daß Opitz für solche Kunst kein Organ haben konnte, braucht nicht erst bewiesen zu werden. Er hat es mit allen Schulmeistern gemeinsam, ein Feind von allem Rohen zu sein. Künstlerische Möglichkeiten bot das Pickelhäringspiel nicht. Es reihte Einzelheit an Einzelheit und wirkte durch Situationskomik. Prügel waren auch damals schon die heitersten Einfälle. Sie gehören zu Posse und Fastnachtspiel. Bis zum Auftreten Johannes Veltens um 1680 in Mitteldeutschland, dem Zeitpunkt also, da die volksmäßige Kunstübung bewußt zu einer höheren Kunst greift, da es gelingt, Molière in Deutschland einzuführen, und die Berufsschauspieler Träger einer Überlieferung werden, an der Gottsched zum Reformator des deutschen Theaters werden konnte, sieht sich die Forschung einem widerspenstigen Stoff gegenüber. Versuche, ihm über die Textkritik beizukommen, sind zum Scheitern verurteilt, weil man keinen Überblick über die Verluste hat und man bisher viel zu wenig mit dem Zerspielen der Texte gerechnet hat. Auch mit der Aufdeckung der Quellen, worum sich *Werner Richter* bemühte, kann die Erkenntnis nicht gefördert werden, solange noch kein Überblick über die wirklichen Bestände gewonnen ist. Dem Naturalismus des Spieles der englischen Komödianten kam der Krieg entgegen. Er begünstigte die Verbindung des Schuldramas mit dieser Spielweise. Zwei Beispiele können dies belegen.

Johannes Girbertus (1603–71) aus Jena wurde nach Abschluß seiner dortigen Studien Schulmeister in Saalfeld und 1633 Rektor in Nordhausen. Er war Rektor des Gymnasiums zu Mühlhausen in Thüringen von 1644–66.

Am 14. August 1643 ließ Girbertus von seinen Schülern sein Fortunatusdrama *Vom Laufe der Welt* aufführen. Es zeigt enge Berührung mit dem Spiel der englischen Komödianten. Allerlei Eindrücke aus dem großen Krieg werden darin verarbeitet. Panolbius muß Haus und Hof verlassen, verirrt sich in einem Wald und schläft ein. Nach seinem Erwachen findet er auf seinem Lager vier Dinge, welche ihm Fortuna zur Wahl bereitgestellt hat: Weisheit, Reichtum, Stärke und Schönheit. Trotz des Abratens von vier Geistern (Diogenes, Midas, Herkules, Venus) wählt er den Glückssäckel. Er empfängt ihn gegen das freiwillige Versprechen, den Jahrestag dieses Ereignisses stets mit drei guten Taten zu begehen. Ein Verlobungsspiel beschloß die Aufführung, über welches sich der Nordhausener Pastor beim Rat beschwerte mit dem Erfolg, daß Girbertus es vorzog, sein Amt in Nordhausen niederzulegen. Die Eingabe berief sich darauf, es sei jetzt keine Zeit, Komödie zu spielen, es seien *amatorische Sachen* gespielt worden, Cupido sei mit einem Pfeil aufgetreten, der Jugend sei ein *scandalum* gegeben worden, *grobe mores* und *Unflätigkeiten* seien vorgelaufen. Man kann aus solchem Beispiele außer dem Versuch, das Schultheater neu zu beleben, ersehen, daß neben dem Dreißigjährigen Krieg auch der puritanische Geist die Wachstumsmöglichkeiten des deutschen Dramas beschränkte.

Johannes Sebastian Mitternacht (1613–1679) stammt aus Hardersleben im nördlichen Thüringen. An die Schule nach Naumburg kam er 1630, an die Universität Wittenberg 1633 zum Studium der Theologie. Nachdem er die Magisterprüfung abgelegt hatte, wurde er 1636 Hofmeister. Krankheit, Kriegsnot, Vertreibung aus der Pfarre, den Tod seiner jungen Frau erlebte er 1638–41 in Teutleben. Seine Verhältnisse besserten sich, als er 1642 zum Rektor der Ratsschule in Bautzen ernannt wurde. Von 1647 an leitete er das Gymnasium in Plauen, richtete den Schulbetrieb neu ein und pflegte die Schulkomödie mit jährlichen Aufführungen (1647–62). Die meisten Stücke verfaßte er selbst. Zum Superintendenten in Neustadt a. d. Orla wurde er 1667 ernannt, übte sein Amt jedoch nur kurze Zeit aus und ging noch im gleichen Jahr als Oberhofprediger und Stiftssuperintendent nach Zeitz.

Mitternacht führte alte Überlieferungen des Schuldramas fort, belebte sie aber mit Elementen des Dramas der Wanderkomödianten. Originell ist seine Auffassung des Stoffes vom *verlorenen Sohn*, dessen Annäherung an die pikarische Welt hier im Drama vollzogen wird. Der Held ist ein Opfer des Dreißigjährigen Krieges, läßt sich vom äußeren Glanz des Soldatenlebens verlocken, verliert seine Habe, desertiert und wird von einem Barbier aufgenommen. Dieser seziert ihn bei lebendigem Leibe auf der Bühne, um die Bewegungen seines Herzens beobachten zu können. Mit solcher Grausamkeit wurde der Ungehorsam bestraft. Und das konnte im Schuldrama der abgestumpften Generation zugemutet werden, über welche die Kriegsfurie dahingebraust war. Solche Mittel konnten nicht mehr übersteigert werden. Welcher Kraftanstrengung bedurfte es, um diesen Naturalismus zu überwinden, die Spannungen auszugleichen, die Erregung zu dämpfen und den Sinn der Zeitgenossen auf das natürliche Leben zu lenken! Dazu erwies sich der Roman als das geeignetste Mittel. Mitternachts letztes Drama *Politica dramatica* (1667) ist ein antimachiavellistisches Spiel mit bewegten Volksszenen und demokratischer Tendenz. Da baut er die effektvolle Blutrünstigkeit des Dramas der Wanderbühne ab und wird zum Vorläufer von *Christian Weise*. Vielleicht bewegten sich Mitternachts Predigten auf einer mittleren Ebene zwischen den wilde Instinkte aufpeitschenden Szenen seiner Schauerdramen und der innigen Versonnenheit seiner Lyrik (*Feuer-Heiße Liebesflammen* 1653), die einen Platz zwischen Spee und Scheffler hat. Er bewies, wie reformbedürftig das mitteldeutsche Schuldrama war.

18*

Calvinistisch-puritanischer Theaterfeindlichkeit und der Kriegsnot zum Trotz setzte in Heidelberg 1663 unter dem Kurfürsten Karl Ludwig wieder die Spielübung mit Komödiantenaufführungen von Studenten ein. Der Professor der Theologie Ludwig Fabricius sah sich jedoch veranlaßt, eine Verteidigungsschrift für das Theater im allgemeinen und die Schulkomödie im besonderen (1665) herauszugeben. Vor den Studentenaufführungen von *Ben Jonsons* verdeutschtem *Sejanus* und *Guarinis* ebenfalls verdeutschtem *Pastor fido* in den sechziger Jahren sind in den fünfziger Jahren und später Spiele von wandernden Komödianten bezeugt. Die erste Aufführung des Peter Squentz von Andreas Gryphius fand im Januar 1668 statt. Sächsische Komödianten der Veltenschen Truppe spielten 1679. Gegen Ende des Jahrhunderts unter dem Kurfürsten Karl kam die lateinische Schulkomödie wieder mehr zur Geltung: *Aeneas Pius* (1682), *Aeneas exul* (1687). Der Bibliothekar Lorenz Beger (1653–1705) verfaßte eine Reihe von allegorischen Fest- und Schäferspielen. Auch eine italienische Oper wurde zur Hochzeitsfeier der Kurprinzessin Maria Sophia mit König Peter von Portugal (1687) aufgeführt. Die Zerstörung des Schlosses (1688) setzte dieser Überlieferung ein Ende.

2. DIE ANFÄNGE VON ANDREAS GRYPHIUS

Bei aller Bewunderung, mit der wir zur Größe von Andreas Gryphius aufblicken, bleiben uns seine Kunst und sein Denken fremd. Hymnik, Pathos, Wendung zum Jenseits, stoische Weltsicht und das Verlieren in die Unendlichkeit scheinen für unser Empfinden ein Streben auszudrücken, das persönliche hohe künstlerische Wollen dichterisch zu gestalten. So verstärkt sich der Eindruck, er ringe sich wie Michelangelos Titanen vom Felsen los. Seine Leistung und sein ganzes dichterisches Schaffen sind eine ungeheure Kraftanstrengung, der die Zeitgenossen unumstrittene Anerkennung zollten. Aber mitzureißen und anderen in die Regionen seiner Kunst den Weg zu weisen, vermochte er nicht. Es währte lange, bis Gryphius im Drama eine Form fand, welche seinem Wesen entsprach. Daß er nicht zum vorbildlichen Schöpfer und Anreger werden konnte, ist darauf zurückzuführen, daß ihm die Möglichkeiten fehlten, in die Weite zu wirken. Keiner der gelehrten Dichter hat sich so kühn hinweggesetzt über die Vorschriften von Opitz und in der Lyrik sein persönliches rhythmisches Empfinden geoffenbart. Im Drama die Macht des Alexandriners zu brechen, vermochte Gryphius nicht. Aber auch in diesem Vers gab er seine Persönlichkeit nicht preis. Bei ihm sucht man umsonst nach Zügen des Herrenmenschen. Er hat darauf verzichtet, das Leben zu meistern. Aber das

Leben meisterte ihn und bedrückte seine Seele mit der Angst. Sie entwertet die Güter, welche das Leben schenkt, und macht sie zu schatten-
haften Gespenstern. Die Unruhe des Daseins, die Ziellosigkeit irdischer
Hoffnungen und Wünsche, die Vergänglichkeit: das waren die Mächte,
denen Gryphius sich unterwerfen mußte, ohne daß er einen offenen
Kampf mit ihnen aufnahm. Er sah in der Welt weder Ordnung noch
sinnvolles Zusammenwirken der Naturkräfte. Erst durch die Bindung
an das Überweltliche erhalten diese für ihn ihre Aufgaben, können gedeutet und in Zusammenhang mit den Sitten gebracht werden. Da eröffnet sich ein Fülle von Fragen, weitet sich das geistige Blickfeld in die
Unendlichkeit und zeigt sich ein Weltbild, das kaum eine Beziehung
mehr zur wohlgefügten Ordnung hat, welche Opitz in der Welt und
im Leben sah oder wünschte. Der Höhenweg der deutschen Literatur –
wenn wir die Entwicklung der gelehrten Bildungsdichtung in deutscher
Sprache so bezeichnen – entfernt sich mit Gryphius am weitesten von
seinem Ausgangspunkt Opitz. Was sich nachher in diese Überlieferung
stellte und den Entwicklungsgang bestimmen wollte, näherte sich
wieder dem Ausgangspunkt. Es ist, wie wenn den kommenden Epigonen vor der geistigen und formalen Kühnheit dieses Einen bange wäre.

Der Größe und Bedeutung von Gryphius kommt man nicht mit dem
Geniebegriff bei. Denn er legte einen besonderen Wert auf die Technik.
Er war Rhetoriker und großer Könner. Er bändigte den Geist, der
aus ihm sprach, mit seiner Kunst. Wie er sich nicht den Freuden des
Daseins hingeben konnte, so kannte er auch das tändelnde Spiel und die
Gesellschaftskunst nicht. Von den Pegnitzschäfern zu Gryphius führt
kein Weg. Sie haben sich an den harten kristallenen Grenzen des menschlichen Daseins nie wundgestoßen. Ihre Denkbemühung dient abwechs-
lungsreicher Unterhaltung und einer Allerweltsbildung. Gryphius
aber war Gelehrter und Forscher. Auch als Dichter legte er sich Fragen
und Probleme zur Lösung vor. Ihren ganzen Umkreis zu bestimmen,
wäre eine schöne Aufgabe. Der Gegensatz zwischen Ewigkeit und Zeit
ist die geistige Achse seiner Dramen. In den Geister- und Gespenster-
erscheinungen spielt die Ewigkeit – anders als die Allegorien aus den
Gefilden der Seligen im Ordensdrama – in die beschränkte, vergäng-
liche Menschenwelt herüber. Alles Geschehen bekommt nur durch die
Beziehung zum Göttlich-Überirdischen seinen Sinn. Deshalb vereinigen
sich bei Gryphius die religiösen mit den historisch-politischen Bezirken.
Welterkenntnis bedeutet Leid und führt zu Absage an die Welt und zur
Weltverneinung. So schlägt Gryphius im Drama ein Thema an, das den
Roman bald beherrschen wird. Wollte Gryphius ein Vorbild geben,
wie man sich im Leben zu verhalten hat, so mußte er den Märtyrer zum
Helden erheben; denn damit konnte gezeigt werden, wie man das Leid
erträgt und die Kraft bewahrt. Nicht als Gnadengeschenk offenbart

sich solche Haltung den Menschen, sondern sie ist ein aus der Erfahrung gewonnenes Wissen, das kein zweifelndes Wanken aufkommen läßt. Was immer über den Menschen in diesem Leben hereinbricht, kann sein für die Ewigkeit und ein anderes Leben bestimmtes Wesen nicht berühren. So stehen hinter dem erdhaften-bühnenmäßigen Geschehen die geistigen Vorgänge. Nicht die handelnden Menschen, welche auf dem Theater erscheinen, bestimmen den Gang der Ereignisse, sondern die Kräfte der höheren Welt. Dadurch, daß Gryphius auf das allegorische Spiel verzichtet, wird sein Bühnengeschehen für unser Empfinden noch mehr in die Bereiche des Unwirklichen versetzt. Gegenstand und Handlung sind durch den Stoff gegeben. Sie werden immer wieder paraphrasiert. Gryphius kommt es in seinen reifen Werken auf die Widerspiegelung der geistigen Welt in den erdgebundenen Vorgängen an. Er will diese aus ihren Zusammenhängen lösen, indem er das Einmalige hinter das Typische und Beispielhafte zurücktreten läßt. Damit erreichte er Zeitlosigkeit, Zusammenschau von Vergangenheit und Gegenwart. Langsam überwand die Aufklärung diese Einstellung zur Geschichte. Damit veränderte sich auch das geschichtliche Denken, das Schalten mit den Stoffen, die Einstellung zur Wirklichkeit; denn diese oder das Mögliche und Verständliche wollte man dann auf der Bühne sehen und nicht das Vorbild. Deshalb ist der Zugang zu Gryphius so schwer. In das Urteil über ihn mischt sich immer etwas von der kalten Bewunderung, welche er für seine Gestalten beanspruchte. Das versah sie mit der Anziehungskraft auf die Zeitgenossen. Die Späteren aber glauben mit Lessing zu wissen, daß Bewunderung ein kalter Affekt ist.

Andreas Gryphius ist am 2. 10. 1616 in Glogau geboren. Die Familie stammt aus Thüringen. Als Andreas vier Jahre alt war, starb sein Vater (nach einer Legende durch Gift) wahrscheinlich an einem Schlaganfall. Die Mutter, die den Schulmeister Michael Eder geheiratet hatte, starb 1628. In Fraustadt besuchte Andreas Gryphius das Gymnasium, nachdem er die Schule in Glogau absolviert hatte, wo die Gegenreformation mit aller Härte durchgeführt wurde. In Görlitz wollte er die Studien fortsetzen, fand aber kein Quartier. Nach der Zerstörung von Glogau ging er wieder nach Fraustadt, dem Sammelplatz der Protestanten. So steht seine erste Jugendzeit unter schweren Eindrücken und Unglück in seiner näheren und weiteren Umgebung. Seine außergewöhnliche Begabung, Empfänglichkeit für alle Reize, schnelles Auffassen und sein Sinn für sprachliche Formgebung sind früh zu beobachten. Außer den Werken seiner schlesischen Landsleute lernte er die Dichtung der Jesuiten kennen. Sie war das Vorbild für seine ersten lateinischen Gedichte. Der Unterricht des Mathematikers und Poetikers *Peter Crüger* (1580–1639) mag seinen Formsinn gestärkt haben. Als Hauslehrer war er 1634–36 in Danzig. Zum Besseren wandte sich sein Schicksal, als er eine Hofmeisterstelle im Hause von *Georg von Schönborn* in Freistadt antrat. Sein Gönner vermittelte ihm die Dichterkrönung und verpflichtete sich, die Kosten seines Studiums zu tragen. Nach Schönborns frühem Tod (1637) reiste Gryphius mit seinen Zöglingen und vier anderen jungen Adeligen nach Danzig und von dort mit dem Schiff nach Amsterdam. An der Universität Leyden hielt er Vorlesungen und betreute seine Schutzbefohlenen.

Er erlebte Hollands große Zeit, trat zu angesehenen Gelehrten in Beziehung und hatte dort Gelegenheit, Wissen und Gesichtskreis zu weiten. Bedeutungsvoll für seine dichterische Entwicklung und seinen Standort war, daß er sich gegen die Lehre von Heinsius, der der Meister von Opitz gewesen war, für *Salmasius* entschied. Als Begleiter des Stettiners *Wilhelm Schlegel* begab sich Gryphius nochmals auf große Fahrt. Sie ging im Juli 1644 von Holland nach Paris. Während eineinhalb Jahren hatte Gryphius Gelegenheit, die Weltstadt in ihrer Entfaltung kennenzulernen. In Italien besuchte Gryphius Florenz; in Rom trat er in Beziehung zu dem gelehrten Jesuiten *Athanasius Kircher.* Über Ferrara und Venedig ging die Reise nach Straßburg, wo er sich wahrscheinlich ein ganzes Jahr aufhielt, nach Köln, Amsterdam und Stettin. Nach seiner Heimkehr schlug Gryphius Rufe nach Frankfurt a. d. O., Upsala und Heidelberg aus, weil er seine Kraft dem Wiederaufbau seiner Heimat widmen wollte. 1649 heiratete er die Kaufmannstochter Rosine Deutschländer. Seine vielseitigen Beziehungen zu den angesehensten Adeligen förderten seine dramatischen Arbeiten. So stand er im Mittelpunkt des geistigen und kulturellen Lebens seiner Zeit, als er zum Syndikus der Landstände in Glogau ernannt wurde. Seine Aufgabe in dieser angesehensten Stellung, welche ein Bürgerlicher bekleiden konnte, war die Führung des Sitzungsprotokolls. Als Gelehrter und Dichter genoß er hohes Ansehen. Es wird ihm nachgerühmt, daß er elf Sprachen beherrschte. Er starb am 16. Juli 1664 während einer Sitzung der Landstände in Glogau.

Viel Widerspruchvolles im Leben und in der Verhaltensweise von Gryphius könnte erklärt werden, wenn wir über Einzelheiten aus seinem Leben besser unterrichtet wären. Über die allgemeinen Feststellungen, daß seine sensible Natur unter den Eindrücken der Verheerungen des Krieges schwer gelitten hat, daß einer ruhigen Entwicklung sich allerlei Hemmnisse entgegensetzten, von seiner außergewöhnlichen Begabung jedoch überwunden wurden, daß er Gelegenheit hatte, sich eine auf der Höhe der Zeit stehende Bildung anzueignen und ähnliches, wird man schwer hinauskommen. Gryphius ist eine *männlichere* Natur als viele seiner Zeitgenossen. Vielleicht ist dies auch daran zu erkennen, daß die aufstrebende Romankunst mit ihrer Betonung der Frauencharaktere (Buchholtz) auf Gryphius keinen Eindruck machte. Wenn die Literaturgeschichten erreicht haben, daß sich mit dem Namen Gryphius sofort die Vorstellung *Vanitas* einstellt, so sollte das nicht dazu verführen, ihn als Pessimisten anzusehen. Einstürmende starke Lebenseindrücke, Empfänglichkeit, Erregbarkeit durch sinnliche, namentlich visuelle Reize, plötzliche Umstellungen durch äußere, unvorhergesehene Ereignisse, Mangel an Ruhe und Sicherheit im äußeren Leben, Gegensätze und deren ewiges Aufeinanderprallen, Versenkung in den Tod, Hoffnung auf ein beständiges Jenseits, das nach unsäglichen Mühen endlich erreicht wird, und in dem sich die Scheidung der Geister vollzieht, Ringen um innere Festigkeit, die sich allein allen Bedrohungen gegenüber standhaft erweist: das sind die Voraussetzungen zur Bildung eines neuen Lebensgefühls. Wir begegnen ihm von der Mitte der dreißiger Jahre an in der Dichtung. Die Schlagworte, unter denen es zu erkennen ist, heißen *Fortuna* und *Vanitas.*

Mit der Ausbreitung solcher Vorstellungen vollzieht sich gleichzeitig eine Umwertung der Werte, eine andere Einstellung zu den
Gütern. Das Streben, aus den einzelnen Lebenslagen, seien sie noch so
leidvoll, Nutzen zu ziehen, der der Seele, der Charakterbildung und nicht
dem Körper zugute kommt, der Glaube an das Jenseits, das den
Menschen näher gerückt ist, weil sie selbst eingesehen haben, wie
fragwürdig und schwach ihre Bindung an das Diesseits ist, konnte über
die Glaubensunterschiede hinweg die christliche Haltung des Abendlandes stärken. Nach seinen Lebenserfahrungen war Gryphius von der
Unsicherheit des Daseins überzeugt. Er mußte das Gefühl haben, dem
Schicksal ausgeliefert zu sein. Solche Einsichten veranlaßten ihn jedoch nicht zu tatenlosem Zusehen, zu weltschmerzlicher Klage oder
satirischer Weltbetrachtung. Sie schärfte seinen Sinn für das Tragische.
Vondel mag ihn gestärkt haben, wie *Grotius* sein Rechtsempfinden ge-
weckt hat. Die geistige Einheit der europäischen Gelehrtenrepublik,
in die Gryphius auch das Rom der Jesuiten einbeziehen konnte, nicht
die konfessionelle Zerspaltung hat er auf seiner Bildungsreise erfahren.
Das ganze Leben von Gryphius ist eine Abwehr gegen die Widerwärtig-
keiten des Daseins, die auf ihn einstürmten. In der Mystik fand sein Geist
keine Ruhe. Wohl ist sie eine Grundstimmung seines Daseins, aber
beherrschendes Prinzip ist sie nie geworden. Nicht aus der Einheit
und Harmonie faßte er die Welt auf sondern aus dem Zwiespalt feind-
licher Mächte.

Die künstlerische und formale Entwicklung des jungen Gryphius wird in seinen
Übersetzungen aus dem Latein sichtbar. Um 1635 übertrug er das Märtyrerdrama
Felicitas des Jesuiten *Nicolaus Causinus* (1620) ins Deutsche. Da übersteigert er die
schaurigen Züge seiner Vorlage, ohne jedoch eine Umformung des Stils zu versuchen,
der durch Anklänge an Lucan und Seneca, die lateinischen Günstlinge der Zeit, bestimmt wird. Gryphius schulte sein deutsches Sprachgefühl am lateinischen Vorbild,
an der gelehrten lateinischen Dichtung. Aber er steht gleichzeitig noch ganz in deren
Bann, und zwar mit den biblischen Epen: *Herodis furiae et Rachelis lachrymae* (1634) und
Dei vindicis impetus et Herodis interitus (1635). Sie stellen den Gegensatz des Kindermordes und der Mutterklage, Gottes Rache und das qualvolle Ende des Herodes dar.
Gryphius zeigt an einem besonderen Exempel die verdiente Strafe und den Triumph
der Gerechtigkeit. Aus der Weihnachtsstimmung versetzt er die Leser in eine dramatisch bewegte Teufelsversammlung, deren Höhepunkt Lucifers Rede über die Geburt Christi ist. Er malt deren Folgen aus. Die Angst seiner Zuhörer um den Verlust
ihrer Macht wandelt sich in Kampfeswut. Sie beschließen, sich des Herodes als Werk-
zeugs zu bedienen. Nachdem dieser in seiner prunkvollen Umgebung, seiner Un-
schlüssigkeit und schwankenden Stimmung vorgeführt wurde, folgt der drei Weisen
aus dem Morgenland Anbetung und Huldigung vor dem neugeborenen Heiland. Sie
kehren unmittelbar nachher in ihre Heimat zurück. Die bewegten Bilder vom Zorn des
Herodes und der von Beelzebub entfachten Erregung der Soldaten werden vom Auf-
bruch der heiligen Familie nach Ägypten abgelöst. Dann setzt die Schilderung des
Kindermordes mit allen Greueln ein. Doch erschöpft sich Gryphius im Gegensatz
zu Bidermanns Darstellung nicht in der ununterbrochenen Aufzählung und Steigerung, sondern unterbricht diese mit Betrachtungen, Reden und Gegenreden. Da-

durch findet er eine Überleitung zu Rahels abschließender Klage, in die die ganze verletzte und geschändete Natur mit wehmutvollen Gesängen einstimmt. Das Urbild der Mütter entsteigt in strahlender Schönheit dem Grab und folgt schweigend der Prozession der weinenden Mütter, ehe ihre Klage mit elementarer Gewalt hervorbricht. Schon hier zeigt sich in den Antithesen des Aufbaus, den gesteigerten Gegensätzen, den bewegten Reden und der gestrafften Handlung ein starker Zug zum Dramatischen, der in dem fortsetzenden Epos und dessen Geschlossenheit, die in der Antithese ruht, noch deutlicher in Erscheinung tritt. So stehen der exponierenden Höllendarstellung des ersten Teils nun mit dem Einsatz des zweiten die Himmelsbeschreibung und der Entschluß Gottes zur Rache an Herodes gegenüber. Die Handlung bewegt sich im Bereich der apokalyptischen Allegorie. Ein Engel unternimmt die Fahrt in das Reich des Todes, das mit einer unerhörten Phantasiekraft geschildert wird. Demgegenüber fallen der anschließenden Schicksale der heiligen Familie in Ägypten und die Begebenheiten aus der babylonischen Gefangenschaft ab. Gegenstände des letzten Teiles sind die Krankheit des Herodes, seine Heimsuchung durch Traumbilder und Erinnerungen, seine Vorladung zum Gericht Gottes, die Anerkennung seiner Leistung in einer Teufelsversammlung und die eindrucksvolle, erschütternde Beschreibung der Krankheitssymptome, ehe ihn Gottes Verdikt in das ewige Feuer verstößt. Der versöhnliche Ausklang, die Rückkehr der heiligen Familie und freundliche Naturbilder vermögen jedoch den gewaltigen Eindruck des Grauens nicht abzuschwächen.

In der bildenden Kunst und Dichtung des Jahrhunderts ist Herodes einer der beliebtesten Stoffe. Gryphius hatte eine ganze Reihe von Vorbildern auch unter den Werken der Jesuiten. Doch bietet er zum Unterschied von den meisten seiner Vorgänger weder eine Paraphrase des Evangelientextes noch die Variation einer Vorlage, sondern stellt beide Epen auf neue Grundlagen. In seiner Lehrzeit waren ihm *Vergil* und *Horaz* maßgebende Vorbilder, auch *Lucan* mag in Einzelheiten seine Phantasie angeregt haben. Irgendwelche Beziehungen zu Opitz hatte er kaum. Mit der Übersetzung eines Jesuitendramas, das Opitz noch kennen konnte, zeigt er wenigstens uns deutlich, daß er sich nicht ausschließlich an die Marschroute des Reformators halten wollte.

3. ÜBERGANG ZUR DEUTSCHEN DICHTUNG

In Leyden, spätestens 1643, entstand die lateinische Dichtung *Olivetum*, eine Darstellung der Leiden Christi auf dem Ölberg (Druck 1648). Den Herodesepen gegenüber, welche die unmittelbare Vorstufe zu diesem biblischen Epos bilden, wird nunmehr der Akzent von dem antiken Element auf die christliche Haltung verlegt, und damit treten die dramatischen Antriebe zugunsten der lyrischen zurück. Die bewegende Kraft der Handlung ist der Gegensatz: Judas–Christus. Den ersten Gesang beschließt die Gefangennahme Christi. Eine Anweisung Gottes an die Höllenbewohner zu einer letzten Versuchung Christi

bringt die höllischen Geister in eine wirbelnde, totentanzähnliche Bewegung. Die Strafe eröffnet den Zug. Erinnyen mit den Marter- und
Leidenssymbolen folgen. Dann erscheint der Tod mit dem Hunger und
den allegorischen Folterknechten der Seele (Seuche, List, Begierde,
Zwietracht, Tränen, Schrecken u. a.). Noch wirksamer ist Lucifer mit
seiner unsichtbaren, seelenzerstörenden Begleitung, der sich die Verzweiflung mit ihren Trabantinnen anschließt. Diese gewaltige höllische
Heerschar tritt nun gegen Christus auf. In der Heimsuchung unterliegt
Gottes Sohn beinahe den harten Prüfungen, deren schwerste das Leeren
der Schale ist, in welcher ihm der Engel die Sünden der Menschheit
als Trank darbietet. Christus wird zum heroischen Märtyrer. In Visionen
schauen die Apostel einzelne Zukunftsbilder, ehe Christus vor den
Schlafenden erscheint, und Judas mit seinen von der Hölle angetriebenen
Scharen ans Werk geht. Gryphius verläßt die biblische Quelle ganz
mit einer Rede, in der Christus seinen Standpunkt darlegt und von seiner Sendung spricht. Sie ist gleichzeitig eine Anklage gegen Judas
und seine künftigen Richter. Mit einer Naturbeschreibung setzt der
Übergang zum letzten Teil ein, der in einer Rahmenerzählung untergebracht ist. Das unvermittelte Abbrechen mit einem Hinweis auf
Christi Tod, Grablegung und Auferstehung ist bedingt durch die Absicht von Gryphius, diesen Epenzyklus mit einer (nicht erhaltenen)
Dichtung Golgatha abzuschließen. Das erdgebundene Geschehen wird
in den Gegensatz Himmel-Hölle hineingezogen. Dieser Kontrast muß
im Sinne der religiösen Vorstellungen des 17. Jahrh.s verstanden werden: Der strahlende und triumphierende Himmel wird erst richtig
erkannt, wenn man ihm die Schrecken der Hölle entgegensetzt.

Die starken Erlebnisse mußten auf den sensiblen Charakter von
Gryphius einen großen Eindruck machen. Er war Augenmensch,
ein malerisch Schauender mit besonderer Vorliebe für das Stechende
und Grelle. Bewegung, Schwung, Pathos entsprachen seinem Wesen.
Bedeutungsvoll war die Reise nach den Kulturzentren Europas, in
denen sich eben ein neuer Stil in Kunst und Drama durchgesetzt hatte.
Das Amsterdamer Theater wurde 1638 mit der Aufführung von *Vondels
Gijsbrecht van Aemstel* eröffnet. Ein Jahr, ehe Gryphius nach Paris kam,
waren dort die Hauptwerke *Corneilles*, Cid, Horace, Cinna, Polyeucte,
erschienen; in Italien sah Gryphius Stegreifkomödien und Monteverdis
Opern. Welchen Eindruck mußte auf ein empfängliches Gemüt Ber-
ninis neue Kunst machen! Bei Athanasius Kircher konnte Gryphius
etwas lernen über die Symbolik der Farben und Töne. Solche Eindrücke
führten aus der Regelenge von Opitz in freiere Gefilde. Zwar wird dieser
noch immer gefeiert, wenn auch seine klassizistische Regel überwunden
wird. Für die gesamte Entwicklung war der Aufstieg geistlicher Elemente in der Dichtung bedeutungsvoll. Dem jungen Gryphius hatte

Johannes Heermann mehr zu sagen als Opitz. Das war das Entscheidende für seine Entwicklung. Die Werke seiner Frühzeit lassen den Schluß zu, daß er zunächst kaum den Ehrgeiz hatte, anspruchsvolle Dichtungen in deutscher Sprache zu verfassen. Er wird also wohl die gelehrt-lateinische Kunstübung scharf getrennt haben von der deutsch-volkstümlichen, zu der er auch manche von Opitz empfohlene Gattungen rechnen konnte. In der Epik kam er, nach dem, was uns vorliegt, nicht über das Lateinische hinaus. Ob er von seinen lateinischen religiösen Epen einen Anschluß an den verlorengegangenen Roman *Meletomenus und Eusebia* fand, scheint fraglich. Sein dramatisches Schaffen setzt sofort mit deutschen Werken ein. Anfangs hielt sich Gryphius an Kunstübungen, die schon beinahe überholt waren und nicht mehr als modern galten. Dann aber gewann er über die zeitgenössische lateinische Lyrik *Baldes* und deren Übersetzung den Zugang zu bewegten Formen wie der pindarischen Ode. Er wurde vom lateinischen Dichter über den wörtlichen und freien Übersetzer zum deutschen Dichter, der allerdings noch immer Vorbilder aus anderen Literaturen vor sich sah, aber an diesen Vorbildern zum Formschöpfer wurde.

Zeitlich können die drei Entwicklungsstufen des jungen Gryphius (lateinische Epik, wörtliche bis freieste deutsche Übersetzung, deutsche Dichtung), welche vor seinen dramatischen Werken liegen, nicht scharf voneinander getrennt werden. Das wird noch dadurch erschwert, daß wir über die Entstehungszeit der einzelnen lyrischen Gedichte nicht unterrichtet sind, und eine Chronologie nach stilistischen Kategorien eine feste Ordnung von außen her an sie herantragen würde. Hatte er in Schlesien mehr die klassischen lateinischen Vorbilder herangezogen, so stand er während seiner Reisezeit im Bann der Gelehrten- und Dichtersprache. Gleichmäßiger verteilen sich die Eindrücke der lateinischen Ordensdichtung der Jesuiten. Zeitlich liegen die Hauptwerke der ersten und dritten Entwicklungsstufe, das nicht erhaltene lateinische Epos Golgatha und die Kirchhofsgedanken nahe beieinander. Sie stehen beide unter dem Eindruck des Erlebnisses von Christi Tod. Manches, was zur selben Zeit verfaßt wurde, liegt völlig außerhalb dieses Entwicklungsüberganges. So sind die *Epigramme* (1643) und der *Parnassus renovatus* (1636) von ungleich geringerer Bedeutung. Hier steht Gryphius ganz im Banne der Tradition. Auch von innerer Ergriffenheit ist nichts zu merken. Alte lateinische *Hymnen*, welche er zu Leyden ins Deutsche übersetzte, wurden zum Teil in ihrer inneren Geschlossenheit vortrefflich, zum Teil aber auch mit bemühender Schwerfälligkeit wiedergegeben. Zu einer Nachdichtung aus dem Geist des Originals oder zu einer Umgestaltung aus dem Geiste des Übersetzers und seiner gemeisterten Sprache stieß Gryphius nur langsam vor. Er erweiterte die Vorlage, fügte persönliche Kenntnisse ein, bemühte sich auch um eine

wörtliche Wiedergabe selbst von Wortspielen, aber er verschob die
Akzente, arbeitete an einem eigenen, neuen Aufbau,. an Kontrasten,
die das Original nicht kennt, und rang sich zu selbständiger Gestaltung
durch. Vor 1656 übersetzte Gryphius aus verwandter Zeit- und Weltanschauung *Jakob Balde*. Es ist bezeichnend für sein Wollen, daß er
dessen Enthusiasmus wählte, eine Dichtungsart, welche die entfesselte Phantasie in Odenform bändigt. Für Balde bedeutet sie Selbst-
befreiung. Er hält sich an Gang und Aufbau der Ode, berichtet, stellt
fest, aber erfaßt gefühlsmäßig. Gryphius hingegen befreit sich von solchen
Fesseln der Vorlage. Er wurde darüber zum deutschen Dichter. Er
fand seinen Stil. Da bricht nun sein eigenes Erleben durch, wird die
Formel vom Geist beseelt oder verliert an Bedeutung und Sinn. Gryphius steigert die Gedanken und arbeitet planmäßig auf einen Höhepunkt zu durch Übersteigerungen, Wortballungen, Bewegung und
Farbe. Er bindet rhetorische Fragen aneinander, dichtet um, was ihm
zu leblos schien. Er übersetzt nicht mehr, er beginnt neuzuschaffen,
was ihm die Vorlage bot.

Mit Eifer und ernstem Bemühen hat sich Gryphius mit der poetischen Theorie
seines Zeitalters auseinandergesetzt. Daß er den Zugang zu Opitz nicht suchte,
machte ihn weder zum Eklektiker noch zum vorübergehenden Anhänger einer Partei.
Er blieb sich treu und ließ sich durch nichts von seinem Ziele abbringen. Kaum ein
Dichter trug den vielfaltigen Sprachmantel des Jahrhunderts mit so stolzem Bewußtsein wie er. Die schlichte Ausdrucksweise der schlesischen Mundart stand ihm ebenso
zu Gebot wie das donnernde Pathos der Prunkrede. Er war konservativ und modern
zugleich. Er erlebte die literarische Entwicklung von etwa 1580 an nochmals durch,
holte sie ein und eilte ihr als Dramatiker und Lyriker noch etwa um ein Menschenalter voraus.

Schon 1637 veröffentlichte Gryphius in Lissa ein Bändchen *Sonette*. Daran schlossen
sich in Leyden 1639 die *Sonn- und Feiertagssonette*, in denen er nach dem Vorbild der
Erbauungsliteratur geistliche Betrachtungen zu den Evangelien der Sonntage und
Feste anstellte. Hier wandelt Gryphius auf den Spuren von *Heermann*, dem er eine
poetische Totenfeier hielt. Er fühlte sich ihm darin verbunden, daß auch er durch die
Not der Zeit zum Sänger wurde. Ihm glaubt Gryphius mit dem Preis der Beständigkeit eine feste Weltanschauung zu verdanken. Wenige Dichter des Jahrhunderts
haben so aus innerer Ergriffenheit gedichtet wie Gryphius. Die beiden Sammlungen
seiner deutschen Gedichte von 1643 und 1657 enthalten Sonette, Oden, Epigramme
und die beiden zyklischen Dichtungen *Tränen über das Leiden des Herrn* und *Kirchhofsgedanken*. Jene stammen aus früherer Zeit. Er erzählte die Passion in 19 lyrischen
Balladen und wollte damit die Andacht wecken. Der eigentümliche schwere Rhythmus,
die unmittelbar nebeneinanderstehenden Haupttöne verstoßen gegen die Gesetze der
offiziellen Poetik. Der Dichtung *Olivetum* entsprechend steht der leidende Christus
im Mittelpunkt und nicht der Spender des Trostes. Der epische Gang der Erzählung
wird mit rhetorischen Fragen und Anrufen unterbrochen. Die Entstehungszeit der
einzelnen lyrischen Werke läßt sich nur allgemein, zumeist aus formalen Kriterien
feststellen. Gryphius brach mit der Alleinherrschaft des Alexandriners im Sonett.
Er führte bewegte Rhythmen ein, in denen schließlich von der ursprünglichen romanischen Gestalt des Sonetts nur noch das Reimschema übrig blieb. Starre Schemen
des Rhythmen- und Strophenbaus lehnte er schließlich ab. Er wechselte am Ende von

Strophe zu Strophe im Versmaß. Es ist, als ob er Urkräfte der deutschen Sprache ent-
fesseln wolle. Selten sind die einzelnen Erlebnisse, welche den unmittelbaren Anlaß
zu den Gedichten gaben, zu erkennen. Immer aber wird die starke innere Ergriffenheit,
welche sich selbst neue Formen zu schaffen sucht, sichtbar. Von konventionellen
Formen und Motiven der Schäferei hält sich Gryphius fern. Im Gegensatz zu Opitz
hat er kein einziges Lehrgedicht verfaßt. Selten hat er sein Talent in den Dienst der
Gelegenheitsreimerei gestellt und auf Bestellung gearbeitet. Bezeichnend ist die Auswahl dessen, was er übersetzte: mittelalterliche Hymnen und neulateinische Jesuitenlyrik von Sarbiewski, Bidermann und Balde.

Die Neuschöpfung des Erlebten wird in den *Kirchhoffsgedanken* sichtbar. Erst nachdem sich sein Pathos entfesselt und er die Ausdrucksfähigkeit der deutschen Sprache entdeckt hatte, fand Gryphius die seinem
Wesen entsprechende Ausdrucksweise und dichtete aus dem Geiste
der deutschen Sprache. Er befreite gleichsam das, was ihn zur Dichtung
trieb, von den Fesseln der lateinischen Sprache. Das scheinbar Wider-
spruchsvolle, daß er in den Kirchhofsgedanken die Visionen mit einer
eindrucksvollen Mahnung, Geschautes und verstandesmäßig zu Erfassendes aneinanderband, wurde Prinzip der Dichtung. Diese schwingt
zwischen Wirklichkeit und Vision, Gegenwart und Zukunft, Tod und
Auferstehung. Ihre Grundstimmung ist das Grausige, dessen Nährboden die stoisch-christliche Weltsicht ist. Gleichzeitig wurde selbst
hier in der Eindringlichkeit, mit der Mahnung und Drohung vorgebracht wurden, noch eine Verbindung mit der Moralsatire aufrechterhalten. Der Epiker heiliger Stoffe bereitete die Vision dieser gehobenen
Totantanzrevue vor. Sie entwickelt sich aus der äußeren Ruhe des
Gottesackers. Die Betrachtung der schlafenden Toten leitet zur Schau
der auf ihn einströmenden Bilder über. Diese Vorgänge begleiten
rhetorische Fragen, welche die Bewegung der Totenscharen eröffnen.
Wie der Palast die Vergänglichkeit des Irdischen versinnbildlicht, so
offenbart der Friedhof die Beständigkeit des Ewigen. Mit erschütternder Eindringlichkeit mußte die Stimmung der Andacht den harten
Gemütern des 17. Jahrh.s durch die Erscheinungen der Verwesung beigebracht werden. Das konnten die Scharen der Toten und die Erinne-
rungsbilder an Kriegsgreuel, welche die Dichtung festhält. So wird die
Versenkung in das Äußere – das sind die Begleitumstände des Todes –
ein wirkungsvolles Mittel zur Erregung der Andacht. Der Tod hält auf
seine Weise Revue, so daß die Lehrhaftigkeit der Vorgänge gar nicht
empfunden wird bei der eindrucksvollen Anschaulichkeit, mit welcher
die Bilder vorgeführt werden. Die Übergänge von der Wirklichkeit,
dem bildhaften Erfassen der Vorgänge, zur Vision, zur Schau der Auferstehung und des Jüngsten Gerichtes vollzieht sich so unmerklich,
daß die Widersprüche und Gegensätze sich aufheben und lösen, und eine
Einheit der Erscheinungen empfunden wird. Hier wird das hohe Ziel
der Dichtung in anderer Weise, als es Opitz wollte, erreicht. Wieder

zeigt das Werk des Dichters, der wie Fleming keine Nachfolge hatte, daß Werke und Schöpfungen, in welchen Entwicklungen oder Vorahnungen für uns deutlich hervortreten, ohne unmittelbare Nachfolge blieben. Gryphius ist ein Einsamer in der zu gesellschaftlichem Zusammenschluß neigenden Dichtung seiner Zeit gewesen. Er nimmt auch in der Behandlung lyrischer Formen eine Sonderstellung ein. Das ruckartig Steigende, aus der Sphäre des Körperlichen sich ins Geistige Erhebende ist es, was ihm die pindarische Ode vertraut macht. Zum Unterschied von der Produktion seiner Zeitgenossen erhalten die Sonette von Gryphius durch den fallenden Rhythmus eine ernste, getragene Stimmung. Er läßt auf die letzten Terzette einen besonderen Lichtglanz ausströmen. Über die Mystik wurde Gryphius zum Lyriker. Sein Ziel ist die Gestaltung des Jenseitserlebnisses. Dabei stößt er nie zur jubelnden Vereinigung der Seele mit Gott vor und hält die Stimmung des Triumphes fern von seiner Dichtung. Aber es ist immer das Jenseitserlebnis, das ihn in seinen Bann zieht. Begeisterung und Freude brechen bei ihm nicht durch den ornamentalen Wolkenhimmel der barocken Fresken, sondern sie schimmern herein wie das fließende Licht durch die bunten Scheiben der gotischen Fenster.

4. DIE TRAGÖDIEN

Aufgabe und Sendung von Gryphius erfüllten sich im Drama. Jesuitentheater, Vondel, Corneille riefen ihn zu einer großen Leistung auf, ein Drama in deutscher Sprache zu schaffen, das sich solchen Vorbildern an die Seite stellen konnte. Ungünstigere Bedingungen zur Erfüllung seiner Aufgabe als die in seiner schlesischen Heimat konnte er kaum antreffen. Einzig die Bühne des protestantischen Schuldramas mit ihren Zöglingen als Schauspielern und eine improvisierte Festbühne mit ein paar Dilettanten standen ihm zu Gebote. Gewiß schrieb er für eine lebendige Bühne und verfaßte keine Lesedramen. Mit solcher Phantasievorstellung, daß Gryphius sich einer literarischen Form bedient hätte, die außerhalb des 19. Jahrh.s kaum anzutreffen ist, hat *Willi Flemming* aufgeräumt. Die Sendung von Gryphius mußte daran scheitern, daß er mit den ihm zu Gebote stehenden Mitteln keine feste Überlieferung begründen konnte. Er wollte die Lücke, welche die Reform von Opitz offengelassen hatte, ausfüllen und die Tragödie in deutscher Sprache ebenbürtig neben die holländische, französische, spanische, italienische und englische stellen. Die merkwürdige Beziehung zu *Shakespeare*, daß die Lebzeiten der beiden genau ein Jahrhundert füllen, hat immer wieder zu Vergleichen herausgefordert, welche Gryphius entweder zu einem deutschen Shakespeare machen wollten oder ihn tief darunter stellten oder erklärten, er hätte das Zeug zu einem ganz großen Dramatiker gehabt, wenn er mit anderen Mitteln und unter günstigeren Voraussetzungen hätte arbeiten können. Wir dürfen aber die Literaturgeschichte nicht zu einer Laterna magica von Wunschbildern oder einer Seufzersammlung machen, sondern müssen uns an die Tatsachen halten. Und da bleibt die Leistung des Dramatikers nicht nur an seinem Wollen gesehen groß. Wie konnte er ein Publikum erziehen, seinen Geschmack bilden, wie konnte die Schaubühne zu einer moralischen Anstalt werden, da selbst ein Lessing hundert Jahre später an der Aufgabe scheiterte, ein deutsches Nationaltheater ins Leben zu rufen? Nicht, daß er Unmögliches begehrte oder unzulängliche Mittel anwendete, sondern daß er überhaupt ans Werk ging, ist das Entscheidende. Als deutsche Gegenstücke zu den lateinischen Jesuitendramen haben die Dramen von Gryphius in der Literaturgeschichte einen festen Standort. Doch haben auch die Werke des niederländischen Dramatikers *Jost van den Vondel* (1587–1679) auf das Schaffen von Gryphius nachhaltig gewirkt. Es mag diesem vorgeschwebt haben, die klassizistische Theatertradition mit Seneca als Rückgrat aus vaterländischem Geiste neu zu beleben, zumal sich von der Zeit an, da sich Gryphius in Holland aufhielt, eine naturalistische Wendung des Dramas beobachten läßt; denn die Bearbeitung des Titus-Andronikus-Stoffes von Jan Vos (1641) zeigt den Einbruch der blutigen Schauer- und Mordtragödie in den holländischen Spielplan.

Gryphius bemühte sich um die Gründung eines deutschen Dramas für die Gebildeten, das sich über alte Überlieferungen und die Spielweise der Wandertruppen erhob und dabei nicht der akademischen Korrektheit und inneren geistigen Leere verfiel, welche sich von Opitz her breitmachte. Die literarischen Vorbilder boten einen günstigen Nährboden für die Entfaltung von Pathos und Rhetorik. Zugunsten der Deklamation trat die Ausgestaltung der Handlung zurück. Gryphius erfüllte seine Sendung, wenn er den Zeitgenossen die Vergänglichkeit des Irdischen möglichst drastisch vorführte. Seinem Weltbild war die überwindende Kraft des Wagemutes nicht vertraut, wohl aber das duldende, standhafte Martyrium. Da konnte der christliche Stoizismus triumphieren, wenn nichts imstande war, den Helden von seinen sittlichen Grundsätzen abzuwenden. Dem physischen Untergang des Helden entspricht der moralische des Tyrannen, dessen äußerer Erfolg den Triumph des guten Prinzips keineswegs beeinträchtigen kann. Das macht die Personen zu mechanisch reagierenden Puppen und entkleidet sie der Menschlichkeit, so daß sich für uns der Eindruck festsetzt, sie könnten nicht so intensiv empfinden wie wir. Die fünf Akte ohne Unterabteilungen in den Tragödien – mit Ausnahme des Leo Arminius – und den Chor übernahm Gryphius von Vondel. Die

Texte der Chorlieder (Reyen) legen die Bühnenvorgänge aus und bieten gleichsam eine Interpretation des Dramas, worin auch ihre Verwandtschaft zum allegorischen Teil des Jesuitendramas sichtbar wird. Der Alexandriner, die Geistererscheinungen und die strenge Beachtung der drei Einheiten zeigen Beziehungen zum klassizistischen französischen Drama.

In der Vorrede zu seinem ersten Drama *Leo Armenius* (1646 entst.), das er in Straßburg vollendete, zog Gryphius selbstbewußt einen Trennungsstrich zwischen dieser Leistung und den Übersetzungen, für welche Opitz das Beispiel gegeben hatte. Des hohen Dramas sei eine Liebesgeschichte unwürdig, hier gehe es um die Vergänglichkeit des Irdischen, um die Vorführung eines jähen Sturzes. Die Palastrevolution des Hauptmanns Michael, der den byzantinischen Kaiser Leo (820) beseitigte, bildet nach den Berichten von Zedrenos und Zonaras die Grundlage der ersten Haupt- und Staatsaktion in deutscher Sprache. Leo weiß zwar um die Verschwörung. Balbus sieht im Gefängnis dem Tod entgegen, doch wird der Strafvollzug auf Bitten der Kaiserin Theodora hinausgeschoben. Dadurch bricht das Unglück über Leo herein, der keineswegs als unschuldiges Opfer erscheint, sondern selbst von Gewissensqualen über seine früheren Taten heimgesucht wird. Träger der Handlung sind also noch nicht die sittlichen Prinzipien, vielmehr sind der plötzliche Wechsel des Glücks, der den Gegenspieler befreit, und die Gewissensqual, welche Entscheidungen hinausschiebt, als die treibenden dramatischen Kräfte anzusehen. Geistererscheinungen halten die Stimmung des Grauens fest. Sie sind nicht wie bei Shakespeare Gaukelbilder einer erregten Phantasie, sondern entstammen dem Requisitenkasten einer naturfernen Bühne und dem festen Glauben an das Eingreifen dieser überirdischen Mächte. Sie gehören zum Aufgebot eines Dramas, welches Schrecken verbreiten, Angst einjagen, erschüttern und aufregen soll. Nach antikem Vorbild werden blutige Szenen noch von der Bühne ferngehalten. Botenberichte mit auffallenden Gesten der Darsteller sollen die schaurigen Eindrücke vermitteln. Bühnenwirksamkeit und Rhetorik in deutscher Sprache: das war das Neue in diesem Musterdrama.

Von der Palast-Intrige wurde nun in nächsten Drama, *Catharina von Georgien oder Bewehrte Beständigkeit*, der Akzent auf einen Charakterzug und das Martyrium verschoben. Gryphius hat das Drama wahrscheinlich nicht schon 1647, wie sein erster Biograph behauptet, sondern erst 1649/50 vollendet. Der Gegensatz zwischen himmlischer und irdischer Liebe beherrscht das Werk. Katharina, die christliche Witwe, muß die Werbungen des Perserschahs Abbas zurückweisen, weil sie weder ihren Glauben noch ihr Vaterland verraten noch ihrem ermordeten Gatten untreu werden kann. Sie ist eine energische Heldin, keine Dulderin. Am Schlusse, da ihn die Liebe zu der Getöteten verzehrt, wird Abbas die Bedeutung der seelischen Liebe offenbar. Bildhaft werden die Gefühlswerte in den Personen sichtbar. Als erstem Kunstdrama mit Angaben über die Dekoration kommt dem Werk eine besondere Bedeutung zu. Es ging hier nicht um die Erregung von Schrecken, sondern von Mitleid, d. h. um ein bewunderndes Miterleben der unverdienten körperlichen Leiden. Für Katharina gibt es keine seelischen Konflikte, keinen Schrecken. Erst ihr Tod bringt Abbas sein schändliches Vorgehen zum Bewußtsein.

Der weiblichen Märtyrertragödie folgte die männliche: die *Ermordete Majestät oder Carolus Stuardus, König von Großbritanien* (1. Fassg. 1649/50 entst.), ein Stoff aus der Zeitgeschichte. Das ist im 17. Jahrh. selten, aber keineswegs einmalig oder gar ein Zeichen von Unerschrockenheit. Mehrere Beispiele sind bei den holländischen Dramatikern zu belegen. Das Hauptmotiv, der Sturz eines Regenten, gleicht dem des Leo Arminius. Nur konnten hier die Zuschauer an Ereignissen, deren Zeitgenossen sie waren, regen Anteil nehmen. Die staatliche Ordnung wird durch den Revolutionär Cromwell gestört. Er begeht damit eine verwerfliche Tat. Dem König wird seine Untätigkeit keineswegs zur Last gelegt. Es kommt nicht auf das Durchsetzen oder den Erfolg an, sondern auf die Bewährung der Tugend, wozu er besondere Gelegenheiten findet. Gefaßt, ja mit einer gewissen Freude geht Carl in den Tod. Die erst nach der Verurteilung einsetzende Handlung ist spärlich. Sie lebt aus dem Gegensatz zwischen dem guten Prinzip Carl einerseits und dem abgefeimten Bösewicht und brutalen Mörder Cromwell anderseits. In einer Neubearbeitung nach Cromwells Sturz fügte Gryphius ein poetisches Traumgesicht Carls ein, das ihm den späteren Untergang seines Widersachers vorführte.

Mit der Märtyrertragödie *Großmütiger Rechtsgelehrter oder Sterbender Ämilius Paulus Papinianus* (zwischen 1657 und 59 entst.) schließen die Trauerspiele. Der Held kann sich nicht dazu hergeben, einen Brudermord zu rechtfertigen, wenn auch der Kaiser Bassianus Caracalla selbst der Täter ist. Doch werden die Zuschauer und die auftretenden Personen selbst noch längere Zeit im ungewissen gehalten, da Papinian sich zurückhält und weder zur Partei des Kaisers noch der des ermordeten Geta tritt. Er verachtet das Hofleben, weil er es von Grund auf kennt, und möchte am liebsten seinen gelehrten Studien leben. Aber er ist nicht bereit, die reinen Mittel seiner Wissenschaft und sein persönliches Ansehen zu mißbrauchen, und geht lieber mit seinem kleinen Sohn in den Tod. Ungewöhnlich breit ist die Nebenhandlung, in der die Kaiserinmutter Julia ihren Sohn Geta an Laetus rächt, dem eigentlichen bösen Dämon, der den Kaiser zur Ermordung Getas getrieben hatte. Getas Erdrosselung, die Rache Julias, welche Laetus das Herz herausreißt, Folterung und Ermordung Papinians und seines Sohnes werden auf offener Bühne vorgeführt. Dieser Verzicht auf den Botenbericht zeigt schon um die Mitte des Jahrhunderts die Freude des Publikums an der Vorführung schauriger Begebenheiten und naturalistischer Darstellungsweise. Das traf mit der Überlieferung der Wanderbühne zusammen.

Als Gelegenheitsarbeit betrachtete Gryphius *Cardenio und Celinde* (1649 oder früher entst.). Er entschuldigt sich in der Vorrede, daß diesem Drama eine Geschichte zugrunde liege, die er einmal einigen Freunden erzählt und auf deren Rat „ohne poetische Erfindungen" bearbeitet habe. Den Stoff verdankte er *Cialdinis* italienischer Bearbeitung von *Montalvans* spanischer Novelle *Die Macht der Enttäuschung*. Durch das Eingreifen der Geisterwelt bringt Gryphius seine Gestalten auf die rechte Bahn, zur Erkenntnis des *Memento mori*. Cardenio, dessen Leidenschaft zu Olympia ihn verleitet, ihrem Gatten Lysander nach dem Leben zu trachten, wird durch das ihn geleitende Gespenst Olympias von der Ausführung seines Planes abgehalten, indem sich dieses Gespenst in ein Totengerippe verwandelt. Celinde, welche Cardenios Liebe verloren hat und sie durch Zauber und Hexenkunst wiedergewinnen will, begibt sich nachts in ein Grabgewölbe und macht sich bereit, aus der Leiche ihres ehemaligen Geliebten Marcellus das Herz herauszuschneiden, wird aber daran durch dessen Geist verhindert. Gryphius entfernt sich in diesem Drama von der Tradition, er dämpft die Effekte. Die Gestalten steigen auch in ihrer Sprache vom Kothurn der Rhetorik herab. Die Gegensätze werden nicht in sittliche Grundsätze oder die Weltanschauungen von Spieler und Gegenspieler gelegt, sondern in die Seele der Personen. Olympia verkörpert nach den Worten von Gryphius „eine keusche sittsame und doch inbrünstige", Celinde „eine rasende tolle und verzweifelnde" Liebe. Wer hier nach Charakteren fragt, kommt aus einer anderen geistigen Welt, wie sie die späteren Bearbeitungen des Stoffes von Arnim, Immermann, Peter Cornelius oder gar Bartels zu erschließen versuchen. Dem 17. Jahrh. geht es nicht um die Entwicklung von seelischen Anlagen oder um einen Befreiungsakt, um Einmaliges in den Charakteren, sondern um Typisches, um die Auswirkung von Leidenschaften, darum, wie sich bestimmte Eigenschaften äußern. Daher stößt man nur selten auf das Leben und seine künstlerische Nachbildung, sondern zumeist auf Triebkräfte, welche eine Mechanik in Bewegung setzen. Das verlangt die Zeit, die höfische Lebensordnung mit ihren festen Gesetzen. In diesem Drama spüren wir, daß sich der Dichter unbewußt darum bemühte, einen Einblick in das Seelenleben seiner Gestalten zu geben, und sie nicht nur als Lehrmittel in einem Moralunterricht auftreten zu lassen. Im Schaffen von Gryphius trifft man immer wieder auf Stellen, die künstlerische und geistige Bemühungen festhalten, auf welche das Licht der Befreiung fällt. Welcher Anstrengung bedurfte es für den gelehrten Dramatiker, die Darstellung einer Liebenden vom Schlage Celindes zu lösen aus dem Schablonenzwang, den Dido oder Medea ausübten! Noch Lessings Lady Marwood nennt sich eine neue Medea.

Außer der bereits erwähnten Märtyrertragödie *Felicitas* von Causinus hat Gryphius noch die *Gibeoniter Vondels*, die Bilia (zu deutsch *Seugamme*) von *Girolamo Razzi* und den *schwermenden Schäfer* von *Thomas Corneille* übersetzt. Seine Festspiele *Majuma* (1653) und *Piastus* zur Hochzeit Christians von Liegnitz halten sich im Rahmen der üblichen Freuden- und Gesangspiele.

5. DIE LUSTSPIELE

Als originellste Leistungen von Gryphius auf dem Gebiet des Dramas werden seine Scherzspiele angesehen. Er schloß sich mit ihnen volkstümlichen und humanistischen Überlieferungen des 16. Jahrh.s an. Diese wurden allerdings nicht unmittelbar fortgeführt in dem Versuch, sie auf gleicher oder ähnlicher Grundlage zu erneuern, sondern als Satire, zur Belustigung der höheren Stände an der Roheit des volkstümlichen Spiels, um den Triumph der Bildung vorzuführen. Dazu eignete sich das Rüpelspiel aus Shakespeares Sommernachtstraum, die Aufführung von Pyramus und Thisbe durch Handwerker, ganz besonders. Es ist nicht anzunehmen, daß die *Absurda comica oder Herr Peter Squentz* (zw. 1647 u. 49 entst.) aus der unmittelbaren Kenntnis des Shakespearischen Textes geschrieben wurde. Jedenfalls hat Gryphius das Spiel *Peter Squenz* des Altdorfer Mathematikprofessors *Daniel Schwenter*, das wahrscheinlich auf einen Spieltext der englischen Komödianten zurückgeht, kennen gelernt und sich davon zu seinem Scherzspiel anregen lassen. Aus dem Zusammenhang des Sommernachtstraums gelöst, verliert die Komödie ihre tieferen Beziehungen und wird lediglich zur Parodie einer versunkenen Spielgattung und Kunstübung. Hier ist die Kluft zwischen der deutschen Literatur für den Gebildeten und der verachteten meistersängerlich-volkstümlichen in ihrer ganzen Weite zu erkennen. Die Karikatur solcher Spielweisen beherrscht noch auf lange Zeit die Vorstellung von Volksdichtung. Dennoch meldet sich auch im Schaffen von Gryphius die Mundart der Heimat zum Wort.

Das Hochzeitsspiel, welches in Glogau 1660 zu Ehren des Herzogs Georg III. von Brieg bei seiner Vermählung mit der rheinischen Pfalzgräfin Elisabeth Maria Charlotte aufgeführt wurde, ist die Doppelkomödie, das Mischspiel nach italienischem Muster: *Verlibtes Gespenste* und *Die gelibte Dornrose*. Alexandrinerlustspiel und Bauernposse schieben sich so ineinander, daß der Vorführung eines Aktes des einen die des entsprechenden Aktes der anderen folgte, und sich am Ende die Personen beider Stücke zu einem gemeinsamen *Reyen* zusammenfanden. Den Abschluß bildete ein Preislied auf die Liebe, das in einer gemeinsamen Huldigung der Personen beider Stücke an das hohe Brautpaar ausklang.

Quinaults Le phantôme amoureux (1658) war möglicherweise das Vorbild für das Hauptspiel. Zauber gibt es auch hier, aber er wirkt sich freundlich aus. Die Mutter will ihre Tochter Chloris dem Liebhaber Sulpicius durch einen Liebeszauber abspenstig machen. Im Einverständnis mit seinem Freund, der bisher erfolglos um die Mutter geworben hatte, löst Sulpicius die Verwicklung. Der Liebeszauber führt scheinbar seinen Tod herbei. Das gibt ihm die Möglichkeit, als sein eigenes Gespenst die Geliebte zu erringen und die reuige Mutter dem Freund als Gattin zuzuführen. Auf die Beziehungen der *Geliebten Dornrose* zu Szenen aus dem Volksleben, wie sie Breughel und Teniers festhalten, sowie die Abhängigkeit dieser bäuerlichen Liebeskomödie von *Vondels* Lustspiel die *Leeuwendalers* ist wiederholt hingewiesen worden. Gregor Kornblume und Lise Dornrose, Neffe und Tochter zweier verfeindeten Bauern, bemühen sich ohne Aussicht auf Erfolg um die Einwilligung dieser zu ihrer Ehe. Doch werden die beiden Alten, Barthel Klotzmann und Jockel Dreieck, schließlich durch den Dorfrichter Wilhelm von Hohen Sinnen zur Vernunft gebracht, nachdem Gregor seine Lise vor den Nachstellungen eines verkommenen Bauernburschen rettete. Dieser hatte sich mit einer alten Kupplerin verbunden, welche ihm durch Zauberei zum Besitz der geliebten Dornrose verhelfen sollte. Zum erstenmal seit der Dichtungsreform von Opitz setzt sich nun im Lustspiel die bäuerliche Mundart fest. Sie gebardet sich derb und unflätig, aber sie spricht auch aus dem Herzen und zu den Herzen. Gryphius beweist hier wieder, daß er die Register der Sprache beherrscht. Er stuft damit die Menschen sozial, nicht nach ihren Charakteren ab. Sie stellen sich selbst in der ihnen angemessenen Ausdrucksweise vor. Da stößt man auf den gleichen naturalistischen Zug, der die Greuelszenen auf die Bühne bringt. Die Allmacht der Liebe läßt sich in allen zu Gebote stehenden Ausdrucksweisen vorführen. Die Zeitlosigkeit dieses Motivs hebt die sozialen Schranken auf. Das erklärt, warum gerade das Hochzeits- oder Verlobungsfestspiel, wenn es die versöhnende, ausgleichende Kraft der Liebe vorführen will, sich früher als andere Dichtungsgattungen der Mundart bedient. Mehr als hundert Jahre später hat Pater *Maurus Lindemayer* aus dem Kloster Lambach in Oberösterreich ein Verlobungsfestspiel gedichtet, das die Kaiserstochter Marie Antoinette feierte, als sie zu ihrer Vermählung mit dem Dauphin nach Paris reiste.

Das Originale der Lustspiele von Gryphius liegt weniger in den Situationen als in der Sprache. Das zeigt auch seine 1663 gedruckte, aber schon zur Zeit des *Peter Squenz* entstandene Komödie *Horribilicribrifax Teutsch*. Die beiden Hauptleute Don Horribilicribrifax von Donnerkeil auf Wüsthausen und Don *Daradiridatumtarides* Windbrecher von Tausendmord, Erbherr in und zu Windloch leben aus Zügen der römischen Komödiengestalt, des *Miles gloriosus*, und frischen Erinnerungen an die Maulhelden des großen Krieges. Jener richtet sich nach Frankreich, dieser nach Italien aus. Ihnen entsprechen in der Gleichförmigkeit des Charakters die beiden Edelfrauen Antonia und Flaccilla, welche vergeblich hoffen, den verblichenen Glanz ihres Hauses wiederherzustellen. In ihren Töchtern Selene und Sophia begegnen uns ähnliche Wesen wie Celinde und Olympia. Man hat oft von der Sprachfreudigkeit des Jahrhunderts gesprochen. Hier feiert sie einen ihrer größten Triumphe. Die bunten Fremdwörterfetzen putzen die Ausdrucksweise der Gestalten auf. Den fremden Idiomen werden ihre besonderen Bezirke zugewiesen: die militärisch-soldatischen und gesellschaftlichen den romanischen, die Ausdrucksweise des Dorfschulmeisters Sempronius den klassischen Sprachen und die Rede des Rabbiners Isaschar dem Hebräischen. Köstlich sind die Mißverständnisse, welche der Kupplerin Cyrilla mit den fremden Ausdrücken unterlaufen. Als Satire gegen die Sprachmengerei, virtuos zusammengesetzte sprachliche Probekarte und Kultursatire ist die Komödie kaum gekennzeichnet. Dabei wird übersehen, daß Gryphius seine Sprachenkenntnisse spielend auswertete, seinen Lesern oder Hörern wie in einem Gesellschaftsspiel ständig Rätsel vorlegte, und sie zu schneller Umstellung von einer Sprache oder Ausdrucksweise auf die andere erzog. Er arbeitet mit kaleidoskopartigen Mitteln, die wie ein Brillantfeuerwerk wirken und nicht nachhaltig andauern. Darin offenbart sich der Unterschied zu seinen Tragödien mit ihrer festen sittlichen Haltung. In ihnen wollte er Wertbeständiges schaffen, in den Lustspielen unterhalten. So trennte er die Bezirke des *prodesse* und *delectare*. Vielleicht schien es ihm unmöglich, beides in einem Werk unterzubringen. Lehrhaft und bildend aber wollte er immer wirken.

So treten im Schaffen von Gryphius die Absichten und Formen der subjektiv bestimmten Dichtungsgattungen des Jahrhunderts besonders deutlich in Erscheinung. Er bewies, daß die junge, von Opitz aus der Taufe gehobene Dichtung, die ähnlich wie die Wissenschaft mit gelehrten Mitteln und Elementen arbeitete, noch vergeblich um die festgefügte Harmonie der lateinischen poetischen Formen rang, wie sie dem Jesuitendrama und der Lyrik eines Balde und Rettenpacher in ihren Spitzenleistungen eigentümlich waren. Daran muß Gryphius gemessen werden, an den Werken jener Gebiete, aus denen er übersetzte, und nicht an Shakespeare und Vondel. Gryphius mutet der deutschen Sprache zu, was sie in dieser Zeit zu leisten nicht imstande war. Ein Vergleich seiner Werke mit einem einheitlichen barocken Bauwerke zeigt, daß es ihm nicht gelang, die theoretischen Grundlagen der Konstruktion in das richtige Verhältnis zum Zierat, zur Dekoration zu bringen, mag er sich dieser Bemühung auch kaum bewußt geworden sein, als er das in deutsche Verse zu gießen begann, was er früher in lateinischen gedichtet hatte. Er wußte um die Vielfalt der deutschen Sprache, aber er wußte nicht, daß der ihm zu Gebote stehende Sprachstoff kein gleichwertiger und verwendbarer Ersatz für das Lateinische war und daß er schon deshalb kein deutscher Corneille werden konnte, nicht nur, weil er über keine feste Bühne verfügte. Damit ist kein Urteil über ein Talent abgegeben, wenn von jemanden gesagt werden muß, daß er Unmögliches begehrte. Das Leid seines Jahrhunderts, die Heimsuchung seines Vaterlandes, der Wiederaufbau der in ihren geistigen und religiösen Interessen bedrohten Provinz, die Versenkung in die universale Wissenschaft und in die besondere, welche sich um die Ergründung des geheimnisvollen Zwischenreiches bemühte, das Suchen nach neuen Grundlagen oder der Festigung der alten, überhaupt das ernste Streben nach der Errichtung von tragfähigen Fundamenten oder der Gestaltung eines neuen Weltbildes, nach Einheit und Harmonie auseinanderstrebender Kräfte: das sind Voraussetzungen, aus denen die Werke von Gryphius beurteilt werden sollten. Er rang vergeblich um die sogenannte barocke Einheit. Hier stellt sich die Frage, ob von einer solchen, wie sie im Stil der bildenden Kunst zu beobachten ist, in der Literatur in deutscher Sprache überhaupt gesprochen werden kann, wenn man nicht das Wollen an die Stelle der Erfüllung setzt. Schon unmittelbar nach Gryphius beginnt die Auflösung solch erstrebter Einheit, das Überwuchern des Ornaments und der Aufstieg neuer, zukunftformender Kräfte.

LITERATUR

Wandertruppen: W. Richter, Liebeskampf 1630 und Schaubühne 1670. Ein Beitrag zur deutschen Theatergeschichte des 17. Jahrh.s, Berlin 1910.

Girbertus: J. Bolte, Zwei Fortunatusdramen aus dem Jahr 1643, Euph. 31 (1930) S. 21–31.

Mitternacht: J. Witth, J. S. Mitternacht (1613–79) Poeta laureatus, Zschr. f. Kirchengeschichte d. Prov. Sachsen u. d. Freist. Anhalt 28 (1932) S. 86–106.

Heidelberg: J. Bolte, Schauspiele am Heidelberger Hof 1650–87, Euph. 31 (1930) S. 578–91.

Gryphius: Die Werke wurden hrsg. v. H. Palm BLVS 138 (1878), 162 (1882), 171 (1884), die lateinischen und deutschen Jugendgedichte von F. Wentzlaff-Eggebert BLVS 287 (1938), die Sonn- und Feiertagssonette von H. Welti, Neudr. 37/38 (1883), Horribilicribrifax und Peter Squentz von W. Braune Neudr. 3 (1883) und 6 (1877). W. Flemming gab heraus: Katharina von Georgien, Neudr. 261/62 (1928), Cardenio und Celinde und Papinian DL. Bar. 1, Horribilicribrifax und Die geliebte Dornrose D L. Bar. 4 und Majuma DL. Bar. 5. W. Jungandreas gab heraus: Das verliebte Gespenst, Die geliebte Dornrose in: Göttinger Lesebogen Reihe 2, H. 7 (1948). F Gundolf, A. G. Heidelberg 1927. V. Manheimer, Die Lyrik des A. G., Berlin 1904. W. Flemming, A. G. und die Bühne. Halle 1921. G. Fricke, Die Bildlichkeit in der Dichtung des A. G. Berlin 1932. F. W. Wentzlaff-Eggebert, Dichtung und Sprache des jungen Gryphius. Die Überwindung der lateinischen Tradition und die Entwicklung zum deutschen Stil, Abh. d. preuß. Akad. d. W. phil.-hist. Kl. Berlin 1936. 7. Abh.

SECHSTES KAPITEL

ZEITKRITIK

Die eigentliche Heimat der Zeitkritik und der satirischen Formen liegt in den alten Kunstübungen, in der Prosa und im alten, vierhebigen Sprechvers. Dieser hält in der Satire dem Alexandriner kräftigen Widerpart. Ahnte der Spürsinn von Opitz auch dies, wenn er über Satire als längeres Epigramm und Epigramm als kürzere Satire die Akten schloß? Wozu sollte sich auch die Zeitkritik neuer Formen bedienen, da die alte elsässische Überlieferung, welche sich bei Fischart bewährt hatte, die Teufelliteratur und Aegidius Albertinus ihre Lebensfähigkeit bewiesen und neue Prosaformen wie die Gesichte Quevedos sich ihr leicht anpassen ließen? Gegen diese Prosa vermochten die poetischen Vorbilder aus dem klassischen Altertum *Juvenal* und *Persius* nichts. Die Zeit der poetischen Alexandrinersatire kam erst um die Jahrhundertwende, als man auch über die französische Literatur und Boileau mit dem Satiriker *Horaz* vertraut wurde. Ebensowenig wie Juvenal und Persius Günstlinge der Zeit waren, war es das römische Vorbild für die satirische Kurzform, das Epigramm, *Martial*. Der europäischen Epigrammdichtung des ganzen Jahrhunderts wies der Engländer *John Owen* mit seinen lateinischen Epigrammen (1602) den Weg. Titz (1643) und Valentin Loeber (1653) übersetzten ihn, Scherffer und fast zahllose andere schrieben ihn aus. Owens geistreiche Überlegungen und unerwartete Anknüpfungen entlegener Erscheinungen kamen dem Geschmack der Gebildeten besser entgegen als die Unmittelbarkeit Martials, dessen Ansehen sich auf sein Alter berufen konnte. Die elegante Zuspitzung des Gedankens, die geschliffene Kürze, die gewandten Fechterkunststücke kamen der Vorliebe der Zeit zum vielsagenden kurzen Ausdruck, zur Devise und zum Rätsel entgegen. Deshalb erwies und bewährte sich Owen auch als Leiter von Gesprächspielen. Man freute sich des eingepreßten Gedankens und des Suchens nach einem Sinn, der verschieden gedeutet werden konnte. Die kurze Fassung war leicht im Gedächtnis zu behalten, und man konnte in ruhigen Stunden während der Reise zu Pferd oder im Wagen darüber nachdenken. Von der betrachtenden Auf- oder Grabschrift, den Versen des Unmutes fand das Epigramm aus der Welt des Alltags und des Lebens den Zugang zu religiös-mystischer Betrachtung eines Czepko und Scheffler. So wird auch in der Kleinform des Epigramms sichtbar, wie nahe Mystik und Satire beieinander liegen. Beide kommen aus einer gemeinsamen Wurzel, der Unzufriedenheit über das Dasein. Die Mystik aber schreitet über die Kritik hinaus, sofern sie ein Mittel zur Erfüllung eines höheren Zweckes ist. Erhebt sich die Satire zu echtem Pathos, so bildet sie auf ihre Weise die Wirklichkeit ab, verzerrt oder ins Groteske gesteigert. Frei vom persönlichen Hader wird sie nur dann, wenn sie sich nicht mit dem Unbedeutenden und Unwesentlichen auseinandersetzt, nicht zum Pamphlet wird. Wo sie eine feste Bindung mit dem Alltag eingeht, scheiden sich ihre Wege von denen der Mystik. So läßt sich die satirische Literatur des 17. Jahrh.s besser nach sachlich-stofflichen Gesichtspunkten als nach formalen anordnen. Nur das ernste Drama und der heroische Roman halten sich frei von satirischen Elementen.

1. DIE ALAMODELITERATUR UND MOSCHEROSCH

Die Vorliebe für ausländische Sitten und Kleidung findet einen doppelten Niederschlag in der Literatur: entweder tritt man dafür ein oder man wendet sich dagegen. Unter Alamodeliteratur ist also sowohl jenes Schrifttum zu verstehen, das sich an das auf fremdem Boden gewachsene und als gekünstelt empfundene, romanische (namentlich französische) Vorbild hielt, wie auch die Satire, die dagegen auftritt. Durch die kriegerische Invasion und die Bildungsreisenden, welche sich längere Zeit im Ausland aufhielten, die vielen Übersetzungen, welche das Fremde der deutschen Dichtung zur Nachahmung empfahlen, kamen die Vorbilder auf vielen Gebieten nach Deutschland, wo es an einem großen kulturellen Mittelpunkt fehlte, an dem sich ein bodenständiges Schrifttum aus heimischen Quellen hätte entwickeln können. Musikalische Kunstübung und Tagesschriftstellerei waren die wirksamsten Träger des Fremden. Die Gegenbewegung konnte an das uralte Motiv der Moralsatire, die Empfehlung, an der Väter Sitten festzuhalten, und die Abwehr gegen fremde Kleidertracht und Gedanken anknüpfen. Der *Hosenteufel* des *Andreas Musculus* lebte 1629 unter dem Titel *Dess Al-mode Kleyder-Teuffels Alt-Vater* wieder auf. Zu gleicher Zeit wurden die *Alamodischen Bilderbogen* beliebt, welche in Spottgedichten erläutert wurden. Unabhängig von der Literaturreform, ohne Opitz anzugreifen, traten die Gegner des Alamodewesens auf. Es waren einzelne, die sich in kleinen, festen Gruppen zusammentaten. So verteilt sich diese literarische Gattung der Moralsatire auf das ganze deutsche Sprachgebiet: Moscherosch, Logau, Lauremberg, Grimmelshausen, Schupp, Rachel sind ihre vornehmsten Vertreter. Bis in die Aufklärung hinein über Christian Weise weg sind ihre Spuren zu verfolgen. Bei Abraham a Sancta Clara kehrt sie gleichsam wieder zu ihrem religiös bestimmten, moralsatirischen Ausgangspunkt zurück.

Unmittelbar konnte die Alamodeliteratur an die patriotisch-politische Überlieferung des Elsaß anknüpfen. Dennoch wird ein unterscheidendes

Kennzeichen sichtbar: Das Stadtbürgertum, dessen vornehmlichster Sprecher Fischart gewesen war, trat als Träger und Vermittler kultureller und geistiger Werte zurück. Die Berufenen saßen an den höfischen Festtafeln oder im akademischen Lehrbetrieb als Lehrer und Schüler. So mischte sich in die bürgerliche Klage um den Verlust der alten Tugenden auch unbewußt der Verzicht auf die geistigen Führungsansprüche, welche noch aus Fischarts glückhaftem Schiff herauszuhören sind. Der religiöse Grundton des ausgehenden Mittelalters verklingt nun in der Moralsatire. Sie begibt sich im Zeichen eines romanischen Vorbildes (*Quevedo*) in das Reich der Träume und Gesichte, sie verzichtet auf das gebietende Gesetz. Wunsch und Gesicht aber stoßen in einer über der Welt sich erhebenden Ebene zur Erkenntnis einer Menschlichkeit höherer Ordnung vor. Das hält die humanistische Überlieferung aufrecht und gibt sie weiter. Neuplatonisches Gedankengut wird über *Celtis* und *Aventin* neu entfaltet. Es hält auch hier seinen Abstand von der Wirklichkeit und bestehenden Ordnung. Die andere Komponente des Humanismus, Übermenschentum und Machiavellismus, wird weiterhin sichtbar als Gegenspiel im höfisch-heroischen Roman und Jesuitendrama. Das Stadtbürgertum, welches vornehmlich Träger der Zeitkritik und Moralsatire ist, hielt als einstiger Vermittler des antiken Erbes an das Abendland auch im 17. Jahrh. daran fest und bewahrte es vor Übertreibungen. Das kam nicht nur den Zeitgenossen, sondern auch dem Jahrhundert der Humanität zugut.

Hans Michael Moscherosch (1601–69) war der Sohn des Amtmannes Michael Moscherosch zu Willstädt i. Els. in der Grafschaft Hanau-Lichtenberg. Seinem Bericht über den in Spanien und Arragon wurzelnden adeligen Stammbaum der Familie ist wenig zu trauen. Der *gegenhöfische* Dichter hat in seinem Geltungsdrang und Gefühl des Zurückgesetztseins doch immer den Anschluß an den Adel gesucht. Wenn ihn *Expertus Robertus* in den *Gesichten* einen *Hebraischen Moyses-Kopf* nennt, so denkt er an hebräisch *rosch* Kopf. Die griechisch-hebräische Zusammensetzung des Namens aus μοσχος und rosch ergäbe *Kalbskopf*, eine Bezeichnung, die einem satirischen Dichter nicht ansteht. Nun ist der Bürgername Mossenrösch zu Hagenau vom Ende des 15. Jahrh.s an mehrmals nachgewiesen worden. Es hat viel für sich, den Dichter in diese elsässische Verwandtschaft zu stellen. Auf der Lateinschule und Akademie zu Straßburg empfing Moscherosch als Artist und Jurist seine Ausbildung. Bald nachdem er 1624 seine Studien abgeschlossen hatte, unternahm er seine Bildungsreise nach Paris, Frankreich und die Schweiz. Im Hause des Grafen Johann Philipp von Leiningen-Dachsburg war er 1626–28 Hauslehrer. Dann heiratete er Esther Ackermann († 1634) und wirkte von 1630 an als Amtmann in Kriechingen bei Metz, gab jedoch nach der Besetzung des Landes seine Stelle auf und zog nach Straßburg. Auf der beschwerlichen Reise dorthin starb nach kurzer Ehe seine zweite Frau (1636). Von Ende des Jahres 1636 an war er Amtmann in Vinstingen an der Saar. Dort heiratete er Anna Maria Kilburger, welche ihm bis zu seinem Tode eine treue Lebensgefährtin war. Die ersten Jahre dieser Ehe standen wieder im Zeichen von Kriegsnot und -elend. Vorübergehend mußte er den Unterhalt seiner Familie vom Ertrag seiner Felder bestreiten. Von Straßburg aus, wo er sich seit 1642 aufhielt, wurde er von der schwedischen Regierung zum Staatssekretär und Kriegsrat auf der Festung Benfeld ernannt.

Diplomatische Aufgaben erfüllte er 1645 zu Paris. Bis 1656 übte er das Amt eines Sekretärs und Fiskals in Straßburg aus und lehnte ehrenvolle Angebote auf einflußreiche Verwaltungsstellen ab, ehe er als Geheimrat und Kammerpräsident in Hanau eingesetzt wurde. Doch legte er nach einem ihn belastenden Vorkommnis diese Ämter nieder, ohne die Gunst seines Landesherrn zu verlieren. Später stand er im Dienste des Kurfürsten von Mainz und 1664 in dem der hessischen Landgräfin Sophia in Kassel. Daneben bekleidete er noch andere Ämter. Er war im Begriffe, von allen seinen Stellungen zurückzutreten, als ihn der Tod zu Worms auf einer Reise ereilte. Aus seinem literarischen Ebenbild Philander gewinnt man kaum Einblick in diesen aufbrausenden, unbeständigen, empfindlich-nervösen Charakter. Moscherosch wird immer wieder aus der Bahn geworfen, er greift selbst in sein Schicksal oft recht energisch ein und klagt immer wieder über Zurücksetzung, Mißgunst und Neid. Über seine literarischen Pläne geben die Meßkataloge Aufschluß. Nur ein Bruchteil dessen, was sie anführen, ist von ihm abgeschlossen worden. Wie weit die geplanten Werke gediehen, ist schwer zu sagen.

Schon als Herausgeber und Übersetzer historischer Schriften von Wimpfeling und Verfasser lateinischer Epigramme nach dem Vorbild und Stil von Owen fügte er sich in die literarische Überlieferung des Elsaß ein. Er vermeidet den kecken Angriff auf besondere Verhältnisse und Zustände, verwertet seine literarischen Kenntnisse und persönlichen Lebenserfahrungen. Seine hervorragendste literarische Leistung liegt auf dem Gebiet der *übersetzenden Paraphrase*. Er erprobt seine Fähigkeit an den Sueños des Don Francisco Gomez de *Quevedo y Villegas*, welche ihm in der französischen Übersetzung des *Sieur de la Geneste* (1633) vorlagen. Als *Philander von Sittewald* (Umstellung der Buchstaben von Wilstaedt) nahm er Fischarts Erbschaft auf. Der Titel seines Hauptwerkes lautet: Wunderliche und warhafftige Gesichte Philanders von Sittewald, in welchen aller Welt Wesen und aller Menschen Händel, mit ihren natürlichen Farben, der Eitelkeit, Gewalts, Heucheley und Torheit bekleidet öffentlich auf die Schau geführet, als in einem Spiegel dargestellet und von männiglichen gesehen worden.

Der erste Teil der Gesichte ist um 1640, der zweite 1643 erschienen. Der Neuauflage von 1650 wurde das 14. Gesicht – Reformation – angefügt. Die sieben Gesichte des ersten Teils wurden aus der Vorlage übersetzt, die sechs des zweiten Teils sind selbständige Arbeit. Wie bei seinen elsässischen Vorgängern Brant, Murner und Fischart und bei Aegidius Albertinus geht es auch bei Moscherosch um die Zusammenfassung umfangreicher Stoffmassen in einer neuen Ordnung. An die Stelle von Schiffahrt, Narrenbeschwörung oder Organisation eines' Teufelsreiches treten nun die Gesichte. Sie reihen sich zunächst als Stationen der Höllenwanderung Philanders zwanglos aneinander, so daß die Reihenfolge willkürlich erscheint. Dennoch verbindet Moscherosch teils in Anlehnung an die Vorlage, teils mit planvoller Absicht die Einzelheiten durch eine zart vorgezeichnete Handlung, in der sich die Wandlung Philanders vollzieht, zu einem sinnvollen Ganzen. Einer solchen Ordnung gegenüber erweist sich der Stoff dieser Moralenzyklopädie gefügiger als bei manchen seiner Vorgänger. Mit zunehmender Freude an seiner Aufgabe befreit sich Moscherosch von der Vorlage und schreitet über die Paraphrase zur selbständigen Gestaltung fort. Er entwickelt sich zu einem eigenartigen Weltbetrachter. Reiche und harte Lebenserfahrung ließen ihn zu einem Vorbild des simplizianischen Weltguckers werden. So wird auch hier die moralsatirische Wurzel des Journalismus sichtbar.

Die mehrfache Bemühung (Hinze, Beinert) um die Feststellung der deutschen Quellen der Gesichte hat auf *Brant, Murner, Fischart, Aventin, Luther, Mayfart, Ringwaldt* und andere hingewiesen. Bei aller Sprachkenntnis und Belesenheit hat Moscherosch dennoch nicht kompiliert und zusammengekleistert wie andere Satiriker. Man gewinnt den Eindruck, als hätte er die Klarheit und Wahrheit seiner Quellen selbst im Leben erprobt, ehe er sie seinen Gesichten zuführte. Seine literarische Abhängigkeit ist wesentlich kleiner als die neugestaltende Wiedergabe der alten Elemente. Einzelheit, Episode, Anekdote, sprachliche Wendung oder Redensart waren den Lesern vertraut. Sie hörten das gleiche, welches sich ihrem Gedächtnis eingeprägt hatte, gern, wenn es sich in anderen Zusammenhängen oder an Stellen wiederfand, wo man es nicht erwartete. Kaum hat Moscherosch bei der Bearbeitung des ersten Teils außer der französischen Übersetzung von Quevedos Suenos noch andere Werke unmittelbar vor sich gehabt, um sich von ihnen Schmuck oder belebendes Beiwerk zu beschaffen. Man wird bei der Beurteilung der Arbeitsweise nicht die lebendige Kraft eines guten Gedächtnisses unterschätzen dürfen, das Einzelheiten im Wortlaut festhielt, wenn dieser sich gut eingeprägt hatte, anderes aber mit verschwimmenden Umrissen wiedergab. In beiden Fällen wird aus dem Gedächtnis zitiert. Von Fischart konnte Moscherosch lernen, wie man ein Werk aus einem anderen kulturellen Umkreis in den seiner Heimat verpflanzt. Die Reihenfolge der einzelnen Gesichte wird wohl ihrer Entstehungszeit entsprechen; denn die ersten Gesichte *Schergenteufel* und *Weltwesen* sind wörtliche Übersetzungen. Schon beim dritten, den *Venusnarren*, konnte Moscherosch der Versuchung nicht widerstehen, an die alten elsässischen Überlieferungen der Gauchmatt und des abgesunkenen Minnesangs anzuknüpfen. Von da aus konnte er sich der Standessatire nähern: im vierten Gesicht, *Totenheer*, kommen alle jene dran, die sich auf das Heilen von Krankheiten verstehen oder so tun, als ob sie es verstünden. Das fünfte, *Das letzte Gericht*, schließt sich enger an die Quellen an, es nimmt die Leute von der Feder her, vor allem die Juristen. Im sechsten, *Höllenkinder*, gewinnt Moscherosch an Selbständigkeit gegenüber der Vorlage. Der Versammlung der Narren, Schelme und Gäuche gesellt er nun grobianische Studenten, Geistliche, Alchemisten und Sterngucker bei. Die *Hofschule*, welche das siebente Gesicht behandelt, hat Moscherosch selbst durchgemacht. Er verlegt seine Revue der Hofschranzen von den hohen Räten bis zu den letzten Dienern in die Hölle und unterzieht sie da einer genauen Betrachtung.

Im zweiten Teil lebt sich Philander immer mehr in die Rolle eines Mitspielenden hinein, der sich selbst ironisiert und mit verschiedenen komischen Eigenschaften ausstattet. Er nimmt eine Haltung ein, die der Murners als Leiters der Schelmenzunft oder Fischarts als Flohkanzlers entspricht. Er nimmt also mit volleren Segeln seine Fahrt wieder auf und beginnt mit dem *A la mode-Kehraus*. Da setzt sich das konservative Bürgertum zur Wehr gegen die Ausländerei, weil es durch diese die alte Einfachheit der Sitten gefährdet sieht. Philander wird auf der Burg Geroldseck von *Ariovist* ins Gericht genommen und bekommt eine Lektion aus dem Saalbuch, der Chronik *Aventins*. Sein Mentor *Expertus Robertus* belehrt den verwelschten Philander, daß der

altdeutsche Gerichtshof nichts so sehr haßt als die ungeratenen Nachkömmlinge, welche der Welschen Gang, Sitten und Gebärden nachahmen. Während seine satirischen elsässischen Vorgänger, Narren- und
Teufelliteratur es mehr darauf abgesehen hatten, das Äußerlich-Sicht-
bare herauszustellen, ging es Moscherosch darum, das moralisch-
niederträchtige Nachäffen des Fremden lächerlich zu machen. Besonders
hat es ihm die Haar- und Barttracht angetan. Gewiß nahm Moscherosch
fast immer längst vorhandene Gedanken wieder auf, aber er hat sie
selbständig weitergesponnen und ein lebendig-wirksames Zerrbild
geschaffen. Das trifft auch für das fortsetzende zweite Gesicht, *Hannss
hienüber-Ganss herüber*, zu. Da wird eine besondere Art der Bildungsreise-
gecken aufs Korn genommen. Es geht gegen die studentisch-grobiani-
schen Renommisten, Begriffsreiter und Wortklauber. Dem *Academicus
Laelius* bekommt sein Großtun auf der Burg Geroldseck übel. Gleichzeitig schießt Moscherosch die alten spitzen Pfeile der Trinksatire ab.
Stolz und aufgeblasen wie eine Gans kommt der Student, arm an Tugend
und Kunst, aus der Fremde heim und weiß nicht, wie es in seinem Vaterland aussieht. Die Ehestandsliteratur wendet Moscherosch in dem
Gesicht *Weiberlob* zum Besseren. Aufrichtig und treuherzig erkennt er
das Gute an, allerdings ab und zu mit einem ironischen Einschlag. Die
breite Behandlung des elsässischen Frauenkopfputzes hat er vom
Jesuiterhütlein Fischarts gelernt. Das Gesicht *Turnier* gibt die Fest-
ordnung an für den Gedächtnistag des Erzkönigs Mannus und den
Gottesdienst der „Drudden" nach der *Waldfahrt zur hohen Eyche im Ysch-
wald* als Feier des Vorabends. Für Moscherosch sind die Turniergesetze
seiner Quelle von besonderer Bedeutung, weil aus ihnen hervorgeht,
welch hoher Wert auf den sittlichen Adel gelegt wird. Moscherosch
hält sich bei der Darstellung des Gottesdienstes ganz an Aventin, den
bedeutsamsten Vermittler der phantasievollen Vorstellungen von Konrad Celtis über die deutsche Frühzeit. Solche Gedankengänge lassen sich
in Geschichtschreibung, Roman und Lyrik bis in die Klopstockzeit
verfolgen. Das folgende Gesicht, *Pflaster wider das Podagram*, wird von
einer Beschreibung des Holzschnittes zu Fischarts Trostbüchlein eingeleitet. Den Kranken heilt die Kunst des Doktors *Celsus* schnell. Wie
könnte es auch anders sein, da dieser es doch so gut versteht, in den
Sternen zu lesen? Auch hier folgt Moscherosch seiner Neigung, lateinische Zitate anzubringen. Diesmal sind sie der Lobrede auf das
Podagra von *Carnarius* (1552) entnommen. Mit dem Zeit- und Kulturbild *Soldatenleben* schloß der zweite Teil ab. Da wird Philander von
Reitern verschleppt und muß wohl oder übel das Leben der Soldaten
mitmachen. Man hat mit Recht in diesem Gesicht die unmittelbare
literarische Vorstufe zum Simplicissimus erkannt. Nicht ohne Beziehung
zur Erbauungsliteratur wird das Zerrbild des *miles christianus* entworfen.

Es steht auch in wirksamem Kontrast zum Idealbild des deutschen Wesens, das der A la mode-Kehraus nach Aventin so liebevoll beschrieben hatte. Der miles christianus aber war Moscherosch aus einer Schrift Luthers vom Jahre 1527 gegenwärtig. Sein Widerspiel ist der Gauner und Verbrecher, der fragwürdige Held des Dreißigjährigen Krieges. Schultheiß, Beamter, Bauer und Stadtkommandant benützen die Gelegenheit, den Soldaten ihre Schandtaten vorzuhalten. Moscherosch versteht sich auf die Feldsprache. Ohne seine traurigen Erfahrungen mit den Mordbrennern hätte er dieses Gesicht nicht schreiben können. Es bereicherte den Wortschatz des *liber vagatorum* und bildet eine wichtige Quelle für das Rotwelsch.

In dem Gesicht *Reformation,* welches die zweite Auflage abschloß, wird noch einmal ein Gerichtsverfahren über Philander eröffnet. Er muß sich darüber rechtfertigen, daß er seine Gesichte niederschrieb. Deshalb werden Gutachten darüber vorgelegt von *Rist, Michael Freinsheim* und *Amos Comenius,* Anerkennungsschreiben, welche die Mitglieder der Fruchtbringenden Gesellschaft, die Moscherosch als Träumenden in ihre Reihen aufgenommen hatte, veranlassen, ihn freizusprechen. Nicht nur das empfehlende Urteil dieser maßgebenden Geister, sondern auch die weite Verbreitung des Werkes erklären, warum man den Spuren der Gesichte bei Grimmelshausen, Weise, Lauremberg, Kindermann, Stackdorn und in der Romantik bei Tieck und Arnim begegnet. Erzählertalent, Ernst der Gesinnung und innere Ergriffenheit seines Schöpfers weisen dem Werk einen hohen Rang unter den satirischen Werken des Jahrhunderts zu. Da treffen sich Teufel und Narren, Hofleute und allerlei Volk, das Frau Venus auf die Gauchmatt einlädt oder der Müller von Schwindelsheim zur Jahrzeit seiner Frau Gredt bittet, Modetorheiten und Sprachdummheiten, podagrammatischer Trost, Kriegsspiel und Feldleben, Enttäuschungen über die Menschlichkeiten der Gelehrten, Pathos des Zornes, verletzender Spott und liebenswürdiger Tadel, sittlicher Ernst und verdecktes Leid.

Kurz nachdem er die Gesichte vollendet hatte, schrieb Moscherosch in acht Tagen, wie es heißt, sein geistiges Vermächtnis an seine Kinder. Die kleine deutsche Schrift *Insomnis cura parentum* (1643) ist ein christliches Vermächtnis, eine schuldige Vorsorge eines treuen Vaters. In solchen Notzeiten, in denen der Tod ein vertrauter Gast ist, und die Sorge um die geistige und sittliche Zukunft der Kinder größer ist als die um ihr leibliches Wohlergehen, konnte ein solches Werk entstehen. Wir verspüren die innere Ergriffenheit, welche dem Verfasser die Feder führte. Dieser zeitlosen geistigen Haltung verdankt das Werk die hohe Einschätzung, die es vorübergehend über die Gesichte gestellt hat. Es ist ein Testament des 17. Jahrh.s an das Bürgertum aus dem gleichen Geist wie die Gesichte, bildet gleichsam ihre lehrhaft-systematische Zusammenfassung. Ein Lebenserfahrener, Vielgeprüfter, der sich dem Zaunkönig gegenüber der Nachtigall oder dem Bäuerlein gegenüber dem Potentaten vergleicht, möchte dennoch nicht umsonst gelebt haben, und deshalb sagt er den Seinen nicht, wie ihm ums Herz ist, und nicht, was er ihnen wünscht, sondern was sie tun und lassen sollen und wovor

sie sich zu hüten haben. Ihr Lebensbuch sei der Psalter, ihr Leitgedanke:
das Ende zu bedenken. An Alles gehe man mit Ernst. Das Leben ist
Dienst an Gott, dem Vaterland und dem Nächsten. Dann führt
Moscherosch seinen Söhnen die Fakultäten vor. Wohl benötige die
Theologie als Herrin der Philosophie als Magd. Aber diese hüte sich
vor dem verfluchten, teuflischen Geschwätz der Scholastik und des
Mönchtums. Wer die Philosophie um ihrer selbst willen treibe, könne
kein gottliebender Christ sein. Der Jurist müsse eine gerechte Sache
vertreten und dürfe nicht den Streit vom Zaun brechen. Arzt zu sein,
sei ein schwerer aber schöner Beruf, ein schlechter dagegen der des
Präceptors und der des Amtmanns. Da sprechen traurige Erfahrungen
mit. Nichts schuldig bleiben, keine Bürgschaft übernehmen und niemandem trauen sind drei gute Lebensregeln. Eine Schule der Tugend
ist das Studium der Geschichte. Dem freien Reichsadel widerfährt alle
Anerkennung und Hochachtung, die Parvenus trifft sein Spott. In allen
akademischen und bürgerlich-handwerklichen Berufen und beim Acker-
bau bewähren sich Fleiß, Ernst, Aufrichtigkeit, Redlichkeit, Sittsamkeit
und Freundlichkeit. Vor Faulheit und Trunksucht müsse man sich
hüten wie vor dem Hofleben. Gebetbuch und Spindel – so wendet er
sich zu den Töchtern – gehören zu einer Jungfrau. Er wählt biblische
Beispiele, um ihnen den Erfolg von Zucht, Schamhaftigkeit, Ordnung,
Demut, Sauberkeit, Bescheidenheit und Zurückhaltung in der Rede
vorzuführen. Seinen Kindern empfiehlt Moscherosch, so zu leben wie
Luther in Rom. Wenn sie verheiratet sind, sollen sie vor den Kindern
das Rechte tun, ihr Gesinde gut behandeln und einen geordneten
Tageslauf einhalten. Bibel, Luther und Aventin werden als Hausbücher empfohlen. Gegen die Fehler in der evangelischen Kirche ist
er nicht blind, aber daran seien die Menschen und nicht die Lehre
schuld. Seine Hoffnung auf Besserung ist nach den nordischen Ländern und den Reichsstädten gerichtet. In ihnen allein steht noch das
wahre Christentum.

Aus einer Handschrift ist erst 1897 seine *Patientia* herausgegeben worden. Sie lag
in drei Fassungen vor, die zeigen, daß sich Moscherosch durch 40 Jahre um die Beispiele für die *Ersprießlichkeit der Geduld* bemühte. Kaum konnte er wissen, daß er als
Titel seines Lehrgedichtes den Wahlspruch Thomas Murners wählte. Das allein schon
verweist uns auf die gleiche geistige Haltung und landschaftliche Verwandtschaft
der beiden Landsleute und das gleichartige literarische Wachstum.

Als Jünger von Moscherosch begann Christoph Schorer seine literarische
Laufbahn. Er war der Sohn des Stadtsyndikus von Memmingen und ist dort 1618
geboren. In Straßburg studierte er von 1639 an Medizin und Philosophie. Nach Basel
übersiedelte er 1642. Er unterrichtete im Schloß zu Binningen die Söhne des Freiherrn
von Polheim und schloß an der Universität Basel seine medizinischen Studien ab.
Als Hofmeister der Söhne des württembergischen Kanzlers Christoph Forstner
wirkte er sodann 1648–54 in Mömpelgard. Hierauf reiste er nach Italien und promovierte in Padua zum Doctor der Medizin. Der Anstellung als Leibarzt in Mömpel-

gard zog er die Ernennung zum Physikus seiner Heimatstadt Memmingen vor, wo
er bis in die siebziger Jahre eine segensreiche praktische, wissenschaftliche und musikalische Tätigkeit entfaltete.

Schorers reiche schriftstellerische Tätigkeit fand zuerst den Anschluß
an die oberrheinische Überlieferung. Er verzichtete als Satiriker auf die
Narren, Gäuche und Teufel als Träger der Laster und Sünden und führte
an ihrer Stelle schon früh den *Verderber* ein. Sein *unartiger deutscher
Sprachverderber* erschien anonym 1643. Die Bemühung um die Reinheit der deutschen Sprache geht Hand in Hand mit dem Ausbau der
Poetik zu Beginn der vierziger Jahre und ist wie dieser als Aufruf zur
Besinnung auf die eigenen Kräfte anzusehen. Moscherosch konnte an
die Sprachgesellschaften und an kleine Arbeiten von Schottel und Rist
anknüpfen. Wie sein Landsmann Schill mit dem Ehrenkranz der deutschen Sprache (1644), Martin Zeiller mit seinen Bildungsbriefen (Ulm
1641–51), Harsdörffer mit seiner Schulschrift (1644) schloß sich auch
Schorer an Moscherosch an. Als aufrichtiger Patriot nimmt Schorer die
einzelnen Stände her und zählt ihre Sündenregister auf. Er beschwört
seine Leser, in diesen Zeiten der Not und des Niedergangs die alte redliche,
herrliche teutsche Hauptsprache zu pflegen, um sie den Nachkommen rein
und lauter zu vermitteln. Er bewegt sich in geläufigen Gedankengängen,
zeigt aber doch schon eine gewisse Selbständigkeit; denn er hat den Stoff
wirksam angeordnet und dem Text seine Form gegeben. Moscherosch
aber konnte sich als geistiger Urheber fühlen. Besonders verdienstvoll
ist das beigefügte Wörterbuch mit den Verdeutschungen von 742
Wörtern der Amts-, Gelehrten- und Umgangssprache. Das nächste
Werk, welches Schorer unter seinen Initialen C. S. veröffentlichte, war
eine erweiterte Ausgabe seines Erstlings: *Teutscher vnartiger Sprach-
Sitten- vnd Tugendverderber* (1644). Spätere Arbeiten ließ er unter dem
Pseudonym Otho Frischer Scr. (Anagramm von Christoph Schorer)
erscheinen. Schorer ist *volkstümlicher Schriftsteller* und hält sich vor Übertreibungen zurück. Er belegt seine Auffassung mit Beispielen, spottet
über den *Plunder lateinischer Wörter der Rechtsgelehrten*, preist die Schönheit der deutschen Personennamen und entrüstet sich über das Wortgepränge. Hand in Hand mit der erbarmungslosen Behandlung der
deutschen Sprache geht für ihn die Nachahmung der Fremden in Moden
und Sitten. Wozu läßt man sich Schuhe und Stiefel aus Frankreich
kommen? Wieviel mehr Schutz bieten die *breiten schwäbischen Hüte* als
die modernen *Bisamhäffelein!* Früher sagte man ja oder nein, und es galt,
jetzt verbirgt man seine wahre Gesinnung hinter einer Menge von
Komplimenten, aus denen keiner klug wird.

Vielleicht von seinem Vater angeregt, schrieb Schorer das an Erasmus geschulte
Gespräch zwischen Susanna Häuslich und Margaretha Hoffahrt: *Mann-Verderber*

oder Eigentlicher Vorsprung des Pancrotierens (1644). Hier werden Motive der Ehestandsliteratur verwertet. Der warnende Spott trifft die hoffärtigen, spielsüchtigen,
schleckhaften, faulen, unhäuslichen und meisterhaften Frauen, die sich das Geld für
Kleider, Schmuck und allerhand Plunder auf raffinierte Weise zu verschaffen wissen.
Bey Lesba in Neibing, d. i. in Binningen bei Basel schrieb Schorer sein *Gespräch von
dem Dantzen* (1645). Als eigentlicher Autor wird *Niemand* angesehen ,,der Allergelehr-
teste, Allerweiseste, Großmächtigste, Allgegenwärtigste, Unsterbliche“, der Liebste
der fünfzigjährigen Jungfrau *Bärbel Unmuth*, welche mit der fünfzehnjährigen *Salome
Muthwill* ein Gespräch über das Thema führt, daß die Mädchen heutzutage, da man
so wenig tanze und spiele, zu bedauern seien. Daher sind Erfahrungen, Kenntnis der
Toilettegeheimnisse und das Wissen um all das, womit man die Männer fängt, von
besonderer Wichtigkeit. So erhält man einen Überblick über die vielen Bestände von
Schönheitsmitteln und die Art der modischen Kleider von den Schühchen angefangen,
die gelöchert, gesteppt und zerhäkelt sein müssen und so hohe, schmale Absätze
haben sollen, daß sie kaum einen Pfennig bedecken, bis zur Frisur und zum Kopf-
putz. Dazu gehören eine entsprechende Sprache und Umgangsformen. Falsche Bescheidenheit ist besonders empfehlenswert. Das kleine Büchlein wirkt also nicht durch
eindringliche, verletzende Mahnungen, sondern durch die anmutige Ironie. Gegen
Schluß fällt es etwas aus der Rolle mit dem Rat, bei der Wahl des Gatten nicht zu hohe
Ansprüche zu stellen.

Auch mit seinen schon um 1642 einsetzenden Kalendern und
astronomischen Abhandlungen fügte sich Schorer in die elsässische Überlieferung ein. Ab und zu bedient er sich auch da des Gesprächs. Mit einer
maßvollen und verständlichen Terminologie, die sich der Ausdrücke
des paracelsischen Schrifttums bedient, erfüllt Schorer die Forderung,
welche er im Sprachverderber aufgestellt hatte, als er die Kalendermacher ermahnte, sie sollten sich ,,billich auss trib der Natur dahin
befleißigen, dem gemeinen Mann Alles was müglich Teutsch und Verständlich“ vorzutragen. Mit dem Verschwinden der unverständlichen
Fremdwörter aus diesem Schrifttum hoffte Schorer auch die aber-
gläubische Angst vor der geheimnisvollen Wissenschaft zu beseitigen.
Er ist Liebhaber, kein Gelehrter. Deshalb verzichtet er auf die schwerfälligen Andeutungen der gelehrten Sternkenner. Nachdem er sich
fast dreißig Jahre als Kalendermacher betätigt hatte, erfolgte in seinem
Kalender für 1670 ,,Vom Kriegswesen“ seine Absage an die Wissenschaft von den Sternen. Er hatte auch schon vorher zur Besonnenheit
gemahnt und in einer Flugschrift von 1654 versucht, die unsinnige Angst
vor der vorausgesagten Sonnenfinsternis einzudämmen. Wie sollten
denn Himmel und Gestirne, die sich jederzeit günstig erwiesen haben,
sich gerade jetzt so verhängnisvoll auswirken, daß die Erde von einer
verfinsterten Sonne vergiftet werde? Bei dieser Gelegenheit verweist er
auf die gelehrte Astronomin Maria Cunita, welche den ganzen Vorgang
als völlig ungefährlich, nämlich als das Vorschieben einer Scheibe vor
eine andere, lichtspendende, erklärt habe. Schorer war einer der ersten,
der Betrachtungen über Begebenheiten aus der Vergangenheit an die
Stelle der Kalenderhinweise auf künftige Ereignisse setzte. Dabei

suchte er die Gelegenheit auf, seinen Zeitgenossen ernstlich ins Gewissen zu reden. Im *Newen Astrologischen Post-Reuter für* 1648 führte er eine Betrachtung des Schweizer Chronisten *Stumpf* weiter aus und warnte vor den Folgen der üblen Gepflogenheiten deutscher Fürsten, fremdes Kriegsvolk zur Erfüllung ihrer politischen Ziele einzusetzen: „O mein armes Teutschland bedencke doch, wo ist jemaln mehr Schand vnd Laster, mehr Vnzucht und Ehebruch, mehr Hoffart, List, Betrug, Vntrew, Liegen vnd Triegen, Falschheit vnd allerley ärgerliches Leben bey dir in Schwang gangen, als eben jetzunder, da fremde, unteutsche Völcker sich in dein Land gesetzet." Wenn Schorer auch sein Bestes unter dem Einfluß von Moscherosch geleistet hat, dessen Insomnis cura parentum noch für sein betrachtendes religiöses Werk *Information* maßgebend war, so verdient er doch als hervorragender Stilist und volkstümlicher Zeitbetrachter eine eingehende Würdigung. Seine Liebe zur deutschen Sprache bewies er auch damit, daß er seine medizinischen Arbeiten und eine Chronik von Memmingen in deutscher Sprache verfaßt hat.

2. EPIGRAMM UND POETISCHE SATIRE

Auch das Epigramm bewegt sich in einer ähnlichen Temperatur wie die breite prosaische Überlieferung von Aegidius Albertinus an. Wie bei Moscherosch ist auch im gleichzeitigen Epigramm und in der Satire das Schlagwort Alamode Trumpf.

Friedrich von Logau (1604–55) stammt aus altem schlesichen Adelsgeschlecht. Er ist auf dem Stammgut der Familie Brockut bei Nimptsch geboren. Als er kaum laufen konnte, starb sein Vater. Vom Gymnasium zu Brieg weg wurde er Page der Herzogin Dorothea Sibylla. Nach dem Studium der Rechte übernahm er das schwer heimgesuchte väterliche Gut. Als herzoglicher Rat lebte er von 1644 an am Brieger Hof bis 1653. Nach der Erbteilung zog er mit Herzog Ludwig IV. nach Liegnitz.

Nach einer ersten Probe seiner Kunst *Zwei Hundert Teutscher Reimensprüche* (1638) und einer seltenen, für den Hof bestimmten Sammlung (1653) gab er ein Jahr vor seinem Tode als *Salomon von Golaw Deutscher Sinngedichte drei Tausend* (1654) heraus. Es ist nicht bekannt, daß er sich anderen Gattungen als dem Epigramm widmete, darin aber war er Meister. Ansätze zu lyrischen Dichtungen sind nicht weiter verfolgt worden. Geistreiche Überlegungen konnte ihn *Owen* lehren, bei dem die Kürze des Witzes Seele war. Das ließ die Hörer und Leser nach den angedeuteten oder verschwiegenen Zusammenhängen raten. Wortspiel und Wortwitz kamen dem Zeitgeschmack entgegen. Bald wird das Alexandrinerepigramm die beliebteste Form mystisch-religiöser Gedankengänge. Logau aber bedient sich mannigfacher Formen zwischen dem volkstümlichen Sprichwort und dem gepflegt-pointierten, zwei-gipfligen Alexandriner, wie ihm die Stoffe aus Leben und Umwelt oder der Lektüre zufließen. Dieses mochten seine Zeitgenossen höher schätzen, jenes berührte die Nachwelt stärker, so Lessing und Ramler, ja selbst Gottfried Keller, dem sich das Leitmotiv seines schönsten Novellen-kranzes aus dem ins Ethische umgedeuteten Sinngedicht von der geküßten Galatee erschloß, die errötend lacht. Schwerlich hat Logau an seinen Epigrammen lang gefeilt, sie sind als *Kinder freyer Eile* richtige Stegreif-kunst. Dennoch paßt er auch seine Kleinkunst später mehr dem Opitz-schen Kanon an. Um andere deutsche Dichter als Opitz scheint er sich wenig gekümmert zu haben. Er legte mehr Wert darauf, seinen Lands-leuten und Zeitgenossen ins Gewissen zu reden, und glaubte wohl eine wirksamere Waffe zu schwingen als die lange Moralsatire oder Predigt. Nach allem, was seine Heimat erlebte, dem Durchzug der schwedischen Befreier und der kaiserlichen Landsknechtscharen, wünscht er den rauhen, grobianischen, aber ehrlichen Geist der Vorfahren zurück. Sie kannten weder das fremde Gewand noch die Zierfetzen, mit denen man jetzt die Sprache aufkünstelt. Seine Liebe zur deutschen Sprache fand reinere und innigere Töne, als sie die Mitglieder der Sprachgesellschaften oder die Grammatiker anschlagen konnten. Bei Logau bekommt das Wort christlich seinen ursprünglichen, über den Glaubensbekenntnissen stehenden Sinn. Auch nach dem Ende des Krieges stimmt er nicht in die Fanfaren eines Rist oder der Nürnberger ein, sondern spricht vom Begräbnis Deutschlands. Das ist die eine Seite seines Wesens, und so erlebte er das politische Geschehen. Aber wo ihn dieses nicht berührt, wo er die Heimat, die Natur, den Frühling erlebt, wo er schäferlich-graziös spielt, zeigt er die liebenswürdig-zarte Anmut des Edelmannes, der sich auch den Freuden des Daseins hingeben kann. Das laute Pathos und die starken Eindrücke, mit denen die Dichtung seiner schlesischen Landsleute bald nachher auftrat, löschten sein Nachleben zunächst aus. Um die Jahrhundertwende war er verschollen. Heute ist er einer der wenigen Dichter des Jahrhunderts, die uns noch etwas zu sagen haben. Wir fühlen die Harmonie seines Wesens und freuen uns seiner Ge-sundheit, während wir bei der Lektüre jener Werke, die als *echter Barock* gelten, meinen, am Bette phantasierender Fieberkranker zu stehen. – Über die poetische Satire konnte man kaum so schnell zur Tagesordnung übergehen. Sie hielt sich an die Mundart und ist in Niederdeutschland daheim.

Johann Lauremberg (1590–1658) stammt aus einer angesehenen Gelehrten-familie. Sein Vater Wilhelm war Professor der Medizin in Rostock. Dort begann er 1608 zu studieren und ging dann 1612–17 nach Holland, Frankreich, England und Italien. Von 1618–23 war er Professor der Poesie in Rostock. Anschließend wurde er als Professor der Mathematik an die Ritterakademie zu Soröe berufen.

Seine lateinischen Gedichte, sein Drama *Pompeius magnus* und seine
akademischen *Festspiele* – eine Gattung, in der er seine Gewandtheit
in lateinischen, griechischen, französischen und niederdeutschen Versen
bewies – sind weniger beachtet worden als seine vier niederdeutschen
Scherzgedichte. Sie sind von Lappenberg, Braune und Bolte herausgegeben worden. Ihre Überlieferung war lange Zeit umstritten. Weimers
Annahme, daß Plan und letzte Ausführung weit auseinander liegen, hat
viel für sich. Die Keimzelle der Scherzgedichte sei eine lateinische
Satyra (1636), nach der die Urfassung entstanden sein dürfte. Zu einer
Zeit, da Lauremberg auch andere niederdeutsche Gedichte verfaßte
(1649–52), habe er die Jugendarbeit von etwa 1634–36 nochmals vorgenommen und sich bemüht, sie in korrekte Alexandriner umzugießen.
Erfahrungen und Erlebnisse der folgenden zwei Jahrzehnte konnten
ihm neuen Stoff zuführen, so daß sich die ursprüngliche Einkleidung
in einen Brief als ungeeignet erwies und die Form als Einheit gestört
wurde. Die ursprüngliche Satire sei episch, die Zusätze lyrisch und
episodenhaft. In ihnen offenbare sich die Neigung des alternden Dichters zu Reflexionen. Daß ein Gelehrter ein solches Werk veröffentlichte –
so rechtfertigt sich Lauremberg selbst – sei dem Bedürfnis nach Abwechslung und Anerkennung, d. h. nach Erfolg bei den Zeitgenossen
zuzuschreiben. Mit der Enttäuschung über ein Leben, das so wenige
Hoffnungen erfüllte, und der Erkenntnis, daß die neue Zeit mit ihrer
bereitwilligen Aufnahme der französischen Mode die Pfade der guten
alten Sitte verlasse, verbindet sich zwar keine Bitterkeit, aber eine müde
Resignation. Die erste Ausgabe erschien 1652 unter dem Titel: *Veer
Schertz Gedichte.* I. Van der Minschen jtzigem Wandel und Maneeren.
II. Van Alamodischer Kleder-Dracht. III. Van vormengder Sprake und
Titeln. IV. Van Poesie und Rymgedichten. In Nedderdüdisch gerimet
dörch Hans Willmsen L. Rost (= Lauremberg Rostochiensem, nicht
wie man vermutete Licentiat Rost).

Noch zu Laurembergs Lebzeiten wurden die Scherzgedichte ins Dänische und Hochdeutsche (von C. C. Dedekind) übersetzt. Am Ende des Jahrhunderts wurden sie
mehrmals gemeinsam mit Joachim Rachels Satiren veröffentlicht. Ihre Frische haben
sie bis heute bewahrt. Sie zeigen eine eigentümliche Mischung von horazischem Geist,
humanistischem und volkstümlichem Denken, ein Durchbrechen der lateinischen
Tradition im niederdeutschen Sprachgebiet. Es ist schwer zu entscheiden, ob das
Motiv der Seelenwanderung, das im 1. und 2. Scherzgedicht antönt, aus der gelehrten
oder der volkstümlichen Überlieferung stammt. Freie Knittelverse und Alexandriner
laufen nebeneinander her „wie magere Ferkel neben der fetten Sau“. Die alte Überlieferung von *Reinke de Vos* her läßt sich nicht beugen unter den ausgleichenden romanischen Versgang.

Johann Laurembergs älterer Bruder Peter (1585–1639) widmete sich dem Studium der Naturwissenschaften und Medizin. Er war als Arzt und Professor in Ro
stock und Hamburg tätig, ehe er als Nachfolger seines Bruders Professor der Poesie
und Beredsamkeit in Rostock wurde (1624).

Peter Lauremberg wird als berühmter Redner gefeiert. Seine *Acerra philocogica* (1630) war eine viel gelesene gelehrte Anekdotensammlung. Eine wenig beachtete kunsttheoretische Schrift *Pasicompse nova* (1634) berührt sich mit dem Schönheitsideal von Rubens.

Die überlegen-schalkhafte Betrachtung der Umwelt ist der Satire und dem kleinen Genrebild gemeinsam. Auch dieses bequemt sich nicht den strengen Vorschriften der Regel und zeigt deshalb Züge, die uns ihrer Zeitlosigkeit wegen ansprechen. Das gilt von der anonym erschienenen niederdeutschen Sammlung *Etlike korte und Verstendlike Kling Gedikte* van Allerhand Saken, so eine Tydt her hier und dar under Olden Bekandten und Frunden vorgevallen. Sie ist um 1650 erschienen. Schon der gemütliche Titel zeigt an, daß wir es nicht mit Sonetten zu tun haben. Verfasser ist einer der beiden R u l m a n n, wahrscheinlich der ältere, A n t o n, der die Schule in Stadthagen vor 1618 besuchte, in Helmstedt studierte und Beamter in der Bückeburger Kanzlei war. Er starb 1652. Das Leben des jüngeren H e i n r i c h (1596–1651) läuft ziemlich parallel. Auf Gelehrsamkeit tut sich der Dichter wenig zugut, wenn er auch die Rechte der Poeterei ihren Verächtern gegenüber zur Geltung bringt und sich auf einen hohen Ahnherrn seiner Kunst beruft: *Orpheus dat iss ein Kerl gewesen.* Der Vers mag gleichzeitig zeigen, wie seine Alexandriner sich gern von den alten Vierhebern verdrängen lassen. Mit offenen Augen ist der Dichter durchs Leben gewandert, ein gern gesehener Gast, der vor den Freunden seine Schnurren erzählt, am liebsten kleine Genrebildchen entwirft, die wahre Freundschaft preist, dem Weibervolk alles Üble nachredet, wie's allzeit der Brauch ist, Reiseerlebnisse zum Besten gibt, die Menschen bei der Arbeit beobachtet und mit dem Leben der Tiere vertraut ist. Die Sammlung bringt die kleine, aber schöne Ernte seines Lebens in die Scheuer.

Nur an e i n e m Satiriker hätte Opitz seine Freude gehabt, an J o a c h i m Rachel (1618–69). Er stammte aus Lunden in Dithmarschen, besuchte das akademische Gymnasium in Hamburg (1635) und nach dem Tode seines Vaters von 1637 an die Universität Rostock. Dort war er Schüler von Peter Lauremberg. Anscheinend förderte dieser seine Neigung zu den römischen Satirikern und Epigrammatikern. Zur Vollendung seiner Studien (1640) ging er nach Dorpat. Freunde vermittelten ihm Hauslehrerstellen. In seine Heimat kehrte Rachel 1652 über Dänemark zurück. Er wirkte zunächst als Rektor in Heide. Als er von 1660 an die Ulrichsschule in Norden in Ostfriesland leitete, gewann er in Laurembergs Nachfolger Andreas Tscherning einen Förderer seiner satirischen Dichtung. Nach bitteren Leidensjahren übernahm er 1667 die Leitung und Reorganisation der Domschule in Schleswig.

Von 1659 an wurde Rachel durch seine h o c h d e u t s c h e n S a t i r e n bekannt. Die erste, *Das poetische Frauenzimmer oder Böse Sieben*, ist ein Nachklang humanistischer Frauenfeindschaft. Fünf hochdeutsche Satiren widmete er 1664 dem dänischen Kriegsrat Paul Tscherning. In der Vorrede bekannte er sich als eifriger Anhänger von Opitz. Man glaubt es ihm ohne weiteres, daß er es bei der Behandlung allgemeiner Fragen vermeide, bestimmte Personen zu treffen, und daß er mit seinem Werk die besten Absichten verfolge. Er wandelt auf den Spuren von *Juvenal* und *Persius*. In der 7. u. 8. Satire erging sich Rachel über die Gefahren von Freundschaft und Liebe und nahm eine Revision des deutschen Parnaß vor. Hoch hält er das Banner der gelehrten Dichtung gegen die Gelegenheitsdichter und Zesen (Hirse-Pfriemers Art gehe zu übertrieben gegen das Fremdwort vor). Er empfiehlt ein richtiges Maß. Wenn er sich auch im Sinne von Opitz gegen die Mundart wehrt, so kommt er vom Niederdeutschen doch nicht ganz los. Von den zehn Satiren Rachels, welche 1668 gedruckt wurden, sind die neunte und zehnte, welche der Anhang bringt, Jungfern-Anatomie und Jungfern-Lob, wahrscheinlich von Carl Seyffardt verfaßt. In Rachels Satiren lebt mehr das alte Repertoire der humanistisch-volkstümlichen Rügedichtung weiter, mit neuen Gedanken sind sie nicht beschwert. Was er an Stoff bietet, findet man bei Fischart, Moscherosch und den anderen kritischen Weltbetrachtern. Neu ist lediglich, daß er es in hochdeutsche Alexandriner zusammenfaßt. Deshalb führt er bei seinen Zeitgenossen den Ehrentitel *teutscher Juvenal*.

Die festen Überlieferungen der schweizerischen Literatur (späthumanistische Kunstübung, lateinisches Ordensdrama, Erbauungslyrik, Predigt und Prosaschrifttum) wurden im 17. Jahrh. selten durchbrochen. Die Literatur wahrt ihre Selbständigkeit weniger in der lateinischen als in der deutschen Formgebung. Selten, daß ein Anschluß an die mitteldeutsche Literatur gesucht oder gefunden wurde. Irgendwelche Anregungen gehen von der schweizerischen Literatur im 17. Jahrh. kaum über die Landesgrenzen. Vereinzelt fügt sich ein Fremder wie *H. F. Veiras* in die Ordnung oder bringt dem Genius loci sein Opfer. Selten, daß ein Umsichtiger und dichterisch Begabter, wenn er sich längere Zeit in Deutschland aufhielt, ein Reis auf die heimische Überlieferung setzte. Dazu wäre J o h a n n e s G r o b (1643–97), der sich an der Süßigkeit Rists erbaute, vielleicht berufen gewesen. Doch hat weder seine Kunst noch seine Betrachtungsweise Anregungen gespendet, die mit denen Hallers verglichen werden könnten, weil sie kaum über die Grenzen des Landes hinausgingen.

Im Alter von 18 Jahren verließ Grob seine Toggenburger Heimat und diente 1661–64 in der schweizerischen Leibgarde des Kurfürsten Johann Georg II. von Sachsen. Die Gelegenheiten zu scharfer Beobachtung und Kritik nützte er dort und auch auf einer Weltreise aus, die ihn nach Paris, Bremen, Hamburg, London und den Niederlanden führte. Nach seiner Heimkehr (1664) betrieb er einen Leinwandhandel und betätigte sich kurze Zeit in der Politik, wurde aber in unerfreuliche Händel verwickelt, so daß er es vorzog, in glücklicher Ehe und im Kreise seiner Familie ein gleichmäßig dahinfließendes Leben zu führen. Über diese selbstgewählte Begrenzung strebte er nicht hinaus. So bewegt sich auch sein dichterisches Schaffen innerhalb fester Grenzen.

Grobs erstes Werk, *Versuchsgab*, war 1666 abgeschlossen, erschien aber erst 1678. Seine ehrliche politische Überzeugung und sein Bekenntnis zum deutschen Kulturkreis in seinem *Treu-gemeinten Eydtgenössischen Aufwecker* (1688) trugen ihm den Adel und eine Audienz bei Kaiser Leopold I. (1690) ein. Sein *Spazierwäldlein*, welches unter dem Pseudonym Reinhold von Freienthal veröffentlicht wurde, erschien erst 1700. Zu keinem Dichter ist Grob in freundschaftliche Beziehungen getreten. Auf *Ciceros* Moralphilosophie, *Ausonius*, *Horaz* und *Martial* beschränkt sich seine Kenntnis der Antike. Die Auswahl zeigt, daß er das Leben aufsucht. Ebenso erstreckt sich seine Kenntnis der modernen Literatur auf die satirischen Lebensbeobachter *Owen*, *Moscherosch*, *Rachel*, *Sacer* und *Rist*. In Oden, welche er Stimmungsgedichte nannte, moralisiert er und gibt religiöse Gedanken konventionell wieder. Gefühle und Zweifel haben sein Inneres nie aufgewühlt. Wie kleine Genrebilder, die er an seinem Fenster entworfen hat, wirken die epigrammatisch erfaßten, immer wiederkehrenden Typen aus seinem Umkreis und dem Zeitalter: Richter, Schmarotzer, *milites gloriosi*. In seiner Auffassung der Dichtung, daß sie sich nicht unter das Joch schnöden Lohnes beugen dürfe, lebt humanistisches Selbstbewußtsein weiter. Zugeständnisse an die galante Mode kennt Grob nicht. Ihr und der verstiegenen Schäferei setzt er die Einfachheit und Wahrheit entgegen. Darin berührt er sich mit Wernicke und dem Zürcher Geistlichen und Literaten *Gotthard Heidegger* (1666–1711), der sich ganz besonders über die Modegattung des Romans empörte, im übrigen aber die alten Themen der Moralsatire behandelte. Grobs Formideale weisen auf Opitz zurück. Als ehrlicher Verfechter seiner Meinung, scharfer Beobachter seiner Umwelt und mit den Grenzen seiner Begabung vertraut, weiß er, daß seine Domäne das Epigramm ist. Damit sicherte er sich einen Platz zwischen Logau und Wernicke.

3. POLITISCHE, PERSÖNLICHE UND POETISCHE PROSASATIRE

Der Prosa-Satire boten sich verschiedene Möglichkeiten der Entfaltung. Sie konnte sich wieder der reformatorischen Streitschrift nähern oder Anschluß an neue Formen suchen. Zwischen diesen Möglichkeiten bewegen sich die Werke, welche wir nun zusammenstellen. Da ist zuerst eine satirische Beschreibung einer Reise durch die Schweiz zu nennen: *Heutelia. Das ist: Beschreibung einer Reise / so zween Exulanten durch Heuteliam gethan / darinn verzeichnet 1. Was sie denkwürdig gesehen vnd in obacht genommen / so wol in Geistlichen als in Weltlichen.* 2. *Was sie für Discursen gehalten.* 3. *Was ihnen hin und wieder begegnet.* Das Büchlein ist 1658 erschienen. Der Druckort ist nicht einwandfrei festzustellen. Jedenfalls stimmt Lutetia (Paris) auf der Steintafel, welche der Satir auf dem Titelblatt in den Händen hält, nicht. Das Anagramm von Helvetia war leicht aufzulösen.

Schwieriger war die Feststellung des Verfassers. Es ist nicht der lange Zeit vermutete J a k o b G r a v i s e t t (1598–1658) sondern der kurpfälzische Sekretär H a n s F r a n z V e i r a s (1576/77–1672), der nach Tillys Erstürmung seiner Vaterstadt Heidelberg (1622) mit Lingelsheim nach Straßburg floh und von dort Gravisett nach Bern folgte. Veiras hielt die Verbindung mit seinen Freunden Lingelsheim und Bernegger in Straßburg, sowie anderen Pfälzer Emigranten aufrecht und verfaßte verschiedene Schriften, in denen er Fischarts geistiges Erbe mit Erfolg fortsetzte.

Nach der Vorrede des Buchdruckers an den günstigen Leser wurde der Verfasser zu seinem Werk von dem Jesuiten *Joannes Bisselius* (1601–82) angeregt, einem Schwaben, der 1637 sein Werk *Icaria* veröffentlicht hatte, einen lateinischen satirischen, politischen Schlüsselroman über die Verhältnisse in der Rheinpfalz. Anscheinend hat auch Veiras sein Werk zuerst in lateinischer Sprache abgefaßt und hat an der deutschen Übersetzung die Lust verloren. Jedenfalls glaubt man der Versicherung der Vorrede, daß der Autor nicht mehr die letzte Hand angelegt hat. Er scheint auch noch andere Gebiete ähnlich behandelt zu haben. Doch ist der buchhändlerische Erfolg wohl ausgeblieben, so daß die Serie von satirischen Reisebeschreibungen der westeuropäischen Länder nicht erschien. Die Handschriften schlummern vielleicht noch in der Bibliothek eines Adelssitzes. Das Werk, die Beschreibung einer Reise durch die Provinz Heutelia in der neuen Welt, ist eine merkwürdige Mischung von Erlebnisbericht, Darstellung der politisch-geographischen Verhältnisse und Glossen über die religiöse, geistige und wirtschaftliche Lage der einzelnen Landesteile. Das ist mit dem *Satirischen Pensel* gemalt, oder die wahren Verhältnisse sind als Grundriß mit der Kreide hingeworfen oder angedeutet, aber durch die Namengebung *verblümelet und verschattiret.* Argenis und Japeta wie überhaupt die historisch-politische Dichtung kamen dem ähnlich entgegen wie die Icaria. Aber Persönlichkeiten wie Alexander Magnus (Heinrich IV.), Pompeius Nahorius (der Herzog von Rohan). Meleander (Herzog Bernhard), Scribanius (Oxenstierna), Gelehrte wie Geletarius (Ziegler) und Tafribius (Fabritius) kommen kaum zur Geltung in der Handlung der Heutelia. Der Archimuftus Insubrianus ist der 'Kardinal Karl Borromäus von Mailand. Den Hauptwert legt der Verfasser auf die Darstellung der religiösen und kirchlichen Verhältnisse. Mit *Muftus* und *Bonzus* bezeichnet er katholische Priester und Mönche, die *Druidae* sind die evangelischen Priester, sie heißen auch *Numinales Pneumatici*, die calvinistischen sind die *Numinales Somatici*. Da bei den Gesprächen mit den Einheimischen alle Glaubensbekenntnisse zu Wort kommen, und alle Einrichtungen besprochen werden, wird die Frage nach dem Bekenntnis des Autors verschleiert. Er war Calvinist. Aber er übt auch an den Einrichtungen dieses Bekenntnisses Kritik. An Fischart wird man erinnert, wenn erzählt wird, wie der *Bonzus cucullatus* (Franziskaner) dem *Bonzus corvinus* (Jesuiten) nachstellt. Über Verwaltung und Rechtswesen wird ausführlich gehandelt. Die Verhältnisse am Reichskammergericht in Speyer werden zum Vergleich herangezogen. Wie hoch der Verfasser über den Parteien steht, belegen seine Worte: ,,Es wöllen mir die Geistlichen verzeihen / auch die jenigen die auff vnserer Seiten sind / als die ich / alle von aller Schuld nicht quittieren / oder frey sprechen kan / sie wollen mir zu gut halten / oder viel nicht selbst erkennen / vnd ihnen wornemen / was ich nun sagen will. Gleich wie vnder den

Rechts-Gelährten etliche Zungen-Tröscher vnd Schreier die nur alles verwirren /
vnd all jhr Hirn nur auff der Zungen haben; Also find man auch vnder den Geistlichen
etliche / welche sich der hündischen Wohlredenheit befleissen / vmb sich bellen vnd
beissen / mehr schaden als nutzen / anstoßen / verderben / zerstrewen / böse Lehr-
Jünger des jenigen / welcher alles allen worden / damit er alle erhalten möchte; An
statt der Liebe sich des Lästerens / Schändens / vnd Schmähens gebrauchen / vnd die
Zän an statt der Zungen / auch sich dahin eussert bemühen / darmit sich nur jmmer-
dar ein Zanck auss dem anderen erwecken; darmit ja sich dieser Christenliche Leib
nimmermehr vereinigen / vnnd gleichsinnig werden möge. Seind also darob sich wol
zu verwunderen / in jhren selbst eigenen Sachen Ankläger / Richter vnd Zeuchen."
Solche Worte kann man nur bei den geistigen Erben der Rosenkreuzer hören.

Bei Schaffhausen betreten die beiden Reisenden Schweizer Boden. Ihre Reise führt
sie nach Zürich, Luzern, Bern, Lausanne und Genf. Besonders eingehend werden die
Zustände in Zürich, Luzern und Bern abends auf der Gästebank, während der Fahrt
mit den Reisegenossen oder dem Fuhrmann besprochen. Dieser spricht wie ein Gebildeter. Einmal wird der Wunsch ausgesprochen, daß die geistlichen und weltlichen
Ämter besser mit Personen versehen werden sollten als die Personen mit solchen
Ämtern. „Jedoch ist es billich / dass beyde zugleich recht mit einander versehen
werden." Ausführlich unterhält man sich über Hexen und Teufel, diese seien die
Schuldigen und nicht die Menschen; denn die Teufel hätten die Macht über die Menschen, nicht die Menschen über die Teufel. – Die Schleier über diesem seltsamen
Werk, das so viele Rätsel stellt, und in dem sich die Aufklärung schüchtern anmeldet,
sind noch nicht alle gelüftet.

Als Wegweiser in die Zukunft könnte man die Heutelia bezeichnen.
Viel weniger gilt dies von Johann Balthasar Schupp, wenn man
auch sehr oft lesen kann, er sei ein Vorläufer *Lessings*. Das bezieht sich
aber lediglich darauf, daß beide mit maßgebenden Hamburger Theologen
Streitschriften wechselten und mit der Zensur zu tun hatten. Wenn sich
der Herr Hauptpastor *Melchior Goeze* aber über Lessings Stil ärgerte,
weil er selbst die deutsche Sprache nicht so gut zu handhaben verstand,
und der Hauptpastor *Müller* von St. Peter gegen Schupp auftrat, weil er
sich auf der Kanzel ungebührlich geäußert habe, so ist das etwas ganz
anderes. Der Hauptpastor meinte gewiß nicht, daß ihm Schupp im
Gebrauch der deutschen Sprache überlegen sei. Er hätte sich nie das
Zeugnis seiner Unzulänglichkeit ausgestellt. Er entrüstet sich aber
darüber, daß Schupp sich unwürdig ausdrücke und das Lächerliche mit
dem ernsten Heiligen vermische; denn die evangelische und wohl auch
die calvinistische Erbauungsliteratur wahrte den Abstand zwischen
Unterhaltung und belehrender geistlicher Mahnung. Sie verbannte
zwar nicht überall den Scherz, wenn es um Fragen des Glaubens und
der Moral ging, aber man entrüstete sich doch allgemein, wenn in der
Kirche gelacht wurde. Schon daraus läßt sich erklären, warum die
nördlichen Länder der Reformation so spät den Zugang zu Geiler und
Abraham a Sancta Clara gefunden haben. Schupp ist kein Neuerer. Daß
er Lukian auf den Hamburger Meridian visierte, zeigt, wie lebendig
noch immer die spätantike Unterhaltungsliteratur war, und wie leicht

sich der heidnische Spott mit dem kirchenväterlichen Ernst verband.
Was bei Schupp modern und individualistisch anmuten könnte, ist
nichts anderes als die frische und lebendige Art, mit der er die persönliche religiöse Satire aus der Frühzeit der Reformation mit der Moralsatire zu verbinden verstand.

Johann Balthasar Schupp (1610–61) stammt aus einer angesehenen Gießener
Bürgerfamilie. Er begann 1625 mit dem Studium in Marburg. Eine Bildungsreise
führte ihn 1628 nach Polen, den baltischen Provinzen und Dänemark. In Rostock
legte er 1631 die Magisterprüfung ab, folgte jedoch unmittelbar nachher einem Rufe
nach der Heimat und begann mit seiner akademischen Lehrtätigkeit in Marburg und
Gießen. Als Hofmeister unternahm er 1634 eine zweite Bildungsreise nach den
Niederlanden. Nach seiner Rückkehr wurde er in Marburg (1634–46) Professor der
Geschichte und Beredsamkeit. Von 1643 an war er nebenher Prediger an der Elisa-
bethkirche. Bei der Einnahme Marburgs (1646) verlor er seinen ganzen Hausrat
und die umfangreichen Vorarbeiten zu geschichtlichen Werken. Von da an übte er
geistliche Ämter aus, zunächst das eines Hofpredigers und Konsistorialrates in
Braubach. Beim westfälischen Friedenskongreß vertrat er die Interessen seines Landesfürsten. Von 1649 an bis zu seinem Tod wirkte Schupp als Hauptpastor in Hamburg.
Unliebsame literarische Fehden und ein erfolgloser Kampf gegen unbefugten Nachdruck seiner Schriften verbitterten ihm den Lebensabend.

Der Ausgangspunkt von Schupps Schaffen ist die volkstümliche
Predigt. Seine Werke halten die zeitliche und sachliche Mitte zwischen
den Streitschriften der Reformationszeit und den Auseinandersetzungen
zwischen Leipzig und Zürich im 18. Jahrh. Schupp schreibt nur in
Prosa. Glossen zum Alltag könnte man fast alles nennen, was er
schreibt. Die Geschichte des Journalismus kann an ihm nicht vorbeigehen. Er treibt aktuelle Moral- und Zeitsatire. Er versteckt die Personen, welche er angreift, nicht mehr hinter den feststehenden Typen
und Allgemeinheiten. In Marburg schrieb er lateinisch. Die Schäden der
Zeit aber glaubte er nur in deutscher Sprache bloßlegen zu können.
Was immer er schrieb, geht auf persönliche Lebens- oder Berufs-
erfahrung zurück und ist in kurzer Frist entstanden, aus der Erregung
geboren, Angriff oder Verteidigung. Wollte er wie in der Corinna
(1660) eine satirische Novelle schreiben, so sprengte er den Rahmen,
den ihm Lukian gab, mit Exkursen, in denen er seine Erfahrungen und
seine Belesenheit unterbrachte. Dem Herzog Ferdinand Albrecht von
Braunschweig-Lüneburg ist das Werk gewidmet. Schupp nimmt ganz
besonders die Hurer und Ehebrecher her. Er bietet ein Sittenbild, wie
Corbyle ihre Tochter Corinna in die Badstube führt und sie aus ihren
eigenen Erfahrungen auf den Männerfang abrichtet. Köstlich sind die
Bemerkungen über die Kirchgänger. Jeder Leser mußte wissen, daß
die Geschichte nicht in Ninive sondern in Hamburg spielte, Schupp
selbst der Priester Ehrenhold war, der gegen die Ammen predigte und
der Sünderin mit liebevoller Energie ins Gewissen redet. Mag man auch
an so manche alte Quelle – die Dunkelmännerbriefe, Luther, das

Theatrum Diabolorum, Andreae – erinnert werden: es gibt wenige
Werke des 17. Jahrh.s, in denen wir so stark vom Leben der Zeit berührt
werden wie hier.

Mit seinem geistlichen Amtsbruder, dem Hauptpastor von St. Peter *Johannes
Müller* stand Schupp nicht aufs beste. Man wußte sich zu berichten, daß er sich seine
Gunst verscherzt hatte, weil er nicht sein Schwiegersohn werden wollte. Man nahm
Anstoß an seinen Predigten und Streitschriften. Das Ministerium schritt 1657 ein.
Es wurden Gutachten von Wittenberg und Straßburg angefordert. Das Verbot, in
Hamburg Schriften drucken zu lassen, verhinderte Schupp nicht, sich gegen den unbefugten Nachdruck seiner Schriften zu wehren und seine überlegenen, sachlich vor-
gehenden Schriften in Wolffenbüttel drucken zu lassen. So ist Schupp über die volkstümliche Predigt zum deutschen Tagesschriftsteller geworden. Seine Schriften arbeiten, das muß besonders hervorgehoben werden, mit altem Stoff. Aber Schupp
weiß darum, daß Kürze des Witzes Seele ist. Von der Erbauungsliteratur, z. B. einer
Auslegung des Vaterunsers, wird er immer wieder in die Arena gerufen. Es sind viel
weniger Fragen des Glaubens, über die man sich hier auseinandersetzt, als Fragen der
Rhetorik. Bald wurde auch die Poetik der Satire zugänglich.

Johann Gottfried Zeidler (1655–1711) war der Sohn eines Pfarrers in Fien-
stedt. Er studierte an den Universitäten Wittenberg, Jena und Gießen mit wenig
Freude Theologie. Zur Unterstützung seines erblindeten Vaters rief man ihn 1679
heim. Durch 21 Jahre führte er die Seelsorge über fünf Dörfer mit innerer Unlust
und suchte in schriftstellerischen Arbeiten Ablenkung. Ein Jahr nach dem Tod
seines Vaters legte er sein Amt nieder (1700) und zog nach Halle, um sich bei Christian Thomasius weiterzubilden. Er wurde 1703 Auctionator der Universität und
erwarb sich seinen Lebensunterhalt mit der Ordnung und Katalogisierung von
Privatbibliotheken.

Seine reichhaltige schriftstellerische Tätigkeit blieb ohne Wirkung. Seinen Zeitgenossen galt er als *großes Ingenium, das zuweilen überschnappte*. Seine satirischen
Schriften, welche er ohne Namensnennung veröffentlichte, kehren über Schupp zur
Satire der Reformationszeit zurück: *Neun Priesterteufel* (1701), *Sieben böse Geister,*
welches heutiges Tages guten Theils die Küster oder so genandte Dorff-Schulmeister
regieren (1701). Das klingt im Titel an *Schupps* Sieben böse Geister, welche heutigen
Tags Knechte und Mägde regieren und verführen, an. Die ,,Neun Priesterteufel,, sind
die Übersetzung einer lateinischen Schrift von 1489, die Luther (Wittenberg 1540) mit
einer Vorrede herausgab. Diese Teufel sind der Collator oder Edelmann, der Küster,
die Pfarrersköchin (bei Zeidler die Pfarrersfrau), der Kirchenvater und der Bauer,
welche dem Pfarrer seine Einküfte nicht gönnen, der Offizial (das Konsistorium),
der Bischof (Superintendent), der Kaplan (Diakonus) und der Predigermönch
(fremde Prediger). Die *sieben Schulmeisterteufel* unterstützen die Bemühung von Thomasius um die Bewährung der deutschen Sprache für gelehrte Arbeiten. Zeidler
zeigt, wie dem Schulmeister einige lateinische Brocken und ein paar lateinische Bücher
eine Tünche der Gelehrsamkeit geben, und bemüht sich, den ganzen Lehrbetrieb des
deutschen Unterrichts zu organisieren. Das Lateinische sei zu einer Geheimsprache
der Gelehrten geworden. Besonders nimmt Zeidler den Aristotelismus aufs Korn. Er
besitzt ein an Sprichwort und volkstümlicher älterer Dichtung wohlgeschultes deutsches
Empfinden. Wie vielseitig seine Interessen waren, zeigt sein Versuch, seine Erfahrungen mit der Wünschelrute wissenschaftlich zu erläutern. Seine Abneigung gegen
den geistlichen Stand, die Verweltlichung der Kirche und die Verkennung des Christentums seit Konstantin kommen in den Bildern zur Geltung, welche *Das verdeckte und
entdeckte Carneval* (o. J.) vorführt. So wendet sich die Satire schließlich gegen jene geistigen Mächte, Humanismus und Reformation, welche sie einst so beschwingt hatten.

Gottfried Wilhelm Sacer (1635–99) stammt aus angesehener Bürgerfamilie in Naumburg. Dort besuchte er die Stadtschule und war dann 1649–54 in Pforta. Anschließend studierte er in Jena Philosophie und Jura. Im Dienste des Geheimrates und Kanzleidirektors Claus von Platen war er 1657–58 in Berlin, studierte dann in Greifswald und Frankfurt a. d. O. Als Hofmeister der Söhne des Landeshauptmanns Rudolf von Bünau ging er 1662 nach Jena. Später bemühte er sich beim Reichskammergericht in Speyer um die Fortführung eines Prozesses für seinen Brotgeber und ging dann mit seinen Zöglingen nach Straßburg. Dort löste sich nach dem Tode des alten Bünau sein Dienstverhältnis. Er mußte auf die Kavalierstour verzichten, hielt sich in Westdeutschland auf, kam nach Hamburg und wurde 1665 Regimentssekretär des Stadtkommandanten von Lüneburg. Für kurze Zeit ging er 1667 nach Kiel und dann als Hofmeister nach Dänemark und den Niederlanden. Nach dem Tod seines Vaters zog Sacer 1669 nach Braunschweig. Ein Jahr später ernannte ihn Herzog Rudolf August zum Advocatus Ordinarius beim fürstlichen Hofgericht in Wolffenbüttel. Zum Doctor iuris promovierte er 1671 in Kiel. Bis zu seinem Tode wirkte er in angesehenen Ämtern als Gerichts- und Verwaltungsbeamter.

Außer dem poetischen Tagebuch *Nützliche Erinnerungen wegen der deutschen Poeterey* (1661) und der Abhandlung *Reime dich oder ich fresse dich* (1673) hat Sacer noch verschiedene Übersetzungen, Erbauungsschriften und einige Lieder verfaßt. Der Gehalt eigener Gedanken ist gering. Aber Sacer hat viel gelesen. Er kennt die Theoretiker *Scaliger* und *Masen*, ist mit *Fischart* und *Andreae* vertraut. Schupp, Rist, Neumark und vor allem Moscherosch sind ihm bekannt. Sacer will von den Neuerungen der Nürnberger und Zesens nichts wissen und richtet seine Theorie wieder ganz nach Opitz aus. Er verlangt von einem Dichter mehr als das Beherrschen der Wort- und Reimkunst, nämlich Kenntnis der lateinischen und griechischen Literatur, Gelehrsamkeit, Verstand, Geist und Kenntnisse. Vom furor poeticus hält er nichts mehr. Die Volksbücher entsprechen seiner Auffassung von hoher Kunst nicht. Er überträgt die spöttische Kritik, mit der Balde die neulateinische Dichtung bedacht hatte, auf die deutsche Dichtung, die Technik, mit Reimlexikon und poetischen Eselsbrücken zu arbeiten. Mit der Schäferpoesie will er nichts zu schaffen haben. Auch die Liebespoesie mit ihren ewig gleichen Floskeln hält seiner Kritik nicht stand. Er vergleicht die Verzierung mit Redeblüten dem Spicken eines Hasen. „Mache aus deinen Versen einen Gordischen Knopff so ein Königreich verspricht, wer ihn auflöset. Verwirre sie ineinander, als jemals die Winde die Sybillinischen Blätter und lasse leichtgläubige arme Tropffen Prophezeyhungen herausklügeln. Du wirst ein Gott der zierligkeit angebetet werden". Und dann erst die schwerfälligen Umschreibungen, die *Hyperbolischen Phrases*, über die schon Lauremberg gespottet hatte, das närrische Wortgeklingel, der Marinismus, die Nürnberger Tändeleien, Gelegenheitsgedichte, Leberreime, das Protzen mit Bildungsgut und Wissen, die lächerliche Anwendung der Mythologie! Auf Plavius und Zesen hat es Sacer besonders abgesehen. Er schrieb die frischeste Poetik seines Jahrhunderts, weil er die Theorie mit der Satire verband.

LITERATUR

Moscherosch: Die Gesichte Philanders wurden in Auswahl hrsg. von F. Bobertag, DNL 32. Insomnis cura parentum Neudr. 108/09 (1893) und Patientia, München 1897, gab L. Pariser heraus. A. Bechtold, Kritisches Verzeichnis der Schriften J. M. Moscheroschs, München 1922. W. Hinze, M. und seine deutschen Vorbilder in der Satire. Diss. Rostock 1903. J. Beinert, Deutsche Quellen und Vorbilder zu M.s Gesichten. Diss. Freiburg i. Br. 1904.

Schorer: O. Hartig, Christoph Schorer von Memmingen und sein deutscher Sprachverderber, München 1912. Sitz.ber. d. bayr. Akad.

Logau: Die Sinngedichte gab G. Eitner BLVS 1'13 (1872) heraus. P. Hempel, Die Kunst Fr. v. Logaus, Berlin 1917.

Lauremberg: Die Scherzgedichte gab J. M. Lappenberg BLVS 58 (1861) heraus, W. Braune Neudr. 16/17 (1879). H. Weimer, Laurembergs Scherzgedichte. Diss. Marburg 1899.

Rachel: Satir. Gedichte hrsg. von K. Drescher Neudr. 200/02 (1903). A. Lindqvist gab zwei satir. Gedichte: Der Freund und der Poet, Lund 1920, heraus. B. Berendes, Zu den Satiren des J. R. Diss. Leipzig 1896. H. Klenz, Die Quellen von J. R.s erster Satire „Das poetische Frauenzimmer oder Böse Sieben". Diss. Leipzig 1899. J. Gehlen, Eine Satire Joachim Rachels und ihre antiken Vorbilder. Progr. Eupen 1900.

Grob: Epigramme und Auswahl aus anderen Werken hrsg. von A. Lindqvist BLVS 273 (1929).

Graviseth: ADB 9, 617.

Veiras, W. Weigum, Heutelia, Frauenfeld 1945. A. Carlebach, H. Fr. Veiras, Zs. f. d Gesch. des Oberrheins 97. N.F. 58 (1949) S. 649–55.

Schupp: Die Streitschriften und Corinna gab C. Vogt Neudr. 222–39 (1910/11) heraus. Der Freund in der Not hrsg. von W. Braune Neudr. 9 (1878). P. Stötzner gab, Leipzig 1891, heraus: Der deutsche Lehrmeister, Vom Schulwesen. C. Vogt, Joh. Balth. Schupp. Euph. 16 (1909) 6–27, 245–320, 673–705. 17 (1910) 1–48. 251–287. 473–537. 18 (1911) 41–60, 321–67. 21 (1914) 103–28. 490–520.

Zeidler: P. Krumbholz, J. G. Zeidler als Vf. der Schrift von den sieben Schulmeisterteufeln. Mitt. d. Ges. f. dt. Erzieh. u. Schulgesch. 20 (1910) S. 237–70.

Sacer: L. Pfeil, G. W. Sacers „Reime dich oder ich fresse dich". Diss. Heidelberg 1914.

SCHWULST UND PROSA

Die Einheit zwischen rational-gedanklichem Aufbau und poetischer Zierde entsprach dem synkretistischen Zusammenwachsen von antiken und christlichen Elementen unter der Herrschaft des christlichen Glaubens, dem das antike Heidentum nicht mehr gefährlich werden konnte. Je weiter man sich von Opitz entfernte, desto gefährdeter war diese Einheit. Je mehr aber sein Ansehen wieder zunahm, desto eifriger war man bemüht, diese Einheit wieder herzustellen. Der Überschwang, das Schwelgen in Bildern, die fiebrigeErregtheit konnten sich in den erhitzten Gemütern nur kurze Zeit auf einer gewissen Höhe halten und mußten der Ernüchterung weichen. Diese konnte sich sowohl auf die alte Lehre von *Opitz* als auch auf die neue von *Boileau* berufen. Die Ernüchterung, welche zuerst im Roman unmittelbar nach 1670 sichtbar wird und später zum offenen Kampf gegen den Schwulst übergeht, ist das erste Kennzeichen der *Aufklärung* und der selbstbewußt werdenden bürgerlichen Gesinnung. Dennoch darf man den Gegensatz, der in den Worten Schwulst und Prosa steckt, nicht so auffassen, als ob die Prosa nicht auch empfänglich für den Schwulst gewesen wäre, oder als ob sich das demokratische Bürgertum gegen die aristokratischen Höfe gewendet hätte. Die Tendenzen der Dichtungsgattungen bleiben die gleichen. Obenan steht die Verbreitung der *Moral* als Aufgabe. Deshalb werden entweder vorbildliche Verhältnisse vorgeführt oder solche, welche verurteilt werden mußten. Dennoch meldet sich das *Leben* zu seinem Recht, und wird die Wirklichkeit zur Dichtung in Beziehung gesetzt. Der Naturalismus, von dem die Nerven der verrohten Kriegsgeneration gerüttelt werden mußten, wurde vereinzelt von einem liebenswürdigen Realismus abgelöst. Der Weg zu diesem konnte von der Höhe her vor allem über die Schäferdichtung führen wie bei *Johnson* oder sich von den Überlieferungen freimachen und auf sein natürliches Daseinsrecht berufen wie in den Romanen von *Beer*. Beide sind von der Forschung erst im letzten Menschenalter entdeckt worden. Damit sind viele ältere Urteile und Versuche einer Anordnung des Stoffes hinfällig geworden, seit sich die Forschung, der ein Aufsatz von *Günther Müller* das Signal gab, ernstlich um den Roman des ausgehenden Jahrhunderts bemühte. Wir haben dabei den Roman als die begünstigte poetische Ausdrucksform anzusehen. Er ist der sichtbarste Träger neuer Gedanken, geistiger und literarischer Bewegungen. Keine Dichtungsgattung hat das Weltbild des ausgehenden 17. Jahrh.s so einfangen können wie der Roman. In seinem Bereich setzt sich der Schwulst als stilbildende Kraft nie so fest wie in der Lyrik oder im Drama. Das vertrugen die beiden Quellströme nicht, welche er in sich vereinigt: die Moralsatire und die Gelehrsamkeit.

ERSTES KAPITEL

MARINISMUS

Die Namen *Cultismus* vom *estilo culto* oder *Gongorismus* nach der Ausdrucksweise eines gezierten Humanismus, den der spanische Dichter Luis des Gongora y Argote (1561–1627) geprägt hatte, *Euphuismus* nach John Lyly's (etwa 1554–1608) Roman Euphues, dessen erster Band Euphues or the anatomy of wit 1578 und zweiter Euphues and his England 1580 erschien, Geziertheit und *Preziosentum*, über die Molière spottete, *Marinismus* nach Gianbattista Marino (1569–1625) bezeichnen den Stilwandel, der um die Wende zum 17. Jahrh. die englische und die romanischen Literaturen erfaßte. Im Zeichen dieser Stilbewegung setzte sich eine gepflegte Dichtersprache an die Stelle des Lateinischen. Mit diesem Stil, der in der Anwendung weit hergeholter Bilder und poetischer Kunstmittel (concetti), im geistreichen Konversationston und einer pedantischen Zierde schwelgt, steht es in engem Zusammenhang, daß die Muttersprache besonders gepflegt wurde, der Abstand in der Ausdrucksweise der hohen Dichtung gewahrt wurde und sich diese bewußt von der volkstümlichen Darstellung absetzte. Bereits die Alamodeliteratur bekämpfte verschiedene Eigentümlichkeiten dieses Stils. Er gilt als charakteristisch für den europäischen Hochbarock, den die anderen Literaturen längst überwunden hatten, als sich ihm die deutsche in die Arme warf. Es ist darauf hinzuweisen, daß die Spuren dieses Stils schon früher vorhanden sind, aber die Masse seiner Eigentümlichkeiten erst in einer Dichtergruppe auftritt, die sich ihm verschrieb. Das ist nach der Auffassung, die sich eingebürgert hat, die sogenannte *zweite schlesische Dichterschule*. Sie bildet weder eine gesellige Einheit noch eine solche von gleichaltrigen Dichtern. Was dazu gerechnet wird, hat an der Ausbildung verschiedener Dichtungsgattungen und an den Leistungen dreier Generationen einen gewissen Anteil. Kein gemeinsames geistiges oder konfessionelles Ziel liegt hier vor. Gerade die Neigung zum Gegensätzlichen wird auch in den einzelnen Dichtergestalten sichtbar. Als geistlicher Dichter ist Scheffler der Gegenpol von Hofmann. Dieser ist einer der wenigen Dichter des Jahrhunderts, deren Werke von der religiösen Problematik kaum berührt werden. Es ist müßig, darüber zu rechten, ob Andreas Gryphius dieser Gruppe beizuzählen ist. Bei aller Rücksicht auf seine Sonderart ist er doch so etwas wie ein Chorführer jener schlesischen Dichter, deren Schaffen sich von 1650–1680 entfaltet und weithin von den Auswirkungen des dreißigjährigen Krieges beschattet wird. Die männliche Gelaßtheit, welche uns in den Werken dieser Generation begegnet, hat den Krieg überwunden. Sie tritt wuchtig in schweren Stulpenstiefeln auf, gebärdet sich kraftvoll oder wenigstens so, als ob ihr innere und äußere Stürme nichts anhaben könnten. Die Religionsparteien sind weder des Sieges froh noch von der Niederlage bedrückt. Sie wissen, daß auch der sinnlose geistige Kampf weitergeht, machen als Parteileute kräftig mit oder tun so, als ob er gar nicht vorhanden wäre. Es ist selbstverständlich, daß unter solchen Umständen keine Triumphstimmung aufkommen kann.

1. HOFMANN UND DIE GALANTE LYRIK

Das empfindlichste Barometer, welches die Stimmungen eines Zeitalters anzeigt, bleibt die Lyrik, weil sie plötzliche Bewegung und Erregtheit festhält. Es läßt sich beobachten, daß nicht nur in der mittelalterlichen höfischen Lyrik, sondern auch anderwärts einer die *liebe schar* leitet und sich wohl darauf versteht. Eine solche Gestalt ist Hofmann.

Christian Hofmann von Hofmannswaldau (1617-79) wurde schon von seinen Zeitgenossen als Haupt der schlesischen Dichter gefeiert. Er war der Sohn eines Kaiserlichen Rats und Kammersekretärs in Breslau, besuchte das Elisabethgymnasium seiner Vaterstadt und später das Gymnasium in Danzig (1636-38), wo er zu Opitz festere Beziehungen knüpfte. In Leyden (1638-39) studierte er unter Salmasius und Vossius, hielt sich dann in England, Frankreich (Paris), den norditalienischen Universitätsstädten und Rom auf. 1641 kehrte er heim, 1643 heiratete er. In den Breslauer Rat wählte man ihn 1647. Er vertrat die Interessen der Stadt bei verschiedenen diplomatischen Sendungen in Wien. Zum Ratspräses wurde er 1677 gewählt. Casper von Lohenstein hielt ihm am 30. 4. 1679 die Gedächtnisrede.

Kaum ein Dichter der Zeit ist in der ausländischen und älteren deutschen Literatur so belesen wie Hofmann. Er entwickelte sich vom Übersetzer – die Übersetzung des *Pastor fido* von *Guarini* wurde 1678 gedruckt, ist aber wesentlich früher (1652) entstanden – zum gewandten selbständigen Dichter. Seine Gedichte wurden in der ersten, noch von ihm besorgten Ausgabe (1679) und in der Sammlung von Benjamin Neukirch abgedruckt. Um ihre Chronologie hat sich Hübscher mit Erfolg bemüht. Hundert Epigramme, die unter dem Titel *Sterbens-Gedancken* oder *Grabe-Schrifften* erschienen, sind allgemein satirisch gehalten. Seine ziemlich weit gediehene epische Dichtung *De bello Germanico* soll er selbst verbrannt haben. Es ist weder festzustellen, ob es sich um ein Werk in lateinischer Sprache handelt, noch ob der Dreißigjährige Krieg sein Gegenstand war. Mit Erfolg hat Hofmann den *Heldenbrief* nach dem Vorbild Ovids eingeführt, wenn auch Titz schon vorher sich in dieser Dichtungsart versuchte. Hofmann bevorzugt im Gegensatz zu Ovid das Briefpaar. Er begründet das Liebesverhältnis in Werbebriefen, während bei Ovid die Klagebriefe verlassener Frauen in der Mehrzahl sind. Führt Hofmann das Liebesverhältnis fort, so arbeitet er mit dem Motiv der Trennung, sei diese durch gewaltsames Verstoßen oder durch die räumliche Ferne verursacht. Er schließt zumeist glückhaft, seltener resigniert ab. Er setzt alle Kunstmittel, wie Concetti, Metaphern, Spiel mit den Namen, Variationen des gleichen Gedankens in Bewegung, während Ovid, sowohl was die Charakterzeichnung wie auch die leidenschaftliche Rhetorik betrifft, viel natürlicher wirkt.

Hofmann hielt seine „Lustgedichte" nicht zur Veröffentlichung geeignet. Daran haben sich aber die Herausgeber der Neukirchschen Sammlung nicht gehalten. Sie schreiben ihm wohl auch Gedichte zu, die er nicht verfaßt hat. Bewußt führt Hofmann die Erbschaft von Opitz weiter, er überwindet die Schwere des Pathos, den gelehrten Ballast und die enge Anlehnung an antike und romanische Vorbilder. Er lockert die Starrheit und setzt an ihre Stelle das Liebliche und Anmutige. Dabei kommt es ihm auf die scharfe Wiedergabe des Gedankens, die geistreiche Erfindung, „kräftige Beiwörter und andere mit Verstand angewendete Kleinigkeiten" an. Damit betont er ganz bewußt die verstandesmäßige Grundlegung der Poesie. So klingt das gesteigerte Pathos, welches im schlesischen Drama gleichzeitig seinem Höhepunkt zustrebt, zuerst in der Lyrik ab. Mittelbar steht damit im Zusammenhang das Zurücktreten der strengen moralischen Ideale des Stoizismus und des *docere* der ars poetica des Horaz, der Triumph der Sinnlichkeit, über den man sich in so vielen Literaturgeschichten moralisch entrüstet. Man hat viele erotische Gedichte in den Giftschrank verbannt. Schon die Zeitgenossen nahmen es Hofmann übel, daß er religiöse Motive ins Weltliche umsetzte. Sie kannten den Unterschied zwischen der geistlichen Erotik in der Gefolgschaft des Hohenliedes, der himmlischen Seelenlust und der irdischen Sinnenlust, sie wußten aber nicht, daß sich der Übergang von der einen zur anderen nahezu zwangsläufig vollziehen mußte. Der Protest des 17. Jahrh.s gegen Hofmann witterte in ihm die beginnende Aufklärung und konnte sich dabei auf Askese und Erbauungsliteratur, die ewigen Gegner der antiken Freiheit, berufen. Das war ein gutes Recht, das man nicht mit Duckmäuserei verwechseln sollte. Bis an die große Auseinandersetzung zwischen Leipzig und Zürich heran sind Hofmanns Werke immer wieder herausgegeben worden. Auch seine Reden waren für lange Zeit vorbildlich.

Hofmann hat weder Dramen noch Romane geschrieben. Seinem Wesen entsprechen die kurzen geglätteten Formen. Die ernste Beschäftigung seiner Mußestunden war die Vervollkommnung der deutschen Dichtersprache. Als treuer Verfechter der Opitzschen Regel hielt er sich streng an das Auf und Ab des Verses, ohne auf die Leistungen der Nürnberger und Zesens zu verzichten. Er hat die lateinische Tradition völlig überwunden. Er rang erfolgreich um die Eleganz des Dichterwortes aus der Eigengesetzlichkeit der deutschen Sprache. Seine Verse fließen. Er ist von allen Dichtern seines Jahrhunderts dem silbenzählenden französischen Versprinzip am nächsten gekommen, weil er die schwebende Betonung zu meistern verstand. Es war ihm weder um neue metrische Gesetze noch um Ausbau der Weiterentwicklung der poetischen Theorie zu tun. Er schuf mit einer bewundernswerten Leichtigkeit,

einem Erbteil, das ihm über die Pegnitzschäfer, nicht über Gryphius, zufloß. Seiner weltmännischen Art entspricht die geistreiche
Eleganz. Er war der Nutznießer alles dessen, worum seine Vorgänger
schwer gerungen hatten. Er gehört zu den formenreichsten Dichtern.
In seinen Werken sind 66 verschiedene Strophenformen festgestellt
worden. Er erfaßte die Formen auf seine Weise und spielte nicht mit
ihnen. Er war der Meister des deutschen Alexandriners, der „vollendetste Sonettdichter des 17. Jahrh.s". Er vereinigte wie kaum ein
anderer die Elemente der Dichtung, welche ihren von Opitz geschaffenen
gelehrten Charakter abgestreift hatten und den Akzent auf das Höfisch-
Gesellschaftliche legten. Damit steigt das Äußerlich-Formale, gepaart
mit der gewandten Beherrschung der dichterischen Ausdrucksmittel,
über den geistigen Gehalt und bereitet sich die Aushöhlung und Ent-
leerung der Formen vor. Das Bedürfnis, seinem Ringen um Erkenntnis
oder einer inneren Befreiung Ausdruck zu geben, ist Hofmann fremd.
Er will zeigen, was er kann, nicht, was er fühlt. Er ist ein geistreicher
Virtuose. Welche Fülle von Bildern, Vergleichen, Beziehungen steht
ihm zu Gebote! Aber es bleibt bei einem geistreichen Sprühregen.
Seinem Wesen entspricht das Epigramm, die scharf pointierte Form.
Man kann fast alle seine Gedichte auf einen epigrammatischen Kern
zurückführen. Hier berührt er sich eng mit der spätantiken dekadenten
Epigrammatik, welche dem Alltäglichen einen besonderen Reiz ab-
zugewinnen wußte. Der Hahnrei, die Kupplerin, die alte Braut, Floh
und Gans erweisen sich bei Hofmann als literaturfähig. Es war eine
zwangsläufige Entwicklung, welche dort von den Epigrammen als
Trägern der Würde und des Ruhmes, hier von der religiösen
Gnomik eines Scheffler abglitt und in beiden Fällen das Alltägliche
durch eine geistreiche Kunst emporhob. Mit Recht ist auf die
Ratio als vorherrschendes Prinzip solcher Kunst hingewiesen worden.
„Die Seele und die wesentlichen Teile eines rechtschaffenen Gedichtes"
sind nach Hofmann „scharfsinnige Beiwörter und kluge Erfindungen,
Unterscheidung der guten und falschen Gedanken". Dieser Rationalis-
mus vereinigt gedankliche Grundlegung und geistreiches Formenspiel.
Von hier aus führen die Fäden der Entwicklung über die besten Anakreontiker zu Wieland.

Es ist schwer, in einem Vergleich der Leistungen von Andreas Gryphius und Hofmann etwas anderes als die Gegensätzlichkeit von Todes-
und Grabesstimmungen zu Lebensfreude und Liebesgenuß festzustellen. Jenen entspricht der wuchtige Ernst und das getragene Pathos,
diesen die flüssige Gewandtheit nach italienischem Vorbild. Die Regel
wird bei aller Anerkennung ihrer Notwendigkeit nie Selbstzweck.
Dem buntesten Weltbild, gesehen aus der ehrfürchtigen Scheu vor den
Geheimnissen und Wundern der Natur, mit dem reichen Schmuck von

allen möglichen Vorstellungen, die aus den Bezirken der menschlichen Sinne stammen, und den dazugehörigen Beiwörtern entsprechen die Wandlung und Lockerung der sittlichen Ideale, Vorschriften und stoischen Grundsätze. Epikuräismus und Hedonismus treten an ihre Stelle, Lukrez kommt zu Ansehen. Johann Preuß (1620–96), Johann Franck (1618–77), Karl Ortlob (1626–78), Johann Heinrich Keulisch (1633–98) zeichnen sich kaum durch irgendwelche besondere Art aus. Zwei Dichter jedoch schlagen besondere Töne an.

Nikolaus Peucker (etwa 1623–74) aus Jauer besuchte das Magdalenengymnasium in Breslau und wirkte als Stadtrichter, Ratskämmerer und Kammergerichtsadvokat in Köln an der Spree. Lang nach seinem Tode wurden seine Gelegenheitsgedichte als *Wolklingende lustige Paucke* (1702) gesammelt. Peucker nimmt die Verbindung mit volkstümlichen Kunstübungen wieder auf und ist als Parallelgestalt zu Wenzel Scherffer angesehen worden. Er war fröhlich, witzig und galant. Er war Hausdichter beim großen Kurfürsten, der seine freie, fröhliche Keckheit zu schätzen wußte. Er hat die höfische Leier Hofmanns temperiert und gab sich ohne Zier so wie er war.

Der andere ist Heinrich Mühlpfort (1639–81), ein Breslauer, der bei Köler am Elisabethgymnasium und im Verkehr mit Caspar von Barth entscheidende Anregungen empfing. Er begann 1657 in Leipzig zu studieren und promovierte 1662 in Wittenberg zum Doctor iuris. Dann war er Hauslehrer bei schlesischen Adeligen, ehe er sein Amt als Registrator am Konsistorial- und Vormundschaftsgericht in Breslau antrat. Auch seine *Teutschen Gedichte* sind ebenso wie seine lateinischen 1686, also erst nach seinem Tode, erschienen. Er durchbricht zwar in seinen Gelegenheitsgedichten die übliche Schablone, aber er hält sich weniger an Hofmann als an Opitz. Die Frische seiner Leipziger Liebesgedichte hat er nie wieder erreicht. Wie diese Leipziger Studentenlyrik zwischen Geziertem und Derbem, Verstiegenheit und Nüchternheit, grobianischer Zote und Süßholzgeraspel der Liebe eingespannt ist, zeigen auch die Gedichte der Sammlung *Hymnorum Studiosorum pars prima* (1669) von Christian Clodius, einem studentischen Landsknecht, der es auch verstand, zarte anakreontische Töne anzuschlagen. Frühlingsstimmung und Lebensgenuß klingen bei ihm harmonisch zusammen.

Den Begriff Galante Lyrik hat *Max von Waldberg* nach Inhalt (besonders Art von Liebe), Zweck (gesellschaftlich-geistreiche Unterhaltung), Gattung (epigrammatische Pointe), räumlicher und zeitlicher Ausbreitung bestimmt. Sie schließt den Marinismus und die ihn bekämpfende literarische Richtung ein und erreicht ihren Höhepunkt um die Jahrhundertwende. Ein Menschenalter vorher setzt sie ein und ein Menschenalter später ist sie fast ganz von der Bildfläche verschwunden. Von ihrer Verwandtschaft mit der Minnedichtung ist oft die Rede gewesen. Doch ist der Unterschied zwischen der vom Gesang und der vom geistreichen Wort getragenen höfischen Gesellschaftskunst festzuhalten. Erbauungsliteratur, Ehespiegel, mittelalterlich-asketisches lebendiges Erbe sehen mit feindlichen Blicken auf die Frauen, die gleichzeitig mit dem Aufstieg der galanten Lyrik auch zu Heldinnen von Romanen und Dramen werden. Vergeblich suchte *Gorgias* die frauenfeindliche Haltung zu erneuern. Hilfstellungen aber nahmen die Schäferdichtung, die Antithese mit häufigem Verzicht auf das eine Glied und der Petrarkismus ein. Die Frauenfeindschaft hielt sich an die Satire. Die Liebesqualen des Petrarkismus und die Beschwerden über die spröde Grausamkeit der Geliebten konnten zurücktreten, wenn sich die Angebetete davon überzeugen ließ, daß das Leben kurz sei und man seine Freuden genießen müsse. Die engen Beziehungen zur Natur als Ausgangspunkt des Minneliedes weichen einer Betrachtung oder Aufzählung der Gefühle, einer Beschreibung der Geliebten oder dem Hinweis auf die veränderte Kraft der Liebe. Dennoch sind der Minnedichtung und der galanten Lyrik zahlreiche Motive gemeinsam: das Wohnen in den Herzen, die Augen als Urheber der Liebe, die Heilkraft des roten Mundes, die Weihe eines Gegenstandes, den die Geliebte berührte. Was die französischen Vorbilder aus dem Erlebnis schufen, gestalteten die deutschen Dichter zumeist in ihrer Phantasie; deshalb ersetzten sie die fehlende Eifersucht mit marinistischem Zierat. Ein Vergleich zwischen einem französischen und einem deutschen galanten Gedicht zeigt, daß der Deutsche alles wohl abgeguckt hat, aber entweder geht es ihm zu tief ins Herz oder er plappert ohne alle Empfindung nach. Das allmächtige französische Vorbild ist bis in letzte Einzelheiten in der deutschen galanten Lyrik festzustellen. Aber was den Gepflogenheiten des *Hôtel de Rambouillet* entsprach, nahm sich in den deutschen Versen noch preziöser aus. Auf das Vorbild von *Alessandro Adimari* – Assmann von Abschatz übersetzte seine Sonette (1704) – können sich die Preislieder berufen, welche der Ungestalt, dem Buckel, der Zahnlücke, dem Kropf, der großen Nase, der entstellenden Narbe u. a. noch einen besonderen Schönheitsreiz andichten. Den Spuren des *Pastor fido* begegnet man überall in der galanten Lyrik. Er ist eine wichtige Quelle für die stehenden Formeln, Beiwörter und Stilmittel. Der epigrammatische Charakter hält die Verbindung mit dem Bild aufrecht, das oft ein galantes Gedicht eröffnet. Da wird, wie auch in den Briefen, auf das Intimste Beziehung genommen. Der Akzent liegt in der galanten Lyrik auf dem Schluß, sei es, daß die Wendung dahin wohlvorbereitet ist, sei es, daß sie plötzlich erfolgt. Einige Schlußwendungen erwecken den Eindruck einer Parodie auf die in den lehrhaften Gedichten den Abschluß bildende Moral. Begünstigte Formen sind Sonett, Madrigal, Epigramm, Ode, Kantate, poetischer Brief und Tenzone.

Die galante Lyrik war Modedichtung und verschwand mit dem Aufstieg des französischen Klassizismus. Einen ihrem Wesen entsprechenden Nährboden hat sie in Deutschland nicht gehabt. Deshalb schwankt sie zwischen schulmeisterlicher Ausrichtung und phantasievoll ausgestatteten Wunschbildern. Einem Zeitalter, das die Natur zu entdecken begann, hatte sie nichts mehr zu sagen. Die weite Entfernung zwischen Herz und Feder, welche nach Birken aller unterhaltenden Gesellschaftspoesie eigentümlich ist, erklärt, weshalb uns, die wir ein Erlebnis erwarten, diese Dichtung so fremd ist. Fremd ist uns auch der plötzliche Übergang oder das Nebeneinander von galanter und geistlicher Lyrik im Schaffen eines Dichters. Später hat die Anakreontik die Erbschaft der galanten Lyrik aufgenommen. Sie wählte sich nicht mehr Ovid sondern Horaz als Vorbild.

Um die Einheit von weltlicher und geistlicher Dichtung hat das 17. Jahrh. vergeblich gerungen. Epigramm und Ordensdrama haben diese Forderung, das eine durch seine prägnante Kürze und den Hinweis auf die ewigen Güter, das andere durch das Zusammenwirken der Künste und die einheitliche Ausrichtung von Kirche und Hof am ehesten erreicht. Aber zwischen Schefflers und Hofmanns Welten gab es keine verbindende Brücke. Der glaubenseifrige Bekenner und der gewandte Hofbeamte hatten nicht die gleichen Ideale vor sich. Welt und Leben überbrückten besser als die Vernunftgründe konfessionelle Gegensätze und Härten; das Dogma aber bequemte sich dem an, was die Vernunft vorschrieb. Dabei werden die religiösen Antriebe keineswegs geleugnet oder bekämpft, aber sie werden aus der weltlichen Sphäre ausgeschaltet. In der höfischen Umwelt löst sich die enge Verbindung zwischen Christentum und Stoizismus zur gleichen Zeit, in der Seneca noch immer das Muster dramatischer Technik abgab. Den Hofmann zierte nun weniger als die Bildung als die gesellschaftliche Gewandtheit. Er unterliegt den Gesetzen der Konvention. Diese aber kamen den Bemühungen um neue Ausdrucksmöglichkeiten der Sprache zugute. Gesellschaftliche Aufgaben zogen die Dichtung in ihren Bann. Hier konnte sie das *docere* vergessen und sich unter den Gesetzen des *delectare* einer freieren Moral unterstellen. Man dichtete nicht aus innerem Drang oder Berufung, sondern aus Geltungsbedürfnis, weil eben ein Dichter die besten Möglichkeiten besitzt, in der Gesellschaft von sich reden zu machen. Darum blüht das Gelegenheitsgedicht; denn auf den Augenblickserfolg, nicht auf die Sammlungen der Gedichte, welche erst nach dem Tode des Dichters mit mehr oder weniger Pietät und Geschicklichkeit unternommen werden, kommt es an. Die Lyrik steht im Zeichen der äußeren, sinnlich faßbaren Frauenschönheit. Man wird der Sinnlichkeit und überschwenglichen Erotik kaum gerecht, wenn man darin den Ausdruck sittlicher Verkommenheit oder Dekadenz sieht. Gerade darin hielt man sich an die Theorie und die fremden literarischen Vorbilder, welche man zu überbieten sucht. Erfahrungen und Erlebnisse sind kaum dahinter zu suchen. Ansätze zu psychologischer Erfassung und Beobachtung von Seelenregungen sind in der weltlichen Lyrik und im Drama kaum zu finden. Jene Gattungen aber, welche die Träger von Aufklärung und Pietismus waren, Roman und geistliches Lied, waren es auch, in welchen ein neues Weltbild langsam in schärferen Umrissen erschien.

2. CASPER VON LOHENSTEIN

Es ist Brauch geworden, den glanzvollsten und vielseitigsten Vertreter der schlesischen Dichtung, der die dramatische Erbschaft von Gryphius antrat und den meistgenannten Roman des Jahrhunderts schrieb, unter seinem Adelsnamen von Lohenstein, den sein Vater erst 1670 erhielt, zu behandeln. Sein bürgerlicher Familienname ist Daniel

Casper (1635–83). Er war der Sohn des Zolleinnehmers und Rats-
mannes Johann Casper zu Nimptsch im Fürstentum Brieg. Mit acht
Jahren kam er an das Magdalenengymnasium in Breslau. In Leipzig
begann er 1651 als Jurist. In Tübingen holte er sich 1655 die Doktor-
würde. Dann kam die Gelehrtentour nach der Schweiz, dem Rheinland
und Holland. Seine Breslauer Anwaltspraxis gab er 1668 auf, als
er Regierungsrat in Öls wurde. Als Syndikus trat er 1670 in den
Dienst der Stadt Breslau. Seine Verwendbarkeit zu diplomatischen
Aufgaben trug ihm die Ernennung zum Protosyndikus (1675) und
kaiserlichen Rat ein.

Es ist schwer zu glauben, daß in einem durch amtliche Tätigkeit so
ausgefüllten Leben auch noch ein so umfangreiches literarisches
Schaffen unterzubringen ist. Ein frühreifes Talent, Ehrgeiz und Geltungsbedürfnis allein erklären dies nicht. Man glaubte in seinen Dramen
den Höhepunkt des Barock zu erkennen. Sie sind eher als Zwischenglieder zwischen der hohen Kunst eines Gryphius und den Leistungen
der Wanderbühne anzusehen. Sie suchen auch den Anschluß an das
klassizistische französische Drama, in dessen Stoffwelt sie sich bewegen.
Seneca blieb als dramatisches Vorbild, auf welches Opitz mit seiner
Übersetzung der Troerinnen hingewiesen hatte, von maßgebender Bedeutung. Der antithetisch ausgerichtete Silbentritt des Alexandriners
gerät aus der Marschordnung, sobald die Leidenschaften auflodern und
die innere Bewegung sich nicht der gleichmäßigen Fugung anpassen
kann. Die aufwallende Erregtheit und die Ausbrüche der Affekte mit
ihren angeblichen „Unmöglichkeiten" führten zur Annahme, es handle
sich auch hier um Lesedramen. Dies kann mit den nachgewiesenen
Aufführungen in einem weiten Gebiet – sogar im Wallis ging die Epicharis über die Bretter – widerlegt werden. Drama und Naturalismus
verbinden sich immer wieder. Die idealistischen Tendenzen werden im
gesteigerten Pathos sichtbar. Der von Flemming durchgeführte Vergleich zwischen Caspers Sophonisbe und Goethes Iphigenie zeigte den
Gegensatz zwischen entfesselter Dämonie und gesteigerter Leidenschaft der einen und harmonisch in sich ruhender Ausgeglichenheit der
andern. Aber so viel und so laut auch die Menschen von Lohensteins
Gnaden auf der Bühne reden: er weiß darum, daß Drama Handlung
heißt und hält die Zuschauer in ständiger Spannung. Das gelingt
ihm mit seinen Zentnerworten und der Entfesselung primitiver und
derber Kraftäußerungen. Das Grelle, dick Aufgetragene entspricht der
Ballung von Greueln und den Seen von Blut, durch die seine Gestalten
mit unnachahmlicher Wollust hindurchwaten. Dabei geht Casper
nahezu wissenschaftlich vor, wenn er sich in seinen Anmerkungen auf
die Quelle beruft und schon hier mit der Geschichtschreibung einen
festen Bund schließt. Gewiß können seine Dramen auch gelesen wer-

den, weil sie Bildungsstoff vermitteln, aber sie sind alle bühnenmäßig gesehen. Er lockerte den Mechanismus von Spiel und Gegenspiel, ließ seine Gestalten wirkliche Intrigen spinnen und leuchtete in ihre Seele und in ihren Charakter hinein. Seine Personen sind nicht mehr personifizierte Eigenschaften oder lebendig gewordene Prinzipien, sondern in ihnen kämpfen verschiedene Regungen, und wir wissen noch nicht von vornherein, welche von ihnen die Oberhand gewinnt. Damit erzielt er neue Spannungen. Begreiflich, daß sich diese mit rhetorischem Pathos in Monologen zu entladen suchen. Neu ist der dämonische Frauencharakter, der von nun an Romane und Dramen bevölkert weit über die Adelheid in Goethes Götz hinaus. Mit der ausgiebigen Behandlung und Darstellung der Frauen löste sich das schlesische hohe Kunstdrama von seinen Anfängen, die im Jesuitendrama lagen. In diesem war kein Platz für das reine Machtweib, das die Mittel kennt, mit denen es die Männer in seine Abhängigkeit bringt, und das mit bewußter Folgerichtigkeit handelt.

Die Entstehungszeiten von Caspers Dramen sind schwer festzustellen. Den festgefügten Jesuitendramen und den Tragödien von Gryphius gegenüber zeigen sie Auflösungserscheinungen. Die Geister werden zu einem Instrument, das Schrecken verbreitet. Meist suchen sie ihre Opfer im Schlafe auf und schüchtern sie mit Flüchen und Weissagungen ihres schrecklichen Endes ein. Manchmal werden auch Beziehungen zur Gegenwart hergestellt, indem der Geist einen Ausblick auf die habsburgische Regierung eröffnet. Die *Reyen* erscheinen als Zwischenbemerkungen allegorischer Gestalten zu den Begebenheiten der Haupthandlung. Sie lösen die Konflikte und erheben sich über die Greuelhandlungen, indem sie den Ausblick auf das Walten einer höheren Gerechtigkeit eröffnen. Oft sind die Beziehungen dieser kurzen allegorischen Handlungen zum Hauptspiel für uns nicht ganz leicht herzustellen.

Ibrahim Bassa (gedr. 1653), Caspers erstes Drama, dürfte 1650 von den Schülern des Magdalenengymnasiums in Breslau aufgeführt worden sein. Es ist ein Freibrief für den jugendlichen Dichter. Das letzte Buch des von Zesen übersetzten Romans der Scudéry war die Quelle, deren versöhnlich glücklicher Abschluß für ihn unbrauchbar war. Der verdiente Held und Feldherr des Sultans Soliman des Großen, Ibrahim Bassa, wird mit seiner Gemahlin Isabella ins Gefängnis geworfen. Der Sultan, welcher Isabella für sich zu gewinnen trachtet, kann sich erst auf Betreiben seiner Gattin Roxellane dazu entschließen, den Befehl zu Ibrahims Hinrichtung zu geben. Unmittelbar nachher wird der Sultan durch das Traumgesicht des früher ermordeten Mustapha veranlaßt, sein Urteil aufzuheben. Aber Rustan hat es bereits vollstreckt und hat damit auch noch sein Leben verwirkt. Isabella wird aus dem Gefängnis entlassen.

Mit der Cleopatra (in zwei Fassgn., gedr. 1661 u. 1680), dem einzigen Drama, das Casper noch einmal überarbeitete, setzten die Frauendramen ein. Vielleicht zogen ihn die psychologischen Probleme besonders an. Die Heldin ringt um den Entschluß, ihren Ansprüchen auf die Regentschaft zugunsten ihrer Familie zu entsagen. Sie spielt ihre Intrige mit Antonius, opfert ihn, weil sie richtig erkannt hat, daß er Augustus nicht gewachsen sein wird, und schließt sich dessen Partei an. Aber vorerst triumphiert sie noch einmal über Antonius, täuscht ihm einen Selbstmord vor und erreicht damit, daß er sich selbst umbringt, damit erfüllt werde, was sie in einem Monolog hinausposaunt hatte: ,,Anton, durch deinen Tod farn wir in Hafen ein!" Aber sie findet in Augustus ihren Meister, der zwar auf ihre Liebesanträge scheinbar eingeht, aber nur deshalb, weil er sie den jubelnden Römern in seinem Triumphzug vorzuführen hofft. Das erträgt ihre adlige Gesinnung nicht, sie wählt den Tod und vereitelt damit sein Vorhaben.

Die beiden Frauentragödien aus dem Umkreis Neros, Agrippina und Epicharis (gedruckt 1665), bewegen sich in der beliebten Stoffwelt der Dekadenz des römischen Kaisertums. Da konnten die entfesselten Leidenschaften, Machthunger und Sinnenlust ihre Orgien feiern. Die Gestalten erwecken den Eindruck von Wandelsternen, welche aus ihrer Bahn geschleudert wurden und ihre zerstörende Dämonie gegeneinander ausspeien. Um Nero kreisen seine leidenschaftliche Mutter Agrippina, die aus Eifersucht gegen andere Nebenbuhlerinnen den Sohn mit ihren Liebesanträgen verfolgt, aber wie Cleopatra ihre adlige Haltung nicht preisgibt, sondern wie eine Märtyrerin stirbt, seine Gattin Octavia, seine Geliebte Acte und als gefährlichste Poppaea Sabina, die im Einverständnis mit ihrem ehrgeizigen Gatten, dem Feldherrn Otho, die Leidenschaften des Kaisers entfesselt und ihm ihre Hingabe so lange versagt, bis er ihre Nebenbuhlerinnen aus dem Weg geräumt hat. Blutige Orgien entfesselt Epicharis. Sie ist als Seele der Palastrevolution der Pisonen Neros Gegenspielerin. Er aber hat Gelegenheit, seine raffinierte Grausamkeit an den Verschwörern zu erproben. Ein Massenaufgebot von Personen, ein ständiges Kommen und Gehen, Folter- und Marterszenen, Mord und Selbstmord, Verrat und einschüchternde Drohungen, stoisches Leiden: dies alles rauscht wie in einem Wirbel von Fieberphantasien am Zuschauer vorüber.

Als politisches Drama gilt Sophonisbe (gedr. 1680) nicht nur, weil in den Liederchören die Hochzeit Kaiser Leopolds gefeiert wird. Die Heldin ist die weibgewordene Staatsraison, welche imstand ist, ihren Absichten selbst die eigenen Kinder zu opfern. Als Amazone möchte sie kämpfen. Sie beherrscht ihre Umgebung, erst ihren Gatten Syphax, dann dessen Gegenspieler Massinissa mit ihrer Liebe. Als dieser sie verrät und ihr das Gift in die Hände spielen läßt, mit dem sie sich und ihre beiden Knaben tötet, weiß sie ihm Dank dafür, daß er ihr die Möglichkeit zu einem ehrenvoll würdigen Ende geboten hat. Als Herr über seine Leidenschaft und Idealgestalt erscheint Scipio, in dessen Händen die Fäden des erfolgreichen Gegenspiels zusammenlaufen.

Caspers letztes Drama, Ibrahim Sultan (gedr. 1673), zeigt ein deutliches Abnehmen seiner poetischen Kraft oder seines Interesses am Drama. Das könnte damit zusammenhängen, daß Elias Major (1588–1669), der als Rektor des Elisabethgymnasiums auf seiner Schulbühne Dramen von Gryphius und Casper hatte aufführen lassen, einen Nachfolger erhielt, der das Schultheater nicht mehr so förderte. Daß gerade der Ibrahim Sultan als Auftakt zur Hochzeit Kaiser Leopolds mit der Erzherzogin Claudia Felicitas (1673) besonders geeignet gewesen sei, scheint recht merkwürdig. Vielleicht kann man es damit erklären, daß die sittliche Verworfenheit des türkischen Erbfeindes vorgeführt werden sollte. Ibrahim steht unter dem Einfluß der Kupplerin Sekierpera, die ihm eine unschuldige Jungfrau Ambre, die Tochter des Muphti, zuführen will. Diese weist die ersten Anträge des lüsternen Liebhabers mit Anreden wie ,,geiler Hengst" zurück, doch entgeht sie damit der Vergewaltigung nicht. Dann gibt sie sich den Tod. Jetzt erhebt sich der Muphti, stürzt den Sultan und setzt seinen Sohn als Regenten ein. Ehe Ibrahim erwürgt wird, eröffnet ihm Ambres Geist, was er alles im Jenseits zu erwarten habe.

Außerhalb der landschaftlichen Überlieferung steht Caspers heroisch-galanter Roman *Großmütiger Feldherr Arminius* (1689/90). Wie Grimmels-hausen aus der Weite des Erlebten, so schreibt Casper aus der Masse zusammengetragener Gelehrsamkeit. Da wird der Unterschied zwischen dem Volksschriftsteller und dem Literaten sichtbar. Eine geistvolle Interpretation des Werkes hat es mit einem riesigen Schwamm ver-glichen, „vollgesogen mit den Stimmungen, den Philosophemen, dem Glauben und dem Unglauben, den Anschauungen, Phantasiebildern und Idealen der Zeit." Geistigen Gehalt und Stoff hat der Humanismus bereits verbunden. Die Klage um die aus Bescheidenheit und Gleich-gültigkeit unterbliebene deutsche Geschichtschreibung aus der Zeit, da die Germanen in die Weltgeschichte eintraten, kann nun verstummen. Der Roman holt also vieles ein. Er revidiert die Geschichtsauffassung einer langen Vergangenheit und ersetzt sie mit einer eigenen. So wer-den die Ereignisse nicht nur dirigiert, sondern aus einer festen Gesin-nung ausgelegt. Verwandte phantasievolle Gedankengänge rücken den Arminius in die peinliche Nähe von Rosenbergs Mythos und anderen sattsam bekannten Konstruktionen. Wer immer gegen Rom kämpfte – Brennus, Hannibal, Catilina – stand zu den Deutschen in Beziehung. Die kühnen Spekulationen, welche über das Dunkel der deutschen Vor-geschichte angestellt werden, berühren sich auffallend mit Gedanken-gängen von *Celtis*. Wie in dessen fragmentarischen Bestrebungen, es den Italienern gleichzutun, werden auch hier Vergangenheit und Gegen-wart in eins gesehen. Insofern aber geht Casper über Celtis hinaus, als er politische Verhältnisse und Gestalten seiner Zeit, wie Kaiser Leopold, in das Altertum versetzt. Deutsche Frühzeit und Gegenwart kommen unbeschwert von historisch-kritischen Bedenken auf der Ebene des heroischen Romans zusammen, der seine Herkunft von *Barclays Ar-genis* nie verleugnet. Das Idealbild, welches Casper aus der Gegenwart gewonnen hat und vor sich sieht, wird in die Vergangenheit, das Zeit-alter des Arminius zurückverlegt. Da ertönt vielleicht zum letztenmal, jedenfalls aber sehr vernehmlich der Ruf *Ad fontes*. Man könnte sagen, wie bei Celtis, bei Frischlin und so manchen Patrioten des 17. Jahrh.s schlagen die Gefühle nationaler Minderwertigkeit in ein wenigstens un-gefährliches literarisches Geltungsbedürfnis mit einzelnen Feldern des Größenwahns um. Doch so verworren uns auch diese Gedankenwelt scheinen mag, so sehr man sich über diesen Unsinn mit Methode lustig gemacht hat, so stark auch das aufgestapelte polyhistorische Wissen, das Platon und Moses zusammenbrachte, das die Geschichte mythisierte und die Mythologie zur Geschichte machte, aus einer Vergangenheit schöpft, die bald überwunden wurde: manche Ideen, die sich aus dem wirren Komplex lösten, erwiesen sich später noch fruchtbar. So wurden die Beziehungen zum Griechentum fester, die Beschäftigung mit den poetischen und historischen Denkmälern wurde vertieft, wenn auch durch die Verachtung aller Volksdichtung und Mundart noch immer ein wichtiger Zugang zur altdeutschen Sprache versperrt blieb. Daß dieses plötzliche und unmotivierte Ineinandergreifen von Geschichte und Gegenwart, ihre willkürliche Verbindung und Lösung formsprengend wirkt, daß die überwuchernde Zutat Plan und Gerüst kaum mehr erkennen läßt, die Unterhaltung von der Belehrung und diese von jener aufgehoben wird, zeigt, daß die Möglichkeiten des heroischen Romans hier erschöpft werden. Verlockend war das freie Schalten mit einem Stoff, der sich über Jahrtausende ausdehnte und wie in einer Linse gesammelt werden konnte. Die Vorgänge, welche sich im Roman abspielen, stehen unter der Macht des Verhängnisses. Nicht die Menschen bestimmen den Ablauf des Geschehens, sondern die unheimliche Wucht des Schicksals. An dem unabänderlichen Gang und schicksalhaften Ablauf der Weltgeschichte wird festgehalten. Hier waltet die Atmosphäre des Schicksalsdramas. So weit das Weltbild auch sein mag, die eingeengte Freiheit des Willens wirkte beklemmend. Damit wurde dem heroischen Roman die Lebenskraft entzogen. Der heroische Held versteht sich auf den richtigen Gebrauch der Vernunft wie Arminius, er bezwingt die Leidenschaft, fügt sich dem Schicksal und bleibt in allen Lebenslagen standhaft. Das ist die Voraussetzung einer hohen Seele, eines großen Gemütes, verleiht Würde, Tapferkeit und Weisheit. Solche Weltklugheit, wie sie Arminius zeigt, lehrte Balthasar Gracian. Das bedeutet aber keineswegs, daß Casper eine engbegrenzte konfessionelle Weltanschauung an den Tag legt, sondern lediglich, daß die feste aristokratische Weltordnung, welche für ihn Geltung hat, auf jesuitischer Grundlage ruht.

Der vollkommene Herrscher hängt nicht an seiner Macht sondern verzichtet auf die Krone mit all ihren Herrlichkeiten. Diesen asketischen Gedanken, welcher der Zeit an dem Beispiel Christines von Schweden vorgeführt wurde, wandelte Casper am Schicksal von Königinnen und Königen ab. Der Einsiedler steht also auf der Tugendleiter über dem König. Auf solchen Wegen setzte sich mystisches und neuplatonisches Gedankengut im Roman fest, doch werden daneben die ersten Ansätze einer rationalistischen Kritik am Wunderglauben sichtbar. Die konfessionelle Polemik, welche dahinter zu finden ist, wurde auf diese Weise zur Wegbereiterin der Aufklärung. Die Achse des Romans ist die Antithese Germanien und Rom, Einfachheit und Freiheit gegen Falschheit und Knechtschaft. Das naturhafte Leben der Deutschen in seiner romantisch anmutenden Verklärung ist eine leise Vorwegnahme von Rousseau und der Ossianbegeisterung. Doch tritt dieses nebelhafte Aufdämmern ganz zurück hinter der Farbenpracht und dem Schwelgen im Licht, kostbaren Gewändern, der Freude an Edelsteinen, der Schilderung von Wollust und Grausamkeit. Nicht daß er damit erstrebenswerte Vorbilder hinstellt, aber seine Sinne sind davon ganz in den Bann geschlagen, und so muß er seiner wahren Gesinnung in Entrüstungsrufen Ausdruck verleihen und die Gefahr der Verlockung zeigen. Das entartete Rom der Kaiserzeit bildet hier den Kontrast zu Germanien, wie es Anton Ulrich in Gegensatz zum jungen Christentum gestellt hat. Mit welcher Übersteigerung wird das Judithmotiv dargestellt! Olympia, die bei einer Opferszene den Mörder ihres Gemahls und nun aufgezwungenen Gatten durchbohrt, ehe sie sich selbst den Tod gibt! Wie schwelgt Caspers Phantasie, wenn er die Hofhaltung der thrakischen Königin Ada schildert, welche „die Wissenschaft der Laster" getrieben hatte! Was Prachtentfaltung, Derbheit und sündige Anziehung betrifft, gleichen Orient und Rom einander. Der poetischen Wahrheit, dem Zeitempfinden und Stil zuliebe wird Stoff zurecht gebogen. Es kommt Casper gar nicht darauf an, aus Augustus, den die Weihe der Jahrhunderte als ersten römischen Kaiser und Vorfahren der deutschen Kaiser verehrte, einen scheinheiligen, unzüchtigen, lasterhaften Wüstling zu machen. Die Wortsymbolik Roma – Amor (Casper, Anton Ulrich) unterstützte solche Gedankengänge. Der epikuräische Prinzenerzieher, welcher an Stelle des stoischen eingesetzt wird, lehrt als letzte Weisheit, daß es keinen Gott gibt. Das aber müsse Geheimnis bleiben, es sei gefährlich, wenn der Pöbel davon erfahre. Solche und andere Weisheiten werden mit raffinierter Dialektik vorgebracht. Hierin erweist sich auch Caspers dramatische Begabung. Roms ruchlose, raffinierte Unterwerfungspolitik ist ein ins Maßlose übersteigerter Machiavellismus. Es bleibt immer eine denkwürdige Erscheinung, daß von solchen Ideen und gefühlsmäßigen Verurteilungen, also von der Theorie und bewußter Absicht aus eine derartige Fülle von Gedanken, Ereignissen, Begebenheiten und Gesichten in eine planmäßige Bewegung gesetzt werden konnte. So gesehen verlieren die Gestalten der Romane des 17. Jahrh.s das Marionettenhafte und werden zu Planeten, deren geregelten Gang das Schicksal, eine außerhalb stehende Macht, vorschreibt. Das Wunschbild einer allein im Zeichen der Kunst stehenden Kultur und der damit verbundenen Gefahren gewinnt in der Schilderung des Gastmahls im Hause des Mäcenas Gestalt. Da muß Vergil für die einzelnen Kunstwerke sinnvolle Denksprüche anfertigen, wie das im 17. Jahrh. so der Brauch war. Bei aller Buntheit und Weite des Weltbildes, aller Entfaltung von üppiger Pracht: die Moral und Bewährung der Tugend, worunter die stoische Haltung zu verstehen ist, sind auch hier ein Grundgesetz der Dichtung. Es war schwer, im Leben sich daran zu halten, aber dieses zu zeigen und dazu aufzufordern, im Verfolg solcher Gedanken nie müde zu werden, war der Zweck auch dieses Romans.

Hofmann und Casper gelten als die Häupter der sogenannten zweiten schlesischen Dichterschule. Später, nachdem man mit Recht den Begriff von Dichterschulen in der Literaturgeschichte eingeschränkt hatte, stellte man fest, daß das Zeitalter, welches man früher das des Schwulstes und Bombastes genannt hatte, als Höhe des Literaturbarocks oder literarischer Hochbarock anzusehen sei. Solche Feststellungen beziehen sich auf den Stil, in dessen Eigentümlichkeiten man Abschluß und Ende einer Entwicklung zu sehen glaubte. In Bezeichnungen wie „ungesundes Wuchern", „künstliche Aufhöhung des Ausdruckes" u. a. liegen abschätzende Urteile. Die beiden für ihre Zeit sehr verdienstvollen Bücher *Max von Waldbergs* über Renaissancelyrik und galante Lyrik teilen jener manche Eigentümlichkeiten des Schwulstes zu und setzen die zweite schlesische Schule als Ausgangspunkt für diese an. Abgesehen davon, daß die Besonderheiten der einen mehr nach formalen, die der anderen nach inhaltlich-stofflichen Gesichtspunkten angeführt werden, wird dadurch eine Einheit gestört. Die wichtigen Untersuchungen *Strichs* zum lyrischen Stil des 17. Jahrh.s übernahmen die kunsthistorischen Eigentümlichkeiten der bildenden Kunst der Renaissance und des

Barock, wie Wölfflin sie sehen gelehrt hatte. Glaubte man im Klassizismus der zwanziger und im Barock der sechziger Jahre gegensätzliche Formgebungen zu erkennen, so konnte man auch von einer Ablösung des Rationalismus durch den Irrationalismus sprechen. Der Rationalismus habe sich mehr an den antiken, der Irrationalismus mehr an den italienischen und spanischen Vorbildern eines Marino, Guarini und Gongora ausgerichtet. Das bot die billige Möglichkeit, eine Fülle von -ismen in die Terminologie einströmen zu lassen und mit polaren Vorstellungen zu arbeiten. Die hohe Wertschätzung von Opitz aber, welche sich durch das ganze Jahrhundert behauptete, hätte belehren können, daß seine Vorschriften und Auffassungen ebenso Geltung hatten wie der christliche Stoizismus, welcher die Weltanschauung des Jahrhunderts beherrschte. Erst die beginnende Aufklärung und der erstarkende Pietismus, die beiden Bewegungen, welche das geistige Antlitz des 18. Jahrh.s bestimmen, bieten einen weltanschaulichen Unterbau der stilistischen Eigentümlichkeit. Das heißt mit andern Worten: im 18. Jahrh. ist der Gefühlsüberschwang als Grundlage mancher stilistischen Wendungen anzusehen, welche die gelehrte Übung der Dichtung vorher schon gebraucht hatte. Das dürfte wohl zu der Annahme berechtigen, daß Übertreibung, Freude am Zierat und Spieltrieb die ursprüngliche Bedeutung der Formel abschwächten und zurücktreten ließen, und erst die religiöse Schwärmerei manchen abgebrauchten Formeln wieder einen neuen Gehalt gab. Daraus läßt sich erklären, daß selbst die Poetiken der Aufklärung mit gewissen Einschränkungen Dichter gelten ließen, die man als typische Vertreter des Schwulstes zu bezeichnen pflegt. Was hier angedeutet wurde, läßt sich erst beweisen, wenn Untersuchungen über den Gebrauch bestimmter Formeln vorliegen, wenn deren Anwendung von Opitz bis Klopstock verfolgt werden kann, wenn im Wandel der grammatischen und poetischen Vorschriften auch die Praxis der deutschen Prosa und Dichtkunst gemessen wird. Da dürfte sich zeigen, daß die Autorität der Lehrbücher langsam der Autorität des Lebens weichen mußte. Die Stellung der Angehörigen der sogenannten zweiten schlesischen Schule ist keineswegs so isoliert, wie es scheinen könnte. Viele sogenannte typische Erscheinungen des hochbarocken Stils sind pathetische Formeln, deren Gebrauch keineswegs auf eine bestimmte Zeit, wohl aber auf eine besondere Seelenhaltung beschränkt ist.

Als typisch für Caspers Gedankenwelt gelten seine „Virtuosität in der sachlichen Darstellung des Grausigen", seine wollüstig perverse Behandlung erotischer Situationen, sein Schaudern vor der Zeit, sein Einmünden in spanische Gedankengänge, die ihm aus seiner Übersetzung von *Gracians Politico* (1679) noch näher gebracht wurden, seine Einfügung in die gesellschaftliche Ordnung und Regelung der Umgangsformen im weitesten Sinne des Wortes, seine Aufstapelung von Wissen aus allen Gebieten, um es im Sinne einer Symbolik zu verwerten. Vieles davon, wie der Zug zum Enzyklopädischen, ist noch ganz mittelalterlich und wird noch von den gleichen Quellen, wie etwa dem Physiologus, gespeist. Was Harsdörffers Gesprächspiele gelehrt hatten, die Umsetzung von Worten und Buchstaben, die Ausdeutung von Wappen, Bildern, Allegorien, Emblemen: das alles findet in Caspers Werken eine Verwendung. Er versucht noch einmal das Weltbild mit herbstlich satten Farben in den großen dichterischen Ausdrucksformen des Dramas und Romans festzuhalten, ehe es versinkt. An Stelle der gleichmäßigen Tonstärke, an der Opitz festhielt, setzte Casper sein fortissimo. Er war ein „wahrer Virtuos des Lakonismus", er stellte das Prägnante, das Bestimmte heraus. Der Akzent liegt bei ihm auf dem Nomen. Dieses und nicht das Verbum prunkt und leuchtet. Hier zeigt sich, daß die deutsche Dichtersprache erfolgreich durch die Schule der romanischen Vorbilder gegangen ist. Schon dies verweist darauf, daß der Schwulst, die starke Ausdrucksweise, welche das Nomen mit dem Sinn belastet, nicht von der Phantasie gleichsam unbewußt erzeugt wird, sondern unter dem Gesetz der Ratio steht. Sie ist die geistige Kraft, welche hinter den Concetti steht, mögen sie als Oxymoron oder spitzfindige Witzrede erscheinen. Trotz aller Anstrengungen kann aber die bis zur Siedehitze gesteigerte Erregung der Gestalten Caspers nicht auf die Dauer gehalten werden. Entsprechen die dadurch hervorgerufenen Stimmungen dem *delectare* der horazischen Poetik, so entsprechen die Sentenzen mit ihrer Lehrhaftigkeit dem *prodesse*. Der rasenden Leidenschaft stellt sich als Ausgleich die stoische Lebensweisheit gegenüber. Das schätzten die Zeitgenossen an Caspers Werken. Deshalb stellten sie ihn Euripides gleich. Zahlreiche Wendungen, Bilder und Sentenzen, welche *Männling* aus den Werken von Casper zusammenträgt, sind volkstümlich und zeigen, daß er die Mundart seiner Heimat beherrscht haben muß. Diese Beobachtung *Martins* zeigt, wie vorsichtig man mit der Erhebung gewisser Formeln, Wendungen und Phrasen zu kennzeichnenden Stileigentümlichkeiten sein muß.

Gewiß ist Casper in seiner Übersteigerung und Anschwellung und in der Anwendung des Schwulstes, kurzum dessen, was die französische Theorie als galimatias oder phébus bezeichnet, an die Grenzen des Möglichen gegangen, so daß es berechtigt ist, in seinem Schaffen die barocke Höhe zu suchen. Stellt man aber sein Wirken in den großen Zusammenhang der abendländischen Dichtung, so sind er und seine romanischen Vorbilder die letzten, welche den engen Zusammenhang mit der Spätantike wahrten. Gleichzeitig hat er vorbereitend gewirkt und Schule gemacht, weil er die deutsche Verssprache von der Prosa abhob. Die häufige Berufung auf sein Vorbild und die theoretischen Auseinandersetzungen über ihn beweisen, daß er einen Grundstein zur Dichtersprache des 18. Jahrh.s gelegt hat. Über Haller und Klopstock hinaus bis zu den pathetischen Äußerungen des jungen Schiller sind seine Spuren zu verfolgen. Man wird allerdings kaum von einer unmittelbaren Beeinflussung sprechen können, wohl aber davon, daß er für eine bestimmte Seelenlage dauerhafte Ausdrucksformen geschaffen hat.

3. DRAMA

Das weltliche deutsche Drama des Jahrhunderts kann die Höhe des lateinischen Ordensdramas nicht erreichen. Das lag weniger an der Sprache, als daran, daß sich feste Spielübungen erst langsam auszubilden begannen. Das Drama in deutscher Sprache steht zwischen dem lateinischen Schul- oder Festspiel und der Spielübung der Wandertruppen. Es entfernt sich von den religiösen Voraussetzungen der Passion oder des Märtyrerdramas. An der christlich-stoischen Moral wird auch die Handlungsweise der Hofleute gemessen.

August Adolf von Haugwitz (1645–1706) hielt sich enger an Gryphius als an Casper. Er schrieb eine Maria Stuart-Tragödie und ein Soliman-Mischspiel (1684). In der Tragödie wollte er die Schuldfrage unerörtert lassen. Es ging ihm vielmehr darum, die märtyrerhafte Haltung der Heldin zu zeigen. Damit trennte er die geistlichen und weltlichen Bezirke. Die sittliche Schuld schien ihm weniger bedeutsam als die Haltung. Der Soliman berührt sich stofflich mit Caspers dramatischem Erstling. Man sah in diesem Drama zarte Andeutungen einer Charakterentwicklung und einer Wandlung der ethischen Begriffe. Die Geschichte ist immer noch ein Repertorium von Beispielen. Die Leistungen von Haugwitz sind kaum als hohe dramatische Barockkunstübung zu werten, wie dies *Hankamer* getan hat. Besondere Lebensfähigkeit bewies diese Kunstübung auch nicht bei dem zweiten schlesischen Dramatiker, der sich an Casper anschließen läßt.

Johann Christian Hallmann (etwa 1640–1704) stammt aus einer Goldberger Patrizierfamilie. Er besuchte das Magdalenengymnasium in Breslau und studierte Rechtswissenschaften in Jena (1662). Als Advokat ließ er sich 1668 in Breslau nieder und praktizierte beim dortigen Oberamt. Als er mit seiner Familie zerfallen war, führte er Komödien und Tragödien mit einer schnell zusammengestellten Truppe auf. Wann er katholisch wurde, ist nicht festzustellen. Wahrscheinlich hat er sich damit die Gunst einflußreicher Förderer verscherzt. Wo er sich von 1684 bis 1699 aufhielt, ist nicht festzustellen. Am Ende des Jahrhunderts tauchte er als Leiter einer studentischen Theatergruppe wieder in Breslau auf.

Hallman ist eine interessante, aber wenig erfreuliche Gestalt. In seinem Schaffen verlieren sich die Formen des deutschen Kunstdramas in der Sphäre des Wandertruppendramas und der Formenwelt der Oper. Gelegenheitsgedichte, Übersetzungen, Reden, Lobgesänge auf schlesische Regenten (*Schlesische Adlersflügel* 1672), *Teutsche Epigrammata* über die kaiserlichen Viktorien in dem jetzigen Türcke-Kriege 1689 und Festspiele zeigen, daß er Weihrauch streute, um sich in der Gunst des Hofes zu sonnen und seine stets leeren Taschen zu füllen. Ob er als herabgekommenes Genie anzusehen ist oder als verhinderter Hofdichter, weil es ihm mißlang, mit seinen deutschen Werken in Breslau ähnliche Wirkungen wie die Jesuiten mit ihren Hofspielen in Wien zu erzielen, ob er ein krämpfhafter Verfechter seiner poetischen Geltung war, ist schwer zu sagen. Es ist nicht leicht, den geschäftigen, umsichtigen Mann auf eine feste Formel zu bringen. Ausgangspunkt seines dramatischen Schaffens ist wie bei Gryphius das Jesuitendrama. Sein erstes nicht erhaltenes Stück ist wahrscheinlich das Schuldrama, welches am Magdelenengymnasium aufgeführt wurde: *Der bestrafte Geitz* oder der *Hingerichtete Mauritius*, Kaiser zu Konstantinopel, eine deutsche Übersetzung der Tragödie von Masen. Auch nach seiner Rückkehr aus Jena war Hallmann der Dramatiker des Magdalenen- und Elisabeth-gymnasiums. Dort sind einige Aufführungen seiner Dramen belegt, welche dann mit anderen und Übersetzungen 1684 gedruckt wurden.

Der *Theodoricus* (1666) stellt nach Prokopios als Quelle die Palastintrige einer Clique dar, der es gelingt, den Papst, einige römische Politiker, vor allem Symmachus und Boethius, beim König des geheimen Einverständnisses mit Justinian zu verdächtigen. Die Geister der Opfer suchen Theoderich auf seinem Sterbebett heim. Das Hereinspielen des Wunderbaren und Zauberhaften, sowie das versammelte Geisterkonsortium zeigen, wie der Apparat des klassizistischen französischen Dramas sich nun festsetzt. Die Ansätze zu psychologischer Entwicklung, welche in der sich über einen Tag erstreckenden Handlung bei Theoderich beobachtet wurden, scheinen mir fraglich. Die Ballung der Greuel gelingt ihm schon hier. Ein Seitenblick auf Gerstenbergs Ugolino genügt, um den gemeinsamen Hungertod des eingekerkerten Papstes Johannes und dreier edler Römer, die nacheinander ihre Verzweiflung deklamatorisch zum Besten gaben, als pathetischen Theatereffekt zu erkennen. Zuerst arbeitet Hallmann noch hier mit dem Überlieferungsgut des schlesischen Kunstdramas. Er bemüht sich darum, alle Vorgänge auf die Bühne zu bringen. Symmachus und Boethius werden auf offener Bühne hingerichtet. Die Geister, welche dem wahnsinnigen Theoderich erscheinen, verschwinden, nachdem sie ihr Stücklein brav hergesagt haben, *mit einem knallenden Feuerwerk.* Dem Männerdrama Theoderich folgte der besonders im Drama der romanischen Völker beliebte Herodesstoff mit dem Frauendrama *Mariamne* (1669). Hallmann scheint damit besonderen Erfolg gehabt zu haben, denn das Werk wurde 1670 gedruckt. Der Theaterbösewicht Herodes bewährt sich als Virtuose der Grausamkeit. Den Dienern, welche sich nicht als falsche Zeugen für Mariamnens Ehebruch mißbrauchen lassen, läßt er geschmolzenes Pech in den Mund gießen, Salz aufs rohe Fleisch streuen und die Wunden mit Bürsten kitzeln. Weit hergeholt ist der Preis Kaiser Leopolds als des künftigen Befreiers von Palästina. – Auch die Tragödie *Sophia* (1671) stellt ein weibliches Martyrium in den Mittelpunkt. Die Standhaftigkeit der Heldin und ihrer drei Töchter bildet die Achse des Stückes. Die von außen herangetragenen und inneren Verzögerungen, die goldenen Brücken, welche den Verhafteten und Gefangenen gebaut werden, die in Kaiser Hadrian erwachende Liebe zu Sophia, der er sich im Schäfergewand naht, die musikalische Untermalung der besonders zu Herzen gehenden Szenen, das Beispiel der standhaft Leidenden, welches die Kaiserin und ihre Kammerjungfer dem Christentum zuführt, vermitteln den Eindruck einer bewegten Handlung.

Schon die Bezeichnung Trauer-Freudenspiel unterscheidet *Antiochus und Stratonica* (1669) von seinen dramatischen Vorgängern. Hier wird ein dramatischer Konflikt zu einem glücklichen Ende geführt. Aus der italienischen Quelle, dem Roman von *Lucas Assarini* (1635), wird das umgekehrte Phaedramotiv, die Vereinigung von Stiefsohn und Stiefmutter und der Verzicht des Vaters übernommen. Antiochus bemüht sich redlich, seine Leidenschaft zu bekämpfen, verfällt aber in eine schwere Gemütskrankheit. Ein Orakel empfiehlt die Beiziehung des Arztes Erasistratus, welcher die Ursache des Leidens bald erkennt und den Vater-König Seleucus von der Notwendigkeit seines Verzichtes auf Stratonica überzeugt, um den Sohn zu retten. Die kurze Handlung wird im dritten und vierten Akt durch den Ausbau des komischen Motivs der uneinigen Ärzte am Krankenbett des Antiochus erweitert. Parallel damit läuft ein Streit der sechs königlichen Reichsräte, der sich harmonisch löst, während sich die Uneinigkeit der Ärzte tragisch auswirkt. Ein von Seleucus wegen seines unwürdigen, streitbaren Verhaltens zurechtgewiesener Arzt entfesselt eine Palastrevolution. Doch wirkt das dem König verabreichte Gift nicht tödlich. Die Schuldigen werden gerecht bestraft. Was im Jesuitendrama, bei Gryphius und Casper Haupthandlung war, wird hier zur Episode und steht mit der Haupthandlung nur mehr in losem Zusammenhang. Die opernhafte Einrichtung wird in den einleitenden Jagdszenen, den Schäfereien, einem Mohrenballet, Liedeinlagen und einem Schlußreigen sichtbar. Lebende Bilder, von Instrumentalmusik untermalt, werden eingeschoben. Von dieser Gattung fand Hallmann den Übergang zum unterhaltsamen Festspiel. Abwechselnd mit dem Theodoricus wurde *Die triumphierende Keuschheit* oder die *Getreue Urania* (1669) aufgeführt. Vier Handlungen, in denen verschiedene Arten der Liebe (treu, sinnreich, verzweifelnd, energisch, bescheiden) abgewandelt werden, weben sich hier ineinander. Der Allegorie brachte das *Festspiel* zur Vermählung Kaiser Leopolds mit Margareta von Spanien (1667) seine Opfer. Zur zweiten Ehe des Kaisers (1673) überreichte er in Wien das Pastorell *Adonis und Rosabelle*, eine merkwürdige Mischung, welche mit Elementen verschiedener Gattungen arbeitet. Tragödie, Singspiel, Oper, Ballett, lebendes Bild und bäuerliches Zwischenspiel geben sich da ein sonderbares Stelldichein.

Den Weg zur Oper beschritt Hallmann mit der Dramatisierung eines weiblichen Märtyrerstoffes: „Die *Sterbende Unschuld* oder Die Durchlauchtigste *Catharina* Königin von Engeland" (1673?). Die Heldin dieses Kurzdramas ist die unglückliche erste Gemahlin Heinrichs VIII. Das Werk zeigt in der Ballung der Ereignisse von sieben Jahren auf einen Tag, den Bravourarien und der mythologischen Parallelhandlung, – Jupiters Liebesabenteuer mit Callisto, die er, um sie vor den Nachstellungen der eifersüchtigen Juno zu retten, als Sternbild des großen Bären dem Gedächtnis der Menschen bewahrt – der Weissagung des Unheils im englischen Königshaus, welche dem Geist Catharinas in den Mund gelegt wird, ebenfalls, daß sich die festen dramatischen Überlieferungen lösen. Die beiden italienischen Vorlagen für *Adelheide* – der Stoff stammt aus der ottonischen Zeit – und *Heraclius* zeigen gleichfalls zahlreiche Beziehungen zur Oper. Der Heraclius ist ein dreiaktiges Schauspiel mit Gesangeinlagen. Ziegler schloß seine Asiatische Banise mit einer Umdichtung dieses Werkes in Alexandriner ab. Mit guten Gründen hat *Werner* auf die Beziehung des Textes zur *Opera buffa* hingewiesen. Von Hallmanns letzten dramatischen Werken, deren Aufführungen von 1699 an belegt sind, sind nur die Szenare erhalten. Teils richtete er seine früheren Stücke (Catharina, Sophia und Heraclius) als Opern ein, teils bearbeitete er Stoffe, die sich sensationell aufmachen ließen. Die unübertreffliche Keuschheit der Prinzessin besteht darin, daß sie den lüsternen Nachstellungen ihres Vaters durch die Verwandlung in einen Mohren entzogen wird, später als Zauberin gekreuzigt wird und schließlich noch als Geist ihren Vater zum Christentum bekehrt. Anderes ist nach italienischen Mustern (Ariaspes) oder anderen Vorlagen (Laodice, der vergnügte Alexander Magnus) zurechtgemacht. Mit den Opern (Der triumphierende Salomon, Die betrogene Keuschheit, Das frohlockende Hirten-Volk) versuchte Hallmann bis an sein Lebensende, sich die Gunst Kaiser Leopolds zu erwerben.

Hallmann ist Bühnenpraktiker wie die Jesuiten. Er versucht es, sich in eine absinkende Tradition zu stellen. Es gelang ihm aber nicht, diese mit Mitteln, die er von überall heranholte, zu beleben. Jesuitendrama, Schäferspiel, höfische Prunkoper, Technik und Spielübung der Wanderbühnen hätten sich auch von einer größeren Begabung und bei besseren Bühnenverhältnissen kaum vereinigen lassen. Daß er der Schaulust der Massen diente und zugleich die höchsten Ansprüche auf die Unterstützung des kaiserlichen Hofes stellte, zeigt seine Ahnungslosigkeit oder Skrupellosigkeit. Er scheint ebensowenig ein Talent wie ein Charakter gewesen zu sein.

Wer Drama und Theater im deutschen Sprachgebiet außerhalb Schlesiens überblickt, findet sich kaum zurecht in der verwirrenden Vielfalt des Versinkens der alten Schultheateraufführungen, welche *Christian Weise* neu zu beleben verstand, im Niedergang des Ordensdramas, den Gastspielen ausländischer Truppen, dem Aufstieg heimischer Wanderkomödianten, der Pflege des höfischen Fest- und Unterhaltungsspiels, dem wachsenden Interesse an Oper und Oratorium, vor allem in Hamburg. Um die Wende zum 18. Jahrh. spiegelt sich der dramatische Glanz der romanischen Literaturen in der deutschen nur schwach wider. Auf eigenem Grund und Boden ist wenig gewachsen.

Johann Joseph Beckh, von dem man weiß, daß er zu Straßburg Rechtsgelehrsamkeit studierte, gekrönter Poet und Notar war, als Sekretär in Eckernförde (Holst.) und beim Oberamt in Kiel lebte, begann seine dichterische Laufbahn mit der Liedersammlung „Geistliches Echo" (1660). Auch in seinem Schaffen wird der enge Zusammenhang zwischen Roman und Erbauungsliteratur sichtbar. Im Rahmen der Moralsatire des 16. Jahrh.s bewegt sich das Werk *Sichtbare Eitelkeit und unsichtbare Herrlichkeit* (1671), nachdem er vorher seine „*Elbianische Florabella* oder Liebesbegräbnüsse Nach Arth einer Schäferey In vier Theile abgetheilet, darinnen Natürliche Beschreibungen, höffliche Wort-Wechsel, liebliche Lieder, nützliche Lehrsätze und zierliche Liebes-Brieffgen nach unterschiedener Begebenheit zu finden" (1667) veröffentlicht hatte. Held ist der Schäfer Amandus, der eine Verlobung dadurch löst, daß er eine Reise unternimmt. Bald lernt er ein anderes Mädchen kennen, findet ihre Gegenliebe, jedoch nicht die Einwilligung ihrer Eltern, da einer Ehe die verschiedenen Glaubensbekenntnisse der Liebenden im Wege stehen. Vom Tode dieser Geliebten erschüttert und vom Betrug seiner Freunde enttäuscht, wechselt Amandus seinen Namen und nennt sich nun Talander. Er zieht sich in die Einsamkeit des Gebirges zurück und beschließt mit der Andeutung, daß ihm am Elbestrand ein günstiges Geschick gelächelt habe, seine Geschichte. Die einfache Handlung wird mit zahlreichen Episoden und Exkursen über gesellschaftliche und moralische Fragen belastet. Von besonderer Bedeutung sind die flotten Liebeslieder, deren Gegenstand zumeist der Trennungsschmerz ist.

Beckhs wichtigste Leistungen liegen auf dem Gebiet des deutschen Prosadramas. Da trat er zuerst mit einer Bearbeitung von Heliodor, *Theagenes und Chariklea* (1666) auf. Zum Unterschied von seinen zahlreichen Vorgängern legt er mehr Gewicht auf die Haupt- und Staatsaktion. Ein etwas lahmes Zwischenspiel bewegt sich im Rahmen einer Satire auf das Alamodewesen. Beziehungen zum Faustoff zeigt das zweite Drama, *Schauplatz des Gewissens* (1666), dessen Held Cosmophilus, des tugendhaften Lebens satt, sich der Wollust ergibt und zum Teufelsbündler wird. Er hält sich nicht an seinen Freund Theophilus sondern an Falsarius, der ihn die Bahnen sacht hinabzieht. Im Zorn erschlägt er Theophilus, der ihm ins Gewissen geredet hatte, wird gefangen gesetzt und erwartet seine Aburteilung. Lucifer, der ihn im Kerker aufsucht, verspricht ihm die Freiheit, wenn er sich ihm verschreibt. Bald regt sich in Cosmophilus das Gewissen. Er findet Trost in den Worten des Erzengels Michael, daß noch eine Aussicht auf Rettung besteht. Er nimmt auf Empfehlung eines Freundes den Namen Christophorus an und bereitet sich auf den Tod vor. Namensänderung deutet fast immer auch einen Gesinnungswechsel an. Am Sterbelager des Christophorus erscheinen Lucifer und Michael. Das gute Prinzip siegt am Ende. Die Barmherzigkeit öffnet der Geele des Toten den Weg in den Himmel. Eine Fülle von Motiven der Volksschauspiele (Verlorener Sohn, Jedermann, Faust) wird hier verwertet. Auch

Bezienungen zum Jesuitendrama, der Komödie von einem Jüngling (1619) und Cosmophilus (1632) sind festgestellt worden.

Aus dem Roman Eromena von Giovanni Francesco Biondi (1572 bis 1648) in der Übersetzung Johann Wilhelm von Stubenbergs (Nürnberg 1656/59, 2. Aufl. 1667) bezog Beckh den Stoff zu der *Wiedergefundenen Liarta* (1669). Im Wortlaut der Reden hält er sich ziemlich an den Text der Vorlage. Der Prinz Almadero heiratet im Glauben, seine Gattin Liarta sei gestorben, Laodamia und regiert mit dieser sein Königreich. Doch bewahrt er im Herzen seine Liebe. Er findet die Totgeglaubte am Grab ihres gemeinsamen Kindes, nimmt sie zu sich und verstößt die ränkevolle Laodamia. Beckhs letztes Drama *Polinte* oder die klägliche Hochzeit (1669) ist eine merkwürdige Schauertragödie. Der portugisische Ritter Talantes wird durch den Anblick der Gräfin Polinte von seiner Frauenfeindschaft geheilt. Doch verfällt diese durch Hexenzauber dem Grafen Damyntas. Ein bürgerlicher Nebenbuhler, der Bruder der Gräfin und die Hexe bleiben auf der Strecke, so daß die Verwandten, um neues Unheil zu verhüten, Polinte bestimmen, Damyntas zu heiraten. In einer Schreckensszene, in der sich die von der Liebe Heimgesuchten und mit Blutschuld Beladenen den Tod geben, bleibt schließlich Polinte, nachdem die Hochzeitsgäste das Weite gesucht haben, allein übrig. Man fühlt sich hier von der Atmosphäre des Schicksalsdramas umwittert. Ein Mönch verhindert Polinte, Hand an sich zu legen. Er führt sie dem Christentum zu und bringt sie in ein Kloster. Mit dramatischem Geschick werden die Gegensätze herausgearbeitet und die Charaktere gezeichnet, so daß auch in diesem Stück der sichere Blick Beckhs für das dramatisch Wirksame und seine Bühnenpraxis zur Geltung kommen.

Darauf kam es an; denn der Betrieb lag bald nicht mehr in den Händen der patres comici, der höfischen Festordner oder Zeremonienmeister, sondern bei den Berufsschauspielern. Auch sie lebten von der Gunst des Hofes, aber Erfolg und Aufmunterung wurde ihnen auch bei den Bürgern zuteil. Sie wählten ihr Repertoire nach dem Gesichtspunkt des Gewinnes und voller Kassen, mußten sich nach dem Geschmack des Publikums richten und bogen die Texte danach zurecht. Große dramatische Leistungen waren da nicht zu erwarten. Aber die Ausbildung einer Theaterpraxis, technische Schulung der Hersteller der Texte und der Schauspieler, Festigung der Rollenfächer, kurzum alles dessen, was zu einem Theaterbetrieb gehört: das war das Werk der deutschen Wandertruppen, welche die volksmäßige Übung mit ihrem Zerspielen der Texte langsam überwanden und bei der Auswahl der Stücke sich der hohen Kunst verschrieben. Kirchenväterlich-puritanischer und pietistischer Haltung gegenüber hatten die neuen Wandertruppen einen schweren Stand. In Norddeutschland und in Gegenden der Reformation setzten sie sich schwerer durch als im katholischen Süden. Das können die beiden berühmtesten Vertreter um die Jahrhundertwende belegen: Velten und Stranitzky.

Johannes Velten (1640–93) war der Sohn eines aus Norddeutschland stammenden Kaufmanns in Halle. Er erhielt eine gute Ausbildung und begann mit dem Studium der Theologie in Wittenberg 1657. Dann ging er nach Leipzig und legte dort zu Beginn des Jahres 1661 seine Magisterprüfung ab. Bald nachher wurde er Schauspieler. Wahrscheinlich schloß er sich nach dem Tode seines Vaters der Truppe von Karl Andreas Paul(sen) an, die im deutschen Sprachgebiet und auch in den nordischen Staaten ziemlich weit herumkam. Vermutlich heiratete er um 1672 Paul(sen)s Tochter Marie Elisabeth. Sein Aufstieg zum Ruhm setzt mit den Feierlichkeiten im sächsischen Regentenhause zu Dresden und seinem Auftreten als Theaterleiter 1678 ein. Damals trug er durch die Aufführung von Tragikomödien und Komödien mit meist anschließendem Ballett viel zur Belustigung des Hofes bei. Nach einjährigem Wirken in Dresden und Leipzig, wo er auch für die bürgerliche Gesellschaft spielte, durfte er seine Truppe kursächsische Komödiengesellschaft nennen. Seine Bemühungen um ein Auftreten in Frankfurt hatten schließlich gegen den Widerstand der Pietisten Erfolg. Er spielte um diese Zeit regelmäßig in Dresden und trat in den Dienst des Kurfürsten. Bis 1692 scheint er durch ein Jahrzehnt regelmäßig zur Ostermesse in Leipzig gespielt zu haben. Nach seinem Tode führte seine Witwe die Theatergesellschaft, deren letztes Auftreten in Wien 1711 belegt ist, weiter.

Velten war der erste gebildete deutsche Schauspieler. Er war vom Ethos und der Bedeutung dieses Berufes durchdrungen und wahrte mit der Würde seiner Persönlichkeit auch die seines Standes. Er veredelte den Spielplan seiner Truppe und lenkte dadurch das bürgerliche und höfische Interesse auf das Theater der Berufsschauspieler. Die Tragödien (Haupt- und Staatsaktionen), welche er aufführen ließ, hielten die Überlieferung der englischen Komödianten aufrecht. In Frankfurt lernte er die *Commedia dell'arte*, das italienische Stegreifspiel, kennen. Es liegt die Vermutung nahe, daß er, um konkurrenzfähig zu bleiben, seine Truppe auch auf diese Kunstform einstudierte. Entscheidender aber war es, daß die französische Bühnen- und Theaterkunst eine besondere Anziehungskraft auf ihn ausübte. Er führte Corneille und Molière auf. Von diesem hat er zehn Lustspiele auf die Bühne gebracht. Wenn man auch schon vorher einzelne Stücke Molières in ähnlichen frischen Prosabearbeitungen aufgeführt hatte, so ist es doch sein Verdienst, Technik und Bau der klassischen französischen Komödie auf der deutschen Bühne eingebürgert zu haben. Velten verstand es auch, die primitive Bühne der englischen Komödianten den modernen Bedürfnissen anzupassen, indem seine technischen Neuerungen eine entscheidende Vorstufe zur Kulissenbühne bilden. Die italienische Spielübung bildete eine stärkere Tradition, mit deren Festigung Wien zur deutschen Theaterstadt geworden ist.

Josef Anton Stranitzky (1676–1726) stammt aus der Steiermark. Da er eine ärztliche Praxis ausübte und ihm die Wiener medizinische Fakultät 1707 seinen Titel

„Examinierter Zahn- und Wundarzt" bestätigte, muß er höhere Studien gemacht haben. Er war um die Jahrhundertwende als Marionettenspieler in München und Augsburg und ist als Mitglied von Wandertruppen auch in Salzburg nachzuweisen. Als er in Wien mit einer Komödiantengruppe auftrat, hatte er es schwer, sich gegen seine Konkurrenz, besonders die italienische Truppe, welche in dem 1708 erbauten Komödiantenhaus nächst der Kärntnertorbastei besondere Privilegien genoß, durchzusetzen. Dieses Haus wurde ihm 1712 übergeben und er führte es bis zu seinem Tode mit großem Erfolg. Sein Wohnhaus, das er 1717 am Salzgrieß erbaute, hieß noch lange das Hanswursthaus. Wenn auch Name und Begriff uralt sind, so hat Stranitzky doch dieser Bühnenfigur das feste Gewand eines Salzburger Kraut- und Sauschneiders gegeben.

Als Hanswurst gab Stranitzky auch seine Neujahrsgaben, die Erben der alten Praktiken, und unter anderem eine Reisebeschreibung heraus, die Motive aus dem pikarischen Roman, aus Schelmuffski und den Traumgesichten verwertet und sich mit Wortspielen und Reimprosa in literarische Verbindung mit Abraham a Sancta Clara stellt. Stranitzky ist der Urheber jener Typenreihe, die sich im Wiener Volkstheater bis Raimund und Nestroy, ja bis in die Operette hinein gehalten hat. Das Reisemotiv bot die Möglichkeit zu Fortsetzung und Ausbau, zum Hinüberwechseln von der Erzählung zur Bühne und umgekehrt, Hanswurst sammelt seine Lebenserfahrungen zunächst auf Reisen, dann in den verschiedensten, meist dienenden Berufen, im Märchenland und auf dem Mond. So fangen diese Jahresgaben das reiche, gesellige, wirtschaftliche und geistige Leben des beginnenden 18. Jahrh.s ganz ähnlich ein wie die Werke von Abraham a Sancta Clara. In den volkstümlichen Theateralmanachen und -zeitschriften setzen sie sich durch das ganze Jahrhundert fort. Gegen diese Konkurrenz kamen die moralischen Wochenschriften nur schwer auf. Erst zu Beginn des 19. Jahrh.s hat sich Schreyvogel in seinem Sonntagsblatt dieser journalistischen Form der Aufklärung mit Erfolg bedient.

Fünfzehn Haupt- und Staatsaktionen, welche Stranitzky aufführte, sind in einer Handschrift von 1725 überliefert. Sie unterscheiden sich nur dadurch von den übrigen Bandenstücken, daß Hanswurst in ihnen sein Reich weit ausbreitet. Er stellt als Vermittler von Nachrichten die Verbindung zwischen einzelnen Personen her, ist der Urheber von Mißverständnissen, wenn er Meldungen überbringt, die an andere Adressen gerichtet sind. Er horcht, schwätzt Geheimnisse aus, hemmt die Handlung, führt neue Verwicklungen herbei, platzt in die ernstesten Szenen hinein und ist trotz seiner Verkleidungen immer der gleiche: frech, dumm, gefräßig und derb. St. Grobianus ist sein Hauptpate. Das mag besonders bei den vielen Improvisationen und Anreden an das Publikum sichtbar geworden sein. Die Sammlung *Olla potrida des durchgetriebenen Fuchsmundi* (1711 zuerst erschienen und dann wieder aufgelegt und vermehrt) ist Stranitzky häufig zugeschrieben worden. Doch läßt sich diese Annahme kaum beweisen. Es handelt sich um eine Sammlung kleiner Szenen, welche um die Figur Fuchsmundi kreisen. Die Verwandtschaft mit *Gherardis Théâtre italien* zeigt, daß Theaterfreude und Spieltradition, sofern sie aus einer gepflegten, natürlichen Veranlagung kommen, dieselben Formen annehmen und aus den gleichen Quellen, meist mündlichen und seltener literarischen, gespeist werden. Fuchsmundi ist eher eine Konkurrenz von Stranitzky gewesen. Die gleichen Motive, welche in dieser dramatischen Gattung begegnen, finden sich auch in den Romanen von Johann Beer. Das läßt darauf schließen, daß in den österreichischen Landschaften noch eine starke Überlieferung alter Schwank- und Mimusmotive vorhanden war. Stranitzky eröffnet die Reihe der großen, erfolgreichen Wiener Komiker und Theaterunternehmer, welche aus ihrer Tätigkeit ein einträgliches Geschäft zu machen verstanden. Er hat vieles mit Carl Carl, dem Theaterroutinier des 19. Jahrh.s, gemeinsam.

Am zähesten hielt sich der Schwulst in der Oper. Dahin verpflanzte Postel die Erbschaft der Schlesier. Die Hamburger Überlieferung fand über die Festspiele Rists den Weg zum überladenen Stil. In Verbindung mit der Musik war er am leichtesten zu ertragen. Aber da konnte er auch zur Schablone werden. Dagegen protestierte *Wernickes* oft zitiertes Epigramm, weniger weil dieser einen neuen Stil bereit hatte, als weil sich diese Schreibart selbst *ad absurdum* führte:

Der Abschnitt? gut. Der Vers? fließt wohl. Der Reim? geschickt. Die Worte? in Ordnung. Nichts als der Verstand verrückt.

Die übermäßige Anerkennung, welche Postel von seinen Zeitgenossen zuteil wurde, wandelte sich in den Tagen des Literaturstreites. Für Leipziger und Zürcher war er der Prügelknabe. Später ließ man seine nationale Gesinnung gelten. Aber an der falsch angewendeten Gelehrsamkeit hatte man lange zu nörgeln.

Christian Henrich Postel (1658–1705) ist in Freyburg an der Elbe als Sohn eines Predigers geboren, der 1675 nach Hamburg berufen wurde. Dort besuchte Postel das Gymnasium, ehe er 1680 sein Studium in Leipzig begann. In Rostock promovierte er 1683 zum Lizentiaten der Rechte. Dann kam die Bildungsreise nach Holland, England und Frankreich. Nach seiner Rückkehr eröffnete er in Hamburg eine Rechtsanwaltspraxis. Von 1688 an entfaltete er eine fruchtbare literarische Tätigkeit.

Postels Stärke liegt darin, daß er Bühnenpraktiker war und mit seinen dramatischen Leistungen dem Geschmacke und der Schaulust der zahlungskräftigen Menge entgegenkam. Die vortrefflichen Kompositionen seiner Texte von *Reinhard Keiser* und die Reihe berühmter Sänger unterstützten seine Erfolge. Postel hält am *docere* und *delectare* fest. Zwischen 1688 und 1702 wurden 28 Stücke von ihm, zum Teil Übersetzungen griechischer, französischer und italienischer Originale, in Hamburg aufgeführt. Er wollte im Deutschen die Schreibart der Italiener mit der römischen und griechischen verknüpfen. Alle Gebiete: Bibel, Geschichte, Martyrien, Orient, Antike und Gegenwart spenden ihm Stoff. In diesen Werken triumphiert der Schwulst. Die weltliche Kantate hat Postel 1698 in die deutsche Literatur eingeführt.

Dennoch liegt Postels Stärke und literarische Bedeutung weniger auf dem Gebiete des Dramas und in seiner schablonenmäßigen Maßarbeit als im Bereich des Epos. Seine Probe einer Homerübersetzung in Alexandrinern steht an einer Zeitwende. Er wirft noch keineswegs

die Frage auf, wer größer sei, Homer oder Vergil. Er sucht auch nicht
das vorbildliche Griechentum bei Homer, aber er findet bei ihm eine
galante Szene im 14. Gesang der Ilias, wo Hera mit ihren Künsten den
Vater der Götter betört und dann ihre griechischen Lieblinge zu Erfolgen führen kann. *Die listige Juno* Postels (1700) paßt die homerische
Welt genau so an die Gesellschaftsdichtungen an, wie Spreng und Rexius
sie vor mehr als einem Jahrhundert dem Stadtbürgertum und dem
gebildeten Adel nahegebracht hatten. Später entrüstete man sich über
Postels galanten Homer zu Unrecht. Daß der Name Homer wieder mit
Ehren genannt wurde, verweist auf leise dämmernde Erkenntnisse, die
in Beziehung zu den französischen und italienischen Wegbereitern des
homerischen Ruhmes, zu *d'Aubignac* und *Vico*, stehen. So ist es denn auch
begreiflich, daß Postel zuletzt noch an einem großen Heldengedicht
mit homerischen und vergilischen Reminiszenzen arbeitete. Er hält sich
an den *sächsischen Wittekind* (1693), einen politisch-historischen Heldenroman von *E. W. Happel.* Postels Wittekind steht in der Nähe des habsburgischen Ottobert des Freiherrn von Hohberg und zeigt, wie die
repräsentativste Romanform wieder zu ihrem Ausgangspunkt zurück-
findet. Von den 24 beabsichtigten Gesängen sind nicht einmal zehn
ganz abgeschlossen worden. Als Weichmann diesen Torso 1724 herausgab, feierte man Postel, wenn auch nur kurze Zeit als Epiker. Das
konnte dazu verführen, ihn an Klopstock heranzurücken. Aber die
phantastische Heldengeschichte, in der er Wittekind die Feinde der
Franken zum gemeinsamen Vorstoß gegen Karl den Großen sammeln
läßt und die Politik um die Jahrhundertwende mit den geschichtlichen Ereignissen aus der deutschen Vorzeit zusammenbindet, hat
weder mit dem Pietismus und der gefühlsbetonten religiösen Beschwin-
gung der neueren deutschen Dichtung noch mit der Aufklärung und
ihrem nüchternen Tatsachenbericht irgendetwas zu tun. Sie legt bloß
Zeugnis einer versinkenden Kunstrichtung ab.

4. SCHLESISCHER AUSKLANG

Die starken Vorbilder Hofmann und Casper belasteten die schlesischen Epigonen. Zu großen literarischen Taten haben sie sich nicht mehr
aufgerafft. Die Ernsteren und Besinnlicheren kehren zu Opitz und dessen
Grundsätzen zurück. Es ist schwer zu sagen, ob aus der Erkenntnis,
daß die Übersteigerung, die Exaltiertheit, der poetische Zierat nicht zu
überbieten waren, oder aus dem Empfinden, daß die Rückkehr zur Einfachheit einen Fortschritt bedeutete. Die Hauptleistung liegt in der
Sammlung der wertvollsten Bestände. Die dichterische Produktion
schwankt zwischen Schwulst und Nüchternheit. Nur zaghaft werden

Bedeutung und Wert der alten Autoritäten angezweifelt. Eigene Klänge kommen im Stimmengewirr der verschiedenen Stilarten schüchtern zur Geltung.

Hans Assmann Freiherr von Abschatz (1646–99) stammt aus einer angesehenen Adelsfamilie. Er ist auf Würbitz, dem Familiengute, geboren. Der früh verwaiste besuchte das Gymnasium in Liegnitz und wirkte bei einer Aufführung des dortigen Schultheaters mit. Er studierte 1664 in Straßburg und ging von dort nach Leyden, um sich in der Rechtswissenschaft auszubilden. Eine Bildungsreise nach Paris, Rom und den norditalienischen Städten schloß sich an. Bald nach seiner Rückkehr 1669 heiratete er Anna von Hund und lebte dann auf verschiedenen Familiengütern. Als Regierungsrat und späterer Landesbestalter und Ordinärdeputierter an den Fürstentagen (1679) genoß er hohes Ansehen. Er ist in Liegnitz gestorben.

Seine Übersetzung von *Guarinis Pastor fido* ist zwischen 1672 und 1678 erschienen. Die Zeitgenossen ließen ihr hohe Anerkennung zuteil werden und stellten sie über Hofmanns Übersetzung. Mit der Übertragung von *Adimaris* Sonetten machte er die meisten Zugeständnisse an die galante Lyrik. Christian Gryphius sammelte Assmanns lyrische Gedichte und gab sie unter dem Titel *Poetische Übersetzungen und Gedichte* 1704 heraus. Darunter ist die Sammlung *Anemons und Adonis Blumen*. Sie ist in den sechziger Jahren entstanden. Assmanns formales Vorbild war Hofmann. Wie dieser bevorzugt er den jambischen Gang und zeigt die Neigung, die scharfe Alexandrinerzäsur zu verschleifen. Seine deutschen Gedichte sind eine unmittelbare Fortsetzung der lateinischen Dichtweise. Das verbindet ihn mit Opitz; denn er bemüht sich, seine persönlichen Gefühle nicht mehr mit dem altbewährten Formenschatz auszudrücken. Er stimmt Erregung und Pathos des Schwulstes auf ein gefällig-anmutiges Gleiten herab, rückt die Gegensätze näher zusammen, versteigt sich nicht mehr ins Maßlose. Die Liebesgefühle, welchen er dichterische Gestalt verleiht, scheinen uns natürlicher. Freundlich, liebenswürdig und doch innig wird hier geplaudert oder die Geliebte angesprochen. Deshalb bietet Assmann keine Zentnerworte auf und verzichtet auf die Beziehungen zum Überirdischen und die Hervorkehrung der Gegensätze. Auch da vernehmen wir einen Vorklang rokokohafter Zartheit. Überlegenheit und Ironie beginnen zu triumphieren. Die Motive des Petrarkismus werden gedämpft. Vielfältiger und freier als die meisten seiner Zeitgenossen handhabt er die Strophen. Zum erstenmal erklingt in seinen Gedichten der *Bardengesang*, den er mit Caspers Roman verbindet. Was die Flugschriften gegen Ludwig XIV. in Prosa vorbrachten, kleidete er in männlich feste Formen. Seine Gelegenheitsgedichte überwanden die Fesseln, in welche die Gewohnheit diese Gattung geschlagen hatte.

Hans von Assig (1650–94) ist zu Breslau geboren. Sein Vater war kaiserlicher Rat und städtischer Obersyndikus. Nachdem Assig in Leipzig Jura studiert hatte, trat er 1674 in die schwedische Armee ein und kämpfte in mehrereen Seeschlachten gegen Dänemark. Nach dem Tode seines Vaters kehrte er nach Schlesien zurück. Als Kammerdirektor des Kreises Schwiebus verbrachte er die zwei letzten Jahre seines Lebens. Erst 1719 sind seine Gelegenheitsgedichte, geistlichen Oden und Begräbnisgesänge gesammelt worden. Er setzte sich von der Hofmannschen Manier ab. Der schlacht-gewohnte Haudegen schlug derbere Töne an, wenn er seinen Pegasus in Tabakwolken hüllte, wie es bald die große Mode werden sollte.

Christian Gryphius (1649–1706) war das erste Kind des Andreas Gryphius. Er ist in Glogau geboren. Die Schule in Fraustadt besuchte er 1656–61. Dann übernahm sein Vater für drei Jahre seine Ausbildung. Diesem hohen Vorbild fühlte er sich zeit seines Lebens verpflichtet. Nach dem Tode seines Vaters nahm sich der Diakon Caspar Knorr, der Bruder des Dichters, seiner an. Im Herbst 1665 kam er nach Gotha auf das Gymnasium. Anschließend besuchte er 1668 die Universität Jena. In Straßburg studierte er 1670 Rechtswissenschaft. Die Bildungsreise, welche er nach Beendigung seiner Studien unternehmen wollte, unterblieb, weil er schwer erkrankte. Im Herbst 1664 kam er als Professor der klassischen Sprachen an das Breslauer Elisabethgymnasium. Zwei Jahre später heiratete er. Krankheit und Tod suchten seine Familie heim. Zum Rektor des Magdalenengymnasiums wurde er 1686 ernannt. Die Leitung der Bibliothek an der Magdalenenkirche hat man ihm 1699 übertragen.

Seine gesammelten Gedichte gab Gryphius auf Drängen seiner Freunde 1698 unter dem Titel *Poetische Wälder* heraus. Neue Auflagen erschienen 1707 und 1718. Christian Gryphius fühlte sich als Erbe und Statthalter seines Vaters. Von der galanten Lyrik hielt er sich fern. Schlicht und einfach trat er auf. Wie in der Dichtung seines Vaters kehrt auch in seinen Werken der Gedanke an die Vergänglichkeit und Eitelkeit alles Irdischen immer wieder. Aber für ihn ist die *Vanitas* kein weltbewegender und erschütternder Grundsatz, sondern eine Erscheinung, mit der man eben rechnen muß. In seiner Lebensangst findet er Schutz und Ruhe bei Jesus. Die geistliche Lyrik von Gryphius hält sich ganz aus dem Streite der Dogmen. Beliebt war er als Gelegenheitsdichter. Für Caspers Arminius und für die gelehrte Dichtung mit moralischem Einschlag begeisterte er sich. Seine Gedichte sind persönliche Bekenntnisse. Man rühmt ihm nach, daß er die Mitte zwischen Christian Weise und dem Schwulst zu halten verstand. Dadurch, daß er beweglicher und leichter im Vers war als sein Vater, fand er den Weg zu Opitz zurück. Mit seinen Schuldramen hielt er sich an Casper und wahrte Distanz gegenüber Hallmann. Er schrieb mehrere Stücke für das Elisabethgymnasium. Sie sind historischen Inhalts mit allegorisch gelehrten Beigaben. Als Pädagoge und Polyhistor wurde der bescheidene Mann von seinen Zeitgenossen anerkannt.

Die Bilanz des schlesischen Schwulstes zog in der Theorie Johann Christoph Männling (1658–1723). Er war der Sohn eines Predigers in Wabnitz im Fürstentum Bernstadt (Oberschlesien). Im Elisabethgymnasium zu Breslau wurde er ausgebildet. Vorübergehend unterstützte er als Pfarrhelfer seinen Vater in Hochkirch. Sein im Sommer 1679 begonnenes Studium der Theologie in Wittenberg unterbrach eine mehr als einjährige Anstellung als Erzieher in einem Kaufmannshause zu Graudenz. Gelegenheitsgedichte verschafften ihm die Mittel zum Studium. Nach Abschluß seiner Ausbildung mit der Erlangung der Magisterwürde gab er 1685 seine Poetik *Europäischer Parnassus* heraus. Als Prediger in Kreuzburg trat er im Frühjahr 1688 sein Amt an. Trotz der energischen Durchführung der Gegenreformation hat er dort zwölf Jahre zur vollsten Zufriedenheit seiner Gemeinde gewirkt. In dieser Zeit sammelte er seine *Leichenreden* (1692), gab er ein *Erbauungsbuch* heraus (1694) und veröffentlichte er *geistliche Oden und Lieder* (1700). In Breslau hielt er sich ohne Anstellung den Winter 1700/01 auf und bestritt den Lebensunterhalt seiner Familie dadurch, daß er einigen Schülern Unterricht in der Poetik und geistlichen Beredsamkeit erteilte. Im Herbst 1701 trat er sein Amt als Pastor an der Augustinerkirche in Stargard an.

Seinen Dichterruhm festigte Männling als Herausgeber des *Arminius enucleatus* (1708) und *Lohensteinius sententiosus* (1710). Beide Werke sind Exzerpten- und Anekdotensammlungen, zu deren Anlage ihn Freunde und Gönner sowie der Ruhm Caspers veranlaßten. Diese Mischung von Auszug, Kommentar, poetischer Eselsbrücke und Wissensenzyklopädie bietet einen Extrakt aus Caspers Arminiusroman und dessen anderen Werken. Die Erweiterung des Europäischen Parnassus erschien 1704 unter dem Titel *Der europäische Helikon oder Musenberg.* Das ist die Poetik des Marinismus, die sich an die Nürnberger und Zesen anschließt, aber als Gewährsmänner so ziemlich sämtliche Theoretiker und Poetiker heranzieht, sich jedoch, dem bewährten Beispiel von Opitz folgend, um Roman, Epos und Drama kaum kümmert. Schema und Einstellung zur Dichtung hatte Opitz festgelegt. Daran gab es nichts zu ändern. Das meiste mutet wie eine Paraphrase des Büchleins von der deutschen Poeterey an, so wenn vom neunfachen Nutzen der Poesie gesprochen wird: Verbreitung der Ehre Gottes, Belehrung und Ergötzung des Nächsten, Schärfung des Verstandes, Vertiefung der Gelehrsamkeit, Reinigung und Vervollkommnung der deutschen Sprache, Gewinnung von Gönnern und Freunden, Erhaltung des Namens ihrer Liebhaber, Erringung hoher Würden, Erlangung von Ehre und Ruhm. Den antiken Göttern gegenüber zeigt sich Männling weniger geneigt als Opitz. Doch ist er kein starrer Verfechter der gesäuberten Dichtersprache oder Feind der Fremdwörter. Seine metrischen Regeln zeigen zwar, daß er manches von den Grammatikern und Theoretikern gelernt hat, dennoch zieht er die entsprechenden Folgerungen nicht. Er schildert an Hand von Scaligers Lehren den Werdegang des Dichters. Das erläutert er an einem Beispiel. An der Problemlosigkeit, mit der Männling an die Fragen herantritt, ist zu erkennen, daß sich die Lehre von der Dichtung erschöpft hat, und daß eine Belebung und Neuordnung der Dichtkunst mit der Auffrischung abgebrauchter Formen nicht zu erzielen war. Männling gefällt sich in Akrosticheln, Chronogrammen und -distichen, er ordnet die Verse in symbolischen Formen an, z. B. der Baumes oder gar einer Totenbahre mit Sarg. Er verfaßt *Cabeln* oder *Programmata*, in denen jeder Buchstabe einen seiner Stellung im Alphabet entsprechenden Zahlenwert (A = 1 ... Z = 24) bekommt. Dann werden aus der Summe Gleichungen aufgestellt. Bei solchen Opfern an die äußere Form wird der Inhalt immer durchsichtiger und dünner. Von hier aus gab es keine Verbindung zu den Hofdichtern, ja kaum zu Christian Gryphius. Gegen Christian Weise hält Männling an der poetischen Form fest. Er hat kein Gefühl dafür, daß das Zeitalter des leeren Geklappers überdrüssig war, und die reimlosen Gedichte bald zur höchsten, kaum erreichbaren Kunstart erhoben werden sollten. Die Poetik Männlings war bald vergessen, wie auch sein poetisches Lexikon mit angeschlossenem Reimregister (1719). Hier verwischen sich auch die Grenzen zwischen den drei antiken Stilcharakteren. Er unterscheidet die *gemein-volkstümliche* Dichtung, welche ohne weiteres verständlich ist, die *sonderbare*, welche den Gegenstand gleichnishaft erläutert, und die *sinnreich-galante,* deren höchste Vollendung er in Hofmanns Werken fand.

Männling ist ein Epigone, der den Marinismus noch immer für die höchste Vollendung hält, selbst aber mit seiner Wendung zu Opitz zeigt, daß er gar nicht imstande ist, sich in die Höhen des Parnaß zu schwingen. Solche Abhängigkeit von Autoritäten im beginnenden Jahrhundert der Kritik ist eines der vielen Beispiele dafür, daß in den absterbenden Formen noch eine zähe Lebenskraft lag, ehe der gelehrte Poet wie ein Ritter von der traurigen Gestalt endlich von der Bühne abtritt, und das Amt des Kunstrichters und Kritikers sich von dem des geborenen Dichters trennt. Männling hielt an der Einheit von Dicht- und Redekunst fest in seinem *Expediten Redner* (1718). Neues hat er dazu nicht zu sagen. Er faßt zusammen, paraphrasiert *Quintilian*, erweitert, belegt, und kommt so zu keinen neuen Ergebnissen, wenn er auch behauptet, die galante Wohlredenheit zu lehren. Das Werk ist eine wichtige Quelle, aus der man über die spielende Sprachbehandlung und die gesamte Technik der Rede- und Dichtkunst vielleicht am besten unterrichtet wird. Man glaubt, die Luft der Aufklärung zu verspüren, wenn die einzelnen Aufgaben der Invention abgewandelt werden, und jeder Stilart ihr fester Geltungsbereich zugewiesen wird. Männlings Gedichte zeigen eine besondere Gewandtheit in der Handhabung des Verses und der poetischen Kunstmittel. Er bleibt durchaus verständlich. Das ist kaum eine geistige Angleichung an die Aufklärung – er hätte sonst nicht so in Metaphern geschwelgt – sondern vielmehr eine Rückkehr zu den Grundsätzen von Opitz. Sein geistlicher Beruf, seine Pflege des Kirchenliedes, seine Verehrung für Hofmann und Casper, sein Ernst und seine Frömmigkeit, sein spielendes Getändel scheinen uns unvereinbar, wenn wir in ihm nicht einen typischen Vertreter der Dichtung des 17. Jahrh.s zu erkennen hätten, dessen Denken und moralische Haltung mit den technischen Äußerlichkeiten der Dichtung nichts zu tun haben. Gefühlstiefe und Glaubensinnigkeit haben Männlings Gedichten längere zeitliche Geltung gesichert als denen seiner anderen Zeitgenossen. Seine Exzerpte aus Capsers Werken dürfen ihn nicht zu einem blindwütigen Verehrer und künstlerischen Monomanen stempeln. Er hat diesem Stil nicht mehr Zugeständnisse gemacht als seine Zeitgenossen. Es ist kaum anzunehmen, daß seine moralische Haltung im Leben sich den Forderungen der entarteten oder sittenlosen Zeit anpaßte. Gewiß ist er in Äußerlichkeiten von seinem Vorbilde abhängig und verfaßt er Gelegenheitsgedichte, die man in der galanten Gattung unterbringen kann, aber er segelt doch nicht ausschließlich in den marinistischen Gewässern, er verzichtet auf die Antithese und verleitet nicht zur Hingabe an fruchtlose Spekulationen, sondern bemüht sich, seine Frömmigkeit zu bewähren. Da verzichtet er dann auf allen prunkvollen Ballast und schlägt gefühlsinnige, schlichte Töne an, in denen das geistliche Volkslied nachklingt. Irgendwelche Anregungen aber sind von Männling kaum mehr ausgegangen.

Den Versuch einer Zusammenfassung vorbildlicher Dichtungen und einer Überschau über die jüngsten Leistungen der Schlesier machte Benjamin Neukirch (1665–1729). Er war der Sohn eines Gerichtshalters zu Reinke im Fürstentum Glogau. Auch er besuchte das Breslauer Elisabethgymnasium, später studierte er Rechtswissenschaft in Frankfurt a. d. O. und wurde 1687 in Breslau Rechtsanwalt. Seinen Beruf gab er 1691 auf und bemühte sich, durch öffentliche Vorlesungen über Poesie und Beredsamkeit, die er in Frankfurt a. d. O. und vorübergehend an der Universität Halle hielt, das Interesse an der Dichtkunst in die Weite zu tragen. Als Reisebegleiter und Hofmeister schlug er sich mühsam durch, bis er endlich zwar nicht als Hofdichter, wie er früher gehofft hatte, sondern als Professor an der Ritterakademie nach Berlin kam (1703). Von 1718 an hatte er als Erzieher des Erbprinzen in Ansbach eine geruhsame Tätigkeit.

Die Verdienste dieses Höflings und literarischen Gefolgsmannes liegen in seiner Herausgebertätigkeit und Anpassungsfähigkeit an den herrschenden Geschmack. Hierin zeigt er sich sehr wendig. Zunächst hielt er sich an die führenden Köpfe der schlesischen Literatur als Mitherausgeber von Caspers Arminius und Veranstalter der sehr beliebten grundlegenden Sammlung: *Herrn von Hofmannswaldau und anderer Deutschen auserlesene und bißher ungedruckte Gedichte* (7 Theile 1695–1727). Die ersten beiden Bände sind ein Bekenntnis zum Geschmack der siebziger Jahre, fern von Boileau, und eine Mahnung zu dichterischer Bemühung an die Deutschen. In seinen Stilcharakteren – *heroisch* (Opitz und Fleming), *beweglich, durchdringend* (Gryphius), *lieblich-galant, verliebt* (Hofmann), *scharfsinnig, spruchreich, gelehrt* (Casper) – huldigt er den Meistern des schlesischen Marinismus. Er legt trotz seiner offensichtlich irreführenden Beteuerung, daß er „allzu freye Gedanken" aus dieser Sammlung ferngehalten habe, vor, was die galante Lyrik kennzeichnet. Seine eigenen Gedichte – er versuchte sich in allen geläufigen Gattungen – vollziehen die Wendung von Hofmann zu Casper, von der marinesk überladenen Vielfalt zum Wissensspeicher. Doch begann er um die Zeit, da seine Sammlung erschien, bereits die Schwenkung vom Italienischen zum Französischen, von Marino zu Boileau zu vollziehen. Preußens Erhebung zum Königreich feierte er in Gedichten, das neue Jahrhundert begrüßte er in einem Singspiel, fand jedoch erst in den Satiren nach dem Vorbilde *Boileaus* eine Form, die seinem Talent angemessen war. Die Beziehungen zur Wirklichkeit und seiner Umgebung am Hofe des ersten Königs von Preußen sind hier mit Händen zu greifen. Da geht es nicht mehr um die alten Typen oder personifizierte menschliche Fehler. Mit anerkennenswerter Offenheit kritisierte er die Erziehungsmethoden, welche auf die adelige Jugend angewendet werden, die Vielfalt der angewandten Verführungskünste, einzelne Laster und ihre Träger. Da meldet sich das wirkliche Leben zum Wort. Von hier aus versteht man auch seine Ablehnung der Schablonen des Marinismus. Von geringer Bedeutung sind seine geistlichen Dichtungen mit biblischen Balladen, einer in Alexandrinern aufgeputzten Bearbeitung des Hohenliedes und der Psalmen, sowie seine moralisch-philosophischen Anweisungen in poetischen Briefen (1732, 1757) und endlich eine Eindeutschung von *Fénelons Télémaque* in Alexandrinern (1727–1739). Auch Briefsteller (1695, 1745) mit Mustern für den von ihm jeweils empfohlenen Stil gab er heraus. Neukirch stand vom Beginn des 18. Jahrh.s an in hohem Ansehen. Noch in den literarischen Auseinandersetzungen zwischen Zürich und Leipzig wurde er von Gottsched als Gewährsmann herangezogen. Die Neukirchsche Sammlung zeigt in ihren späteren Bänden – den letzten Band gab *Gottlob Friedrich Wilhelm Juncker* in Leipzig heraus – nicht nur den Wandel des Geschmacks und die Ausrichtung der deutschen Lyrik nach Boileau, sondern auch das Abtreten der Schlesier von der Führung im Bereiche der deutschen Literatur. Leipzig und Hamburg treten als Mittelpunkte geistigen und literarischen Lebens hervor. Die Sammlung begleitet die Wendung vom Schwulst zur Aufklärung.

Die jüngeren Schlesier hielten sich noch an die hohen Vorbilder. Da war Gottlieb Stolle (1673–1744). Er stammt aus Liegnitz. In Breslau waren Martin Hanke und Christian Gryphius seine Lehrer. Er widmete sich in Leipzig und Halle dem Studium des Rechtes. Nachdem er 1714–17 als Rektor in Hildburghausen gewirkt hatte, wurde er Professor in Jena. Stolle zeigte als gelehrter Dichter manchen verwandten Zug mit Christian Thomasius. Er vertrat die Aufklärung an der Universität Jena, wahrte die schlesische Tradition und hielt besonders in den Gedichten, die in verschiedenen Sammlungen veröffentlicht wurden, eine gesunde Mitte zwischen dem marinistischen Überschwang und der Nüchternheit. Stolle war die eigentliche Seele des *Schlesischen Helikon*, einer Sammlung, deren erster Band 1699 erschien. Da er fast nur Gelegenheitsgedichte enthält, verblich sein Glanz unter dem der Neukirchschen Sammlung. Der Herausgeber des Schlesischen Helikon *Gottfried Balthasar Scharff* (1676–1744), setzte einen besonderen Ehrgeiz darein, nur Gedichte von Schlesiern zu veröffentlichen. Den zweiten Teil der Sammlung (1700) bestritt Stolle allein. Seine Vorrede trägt das stolze Bewußtsein der großen literarischen Leistungen Schlesiens.

Hiob Gotthard von Tschammer und Osten (1674–1735), ein schlesischer Junker, der nach einer vierjährigen Kavalierstour und Kammerjunkerzeit bei der Kurfürstinwitwe von Pfalz-Heidelberg in Sachsen einen väterlichen Besitz übernahm, verbrachte den größten Teil seines Lebens auf dem Schlosse Dromsdorff bei Striegau. Als ihm Alter und Krankheit die Jagd verleideten, begann er zu seiner Unterhaltung zu dichten (seine Werke wurden nach seinem Tode gesammelt, 1737, 1739). Er kann vielleicht als letzter Epigone von Opitz gelten, doch hat er sich auch in schlesischen Mundartgedichten versucht.

Daniel Stoppe (1697–1747) war der Sohn eines Schleierwebers in Hirschberg, studierte 1719–22 an der philosophischen Fakultät in Leipzig und wirkte, nachdem er sich zwei Jahrzehnte mühsam durchgeschlagen hatte, von 1742 an als Konrektor in seiner Vaterstadt. Vermutlich gab die Ähnlichkeit der Lebensumstände Anlaß, ihn als Dichter näher an Christian Günther heranzurücken. Doch wird man bei seinen Gedichten den Eindruck nicht los, daß Verstalent und gelegentliche Einfälle ein tieferes Gemüt vortäuschen. Die Wendung von volkstümlicher Derbheit zum geistlichen Lied vollzieht sich gleichzeitig mit der zu festeren Formen. Ob damit eine innere Wandlung zusammenhängt, müßte erst untersucht werden.

Johann Sigismund Scholze (1705–50) stammt aus Lobendau. Im benachbarten Liegnitz besuchte er die Schule 1720. Als Studiosus in Leipzig wurde er 1729 dazu angehalten, die Witwe des Traiteurs zu heiraten. Unter dem Dichternamen *Sperontes* veröffentlichte er ein gewandtes Liederbuch, hundert Oden mit Melodien: *Singende Muse an der Pleiße* (1736), geschickte Reimereien, lebensvoll und trinkfroh.

Gottfried Benjamin Hancke (etwa 1700 bis nach 1735) aus Schweidnitz trat als Beamter in sächsische Dienste. Als polnischer Akzisesekretär ist er 1727 nachzuweisen. Er hielt sich streng an Neukirch und berief sich auf dessen Kunst, indem er seinen eigenen Sammlungen Gedichte von Neukirch als Zugabe beifügte. Das behagte weder Neukirch selbst, der seine Gedichte in einer von ihm nicht gebilligten Form wiedererkennen mußte, noch dem Leipziger *Juncker*, der Janckes weltliche Gedichte gründlich zerzauste (1727). Er brauchte sie nur zu zitieren, um ihre Verstöße gegen die Regeln offenbar werden zu lassen. So wurde Hancke als Sklave von *galimatias* und *phébus*, als Vogel in fremden Federn entlarvt. Die Leipziger hatten ein Recht, über diesen entarteten schlesischen Plagiator zu triumphieren.

Friedrich Wilhelm Sommer (1698–1756) ist einer der letzten schlesischen Beamtendichter. Er war Regierungsrat in Breslau, wurde 1725 geadelt und war von 1747 an Bürgermeister in Breslau. Was er in lateinischen und deutschen Verherrlichungsgedichten (1719–21) zu Ehren Kaiser Karls VI., der Piasten und der Grafen Schaffgotsch zu sagen hatte, war wenig erfreulich und veranlaßte Hunold zu einer bissigen anonymen Kritik in der Vermischten Bibliothek. Darauf bildete sich eine schlesische Partei gegen die Hamburger. Wie und um was gestritten wurde, ist ziemlich nebensächlich und ohne weitere Wirkung. Wenn sich aber die *schlesische Verteidigung* Sommers (1721) auf die poetische Ehrlichkeit beruft und um eine Einheit von Kunst und Leben bemüht, so führt dieses Vorspiel zum großen Literaturstreit doch einen wirklichen Dichter auf den Plan; denn C. G., der Verfasser des Anhanges der Schrift *Die Ehre der Schlesischen Poesie und Poeten gründlich und aufrichtig gerettet* (1621), war niemand anderer als Christian Günther. Dieser schließt die Reihe der berühmten schlesischen Dichter für längere Zeit.

Johann Christian Günther (1695–1723) war der Sohn eines gestrengen Landarztes in Striegau. Die Mittel zu seinem Studium fehlten. Da schuf ihm ein Berufskollege des Vaters die Möglichkeit, in Schweidnitz das neue evangelische Gymnasium zu besuchen. Der Rektor Leubscher schloß ihn ins Herz. Er erzog ihn zum Dichter und ließ sein Trauerspiel *Die von Theodosio bereute Eifersucht* 1715 über die Bretter gehen. Als Leubscher seiner freieren Erziehungsgrundsätze wegen mit seinem vorgesetzten Schulinspektor *Schmolck* in Konflikt geriet, schrieb Günther seine ersten Satiren. Das nahm ihm sein Vater besonders übel. Die Abneigung verstärkte sich, als er erfahren mußte, daß sich sein Sohn in die Tochter eines Schweidnitzer Arztes, Leonore Jachmann, verliebt hatte. Was immer Günther aus eigenem Verschulden oder durch Mißgunst der anderen, die ihn nicht verstehen konnten, gelitten hatte, suchte er in dieser großen Liebe zu vergessen und in ihr sein besseres Selbst zu finden. Das Studium der Medizin begann er im Herbst 1715 zu Frankfurt, ging aber dann gleich nach Wittenberg. Gelegenheitsgedichte brachten ihm seinen Lebensunterhalt ein. Im

Hörsaal hielt er sich selten auf. Seine Schulden und die ernste Absicht, sich zu bessern, trieben ihn nach Leipzig (1717–19). Dort gewann er die Gunst *Burkhard Menckes*, der ihn als Hofdichter zur Unterstützung des alten Besser nach Dresden bringen wollte. Ob ihm eine Intrige Königs oder die Trunkenheit bei der Audienz die Anstellung verscherzte, ist nicht festzustellen. Vielleicht hat es ihn mehr enttäuscht, daß sein Gedicht auf den Frieden von Passarowitz (1718) kaum Beifall und Beachtung fand neben den Reimereien von Pietsch. Die Leipziger Studentengedichte Günthers lassen den Schluß zu, daß er seine glücklichsten Jahre in der Pleißestadt verbrachte. Dann brach das Unglück über ihn herein. Mutlos und krank kehrte er heim. Der Vater wies ihm die Tür. Da fand er Trost bei Leonore. Mit ihrem Treueversprechen nahm er sein Studium wieder auf. Breslauer Freunde versuchten vergeblich, ihn als Hofmeister unterzubringen. Die Übernahme einer ärztlichen Praxis in Lauban mißglückte. Da verlor Günther den Glauben an die Zukunft und löste sein Verlöbnis. Leonore heiratete 1730 einen andern. Als sich Günther dann um die Pfarrerstochter Johanna Barbara Littmann in Bischdorf bewarb, willigte deren Vater unter der Bedingung ein, daß sich Günther mit seinem Vater aussöhne. Aber fünfmal wurde er abgewiesen. Dann gab er sich selbst auf und wurde der unstete Wanderdichter, in dem man immer wieder das verkommene Genie gesehen hat. In Jena sorgte ein schlesischer Edelmann für seinen Unterhalt und schuf ihm die Möglichkeit, sein Studium zu vollenden So schien das Jahr 1723 für ihn unter besseren Sternen anzubrechen. Aber das Leben verglomm, noch ehe der Frühling begann.

Günthers *Gedichte* wurden zuerst 1724 in einer schnellen Sammlung herausgegeben. Annähernd vollständig schien die Ausgabe von 1735. Seine erste Lebensgeschichte veröffentlichte der Breslauer Arzt Christian Ernst Steinbach. Seither ist Günther der ewig besoffene, leicht verliebte Dichterstudent, der als Dramen- und Romanheld recht häufig eine vorsichtige Bewunderung seines Genies hervorrief. Man glaubte sich auf Goethes Wort berufen zu können: „Er wußte sich nicht zu zähmen, und so zerrann ihm sein Leben wie sein Dichten." Damit steht Günther in der langen Reihe der Genies auf einer Stufe mit Lenz, Waiblinger, Grabbe, Peter Hille und so manchen anderen. Der zurückblickende reife Goethe hat mit diesem Wort die Gefahren, welche seinen eigenen Genius bedrohten, gebannt. Die Literaturgeschichte aber hatte damit ein Schlagwort.

Günthers literarischer Ausgangspunkt ist das *Kirchenlied* des Marinismus mit seiner Metaphernzier und prunkvollen Sinnbelastung. Als Hofmanns Epigone erlebte er die Bilder, welche er in grellen Farben malte, nicht als Gesichts- oder Farbenvisionen, sondern verstandesmäßig erklügelt. Das alte Testament ersetzte ihm den heidnischen Olymp. Im Sprichwort und in der Redensart des Alltags entdeckte Günther die ursprüngliche Kraft. So überwand er mit seinem Zug zu Natur und Wahrheit die unnatürliche Zierde der erklügelten Phrase. Mencke wies

ihn auf den richtigen Weg. *Johannes Secundus*, den er übersetzte, weckte
sein wahlverwandtes Empfinden. Das Gelehrte und Lernbare aber fiel
von Günthers Dichtung ab, als er ganz auf sich selbst gestellt war und
keine Rücksicht mehr zu nehmen brauchte. Sein Seelenleben und Schicksal in Verse zu bannen, war Günthers Sendung und sein Leid. Von einer
gesunden Lebenskraft werden seine Liebesgedichte und Trinklieder ge-
nährt. Der galanten Lüge hat er, wie er selbst gesteht, als einer Mode-
krankheit gehuldigt. Wenn er Studentenlieder singt, Freude und Fröhlichkeit beim Becherklang verkündet, so mag er alte Überlieferungen
beleben und in das neue Jahrhundert hinüberführen. Sein *Brüder laßt uns*
lustig sein, weil der Frühling währt ist ein freundlicher Vorklang von
Goethes *Ergo bibamus*. Nicht darin liegt Günthers Stärke, sondern in
jenen Versen, die er aus innerster Ergriffenheit schreibt, wenn ihn die
Reue packt, wenn er sein Schicksal beklagt, der Liebsten sein Herz
ausschüttet und darum bittet, man möge ihm glauben. Er ist kein
rauher und verbitterter Ankläger des Schicksals, sondern ein tief Empfin-
dender, der an seiner Schuld schwer trägt. Zu Volksweisen hat er Texte
geschrieben. Man spürt, daß er nicht anders kann, als sein Leid in Versen ausströmen. Darum setzt er sich über die gesellschaftliche Ordnung
und über die Regeln der Dichtkunst hinweg. Kein Lyriker seit Fleming
hat sein Denken und Fühlen so in Verse gebannt wie Günther. Er verläßt die Überlieferungen des Kirchenliedes, wirft sich vor seinem Gott
auf die Knie und bekennt seine Schuld, daß er sein Leben vertan hat.
Es war Günther ernst, seine Mitmenschen davor zu warnen, sich
lange an seinem Grabe aufzuhalten, damit sein Unglück nicht auch
sie heimsuche. Ernste vaterländische Töne schlug er in Gedichten an
den Türkensieger Prinz Eugen an.

Mit dem Nachweis, daß Günther den Marinismus überwindet, zu
Opitz zurückkehrt und sich in die Gefolgschaft von Neukirch stellt,
ist vielleicht sein Platz in der Literaturgeschichte bestimmt, nicht
aber seine P e r s ö n l i c h k e i t erfaßt oder seine Leistung gewertet. In
Günthers Dichtung wird die gelehrte Überlieferung der humanistisch-
neulateinischen Dichtung endgültig überwunden. Er war zum Dichter
geboren und wurde sich dessen bewußt. Sein Künstlertum liegt in
seiner Person, nicht in den Gesetzen, die er gelernt hat, oder der poetischen Technik, die er sich angeeignet hat. Die innere Ergriffenheit,
welche oft nur in der geistlichen Dichtung zu erkennen war, erfaßt nun
auch die weltliche Lyrik. Dort aber ging es darum, die Seele zu Gott in
Beziehung zu stellen und das Gefühl zum Sprechen oder Singen zu
bringen. Günthers Dichtung erwächst aus seinem persönlichen Empfinden und Schicksal. Es kommt unmittelbar aus ihm. Das ist nicht mehr
poetische Maßarbeit zu bestimmten Gelegenheiten sondern Gelegenheitsdichtung im Sinne Goethes. Nicht dichterischer Ehrgeiz,

bewußte Kunstübung, Spiel mit einer Form, Prunken mit Gelehrsamkeit sind hier der Antrieb zum Dichten sondern das von der Empfindung volle Herz, das dichterische Bekenntnis. Was Günther Hartes und Liebes erlebt hat, wurde ihm zum Vers. Er hätte über die Nürnberger spotten können; denn seine Verse sind Ausdruck seines Wesens und seiner Persönlichkeit. Er bleibt wahr und echt. Verstößt er auch nicht gegen die Regel, so ist sie ihm doch nicht Hauptsache oder Rückgrat der Dichtung. Er kann hart und geschmacklos werden oder das Maß nicht einhalten, seine Gedichte können der Geschlossenheit und abgewogenen Rundung ermangeln: darauf kommt es ihm ebenso wenig an wie auf die weiche Glättung der schlesischen Epigonen oder eines Hagedorn. Es geht ihm um innere Wahrhaftigkeit. Wenn uns Günthers Lyrik heute noch ergreift und mitempfinden läßt, was er gelitten hat, so liegt es am menschlichen Erleben. Dieses steht unter dem Zwang eines starken Ich, das die Umwelt vergißt oder bedeutungslos werden läßt. Nur die Religion, sein Kinderglaube und sein Bewußtsein der Verbindung mit Gott erheben ihn über den Gedankenkreis, welchen sein Ich beherrscht. Geschichtliche und politische Ereignisse berühren seine Dichtung kaum. Sein Leben scheiterte an einer verständnislosen Welt, an der Kaltherzigkeit, die ihm entgegenstarrte. Sie bewahrte die stoische Haltung, welche er längst überwunden hatte. Von Aufklärung und Pietismus bleibt Günther unberührt. Deshalb ist er einsam. Er bricht mit jener geselligen und gesellschaftlichen Dichtung, welche Opitz angebahnt hatte. Darum vernehmen wir in Günthers besten Gedichten einen Vorklang von Goethes Lyrik.

LITERATUR

G. Müller, Barockromane und Barockroman, Lit. wiss. Jb. 4 (1929) S. 1–29. M. v. Waldberg. Die deutsche Renaissancelyrik, Berlin 1888. Galante Lyrik, Straßburg 1885.

Hofmann: Auserlesene Gedichte hrsg. von F. P. Greve. Leipzig 1907. R. Ibel, H. v. H. Berlin 1928.

Peucker: hrsg. von G. Ellinger, Berliner Neudr. I 3 (1888).

Mühlpfort: K. Hofmann, H. M. und der Einfluß des Hohenliedes auf die 2. schles. Schule, Diss. Heidelberg 1893.

Casper v. Lohenstein: Cleopatra hrsg. von F. Bobertag DNL 36. Sophonisbe hrsg. von W. Flemming DL Bar. 1. M.-O. Katz, Zur Weltanschauung D. C.s v. L. Diss. Breslau 1933. W. Martin, Der Stil in den Dramen L.s., Diss. Leipzig 1927. L. Laporte, L.s Arminius. Ein Dokument des deutschen Literaturbarock, Berlin 1927. M. Wehrli, Das barocke Geschichtsbild in L.s Arminius, Zürich 1938.

Haugwitz: B. Hübner, Der Lausitzer Dichter A. A. v. H. Progr. Trarbach 1885.

Hallmann: K. Kolitz, J. Chr. H.s Dramen, Berlin 1911.

Beckh: G. Ellinger, J. J. B. Viertelj. Schr. f. Litgesch. 5 (1892) S. 337–374.

Velten: C. Heine, J. V. Diss. Halle 1887. C. Speyer, V. und die sächsischen Hof-
komödianten in Heidelberg und Mannheim. N. Heidelb. Jb. 1926.
Stranitzky: Wiener Haupt- und Staatsaktionen, hrsg. von R. Peyer von Thurn.
Wien 1908.
Postel: E. Vilter, Die epische Technik in Chr. H. P.s Heldengedicht „Der große
Wittekind". Diss. Göttingen 1899.
Aßmann: Anemons und Adonis' Blumen, hrsg. von G. Müller, Neudr. 274–277
(1929). C. H. Wegener, H. A. v. A. Berlin 1910.
Assig: ADB 1, 624.
Chr. Gryphius: P. Moser, Chr. G. Ein schlesischer Dichter des ausgehenden
17. Jahrh.s. Diss. München 1936.
Männling: P. Tworek, Leben und Werke des J. Chr. M. Diss. Breslau 1938.
Neukirch: W. Dorn, B. N. Weimar 1897.
Stolle: ADB 36, 408 f.
Tschammer: ADB 39, 109 f.
Stoppe: ADB 36, 435 f.
Scholze: ADB 32, 231 ff.
Hancke: ADB 10, 513 f. G. Burkert, G. B. H. Ein schlesischer Spät-Barock-
dichter. Diss. Breslau 1933.
Günther: Werke hrsg. von W. Krämer, BLVS. 275, 277, 279, 283 f., 286 (1930–37).
W. v. Scholz, Schles. Lebensb. 3 (1928) S. 166–178. A. Hoffmann, Die Wahrheit
über Chr. G.s Lenore, Breslau 1925. A. J. P. Crick, Die Persönlichkeit G.s. Diss.
Heidelberg 1938. W. Kraemer, Das Leben des schlesischen Dichters J. Chr. G. Bad
Godesberg 1950.

ZWEITES KAPITEL

DER ROMAN

Auf kaum einem Gebiete ist der Fluß der Forschung nach verheißungsvollsten Ansätzen so jäh unterbrochen worden wie auf dem des Romans. Die geschichtlichen Darstellungen sind schnell und, man darf wohl sagen, endgültig überholt worden. Doch hält es bei aller Bemühung, alte Irrtümer oder vorschnelle Urteile und Behauptungen auszuschalten, schwer, sich an solche Grundsätze zu halten, vor allem, weil eine Überprüfung und Probe aufs Exempel es erfordern würde, die Texte, d. h. eine ganze Bibliothek von dickleibigen Romanen, vorzunehmen. Das Ergebnis bliebe wahrscheinlich dasselbe, ob dem kritischen Leser Atem und Lust nun nach der Lektüre des dritten oder des zehnten Bandes ausgehen. Vereinzelt helfen ihm Inhaltsangaben und Stichproben, die er selbst vornimmt. Im ganzen muß er sich aber an Gewährsmänner halten. Wir konnten schon auf einzelne Entwicklungsphasen des Romans hinweisen, auf Fischart, die beginnende Amadisüberlieferung, die Schäfereien, den politischen Schlüsselroman, den pikaresken und heroischen Roman bei Albertinus und Opitz, auf die Leistungen von Zesen und Casper, welche in diese Zusammenhänge zu stellen sind. Schon das Beispiel von Zesen zeigte uns, wie rückständig die deutsche Entwicklung war. So geht denn auch die Geschichte des Romans mehr als die anderer Gattungen über vermittelnde Übersetzungen. Sie überwinden alte Überlieferungen, welche sich entweder an die Geschichtschreibung oder an das Epos in lateinischer und deutscher Sprache halten. Neben den bereits erwähnten sichtbaren und ungebrochenen Entwicklungslinien sind auch diese anzudeuten. Gewiß werden sich noch zahlreiche und bisher unbeachtete Zwischenglieder hier einordnen lassen.

1. VON DER GESCHICHTSCHREIBUNG UND VOM EPOS ZUM ROMAN

Die Darstellung geschichtlicher Ereignisse hält zäh an der alten Formgebung fest, ob es sich um erlebte Geschichte oder die Beziehungen der Vergangenheit zur Gegenwart handelt. Die *Ungrische Schlacht* (1626) von Jacob Vogel stellt im Knittelvers mit humanistischem Aufputz und im Gewand des 17. Jahrh.s die diplomatische Vorgeschichte dar, den Verlauf der siegreichen Schlacht bei Merseburg unter Heinrich I. (933). Der epische Bericht, welcher Vergangenheit und

Gegenwart in Eins sieht und offenbar Wallensteins Sieg über Mansfeld an der Dessauer Brücke (1626) vor Augen hat, ist in fünf Actus gegliedert. Der 1. schildert die Vorgeschichte, der 2. die Vorbereitungen, der 3. den Aufmarsch, im 4. hält der Kaiser eine Ansprache an das Heer, deren Abschluß Vogels Lied *Kein seeliger Tod ist in der Welt* bildet. Dann kommt die Schlacht. Eine Liste der Gefallenen, aus alten Quellen übernommen, folgt. Nach dem Tode des Fürsten Esicus flackert im 5. Akt der Rachegeist nochmals auf. Das Epos schließt mit der Freilassung der Gefangenen, der Beerdigung der Gefallenen und einem Tedeum. Vogel war Wundarzt. Die Unmittelbarkeit des Krieges und Schlachtenerlebnisses ist aus der realistisch-lebendigen Schilderung des Aufmarsches, der einzelnen Gefechte, der durch Pechkränze erhellten Lager zu spüren. Anspielungen auf antike Gestalten und Begebenheiten zeigen ihn wohlbelesen.

Wenn sich der Ökonom des Klosters Salem Sebastian Bürster († 1647) daranmachte, erlebte Geschichte festzuhalten, so wählte er die schlichte Prosa des alten Annalenstils oder den Knittelvers. Bürster stammt aus Neufrach, einem Dorf südöstlich von *Salem*. Er war schon 1610 Konventuale des Klosters. Vergleicht man seine poetische Relation über das Schicksal von Überlingen während des schwedischen Krieges von 1630 an mit der von *Abraham Dohna* über den Regensburger Reichstag, so möchte man schwören, er sei der ältere. Denn er schlägt den rauhen Ton eines meist acht- bis zehnsilbigen Vierhebers vornehmlich mit stumpfen Reimen an, zeigt sich nicht berührt von der Versreform oder einem neuen Erzählerstil. Aber er schildert, was er offenen Auges gesehen und mitfühlenden Herzens erlebt hat. Seine naturnahe Erzählung bleibt eindrucksvoll und ist alles andere als ein Zeugnis für die Ermüdung der Formen. Es fehlt in dieser Zeit aber auch nicht an einem neulateinisch-humanistischen Gegenstück.

Johannes Barzaeus (Bärtschi, etwa 1595–1660) stammt aus Sursee im Kanton Luzern. Er studierte bei den Jesuiten in Dillingen (1622–25), war dann zwei Jahre Provisor an der Stiftsschule in Solothurn. In Freiburg i. Br. studierte er dann Theologie und wurde 1628 zum Priester geweiht. Anschließend daran war er Pfarrer zu Bärschwil im Birstal (1628/29). Nach kurzem Aufenthalt in Solothurn wirkte er in Luthern (1630–34) und wurde dann wieder an die Stiftsschule nach Solothurn berufen. Er fand schließlich (1639) als Stiftsherr in Schönenwerd eine dauernde Heimstätte.

Das Hauptwerk von Barzaeus *Heroum Helvetiorum Epistolae* libri III erschien 1657. Es bietet in der Form der ovidischen Heldenbriefe, welche als zusammenfassende Berichte über wichtige Ereignisse aus der Geschichte der Eidgenossenschaft von einzelnen Standesherren an ihresgleichen geschickt werden, eine geschichtliche Heldenrevue. Das Gesamtwerk umfaßt 25 Briefe, von denen je neun auf das erste und dritte, sieben auf das zweite Buch entfallen. Die drei Bücher legen Wesen, Werden und Aufgabe der Eidgenossenschaft dar, wie sie sich nach der Politik des dreißigjährigen Krieges für einen Vertreter des katholischen Volksteiles ergaben. Das erste Buch behandelt Entstehung und Entwicklung der Eidgenossenschaft, das Werden der staatlichen Freiheit

aus dem Recht, das zweite ihr Erstarken und die Bewährung des Willens
zur Unabhängigkeit, das dritte ihre Sendung im Erhalten des Friedens
und der Neutralität. Barzaeus schrieb sein Werk aus Liebe und zum
Ruhm seines Vaterlandes. Es geht ihm nicht um geschichtliche Zu-
sammenhänge, um eine strenge chronologische Anordnung oder um das
Aufdecken von Tatbeständen. Bewußt unterläßt er es, über die Glaubens-
kämpfe und Auseinandersetzungen des 16. Jahrh.s zu berichten. Sein
Heldenepos steht im Zeichen der Kunst eines wohlausgewogenen
Aufbaus der politischen Geschichte seiner Zeit. Er hätte die historischen
Volkslieder als die Vorläufer seines Werkes ansehen können, das wie
eine schweizerische Ilias wirkt. Aus den Geschichtsdarstellungen seiner
Zeit übernahm er den Tatbestand und entwickelte daraus ein prunkvoll-
farbiges Gemälde. Gott selbst läßt er wiederholt eingreifen und z. B.
den Pfeil Tells zum Ziele lenken. Zwar ist jeder Brief eine in sich geschlossene Einheit ohne Beziehung zu den anderen. Aber er bekommt
durch seine Stellung im architektonischen Aufbau des Werkes seinen
besonderen Sinn und seine Bedeutung. Im Mittelpunkt des dritten
Buches steht der innerschweizerische Begründer der Friedenspolitik,
Bruder *Nikolaus von der Flüe.* Der eigentliche Held der Dichtung ist das
V o l k, das in seinen hervorragendsten Vertretern erscheint, fast durchwegs Angehörigen der höfisch-aristokratischen Schicht. Barzaeus ent-
wirft ein Idealbild der Eidgenossenschaft. Als Helden im Kampf und
Vorbilder im täglichen Leben genossen die Schweizer Gottes Hilfe.
Zum Lob Gottes, zum Ruhm der Vorfahren und zum Nutzen für seine
Zeit hat er sein Werk geschrieben. Es schließt sich, obschon es in la-
teinischer Sprache geschrieben ist, an die Überlieferung der luzernischen
Literatur und die historischen Volkslieder der Heldenzeit an.

Solche zeitbezogenen geschichtlichen Dichtungen halten die Verbindung zum Versepos aufrecht. Doch dienten nicht sie dem Kommenden
zum Vorbild sondern die großen italienischen Renaissanceepen, um
deren Bekanntwerden sich die Fruchtbringende Gesellschaft bemühte,
und die Übersetzungen, weniger die der französischen Romane (Zesen),
als die der italienischen. Was H a n s L u d w i g v o n K u f f s t e i n (1587 bis
1657) mit der Übersetzung von Montemayors Diana (1619) begonnen
hatte, setzte sein Landsmann und Glaubensgenosse, der österreichische
Standesherr J o h a n n W i l h e l m v o n S t u b e n b e r g (1619–63), fort.

Seine Bedeutung ist noch nie im Zusammenhang gewürdigt worden.
Er stammt aus steirischem Adelsgeschlecht, hat wohl seine Jugend in
Böhmen verbracht, ist weit in Deutschland herumgekommen, stand in
enger Verbindung mit seinen verwandten und ausgewanderten Glaubensgenossen in Regensburg und Nürnberg. In der Fruchtbringenden Gesellschaft, der er von 1648 an angehörte, führte er den Namen „Der
Unglückselig-Seelige". Er schrieb eine lateinische Abhandlung über

Pferdezucht, einen klugen Traktat über Religion und Kirchenfrieden oder den wahren Synkretismus im heiligen römischen Reiche. Vieles (Erbauungsliteratur, Traktate und Schriften zur gesellschaftlichen Erziehung) übersetzte er aus dem Französischen und Italienischen. Besondere Anregungen gingen von seinen Übertragungen der Romane *Samson* von *Pallavicini* (1657) und *Eromena* von *Biondi* (1667) aus. So weist sein Wirken deutlich in die Richtung der kommenden Entwicklung. Ebenso wie das Schaffen seines Landsmannes Hohberg, der sich um ein großes nationales Epos bemühte, aber nichts anderes als einen heroischen Roman in Versen schrieb.

Wolfgang Helmhard Freiherr von Hohberg (1612–88) ist zu Lengenfeld in Niederösterreich geboren. Er genoß eine hervorragende Erziehung und Ausbildung. Als Zwanzigjähriger diente er im Regiment Colloredo und machte dann dessen Kriegszüge nach Böhmen, Sachsen, Pommern und Mecklenburg mit. Er ließ sich 1640 in seiner Heimat nieder und trat mit seinen in Deutschland weilenden Glaubens- und Standesgenossen in Verbindung. Stubenberg öffnete ihm 1652 den Weg in die Fruchtbringende Gesellschaft und gewann ihn damit für die Dichtung. Nachdem er seine Besitzungen hatte verkaufen müssen (1664), blieb er noch einige Zeit in Österreich, ließ sich aber dann in Regensburg nieder. In dieser bewegten Zeit seines Lebens sind seine Werke entstanden. Er litt unter der kleinbürgerlichen Enge der Stadt und beschäftigte sich in seinem Alter mit seinem Lieblingsfach, der Landwirtschaft. Die Anforderungen, welche er an den wahren und echten Hausvater stellt, sind: Kenntnis der alten und modernen Sprachen, Weitblick, Reisen unter Leitung eines verständnisvollen Hofmeisters, welcher die Kenntnis von Kunst und Wissenschaft fördern soll. Die Grundzüge seines Wesens sind Gottesfurcht und Frömmigkeit. Die Welt des Mittelalters ist in Hohbergs Werken noch nicht entzaubert. Er trug seine Heimat mit sich und lebte in den Erinnerungen. Selten sind im 17. Jahrh. solche Beobachter kleiner Züge aus dem Leben der Natur und der Tiere. Er gedenkt seines treuen Hundes, der ihm 14 Jahre gedient hat, und den er nicht gegen ein Pferd hatte eintauschen wollen. Er besingt die einzelnen Blumen. Einem solchen Dichter blutet das Herz, wenn er über die Schlachtfelder reitet und die Verwüstungen des Krieges sehen muß. Man denkt an Abraham von Dohna, wenn man bei Hohberg dem Versuch begegnet, auftretende Gestalten durch ihre Mundart zu charakterisieren. Mit frischen Farben hält er das ländliche Leben auf einem österreichischen Adelsitz fest. Seine zweibändigen *Georgica curiosa*, welche in erster Auflage Nürnberg 1682, in zweiter, vermehrter 1687 erschienen, berichten über das adelige Land- und Feldleben. Sie sind eine auf breiter Erfahrung und mit offenem Blick für alles Moderne geschriebene Enzyklopädie der Landwirtschaft. Man kann sie als Gegenstück oder Grundlage von *Beers Romanen* ansehen, denn aus ihnen erfahren wir den Ablauf des Lebens auf den Schlössern der österreichischen Adeligen im Rhythmus des Tages und Jahres. Mit *Hirtenliedern* im Geiste Vergils, den Vidas Poetik empfohlen hatte, setzte um 1655 Hohbergs Dichtung ein. Seine *Georgica* mit fast 20000 Versen in 12 Büchern sind ein umfangreiches Lehrgedicht in formvollendeten Alexandrinern. Das Zarte und Derbe steht ihm zur Verfügung. Seine Dichtung ist weit entfernt vom Nürnberger Klingklang. Schon zeigt er beim Ausspinnen der Sage von der Entstehung der Bienen sein episches Talent. Der Rat seiner Freunde Kuffstein und Stubenberg, denen er das Manuskript vorlegte, das Werk mit Anmerkungen zu versehen, verdarb ihm die Freude daran, und so gab er es erst als Anhang zu den Georgica curiosa heraus. Von Kuffstein kam wohl auch der Hinweis, er solle seine Begabung an einem epischen Stoffe versuchen. Den Stoff der *Unvergnügten Proserpina* (1661) hat er selbst schon als unzeitgemäß empfunden. Er hielt sich an das italienische Vorbild von Marinos Adone. Da bietet er die olympischen Götter (Mars, Phoebus, Bachus) als Werber der Schönen auf, welche sich an Diana hält und beschließt, nie zu heiraten. Den Ärger der olympischen Götter glaubt Ceres dadurch beseitigen zu können, daß sie Proserpina in einem schönen Hause auf Sizilien unterbringt. Aber der Zank geht weiter, und Venus, welche ihren Gatten Mars zu verlieren fürchtet, bietet die Hölle auf, um ihre Nebenbuhlerin dahin zu verdammen. Pluto entführt die blumenpflückende Proserpina in die Hölle, wo sie sich nach einem tüchtigen Schluck Lethe ganz wohl fühlt. Die klagende Ceres, welche ihr Kind überall vergeblich sucht, verzieht sich in eine Höhle und kümmert sich nicht mehr um das Menschengeschlecht. Pan aber gewinnt sie dem Leben wieder, und Jupiter stellt die Ordnung her, indem er Proserpinas Dasein auf Erden bei der Mutter und in der Hölle beim Gatten gerecht auf die Hälften des Jahres aufteilt. Dann kehrt die Ruhe wieder im Olymp ein. Man ist versucht, schon hier Ansätze zu einer *Parodie* zu suchen. Jedenfalls aber ist das Werk ein Zeugnis dafür, daß die olympischen Götter ihre dem Menschen gefährliche Dämonie abgelegt haben und ein fröhlich-heiteres, wenn auch manchmal von Intrigen und Aufregungen gestörtes Leben führen. Fernab von der stoischen Moral vollzieht sich das Geschehen. Das komische Element vertreten Merkur als männlicher und Moridia als weiblicher Hanswurst. Dieser Olymp ist in die österreichische Landschaft gestellt. So eröffnen sich uns Blicklinien, die bis Meisl und Raimund zu verfolgen sind. Mit Absicht vermeidet Hohberg, wie er in der Vorrede sagt, die prächtigen und ungewöhnlichen hochtrabenden Redarten.

Der *Habsburgische Ottobert* (1664) ist das einzige vollendete Heldengedicht des Jahrhunderts. Es ist in die Schule *Vergils* und der großen italienischen Renaissanceepiker gegangen. Ein kaiserlich-habsburgischer Ahnherr ist der Held, eine Parallelgestalt zum gegenwärtigen Kaiser Leopold I. Man kann aus dieser Stoffwahl und dem Umstand, daß, so sehr es sich auch um idealisierte Gegenwart handelt, Glaubensgegensätze überhaupt nicht in Erscheinung treten, ersehen, wie das Gottesgnadentum des Kaisers der eigentliche Gegenstand der Verherrlichung war, und daß auch die österreichischen Adeligen, welche die Gegenreformation aus dem Land vertrieb, genau so wie die Reformierten und protestantischen Schlesier dem Kaiserhaus ihre Treue bewahrten. Der ganze Apparat des politisch-historischen Heldenromans wird hier schon aufgeboten. Nach unendlichen Mühsalen, Kämpfen, schweren Verwundungen, Gefangenschaft und Entbehrungen werden *Ottobert* und *Ruremunda* ein glückliches Regentenpaar. Mittelmeer, Heiliges Land, Orient, Deutschland, Schweiz, Böhmen und Österreich sind der Schauplatz. Lange Berichte über erlebte Schicksale bemühen sich, die Verflechtung der Lebenswege der zahlreichen Mitspieler zu entwirren. Da spricht die Freude des Jahrhunderts an genealogischer Forschung mit. Hohbergs Vorliebe für kämpfende Amazonen findet ein weites Tummelfeld. Ruremunda legt während der ganzen Handlung, die sich über 36 Bücher und fast 40 000 Alexandriner erstreckt, ihre Rüstung kaum ab. Die Reiche der moralischen Allegorie und Offenbarungssymbolik vereinigen sich mit dem der höfischen

Heldenwelt. Dem Moralunterricht, der in den Visionen erteilt wird, bietet sich eine Fülle von Möglichkeiten. Die Bemühungen der oberrheinischen Humanisten, welche im Auftrage Maximilians I. die Geschichte der habsburgischen Familie zusammenstellten, und ihre lehrhafte Sittenpredigt vereinigen sich hier in einem epischen Gesamtwerk. Es geht um nichts anderes als ein Weltbild, dessen Grundzüge noch durchaus mittelalterlich sind. Man ist aber auch versucht, eine Vorstufe der Romantik darin zu erkennen, denn was die Wende zum 19. Jahrh. mit dieser Dichtung gemeinsam hat, ist die Sehnsucht nach einem Glauben. Die weitschweifige Handlung wird von ähnlichen Charakteren bewegt wie *Tassos* Befreites Jerusalem und *Ariosts* Rasender Roland. Den italienischen Vorbildern folgt Hohberg auch darin, daß er die Frauengestalten stärker hervortreten läßt. Das ist wieder ein Beispiel dafür, daß die Dichtung des Adels zuerst mit den misogynen Vorurteilen des Humanismus und der Moralsatire bricht und die Frauencharaktere mit einem gleichwertigen Heldentum ausstattet. Dennoch erreicht Hohberg im Ottobert nicht die Charakterisierungskunst, welche er auf die Göttinnen seiner Proserpina angewendet hatte. Sein Werk steht an der Wende zwischen Renaissanceepos und politisch-historischem Heldenroman. Abenteuer reiht sich an Abenteuer, bis endlich das göttliche Walten, die hohe Gerechtigkeit, welche die sittliche Welt regiert, dem Zufall die Schicksalsfäden der Helden entwindet. Der Zufall aber liegt nicht mehr in den Händen von Zauberern, Hexen und Geistern sondern in der Unbeständigkeit und Unsicherheit der Helden. Zahllose Parallelen ergeben sich zu Vergil, die einzelnen Motive können durch den Filter der italienischen Renaissanceepen gegangen sein oder unmittelbar aus Hohbergs Aeneiskenntnis stammen. Er stellte die höfische Epik des Vorbildes in den Dienst der Verherrlichung des Kaiserhauses, auf dessen Bedeutung und Sendung zahlreiche Prophezeiungen verweisen. Aus der höfischen Epik des Mittelalters aber sind die fahrenden Ritter lebendig geblieben, die abenteuersuchend im Dienste einer edlen Frau durch die Welt ziehen. Untiere, Riesen und Drachen leben in dieser Welt nicht mehr. Aber große Schlachten werden geschlagen zwischen dem Osten und Westen, den Heiden und Christen, Armeen werden aufgeboten. Schlachtordnungen werden ausführlich geschildert, und Szenen, die Hohberg selbst als Kriegsteilnehmer gesehen haben mochte, werden auf dem Hintergrund des Erlebnisses phantasievoll ausgestaltet. Breite Landschaftsschilderungen fügt er ein, so daß ein Kritiker des Werkes wie *Gottsched* es nicht zu den Epen rechnete, sondern von einem *Roman in Versen* sprach. Über die Ordnung des Epos, wie sie Opitz aufgestellt hatte, setzte sich Hohberg hinweg. Er verlor die Übersicht, schob Episode auf Episode ein und verzögerte damit den Gang der Handlung. Die Verse sind ihm nicht so glatt aus der Feder geflossen wie bei der Proserpina. Er schreibt derb und frisch, verfügt über einen gewaltigen Wortschatz und eine Ausdrucksfähigkeit, wie sie wenige Dichter des Jahrhunderts besitzen. Das Epos aber verlangte den feierlichen, pathosgeschwellten Stil. Darin konnte die lebensnahe Kunst eines Hohberg seinem Vorbilde Vergil nicht folgen.

Den Psalmen wendete sich Hohberg im *Lust- und Arzneygarten des königlichen Propheten Davids* (1675) zu. Schon als junger Mann hatte er daran gearbeitet. Daraus erklärt sich die verschiedene Auffassung gleichartiger Einzelheiten. Jedem Psalm fügt er eine Blume und ein Emblem bei. Der Psalmenübersetzung folgen Gebete. Den Abschluß bildet ein Gedicht, das das Thema von Rists bekanntestem Kirchenlied, „O Ewigkeit du Donnerwort", paraphrasiert. Eine lateinische, in Versen abgefaßte *Passion* mit deutscher Übersetzung ist erst 1725 erschienen.

2. DER POLITISCH-HISTORISCHE HELDENROMAN

Die verschiedenen Namen, welche die Zeitgenossen und die späteren Literaturgeschichten der umfangreichsten Gattung des Romans im 17. Jahrh. gegeben haben, könnten leicht über seine Einheit und Geschlossenheit hinwegtäuschen. Wir haben auf die Wurzeln und Anfänge in der Übersetzung der *Argenis* bereits hingewiesen. Von rund 1660 an tritt die Gattung höfisch-prunkvoll auf. In ihr vereinigen sich die alten *Fürstenspiegel*, die Adern des spätgriechischen Romans, die veredelten *Rittergeschichten*, historisch-genealogische *Forschungen*, politisch-diplomatische *Spekulationen*, gesellschaftlicher *Lehr-* und wissenschaftlicher *Bildungsstoff*. Wenn auch die konfessionellen und religiösen Fragen zurücktreten und das höfisch gesehene Weltbild Vergangenheit und Gegenwart auf einer höheren Ebene vereinigt, die idealistischen Züge sich mit denen des Schäferromans treffen, so ist die Verbreitung der Gattung doch nahezu ausschließlich auf die Gebiete beschränkt, in welchen sich die Reformation durchsetzte. Deshalb ist diese Romangattung für die protestantischen und reformierten Länder von ähnlicher Bedeutung wie das Ordensdrama für die katholischen. Beide erzogen Leser und Zuhörer zu würdigen Gliedern der höfischen Gesellschaft. Durch die Befrachtung mit enzyklopädischem Wissen wirkt diese Romangattung mehr auf den Verstand, durch die Verbindung mit den anderen Künsten und die allegorische Schau wirkt das Drama mehr auf die Sinne. Aber die erzieherische Aufgabe, welche beide Gattungen erfüllen, ist dieselbe. Es ist vielleicht zum letztenmal in der Geschichte der deutschen Literatur, daß sich eine auf den Adel begrenzte Gattung als Standesdichtung offenbart; denn die Schöpfer sind, wenn nicht Adelige, so doch eng mit den Höfen verbunden, sie schreiben zur Unterhaltung und Belehrung für die höfische Gesellschaft.

Andreas Heinrich Buchholtz (1607–71) aus Schöningen studierte an der Universität Wittenberg und wurde dort 1630 Magister. Von 1632 –34 war er Konrektor in Hameln, gab diese Stellung jedoch auf, um sich in Rostock dem Studium der Theologie zu widmen. Er hielt dort Vorlesungen über Philosophie und Moral, ging 1636 nach Helmstedt, wurde dann Rektor in Lemgo, fand jedoch 1638 in Rinteln eine seinen Wünschen entsprechende, erfolgreiche Lehrtätigkeit, von 1641 an als Professor der praktischen Philosophie und Dichtkunst und von 1645 an als Professor in der theologischen Fakultät. An das Ministerium in Braunschweig wurde er 1647 berufen. Dort wurde er 1664 Superintendent und Schulinspektor.

Mit Übersetzungen der Oden von *Horaz* (1639) und Dialoge *Lukians* (1659), Erbauungsbüchern und geistlichen Dichtungen *Christliche Weihnachtsfreude* und *Herzlicher Friedenswunsch* (1643) setzt seine literarische Tätigkeit ein. Seine beiden Romane *Des Christlichen Teutschen Groß-Fürsten Herkules Und Der Böhmischen Königlichen Fräulein Valiska Wunder-Geschichte* (zwei Teile 1659/60) und die Fortsetzung *Des christlichen königlichen Fürsten Herkuliskus und Herkuladesla auch ihrer hochfürstlichen Gesellschaft anmutige Wundergeschichte* (1665) wollen an Stelle des nutzlosen Amadis- und Liebesromans eine neue Kunstgattung setzen, welche auf gu te Moralia ausgeht, erbauliche Diskurse einfügt, über geistliche und weltliche Angelegenheiten handelt, vor allem aber Wissen über Religion, Staatskunst, Kriegswesen und das Walten der Liebe verbreitet. Buchholtz ist als Schöpfer des heroisch-galanten Romans bezeichnet worden. Der Akzent ist auf das Heldentum seiner Gestalten zu setzen. Diese tragen noch viele Züge der ritterlichen Volksbücher. Buchholtz hielt eine Revision dieser Bestände ab und verwertete, was ihm verwendbar erschien, für seine erbauenden Absichten. Das schließt ihn eng an Jörg Wickram an. Wie bei diesem so sind auch bei Buchholtz Liebe und Freundschaft die treibenden Kräfte des Geschehens. Was diese zustandebringen, ist nur lose an die politisch-diplomatischen Vorgänge geknüpft. Buchholtz will ein Beispiel für die Daseinsberechtigung und Bedeutung der sittlichen Ordnung bieten. Er zeigt, wie der Mensch zwar den Mächten der Fortuna und der Leidenschaften ausgeliefert ist, und arbeitet auch noch mit vielen alten Requisiten des Ritterromans, aber er benutzt den Teufelsspuk auch, um die christliche Lehre über ihn triumphieren zu lassen. Die Grundstimmung seiner Romane ist ein *religiöses Pathos*. Über die Feststellung, daß Tugend belohnt und Laster bestraft werden müssen, und über deren beispielhafte Vorführung hinaus, wird der Nachweis erbracht, daß alles Leid und aller Kummer bedeutungsvollen Sinn erhalten und schließlich dem Menschen zu Heil und Segen ausschlagen. Von der alten Erzähl- und Beschreibungstechnik ist Buchholtz nicht losgekommen. Er beschreibt ein Stück der Bekleidung und einen Körperteil nach dem andern und überläßt es dem Leser, diese Mosaiksteinchen zusammenzusetzen. Sein Herkules, dessen Leben er in das 3. Jahrh. n. Chr. verlegt, ist doch ein Zeitgenosse des Dreißigjährigen Krieges, wenn auch in strahlendem Licht verklärt. In prunkvoll-theatralischem Kostüm, dessen Farben symbolisch gedeutet werden, tritt er pathetisch auf. Seine amazonenhafte Partnerin trägt die verchristlichten Züge der Virago. Die Darstellung selbst wirkt nie pomphaft. Der hervorstechende Zug des Helden ist die christliche Demut. Wenn uns die hausbackene, holzschnittmäßige Sehweise immer wieder an das 16. Jahrh. erinnert, so könnte dies beweisen, daß Buchholtz sein Ziel, mit seinen Romanen die höfische Standesliteratur zu bereichern oder gar neu zu begründen, nicht erreicht hat. Er kennt nur Gut und Böse, vereinfacht die menschlichen Charaktere und hätte für die Bemühung des Herzogs Anton Ulrich, die einzelnen Charaktere abzustufen, kaum ein Verständnis aufbringen können. Er kommt von der Fortunavorstellung, die bei ihm und seiner Generation aufs engste mit dem Kriegserlebnis verbunden ist, nicht los. Die Menschen bleiben den Lebensmächten hilflos ausgeliefert und können die Kraft zu deren Überwindung nur im Gebet finden. Auch Buchholtz schlägt damit eine der vielen Brücken zwischen Moralsatire oder Erbauungsliteratur und Roman.

Das Religiöse herrscht auch im politisch-historischen Heldenroman über das Moralisch-Politische. Dieses tritt hier bei weitem nicht so hervor wie in der bürgerlichen Romanwelt eines Christian Weise. Es erweist seine Lebenskraft erst in dieser anderen literarischen Sphäre. Darin zeigt sich zwar die Möglichkeit einer künstlerischen Formentfaltung, welche über Zesen zu Herzog Anton Ulrich und zu Casper führt, nicht aber die Stoßkraft neuer zeugungskräftiger Ideen. Der höfische Heldenroman spiegelt das Abendrot einer versinkenden Welt und eines Standes, der im kommenden Jahrhundert seine geistigen Führungsansprüche an das Bürgertum abgeben mußte. Auch dieses fand über Erbauungsliteratur, Moralsatire und bewährte Formen wie den pikarischen Roman den Weg zu neuen, vielgestaltigen Formen des Romans.

Herzog Anton Ulrich von Braunschweig-Wolffenbüttel (1633–1714) erhielt als das jüngste Kind der dritten Ehe seines Vaters August des Jüngeren mit der Mecklenburgerin Sophie Elisabeth eine ausgezeichnete Erziehung. Er ist der zweite hochbegabte Angehörige des Welfengeschlechtes, der uns als Dichter in diesem Zeitraum begegnet. Mit Arndt und Andreae stand er als Jüngling in Briefwechsel. Schottel gehörte zu seinen Erziehern. Eine Versöhnung der Glaubensbekenntnisse und der auseinandergehenden Interessen des hannoverschen und braunschweigischen welfischen Zweiges war ihm Herzensangelegenheit. Von 1687–1704 nahm er als Mitregent seines Bruders entscheidenden Einfluß auf die Politik Braunschweigs, bis er auf Betreiben Hannovers und kaiserlichen Befehl sein Land verlassen mußte. Gegen Ende seines Lebens aber leitete er die Schicksale seines Landes.

In den sechziger Jahren begann Anton Ulrich *Kirchenlieder* zu dichten, die in der lutherischen Überlieferung stehen. Er sammelte sie unter dem Titel *Christfürstliches Davids-Harfen-Spiel* (1667). Größeres Interesse wendete er den poetisch-musikalischen höfischen *Festspielaufführungen* zu, zu denen er selbst Bearbeitungen von biblischen Motiven und Stoffe aus der Heimatgeschichte beisteuerte. Auch Wandertruppen, welche Molière spielten, zog er an den Hof. Später begünstigte er mehr die italienische und niederländische Kunstübung. Sein erster großer Roman *Die durchleuchtige Syrerin Aramena* erschien in fünf Teilen 1669–73, in 2. Auflage 1678–80 und verkürzt auf drei Teile 1682–86. Im Vorwort ordnet Anton Ulrich sein Streben in die höfisch-heroische Entwicklung der Großerzählung ein, welche für ihn beim Weisskunig Maximilians I. beginnt und über die Übersetzungen der Argenis, des Befreiten Jerusalem, der Diana und Hohbergs Proserpina und Habsburgischen Ottobert weiter zu verfolgen ist. Fürstlich ist der Verfasser, und fürstlich ist die ihm vertraute Umwelt, in die er hineingeboren wurde. So wie Vergils Aeneis als Verherrlichung der Kaiserdynastie ihren Glanz über die italienischen Epen des 16. und 17. Jahrh.s breitet, so treffen ihre Ausstrahlungen und die der französischen höfischen Romane um die Mitte des Jahrhunderts, wenn das auch in der Vorrede nicht erwähnt wird, auf den Roman Anton Ulrichs, der damit eine prosaisch-epische Großform schaffen wollte, in der sich das Weltbild seines Jahrhunderts widerspiegelt. Das war es, was Leibniz so an dem Roman zu schätzen wußte; denn er sah darin die menschliche Problematik dichterische Gestalt gewinnen und den geglückten Versuch, über die Freiheit des Willens und die menschliche Vorherbestimmung Entscheidendes zu sagen. Als Schüler von Schottel und Mitglied der Fruchtbringenden Gesellschaft bemühte sich Anton Ulrich erfolgreich um einen gepflegten, frischen, keineswegs konventionellen Sprachstil.

Das historisch-politische Geschehen wird in breiter Abfolge mit einem Massenaufgebot von Persönlichkeiten und Gestalten, nicht von Marionetten, abgewandelt. Wie in einem kunstvoll angelegten Planetarium bewegen sich Geschehen und planvolle Handlung um die beiden Brennpunkte *Aramena* und *Cimber*. Das Leben selbst in seiner Weite und seinen vielen Beziehungen wirkt, von den wechselnden Standpunkten der auftretenden Personen gesehen, wie ein Kaleidoskop, und dennoch ergeben sich am Ende feste Ordnungen und sittliche Werte. Auch hier triumphieren die stoischen Tugenden: Standhaftigkeit und Treue. Das weltliche Regiment bestimmt den Gang der Geschichte. Um die Familie des Fürsten, dem die höchste Verantwortung obliegt, bewegen sich die einzelnen Machtgruppen der Hofbeamten, sie stören oder festigen die innere Ordnung des Staates, wie die Nachbarn die äußere Ordnung gefährden oder stärken können. Was diese Generation erlebt oder aus den Berichten der Älteren über die Kriegsereignisse erfahren hatte, mußte ihren Ehrgeiz anspornen, Unsicherheit und Bedrohung aus ihrem Umkreis zu bannen, indem sie sich Klarheit über das Verhältnis von Macht und Recht zu verschaffen versuchte. Für die trockene Lehrhaftigkeit des Schulhumanismus, die beweisende Ableitung eines moralischen Satzes aus dem vorgeführten Geschehen ist hier kein Platz mehr. Hier reicht die Dichtung dem Leben, den Sorgen und Freuden der Regierenden die Hand zum Bunde. Der Dichter bleibt aber der souveräne Gestalter des Geschehens. Er bildet in einer höheren Wirklichkeit nach, was ihm die Quellen berichten. Er preßt eine längere Entwicklung in einen kurzen Zeitraum zusammen und sieht die biblisch-patriarchalische Welt der Vorlage – die Aramena spielt in der Zeit Jakobs – mit der höfischen Politik seiner Gegenwart in Eins. Gleichzeitig verbindet er auch das Hauptmotiv der äthiopischen Geschichten und des Schäferromans, die Trennung und Wiedervereinigung eines für einander bestimmten Liebespaares, mit einer politischen Handlung, der gewaltsamen Störung einer staatlichen Ordnung durch einen mit machiavellistischen Grundsätzen arbeitenden Tyrannen und deren Wiederherstellung. Das geschieht aber keineswegs so, daß die Geschichte der Liebe und die der politischen Vorgänge sich in ihren Sonderbereichen vollziehen, sondern sie sind aufs innigste ineinander verwoben. Die Liebe der Regierenden ist nicht nur Angelegenheit der Herzen sondern auch der Politik. Erst in dieser Einheit erhält sie ihren Sinn. Deshalb müssen die Liebenden gleichen Standes und gleicher Gesinnung sein, und müssen sich die politischen Interessen der Machtgruppen, welche sie vertreten, decken. Eine Ehe hat nur Bestand, wenn eine solche Übereinstimmung der Liebenden besteht, ihre Charaktere und ihre Politik gleichgerichtet sind, d. h. sich harmonisch und ohne Anwendung von Gewalt ineinanderfügen. Alle Versuche, diese Harmonie

zu stören, alle Pläne, Heiraten zu erzwingen und damit Rechtsansprüche auf eine Erweiterung der Macht zu gewinnen, sind zum
Scheitern verurteilt. Das aufregende Spiel der Intrigen, die immer
wieder ihren Standpunkt wechselnden und das Kräfteverhältnis ver-
schiebenden Planungen, die neuen Spannungen und überraschenden
Wendungen bedingen den wechselvollen Ablauf des Geschehens und
erfordern vom Verfasser eines Romans dieser Gattung, daß er von
jedem Punkte des geballten Geschehens aus die strategische Lage und
die Gruppierung der Kräfte überblickt. Das Jahrhundert der festlichen
Aufzüge, großen gesellschaftlichen Veranstaltungen, diplomatischen
Zusammenkünfte, Gastmähler und Kongresse konnte auch die planvolle
Organisation der großen Romane schaffen. Die Wiederherstellung der
Ordnung, die Gewähr für einen dauerhaften Frieden und eine glückliche
Zukunft erhalten durch das Hereinspielen triumphaler Züge ihre Ver-
klärung. Aramenas und Cimbers, ihres Erretters, Ehe wird von
Melchisedech eingesegnet. Von Trier aus regiert nun das Paar ein
großes Reich. Man ist an die Beurteilung dieser Romane häufig mit der
vorgefaßten Meinung herangetreten, daß nur der kulturhistorische
Roman des 19. Jahrh.s seine Daseinsberechtigung habe, und hat sich
über diese angebliche Vergewaltigung der geschichtlichen Tatsachen
entrüstet. Dabei aber hat man die andere Einstellung des Zeitalters zur
Geschichte vergessen. Denn diese wird immer noch als beispielhafter
Lehrstoff angesehen und idealistisch verklärt. Die Hauptsache bleibt
in den Romanen des Herzogs die Haupt- und Staatsaktion, zu der der
fürstliche Ornat und das der Zeit angeglichene Kostüm gehören. Der
galante Unterton verklingt, die gefühlsbetonte Beschreibung bleibt
gehalten und wird nicht überschwenglich. Der empfindsam liebende
Mann kann als Ausklang des Petrarkismus, aber auch als Vorwegnahme
der zarten Empfindsamkeit des 18. Jahrh.s angesehen werden.

Die *Römische Oktavia*, der zweite, noch farbenprächtigere Roman des Herzogs,
ist in sechs Teilen 1685–1707 und nochmals 1712 erschienen. Man hat diesen Roman
als Nachklang des Humanismus und Vorklang der Humanität angesehen. Er führt
uns aus der verschwimmenden orientalisch-germanischen Welt in die römische
Kaiserzeit von Nero bis Vespasian. An der römischen Geistesart werden die asiatischen Fürsten gemessen. Die Charaktere der Gestalten sind fein abgestuft, auch wenn
sie von den gleichen Leidenschaften, Machthunger und Liebesglut, regiert werden.
Nero, Claudia und der pontische Nero stammen aus einer Geschwisterehe, deren
geistiges Erbteil die Herrschsucht ist. Von dieser Seite her kommt das Gegenspiel,
welches die Heldin Octavia bedroht. Als Kind wurde sie Nero vermählt, er aber ver-
schmäht sie und gibt den Befehl, sie hinzurichten. Schon verströmt das Blut ihrer
Adern, als sie vom König Armeniens Tyridates gerettet wird. Der endgültigen Vereinigung des füreinander bestimmten Paares setzen sich viele Hindernisse entgegen.
Die beiden Halbbrüder von Tyridates, Vologeses und Pacorus, werden als Nebenbuhler um politische Macht und Liebe nach mühsamen und beschwerlichen Kämpfen ausgeschaltet. Tyridates erreicht sein Ziel zur selben Zeit, da Vespasian das römi-

sche Kaisertum auf neue, feste Grundlagen stellt. Die feindlichen Gewalten werden von den Kräften der Freundschaft und Treue immer wieder überwunden. Der Roman bietet nicht die bloße Darstellung eines Geschehens, er wertet auch die menschlichen Verhaltungsweisen. Octavia steht für die Gesamtordnung der sittlichen Welt. In die Hände ihrer Gegenspielerin Claudia ist die Entwicklung gelegt. Octavia ist das Ideal einer kaiserlichen Prinzessin. Sie leidet unter dem Ruf ihrer Mutter und dadurch, daß man über sie im Interesse des Staates verfügt hat. Ohne Neigung wurde sie Nero vermählt. Die Leidenschaften der anderen werden ihr zum Verhängnis. Als ihre Leidensjahre an Neros Seite durch dessen Entschluß, sie zu töten, zu Ende sind, bäumt sich ihr Gerechtigkeitssinn gegen ein solches Vorgehen auf. Als Christin tritt sie würdevoll den Verleumdungen entgegen und ist bereit, in den Tod zu gehen. Aus ihrer geheimnisvollen, von der Vorsehung verfügten Errettung kann sie noch nicht ihre Bestimmung erkennen, denn sie glaubt Tyridates verheiratet, ja sie wäre bereit, den Werbungen des Mederkönigs nachzugeben, wenn dieser dann von der Christenverfolgung zurückzuhalten wäre. Ihre Vereinigung mit Tyridates ist viel mehr als die Erfüllung einer Liebe. Sie bestätigt die sinnvolle Bewältigung des Lebens. Octavias Charakterhoheit, Beständigkeit und Treue, ihre natürliche Anlage und ihre bewußte Bändigung des Lebens, ihr Hineinwachsen in das Christentum und ihr festes Ruhen in sich selbst, das Sendungsbewußtsein, mit dem sie Staatsraison und Persönlichkeit in Einklang bringt, sind die Achse des Romans. Von hier aus sind auch die Frauencharaktere zu beurteilen, je nachdem sie sich diesem Ideal nähern oder bewußt in ihrer Verstocktheit davon entfernen. Die Heldin ist wie die Sonne, um welche die Gestalten wie Planeten kreisen. In diesem Roman spiegelt sich die von Gott errichtete Weltordnung. Sie wird in der äußeren Erscheinung der Gestalten als Widerspiel ihres Inneren ebenso sichtbar wie in der Entfaltung der Geisteskräfte. Kaum in einer Dichtung des Zeitalters treten die Willenskräfte so stark in Erscheinung wie in diesen Romanen, welche ihrer Grundlegung nach Staatsromane sind und als solche eine Zwischenstufe zwischen den utopisch-theoretischen Werken des Humanismus und den Romanen von Albrecht von Haller bilden. Die Verbindung zu Wickram, welche wir bei Buchholtz noch beobachten konnten, ist nun völlig abgerissen. Nicht die Familie oder die Herrscherdynastie wird abgebildet, sondern die Ordnung des Staates, die genau so gewollt ist wie die Ordnung der Welt und des Glaubens. Die Wechselfälle des Glücks treten nicht planlos auf sondern sind göttliche Fügung. Die christliche Haltung allein kann das Leben bewältigen. Es gibt kein anderes Werk des Jahrhunderts, welches sich so auf die Charakterzeichnung versteht, so abzustufen weiß und solche Einblicke in das Seelenleben gewährt.

Die Vorrede zur Aramena von Birken gibt Anweisungen zum Verständnis des Romans. Darin zeigt sich, wie eng auch der Heldenroman mit der Erbauungsliteratur verbunden ist. Die Romane führen den Weltlauf vor, sie lassen die Gerechtigkeit triumphieren, sie dienen zur moralischen Unterweisung, seien sie *Geschichtgedichte* (Darstellungen historischer Begebenheiten, welche der Dichter für künstlerische Zwecke zurechtbiegt), seien sie *Gedichtgeschichten* (freierfundene Geschichten, welche dem Dichter die Möglichkeit bieten, gleichsam unter einer Decke die Wahrheit zu reden und der Erbauung zu dienen). Deshalb ist der Adel zur Dichtung berufen, nicht nur weil der Roman die Lieblingslektüre des Adels ist, sondern weil er sich seiner Aufgabe besonders bewußt ist. Er kann sich leichter über die abgebrauchten Rechts-, Glaubens- und Unterrichtsbücher hinwegsetzen, die trotz ihrer Verdienste langweilig sind. Deshalb erwerbe sich ein besonderes Verdienst, wer den Roman als Hof- und Adelsschule auffasse. Das vorgeführte Geschehen wird nicht nach den Grundsätzen der Wahrscheinlichkeit geprüft – denn was kann alles auf der Welt passieren! – sondern nach seiner Nützlichkeit, ob es geeignet sei, als Lehrstoff der Sitte im weitesten Sinne des Wortes zu dienen. Deshalb kommen auch die nationalen Stimmungen und der Ehrgeiz in den Romanen besser zu Wort. Der Roman löst sich von Epos und Moralsatire. Menschen, welche das Schicksal aus der Bahn wirft, und in deren Leben das Unbeständige allein von Dauer ist, können keine wohlgeordneten, in sich geschlossenen Epen schreiben, den Stoff nicht aufteilen und einem ordnenden Prinzip unterstellen. Der kunstvolle Bau eines neuen Epos mußte für jeden Stoff neu geschaffen werden. Schema und Mechanismus des Dramas konnten ihm nicht Vorbild sein. Sollte das starke Erleben der Zeit selbst, wenn auch in der geschichtlichen und zeitlichen Ferne, gestaltet werden, so erwies sich der Vers ungeeignet, und bot sich die Prosa an. Es sollte ja auch stofflich-enzyklopädisches Wissen mit moralischer Belehrung geboten werden. Der gewaltige Umfang des Romans entspricht diesen Forderungen, die nur durch Häufung von Stoffmassen erfüllt werden konnten. Es galt, jeden Gedanken und jedes Gefühl von allen Seiten zu beleuchten. Darin wie in der Haupthandlung sollte das göttliche Walten in der Geschichte sowie sein erfolgreicher Kampf gegen die Macht der Fortuna sichtbar werden und die Gerechtigkeit triumphieren. Den handelnden Personen aber fallen deren Segnungen nicht ohne weiteres zu, sie müssen ihre moralische Kraft bewähren. Sie brauchen sie nicht zu erwerben oder zu entwickeln. Dadurch werden die psychologischen Probleme zurückgedrängt, wenn nicht sogar ausgeschaltet. Daher konnte man von der Gattung des politisch-historischen Heldenromans noch weniger als vom pikarischen Roman erwarten, daß die feineren Regungen der Seele darin zur Geltung kamen. Mag der Einzelne auch vorübergehend in Gedanken einer Verlockung erliegen, so verkündet ihm die stoisch-christliche Moral sofort, was er zu tun und was er zu lassen hat. Das ganze Leben, welches der Roman entfaltet, ist nichts als eine Sammlung moralischer Beispiele der Bewährung. So wie der Held seiner Bestimmung, seinem Glück zugeführt wird und darum weiß, beweist er auch dem Leser, daß es für ihn nur eine Wahl gibt. Die Romane wiegen die Menschen nicht in Sicherheit, sondern zeigen ihnen die stets neu drohenden Gefahren, welche in jedem Augenblick über den Menschen hereinbrechen können. Herzog Anton Ulrich bietet die ganze Welt auf, um seine 54 Hauptpersonen zu 27 glücklichen Paaren zu machen. Pläne, Vorhaben, Intrigen, Botschaften, die nicht an ihr Ziel gelangen, ungültige oder nicht vollzogene Ehen, falsche Todesnachrichten, Mißverständnisse, jauchzender Jubel und verzweifelnde Hoffnungslosigkeit,

Irrtümer, Verfehlungen, Opferbereitschaft und nie versiegendes Vertrauen gehören zum Bewegungsapparat dieser Romangattung. Welche Kunst der Abstufung und welches Unterscheidungsvermögen erforderte es, 27 Frauengestalten so zu kennzeichenen, daß sie zwischen der männlichen kriegsgewohnten Amazone, der hingebungsvoll Liebenden, der weltentsagenden Braut des Heilands, der Stolzen und Sanften, der wahnbefangenen Rasenden einen festen Platz haben konnten. Das Gesetz des Romans heißt Handlung. Die strenge Bauordnung nach dem Ziele hin und das farbige Abbild des phantasievoll Geschauten legen eine Parallele zwischen dem Roman und den Kunstwerken der Barockarchitektur nahe. Während Herzog Anton Ulrich mit dem Ausklang der Syrerin Aramena die Brücke zum Schäferroman hin schlägt, zeigt der letzte repräsentative Roman dieser Gattung, Zieglers Asiatische Banise, eine Wendung zum Exotischen.

Heinrich Anshelm von Ziegler und Kliphausen (1663–96) stammt aus Radmeritz in der Oberlausitz. Er verwaltete nach seinem Studium in Frankfurt a. d. O. (1680–84) und dem Tod seines Vaters die Familienbesitzungen. Seine ernsten Bemühungen um Geschichte, seine Versuche, in der Gefolgschaft Hofmanns die Heroide weiterzubilden mit *Helden-Liebe der Schrifft des alten Testaments in 16 anmuthigen Liebes-Begebenheiten* (1691) und sein heroischer Roman *Asiatische Banise* (1698) machen ihn zum Nachzügler der Schlesier. Er hat in den Literaturgeschichten den zweifelhaften Ruhm, die Höhe blutrünstiger Grausamkeit erreicht zu haben.

Wenn von der Asiatischen Banise gesagt wird, daß sie zum *Zentralmassiv barocker Großformen* gehöre, so heißt dies kaum mehr, als daß dieser Roman zu den beliebtesten und repräsentativsten Werken der Zeit gehört. Den Grundstein des Romans legte der spanische Emblematiker und Diplomat *Don Diego Saavedra Fajardo*. Mit bewundernswertem Fleiß und großer Umsicht hat sich Ziegler mit den Quellen beschäftigt, um die Ereignisse aus dem Ende des 16. Jahrh.s im Königreich Pegu kennen zu lernen und auszumalen. Die Reisewerke und Kuriositätensammlungen von dem Lübecker *Erasmus Francisci* (= von Finx) und dem holländischen Prediger *Abraham Rogers* in der Bearbeitung des Nürnberger Professors *Christoph Arnold* verdanken ihren Stoff den Berichten des Portugiesen *Fernando Mendez Pinto*, des venezianischen Kaufmanns *Gasparo Balbi* und des kuriosen reisenden Marseillers *Vincent le Blanc*. Diese geben ihre Eindrücke mit einer Menge von kulturgeschichtlichen Einzelheiten wieder. Dazu kommen noch die ausführlichen Berichte des Arztes der ostindischen Kompagnie *Wouter Schouten*, deren deutsche Übersetzung 1676 erschien, das religionsgeschichtliche Werk des Schotten *Alexander Roß* und *Johann Jakob Saars* Erlebnisse auf Ceylon (1662). Indische Prachtentfaltung und tropisches Klima kamen dem Geschmack der Zeit entgegen. Doch ist es keineswegs der gelehrt prächtige Aufputz allein, der aus solchen Quellen abgeleitet werden kann. Diese werden vielmehr zusammenkompiliert, oft seitenweise abgeschrieben, und daraus wird die Handlung zurechtgezimmert. In den Quellen fand Ziegler bereits die Übersteigerung des Schrecklichen, welche den Geschmack der späten Kritiker so beleidigt hat. Die meisten Namen stammen aus den Quellen über die Thronstreitigkeiten und Parteikriege in Hinterindien, in deren Mittelpunkt der Einbruch Chaumigrems in Siam (1567/68) steht. Eine geschichtliche Entwicklung von etwa einem halben Jahrhundert wird im Roman auf eine kurze Zeitspanne zusammengedrängt. Alle Lichtstrahlen überfluten das heldische Liebespaar *Balacin* und *Banise*, damit es sich über die Welt des Grauens und Schreckens erhebt. Der Knappe *Scandor*, ein literarischer Enkel Sancho Pansas, tritt den dunklen Mächten mit seinem Humor und der Selbstverständlichkeit seiner Natur entgegen.

Der Sieg des Guten und die Bestrafung des Bösen ist das Ziel des Romans. Je fürchterlicher und abstoßender die Welt der Greuel vorgeführt wird, desto großartiger und herrlicher ist der Triumph des Guten und der Gerechtigkeit. Der Monolog Balacins eröffnet mit starken Registern die Handlung. Er weiß die Geliebte, die Tochter des gemordeten Xemindo, im Gewahrsam des Ungeheuers Chaumigrem. Mit solcher Gewalt versetzt kein anderer Roman den Leser in das Geschehen. Balacin gönnt sich keine Zeit zu langatmigen Reflexionen. Er muß sein Heldentum beweisen und stürzt sich in das Abenteuer. Seine Verwundung und sein Krankenlager verzögern das atemlose Vorwärtsdrängen und werden zur Nachholung der Vorgeschichte ausgenützt. Daß ihm dabei sein eigenes Schicksal von Scandor erzählt wird, werden die Leser der Zeit kaum störend empfunden haben. Auf den glücklichen Ausgang deutet ein wenn auch schwer zu verstehendes Orakel hin. Balacin weiß, daß ihm zwar noch schwere Prüfungen bevorstehen, aber er weiß auch, daß er am Ende ihr Meister sein wird. Die Beziehungen zur *Zauberflöte*, worauf *Pfeiffer-Belli* aufmerksam macht, liegen nahe. Während Balacins Aufenthalt in Pegu und seinen Vorbereitungen zur Rettung Banisens findet die Hochzeit von Scandor und Lorangy statt. Balacin läßt sich weder durch den mißglückten Befreiungsversuch noch die Waffenerfolge Chaumigrems und den Brand von Odia entmutigen, sondern bereitet planmäßig den Gegenschlag vor. Die abrollenden Kämpfe und Schlachten führen die Handlung zum Höhepunkt in der Tempelszene, zur Peripetie, dem Untergang des bösen Prinzips, dem Sturz Chaumigrems und dem Triumph der Jugend. Nunmehr breitet sich die Märchenstimmung eines paradiesischen Schlusses über das Geschehen.

Ziegler ist ein Mann des Ausgleichs, er vereinigt die Gegensätze, paßt die Quellen stilistisch aneinander und formt ein *einigermaßen künstlerisches Ganzes*. Die Behandlung der Quellen bewegt sich zwischen einem für unser Empfinden skrupellosen Abschreiben der Vorlage, ihrer freien Anpassung und einer glücklichen Nachgestaltung, wenn er etwa durch Hervorheben von Einzelheiten in eine trockene Aufzählung oder sachlich-langweilige Aneinanderreihung Bewegung bringt. Er vereinigt eine Fülle von exotischen Geschichts- und Reiseberichten, hat damit aber keineswegs den Ehrgeiz, etwas Unerreichbares zu leisten, sondern fühlt sich ganz als Schüler Caspers von Lohenstein, dieses Fürsten der schlesischen Dichter. Wie ihm Francisci die ferne Wunderwelt erschloß, so erschloß ihm Casper die Art, Einzelheiten zu betrachten und darzustellen. Ziegler wechselt zwischen dem hohen und niederen Stil, zwischen der Sehweise Balacins und Scandors, der sich allerdings nach

Bedarf beider Ausdrucksweisen bedient. Streng nach den Regeln der Rhetorik sind die Reden gebaut. Das wuchtige Anschwellen und die Häufung der Zentnerworte wird mit Bewußtsein zu lächerlicher Wirkung übersteigert, dadurch wird Chaumigrem auf gleiche Stufe mit Horribilicribrifax gestellt. Wortzusammenfügungen, Bilder, knappe Sentenzprägungen entsprechen dem Zeitgeschmack. Darin übersteigert Ziegler sein verehrtes Vorbild nicht. Was dem Roman noch bis in die Geniezeit hinein seine Bewunderer sicherte, war die Natürlichkeit seines niederen Stils.

Im Mittelpunkt der geistigen Welt des Romans steht der Fürst, die geschlossene Einheit von König, Priester und Philosoph, um die das Planetensystem kreist. Die Handlung greift eine Episode heraus, die die glückhafte Regierung unterbricht und die Ordnung in ihr Gegenteil verkehrt, das heißt zwischen dem segensreichen Wirken von Xemindo und dem Beginn der Herrschaft Balacins liegt die fürchterliche, vom Wirken Chaumigrems bestimmte Episode. Dieser schaltet sich zwischen Martyrium und Triumph ein und besteht auf seinem Daseinsrecht in Wirklichkeit und Dichtung. Als Saturnkind oder Komet rechtfertigt er es auch in der höheren kosmischen Ordnung. Er ist ein gesteigerter Herodes und muß eine universalere Grausamkeit bewähren. – Nach Herstellung der alten Ordnung werden Acht und Bann über den Krieg ausgesprochen, wird der ewige Friede erklärt. So mündet der Roman in das utopische Staatsdenken der Zeit, indem er gegen die *ratio status* und den *Machiavellismus* ankämpft. Das Weltgeschehen liegt nicht in der Hand der Menschen, ihren Taten und Charakteren, sondern außerhalb von ihnen bei den Überirdischen, deren Ratschlüsse schwer zu erkennen sind. Auch daraus ergibt sich der hohe Wert, in dem die Tugend der Beständigkeit steht. Trotz der schematischen Schönheitsbeschreibung, der Freude am Grotesken, des modischen Farbenglanzes, der symbolisch wirkenden Prachtentfaltung, der Allegorik, des Pathos, der auflodernden Leidenschaft, der Antithetik und aller jener Züge, welche für das 17. Jahrh. und besonders die schlesischen Dichter kennzeichnend sind, weisen gewisse Einzelheiten wie der Zug zur Menschlichkeit, die sachliche Darstellung, das Motiv der unsicheren Liebe, die aufkeimende Empfindsamkeit in die Zukunft.

Daraus erklärt sich die Beliebtheit des Romans im 18. Jahrh. Im Drama – der Oper von *Joachim Beccau* (1720), der Haupt- und Staatsaktion von *Brunius* (1722), in der Scandor zum Hanswurst wird, und dem Traumspiel von *Friedrich Melchior v. Grimm* (1743) – und Roman – *Anmutige Pistophile* von *Friedrich Erdmann von Glaubitz* (1713), *Africanische Bernandis* von *Palmenes* (1715), *Englische Banise* von *Ernst Fidelinus* (1754) – machte Ziegler Schule. Interessanter jedoch ist die Fortsetzung von *Johann Georg Hamann* (1724), einem Verwandten des Philosophen. Er nützte die Möglichkeiten zu neuen Konflikten aus und spann die Handlung mit anerkennenswerter Geschicklichkeit weiter. Auch er arbeitet ähnlich wie das Vorbild. Nur werden die

Gegensätze aus ihrer Verflechtung an die Planeten gelöst und in die ewige Feindschaft von Gut und Böse gewandelt. Die sich entfaltenden Mächte der Unterwelt kehren sich gegeneinander, so daß das Friedensreich am Ende doch wieder triumphiert. Balacin wird neuerdings in den Strudel von Ungemach und Widerwärtigkeit hineingezogen, aus dem er sich erst langsam wieder selbst befreien muß. Da ist das Einströmen sentimentaler Züge, stärkere Gefühlsbetonung und Stimmungsmalerei zu beobachten. Der Stil bewegt sich auf einer mittleren Ebene und gleicht das Gegensätzliche der hohen und niederen Schreibart aus. Man kann das als Abgleiten von der Höhe und Einmünden in den versandeten Hafen der Aufklärung bezeichnen. Die höfische Umwelt wird ihrer Gottähnlichkeit entkleidet, die starren Typen beginnen sich zu lösen, gleichzeitig setzt eine Veräußerlichung des Zeremonienwesens ein, und beginnt sich das bürgerliche Weltbild einer neuen Zeit vorzubereiten.

3. GRIMMELSHAUSEN

Hans Jakob Christoffel von Grimmelshausen (1621/22–76) ist in dem großväterlichen Wirtshaus zu Gelnhausen geboren. Die Verwüstung des Städtchens (1634) durch die kroatische Abteilung der spanischen Armee gab seinem Leben die entscheidende Wendung. Es lag nahe, seinen Roman Simplizissimus als selbstbiographische Quelle allzu sehr auszuwerten. Feststellen läßt sich, daß Grimmelshausen 1635, von den Hessen gefangen, nach Kassel gebracht wurde und 1638/39 mit der Armee von Götz an der Grenze Württembergs lag. Dazwischen war er, wie aus den Personalangaben des Romans hervorgeht, in Hessen und Westfalen. Zu Hanau trat er in Beziehung zu dem schwedischen Generalmajor *Ramsay*. Dann mag er vorübergehend in der kaiserlichen Armee gekämpft haben. In Westfalen aber schloß er sich offenbar dem Regiment des Grafen *Götz* an und machte im August 1638 die Schlacht bei Wittenweil mit. Von 1639 läßt sich sein Leben im Regiment des kaiserlichen Obersten Freiherrn Hans Reinhard von *Schauenburg* besser verfolgen. Dort brachte er es zum Regimentsschreiber unter dem Magister *Johann Witsch* und verblieb in dieser Stellung bis zum Frühling 1649. Am 30. 7. 1649 meldet das Offenburger katholische Kirchenbuch, daß sich Grimmelshausen, Sekretär des Elterschen Regiments, mit Katharina, der Tochter des Wachtmeisterleutnants Henninger, verehelicht habe. Bald nachher gab er seine militärische Laufbahn auf und wurde Schaffner zu Gaisbach im unteren Renchtal in der Herrschaft Oberkirch auf dem gemeinsamen Familienbesitz der Herren von Schauenburg, die ihn 1660 entließen. Er hatte sich inzwischen durch Pferdehandel und Weinbau die Mittel erworben, um ein Grundstück und ein Haus kaufen zu können, und betrieb die Wirtschaft zum *Silbernen Sternen*. Von 1662–65 war er Burgvogt auf der Ullenburg bei dem Straßburger Arzt Dr. Johannes *Küffer*, durch den er mit den literarischen Bestrebungen der Aufrichtigen Tannengesellschaft und der geistigen Welt von *Moscherosch* in Berührung kam. Dort mag sein Ehrgeiz erwacht sein, sein Erzählertalent, das er an der Gästetafel praktisch zu erproben Gelegenheit gefunden hatte, auch literarisch auszuwerten, Entwürfe und Aufzeichnungen von früher in einem größeren Werk neu zu gestalten. Um die Stelle eines Schultheißen von Renchen bewarb sich Grimmelshausen beim Bischof von Straßburg Franz Egon von Fürstenberg 1667 mit Erfolg. Seine Aufgabe war die Ausübung der niederen Gerichtsbarkeit und der polizeilichen Ordnung, die Führung des Grundbuches und der Einwohnerlisten, Notariatsgeschäfte, die Eintreibung von Steuern und Gefällen und der Verkehr mit dem zuständigen Oberamt. Neben der Erfüllung dieser Pflichten entfaltete er seine umfangreiche schriftstellerische Tätigkeit. In den Jahren 1674/75 griff der Krieg nochmals in sein Leben ein.

Nacheinander kamen kaiserlich-lothringische, brandenburgische und französische Truppen unter Turenne durch Renchen. Es ist kaum anzunehmen, daß er der von Freiburg i. Br. aus angeordneten Mobilmachung der Waffenfähigen in seinem Todesjahr 1676 noch Folge leistete. Im Kirchenbuch wird er „honestus et magno ingenio et eruditione" genannt.

Dem Leben und weniger der Lateinschule in Gelnhausen verdankt Grimmelshausen seine Bildung. Aus der erzählenden Wiedergabe des Erlebten kommt seine Schriftstellerei. Er sah seiner Umgebung aufs Maul und hielt die mundartlichen Unterschiede der deutschen Sprache fest. Viel volkstümliche Bildungsliteratur hat er gelesen. Das Sprichwort, das seinem Leben die Richtschnur gab, konnte er leichter mit dem Ablauf des Lebens in Einklang bringen als das stoische System der mit gesellschaftlichen Ansprüchen auftretenden Literatur. Auch darin hielt er die Verbindung mit dem Jahrhundert der Reformation aufrecht, daß er an der Bildausstattung seiner Bücher regen Anteil nahm. Es könnte ihn mit dem feinsinnigen franziskanischen Weltgucker *Murner* verbinden, daß ihm ein aus dem Herzen kommendes und zu Herzen gehendes Lied, des Einsiedlers Abendsegen (Simpl. I 7), gelang. Eine saubere Scheidung zwischen dem Erlebten, Erfundenen und Angelesenen in Grimmelshausens Werken ist schwer durchzuführen. Mit der satirischen Erbauungsliteratur berührt er sich allenthalben. Ob er der geheimen Kunst, die dem Walten der Elemente und der Natur nachspürte, längere Zeit gehuldigt hat, ist schwer zu sagen. Doch führten ihn seine naturhafte Klugheit und sein nüchterner Sinn für das Brauchbare immer wieder zurück zu den Tatsachen und bewahrten ihn vor Verstiegenheit. Grimmelshausen ist Moralsatiriker wie die Elsässer des 16. Jahrh.s und sein älterer Zeitgenosse Moscherosch. Doch erschöpft er sich nicht in allgemeinen Betrachtungen und Lehren sondern vereinigt das geschlossene Weltbild mit dem Menschenschicksal. Es geht ihm darüber hinaus um die Vermittlung von nützlichem Wissen, das er sich selbst wieder aus Wissensspeichern wie dem *Allgemeinen Schauplatz* (1619), einer deutschen Übersetzung von des *Thomas Garzonius Piazza Universale* oder volkstümlicher Fachliteratur wie Johannes *von Hagens* Astrologie, Wolfgang *Hildebrands* Planetenbuch und Magia naturalis, des Johannes *Praetorius* Wälzern über die geheimnisvollen Dinge zwischen Himmel und Erde zusammenholte. Von Jakob Böhme, der Rosenkreuzerei und Pansophie wurde Grimmelshausen kaum berührt. Vielleicht, daß ihm *Paracelsus* das Wissen über das Wesen des Zwischenreiches der Nymphen, Sylphen, Pygmäen und Salamander vermittelte.

Über den Zeitpunkt von Grimmelshausens Übertritt zum katholischen Glauben ist viel herumgeraten worden. Daß er als Protestant getauft wurde und aufwuchs, ist zwar nicht amtlich beglaubigt wie die Eintragung seines Todes im Kirchenbuch des katholischen Pfarrers zu

Renchen, muß aber mit Sicherheit angenommen werden. Aus der Erziehung und dem Unterricht in einer lutherischen Pfarrschule hat er Manches mitbekommen, wie die Vertrautheit mit der deutschen Bibel, dem Kirchenlied und dogmatischen Grundlehren. Über die inneren Motive seiner Konversion, die sein romanhaftes Ebenbild aus einer plötzlichen Eingebung auf einer Wallfahrt zu Einsiedeln vollzieht, sind wir nicht unterrichtet. Die menschlichste Erklärung, daß er im Dienste des kaiserlichen Heeres aus praktischen Erwägungen, vielleicht unter dem Einfluß eines Vorbildes seinen Glauben wechselte, ist die wahrscheinlichste. Menschen, die offenen Auges, frei von Illusionen, als kluge Beobachter ihrer Umgebung durch die Welt wandern, bedürfen der Erleuchtungen nicht und erleben keine *Aufbrüche*. Grimmelshausen wußte zuviel von der Welt, um in einer Religionsgemeinschaft Wahrheit und Heil zu suchen. Ist es nicht die höchste Anerkennung für ein Weltkind des 17. Jahrh.s, wenn man von ihm sagen kann, daß er sich redlich darum bemühte, ein Christ zu sein? Daß die franziskanische Weltsicht *Guevaras* dem Wesen Grimmelshausens entsprach, heißt nicht, daß er die Möglichkeit hatte, eine Wahl zu treffen, wohl aber, daß er im Erbauungsschrifttum und der Moralsatire von *Aegidius Albertinus* ein Vorbild fand und mit literarischen Gattungen, in denen sein Wesen und seine gestaltende Kraft zur Geltung kamen, im alemannischen Gebiet das Gleiche leisten wollte, wie Albertinus im bayerischen. Wenn Simplicius durch die Schriften Guevaras zur Selbsterkenntnis geführt wird und von ihm lernt, daß die Welt keine wahren Freuden zu bieten hat, und das Hofleben übel ist, so ist wohl die Annahme berechtigt, daß Grimmelshausen selbst durch Guevaras Eindeutscher Albertinus auf den rechten Weg gebracht wurde, zumal ihm auch der deutsche *Guzman von Alfarache* das Vorbild für seinen Lebensroman abgeben konnte. Aber wie hat er mit einer erlebten Sinngebung die Schicksale des Landstörzers vertieft! Sein Held ist edler Herkunft und erhält von seinem Einsiedler-Vater ein geistiges Erbteil, das trotz aller Gefährdung den besten Kern seines Wesens gesund erhält.

Grimmelshausens erste Werke sind 1667 erschienen. Sein Verhältnis zu seinen Verlegern ist noch nicht ganz geklärt. Nur auf dieser Grundlage könnten die von ihm selbst verfaßten Texte als Druckvorlagen – allerdings mit Berücksichtigung der Eigentümlichkeiten der Offizinen – festgestellt und erschlossen werden. Ein besonderes Verdienst um die Klärung dieser Fragen hat sich *Scholte* erworben. Bei den ersten Werken ist nicht festzustellen, ob sie in *Straßburg* bei Johann Christian *Nagel*, der sie schon 1665 angekündigt hatte, oder, wie das Titelblatt aussagt, bei Hieronymus *Grisenius* – das ist vielleicht der Bamberger Crisenius – erschienen sind. Manches hat auch die Annahme für sich, daß der Leipziger Kommissionär Georg Heinrich *Fromann* und der Nürnberger Verleger Wolfgang Eberhard *Felßecker* gemeinsam die beiden ersten Bücher Grimmelshausens herausgaben.

Im *Satirischen Pilgram* wird sein literarischer Ausgangspunkt, die Moralsatire, sichtbar. Ein mittelalterliches Schwankmotiv – der Holzarbeiter, der im Winter seine

Hände anhaucht, um sie warm zu bekommen, und dann in die heiße Suppe bläst, damit sie kühler wird – wird wie in den Gesamtabenteuern, bei Hans Sachs und Burkhard Waldis in dem Sinn ausgedeutet, daß man sich vor jenen hüten müsse, die warm und kalt aus ihrem Munde blasen. Der Pilger muß also den rechten Weg zwischen solchen Gegensätzen finden. Es ist gleichsam ein erstes Anschlagen des Hauptmotivs aus dem Simplicissimus, auf dessen baldiges Erscheinen ein Schlußsatz verweist. Mit dem *Exempel unveränderlicher Vorsehung Gottes / unter der Historie des Keuschen Josephs in Aegypten vorgestellt* (1667) machte Grimmelshausen einen Abstecher in das Gebiet des biblisch-heroischen Romans. Außer der *Bibel* benützte er eine deutsche Übersetzung des *Josephus Flavius* und die orientalische Reisebeschreibung von *Adam Olearius*. Wie sehr er sich um eine Gattung höherer Kunstordnung bemühte, zeigt der Angriff, den er auf die gelehrte Konkurrenz, *Zesens* Assenat (s. S. 231), losließ. Die Josephgeschichte der Bibel wird volkstümlich breit mit deutlicher Beziehung zum Leben des Dichters erzählt; denn im 2. Teil, der später erschien, erhielt Joseph einen Ersatzmann und Stellvertreter in dem Schaffner Musai, der sich mit seiner wendigen Erfahrungsweisheit bewährt.

Durch längere Zeit, vielleicht schon als Schreiber in Offenburg, hat Grimmelshausen an seinem Haupt- und Lebenswerk, dem *Abenteuerlichen Simplicissimus* gearbeitet. Die erste Fassung erschien 1669. Ihr Titel lautet: *Der Abentheurliche Simplicissimus Teutsch / Das ist: Die Beschreibung deß Lebens eines seltzamen Vaganten / genant Melchior Sternfels von Fuchshaim / wo und welcher gestalt Er nemlich in diese Welt kommen / was er darinn gesehen / gelernet / erfahren und außgestanden / auch warumb er solche wieder freywillig quittirt.* Von den übrigen drei Ausgaben, welche 1669/71 erschienen, wurde die Frankfurter von 1669 von einem berufsmäßigen Korrektor hergestellt, dessen Leistung Grimmelshausen selbst anerkannte. Sie galt lange Zeit für das Original oder jene Fassung, welche einem verloren gegangenen Original am nächsten stand. Die textkritischen Untersuchungen, welche mit großem Scharfsinn geführt wurden, zeigen, wie schwierig es ist, zwischen rechtmäßigen Ausgaben und Nachdrucken zu unterscheiden.

Wenn wir von wenigen Kirchenliedern, dem Cherubinischen Wandersmann sowie einzelnen Stoffen und Motiven, welche ihre unverbrauchte Lebensfrische bis in unsere Zeit bewahrten, absehen, so ist der Simplicissimus vielleicht das einzige Werk des 17. Jahrh.s, das uns heute noch lebendig ist und gerade den Generationen, welche zwei schwere Kriege erlebt haben, Leid und Elend, Kriegs- und Weltlauf mit einer Eindringlichkeit vorführt, die wir bei anderen Werken vermissen. Das Bild, welches sich die meisten vom 17. Jahrh. und seinem großen Krieg machen, stammt aus dem Farbenkasten des Simplicissimus. Keine Bezeichnung – Zeitgemälde, Entwicklungs- oder Bildungsroman, Satire, Robinsonade, pikarische Lebensgeschichte oder was immer man aus dem terminologischen Requisitenkasten beibringen mag, – trifft Sinn und Inhalt oder ordnet das Werk einer literarischen Gattung zu. Vor einem solchen Tragelaphen steht die Formgeschichte ziemlich hilflos. Aber damit ist nichts über die Formlosigkeit oder gar einen fragmentarischen Charakter ausgesagt; denn das Werk ist planvoll angelegt. Der bunte Wechsel, das Auf und Ab des Geschehens wird einer natürlichen Ordnung unterworfen.

Die drei Lebensstufen des Knaben, Jünglings und Mannes werden in fünf Büchern beschrieben. Sie führen uns die Entwicklung einer Persönlichkeit vor Augen. Die Gleichstimmung des ersten und fünften Buches – Verlust der Heimat, Einkehr und Zurückfinden – des zweiten und vierten, die den Helden im Strudel des Lebens, sein Hinein- und Herausgeraten, darstellen, und der Mitte im dritten Buch, das die Abenteuer des Jägers von Soest schildert, ist kaum als bewußtes Ordnungsprinzip anzusehen. Hier regiert das Leben. Ein entwurzeltes Flüchtlingskind setzt sich im Kampf mit äußeren und inneren Mächten durch. Hart ist dieses Ringen. Innere Wahrhaftigkeit und sittliche Kraft überwinden den Stolz und Übermut. Als Hirtenknabe, ohne jede Bildung, allein seiner Beobachtung und Erfahrung überlassen, wächst Simplicius bei seinen bäuerlichen Pflegeeltern auf. In dieses idyllisch-naturhafte Leben brechen die Kürassiere ein, nach deren Raubüberfall Simplicius flieht. Die Lehren des Einsiedlers bilden die Grundlagen seines sittlichen Daseins und erweisen sich später als unverlierbarer geistiger Besitz. Es fehlt Simplicius an Reife, um nach dem Tode seines leiblichen und geistigen Einsiedler-Vaters dessen Leben fortzuführen. Dazu bedarf es der Weltfahrt, die er im Narrenkleid antritt. Aus dem naiven Naturkind wird nun der *Picaro* des großen Krieges. Aber damit ist der Charakter des Helden nicht in ein Schema gepreßt. Sein abenteuerliches Jünglingsleben und die Erfolge, die ihm als Jäger von Soest in den Schoß fallen, führen ihn vorerst die Bahn sacht hinab. Liebeleien, Ehe, Reisen, Gefangenschaft und üble Gesellschaft (Olivier) leiten seine Mannesjahre ein. *Springinsfelds* mittlerer Charakter kann Simplicius weder im Guten noch im Bösen ein Beispiel geben. Die Freunschaft mit *Herzbruder* und dessen Tod lassen seine Besinnung reifen. Verstärkt wird diese noch durch das Naturerlebnis am Mummelsee. Jetzt wird er zum Weltbetrachter. Die Reise nach Rußland ist als Rückfall in das pikarische Dasein anzusehen, das mit der Weltentsagung und dem Entschluß, als Einsiedler zu leben, endet. So kehrt das Ende wie in einem Kreis zum Anfang zurück. Dem Einsiedler-Vater entspricht der Einsiedler-Sohn, aber die Generationen denken anders. Für Simplicissimus gibt es keine Askese. Er trägt keine eiserne Kette um den Leib, sondern sieht von seiner Schwarzwaldhöhe über das weite Land, Wälder, Burgen, Gehöfte, Dörfer und Städte bis zum ragenden Turm des Straßburgers Münsters.

Da setzt nun die neue Bilderfolge ein. Schon im fortsetzenden sechsten Buch, das der Ausgabe von 1670 beigegeben wurde, sucht Simplicissimus mit einem Fernseh- und Fernhörinstrument die Verbindung mit der Welt und folgt ihren Verlockungen. Es treibt ihn nicht mehr in die Händel des Weltlebens, das er zur Genüge kennt, sondern in ferne Länder. So hatte die Geschichte *Henry Nevills*: The Isle of Pines, die erste Robinsonade, welche 1668 erschienen war und unmittelbar nachher ins Deutsche übersetzt wurde, den Renchener Schaffner in ihren Bann geschlagen, daß er seinen

Helden in ferne Länder entführte. Grimmelshausen hat diese nie gesehen. Aber eine holländische Reisebeschreibung stellte ihm die Insel Mauritius so lebendig vor das Auge, daß er seinen Helden dahin versetzen konnte, nachdem dieser sich in Ägypten und Arabien umgesehen hatte. Simplicissimus erlebt und beobachtet. Eine Sendung hat er nicht zu erfüllen. Er greift nicht in das Rad der Fortuna, wie die Helden der heroischen Romane. Selbst die wundersamen Gesichte, welche ihm die Geisterwelt des Mummelsees offenbart, machen ihn nicht zum Weltverbesserer. Er sucht Zufriedenheit und Ruhe in Gott. Faustisches Streben ist Hybris, die man staunend bewundert, oder verlockende Sünde. Der geistige Höhenflug steigt im 17. Jahrh. nicht in das Unermeßliche und Unergründliche, sondern führt zu den festen Grenzen des Himmels und der Hölle.

Wer von der Literatur des 17. Jahrh.s zum Simplicissimus kommt, hat das Gefühl, aus einem wohlangelegten und prunkvoll ausgestatteten Bau in die Natur hinauszutreten. Hier wird das menschliche Denken ohne die gebräuchliche Ordnung in unmittelbare Beziehung zu Gott gesetzt. Die Stände gelten gleich viel vor Gott, und der Bauernstand steht als edelster in hohen Ehren. Grimmelshausen kannte das Leben und Elend der Bauern aus eigener Erfahrung. Er berief sich auf das Naturrecht und das göttliche Recht, wenn er sich zum Anwalt der Bauern machte. Bauernweisheit und Sprichwörtergut galten ihm mehr als Gelehrsamkeit. Sein tolerantes religiöses Denken ließ ihn für eine Vereinigung der christlichen Glaubensbekenntnisse, sein gerechtes soziales Empfinden für einen Ausgleich von Reichtum und Armut eintreten. Im Territorialfürstentum sah er eine gefährliche Macht. Mit Aegidius Albertinus erkannte er in Geiz, Verschwendung und Hoffahrt die Urformen der Sünde. Er wünschte eine Verwaltung und Anwendung des Reichtums im Sinne Gottes. Überall legte er seine christlichen Maßstäbe an. Er unterschied zwischen den Söldnern, denen der Krieg an sich Lebenselement ist, und jenen, welche für eine gerechte Sache kämpfen. So hoch er Mut und Tapferkeit schätzte, so verächtlich sprach er vom soldatischen Aberglauben, vom sinnlos geckenhaften Auftreten der Offiziere, ihren Gelagen und ihrer Maßlosigkeit. So viel er auch vom Soldaten sprach und so genau er die Typen des Standes kannte, dem er das friedlich erhaltende, bäuerliche Dasein entgegensetzte, so lehnte doch seine Ethik den Herrscher in der Welt seiner Romane ab, weil er ihn zu genau kennen gelernt hatte.

Grimmelshausen kommt dem Ideal eines Volksschriftstellers sehr nahe. Treuherzige Wahrheitsliebe, Bildungsdrang, lebendiges Erziehertum, Kampf gegen die Auswüchse des Weltlebens, sicheres Urteil, ruhige Energie, Lebenserfahrung, reiches Innenleben befähigen ihn dazu. Er war ein ewig Lernender, lebhafter Denker, ein Gefühlsmensch, der sich der Bewegung ergibt, alle Beschränkung verachtet und den religiösen Frieden wünscht. Er sah die Gefahren, welche aus der Hingabe an die Zauberei erwachsen, und warnte vor Teufelsbündnissen.

Er glaubte noch an leibhaftige Geister, Teufel und Hexen, aber er warnte davor, sich diesem Glauben hinzugeben. Was er lehrte und immer wieder zeigte, ist die Unbeständigkeit der Welt. Er war ein Naturdenker ohne höhere Bildung. Deshalb flickte er den Gelehrten, den Ärzten und Studenten gerne am Zeug und tat doch alles, um seinen wahllosen Bildungshunger zu sättigen. Er wußte, daß Gewissenhaftigkeit, Pflichttreue, Ordnungsliebe, Sauberkeit und Fleiß bei Vorgesetzten und Untergebenen Achtung und Ansehen eintragen, und konnte sich in der mannigfachen Empfehlung dieser Eigenschaften kaum genug tun. Originelle Gedanken wird man bei Grimmelshausen kaum finden. Dennoch ist er der Mittelpunkt der literarischen Entwicklung des Zeitraumes zwischen Opitz und Gottsched. Auf geistig und gesellschaftlich höherer Ebene steht der universalere Gryphius, aber weit ab von Leben und Wirklichkeit. Deshalb mutet er uns so fremd an. Von der zeitlichen Lebensdauer solcher Ordnungen wußte Grimmelshausen nichts, er bedurfte ihrer nicht.

In drei Ansätzen nahm Grimmelshausen wieder auf, was er im Simplicissimus begonnen hatte. Er machte die Nebenfiguren des Werkes zu Heldinnen und Helden. Da ist zunächst die weibliche Parallelfigur zum Simplicissimus: *Die Landstörtzerin Courasche* oder *Trutz Simplex* (1670), welche über ihr Schicksal berichtet. Lebuschka, die Simplicissimus in Sauerbrunnen kennen gelernt hatte, erzählt ihre Geschichte als eine Art Lebensbeichte, um der Galerie ihrer zuhorchenden Liebhaber zu zeigen, mit welch verworfenem Geschöpf sie sich eingelassen haben. Hier kommt das pikareske Erbgut ebenso zur Geltung wie in ihrem Liebhaber, dem *Seltzamen Springinsfeld* (1670), der zum Helden des zweiten Romans wurde. In ihm ist vielleicht das Urbild des hinkenden Boten zu erkennen; denn mit einem Stelzfuß kam er aus dem ungarischen Krieg in die Heimat und tat sich mit einer Frauensperson zusammen, die den Leierkasten bediente. So kann aus Berichten und Relationen als Quellen die Geschichte des Dreißigjährigen Krieges von dem Zeitpunkt an, da Simplicissimus als Kriegsteilnehmer ausgeschieden war, nachgeholt und zu Ende geführt werden. Grimmelshausen fühlte sich als Chronist. Springinsfelds Begleiterin, die Leierin, liefert mit dem *Wunderbarlichen Vogelnest*, das nun vererbt wird, den Stoff zur Fortsetzung, welche in zwei Teilen (1672 und 1675) erschien. Wer das Vogelnest besitzt, hat die Gabe, sich unsichtbar zu machen und damit den Dingen und Erscheinungen auf den Grund zu sehen. Das uralte Gygesmotiv, das sich im Fortunatus und im hinkenden Teufel von Lesage bewährte, erwies sich im ersten Teil als segensreich; denn der Träger des Vogelnestes spielt die ausgleichende Gerechtigkeit, indem er das, was im Verborgenen geschehen ist, nach Verdienst belohnt und bestraft. Anders wirkt es sich im zweiten Teil in der Hand eines Wüstlings aus, der sich damit den Zutritt in die Schlafgemächer der Frauen und Jungfrauen verschafft. Der Glaube an seine Unverletzlichkeit betrügt ihn im holländisch-französischen Krieg. Er wird schwer verwundet und auf dem Krankenlager von einem Seelsorger davon überzeugt, daß er die Gabe zum Unheil seiner Seele verwendet habe. Das Vogelnest wird schließlich auf der Rheinbrücke bei Kehl zerrissen und seine Teile werden in den Strom verweht.

Die zyklische Anlage dieses Werkes leitet hinüber zu einer anderen Form der Unterhaltungslektüre, in der Grimmelshausen ebenfalls Überlieferungen des alemannischen Schrifttums, die großen Schwanksammlungen des 16. Jahrh.s, fortsetzte.

So führte er im *Rathstübel Plutonis* (1672) die Hauptgestalten seiner simplizianischen Schriften am Sauerbrunnen zusammen und legte ihnen Anekdoten in den Mund. Solcher unterhaltender Tagesschriftstellerei hatte schon sein *Ewig-währender Kalender* (1670) gedient. Es sieht so aus, als ob er in einer solchen Praktik alles untergebracht hätte, was die großen Romane nicht mehr fassen konnten. Doch ließ sich feststellen, daß dieses scheinbar wahllos zusammengelesene Repertorium von Stoffen aus Geschichte, Sage, Mythologie, Schreckens- und Wunderberichten, Anekdoten und Erzählungen mit den Prodigia des *Konrad Lycosthenes* aus Rufach, deren deutsche Übersetzung von *Johannes Herold* gleichzeitig 1557 bei Adam Petri gedruckt wurde, übereinstimmt. Zur gleichen Gattung volkstümlichen Unterhaltungsschrifttums gehören die *Wunderliche Gaukeltasche* (1670), das *Galgen-Männlin* (1673) und die *Verkehrte Welt* (1672), eine Bilderbogendichtung, die in der Überlieferung der oberrheinischen Rügedichtung steht. Mit Moscherosch, der Satire und patriotischen Zeitklage berührt sich Grimmelshausen wiederholt. *Der stolze Melcher* (1672) stellt am Schicksal eines Söldners, der aus französischem Kriegsdienst wieder zu seinem heimischen Bauerntum zurückkehrt, das dankbare Motiv des Heimkehrers heraus. Der Erfolg seiner Werke und sein Bildungsstreben veranlaßten Grimmelshausen auch, auf seine Weise die Bemühungen der Sprachgesellschaften zu unterstützen und für die Reinheit der deutschen Sprache einzutreten in seiner Schrift *Des weltberufenen Simplicissimi Pralerey und Gepräng mit seinem teutschen Michel* (1671). So wie er seinen Josephroman gegen den Zesens ausspielte, behauptete er auch auf dem Gebiete des Stils seine Stellung gegenüber den Bildern neuer Worte. Er blieb der Lobredner alter Sitten und Bräuche als den wahren Trägern der Tugenden. In die journalistische Diskussion griff Grimmelshausen auch einmal mit der antimachiavellistischen Schrift *Zweyköpffiger Ratio Status* (1670) ein.

Noch zweimal versuchte sich Grimmelshausen im heroischen Roman. Nach dem biblischen Stoff im Joseph behandelte er nun einen geschichtlichen in *Dietwalt und Amelinde* (1670) und einen religiös- christlichen in *Proximus und Lympida* (1672). Die erstgenannte *Lieb- und Leidbeschreibung* spielt im 5. Jahrh. zwischen fränkischen und gotischen Königsfamilien. Sie wird von verschiedenen Quellen: Volksbuch, Meisterlied und italienischer Novelle gespeist. Das Liebespaar muß für seine Überheblichkeit im Glück Buße tun. Seefahrt im mittelländischen Meer, Trennung, Gefangenschaft bei Seeräubern zeigen die Vertrautheit Grimmelshausens mit den Beständen des Heldenromans. Die Quelle zu Proximus und Lympida wurde in einer Mönchslegende nachgewiesen, welche die Erbauungsliteratur der Gegenreformation festhielt. Grimmelshausen erzählt auch im Rathstübel Plutonis die Geschichte von dem freiwillig armen Jüngling, der seinen Reichtum verteilt hatte, und der vielumworbenen reichen Jungfrau, die gelobt, jenen zu heiraten, der als erster in die Kirche kommt. Das ist Proximus. Nur die allgemeinen Grundlagen dieser Geschichte hat Grimmelshausen verwertet. Es lag ihm mehr an einer Darstellung der Voraussetzungen als am Ausmalen des zeitgenössischen Hintergrundes. Mit diesem legendären Stoff und der Wendung zum Religiösen bringt Grimmelshausen den heroischen Roman an Moralsatire und Erbauungsliteratur heran, ohne freilich seinen Ehrgeiz befriedigen zu können, mit den gleichzeitigen hohen Leistungen des heroischgalanten Romans zu wetteifern. Wie sein Vorbild Moscherosch stellte sich auch Grimmelshausen gegen die Fabelwelt des Amadis. Er setzte an ihre Stelle Bibel, Geschichte und Legende und arbeitete mit deren Elementen an der Erbauung der Leser. Es ist also nicht die Vermittlung von Wissensstoff, sondern die Lehrhaftigkeit, welche in der Wendung Grimmelshausens zu dieser Gattung sichtbar wird. Seine juristischen Erfahrungen aus der Renchener Zeit verwertete er im Roman bei der Darstellung eines Prozesses. Auf solchen Wegen über die eigenen Erfahrungen konnte er sich die geschichtlichen Vorgänge vergegenwärtigen. Von einem Hineindenken in die Vergangenheit ist auch bei ihm keine Rede. Er gab seinen persönlichen Stil auf, wo er keinen Zusammenhang zwischen dem Stoff und dem Leben herstellen konnte. Die galante Welt und der Stil jener Kunstgattungen, welche in ihrem Umkreis gedeihen, blieben Grimmelshausen fremd. Da lagen die Grenzen seiner großen Begabung. Es wird uns noch beschäftigen, daß das simplizianische Schrifttum besonders bei dichtenden Musikern (Kuhnau, Beer) Schule machte.

4. REALISMUS

Wenn der Heldenroman als idealistisch und Grimmelshausens Volksroman als naturalistisch angesehen wird, so ergibt sich fast zwangsläufig, daß bei einer Lockerung der Formgebung der Realismus zur Geltung kommen mußte. Er bestimmt keineswegs die Formen selbst und kann auch nicht in einer Gattung allein beobachtet werden. Man spricht daher besser von einer Verdichtung der realistischen Elemente. Das steht in einem gewissen Zusammenhang mit dem zunehmenden Anteil des Bürgertums an der Literatur. Weises Romane sind in diesem Zusammenhang überschätzt worden; denn der Realismus, dem wir in den Romanen des ausgehenden Jahrhunderts begegnen, steht in losem Zusammenhang mit der Moralsatire oder Moscheroschs Gesichten. Er bindet sich an verschiedene Gattungen, ist mehr die Äußerung eines natürlichen Erzählertalents und hält sich an den volkstümlichen Journalismus.

Matthias Abele (1616/18–77) stammt aus einem Breisgauer Geschlecht, das in Österreich seßhaft wurde. Er war der Sohn des Steuerschreibers von Steyr und wurde dort von den Jesuiten erzogen. An der Universität Graz begann er mit dem Studium 1637 und setzte es als Jurist in Wien 1639 fort. Dort praktizierte er 1641–44 beim Stadtgericht. Nach kurzer Tätigkeit als Advokat wurde er 1645 zum Stadtschreiber von Krems und Stein ernannt. In seine Vaterstadt wurde er als Sekretär der Innerberger Eisengewerkschaft 1648 berufen. Diese angesehene Stellung bekleidete er fast dreißig Jahre.

Als Schriftsteller hatte Abele mit einem *Sterbebüchlein* (1650), wahrscheinlich einer Übersetzung, wenig Erfolg. Mit einer Sammlung *Metamorphosis telae Judiciariae oder seltsame Gerichtshändel* (1651) erwarb er sich die Gunst der Nürnberger und später die Aufnahme in die Fruchtbringende Gesellschaft. Als Verfasser von Flugblättern zeigte er seine Begabung zum periodischen Journalismus. Ganz gewann ihn dazu ein Unfall, der ihn in Wien zu unfreiwilliger Muße verurteilte. Von 1669 an erschien alljährlich sein *Vivat oder Künstliche Unordnung*. Der Beifall, den dieses Werk bei Kaiser Ferdinand fand, brachte ihm die Ernennung zum Hofhistoriographen und wirklichen Kaiserlichen Rat ein.

Die Formlosigkeit des Journalismus eröffnete ihm die Möglichkeit, seine Belesenheit in der Literatur zu zeigen. Er kannte Opitz und dessen Jünger, las die Nürnbergischen Frauenzimmergespräche, Homburgs Übersetzungen von Cats, die breite Überlieferung der Erbauungsliteratur und Moralsatire, wußte um wunderliche Rechtsfälle, sammelte Grabschriften, schöpfte aus den Geschichten, die ihm auf den vielen Reisen nach der Residenz im Wagen oder an der Gästetafel in den Herbergen zuflogen. Eine scharfe Beobachtung seiner Umwelt vermittelte ihm vieles. Sein Beruf führte ihn mit allen Ständen zusammen. Das Leben konnte ihm mehr bieten als die immer wieder aufgewärmte Schwankliteratur. Den Einfall gestaltet er ähnlich wie Beer zum kleinen Genrebild. Ob die literarischen Beziehungen zu Fischart oder die geistige Verwandtschaft mit Grimmelshausen so groß sind, wie behauptet wurde? Die aufrechten lehrhaften Volksmänner sehen immer die gleichen Aufgaben vor sich und bedienen sich ähnlicher literarischer Ausdrucksformen.

Die mündliche Überlieterung trug nicht nur den Stoff sondern auch die Erzählweise weiter. Aus dem breiten Strom der Schwänke, Märchen, Rittergeschichten, Volksbücher, der Kriegserlebnisse, aus den Berichten der Phantasie und Wirklichkeit fügen sich die einzelnen Elemente in bestimmten Ordnungen, die das Leben selbst vorzeichnete, zusammen. Es kam also viel weniger auf literarische Formen an, welche diese Elemente aufnahmen, als auf die Art, wie die Einzelheiten und beobachteten Züge aus dem Leben erzählt wurden. Die festen literarischen Formen werden zerspielt, und die volkstümlichen Elemente werden literarisch. Fern von aller Theorie setzt sich die natürliche Erzählergabe durch. Der lehrhafte Zweck der Dichtung tritt zurück. Die Lust zum Fabulieren hat lediglich die Unterhaltung der Leser vor Augen. Damit werden die Gesetze der Konvention durchbrochen. Das aber bedeutet einen leisen Vorklang der Geniezeit; denn die Verbindung von Leben und Kunst wird nun im Roman hergestellt.

Das Kostüm bestimmte die feste Ordnung des Schäferromans. Dahinter konnte sich die Wirklichkeit verschleiern, sei es, daß sie aus Anspielungen auf einzelne Züge erschlossen werden konnte, sei es, daß sie bewegende Kraft und wirklich erlebt war. So traten das Persönliche und Märchenhafte, Züge von Wirklichkeit und Scheinwelt zusammen. Dieser konnte man bald überdrüssig werden. Der Hirt im derben Kittel machte dem konventionellen Schäfer immer wieder das Daseinsrecht streitig. Die Scheinwelt, welche die Nürnberger aufgebaut hatten, begann sich in den sechziger Jahren aufzulösen. Rist verzichtete auf die allegorische Vieldeutigkeit. Er bewies den gesunden, niedersächsischen Wirklichkeitssinn und bereitete dem Realismus den Weg. Das gedankliche Gesellschaftsspiel trat zurück. Je unmittelbarer die Selbstdarstellung und die Schilderung der Menschen wurden, desto leichter konnte sich der Schäferroman dem *Picaro* öffnen. Der Ablauf des Geschehens löste sich von den Gesetzen der Kunstgattung und unterstellte sich den Gesetzen der Wirklichkeit. Das Schäfergewand wurde immer durchsichtiger und fadenscheiniger, je deutlicher und klarer sich das Liebeserlebnis offenbarte, mochte es sich um die Ferienliebe eines Studenten, um die Enttäuschung darüber, daß das Mädchen einen anderen liebte, oder wie in der Adriatischen Rosemund um eine zurechtgedachte tragische Entwicklung handeln. Der Brief wurde zum Träger psychologischer Regungen. Die psychologische Problematik wurde von der Erfahrung gespeist. *Jakob Schwieger*, der mit seinen Romanen *Verlachte Venus* (1659) und *Verführte Cynthie* (1660) nicht verleugnen kann, daß er in die Schule von Zesen gegangen ist, bringt zwar wieder den Roman an die Moralsatire heran, versieht ihn aber doch mit einem stärkeren Wirklichkeitsgehalt. Das Motiv, daß ein einfaches Mädchen von einem Kavalier verführt wird, geht nun aus der holländischen Erzählung in Versen (Cats) in den Roman über und läßt die Gegensätzlichkeit der beiden Welten und Lebensformen ahnen. Hier zeigt sich die Auflösung der Gattung, die einiges an den heroischgalanten und anderes an den realistischen Roman abgeben konnte. Da und dort können Ansätze zur *Dorfgeschichte* beobachtet werden, was besonders im Schaffen von Beer zu beobachten sein wird.

Über Matthias Johnson, der 1663 und 1672 die zwei Teile seines Schäferromans *Damon und Lisille* erscheinen ließ, ist nichts bekannt. Er schrieb eine anspruchslose, anmutige Geschichte. Leidenschaft, Glück und Kummer einer jungen Ehe sind der Inhalt. Held und Heldin sind einander aufrichtig zugetan. Sie leben sich wirklich zusammen und genießen die Freuden des Daseins miteinander, weil sie sich zu einem gemeinsamen Schicksal verbunden haben. Der heroische Roman setzte sich wie mit Selbstverständlichkeit über die zarteren persönlichen Regungen und Beziehungen hinweg; denn die Liebe ist eine bewegende Kraft, welche alle Hindernisse beseitigt. Hier aber strahlt sie ein gleichmäßig warmes und mildes Licht über den kleinen Lebensumkreis. Das Unscheinbare, der Alltag und die bürgerliche Häuslichkeit treten keineswegs fordernd neben die höfische Welt, sondern sie stellen sich in ihrer natürlichen Selbstverständlichkeit vor. Von sentimentaler Empfindsamkeit und patriarchalischem Liebesschmachten ist dieser Roman ebenso weit entfernt wie von der brutalen Blutrünstigkeit der Haupt- und Staatsaktionen oder des Schauerromans. Maske und Staatskleid haben in dieser Welt nichts zu suchen. Wir fühlen uns von Stimmungen der Idylle berührt. Die Menschen selbst sind weder abgeklärt noch abhängig vom Dichter, sie haben ihr Eigenleben, sind leidenschaftlich und temperamentvoll, reden einfach wie ihnen der Schnabel gewachsen ist, nicht läppisch oder pathetisch. Was Johnson vorführt, hat er gesehen und erlebt. Das Werk ist vom Zeitgeschmack unberührt. Aber es konnte die billige Frauenfeindschaft nicht verdrängen, welche in den Romanen von Gorgias triumphiert.

Johann Gorgias (1640–84) stammt aus einer Siebenbürger Sachsenfamilie in Kronstadt. Nachdem er das dortige Gymnasium absolviert hatte, studierte er 1659 in Wittenberg Theologie. Wo er sich noch aufgehalten hat (Hamburg, Wien), ist nicht mit Sicherheit festzustellen. Seine Beziehungen zu verschiedenen Sprachgesellschaften – seit 1664 war er Mitglied des Elbschwanordens – und seine Werke, welche er als Veriphantor, Floridan, Poliandinus in den sechziger Jahren veröffentlichte, belegen seinen längeren Aufenthalt in Deutschland und seine Dichterkrönung. In seiner Heimat ist er wieder 1676 nachzuweisen. Rektor des Gymnasiums wurde er 1679.

Das literarische Schaffen dieses Auslandsdeutschen zeigt die schon mehrmals beobachtete enge Verbindung von Moralsatire und Roman. Gorgias schlägt allerdings nur ein Thema an, dieses aber mit Macht. Er ist ein Hasser des weiblichen Geschlechts, ob aus eigenen üblen Erfahrungen, literarisch-mittelalterlicher Überlieferung oder engem Anschluß an die Wittenberger Theologen, ist nicht zu entscheiden. Die Beziehung zu den Epigrammatikern stellt er damit her, daß er sich in seinem ersten Werk *Die buhlende Jungfer* (1663), einer Moralsatire, in der er den falschen Schein durchbricht, mit welchem die Jungfern ihre Heuchelei verhüllen, auf Logaus Sinngedichte beruft. An die Liebhaber der Tugend wenden sich die *Jungfräulichen Erquickstunden*. Da nimmt er sich die „heutigen unkeuschen und halbwitzigen Jungfrauen" vor. Er weiß sehr wohl, daß es auch andere gibt, und bezeichnet sich deshalb als der Personen Freund und der Laster Feind. Die schöne, liebestolle Basine, welche der Dichter in einem Walde trifft, weiht ihn in den Seelenzustand und die Methode der verliebten Jungfern ein. Das Werk ist eine Art Liebeskalender, der durch Anekdoteneinschübe und Gedichte unterbrochen wird. Gorgias ist Feind des Alamodewesens und stellt sich auch damit in diese Ordnung, daß er Texte von Moscherosch paraphrasiert. Mit dem *Ehrenpreis des hochlöblichen Frauen-Zimmers* (1663) gibt Gorgias den gelehrten Unterbau seiner Haltung. Dieser gelehrten Abhandlung liegt eine Auseinandersetzung zwischen Gorgias und *Wilhelm Ignatz Schütz* zugrunde. In einer galanten Schlußwendung bleibt der Streit, ob Mann oder Frau der bessere Teil seien, zwar unentschieden, doch wird damit eine Lanze für die Frau gebrochen. Aus der Widmung des Büchleins an die Kaiserin Eleonora ist zu ersehen, wie das Frauenproblem zu einer Zeit, da Frauen zu Dichterinnen gekrönt und zu Vorsitzenden gelehrter Gesellschaften gewählt wurden, die Geister beschäftigt. In einer neuen Schrift, *Gestürzter Ehrenpreiss* (1666) legte Gorgias mit Geschick gegen die Verteidiger der Frauen los. Die Darstellung ist lebendig, die Beispiele sind wirksam. Dann fand er den Weg zum Roman in seiner ernsten Bemühung um die alte sittliche Ordnung, deren Bestehen er durch das Überhandnehmen des Frauenkultes gefährdet sah; denn die Frauenfrage galt ihm in seiner Polemik gegen Schütz als Wurzel des gefährlichen *Alamodewesens*. Das letzte und reifste Werk von Gorgias ist *Der betrogene Frontalbo* (etwa 1674). Da erzählt der Held, den der Dichter vor den Nachstellungen eines lasterhaften alten Weibes rettet, aus Dankbarkeit, und um andere zu warnen, mit realistischen Zügen seine Geschichte, eine Tragödie der Liebesleidenschaft. Frontalbos Vater Expertus Robertus, der ganz unter dem Einfluß seiner gefallsüchtigen jungen Frau stand, kümmerte sich um die Erziehung seines Sohnes kaum. Von seiner Mutter aber lernte dieser nur die Künste, mit denen man den Frauen gefällt (Sanges- und Reimkunst). So konnten die Leidenschaften seine passive Natur regieren. Er wurde zum Umgang mit älteren Frauen erzogen, um Erfahrungen zu sammeln. Da verliebte er sich in die junge Lydie, entzog sich den Nachstellungen seines alten Weibes und führte mit der Geliebten ein Leben in der Einsamkeit. Lydie verbarg ihre Schönheit, wenn sie auf dem Markt die bescheidenen Erträgnisse ihres Gartens feilbot. Frontalbo erwarb sich seinen Unterhalt durch Singen und war oft lange abwesend. Astarin, der Lydiens Spur gefunden hatte, raubte sie während Frontalbos Abwesenheit und brachte sie auf sein Schloß. Nachdem der Liebende lange vergeblich nach Lydie suchend im Lande umhergezogen war, wurde er als Spion verdächtigt und auf Astarins Schloß gebracht. Nach Überwindung großer Schwierigkeiten erfuhren die Liebenden voneinander. Ihre Flucht gelang und sie verlebten zwei glückliche Jahre auf einem Gut. Als Frontalbo einmal nach Hause kam, fand er zwei einander völlig gleiche Frauen, von denen jede behauptete, die wahre Lydie zu sein. Er entschloß sich, eine von beiden zu erschlagen, und wählte zu seinem Verhängnis die echte. Als er heimkehrte, begrüßte ihn eine Hexe, die nur, solange Lydie am Leben war, deren Gestalt hatte annehmen können. Das aber war die Hexe, vor deren Nachstellungen der Dichter den unglücklichen Berichterstatter seines Schicksals befreit hatte. Die eigentlich handelnde Person ist Lydie. In diesem *Erziehungsroman* treten Stoffe und Motive der Alamodeliteratur, Schäferstimmung, Gegenhöfisches – was schon in der Beziehung zu Expertus Robertus angedeutet wird – und vielleicht auch parodistisch umgewertetes Heroisches zu einer gut geschlossenen Einheit zusammen.

Bei Gorgias wird der Realismus nicht vom Leben sondern von der lehrhaften Absicht diktiert. Die Grenzen zum Naturalismus verschwimmen. Dieser steht meistens im Zeichen der strengen M o r a l. Er begleitet den Stoizismus der Märtyrertragödie und ist der ständige Genosse des Romans, solange dieser moralsatirisch ist und sich aufs Leben verlegt. Wo der Roman mit besonderen Absichten und Tendenzen auftritt, gesellt sich ihm der Naturalismus. Streift er die Absichten von sich, so ist die Bahn für den Realismus frei. Der Vergleich von Grimmelshausens Simplicissimus mit Beers besten Werken zeigt die Entwicklung in dieser Richtung, der Weg von Gottfried Keller zu den deutschen Jüngern Zolas führt in entgegengesetzter Richtung. In beiden Fällen werden Stände und soziale Schichten, an deren Leben und Schicksale man sich bisher kaum gewagt hatte, für die Literatur entdeckt. Im 19. Jahrh. sind es die arbeitenden Klassen, im 17. das Bürgertum und Künstlertum. Dieses überwindet den Naturalismus und ist der Wegbahner eines kurzlebigen Realismus, der der Satire und Gesellschaftskritik wieder Platz machen muß. Die Formen idealistischer Kunst treten zurück, aber dem pikarischen Wanderer boten sich neue Lebens- und Daseinsmöglichkeiten. Das lebhafte Wachstum, welches den Roman begünstigt, läßt sich schwer in festen Schablonen unterbringen. Es handelt sich um individuelle Schöpfungen. Schon in Johnsons Romanen sehen wir uns einer anmutig durchsonnten Wirklichkeit gegenüber. In den siebziger

Jahren wird das geistige und künstlerisch-musikalische Leben in Weißenfels bedeutungsvoll. Dort konnte eine überlegene Lebensbeobachtung gedeihen, die keine zu hohen Ansprüche an die Zukunft stellte, den Wechselfällen des Schicksals nicht nachgrübelte, sondern die Dinge nahm, wie sie waren, und konnte eine Stimmung aufkommen, welche das richtige Maß zwischen gefühlsgeschwelltem Pathos und Niedergeschlagenheit einhält. Die beiden Kunst- und Seelenhaltungen der habsburgischen Erbländer gewinnen zur selben Zeit in den Werken zweier Söhne der Voralpen dichterischen Ausdruck. Würde und Ernst der benediktinischen Kultur vermitteln die Dramen und lyrischen Gedichte *Simon Rettenpachers*, Anmut und Frohsinn die Romane *Johann Beers*. Die Begabungen beider sind gleich universal und wurzeln in der Musik. Beide sind bäuerlicher Abkunft. Was sie trennt, ist das Alter, der Wirkenskreis und Bildungsgrad. Lägen ihre Geburtstage nicht zwei Jahrzehnte auseinander und hätten sie die gleichen Schulen besucht, so wären ihre Werke zum Verwechseln ähnlich. So aber trennen sie außer den Gebieten und Formen ihrer Dichtung auch die Sprache und die Kulturkreise, in denen sie sich bewegen, geistlicher Hof und Kloster, weltlicher Hof und Familie. Daß Rettenpacher zu seinem Vergnügen dichtete und Epigramme schrieb, Beer seine Romane nicht unter seinem Namen veröffentlichte, zeigt, daß beide eine Lieblingsbeschäftigung als Spiel auffaßten und keinen Wert darauf legten, mit solchen Leistungen in der Öffentlichkeit zu glänzen. Nicht das Glaubensbekenntnis hat die Wesensart beider nach verschiedenen Richtungen geführt, sondern nur der Kulturkreis, dem sie sich mit Begeisterung und dem Gefühl eines Aufstiegs einfügten.

Johann Beer (1655–1700) stammt aus einer kinderreichen protestantischen Gastwirtsfamilie zu St. Georgen im Attergau in Oberösterreich. Anscheinend verbrachte er den größten Teil seiner ersten Bildungsjahre auf einem Adelssitz – er leistete Pagendienste beim Pfleger auf dem Schlosse Kogel – und einige Zeit in der Klosterschule zu Lambach. Wenn auch kein unmittelbarer Druck ausgeübt wurde, so entschloß sich der Familienvater Wolfgang Beer doch, seine Heimat zu verlassen. Die Umsiedlung nach Regensburg zu der stattlichen österreichischen Emigrantengemeinde war wohl vorbereitet. Um 1669 trafen die Beers dort ein, der Vater bekam bald eine Stelle als Wachtschreiber und erwarb 1676 das Bürgerrecht. Die lebendige Stadt der Reichstage, in der die Jesuiten, die Bürgerschaft, das protestantische *Gymnasium poeticum*, welches Johann Beer besuchte, und die Wandertruppen Theater spielten, durch die Gaukler, Seiltänzer und fahrendes Volk zogen, bot Abwechslung und Anregung die Fülle. Die Straßburger Akademie gab das Vorbild für die Theateraufführungen des *Gymnasium poeticum*. Zum Schuldrama *Mauritius Imperator* (1675) verfaßte Beer als Schüler das Zwischenspiel und komponierte die Chöre. Seinen außergewöhnlichen musikalischen Fähigkeiten und seiner guten Stimme verdankte er einen Freiplatz und unentgeltliche Ausbildung im Alumneum. Der Cantor, welcher die Aufsicht über die Zöglinge führte, kommt in den Romanen Beers, wenn die Regensburger Erinnerungen ausgewertet werden, schlecht weg. Die Hausordnung zu durchblicken, auf deren Einhaltung er achtete, war ein besonderer Sport der sangesfrohen, trinklustigen

Gesellschaft, die sich auf nächtliche Streifzüge und Liebesabenteuer begab oder ihre Gelage in einer Kammer neben dem Schlafsaal abhielt. Da entfaltete Beer sein Erzähl- und Unterhaltungstalent, das Wirklichkeit und Phantasie zusammenwob. Einem Kameraden zulieb dichtete er eine Schneiderstochter als „Königliche Prinzessin von Trapezunt" an. Solche Arbeiten, welche andere als die ihren ausgaben, und Leichencarmina brachten ihm ein ansehnliches Taschengeld. Im Sommer 1676 kam Beer als Stipendiat der Stadt Regensburg, der er sich dadurch zu einem späteren Dienst verpflichtete, an die Universität Leipzig und studierte dort Theologie. Schon nach einem Semester, in dem er sich einsam fühlte und wohl zum eigenen Zeitvertreib seine Romane zu schreiben begann, wurde er als Sänger an den herzoglichen Hof in Halle verpflichtet. Verhandlungen, die er daraufhin in Regensburg wegen seiner Anstellung führte, schlugen fehl. So verblieb Beer im Dienste des Herzogs von Weißenfels. In dieser höfischen Atmosphäre, in einer Musikkultur, die als Vorstufe zur Höhe eines Johann Sebastian Bach anzusehen ist, konnte sich die vielseitige Begabung Beers besser und glücklicher entfalten als unter einem bürgerlichen Stadtregiment. Mit der wohlhabenden Bürgerwaise Anna Elisabeth Bremer gründete Beer 1679 einen eigenen Hausstand. Sie brachte ihm den Gasthof zum Goldenen Bären in die Ehe. Schon nach einem Jahr übersiedelte Beer mit dem herzoglichen Hof nach Weißenfels. Von 1685 führte er den Titel eines Konzertmeisters. Auch als herzoglicher Bibliothekar war er tätig. Sein Wirken bei Gottesdienst, Theateraufführungen und festlichen Anlässen zeigt, daß er als Musiker, Komponist, Spaßmacher, Dichter und Schauspieler seinen Mann stellen konnte. In einer Polemik mit Gottfried Vockeradt, dem Rektor des Gymnasiums zu Gotha, der mit pietistisch-puritanischem Eifer und theologisch gelehrtem Rüstzeug gegen den Sittenverfall als Folge von weltlicher Musik und Theater loszog, reizte Beer seinen Gegner mit gesunden Argumenten und wohlgezielten Stichen, so daß er die Lacher auf seiner Seite hatte. Seinem reichen Schaffen und einem Leben, das ihn auf den richtigen Platz gestellt hatte, entriß ihn ein plötzlicher Tod. Bei einem Vogelschießen traf ihn das Geschoß einer Waffe, die sich zu früh löste.

Als Verfasser musikalischer Schriften, die er unter seinem Namen veröffentlichte, ist Beer nie ganz vergessen gewesen. Die Vielseitigkeit seines Schaffens erstreckte sich in seinen letzten Lebensjahren mehr auf die Theorie und Satire. Er schrieb eine deutsche Moralphilosophie und eine lateinische Abhandlung über die Lehre des Scotus. In einem nachgelassenen *Bellum musicum* (1701) hält sich Beer an die humanistische lehrhafte Allegorik des „Grammatischen Krieges". Er verficht die Rechte der wohlausgebildeten Berufsmusiker gegen die Gelegenheitsspieler, die „Bierfiedler". Diese „Hümpler und Stümpler" setzen der Compositio in der Hauptstadt ihres Reiches zu. Aber die Tochter der bedrängten Harmonia wirft mit ihrem wohlgeschulten Anhang die Schar der Gegner in den *Lacus ignorantium*.

Mit zahlreichen verdrehten Namen, unter denen er seine Romane veröffentlichte, hat Beer die Literaturgeschichte bis in unser Jahrhundert hinters Licht geführt. Es ist das bleibende große Verdienst von *Richard Alewyn*, Beer als Romanschriftsteller und lebensvolle Persönlichkeit der deutschen Literatur des 17. Jahrh.s gewonnen zu haben. Er ist glücklicher und darum beschwingter als Grimmelshausen, „von unerschöpflicher Phantasie, überströmender Laune, mit hellerem Geist und gelösterer Zunge." Es lag nah, hinter *Jan Rebhu* einen Johann Huber zu vermuten, der durch die Bibliographien geistert. Außerdem nennt sich Beer einen Liebhaber aller Tugendsamen Gemüther, den jungen Simplicius Simplicissimus, Hannss guck in die Welt, Antonius Caminerus, Amandus de Bratimero oder de Amanto, Zendorius a Zendoriis, Florianus Francomonte, Wolfgang von Willenhag, Alamodus Pickelhering, Expertus Rupertus Ländler, einen lebendigen Menschen, der seinen Ritter „Hopffen-Sack" einem Herrn Wolff Peter Rafgi von Gurguu widmet. Was man von Beer kannte, stellte man demnach in Beziehungen zu Moscherosch und Grimmelshausen.

Zwischen 1677 und 1683 sind Beers Romane erschienen. Die Entstehungszeiten, die zunehmende Reife und der Wechsel der Gattungen sind aus den Erscheinungszeiten nicht festzustellen. Die ersten Planungen können bereits in den Anfang seiner Regensburger Zeit gelegt werden. Gewiß hat er gleichzeitig an mehreren Werken gearbeitet. In seinem Schaffen treffen sich viele literarische Überlieferungen und Anregungen. Zunächst haben altes mündliches Überlieferungsgut, wie er es im elterlichen Gasthof aufschnappte, und die ritterlichen Volksbücher ihn zur Nachahmung herausgefordert. Mochte er auch später darüber spotten: sie versahen ihn mit Beispielen bewährten Mutes und förderten seine unterhaltsamen Absichten. Als er in Leipzig zur Feder griff, um seine Werke niederzuschreiben, begann er sich schon über die krause Phantastik lustig zu machen und sie zu karikieren. Der Schelmenroman bot ihm gleichzeitig neue Möglichkeiten zur Entfaltung seiner Eigenart. Die Wirklichkeit trat an die Stelle der phantastischen Ritter- und Märchenwelt. Dann setzt er sich in Satiren über die Enge und Klatschsucht der Pfahlbürger hinweg und nähert sich dem heroisch-galanten Roman, indem er eine kleine Gesellschaft von Edelleuten in den Mittelpunkt stellt, allerdings auf alles verzichtet, was zur Haupt- und Staatsaktion gehört, aber dafür zum Vermittler einer poetisch verklärten, naturverbundenen Wirklichkeit wird. Diesen Weg Beers zum Realismus hat Alewyn überzeugend nachgezeichnet. Vertraut war Beer mit dem Picaro, der moralsatirischen Überlieferung von Aegidius Albertinus her. Von den protestantischen österreichischen Emigranten, die in Nürnberg und Regensburg lebten, von H. L. von *Kuffstein* und J. W. von *Stubenberg* konnte er reiche Anregungen empfangen. Was Christoph von Schallenberg als Lyriker angebahnt hatte, setzten diese als Übersetzer und Epiker fort. Sie standen in Beziehung zu den Nürnberger Schäfern und hielten wie diese geistige und künstlerische Verbindungen mit Italien aufrecht. So haben Volks- und Ritterbücher von Kaiser Oktavian, Fortunatus, Pontus und Sidonia, Amadis, das picarische Vermächtnis, Motive der Moralsatire, Gesichte, wie sie Philander von Sittewald hatte, und simplizianisches Schrifttum ihre Spuren in den erzählenden und satirischen Werken Beers hinterlassen. Das ist von geringer Bedeutung gegenüber dem Einströmen seiner Kritik und vor allem seiner persönlichen Erlebnisse. Mag er sich noch so tarnen, seine Possen mit Lesern und Zuhörern treiben, so steckt dahinter kein Ehrgeiz, sich im heroischen Roman zu versuchen, oder die Absicht, den Zeitgenossen zu Herzen zu reden, sondern die Freude am frischen, natürlichen, ungebundenen Draufloserzählen. Wenn er die andern froh machen kann, so ist ihm jedes Mittel dazu recht. Ein Blick auf die Romane des übrigens von Beer hochgeschätzten und wahrscheinlich auch gekannten Christian Weise zeigt, wie verschieden die beiden mit der gleichen literarischen Erbschaft umgehen und wie Beer seine Erzählerfreude durch nichts beschweren läßt. Er komponierte aus einem reichhaltigen Repertorium und Erlebnisschatz lose nach einem dehnbaren Plan seine Werke zusammen, deshalb war ihm die pikareske Handlung willkommener als die festen Personentypen des heroischen Romans. Er lockerte die Rahmen, in welche die einzelnen Gattungen des Romans gespannt waren, zu einer Zeit, als der pikarische Roman keine Lebenskraft mehr besaß, sich Soldat, Student und Musikant Einlaß verschafften und über Geschichte, Politik und zufälliges Beisammensein mit Edelleuten auch den heroisch-galanten Roman auflockerten. Der neuen Möglichkeiten, die Gattungen zu mischen, gab es viele. Utopie, Reiseroman und Robinsonade meldeten sich an, Moralsatire und Roman legten noch immer gemeinsame Wegstrecken zurück. Aus der Mischung der von der Literaturgeschichte, nicht aber von den Zeitgenossen aufgestellten Romantypen entstanden neue Werke; denn Menschentypen oder besondere Haltungen beschränkten sich nicht mehr auf bestimmte Gattungen. Nicht nur in Weises „politischen Romanen" trat das Bürgertum mit geistigen Führungsansprüchen auf und verwischten sich die Grenzen höfischer und bürgerlicher Kunstübung. Arbeitete Weise mit altem Gut und suchte er das Interesse des Lesers weniger durch das Schicksal seines Helden als durch seine Betrachtungen zu gewinnen, so hielt sich Beer an das Geschehen. Das Verhältnis der beiden zueinander ist ähnlich dem von Moscherosch zu Grimmelshausen. Zu diesem bekannte sich Beer. Doch lastete das Kriegsgeschehen nicht so unmittelbar auf dem Jüngeren, der Anregungen aufnahm und selbständig weiterbildete. Der Knabe von Adel, der in der Einöde aufwächst, im Thüringer Wald, im Tyrolischen Gebirg, im Schwarzwald oder im Harz, die Weltflucht, das Eingreifen eines älteren Mentors, der Einsiedler, der sein Leben durch eine Wallfahrt unterbricht, der Abschied von der Welt: das sind Gestalten und Motive, die es Beer besonders angetan haben.

Auch darin ist Beer ein Schüler von Grimmelshausen, daß eine Landschaft, die seiner oberösterreichischen Heimat, in seinen Werken lebendig wird. Wie sich Grimmelshausen von der Höhe des Schwarzwaldes der Rheinebene zuwendet, so steht Beer auf einer Höhe im Süden des Attersees und blickt nordwärts über das wellige Land. Der Hesse hat seine Heimat am Oberrhein und im Renchtal gefunden, der Oberösterreicher trägt sie mit sich, nachdem er sie als Fünfzehnjähriger verlassen und vielleicht nie wiedergesehen hat. Sie blieb ihm vertraut und kehrt mit ihren Leitmotiven immer wieder in sein Schaffen zurück. Redensarten, Anspielungen auf allbekannte Begebenheiten des engen Umkreises seiner väterlichen Wirtsstube strömen ihm zu, und er schreibt sie nieder, unbekümmert, ob sie die Leser verstehen oder nicht, wenn sie nur darüber lachten wie seine Trinkgenossen, wenn er die Symposia des Alumneums damit belebte. Für den Gang der Handlung sind diese Zutaten zunächst belanglos. Aber sie werden die Träger eines Heimaterlebnisses in Beers reifsten Werken, den *Teutschen Winter-Nächten* (1682) und den *Kurtzweiligen Sommer-Tägen* (1683). Da vermitteln sie eine Atmosphäre, die im 17. Jahrh. sonst nicht zu beobachten ist; denn Beers Landschaftsbild steht in unmittelbarer Beziehung zur Wirklichkeit. Bauerndörfer, kleine Landstädtchen und Marktflecken mit einem geruhsamen Bürgerstand, Herrensitze, verfallende Schlösser, deren Eigentümer des Glaubens wegen landflüchtig werden mußten, mächtige Klöster, weite, undurchdringliche Wälder am Fuße der Alpen und an den Seeufern, Flur- und Bergdämonen, die ihren Geisterspuk aufführen: so hält Beer seine Heimat fest. Sein dichterischer Raritätenkasten enthielt Ortssagen, weit verbreitete Märchenmotive, wundersame Mechanismen, Luftschiffe, Schiffe, die sich zu Wasser und zu Lande fortbewegen, Überliefertes und phantasievoll Ausgestaltetes. Er glaubte an die Gespenster, mit denen er anderen Schrecken einjagte oder sie belustigte. Anscheinend zum erstenmal gibt sich in Beers Schaffen die literarische Feenwelt der Ritterromane und der eben in Frankreich durch Perrault hoffähig werdenden Märchen mit dem alten heimischen Überlieferungsgut ein Stelldichein. Die österreichische Zauberoper des 18. Jahrh.s und Raimunds Märchenspiele kündigen sich hier in der Wendung des Romans zum Burlesken an.

Für einen Menschen wie Beer bot weder die Enge des Stadtbürgertums oder eines akademischen Berufs noch der handwerkliche Beruf eines Musikerkomponisten noch der eines gelehrten oder volkstümlichen Literaten noch eine Beamtentätigkeit Möglichkeiten einer vollen Entfaltung. Der Hof zu Weißenfels setzte seinem Künstlertum keine Schranken. Daß er mit seiner Schlagfertigkeit und herausfordernden Keckheit, der Unbefangenheit, mit der er den Harlekin agierte, und der Würde, mit der er den Taktstock wohl auch in der Kirche schwang, allenthalben anstieß, Kopfschütteln und Ärgernis erregte, konnte seine Entwicklung nicht hemmen. Er brauchte den Widerstand. Den Regensburgern sagte er es im *Pokazi* (1679/80), der als Ratsschreiber Bescheid weiß über den kleinbürgerlichen Alltag und über die strategischen Pläne der Pfahlbürger, welche sich zur Verteidigung ihrer Stadt rüsten. Schließlich zieht er mit einem adeligen Fräulein in einem Luftschiff nach England, bringt es dort zum König der Inventionen und spottet über jene, welche der Schulweisheit vertrauen.

Über das Gerede der Leute sezte sich Beer hinweg. Die Ansicht des mitspielenden Erzählers Wolfgang Zendorio in den *Sommer-Tägen* ist seine: „Ich werde um fremder Leute willen meinen Geist in keinen andern Model gießen." Leben und Kunst sind bei Beer eins. Sein Herz ist nahe bei dem, was seine Feder schreibt, und darum tanzt er auch aus der Reihe, wenn er in den *Winter-Nächten* auf seine Weise mit der Poetik abrechnet und die *Reguln* verachtet. Seine mehrmals erhobene Forderung, „daß jeder Scribent . . . seinem genio und keinen ausländischen Geboten anhange", ist eines der nicht so seltenen Beispiele, daß die Genielehre in der Geschichte der Kunsttheorie ab und zu aufflackert. Auf die Invention hat er sich immer wieder berufen. Schon die Bezeichnung zeigt, daß die freie Luft der Musik auch über seinem literarischen Schaffen weht. Beers Kunst ist aber auch verwandt mit der Stegreifkomödie. Der Erfolg seiner erzählten Improvisationen bei seinen nächtlichen Hörern reizte zur Fortsetzung, und so verband sich die lose aneinander reihende Technik fast zwangsläufig mit der des pikarischen Romans. *Der Simplicianische Welt-Kucker* (4 Teile 1677–79) wird trotz der vom Schauplatz kaum abtretenden Hauptgestalt Jan Rebhu immer wieder von Episoden und Einschüben angeschwellt und vom Ziel abgelenkt. So etwas konnte der pikarische Roman mit seinem losen Aufbau vertragen. Die Besessenheit von seinem Erzählertum verbindet Beer mit Jeremias Gotthelf. Aber das fröhliche Weltkind des 17. Jahrh.s unterscheidet sich dennoch von dem großen Schweizer Erzähler und Realisten des 19. Jahrh.s; er erhebt nie den Finger und verzichtet auf den Vortrag eines Kapitelchens aus seinem moralisch-lehrhaften Lebenserfahrungskatechismus, weil er keinen besitzt. Solche *Freyheit des Gemüts* und Unabhängigkeit, jedoch unter strenger geistiger Zucht, wie bei Beer, ist in der deutschen Literatur nicht nur des 17. Jahrh.s selten. Beer hat zwischen der Moralsatire und seinen Schöpfungen eine trennende Wand aufgerichtet, weil ihn „die absonderliche Lust an dem Schreiben" dazu trieb. Sein Ohr hält die Mundartenunterschiede der deutschen Sprache fest. Er charakterisiert durch Beispiel und Erlebnis, was er auf diesem Gebiet beobachtet und erfahren hat.

Wolfgang Caspar Printz (1641–1717) aus Waldthurn (Opf.) mußte das Studium der Theologie aufgeben und wurde Musiker. Er kam weit herum, war in Ungarn Militärmusiker, eine Zeitlang Kammerdiener, und hielt sich in Italien auf. Als Musikdirektor stand er 1662–64 im Dienste der Reichsgrafen von Promnitz. Anschließend wurde er Kantor zu Triebel in der Lausitz und von 1665 an bis zu seinem Tode in Sorau.

Mit musiktheoretischen Schriften und einer ersten deutschen Musikgeschichte, der *Historischen Beschreibung der edlen Sing- und Klingkunst* (1690) trat Printz für die Würde seiner Kunst ein. Er sieht die Musik im mittelalterlichen Sinne aufs engste mit der Mathematik verbunden und schlägt durch diese Verbindung auch schon die Brücke zur mathematisch-rationalistischen Philosophie der Aufklärung. Er hält an ihrer Zuordnung zu den freien Künsten fest, weil sie die menschlichen Gemütskräfte anspannt. Printz weist der Musik den höchsten Rang unter den Künsten zu, ihrer Wirksamkeit auf die Mäßigung der Affekte, ihrer erhebenden und religiös erbauenden Kräfte wegen. So vertritt er die hohen Ansprüche seiner Kunst. Es geht ihm aber weniger um eine Reformierung der künstlerischen Grundsätze als um die Ehre des Standes, um seine Säuberung von unlauteren Elementen, um die Trennung zwischen Berufs- und Gelegenheitsmusikern. Dieses hohe Berufsethos, welches uns bei den theoretisierenden und Romane schreibenden Musikern von den siebziger Jahren an begegnet, ist eine wesentliche Voraussetzung der musikalischen Hochblüte, im Zeitalter von Händel und Bach. Das war die Sendung von *Beer, Printz* und *Kuhnau.* Deshalb legten sie auf die Erzeugnisse ihrer Mußestunden, die Romane, welche sie nicht unter ihrem Namen veröffentlichten, keinen hohen Wert. Der Musiker dient mit seiner Kunst allen Ständen, er wirkt am Fürstenhof, beim Gottesdienst, in der Schule, er verschönt die Feste. Deshalb hat er auch ein Recht auf ein sorgenfreies und seinen Aufgaben entsprechendes Leben. Printz verteidigt den Musiker gegen den Vorwurf des Müßiggangs und eines nutzlosen Beginnens. Die Würde des Künstlers, der sich von der handwerklichen Enge losringt, seine Bemühung um einen Platz in der ständischen Ordnung entspricht der allerdings vereinzelten gleichzeitigen Anstrengung Veltens um die Hebung des Schauspielerstandes. Printz zieht einen scharfen Trennungsstrich zwischen den ehrlichen Stadtmusikanten und den Bierfiedlern, den Stümpern, die nur leichtfertige Musik treiben, Spielleute und Gaukler sind, die den ehrlichen ausgebildeten Musikern nicht nur den Verdienst wegnehmen, sondern sie auch in ihrem Berufe schädigen. Die Bierfiedler sind Dilettanten, Zigeuner. Die Romane von Printz machen gegen sie und die Kunstfeinde Front. Die zunftmäßige Ordnung aber gliedert die ehrlichen Musiker an das Bürgertum an.

Darum geht es auch in den Romanen von Printz. Ihr selbstbiographischer Charakter gibt ihm Gelegenheit, den Werdegang eines Musikers in der Lehrzeit und auf der Wanderschaft zu schildern und ihn schließlich als Kapellmeister, Organisten oder Kantor seßhaft werden zu lassen. Das bedeutet Rückkehr oder Einordnung in das bürgerliche Leben. Die Umwelt dieser Romane berührt sich mit der des *Picaro.* Aber die Wanderschaft der Musiker ist nur ein Durchgangsstadium, das eine erzieherische Aufgabe erfüllt. Die strenge Beobachtung der Zunftgesetze ist die Grundlage guter künstlerischer Leistungen und äußeren Wohlstandes. Das schlägt wieder einmal die Brücke zwischen Roman und Moralsatire. Das Abenteuerliche im Leben des Musikers bietet dazu eine Fülle von Möglichkeiten. Dabei geht es Printz um das Tatsächliche, um die Wahrheit. Er will das Leben der Musiker und den Gang der Welt richtig darstellen. Drei musikalische Typen führen seine Romane vor: *Cotala* oder *musicus vexatus,* den wohl geplagten, doch nicht verzagten, sondern jederzeit lustigen (1690), *Pancalus*, den großmütigen *musicus magnanimus* (1691), *Battalus*, den vorwtizigen *musicus curiosus.*

Cotala stammt aus einfachen Verhältnissen, ist der Sohn eines Handwerkers, nach dessen Tode er sich erst seiner musikalischen Ausbildung hingeben kann. Er hat es schwer, sich durchzusetzen, da er zu unwürdigen Diensten herangezogen wird und der Unterricht darunter leidet. Von allerhand Pech verfolgt, gehänselt und verspottet kommt er in die Stadt der Musikfeinde, verliebt sich in die Tochter eines Leinenwebers, der ihn zwingen will, seinen Beruf aufzugeben. Er entflieht und begibt sich mit einem Freund nach Italien, wird aber von Räubern gefangen und muß diese mit seinem Spiel unterhalten. Nach seiner Freilassung findet er auf dem Weg zur Geliebten 100 Dukaten, wird als Schwiegersohn in deren Familie aufgenommen und tritt eine Stelle als Kapellmeister an. In diesem Roman gelingt es dem Einzelnen nach einer harten Schule, in der er die Würdelosigkeit seines Standes erfahren hat, die Widerstände zu überwinden und in der Erfüllung seines Berufs das Glück zu finden. *Pancalus* ist der Sohn eines Advokaten, der seinem Wunsche nachgibt und ihm eine gute musikalische Ausbildung zuteil werden läßt. Nach seiner Freisprechung spielt er ein Jahr lang an der Oper in Venedig und eine Weile als Viola-da gamba-Spieler in Neapel, hat aber am dortigen Hofleben wenig Freude. Die Intrigen der Lakaien lassen ihn zum Wortführer der Musiker werden und ihn deren Recht durchsetzen. Eine Frömmigkeitswelle, welche sich am Hofe ausbreitet, verleidet ihm seinen Aufenthalt in Italien. Er kehrt nach der Heimat zurück und wird Kunstpfeifergeselle in Grobenau. Die Abweisung seiner Werbung vom Vater der Braut veranlassen ihn, seine Stelle aufzugeben. Cotala nimmt ihn auf und vermittelt ihm eine Schullehrerstelle. Nun kann er seine Braut heimführen. In diesem Roman kommt Printz am wenigsten von der Spur Christian Weises los. *Battalus*, ein Kunstpfeifersohn, macht seine von allerhand Liebesabenteuern durchzogene Lehrzeit bei seinem Vater durch, geht drei Jahre an die Universität, kehrt aber dann zu seinem Beruf zurück. Eine gute Stellung muß er wegen Landestrauer aufgeben. Er wird Pfeifer bei den Soldaten und nimmt an einem Feldzug gegen die Türken teil. Nach Friedensschluß verjubelt er seine Habe beim Karneval in Venedig, geht dann nach Bologna und erwirbt sich die Mittel zu seinem dortigen Studium durch Musizieren. Nach einem halben Jahr wird er Sekretär eines Obersten, verlobt sich mit der Hofdame Lauretta. Vor der Hochzeit unternimmt er eine Dienstreise nach Neapel, wird auf der Rückreise von Seeräubern gefangen, nimmt von Marseille aus die Verbindung mit seinem Herrn auf. Nach Bezahlung eines Lösegeldes wird er frei. Inzwischen heiratete Lauretta, die ihn für tot hielt, einen Stallmeister. Er kehrt traurig nach Deutschland zurück. Dort vermittelt ihm Cotala eine Organistenstelle. Nachdem er erfahren hat, daß Lauretta Witwe geworden sei, reist er nach Italien und feiert mit ihr Hochzeit. Battalus ist der universalste Musiker, er spielt fast alle Instrumente, hat viel gelesen und studiert und zeigt sich in vielen Berufen verwendbar. Ein Zug zum Abenteuerlichen bestimmt seinen Lebensweg. Den Streit der Musiker und Bierfiedler nimmt er nicht tragisch. Er bemüht sich um eine richtige Beurteilung der Welt. Printz umgibt dieses Handlungsgerüst mit altem und neuem Erzählungsgut, Schwänken und Einschaltungen, die zur Handlung keine Beziehung haben. Tafeln, Zusammenkünfte und Hochzeitsschmausereien bieten ihm Gelegenheit, nach dem Muster von Weise Gespräche über belehrende und unterhaltsame Dinge einzuschalten. Begebenheiten und Schicksale werden an die Personen herangetragen. Dabei wird weniger Wert auf das Abenteuerliche als auf die geistige Bewährung des Helden gelegt. Es geht nur um die Lehr- und Wanderjahre der drei Gestalten, deren Züge er im Leben an seinen Berufskollegen und an sich selbst beobachtet hatte. Handwerk und Zunft stehen im Vordergrund. Printz setzt sich nicht über die vorhandenen Formen hinweg, er hat ihnen die Technik abgesehen, er hält sich im Rahmen der pikaresken Lebensgeschichte an Grimmelshausen und in der ausschmückenden Einzelheit an Christian Weise.

Johann Kuhnau (1660–1722), ein Leipziger, war Schüler Christian Weises. Er studierte in Leipzig Jura, war Rechtsanwalt und hat mehrere gelehrte Werke übersetzt. Thomasorganist wurde er 1684 und als Thomaskantor von 1701 an war er der Vorgänger Johann Sebastian Bachs.

Kuhnaus Roman *Der musikalische Quacksalber* erschien 1700. Er lebt aus der Gegensätzlichkeit des idealen Musikers und des musikalischen Quacksalbers. Es werden also brennende Fragen der Musiktechnik erörtert. Ziel der Musik ist der innere Ausbau des Menschen, der von der Eitelkeit der Welt sich den ewigen Gütern zuwenden soll. Das entspricht der Lehre von *Werckmeister*, der in der Harmonie die Auflösung aller Affekte sah. An den Künstler werden die höchsten Anforderungen gestellt. Der Quacksalber ist ein deutscher Musiker, der in Italien herumgewandert ist, dort den neuen Künstlernamen Caraffa angenommen hat und nun in Deutschland sein Glück machen will. Anfangs fällt man ihm darauf herein, dann aber gerät er ins Unglück und entschließt sich zu ernsthafter Wandlung. Er wird darin bestärkt durch das Eingreifen eines Pfarrers in sein Schicksal und die Lehren der Abhandlung vom vollkommenen Virtuosen. Es ergeben sich Gelegenheiten, die kompilatorische und plagiatorische Tätigkeit Caraffas aufzudecken, seinen Gesang als häßliches Geblöke zu erkennen, ihn als schlechten Beherrscher der Instrumente und der Theorie und als schlechten Musiker zu entlarven. Das Brüsten mit seinen Fähigkeiten und Leistungen erweist ihn als musikalischen Hochstapler. Er versteht sich meisterhaft auf die Reklame und darauf, andere Leute von seiner Bedeutung zu überzeugen. Alle Mittel sind ihm recht, um zu Geld, Ehre und Ansehen zu kommen. Er redet sich selbst in seine Bedeutung hinein. So erhält das Idealbild des vollkommenen Musikers in Caraffa einen Gegenpol. An diesem gemessen hat der Quacksalber sein Daseinsrecht. Damit empfängt Weises Quacksalber unter Kuhnaus Händen eine individuelle Prägung. Die Moralsatire stellt sich nicht mehr in den inneren Widerspruch zur sittlichen Ordnung, sondern bemüht sich, dem vernunftmäßig erfaßten Idealbild sein Widerspiel entgegenzuhalten. Trotz seiner steifleinenen Sprache und Lehrhaftigkeit ist der Roman ein frisches und lebendiges Zeitdokument des musikalischen Lebens. Die Technik von Weises politischen Romanen dehnt sich über die Kunst aus, nimmt Züge des Individualismus auf und atmet eine neue Atmopshäre. Der Künstler wird in die neue, rationalistische und bürgerliche Ordnung gestellt.

LITERATUR

Vogel: G. Roethe, J. V.s „Kein seeligr Tod". Sitzber. d. preuß. Akad. Berlin 1914.

Bürster: S. B. Beschreibung des schwedischen Krieges 1630–47. Nach der Originalhandschrift hrsg. von F. v. Weech, Leipzig 1873.

Barzaeus: E. Egger, Joannis Barzaei Heroum Helvetiorum Epistolae (1657). Diss. Freiburg i. d. Schweiz 1947.

Stubenberg: ADB. 36, 705. Wurzbach, Biogr. Lex. 40, 132 ff. J. Loserth, Geschichte des Altsteirischen Herren- und Grafenhauses Stubenberg, Graz 1911.

Hohberg: I. Jerschke, W. H. F. v. H. Ein Dichter aus der Zeit des Barock. Diss. München 1936. O. Brunner, Adeliges Landleben u. europäischer Geist. Leben u. Werk Wolf Helmhards v. H., Salzburg 1949.

Buchholtz: F. Stöffler, Die Romane des A. H. B. Diss. Marburg 1918.

Herzog Anton Ulrich: E. Erbeling, Die Frauengestalten in der „Octavia" des A. U. v. B. Berlin 1939.

Ziegler: Die asiatische Banise wurde hrsg. von F. Bobertag, DNL. 37 (1883). N. Pistorius, A. r. Σ. u. K. Diss. Leipzig 1928. W. Pfeiffer-Belli, Die asiatische Banise. Studien z. Gesch. d. höf.-hist. Romans, Berlin 1940.

Grimmelshausen: Jh. H. Scholte bot Neudr. 302/09 (1938) die Erstausgabe des Simpl. Damit ist die verdienstvolle Ausg. von L. Holland und A. v. Keller BLVS 33 f. (1851), 65 f. (1854–62) überholt. Die simplizianischen Romane wurden von Scholte hrsg.: Neudr. 246–48 (1923). 249–52 (1928). 288–91 (1931). 302–09 (1938). 310–314 (1939). – H. Scholte, Probleme der Gr.-Forschung, Groningen 1912. R. Alewyn, Gr.-Probleme Zschr. f. Dt.kunde 44 (1930) S. 89–102. J. Petersen, Gr. Die großen Deutschen 1 (1935) S. 579–605. R. Lochner, Gr. Ein deutscher Mensch im 17. Jahrh. Reichenberg 1924. K. Ortel, Proximus und Lympida, Berlin 1936. R. Brie, Die sozialen Ideen Gr.s, Berlin 1938. K. Fuchs, Die Religiosität des J. Chr. v. Gr. Leipzig 1935. A. Hirsch, Bürgertum und Barock i. dt. Roman, Frankfurt a. M. 1934.

Abele: H. Halm, Volkstümliche Dichtung im 17. Jahrh. I. M. A. Weimar 1912.

Schäferroman: H. Meyer, Der deutsche Schäferroman des 17. Jahrh.s, Diss. Freiburg i. Br. 1928.

Gorgias: E. Hajek, J. G. Euph. 26 (1926) S. 22–49, 197–240.

Beer: R. Alewyn, J. B., Leipzig 1932.

Musikerroman: H. Fr. Menck, Der Musiker im Roman, Heidelberg 1931. Der Präzedenzstreit aus dem Battalus von Printz, hrsg. von A. Schering, Leipzig 1928. Kuhnaus musikalischer Quacksalber hrsg. von K. Benndorf, Berlin 1900.

DRITTES KAPITEL

DAS BÜRGERTUM UND SEINE GRENZEN

Der Gelehrte und der Hofbeamte bestimmten im wesentlichen den Gang des deutschen Schrifttums im 17. Jahrh. Neben ihnen behaupten sich die Volksschriftsteller, die Träger der Moralsatire und Sänger geistlicher Lieder. Die Entwicklung des Romans konnte uns bereits die Auflösung der festen, gesellschaftlich abgegrenzten literarischen Formen zeigen, sei es, daß sich das Leben des Volkes die hohen Gattungen eroberte, sei es, daß die Kunstgattungen der höheren Gesellschaftsschichten vom lese- und bildungshungrigen Volk aufgenommen wurden, welches an weltlichen Stoffen und Motiven Freude gewann, weil es mit Schwänken und Erbauung übersättigt war. Die alten Überlieferungen lebten in den Ländern der Gegenreformation. Mitteldeutschland, welches Träger der Aufklärung und des Pietismus war, erschloß sich der weltlich-bürgerlichen Welt schneller. Auch die Höfe, besonders der *Weißenfelser*, haben daran ihren Anteil. *Christian Weise*, der die Schule in den Dienst der Literatur stellte und als bedeutsamer Vertreter literarisch-nüchterner Kunst gilt, ist kaum sehr nahe an die Aufklärung heranzurücken. Seine Stellung innerhalb der Geschichte des Romans und des Dramas hat ihm verschiedene Beurteilungen eingetragen. In beiden Bezirken wird ihm eine bedeutsame Einwirkung auf die Zukunft zugeschrieben. Sie liegt darin, daß nun in der Literatur das Leben mehr zu seinem Recht kommt. Das konnte ihm aber auch die Erbschaft des Humanismus und der Moralsatire vermitteln. Entscheidende Wendungen haben Weises Anregungen nur mittelbar herbeigeführt. Noch wirkten verschiedene Kräfte der geistig-literarischen Einheit des Bürgertums entgegen, ehe es sich zur geistigen Selbständigkeit durchringen und zum Bildungs- und Literaturträger werden konnte: die sogenannten *Hofpoeten*, welche ihre zum Teil an Boileau geschulte neue Kunst mit der Zeremonienwissenschaft zu verbinden verstanden, die *Gelehrten*, welche an der Bildungseinheit des Abendlandes festhielten, Studenten vom Schlag *Christian Reuters*, die das Spießbürgertum satirisch bloßstellten. Deshalb konnte das Bürgertum nicht in die Breite wirken. Seine tüchtigsten Kräfte wie Beer suchten den Anschluß an den Hof und wollten keine Gemeinschaft mit den Spießbürgern haben. Die Überwindung kleinlicher Gesinnung war schwierig. Zugleich mußte auch das Mißtrauen beseitigt werden, das die neuen poetischen Gattungen begleitete. In diesem Bereich lehnte man den Schwulst ab, weil sich das nüchternpraktische Denken der Alltäglichkeit mit dem philosophischen der Aufklärung verbinden konnte. Das Weltbild, um welches sich der

Roman bemüht hatte, ist bei Weise nicht zu finden. Es geht ihm viel mehr um Tatsachen und Erscheinungen des *politisch-bürgerlichen* Lebens, wie es seinem Nachfolger Bohse um die des galanten Lebens ging. Werden Ruhe und Sicherheit des Bürgers gefährdet oder bleiben sie erhalten? Das ist Weises Problematik. Hierin ist ein demokratischer und gegenhöfischer Zug zu erkennen. Das Heldentum gilt in diesen Bezirken kaum mehr. Für Realismus ist in der Welt Weises wenig Platz. Es geht vielmehr darum, das Schrifttum den *praktischen Bedürfnissen* der Zeit anzupassen. Aus Weises Gefolgschaft greifen wir nur Wenige heraus.

1. CHRISTIAN WEISE UND SEINE NACHFOLGER

Christian Weise (1641–1708) aus Zittau hat wohl schon unter Rektor *Christian Keimann* (1638–62), ehe er die Schule verließ (1660), die Liebe zum Theater als heimatliches Erbstück mitbekommen; denn Keimann brach 1658 mit der Tradition, biblische Schuldramen aufzuführen, und wendete sich zeitnahen Autoren, ernsten und heiteren Stoffen zu. Die Bearbeitung Greflingers von Shakespeares Widerspenstiger eröffnete neue Entwicklungsmöglichkeiten, welche Weise später auswertete. In Leipzig, wo er nach dem Wunsch seines Vaters Theologie studieren sollte, tat er sich in allen Wissenszweigen um. Nach seiner Magisterprüfung (1663) hielt er Vorlesungen über Geschichte, Ethik, Rhetorik und praktische Poesie. Verärgert, daß ihm 1668 eine Professur versagt wurde, nahm er die Stelle eines Sekretärs beim Grafen Simon Philipp von Leiningen, dem Administrator des Erzbistums Magdeburg, in Halle an. Dort und als Erzieher junger Adeliger lernte er Welt- und Hofleben kennen. Im Sommer 1670 kam er als *Professor Eloquentiae et Poeseos* nach Weißenfels. Aufführungen des dortigen Akademietheaters und der herzoglichen Oper unterstützten sein beginnendes dramatisches Schaffen. Seine praktische Ausbildung auf diesem Gebiet war 1678, da man ihn als Rektor in Zittau feierlich einführte, abgeschlossen. Er stellte sich selbst die gleichen Aufgaben, die dem *Pater comicus* des Ordensdramas oblagen: Hausdichtung, Regie und Dramaturgie. Seine Persönlichkeit und sein Schaffen werden in der Organisation des Schultheaters sichtbar. Er hat über Wesen und erzieherische Aufgabe des Theaters nachgedacht und unterstützt wie alle Schuldramatiker des Jahrhunderts den Unterricht in der Rhetorik. Der Schüler soll auf der Bühne zum natürlichen Ausdruck angehalten werden, frei sprechen, Anstand und Sitte lernen. Darüber hinaus soll Zuschauern und Schauspielern Einblick in das Leben gewährt und politischer Sinn beigebracht werden. Weise mußte sich gegen die puritanischen Theaterfeinde auf Luther berufen, wenn er dem Schultheater einen neuen, natürlichen Stil erkämpfte. Er hat die Anregungen, welche ihm in Leipzig von der Wanderbühne, in Halle und Weißenfels vom höfischen Festspiel und der Oper zuflossen, in das Zittauer Schultheater hinübergeleitet. Man lächelt mit wenig Recht über den pedantischen Schulmeister mit seiner Riesenperücke und korrekten Amtstracht. Dabei übersieht man seine großen, klugen Augen und den überlegen lächelnden Mund. So jemand hat mit steifleinener Aufklärung wenig zu tun.

Weises dichterische Leistungen sind als erste Erzeugnisse aufklärerischer Nüchternheit, Versuch der Überwindung des Schwulstes, Äußerung langweiliger Pedanterie u. ä. bezeichnet worden. Dabei wird über seinen Versuch, von der Höhe gelehrter Dichtung in deutscher Sprache die Verbindung mit Elementen volksmäßiger Kunstübung aufzunehmen und diese dadurch zu veredeln, hinweggesehen. Er hat weder den Zusammenschluß dieser Gattungen noch eine Reformierung der Poetik bewußt gefördert. Die Lehren von Opitz und die rhetorische Aufgabe der Poesie sind der eiserne Bestand seines theoretischen Kanons, doch bleibt er seiner Natur treu, wenn er, einem naturalistischen Zug der Zeit folgend, volkstümliche kleine Genrebilder entwirft.

In Leipzig war Weise Gelegenheitslyriker wie die anderen. Er huldigte dem Genius loci. Keinem anderen sind die Verse so schnell und gefällig aus der Feder geflossen wie ihm. Er konnte sich herzlich darüber freuen, daß die Liebesseufzer, welche er für andere in Verse umsetzte, ihm selbst nicht weh taten und seinen gesunden Schlaf nicht störten. Schon da, in der Sammlung *Der grünenden Jugend überflüssige Gedanken*, welche zuerst 1668 erschien, zeigt er sein bewegliches dichterisches Talent und seinen sicheren Blick für das praktische Leben. Hier bereitet sich auch ein neues Lebensideal vor. Wenn man es mit dem Wort der Zeit *politisch* nennt, so muß man wissen, daß es sich um eine Mischung von Interesse am öffentlichen Leben, gesellschaftlicher Kultur und gewissen Bildungselementen handelt. Weises Lyrik ist bürgerlich, sie betont das Natürliche, Selbstgewachsene, sie klingt wie in Verse gesetzte Prosa. Ausgangspunkt sind die älteren Leipziger Überlieferungen des Gesellschaftsliedes. Seine Kunst bewegt sich in der bürgerlichen Umwelt. Deshalb wurden viele seiner Gedichte zu Volksliedern. Er verzichtete auf alle Zierde und sang, wie ihm der Schnabel gewachsen war.

In Halle und Weißenfels entstand Weises Romanzyklus: *Die drei Hauptverderber in Deutschland* (1671), *Die drei ärgsten Erznarren in der ganzen Welt* (1672), *Die drei klügsten Leute in der ganzen Welt* (1675). Als Nachzügler erschien *Der politische Näscher* (1678), mehr Moralsatire als Roman.

Nicht nur die Namengebung (Verderber, Erznarr) sondern auch der Inhalt (Gesichte) verweisen auf Moscherosch als Vorbild. Die drei Hauptverderber als Unterteufel erstatten dem Wendenkönig *Mistewo* Bericht über ihre Sendung unter den Deutschen. Weise, der das Pseudonym *Siegmund Gleichviel* trägt, nimmt an der Versammlung im Bergesinnern teil. Der lyrische Eingang erinnert an den Spaziergang der Freunde zur Nymphe Hercynia. Der *erste* Hauptverderber hatte die Aufgabe, die Christen davon zu überzeugen, daß es zwecklos sei, sich über die Dogmen auseinanderzusetzen. Man solle nur der Stimme des Herzens folgen; denn dadurch werde die Lauheit in Glaubenssachen gefördert. Der *zweite* erfüllte seine Aufgabe, die Verbreitung des macchiavellistischen Hochmuts, nicht ganz. Er vernachlässigte die Pflege des Willens zum Bösen und entrüstete sich moralisch über die Unzufriedenheit der Stände mit ihrer Lage. Bei dieser Revue kommt der Bauer besser weg als Handwerker, Kaufleute und Gelehrte. Nach diesem Bericht wird Gleichviel entdeckt und gefangen gesetzt. Während Mistewo zum Mahl geht, kann er sich auf seine Verteidigung vorbereiten. Bei der anschließenden theologischen Disputation unterliegt er und wird zur Strafe in ein Bauer gesteckt. Daraus befreit ihn ein freundlicher Mentor, eine verwässerte Auflage des Expertus Robertus, der den Bericht über das Treiben des *dritten* Hauptverderbers nachzuholen hat. Vergnügungssucht und Alamodewesen zu verbreiten, war seine Aufgabe. Gleichviel blickt auf sein Erlebnis zurück, singt ein Lied auf das gefährdete Deutschland und achtet dabei nicht auf seinen Weg. Er stößt auf einen Stein und – erwacht.

Ein beliebter Eingang, den sich später Tieck, Jean Paul, Arnim u.a. zum Vorbild nahmen, die *Testamentsklausel*, eröffnet die *drei Erznarren*. Florindo darf seine Erbschaft erst dann antreten, wenn es ihm gelungen ist, die Bilder der drei Erznarren der Schloßgalerie einzuverleiben. Reise, Alamodekehraus und Narrenrevue ergeben sich daraus. Weises Ebenbild ist Florindos Hofmeister Gelanor, ein überlegener Narrensucher, als dessen Stellvertreter sich später Sigmund der kleinen Reisegesellschaft anschließt. Die übrigen Mitglieder, der Verwalter Eurylas und der Maler, der die Narren abkonterfeien soll, tragen zur Unterhaltung und Erheiterung der anderen bei, so daß sich von ihnen ein stufenweiser Übergang zu den gesuchten Narren ergibt. Da bemüht sich nun Weise, die alten satirischen Bestände mit kennzeichnenden Zügen auszustatten. Zumeist stehen die Narren in keinem ausgeglichenen Verhältnis zum Leben. Ihrer jugendlichen Unerfahrenheit stehen die drei Alten gegenüber: der eine, dessen Leben eine vergebliche Kavalierstour war, der andere, den das Kriegs- und Landsknechtsleben verdorben hat, und der dritte, der durch eine törichte Erziehung zum Taugenichts wurde. Die Frage, ob diese die drei Erznarren sind, bleibt offen.

Der dritte Roman, *Die klügsten Leute*, ist die Fortsetzung des zweiten. Florindo und Fürst Lysias, die sich beide von ihren Frauen betrogen glauben, unternehmen eine Forschungsreise nach den klügsten Leuten. Was sich ihnen da als Klugheit vorstellt, ist äußerer Schein. Die so gegebene Narrenrevue wird dadurch unterbrochen, daß die vierköpfige Reisegesellschaft – Lysias mit Polemon und Florindo mit Siegmund – von Räubern gefangen wird. Es kommt ihnen ein Postbeutel in die Hände, aus dessen Inhalt sie zu kritischen Beobachtungen angeregt werden. Ihre Verhandlungen mit den Räubern über die Beschaffung eines Lösegeldes unterbricht Weise mit dem Bericht der Reise der Gattinnen von Lysias und Florindo, Sylvie und Belise, die sich gleich der adeligen Jungfer Epicharis in Männerkleidern unter dem Schutz von Sylviens Bruder Amando aufmachen, um die verlorenen Männer zu suchen. Damit beginnt eine neue Reiserevue: in der Waldeinsamkeit wird ihnen das vorbildliche Eheleben des alten Korbflechters Corydon und der kräuterkundigen Tityra vorgeführt. Eine von einem brutalen Mann mißhandelte Frau, welche die Reisenden vor dem Selbstmord retten, regt zu neuen Betrachtungen über verlassene Frauen an. Die kleine Reisegesellschaft kommt gerade zur Zeit dort an, als es Siegmund unter dem Vorwand der Herbeischaffung des Lösegeldes gelungen ist, mit einem Aufgebot von Soldaten das Räubernest auszuheben. Zunächst werden die Aufgegriffenen für die Weiber der Räuber gehalten. Dann aber klärt sich alles auf. Aber die Frage nach den drei klügsten Leuten bleibt offen. Wollte Weise damit sagen, daß es sie nicht gebe?

Der politische Näscher ist anscheinend früher geplant und nur zum Teil ausgeführt worden; später, als sein Arbeitsfeld im Drama lag, schloß ihn Weise notdürftig ab. In der Lebensgeschichte Crescentios ergeben sich Berührungspunkte mit dem pikaresken Roman. Beim Abschiedsschmaus, welchen ein Vormund dem verwaisten sechzehnjährigen Helden gibt – einem gesellschaftlichen Anlaß, ähnlich den Gesprächspielen Harsdörffers – fällt das Stichwort „politischer Näscher". Das ist einer, „der sich umb ein Glücke, umb eine Lust oder sonst umb ein Vortheil bekümmert, der ihm nicht zukömmt, und darüber er sich offt in seiner Hoffnung betrogen findet". Also: jemand, der sich über die festen Ordnungen hinwegsetzt. Jeder der Anwesenden hat mit einer Geschichte oder Bemerkungen zu diesem Thema etwas zu sagen, wie der höchst moralische Gastgeber, der das Fest vom Geld seines Schützlings veranstaltet hat. Auf seiner Reise wird Crescentio von seinem Vetter und Mentor Philander betreut. Seine Naivität in der Schule und verschiedenen Stellungen steht schlecht in Einklang mit seiner Teilnahme an Betrügereien. Moralischer Kommentar in Gedichtform wechselt mit langatmigen Besprechungen bei Tischrunden. Da geht es um die alten Themen der Moralsatire. Schwank- und Fastnachtspielmotive beleben das Werk mit ihrer Situationskomik, für die der Dramatiker Weise offenen Sinn hat. Persönliche Erlebnisse wechseln mit Novellen. Hinter der pikarischen Lebensgeschichte, der moralischen Betrachtung und dem Novellenzyklus tritt hier die Narrenrevue zurück. Im entworfenen Schlußteil sollte Crescentio an den Hof kommen, aber diesem Leben mit einem Brief den Abschied geben und sich mit seiner Frau in ein besseres Land begeben.

Noch einmal in einem *kurzen Bericht vom politischen Näscher* (1694) nahm Weise dieses Thema auf. Da kommen wir auf die Voraussetzungen der politischen Literatur: Glücksbedürfnis, Neugierde, kritische Tadel- und Besserungssucht, Anmaßung eines Richteramtes. Hier werden die Übergänge von festen Schemen zu einer Darstellung gesucht, die aus der Erfahrung gewonnen wird. Dazu wies *Balthasar Gracians Handorakel* den Weg, ein Werk des Übergangs, in dem rein äußerlich die Herrenmoral in einen Codex gefaßt wird. Dieser Bindung an das Gedankengut der Renaissance und Antike steht die erstmalige Erkenntnis eines neuen Problems gegenüber, indem das Verhalten des Einzelnen zur Gesellschaft geregelt wird. Lebenserfahrungen haben den Verfasser zum Pessimisten gemacht und ihn gelehrt, daß sich das Individuum nicht außer die Gemeinschaft stellen soll. Dennoch kennt der weltkluge habsburgische Hofjesuit Mittel und Wege, durch die Intrige die Widerstände der Masse zu überwinden. Es ist kaum möglich, seine moralischen Grundsätze als Empfehlung oder kritische Ablehnung anzusehen; denn Gracian ist kein moralischer Gesetzgeber. Er spricht aus Erfahrung, äußert sich ablehnend dem Lauf der Welt gegenüber, welche von Herrschsucht und Neigung zum Wohlleben regiert wird. Die ganze Lebenskunst ruht auf den Anweisungen, die Dummheit sich selbst zu überlassen, damit sie sich aufhebt, und die eigenen Fähigkeiten da einzusetzen, wo es am nützlichsten ist. Das bleibt dem Geschmack und der richtig getroffenen Auswahl überlassen. Dieses Zeitbild des politischen Menschen aus der spanischen Umwelt überträgt Weise auf die ihm vertraute, deren Grenzen er nicht überschreiten kann. Ihn lassen Moralsatire und Schuldrama nicht los. Mit einem Ausfall auf die scholastische Methode schützt er sich gleichsam vor den Einschränkungen der Lehre Gracians. Picaro, der nur auf sein Wohlergehen bedacht ist, wird dennoch mit Zügen ausgestattet, die ihn „gefällig" machen.

Die dramatische Produktion Weises setzte mit Singspielen schon in Weißenfels ein. Aber erst in Zittau entwickelte er sich zu einem der bedeutendsten Theaterpraktiker seiner Zeit. Der einheitliche Charakter seiner Dramen ruht auf dem gleichartigen Personal der aufführenden Schüler und der Zittauer Schulbühne, deren technische Vervollkommnung und Leistungsfähigkeit ihm zu verdanken ist. An den drei Spieltagen wurde je ein *biblisches*, ein *historisches* und ein *freies* Stück (meist Lustspiel) aufgeführt. Beschäftigt wurden etwa 150 Schüler vor allem der obersten Klassen, in rund 190 Rollen. Von den 61 Dramen, welche Weise verfaßte, sind 17 biblische, 16 historische und 20 freie Stücke. Unter der letzten Gattung vereinigen sich Possenspiele, Familienkomödien und bürgerliche Schauspiele. Außerdem liegen zwei Ballette, ein allegorisches, drei soziale und nur zwei lateinische Schulspiele von ihm vor. Das Entscheidende war, daß sich im protestantischen Schuldrama und in Ostmitteldeutschland überhaupt die Wendung zum Gebrauch der deutschen Sprache viel früher und energischer als in anderen Gegenden vollzog und dadurch die Verbindung mit der Wanderbühne, die den anderen Stoffen zugetan war, aufgenommen werden konnte. In Weises Dramen sind die Ansätze zum bürgerlichen Drama und zur mitteldeutschen Theaterentwicklung zu finden.

Bis 1685 fanden die Aufführungen im Frühling und von da ab im Herbst statt. Die Prima gab im Advent geschlossene Aufführungen zum besten. Sonst wurde im Ratssaal gespielt. Die Bezeichnung Reformator des deutschen Schauspiels verdient Weise nicht. Dazu war das Schultheater mit seinen festen Gewohnheiten kein geeigneter Boden. Man könnte ihn vielleicht einen Gottsched des Schultheaters nennen. Halten die biblischen und geschichtlichen Dramen Weises eine festere Verbindung mit der bestehenden Überlieferung und gewisse Zusammenhänge mit lateinisch abgefaßten älteren Dramen aufrecht, so zeigen seine Versuche auf dem Gebiet der Komödie von 1685 an das Streben, sich von der Posse und den Resten fastnachtspielmäßiger Überlieferung zu befreien und den Anschluß an das französische Lustspiel zu suchen, wozu die ersten Molièreübersetzungen anregen konnten. Weises Pickelhäring, der die Handlung mit seinen Glossen begleitet, trägt heimatlich-lausitzische Züge. Dadurch, daß Weise mit seiner Theaterleidenschaft das Interesse der Lehrer und Schüler seiner Anstalt zu wecken und wach zu erhalten verstand, erwarb er sich den Ehrentitel eines Präzeptors der ganzen Lausitz. Seine Schule wurde zur „lebendigen Akademie der bürgerlichen Gewandtheit und Beredsamkeit".

Weises gesamtes, vielseitiges Wirken wurzelt in der Rhetorik. Ein Zug zum Naturalismus wird in der Forderung einer angemessenen, natürlichen Sprechweise, in der Anwendung der Prosa und in der Empfehlung des Extemporierens sichtbar. Jetzt schlägt das Schuldrama Brücken zur Wanderbühne und zum *Stegreifspiel*. Weise verschreibt sich dem Grundsatz: „Wer bey dem Spiele den Pickelhäring vergessen hat, der ist einem Wirthe zu vergleichen, der zu seinem Krautsalat kein Gebratenes auftragen läßt." Einzelzüge und Bühnenanweisungen erinnern an Herzog Heinrich Julius, die Wiedergabe volkstümlicher Bräuche in biblischen Stücken an Rollenhagen. Doch entfernt sich Weise häufig vom Leben. Bei der schnellen Herstellung seiner dramatischen Werke gerät er ins Episodenhafte und faßt den Stoff nicht straff zusammen. Hauptthemen der historischen Dramen sind Hofleben, Politik, Günstlingswirtschaft und Warnung vor machiavellistischen Grundsätzen. Dem Masaniello (1688) rühmte Lessing Spuren Shakespeareschen Geistes nach. Gryphius folgend und dem Bedürfnis nach Abwechslung Rechnung tragend, verflicht Weise das ernste Spiel Olivares mit dem Scherzspiel Alvango, in dem drei *milites gloriosi*, der Held und seine Diener Mareoglio und Spavento mit ihren Aufschneidereien um die Palme ringen.

Vom Roman fand Weise den Übergang seiner freien Spiele zur Folge einzelner, in sich geschlossener, gleichartiger Szenen, z. B. den Gerichtshändeln im *Bäuerischen Macchiavell* (1679), den Episoden in der Literatur-komödie *Die zweyfache Poetenzunft* (1680). Damit meint er Sprach-gesellschaften und Pritschmeister. Sodann kommt er über die Nach-ahmung bewährter Vorbilder – der Absurda comica des Gryphius im *Tobias* (1682), des schlafenden Bauern nach Hollonius oder Masen im *Niederländischen Bauern* (1685), der Gezähmten Widerspenstigen in der *Bösen Catharina* – zu einer strafferer gebauten Komödie nach französischem Vorbild. Darin wird die Auflösung der festen Formen des Schuldramas ebenso sichtbar wie in seinen Romanen das Arbeiten mit den Elementen der Moralsatire, des pikaresken und heroischen Romans, der Gesichte, Novellen und Schwänke. Dieser in den wichtigsten Kunstgattungen von den siebziger Jahren an zu beobachtende Zerfall kündigt den Aufstieg einer neuen, literaturtragenden Schicht an, welche der höfischen Kultur und Bildung zwar noch nicht den Krieg ansagt, aber sich vernehmlich zum Wort meldet und ihr Daseinsrecht beansprucht.

Johannes Riemer (1648–1714) besuchte das Gymnasium seiner Vaterstadt Halle. Dann studierte er in Jena Theologie. Von 1673 an lehrte er in Weißenfels Logik und Metaphysik. Nach fünf Jahren wurde er Weises Nachfolger als Professor der Poesie und Beredsamkeit. Gleichzeitig wendete er sich von gelehrt-wissenschaftlichen Ar-beiten in lateinischer Sprache seiner neuen Aufgabe zu, Dramen und Romane in deutscher Sprache zu schreiben. Weises Beispiel regte ihn an. Wie Weise, so erzieht auch Riemer seine Schüler zur natürlichen Redekunst. Im Herbst 1687 trat Riemer sein Amt als Pastor Primarius in Osterwieck an. Bald nachdem er an der Universität Helmstedt zum Doctor theologiae promoviert hatte, wurde er 1691 Superintendent und Schulinspektor in Hildesheim. Im Juli 1704 trat er als Hauptpastor an der St. Jakobskirche in Hamburg sein Amt an. Er galt als einer der berühmtesten Redner seiner Zeit. Er veröffentlichte zur selben Zeit wie Beer seine Schauspiele, Sammlungen, Satiren und Romane in Merseburg, Weißenfels und Leipzig (1678–85).

Die zweimal im Jahr stattfindenden ernsthaften Spiele sollten nach Riemers Auffassung den Unterricht in der Rhetorik unterstützen. Allein schon deshalb, und nicht nur weil Weise im menschlichen Leben keinen *Casum* finden konnte, ,,da die Leute miteinander Verse machen", läßt Riemer seine dramatischen Personen in Prosa sprechen. Das hatte schon Birken angeregt. Riemer nannte seine Dramensammlung, welche drei-mal (1679, 1681, 1712) erschien: *Der Regenten bester Hoff-Meister, oder Lustiger Hoff-Parnassus.* Die politische Intrige ist das Leitmotiv seiner Dramen. Zumeist verwickelt die Liebe die Fäden der Handlung. Das Problem Staat und Kirche ist ebenso Gegenstand dramatischer Ausein-andersetzungen, wie das Verhältnis zwischen Volk und Fürst. Am Schluß der einzelnen Akte wird die Moral häufig in Versen geboten. Die Personen sind zumeist Typen. Der dramatische Apparat bleibt mit vordeutenden Prophezeiungen, Geistererscheinungen und Träumen der übliche.

Auch als Romanverfasser ist Riemer in die Schule Weises gegangen. Über dessen Technik kam er nicht hinaus. Diese kam auch der Zeit entgegen. Und so ist es wahrscheinlich, daß sich die freiere Erzählweise Beers dagegen nicht durchsetzen konnte. Mit dem Roman *Der politische Maulaffe* (1679) begann Riemer. Er versteht darunter „hoffärtige und dabei einfältige Leute, welche mehr wollen von sich geben, als sie verstehen, und höher gehalten sein, als sie verdienen". Zwei Studenten begeben sich auf Wanderschaft, um solche Leute zu suchen. Das bietet Gelegenheit, Standessatire zu treiben, die Geistlichen zu kritisieren, sich über die Herrschsucht kleinstädtischer Ratsherrn, die unrichtige Anwendung von Fremdwörtern lustig zu machen. Die Frische einzelner Szenen hat Riemer später kaum erreicht. *Politische Colica* (1680) ist dem verwandt, was man diplomatische Krankheit nennt. Im besonderen versteht Riemer darunter „Geiz, verbotene Liebe und Verschwendung". Der Arzt Eurilus muß erfahren, daß er seinen Patienten, einem verschuldeten Kaufmann, einem abgewiesenen Rechtsdoktor und einem verliebten Weib nur helfen kann, wer ihre eigensüchtigen Wünsche erfüllt. *Der politische Stockfisch* (1681) reiht Liebesabenteuer aneinander. Held ist ein reicher hübscher Bürgerssohn, der sich in Paris einer Komödiantentruppe anschließt und auf deren Wanderfahrten von Liebesanträgen verfolgt wird, bis er schließlich doch zu einer reichen Braut kommt, welche allerdings ihren Eltern gegenüber ihre Empfängnis vortäuschen muß, um zum Ziel zu gelangen. Das ist die vergröberte Moral Gracians. Held des *Politischen Grillenfängers* (1682) ist ein junger, für den Hofdienst bestimmter Adeliger, der sich vor Antritt seines Amtes in der Welt nach Grillenfängern umsehen will und deshalb mit seinem Hofmeister eine Reise antritt. Da lernt er das Leben und Treiben in der Kleinstadt kennen. Der Hofmeister gibt seine besonderen Belehrungen über die Minister. In dem folgenden *Untreuen Ertz-Verläumbder oder bösen Mann* (1682) setzt sich Riemer, wie mir scheinen will, mit Beer auseinander. Held ist ein Teufelsbündler, der anonyme Angriffe auf König und Bischof veröffentlicht und den Verdacht, solche Schriften verfaßt zu haben, auf andere Leute lenkt.

Riemers praktische Rhetorik mit vielen Beispielen *Schatzmeister* (1681, 2. Auflage 1690) und seine übrigen Lehrbücher zeigen, daß er noch immer die Dichtung der Redekunst unterordnet. Seine Standessatire gibt sich bürgerlich. Während Beer an der höfischen Ordnung festhält, ihr belebende Elemente zuzuführen sucht, tritt dies bei Riemer und Weise völlig zurück. Das ist weniger als gegenhöfische Strömung anzusehen – die Schriften gegen das Hofleben sind altes humanistisches Erbe – denn als eine vom Höfischen nicht berührte. Man möchte beweisen, daß es auch ohne den Hof geht. Da sind andere soziale Fragen, welche mit der Wirklichkeit und einer sittlichen Ordnung rechnen, die sich praktisch im Leben bewähren muß. Da fragt man nicht mehr nach Heroismus und Galanterie und sucht nicht mehr nach zeitlicher und örtlicher Ferne. Man hat die Märchen und Wunder satt, möchte lesen, wie sich die Menschen in der Gegenwart zurechtfinden und zu ihrem Glück kommen. Der gleichzeitige Niedergang des allegorischen Ordensdramas, das Einsetzen der Wanderbühne und des Lustspiels, die Bevorzugung der Prosa als natürlicher Rede sind das Widerspiel eines Vorganges, der im ganzen Abendland zu beobachten ist. Es handelt sich um die endgültige Auflösung der spätantik-mittelalterlichen Einheit. Man würde nicht fertig, die einzelnen Erscheinungen, wie das Versinken des Hexen- und Teufelsglaubens, den Überdruß an scholastischen Auseinandersetzungen, das Erwachen der Kritik aufzuzählen. Die Welt wird entzaubert. In der grotesken Verzerrung der ritterlichen Romantik, in Rabelais' Gargantua und in der Wendung Jörg Wickrams zur Welt von Soll und Haben können die Anzeichen dieser Entwicklung vielleicht zuerst beobachtet werden. In solchem Zusammenhang bedeutet der Aufstieg der poetischen Theorie einen Versuch, die neuentdeckten Formbestände der Antike wenigstens in der gelehrten Dichtung zu erhalten. Aber auch sie entgehen ihrem Schicksal des Absinkens und Zersplittertwerdens nicht. Von ungefähr 1670 an wird mit solchen Elementen gearbeitet, und genügen die festen Formen den Anforderungen und Bedürfnissen der Zeit nicht mehr. Die Theorie aber bleibt dabei, die alten Regeln immer aufs neue einzuschärfen.

August Bohse, gen. Talander (1661–1730) ist in Halle geboren und besuchte dort das Gymnasium. Von 1679 an studierte er in Leipzig Beredsamkeit, dann dort und in Jena Rechtswissenschaft. Nachdem er eine Weile Hofmeister gewesen war, kehrte er als Rechtspraktikant nach Leipzig zurück. In Hamburg hielt er 1685–88 Vorträge über Rechtswissenschaft und Redekunst. Er wiederholte sie in Dresden und Leipzig, bis er 1691 am Weißenfelser Hofe als Sekretär beschäftigt wurde. In Jena promovierte er 1700. Dann war er Professor an der Ritterakademie in Liegnitz.

Bohse wird in den Literaturgeschichten als Schöpfer des galanten Romans und Fortsetzer Christian Weises angesehen, was die lehrhaften Absichten und die enge Bindung seiner Kunst an die Zeitkritik betrifft. Er wollte die Zöglinge der Ritterakademie erziehen und zu Hofleuten ausbilden. Er meinte, es sei nützlicher, sich auf die geistreiche Konversation zu verstehen als auf die sieben freien Künste, durch Frauengunst sei oft mehr zu erlangen als durch Gelehrsamkeit. Kein Wunder, wenn Erzieher und Vertreter der Wissenschaft um die Jahrhundertwende über den Niedergang der Bildung zu klagen begannen. Berufsschriftstellerei und Literatentum müssen in Verruf kommen, wenn die Dichtung angenehme Nebenbeschäftigung vergnügter Stunden ist und das Wort *Romaniste* als Schimpfwort gilt.

Hatte Weise die Gefahren des Hoflebens gezeigt und dem Ideal des politischen Menschen gegenüber seine Kritik an den Tag gelegt, so stellte Bohse Richtlinien auf, wie man die Auswirkungen der Liebe, jenes Affekts, der den Menschen in den Irrgarten bringt, überwindet und aus diesem Labyrinth wieder herauskommt (*Liebesirrgarten* 1724). Im *Liebescabinet der Damen* (1685) verrät Bohse den Damen das Geheimnis, wie sie zum politischen Liebeskabinett gelangen können. Die Liebe wird weniger als Mittel zur Selbsterkenntnis vorgeführt denn als anregende und treibende Kraft, die die verliebten Verwirrungen hervorruft (Amor am Hofe, 1710). Da werden die Venusnarren an den Hof versetzt. Der „listige Streich" ist der Anreger und Beweger der Liebespolitik. Diese wird nun zur ausschließlichen Beherrscherin des Romans. Streift der Heldenroman die geschichtliche Zutat ab, verzichtet er auf das Abenteuer, und beschränkt sich die Handlung auf eine Bewegung, die von Berechnung oder Eifersucht ausgelöst und durch abgefangene Briefe in eine andere Richtung gelenkt wird, ein

Paar auseinanderbringt und durch Aufdeckung einer Intrige wieder zusammenfügt, so ergeben sich zahlreiche Berührungspunkte zu den alten Kunstgattungen. Hauptgegenstand von Bohses Romanen ist die Liebespolitik der Frauen. Er sucht über die Erzählungstechnik Weises und besonders seiner Nachfolger, welche die Episoden wahllos aneinanderreihen, hinauszukommen, indem er sich darum bemüht, eine fortlaufende Entwicklung, eine *continuierliche* Erzählung zu bieten. Er läßt seinen ersten Roman in der Gegenwart spielen, wählt aber dann das historische Kostüm und nähert sich damit dem Heldenroman, nur daß es ihm nicht so sehr auf das Lehren als auf die Liebesintrige ankommt. Damit begibt er sich in die Überlieferung des empfindsamen französischen Romans der Gräfin *Lafayette*, der Mme. *d'Aulnoy* und deren Nachfolgern, schränkt das Unwahrscheinliche, Abenteuerliche und Kriegerische ein. Er verzichtet auch auf das gelehrte Beiwerk, deshalb sind seine Romane kürzer als die der anderen. Aber dem Schwulst und der gezierten Ausdrucksweise bringt er dennoch seine Opfer. Ein beliebtes Motiv seiner galanten Romane ist das Verhältnis des alten, betrogenen Ehemanns zu seiner jungen lebens- und liebelustigen Frau. Der heroische Roman wird also hier schematisiert und vereinfacht. Echte Gefühlstöne erklingen bei der Wiedergabe einfacher und stiller Vorgänge. Bohse will in seinen Romanen Klugheit und *galante Conduite* lehren. Die Briefeinlagen seiner Romane sind Muster, wie man schreiben soll. Er bietet die Beispiele für die galante Schreibart. So tritt das Inhaltlich-Stoffliche seiner Romane hinter die formalen Äußerlichkeiten zurück. Gerade hier zeigt sich, wie die französische Schreibart Schule machte. Bohse hat nahezu alle Möglichkeiten des Liebesbriefes erschöpft, wenn der treulosen und hartherzigen Geliebten ins Gewissen geredet oder Abschied genommen wird, ein abgedankter Liebhaber seine Herzensdame zur Vermählung beglückwünscht. Er gibt dem Leser und Plagiator auch Möglichkeiten der Auswahl, indem er die Briefe zweier Nebenbuhler an dieselbe Geliebte mitteilt oder eine Dame einen offiziellen und einen vertraulichen Glückwunschbrief an einen Prinzen schreiben läßt. Er bietet auch vorbildliche Gespräche. Als Träger des gesellschaftlich-höfischen Verkehrstons kommen hier Brief und Gespräch zu ähnlicher Bedeutung wie im Zeitalter des Humanismus. An der Wende zum 18. Jahrh. aber sind die neugeschaffenen und so sehr empfohlenen Formen und Formeln abgenützt. Nur wenn die Konvention abgestreift wurde, konnten Briefe und Tagebücher zu Trägern neuer geistiger Haltungen werden.

Christian Friedrich Hunold, gen. Menantes, (1680–1721) aus Wandersleben in Thüringen besuchte nach dem Tod seines Vaters die Schule in Arnstadt und das Gymnasium in Weißenfels, ehe er 1698 an der Universität Jena Jura studierte und sich der Kunst Bohses anschloß. Da ihm die Mittel zum Studium ausgingen, begann er 1700 in Hamburg seine schriftstellerische Laufbahn mit dem Roman *Die verliebte und galante Welt*. Er war Parteigänger und Anhänger Postels, verfaßte Operntexte und war in allerlei Literatur- und Schauspielerhändel verwickelt. Hatte er vorher die Verhältnisse am Weißenfelser Hof dargestellt, so behandelte er nun in einem satirischen Roman die Hamburger Zustände so wenig verschleiert, daß ihn ein Prozeß bedrohte, dem er sich durch die Flucht nach Thüringen entzog. Eine *galante Poetik*, welche er 1706 veröffentlichte, wandelt auf den Spuren Neumeisters. Von 1708 an lebte er als Literat und Übersetzer in Halle und hielt später Vorlesungen über Poesie, Rhetorik und Rechtswissenschaft.

Christian Wernicke (1661–1725) war der Sohn des Stadtsekretärs in Elbing. Dort und in Thorn besuchte er die Schulen. Dann ging er nach Hamburg und zu Morhof nach Kiel (1680). Sein Leben ist zwischen Politik, Diplomatie und Literatur geteilt. Anfang des 18. Jahrh.s war er in England und von 1714 an dänischer Gesandter in Paris. Dazwischen wendete er sich 1704 in Hamburg der Literatur zu.

Das *Epigramm* ist Wernickes Domäne. Er befreite sich vom Vorbilde Owens. Seine Epigramme sind 1697, 1701, 1704 erschienen. Er hat sorgsam an ihnen gefeilt und ist bald über den Schwulst hinausgekommen. Das zeigt sich besonders in seiner Ablehnung der Heldenbriefe. Streitlust, scharfe Ironie, Freude an der Kritik und dem knappen Ausdruck, der geschliffenen Wendung sowie unbarmherziger Hohn bringen neue Motive und Töne in das Epigramm. Wernicke ist in die Schule *Boileaus* gegangen. Er hätte die schwulstigen Dichter kaum so angefeindet, wenn er nicht selbst eine Weile unter ihrem Bann gestanden hätte. Die ganze Verschrobenheit, Unwahrheit und Aufgeblasenheit warf er mit dem Nürnberger Klingklang zusammen und, als dieser Kunstübung in Postel ein Verteidiger erstand, der mit den Mitteln der Reformationssatire, aber ohne deren streitbare Wucht vorging, schrieb er das *Heldengedicht Hans Sachs genannt* (1701), in welchem Stelpo (Postel) gekrönt wird.

Hunold ergriff Postels Partei und nahm Wernickes Epigramm aufs Korn. Wernicke gab ihm die gebührende *Antwort* (1704). Da rächte sich Hunold mit einer Komödie *Der thörichte Pritschmeister*. Ihr Inhalt ist ebenso uninteressant und unerfreulich wie die Auseinandersetzungen zwischen Leipzig und Zürich, zu denen sie als Vorspiel angesehen wurden. Was Gesinnung, Inhalt, Kampfweise und Motive betrifft, stehen sie in näherem Zusammenhang mit den Streitschriften der Reformationszeit. Das veränderte Antlitz der Zeit wird lediglich darin offenbar, daß um 1520 die Glaubensfragen im Mittelpunkt standen, und man sich jetzt über Stilfragen oder literarische Cliquen ereiferte. Was neu ist an Wernicke, bindet ihn an die Aufklärung. Er suchte einen Mittelweg zwischen dem Marinismus und dem niederen Stil. Der war für ihn Weises Schreibart. Auch darin, daß er sich von den Dichtern, welche am preußischen Hofe den Ton angaben, das Heil versprach, gab er seinen Zeitgenossen zu verstehen, daß er eine mittlere Straße am liebsten ging.

2. HOFDICHTER

Der preußische und sächsische Hof wurden die Träger einer neuen Kunstrichtung, welche vom marinistischen Schwulst abrückte und sich an das Vorbild von *Boileau* hielt. Zunächst waren es dessen Satiren, welche Schule machten. Erst später wurde seine Lehre von der Dichtung für die gesamte europäische Literaturentwicklung bedeutsam. Sie ist das erste Werk, das seine Spuren unmittelbar und durch deutsche Vermittlung in der polnischen und russischen Literatur hinterlassen hat.

Friedrich Rudolf Freiherr von Canitz (1654–99) war der nachgeborene Sohn eines kurbrandenburgischen Hof- und Kammergerichtsrats in Berlin. Er besuchte die Universitäten in Leyden (1671) und Leipzig. Seine Bildungsreise führte ihn nach

Italien, Frankreich, England und Holland. Nach seiner Rückkehr wurde er Kammer-
junker, später Amtshauptmann in Trebbin und Zossen und 1680 Hof- und Legationsrat. Er war bevollmächtigter Minister Preußens bei den Friedensverhandlungen in
Ryswijk. Zum geheimen Staatsrat wurde er in seinem Todesjahr ernannt. Er war
ein gewandter Diplomat und Staatsmann.

Seine Dichtungen sind zumeist *Gelegenheitsgedichte*, das Ergebnis
seiner Mußestunden. Seine Stärke liegt in seinen *Satiren* nach dem
Muster *Boileaus*. Er ist lebenswahrer als sein Vorbild. Er hält sich
an einzelne Motive, wendet sich gegen die Beschränkung der Handels-
freiheit durch die Rücksichtnahme auf irgendwelche Bindungen und
Konventionen und kämpft gegen den Schwulst, hält auch eine Revue
der zeitgenössischen Literatur ab. Dabei kommen die auf Stelzen gehenden Dichter nicht gut weg. Hier kann die Stimmung des horazischen *Beatus ille* wieder aufleben. Aber noch immer stehen die stoischen
Tugenden hoch im Wert, so wenn von der Nichtigkeit des Glanzes
der Welt gesprochen wird, und wenn er den Ausgleich zwischen Poet
und Hofmann in seinem Wesen sucht. Daß die Gedichte von Canitz
in ihrem Streben nach schlichter Klarheit geschmack- und stilbildend
wirken konnten, und er als Anbahner einer neuen, auf Einfachheit
ausgerichteten Dichtkunst angesehen wurde, bestätigt sich in der
Ausgabe, welche Bodmer 1737 besorgte.

Johann (von) Besser (1654–1729) stammt aus dem reichsfreien Rittergeschlecht
der Besserer. Er ist als Pfarrerssohn in Frauenburg in Kurland geboren. Nach vier-
jährigem Studium erlangte er 1674 zu Königsberg die Magisterwürde. Seiner gesell-
schaftlichen Gewandtheit verdankte er es, daß ihn ein Herr von Maydell 1675 als
Reisebegleiter nach Leipzig verpflichtete. Nach einem Ehrenhandel mit sächsischen
Offizieren wurde Herr von Maydell meuchlings erschossen. Besser widmete ihm ein
Klagegedicht. In preußische Dienste trat er 1681 als Legationsrat. Seine Tätigkeit als
Gelegenheitsdichter wurde 1684 durch eine diplomatische Sendung unterbrochen, die
ihn nach London führte. Der dortige Thronwechsel stärkte sein Interesse an der
Zeremonienwissenschaft. Über Paris, wo er sich drei Monate aufhielt, kehrte er im Dezember 1685 nach Berlin zurück. Bald nach der Thronbesteigung seines Gönners, des
späteren ersten Königs von Preußen, 1688, verlor Besser seine geliebte Gattin und
seinen Sohn. Von 1690 an bekleidete er das Amt des Zeremonienmeisters. Zum Geheimrat und königlichen Oberzeremonienmeister wurde er 1701 ernannt. Friedrich
Wilhelm I. entließ ihn 1713 aus seinem Amt. August der Starke berief ihn 1717 in die
gleiche Stellung nach Dresden. Ein Jahr vor seinem Tode unternahm er, von König
begleitet, eine Reise nach Königsberg, um seine dort verheiratete Tochter zu besuchen.
    Seine in Einzeldrucken erschienenen *Dichtungen* sind mehrmals, am vollständigsten
von *König* (1732), gesammelt und herausgegeben worden. Zunächst versuchte sich
Besser in verschiedenen Gattungen, galant-marinistisch, schwülstig-gelehrt und als
Schäfer. In seinen poetischen Lob- und Nachrufgedichten hielt sich der Schwulst
am längsten. Seinem Wesen, dem Hang zum Prunk und gewichtigen Auftreten
entsprach dieser Stil eher als die Formglätte Boileaus, in deren Nachahmung ihn
Canitz bestärkte. So bezeichnet Bessers Schaffen Gipfel und Umkehr der galanten
Dichtung. Die Beziehungen zur spätantiken Dekadenz zeigt ein Vergleich von
Bessers vielberufenem, graziös-anmutigen Gedicht: *Die Ruhestatt der Liebe* oder *Der*

Schooß der Geliebten mit Claudians Epithalamium Palladii et Celerinae. Sein Bestes sind die Liebesgedichte an seine Braut, erlebt und frisch, wie seine Gedichte aus der Leipziger Zeit, als er sich in die Tradition der dortigen Studentendichtung stellte. In Berlin gehörte die Herstellung von Gelegenheits- und Festgedichten zu seinem Amt.

Besser beherrschte die gesellschaftlichen Formen genau so gewandt wie die Regeln, welche er in seinen poetischen und prosaischen Werken anwendete. Wie weit ab steht dieses höfische Amt von Zesens literarischem Schaffen, das auch seinen Mann ernähren mußte! Hier handelt es sich um den *aufgeweckten Kopf*, der es versteht, durch Poesie „seine übrigen Geschicklichkeiten an den Tag zu legen, bei Höheren einen Zutritt und folglich einen Weg zu seiner Beförderung zu finden". Deshalb hat Besser auch keine Stellung gegen den Marinismus bezogen und ihm, obwohl er dessen Ansehen untergrub, doch keinen offenen Kampf angesagt. Mit seinen Genossen ist Besser ein Vorkämpfer deutscher Dichtung gewesen und hat ihr in einer Zeit, da das Vorbild Ludwigs XIV. maßgebend war, den Zugang zu den Höfen eröffnet. An Homer schulte er sich für Heldengedichte auf den Großen Kurfürsten und den Prinzen Eugen, die Fragment geblieben sind. Auch die Abfassung von Festspielen gehörte zu Bessers Amt. Außer einigen Singspielen und Serenaden, die er *Tafelmusiken* nannte, verfaßte er Texte zu den beliebten *Wirtschaften*, einer besonderen Form des Maskenfestes, in der die höfische Gesellschaft vom Fürsten und seiner Gemahlin als Wirtsleuten bedient wird. Hier meldet sich vernehmlicher als in der Schäferperiode die Sehnsucht nach der unverbildeten Natur an. In den wärmeren Jahreszeiten fanden diese Wirtschaften in den Parkanlagen, im Winter in den Sälen der Schlösser statt. Oft gab dabei ein *Scherenschleifer* seine anzüglichen Verse auf die einzelnen Teilnehmer zum besten. Besser bewährte sich darin als Epigrammatiker. Nicht nur bei den Hofdichtern sondern auch bei Bodmer stand Besser in hohem Ansehen. Eine schwache Wirkung strahlt von ihm bis in die sechziger Jahre aus.

In Dresden übernahm Bessers Erbschaft am Hofe Augusts des Starken Johann Ulrich von König (1688–1744), der als der Hofdichter angesehen wird. Seine Stellungnahme zu Günther und Gottsched trug ihm bei den Zeitgenossen und in der Literaturgeschichte eine üble Nachrede ein. König entstammt einer ehemals adeligen, norddeutschen Familie, welche sich zuerst im Elsaß und dann in Eßlingen niederließ. Dort ist er als Sohn des früh verstorbenen Senior Ministerii geboren. In Stuttgart absolvierte er das Gymnasium und studierte anschließend vielleicht in Tübingen Theologie. Dann trat er zum braunschweigischen Hof in Beziehungen. Von etwa 1710 bis 1716 lebte er in Hamburg, war an der dortigen Oper tätig und befreundete sich mit Brockes und anderen Literaten. Wenn ihm auch ein erster Versuch, am Hofe Augusts des Starken in Dresden eine Stelle zu finden, mißlang, und er sich 1718 am Hofe zu Weißenfels aufhielt, so erreichte er sein Ziel doch zunächst als Pritschmeister. Die Behauptung, er habe seinen Rivalen Günther vor dessen Audienz betrunken gemacht, ist immer wieder angezweifelt worden. König machte aus seiner hofnärrlichen Funktion ein Hofamt. Als Geheimsekretär und Hofpoet wurde er 1720 bestätigt. Er hatte zunächst die Aufgabe, im Heroldsgewand bei festlichen Anlässen die hohen Herrschaften mit seinen Versen zu erheitern. Allmählich erwarb er sich Achtung und Ansehen. Dazu trugen seine Beziehungen zu Besser wesentlich bei. Seine Beschäftigung mit dessen reichhaltiger Bibliothek vermittelte König eine außerordentliche Kenntnis des Zeremonienwesens, so daß er nach Bessers Tode zum Zeremonienmeister ernannt wurde und dieses Amt bis zu seinem Tode ausübte. So tritt denn auch seine Dichtung in den letzten Jahren fast ganz hinter der Abfassung von Werken über das Zeremonialwesen und seiner bibliothekarischen Tätigkeit zurück. Er hat seinen Dichterruhm schnell überlebt.

Seine erste *Gedichtsammlung* widmete König Brockes (1713). Es sind zumeist Gelegenheitsgedichte und Oratorien, bewegter und handlungsreicher als die von Brockes. Er verzichtet auf die Allegorien und drückt alles auf eine gemäßigte Temperatur herunter. Eine spätere Überarbeitung sucht einen engeren Anschluß an Brockes. König unterstützte diesen bei der Übersetzung von Marinos Kindermord. Später wurde die Verschiedenheit der Charaktere und Begabungen beider sichtbar. Dem Anbahner eines neuen Naturgefühls standen Ehrgeiz und Geltungsbedürfnis des werdenden Hofdichters entgegen, der es auf glatte Eleganz und gesellschaftliche Gefälligkeit abgesehen hatte. Er begann sich vom Schwulst zu lösen, während Brockes die Kunstlehre Boileaus ablehnte und die gehobene Ausdrucksweise zu retten suchte. Wie sehr aber beide an den alten Formen festhielten, zeigt, daß sie 1715 zusammen mit dem Schulmanne *Richey* die *Teutschübende Gesellschaft* in Hamburg gründeten. Königs nicht ausgeführte Anregungen, im Rahmen der Gesellschaft das Material zu einer Geschichte der *Hamburger Oper* zusammenzustellen, zeigen sein Interesse an dieser Kunstgattung, in welcher seine besten Leistungen lagen. Die Aufklärung kündigt sich in der Forderung nach Sachlichkeit und der Hintansetzung der Glättung des Verses an. Mehr als ein Dutzend Operntexte hat König zwischen 1710 und 1727 verfaßt. Die meisten davon wurden in Hamburg zuerst aufgeführt. Italienische Vorlagen, Wanderbühne, ein gewaltiger Maschinenaufwand, Mythologie, Geschichte, Aufzüge, Schaugepränge auf der einen und Streben nach schlichtem, klaren sprachlichen Ausdruck auf der anderen Seite lassen ihn die Mitte zwischen dem Schwulst und der Nüchternheit der anderen Hamburger Textbücher halten.

Erst unter dem Einfluß Bessers wurde König ganz für *Boileau* gewonnen. Mit seiner Ernennung zum Hofdichter vollzieht sich die Wendung vom italienischen Geschmack zum *französischen Klassizismus*. Er bemüht sich um äußerliche Korrektheit. Als sächsischen Vergil feierten die Zeitgenossen den Verfasser des Heldengedichtes *August im Lager*. Von den sechs geplanten Gesängen wurde nur der erste ausgeführt. Das Werk wurde veranlaßt durch ein überall besprochenes Tagesereignis, ein Manöver, das August in der Nähe von Mühlberg mit 20000 Mann Infanterie und 10000 Mann Kavallerie zu Ehren des preußischen Königs und Kronprinzen im Juni 1730 abhielt. Mit peinlich genauer Sachlichkeit reiht König Einzelheit an Einzelheit, mag es sich um Uniformteile, Waffen, Feldzeichen, militärische Bewegungen oder um die Einführung der allegorischen Gestalten Eintracht und Zwietracht handeln. Über die Politik ist hier der Heros zum zeitgenössischen Fürsten geworden und wird jetzt in den Mittelpunkt eines *heroischen Epos* gestellt. So sah die letzte Erbschaft der humanistischen Gelegenheitspoesie aus. Bald wurde die Ehe zwischen Journalismus und Dichtung endgültig geschieden, und man begann, die Bezirke der Dichtung fein säuberlich von denen der Literatur abzugrenzen. Eine verständnisvolle Beurteilung des Werkes, auf das sich König so viel zugute tat, schied zwischen *poète* und *versificateur* und rechnete König zu diesen. Breitinger wies später einen solchen Stoff der Behandlung in Prosa zu. Seine Begabung zu epigrammatischer Zuspitzung und zum Gedicht hat König nur wenig ausgenützt. In seinen theoretischen Ansichten trifft er sich mit den Schweizern. Seine Untersuchung *Von dem guten Geschmack* steht noch immer auf lehrhaft-erzieherischem Standpunkt. Der *wirkende Geschmack* ist nach seiner Auffassung kunstmäßig lehrbar. Sein eigenes Schaffen steht hinter seinen theoretischen Erkenntnissen zurück. Als Herausgeber der Werke von Canitz (1732) setzte er die Bemühungen des 17. Jahrh.s um die Gleichberechtigung der deutschen Sprache und Dichtung fort. Demselben Ziel wollte er mit einer allerdings nur geplanten deutschen Akademie nach dem Vorbild der französischen dienen. Durch die Oper bemühte er sich, das Interesse der deutschen Fürstenhöfe an der dramatischen Dichtung in deutscher Sprache zu wecken. So sah er allenthalben die gleichen Aufgaben wie Gottsched vor sich, nur suchte er sie mit anderen Mitteln zu verwirklichen. In der Anlehnung an die wechselnden Vorbilder verkümmerten alle Ansätze Königs zu selbständiger Sprach-, Stil- und Versgestaltung. Er ist ein Mann des Übergangs. Unter den Rücksichten, die er überall nehmen zu müssen glaubte, versiegte sein schwaches Talent.

3. DIE GELEHRTEN

Die Verbindung von lateinischer Kunstübung, Theorie und gelehrter Dichtung bleibt weiterhin aufrecht. So bedeutsam auch einzelne Erkenntnisse sein mögen: für Theorie und Dichtung waren Opitz und die alten Methoden immer noch maßgebend.

Karl Gustav Heräus (1677 bis etwa 1730) entstammt einer deutschen Familie, die in Stockholm lebte. In Stettin besuchte er das Gymnasium. Dann studierte er an den Universitäten Frankfurt a. d. O., Gießen und Utrecht. Seine dichterische Fähigkeit, die sich vor allem auf das *Emblem* beschränkte, seine antiquarische Gelehrsamkeit und Münzenkenntnis stellte er zuerst in den Dienst des Hofes in Schwarzburg-Sondershausen, dann als Katholik (1709) in den des kaiserlichen Hofes zu Wien. Besonderen Erfolg hatte er weder mit seinen Hofdichtungen noch mit seiner Belebung der Sprachgesellschaften, noch mit seinem Versuch, das lateinische Distichon als *neue deutsche Vers- und Reimart* mit verschränkt (ab ab) gereimten Hexametern und Pentametern einzuführen (1713). Dieser Versuch einer neuen teutschen Reimart hätte ebenso gut hundert Jahre vorher unternommen werden können, ohne daß die Gemüter dadurch in besondere Aufregung geraten wären.

Daniel Georg Morhof (1639–91) war der Sohn eines lebensklugen Notars und Magistratsekretärs in Wismar. Auf dem Pädagogium in Stettin (1655) bereitete er sich auf den Besuch der Universität Rostock (1657) vor. Er besuchte juristische Vorlesungen und widmete sich mit besonderem Eifer dem Sprachstudium. *Andreas Tscherning* war sein Lehrer. Akademische Reden und Gedichte lenkten die Aufmerksamkeit auf ihn, so daß er schon 1660 als Nachfolger Tschernings auf den Lehrstuhl der Poesie und Beredsamkeit berufen wurde. Erst nachdem er seine Bildungsreise nach Holland, England und Italien abgeschlossen hatte, trat er im Herbst 1661 sein Amt an. An der neugegründeten Universität Kiel begann er im Herbst 1665 seine Lehrtätigkeit und wurde dort bald zum beliebtesten und angesehensten Professor. Er hielt sich an drei Grundsätze: Behandlung des allgemein Nutzbaren, Berücksichtigung der neuesten Forschungen, Beseitigung eingeschlichener Irrtümer. In Faulheit, Eigenliebe und Streitsucht sah er die wichtigsten Hindernisse, um zur wahren Weisheit zu gelangen. Viermal bekleidete er das Rektorat. Nach Holland und England reiste er 1670 und trat u. a. zu den berühmten Philologen Graev, Gronov, Junius und Vossius in persönliche Beziehungen. Seine wissenschaftlichen Interessen erstreckten sich über alle Wissensgebiete. Von 1673 an hielt er auch Vorlesungen über Geschichte. Er entfaltete eine reiche literarische Tätigkeit, in der sein universales Wissen sichtbar wurde. Er starb zu Lübeck auf der Rückreise von einer Badekur in Bad Pyrmont.

Die großen Leistungen Morhofs liegen auf zwei Gebieten, der *Geschichte der Gelehrsamkeit* und der *Literaturgeschichte*, im *Polyhistor* (1688–92) und im *Unterricht von der Teutschen Sprache und Poesie* (1682). Herausgegeben wurde der Polyhistor nach dem Tode Morhofs von Heinrich Muhlius und unter Aufsicht von Carpzov mit Zusätzen von Johann Frick und Johann Moller. Noch 1747 besorgte Johann Joachim die vierte Ausgabe. Man kann dieses Werk ebenso gut als einen der letzten Ausläufer der spätantiken Kompendien und jener Formen von Wissensspeichern ansehen, deren Überlieferung durch fast zwei Jahrtausende lebendig blieb, wie es als eine erste geschichtliche Überschau über das Wissen von der Welt und allen geistigen Zusammenhängen bezeichnet werden kann. Daß dieses Werk auf dem Studiertisch Goethes lag, bürgt für sein hohes Ansehen. Besonderer Wert wird auf den innigen Zusammenhang aller Wissenschaften gelegt. Das ist ein Erbteil der *Pansophie*, die sich gegen die Auffassung *Huartes* wendet, daß der Mensch nur für eine Sache eine natürliche Neigung besitze. Schon der Aufbau des Werkes und sein philologischer Ausgangspunkt, das Wesen der Sprache, zeigen, wie Morhofs Gedanken noch im Humanismus wurzeln. Er verbindet damit die Vorstellungen von der *lingua adamica* und kann, da er auf die sprachschöpferischen Fähigkeiten des Menschen hinweist, auch als Vorläufer *Herders* angesehen werden. Er spricht über die Methoden des Sprachunterrichts und den Nutzen der Sprachwissenschaft. Fast die gesamte Dichtung des Jahrhunderts in lateinischer Sprache läßt er Revue passieren. Aus seinen Bemerkungen darüber ist zu ersehen, daß er aus eigener Lektüre selbständig urteilt und nicht anderen nachschwätzt. Aufgabe der Literaturgeschichte ist nicht nur die Zusammenfassung der Ergebnisse und des Wissens sondern auch die Darstellung der Ursprünge und Entwicklungen, der Dichterpersönlichkeiten aus ihrem Werdegang. Er bemüht sich um chronologische und sachliche Ordnungen. Hier erhebt sich zum erstenmal die Kritik an der Literatur. Deshalb ist Morhof ein *Vater der deutschen Literaturgeschichte* geworden. Er hat ihr und der Wissenschaft bis Herder die Richtung gewiesen.

Als Einleitung zu seinen Gedichten war der *Unterricht von der teutschen Sprache und Poesie* geplant. Er vereinigt die allgemeinen Bemühungen des Jahrhunderts um eine deutsche Poetik und eine deutsche Grammatik. Im ersten sprachgeschichtlichen Teil berührt sich Morhof mit *Schottel*. Mit gleichem Eifer wie dieser und Moscherosch geht er in dieser leidenschaftlichen Werbeschrift für die deutsche Sprache ans Werk. Diese setzt sich als Schriftsprache immer erfolgreicher gegen das Lateinische und Französische durch. Im zweiten Teil verbindet Morhof die Poetik aufs engste mit der Literaturgeschichte. Er stellt die deutsche Literatur in den Rahmen der anderen europäischen Literaturen, die er aus ihren Sprachen ableitet, und kommt zu dem Ergebnis, daß mit Ausnahme des Holländischen und Deutschen die übrigen Sprachen Mischsprachen seien. Damit, daß er Sprache und Dichtung so nahe aneinander rückt und das Wesen der einen zur Erklärung der anderen benützt, wird er wieder zum Vorläufer Herders. Die erste Erwähnung des Namens *Shakespeare* beruft sich auf *John Dryden*. Gewährsmann für die älteste deutsche Dichtung ist ihm *Aventin*. Er gibt eine Übersicht über die ganze, damals bekannte altdeutsche Literatur. Wenn er nach der höfischen Blütezeit eine Periode des Niedergangs ansetzt und die neue deutsche Dichtung mit Opitz beginnen läßt, so zeigt dies, wie hoch er die Leistungen seines Jahrhunderts einschätzt. Allerdings steht die organisatorisch gelehrte Leistung von Opitz über seiner poetischen. Als unvergleichlichen Meister feiert Morhof *Fleming*. Unter den Dramatikern stehen *Gryphius* und *Casper* an erster Stelle. Unter den Satirikern ist *Lauremberg* unerreicht. Den Nürnbergern gegenüber bleibt er zurückhaltend. Hohe Anerkennung zollt er *Christian Weise*. Der Abschnitt *Von der teutschen Poeterey* fußt auf Opitz und dessen Quellen. Den Reim, in dem er eine himmlische Harmonie erkennt, hält er unerläßlich für die deutsche Poesie. Der Hexameter hingegen scheint ihm ungeeignet. Morhof ist der erste deutsche Theoretiker, der zwischen epischer, dramatischer und lyrischer Dichtung scheidet. Auf die Sangbarkeit der Lyrik legt er besonderen Wert. Das Meisterstück der Dichtkunst ist ihm ein rechtes *vollständiges Heldengedicht*. Er erkennt an, daß die neuesten deutschen Romane von Buchholtz und Anton Ulrich sich ebenbürtig neben die französischen stellen. Sie unterscheiden sich vom Heldengedicht nur dadurch, daß sie in Prosa abgefaßt sind. Für die dramatischen Gattungen ist ihm zwar noch die alte soziale Unterscheidung der Tragödien und Komödien (Opitz) maßgebend, doch gliedert er die Komödien bereits in Lustspiele und grobe Narrenpossen. Das antike Vorbild rechtfertigt auch die Oper. Die Satire leitet er irrtümlich vom Satyrspiel ab. Kürze und Schärfe sind die vornehmsten Kennzeichen des Epigramms. Als Theoretiker steht Morhof zwischen Weise und Gottsched. Er betrachtet als erster die deutsche Literatur vom völkerpsychologischen Standpunkt und erkennt den *sonderlichen Genium*, der einem Zeitalter eigentümlich ist. Hier liegen erste Ansätze zu geistesgeschichtlicher Betrachtung vor. So werden die einzelnen Dichtungen in größere Zusammenhänge gestellt. Morhof gibt keine Anleitung zum Dichten, er bemüht sich um die Erkenntnis des Wesens der Dichtung. Seine *lateinische Lyrik* (1677) ist zumeist Gelegenheitsdichtung im Sinne der Zeit. Dasselbe gilt auch von den meisten seiner deutschen Gedichte. Sie sind nach der Schablone gefertigt.

Johann Burkhard Mencke (1674–1732), der sich den Dichternamen *Philander von der Linde* wählte, war der Sohn des Begründers der *Acta eruditorum*. Er studierte in seiner Heimatstadt Leipzig und wurde nach der obligaten Bildungsreise dortselbst Professor der Geschichte (1699). Später führte er die *Acta eruditorum* seines Vaters fort. Er war sächsischer Hofhistoriograph.

Seine beiden Reden *De charlataneria eruditorum* von 1713 und 1715 machten ihn in der ganzen Welt bekannt. Sie wurden in verschiedene Sprachen übersetzt. Er hat es abgesehen auf die großen und kleinen Eitelkeiten der Gelehrten, ihr Prunken mit hohen Titeln, Auszeichnungen und Namen, die marktschreierische Aufmachung ihrer Bücher, ihrer Gelegenheitsschriften und huldigenden Widmungen. Eitelkeit, Geldgier, Vielschreiberei, Eifer um nichtige Dinge, unlautere Reklame mit angeblichen Heilerfolgen, Rabulistik, Hinausziehen der Prozesse, geistlose Predigt: das sind die allgemeinen und besonderen Fehler der Gelehrten. Auch in späteren lateinischen akademischen Reden wendete er sich gegen allgemeine Mißstände. Selbst auf den Absolutismus hatte er es abgesehen. Mencke nahm sich *Bayle* zum Beispiel, doch spielte er mehr die Rolle eines Freidenkers. Das hohe Ethos eines Leibniz, Thomasius, ja selbst eines Christian Weise ersetzte er mit einer platten Nützlichkeitsmoral. Als Philander von der Linde gab Mencke *galante Gedichte* (1705) heraus. Er hält sich an Aßmann, an Hofmanns Heldenbriefe, läßt Dido mit Aeneas, Don Carlos mit seiner Mutter, Anna von Bretagne mit Karl VIII. von Frankreich Briefe wechseln. Seine Übersetzung französischer Anakreontiker, englischer und italienischer Dichter zeigt seine Vorliebe für epigrammatische Zuspitzung. Die *Schertzhafften Gedichte*, welche er 1706 veröffentlichte, halten sich an Boileaus Satiren. Die Typen seiner Frauensatiren berühren sich mit denen der moralischen Wochenschriften. Die Gelehrte, die Putzsüchtige, die Kartenspielerin verleugnen ihre Leipziger Herkunft nicht. Die übrigen Satiren haben es auf die Pedanten, die Mängel der Philosophie, das enthusiastische Lob, welches die Poeten so freigebig spenden, abgesehen. Das Gegenstück sind die gleichzeitigen *Ernsthafften Gedichte* (1706). Er hat recht, wenn er in der Vorrede sagt, daß ihm der Scherz besser liege als nüchterne Frömmigkeit und Totenklage. Im Anhang seiner *vermischten Gedichte* (1710) läßt er drei Dichter ein Gespräch über die deutsche Poesie halten. Sie legen Boileaus Maßstäbe an den deutschen Parnaß an. Besonders hoch geschätzt wird Besser. Die Satire, für welche er den Namen Sittengedicht vorschlägt, wird besonders empfohlen. Lyrische Dichtung verbindet er aufs engste mit dem Gesang. Aus der hohen Einschätzung des Dramas zeigt sich die Ausrichtung am französischen Klassizismus. Wenn ein besonderer Wert auf die Invention gelegt wird, so meldet sich die Aufklärung gebieterisch an. Man erwartet vom Dichter, daß er geistreich sei, sich auf die Umschreibung, originelle Zeichnung und überraschende Schlußwendung verstehe. Der vernünftige Mensch ist der ideale Leser. Neu sind diese Gedanken nicht. So hätte sich ungefähr ein wiedererstandener Opitz ausgedrückt. Mencke war Gottscheds Vorläufer. Wenn er Christian Günther förderte, so beweist er damit, daß er sein Bildungsphilisterium ablegen konnte.

Johann Valentin Pietsch (1690–1733) ist als Sohn eines angesehenen Apothekers in Königsberg geboren. Die Familie stammt wohl aus Schlesien. Schon 1705 wurde er an der Universität immatrikuliert. Nach dem Willen des Vaters studierte er Medizin, besuchte jedoch eifrig die Vorlesungen des Professors der Poesie *Hieronymus Georgi*. Das medizinische Studium absolvierte er 1713 mit seiner Promotion in Frankfurt a. d. O. Unmittelbar nachher hielt er sich zwei Jahre zumeist in Berlin und vorübergehend in Hamburg auf. Damals trat er zu den Hofdichtern und Brockes in Beziehung. Von

1715 an war er als Arzt in Königsberg tätig. Ein Preisgedicht auf den Sieg des Prinzen Eugen über die Türken bei Peterwardein machte ihn so bekannt, daß ihm 1717 die Professur für Poesie übertragen wurde. Daneben übte er seine medizinische Praxis aus. In seinen wissenschaftlichen Arbeiten zeigt er sich als guter Kenner der poetischen Theorie. Er wahrte die Tradition von Opitz und gab sie an Gottsched weiter.

Als Dichter vereinigte Pietsch die alte Königsberger Überlieferung mit dem französischen Klassizismus. Deshalb nahm er den Kampf mit *Johann George Neidhardt*, einem typischen Vertreter des Schwulstes, mit Erfolg auf. In den allegorischen Gedichten auf den *Prinzen Eugen* ist er ein Schüler Lucans. Da setzt sich die Bemühung um das große nationale Epos fort, so daß Pietsch vielleicht weniger als Epigone der von ihm verehrten Hofdichter anzusehen ist, denn als Fortsetzer von Hohberg und Postel. Sein Gedanke, den erfolgreichsten, zeitgenössischen Feldherrn zum Helden einer epischen Dichtung zu machen, war glücklicher, als mythische Persönlichkeiten zu verherrlichen. Allerdings versagte seine epische Kraft einem solchen Stoff gegenüber. Seine langjährigen Bemühungen um die in sich geschlossenen Teile, in denen nicht mehr Prinz Eugen sondern Kaiser Karl VI. allen dichterischen Glanz auf sich zog, kamen zu keinem Abschluß. Er sucht die festen Schablonen der Gelegenheitsdichtung zu durchbrechen, indem er originell, abwechslungsreich und selbständig sein will. Aber es gelingt ihm nur in Äußerlichkeiten, etwa der Vermeidung von stereotypen Phrasen, von den festen Überlieferungen loszukommen. Das Beispiel zeigt, wie eng sich die Gesellschaftsformen mit der Gelegenheitsdichtung verbunden hatten. In vielem wird man an Simon Dach erinnert. Wie dieser dichtete Pietsch zur Freude und Unterhaltung. Seine Trauergedichte singen das Lob der Verstorbenen. Mit *geistlichen Oratorien* ahmte er Brockes nach, nur hält er sich strenger an den Wortlaut der Evangelien, malt die einzelnen Episoden breiter aus und unterbricht häufiger als Brockes die Handlung mit Arien. Sein Versuch, sein Talent an einer dramatischen Bearbeitung des *Cäsarstoffes* zu erproben, ist nicht weit gediehen. Ansätze zu persönlicher Satire und anakreontischen Tönen weisen in die Zukunft. Psalmenbearbeitungen knüpfen an alte Überlieferungen an. So zeigt sich einerseits eine feste Bindung an alte Kunstübungen, andererseits ein unsicheres Vortasten in Neuland. Die literarische Erbschaft von Pietsch wird in Gottscheds kritischer Dichtkunst fruchtbar.

4. CHRISTIAN REUTER

Hofdichter und Gelehrte kümmerten sich wenig um das Bürgertum und ließen seine Vertreter gewähren, weil sie nun einmal ihren Platz in der ständischen Ordnung hatten. Beer setzte sich gegen das Banausentum

zur Wehr. Der Musiker als Künstler forderte Verständnis für sein
Wesen. Einzelne Erfahrungen, welche die Verfasser der Musikerromane
gemacht haben müssen, begegnen uns in ihren Werken, doch kaum
so, daß wir Einblick in wirkliche Verhältnisse gewinnen können. Nur der
aus Gerichtsakten erschlossene Verlauf der literarischen Auseinandersetzung eines Studenten mit seiner Wirtin gibt Aufschluß darüber, wie
sich der landsknechtsmäßig derbe Studententypus in Lustspielen und
einem satirischen Reiseroman rächen konnte. Der Leipziger Studentendichter, der uns immer wieder begegnet ist, kümmert sich auch am
Ende des Jahrhunderts wenig um poetische Regeln und moderne
gesellschaftliche Formen. Rauhbeinig und bäuerlich derb wie in Auerbachs Keller im Faust tritt er uns aus dem Schaffen von Christian Reuter
entgegen.

Christian Reuter (1665 bis nach 1712), ein Bauernsohn aus Kütten bei Zörbig,
wurde 1688 an der Universität Leipzig immatrikuliert. Wahrscheinlich von 1694 ab
wohnte er mit seinem Freunde Grel bei der Kaufmanns- und Gastwirtswitwe Anna
Rosine *Müller* im Hause zum roten Löwen. Da die beiden ihre Miete schuldig blieben,
wurde ihnen ihr Quartier gekündigt. Reuter rächte sich mit zwei Lustspielen. Frau
Müller reichte Klage gegen ihn beim Universitätsgericht ein. Der Verleger konnte
zwar die Druckgenehmigung des Zensors nachweisen, war aber wehrlos gegen die Einziehung des Werkes und eine Buße von zehn Talern. Reuter, der lange Zeit in Unter-
suchungshaft saß, sollte für zwei Jahre relegiert werden. Im Karzer hatte er Zeit genug,
neue Angriffe gegen die Familie Müller vorzubereiten mit einem Lustspiel und dem
satirischen Reiseroman Schelmuffsky. Darauf verklagte ihn die Witwe Müller neuerdings. Das hatte die Einziehung auch dieser Werke zur Folge. Im Frühling 1697 veröffentlichte Reuter eine parodistische Grabrede auf Frau Müller. Da diese kurz darauf
am 3. Juni 1697 starb, schritt das Universitätsgericht energisch gegen Reuter ein. Er
wurde zuerst im Bauernkarzer eingesperrt und dann auf sechs Jahre relegiert. Er ver-
zog sich nach Merseburg, kam aber von dort wiederholt nach Leipzig, bis man ihm 1699
für immer das Betreten der Universität verbot. Nach Berlin kam Reuter 1703. Seine
letzte, dort veröffentlichte Dichtung war die Festkantate *Das frohlockende Berlin* (1710).
Im Widerspruch zu seinem Wesen scheint es zu sein, daß er einen Text zu einer Passion *Paßions-Gedancken* (1708), verfaßte. Er bevorzugt einfache Formen und entspricht
damit der schlichten Frömmigkeit besser als der nach italienischem Muster ausgerichtete Prunk. Darin zeigt sich, daß Reuter auch später noch seine natürliche Art bewahrt
hat. Am 11. August 1712 wurde ihm in der Schloßkirche zu Berlin ein Sohn getauft.
Das ist die letzte Nachricht über ihn.

Reuters erstes Werk erschien 1695: *L'Honnéte Femme Oder die Ehrliche
Frau zu Pliszine, in Einem Lust-spiele, vorgestellet, und aus dem Französischen
übersetzet von Hilario, Nebenst Harlequins Hochzeit- und Kind-Betterin-
Schmause.* Die Redensart von Frau Müller ,,so wahr ich eine ehrliche
Frau bin" konnte den eingeweihten Leipziger Studenten, denen die Komödie gewidmet ist, den Schlüssel zum Hintergrund des Werkes geben.
Den Studenten war die Intrige aus den *Précieuses Ridicules,* welche uns
die Spuren Molières im deutschen Lustspiel zeigen, gewiß weniger
bedeutsam als das Abbild aus dem Leben. Die ehrliche Frau Schlam-

pampe wird als Tyrannin ihrer weiteren Umgebung und als von ihren Sprößlingen Tyrannisierte vorgeführt. Ihre Töchter Clarille und Charlotte werden durch ihr mangelndes Unterscheidungsvermögen, das sie auf zwei als Grafen verkleidete Hippenbuben hineinfallen läßt, gekennzeichnet. Der famose Stammhalter *Schelmuffsky* kommt abgerissen von seiner angeblichen Bildungsreise heim und renommiert mit seinen Erlebnissen. Däfftle, das Nesthäkchen, offenbart sich als verzogener Balg. Das kleinbürgerliche Streben über den Stand hinaus, die Sucht, vornehm zu tun, und die Rohheit des Auftretens, der ewige Familienhader und die scheinbare Einigkeit nach außen ist im deutschen Lustspiel noch nie mit solcher Eindringlichkeit dargestellt worden. Mitten in den Festjubel, da die Mutter ihre Töchter schon unter der Haube sieht, diese ihren Wunsch, bald als adelige Damen auftreten zu können, erfüllt glauben, und man sich zum Tanz rüstet, platzen die beiden Studenten herein und entlarven die vermeintlichen adeligen Freier. Am Ende stehen sämtliche Familienmitglieder mit langen Gesichtern da. Das sind nicht mehr die Typen, welche das beginnende deutsche Lustspiel vom französischen übernommen hatte, und von denen so schwer loszukommen war, sondern *Individuen*, deren Charakterzüge und Redeweise dem Leben abgelauscht sind. Dieses dramatische Abbild der Wirklichkeit entspricht manchem Bilde aus Beers Romanen. Reuter hatte die Lacher auf seiner Seite. Die Leipziger Studenten riefen den Mitgliedern der Familie Müller die Namen nach, welche sie im Lustspiel trugen. Wie konnte Reuter, dem sein Dichtertalent erst recht zum Bewußtsein kam, bei solchen Erfolgen sein Versprechen halten, nichts mehr gegen die Familie Müller zu veröffentlichen?

Bald nachher erschien Reuters zweite Komödie *Der ehrlichen Frau Schlampampe Krankheit und Tod* (1696). Die Heldin erkrankte aus Gram und Ärger über ihren Sohn Schelmuffsky, der auf Reisen geht, aber sehr bald ausgeplündert wieder zurückkehrt, und ihre Töchter, die unverrichteter Dinge und aller Mittel bar ebenfalls von einer Reiseunternehmung heimkehren. Tod und Leichenfeier sind eine allgemeine Satire auf das Bürgertum und seine Gewohnheiten. Mit größerem Geschick als in der ersten Komödie wird die Wirkung der einzelnen Situationen ausgenützt. Die *Leichenrede,* welche der Hausknecht im letzten Akt hält, deutet auf Reuters letzte Abrechnung mit der Familie Müller.

Es scheint fast, als ob die schnelle Veröffentlichung der ersten Fassung, welche bei Röder in Frankfurt a. M. erschien, *Schelmuffskys Curiose und Sehr gefährliche Reiße-beschreibung zu Wasser und Land. Gedruckt zu St. Malo. Anno 1696*, ohne Reuters Einwilligung erfolgte. Die zweite (1696/97) Fassung ist wesentlich überarbeitet und zeigt, daß dieses Werk einer übermütigen Laune über die persönliche Satire hinaus die Fehler der Zeit bloßstellt. Schelmuffsky erzählt seine Geschichte selbst und hält sich dabei an das Vorbild abenteuerlicher Reisebeschreibungen, eines sehr beliebten Lesestoffes der Zeit. Reuter trifft das Bürgertum, das ohne Bildung durch sein Geld den Zugang in die höfisch-galante Umwelt sucht, und zeigt, wie es sich dabei lächerlich machen muß. Mit dem Bürgerlich-Neureichen trifft Reuter auch die veräußerlichte Kultur. Er gebärdet sich grobianisch wie *Fischart*. Das ist ein fröhlicher, laut vernehmlicher Nachklang einer naturhaften Kunst, wie wir ihn erst wieder im Zeichen des erwachenden Volksliedes vernehmen werden.

Von einer Frühgeburt wie *Schelmuffsky* ist ebenso Sonderbares zu erwarten wie von Gargantua. Bis zum 12. Lebensjahr wird er mit Ziegenmolken ernährt. Die Schulbank will er nicht drücken und zum Handwerk taugt er auch nicht; warum soll er nicht gleich seine Kavalierstour machen? Das leuchtet der Mutter ein. Sie weiß, daß manch einer berühmt aus der Fremde heimgekehrt ist, und versieht ihn mit dem nötigen Reisegeld. Ein Graf nimmt ihn im Schlitten nach Hamburg mit. Dort entzieht sich Schelmuffsky einem Liebes- und Ehrenhandel durch die Flucht. Der Herr Bruder Graf und die Dame Charmante bleiben zurück. Auf dem Schiff, das ihn nach Schweden bringt, setzt ihm die Seekrankheit so zu, daß er den Ziegenmolken, mit dem er aufgezogen wurde, den Meeresgöttern opfern muß. Plötzlich sind auch der Bruder Graf und die Charmante wieder. Man reist nach Holland. Auf der Höhe von Bornholm, bei einem Schiffbruch, dessen Opfer Charmante mit sechstausend Seelen wird, retten sich der Graf und Schelmuffsky auf einer Schiffsplanke nach Holland. Dann geht es von Amsterdam nach Indien zum großen Mogul, der schon darauf wartet, alle Herrlichkeiten seines Hofes einschließlich einer Sängerin, die auf dem neunzehnfach gestrichenen C trillern kann, dem edlen Reisenden vorzuführen. Das Angebot, dort als Reichskanzler zu wirken, schlägt Schelmuffsky aus. In London entflieht die Gefeierte vor den Werbungen der Adelstöchter nach Spanien. Auf dem Rückweg von dort fällt er unter die Seeräuber und wird endlich gegen ein Lösegeld frei. Mit der Erzählung seiner Abenteuer stößt er daheim auf den Widerspruch eines kleinen Vetters, der behauptet, er habe in einem nahen Dorf sein Reisegeld versoffen und verraucht. Mit einer Ohrfeige sucht Schelmuffsky den Wahrheitsbeweis zu erbringen. Dem darüber entstandenen Tumult entzieht er sich, indem er nochmals auf Reisen geht. Diesmal wandert er zu Fuß in unerhörten täglichen Märschen nach Italien. Kühn schützt er die römischen Heringsfischer im Tiber vor seinem alten Widersacher, dem Seeräuber Hans Barth. Im Schwarzwald aber bricht auf dem Rückweg das Unglück über ihn herein: er wird von Räubern überfallen und muß im Hemd heimkehren. Die Lügen führen sich selbst *ad absurdum*. Schelmuffsky ist der einzige, der an sie glaubt, sich selbst aber immer aufs neue bloßstellt, weil er es für durchaus angemessen hält, bei Hofe und in der ersten Gesellschaft so grobianisch aufzutreten. Er gebärdet sich kavaliersmäßig, und im nächsten Augenblick schlägt ihm der Rüpel wieder ins Genick. Aus diesem Widerspruch erwächst die unverwüstliche Komik des Werkes, das die Romantiker wieder entdeckten. Sie nannten den Helden nach seiner Redensart, *Der Tebelhohlmer*.

Reuters letzte Satire gegen die Müllers war die parodistische Grabrede: *Letztes Denck- und Ehren-Mahl Der weyland gewesenen Ehrlichen Frau Schlampampe. In Einer Gedächtnüß-Sermone aufgerichtet von Herrn Gergen* (1697). Hier überbietet Reuter seine vorhergehenden Werke. Der Rede schließen sich acht Gedichte an, welche den Figuren aus den Lustspielen in den Mund gelegt werden.

Durch hohe Gönner erreichte Reuter zu Anfang des Jahres 1700 die Aufhebung seiner Relegation. Kurze Zeit später wurde er Sekretär des

Kammerherrn von *Seyfferditz*. Nun gewann er Einblick in das Leben der Hofgesellschaft und konnte seine Erfahrungen in einer neuen Komödie, *Graf Ehrenfried* (1700), verwerten. Das Stück wurde mehrmals in Leipzig aufgeführt. Der Held ist *Georg Ehrenfried von Lüttichau*, ein stadtbekannter adeliger Habenichts, der seiner Schulden wegen von Leipzig nach Polen abgegangen war. Hier wird der galante Hofmann der Lächerlichkeit preisgegeben. Abenteuer, Weiber und Schulden wird auch Ehrenfried nicht los. Sogar das Bett wird ihm gepfändet, aber die Diener entläßt er nicht. Eine Neuauflage des *Picaro* ist sein Kammerjunge Mummel-Märten. Als dieser verschwindet, kommt der große Katzenjammer über Ehrenfried. Er spielt nun mit seinen Trabanten Kloster, doch er gibt sich selbst wieder der Welt zurück. Er muß eine Bürgerstochter, der er die Ehe versprochen hat, auf königlichen Befehl heiraten und erhält das ansehnliche Hochzeitsgeschenk von 4000 Talern. Für eine Weile langt es nun wieder. Was Reuter bühnentechnisch gelernt hat, verliert er an straffer Zusammenfassung der Handlung. Aber die Zuschauer sahen ihre Zeitgenossen, den adeligen Schuldenmacher wie den Schenken *Johannes* aus Auerbachs Keller, auf der Bühne. Sie freuten sich der lustigen Einfälle und der Situationskomik. Wenn auch der Adel in einem verkommenen Exemplar gezeigt wird, so gibt Ehrenfried dennoch seine Würde nicht ganz preis. „Dieser Don Quichote des höfisch-barocken Kavaliertums verkörpert doch in sich schon eine tiefere humoristische Sinndeutung des Lebens, wie man sie in keiner anderen deutschen Dichtung des Zeitraumes finden wird."

LITERATUR

Weise: Folgende Werke wurden neu hrsg.: Der grünenden Jugend überflüssige Gedanken von M. v. Waldberg, Neudr. 242–45 (1914). Tobias und die Schwalbe von R. Genée, Berlin 1882. Bäurischer Macchiavell, Comödie von der bösen Catharina von L. Fulda DNL 39. Masaniello von R. Petsch, Neudr. 216–18 (1907). Regnerus und Ulvilda von W. v. Unwerth, Breslau 1914. Der niederländische Bauer von W. Flemming, DL. Bar. 4. Die unvergnügte Seele. Vom verfolgten Lateiner von F. Brüggemann, DL. Aufkl. 1. Die Erznarren von W. Braune, Neudr. 12–14 (1878). W. Eggert, Chr. W. und seine Bühne, Berlin 1935. R. Becker, Chr. W.s Romane und ihre Nachwirkung. Diss. Berlin 1910.

Riemer: A. F. Kölmel, J. R. Diss. Heidelberg 1914.

Bohse: E. Schubert, Augustus Bohse gen. Talander. Ein Beitrag zur Geschichte der galanten Zeit in Deutschland, Breslau 1911.

Canitz: V. Lutz, F. R. L. v. C., sein Verhältnis zu dem französischen Klassizismus und zu den lateinischen Satirikern nebst einer Würdigung seiner dichterischen Tätigkeit für die deutsche Literatur, Diss. Heidelberg 1887.

Besser: W. Hertel, J. v. B. Berlin 1910.

König: W. Rosenmüller, J. U. v. K. Diss. Leipzig 1896.

Morhof: M. Kern, D. G. M. Ein Beitrag zur Gesch. d. dt. Literaturschreibung im 17. Jahrh. Diss. Freiburg i. Br. 1928.

Mencke: G. Witkowski, Geschichte des literarischen Lebens in Leipzig. Leipzig 1909.
Pietsch: J. Hülle, J. V. P., Weimar 1916.
Reuter: Gesamtausg. v. G. Witkowski, 2 Bde, Leipzig 1916. Die Schlampampe-komödien wurden hrsg. von G. Ellinger, Neudr. 90–91 (1890). Die ehrliche Frau von W. Flemming, DL. Bar. 6. Die beiden Fassungen des Schelmuffsky von A. Schullerus, Neudr. 57/58, 59 (1885). – F. Zarncke, Chr. R., der Verfasser des Schelmuffsky. Sein Leben und seine Werke, Leipzig 1884. Ergänzungen dazu, Sitzber. d. phil.-hist. Kl. d. kgl. sächs. Ges. d. Wissenschaften 39 (1887), 40 (1888), 41 (1889). O. Denecke, Schelmuffsky, Göttingen 1927. E. Dehmel, Sprache und Stil bei Chr. R. Diss. Jena 1929. F. J. Schneider, Chr. R. Halle 1936.

VIERTES KAPITEL

ALTE UND NEUE FRÖMMIGKEIT

Nur langsam trennen sich die Bezirke geistlicher und weltlicher Dichtung. Selbst ein so übermütiger Studentendichter wie Christian Reuter stellte seine Kunst in den Dienst der Kirche. Auch diese paßte sich den neuen Formgebungen und Wandlungen an. Doch hält sie sich, wenn sie mit ihrer Kunst dem Volk dienen und Andacht erwecken will, enger an die alten Überlieferungen. Das gilt ganz besonders für das katholische Schrifttum, das sich kaum wesentlich verändert. Die konfessionelle Polemik tritt zurück, Moralsatire, Zeitkritik und Erbauung bestimmen weiter den Gang der Entwicklung. In ihren Bereichen halten Verstand und Gefühl einander die Waage. Die Gegenreformation hatte den Grundton angeschlagen, erst die Aufklärung führte später eine entscheidende Wendung herbei. In den deutschen Ländern der Reformation hingegen war der Gegensatz zwischen Orthodoxie und gefühlsbetonter Frömmigkeit noch immer wirksam. Zwar rüttelte diese nicht an den Dogmen und trat nicht als allgemeine Reformbewegung auf, welche unabhängig von den Glaubensparteien das ursprüngliche Christentum wieder herzustellen versuchte, aber sie nahm dennoch vieles wieder auf, was wir zu Beginn des 17. Jahrh.s im Zusammenhang mit dem Rosenkreuzerschrifttum beobachten konnten. Es ist daher durchaus berechtigt, bereits bei *Andreae* und *Arndt* die ersten Anfänge des Pietismus festzustellen. Wir wenden uns zunächst dem Schrifttum der Gegenreformation zu.

1. VOLKSTÜMLICHE ERBAUUNG

Predigt, Kirchenlied und Traktat schöpfen aus dem gleichen alten Überlieferungsgut, das sich durch die Jahrhunderte bewährt und immer wieder dem Denken des Volkes angepaßt hatte. Darum bemühen sich die Kapuziner mit größerem Erfolg als die Jesuiten. In gleicher Absicht dichtete auch der Weltgeistliche Johann Khuen (1606–75), das Haupt der Münchner Monodistenschule. Alle seine Bücher, darunter auch das *Epithalamium* (1636), enthalten sangbare Lieder. Verfasser des verbreitetsten Gebetsbuches der Jesuiten, des *Himmlischen Palmgarten* (1660), Herausgeber der Trutznachtigall und Erbauungsschriftsteller war Wilhelm Nakatenus (1617–8?) Er stammte aus München-Gladbach und war ein beliebter Prediger in den Rheinlanden. Den Anschluß an Harsdörffer fand mit seinen Gedichten Michael Staudacher (1613–73). Er stammte aus Hall in Tirol und bot in seinen *geistlichen und sittlichen Redverfassungen* (1656) Predigten von beachtenswerter Kraft.

Als Volksprediger und geistliche Schriftsteller wirkten die Kapuziner durch die Anspruchslosigkeit, mit der sie literarisch auftraten, und ihr glückliches Bemühen um eine höhere Formenwelt.

Prokop von Templin (1609–80) war Brandenburger. Er lebte 1620–25 in Berlin, trat dann zum katholischen Glauben über und wurde 1628 Kapuziner in Raudnitz. Als Prediger wirkte er in Passau, Znaim, bei der böhmischen Mission und ein Jahrzehnt in Wien. Er war 1651 in Rom. Von 1666 an gab er in Salzburg seine Predigten und Gedichte heraus. Er starb zu Linz.

Ein Verzeichnis der Werke Prokops umfaßt 33 Nummern. Sein Schaffen steht über dem Durchschnitt der Erbauungsliteratur. Der erzieherischen Absicht und dem hohen sittlichen Ernst entspricht der ruhige, würdige Stil. Prokop bietet sich dem Leser als freundlicher Helfer und Beistand an. Langsam wird seine Ausdrucksweise lebhafter. Setzt er sich mit dem Leben auseinander, so wird er farbenreicher. Da kommen die Predigtmärlein zu ihrem Recht und entfaltet sich sein Humor. Solcher Ausweitung entspricht der Kontrast zwischen ausgelassener Karikatur und grauenhaften Zügen, das Zurücktreten des Spottes hinter dem Zorn. Mit diesem Wechsel geht die Anwendung der Mundart parallel. Zwei Grundsätze lassen sich in seinen Predigten beobachten: sie sind auf *freundliche Ermahnung* oder *eindrucksvolle Warnung* abgestellt. Anscheinend überarbeitete Prokop seine Predigtenkonzepte. Dabei versucht er, die Ausgelassenheit des gesprochenen Wortes und des Einfalls, der ihm gerade in den Sinn kommt, zu dämpfen. Die erklärende Aufgabe, welche neben die erzieherische tritt, begünstigt die freie Entfaltung des Stils und die gemäßigte Ruhe. Seine Serienpredigten knüpfen zumeist an Evangelientexte an. Die Leichenpredigten sind auffallend schematisch, ruhig und trocken. Sie umschreiben in logischer Beweisführung den Gedanken, daß der Tod der Übergang in ein besseres, schöneres Leben sei und damit alle Schrecken verliere. Die *Predigtsammlung* von 1671 berührt sich mit *Geiler.* Ausgangspunkt der Betrachtung ist ein Tier, eine Pflanze, ein Berg wie der Aetna, eine Naturerscheinung wie der Regenbogen. An Schwank und Fastnachtspiel erinnern die kleinen Genrebilder von Zechgelagen mit anschließender Rauferei, Liebesabenteuern und allerlei Belustigungen. Davon sind die Predigten zu den heiligen Festen frei. Prokop stellte sich als Missionsprediger auf Alter, Geschlecht und Stand seiner Hörer ein. Danach richtet sich die Wahl der Bilder und Beziehungen zwischen Diesseits und Jenseits.

Kaum ein geistlicher Dichter der Zeit ist so wenig von der Mystik berührt wie Prokop. Er bleibt ein weltoffener Kapuziner, der mit der Elle des Durchschnitts und Alltags mißt. Angst vor der Hölle oder Weltverachtung hat er kaum jemandem eingejagt. Er wollte den anderen von seiner ausströmenden Fröhlichkeit mitteilen; denn Mitteilungsbedürfnis ist die Triebfeder seines Schaffens. Was immer er schrieb, steht im Zeichen maßvoller Versöhnung. Welcher Unterschied zu Scheffler! Im Donauland geht es um eine Festigung der Gesinnung. Deshalb schleppt sich die Polemik mühsam fort. Der Heilsgedanke tritt in den Vordergrund. Wenn Prokop seine Beispiele, Gleichnisse, Erklärungen und deren Nutzanwendung gebracht hat, kehrt er zu den gleichen Leitsätzen zurück, die er besonders einprägen will. Mit dem Stoff schaltet er frei. Er bringt nichts Fertiges, sondern entwickelt und gestaltet neu. Er führt die biblische oder geschichtliche Situation noch einmal vor und macht dazu seine Randbemerkungen. Damit schaltet er sich in das Geschehen ein, wird zum Vermittler zwischen den Hörern und der Geschichte, zum Erklärer eines Schauspiels. Daraus ergibt sich die Möglichkeit zur Dialogführung oder Beantwortung rhetorischer Fragen. Im Gegensatz zur Mystik geht es bei Prokop kaum je um eine allegorische Ausdeutung biblischer oder sonstiger Vorgänge ins Geistige sondern fast immer um ihr bewußtes Einbeziehen in das tägliche Leben, in Umgebung und Umwelt. Die Geschichte der Predigt dürfte auch im 17. Jahrh. ein fortwährendes Bemühen um den Ausgleich des Gegensatzes zwischen fester Ordnung und Gesetz einerseits und dem Leben andrerseits zeigen. Aus reicher Lebenserfahrung fließen die Beispiele zu. Das *Predigtmärlein* steht vor seiner zweiten großen Entfaltung im Schaffen von Abraham a Sancta Clara. Bei Geiler hielt es die Serienpredigt zusammen, bei Abraham droht es den Rahmen der Predigt zu sprengen und wird schließlich zum Unterhaltungsschrifttum. Diese Entwicklung ist in Parallele zu setzen zur komischen Handlung, die sich, wie das Beispiel von Gryphius lehrt, gleichzeitig aus dem ernsten Drama loslöst, das es zunächst als Zwischenspiel umrankt, und dann selbständig wird.

Prokops Beispiel zeigt, wie das Kirchenlied in Zeiten schwächeren Lebens und geringer Antriebe sich an die Predigt hält und von dieser neue Anregungen bekommt. Man kann von ihm sagen, daß er seine Predigten in Verse umschrieb und sein Dichtertum unter das Motto *Cantiones e contionibus* steht. Wenn er frisch drauflos erzählen kann, fühlt er sich auch als Lyriker am wohlsten. Formeln und Bilder stellt er in den Dienst der Lehrhaftigkeit und Erbauung. Er durchflicht das ganze Leben mit Religion. Als geistlicher Didaktiker hält er die Verbindung zum Kirchen- und Volkslied aufrecht. Seine scharfe Beobachtung rückt ihn in die Nähe der Satiriker. Weniger in der Lyrik – die Mariengedichte, welche das Wunderhorn zu Goethes Freude abdruckt, mit eingeschlossen – als in seinen Prosawerken liegt Prokops Bedeutung. In seinem Schaffen leuchtet das Mittelalter noch einmal auf.

Höhere künstlerische Ansprüche stellte Michael Angelus von Schorno (1631–1712) aus Schwyz. Er kam in leitenden Stellungen innerhalb seines Ordens zu hohem Ansehen. Ein längerer Aufenthalt in Rom (1679–82) ließ ihn Anschluß an römische Vorbilder für seine Predigten gewinnen. Er war einer der erfolgreichsten Prediger der helvetischen Provinz und gab an seinem Lebensabend drei Sammlungen, *Tuba verbi Dei evangelica*, *Wäldischer Zweiggarten* (1711) und *Geistlicher Wildfang* (1712), heraus. Das Gelehrte und Bildungsmäßige tritt hier bedeutsamer hervor als in den gleichzeitigen Erbauungsschriften seiner Ordensbrüder. Die geistige Disziplin und den streng geordneten Aufbau verdankt er den Gesetzen der Rhetorik, doch

27*

keineswegs so, daß er sich daran wie an ein starres Schema hält. Die Vielfalt der Ornamentik und eine besondere Begabung zur Variation zeigen seine besonderen Fähigkeiten und seinen beweglichen Geist, dem aus der Fülle der Erscheinungen ein reiches Stoffgebiet zur Verfügung steht.

Dem volkstümlichen Denken paßte Laurentius (Johannes Martin) von Schnüffis (1633–1702) die Schäferdichtung eines Spee an. Er stammt aus Vorarlberg und zog als fahrender Schauspieler durch die Lande, bis er an den Hof Erzherzog Ferdinand Karls 1655 nach Innsbruck kam. Es ist nicht festzustellen, ob eine schwere Krankheit (1661) oder der Tod seines Gönners (1662) ihn dazu veranlaßte, Theologie zu studieren. Er trat 1665 in das Kapuzinerkloster zu Zug ein. Kaiser Leopold hat ihn zum Dichter gekrönt.

Durch Umstellung seines Namens Martin kam Laurentius zum Titel seiner Liedersammlung *Mirantisches Flötlein* (1682). Die Seele (Clorinda) wird von Christus (Daphnis) in dreimal zehn Liedern bekehrt. Man kann diese episch-lyrische Schäferei, in der sich Elemente der antiken Bukolik, zeitgenössische Gesellschaftsdichtung, gelehrte Bildung und naive Volkstümlichkeit, romanischer Formsinn und oberdeutsche Mundart ein Stelldichein geben, als Beispiel für ein Zusammenfließen ansehen, in welchem sich das Entlegenste zu einem reizvollen, harmonischen Gebilde aneinanderfügt. Hier sind alle Widersprüche zwischen Antike, Christentum und den Resten heimischen Heidentums aufgehoben, und wird im Geiste des Ordensgründers eine naturhafte Haltung eingenommen. Ein versöhnender Geist liegt über den Spannungen. Das zeigt schon die Vorrede mit der Gegenüberstellung der flötespielenden Diana, welche ihr Instrument entsetzt wegwirft, nachdem sie ihr entstelltes Gesicht in der Quelle gesehen hat, mit Clorinda, die sich des mirantischen Flötleins bediente und dadurch immer schöner wurde. Die Laute der Eitelkeit und das gottpreisende Bußflötlein können nicht harmonisch zusammenklingen. Mit seinem Flötlein will Pater Laurentius Predigten, dickleibige Erbauungsbücher und eindringliche Mahnungen ersetzen. Clorinda bezeichnet nicht eine bestimmte Person sondern eine sich zu Gott bekehrende Seele. Eindrucksvoll wird die Schäferwelt ins Religiöse umgesetzt. Die Seelsorge bediente sich nun der weltlichen Bilder genau so wie das frühe Christentum der heidnischen Mythen in allegorischer Umdeutung. Das Verfahren liegt auch der *geistlichen Kontrafaktur* zugrunde. Mit drastischen Zügen und Mitteln wurde dem oberdeutschen Volk so der Weg der Mystik in Reinigung, Erleuchtung und Vereinigung vorgeführt. Da konnte das Volk die Geheimnisse fassen, welche ihm nur in 'seiner Sprache und Anschauungsweise zugänglich waren.

Martin Linius von Cochem (1634–1712) trat 1653 in den Kapuzinerorden und empfing seine Ausbildung wahrscheinlich in Aschaffenburg. Um 1659 wurde er zum Priester geweiht. Als Lektor der Philosophie wirkte er 1664–67 in Mainz. Dann berief man ihn als Prediger und Seelsorger nach Bensheim a. d. Bergstraße. In gleicher Eigenschaft wirkte er 1675–78 im Kloster zu Königstein im Taunus und nachher in Dieberg bei Darmstadt. Im Herbst 1682 ernannte ihn der Erzbischof und Kurfürst von Mainz zum *Visitator* und *Missionär* in Unterfranken, wo er mit energischer Strenge bis 1685 dieses Amt ausübte. Dann war er wieder im Dienst seines Ordens tätig, verfaßte die Annalen der rheinischen Kirchenprovinz und hielt sich bis 1689 in den Klöstern zu Koblenz und Bernkastel auf. Sein Wanderleben und die Aufenthalte in Günzburg (bis 1692), Passau, Linz und Prag (1693–96) wurden durch die Reunionskriege und die Heimsuchung der rheinischen Klöster veranlaßt. Nach seiner Rückkehr war er bis 1700 Missionär und Visitator im Erzstift Trier. Anschließend kam er als Prediger und Beichtvater nach Waghäusel bei Philippsburg. Dazwischen wirkte er in Bernkastel (1703), Aschaffenburg (1705) und Mainz (1708/09).

Martin von Cochem ist einer der fruchtbarsten geistlichen Volksschriftsteller. Mit einem *Kinderlehrbüchlein* (1666) setzt seine literarische Tätigkeit ein. Außer durch seine Gebet- und Gesangbücher wurde er durch *Das Große Leben Jesu* (2 Bde, 1681) und sein *Lehrreiches History- und Exempel-Buch* (4 Bde, 1696–99) berühmt. Seine sämtlichen Werke gehören zum *katholischen Gebrauchsschrifttum* und dienen, wie er sich selbst auf die verschiedenste Weise ausdrückt, praktischen Bedürfnissen. Die tägliche, für den Orden vorgeschriebene zweistündige Betrachtung des Lebens und Sterbens Christi veranlaßte sein Leben Jesu, das er in den verschiedenen Fassungen und Überarbeitungen herausgab. Die Erzählungen wurden mit Sittenlehren und kurzen moralischen Betrachtungen durchflochten. Doch ließ er diese später weg, wie er überhaupt unter dem Eindruck der Kritik diesem Werk immer wieder eine neue Form gab, zuletzt noch 1707. Als religiöses Hausbuch folgt es den Ereignissen des Kirchenjahres. Im Mittelpunkt steht die Person Christi, um welche sich die gesamte christliche Glaubenslehre ordnet. Das ist volkstümliche, theologische Enzyklopädie. Die vorbereitende Adventszeit umfaßt das Werden der Welt, die Geschichte der Menschheit bis zu Christus und die Legenden um Maria. Geburt, Kindheit und Jugend des Heilands sind als Lektüre für die Weihnachtszeit gedacht. Die Lehrtätigkeit Christi wird nur kurz gestreift. Mehr Wert wird auf die Ausmünzung apokrypher Quellen gelegt. Die Wunder aus den drei letzten Lebensjahren Christi können in ihrer ganzen Fülle doch nicht beschrieben werden. Deshalb wird der Leser nachdrücklich auf die Lektüre der Postille verwiesen. Im Mittelpunkt des Werkes steht die Passion als Osterlektüre, angeschlossen werden die Einsetzung der Sakramente, die Geschichte der christlichen Gemeinde und der Untergang Jerusalems, woran sich Betrachtungen über das Ende der Welt knüpfen. Den Abschluß bildet eine umfangreiche Behandlung der Eschatologie. – Ob wirklich, was eine Zeitlang behauptet wurde, das religiöse Volksschauspiel von hier aus neue Anregungen bekam, scheint zweifelhaft. Schlichte Erzählweise, sinnfällig anschauliche Darstellung und Beschreibung, bestimmte Angaben und das Eingehen auf sonderbare Einzelheiten vermitteln Bilder, Anschauungen und Vorstellungen, wie sie das Volk liebt. Vergangenheit und Gegenwart werden nahe zusammengerückt. Der biblische Bericht wird mit Vorstellungen und Erlebnissen aus der Gegenwart belebt. Der Leser wird in die Seelenregungen der auftretenden Personen versetzt. *Scherers* wertende Gegenüberstellung P. Martins, der mit echt epischen Mitteln arbeite, und Klopstocks, der „alles aus seinem Herzzen genommen" habe, sieht über die geistigen Voraussetzungen der beiden hinweg. Das Miterleben Marias schildert Martin nach dem Grundsatz: „Was Christus an seinem Leib litt, das litt Maria im Herzen." An ihrem Verhalten und an zahlreichen Einzelbemerkungen ist zu sehen, wie die Menschen des 17. Jahrh.s die Entwicklung Jesu und vor allem die Passion miterlebten. Bis zu Klopstocks Messias bleibt das Evangelium der erhabenste Stoff der Dichtung, welche sich an die christliche Gesamtheit wendete.

P. Martin gibt selbst an, daß er dreißig Gebet- und Erbauungsbücher verfaßt habe, zumeist Umarbeitungen älterer Werke, neue

Zusammenstellungen, Auszüge oder Paraphrasen eigener oder andrer Werke. Er vergleicht seine Tätigkeit gerne mit der eines Gärtners. Aus vielen Quellen strömt ihm der Stoff zu. Mit sicherem Blick paßt er ihn seinen Zwecken an. Er will vor allem den Einfältigen dienen und die Andacht fördern. Deshalb vermittelt er keine Dogmen. Im Gegensatz zu den Jesuiten, die ihr Schrifttum auf Belehrung abstellten, will er mit seinen Werken entzünden, entflammen und zu Gott erheben. Er schwelgt nie in Gefühlen und verläßt nie die Gedankengänge des Volkes. Auf *religiöse Verinnerlichung* zielen seine empfohlenen Andachtsübungen ab. Die Eindringlichkeit, mit welcher er dem Klerus ins Gewissen redete, rief manchen Gegner auf den Plan, so daß er sich oft gegen Anfeindungen seiner Standesgenossen verteidigen mußte. Unter Stichworten und Heiligennamen in alphabetischer Ordnung, mit Darstellungen und Beschreibungen von einzelnen Begebenheiten, sowie der Vorführung von Tugenden und Lastern stellte P. Martin im *History- und Exempelbuch* eine stoffreiche Sammlung für den Prediger und Katechisten bereit. Seine groß angelegte *Neue Legend der Heiligen,* nach Ordnung des Kalenders geschrieben (4 Bde 1708) tritt an Bedeutung hinter ein zum Volksbuch gewordenes kleineres Legendenwerk zurück, die Bearbeitung der Legende der Heiligen des *P. Dionysius von Luxemburg,* welche 1705 zuerst erschien. Dieses Werk gehört bis weit in das 19. Jahrh. hinein zum festen Bestand der katholischen Erbauungsliteratur. Da werden noch einmal die spätmittelalterlichen lateinischen Sammelwerke ausgemünzt. Alles, was nach seiner Meinung Sitte und Glauben fördern kann, bringt P. Martin mit unermüdlichem Eifer zusammen. Altes und Neues trägt er ins Volk. Die Auswahl ist immer nach dem Gesichtspunkt der Brauchbarkeit für das praktische Leben getroffen. Deshalb verzichtet er auf die Vorführung von Martyrien und Wundern. Sein Ziel ist es, die Menschen im Kampf gegen Leidenschaft und Sünde zu unterstützen, zur Selbstüberwindung und Pflichterfüllung anzufeuern. Er hält sich an feste Schemen und verläßt sich auf seine Gewährsmänner. Was uns in seinen Werken fremd anmutet, ist seine *robuste Glaubensseligkeit.* Sein Blick hält das Wesentliche der Legende fest und wertet es moralisch aus. Ausführliche Motivierung und rührendes Ausmalen effektvoller Szenen sprengen den Rahmen, welchen das Vorbild bot. Oft hat P. Martin Gelegenheit, seine glückliche Einfühlungsgabe in die Situationen der Handlung, in die geistige Welt der vorgeführten Gestalten und seiner Leser zu zeigen. Volksbücher haben seine Fassung der Legenden immer bevorzugt.

Mit der Reformation schließen P. Martins *Kirchische Historien* (2 Bde, 1694–1708), bearbeitet nach *Baronius,* ab. Sie sind einer der vielen Belege für die ernsthafte Beschäftigung der katholischen Orden mit geschichtlichen Fragen und weisen mit ihrer friedfertigen Haltung bedeutungsvoll in die Zukunft. Die Zeit der religiösen Auseinandersetzungen geht nun zu Ende. Die Kontroverse weicht der einfältigen Betrachtung, die Ableitung des Dogmas der Auslegung. Die absolute Wahrheit eines Glaubensbekenntnisses wird nicht mehr aus dem Gegensatz zum andern bewiesen. Wie P. Martin die anderen Auffassungen gelten läßt und betont, daß er nicht die Absicht habe, die anderen zu stören, so verlangt er auch, daß man „uns Catholische bei unsrer uralten, von tausend und mehr Jahren herbeygebrachten Gewohnheit, die Reliquien und heilige Orth zu verehren, ungehindert" belasse.

Als reifstes Werk P. Martins werden seine drei *Meßerklärungen* (1648, 1703, 1712) bezeichnet. Da zeigt er sich als gründlicher Theologe, wohl geübt, schwierige wissenschaftliche Probleme klar und verständlich zu entwickeln, belesen in den Meßauslegungen seiner Vorgänger. Mit der lateinisch abgefaßten *Medulla Missae* wendete er sich an den Priester. – Predigten dürfte er kaum schriftlich ausgeführt haben. Aber die meisten seiner Werke sind im Hinblick auf die Predigt geschrieben und wollen sie mit der eigenen Prägung von Gedanken verschiedenster Herkunft aus der Erstarrung lösen. Mit seiner volkstümlichen Ausdrucks- und Denkweise wollte er die Predigt vom Ballast der Rhetorik befreien. Zum Unterschied von Abraham ist Martin kein Satiriker. Er will die Andacht seiner Leser wecken, indem er sie beim Gemüt packt. Er wirkt durch den Stoff ohne dessen moralische Auslegung. Nicht die Schwank- und Fabelliteratur ist wie für Abraham seine literarische Stoffkammer sondern die Legende. Die dauerhafte Wirkung seiner Schriften erzielte er durch den Verzicht auf die Kunstmittel in ihrer Zeitgebundenheit. Stark tritt sein Zug zur Askese hervor. Martins naive, kindliche Weltbetrachtung, liebevolle Versenkung in einzelne Erscheinungen, temperamentvolles Draufgängertum und warme Friedensliebe offenbaren die Gefühlstiefe und Empfindungsstärke, welche den Angehörigen seines Ordens eigentümlich ist. Manche Spur hat die volkstümliche Mystik des Mittelalters in Martins Werken hinterlassen. Aber sein Denken ist mehr scholastisch bestimmt und zeigt deutliche Beziehungen zu *Bonaventura.* Martins Ziel war, mit einem weiten Wissensstoff der religiösen Erbauung und frommen Unterhaltung zu dienen. Ein Verzeichnis seiner Schriften zählt 66 Nummern. Viele davon sind Gelegenheitsschriften, deren Stoff aus der Lektüre, nicht aus dem Leben und der Naturbetrachtung, zusammengeschrieben wurde. Dennoch erzielte er eine breite Wirkung und belebte er die Heiligenverehrung dadurch, daß er manchen verschollenen Zug mittelalterlicher Legenden wieder aufleben ließ. Er ist ein Anpasser großen Stils. weil er die Bedürfnisse seiner Zeit kennt. Er ersetzt *den seltzamen und schlechteren Stylum* der alten Autores durch einen einfachen, *klaren und fliessenden.* In der Vorrede zum Leben Jesu heißt es: „Was die Manier zu schreiben anlangt, habe ich mich beflissen alles gantz schlecht und einfältig zu schreiben, damit die ungelehrte Burgers- und Bauers-Leuth alles wohl verstehen." Wenn er Worte gebraucht, die *im hohen Teutsch ungewöhnlich* sind, so zeigt er damit, daß er es versteht, das Sinnlich-Faßbare in unmittelbare Beziehung zum Geistigen und Religiösen zu setzen.

Als typischer Vertreter der Gegenreformation geht P. Martin mit den gleichen, beliebten und erfolgreichen Mitteln, mit denen sie in Bayern begann, ans Werk. Diese stetigste und stärkste Überlieferung im deutschen Schrifttum des 17. Jahrh.s verfügt über einen kleinen Formbestand. Sie legt den Hauptwert auf Vermittlung von Kenntnissen und Wissen, auf die Ausstattung mit dem Rüstzeug für ein Gott wohlgefälliges Leben. Die bewährte Methode versucht sich immer wieder an den gleichen Autoritäten und Beispielen. Dieses Material steht allerdings in einzigartiger Fülle zu Gebot, so daß es jedem möglich ist, wenn er an den richtigen Wissensspeicher kommt, etwas Neues, längst Vergessenes wieder aufzufrischen. Aus der Gleichartigkeit des Bildungsstoffes ergibt sich eine nur durch die Reformation und die daran anschließende Polemik gestörte oder vorübergehend unterbrochene Einheit, welche sich vom 14. bis ins 18. Jahrh. erstreckt. Geschichten, Beispiele, Bilder, Redensarten, Argumente und Beweisgründe werden mosaikartig in immer neuer Anordnung zusammengeflickt. Die Einzelheit kann durch tausende von Händen, große und kleine Speicher gegangen sein. Ihre Verwendung dient immer dem gleichen Zweck. Selten tritt die Eigenheit dessen, der die Teilchen zusammenfügt, in Erscheinung. In der besonderen Formung, Betrachtungsweise und Ausgestaltung kann sie sichtbar werden. Zwischen der Arbeitsweise des volkstümlichen Darstellers und der des höhere Ansprüche stellenden Dichters bestehen keine bedeutenden Unterschiede. Zur Erfassung dieser Erbauungsliteratur sind kaum Ansätze vorhanden, weshalb nicht einmal die Problematik geboten werden kann. Man wird unterscheiden müssen zwischen den Gesellschaftsschichten, an welche sich die Werke wenden, und zwischen den einzelnen Orden, denen besondere seelsorgische Aufgaben zukommen. Wenn uns heute die Volkstümlichkeit eines Abraham a Sancta Clara oder Martin von Cochem mehr anspricht als die für den höfischen Beamtenadel bestimmten, meist lateinisch abgefaßten Werke von Benediktinern und Jesuiten, so arbeiten wir wieder einmal nach Gesichtspunkten, welche die Zeit nicht kannte. Es ging ja nicht um die Vermittlung von ästhetischen Werten sondern darum, den Menschen ins Gewissen zu reden, sie zu bessern und im Glauben zu stärken. Danach sind Mittel und Methoden abgestuft, welche angewendet werden, danach richtet sich nicht nur der Stil sondern auch die Wahl des Stoffes.

Als einer der vielen berühmten Volksprediger ist noch der Tiroler P. Heribert von Salurn (1637–1700) zu nennen. Vorerst ist aber noch nicht einmal ein Überblick über die katholische deutsche Predigt im 17. Jahrh. zu gewinnen. Erst wenn dies einmal der Fall ist, wird man die Leistung Abrahams a Sancta Clara richtig bewerten können.

Abraham a Sancta Clara, Johann Ulrich Megerle (1644–1709), war das achte Kind eines Wirtes in Kreenheinstetten bei Meßkirch in Baden. Er studierte unter der Aufsicht seines Onkels Abraham Megerle am Jesuitenkolleg in Ingolstadt und nach dem Tod seines Vaters (1656) an der Benediktineruniversität in Salzburg. In Wien trat er 1662 in den Orden der reformierten Augustiner Barfüßer. Seine theologischen Studien machte er in Prag und Ferrara. Zum Priester wurde er 1668 geweiht. Nach zwei Jahren kam er als Wallfahrtsprediger in das Kloster Taxa bei Augsburg. Als Bußprediger wurde er 1672 nach Wien versetzt. Dort wurde er 1677 Subprior und erhielt den Titel *Kaiserlicher Prediger*. Zur gleichen Zeit begann die Laufbahn des Volksschriftstellers. Das Amt eines Priors in Wien, das ihm 1680 zufiel, vertauschte er 1683 mit dem eines Sonntagspredigers in Graz. Dreimal (1686, 1689, 1692) war er in Ordensangelegenheiten in Rom, wo er mit besonderen Aufgaben, wie der Leitung der deutsch-böhmischen Ordensprovinz, betraut wurde. Von 1695 an lebte er in Wien, zuerst als Prokurator der Provinz und dann als Beirat des Provinzialrates.

Abrahams moraltheologische Werke treten ganz zurück hinter seinen Predigten und seiner Volksschriftstellerei. Man pries ihn als ein Wunder der Zeit. Er wurde über die Predigt zum Moralsatiriker wie Geiler und Murner. In seinen Schriften wird das Erbe des elsässischen Humanismus neu belebt; denn auch um diese Zeit der Türkenbedrohung geht es um die Erhaltung des habsburgischen Kaiserreiches. Die Sendung Österreichs, das Abraham als Vorbild eines großen deutschen Vaterlandes aufstellt, verkündigte er in einer *Festpredigt* zu Ehren des Landespatrons Leopold (1673). Bei der dritten Vermählung des Kaisers Leopold und der Geburt des Habsburgischen Thronerben wird er zum Verkünder der Zukunft. Als christlichen Streiter und Vorbild feiert er den *heiligen Georg* (1680). Über die Heimsuchung des Landes durch die Pestepidemie, welche er als Warnung an die Zeitgenossen aufgefaßt wissen will, und die Türkenbedrohung wurde er zum Volksschriftsteller (*Mercks Wien* 1679, *Auf, auf ihr Christen* 1683). Da tritt er mit leidenschaftlicher Begeisterung für die christliche geistige Einheit des Abendlandes ein. Er fordert mit hinreißender Eindringlichkeit das Zusammengehen der europäischen Mächte. Es ist die gleiche Gedankenwelt, in der sich Rettenpacher bewegt. Nur verleiht ihr Abraham einen weithin vernehmbaren und aufrüttelnden Klang in deutscher Sprache. Als die Türkengefahr gebannt war, wurde er zum Sittenschilderer (*Reimb Dich*, 1684. *Heilsames Gemischgemasch*, 1704. *Huy und Pfuy der Welt*, 1707. *Wohlgefüllter Weinkeller*, 1710. Die Predigtsammlung: *Geistlicher Kramerladen*, 1710). Den hundert Narren im *Centifolium stultorum*, 1709, folgen die hundert Närrinnen der *Mala Galina* (1713). Als großen Sittenroman wollte er das vierbändige Werk *Judas der Erzschelm* (1686) aufziehen. Aber die Fülle der Einzelheiten, der Bildchen und Anekdoten, der Einfälle und Gestalten, die seine Phantasie ihm unermeßlich spendete, fügte sich schwer in das Gerüst einer Erzählung.

Als der größte Publizist in deutscher Sprache zwischen Luther und Görres ist Abraham bezeichnet worden. Damit soll vor allem seine Sprachgewalt ins rechte Licht gestellt werden. Diese ist es, welche ihn über die Gesetze der Rhetorik und Poetik hinwegträgt. Sie äußert sich ähnlich wie bei Jeremias Gotthelf als Naturkraft, ob sie die Rede dem Alltag anpaßt, zu hohem pathetischen Schwung emporträgt, die Worte durch Reim, Wortspiel oder Rhythmus bindet. Langeweile kann da nicht aufkommen. Prägnant und kurz reihen sich die kleinen Einzelheiten aneinander. Zum Ausmalen bleibt keine Zeit. Wie im Holzschnitt sitzt der treffende Zug. Er wäre durch nichts zu ersetzen oder anders zu führen. Abraham ist ein besessener Erzähler. So sehr auch seine Belesenheit gerühmt wird: sein Gedächtnis verwertet doch das beobachtete Leben in seiner Weite besser. Aus der Beobachtung kommt seine Seelenkunde. Sie ist Grundlage und Voraussetzung seiner *Sittenschilderungen*. Diese eröffnen anders als die moralischen Wochenschriften ein farbiges Zeitbild. Deuteten uns gleichzeitige literarische Erscheinungen die Auflösung der gesellschaftlichen Ordnungen an, so ist bei ihm wenig davon zu spüren. Seine naturhafte Kunst redete der Hofgesellschaft und dem Volk ins Gewissen. Er verstand es, Maß zu halten. Das Groteske, der prunkvolle Schmuck um der schwülstigen Zierde willen, ist ihm fremd. Es geht ihm um die Bildung der Menschen. Hinter seiner Strenge steht der milde und ernste Wille zu bessern. Er ist eine der stärksten unter den weithin sichtbaren Gestalten des Jahrhunderts.

Diesem Reichtum und dieser Frische hat die gleichzeitige Erbauungsliteratur der reformierten Gebiete wenig Bedeutendes entgegen zu setzen. Wäre sie erfaßt, so ließe sich wohl auch in ihr ein Zug ins Leben beobachten. Eine Entwicklung ist noch nicht sichtbar geworden; denn zwischen der weltlichen und geistlichen Dichtung behaupten sich noch immer die alten, streitbaren und angriffslustigen Formen. So verband Kindermann nach bewährtem Muster die Gesichte mit der Teufelliteratur. Er zeigte den Peinigern der jungen Schüler, welche Strafen sie für ihre Roheiten in der Hölle zu erwarten hätten (*Schoristenteufel* 1661).

Balthasar Kindermann (1629–1706) stammt aus Zittau. Er studierte 1654 in Wittenberg, wurde 1657 Magister und von Rist 1658 zum Dichter gekrönt. Er war in Altbrandenburg Konrektor (1659) und Rektor (1664). Von 1667 an hat er zu Magdeburg hohe geistliche Stellen bekleidet. Als *Kurandor* dichtete er einen frischen *Lobgesang auf das Zerbster Bier* (1658). Er schrieb eine überlieferungsgebundene Frauensatire *Die bösen Sieben* (1661). Seine Mustersammlung von Reden und Briefen sowie sein *Lehrbuch der Dichtkunst* (1664) zeigen, daß er den Anschluß an die Nürnberger gefunden hat. Das belegt auch die Sammlung seiner zum größten Teil geistlichen lehrhaften Gedichte.

2. RETTENPACHER

Das geistige Antlitz des 17. Jahrh.s, das wir uns in seinen dichterischen Ausstrahlungen wiederzugeben bemüht haben, wird mehr in der bunten Vielheit der Gegensätze als in den Werken einzelner Dichter sichtbar. Diese stehen für ihren Glauben, ihren Stand, ihre besondere Kunstrichtung ein und sind mehr als in anderen Zeiten an die landschaftliche Sonderentwicklung gebunden. Sie passen sich ihr an oder geben ihr eine neue Richtung. Wir hatten es daher oft mit Dichtergruppen und mit der Pflege besonderer Formen zu tun, die sich langsam oder schnell entfalteten, auflösten, anderen Verhältnissen angepaßt und besonderen Zwecken dienstbar gemacht wurden. Die Fülle der *kleinen Kulturzentren*, welche wie Heidelberg, München, schlesische Fürstenhöfe, Königsberg, Nürnberg, Leipzig, Hamburg, Weißenfels vorübergehend aufleuchteten, der einzelnen Gestalten und Talente, welche der Entwicklung neue Wege weisen wollten, sind nicht als Einheit zu fassen. Es ist unmöglich, im 17. Jahrh. eine Opitz-, Gryphius-, Zesen- oder Grimmelshausenzeit zu erkennen oder davon zu sprechen, wie im 18. Jahrh. von einer echten Goethezeit, ebenso wie es unmöglich ist, es vom Höfischen her zu erfassen wie die deutsche Dichtung um 1200. So wäre man versucht, von einem ständigen Wechsel, der Verlagerung der einzelnen Schwerpunkte oder einem festen Rückgrat der poetischen Theorie zu sprechen, wenn sich diese nicht wandelte oder an anderen Grundsätzen ausrichtete. Es ist auch hier der Herren eigener Geist, in dem die Zeiten sich bespiegeln. Im großen Zusammenhang mit der europäischen Entwicklung gesehen, lösen sich die Nationen mit ihren Dichtungen aus der Einheit der abendländischen Bildung. Mit ihrer Bemühung um eine Universalwissenschaft und Zusammenschau suchten sie, diese zu wahren. Aber in ihrer Dichtung sprachen sie mit ihrer eigenen gelösten Zunge und zerstörten sie die Zusammenhänge, die der Humanismus als Nachfolger des Mittelalters und Bildungsträger über eine geistige Elite von Gelehrten nur mühsam vorübergehend aufrechterhalten hatte. Die Gegenreformation, mit ihrer besonderen Pflege der neulateinischen Dichtung, stellte sich dieser zwangsläufigen Entwicklung unbewußt entgegen, indem sie den universalen Zug des Mittelalters mit dem Kunstempfinden des Humanismus verband. Sie verpflichtete sich die Künste und wurde die Trägerin der sogenannten *Barockkultur*, deren Heimat die dem alten Glauben wiedergewonnenen deutschen Länder wurden. In ihrem Zeichen entfaltete sich von der Mitte des 17. Jahrh.s an die Literatur *Österreichs*. Wir konnten bereits auf die Bedeutung des Jesuitenspiels für München und Wien hinweisen. Mit seiner Blüte war es bald nach der Mitte des Jahrhunderts zu Ende. Doch bestimmte der Jesuitenorden als Träger der Gegenreformation weiter das geistige Leben und über seine Lehrstätten die Bildung. Ihr diente die Kunst. Das rief nun auch die anderen Orden, vor allem die Benediktiner zu neuen Leistungen auf. Der Kaiserhof zu Wien und die von ihm unterhaltenen Bildungsstätten waren die Domäne der *Jesuiten*. Die alten Benediktinerklöster, welche das Land einst kolonisiert hatten, sahen sich vor den gleichen Aufgaben wie einst. Deshalb und weil sie die alte Überlieferung neu belebten, haben sie in der zweiten Hälfte des Jahrhunderts das geistige Antlitz der habsburgischen Länder entscheidend geformt. An der Universität *Salzburg*, welche unter dem Erzbischof als Landesfürsten stand, lehrten die *Benediktiner*. Dort bildeten sie ihren Nachwuchs heran, dort erzogen sie den Adel, der dem alten Glauben wiedergewonnen war, für seine Aufgaben bei Hofe, zum Träger des Rechtswesens, der Verwaltung und Diplomatie. Darin unterstützte das Theater die Schule. Was immer dort fast durch ein Jahrhundert aufgeführt wurde, unterscheidet sich für den flüchtigen Blick kaum vom Jesuitenspiel. Dennoch wäre es verfehlt, darüber ähnlich wie über die Überlieferungen des Jesuitentheaters in Dillingen, Ingolstadt, Innsbruck, Luzern oder anderen Kollegien hinwegzusehen; denn wir würden uns damit über Wirkung und Leistung eines Dichters aus der Literatur des 17. Jahrh.s hinwegsetzen, der wie kaum ein anderer die Zeit und das geistige Leben in seinen Werken widerspiegelt.

Simon Rettenpacher (1634–1706) ist auf dem Hofe Gänsbrunn zu Aigen bei Salzburg geboren. Als Jurist begann er in der Erzbischofstadt sein Studium. In Rom und Padua bildete er sich weiter aus. Philosophie und Sprachen zogen ihn schon damals in ihren Bann. Warum er die Lehrstelle am *Collegium* zu Salzburg, welche für ihn nach seiner Rückkehr bereit war, nicht annahm und 1659 in den Benediktinerorden eintrat, ist nicht festzustellen. Es war sein fester Entschluß, von dem ihn nichts abbringen konnte. Eine Briefstelle läßt darauf schließen, daß ihn ein starkes religiöses Erlebnis zu diesem Schritt veranlaßte. Die Ordensgelübde legte er 1661 zu *Kremsmünster* ab, die Priesterweihe empfing er 1664. Unmittelbar nachher sandte ihn sein Abt *Placidus Puechauer* nach Rom mit der Aufgabe, orientalische Sprachen zu studieren. Er lernte sie bei den berühmtesten Orientalisten der Zeit. Sehr bald nach seiner Rückkehr wurde ihm die Leitung des Gymnasiums in Kremsmünster übertragen. An die Universität Salzburg berief man ihn 1671 als Professor der Ethik und Geschichte. Damit wurde ihm eine Disziplin übertragen, in der der Benediktinerorden für lange Zeit hervorragende Leistungen aufzuweisen hatte, welche die der weltlichen Universitäten in den Schatten stellte. Mit seinen *Annales Cremifanenses* (1677), einer Jubiläumsschrift zur Feier des neunhundertjährigen Bestehens seines Klosters, zeigte er, daß er sein Programm, die Geschichte der Heimat zu pflegen, durchgeführt hatte. Den Wert dieser ersten wissenschaftlichen Geschichte Oberösterreichs, deren Anregungen zu Beginn des 19. Jahrh.s wieder aufgenommen wurden, belegt eine deutsche Übersetzung, welche 1793 erschien. Aber nicht darin lag das Schwergewicht von Rettenpachers Leistungen zu Salzburg, sondern in der Leitung des *Theaters*. Von 1672 an wurden seine Dramen zur Feier des Schulschlusses alljährlich im September aufgeführt, bis er 1676 wieder in sein Kloster zurückberufen wurde, um an der Jubiläumsfeier mitzuhelfen. Er verfaßte ein allegorisches Festspiel auf die Klostergründung und komponierte dazu die Chöre und musikalischen Einlagen. Dann war seine besondere Aufgabe die Aufstellung und Katalogisierung der großen Stiftsbibliothek. Die alten Bestände tragen durchwegs einen Eigentumsvermerk von Rettenpachers Hand. Das Amt brachte ihm die Muße zu eigenen Dichtungen, zum Studium des Türkischen und Persischen und zur Abfassung einer hebräischen Grammatik. Er spricht von seinem einsamen Leben und dem anregenden geistigen Verkehr mit den lieben Toten. Aus dieser Zeit stammen auch seine theologischen Werke asketischen und homiletischen Inhalts, Übersetzungen aus dem Lateinischen, Spanischen, Französischen und Italienischen, seine lateinischen Gedichte und Anklagen gegen die Politik Ludwigs XIV. Von 1689–1705 wirkte er als Pfarrer und Seelsorger in Fischlham. Von dort kehrte er krank und altersmüde in sein Kloster zurück.

Nur ein Bruchteil von Rettenpachers großem Werk ist zu seinen Lebzeiten veröffentlicht worden. Eine sichtbare Wirkung strahlt von seinen Werken nicht aus. Seine *Dramata selecta* erschienen 1684, das deutsche Drama *Herzog Welf* 1682 mit einer kleinen *Zugab* deutscher Gedichte. *Ludicra et Satyrica* gab er 1678 als *Mison Erythraeus* heraus. In mehr als acht eng beschriebenen und meist über 200 Blätter starken Foliobänden liegt sein Nachlaß vor. Das Wertvollste bergen seine lateinischen Gedichte, von denen er selbst über 6000 gezählt hat. Es sind meistens Epigramme, Oden in horazischen Versmaßen, Satiren und Episteln. Der größte Teil davon ist in den achtziger Jahren entstanden. Die Bände, in welchen er diese Gedichte mit seinen klaren Schriftzügen eintrug, sind sein poetisches Tagebuch. Hier gewinnt man Einblick in alles, was seinen Geist bewegte, und in die Art, wie er die Welt und Menschen beurteilte. Lyrische Gedichte, welche er wohl selbst noch zur Veröffentlichung bestimmte, stellte er nach dem Muster von Horaz in vier Büchern *Oden* und von Statius in neun Büchern *Silvae* zusammen. Das Übrige schrieb er für sich. Aus dem reichen Formenschatz der Antike stellen sich ihm wie von selbst die Wendungen der Dichter *Horaz*, *Vergil*, *Lucan*, *Statius*, *Seneca*, *Ovid* und *Juvenal* ein. Oft hat er für ein Distichon, einen Halbvers oder Versschluß mehrere, manchmal bis sechs, Lesarten bereit, Wendungen in einer Sprache, die für ihn dichtete und dachte. Dieses Virtuosentum in der Handhabung des lateinischen Verses darf nicht dazu verleiten, über den Inhalt seiner Gedichte hinwegzusehen. Sie erschließen sein Tagewerk, sein Denken und Seelenleben. Der Tagesheilige, dessen er beim Meßopfer gedacht hat, der Weg, der ihn vom Chor an den Grabstätten seiner Mitbrüder vorbei in die Zelle oder seinen Arbeitsraum führt, das Buch, das er zur Hand nimmt, der Mitbruder, mit dem er spricht, Nachrichten über politische Ereignisse werden in diesen Versen festgehalten. Oft setzt Rettenpacher ein Gespräch fort oder schreibt einen Brief als Gedicht, so wenn er einen alten Jugendfreund, den Prior von St. Peter in Salzburg, auffordert, mit ihm eine Wallfahrt nach Maria Plain zu unternehmen und auf dem Wege dahin Psalmen zu singen. Ein Aufenthalt am Almsee veranlaßt ihn, das stille Glück der Berg- und Waldeinsamkeit zu besingen und Gottes Nähe in den Wunderwerken der Natur zu erkennen. Bei aller Anerkennung von Opitz liebt er doch die alten *Dichter* als die reineren Quellen seiner Kunst mehr. Doch versenkt er sich nicht in die Vergangenheit sondern bleibt dem Neuen gegenüber aufgeschlossen und aufnahmebereit. Er setzt sich mit *Grotius* auseinander, studiert die Lehren des Naturrechts, erweist sich als Meister poetischer Paraphrase, wenn er einen anregenden Gedanken weiterführt und ihn so in sein Wissen und seine reichen Erfahrungen einbaut. Er ist ein kluger Welt- und Menschenbeobachter. Sein Dichten steht mehr unter dem Eindruck des Gehörten als dem des Gesehenen. Deshalb sind seine deutschen Gedichte vom Rhythmus des Liedes beschwingt. Fehlt ihnen die musikalische Begleitung, so wirken sie hart und rauh, selbst wenn er den Tod seiner Mutter in deutschen Versen betrauert.

Rettenpacher zeigt sich als ein ewig Lernender, der von allen Seiten Anregungen aufnimmt. Er ist ein scharfer Kritiker, nichts nimmt er ungeprüft hin. Ist er auch weit entfernt von der volkstümlichen Moralsatire, so bleibt er doch ein ständiger Mahner zur Selbsterkenntnis und Besinnung, ein Warner vor den Gefahren der Oberflächlichkeit. In seinen Gedichten lebt der *christliche Humanismus* benediktinischer Prägung. Wenn sein Antlitz auch mehr der Vergangenheit und seiner Zeit zugewendet bleibt, und es ihm nicht vergönnt war, mit seiner Kunst in die Zukunft hinein zu wirken, so gehört eine Fülle von Einzelheiten, welche er lehrte oder empfahl, doch zum eisernen Bestand des literarischen Überlieferungsgutes seiner Heimat. Wir vernehmen den Vorklang des stillen Glücks und der in der Selbsterkenntnis ruhenden Zufriedenheit; denn *Rustans* Erfahrung aus *Grillparzers Traum ein Leben* wird schon in den Werken Rettenpachers gemacht. So wird die rechte Mitte gefunden zwischen Fausts Streben nach dem Unendlichen und dem Vergänglichkeitsgedanken von Gryphius. In Rettenpachers Schaffen wird der Urquell abendländischer Überlieferung, der die Anfänge des deutschen Schrifttums gespeist hat, sichtbar. Von den Anfängen der Aufklärung wird er kaum berührt. In seinen Werken zeigen sich noch einmal die festen Ordnungen des Mittelalters. Die Welt ruht für ihn noch auf den beiden Säulen Papsttum und Kaisertum. *Rom* und *Wien* haben ihre besondere Sendung zu erfüllen. Mit Bangen verfolgt er das Schicksal der belagerten Stadt in den Spätsommertagen 1683. Als aber die Woge des türkischen Heeres zurückflutet und die siegreichen Entsatztruppen den Feinden nachsetzen, bricht er nicht in einen selbstbewußten Jubel aus. Er triumphiert nicht über die Leistungen und Waffentaten, sondern dankt Gott für die Errettung der Heimat, des schwer betroffenen Landes, und fühlt sich in seinem Glauben gestärkt. Nun da, so meint er, die offenen Beweis für die eingreifende Hilfe Gottes in unser Schicksal haben, ist es auch unsere Pflicht, unsere Dankbarkeit zu beweisen, in uns zu gehen und uns zu bessern. Die Motive, welche die deutsche Lyrik des Jahrhunderts beherrschen, treten in Rettenpachers Gedichten zurück. Kaum daß der Fortunagedanke vernehmlich anklingt. Seine Gedichte sind frei von sentimentaler Sehnsucht und Betrachtung. Selten wird in ihnen ein mystischer Ton laut. Daß Rettenpacher mit Balde verglichen wurde und Herders Worte auf diesen auch auf ihn angewendet wurden, sollte die Erkenntnis seiner Eigenart nicht trüben. Der elsässische Jesuit am bayerischen Hof und der österreichische Benediktiner, Salzburger *Pater comicus*, Seelsorger, Schulmann, Gelehrte und Bibliothekar in seinem Ordenshaus weisen bei eingehender Betrachtung mehr trennende geistige Beziehungen auf, als die gleichen religiösen Gegenstände, die Mariengedichte und das Widerspiel der Zeitereignisse in ihren lyrischen Gedichten ahnen lassen.

Rettenpachers dramatische Begabung und satirischer Sinn beleben auch seine Lyrik. Er ist ein scharfer Kritiker seiner Zeit und versteht es, eindringlich und innig zu Herzen zu reden. Seine Orgel verfügt über zartere und lautere Register als die Baldes. Daß er Kaiser Leopold in einem Gedicht huldigte und die Helden seiner Zeit verherrlichte, ist kein Anlaß, ihn als Vertreter höfischer Kultur aufzufassen. Sein Weltbild ist weiter. Der Umkreis des bäuerlichen Lebens, der Ablauf des Jahres, wie es die Natur und die Kirche regeln, das Wissen um Vergangenheit, Sprachen und Völker, Einrichtungen der Gesellschaft und des Rechtes, die festen Ordnungen der Sitte, der Tugenden und Leidenschaften: das alles spiegelt sich in Rettenpachers Gedichten. Seine Epigramme haben manches von *Owen* und *Martial*, wie seine Satiren im Zeichen von *Horaz* und *Juvenal* stehen, doch enthalten sie viel Persönliches und Zeitgebundenes. Die römische Namengebung könnte darüber hinwegsehen lassen, daß Rettenpacher beginnt, den Typen des Geizhalses, Verschwenders, Trunkenboldes, kleinlichen Nörglers, des Stolzen und Feigen, des *Miles gloriosus* und Heuchlers individuelle Züge zu verleihen. Einzelne seiner Grabschriften müssen sich auf bestimmte Personen seines Umkreises beziehen. So wie er die Namen der ungarischen Magnaten nennt, die sich mit den Türken gegen die Habsburger verbanden, wie er die einzelnen Politiker Frankreichs hernimmt und seiner bitteren Laune dabei keine Zügel anlegt, so setzte er seinem Unmut über traurige Erfahrungen und Ärger im täglichen Dasein nur die eine Schranke, daß er das Ziel seines Spottes *Cleobulus, Marcus, Celerinus* nannte oder ihm irgend einen anderen Namen gab. Aber üble Erfahrungen, Welt- und Menschenkenntnis machten ihn dennoch nicht zum Weltverächter und Menschenfeind. Drückt ihn der Ärger zu sehr, dann hält er Zwiesprache mit sich selbst, sitzt über seinem eigenen Handeln zu Gericht, mahnt sich zur Selbsterkenntnis und zum Maßhalten. Wohlausgewogene Ausgeglichenheit, kühle Überlegung, mildes und gerechtes Urteil legen ihm weise Zurückhaltung auf. Nur wenn er die Kräfte am Werke sieht, welche seine Weltordnung gefährden, setzt er mit wuchtigen Superlativen ein. Die ungarischen Calvinisten konnten sich seiner Auffassung nach leicht mit den Türken verbinden, weil beide an das vorher bestimmte Schicksal glauben und dadurch zu Opfern des Fanatismus werden. Als Verrat an der abendländischen Einheit brandmarkt er das französische Bündnis mit der Pforte. Mit feierlichem Pathos ruft er nach der Abwehr der Türkengefahr Deutschland zur Einigkeit auf. Die Donau, welche die Fesseln eben abgeschüttelt hat, spricht ihrem Bruder Rhein Mut zu, auf daß er ihrem Beispiel folge.

Der Kosmos, das Christentum, das habsburgische Kaiserreich und sein Ordenshaus strahlen ihr Licht auf den Dichter und vermitteln ihm das Gefühl der Geborgenheit. Aus dieser gleichbleibenden Stimmung kommen auch die Heiterkeit, der Frohsinn, der nicht verletzende Spott, die Selbstironie, mit der er sein Tun und Handeln begleitet. Gebundenheit und Rücksichtnahme auf irgendwelche wirklichen oder eingebildeten Pflichten kennt Rettenpacher nicht. Darin unterscheidet sich sein Schaffen von dem der meisten Dichter des Jahrhunderts. Was er in seinem poetischen Tagebuch niederlegte in der Reihenfolge, wie es ihm in den Sinn kam, aus der Stimmung des Augenblicks oder nach längerer Betrachtung und Überlegung, war wenigstens nicht in der Form, in welcher es uns überliefert ist, für die Öffentlichkeit bestimmt. Das berechtigt zur Annahme, daß bei ähnlicher und gleicher literarischer Arbeitsweise Vieles, was den Gesetzen der Konvention nicht dienstbar war, ausgeschieden wurde. Das müssen die persönlichen Bekenntnisse, die Äußerungen des Individualismus, die wir in der Dichtung des Jahrhunderts vermißt haben, gewesen sein; denn nicht an den gleichbleibenden Wendungen und zierenden Beiwörtern, dem vorgeschriebenen Rhythmus und Vers, besonders der lateinischen Gedichte, können Dichter und Persönlichkeiten erfaßt werden. In der Auswahl, welche die Dichter trafen, liegt die kritische Bewertung ihrer eigenen Leistungen. Sie ist der unseren gerade entgegengesetzt. Uns interessiert weniger, was dem Geschmack und der Konvention entspricht und nach der Meinung der

Zeit Anerkennung verdiente. Wir sehen auf die Äußerungen der Persönlichkeit, wenn sie sich gibt, wie sie ist, nicht wenn sie zum Selbstankläger wird oder sich pathetisch nach den Idealen des Standes ausrichtet.

So wird die Sendung der abendländischen Mönche zum letztenmal in der mittelalterlichen geistigen Verklärung sichtbar. Der Benediktinerorden tritt als Vorkämpfer der Gegenreformation nur wenig in Erscheinung. Die kämpferische Haltung lag den Jesuiten, den reformierten Franziskanern und überhaupt den Bettelorden, welche die spätmittelalterliche Frömmigkeit zu erneuern strebten. Nach der Regel des Gründers teilt sich die Tätigkeit der Benediktiner in Gebet und Arbeit. Beide haben das deutsche Schrifttum beschwingt und sich die Kunst dienstbar gemacht. Um harmonische Einheit von Glauben und Wissen, von Gelehrsamkeit und christlicher Seelenhaltung kreist die benediktinische geistige Bemühung seit mehr als einem Jahrtausend. Die *Klöster* des Ordens sind in Österreich bis zur Aufklärung, ja noch im 19. Jahrh. stetigere Diener der Bildung und Wissenschaft als die *Universitäten*. Das gilt nicht nur für die Geisteswissenschaften sondern auch für die Naturwissenschaften, die Sternbeobachtung, die Pflanzen- oder Tierkunde, kunstvoll ausgeklügelte Anlagen von Wasserleitungen oder Heizungen. Die Vorbereitungen zum barocken Neubau des Ordenshauses hat Rettenpacher miterlebt. Wehmütig denkt er daran, daß die alten vertrauten Räume, die ehrwürdige gotische Stiftskirche sich bald der neuen barocken Gestalt, welche er nicht mehr zu schauen und zu bewundern bekam, anpassen müssen. Dichter und Musiker vom Schlag eines Rettenpacher haben ein feines Empfinden für das Leben der Zeit. So ist der Gesamteindruck, den man von Rettenpachers lyrischem Schaffen hat, nicht der eines erfolgstolzen Eintretens in eine bessere Zeit sondern eines besinnlichen Nachdenkens und der Aufforderung an die Zeitgenossen, sich der Gnade würdig zu zeigen. Der Waffenerfolg gegen die Türken, welcher Österreichs Macht festigte und die Grundlegung für eine glückliche Zukunft schuf, führt Rettenpacher dazu, um so mehr auf das Leben und Treiben der Menschen zu achten. Seine wenigen umfangreichen Satiren bieten vielleicht das treffendste dichterische Zeitbild vom ausgehenden 17. Jahrh., das wir besitzen. Es ist weder der Ton des Bußpredigers, der die Schrecken der Hölle aufbietet und die Gemüter einschüchtert, noch das billige Lächerlichmachen, womit Moralsatire und Predigt immer Erfolg haben, noch das Pathos des Zornes, was hier erklingt und die Stimmung festlegt, sondern die Menschen, ihr Treiben und Leben, die Ereignisse und Schicksale, die Erfahrungen und Beobachtungen eines überlegenen Weisen, der hier das Wort ergreift. Das ist einer, der weiß, wie schwer sich die Menschen dem Besseren zuwenden und wie leicht sie, auch gewarnt, ins Verderben laufen. Dennoch unternimmt er sein Werk und umzieht es gleichsam mit einem Schleier der Wehmut, der verzagenden Unternehmungslust. Es liegt eine *herbstliche Stimmung* über vielen Gedichten Rettenpachers, weniger darum, weil er an seinen Geburts- oder sonstigen Erinnerungstagen Betrachtungen anstellt, als weil er, wohl unbewußt, das Ende der alten Welt befürchtet. Noch sieht er nicht in die Zukunft und glaubt, daß im Festhalten am Alten, in der Rückkehr zur Frömmigkeit, in dem mächtigen Bau der Kirche das Heil gesucht und gefunden werden müsse. Aber er fühlt sie gefährdet. Deshalb berührt sich Rettenpacher in den Gegenständen seiner deutschen Predigten, die er zu Fischlham hielt und handschriftlich festlegte, oft mit *Abraham a Sancta Clara.* Dieser hatte Hofleute und Bürger als Hörer, und das Volk im weitesten Sinne als Leser, Rettenpacher sprach vor den Bauern. Da legte er alle Gelehrsamkeit ab, es sei denn, daß ihm durch sie ein Beispiel geboten wird, mit dem er seiner Lehre Nachdruck und Beweiskraft verleihen kann. Er paßt seine Äußerungen und seine Sprache dem Denken, Empfinden und Fassungsvermögen seiner Zuhörer an. Er bedient sich der Lehren der Rhetorik auch in der Praxis und stellt ihre Bewährung auf eine erfolgreiche Probe. Es gelingt ihm, in seinen Werken die Einheit zwischen Seelsorge und wissenschaftlicher Bemühung zu wahren, worum der Humanismus so häufig vergeblich gerungen hatte. Rettenpacher trennte die Bezirke der lateinischen und deutschen Sprache, er wollte dieser nicht die hohe Lyrik und das Drama erobern, aber er pflegte sie in der Predigt und wenn er die Fröhlichen unterhalten wollte.

Rettenpachers Dramen behandeln mit Vorliebe Stoffe aus dem Altertum. Aus Ehrgeiz entfesselt Typhon eine Verschwörung gegen *Osiris.* Trotz menschlicher Gegenmaßnahmen entfaltet sich das göttliche Walten nach dem Spruch des Orakels, das dem Krösus die Zukunft verkündet hatte (*Atys*). *Demetrius* fällt als Opfer der Herrschsucht seines Bruders *Perseus.* Diesen trifft das rächende Schicksal. *Rosimundas* Mord an Alboin wird von Cleophis gerächt. Das Motiv der treuen Weiber von Weinsberg behandelt der *Herzog Welf.* Darin tritt der allegorische Apparat zurück, welcher die Opern und Singspiele beherrscht, so das Spiel zur Säkularfeier des Klosters *Theophobi ac Callirroes sancti amores,* die Festaufführung vor dem Kaiserpaar *Ulysses* und das Friedensspiel *Pax terris reddita.* Überall ist die Verbindung eines liebenden Paares der Abschluß der Vorführung. Die Oper *Juventus virtutis,* in der die Tugend unter Führung Apollos, von Bacchus und Liebe verleitet, aber durch harte Mühen gestählt und von Minervas Weisheit unterstützt, ihrem Ziel, einem gemeinnützigen Leben, zugeführt wird, und das Lustspiel *Plutus,* in welchem der reiche Mann mit Zügen des Fastnachtspiels ausgestattet wird, zeigen die weite Spannung von Rettenpachers dramatischem Schaffen. In den geschichtlichen Dramen hält das allegorische Spiel die Welt sinnvoll zusammen. Über der irdischen Welt vollzieht sich das geistige Geschehen nach Gottes Ratschluß im Zeichen der Vorsehung und ausgleichenden Gerechtigkeit. Der Haupttitel faßt in epigrammatischer Kürze alles zusammen, was die handelnden Personen beispielhaft vorführen: *Ambitiosa tyrannis seu Osiris, Ineluctabilis vis fatorum seu Atys, Innocentia dolo circumventa seu Demetrius, Perfidia punita seu Perseus, Pietas iniqua seu Rosimunda.* Die überirdische Welt steht in ständiger Beziehung zum höfisch-politischen Geschehen. Dieses spiegelt sich in der allegorischen Umwelt, jenes wird in der Umwelt des Hofes erläutert. Dazu aber setzt sich noch die wirkliche Welt des Soldaten, des Bürgers oder Bauern in Beziehung; denn Rettenpacher stellt auch das Leben des Volkes in die dritte Ebene des dramatischen Geschehens. Es steht nicht in Zusammenhang mit dem geistigen Gehalt des Hauptspieles oder der sittlichen Idee, welche erläutert wird, wohl aber mit dem Leben. Es ist der gleiche gesunde *Realismus*, der hier in der lateinischen Prosa zu Wort kommt wie beim deutschen Erzähler *Beer*. Die lateinische Prosa Rettenpachers hat es hier an sich! Welche Fülle von Schimpfworten steht der weiblichen Furie *Acharis* zur Verfügung, die ihrem Manne *Dulomorus* in die Unterwelt nachjagt, wohin er sich freiwillig verzieht, um sie loszuwerden, und dort dem alten *Charon* und den höllischen Heerscharen so zusetzt, daß sie ihren Wunsch bereitwilligst erfüllen und ihr den Zitternden übergeben. Eine Parallele zur Proserpinadichtung Hohbergs liegt auf der Hand. Schon mit den Namen kennzeichnet Rettenpacher dieses Paar, sie als der Anmut bar und ihn als Diener der Torheit. Man muß dieser Sprachbehandlung und Wortzusammensetzung bis in die Einzelheiten nachgehen, um Wirkung und Absicht des Dramatikers erfassen zu können. Stehen solche Zwischenspiele auch nicht in unmittelbarer Beziehung zur Haupthandlung, so gehören sie doch zum dramatischen Weltbild und verbinden das Ordensdrama mit *volkstümlichen Überlieferungen*. Wie *Bebel* einst Facetie und Schwank aneinandergebunden hatte, so zeigt sich auch hier, daß Rettenpacher dem Fastnachtspiel, dem lustigen Umzug, der bäuerlich-dörflichen Unterhaltung, dem alten Erzählgut als Quellen verpflichtet ist. Von hier aus dürfte der Nachweis für das Fortleben einzelner Szenen und Motive des *Nibelungenliedes* zu führen sein. Ein abgewehrter nächtlicher Überfall auf schlafende Helden, der Botenbericht eines Kämpfers, der sich durch die umzingelnde Übermacht durchschlug, der Meuchelmord an einer Waldquelle, der Charakter Rosimundas, die kaum etwas mit den Machtweibern Caspers, wohl aber einiges mit Kriemhild gemeinsam hat, deuten auf solche Beziehungen. Daraus soll nicht etwa Rettenpachers Kenntnis des Nibelungenliedes nachgewiesen werden, wohl aber können einzelne Bilder, Szenen und Charaktere des Epos in der österreichischen mündlichen Überlieferung des 17. Jahrh.s noch lebendig gewesen sein.

Das Gesamtwerk Rettenpachers wirft eine Fülle von Fragen auf. Es ist der Sammelpunkt nicht nur der Ausstrahlungen eines wohl- und edelgefügten Weltbildes, sondern auch geistiger Entwicklungslinien, die über die Jahrhunderte zu verfolgen sind. Wie Elemente des Heldenepos bei ihm aufleuchten, so verweisen seine *erzieherischen Gedanken* weit in die Zukunft. Vielleicht ist *Adalbert Stifter*, der zu Beginn des 19. Jahrh.s die gleiche Schule besuchte, welche Rettenpacher geleitet hatte, von Gedanken berührt worden, die die *Ludicra et Satyrica* (1678), von kaum einem Zeitgenossen verstanden, bergen. Hier wird völlig unabhängig von den pädagogischen Reformen eines Comenius, Andreae, Ratichius und der *Ratio studiorum* der Jesuiten eine Revision der Voraussetzungen der Erziehung und des Unterrichts vorgenommen, wird der Grund für den schlechten Zustand der Wissenschaft in der Unkenntnis, Nachlässigkeit und ungenügenden Ausbildung der Lehrer gefunden. Das deutet auf die Schulreform unter Maria Theresia hin. Als lächerlich und sinnlos wird das Treiben der Philologen hingestellt, die ihre Tage und Nächte dazu verwenden, in einen an sich durchaus verständlichen Text einen Buchstaben oder ein Wörtchen einzuschieben, um ihm damit einen besonderen Sinn zu verleihen. Wenig kümmert man sich um das geistige Eigentum. Dichter und Juristen, in deren Wirken Rettenpacher einen guten Einblick hatte, setzen häufig an die Stelle der eigenen Leistung die von anderen. Der Geschichtschreiber glaubt sein Amt erfüllt zu haben, wenn er seltsame, unverbürgte Begebenheiten wie Anekdoten aneinanderreiht. Keine Wissenschaft ist frei von Makel. Wenige Werke verdienen es, gelesen zu werden, weil sie Werte vermitteln, die auf die Dauer

nützlich sein können. In der Forderung nach einem stufenweise aufbauenden, fort-
schreitenden methodischen Unterricht berührt sich Rettenpacher mit den Reform-
pädagogen seines Jahrhunderts. Das Gedächtnis möchte er nicht mit dunklen und
unnützen Dingen belastet wissen. Von der Geschichte verlangt er, daß sie über Tatsachen Aufschluß gebe, von der Philosophie, daß sie in allen Zweigen gründlich
und vollständig gepflegt werde. Mit Nachdruck empfiehlt er das Studium des Griechischen. Die hohen Forderungen eines echten Talentes und universaler, gründlicher
Bildung, welche Rettenpacher an die Dichter stellt und selbst erfüllt, zeigen, daß er
nur den gelehrten Dichter gelten ließ. Ein Blick auf seine Predigt bewies uns, daß
er die Verbindung zum Leben wahren konnte und das *profanum vulgus* keineswegs
verachtete.

Von der Dichtung und dem gesamten Lebenswerk Rettenpachers
her eröffnete sich mir vor Jahren langsam der Zugang über seine Persönlichkeit zu seinem Jahrhundert. Damit verlor dieses die Sonderstellung, die ihm so häufig zugewiesen wird, weil die Zusammenhänge
mit seiner Vergangenheit und seiner Zukunft nicht so leicht sichtbar
waren, und seine Sonderart allzusehr betont wurde. Bei Rettenpacher
ist die künstlerische lateinische Ausdrucksform noch das edlere Gefäß
deutschen Denkens und Dichtens. Es herrscht eine Kunstauffassung,
welche der gelehrten Dichtung des Abendlandes durch nahezu eineinhalb Jahrtausende den Weg wies. Seit dem Abtreten des gelehrten
Dichters und Großliteraten von der Bühne, mit der Lösung der Bande,
welche Dichtung, Theorie und Journalismus aneinanderketteten,
wurde es immer schwerer, Persönlichkeiten wie Opitz, Rettenpacher,
ja auch einen Gottsched als Einheit zu erfassen, weil wir seither ge-
wohnt sind, die Dichter an ihrer künstlerischen Begabung zu messen.
Wir müssen darüber hinwegsehen, wenn wir die Dichter aus ihrer
Zeit heraus beurteilen wollen. Wir glauben in Rettenpachers Schaffen
erkannt zu haben, daß sein Gesamtwerk nicht nur der zusammenfassende
Ausdruck einer geschichtlich bestimmten geistigen Situation ist, sondern
auch die Richtung der Entwicklung seiner Heimat festlegt. In die Breite
konnte er nicht wirken, weil der größte Teil seines Schaffens den Zeitgenossen und der Nachwelt unbekannt blieb, und wie er als Lehrer und
durch das persönliche Beispiel wirkte, ist kaum richtig einzuschätzen.
Aber daß er Drama und Lyrik, Geschichtschreibung, Politik, Recht
und Erziehung pflegt, zeigt jene Gebiete an, auf welchen die Leistungen seiner Heimat liegen werden. Über die Ansätze zu einem sa-
tirisch-politischen Roman in deutscher Sprache ist er nicht hinausgekommen. Um das vaterländische Epos und die realistische Zusammenfassung des alten Erzählungsgutes in deutscher Sprache bemühten
sich die österreichischen Protestanten in Regensburg und Nürnberg.
Es währte lange, bis in Österreich aus der heimischen Überlieferung
Epen und Romane gestaltet werden konnten. Dies zeigt, daß am
Ende des 17. Jahrh.s in der österreichischen Literatur Entwicklungs-

möglichkeiten lagen, die den schlesischen an Bedeutung gleichen und sie darin übertreffen, daß sie auch noch im 19. Jahrh. bei Grillparzer und Stifter sichtbar sind.

3. DIE ANFÄNGE DES PIETISMUS

Von 1660 an werden Versuche hörbar, Kirchenlieder und Psalmentexte den veränderten Verhältnissen anzupassen. Doch wurden die modernisierten Texte von den konservativen Landgemeinden abgelehnt. Michael Stechow (etwa 1630 bis nach 1681), Pfarrer in Bersekau, der als Feld- und Hofprediger des Fürsten von Holstein ein unstetes Wanderleben führte, war Mitglied des Elbschwanordens. Seine *Psalmenbearbeitung*, z. T. persönliche Bekenntnisse (1680), dichtete er auf die Weisen bekannter Kirchenlieder. Im kleinen *Holsteinischen Gesangbuch* vom selben Jahr bringt Christian von Stöcken (1633–84) den Vorschlag, „Ein festes *Schloß* ist unser Gott" zu singen. Es steht auf der gleichen Zeitwende, wenn Heinrich Arnold Stockfleth (1643–1708) in seinem *Reformgesangbuch* (1690) die bekannten evangelischen Kirchenlieder in den Stil der Pegnitzschäfer umdichtete.

Das zeigt bereits, daß auch in der geistlichen Dichtung der Länder der Reformation die großen geistigen Bewegungen und Wandlungen zu erkennen sind, und sich nun neue Gegensätze bildeten. Man sollte sich durch die Ableitung des Namens Pietismus von den *Pia Desideria* (1675) Jakob Speners (1635–1705) und den *Collegia Pietatis*, welche zu Frankfurt von 1670 an zusammentraten, nicht daran irre machen lassen, daß in der Frömmigkeitsbewegung, welche um diese Zeit einsetzt, sehr viele alte Kräfte der Mystik und Forderungen, die auch sonst von Zeit zu Zeit erhoben werden, stärker zu wirken beginnen. Auch darin, daß solche Bewegungen entweder als erneuernde Kräfte der bestehenden Kirchen oder als Ketzer und Gegenkräfte gegen die Orthodoxie auftraten, sind Parallelen zur Vergangenheit zu erkennen. Die beiden von uns hervorgehobenen Beispiele eines *Arnold* und *Zinzendorf* zeigen, daß sich die stärkere, vom Geist einer unabhängigen Wissenschaft berührte Persönlichkeit dennoch der kirchlichen Ordnung fügen konnte und der schlesische Edelmann fast gegen seine Natur zum Begründer einer Sekte wurde. In Halle belebte der Pietismus durch das Wirken August Hermann Franckes (1662–1727) die Erziehung und die Liebestätigkeit. Es ging dabei nicht um eine Zurückgewinnung der Abgefallenen und deren Eingliederung in die Kirche wie in der Gegenreformation, sondern um die Verbreitung einer neuen, persönlichen Frömmigkeit, um ein lebendiges Christentum, um die Unterweisung des Volkes. Der Pietismus ist keine Massenbewegung. Er konnte in seiner Forderung eines allgemeinen Priestertums alte Ordnungen bedrohen und dem Christentum des *Wissens* das Christentum der *Tat* entgegensetzen. Dennoch sind die Anhänger des Pietismus nur selten als Kämpfer aufgetreten. Sie bemühten sich vielmehr darum, ihre Ansichten neben denen anderer zur Geltung zu bringen. Einen fanatischen Bekehrungseifer haben sie kaum entfaltet. Deshalb konnten sie die *Toleranz* vorbereiten. In ihrer Forderung nach einer Verinnerlichung der Frömmigkeit berühren sie sich mit der *Devotio moderna*. Auch sie glaubten an mystische Erleuchtung. Sie sahen ihre Sendung in der Verbreitung der christlichen Gesinnung im kleinen Kreise der Andächtigen, die einander zugetan waren. Bestimmte geistige Haltungen beschränken sich keineswegs auf Aufklärung oder Pietismus; denn vereinzelt konnte der Pietist rechthaberisch, und der Aufklärer gefühlsselig sentimental werden. Beide Bewegungen lösten die alte Ordnung auf und begünstigten das Wachstum des Individuums.

Gottfried Arnold (1666–1714), ein Lehrerssohn aus Annaberg im Erzgebirge, mußte sich die Mittel zu seiner Ausbildung am Gymnasium in Jena (1682) und der Universität Wittenberg (1685) selbst erwerben. Er wurde sich während seines Studiums durch die Beschäftigung mit dem Urchristentum des Gegensatzes zwischen der reinen christlichen Lehre und der seiner Gegenwart bewußt, so daß er sich zunächst nicht entschließen konnte, die Laufbahn des Theologen zu ergreifen, und von 1689 an als Erzieher in einem adeligen Hause in Dresden wirkte. Dort trat er zu *Spener* in enge Beziehung. Nach dessen Vorbild begann er in Quedlinburg im Kreise Gleichgesinnter für eine geistige Erweckung zu wirken. Auf Grund einer Arbeit über *christliche Urgeschichte* wurde er 1697 Professor der Geschichte an der Universität Gießen, war jedoch von seiner Lehrtätigkeit unbefriedigt und kehrte 1698 wieder nach Quedlinburg zurück. Nun hatte er die Unabhängigkeit, um sein Hauptwerk, die *Unparteiische Kirchen- und Ketzerhistorie* (1699/1700) abzufassen. Mit großer Gelehrsamkeit vermittelte er hier für lange Zeit weitesten Kreisen, besonders aber den Pietisten, die Erkenntnisse der Kirchengeschichte. Das Buch war auch in den Händen des jungen *Goethe*. Es ist eines jener revidierenden Bücher, deren Verfasser in ihrem Streben nach Wahrheit zu leidenschaftlichen Verteidigern der allgemein verurteilten Gegenpartei, in diesem Falle der Ketzer und der von der Kirche Verfolgten, werden. Vor solchen kritischen Nachprüfungen wird manche offizielle Wahrheit als einseitige Auffassung, als Geschichtslüge erkannt. Nicht die Einzelheit ist hier das Entscheidende, sondern der Mut des Gelehrten, der mit dem Feldgeschrei *audiatur et altera pars* in den Kampf gegen eine Übermacht zieht. Hier wird eine der bedeutendsten *Umwertungen* auf dem Gebiete der Kirchengeschichte versucht. Bald wurde Arnold besonders von einem Helmstedter Professor der Theologie heftig zugesetzt. Der Versuch, ihn aus der gelehrten Gemeinschaft auszuschließen, gelang: indem nun gewann Arnold festen Anschluß an die Kreise der Pietisten. Der Vorwurf, er verliere sich in unbeweisbare Spekulationen, konnte ihm da nicht schaden. Als Schloßprediger der verwitweten Herzogin von Sachsen-Eisenach trat der jungverheiratete Arnold 1701 sein neues Amt in Allstedt an. Da er sich jedoch nicht auf die Konkordienformel verpflichten ließ, stellte er sich unter den Schutz des Königs von Preußen, der ihn 1702 zum Historiographen ernannte und 1704 als Oberpfarrer nach Werben in der Altmark berief. Dort und als geistlicher Inspektor in Perleberg (1707) entfaltete er eine wirksame Seelsorgetätigkeit, deren Niederschlag auch in seiner Wendung vom polemisch-historischen zum erbaulichen Schrifttum (*Episteln* 1704, *Evangelien* 1706, *Wahre Abbildung des inwendigen Christentums* 1709) zu beobachten ist. Von besonderer Bedeutung sind auch seine Kirchenlieder geworden.

Arnold erlebte alle Entwicklungsstadien des Pietismus, von der Anerkennung der festen Ordnungen und Trennung kirchlicher und politischer Interessen bis zur Ablehnung der Kirche, weil sie sich von der Urform des Christentums entfernt hat. Allein die Anerkennung der unmittelbaren Beziehungen zwischen Seele und Gott, die Aufstellung eines Systems der mystischen Theologie, die Beziehungen zu Spener, welche er sein Leben hindurch aufrecht erhielt, führten ihn, nachdem er mit der Kirche völlig zerfallen war und sein Hauptwerk geschrieben hatte, in den Dienst der Kirche zurück. Arnold erlebte gleichsam die Stadien der Mystik des 17. Jahrh.s, welche zwischen der Einheit von Mystik und Dogma einerseits und dem völligen Leugnen liegen, da sich die Mystik mit der Naturphilosophie verband und das Dogma sich in die Rechtgläubigkeit rettete. Für Arnold war die gegenwärtige Kirche ein Babel. Solcher Radikalismus scheint seiner weichen und nachgiebigen Natur zu widersprechen. Die Kampfpose ist Arnold aufgedrängt worden. Weil er auf Äußerlichkeiten nicht sah, war er schließlich zu Zugeständnissen und einlenkender Milde bereit. Der Verzicht auf die Grundsätze einer errungenen Haltung, das Aufgeben seiner selbst aus Liebe zu jenen, die gestärkt werden müssen, dürfen nicht als Charakterschwäche, Inkonsequenz oder Ausflucht eines Rechtfertigungsversuches angesehen werden. Es handelt sich um Überwindung und Opfer. So ist Arnold ein Einzelgänger gewesen, dessen Lebensweg und Schicksal nicht nur den Zeitgenossen schwer zu lösende Rätsel aufgaben. Die Kräfte, welche das 18. Jahrh. formten, Verstand und Gefühl, ringen in ihm. Er ist *Gelehrter* und *Asket*. Aber er spricht nicht aus dem Geist und ist nicht fromm aus verstandesmäßigen Erwägungen. Solche Haltungen, welche das gelehrt-humanistische Erbe mit dem der Mystik zu vereinen suchen, geraten nicht nur an der Wende zum 18. Jahrh. in Konflikt mit ihrer Umwelt. Die Aufklärer und Stillen im Lande konnten sich auf ihn als Gewährsmann berufen und darum blieb er vom Mißtrauen umwittert.

Arnold ist ein Nachfahre *Jakob Böhmes*. Er dichtet aus dem Geist der Wiedergeburt in Gott wie Johannes Scheffler. Kunstvoll nach Buchners Poetik baute er als Sohn des 17. Jahrh.s seine Verse. Sie gehören zur geistlichen Dichtung, nicht zu jener, welche belehrend unterhält oder unterhaltend belehrt. Sie hat sich am Pathos und der Ergriffenheit des *Hohenliedes* geschult. Aus dem Hang zur Selbstanalyse erwuchs Arnolds Hauptwerk. Er stieg zu den Quellen wie die Renaissance und erklärte sie auf eine neue Weise aus seinen Erfahrungen. Er wendete also psychologische Grundsätze an. Er suchte zu zeigen, daß selbst in den drei ersten Jahrhunderten· unserer Zeitrechnung Verfallserscheinungen beobachtet werden können, und lenkte den Blick ganz auf das *Urchristentum* als die Zeit der Gottbegeisterung und einer Betätigung der Liebe ohne Zweck und Nebenabsicht. Aus der von ihm so erkannten Entwicklung des Luthertums gelangte er durch einen Analogieschluß zu neuen Erkenntnissen über das Urchristentum. In der Veräußerlichung und Preisgabe des Innerlichen liegt für ihn die Tragik der Geschichte des Christentums. Daß aber dennoch die Möglichkeit besteht, das wahre Christentum wiederzugewinnen, kann aus der Berufung auf die Zeugen der Wahrheit, die Ahnentafel, an der seit der Reformation mit besonders erfolgreicher Bemühung *Flacius Illyricus* gearbeitet hatte, gesehen werden. Für Arnold sind die Ketzer die Zeugen der Wahrheit. Auf dem Gegensatz zwischen Gott und Welt, zwischen der Wahrheit, Verfolgung, Leid, Entbehrung auf der einen, Lüge, Brutalität, Reichtum und Üppigkeit auf der anderen Seite ruht das Gesetz des Lebens und der Geschichte. Vor solcher Betrachtung verschwinden die Gegensätze unter den Glaubensbekenntnissen. Es ist eine Umwertung der geschichtlichen Werte, welche sich hier in der Einschätzung des religiösen Erlebnisses ausspricht. Diese Revision des Geschichts- und Weltbildes steht an der Schwelle einer neuen Zeit, die sich um die Wahrheit bemühen wird mit den Mitteln objektiver Forschung und Quellenkritik, mögen sich von hier aus auch Beziehungen zu *Sebastian Franck* und *Luther* ergeben. Hier war wieder einer, der in der Geschichte das Wirken von Ideen erkannte. Da aber konnte auch die *Aufklärung* einsetzen. Der Irrationalismus konnte sich jedoch auf ein anderes Wort Arnolds berufen: „Ich halte alles Dichten vor unnütz, es sei denn, daß es aus dem Geiste Gottes fließe." Nach diesem Motto vollzogen sich auch die Wandlungen des Kirchenliedes. Das Erbauungsschrifttum erschloß sich der Mystik der *Imitatio Christi* im Wirken des Bückeburgers Philipp Johann Tilemann gen. Schenck (1640–1708). Aber das beständige Sündenbewußtsein bedrückte die Gemüter. Wie weit ab von Abraham a Sancta Clara steht der Pessimismus eines Johann Kaspar Schade (1666–98), der an der Nikolaikirche zu Berlin wirkte. Seine gesammelten Predigten *Bedencks Berlin!* erschienen in seinem Todesjahr. Das Kirchenlied schlägt wieder die Töne der Mystik an.

Joachim Neander (1650–80) stammt aus einer Theologenfamilie. Sein Vater war Lehrer am Pädagogium in Bremen. Dort besuchte Neander die Schule. Zu Beginn seines Theologiestudiums am Gymnasium illustre zu Bremen (1666) erlebte er seine Bekehrung. An der Universität Heidelberg (1671) betreute er Frankfurter Patriziersöhne. Dort und später in Frankfurt a. M. trat er in Beziehung zu Pietisten. Als Rektor der Lateinschule in Düsseldorf (1674) erregte er mit seiner Seelsorgetätigkeit und der Leitung heimlicher Zusammenkünfte Anstoß und wurde seines Amtes enthoben; doch fügte er sich der alten Gemeindeordnung (1677). Unverbürgte Nachrichten wissen zu erzählen, daß er in der Einsamkeit des nach ihm benannten Neandertals und der Neanderhöhle seine Kirchenlieder gedichtet habe. Nach Bremen wurde er 1679 als Prediger berufen. Von seiner Sammlung *A und O Glaub- und Liebes-Übung* (1680) sind bis 1730 mehr als 20 Ausgaben nachgewiesen worden. Obwohl diese persönlich gehaltenen Dichtungen und Lieder nicht für den allgemeinen Kirchengesang bestimmt waren, wurden sie doch schon sehr bald in die Gesangbücher aufgenommen.

Neanders Lieder wandeln bekannte Themen (Zwiegespräch der Seele mit Jesu, Lob Gottes, Versenkung in den Glauben, Ratlosigkeit im Leben) ab. Viele seiner Lieder hat er selbst komponiert. Wohl wäre es verfehlt, in seinen Dichtungen den Durchbruch eines neuen persönlichen Naturgefühls zu erkennen. Doch wenn er Motive des Hohenliedes oder der Psalmen abwandelt, so erklingen Töne, die in der Lyrik des 18. Jahrh.s deutlicher vernehmbar werden.

Das ältere pietistische Lied eines Johann Kaspar Schade, Johann Heinrich Schröder (1666–99) und Johann Burchard Freystein (1671–1718) zeigt bereits die Merkmale der Gattung, welche auf eine gleichmäßige Temperatur herabgestimmt ist. Die Ausführung der strengen Forderungen tritt zurück hinter die zarten Regungen des Gefühls und empfindsamer Betrachtung, das also, was in unmittelbarer Beziehung zum Dichter steht. Damit wird ein Zugang zur Erlebnisdichtung geöffnet. Die Verbindung des Pietismus mit der Mystik stellte Heinrich Georg Neuß (1654–1716) mit einer Neuausgabe von Johannes Arndts Wahrem Christentum her. Das *Wernigeroder Gesangbuch* (1712) ist seine bedeutendste Schöpfung, welche an den wertvollen alten Liedern festhält, einen maßvollen Pietismus vertritt und sich von aller Schwärmerei fernhält. Der Gegensatz zur Aufklärung wird schon früher sichtbar.

Erdmann Neumeister (1671–1756) war der Sohn eines Schulmeisters in Uichteritz bei Weißenfels. Er besuchte die Landesschule zur Pforte. Dann studierte er in Leipzig unter Francke. Pfarrverweser und Pfarrer war er 1679–1704 in Bibra. Später wurde er Hofdiaconus in Weißenfels. Als Superintendent in Sorau (1706–15) sah er sich vielen Anfeindungen ausgesetzt, so daß er gerne als Hauptpastor nach Hamburg ging. Dort wurde seine segensreiche Tätigkeit besser anerkannt. In Wittenberg entstand 1695 seine erste lateinische Abhandlung, ein lehrreicher *Überblick über die deutsche Literatur seiner Zeit.* In seinem ersten deutschen Gedicht *Nachdenkliche Betrachtungen des curieusen Brunnengastes zu Bibra* schildert er mit überlegenem Spott vom Standpunkt des Kurgastes aus Leben und Leute in einem Badeort. Seine Dichtung unterstellt sich dem praktischen Zweck, die Poesie bleibt Dienerin der Beredsamkeit. Umfangreich ist seine gleichförmige, schlichte und klare, den Geist der Aufklärung atmende *Kirchenlieddichtung.* Die Verbindung zur Erbauungsliteratur, die poetische Paraphrase bleiben lebendig. Die Anfeindungen gegen Neumeister richten sich gegen seine verstandesmäßige Bibelauslegung, die Verkümmerung des Gottesbildes und den Mangel an innerer Kraft. Seine religiöse Polemik nahm es mit Jesuiten, Calvinisten, Pietisten, Synkretisten und Atheisten auf.

Aufklärung und Pietismus vereinigten sich und gemeinsam gingen Vernunftglaube und verinnerlichtes Christentum gegen die erstarrende Homiletik der Orthodoxie vor. Langsam setzte sich Johann Jakob Rambachs (1693–1735)

Forderung einer Wahrung des religiösen Charakters und schlichter Formen gegen die doktrinäre Haltung der Orthodoxie durch. Gottsched, der die Predigten J o h a n n L o r e n z M o s h e i m s (1694–1755) bewunderte, konnte in diesem beschränkten Bezirk sogar zu einem Parteigänger der Pietisten werden. Die größeren literarischen Leistungen lagen im Bereiche des L i e d e s.

G e r h a r d Tersteegen (1697–1769) stammt aus einer Kaufmannsfamilie in Mörs. Da die Mittel nach dem Tode seines Vaters zum Studium nicht ausreichten, wurde er 1713–17 Kaufmannslehrling. Er nahm an Erbauungsstunden teil und hielt sich der Kirche fern. Er hatte in Mühlheim a. d. Ruhr ein eigenes Geschäft, führte ein zurückgezogenes Leben, dessen Unterhalt er durch Bandweben bestritt. Diese Prüfungszeit hatte Ostern 1724 ihr Ende, als er sich Jesus verschrieb. Er begann nun, Andachtsübungen zu halten und mystische Texte von *Poiret* zu übersetzen. Er hielt öffentliche Versammlungen ab und gewann einen großen Anhang Erweckter, vermied aber jeden Konflikt mit der Kirche. Vorübergehend wurde ihm verboten, Versammlungen abzuhalten. Sein persönliches Beispiel und sein Rat übten eine große Anziehungskraft aus. Von 1756 an mußte er aus Gesundheitsrücksichten seine Tätigkeit einschränken.

Von seinem *Geistlichen Blumengärtlein inniger Seelen* sind 1729–68 sieben Auflagen erschienen. Seine kurzen Schlußreime und lehrhaften Epigramme treten an Bedeutung zurück hinter seinen geistlichen Liedern. Hier wird die alte Form des Gemeindeliedes wieder aufgenommen, wenn auch die meisten Lieder der persönlichen Erbauung und Erweckung dienen. Tersteegen ist einer der bedeutendsten geistlichen Dichter, in dessen Werken sich tiefe Gläubigkeit mit Formvollendung und klarer Durchsichtigkeit verbinden.

N i k o l a u s L u d w i g G r a f v o n Z i n z e n d o r f u n d P o t t e n d o r f (1700–1760) wuchs in der pietistischen Atmosphäre des Hauses seiner Großmutter auf. In Halle besuchte er das Pädagogium und studierte dann in Wittenberg 1716–19, woran sich eine Reise nach Holland und Frankreich anschloß, von der er 1721 wieder zurückkehrte. Dann trat er als Hofrat in kursächsische Dienste. Religiöse Flüchtlinge aus Böhmen und Mähren, welche 1722 auf seinen Gütern eine Heimstätte fanden, bildeten den Grundstock der religiösen Gemeinschaft H e r r e n h u t, welche sich unter seiner Leitung zusammenfand. Bis zu seinem Tode leitete er die Schicksale der aufblühenden Glaubensbewegung, welche sich gegen viele Anfeindungen durchsetzen mußte. Er begründete die *evangelische Missionsbewegung* und stellte sich an die Spitze der ersten Fahrt nach Amerika (1739).

Sämtliche literarischen Werke Zinzendorfs stehen im Zeichen seiner religiösen Bewegung und von da aus allein ist seine Dichtung zu beurteilen. Sie entstammt einer Zeit des Ü b e r g a n g s. Deshalb lassen sich Elemente der alten und der neuen, von Pietismus und Rationalismus abhängigen Formgebung bei ihm feststellen. Die eigentümliche ,,Mischung intensiv-gefühlhafter und prosaischer lehrhafter Elemente‘‘, von der *Günther Müller* spricht, erklärt, daß Gehalt und Gestalt seiner Dichtung oft so widersprechend beurteilt werden. Glaubensordnung, Rhetorik, gefühlsbetonte Frömmigkeit und rationaler Skeptizismus stoßen in den vier Jahrzehnten von Zinzendorfs Wirken (1720–60) hart aufeinander. Die Gebundenheit an den Glauben tritt als Quelle der Frömmigkeit hinter das gefühlsbetonte, persönliche Erleben zurück. Die verallgemeinernde, objektive Auffassung macht einer persönlichen subjektiven Platz. Eine neue Sachlichkeit setzt sich über die antike Rhetorik hinweg. Aus der Fülle des Herzens die Religion zu erleben, lernte Zinzendorf von den Pietisten. Aber er gab die Grundlagen seiner Frömmigkeit in den christlichen Heilswahrheiten nie auf. Er warnt vor der Hingabe an das Gefühl und der damit verbundenen Überbetonung des Persönlichen. Er wehrt sich gegen die starre dogmatische Haltung der Orthodoxie. Das Christuserlebnis, im besonderen das *Passionserlebnis*, ist der Mittelpunkt seiner Lehre. Von hier aus baut er eine neue Dogmatik der Blut- und Wundenlehre aus. Mit nüchterner Absicht zielt er auf Wirkungen ab und gebraucht krasse

Ausdrücke. Die Umwertung der religiösen Werte zeigt seine Auslegung des Hohenliedes, in der nichts mehr von dem geistlichen Liebeslied des *Güldenen Tugendbuches* oder *Cherubinischen Wandersmannes* zu verspüren ist, sondern die Auffassung herrscht, daß es sich um ein Buch der religiösen Wahrheiten handle. Darum geht es ihm. Dieser Zug zum Verstandesmäßigen ist auch in seinen Bildern zu beobachten, deren Ursprung nicht in der schöpferischen Phantasie sondern in der *ratio* liegt.

Aus der Masse von annähernd 2000 Kirchenliedern Zinzendorfs hat *Huober* zwei Typen besonders herausgestellt: das *Lehrlied* und das *bekennende Ichlied.* Jenes vermittelt christliche Gedanken, lehrt, mahnt, stellt die menschliche Kleinheit der göttlichen Größe gegenüber und berührt sich eng mit der Predigt. Dieses wirkt gesinnungbildend, arbeitet mit Antithesen und unterstellt das religiöse Erleben dem Bibelglauben. Die Wurzeln von Zinzendorfs Dichtung sind kirchlicher Gehorsam und religiöse Ursprünglichkeit. Aus seiner theologischen Bemühung heraus ist sein als süßliche Schwärmerei und weichliche Tändelei bezeichneter poetischer Stil zu erklären. Er will bewußt das Verhältnis der menschlichen Kindschaft gegenüber Gott herstellen. Wenn er im Vorwort zu den *Teutschen Gedichten* auf das Ungekünstelte seiner Poesie hinweist und erklärt: „Wie mir ist, so schreibe ich, höhere und tiefere Worte pflege ich nicht zu gebrauchen als mein Sinn ist", so ist dies wörtlich zu verstehen; denn Zinzendorf eröffnet die Erlebnislyrik, aber er kommt von seiner Bindung an die christliche Lehre nicht los. Sie verhinderte die Aussprache dessen, was er erfahren hatte. Das trennt ihn ebenso von Christian *Günther* wie von *Klopstock.* Diese beiden dichteten aus der Ergriffenheit ihres Inneren. Zinzendorf dichtete darüber. So ist er Anbahner einer neuen Entwicklung, gleichzeitig aber auch einer der letzten Gestalter religiöser Empfindungen; denn noch halten seine Lieder am Gemeindegesang fest und binden das persönliche, religiöse Erleben an das der Christengemeinde.

Das heißt, daß die neue Frömmigkeit nicht imstande war, neue dichterische Ausdrucksformen zu schaffen, weil das religiöse Erleben noch immer aus denselben Quellen wie im Zeitalter der Reformation gespeist wurde. Deshalb war auch die neue Frömmigkeit an feste Überlieferungen gebunden, sie wahrte vor allem den Zusammenhang mit jener großen reformatorischen Bewegung, die ihr Reich zwischen den Glaubensbekenntnissen auftun wollte. Der *württembergische Pietismus* verehrt mit Recht Andreae als seinen Ahnherrn. Aber wie dieser trotz seiner Gegnerschaft zum Formalismus der Glaubensbekenntnisse auf die Einführung besonderer Formen und Symbole verzichtete, vermochte auch der Pietismus kein besonderes System zu begründen. Das liegt nicht daran, daß seine Träger dazu nicht fähig waren, sondern daran, daß sie es nicht wollten, weil sie sich dem Zwang eines Systems nicht hätten entziehen können. Die Aufklärung setzte trotz ihrer Vorliebe für feste

Systeme die Bemühungen der Rosenkreuzer fort und unterstützte den
Pietismus, indem sie zwischen den Konfessionen vermittelte. Aber sie
entwertete sie gleichzeitig, indem sie die Bindung zwischen Konfession
und Weltanschauung löste und geistige Lebensräume zu gestalten begann, die außerhalb des Glaubens im Diesseits lagen. Sie entwertete das
Jenseits wie alles, dessen Wesen vom Glauben getragen wird, und versperrte sich von dieser Seite den Zugang zum Pietismus. Die Aufklärung konnte sich mit dem geistigen Erbe der Reformation inniger
verbinden als mit der Gegenreformation. Aber auch diese war, wie ein
Blick auf die Geschichte der Benediktineruniversität zu Salzburg im
18. Jahrh. zeigt, nicht mehr gefeit gegen das Einströmen des neuen
Gedankengutes. Die Aufhebung des Jesuitenordens und die Säkularisation der Klöster sind nicht nur das Kennzeichen eines kirchenfeind-
lichen Zeitalters, sondern auch das eines inneren Zerfalls oder fehlender
Abwehrkräfte.

Von der Mitte des 17. Jahrh.s an verlieren die beiden Schicksals-
gewalten des Dreißigjährigen Krieges, *Fortuna* und *Vanitas*, an Ansehen,
gibt das Jenseits gleichsam manches von seinem Machtbereich an das
Diesseits ab und verliert sich die Scheu vor dem Umfaßbaren. Gleichzeitig aber gewinnt die Umwelt, das Diesseits, das Leben an sich ohne
Bezüge zum Überirdischen an Bedeutung und Macht. An die Stelle der
religiösen Ordnung schiebt sich die moralische. Die Kräfte, welche die
geistige Welt des Christentums getragen hatten, verlieren an Bedeutung.
So können wir auch in diesem Bereich ähnlich wie in denen der Formen,
der Betrachtungs- und Dichtweisen beobachten, daß eine in sich geschlossene Einheit zerfällt, daß die Ahnung neuer Entwicklungsmöglichkeiten sich zu entfalten beginnt. Aber es treten nicht mehr wie in
einer Kontrafaktur die neuen anderen Inhalte an die Stelle der alten,
ohne die Gestalt oder dichterische Ausdrucksform anzutasten, es findet
keine Ablösung, kein Spiel mit den festen Formeln mehr statt, sondern
bald werden Seele und Leib der Dichtung als Einheit entdeckt, hinter der
das *schöpferische Prinzip* steht. Das wies auf einen Gott, der in der Natur
und nicht in einem Glaubensbekenntnis erfaßt werden konnte. Hier
scheiden sich die Jahrhunderte: das 17. sah sein Denken und Fühlen in
Golgatha erfüllt, es lebte im Erlösungsgedanken. Im 18. öffnete sich der
Olymp, es fand den Weg zu den Griechen, weil es sich über die Kunst
einen neuen Weg zu Gott bahnte.

LITERATUR

Khuen: C. v. Faber du Faur, J. K. PMLA 44 (1949) S. 746–70.
Prokop von Templin: V. Gadient, P. v. T. Regensburg 1912. A. H. Kober, P. v. T.
Euph. 21 (1914) S. 500 46, 102–36. 22 (1920) S. 25–50, 268–87.

M. A. von Schorno: L. Signer, Die Predigtanlage bei P. M. A. v. Sch. Diss. Freiburg i. d. Schweiz 1933.

Laurentius von Schnüffis: ADB. 18, 65. 32, 194 f.

Martin von Cochem: J. Chr. Schulte, M. v. C. Freiburg i. Br. 1910.

Abraham a Sancta Clara: K. Bertsche, A. a S. C. 2. Aufl. 1922. F. Loidl, Menschen im Barock. A. a S. C. Über das religiös-sittliche Leben in Österreich 1670–1710, Wien 1938.

Kindermann: ADB. 15, 754 ff.

Rettenpacher: Lat. Ged. hrsg. von Th. Lehner, Wien 1905. Deutsche Ged. von R. Newald, Augsburg 1930. R. Newald, P. S. R.s Poetisches Tagebuch. Altkremsmünsterer Festschr. zum 400jähr. Bestande d. öffentl. Obergymnasiums der Benediktiner zu Kremsmünster, Wels 1949 S. 67–76.

Stechow: ADB. 35, 539.

Arnold: Auswahl hrsg. von E. Seeberg, München 1934. E. Seeberg, G. A. Meerane 1923.

Neander: J. F. Iken, J. N. Bremen 1880.

Neumeister: W. Nordmann, E. N. Ztschr. f. Kirchengesch. d. Prov. Sachsen 29 (1933) S. 44–58.

Tersteegen: ADB. 37, 576–79.

Zinzendorf: ADB. 45, 344–53. H.-G. Huober, Z.s Kirchenlieddichtung, Berlin 1934.

AUFKLÄRUNG

Es ist lehrreich, die sich wandelnde Auffassung von Umfang und Einheit der einzelnen geschichtlichen Perioden zu verfolgen. Dabei läßt sich zeigen, daß neu gewonnene Erkenntnisse sich nur langsam gegen einmal zur Geltung gekommene Systeme durchsetzen, bis endlich neue Akzente gesetzt werden, die auch wieder keinen absoluten, sondern nur einen relativen Wert besitzen. Der Gesamtablauf einer Entwicklung wird durch die Merkzeichen einer Einteilung ebensowenig beeinflußt wie der Weg eines Stromes, wenn ein Anlegeplatz für Schiffe auf eine andere Stelle gelegt wird. Mögen die Gründe dazu auch noch so einleuchtend sein: ganz unwidersprochen werden solche Veränderungen nicht hingenommen. Wenn wir in den Haupterscheinungen der deutschen Literatur bis etwa zur Mitte des 18. Jahrh.s alte Überlieferungen am Werke sehen, welche zum Teil als eine Wiederaufnahme der Bestrebungen um Opitz gelten können, so ist es unser gutes Recht, eine Periode damit abzuschließen, die im wesentlichen von den Tendenzen der Aufklärung bestimmt wird. Das heißt aber keineswegs, daß die Aufklärung nachher verstummte. Es melden sich nach kürzerer oder längerer Vorbereitung neben ihr andere geistige Bewegungen zum Wort. Die meisten Darstellungen der deutschen Literaturgeschichte (*F. J. Schneider, A. Köster, O. Walzel, E. Ermatinger*) beginnen ihre Darstellung mit Brockes und Haller als Lyrikern oder Gottsched als Theoretiker. Es waren kaum nur Gründe der Ökonomie, welche *Goedeke* veranlaßten, mit Gottsched den dritten Band seines Grundrisses abzuschließen und mit Bodmer und Breitinger den vierten zu beginnen. Wenn neuerdings Klopstocks Messias als Krönung des Barockepos gefeiert wird, so könnte man sich daraus das Recht ableiten, an irgendeiner Stelle zwischen 1720 und 1750 eine neue Periode beginnen zu lassen. Man kann sich dem Zwang einer Periode nicht entziehen, doch wird man die als beste anerkennen müssen, welche sinnvolle Zusammenhänge nicht zerstört und eine saubere Scheidung der einzelnen Symptome als Repräsentanten des alten Absterbenden und des neuen Aufkeimenden ermöglicht. Bei der Fülle der von der Forschung gleichmäßig erfaßten Einzelheiten ist nun eine straffere Darstellung und eine sorgfältig getroffene Auswahl des Wesentlichen erforderlich.

Der vielseitige Begriff Aufklärung hält als einen wesentlichen Zug des Zeitalters die Beseitigung alter Vorurteile und die Auflösung alter Verbindungen wie der zwischen Glauben und Wissen, Religion und

Philosophie fest. Aus dem Stamm des Wortes können Klarheit, Vereinfachung, Nüchternheit, Wahrheit u. ä. abgeleitet werden. Damit wird der Aufklärung eine reinigende Kraft oder Aufgabe zugeschrieben. Die Gleichsetzung des Wortes *Rationalismus* mit Aufklärung führte dazu, den Ursprung der Aufklärung in den konstruktiven Voraussetzungen der Werke des 17. Jahrh.s zu suchen, wie man den Irrationalismus in den dekorativen gefunden hatte. Dennoch wäre es verfehlt, Aufklärung und Pietismus an konstruktiven und dekorativen Elementen erkennen zu wollen. Es hieße, vorübergehend herrschenden Stilrichtungen, wie dem Schwulst, eine viel zu hohe Bedeutung beimessen, wenn man die Aufklärung als eine Reaktion dagegen ansehen wollte. Sobald das Verhältnis zwischen rationaler Konstruktion und irrationalem Ornament gestört war oder nicht mehr als harmonisch empfunden wurde, sobald ein Ausgleich der Kräfte nicht mehr bestand, und die Formen erschöpft waren, wurden sie zunächst schüchtern und vereinzelt abgelehnt, ehe sie völlig beseitigt wurden. Die Übersättigung und Erschöpfung der Formen, der Überdruß am Reim und der Aufstieg reimloser Formen zeigen vorerst mehr die Unzufriedenheit mit dem Bestehenden als die Freude am Neuen oder ein erwachendes Stilgefühl an.

ERSTES KAPITEL

DIE ERSTEN SPUREN DER AUFKLÄRUNG

Ihren Beitrag zur Aufklärung leisteten Franzosen und Engländer lange vor den Deutschen. Am Ende der Epoche schrieb Kant seinen Aufsatz: Was ist Aufklärung? (1784) und huldigte Frankreich der Göttin Vernunft. Faßt man sie so weit, so müßte man ihre Anfänge in England und Frankreich in die erste Hälfte des 17. Jahrh.s verlegen und sie bis in den Liberalismus hinein verfolgen. Man könnte dann in der zweiten Hälfte des 18. Jahrh.s eine kirchenfeindliche Entwicklung feststellen. Die Freiheit von religiösen Bindungen wird häufig als ein bestimmendes Kennzeichen der Aufklärung angesehen. Spricht man von Aufklärungsoptimismus, so steht man unter dem Eindruck des Bewußtseins, daß eine Epoche siegreich überwunden wurde. Das glaubte man der Ratio zu verdanken. Am Ende des 18. Jahrh.s war der Begriff zerredet, weshalb eine Bestimmung seines wesentlichen Inhalts und eine Festlegung der geschichtlichen Periode gefordert wurde. An den vernunftbedingten Voraussetzungen hielt man fest. Die Urbedeutung des Wortes stellt sich in dem Gegensatzpaar *klar - trübe* oder *hell - dunkel* ein. Wird Bezug auf Naturerscheinungen oder philosophische Vorstellungen wie die *Monade* genommen, so werden die vernunftbedingten Voraussetzungen und damit ihre Abhängigkeit von der französischen Philosophie allzu sehr betont, und wird ihre negative oder revolutionäre Aufgabe in der Zerstörung des mittelalterlichen Weltbildes, in der Entwicklung eines von Theologie und Glaubensbekenntnissen unabhängigen Denkens erkannt. Gewisse skeptische Haltungen der Renaissance sind ihre ersten Wegbereiter. Der optimistische Fortschrittsglaube schließt die geistige Entwicklung des 18. Jahrh.s näher zusammen. Die Geschichte der Theorie und der Formen jedoch kann in der ersten Hälfte des 18. Jahrh.s wenig Neues erkennen. Sie steht im Zeichen des Klassizismus unter den bewährten Autoritäten. Das Gefühl wird ausgeschaltet, die Vernunft tritt ihre Herrschaft an. Wenn ein Ausgleich gesucht wird, dann nicht einer zwischen Rationalismus und Irrationalismus, sondern im Sinne von Leibniz zwischen Vernunft und Erfahrungserkenntnis. Selten halten die beiden einander die Waage. Die Erfahrung begünstigt das Wachstum des Realismus. Die Vernunft arbeitet mit Mechanismen, welche mit hohen Geltungsansprüchen und nicht als Denkhilfen auftreten. In der Aufstellung von Systemen, im Triumph der Logik über die Metaphysik, in der Zweckbestimmung triumphiert der Rationalismus.

1. RATIONALISMUS UND EMPIRISMUS

Descartes (1596–1651) ist der Begründer der Aufklärung. Er hat viel weniger durch sein System gewirkt als durch seine Methode, in der er Mathematik und Logik miteinander verband. Es ging um das Feststellen, Ableiten und Schließen, um das Errechnete, verstandesmäßig Gewonnene. Dabei konnte man an die skeptische Haltung des Späthumanismus anknüpfen. Descartes begann, die uralte Ehe zwischen *Stoizismus* und *Christentum*, für welche der legendäre Briefwechsel zwischen Seneca und dem Apostel Paulus Zeugnis ablegt, zu scheiden. Hatte der Stoizismus einst den Boden für das Christentum vorbereitet, so öffnete er nun der Philosophie den Weg in die Freiheit, indem er sie von der Theologie zu lösen begann. An Seneca entwickelte der ehemalige Jesuitenzögling seine Ideen, und mit ihm erhob er die Vernunft zur Beherrscherin der geistigen Welt. Die neue Moral, welche sie diktierte oder empfahl, brauchte nicht mehr mit den Zukunftsbildern von Lohn oder Strafe im Jenseits zu arbeiten, wenn sie die Handlungen unter den Supremat des Denkens stellte, die Eindämmung und Beseitigung der Leidenschaften verlangte und das Gleichgewicht in der Seele herstellte. Mehr auf das Praktische war die Philosophie Francis Bacons (1561–1626) gerichtet. Auch er stellte sich gegen Scholastik und Aristotelismus und suchte die Verbindung von Wissenschaft und Leben herzustellen. Ähnliches wollte sein Zeitgenosse Andreae. Zwei Überlieferungen schlossen sich an: Thomas Hobbes (1588–1679) und John Locke (1623–1704). Jener rechnete und konstruierte, er gilt als ein Vater des modernen *Materialismus*. Dieser berief sich auf die Erfahrung. Er schloß *Empirismus* und Rationalismus zur Einheit zusammen und schuf damit einen Ausgangspunkt nach zwei Richtungen hin, je nachdem man sich zu den Sinnen oder zu den Wahrnehmungen stellte. Der *Sensualismus* unterdrückte die Bedeutung der inneren Wahrnehmung und maß der äußeren (sinnlichen) eine besondere Bedeutung bei. Der *Spiritualismus* löste die Empfindungen von der Außenwelt.

Rationalismus und Erfahrungswissenschaft wurden vom bürgerlichen Denken getragen. Auch da bot England Anstoß zu neuen Entwicklungen mit dem Deismus, dessen Ausgangspunkt der Gedanke ist, daß man mit Hilfe der Vernunft zu einer natürlichen Theologie gelangen könne, genau so wie man zum Naturrecht durch die Vernunft gelangen könne. Das lehrten *Grotius* und *Pufendorf*. Die natürliche Theologie verzichtet ebensowenig auf die Offenbarung wie das Naturrecht auf die Gesetze. Nahm man auch an, daß gewisse theologische Wahrheiten dem menschlichen Erkenntnisvermögen nur durch Offenbarung zugänglich seien, so blieb man doch dabei, ihren Einklang mit den Vernunfterkenntnissen anzunehmen. Die Naturreligion – im Wesentlichen eine Sittenlehre – regelte das Verhalten der Menschen zueinander. Man gelangte zu einem solchen Begriff, indem man das Besondere aus den einzelnen Bekenntnissen ausschied und das Allgemeine zum Grundstock der Naturreligion machte. Rückte man das Urchristentum ganz nahe an diese Naturreligion und stellte man den durch Ableitung gewonnenen Begriff mit der Urform des Christentums auf gleiche Stufe, so kann man dies auch als Parallelerscheinung zu der Bemühung um die *lingua adamica* ansehen. Nun beginnen die äußeren Formen des Gottesdienstes belanglos und nebensächlich zu werden, weil sie die geistige Symbolkraft verlieren. Der Blick wird auf die menschliche Natur gelenkt. Auch die mathematisch-logisch feststellende, ableitende und schließende Methode zielte mit einer neuen Wissenschaft, welche alle Glaubensbindungen zu lösen begann, auf die Einheit der Natur.

Mit der Ratio, mochte man sie als Vernunft oder Menschenverstand ansehen, konnte man sich auch an das Erbstück eines säkularisierten Humanismus halten, der die dämonischen und irrationalen Züge abgelegt hatte. Diese wurden frei, sofern sie sich nicht an die naturphilosophisch-mystische Überlieferung hielten, und bewährten sich im *Pietismus*. So liefen zwei Strömungen nebeneinander her. Die eine war konservativ. Sie hielt sich streng an die Theorie und die bewährten Vorbilder. Sie verfügte über Rezepte, wie Dichter gemacht werden können, und war klassizistisch. Die andere führte der Dichtung die geborenen Dichter zu. Sie lehrte sie, aus dem Geiste zu dichten. – Das Christentum wurde keineswegs aus dem System des ersten deutschen Philosophen der Aufklärung *Gottfried Wilhelm Leibniz* (1646–1716) ausgeschaltet. Diesem letzten universalen Denker ging es um eine synkretistische Zusammenschau der breiten Überlieferung, welche für die Zukunft fruchtbar gemacht werden sollte. Er verzichtete auf die logisch-mathematische Beweisführung und brauchte auch nicht mehr zwischen Antike und Christentum zu vermitteln, wohl aber zwischen den verschiedenen christlichen Lehren, dem Empirismus und Rationalismus. Er erkannte im Weltall das Wirken beseelter Organismen (der Monaden), die ähnlich wie die von Kepler errechneten Planetenbahnen ein System bilden. Mystisch-neuplatonisches und vernunftgemäßes Denken fügen sich im System von Leibniz zu einer Einheit zusammen, deren Wirkenskraft im Organismusgedanken der Geniebewegung und Klassik noch einmal sichtbar wird. So konnten Rationalismus und Irrationalismus sich auf ihn berufen. Er hinterließ keine Summa, in der die philosophischen Sonderdisziplinen Theologie, Ethik oder Ästhetik eingeordnet waren. Er lehrte in seiner *Theodizee* (1710) die Vereinbarkeit des Übels mit der Güte und Weisheit Gottes. Aus erster Hand übernahmen wenige sein Denken. Es bleibt fast immer den mittleren Geistern vorbehalten, neues Gedankengut in die Welt zu tragen und neue Dogmen aufzustellen.

Der eigentliche Wegbereiter der Aufklärung in Deutschland ist *Christian Thomasius* (1655–1728), der Sohn des Rektors der Thomasschule und Professors der Philosophie an der Universität Leipzig Christian Thomasius. Nachdem er in seiner Vaterstadt und in Frankfurt a. d. O. Rechtswissenschaft und Philosophie studiert hatte, begann er seine Lehrtätigkeit in Leipzig. Als auf Betreiben der Theologen 1690 ein Vorlesungsverbot gegen ihn erlassen wurde, zog er zunächst nach Berlin und von dort nach Halle, wo er von 1694 an als Professor an der juristischen Fakultät wirkte. Thomasius stellte die Gottes- und Nächstenliebe auf den Willen, nicht auf das Gefühl ab. Da beide nach seiner Auffassung nicht aus der menschlichen Vernunft abzuleiten sind, werden ihre alten Zusammenhänge mit Stoizismus und Humanismus zerrissen. Seine warmherzige Frömmigkeit wurzelte im Pietismus, doch faßte er sie nicht als Begnadung allein auf. Das schuldbewußte Sündengefühl lehnte er ab. Zum Unterschied von den Pietisten nahm er den Kampf mit der Welt auf. Er trat für einen lebendigen Glauben ein und sah im Christentum eine ethische Erlösungsreligion, weil er an die autonome Menschenvernunft glaubte, die Ethik ganz auf Vernunft stellte und von ihrer Wiedergeburt aus dem Glauben nichts wissen wollte. Er machte sich die Theologen zu Gegnern und das Volk zum Freund. Er bekämpfte Orthodoxie, Scholastik und Aberglaube erfolgreich, legte den Grundstein zur pietistisch-rationalistischen Theologie des 18. Jahrh.s und wies der Kirche, der Theologie und Frömmigkeit neue Wege.

Während des Jahrzehnts, da Thomasius in Leipzig als akademischer Lehrer wirkte, war er als Jünger Pufendorfs einer der vernehmlichsten Sprecher im Kampf gegen Pedanterie, Hexenprozesse, Scholastik und Aristotelismus. Seine Leipziger Vorlesung im Wintersemester 1689/90 *Von den Vorurteilen, die uns an der Erkenntnis der Wahrheit hindern,* zeigt, daß er bei den englischen und französischen Philosophen der Aufklärung gelernt hatte. Er trennte die Bezirke von Theologie und Philosophie, von Glauben und Wissen, aber noch nicht die von Vernunft und Offenbarung. Daß er sich an Gracian hielt und der Nützlichkeit seine Opfer brachte, zeigt ihn dem Denken des 17. Jahrh.s verpflichtet. Bedeutsamer war, daß er 1687 eine Vorlesung in deutscher Sprache *Welcher Gestalt man denen Franzosen im allgemeinen Leben und Wandel nachahmen soll* ankündigte und hielt. Er griff damit einen Gegenstand auf, der uns immer wieder begegnet ist. Er mußte anerkennen, daß sich das galante Wesen dem neuen Grobianismus wirksam und erfolgreich entgegensetze. Doch betonte er, daß dies nur dann wirkenskräftig sein könne, wenn es sich nicht nur in den äußerlichen gesellschaftlichen Umgangsformen, sondern auch in der geistigen Haltung offenbare, als Träger der Bildung und des guten Geschmacks. Rückhaltlos erkennt er die sprachliche Leistung der Franzosen, die Ausbildung einer wissenschaftlichen Prosa, an. Die Anwendung der lateinischen Sprache will er auf Gebiete eingeschränkt wissen, in denen sie nicht zu ersetzen ist. Damit eröffnet er dem nichtakademischen Bürgertum und der Frauenwelt den Zugang zum Wissen. Wenn er die Bemühungen von Harsdörffer und Rist fortsetzte, so führte er ihnen Elemente zu, die aus dem Journalismus Leipzigs stammen. Dort hatte nach dem Vorbild des *Journal des Savants* (ab 1655) *Otto Mencke* (1682) die *Acta eruditorum* gegründet. Thomasius nannte seine Monatsschrift, die 1688 zu erscheinen begann, „Freimütige, lustige und ernsthafte, jedoch vernunft- und gesetzmäßige Gedanken oder Monatsgespräche über allerhand vornehmlich aber über neue Bücher". Der Titel wurde während der zwei Jahre, in denen sie bestand, mehrmals geändert. Wie bei seinen Vorgängern stammten die Beiträge von einem

Konsortium, der *Gesellschaft derer Müßigen,* die sich während einer Reise über neue Bücher unterhält oder anknüpfend an deren Lektüre geschichtliche und philosophische Fragen behandelt. Beziehungen zur Reiseliteratur (Veiras) und den Veröffentlichungen der Sprachgesellschaften liegen nahe. Doch meldet sich hier die Kritik vernehmlicher zu Wort. Die wiederholte Betonung der lehrhaften und nützlichen Poesie konnte der deutschen Literaturentwicklung keine neue Wendung geben.

Die sichtbaren Spuren von Christian Thomasius erscheinen in den m o r a l i s c h e n W o c h e n s c h r i f t e n.Er bereitete den Boden für ihreAufnahme und die Entwicklung des kritischen und ästhetischen Journalismus. In ihnen verblaßte das französische Vorbild. *Joseph Addison* (1672–1719) und *Richard Steele* (1672–1729), zwei geborene Moral- und Gesellschaftssatiriker, wählten mit Geschick die wirksame Form der regelmäßigen Unterhaltung einer kleinen Gesellschaft, deren Mitglieder nach Geschlecht, Stand und Temperament einen Standpunkt vertreten, von dem aus sie ihre Glossen machen. Das war nicht neu. Die Colloquia familiara des Erasmus, die Pegnitzschäfer und der Elbschwanorden gingen ähnlich vor. Neu aber war es, diese Gespräche über aktuelle Tages- und Kunstfragen in regelmäßigen kurzen Abständen zu halten. Der Erfolg, welchen *Tatler* (1709/11), *Spectator* (1711/12) und *Guardian* (1713) als Original und Übersetzung hatten, rechtfertigte das Vorgehen. Es gibt kaum einen Spiegel, der das Leben einer Zeit so naturecht und wahrheitsgetreu festhält wie diese Zeitschriften. Sie verzerren nicht mehr wie die alte Narrendichtung oder gar die Teufel, welche das moralische Leben so lange unsicher machten. Die Gottesvorstellung derAufklärung, welche die moralischen Wochenschriften in die Weite trugen, ruht in der Erkenntnis einer von weisen Gesetzen geleiteten Natur. Sind auch die Ziele der göttlichen Vorsehung anfangs nicht zu erkennen, so offenbaren sie doch am Ende die Gerechtigkeit Gottes. Solch moralistische Deutung des Unerklärlichen gibt der Religion der Aufklärung ihre rationalistische Grundlage. Gott gewährleistet die sittliche Weltordnung. Die Triebe, welche die einheitliche Harmonie zerstören, können im Menschen nicht überwiegen. Damit wird den dämonischen Leidenschaftsmenschen des 17. Jahrh.s der Nährboden entzogen. Die Triebe zur Herrschaft gelangen zu lassen, ist Versündigung an der menschlichen Würde. Mit der heiteren Lebensfreude im Bunde konnte die Aufklärung den Puritanismus überwinden.

Es war leicht, die moralischen Wochenschriften auf den deutschen Meridian zu visieren. Ihr Hauptziel blieb die Besserung der Sitten. Sie erklären jene Wahrheiten, welche die Grundlagen des zeitlichen und ewigen Glückes bilden, in einem flüssigen Stil, wollen originell, kurz, klar und deutlich sein, sich dem behandelten Gegenstand in der Ausdrucksweise anpassen, die Tugend in ihrer Vortrefflichkeit, das Laster in seiner Häßlichkeit vorführen. Der Titel ist entweder schablonenhaft (z. B. Wochenschrift, Beiblatt) oder individuell moralisch (Biedermann, Weltbürger, Patriot, Vernünftiger Ratgeber). Der Hauptinhalt der moralischen Wochenschriften sind Abhandlungen oder Erzählungen über Tugenden und Laster oder deren Träger, über philosophische und religiöse Fragen. Sie wollen den Weg zum Guten weisen. Besonderer Wert wird auf Frauenbildung, Erziehung und Ehe gelegt. So setzen sie

Moralsatire, Ehespiegelliteratur und Bestrebungen der Sprachgesellschaften fort. Mehr als im 17. Jahrh. kommen Fragen der Kunst und des Theaters zur Geltung. Die Politik bleibt ausgeschaltet. Was in England als bekämpfenswert galt, war es auch in den ähnlich gearteten Gebieten, den Handelsstädten Hamburg und Zürich. Die Betonung naturhafter Vorbildlichkeit schafft in diesem Zeitalter der Robinsonaden auch die Gestalt des oder der edlen Wilden. Man war bei der Lektüre des Spectators von der Geschichte *Inkle und Yariko* gerührt über die edle Indianerin, welche dem Engländer Inkle das Leben rettete, und empört über diesen, daß er sie dann als Sklavin verkaufte. Im Anschluß an *Theophrasts Charaktere* und *La Bruyère* begann der Unterricht in der Erfahrungspsychologie. Die verschiedenen Typen wurden erweitert und mit neuen Zügen ausgestattet. Sie konnten das Lustspiel und die Erzählung bereichern. Die Anregungen kamen noch immer aus der Literatur, nicht aus dem Strome des Lebens, außer wenn der kleine beobachtete Zug verwertet wurde. Die Satire blieb Charakterschilderung. Diese wurde von der unpersönlichen Namengebung, welche besondere Eigenschaften zeigte, unterstützt. Traum, Allegorie, Fabel, beispielhafte Erzählung, Brief oder Gespräch einer Gesellschaft sind die beliebtesten Formen. Als Leser erwarteten die moralischen Wochenschriften den tugendhaften Menschen, den gebildeten Mittelstand meist in einem landschaftlich beschränkten Gebiet. Sie nahmen das Gespräch mit den Lesern auf und waren für deren Anregungen dankbar. Mit Preisen für den bestbeurteilten Beitrag, Geld- oder Buchprämien begann der Hamburger Patriot eine erfolgreiche Werbetätigkeit. Der Inhalt der moralischen Wochenschriften ist arm an Abwechslung. Dennoch wurde er als höchst aktuell empfunden, während er für die späteren Leser von allgemein kulturkundlichem Interesse ist. Nach den englischen Originalen oder deren Übersetzungen genoß die Hamburger moralische Wochenschrift *Der Patriot* das größte Ansehen. Die meisten moralischen Wochenschriften erschienen regelmäßig an einem bestimmten Wochentag. Die Zensur wachte über einer allzu freien Beurteilung von Vorkommnissen oder Persönlichkeiten. Als Lese- und Bildungsstoff des Durchschnittsbürgers, auf dessen geistige Welt sie sich einstellten, spiegeln die moralischen Wochenschriften das Denken und Fühlen des Volkes im 18. Jahrh. Dadurch, daß der ursprüngliche Plan zwar beibehalten, aber durch einzelne aktuelle Einschübe unterbrochen wird, sorgt das Leben selbst für Abwechslung und unerwartete Wendungen.

Der Höhepunkt des Rationalismus wird in der deutschen Philosophie von *Christian Wolff* (1679–1754) erreicht. Er ist der Dogmatiker der Aufklärung. Ihm ging es nicht wie Descartes und Spinoza um die Beziehung zu den Ursprüngen und treibenden Kräften, sondern um eine Ordnung, die sich aus Begriffen, Urteilen und Schlüssen ergab. Er unterschied zwischen den Wissenschaften, welche sich a priori aus dem abstrakten Denken, und jenen, welche sich a posteriori aus der sinnlichen Wahrnehmung ergaben. Wirkte der Rationalismus auch wie eine Zwangsjacke, wurde das *studium logicum* zur alleinigen Vorausetzung der Erkenntnis, wurde der Gedankenreichtum eines Leibniz arg beschränkt, und bei der Generalrevision der älteren Bestände mancher keimkräftige Ansatz ausgeschaltet, so konnten diese Nachteile, um deren Überwindung sich das Jahrhundert mit Erfolg bemühte, in Kauf genommen werden gegenüber der Klärung der Begriffe, den scharfen Definitionen und der zwingenden Beweisführung, welche Wissenschaften und Künste auf neue Grundlagen stellte. Zwangsläufige und überzeugende Ableitungen machten sich auch die Erfahrung dienstbar. Was sie bot, hatte sich der Vernunft, dem gesunden Menschenverstand zu unterstellen. Die eisige Kälte, welche uns diese vom Verstand diktierten Werke vermitteln, mußte jene Seelenkräfte, welche sich im 17. Jahrh. so stark zu Wort gemeldet hatten, verkümmern lassen. Jetzt errang die Meisterschaft, wer dem *utile* den Primat zuwies. Es ging also nicht mehr ausschließlich um Erbauung, Stärkung der Frömmigkeit, Vermittlung von Wissen, sondern in erster Linie um die Festigung der Moral, sei es, daß Lebensgrundsätze erläutert, sei es, daß Beispiele für die Lebensführung geboten werden sollten. Die Vernunft bestimmte Leben und Handlungsweise. Sie zeigte den Weg, auf welchem das Glück erworben werden kann. Der Fortunabegriff verlor die Dämonie des Herrenmenschentums und paßte sich dem bürgerlichen Denken an. Von größerer Bedeutung für die Entwicklung der Literatur als der Intellektualismus, dessen Sendung sich im Ableiten vom Einzelnen und im Verallgemeinern erschöpfte, wurde der empirische Sensualismus, welcher entweder unmittelbar aus den englischen Quellen oder über Frankreich wirkte. Er festigte die Beziehungen zu den naturhaften Gegebenheiten; denn die Einheit des Göttlichen oder Geistigen mit dem Natürlichen, welche die Religion getragen hatte, konnte von der Moral nur dürftig hergestellt werden. Vernunft und Erfahrung können somit nicht als Gegensatzpaar oder barocke Antithese aufgefaßt werden. Sie lösen einander auch ab wie Stilformen, hinter denen sich gegensätzliche geistige Haltungen verbergen. Die künstlerischen Ausdrucksformen richteten sich noch immer an denselben oder ähnlichen Vorbildern wie Opitz aus. Noch immer gab die Theorie den Ausschlag. So wie die humanistisch-neulateinische Formgebung sich an Scaliger und Ronsard hielt, war nun der Meister *Nicolas Boileau-Despréaux* (1636–1711). Er regelte die neue Dichtung im Geiste der Aufklärung.

In seinem Zeichen und mit seiner Satire bezwangen die sogenannten *Hofdichter* den marinistischen Schwulst. Ihn zu beseitigen, die Gesetze der Dichtung denen des Denkens und der Mathematik anzupassen, war seine Lebensaufgabe. Er wollte ein

Descartes der Poesie sein und unterstellte sie neuen Vorbildern und Gesetzen. Er brachte den Klassizismus zu Ehren. Wenn er das Schöne und Gute an das Wahre kettete und diese Dreiheit der Vernunft den Treueid leisten ließ, so legte er den Hauptwert auf das W a h r e. Nur das Wahre, d. h. was der Vernunft entspricht, könne schön sein. Damit wurde die Natur der Vernunft unterstellt und ihr eine bestimmte Ordnung vorgeschrieben. So begann die Zeit der zurechtgestutzten Hecken und Bäume, der mit Lineal und Zirkel angelegten Blumenbeete und Gärten. Das Wahre im Sinne Boileaus kann demnach nicht Wiedergabe der Natur sein wie sie ist, sondern nur dessen, was sie sein soll oder unter dem Gesetz einer bestimmten Ordnung wird, so daß sie als Ganzes in den Einzelheiten klar erfaßt werden kann. Deshalb geht es solcher Kunst genau so wie der des 17. Jahrh.s nur in beschränktem Maße um die Darstellung des Individuellen, vielmehr um die des Allgemeinen, des Typischen, des Beispielhaften. Alles Zufällige, Vorübergehende, Einmalige und Besondere, kurzum was nicht zu dem verstandesmäßig erschlossenen Wesen einer Erscheinung, einer Person oder eines Vorganges gehört, ist überflüssig, weil es die Ordnung stört. Danach erhalten die Regeln der Poetik Gesetzeskraft. Die Bewährung und das Ansehen der antiken Dichtung zeugen für ihren inneren, zeitlosen und internationalen Wert. Der *gute Geschmack*, welcher von da an zum Richtmaß der Dichtung wird, und das Wahre beanspruchen allgemeine Geltung und Anerkennung. Das Drama unterstellt sich den drei Einheiten. Der Stil kann hier nicht Ausdruck der Persönlichkeit, sondern nur der des erschlossenen Idealtypus des vernünftigen Menschen sein. Diesem Menschen an sich entspricht die zeitlose Kunstansicht, die genau geregelte Ausdruckweise, der sich nichts besonders Geartetes beimengen darf. Das ist K l a s s i z i s m u s in seiner reinsten Form. Die Verkennung oder Mißachtung der geistigen Lebens- und Entwicklungsbedingungen, die Starrheit und kalte Ruhe sind die Stileigentümlichkeiten der absolutistischen Kunstgebung. Die Literaturgeschichte selbst erweist, daß solche Forderungen nicht durchführbar sind und sich auf die Dauer nicht halten können. Mit ihrer Widerlegung und spottender Kritik brauchen wir uns nicht abzugeben. Auf die Frage, wie es möglich war, daß eine solche Theorie so allgemein anerkannt wurde, gibt es nur zwei Antworten: Weil sie dem Stilwillen einer Richtung, die von Marinismus und Schwulst übersättigt war, entsprach, und weil das gesamte Zeitalter in das Wesen geschichtlicher Entwicklung noch nicht eindringen konnte. Für unser Empfinden ist ein solches Vorgehen wider die Natur. Es entsprach aber durchaus dem Naturbegriff, welchen sich das Zeitalter selbst zurechtgelegt hatte. Er sah seine Forderung nach einem einfachen, klaren und durchsichtigen Stil erfüllt. Dieser streifte die preziöse und burleske Ausdrucksweise ebenso ab, wie er das Wunder aus dem Geschehen ausschaltete. Nur die olympischen Götter konnten sich als Ersatz für die unentbehrliche Allegorie retten. Boileau steht an der Wende der Zeiten. In den berühmten *Quérelles des anciens et modernes* trat er mit den humanistischen Argumenten der Bewährung und Bildung des alten Gutes auf. Mag ihm auch die bewundernde Begeisterung, welche den Umkreis der Plejade auszeichnet, fehlen: das Zeugnis, welches er für die Antike ablegte, war maßgebend für die Zukunft und ganz besonders für die Entwicklung der deutschen Poetik und Ästhetik. Er berief sich auf die antike Dichtung genau so wie auf die Wahrheit und die Natur seiner eigenen Prägung. Verlor aber diese ihre Geltung, so mußte sich auch die gesamte Einstellung der modernen Dichtung und Theorie gegenüber der Antike ändern. Das geschah nach der Auseinandersetzung zwischen Leipzig und Zürich bei den Bremer Beiträgern, Lessing, Gerstenberg und Herder, als die geistige Saat des sensualistischen Empirismus aufging.

Die anziehendste Gestalt unter den ausländischen Vätern der Aufklärung ist *Anthony Earl of Shaftesbury* (1671–1713). Er darf neben den größten Philologen der Zeit *Richard Bentley* (1662–1742) und *Gianbattista*

Vico (1668–1744) als einer der ersten angesehen werden, welche das griechische Denken aus der Masse der antiken, römisch ausgerichteten Überlieferung lösten. Es war von ausschlaggebender Bedeutung, daß er die natürliche Moral ins Leben rief. Sein Glückseligkeitsbegriff steht im Zeichen harmonischer Ordnung, der sich die Schönheit beiordnet. Schon hier stellt sich die Einheit des Guten, ebenmäßig Gebauten und Schönen im Zeichen des klassischen Griechentums vor, und bahnen sich Erkenntnisse an, welche in der deutschen Literatur erst über Italienaufenthalte und -reisen von Winckelmann, Moritz und Goethe ganz sichtbar werden. Da erwies es sich, von welcher Bedeutung es war, daß Shaftesbury die Brücke zwischen Ästhetik und Ethik nicht mehr über die Lehrsätze der horazischen Poetik schlug, sondern über die Erkenntnis des Schönen und Guten in einer Erscheinung. In solcher Zusammenschau, welche das Auseinandergelegene harmonisch zusammenfügt und neu ordnet, kann es weder ein leidenschaftsvolles Laster noch eine kalte Tugend geben. Da konnte sich nicht nur der Überschwang, das Schwelgen in der Natur und in der Tugend lösen, sondern überhaupt die ganze Antithetik des Stiles, der dem 17. Jahrh. eigentümlich ist. Man käme mit dem Aufzählen der Entwertungen und Umwertungen, welche Shaftesbury vielleicht weniger selbst vollzog als anregte, kaum zu Ende. Wenn Seneca als Vorbild von der Bühne abtritt, Euripides und später Sophokles seine Stelle einnehmen, wenn unter neuen Voraussetzungen die alte Frage Homer oder Vergil besprochen wird, wenn die Gestalten und Formen der Antike nicht mehr als Beispiele und Autoritäten ihre Kraft bewähren, sondern die menschlichen, das sind die gleichen Züge, derer man sich in sich selbst bewußt wird, in ihnen entdeckt werden, wenn in der Persönlichkeit die Regungen des Herrenmenschentums zwar nicht ganz unterdrückt, aber auf das Maß beschränkt und harmonisch mit den Kräften der Hingabe und des verstehenden Mitleidens ausgeglichen werden: so steht dies alles in engeren oder weiteren Zusammenhängen mit Shaftesbury. Während er in seinem Heimatland über *Hutcheson* und *Adam Smith* auf die Entwicklung der englischen Moralphilosophie entscheidenden Einfluß ausübte, hat er im deutschen Sprachgebiet besonders auf die Ästhetik eingewirkt, als in den siebziger Jahren die Übersetzungen seiner Werke eine weitere Verbreitung fanden.

2. RATIONALISTISCHE DICHTUNG

Das System der poetischen Theorie der Aufklärung, das aus Gottsched und den Schweizern abzuleiten sein wird, sollte nicht dazu verführen, in der Dichtung des Zeitalters eine Einheit zu sehen. Die Frontstellung gegen den schlesischen Schwulst ist uns längst begegnet. Canitz bekämpfte die überwuchernde Ornamentik und das Auflodern der Leidenschaften. Man wollte die Dichtung auf die Maße zurückführen, welche für sie mit allgemeinem Geltungsanspruch geschaffen worden waren. Dabei mußte man erfahren, daß die Formen sich erschöpft hatten und keine neuen Ausdrucksmöglichkeiten bargen. Gewandelt aber hatten sich die soziologischen Voraussetzungen. Formen, Stoffe und poetische Gattungen änderten ihre Geltungsbereiche. Empfindliche Einbuße erlitt das Gelegenheitsgedicht. Die Schule überließ die Pflege des Dramas den wandernden Schauspielern. Solche und ähnliche Erscheinungen, die sich auch beim Roman beobachten lassen, betrachtete man als Verwilderung, der die segensreiche Ordnung eines Gottsched Einhalt gebot. Dabei beachtete man die veränderten Lebensformen und Ordnungen nicht. Die einheitliche Entwicklung, welche in der deutschen Literatur des 18. Jahrh.s erkannt wurde, darf nicht darüber hinwegtäuschen, daß die alten Überlieferungen nur ganz langsam abgestoßen werden, und daß trotz der immer wieder zu beobachtenden Streitigkeiten und Auseinandersetzungen von Durchbrüchen, Aufbrüchen oder Revolutionen in der ersten Hälfte des Jahrhunderts nicht gesprochen werden kann.

Mittelmaß und Durchschnitt geben den Ausschlag. Deshalb treten die Probleme der Metaphysik hinter denen der Psychologie zurück. Gegenstände aus dem Umkreis der Religion und der Gefühle hält vornehmlich der Pietismus fest. Ihm konnten die klassizistische Poetik und die antike Kunst, welche sich wieder als vollkommen erwies, gleichgültig sein. Ihre Bedeutung lag aber nicht mehr darin, daß sie in der Renaissance als Quelle angesehen wurde, sondern sie galt als Richtmaß, als verpflichtendes Vorbild, das nachgeahmt werden müsse. So las man es auch bei Opitz. Jetzt aber wurde die Weisheit nicht mehr als Wissen angesehen sondern als Seelenzustand und bewegende Kraft. Das Glück des Weisen lag in der Bescheidung, im Verzicht auf äußere Güter. Man entfernte sich vom Ideal des Politischen oder Galanten und suchte die selbstsichere Überlegenheit durch die Vollkommenheit zu erlangen, deren Voraussetzung Zurückgezogenheit, Selbstbeherrschung, Gelassenheit und Beschränkung sind. Das lockert die Gesetze und fügte sich nicht mehr dem Zwang. Auf der selbsterworbenen inneren Unabhängigkeit ruht die äußere Freiheit. Sie braucht auf nichts Rücksicht zu nehmen. Das lehrten die Engländer. Die Aufklärung beschränkte den Geltungsbereich der Allegorie, sie sah in ihr den Zierat und ließ sie nur als personifiziertes Abstraktum gelten. Damit trennte sie die Sittenlehre von der Seelenkunde. Sie erkannte den ewigen Kampf zwischen Gut und Böse, den Nährboden der Allegorie, nicht mehr als Weltprinzip, weil sie um das Wesen der Tugend wußte. Deshalb verloren die Symbole ihre Bedeutung, wurden die Tugenden auf einen Grundton gestimmt, so daß alle besonderen Eigenschaften aus einem allgemeinen Zustand, der ihre Voraussetzung ist, abgeleitet werden können. Das reiche geistige Erbe der Allegorie trat der neuerstehende Olymp an. Die Erfahrungsseelenkunde und eine auf natürlichen Voraussetzungen ruhende Moral aber verdrängte sie. Hier bereitet die Aufklärung der Klassik, Karl Philipp Moritz und Schiller, den Weg. An den Typen der Menschen hielt die Aufklärung fest, nur daß sie nicht mehr im Sinne der Religion zwischen gut und böse unterschied, sondern zwischen weise und töricht, wissend und unwissend. Die Weisheit umfaßt das weite Gebiet der Sitten und regelt den Verkehr der Menschen untereinander. Das ist die Voraussetzung für das Wachstum der Satire. Doch hat im Gegensatz zum 17. Jahrh. nicht mehr der Sittenrichter, Moralprediger oder eindringliche Mahner das Wort, sondern der überlegene Weise lächelt über den Lauf der Welt und das Treiben der Menschen. Man ist davon überzeugt, durch das Lachen einen besonderen Nutzen zu stiften, weil man aus überlegener Selbstsicherheit urteilte. Wird diese auch in der Zurückgezogenheit gewonnen, so bedingt das doch nicht ein Eremitendasein als Ideal. Pflege der Freundschaft, gegenseitige Förderung, Gedanken- und Erfahrungsaustausch sind die Voraussetzungen des gesellschaftlichen Zusammenschlusses. Es geht jetzt nicht mehr wie in den Sprachgenossenschaften des 17. Jahrh.s um die Pflege der Ausdrucksform, patriotische Gesinnung, Heimat oder Volk, sondern um die Weihe des Weltbürgertums und die Moral.

Die Aufklärung brachte das *Lehrgedicht* zu Ehren. Es verband die Begriffe untereinander und mit der Erfahrung. Das Gleichartige vereinigt sich in Klassen und unterstellt diese einem gemeinsamen Oberbegriff. Die erfaßte und poetisch abgewandelte Einzelheit ist das Element, welches den Gedanken trägt. In der Art der Aneinanderreihung solcher Elemente liegen verschiedene Möglichkeiten: Aufzählung, Parallelismus, Gegensätzlichkeit, Erläuterung, wie es die Gesetze der Rhetorik lehrten. Was aber den pathetischen Stil der Dichtung des 17. Jahrh.s getragen hatte, wurde nun leichtes Spiel. Der Alexandriner ist nicht mehr mit solchen Spannungen geladen. Seine Herrschaft ging zu Ende, wenn auch die Vorliebe für Antithesen dem Geiste der Zeit entsprach. Andere Metren, wie der Sechssilber, den Hagedorn mit Geschick anwendete, gewannen nun Heimatrecht und boten die Möglichkeit zu Variationen im Takte des regelmäßigen Auf und Ab, des klassizistischen Herzschlages, der sogar in den nachgeahmten *vers libres* zu spüren ist. Die klassizistische Theorie nahm dem Reim die innere Kraft, den Sinn der Bindung durch den Klang. Er wurde zum äußeren Mittel, den Vers abzuschließen, die Strophe zu gliedern und den syntaktischen Abschluß zu stärken. Der Einschränkung des Wortschatzes entsprach die Armut der Reimwörter. Die Antithese wurde vom Verstand und nicht von der Phantasie bestimmt. Aus den alten Wissensspeichern, der Kenntnis der Gegenwart und der Beobachtung kam das erläuternde Material, das zugleich gelehrte Bildung vermittelte. Doch war die Aufklärung sparsam damit. Sie verteilte den Stoff in angemessenen Dosen. Brockes entwickelt noch, leitet ab, strebt von Gedanken zu Gedanken. Haller erklärt zwar, daß der Dichter kein Weltweiser sei, daß er mahne, rühre und nicht erweise, aber seine letzte Absicht in dem Lehrgedicht *Über den Ursprung des Übels* ist es dennoch, Gottes Gerechtigkeit und Güte zu verteidigen, apologetische Erbauung zu bieten. Hagedorn reiht die in sich geschlossenen Einheiten aneinander, er schafft aus der Ruhe des Gemütes, stellt fest, hält auch noch an der Sentenz fest, aber lädt sie nicht so mit Pathos. Es ist ein Sinnbild für die geistige Zucht, daß das Lehrgedicht den

Alexandriner zugunsten der metrisch-strophischen und mit dieser parallel laufenden gedanklichen Ordnung aufgibt, welche zudem auch die Stufen eines Geschehens festlegen konnte. Der Dialog erweitert den stichomythischen Schlag und Gegenschlag zur wohlgesetzten, gleichgeformten Einheit von mehreren Zeilen. Was dabei an Heftigkeit verloren geht, wird an Objektivität gewonnen. Die Unterredner sind gleichberechtigt. Sie machen denselben Gebrauch von ihren Möglichkeiten und keiner verläßt den Schauplatz als triumphierender Sieger. Sie spielen einander die Bälle zu. Der eine stellt das Thema, der andere nimmt es variierend auf. Sieht man in Hagedorn Höhepunkt und Vollendung der Aufklärungsdichtung mit der strengen Durchführung der Gesetze der Symmetrie, so zeigt sein Schaffen auch schon das Wiederaufleben verblichener Elemente in rokokohaft-anakreontischer Zierlichkeit. Mag dieses neue Lebensgefühl auch noch konventionell gebändigt sein; so wehrt es sich doch gegen Erstarrung: Symmetrie und ausgerichtete Gleichmäßigkeit werden durch anmutiges Spiel immer wieder gestört. Die Aufklärung schließt ihre Gedankenreihe weniger gern epigrammatisch als mit der Sentenz. Schillers Szenen- und Aktschlüsse halten an dieser Überlieferung fest. Die Sentenz ist der günstige Abschluß einer Gedankenkette, eine Folgerung oder moralische Nutzanwendung. Was der Steigerung und Aufschwellung in den bevorzugten Figuren der Dichtersprache des 17. Jahrh.s gedient hat, Hyperbel und Paradoxon, verliert an Gewicht und wird im Sinne verstandesmäßiger Erwägungen ausgenützt. Als Gedankenspiel, in dem die Wahrheit triumphiert, ist die Ironie willkommen. Sie unterstützt die Dialektik bei der Herstellung eines gehobenen Gemütszustandes.

Der einfache Stil der Aufklärung erstrebt Klarheit und Übersicht. Für Anakoluthe, Umstellungen, angeschwellte Satzungeheuer ist da kein Platz mehr. Die aneinanderreihende Entwicklung und Gewichtsverteilung erfordert den Ausgleich der einzelnen Glieder und begünstigt eine gleichmäßig gleitende Bewegung an Stelle der Hervorhebung einzelner Worte und Wortklassen. Das Verbum verliert seine Dynamik. Das Tätigkeitswort räumt dem Hilfszeitwort weite Bezirke ein. Schmuck ist überflüssige Störung. Vergangenheit und Geisterwelt, geschichtliche und orientalische Stoffe treten zugunsten der Gegenwart zurück. Aus zeitlicher und räumlicher Ferne wird der Blick auf den Menschen, den Zeitgenossen, als den ruhenden Pol gelenkt. Einfache rhetorische Mittel, wie Frage und Ausruf, beleben, doch greifen sie nicht in die logische Abwandlung der Gedanken ein, noch geben sie ihr eine überraschende Wendung. Das bedeutet Entwertung und Entfärbung. Wie in einem neuen *Bellum grammaticale* nach dem Vorbild des beliebten humanistischen Epos von Andrea Guarna wird der Geltungsbereich des Verbums vom Nomen eingeschränkt. Der vernunftbedingte Verlust sprachlicher Dynamik wird auch im Verkümmern der sprachschöpferischen Fähigkeiten sichtbar. Die Richtung auf das Allgemeine und Gültige läßt das Besondere und Eigentümliche nicht aufkommen. Selten überschreitet die Wortzusammensetzung zwei Glieder. Die begriffliche Klarheit schränkt den Gebrauch der Synonyma ein. Die symmetrische Ordnung verteilt das Gewicht gleichmäßig. Metapher und kennzeichnendes Beiwort werden der Tendenz zur Vereinfachung geopfert. So verlangt es das

Begriffliche, während das Gegenständliche dem natürlichen Sprachempfinden entspricht. Schmuck und Formel verlieren Wert und Bedeutung. Welt und Natur werden von der menschlichen, nicht mehr der göttlichen Mitte aus erkannt. Sie werden vom Standpunkte des Nutzens, der Moral oder Religion, als Sinnbilder überirdischer Erscheinungen und Vorgänge erfaßt. So legen sich zwischen die Natur und ihren menschlichen Betrachter verschiedene Filter. Die neuen Erkenntnisse werden in Einklang mit der Natur gebracht. Wer mit der Natur lebt, ist von Freiheit, Einsamkeit, Freude und Einfachheit umgeben. Das führte schon Fischart dem späthumanistischen Stadtbürgertum vor, wie es Haller und Hagedorn der bürgerlichen Gesellschaft der Aufklärung nahebrachten. Die gleiche Welt- und Lebenserfahrung steht hinter beiden, aber erst von der entgöttlichten Natur der Aufklärung her wurde die Bahn zum Naturevangelium Rousseaus frei. Noch war die Landschaft zumeist Staffage für die schöne Frau. Hier spannt sich ein weiter Bogen zwischen Minnedichtung und Anakreontik. Was die Natur dem Auge zu bieten vermochte, verdunkelte der Glanz weiblicher Schönheit. Den Ansätzen zu unterscheidender Naturbetrachtung wie der Entfaltung des Persönlichen und Individuellen standen das Allgemeine und Typische entgegen. Die zähe Lebenskraft der Schäferwelt des 17. Jahrh.s bewährte sich noch lange im 18. Jahrh. Aber über dieses weben leichte Bewegung, Sonnenlicht, Frühling und Sommer. Man verzichtet auf Antithese, Kontrast mit Sturm, Winter, Leidenschaft und Erregtheit, Farbensymbolik, Nuancce und Wiedergabe verschiedener Eindrücke, man nivelliert und blickt aufs Typische. Unmittelbarer sinnlicher Reiz weicht den allgemeinen Angaben, die das Wesentliche einer Erscheinung festhalten. Die Reflexion gibt den Ton an.

Die neuplatonische Überlieferung faßte die geistigen und weltlichen Bezirke der Liebe zusammen. Die Aufklärung aber unterschied mit Thomasius zwischen vernünftiger, daher tugendhafter, und unvernünftiger Liebe. Sie trennte zwischen französischer, realistischer, freier und englischer, puritanischer, strenger Auffassung. Jene wertete Frau und Ehe gering. Sie stellte das Dogma auf, daß Ehe und Liebe nichts miteinander zu tun haben, und kannte ein Liebesleben nur außer der Ehe. Das bedeutet eine schroffe Abkehr von der christlichen Moral; denn an die Stelle des geheiligten Ehebundes trat die Seelenfreundschaft, an die Stelle der Leidenschaft die vernunftgemäße Reflexion über das Wesen der Liebe und der Versuch, wenigstens etwas davon für die Weisheit zu retten. Dazu brauchte man weder die Schäfermaske noch die galante Zweideutigkeit, die Frivolität, noch gesellschaftlich bedingte Formen aufzugeben oder auf die aneinanderreihende Beschreibung der einzelnen Teile zum körperlichen oder geistigen Gesamtbild zu verzichten. Aber Leidenschaft und Sehnsucht wichen der vernünftigen Selbstsicherheit. In ihrem Zeichen konnte sich auch die Eifersucht wenig entwickeln.

Das neue Lebensgefühl befreite sich von der Gewissensangst, welche das 17. Jahrh. bedroht hatte. Es rettete das neuplatonische Erbteil in die Erkenntnis harmonischer Zusammenhänge und zweckmäßiger Ordnungen und legte ohne Beihilfe der Religion den Grundstein zu Glückseligkeit und Begeisterung an den Dingen dieser Welt. Lieblingsworte der Zeit sind Fröhlichkeit, Vergnügen, Lust. Durch das ganze

18. Jahrh. brennen die Fackeln am Altar der Göttin Freude, bis sie zur Tochter aus Elysium erhoben wird. Die Menschen fühlen sich als Entdecker einer neuen geistigen Welt. Der Zugang, den man unabhängig von Rousseau zur Natur suchte, führte, auch nachdem die Aufklärung die Geisterwelt, Riesen, Zwerge und dämonische Gestalten mit dem Anathem belegt hatte, über die Literatur, über Vergil und Horaz, später über Homer und Theokrit, so wie sich Ovid als Liebling der bildenden Rokokokunst erwies. Dennoch tritt die scharf beobachtete Einzelheit nicht mehr formelhaft auf. Sie wird aus der unmittelbaren Anschauung gewonnen. So regte sich das Leben zuerst in den kleinen Zügen, ehe der Gesamteindruck der Natur dichterisch gestaltet wurde.

3. VOM SCHWULST ZU DEN ENGLISCHEN VORBILDERN

Zwischen Überschwang und Nüchternheit lassen sich die Übergänge schwerer feststellen als zwischen der leidenschaft- und pathosgeschwellten italienischen Dichtung und der englischen Naturpoesie. Das wird in dem Menschenalter sichtbar, welches zwischen den beiden Übersetzungen von Brockes liegt, der von Marinos Bethlehemitischen Kindermord (1715) und der von Thomsons Jahreszeiten (1745).

Barthold Hinrich Brockes (1680–1747) stammt aus einer Hamburger Patrizierfamilie. Er studierte Rechtswissenschaft bei Thomasius in Halle (1700), praktizierte beim Reichskammergericht in Wetzlar (1702) und schloß daran seine Bildungsreise nach Venedig und Rom. In Leyden erwarb er das Lizentiat. Dann kehrte er heim und lebte der Wissenschaft (1704). Zum Senator wurde er 1720 gewählt und dann mit verschiedenen diplomatischen Aufgaben betraut, die ihn auch nach Wien führten, wo er zum kaiserlichen Pfalzgrafen ernannt wurde. Von 1735 an war er Verwalter des Amtes Ritzebüttel.

Sein Hauptwerk *Irdisches Vergnügen in Gott* (8 Theile 1721–1748) hat die kräftigen Ansätze des ersten Teiles nicht weiter entwickelt. Die himmlische Schönheit steht über der irdischen. Von der Monadenlehre eines Leibniz bleibt Brockes ziemlich unberührt. Seine Ideenwelt trägt kaum persönliche Züge. Sie lebt mehr in der Theologie als in der Philosophie der Zeit trotz mancher Beziehungen zu Shaftesbury. Die Dichtung sucht nicht Gott in der Natur, sondern der Antrieb zu religiöser Erbauung geht vom Menschen aus. Dieser bietet im Sinne der Synaesthesie und Kunstlehre des Marinismus alle fünf Sinne auf, um die einzelnen Erscheinungen der Natur zu erfassen. Was Brockes beschreibt, hat er bis in letzte Einzelheiten beobachtet. Das Kleine, Unscheinbare, Vögel, Frösche, Mücken dienen ihm dazu, moralische Lehren anzuknüpfen. Ein umgewehter Kirschbaum erinnert ihn an die Vergänglichkeit des Irdischen. Überall sieht er Gottes persönliches Wirken und einen auf das

Moralische gerichteten Mechanismus. Die Überschrift eines Gedichtes lautet „Die Schönheit des Himmels, welche von uns Menschen nicht betrachtet wird, indes die Schönheit eines Diamanten fast lächerlich über alles geschätzt wird". Weichmann hat Recht, wenn er das irdische Vergnügen als eine Mischung von Hirtengedicht und Satire im antiken Sinne bezeichnet. Allegorie und Personifikation dienen dazu, zu Gott hinzuführen. Brockes wechselt zwischen erbaulicher Betrachtung und betrachtender Erbauung, versieht die naive Gottesvorstellung mit Zügen der Aufklärung und legt besonderen Wert auf die dem Menschen nützenden Eigenschaften und Tätigkeiten Gottes. Er ist Augenmensch wie Gryphius, aber ihn blendet das Grelle und stört der scharfe Kontrast. Er sucht den Reichtum an Farben, Farbtönen und Nuancen. Er hält die Stimmungen des *clair-obscur* in der Landschaft fest. So wie die Übergänge seinem Wesen entsprechen, hat er auch einen besonderen Sinn für das Unausgeglichene, die sanfte Rundung und weiche Zartheit. Er suchte, seine Geruchs- und Geschmacksempfindungen seinen Lesern zu vermitteln. Ja, er bemüht sich darum, die menschlichen Fähigkeiten zu sinnlicher Wahrnehmung auszubilden, den Tierruf zu erkennen, die Vogelstimmen zu unterscheiden. An die Beschreibung knüpft er seine Betrachtung an. Sezierend und analysierend ist er ganz Aufklärer. Er steht der Natur wie ein Kurzsichtiger gegenüber, der nur die Einzelheiten scharf erkennt. Sieht er Leben und Bewegung vor sich, so wird er frischer und anregender. Doch schweift sein Blick nicht in die Ferne. Die Gestalten, welche er in die Natur hineinsetzt, haben manches mit denen der Idyllen gemeinsam. Bildet er aber seine Familie in der selbstgeschaffenen Natur ab, so werden seine Kinder zu fröhlichen, lebensvollen Gestalten. Er durchbrach das regelmäßige Geklapper des Alexandriners, indem er kleine, rhythmische Einheiten dazwischen schob. Mit Klugheit und Mäßigkeit gut zu leben und glücklich zu sein, war sein Ziel.

> Wer also jederzeit mit fröhlichem Gemüt
> In allen Dingen Gott als gegenwärtig sieht,
> Wird sich, wenn Seel und Leib sich durch die Sinne freuen,
> Dem großen Geber ja zu widerstreben scheuen.
> Aus Unerkenntlichkeit kommt alle Bosheit her,
> Der beste Gottesdienst ist sonder Zweifel der,
> Wenn man vergnügt schmeckt, recht fühlt, riecht, sieht oder höret,
> Aus Scham das Laster haßt, aus Liebe Gott verehret.

Das Vorbild für die metaphysische deutsche Dichtung der Aufklärung konnte *Alexander Popes Essay on man* (1733) abgeben. Er erfüllte damit auch die Doppelforderung der horazischen Poetik: *Prodesse* durch den gedanklich lehrhaften, nicht mehr moralischen Inhalt, und *delectare* durch die gefällige Form der Mitteilung. Es ging um die Stellung des Menschen im Weltall, zu sich selbst, zur Gesellschaft und zum Glück. Das war gleichzeitig eine Mahnung zu Selbsterkenntnis und Selbstbescheidung. Die Gefahren einer satten Selbstzufriedenheit und Selbstgefälligkeit schienen bei weitem geringer als jene Gefahren, welche das Streben über die festen Grenzen des Daseins hinaus eröffnete. Die Komponenten des Humanismus – die faustische und die daseinsgebundene – bleiben scharf getrennt. Aber Tugend und Glück umschlang ein festes Band; denn der Fortunagedanke löste sich von der schwankenden Unbeständigkeit, und das Glück galt als erwerbbares Gut. Der gleichmäßige Wohlstand wurde zur Daseinsgrundlage der Zukunft. In der Hingabe an den Willen Gottes, an die Vorsehung lagen die Voraussetzungen für Tugend und Glück. Der Gedanke des Behütetseins, der Geborgenheit ist die wesentliche Grundlage des neuen Weltbildes. Darauf ruht der Optimismus als beherrschende Stimmung des 18. Jahrh.s, wie der Pessimismus das geistige Antlitz des 17. Jahrh.s bestimmt hatte. Aber so wie dieses ein grenzenloses Gottvertrauen besaß, ergab sich auch das 18. Jahrh. zunächst dem Walten Gottes, mochte es der Einzelne für sich auch durch das Walten der Fortuna ersetzen, das nur dann angeklagt wurde, wenn es seine Gaben ohne Wahl und Billigkeit verteilte. Wenn Lessing und Mendelssohn 1754 das Problem, ob Pope ein Metaphysiker sei, behandelten, so zeigt dies, wie lebendig solche englischen Gedankengänge blieben.

Darin erwies sich die Schweiz als Mittlerin. Der Berner Patrizier Beat Ludwig von Muralt (1665–1749), der als Offizier in Frankreich gedient hatte, 1694/95 in England war, seiner pietistischen Neigungen wegen 1701 aus seiner Vaterstadt verbannt wurde und von da ab auf seinem Gute Colombier am Neuenburger See lebte, stellte in seinen *Lettres sur les Anglais et les Français*, welche in zahlreichen Abschriften verbreitet waren und erst 1725 gedruckt wurden, seine Reiseeindrücke zusammen. Er lehnte den französischen Klassizismus ab und wies mit beredtem Eifer auf das englische Vorbild hin. Von solchen Gedankengängen wurde Karl Friedrich Drollinger (1688 bis 1742) trotz der Bemühung, der deutschen Dichtung neue Stoffe zuzuwenden, nur wenig berührt. Er stammte aus Durlach, studierte an der Basler Universität und konnte als Verwalter des dahin in Sicherheit gebrachten Baden-Durlachschen Geheimarchivs vermittelnd zwischen der Schweiz und Deutschland wirken. Er bemühte sich um die Abstreifung alemannischer Spracheigentümlichkeiten und ein reines Hochdeutsch. Er verfaßte Fabeln und Epigramme, setzte sich gegen die Alleinherrschaft des Reimes und Alexandriners zur Wehr und schloß sich der Kunst der Hofdichter an. Später übersetzte er für Bodmers kritische Zeitschriften Pope (1741). Nachdem er Brockes der Schweiz vermittelt hatte, stellte er der Dichtung große Aufgaben. Drei philosophische Gedichte: *Lob der Gottheit, Über die Unsterblichkeit der Seele, Über die göttliche Fürsehung*, zeigen, daß er sich Leibniz zum Vorbild nahm und sein Stilgefühl unter das Diktat des klaren Verstandes stellte. Zunehmendes dichterisches Verantwortungsgefühl, feilendes Glätten und Pflege des Wohllautes deuten seine literarische Entwicklung an, die von Casper über Canitz, Besser und Brockes hinaus zu Haller führte. Dieser verdiente den Ehrennamen eines deutschen Pope. Die gesammelten Gedichte Drollingers gab J. J. Spreng 1743 heraus. Sie traten in der literarischen Auseinandersetzung zwischen Zürich und Leipzig zurück.

Albrecht von Haller (1708–1777) stammt aus Bern. Er verlor früh seine Eltern. Schon in dem Knaben ist ein Zug zur Melancholie zu beobachten. In Biel bereitete er sich 1722 bei einem Arzt praktisch auf das Studium der Medizin vor. Er wollte jedoch später Theologie studieren. Als Mediziner begann er in Tübingen 1723. Nach zwei Jahren ging er nach Leyden, wo er sich unter Boerhave besonders dem Studium der Physiologie widmete. Den Sommer 1726 verbrachte er in Deutschland. Im Jahr 1727 schloß er seine Studien als Doktor der Medizin ab, dann reiste er nach England, Paris und Basel, wo er sich während des Sommersemesters 1728 aufhielt und zu Drollinger in Beziehung trat. Anschließend unternahm er mit seinem Freunde Geßner von Bern aus eine Alpenreise durch das Wallis, sodann von Leuk über die Gemmi ins Berner Oberland und von dort nach Unterwalden und Luzern. Bald nach seiner Rückkehr eröffnete er in Bern seine ärztliche Praxis. Der Wunsch, dort als Politiker oder in einer angesehenen Verwaltungsstelle wirken zu können, erfüllte sich ihm nicht. Er wurde 1734 Stadtarzt und von 1735 an daneben Bibliothekar. Auf den Lehrstuhl für Anatomie, Botanik und Chirurgie an der neugegründeten Universität Göttingen wurde er 1736 berufen. Seine universale wissenschaftliche Tätigkeit erhielt durch die von ihm begründete und auf Lebenszeit geleitete *Sozietät der Wissenschaften* einen besonderen Nachdruck. Mehr als 1000 Rezensionen schrieb er für die Göttinger Gelehrten Anzeigen. So wenig es ihm an wissenschaftlichen Erfolgen und Anerkennungen (1749 wurde er geadelt) fehlte, so hart wurde er vom Schicksal heimgesucht. Wenige Monate nach seiner Ankunft in Göttingen starb seine junge Frau Marianne, geb. Wyß. Seine zweite Gattin Elisabeth Bucher starb nach einjähriger Ehe 1740. Die Tochter des Jenenser Professors Teichmann heiratete er 1741. Als Rathausammann ging Haller 1753 wieder nach seiner bernischen Heimat. Ehrenvolle Berufungen, Angebote und Einladungen (zu Friedrich d. Gr.) schlug er aus. In der Leitung des Schulwesens und als Direktor der Salzwerke in Roche diente er seiner Heimat. Mehr befriedigten ihn seine wissenschaftlichen Arbeiten. Der Besuch Kaiser Josefs II. (1771) ehrte ihn, der als achtes Weltwunder gepriesen wurde.

Mit dem kleinen Bändchen *Versuch schweizerischer Gedichte* (1732), das er später oft überarbeitete und erweiterte, begründete Haller seinen Dichterruhm. Es wurde viel gelesen. Haller mochte fühlen, daß es dem Geschmack der sechziger Jahre nicht mehr entsprach, weil er jedes Gedicht mit einem kurz erläuternden oder rechtfertigenden Vorwort versah und sich damit trösten mußte, daß er der reimlosen Poesie gegenüber in den Franzosen, Pope, Hagedorn und Uz noch mächtige Verbündete habe. Er war eine starke Persönlichkeit, ein leidenschaftlicher Patriot, ein ernster, ehrgeiziger Alemanne, für den die Dichtung eine lehrhafterzieherische Aufgabe zu erfüllen hatte. Was er der Auswahl aus seinen zahlreichen Jugendgedichten für würdig empfand, zeigt starkes persönliches Empfinden. Das ließ die Zeitgenossen aufhorchen, nicht etwa die Form, eine neue Art zu dichten oder die Dinge zu sehen. Im Lehrgedicht, der Vermittlung philosophischer und moralischer Wahrheiten fand er die Möglichkeit, Wissen, Auffassung, Beobachtung und Erfahrung unterzubringen. Sein Pathos spricht unmittelbarer aus seiner persönlichen Erfahrung als aus der rhetorischen Überlieferung. Bei aller verstandesmäßig nüchternen Betrachtung der Erscheinungen fühlt man dennoch, daß Haller innerlich stark von dem ergriffen ist, was er sich geistig erworben hat. Das erklärt, daß er sich von Leibniz, dessen Theodizee er in Verse umsetzte (*Vom Ursprung des Übels*), und den Engländern mehr angezogen fühlte als von den Franzosen. Er spielte nicht mit den Mitteln grübelnder Dialektik, sondern ließ sein Herz mitsprechen. Er litt unter dem Zwiespalt zwischen der menschlichen Unzulänglichkeit und der Weisheit des göttlichen Wesens sowie unter den wenig erfreulichen politischen Zuständen seiner Heimat, wenn er die pathetische Frage des Zornes stellte:

> Sag an, Helvetien, du Heldenvaterland,
> Wie ist dein altes Volk dem jetzigen verwandt?

Von den Häuptern der kleinen Republik verlangte er Menschenliebe, Wissenschaft, Arbeitsamkeit und Gerechtigkeit. Das hielt die alte Überlieferung fest. Aber daß Haller trotz der Absicht, für die Besserung der Sitten zu wirken, nicht Satiriker wurde und im Alter die wichtigsten Staatsformen in Romanen behandelte, zeigt, daß er nicht lachen und spotten konnte, daß sein Pathos aus ernster Stimmung und Betrachtung lebte und fern von auflodernder Begeisterung lag. Er konnte noch nicht unter dem unmittelbaren Eindruck eines Naturschauspiels gestalten. Was er beobachtet hatte, beschrieb er, wie Opitz am Eingang seiner Schäfereien, und knüpfte daran Lehrstoff und Betrachtung. In repräsentativen, der Stanze verwandten zehnzeiligen Alexandrinerstrophen dichtete er nach der Sommerreise *Die Alpen* (1729).

Der Gegensatz zwischen Stadt und Land ist in der humanistischen Dichtung oft dargestellt worden. Schon zu Beginn des 17. Jahrh.s hat *Johann Rudolf Rebmann* in einer umfangreichen enzyklopädisch-lehrhaften allegorischen Dichtung *Poetisches Gastmahl oder Gespräch zweier Berge*, des Niesen und des Stockhorn, ein Alpenthema behandelt. Bei Haller ist die Welt frei von Dämonen, zusammengesetzt aus zweckmäßigen Einzelheiten, die in ihrer Beziehung zum Menschen gestaltet werden. Von einer durchgeformten Beschreibung der Landschaft mit ihren besonders kennzeichnenden Zügen ist noch keine Spur vorhanden. Dem Vorbild des Tacitus entsprechend hatte der vaterländisch-heroische Arminiusroman römische Verderbtheit germanischer Naturwahrheit gegenüber gestellt und daraus seine Folgerungen gezogen. Jetzt erstehen die unverbildeten Alpenbewohner zwar nicht mehr im Schäfergewand, jedoch mit Zügen der Schäferwelt ausgestattet. Auch Haller kam über die Literatur zu den Menschen, welche er auftreten läßt, und deren Tagewerk er im Laufe des Jahres beschreibt, so wie er über die Botanik zur Beschreibung der Pflanze kam. Er malte die scharf erkannte Einzelheit ab und reihte ein Glied an das andere, ohne sie mit einem geistigen Band zu verbinden oder aus der Empfindung heraus zu erfassen. Nutzen, Zweckmäßigkeit, Vorbild, Belehrung: das ist die Aufgabe der Dichtung. Haller schrieb und veröffentlichte eben nur dann Gelegenheitsgedichte, wenn ihn echte und starke Empfindungen bestimmten. Daß er darüber, wie Schiller sagte, reflektiere, nimmt ihnen nichts von ihrer Stärke und Echtheit. Wie ernst Haller seinen Dichterberuf nahm, zeigen die sorgfältigen Verbesserungen des Textes und die Bemühung, sein Dichtertum von seiner Gelehrsamkeit abzuheben. Der Dichter müsse mahnen und rühren, der Weltweise habe zu erweisen.

So wie Haller in seinen Jugenddichtungen über seinen Seelenzustand oder über das Wesen des Übels Rechenschaft ablegte, spiegeln seine literarischen Alterswerke sein Wirken in der Politik wider; denn er reflektiert in seinen Staatsromanen über die einzelnen Staatsformen. *Usong* (1771) stellt die Betrachtung der Despotie in den Mittelpunkt. Von seiner Heimat getrennt, lernt der junge abenteuerlustige Fürst die Staatsformen mit ihren Vor- und Nachteilen kennen. In Asien sammelt er Erfahrungen über milde und grausame Despotie. In Europa lernt er die venezianische Aristokratie und die Monarchie kennen. Auf dem persischen Thron erprobt er, was er in der Theorie und aus der Anschauung kennengelernt hat. Daran schließt sich ein Fürstenspiegel, in dem sich seine Erziehungsgrundsätze an seiner Tochter Nuschirani und seinem Enkel Ismael bewähren sollen. Gefahr dieser *Despotie* sind die Beamten, welche ihre Macht mißbrauchen und den Untergebenen den Zugang zum Herrscher versperren. Daher empfiehlt Haller eine Teilung der Staatsgewalt, die nur in den Händen des obersten Herrschers vereinigt sein darf. Dieser soll oberster Kriegsherr sein. Der Krieg gilt als verwerflich. Mit Montesquieu hielt Haller eine ideale Despotie bei wohlabgewogener Gesetzgebung für die geeignete Staatsform im Orient. Die beiden anderen Romane *Alfred, König der Angelsachsen* (1773), *Fabius und Cato, ein Stück römischer Geschichte* (1774) erreichen die straffe Komposition des Usong nicht wieder. Die *konstitutionelle Monarchie* ist der Gegenstand des Alfred. Lebens- und Liebesgeschichte des Helden, Grundsätze, nach denen er den Staat organisiert, und Betrachtungen über andere Möglichkeiten einer Regierung werden nicht zur Einheit verschmolzen, so daß der Eindruck einer lehrhaften Abhandlung bleibt, deren Ziel die Verherrlichung König Georgs III. ist. Beziehungen zur bernischen Geschichte, einer *Aristokratie* im Sinne einer gemäßigten Demokratie, begegnen uns im dritten Roman. Die Befähigung zur Regentschaft biete nach Hallers Auffassung nicht der Adel, sondern die Bildung. Er leuchtet in die korrupten bernischen Verhältnisse hinein, welche beim Aufstand Samuel Henzis (1749) offenbar wurden. Ähnliches hatte Haller als junger Mann in epigrammatischer Kürze gesagt. Wenn er den Luxus Roms geißelt, so schlägt er auf die unter französischem Einfluß stehenden Berner. Dabei leben sogar noch Elemente der Alamodedichtung wieder auf. Aus ihrem Kriegsdienst für fremde Herren bringen die Berner Patrizier Geltungsbedürfnis und Großmannssucht mit nach Hause. Sie wollen über ihre Verhältnisse leben und können sich nicht mehr zu ernster Arbeit entschließen. Mit solchen Beweisgründen ist man schon im 16. Jahrh. gegen die Reisläufer aufgetreten. Zum Festhalten an alter Sitte und Brauch hat Niklas Manuel die Berner genau so gemahnt wie Haller und nach ihm Jeremias Gotthelf.

Daß Haller bei seinem Auftreten im *Versuch schweizerischer Gedichte* als verstiegen galt und sich an seinem Lebensabend darüber beklagen mußte, daß er als zu prosaisch angesehen werde, zeigt, wie sehr seine Wirkung im Mittelpunkt der theoretischen Auseinandersetzung stand, wie hoch seine Leistung eingeschätzt und wie modern sie empfunden wurde. Deshalb konnte er auch als Vorläufer *Rousseaus* angesehen werden. Aber dieser löste den Menschen aus allen zeitlichen und örtlichen Bindungen, während Haller in seinen Staatsromanen die Staatsformen auf gewisse Länder beschränkte, nur an den Auswüchsen kritisierte und mit Tatsachen und Wirklichkeit rechnete. Er sah den Überfluß als gefährliches Vermächtnis an, bekämpfte die Üppigkeit aus moralischen Gründen, hielt an der ständischen Ordnung seiner Kantonsverfassung fest und ließ nur die Gleichheit der Menschen vor Gott gelten. Während Rousseau das Verhältnis des Bürgers zum Staat nach den Grundsätzen von Leistung und Gegenleistung festlegte, bestimmte Haller Rechte und Pflichten der einzelnen gegenüber dem Staat. Er sah in den Ideen Rousseaus und deren Verwirklichung revolutionäre Gefahren, welche er literarisch mit seinen Staatsromanen zu bannen suchte, und glaubte, dazu ähnliche Formen anwenden zu können, mit denen Campanella und Andreae einst für das Neue eingetreten waren. Er wollte das aristokratische Empfinden des 17. Jahrh.s retten, das von den Regierenden Bildung und Festhalten an der Überlieferung verlangt hatte. Seine Ideen waren wie die Rousseaus an England ausgerichtet. Eine Demokratie hielt er nur im kleinen für möglich und nutzbringend. Er glaubte, daß sich die Staatsformen den besonderen Verhältnissen anpassen müssen. Darin bereitet sich das neue geschichtliche Denken vor, wenn auch die entwicklungsbedingten Zusammenhänge noch keineswegs erkannt werden. In seiner kirchenväterlich-puritanischen Theaterfeindschaft berührt sich Haller mit Rousseau. Von *Montesquieu,* dessen Lehre vom Einfluß des Klimas auf die menschlichen Eigenschaften er anfangs übernahm, rückte er ab, indem er der Religion und den geschichtlichen Einflüssen eine größere Bedeutung zuerkannte. Hallers Romangestalten sind personifizierte Ideen, Nachkömmlinge der Barockallegorien. Der politisch-historische Heldenroman kehrt nun wieder zu seinem Ausgangspunkt, dem staatstheoretischen Traktat und der Utopie, zurück. Haller belehrte über Nutzen und Vorteile der einzelnen Staatsformen und stellte sich in die Überlieferung bernischer Literatur mit der Aufgabe der Erziehung zum eidgenössischen Staatsbürger in einer Zeit, da man sich über Fragen der Form und dichterischen Schöpferkraft auseinanderzusetzen begann.

Mit Hagedorn fühlte sich Haller darin einig, „in wenigen Wörtern weit mehr zu sagen, als man in Deutschland bisher gesagt hatte". Haller war alles andere als revolutionär. Als gläubiger Christ kämpfte er gegen *La Mettrie.* Sein schwerblütiger Pessimismus ließ ihn sein Heil bei den Pietisten suchen. Er fürchtete sich davor, ein Heide zu sein. Sein Sündenbewußtsein war der stärkste Feind seines Rationalismus. Wahrheitsstreben und Gelehrsamkeit machen bei der Religion halt. So litt Haller unter seinem Rationalismus, aber er konnte ihn nicht überwinden, weil sein Blick nach rückwärts gerichtet blieb, und er an der Einheit von Religion und Sittlichkeit festhielt. Er konnte die absolute Autorität nicht anerkennen und bemühte sich als religiöser Mensch dennoch um eine Rettung des alten Glaubens. Die Anerkennung, welche der Gelehrte erlangte, kam auch dem Dichter zugut. Im Zeichen des gemeinsamen Lieblingsdichters *Vergil* neigte sich *Schiller* vor dem großen Haller, dem Arzt, Philosophen und Dichter. Im Spaziergang, den Göttern Griechenlands, dem Tell begegnen wir Spuren Hallers. *Goethe* wählte das Motto zum Götz aus dem Usong und glaubte, in den Alpen den „Anfang einer nationalen Poesie" zu erkennen. Wir können das weniger auf die Äußerungen eines neuen Naturgefühls oder Inhalt und Form seiner Dichtungen beziehen als darauf, daß Hallers Name im ganzen deutschen Sprachgebiet mit Ehren genannt wurde.

4. ROKOKO UND ANAKREONTIK

Wie Haller, mit dem er sonst sehr weniges gemeinsam hat, bemühte sich Hagedorn um die reine Gestalt seiner Gedichte, nicht etwa, um sie in einen anderen Stil zu übersetzen, sondern aus dem Bewußtsein, daß solche ersten dichterischen Unternehmungen dem Ideal nicht entsprechen können, das sie sich zu erreichen bemühen. Es ist bezeichnend, daß auch er seine erste Sammlung *Versuch einiger Gedichte* oder erlesene Proben poetischer Neben-Stunden (1729) nannte. Das heißt, es geht beiden um dichterisches Neugestalten. Die Worte sollen ihren wahren Sinn erhalten, und ihre Bedeutung soll von der anderer Worte abgegrenzt werden. Die äußere Form soll sich an der englischen und französischen Dichtung ausrichten. Es wird der Anschluß an die europäische Entwicklung gesucht. Daß Hagedorn nicht in die Auseinandersetzung zwischen Leipzig und Zürich hineingezogen wurde, liegt an seiner versöhnlichen und zum Ausgleich geneigten Natur. Er wollte keiner der beiden Parteien ein Richteramt zuerkennen. Ihm ging es weniger um Einzelheiten als um einfache Grundsätze, er gliederte und unterschied nicht. Er stellte die Sprache in den Dienst der Wahrheit, welcher Vernunft, Klarheit und Natur entsprechen. Was für ihn den Dichter macht, ist schon 1729:

... Der Wörter Wahl und ein beglückter Trieb,
So nimmer sich verstieg und bei der Wahrheit blieb.

Er meinte damit den „richtigen Ausdruck und zierliche Wortfügungen". So wurde er zum Wegbereiter der Rokokodichtung und Anakreontik.

Bei der Anwendung des Wortes *Rokoko* auf einen literarischen Stil (Ausklang oder Nachblüte des Barock) und eine geistige Bewegung (liebenswürdigere, an die höfische Gesellschaftsform gebundene Aufklärung) ist die gleiche Zurückhaltung geboten, die wir uns bei der Anwendung des Wortes Barock auferlegt haben. Die einzelnen Symptome, deren Summe als literarisches Rokoko angesprochen werden könnte, bestimmen keineswegs Wesen und Form der deutschen Dichtung zwischen 1730 und 1770, d. h. den Übergang zur Geniebewegung; denn in diesem Zeitabschnitt ist die Ausrichtung nach der französischen Adelskultur unter Ludwig XV. nur e i n Zug im geistigen und künstlerischen Antlitz der Zeit. Er konnte sich neben dem rationalistischen Klassizismus entwickeln und sich an den Optimismus der Aufklärung halten. Doch fehlten die soziologischen Voraussetzungen, eine adelige oder großbürgerliche Gesellschaft, welche die deutsche Dichtung hätte pflegen können, so daß man von einer Verwirklichung dieser Kultur absehen mußte und ihr nur in den Träumen der anakreontischen Dichtung Daseinsrecht einräumen konnte. Das *delectare* als Hauptprinzip der

Dichtung beschränkt sich auf die dichterische Darstellung sinnlicher Verlockung. Als heiteres Spiel und anmutiger Schmuck – nicht mehr als seelische Erschütterung wie im 17. Jahrh. – gewinnt das Wunderbare neuen Boden. So konnte die genießerische Haltung zwischen der galanten Welt und dem aufsteigenden Epikureismus die Brücke schlagen. Bedient man sich da wie dort der gleichen Motive, Vorstellungen und Bilder ohne die Möglichkeit, ein bekennendes Erlebnis zu gestalten, so darf dies nicht darüber hinwegtäuschen, daß man im Wunderbaren nicht mehr das Eingreifen der überirdischen Mächte, des Schicksals oder der Fortuna in der Hand Gottes, sondern nur eine gefällige Ausschmückung der nüchternen Tatsachen erkennt. So kann die deutsche Rokokodichtung weniger als Wiederaufleben der gewandten Ausdrucksfähigkeit eines Hofmann oder Casper denn als eine Gegenbewegung gegen die starre Aufklärung angesehen werden. Doch bedeutet dies keineswegs eine Umstellung in eine völlig anders geartete Gedankenwelt. Man steht auch im 18. Jahrh. noch unter dem Eindruck der Vanitas vanitatum, aber man glaubt, sich von ihrem Druck befreien zu können, indem man so tut, als nähme man sie nicht ernst, und mit ihr spielt. Das konnte schon Horaz lehren und noch mehr die Formensprache der *Anacreontea*, welche *Henricus Stephanus* 1554 herausgegeben hatte. Ihre Spuren sind von da ab in der neulateinischen und der gesamten europäischen Lyrik zu verfolgen. Das zeigt eine feste Bindung an die gelehrte Dichtung, mochte diese vom unmittelbaren Erleben gespeist werden wie bei Hagedorn oder aus einem Erleben im Geiste wie bei den jüngeren Hallenser Dichtern, welche den Ton einer literarischen Mode anschlugen, die sich bis annähernd 1770 hielt. In dieser leichten Schablonenware gewann der Geist des deutschen Rokoko einen wesenhaften Ausdruck; denn die bukolische Idylle eines Ewald von Kleist und Salomon Geßner nahm die alte Schäferüberlieferung auf und fand, über das neu aufsteigende Naturgefühl den Anschluß an die Empfindsamkeit. Deutliche Spuren prägt die rokokohafte Lebensauffassung dem komischen Epos oder der Verserzählung ein. Als Meister dieser Gattung gilt Wieland.

Damit ist wieder einmal die Problematik eines literarhistorischen Begriffes gezeigt, in dem höchst verschiedenartige und über einen langen Zeitraum verstreute Erscheinungen untergebracht werden sollen. Wo witzig-anmutiges Dahinplaudern, leichtfertige Lebensauffassung, heiteres Darüberstehen und geistreiche Ironie zu finden sind, konnten Leistungen gelingen, die den französischen ebenbürtig waren, und die es überflüssig machten, die französischen Originale zu lesen. Über die modische Tändelei kam man selten hinaus. Die Ansätze zu ihrer Vergeistigung sind in den Lehrgedichten von Uz, in der vertieften Grazienphilosophie, in der Ausweitung des Begriffes Anmut auf das Ethische zu finden. Dennoch lagen die großen Entwicklungsmöglichkeiten der deutschen Dichtung nicht hier sondern da, wo sich starke Persönlichkeitskunst und echte Empfindung entfalten konnten.

F r i e d r i c h v o n H a g e d o r n (1708–1754) kam 1726 nach Jena, um Rechtswissenschaften zu studieren. In seine Vaterstadt Hamburg kehrte er 1729 zurück und wurde unmittelbar nachher Privatsekretär des dänischen Gesandten in London, wo er bis 1731 blieb. Von 1733 an war er Sekretär einer Hamburger Handelsgesellschaft.

Was Hagedorn von der einheitlichen deutschen Dichtersprache verlangte, entsprach dem Geist der Aufklärung: Freiheit von Sprachgut aus Mundart, Umgangssprache, älteren Perioden und fremden Literaturen, von Umschreibungen, Wortspielen, rhetorischen Figuren und lautmalenden Ausdrücken. Solche notwendige Beschränkung bedeutet ein Abwerfen des als Ballast empfundenen Formelschatzes und wertlos gewordenen Zierates. Solche Auswahl verlangte einen gleitenden, fließenden Rhythmus, der weder Sinnbeschwerung noch Pathos vertrug, der einen geschmeidigen Sprachstoff brauchte und sich der Autorität Boileaus unterstellte. Die persönliche Auffassung des Dichters oder die Wiedergabe eines Erlebnisses erhielt auch hier nur durch ihre Allgemeingültigkeit Daseinsrecht. Der Schwerpunkt eines Gedichtes lag noch nicht in der persönlichen Auffassung seines schöpferischen Gestalters sondern im Auffassungsvermögen des Publikums. Die Vermeidung des Grellen, die Herabstimmung der Leidenschaften auf das Gleichmaß der vernünftigen Seele, welche sich einer harmonischen Ordnung freut, die Rücksichtnahme auf einen allgemeinen Geschmack, der das Ergebnis weltmännischer Bildung ist, der Verzicht auf die Darstellung des Häßlichen, dessen Kontrastwirkung man entbehren konnte, die hohe Einschätzung von Technik und Theorie, das Ruhen der Dichtung in einem verpflichtenden Sittengesetz, die innige Beziehung von Schönheit und Tugend, die Zielsetzung der Dichtung auf das Ewige, wenn sie dem horazischen *prodesse* und *delectare* folgt, das Wunschbild nach der Einheit von Weisem und Dichter, der Vortrag des Richtigen mit absoluter Sicherheit, der Kampf gegen den Irrtum und die Vermittlung von Kenntnissen als Aufgabe der Dichtung, die Abneigung gegen spielende Formen, deren Zielsetzung Erholung und Erheiterung ist, die Abkehr von konventioneller Kunst, die Vereinheitlichung des Geschmacks und Aufhebung der Grenzen zwischen den vielen Gattungen, die Freiheit im Gebrauch der Versmaße in Strophen, deren Lösung vom herkömmlichen Inhalt: alle diese Erscheinungen und Forderungen, welche in Hagedorns theoretischen Äußerungen und in der Praxis seiner Dichtung nachgewiesen wurden, zeigen mehr den Abschluß einer alten Kunstübung als den Übergang zu einer neuen. Doch vollzieht sich in der dämmernden Erkenntnis, daß das Formengut verbraucht ist, die Absage an wesentliche deutsche Dichtungsbestände. Im weiten Zusammenhang damit steht Hagedorns Abkehr von der zum Spiel gewordenen Liebesdichtung, steht die Wandlung der Liebe von einer zerstörenden Leidenschaft zu einem von der Vernunft geleiteten Triebe. Weniger als *Fabelerzähler* im Stile Lafontaines oder Lobredner des fröhlichen Fleißes in *Johann, dem muntern Seifensieder*, als in der Sammlung neuer *Oden und Lieder* (1742/52) schuf er deutsche Gegenstücke zur *Poésie fugitive* oder *légère*. Aber er konnte auch die sinnlichen Eindrücke herabdämpfen und zur Betrachtung übergehen. Der Ablauf eines Liebeserlebnisses, dessen Phasen denen des Schäferspieles entsprechen, ist genau geregelt: der erwachenden Liebe stellt sich ein Hindernis entgegen, dem das Geständnis folgt. An den Höhepunkt des Genusses reihen sich Entfremdung und Zerwürfnis, denen sich entweder die Aussöhnung oder die Trennung anschließt mit dem Freiwerden der Beteiligten für ein neues Erlebnis. Alle Ansätze zu einer tragischen Entwicklung werden vermieden. Von der ironischen Skepsis findet Hagedorn den Weg zur Liebenswürdigkeit. Nie werden die Gesetze weltmännischen Anstandes verletzt. Hagedorn gewann der Liebesdichtung die Erkenntnis ab, daß Liebe ein seelisches Geschehen ist. Das konnte die Anakreontik dem jungen Goethe vermitteln, nachdem die Liebe wieder zum Menschen zurückgeführt worden war. Wenn sich Hagedorn auch an Pope und die religiös-philosophische Dichtung hielt, so wollte er, der sich gerne den *deutschen Horaz* nennen hörte, doch die Gelehrsamkeit in die Schranken weisen, indem er den Auslegern der Alten nahelegte, über der Herstellung einer neuen Lesart nicht den geistigen Nutzen des Textes zu vergessen. Hagedorn entwikkelte an der Fabel von der Feldmaus und der Stadtmaus den Zug zur Natur und zum einfachen Leben und hielt Zufriedenheit und einen gesetzten Geist für beneidenswert. Die Tugend stand ihm über dem Witz, deshalb gab er Homer preis für

eine Tat rechtschaffener Menschenhuld,
der wahren Mäßigung, der Großmut, der Geduld,
verschwiegner Tugenden, die wir mit Kenntnis üben.

Wenn er mit Erasmus die Vorzüge der Torheit preist, ein ironisches Lob seiner Zeit singt, die 9. Satire des Horaz, den Schwätzer, in die Hamburger Verhältnisse übersetzt, poetische Episteln und Heldenbriefe dichtet, Lucan und Marino überträgt, an Wernicke ein Schäfergedicht anschließt, seiner Beschreibung des jenaischen Paradieses ein Motto aus Vergil voranstellt und der Gesellschaftsdichtung seine Opfer bringt, so zeigt dies, daß er sich von der Vergangenheit ebensowenig lösen kann wie ein Postel, Hunold, Canitz, Besser, Pietsch, König, Günther oder Brockes.

Anakreontische Stimmungen und Motive erhielten eine feste, schablonenhafte Prägung im Zeichen der zweiten Hallenser Dichterfreundschaft. Sie vereinigte um 1740 drei Theologie- und Rechtsstudenten: Johann Wilhelm Ludwig Gleim (1719–1803), Johann Peter Uz (1720–96) und Johann Nikolaus Götz (1721–81).

Gleim stammt aus Ermsleben bei Aschersleben, er studierte 1738–40 Rechtswissenschaft in Halle. Dann war er Hauslehrer in Potsdam. Als Stabssekretär des Prinzen Wilhelm zu Brandenburg-Schwedt machte er den zweiten schlesischen Krieg mit. Nach dem Tode des Prinzen (1745) war er Sekretär beim alten Dessauer. Als Domsekretär und Kanonikus in Halberstadt lebte er von 1747 an ganz der Dichtung und der Freundschaft, gefeiert als Dichter der Grenadierlieder und Förderer junger Talente. Den Großliteraten im Stile von Bodmer spielte er mehr, als er es trotz seines ausgedehnten Briefwechsels sein konnte. Er zehrte lange von dem Ruhm, ein deutscher Tyrtaeus zu sein. Als Horazübersetzer und Verkünder heiteren Lebensgenusses gehörte er trotz ehrlichen Bemühens, auf der Höhe zu bleiben, doch sehr bald zur alten Garde. In späteren Lebensjahren erblindete er. – Uz war der Sohn eines Goldschmieds in Ansbach, er studierte 1739–43 Jura und schöne Wissenschaften in Halle. Dann kehrte er nach Ansbach zurück, wurde 1748 Sekretär beim dortigen Justizkollegium, verbrachte die Jahre 1752/53 in Römhild und gehörte später zur obersten Justizbehörde des Ansbacher Ländchens. Nach 1763 hat er nur mehr wenig gedichtet. – Götz aus Worms studierte 1739–42 in Halle Theologie, war dann Hauslehrer und von 1744 an Schloßprediger in Forbach. In einem französischen Regiment war er 1748 Feldprediger. Dann wurde er 1754 Oberpfarrer in Meisenheim, 1761 Konsistorialrat in Winterburg und dortselbst 1776 Superintendent.

Im Dreiklang von Weib, Liebe und Freundschaft verliert die Liebe alle Züge der Leidenschaft. Da verdämmert der weltschmerzliche Petrarkismus, lösen sich die Bindungen an die höfische oder studentische Gesellschaft und tritt das Bürgertum mit höheren Ansprüchen auf. Die Absage an alle ernsteren Fragestellungen zeigt, daß man sich bewußt von den bevorzugten literarischen Großformen Drama und Epos trennt. Man verzichtet auf das Pathos, moralische und religiöse Ausdeutung. Von jeder gefährlichen Dämonie gesäubert, als Symbole und Allegorien treten *Venus*, ihr loser schelmischer Knabe *Amor* und die *Grazien* auf. In dieser Welt ist kein Raum für dionysisches Rasen, Besessenheit und aufwühlendes Leid. Bacchus ist voll von Gemüt und predigt den weisen Genuß seiner Gaben. Welcher Kontrast zum Marinismus! Äußerlich berührt sich die Anakreontik mit der galanten Lyrik, den Hofdichtern und Brockes, innerlich mit dem Lieblingsbegriff der Zeit, dem *Witz*. An das Herz, das weit entfernt ist von dem, was die Feder schreibt, erinnert es, wenn Gleim davon berichtet, daß er von Wein und Liebe sang und Wasser dazu trank. Hier stehen also ebenso wenig wie hinter dem Petrarkismus persönliche, das Innere der Dichter erschütternde Erlebnisse, die eine Gestaltung fordern, sondern ein literarisch vorgeformtes, verpflichtendes Vorbild paßt sich dem kollektiven Empfinden einer Dichtergruppe oder einer beschränkten Zeitstimmung an. So ist die Anakreontik ihrer Form und Herkunft nach gelehrte Gesellschaftsdichtung. Wohl zum letztenmal werden in dieser Lyrik Elemente verwertet, welche die abendländische Dichtung von der Spätantike an begleiten. Schäferliche Sentimentalität, paradiesische Stimmungen, glückhaft-unbeschwertes Leben in einer zurechtgemachten Natur, helle Farben, sprudelnde Quellen, linde Winde, Wiesen und Haine, duftende Blumen, stille, den Blicken der Umwelt entzogene Lauben zeigen, daß Gewalt und Störung ferngehalten werden und nur die Erlesenen berufen sind, ihrem tändelnden Spiel, sei es allein, im trauten Geflüster oder im gesitteten Tanz weniger Paare, nachzugehen. Als glückbringende Liebesbotin wie auch als sentimental flötende Sängerin erfüllt die Nachtigall ihre Sendung. Wie in der Antike gesellt sich die Taube der Liebesgöttin. Leise anklingende, empfindsame Töne dämpfen den hellen Gesang der Freude. In der Variation der beschränkten Hauptthemen erschöpft sich das zierlich-anmutige Getändel. Das Hauptthema stellt zwei gleichgeartete Prinzipien wie in den Stollen eines Aufgesanges nebeneinander, führt sie zusammen und läßt sie, was seltener ist, auch entgegengesetzte Wege einschlagen. Doch werden diese kaum ausgeführt, sondern zumeist nur pointenhaft angedeutet. Danach richten sich die wesentlichen Einzelheiten aus. Man bosselte sich einen eigenen, im Grunde völlig unantiken, ja sogar vom Bürgerlich-Philisterhaften berührten Anakreon zurecht. Neben der Sammlung des *Henricus Stephanus* (1554) erwiesen sich als Vorbilder die griechische *Anthologie* in der Überlieferung des *Planudes*, die den Lebensgenuß verherrlichende Lyrik des *Horaz*, die im Zeichen von *Epikur* und *Gassendi* stehende französische Lyrik, welche solche Stimmungen von der Plejade bis nahe an die Revolution heran festhält, sowie die englische sich daran haltende Dichtung, deren vornehmster Vertreter *Prior* ist. Theoretisch konnte Shaftesbury die Auffassungen stärken, aber in seinem Zeichen löste sich die streng arithmetisch und geometrisch bedingte Formgebung in der anmutig geschwungenen Wellenlinie, die Hogarth zum wesentlichen Merkmal der Schönheit erhoben hatte. Malerei, bildende Kunst und das besondere Interesse, welches sich der antiken Kleinkunst zuwendete, unterstüzten die anakreontische Stimmung und Formgebung, Programmatisch wirkte die Anakreonübersetzung von Uz und Götz (1746). Hagedorn konnte diesen Übersetzern die Hand zum Bunde reichen. Er sah sein Programm verwirklicht und konnte sich als Leiter einer *lieben schar* von Sängern fühlen; denn er hatte die anmutigen Akkorde zuerst angeschlagen.

Gleims *Versuch* in *Scherzhaften Liedern* (1744), der *Versuch eines Wormsers in Gedichten* von Götz (1745) und die *lyrischen Gedichte* von Uz (1749) eröffnen die anakreontische Mode. Hier wird die Sinnlichkeit der höfischen Galanterie überwunden und die Einheit von Freude, Genuß und Tugend auf dem Boden der bürgerlichen Moral abseits vom pietistischen Gefühlsüberschwang hergestellt. Die Lust steht unter der maßvoll ordnenden Hand der Tugend. ,,Beherrsche durch Vernunft die sinnliche Begierde!'' singt Uz. Wie sich mit dem Wandel vom Höfischen zum Bürgerlichen auch die sittliche Ordnung der Aufklärung an die Stelle der kirchlich-religiösen setzt, zeigt die Zwischenstellung der Anakreontik zwischen der alten und neuen Kunstübung. Sie ist die Vorstufe, über welche die deutsche Lyrik selbständig wird, nachdem die konventionellen Äußerungen als unecht und unwahr empfunden worden waren. Bei Uz sind die Ansätze zu seiner Überwindung festzustellen; denn er wendet sich vom Sinnengenuß zur Tugend als Lebenszweck, zur Einheit des Guten und Schönen, zum Glauben an den dunklen Drang, der den rechten Weg einschlagen läßt, zur Vorahnung einer harmonischen Ordnung. Die Glückseligkeitslehre von Uz stellte sich später in seinem Lehrgedicht *Versuch über die Kunst stets fröhlich zu sein* (1760) auf die Engländer ein. Die dauerhafte Lust kann nach seinen Worten nicht ohne Weisheit sein. Das wahre Glück ruht auf der Freude, auf der Meisterschaft über das Leben. Die Freude aber empfängt ihre Wirkenskraft aus Shaftesburys Enthusiasmus. Wenn Uz dem Lehrgedicht Gedankenwelt und Umkreis der Kulturidee gewinnt, wenn er den Entwicklungsgedanken in den antiken Göttermythos legt, so beschreitet er als erster den Weg, der zu Schillers philosophischen Lehrgedichten führt..

Vielleicht wäre von Hagedorns weltmännischer Gewandtheit aus der unmittelbare Zugang zur Erlebnisdichtung möglich gewesen, wenn die

Anakreontik nicht in die kleinbürgerliche Enge der nur literarisch angeregten Hallenser Dichterfreunde gebannt worden wäre. Aber es scheint doch gewagt, diese Entwicklung als „inneren Bruch" oder „Hingabe an den Willen zur Täuschung" zu bezeichnen, weil sich hier eine Dichtergruppe einem Kunstideal unterstellt, dem Prinzip der Nachahmung huldigt, und der Einzelne trotz der Absage an Pathos und Heroismus seinem persönlichen Empfinden noch keinen deutlich erkennbaren Ausdruck verleiht. Wenn Sorglosigkeit und Vergnüglichkeit auch die festen Ordnungen oder den Zwang der Gesetze aufzuheben schienen, so blieb die Anakreontik doch fern von Leben und Wirklichkeit. Sie konnte nur den Nährboden abgeben für die Entwicklung eines neuen Lebensgefühls. Das Gefühlsleben aber hat sie nicht bereichert, auch nicht dadurch, daß sie die Dichtersprache aus Fesseln löste, in welche sie Vernunft und Moral geschlagen hatten. Erst nach der Erkenntnis, daß die anakreontische Dichtung unecht sei und unter dem Regelzwang stehe, konnte sie als Modedichtung angesehen werden. Dieser allgemeine Begriff dürfte sie besser kennzeichnen als die Etikette: „Fluchtreaktion vor der Einsicht der inneren Brüchigkeit der Lebenshaltung". Darüber hätte Gleim kaum zum Sänger der *preußischen Kriegslieder in den Feldzügen* 1756 *und* 1757 *von einem Grenadier* (1758) werden können. Der Unterschied zwischen der gelehrten und volkstümlichen Kriegsdichtung wird in einem Vergleich dieser Grenadierlieder mit dem Volkslied *Prinz Eugen der edle Ritter* (1717) sichtbar.

Die Anakreontik wollte nichts mit dem Waffenhandwerk zu tun haben. Aber so wie Gleim schon einmal die Maske des Schäfers gewählt hatte, konnte er sich nun auch als einfachen Grenadier geben. Er wagte den Schritt von der gesellschaftlichen zur volkstümlichen Dichtung. Nachdem er Ausdrucksweise und Vorstellungswelt des Bürgers in seine anakreontischen Lieder gebannt hatte, versuchte er nun die Welt des Krieges festzuhalten. Die Plünderung Halberstadts schreckte ihn aus seiner Ruhe. Wenn er sich auch bemüht, Einzelheiten abzubilden und kriegerische Vorgänge zu beschreiben, so setzt doch immer seine Reflexion mit Betrachtungen und Gedanken ein. Auf diesem Platz fühlte sich Gleim nicht recht wohl. Er versuchte alles, um seine bürgerliche Moral zu retten. Deshalb wird der große Preußenkönig zu einer Tugendallegorie, zu einem Vorkämpfer der sozial empfindenden Menschheit, einem edlen Menschenfreund, der den Regungen des Mitleids zugänglich ist. Ja sogar die religiöse Ausrichtung der Grenadierlieder wird in der entscheidenden Rolle sichtbar, welche Gleim Gott zuweist. Daß die Grenadierlieder einen neuen nationalen Gehalt weitertrugen, ist Goethe oft nachgesprochen worden. Ihr Sänger, der mit der Wahl der Chevy-Chase-Strophe nach dem Rezept von Addison als Vorläufer Herders und Bahnbrecher volkstümlicher Formen angesehen wurde, schlüpfte aus der Grenadieruniform wieder in das Kleid des Anakreontiker. Sein gefühlsselig- empfindsames Spielen vereinigte noch einmal am Vorabend der Geniebewegung eine Dichtergruppe zu gemeinsamer anakreontischer Kunstübung. Aber *Johann Georg Jacobi, Michaelis, Heinse, Klamer Schmidt* und *Göckingk* haben sie bald überwunden, so daß dieses Anakreontisieren als eine Vorstufe zur Dichtung des Göttinger Hains angesehen werden kann. Zwar streckte Gleim auch dahin seine Freundesarme aus, aber seine Kunst blieb der neuen Seh- und Dichtweise verschlossen. Das gilt von seinen *Gedichten* nach den *Minnesingern*, (1773) den *Liedern nach dem Anakreon* (1766) und den *Oden nach dem Horaz* (1769) ebenso wie von der Gemeinschaftsarbeit, der *Horazüber-setzung in Prosa* von Uz, Junkheim und Hirsch (1773–75).

5. DIE WAHRE POESIE

So wie in der Anakreontik die weltliche Lebensfreude als Erbstück humanistisch-neulateinischer Kunstdichtung noch einmal zur Geltung kommt, lebt das Hauptwerk des älteren Hallenser Dichterkreises aus dem Geiste des christlichen Epos. Ja, wie in der Spätantike stehen nun vielleicht zum letztenmal das Christentum und die dekadente Hingabe an das Leben einander gegenüber. So wie die Spuren der jüngeren Hallenser sich bis in die Harmonie der Klassik verfolgen lassen, können die Spuren der älteren in Klopstocks Messias aufgedeckt werden. Lebensfähig und kräftig aber sind solche Spuren nicht mehr.

Jakob Immanuel Pyra (1715–44) wurde als Sohn eines verarmten Advokaten in Kottbus geboren. An der Universität Halle (1734) wurde er von dem Theologen Joachim Lange ganz dem Pietismus gewonnen. Nachdem er seine Studien abgeschlossen hatte (1738), nahm ihn sein Freund Samuel Gotthold Lange (1711–81), der Sohn seines Gönners, zu sich nach Laublingen, wo er 1737 Prediger geworden war. Nach mehreren vergeblichen Versuchen, sich als Hauslehrer seinen Lebensunterhalt zu erwerben, kam Pyra 1742 als Konrektor an das köllnische Gymnasium in Berlin. S. G. Lange, der durch seine Freundschaft mit Pyra zum Dichter geworden und nach dessen Tode sein Andenken zu wahren bemüht war, büßte seinen kurzen Dichterruhm bald ein.

Man pflegt Lange und Pyra ihrer gemeinsamen Lieder wegen als *älteren Hallenser Dichterkreis* zum Unterschied von den Anakreontikern zu bezeichnen. Mit studentischer Gesellschaftsdichtung aber haben die Lieder der beiden wenig zu tun. Ein religiöses Kleinepos *Der Tempel der wahren Dichtkunst* widmete Pyra 1737 seinem Freund Lange. Das Motto aus Vidas erster Hymne an Gott, das horazische *Odi profanum vulgus* und das Vorbild *Temple of Fame* von Pope mit seinen Beziehungen zu *Chaucers House of Fame* stellen die Verbindung zur Renaissancedichtung her. Wie Pope zwischen wahrem und falschem Ruhm unterscheidet, so hebt Pyra die wahre, die christlich-religiöse Dichtkunst als höchste von der falschen ab. Dem ziemt es auch, daß Pyra den vermeintlichen Schmuck der leeren Reime ablegt. Er führt den Freund den schweren Weg zum Tempel der Dichtkunst.

Dem im Geiste Davids Psalmen singenden Dichter erscheint die heilige Poesie mit Tugend, Natur und Anmut als Gefolge. Sie lädt den Dichter zum Besuche ihres neuen Tempels ein. Von ihrem Gesang wird die Natur beseelt. Sodann werden zwei Wege sichtbar: der verlockende in den Bereich der falschen Poesie, als deren Begleiter sich Wollust, Ehrsucht und Geiz offenbaren. Der Dichter läßt sich den anderen Weg im Nebel führen. Die Sinne schwinden ihm. Im zweiten Gesang führt ihn die Dichtung durch ihr Reich. Sie deutet ihm die Bezirke der sieben weltlichen Tugenden – der drei höfischen: Gerechtigkeit, Tapferkeit, Großmut, und der vier allgemeinen: Gütigkeit, Keuschheit, Liebe, Treue – und der drei bildenden Künste. An das Reich der Träume *(der holden Haus und der grausen finstere Kluft)*, das die leichte, von der strengen Vernunft beherrschte Phantasie hütet, schließen sich die griechisch-römischen Mythen, deren Sinn und Aufgabe die Vorführung abscheuerregender oder nachahmenswerter Beispiele ist. Vor ihrer Wiedererweckung wird gewarnt. Der Weg führt an den Wohnungen der im Banne des Heidentums lebenden Dichter vorbei zu einem Wald voll Palmen, wo sich *Lange* zu den Wandernden gesellt. Der beschwerliche Pfad zum Tempel kommt an den Strom der Vergessenheit. Da ruht der Dichter, versunken in den Anblick des Tempels, dessen Schilderung gleichzeitig mit einer Darlegung der poetischen Theorie die drei folgenden Gesänge gewidmet sind. Noch schimmern in der Einteilung (Sprachkunst, Philosophie, Mathematik, Astronomie, Geographie, Geschichte, Tonkunst, Baukunst, Bildhauerkunst, Malerei, Webe- und Schmiedekunst) das mittelalterliche Trivium und Quadrivium und die Einheit von Kunst und Handwerk durch. Der Eintritt in den Tempel der Dichtkunst kann nur über die Wohnungen der Künste und Wissenschaften erfolgen, steht also nur dem Gelehrten, der auch das handwerksmäßige Rüstzeug beherrscht, offen. Im Hofe des Tempels, wo sich Natur und Kunst vereinigen, sprudeln vier Quellen: *Reinigkeit, Flüssigkeit* mit Schönheit und Anmut, *Lieblichkeit* mit Vergnügen, Liebe und Lust, *Nachdrücklichkeit* mit Ernst und Großmut. Den Ost- und Südflügel nehmen die Sänger und Dichter des Alten Testamentes, den Westflügel die Evangelisten und den Nordflügel die übrigen Apostel ein. Das Äußere des Hauptgebäudes zeigt Symbole der Zeiten, das Innere der reich geschmückten und mit sinnvoll gedeuteten Gemälden ausgestatteten barocken Prunksäle die Dichtungsgattungen mit entsprechenden Wandbildern. Unter den Formen Ekloge, Elegie, Ode, hohe Tragödie nimmt die *Epopöe* den höchsten Rang ein. Am Schluß ruft die Dichtkunst alle Dichter vor ihren Thron. Es erscheinen Moses mit Mirjan, David mit Assaph und Salomo, Luther, Milton, Vida, Sannazaro, Sedulius, Prudentius, Marino, Sallust, Opitz, Fleming, Dach, Gerhardt, Gryphius und Rist. Sie werden von der Dichtkunst zu heiligem Gesang aufgefordert. Dann empfängt Lange die Dichterweihe. Gottesfurcht, Natur und Anmut bedecken ihn mit dem selbstgewebten Schleier. Die Dichtkunst setzt ihm den Kranz aufs Haupt. – Kaum ein Zug oder Gedanke bewegt die Dichtung, der nicht auch zu den Beständen der christlichen Renaissancedichtung gehört. Darin berührt sich Pyras Gedicht mit Klopstocks Abschiedsrede von Schulpforta. Das ist aber auch das Einzige, was in die Zukunft weist.

In den Streit der poetischen Parteien griff Pyras in zwei Folgen erschienener *Erweis, daß die G*ttsch*dianische Sekte den Geschmack verderbe* (1742/43) ein. Bodmers Vorrede zur Ausgabe von *Thirsis (Pyras) und Damons (Langes) freundschaftlichen Liedern* (1745) zeigt, wie willkommen ihm das gemeinsame Werk der Freunde war, das nun auf parteimäßig bestimmtem Platze stand. Seinen literarischen Standort hat erst *Wolfdietrich Rasch* bestimmt, der im Freundschaftskult das Merkmal einer neuen geistigen Sicht erkannte. Den Zeitgenossen blieb es versagt, das Besondere in diesen Freundschaftsliedern zu sehen. Man nahm bestenfalls zur Reimlosigkeit, zum Schäferkostüm oder zur Moral Stellung. Wie hätte auch die im Zeichen des Pietismus sich schüchtern anmeldende neue Gesinnung, die Darstellung des Freundschaftserlebnisses oder gar die Sprache des Gefühls sichtbar werden können, da sich die poetische

Ausdrucksform noch immer des konventionellen Schmuckes bediente? Die alten Requisiten, der bekannte poetische Zierat, die ausgeleierten Motive und Formeln verdeckten das zarte Neue. Das Religiöse konnte sich mit dem Wirklichen in der arkadischen Welt unter der Weihe der Freundschaft vereinigen. Das wechselseitige Geben und Empfangen bildet den eigentlichen Lebensinhalt und bestimmt das Zunehmen der inneren Werte. Weder ein Plan noch ein Ablauf eines Erlebnisses wird in der Gedichtsammlung sichtbar. Aber erlebte Einzelheiten werden dennoch aus echter dichterischer Ergriffenheit, aus dem Gefühl gestaltet, nicht aber aus verstandesmäßiger Überlegung oder der Absicht, einen moralischen Satz zu erläutern. Wenn Bodmer den beiden Freunden die Schäfermaske aufsetzte, auf welche Klopstock endgültig verzichtete, weil er ihrer nicht mehr bedurfte, um erlebte Wirklichkeit ins Dichterische emporzuheben, so kann man mit Recht von einer Angst sprechen, die Wirklichkeit wiederzugeben. Dies kam Bodmer kaum zu Bewußtsein; denn er selbst konnte nicht gefühlsmäßig Erlebtes, sondern nur literarisch Erfaßtes dichterisch gestalten. Er ahnte nicht, daß die beiden Freunde pietistisches Dichten und Fühlen ins Weltliche übertrugen. Der Berufene oder Geweihte heiligte mit seinen erbaulichen Gedanken die natürlichen Beziehungen der Menschen zueinander, die Freundschaft. Der Freund öffnet sich dem Freunde. Er weiß die gleichgeartete Seele des anderen zum harmonischen Mitschwingen zu bringen, und erlebt so sein eigenes Fühlen. Da kann das Unscheinbare bedeutsam werden. Das Wiedersehen, die glückhafte Gemeinsamkeit, das brüderliche Empfinden, das schmerzvolle Auseinandergehen, die Sehnsucht – Motive, welche die religiöse Dichtung in den Beziehungen der Seele zur Gottheit abgewandelt hatte –, halten nur noch eine ganz schwache Verbindung zum Kirchenlied aufrecht. Die Natur wird nicht mehr ausschließlich nach ihrer Zweckmäßigkeit oder in ihren Beziehungen zum Göttlich-Überirdischen betrachtet, sondern in die menschlichen Gefühle mit einbezogen. Damit wird über die Freundschaft die erste Stufe zur Empfindsamkeit gewonnen.

Nach Pyras Tode veröffentlichte Lange eine *Satire* gegen die Herrenhuter (1747). Dann gab er, nachdem er schon einige Proben veröffentlicht hatte, seine Übersetzung der fünf Bücher Oden und der Ars poetica des *Horaz* mit lateinischen Paralleltexten heraus (1752). Sie ist mehr auf den Ton empfindsamer Freundschaft und moralischer Betrachtung gestimmt als auf den trinkfroher Geselligkeit und anakreontischer Liebe. Dennoch ist sie trotz ihrer christlichen Abtönung beschwingter als die Prosaübersetzung der Anakreontiker. Lessing, der in seinem Vade Mecum (1754) die zahlreichen, mitunter sinnstörenden Übersetzungsfehler aufzeichnete, zeigte mit überlegenen Kenntnissen und philologisch geschultem Scharfsinn, daß sein Opfer „keine einzige von den Eigenschaften besitze, die zu einem Übersetzer des Horaz notwendig erfordert werden". Wenn Lessing unmittelbar daran seine Rettungen des Horaz · schloß, so hielt er Lange sein neues Bild des Venusiers vor. Er war für ihn „der philosophische Dichter, der Witz und Vernunft in ein mehr als schwesterliches Band brachte und mit der Feinheit des Hofmanns den ernstlichsten Lehren der Weisheit das geschmeidige Wesen freundschaftlicher Erinnerungen zu geben wußte und die entzückenden Harmonien anvertraute, um ihnen den Eingang in das Herz desto unfehlbarer zu machen". Das war ein Fortschritt zur Erkenntnis des wahren und echten Horaz. Da wurden die falschen Verkleisterungen seiner Schwächen aufgelöst und sein Recht auf Ewigkeit untersucht. Lessing störten an Langes Horazübersetzung vielleicht weniger die Fehler als die ihm selbst kaum bewußte Übertragung des horazischen Denkens und der horazischen Umwelt in die pietistische, religiös und gefühlsmäßig erfaßte empfindsame Welt, in welcher die scharfen Konturen des Originals verschwimmen.

Langes poetisches Feuer flackerte nur kurze Zeit über der Fackel Pyras auf. Er konnte sich weder als Horazübersetzer noch als Verfasser politischer Gelegenheitsgedichte noch als religiöser Lyriker mit *poetischen Betrachtungen über die sieben Worte des sterbenden Erlösers* (1757) und einer poetischen Psalmenübersetzung (*Die Oden Davids* 1760) bewähren. Mochte er immerhin den Anschluß an Klopstock gesucht haben, wenn er sich ganz der heiligen Poesie zuwendete, so führte ihn sein Schicksal doch zu den alten Überlieferungen zurück, welche die geistliche Dichtung der Vergangenheit getragen hatten. Deshalb hatte ihm Pyra zu Recht seinen Standort im Tempel der wahren Poesie angewiesen.

6. PROSA

Zur Zeit, als sich die deutsche Prosa die Bezirke der Wissenschaft erfolgreich zu erobern begann, trat die Bedeutung der Erbauungsliteratur und des Romans zurück. Die moralischen Wochenschriften konnten alte Überlieferungen neu beleben, aber der Roman erwies sich als rückständig. Er hatte sich lange an den französischen und romanischen Vorbildern ausgerichtet und folgte nun auch den Engländern Defoe und Richardson. So trat an die Stelle der Galanterie der empfindsame Moralunterricht. Einzelne Themen wechselten von der Prosa in die Dichtung. Die poetische Satire, welche Boileau neu ins Leben gerufen hatte, kämpft gleich den moralischen Wochenschriften gegen die allgemeinen Fehler und Laster, sie verwaltet das Erbe der Moralsatire und Alamodeliteratur. Den persönlichen Angriff der reformatorischen Streitschrift nahm nun die *literarische Schmähschrift* wieder auf. Das zeigt, wie die Fragen der Religion und des Glaubens hinter die der Literatur und Ästhetik zurücktreten, um deren Erörterung zwischen Leipzig und Zürich so erbittert gefochten wird, daß man bald vergißt, worum es eigentlich geht, und sich in die Gegensätze immer mehr hineinsteigert. Moralsatire, Journalismus und Zeitglosse versteigen sich nicht in solche Höhen und gelangen auch nicht zu solcher Bedeutung wie in England unter *Swift*, der zum Lehrmeister der deutschen Prosasatire hätte werden können, wenn sich diese nicht so eingehend mit den elenden Skribenten abgegeben hätte.

Diesen Ausdruck prägte der Mecklenburger Christian Ludwig Liscow (1701–60) aus Wittenburg. Er studierte Rechtswissenschaft in Rostock und Jena, war Hofmeister in Lübeck (1728/29), dann trat er in Beziehungen zu den Hamburger Dichtern, war Güterverwalter, 1735 Legationssekretär in Wismar, wechselte aus dem preußischen in den sächsischen Dienst. Als er sich über die sächsische Mißwirtschaft frech äußerte, ließ ihn der mächtige Minister Brühl ins Gefängnis setzen. Nach seiner Freilassung (1751) lebte er auf dem Familiengute Berg bei Eilenburg.

Mit seinem eindeutigen sachlichen Stil, seinen nicht mißzuverstehenden Sätzen machte Liscow Schule. Der ausladende stilistische Faltenwurf der Romane und die schwerfällig umständliche Kanzleisprache konnten dagegen nicht an. Liscow brauchte Gegner, die leicht zu erledigen waren, über die er triumphieren, mit denen er wie die Katze mit der Maus spielen konnte. Das lag ihm, und dabei erwies er sich ausnehmend geschickt. Weniger Gewicht legte er auf die Auswertung persönlicher Erfahrungen ins Allgemeine. Er trug seine Angriffe unter falschem Namen vor, verschaffte sich Einblick in das Material seiner Gegner und konnte sie mit berechnender Grausamkeit in ihrer Erbärmlichkeit bloßstellen. Schon als Rostocker Student legte er gegen einen Professor los, der das Naturrecht aus der Offenbarung ableiten wollte (1726). Es war keine große Kunst, sich über den Lübecker Theologen *H. J. Sivers* und dessen naturwissenschaftlich-theologische Spekulationen lustig zu machen. Dem Gegner Wolffs, dem Professor der Beredsamkeit in Halle *Johann Ernst Philippi*, setzte Liscow mit der Schrift *Briontes der Jüngere* (1732) und einer Todeserklärung so zu, daß er in Wahnsinn verfiel. Die Antrittsrede des Briontes im Klub kleiner Geister ist ein Meisterstück ironischen Selbstlobs. Daß sich Liscow mit einem Professor der Beredsamkeit auseinandersetzte, darf wohl auch als Anzeichen für das sinkende Ansehen dieser Wissenschaft gelten. Einzelheiten lassen an Schupp denken. Mit seinem Enkomion *Von der Vorrtrefflichkeit und Notwendigkeit der elenden Scribenten* (1734) büßte Liscow seine Stoßkraft ein. Man glaubte sich hier vom Geiste Lessings berührt. Das könnte nur für die Abrechnungen mit den Gegnern gelten. Aber gerade hier erweist es sich, wie zäh und lebendig noch die alten Überlieferungen sind. Die persönliche Reformationssatire wird nun auf literarischen Boden übertragen. Die literarische Streitlust ist also kein neugeborenes Kind der Aufklärung. Das gleiche gilt für die Wiederaufnahme realistischer Weltbetrachtung von der Froschperspektive aus.

Johann Christian Trömer (um 1697–1756) nennt sich Sohn eines französischen Vaters, vielleicht eines Hofjägers, und einer deutschen Mutter. Da er seine selbstbiographischen Angaben pikaresk ausschmückt, ist die Wahrheit schwer festzustellen. Er ist wohl in Dresden geboren, war Buchhändlerlehrling in Nürnberg, Wittenberg und Leipzig. Höhere Studien dürfte er kaum gemacht haben. Er begann 1728, seine Erlebnisse und komische Situationen in der Sprache eines Franzosen, der sich das Deutsche nur unvollkommen angeeignet hat, zu veröffentlichen. Von 1729 an bewies er als Kammerdiener, Schreiber und Theaterdirektor beim Herzog Johann

Adolph von Sachsen-Weißenfels seine Verwendbarkeit. Verschiedene politische und festliche Ereignisse hat er als Augenzeuge miterlebt. In Paris hielt er sich kurz, in Danzig wohl längere Zeit auf. Als lustiger Reisebegleiter seines Herzogs war er 1734 in Petersburg. Als er 1736, jung verheiratet, seine selbstbiographischen Werke herausgab, waren seine Wanderjahre abgeschlossen. In den Ämtern eines Oberpostkommissärs, Alleen- und Bauaufsehers scheint er sich weniger wohl gefühlt zu haben denn als lustiger Rat am Hofe Augusts III. in Dresden. Seinen Erfolg als Schriftsteller verdankte Trömer dem drolligen *Deutsch-Französisch*, das vor ihm schon Johann Beer gelegentlich angewendet hatte, dem Jargon, den Riccaut de la Marinière in Lessings Minna von Barnhelm festhielt.

Von der pessimistischen Gesellschaftskritik und dem Reichtum an Handlung wandte sich der Roman einer beschaulichen Gelassenheit zu. Diese knüpfte nicht an das Einsiedlerdasein an, das Grimmelshausen und Beer vorgeführt hatten, sondern an den durch Schiffbruch auf eine Insel Verschlagenen. Seit den Sechziger Jahren des 17. Jahrh.s ist dieser Typus bekannt. Seine klassische Gestalt aber empfing er im englischen Roman *Robinson Crusoe* von *Daniel Defoe* (1719). Alt daran war das Abenteuerliche, das sich auf Erlebnisse eines englischen Matrosen stützen konnte. Aber das Menschliche trat als das Neue hervor. Das Seelenleben und die Gedankenwelt des einsamen Verschlagenen, der in einem naturhaften Dasein durch religiöse Betrachtung gebildet wird, für den die Insel zum Exil der Genügsamkeit wird, öffneten sich nun dem Roman. Der überfeinerten, veräußerlichten Kultur, Leichtfertigkeit und Oberflächlichkeit stand ein auf sich selbst gestelltes Menschentum gegenüber, das sich praktisch zu bewähren hatte. Dennoch konnte das Stoffliche, erdkundlich- naturwissenschaftliches Wissen diesen Grundgedanken überwuchern. Der Ehrgeiz der einzelnen deutschen Landschaften und Städte wetteiferte in der Nachahmung des englischen Vorbildes. Von dieser Masse der Robinsonaden hebt sich die *Insel Felsenburg* ab.

Johann Gottfried Schnabel (1692 bis etwa 1752) war der Sohn eines Pfarrers zu Sandersdorf bei Bitterfeld. Den Frühverwaisten schickten seine Verwandten 1702 in das Gymnasium nach Halle. Wahrscheinlich hat er einige Semester Medizin studiert. Er führte ein unstetes Wanderleben. Als Feldscher war er unter Prinz Eugen (1708–12) in den Niederlanden tätig. Später trat er in die Dienste der Grafen von Stolberg. Sein Bürgerrecht zu Stolberg erhielt er als Hofbarbier 1724. Dann war er Stadt- und Hofchirurgus. Mit seinem Hauptwerk, das er als *Gysander* veröffentlichte, *Wunderliche Fata einiger See-Fahrer. absonderlich Alberti Julii* (Vier Theile 1731–43), später Insel Felsenburg genannt, gab Schnabel dem Robinsonmotiv eine neue Wendung. Er stellte sich als Herausgeber nachgelassener Aufzeichnungen und Papiere eines Schiffbrüchigen vor und holte die Vorgeschichte nach. In den Wirren des Dreißigjährigen Krieges verlor Albertus Julius seine Eltern. Der Fürsorge eines braunschweigischen Beamten, der ihn mit seinen Söhnen erzog, mußte er entfliehen, weil ihm die ehebrecherische junge Frau seines Pflegevaters nach dem Leben trachtete. Nachdem ihn Betrüger um seine letzte Habe gebracht hatten, schloß er sich dem jungen Edelmann Ferdinand van Leuwen, der seine Geliebte Concordia Plürs aus England entführt hatte, auf deren Fahrt nach Ceylon an. Das liebende Paar, Albert und der Kapitän Lemelie retteten sich als einzige Überlebende bei einem Schiffbruch

auf die Insel Felsenburg. Der Kapitän, dessen Vorschlag, Concordia zur gemeinsamen Frau zu machen, entrüstet zurückgewiesen wurde, stürzte Leuwen von einer
Klippe ins Meer, wurde jedoch das Opfer seiner Leidenschaft und hatte gerade noch
Gelegenheit, vor seinem Tode seine Schuld zu bekennen und seine dunkle Lebensgeschichte zu erzählen. Nach langer Zurückhaltung schlossen Albert und Concordia
in einer schlichten Zeremonie den Ehebund. Mit zwei neuen Schiffbrüchigen und der
heranwachsenden Jugend wurde ein patriarchalisches Gemeinwesen begründet. So
weit die Vorgeschichte. Die Handlung des Romans setzt mit dem Auftrag des Albertus
Julius an den Kapitän Leonhard Wolfgang ein, neue Siedler nach der Insel zu bringen.
Diese werden von Albertus freundlich empfangen, er zeigt ihnen die Insel und erklärt ihnen die Einrichtung des Gemeinwesens. Von da an stehen die Einzelschicksale, der Kirchenbau und die Darstellung des Alltags im Mittelpunkt. Nach dem
Tode von Albertus, dessen Testament bekanntgegeben wird, überwuchert die abenteuerliche Zutat den Gang der Handlung. Hier klingen noch einmal Roman und Erbauung zusammen. Motive des pikaresken, politischen und galanten Romans verbinden sich mit staatstheoretischen Erörterungen über verschiedene Einrichtungen
und über das sittliche Verhalten der Glieder des Staates sowie mit Material aus
Wissensspeichern, Schwank- und Novellensammlungen. Aber trotz der Tendenz in
die Weite hält Schnabel die Zügel in der Hand und läßt in schwierigen Lagen immer
die Vorsehung rechtzeitig eingreifen. Die wundersamen Schicksale und das von Zügen
des Märchens durchwirkte Weltbild hat die Romantik in diesem Roman erkannt. Die
farbenprächtige Herbststimmung ist mit pietistischen Elementen durchsetzt.

Schnabels Gesellschaftskritik richtet sich gegen das Alamodewesen
und das, was die Schlagworte politisch und galant bezeichnen. Sie hat
manches mit der Christian Weises gemeinsam. Der bürgerliche Standpunkt tritt stark hervor. Deshalb wird ein besonderer Wert auf die Entwicklung der sozialen Gefühle, die Überwindung des Herrenmenschentums, religiös-philanthropisches Denken im Gegensatz zur galanten
Leichtfertigkeit, Intrige und Kabale gelegt. Schon meldet sich die *Empfindsamkeit* mit der Problematik von Richardsons Pamela an. Locker
sitzen den Menschen die Tränen. Auf eheliche Liebe, Treue, Keuschheit,
Ritterlichkeit, persönliche Aufopferungsfähigkeit wird besonderer Wert
gelegt. Gegen die Liebe stellen sich Betrug und Bosheit. Die Umgangsformen stehen im Zeichen der Nützlichkeit. Die Sehnsucht nach dem
geruhsamen, naturverbundenen Leben entwickelt passive Züge. Der
Redliche besteht den Kampf mit der Bosheit. Die Insel Felsenburg hat
ihre Aufgabe als Asyl vor der Kabale, als gewollte, von der Außenwelt
abgeschlossene Gemeinschaft. Diese wird gefährdet vom geschlechtlichen
Element. Deshalb ist Schnabel besonders darauf bedacht, daß niemand
ehelos bleibe. Man könnte ihn wie Jeremias Gotthelf einen passionierten
Ehestifter nennen. Aus einem weiten literarischen Umkreis, Erinnerungen und Eindrücken von der Brüdergemeinde Zinzendorfs bezog Schnabel seinen Stoff. Das gilt ganz besonders für die zahlreichen Einlagen und
selbstbiographischen Novellen, die er in den Rahmen seiner Gesellschafts-
robinsonade einfügt. Er wahrt den Abstand von den kaum übersehbaren
Robinsonaden, welche noch ins 19. Jahrh. hinein eine Überlieferung

tragen, indem er erweiternd ausschmückt, das Geschehen auf Heimat und Insel verteilt und dadurch das Motiv der Sehnsucht ausschaltet, viele Einzelschicksale in den Mittelpunkt stellt, Erlebnisse und Erfahrungen unterbringt und schließlich auch noch phantastische Spekulationen hineinverwebt.

Für die *Lebensgeschichte Prinz Eugens* (1736) bot Schnabel sein Tagebuch eine der wichtigsten Unterlagen. In der *Stolbergischen Sammlung Neuer und Merckwürdiger Weltgeschichte* (1731–41) begleitet er das Weltgeschehen mit seinen Glossen. Selbst im galant-erotischen Roman *Der im Irrgarten der Liebe herumtaumelnde Cavalier* (1738) sucht er den Anschein zu erwecken, als erzähle er eine wahre Geschichte. Ein wollüstiger Edelmann sammelt in Liebessachen reiche Erfahrungen und wird schließlich zu Umkehr und Buße geführt. Im zweiten Teil, der u. a. Hofgeschichten der Baden-Durlacher und Meininger erzählt, nimmt er aber sein lasterhaftes Leben wieder auf, bis der Himmel selbst eingreift. Schnabel werden auch noch einige Romane aus der phantastisch-magisch-nekromantischen Welt zugeschrieben, in denen von Schatz-gräbereien, alchemistischen Versuchen und verschiedenen Phantastereien die Rede ist.

LITERATUR

Gesamtdarstellungen: H. Hettner, Literaturgesch. des 18. Jahrh.s, 3 Bde. Braunschweig 1856–83. Geschichte der deutschen Literatur im 18. Jahrh., Leipzig 1929. Julian Schmidt, Geschichte der deutschen Literatur von Leibniz bis auf unsere Zeit, 5 Bde. Berlin 1880–96. F. J. Schneider, Die deutsche Dichtung vom Ausgang des Barock bis zum Beginn des Klassizismus, Stuttgart 1924, 2. Aufl. 1949. A. Köster, Die deutsche Literatur der Aufklärungszeit, Heidelberg 1925. O. Walzel, Deutsche Dichtung von Gottsched bis zur Gegenwart, 2 Bde. Potsdam 1927–30. E. Ermatinger, Deutsche Dichter 1700–1900. Eine Geistesgeschichte in Lebensbildern. 1. Bd. Bonn 1948.

Aufklärung und moralische Wochenschriften: E. Cassirer, Die Philosophie der Aufklärung, Tübingen 1932. M. Fleischmann, Chr. Thomasius, Halle 1931. W. Bienert, Die Glaubenslehre des Chr. Th., Diss., Halle 1934. H. Krieger, Das Dämonische in den moralischen Wochenschriften, Diss., Marburg 1931. W. Oberkampf, Die zeitungskundliche Bedeutung der moralischen Wochenschriften, Diss., Leipzig 1937.

Lyrik: H. Paustian, Die Lyrik der Aufklärung als Ausdruck der seelischen Entwicklung von 1710–60, Berlin 1933. H. Joswig, Leidenschaft und Gelassenheit in der Lyrik des 18. Jahrh.s von Günther bis Goethe, Berlin 1938.

Brockes: A. Brandl, B. H. Br., Innsbruck 1878. F. v. Manikowski, Die Welt- und Lebensanschauung in dem Irdischen Vergnügen, Diss., Greifswald 1914. H. W. Pfund, Studien zu Wort und Stil bei B. H. Br., Lancaster 1935.

Haller: Die Gedichte wurden hrsg. von L. Hirzel, Frauenfeld 1882, und H. Maync, Leipzig 1923. A. Ischer, A. v. H. und das klassische Altertum, Bern 1928. A. Frey, A. v. H.s Staatsromane, Diss., Freiburg i. Br. 1928. St. d'Irsay, A. v. H.s Dichtersprache, Leipzig 1930.

Hagedorn: Gedichte, hrsg. von A. Sauer, DLD 10 (1883). K. Epting, Der Stil in den lyrischen und didaktischen Gedichten Hagedorns, Stuttgart 1929.

Anakreontik: Gleims Preußische Grenadierlieder, hrsg. von A. Sauer, DLD 4 (1881). Uz, hrsg. von A. Sauer, DLD 33–38 (1891). Götz, hrsg. von C. Schuddekopf, DLD 42 (1893). E. Ermatinger, Barock und Rokoko in der deutschen

Dichtung, Leipzig 1926. H. Heckel, Zu Begriff und Wesen des literarischen Rokoko, Festschrift für Th. Siebs, Breslau 1933, S. 213–50.

Lange und Pyra: Freundschaftliche Lieder, hrsg. von A. Sauer, DLD 22 (1885). G. Waniek, I. P. und sein Einfluß auf die deutsche Literatur des 18. Jahrh.s, Leipzig 1882. H. Geppert, S. G. L. Der Gründer der ersten Halleschen Dichterschule. Sein Leben und seine Werke. Diss., Heidelberg 1923.

Trömer: ADB 38, 636–39.

Schnabel: Die Insel Felsenburg hrsg. v. H. Ullrich DLD 108–120 (1902). K. Schröder, J. G. Sch.s Insel Felsenburg, Diss., Marburg 1912. F. Brüggemann, Utopie und Robinsonade, Weimar 1914.

ZWEITES KAPITEL

THEORETISCHE AUSEINANDERSETZUNGEN

Die Forschung hat alle Phasen und Waffengänge des großen literarischen Streites, der als das epochemachende Ereignis in der ersten Hälfte des 18. Jahrh.s gilt, festgelegt. Was immer um diese Zeit dichtete und schrieb, wurde dazu in Beziehung gesetzt. Der hohen Einschätzung ist Mißachtung gefolgt. Schon das Wort literarischer Kampf bedingte, daß man vom Sieg sprach, den Lorbeer auf das kahle Haupt Bodmers setzte und Gottsched als gefallenen Koloß betrachtete, den Lessing dann ganz erledigte. Darüber vergaß man, daß recht wenig geklärt wurde, und Werke von größerer literarischer Bedeutung, wie Hallers Gedichte und Klopstocks Messias, wohl die Front der geschickter operierenden literarischen Limmatstrategen stärkten, daß aber ihre Entstehungsbedingungen weit außerhalb lagen. Die Geschichte von Bodmers Nachruhm ist erfreulicher und zeigt ein redlicheres Bemühen um ein Verstehen als die von Gottscheds übler Nachrede. *Eugen Reichel*, der Gottsched zu Beginn unseres Jahrhunderts zu einem Weltweisen und Kritiker höchsten Ranges zu machen suchte, malte leuchtend hell, wo man vorher dunkel abgetönt hatte. Seither ist die mittlere Bahn für eine Forschung, welche die Leistungen geschichtlich wertet, zwar frei, aber allzu breit. Darin, daß man Gottsched auf verschiedenen Gebieten wie der Ästhetik, Poetik, Kritik, Philologie und Theatergeschichte an Schlüsselstellungen aufpflanzte und immer wieder betonte, er habe das deutsche Schrifttum in die Zucht des preußischen Unteroffiziers genommen, hat man ihn zwar richtig als homo litteratus eingeschätzt, aber vergessen, daß es seine Tragik war, seine schnell errungene Machtstellung verteidigen zu müssen, und daß er dazu kein besonderes Geschick besaß. Seine Autorität ließ ihn keinen Widerspruch vertragen; das erklärt seine Einsamkeit, den Mangel an wirklichen Freunden und das Beibehalten der einmal eingeschlagenen Richtung. Dadurch, daß man seine sprachlich-philologische Leistung anerkannte und sich über die Critische Dichtkunst und die Theaterreform lustig machte, bekam Gottsched ein Doppelgesicht. Als energischer Sachwalter der meißnischen Mundart konnte er vom Mittelpunkt des Buchhandels Leipzig aus die Grundlagen der neuhochdeutschen Schriftsprache festigen und ihren Geltungsbereich in der Auseinandersetzung mit Zürich auf den Südwesten und in friedlicher Übereinkunft auf den Südosten des deutschen Sprachgebietes ausdehnen. Wie Luther so hat auch Gottsched seinen Gegnern die Gestalt der sprachlichen Ausdrucksmittel gegeben. Damit weist er wie jeder, der erfolgreich in eine Sprachentwicklung eingreift, in die Zukunft.

Gottsched richtet sich an den Franzosen aus, die Schweizer mehr an den Engländern. Ein religiöses Epos, Miltons Verlorenes Paradies, wies ihnen den Weg. Die Spuren des Pietismus werden in jenem sich weitenden Kreise sichtbar, der sich um Bodmer sammelt. Er zog junge Leute an und förderte sie. Gottsched stieß sie ab. Bodmer war „empfänglich nach den verschiedensten Richtungen hin, reizbar und aufreizend". Aber er war zäh im Verfolgen seiner Ziele, konnte sich schnell und stark begeistern und für das Verkannte einsetzen. Hatte er eine Form gefunden, so verschrieb er sich ihr mit gleichbleibender Leidenschaft. Darin war er Gottsched gleich, daß er sich von der beschrittenen Bahn nicht abbringen ließ und keine Auflehnung duldete. Aber er war diplomatischer und konnte mit den Tatsachen rechnen. Bodmer verteidigte seine Stellungen geschickter, er trug bei jeder sich bietenden Gelegenheit den Angriff vor und war mit den Listen des Kleinkrieges vertraut. Aber nie hätte er sich der unsauberen und erbärmlichen Methoden elender Skribenten bedient.

1. DER AUFSTIEG GOTTSCHEDS

Trotz seines Strebens, die deutsche Dichtung an hohen Vorbildern auszurichten, ein Bauwerk aufzustellen, das sich in der Zukunft bewähren sollte, die Kräfte zu sammeln und die Dichtung unter das Gesetz der Vernunft zu beugen, hat Gottsched viel mehr Züge mit dem 17. Jahrh. gemeinsam als mit dem deutschen Idealismus. Das grämliche Antlitz, mit dem er in die Zukunft schaut, bestimmt sein Wesen viel weniger als die selbstbewußten Züge, mit denen er auf Opitz zurückweist. Er öffnete dem Neuen nur eine schmale Pforte. Er versuchte mit ähnlichen Mitteln das gleiche wie Opitz und mußte es erleben, daß die Zeit für eine solche Unternehmung vorbei war. Er horchte nicht nach innen wie die Empfindsamen und suchte nicht die besinnliche Einsamkeit, weil er nach außen und in die Breite wirken wollte. Er verschrieb seinen Geist nur der Vernunft als „sinn- und wertgebender höchster Wirklichkeit", der er die festen Ordnungen und Stützen der Dichtung verdankte. Er schickte die Dichtkunst aufs neue in die Schule der Moral. Das ist Humanismus, losgelöst von den Bindungen des Glaubens, dem Gesetz der Vernunft unterstellt als einem Prinzip, das über der Natur und den Menschen steht. So wurde der Verstand zum nüchternen Richtmaß der Erscheinungen und der Zweck zum Sinn des lebendigen, des wachsenden Organismus. Wie hätte er da einen Zugang zur Natur und ihren schöpferischen Kräften finden können? Lückenlose, mathematisch-logische Beweisführung, zweckhafte Verbindung von Wollen und Erfüllen, ursächliche von Voraussetzung und Wirkung: das ist das Denkgerüst der Aufklärung. So gibt es weder Widerspruch noch Ausgleich zwischen Glauben und Wissen. Frei von Dogma und Religion schuf die Vernunft von innen heraus die Einheit von Gott, Welt und Mensch. Geborgen und eingebettet in die religiösen, dogmatischen und naturgegebenen Ordnungen kannte das 17. Jahrh. solche Zusammenhänge noch nicht. Jetzt empfand man sie als Fesseln, schüttelte sie ab und ersetzte sie durch eine neue, anders geartete Ordnung. Daraus erwächst das Gefühl der Befreiung von belastenden Autoritäten, der Mündigkeit und einer neu errungenen Stellung in einer von Gott geordneten Welt. Dieser Gott war ein anderer als der barocke, über den Wolken schwebende, bärtige, waltende Greis, als der Erlöser, der unter den Menschen wandelte, der gute Hirt, der gekreuzigte Schmerzensmann oder der triumphierende Auferstandene, wie ihn die bildhaften Darstellungen festhalten. Jetzt beginnt die Welt eines schönen Scheins, die auch heute noch für viele Wirklichkeit ist, zu versinken. Man fühlte sich mündig, ging den Dingen auf den Grund. Dem inneren Gesetz folgend sammelte man im Streben nach Wahrheit neue Erkenntnisse und nahm eine Revision der Wissensbestände vor. *Sapere aude!* Wage zu denken! bedeutet für die besten Geister des neuen Zeitalters das Erschließen neuer Gebiete. Doch sahen wenige dies Ziel, weil sie sich vor dem mühsamen Weg dahin scheuten. Von zeitlicher Ferne gesehen, führt dieser Weg über trockene Gebiete und eintönige Landschaften. Das Suchen nach dem Zweck in der Natur, nach der vernunftbedingten Regel in der Dichtung, die neue Betonung der gelehrten Dichtung, welche sich wie zur Zeit von Opitz über die volkstümliche, verrohte erhob, und ihre Grundlegung auf Vernunft und Moral, der letzte groß angelegte Versuch einer poetischen Gesetzgebung können als Wiederholung der Reformbestrebungen des 17. Jahrh.s und Ausgangspunkt einer neuen Entwicklung angesehen werden, sofern Widerspruch und Kritik zur treibenden Kraft wurden. Der kalten Vernunft gesellte sich der Witz als Trabant. Er lockerte die festen Gefüge, spielte und tändelte scheinbar, doch fühlte er sich vom Verstand gezügelt und suchte die Anmut mit ihrem Widerspiel Vernunft zu versöhnen.

Johann Christoph Gottsched (1700–66) war der Sohn des Pfarrers von Judittenkirchen bei Königsberg in Ostpreußen. Sein Studium der Theologie an der Landesuniversität in Königsberg begann 1714. Bald überwogen seine literarischen Interessen, welche besonders von Pietsch gefördert wurden. Er verband sie mit dem Studium der Philosophie und legte damit einen Grundstein zur Ästhetik. Mit seinem Magisterexamen (1723) eröffnete er sich den Weg zum akademischen Lehramt. Aber schon zu Beginn des Jahres 1724 verließ er Königsberg, weil er bei seiner Körpergröße die gewaltsame Einstellung in die königliche Garde zu fürchten hatte, und begab sich nach Leipzig. Dort nahm ihn *Mencke* als Erzieher seiner Kinder auf und beschäftigte ihn in seiner Bibliothek. Bald fand Gottsched den Anschluß an die Universität und die Deutsche Gesellschaft. Schon 1727 wurde er deren Senior und Reorganisator, was ihm manche Anfeindungen eintrug. Vom Sommersemester 1725 an hielt er Vorlesungen über philosophische und literarisch-ästhetische Gegenstände.

Außerordentlicher Professor der Poesie wurde er 1730 und vier Jahre später ordentlicher Professor der Logik und Metaphysik. Nach fast sechsjähriger Verlobungszeit heiratete er 1735 *Luise Adelgunde Victoria Kulmus* (1713–62), eine Danzigerin, eine gelehrte Frau, die seine Bühnenreform ebenso wirksam unterstützte wie seine Bemühungen um altdeutsche Handschriften und deren Abschriften. In seinem dritten und vierten Jahrzehnt stand Gottsched auf der Höhe seines Ansehens. Wenn er auch, von etwa 1740 an in literarische Auseinandersetzungen verwickelt, von seinem Anhang im Stich gelassen wurde und Ansehen einbüßte, so hat er doch als Träger akademischer und gelehrter Würden Genugtuung und Anerkennung erfahren.

Wenn Gottsched seine Aufgabe in einer allgemeinen Reformierung erkannte, so konnte er seinen Bestrebungen vom Mittelpunkte des literarischen Lebens im deutschen Sprachgebiet, von Leipzig aus, einen besonderen Nachdruck verleihen. Sein Lehramt, seine persönlichen Beziehungen, seine Stellung in den gelehrten Gesellschaften, seine umsichtige Gewandtheit, sein zäher Fleiß und Sammeleifer kamen ihm dabei zugute. Das unnachgiebige Beharren auf seiner Autorität auch in Kleinigkeiten verwickelte ihn jedoch in Intrigen und drängte ihn von der Stellung eines fortschrittlichen Unternehmers ab in die des Verteidigers eines Systems und literarischer Formen, die sich nicht bewähren konnten, weil keine besonderen Talente dahinter standen. Den schnellen Aufstieg zu Ansehen und Ruhm hatte Gottsched bedeutsamen Leistungen zu verdanken. Die ersten lagen auf dem Boden der moralischen Wochenschriften. Was die *Vernünftigen Tadlerinnen* (1725/26) und der *Biedermann* (1727/28) brachten, bestritt er fast allein. *Johann Georg Hamann* und *Johann Friedrich May* unterstützten ihn dabei nur wenig. Die Moralsatire wurde hier aus Frauenmund verkündet. Den imaginären Redaktionsstab bildeten Calliste, Phyllis und Iris. Da hört man, wie es in der Kirche zugeht, daß eine Dame Gespräche anknüpft, indem sie Herren Schnupftabak anbietet. Da stehen die geckenhaften Leipziger Studenten den rauhbeinigen Hallensern gegenüber. Der Aberglaube wird lächerlich gemacht, die Trunksucht vom Standpunkt der Vernunft verurteilt. Vom vollkommenen Poeten wird verlangt, daß er sich auf die gleichartige Mischung von Vernunft, Einbildungskraft, Verstand, Lieblichkeit, Einsicht, Zierlichkeit, allgemeiner Beredsamkeit und besonderer Tiefsinnigkeit verstehe. Da trifft man lukianisches Gedankengut an, das Lob der alten Biederkeit und Stoffe aus alten Wissensspeichern. Moral, Literatur und Theologie stehen im Mittelpunkt. Der Biedermann beschäftigt sich mit der männlichen Arbeit. Er hält sich im Gegensatz zu den Tadlerinnen ferner vom französischen Vorbild, verweist mit Nachdruck auf Hans Sachs und Fischart und fordert solide Kenntnisse der Antike. Volksaufklärung, Kindererziehung, Frauenbelehrung, Dienst an der Wahrheit, Anweisung der Studenten zur Tüchtigkeit, Pflege der hochdeutschen Sprache und der patriotischen Gesinnung: das war das Programm dieser Wochenschriften.

In Gottscheds *Helden- und Ehrenliedern* sind seine weitverzweigten Beziehungen, seine Einstellung zur Umwelt und seine Neigung, sie zu überschauen, festgestellt worden. Als Schüler von Pietsch hat er noch in Königsberg einige Gelegenheitsgedichte verfaßt, ehe er sich bemühte, als Mitglied der deutschen übenden poetischen Gesellschaft das Ethos des Dichters zu wahren, mochte er als zweiter Persius literarische Kritik üben, Magisterpromotionen, bürgerliche Festanlässe feiern oder Traueroden verfassen. Mit einem Heldengedicht auf den verblichenen Zaren Peter d. Gr. (1725) und zahlreichen Gelegenheitsgedichten, welche er später auch im Auftrag von Adeligen verfaßte, festigte er seine Stellung, so daß er sich mit Johann Friedrich May 1727 an die Neuorganisation der deutschen Gesellschaft wagen konnte. Eine allegorisches Heldengedicht *Wettstreit der Tugenden* zum Geburtstag des Königs trug ihm 1728 den ersten Preis der deutschen Gesellschaft ein. Die Odensammlung, welche diese im gleichen Jahr herausgab, sollte den Adel für die poetische Reform Gottscheds gewinnen. Es gehörte zu den Aufgaben des Professors der Poesie, zu besonderen Anlässen Gedichte zu verfassen. Johann Joachim Schwabe gab 1736 Gottscheds *Gedichte* (drei Bücher Oden und ein Buch Gedichte in anderer Form) heraus. Nach der zweibändigen Neuausgabe (1751), welche die Werke nach dem Rang der verherrlichten Personen abstufte, hat Gottsched der Gelegenheitsdichtung den Abschied gegeben. In der Gesellschaft der freien Künste (1752) ist er nur noch als P r o s a r e d n e r aufgetreten.

Gottsched arbeitet mit den Elementen der *Allegorie*. Europa eröffnet das Gedicht auf Peter d. Gr., sie gibt die Klage an das trauernde Moskau weiter. In seinen Gedichten auf die Regierenden, wie *August den Starken*, entfaltet Gottsched den weiten sprachlichen Festmantel mit würdig gemessener höfischer Pracht und bietet den Olymp mit allen Musen auf. Ein Nekrolog (1733) feiert den Herrscher als sächsischen Trajan, dessen verdienstvolle Größe dahin zusammengefaßt wird, daß er ein guter Fürst gewesen sei. Zum Regierungsantritt seines Nachfolgers und zu anderen Hoffesten verfaßte Gottsched ebenfalls seine Beiträge. *Kaiser Karl VI.* und dessen Feldherrn, den *Prinzen Eugen*, feiert er als Friedensstifter. Den Eindruck seiner Audienz bei Maria Theresia (1749) hält er in Versen fest, welche die glückhafte Einheit von Staatskunst und Redekunst preisen: die Kaiserin brauche nicht mit erborgten Zungen zu sprechen. „Sie selbst weiß, was sie will." Noch lebt die alte Reichsgesinnung in Gottscheds Huldigungsgedichten. Zurückhaltend bleibt er gegenüber Friedrich d. Gr. Zu seinesgleichen spricht Gottsched natürlicher. Die gutgemeinten Wünsche versieht er nicht selten mit lehrhaft-moralischer Zutat. Feiert er Gedenktage, so kann sich seine Dichtung zu höherem Flug beschwingen, wie ein *Lob Germaniens* (1728), das in der Überlieferung von Moscherosch steht, oder wie die *Jubelode auf die Augsburger Konfession* (1730), in der allerdings Triumphstimmung und Siegeszuversicht aus dem alten Motivschatz der reformatorischen Streitschriften leben. Die bildende und erzieherische Bedeutung der Dichtung verkündet das Lob der Poesie. Mit ihren Grazien hat die Dichtung die rohe Welt belehrt, sie wendet sich an die edlen Söhne der Natur, die Bürger der beglückten Erde, und stellt ihnen die ganze Welt in ihrer Größe und Schönheit vor.

Wenn noch immer Zweifel über Gottscheds Stellung bestünden, so könnten seine Gedichte noch mehr als seine theoretischen Ansichten seinen höfischen Standort beweisen. Für Gottsched besitzen Herrscher und Adel die Weihe des Gottesgnadentums, die Würde einer göttlichen Sendung. Sie verdienen die Ehrfurcht, welche dem höheren Stande zukommen muß. Dichtung empfängt von da aus ihre Sendung und Aufgabe und erhält den festen Platz unter ihresgleichen in der Folge der Zeremonien. Man darf in den Lobeserhebungen nicht fürstendienende Schmeichelei allein sehen, sondern eine bewußte Überhöhung der Wirklichkeit, der zum Gottesgnadentum emporgehobenen Wahrheit. Hier lebt noch Gedankengut aus der Fürstenspiegelliteratur, die durch Fénelon neue Gesichtspunkte erhalten hatte. Gottscheds Lobgedichte haben nicht das Abbild der Wirklichkeit vor Augen, sondern die Idee des weisen und mächtigen Friedensfürsten. Daß er in diesen Bezirken der Einbildungskraft wenig Schranken setzt und phantasievolle Verbindungen herstellt, beweist nur, wie weit er von der Erkenntnis der dichterischen Schöpferkraft entfernt ist. Was immer daran erinnern könnte, ist Kennzeichen oder Element des hohen pathetischen Stils und auf den Eindruck berechnet. Wortwahl, Ausdrucksform und Gedankengang sind wohl erwogen und vorher bestimmt. Sie kommen nie aus einem empfindungsgeschwellten Herzen. Gottsched ist kälter als Casper, bei ihm ist Beigabe, was früher zwar nicht konstruktives Element literarischer Formen, wohl aber bewegende Kraft und Seelensubstanz von Gestalten wie etwa der Sophonisbe war. So verklingt mit Gottsched die *Hofpoesie* der Canitz, Besser, König und Neukirch und vollendet die deutsche Dichtung, was die neulateinische Formgebung begonnen hatte.

Die sichtbarste Leistung Gottscheds war seine Theaterreform. Er hielt sich dazu berufen, gegen den geschäftstüchtigen Christian Friedrich Henrici (1700–1764) aufzutreten, der den Geschmack des Leipziger Publikums bestimmte.

Henrici stammt aus Stolpen. Er ließ sich 1720 in Leipzig nieder, lebte sich in das weltmännische Milieu gut ein und nützte seine dichterische Begabung aus. Er war ein routinierter Epigone, der sich ebenso als Dichter von geistlichen Texten und *Kantaten*, die *Johann Sebastian Bach* komponierte, wie auch als Gelegenheitsdichter zu festlichen Anlässen betätigte. Auch nachdem er 1727 Actuarius beim Postamt in Leipzig geworden war, setzte er seine Vielschreiberei fort. Für Gottsched und Schönaich war *Picander* – diesen Dichternamen wählte er – ein Schmierander, ein Quodlibethecker und Rezitativeschreiber. Immerhin wurden seine *Ernst-, Schertzhafften und Satyrischen Gedichte* (1727 ff) bis über seinen Tod hinaus neu aufgelegt. Seine Lustspiele sind Gesellschaftssatire. Das erste war eine grobianische Studentenkomödie *Der Säuffer* (1725). In der *Weiberprobe* oder *Die Untreue der Ehe-Frauen* (1725) muß der Weinwirt Buonconto, der zwei einfältige Ehemänner über ihre Hahnreischaft aufklärt, erfahren, daß er selbst ihr Schicksalsgenosse ist. Am Schlusse verprügeln die drei ihre untreuen Frauen. Das dritte Lustspiel *Academischer Schlendrian* (1726) ist ein breites, recht gewandtes akademisches Sittenbild. Mons. Galanthomme und sein Freund Jolie nisten sich im Hause des Kaufmanns Vielgeld ein und machen der eine dessen junger Frau, der andere ihrer Nichte Carolingen den Hof. Auch Liebhaber aus früherer Zeit stellen sich in diesem Hause ein. Die Versuche des betrogenen Vielgeld, seiner Frau die Untreue nachzuweisen, schlagen fehl. Schließlich läßt sie sich entführen, wird aber von ihrem Liebhaber verlassen, so daß Vielgeld nichts anderes übrig bleibt, als sie wieder heimzuholen, um seinen guten Ruf zu erhalten. So sahen die Stücke aus, welche Gottsched von der deutschen Bühne verbannen wollte. Er hatte Glück; denn Ähnliches hatte die Truppe des Ehepaars Neuber im Sinn, die 1727 das sächsische Privileg erhalten hatte. Friederike Karoline Neuberin (1697–1760) war die Tochter des Gerichtsdirektors Weißenborn, der von 1702 an als Advokat in Zwickau wirkte. Als Neunzehnjährige entlief sie den rohen Mißhandlungen ihres Vaters, schloß sich dem Studenten Johann Neuber an und trat mit diesem in eine Schauspielertruppe. Sie pflegten den feineren und ausgeglichenen Stil der französischen Spielweise. Karoline Neuber war der leitende Geist der Truppe, Johann Neuber erledigte die Geschäfte. Diese Truppe, welche sich längst von der Stegreifkomödie losgesagt hatte, war das Werkzeug, mit welchem Gottsched seine Reform durchzuführen hoffte.

Zuerst suchte Gottsched nach geeigneten Tragödien. Wohl hatte man schon vorher französische Trauerspiele aufgeführt, aber Gottsched bemühte sich um korrektere Übersetzungen (Racines Iphigenie 1730) und kompilierte aus Addison und Deschamps ein Originaldrama, den *sterbenden Cato* (1731). Als die Neubersche Truppe 1740 ihre Gastspielreise nach Rußland antrat, konnte sich Gottsched rühmen, daß er ihr 27 Stücke vermittelt habe: 19 Übersetzungen, 2 aus Opern umgearbeitete Trauerspiele und 6 Originale. Das Einzigartige dieser Theaterreform war, daß sie vom Katheder, von der Theorie ausging und den vorhandenen volkstümlichen Stoff beseitigen wollte. Gottsched hielt sich an die französischen Muster, er milderte das Gewaltsame, beschränkte die Motive, ließ die Personen in einer einfachen, klaren, pathetisch-rhetorischen Sprache reden. Es war für einen gelehrten Dichter eine kühne Tat, die Verbindung mit einer Schauspielertruppe aufzunehmen. Gottsched glaubte, das deutsche Drama mit einem Schlag zur Höhe eines Corneille oder Sophokles bringen zu können. Er wollte ohne Empfinden für das, was die Zeit nötig hatte, eine höfische Bühnenkunst begründen ohne einen Hof. Was er auf die Bühne brachte, waren Philister, die den Schulstaub nicht abzuschütteln vermochten, Gestalten, die man bewundern konnte, aber niemals Abbilder des Lebens. Den Haupt- und Staatsaktionen stellte er die *gereinigte, regelmäßige Tragödie,* der Oper das *Schäferspiel* und der Hanswurstposse das *neue Lustspiel* mit höheren gesellschaftlichen Ansprüchen entgegen. Aus der Forderung nach Wahrscheinlichkeit leitete er das Gesetz der drei Einheiten ab. Die Musterstücke, welche Gottsched in den sechs Bänden *Deutsche Schaubühne nach den Regeln und Exempeln der Alten* (1742–1745) veröffentlichte, stehen zwischen der klassischen französischen und der deutschen Tragödie des 17. Jahrh.s.

Gottsched schuf eine neue Ordnung. Er gesellte nach französischem Vorbild dem Helden oder der Heldin eine *Vertrauensperson* bei, mit der sie sich aussprechen konnten, sodaß unnatürliche Monologe unterblieben. Hoher Wert wurde auf die Erklärung der Vorgeschichte, die *Exposition*, gelegt. Das ergab magere Handlungen, Verzicht auf Seelenkunde, Opfer, die Motivierungen und Äußerlichkeiten gebracht wurden. Die Bühne durfte niemals leer sein. Die Szene wurde pathetisch abgeschlossen. Greuel und Unwahrscheinlichkeiten waren verpönt. Requisiten wurden reichlich verwendet. Die Mimik war wichtiger als die Gesten. Mögen sich auch in den einzelnen Stücken der Schaubühne verschiedene Einflüsse stärker oder schwächer zeigen: das Zurücktreten älterer Überlieferungen und der Anschluß an das französische Drama ist ihnen doch gemeinsam. Von der logischen, vernunftgemäßen Rede, welche dem Alexandriner nicht ganz entsprach, fand man den Zugang zur Prosa, zur natürlichen Ausdrucksweise des Alltags. Mit der Anknüpfung des Schäferspiels im *Pastor fido* hatte Gottsched wenig Erfolg. Die Entwicklung zum Singspiel hat er kaum gefördert. Da ihm der Sinn für bodenständige Komik mangelte, wie sie in Hamburg, Holland und Dänemark (Holberg) gedieh, und er von seiner Höhe auch nicht an bodenständige Leipziger Überlieferungen anknüpfen konnte, ging er zunächst an eine Reinigung des Lustspiels und die Beseitigung des *Hanswurst*. Die Neubers hatten diesen schon 1728 aus der Tragödie ausgeschlossen. Endgültig wurde er 1737 *von der Bühne verbannt*. Einzelheiten über den Vorgang und die Zeremonien dieser Säuberung, welche Lessing die größte Harlekinade nannte, sind nicht bekannt. Die Gestalt des lustigen Dieners und Begleiters war nicht umzubringen. Die Neuerung bestand lediglich darin, daß Hanswurst sein buntes Gewand ablegte. Bei der Reformierung des Lustspieles hielt sich Gottsched an die *Epigonen Molières* als Vorbilder. Er wollte die Zuschauer erheitern, indem er eine lasterhafte Handlung in ihrer Lächerlichkeit bloßstellte, und erbauen, indem er eine Bekehrung vorführte. So wurde das Lustspiel zur Schule, in der die Menschen ein für allemal ihre Fehler und Laster ablegen mußten. Wie könnte auch ein Vernünftiger länger in einem solchen Zustande verharren? Zur Vorführung einer Entwicklung wurde eine Möglichkeit erst durch die Intrige geboten. Die auftretenden Gestalten lassen sich in wenigen Typen unterbringen, denen konventionelle oder sprechende Namen gegeben werden. Da ist die züchtige Haustochter, das vorlaute Stubenmädchen, der sittsame Liebhaber, der raffinierte Schleicher, die oder der eigensinnige Alte, die weltfremde Ehefrau, der freche Diener, der zumeist die Intrige behorcht. Lautes Denken und Briefe, die den unrichtigen Empfängern in die Hände geraten, erfüllen aufklärende Aufgaben. Zufall oder plötzliche Wendungen durch Verarmung oder Lotteriegewinn bringen einen gerechten Abschluß. So konnte sich ein dem Leben abgelauschter Dialog bilden, und der Vers völlig zurücktreten. Gottsched, dem die Fähigkeit, Komödien zu verfassen, fehlte, wurde von seiner Frau wirksam unterstützt. Sie stellte das französische Lustspiel des *Père Bougeant, La femme docteur ou la théologie janseniste tombée en quenouille,* auf deutsche Verhältnisse um. Aus dem Gegensatz zwischen Jansenisten und Jesuiten machte sie in ihrer Lustspielbearbeitung *Die Pietisterey im Fischbeinrock oder Die doctormäßige Frau* (1736) den zwischen Orthodoxie und Pietismus. In ihren späteren Lustspielen, *Die ungleiche Heirat, Die Hausfranzösin oder die Mamsell, Das Testament,* und der Übersetzung des Misanthrope setzte sie die Bemühungen um ein neues deutsches Lustspiel erfolgreich fort. – Während der Abwesenheit der Neuberschen Truppe nahm Gottsched die Verbindung mit der Schönemannschen Truppe auf. Als aber die Neubers unerwartet schnell nach dem Tode der Zarin wieder in Leipzig erschienen, wurde von ihrer Bühne aus Gottsched als Literaturreformator lächerlich gemacht.

Grundlegend war Gottscheds *Versuch einer Critischen Dichtkunst vor die Deutschen* (1730). Die späteren Auflagen von 1737, 1742 und 1751 stehen im Zeichen des Strebens nach systematischer Vollständigkeit, der Ausrichtung an der französischen poetischen Theorie und der Wahl französischer Vorbilder. Die Anfänge des Werkes gehen noch in Gottscheds Königsberger Lehrzeit zurück. In den *Gedanken und Anmerkungen von der Poesie* (1728) liegen bereits wesentliche Teile vor. Daraus ist zu ersehen, daß Gottsched an der Einheit von Poetik und Rhetorik festhielt und eine Zusammenfassung alles dessen erstrebte, „was in so unzehlich vielen Büchern zerstreut ist". Schon die Gliederung in einen allgemeinen und einen besonderen Teil von je zwölf Kapiteln zeigt, daß es Gottsched auf eine einprägsame Übersicht ankam, mehr auf einen poetischen Trichter, weniger auf eine Ästhetik. Gottscheds rationalistische Auffassung sieht im Dichten ein konstruierendes Zusammenfügen. Hier triumphiert Scaliger mit allen jenen, die sich auf die antiken Theoretiker Aristoteles, Horaz und Quintilian berufen. Unger spricht mit Recht von einer Rationalisierung des Klassizismus. Für Gottsched sind nicht die antiken Theoretiker, welche ihre Regeln aus den Werken ableiten, das Primäre, sondern diese Regeln selbst, weil sie vernunftgemäß sind. Eben weil die Grundsätze der Dichtung aus der Philosophie abgeleitet werden, können die Dichtungsregeln mit höchsten Ansprüchen auf Allgemeingültigkeit auftreten. Wie nach Wolff Teilen und Zusammensetzen Seelenkräfte sind, so ist auch die daraus abgeleitete Kombinationskunst der Dichtung nichts anderes als ein Vermischen und Zusammensetzen der Worte. Die trockene prosaische Fassung der Dichtung in Fabel oder Inhaltsangabe ist nach der Theorie Gottscheds die Grundlage einer Dichtung. Sie wird durch Anwendung der Stilmittel erst zur poetischen Fassung. Metrik, Reim, Tropen und Figuren, das Äußerliche also, machen die Dichtung aus. Die originale Form ist also das Zufällige.

Gottsched verwertet die einzelnen Teile seiner ausgedehnten Lektüre wie Bausteine, d. h. meist ohne kritisches Abwägen gegeneinander. Er holt sie aus den Werken jener Verfasser, die für ihn Autoritäten sind, und errichtet damit Maßstäbe, welche an die Literatur angelegt werden müssen. Bei dieser beginnt also die Kritik, welche er wirksam gefördert hat. Er führt sich mit einer Übersetzung und Erklärung der *Ars poetica* des *Horaz* ein. Das zeigt, wie ihm Boileau Vorbild war. Im Zeichen der spätantik-mittelalterlichen Wissenschaftslehre gelten hier noch, ehe sich die Ästhetik zur selbständigen Disziplin entfaltet, *Autores* und *Exempla*. Von Entstehung und Wachstum der Dichtung, vom Wesen des Poeten sprechen die ersten Kapitel. Dann wird vom Wesen der Poesie, den drei verschiedenen Arten der Nachahmung gehandelt, d. i. der Beschreibung sinnlich faßbarer, der Beschreibung geistig faßbarer Erscheinungen (Personen, Charaktere, Leidenschaften) und der Fabel. Unter dieser, der Seele der ganzen Dichtkunst, versteht er nicht mehr wie Scaliger Idea und Forma, sondern den Stoff der höheren poetischen Gattungen Epos und Drama. Das Nachahmungstalent wird durch Bildung und Wissen, Lebens- und Menschenkenntnis gefestigt, damit der Dichter zum Lehrer der Tugend werde. Gottscheds vielberufenes Rezept ist eine Vorschrift von *Le Bossu*, „Zu allererst wähle man sich einen lehrreichen Satz, der in dem ganzen Gedicht zugrunde liegen soll, nach Beschaffenheit der Absichten, die man sich zu erlangen vorgenommen. Hierzu ersinne man sich eine ganz allgemeine Begebenheit, worinnen eine Handlung vorkömmt, daran dieser erwähnte Lehrsatz sehr augenscheinlich in die Sinne fällt." Praktische Erläuterung eines moralischen Lehrsatzes! Auf philologischem Weg kam man zu diesen Grundsätzen: die drei Worte Erfindung, Nachahmung und Fabel finden sich im griechischen Wort μῦθος wieder. Darin glaubte man nun das Dichterische zu erkennen. Die dichterische Anlage blieb also Nachahmungstalent. Die Lebenszähigkeit der Lehren von Opitz zeigt sich darin, daß dieses Nachahmungstalent durch Bildung und Wissen, Lebens- und Menschenkenntnis gefestigt wird, so daß der Dichter zum Lehrer der Tugend wird. Nicht nur, daß im Gottschedkreis der Ausdruck *edle Einfalt* fällt, deutet auf Winckelmann, sondern auch, daß Gottscheds Kunstlehre von gleichbleibender Schönheit des Kunstwerks, gleichbleibendem, in der Natur begründeten, ästhetischen Empfinden spricht una die Regeln, welche gleichfalls aus der Natur kommen, zuerst bei den Griechen feststellt. Natur ist Wahrheit und Wahrscheinlichkeit unter Ausschluß des Wunderbaren. Unter diesem gibt es drei Arten – das von Göttern und Geistern Kommende, von Menschen und deren Handlungen Entstehende, von Tieren und leblosen Dingen Herkommende –, deren Geltungsbereich eingeschränkt wird, „wenn sie nicht kindisch und lächerlich herauskommen wollen". Als Beispiel läßt er die Musenanrufung zu, beschränkt aber das Auftreten von Göttern, Engeln und Teufeln. Dem überlieferunggebundenen Erscheinen solcher Gestalten gegenüber fühlt sich Gottsched nicht recht wohl und läßt sie nur in Äußerlichkeiten gelten. Der Feind des Schwulstes wittert überall *phébus* und *galimatias*. Der Wunsch, die Stilarten abzugrenzen, paart sich mit der Forderung nach klarem Denken. Wenn Gottsched auch den Reim keineswegs aus der Poesie verbannt, so erschüttert er doch seine Herrschaft über das Drama. Die Entwicklung der Dichtungsgattungen – zunächst sind es acht lyrisch-didaktische, denen Epos und Drama folgen – war maßgebend für die Einteilung des praktischen zweiten Teiles. Dem Stoff der Ode legte Gottsched keinen Zwang an, doch empfahl er als ihren Gegenstand Helden, Wein und Liebe. Französische und lateinische Vorbilder stehen im Vordergrund. Vom Italienischen rückt Gottsched ab. Wenn ihm das Epos als höchste Kunstgattung erscheint, so verspüren wir die Bindung an seine Vorgänger. Es entspricht der Aufklärung, daß die moralische Fabel Anfang, Mitte und Ende der Dichtkunst ist. Das Epos bleibt in den Fesseln ernüchterter höfischer Kunstauffassung. Die Berufung auf Aristoteles im zehnten Abschnitt *Tragödie* besteht kaum zu Recht; denn es ist französischer Klassizismus, nach dem hier nüchtern-hausbackene Rezepte aufgestellt werden. Es geht darum, einen moralischen Lehrsatz auf sinnliche Art einzuprägen. Die *Inventio* besteht im Erdenken einer „allgemeinen Fabel, daraus die Wahrheit erhellet". Dann setzt das Suchen nach einer *Quelle* ein, welche das Kolorit spendet, d.h. der Fabel durch die „berühmten Leute" Ansehen gibt. Dann fügt er die *Episoden* hinzu und teilt dieses Produkt in fünf ungefähr gleichgroße Stücke, von denen jedes unmittelbar an das vorhergehende anschließt. Das wird am Oedipus Tyrannos erläutert. Wer sich nicht an die drei Einheiten hält, verstößt gegen das wesenbestimmende Gesetz. Die alte soziale Ordnung der beiden dramatischen Gattungen gilt hier wie bei Opitz. Meister der Komödie sind die Franzosen. Andere Nationen sind über das Niedrige nicht hinausgekommen. Das Lasterhafte und das Lächerliche dürfen nicht voneinander getrennt werden. Tätlichkeit und Wortkomik, der Bereich des Harlekins, werden verbannt zugunsten der Situationskomik. Auch in der ständischen Ordnung – im Lustspiel treten Bürger, Bauern und niedrige Leute auf – hat der Harlekin keinen Platz. Das sind die Grundsätze der Theaterreform. Im letzten Kapitel stellt sich Gottsched mit flammendem Schwert vor den Tempel der Vernunft und verwehrt der *Oper* den Eintritt. In ihrem Gefolge findet er weder die nützliche Moral noch die Naturnachahmung. Das System bleibt in der Anlage der drei ersten Auflagen erhalten. Die Neugliederung des zweiten Teiles in „Gedichte, die von den Alten erfunden worden" und solche, „die in neuern Zeiten erfunden worden", zeigt die Absicht, historisch vorzugehen, und die Wandlungen von Gottscheds Auffassung der poetischen Regel. Er wollte die Poetik als rationalistische Wissenschaft neu begründen. Er sah sein Regelsystem am meisten von der englischen Philosophie her bedroht, weil er an die Regel und ihre Bedeutung glaubte; doch behielt neben der Regel auch das gute Beispiel seinen Wert. Während sich die Systematik des ersten Teiles kaum wesentlich änderte, versuchte Gottscheds Kritik sich mit den Neuerscheinungen und den Wandlungen der Dichtung auseinanderzusetzen in der Absicht, die internationale Allgemeingültigkeit der humanistisch-neulateinischen Dichtung in der Theorie zu erneuern und die nötige einheitliche Anwendung auf die nationalen Literaturen daraus zu folgern, deren selbständige kulturelle Voraussetzungen er nicht kennen konnte. Gottscheds Critische Dichtkunst sollte ein allgemein gültiges zeitloses Regelbuch für eine von der Vernunft beherrschte Dichtung abgeben. Seine Geltung wurde von der Praxis und der Herderschen Organismuslehre, in der sich das neue geschichtliche Denken regt, erschüttert. Demnach hätte man sie längst als geschichtlich bedingte und bald überholte Erscheinung ansehen sollen. Um 1740 war ihre Bedeutung unumstritten. Die Schweizer Kunstrichter, welche da auf den Plan traten, hatten keine ebenbürtigen Leistungen aufzuweisen.

In den Übersetzungen des Gottsched-Kreises konnte die Übertragung der aufklärerischen Sprachtheorie und -philosophie logisch-mathematischer Ordnung in die Praxis beobachtet werden. Es läßt sich daraus noch besser als aus den Originalen ableiten, daß Dichtung im engeren Sinn auf solchen Grundlagen nicht möglich ist, und daß der einmal unternommene Versuch Eugen Reichels, Gottsched zum Genie zu stempeln, von vornherein vergeblich sein mußte. Dichtung kann auf rein logisch-rationaler, mathematischer Grundlage nicht gedeihen. Die Scheidung zwischen logisch-gedanklichen und formal-poetischen Gestaltungsmitteln veranlaßte Gottsched dazu, Reim und Vers als die eigentlichen Kennzeichen der Poesie anzusehen. Dominierten sie aber, so lehnte er sie als Schwulst ab, den er ebenso vermeiden wollte wie den gemeinen prosaischen Ausdruck. Es kam ihm auf Gründlichkeit und Richtigkeit an. So zeigte sich auch Gottsched als Schüler von *Malherbe* und verlangte eine begrifflich eindeutige Bestimmung der Worte. Alles Schimmernde und Schillernde, Nuance und Abstufung wird daher vermieden. Es steht auf der gleichen Linie, wenn die Aufschwellung und Paraphrase marinistischer Kunstübung nun von einer rationalen Straffung abgelöst wird, wenn, wie Unger sagt, ein heilsamer Fanatismus des Logischen zu Wort kommt. Kürze, Gedrängtheit und Übersichtlichkeit erheben sich als Forderungen. Der Kampf, welchen Gottsched und sein Kreis gegen den überladenen Stil, die „Lohensteinsche Manier", wie immer gesagt wird, eröffnen, wird nicht von einer anderen Plattform aus geführt, welche sich neuer Voraussetzungen der Kunst bedient oder an Neuschöpfungen hält, sondern erweist sich nur als korrigierende Reaktion, die eine Inventur über das Vorhandene abhält, es kritisiert, ablehnt, verbessert oder regelt. Mäßigung und

Ordnung waren die Schlagworte. Daß Gottsched ein Feind des Improvisierens war, bietet eine schöne Parallele zur Einschränkung der Freiheiten und willkürlichen Verzierungspraxis der Sänger. Noch schied das Zeitalter nicht zwischen den Leistungen des Dichters und denen des Übersetzers.

2. DIE ZÜRCHER KUNSTRICHTER

Noch vor Gottsched traten Bodmer und Breitinger mit der moralischen Wochenschrift *Discourse der Mahlern* (1721–23) auf. Vieles, was sie bot, ist vorher bei den Zusammenkünften der Gesellschaft *Cotterie der Mahler* verhandelt worden. Die Mitarbeiter der Zeitschrift legten sich die Namen berühmter Maler zu. Sie unterhielten sich wie üblich über moralische Fragen, legten aber einen besonderen Wert auf Kunsttheorie, Philosophie und Literatur. Der Geschmack richtet sich nach Addison, dessen Spectator Bodmer in französischer Übersetzung gelesen hatte. Stellte man sich gegen den Schwulst, so berief man sich auf Boileau. Die Zürcher Poetik wurde mit den Discoursen begründet. Sie lehrten nach der antiken Regel, daß die Dichtung die Natur nachahmt, und nahmen das geistreiche Wort des *Simonides* auf, *ut pictura poesis*, mit dem bereits die Nürnberger gespielt hatten. Den Schlagworten: redende Malerei und stumme Poesie machte Lessing schließlich den Garaus. Die Schweizer kamen nahe an seine Erkenntnisse heran. Sie wußten, daß sich beide Künste um die Nachahmung der Natur auf verschiedene, durch den Stoff bedingte Weise bemühen. Die Unterhaltung über solche und andere ästhetische Fragen brachten den beiden Zürchern ihre Sendung zum Bewußtsein, die deutsche Dichtung theoretisch mit Hilfe der Philosophie Wolffs zu reformieren.

Johann Jakob Bodmer (1698–1783) ist in Greifensee geboren. Er entwickelte sich vom Kaufmann zum gelehrten Literaten und erfüllte als Politiker (Mitglied des Großen Rates von 1737 an), Professor der Heimatgeschichte am Gymnasium in Zürich (1725–75), Anreger der Helvetischen Gesellschaft (1761), Mäcen junger Dichter und letzter Literaturpatriarch alten Stils seine großen erzieherischen Aufgaben. Manche Eigenschaften, Umsicht, Fleiß, Autoritätsbewußtsein und Geltungsbedürfnis, hat er mit Gottsched gemeinsam. Aber er verstand es, sich keine erbitterten Feinde zu machen. Johann Jakob Breitinger (1701–76), der sein ganzes Leben in Zürich verbrachte und am dortigen Gymnasium als Professor des Hebräischen und Griechischen wirkte, hielt als Kritiker die Verbindung mit dem Leben aufrecht und besaß als Herausgeber der Septuaginta (1732) und des Persius einen solideren wissenschaftlich-philologischen Unterbau seiner Kenntnisse als Bodmer, hinter dem er bescheiden zurücktrat, ohne sein Trabant zu werden.

Besser ausgerüstet machten sich die beiden Freunde ans Werk in der Untersuchung *Von dem Einfluß und dem Gebrauch der Einbildungskraft*

(1727). Sie sollte die Einleitung zu einer Ästhetik werden. Einbildungskraft ist nicht *furor poeticus* oder schöpferische Dichterkraft, sondern bestenfalls ein Vorstellungsvermögen, wie es auch den Gelehrten unterstützen kann: die Fähigkeit, aus gewissen Erfahrungen und Erinnerungen Schlüsse zu ziehen, zu kombinieren. Als Anregerin, in die Nähe des Begriffes *Enthusiasmus* von Shaftesbury gebracht, erhält die Einbildungskraft eine besondere Sendung. Die naturnachahmende Aufgabe der Dichtung wurde dahin eingeschränkt, daß nicht alle Gegenstände gleichwertig nebeneinander gereiht, sondern ihrer Bedeutung entsprechend mehr oder weniger ausführlich behandelt werden sollen. Das waren Grundsätze der gelehrten Dichtung. Ebenso gelehrt klingt die Behauptung, daß es auf das getreue Abbild des Vorwurfs ankomme. So sahen die Regeln aus. Gefühlswerte sprachen hier nicht mit. Wer sich an der Ähnlichkeit von Urbild und Abbild freut, kann nur urteilen, wenn ihm das Urbild bekannt ist, und wenn er die Mittel erwägt, mit denen er zu einem solchen Ziel gelangt. Nun kam das ästhetische Gespräch in Fluß, man las die französischen Theoretiker. Boileau trat hinter *Dubos* zurück. *König* veröffentlichte zur gleichen Zeit seine Untersuchung über den guten Geschmack (1727). Bodmer begann seinen später (1736) veröffentlichten Briefwechsel von der Natur des poetischen Geschmacks mit dem feinsinnigen *Conte di Calepio*. Nicht, daß man in lateinischer und italienischer Sprache darüber verhandelte, ist das Bedeutsame, sondern daß man sich um die Klärung der Begriffe redlich bemühte.

So erwachte Bodmers Sendungsbewußtsein. Er gab der deutschen Dichtung in seiner schon früher hergestellten Prosaübersetzung von *Miltons Verlorenem Paradies* (1732) das Vorbild eines Epos und hielt in einem *Lehrgedicht* (1734) eine Revision der deutschen Literatur. Das ist eine Wiederholung dessen, was Opitz mit seinen vorbildlichen Übersetzungen und dem Büchlein von der deutschen Poeterey getan hatte. Er aber unternahm den Versuch mit erschöpften Formen. Was die theoretischen Auseinandersetzungen nach 1740 boten, war das Satirspiel, in dem das Vermächtnis des 17. Jahrh.s endgültig von der literarischen Bühne abtrat. Spiel und Gegenspiel saßen in Leipzig und Zürich. Gottsched beobachtete mit eifersüchtigem Mißtrauen den Aufstieg der Zürcher Theoretiker. Wenn Milton zu Ehren kam, so mußte er dies für ein gefährliches Wiederaufleben des Lohensteinschen Schwulstes halten, den er soeben in seiner Critischen Dichtkunst endgültig erledigt zu haben glaubte. Wenn er auch nicht wissen konnte, wie man in Zürich über das Theater und die Anwendung der Mundart dachte, so waren ihm doch auch schon die Bemerkungen über die Einbildungskraft und den Geschmack verdächtig. Als die Schweizer von 1740 an in rascher Folge mit vier größeren theoretischen Werken hervortraten, sah Gottsched seine literarische Machtstellung gefährdet. Wohl hatte er schon in den Vernünftigen Tadlerinnen und im Biedermann mit den Diskursen die Klinge gekreuzt, aber mit Bodmer und Breitinger von 1732–39 einen Briefwechsel geführt, in dem sich die gegensätzlichen Ansichten über Milton und das Drama zwar schon abzuzeichnen begannen, jedoch die Standpunkte der Parteien anerkannt wurden. Man sah, daß Gottsched zum Anwalt der französischen Theoretiker und die Schweizer zu dem der englischen wurden.

Als Bodmer Miltons Kunst in der *Critischen Abhandlung von dem Wunderbaren in der Poesie* (1740) rechtfertigte und ihr die *Critischen Betrachtungen über die poetischen Gemählde der Dichter* (1741) folgen ließ, Breitinger seine *Critische Dichtkunst* (1740) und seine *Critische Abhandlung von der Natur, den Absichten und dem Gebrauche der Gleichnisse* (1740) veröffentlichte, sah Gottsched sein theoretisches Gebäude wanken. Zwar kamen die Schweizer mit Hilfe von Dubos über Addison hinaus, doch ließen sie sich nicht darauf ein, bildende und redende Künste scharf voneinander abzugrenzen. Sie hielten vielmehr daran fest, daß Dichtung und Malerei gleiche Wirkungen erzielen, ihre Aufgabe *prodesse* und *delectare* sei und in der Nachahmung der Natur liege. Breitingers Critische Dichtkunst konnte seine früher geäußerten Ansichten dahin berichtigen, daß er der Dichtung das Recht zuerkannte, das Kennzeichnende so stark hervorzuheben, wie es in der Wirklichkeit nie vorkommt, und es von allem Zufälligen gesäubert zu einem Bild zu gestalten. Diese Anregung fiel auf fruchtbaren Boden und beseitigte schließlich das Dogma, die getreue Nachahmung der Natur sei das Ziel der Poesie. Dagegen hielten sie trotz Dubos daran fest, daß das Ergötzen an der Dichtung den Verstand berühre. Die Befreiung der Gemütskräfte und ihre Berücksichtigung in der poetischen Theorie erfolgte im Bereiche des Pietismus. Darin lagen die Voraussetzungen, daß Bodmer und Klopstock einander nicht verstehen konnten. Allerdings räumte die Schweizer Theorie der Poesie auch das Recht ein, das Herz zu ergreifen. Sie bewertete Gegenstände, welche dies vermögen, höher als solche, welche nur den Verstand ansprechen. Die Anziehungskraft der dichterischen Stoffe wird durch das Neue, das nicht Alltägliche, gestärkt. So erhält der Begriff des Wunderbaren eine Nuance, die Einbildungskraft braucht sich nicht mehr mit Erinnerungsbildern zu begnügen, weil sie einen Hauch des Schöpferischen zu verspüren bekommt. Aber man sorgt doch auch gleich dafür, daß sich die Phantasie nicht allzu breit macht; denn sie wird der Kontrolle des Verstandes unterstellt und nur innerhalb der Grenzen des Wahrscheinlichen geduldet.

Durch diese Theorie geht ein ähnliches Ahnen wie durch die ganze sich langsam erhebende abendländische Ästhetik vom Ende des 17. Jahrh.s an. *Hedelin d'Aubignac*, *Muratori*, *Dubos*, die einsetzende Diskussion über *Homer* und *Vergil* stehen auf der gleichen Stufe. Neben dem ehrlichen Erkenntnisstreben, worin sie von der allgemeinen europäischen Entwicklung unterstützt wurden, führten die Schweizer auch einen erfolgreichen Kampf um die Macht. Breitinger konnte sich mit Recht gegen Gottscheds nivellierende Sprachbehandlung auf Luther berufen. Was er im Kapitel über die *Machtwörter* vorbringt, steht mit der sprachlich-künstlerischen Formgebung des 17. Jahrh.s und den Zentnerworten der schlesischen Hochblüte in Zusammenhang und kann gleichzeitig auch als Vorahnung von der gestaltenden Schöpferkraft der Sprache angesehen werden, wie sie uns in der Geniebewegung begegnen wird. Gegen Gottsched, ja selbst gegen Opitz wird das Recht mundartlicher und älterer Sprachformen verfochten. Wenn aber Bodmer sich in vollständiger Verkennung des Tatbestandes gegen die ostmitteldeutsche Grundlegung der deutschen Dichter- und Schriftsprache zur Wehr setzt, indem er in der umgestalteten Neuauflage der Discourse *Mahler der Sitten* (1746) die alemannische sprachliche Formgebung für vorbildlich erklärt, so zeigt sich darin das vergebliche Bemühen, der landschaftlich begrenzten, alemannischen Schriftsprache allgemeine Geltung zu verschaffen. Bodmer wehrte sich gegen die neuhochdeutschen Diphthonge und kämpfte für die Wiedereinsetzung der alten mittelhochdeutschen Längen, die seine Heimatmundart bewahrt hatte. Er redete nicht etwa der Vielfalt und Gleichberechtigung der örtlich gebundenen, verschiedenen sprachlichen Gewohnheiten das Wort, sondern suchte gewissen alemannischen Spracheigentümlichkeiten zur Anerkennung zu verhelfen. Bald erlahmte seine Bemühung, weil er die Aussichtslosigkeit eines Kampfes einsah, den er ohne Bundesgenossen und von einer ungünstigen Stelle aus führte. Es bleibt fraglich, ob er bei seiner Erbitterung zwischen der Person Gottscheds, der eine allgemeine Entwicklung mit seiner Autorität stützte, und dieser Entwicklung zu unterscheiden vermochte.

Erst spät ist die *Nachahmungstheorie* als Wegweiserin zur neuen Ausdruckskunst des Gefühls und zur Erkenntnis des dichterischen Schöpfertums erkannt worden in der Bejahung der besten aller Welten und „in der Einsicht, daß nur durch ihre Nachahmung Schönheit von der Kunst erwartet werden kann". Wird aber das Erfinden zum Ausgangspunkt der Dichtung, so wird der Weg zur Offenbarung des Ich frei und der Weltbeschreibung abgesagt. Mit der Rückkehr zum Grundsatz der Alten von der Nachahmung wird die Gelegenheitspoesie eingeschränkt und der alleinigen Beherrschung der dichterischen Technik ihre ausschlaggebende Bedeutung genommen. Gottsched konnte sich mit dieser Neuerung auf Opitz berufen, damit die Würde der Dichtung wieder herstellen und sie aus den Fesseln der Rhetorik befreien. Da er aber auf die praktische Anleitung zum Dichten nicht verzichten konnte, ja diesen Verzicht den Schweizer Kunsttheoretikern vorwarf, so mußte er den kunsttheoretisch-philosophischen Unterbau und die Verbindung zwischen Kritik und Dichtkunst herstellen. Gottscheds Kunstregeln sind nicht neu. Sie sind eine Kompilation aus antiken und modernen Quellen. Es geht ihm dabei weniger um äußere oder gedankliche Vorbildlichkeit als um Grundsätze. Aufgabe der Kunst ist die Nachahmung der von Natur aus schönen Dinge sowie in einschränkendem Sinne Erdichtungen, die über den Rahmen der Natur hinausgehen. Doch will er vom künstlerischen Schöpfertum noch nichts wissen.

In der Diskussion über Miltons Verlorenes Paradies und die Berechtigung des Dichters, Gestalten der christlichen Mythologie auftreten zu lassen, bildeten die Schweizer den Begriff der Einbildungskraft weiter aus. Vielleicht ahnten sie, daß in der Nachahmung das künstlerische Schöpfertum eingeschlossen ist. Die Entstehung eines Kunstwerkes vermochten sie nicht mehr ausschließlich auf das Prinzip der Nachahmung zurückzuführen. Deshalb wußten sie mit dem starren Naturbegriff nichts anzufangen. Die Nachahmung wurde ihnen zur schöpferischen Tat. Sie sahen das Kunstwerk in der Schwebe zwischen der

Wirklichkeit und einer nur in Gedanken vorhandenen Natur im Bereich der Kunst. Das hat Baumgarten klar erkannt. Für ihn war der Dichter ein Schöpfer, d. h. ein dem Prinzip der Natur gemäß Schaffender. Demgegenüber bedeutet Meier trotz seiner Auseinandersetzung mit der Theorie keinen besonderen Fortschritt. Über die religiöserhabenen Dichtungen eines Pyra und Klopstock, ein Zurückgehen auf Vida und den christlichen Humanismus konnte sich die Erkenntnis des Schöpfertums erneut fruchtbar erweisen.

Die Arbeitstechnik Gottscheds und der Schweizer erinnert noch an das mittelalterliche wissenschaftliche Verfahren, alles, was an Wissensmaterial zuströmt, in einem System unterzubringen und keinen Unterschied zwischen fremdem Gedankengut und eigenen Erkenntnissen zu machen. Was aber nunmehr in die Zukunft weist, kann nicht mehr aus Scaliger und Ronsard stammen, sondern kommt von Pope, Dubos und den Anbahnern der neuen Formgebung. Stellten die Schweizer im Gegensatz zu Scaliger und den Theoretikern des 17. Jahrh.s Homer über Vergil, so könnte man eine Vorwegnahme der Herderschen Begriffe von Volks- und Kunstpoesie vermuten. Aber solch hohe Einschätzung Homers ruht nicht auf Voraussetzungen, die das Wesen der Dichtung betreffen, sondern lediglich darauf, daß Homer als Meister der Gleichnisse und vorbildlicher Beschreiber angesehen wird. Belehrung bleibt eine Aufgabe der Dichtung. Deshalb wird die Fabel nicht als Volksdichtung, sondern als moralische Allegorie so hoch bewertet. Die stereotype Empfehlung antiker Muster und der Überdruß am Reimgeklapper erheben die Reimlosigkeit zum Gesetz. Der Vorliebe für die englische (Milton) und griechische Literatur gesellte sich bald die Vorliebe für die altdeutsche Dichtung. Hier verbanden sich Finderglück und Entdeckerfreude. Die *Proben der alten schwäbischen Poesie* (1748) – das war eine reiche Auswahl aus der manessischen Handschrift – und die *Fabeln aus den Zeiten der Minnesänger* (1757) – das war Boners Edelstein – wurden im Urtext wiedergegeben, der zweite Teil des Nibelungenliedes, die *Rache der Schwester* (1752), in deutschen Hexametern. Man kann weder hier noch bei den anderen Herausgebern altdeutscher Texte von Romantik oder Restauration sprechen, sondern nur davon, daß humanistischer Spürsinn und antiquarische Gelehrsamkeit wertvolles Gut zutage förderten. Wie hätte man von ihnen verlangen können, die Bedeutung solcher Zufallsfunde richtig abzuschätzen oder gar in geschichtliche Zusammenhänge zu stellen?

Bodmer bleibt wie Opitz und Gottsched mit seinen theoretischen Abhandlungen und der Fülle von vorbildlichen Werken und Übersetzungen, mit denen er die Probe aufs Exempel machte, ein literarischer Großunternehmer, der dem Schrifttum Wege weisen und Entwicklungen begründen wollte. Mit nie erlahmendem Eifer und zäher Folgerichtigkeit will er seine Sendung erfüllen. Er war der letzte Hüter alter Ordnungen, die er bis ans Ende des Jahrhunderts bewahrte und mit veralteter Würde gegen die Neuerungen der modernen Schwindelköpfe verteidigte.

3. DIE STREITSCHRIFTEN

Die Erbitterung, mit welcher der Kampf zwischen Leipzig und Zürich von 1740 an um die Theorie geführt wurde, schiene uns völlig unverständlich, wenn es dabei nicht auch um literarische Machtfragen und die Geltung von persönlichen Autoritäten gegangen wäre. Daß Gottsched sich dem Drama und den Franzosen, Breitinger und Bodmer sich dem Epos, der Fabel und den Engländern zuwendeten, ließ sie oft aneinander vorbei reden. Die Neigung zur altdeutschen Dichtung hätte sie ebenso versöhnen können, wie das gleiche Ziel, welches ihre Poetik verfolgte. Dieses bedeutete Abkehr vom Schwulst, nachdem dieser eigentlich schon erledigt war, Rückkehr zu den Grundsätzen von Opitz und eine Dichtungsreform im Zeichen der Aufklärung. Dadurch, daß die Schweizer einen Teil ihrer Wünsche in den ersten Gesängen von Klopstocks Messias erfüllt sahen, stimmten ihre Siegesfanfaren mit der neueren Generation besser zusammen als Gottscheds Musik. Davon darf man sich aber nicht täuschen lassen, wenn man Leistungen und Standpunkte der beiden Parteien gegeneinander hält. Der sterbende Cato ist genau die gleiche poetische Maßarbeit wie die Patriarchaden und Dramen Bodmers, der seinen Schützling Klopstock (1750) in eine Zucht nehmen wollte, welche eher einem Gelehrten als einem geborenen Dichter angemessen war. Je heftiger der Streit zwischen Leipzig und Zürich tobte, desto mehr ging es um Worte und desto weniger um Begriffe.

Gottsched verfolgte eifersüchtig die kritische Betriebsamkeit der Schweizer und wartete auf eine Gelegenheit, ihnen entgegenzutreten. Im 24. Stück der Beyträge erklärte er, bezugnehmend auf die einleitenden Worte zur Abhandlung von dem Wunderbaren und auf Bodmers Beschwerde, daß seine Miltonübersetzung so wenig Beifall habe, er fände das durchaus billig und werde diesen eigenmächtigen Kunstrichter zurückweisen, „der uns zwingen will, ein ausländisches Buch zu bewundern, weil er es übersetzet" habe. Bodmer ließ sich dadurch nicht stören. Er arbeitete seine *Miltonübersetzung* in Verse um (1742) und ließ sie später nochmals (1754) in gereinigter Form erscheinen. Er selbst nannte die erste Prosafassung die schweizerische, die zweite die deutsche und die dritte die poetische.

Beim Verlorenen Paradies setzte Gottscheds Satire *Der Dichterkrieg* ein. Sie erschien in Schwabes Belustigungen. Merbod und der Druide Greibertin werden von Eris in Bewegung gesetzt. Diese liest Merbods Dichterrevue in der Hölle vor, worauf ein Aufruhr entsteht. Merbod erfährt dabei, daß *von Berge* schon lange vor ihm (1682) das Verlorene Paradies übersetzt habe. Man empört sich besonders über Merbods krasse Unkenntnis der Hölle. Unter dem Pseudonym *Heinrich Effinger* antwortete Bodmer derb und witzlos mit dem *Komplott der herrschenden Poeten und Kunstrichter*. Schottged, den ein schwerer Traum ängstigt, wird von der weisen Muskul getröstet. Sie erteilt ihm den Rat, eine Dichterversammlung einzuberufen. Er fühlt sich als absoluter Herrscher, hält eine zündende Ansprache, fordert zu gemeinsamer Rache auf und schwört, dem Geschmack treu zu bleiben. Da kommt die Göttin der Kritik mit einer Waage, legt in die eine Schale Greibertins Critische Dichtkunst und in die andere Schottgeds sämtliche Werke. Diese fliegen wie Spreu aufwärts.

Es ist eine rühmliche Ausnahme, wenn alte Überlieferungen gepflegt und die Verdienste der Parteien anerkannt werden. Der Basler Johann Jakob Spreng (1699 bis 1768) bekleidete, nachdem er als Hauslehrer in Wien und Prediger im Saarland

32*

gewirkt hatte, von 1743 an eine außerordentliche Professur der deutschen Poesie
und Beredsamkeit in Basel und wurde damit, wie auch als Herausgeber moralischer
Wochenschriften einer der wirksamsten Vorkämpfer Gottscheds und der neuhochdeutschen Schriftsprache in der Schweiz. Er verbreitete seine Neuerungen zuerst in
einer Bearbeitung der *Psalmen* (1741), welche sich als offizielles Gesangbuch gegen den
Widerstand der Landgeistlichen nicht durchsetzen konnte. Dem Stil der Aufklärung
mit den Grundsätzen sprachlicher Reinheit und verständlicher Klarheit und dem Streben nach metrischer Korrektheit fügten sich die Psalmentexte nicht. – Daß aber Lobwassers Texte dem Geschmack nicht mehr entsprachen, zeigt die Bemühung von
Konrad Friedrich Stresow (1705–88), der sein *Biblisches Vergnügen in Gott oder
sämmtliche Psalmen in Liedern* 1752 herausgab. Seine Leistung bestand im Dichten neuer
Texte auf die alten Melodien. – Verdienstvoller war Sprengs Ausgabe der Gedichte
von Drollinger (1743). Eine Weile bemühte sich Spreng mit Erfolg, sich keiner der
beiden Parteien anzuschließen, bis es mit Bodmer zum Bruch kam. Vorher hatte er
dessen Bemühungen um altdeutsche Texte (Boner, Manessesche Handschrift) unterstützt. Von seinen großen lexikalischen Arbeiten, einem historisch-kritischen Wörterbuch der deutschen Sprache und einem Baslerischen Wörterbuch konnte er nichts
veröffentlichen.

  *Der neue critische Sack-Schreib- und Taschen-Allmanach auf das Schaltjahr 1744 gestellt durch
Chrysostomum Mathanasium* brachte den Gottschedianern wenig Erfolg. Er wird als älte-
ster literarischer Almanach bezeichnet. Die literarischen Beziehungen zur Prognostiken-
literatur und die ganze Aufmachung verbinden dieses Werkchen enger mit der Reformationsliteratur, z. B. Murners Kirchendieb- und Ketzerkalender. Trotz des *Tinten-
fässels* (1745), das in Gottscheds Namen Triller und Schwabe veröffentlichten, sank
Gottscheds Ansehen. Vielleicht weniger durch diese Streitschriften als durch Angriffe
ehemaliger Anhänger und seine Verspottung von der Bühne herab.

  Johann Christoph Rost (1717–65) ist als Sohn des Küsters an der Thomaskirche
zu Leipzig geboren. Von 1734 an besuchte er die Universität. Nachhaltigen Eindruck
machte Gottsched auf ihn, auf dessen Rat und Empfehlung er nach dem Tode seines
Vaters die Redaktion der *Berlinischen Nachrichten von Staats- und Gelehrten-Sachen* (1740)
übernahm, des Organs der Alethophilen. Da er sich jedoch nicht durchsetzen konnte,
legte er sein Amt bald nieder. Etwas später trat eine Entfremdung mit Gottsched ein,
weil Rost sich nicht an dessen Verfemung der Oper hielt. Im Sommer 1742 zog er
nach Dresden und schloß sich dort sehr bald der Opposition gegen Gottsched an.
Nachdem seine Verfasserschaft des *Vorspiels* bekannt wurde, nahm er die Verbindung
mit Bodmer auf. Zu Anfang des Jahres 1744 trat er in die Dienste des allmächtigen
sächsischen Premierministers, des Grafen Brühl, und wurde dessen Bibliothekar und
königlicher Sekretär. Als Obersteuersekretär war er dann 1760 Rabeners Nachfolger.
Mit Gottscheds Gegnern Liscow und König ist er wohl bald in Beziehung getreten.
Die Rache der Anhänger Gottscheds hatte er lange zu spüren. Er wehrte sich dagegen
mit der Herausgabe der Gedichte Johann Ulrich von Königs (1745) und damit, daß
er in den Leipziger Literaturstreit, der anläßlich der Aufführung von *Weißes* Operette
Der Teufel ist los zwischen dem Theaterdirektor Koch und Gottsched entstand, mit
einem poetischen Sendschreiben des Teufels an den Kunstrichter der Leipziger Schaubühne eingriff (1753). Dann trat er vom literarischen Schauplatz ab.

  Vom Vorwurf der Charakterlosigkeit, den die Literaturgeschichten
lange Zeit gegen Rost erhoben, ist er wohl längst freigesprochen. Er
stellte sein Talent mehr in den Dienst des poetischen Journalismus und
der von der Mode begünstigten Formen. Er fand den Beifall der
Anakreontiker. Sein Schäferspiel *Die gelernte Liebe* (1742) hielt sich noch

bis in die Mitte der fünfziger Jahre auf der Bühne. Sein komisches Heldengedicht *Das Vorspiel* (1742) schließt sich *Le Lutrin* als Vorbild an. Die auftretenden handelnden Personen sind literarische Größen. Der Streit zwischen Gottsched und der Neuberin wurde nun weithin bekannt. Rosts launige Satire wurde mehrmals wie ein Volksliedtext erweitert und neu aufgelegt. Einzelne Wendungen wurden zu geflügelten Worten. Das Vorspiel ist der erste deutsche Versuch, die beliebte literarische Gattung des komischen Heldengedichtes an einem zeitgebundenen Stoff zu erproben, es aus der Sphäre der allgemeinen und typenverspottenden Satire auf einen besonderen, persönlichen Vorwurf zu übertragen. Damit war die Möglichkeit geboten, das Natürliche und Charakteristische herauszustellen. Mochten das auch die richtigen Aufklärer bedauern, so mußten sie doch Rosts Talent anerkennen. Des Teufels Ansprache in Knittelversen an die Leipziger Kunstrichter ist Rosts Generalabrechnung mit seinen literarischen Gegnern.

Wenn Rost auch vom Lager Gottscheds in das der Schweizer überging, so steht er mit seiner Auffassung der Bühne, seiner Bemühung um eine Vereinfachung der deutschen Rechtschreibung und eine deutsche Grammatik ganz im Banne seines ehemaligen Meisters. Er hat zur Begründung des deutschen Schäferspiels der Rokokozeit seinen wesentlichen Anteil geleistet. Das haben auch seine Zeitgenossen anerkannt. Seine *Schäfererzählungen* (1742) waren die Unterhaltungslektüre des Rokokobürgertums. Er wollte, wie er in der Vorrede sagt, das Schalkhafte mit dem Unschuldigen und Ungezwungenen verbinden. Er hauchte den alten Schäfertypen des 17. Jahrh.s neues Leben ein, er wurde satirisch und machte die weibliche Lüsternheit zum immer wiederkehrenden Hauptmotiv. Aus Opposition gegen Gottsched war er kein korrekter Verseschmied. In manchen Motiven, der gewandten Darstellung, den Abschweifungen, schalkhaften Wendungen und satirischen Seitenblicken berührt sich Rosts Schäferdichtung mit Lafontaine. An Popes Lockenraub hat sich Rosts Prosadichtung *Die Tänzerin* geschult, deren Vorwurf der belanglose Streit einer Gesellschaft ist, welcher von den beiden Widersacherinnen, deren eine tanzen und deren andere Karten spielen will, man sich anschließen soll. Zum Unterschied von Pope, an den sich Rost mit dem Aufgebot eines gewaltigen Geisterapparates hält, ist das Streitobjekt kein konkreter Gegenstand, sondern es sind menschliche Neigungen, über denen sich der Streit zugunsten der Tänzerin entscheidet. Ähnlich hätten sich Harsdörffer oder Rist geäußert.

Anakreontik, Schäferspiel, komisches Heldengedicht erhielten durch Rost Auftrieb. Seine Spuren sind bis zu Wieland verfolgt worden. Auf die engen literarischen Beziehungen zwischen Rost und Gellert wurde oft hingewiesen. Doch dürfen die Anregungen, welche Rost nur in einem

kleinen Kreis ausübte, nicht darüber hinwegtäuschen, daß der literarische Streit, in welchen er verwickelt wurde, nicht in die Zukunft
weist, sondern um literarische Machtstellungen geht. Erbitterung,
Streitbarkeit, Methoden und Waffen sind die gleichen wie im 16. Jahrh.
Es ging in beiden Fällen mehr um den persönlichen Einfluß als um
die Förderung des Glaubens dort und die Entwicklung der nationalen
Dichtung hier. Der Teufel allerdings, der sich am Schlusse seiner Ansprache freut, einst in Gottsched einen kräftigen Bratenwender zu erhalten, der nicht viel denkt, aber fix und tüchtig mit der Hand ist, das ist
ein anderer als das unbarmherzige böse Prinzip, das die Satire des
16. Jahrh.s in so vielfältigen Gestalten auftreten ließ. – Erst Lessing gewann den sicheren Boden wieder, auf dem eine sachliche Auseinandersetzung über ästhetische Fragen geführt werden konnte. Als Bodmer in
Klopstocks Messias das Vorbild für seine Patriarchaden erhalten hatte,
fand auch Gottsched einen Trabanten, der dem geistlichen schwülstigen
Epos ein weltlich-nationales entgegenstellen konnte. Er glaubte für
ihn mit seiner Gönnerschatt Ähnliches zu leisten wie Bodmer für
Klopstock.

Gottscheds Günstling war Christoph Otto Freiherr von Schönaich (1725
bis 1807), der in Amtitz bei Guben in der Niederlausitz geboren ist. Da man sich um
seine Ausbildung wenig kümmerte, suchte er später mit Eifer nachzuholen, was man
daran versäumt hatte. Kurze Zeit diente er 1745 im sächsischen Heer. In seinem literarischen Betätigungsdrang hielt er sich an Gottsched. Dieser bemühte sich um die
Drucklegung von Schönaichs Epos *Hermann oder das befreite Deutschland* (1752). Zugleich fesselte Gottsched den jungen Dichter durch die Dichterkrönung an sich. Nunmehr stellte Schönaich seine theoretischen Bemühungen ganz in den Dienst Gottscheds und schrieb als Parodie der poetischen Schatzkammern und Eselsbrücken,
wie sie Männling verfaßt hatte, *Die ganze Ästhetik in einer Nuß oder Neologisches Wörterbuch* (1756) mit Beispielen aus Klopstock, Haller und Bodmer, welche er in seinen mitunter geistvollen Einfällen ironisierte. Gottsched sah in der Kunst seiner Gegner
nichts anderes als ein Wiederaufleben der schwülstigen Dichtart. Damit kennzeich-
nete er richtig ihre Bindung an die Vergangenheit. Aber daß sie mehr mit Petrarca
gemeinsam hatten als mit Rousseau, konnte er nicht sehen, weil sein Denken wie das
seiner Widersacher noch ganz in der Formen- und Geisteswelt des Humanismus wurzelt. Schönaichs Heldengedicht *Heinrich der Vogler oder die gedämpften Hunnen* (1757)
steht auf dem gleichen Boden wie Bodmers geschichtliche Epen und vaterländische
Dramen.

4. AUSKLANG

Stellt man die Altersleistungen von Bodmer und Gottsched gegeneinander, so wird der Unterschied der Persönlichkeiten darin sichtbar,
daß Bodmer erst von der Mitte des Jahrhunderts an seine umfangreichen
Dichtungen veröffentlichte, zu einer Zeit also, da Gottsched weder als
Lyriker noch als Dramatiker auftrat und sich nur mehr wissenschaftlichen

Aufgaben zuwendete. Gottsched steht im Zeichen des Ideals der Vielwisserei. Das zeigt die Verantwortung, welche er als Herausgeber von
Pierre Bayles Dictionnaire (1741–44) übernahm Er unterstützte dabei den
Leipziger Rechtspraktikanten *Paul Gottfried von Königslöw* (1684–1754)
und gab dem deutschen Text seine endgültige Gestalt. Gottsched wollte
damit den Beweis erbringen, daß es möglich sei, einen so schwierigen
Text in deutscher Sprache zu formen. Als Philosoph ging Gottsched
über Bayle hinaus, indem er Glaubensinhalte, welche der Vernunft
widersprechen, nicht anerkannte. Aber er zog keine Grenzen zwischen
Vernunft und Glaube, er hatte mehr Sinn für das Negative der Vorlage,
er sah den Menschen nicht mehr in der Abhängigkeit Gottes und zwei-
felte an der Bibel. Doch war für ihn die Philosophie noch immer
Dienerin der Theologie und keine selbständige Wissenschaft. Er wies
ihr die Aufgabe zu, Sinn und Wesen der Theologie kritisch zu ergründen. Er unterstellte seine gesamte wissenschaftliche Tätigkeit dem
Sinn für Ordnung und Übersicht.

Erst im Rahmen seiner Tätigkeit in den gelehrten Gesellschaften wurde Gottscheds
Wirken für die deutsche Philologie fruchtbar. Die Bibliothek der Deutschen Gesellschaft leistete ihm treffliche Dienste. In den dreißiger Jahren setzte seine Tätigkeit
ein. Besonders sichtbar wurde sie zwischen 1745 und 1756. Mit dem Ausbrechen des
Siebenjährigen Krieges tritt eine Pause ein. In den letzten Lebensjahren traten Gottscheds Bemühungen wieder stärker hervor. Sie standen von Anfang an im Zeichen
seines redlichen Patriotismus. Sein Ziel war, der deutschen Sprach- und Literatur-
bemühung die gleiche Bedeutung zu erkämpfen, wie sie die französische in Frankreich
besaß. Dieses Ziel glaubte er durch die Nachahmung der Franzosen erreichen zu können. Er war sich seiner Aufgabe, die deutsche Kultur neu zu begründen, durchaus
bewußt, und, was immer er schuf, stand von den Moralischen Wochenschriften an
ganz im Zeichen dieses fest umrissenen Programms. Auf der Weltweisheit ruhen
Sprache und Literatur. Beide müssen in ihrer geschichtlichen Entwicklung und ihrem
vorbildlichen systematischen Sein dargestellt werden. Das ergab geschichtliche und
systematische Darstellungen der deutschen Sprache, Literatur und Beredsamkeit. Zunächst ging Gottsched an die Ausarbeitung der Systeme (*Weltweisheit* 1734, 8. Auflage
1778; *Deutsche Sprachkunst* 1748, 1752, 1756, 1762, 1776; ein Auszug davon als *Kern der
deutschen Sprachkunst* 1753, 8. Auflage 1777; *Redekunst* 1728; *Ausführliche Redekunst* 1736,
5. Auflage 1759; *Critische Dichtkunst* ab 1730). Größere Schwierigkeiten machten
ihm die geschichtlichen Darstellungen. Er bereitete sie zunächst in den *Beyträgen zur
Critischen Historie der deutschen Sprache, Poesie und Beredsamkeit* (1732–44) vor. Ihnen
folgten der *Neue Büchersaal der schönen Wissenschaften und freyen Künste* (1745–50) und
das *Neueste aus der anmutigen Gelehrsamkeit* (1751–62). Ebenso hoffte Gottsched durch
die gelehrten Organisationen in die Weite zu wirken. Bei diesen Arbeiten erwies er
sich Bodmer überlegen; denn dieser wollte die erschlossenen Denkmäler für die Dichtersprache der Gegenwart nutzbar machen, während Gottsched sich um ein Erfassen
der sprachlichen Entwicklungsstufen bemühte. Er wollte wissen, wie der Alten „eigene
Art zu denken, ihr Witz, ihre Einsicht, ihr Ausdruck und ihre ganze Schreibart beschaffen gewesen". Als Sprachtheoretiker steht Gottsched zwischen den Grammatikern des 17. Jahrh.s und Herder. Er sah in der Sprache das Ergebnis vernünftiger Überlegungen und unterstützte die Bemühungen, die Grundformen aller Sprachen zu er-
mitteln. Zwar dachte er nicht daran, die Grammatik älterer Sprachformen zu schreiben,

und sah auch die Richtung nicht, in welcher die Probleme näher an die Lösung herangebracht werden konnten, aber sein Sprachgefühl führte ihn auf richtige Etymologien, ließ ihn neue Zusammenhänge erkennen und auf die Beziehungen zwischen Sprache und Kultur achten. Bodmers Ahnung der Zusammenhänge zwischen Sprache und Volkstum kamen dem Denken der Geniezeit und Herders mehr entgegen. Das geplante *Wörterbuch* Gottscheds, als dessen Voraussetzung er eine richtige Sprachkunst und eine normierte Orthographie ansah, sollte den Wortschatz der gegenwärtigen Sprache registrieren. Er wollte den Bedeutungsumfang der Worte ein für allemal festlegen und eine neue Synonymik begründen, welche es auf feste Begriffsbestimmung, nicht auf Variation abgesehen hatte. In der *Deutschen Sprachkunst* legte Gottsched die maßgebende deutsche Sprachlehre vor, kein Kampfbuch wie die Critische Dichtkunst, welche den Marinismus erledigt hatte, sondern „eine begründete Anweisung, wie man die Sprache eines gewissen Volkes nach der besten Mundart desselben und nach der Übereinstimmung seiner besten Schriftsteller richtig und zierlich sowohl reden als schreiben soll", eine normative Sprachlehre, welche ihre Regeln auch beweist. Er kennt die Gefahren, welche in der allzu peinlichen Ausrichtung nach der lateinischen Grammatik liegen. Er brach endgültig mit der Bindung der deutschen Schriftsprache an die Kanzlei.

Das gleichartige Verdienst Gottscheds und Bodmers liegt darin, daß sie die *mittelhochdeutsche Literatur* systematisch bearbeiteten. Sie erkannten die Bedeutung der höfischen Blüte. Bodmer suchte diese aus den geschichtlichen, moralischen und erdkundlichen Gegebenheiten zu erklären, während Gottsched ihre Bedeutung vom Höfischen her und aus der erfaßten Überlieferung erkannte. Um diese Ansätze zu beweisen, suchten sie möglichst viele Texte kennenzulernen. Auf diesem Gebiet sind ihre Meinungen nicht sehr auseinandergegangen. Goldast und Schilters Thesaurus lagen beiden vor. Aber Bodmer hatte mit seinen Ausgaben und Neudichtungen mehr Glück. Er war darauf aus, Texte und Stoffe zugänglich zu machen. Gottsched wollte registrieren und den möglichst lückenlos erfaßten Stoff geschichtlich darstellen; denn er wollte eine Entwicklungsgeschichte der deutschen Literatur schreiben. Diese Absicht, die Bestände zu überblicken, veranlaßte ihn zu planmäßigem Vorgehen, verhinderte ihn aber, seine Funde herauszugeben. Die vielen Handschriften, welche er durch seine Mitarbeiter und Helfer aufstöbern ließ, wurden zunächst abgeschrieben. Mit einem einzelnen Denkmal hat sich Gottsched nie eingehend beschäftigt. Mit annähernd 50 Bibliotheken hat er die Verbindung aufgenommen. Es war von großer Bedeutung, daß er das Interesse der gelehrten Benediktiner in Österreich wecken konnte und sie für seine Reformgedanken gewann. Besonders wertvoll waren die Ergebnisse seiner Nachforschungen über das *Heldenbuch* und den *Meistergesang*. Grundlage für die theatergeschichtliche Forschung ist auch heute noch der *Nöthige Vorrath zur Geschichte der deutschen dramatischen Dichtkunst* (1757, mit Nachträgen von 1760 und 1765). Mit bewundernswerter Genauigkeit stellte Frau Gottsched die Abschriften her und verglich die Texte. Gottsched begann auch eine Bibliographie der deutschen Übersetzungen von Werken aus dem lateinischen und griechischen Altertum zusammenzustellen. Die Grundsätze, welche er für die Herausgabe dieser Werke aufstellte, verlangen die Ehrfurcht vor dem überlieferten Text. Er machte bereits auf die mundartlichen Abweichungen der verschiedenen Handschriften aufmerksam und stellte fest, daß die altdeutschen Texte viel verderbter seien als die lateinischen. Er forderte eine zurückhaltende Textkritik. Bei der Herausgabe nachgelassener Werke zeitgenössischer Schriftsteller kamen ihm Bedenken gegen ein allzu starkes Eingreifen in den Wortlaut der Verse. Die Bearbeitung der Literaturgeschichte dachte er sich so, daß Schwabe die epische Dichtung, er selbst die dramatische und seine Frau die lyrische bearbeiten sollte. Diese allein hat ihre Arbeit abgeschlossen. Da aber kein Verleger gefunden wurde, hat sie kurz vor ihrem Tode das Manuskript in einem Anfall von Unmut verbrannt.

In einer Abhandlung *De temporibus teutonicorum vatum mythicis* (1752) gewinnt Gottsched einen Überblick über die ältesten deutschen Literaturepochen. Er unterschied eine Urzeit, für die ihm die Berichte von Tacitus maßgebend waren, und die Völkerwanderungszeit, welche die Grundlage der Epik bildete. Damit verwies er als erster auf die geschichtlichen Voraussetzungen der Heldensage. Otfried, Notker, Williram, Albrecht von Halberstadt und Heinrich von Veldeke widmete er besondere Abhandlungen. Wenn seine Deutung des *Reineke Fuchs* auch in die Irre geht, so liegen seine Verdienste doch in der Herausgabe des Werkes, das die Vorlage für Goethe bildete. Es war verdienstvoll, daß Gottsched als erster die Bedeutung des *Ackermann aus Böhmen* erkannte. In einer anderen Untersuchung wies er darauf hin, daß aus den Reimen die Heimatmundart eines Dichters zu erkennen sei.

In Milton und Klopstock glaubte Bodmer die Paten seiner Dichtungen gefunden zu haben. In ihrem Zeichen bearbeitete er die Sintflut (*Noah* 1752, *Die Noachide* 1765, 1772 und 1781). Wieland verkündete den Ruhm des Werkes. Es hätte solcher Ermunterung kaum bedurft, Bodmer im Glauben an seinen Dichtergenius zu bestärken. Es sieht fast so aus, als ob kein Patriarch der Genesis sicher davor gewesen sei, von Bodmer bearbeitet zu werden. Die Stoffe der Schweizer Geschichte dramatisierte er nach dem Vorbild von Aeschylus. Mit den Bearbeitungen des *Tellstoffes* (Wilhelm Tell oder der gefährliche Schuß, Geßlers Tod oder das erlegte Raubtier, Der alte Heinrich von Melchtal oder die ausgetretenen Augen 1775) und der Geschichte *Karls des Kühnen* wollte er den vaterländischen Sinn wecken, so wie er mit seinen Patriarchaden in Hexametern einen Ersatz für die nicht mehr lebensfähige Erbauungsliteratur schaffen wollte. So sind diese Serienarbeiten anzusehen. Im Zeitalter der Aufklärung erlitt die Erbauungsliteratur erhebliche Einbußen. Bodmer suchte nun die biblischen Stoffe, die Urgeschichte der Menschheit, als Beispielsammlung für die Dichtung zu retten. Das konnte die Orthodoxie in Harnisch bringen. Sie sträubte sich dagegen, daß die neue poetische Gattung sich anmaßte, Religion, Tugend und Menschlichkeit zu verbreiten. Das Dogmatische trat hinter der Moral zurück. Mit einem ähnlichen Eifer, wie man einst die Fragen des Glaubens behandelt hatte, kämpfte man nun mit den Dogmen der Poetik für die Verbesserung des Geschmacks. Der gleiche reformatorische Eifer offenbart sich auch in den Streitschriften. Aber das darf nicht darüber hinwegblicken lassen, daß zur selben Zeit, als die Zürcher zu ihrem entscheidenden Schlag gegen Gottsched ausholten (1740), noch dreimal soviel Werke der Erbauungsliteratur als der weltlichen Unterhaltungsliteratur erschienen. Ein Menschenalter später kamen auf drei Werke von dieser zwei von jener. Um 1800 war die Erbauungsliteratur nur noch ein Viertel der weltlichen Unterhaltungsliteratur. Diese Statistik beleuchtet die Wandlungen der Bildung im 18. Jahrh., den Aufstieg des Interesses an weltlich-literarischen Werken, und begründet, daß die abnehmende Resonanz der Erbauungsliteratur einen Einschnitt um die Jahrhundertmitte erlaubt. Das Zurücktreten der Erbauungsliteratur, welches in England schon am Anfang des Jahrhunderts beobachtet werden konnte, setzte sich zunächst in Zürich fort, wo die Aufklärung mit den zahlreichen Theologen, welche in Holland studiert hatten, festen Fuß faßte. Dieser im ganzen Abendland zu beobachtende Vorgang ist nur ein Ausschnitt aus dem großen Verweltlichungsprozeß, der im Zeitalter des Humanismus einsetzt und als ein Mündigwerden nach der Geborgenheit des Mittelalters anzusehen ist.

LITERATUR

Gottsched: Th. W. Danzel, G. und seine Zeit, 2. Aufl. Leipzig 1855. Eug. Wolff, G.s Stellung im deutschen Bildungsleben, 2 Bde., Kiel 1895–97. G. Waniek, G. und die Literatur seiner Zeit, Leipzig 1897. Eug. Reichel, G. 2 Bde., Berlin 1908/12. E. Krießbach, Die Trauerspiele in G.s deutscher Schaubühne, Halle 1928. F. C. Neuberin, Ein deutsches Vorspiel (1734), hrsg. v. A. Richter DLD 63 (1897). R. Kötzschke, G.s Helden- und Ehrenlieder, Mitt. d. dt. Ges. z. Erf. vaterl. Sprache u. Altertümer in Leipzig 12 (1927) S. 64–93. G. Fuchs, Studien zur Übersetzungstheorie und -praxis des G.-Kreises, Diss. Freiburg/Schweiz 1936. A. Pelz, Die vier Aufl. von G.s Crit. Dichtkunst, Diss., Breslau 1929. E. Liechtenstein, G.s Ausgabe von Bayles Dictionnaire, Heidelberg 1915. H. Lachmann, G.s Bedeutung für die Geschichte der deutschen Philologie, Mitt. d. dt. Ges. 13 (1931). G. Schimansky, G.s deutsche Bildungsziele, Königsberg 1939.
Die Schweizer: H. Schöffler, Das literarische Zürich 1700 bis 1750, Leipzig 1925. R. Jentzsch, Der deutsch-lateinische Büchermarkt nach den Leipziger Meßkatalogen von 1740, 1770 und 1800 in seiner Gliederung und Wandlung, Leipzig 1922. A. Dütsch, Johann Heinrich Tschudi und seine Monatlichen Gespräche, Frauenfeld 1943. Gedenkschrift zum 200. Geburtstag J. J. Bodmers, Zürich 1900. Karl von Burgund (1771), hrsg. v. B. Seuffert, DLD 9 (1883). Vier kritische Gedichte, hrsg. v. J. Bächtold, DLD 12 (1883). F. Servaes, Die Poetik Gottscheds und der Schweizer, Straßburg 1887. F. Braitmaier, Geschichte der poetischen Theo-

rie und Kritik von den Diskursen der Maler bis auf Lessing, 2 Bde., Frauenfeld 1888/89. S. Bing, Die Nachahmungstheorie bei G. und den Schweizern und ihre Beziehung zu der Dichtungstheorie der Zeit, Diss. Köln 1934. Der Almanach auf 1744 wurde von G. Witkowski, Neudr. der Eisenacher Gesellsch. der Bibliophilen 1923 hrsg.

Rost : G. Wahl, J. Chr. Rost, Leipzig 1902.

Schönaich : Die Ästhetik in einer Nuß, hrsg. v. A. Köster, DLD 76/81 (1900).

DRITTES KAPITEL

MORAL UND EMPFINDSAMKEIT

Die Formen des Journalismus, Vorlesung und Satire, sind die Hauptträger der moralischen Dichtung. Auch sie trat die Erbschaft der Erbauungsliteratur an und griff in die weltlichen Bezirke hinüber. Sie rechtfertigte das Nützlichkeitsprinzip der Dichtung, welches von altersher durch das Beispiel gestärkt wurde. Die Ehe aber, welche die Moral mit der Vernunft schloß, war im Bereich der Dichtung von kurzer Dauer; denn die genannten literarischen Gattungen erwiesen sich, weder was ihre Form noch was ihren Inhalt betrifft, als entwicklungsfähig. Sie waren viel weniger dazu geschaffen, eine geistige Bewegung zu fördern als der Roman, das Drama oder die Lyrik, jene Gattungen, in welchen sich das persönliche Empfinden stärker aussprechen konnte. Der englische Roman Richardsons und das französische Lustspiel von Nivelle de la Chaussée sprachen das Gemüt an. Sie konnten zeigen, daß Bewunderung ein kalter Affekt ist, und wußten auf die Tränendrüsen der Leser und Hörer zu wirken. Die sittliche Besserung erfolgte nicht mehr durch verstandesmäßige Erkenntnis allein, sondern durch das Einfühlen in das Seelenleben der Gestalten. Nicht in Zürich sondern in Leipzig, durch eine Bewegung, die vom großen Literaturstreit nichts wissen wollte und sich keiner Partei verschrieb, wurde die Aufklärung in der Dichtung überwunden.

1. DIE BREMER BEITRÄGER

Wir fassen in diesem Kapitel den weiten Umkreis einer Gruppe junger Anhänger Gottscheds zusammen, die zumeist seit 1741 an der neuen Zeitschrift *Belustigungen des Verstandes und Witzes* mitarbeiteten. Gottscheds Schildknappe Johann Joachim Schwabe (1714-84), ein Magdeburger, der in Leipzig studierte und dort später Bibliothekar an der Universität war, führte die Schriftleitung. Über Schwabes Bestreben Gottsched in seinen Auseinandersetzungen mit den Zürchern zu unterstützen, kam es zwischen ihm und seinen Mitarbeitern zu Meinungsverschiedenheiten. Da diese sich keiner Partei anschließen wollten, gründeten sie Ende 1744 bei dem Verleger *Nathanael Saurmann* in Bremen eine neue Zeitschrift *Neue Beiträge zum Vergnügen des Verstandes und Witzes*. Man wollte sich über die moralischen Wochenschriften erheben, indem man Kritik ausschloß und lediglich der Literatur dienen wollte. Die Namen der Verfasser wurden nicht angegeben. Bei Meinungsverschiedenheiten über die Aufnahme eines Beitrages entschied die Mehrheit des sich verantwortlich fühlenden Mitarbeiterstabes. Jeden Monat sollte ein Stück erscheinen, sechs Stücke bilden einen Halbjahresband. In den vier Jahren ihres Erscheinens brachte es die Zeitschrift auf vier Bände zu je sechs Stücken. Die Grundsätze – logische Entwicklung, klare Gedanken, Beobachtung der Regeln, Anerkennung der dichterischen Gesetze – kamen Gottsched zunächst mehr entgegen als den Zürchern. Doch paßte dem Literaturgewaltigen der Verzicht auf Kritik ebensowenig wie das Entlaufen seiner Schüler aus seiner Gefolgschaft. Bald mußte er es als Verrat ansehen, daß anakreontische Töne oder das Pathos Hallers in den Beiträgen erklangen. Als die Beiträge mit der Herausgabe der ersten drei Gesänge von Klopstocks Messias ihre Sendung erfüllt hatten, waren sie in Gottscheds Augen ganz in das Lager seiner Feinde abgeschwenkt.

Herausgeber der Neuen Beiträge war Karl Christian Gärtner (1712–91). Er ist in Freiberg geboren und schloß an der Fürstenschule in Meißen, St. Afra, mit Gellert und Rabener Freundschaft. Nach seiner Studienzeit in Leipzig wurde er 1748 an das Carolinum in Braunschweig berufen. Mit seinem Schäferspiel *Die geprüfte Treue* eröffnete er die Neuen Beiträge. Der neuen Formgebung gegenüber wahrte er Zurückhaltung. Johann Andreas Cramer (1723–88) aus Jöhstadt im Erzgebirge besuchte die Fürstenschule in Grimma und studierte anschließend Theologie in Leipzig. Zu Kröllwitz a. d. S. wurde er 1748 Prediger, nach zwei Jahren Oberhofprediger in Quedlinburg und 1754 Hofprediger in Kopenhagen. Nach seiner Verbannung (1771) war er zunächst Superintendent in Lübeck, dann Professor in Kiel (1774). Seine religiöse Lyrik bewegt sich um die *Psalmen*. Er gab deren *poetische Übersetzung* in vier Bänden (1755–64) heraus und anschließend eine *Evangelische Nachahmung der Psalmen* (1769). Er veröffentlichte die erste *Biographie Gellerts* (1774). Johann Arnold Ebert (1723–95) stammt aus Hamburg und besuchte das dortige Johanneum mit Giseke und Basedow. An der Leipziger Universität studierte er Theologie und Humaniora. Er kam 1748 an das Carolinum in Braunschweig. Ebert hat vor allem als Übersetzer aus dem Englischen (*Youngs Nachtgedanken* 1751) bedeutsame Anregungen weitergegeben. Nikolaus Dietrich Giseke (1724–65) ist als Sohn eines evangelischen Pfarrers in Nemes-Csoo bei Güns in Ungarn geboren. Nach dem frühen Tod seines Vaters zog seine Mutter nach Hamburg. Von 1745 an studierte er in Leipzig Theologie, war dann Erzieher des jungen Jerusalem in Braunschweig und wurde 1753 Prediger zu Trautenstein im Harz. Nach einem Jahr kam er als Oberhofprediger nach Quedlinburg und wurde 1760 Superintendent in Sondershausen. Seine *poetischen Werke* gab Gärtner heraus (1767). In loserem Zusammenhang mit diesen gleichaltrigen Freunden Klopstocks steht Christian Friedrich Zernitz (1717–44), der in Leipzig Jura studierte, 1738 Gerichtshalter in Klosterneudorf war und schwermütig in Tangermünde starb. Seine Lyrik steht im Zeichen von Haller.

Den Weg zur Satire weisen Gottlieb Wilhelm Rabener (1714–71) und Just Friedrich Wilhelm Zachariä (1726–77). *Rabener* ist auf dem Gute Wachau bei Leipzig geboren. Sein Großvater Justus Gottfried Rabener, Rektor von Meißen, war als Fabeldichter ein Vorläufer Gellerts. An der Fürstenschule in Meißen (1728) und als Jurist an der Leipziger Universität (1734) empfing er die Ausbildung für seinen Beruf als Steuerbeamter. Bald nach dem Tode seines Vaters erhielt er 1741 als Steuerrevisor in Leipzig ein Amt, das viele Dienstreisen erforderte und seine Zeit stark in Anspruch nahm. Als Obersteuersekretär kam er 1753 nach Dresden. Bei der Belagerung

der Stadt verlor er Haus und Habe. Als Anerkennung für seine Verdienste wurde
er 1763 zum Steuerrat ernannt. *Zachariä* war der Sohn eines Regierungsadvokaten in
Frankenhausen am Kyffhäuser. Er dichtete schon, ehe er als Jurist nach Leipzig ging
(1743). Nachdem er sein Hauptwerk, den *Renommisten* (1744), in Schwabes Belustigungen veröffentlicht hatte, schloß er sich enger an die Beiträger an. Er verließ Leipzig
1746 und ging 1747 nach Göttingen. Gleichzeitig mit Gärtner und Ebert wurde er
1748 an das Carolinum in Braunschweig berufen.

Rabeners literarische Tätigkeit setzte in den Leipziger Zeitschriften,
den Belustigungen und den Bremer Beiträgen, ein. Darin erschienen seine
satirischen Prosaaufsätze, welche er gesammelt in zwei Bänden 1751
herausgab. Sie lagen dann in einer vierbändigen Gesamtausgabe 1754
vor. Zu seinem engeren Freundeskreis gehörten Cramer, Gellert, Johann Adolf Schlegel, Giseke und später Christian Felix Weiße. Das
Verständnis, das er für Klopstock aufbrachte, und seine Abkehr von
Gottsched bestimmen seine literarische Stellung näher. Aber Bodmer,
der in ihm einen draufgängerischen Kampfgenossen erhoffte, war enttäuscht. Das Verhältnis zwischen Gleim und ihm blieb kühl. Martial,
Terenz, Crébillon d. J., Swift, La Bruyère und über allen Theophrast
sind Rabeners literarische Vorbilder. Die witzige Einkleidung seiner
Satiren ist reizvoll. Er vermeidet alles Persönliche und hält sich stark
an die Typen, welche *Theophrasts Charaktere* der Weltliteratur geschenkt
hatten. Als Dichtungsgattung, welche ein notwendiges Stück der praktischen Sittenlehre bildet, konnte die Satire erst dann empfohlen werden, als der theoretische Nachweis ihrer Notwendigkeit erbracht worden war. Damit wurde ein Trennungsstrich zwischen Pasquill und
Satire gezogen. Die Aufklärung war davon überzeugt, daß sie Fehler,
Laster und Vergehen gegen die Sitte nicht aus der Welt schaffen könne,
aber daß sie auf ihre Art den Menschen ins Gewissen reden müsse.
Weiße rühmte dem toten Freunde nach, daß er mit seinem „Witze die
Toren nicht allein hassenswürdig, sondern auch lächerlich und damit
leidenswert hinzustellen wußte". Auf das Frauenzimmer, dessen geistige
Rückständigkeit das Ergebnis einer vernachlässigten Erziehung sein
soll, hat es Rabener in erster Linie abgesehen. Pedanterie, Eitelkeit,
Weltfremdheit und Streitbarkeit sind die Fehler der Gelehrten. Die Juristen sind habsüchtig, wortreich, hochmütig und hartherzig, die Junker
geldgierig, sittenlos und dumm. Nach Rabener wird die bürgerliche
Ordnung durch die Lüge im weitesten Sinn als Heuchelei, Betrug oder
Ehrgeiz gestört. Von den Pflichten dem Staat gegenüber ist im 18. Jahrh.
noch kaum die Rede. Altes Erbgut der Moralsatire, Teufelliteratur, Ehespiegel, Alamodeliteratur, Standesdichtung steigt im Gewande der Aufklärung auf. Die Umwelt, welche ihm in seinen Lebensstationen besonders vertraut wurde, tritt in den entsprechenden Schaffensperioden
deutlich hervor. Rabeners Stil hält sich an die kurze, witzige Prosa nach

englischem Vorbild. Er öffnet der Satire den Weg in die Schule. Die Namen Tartuffe, Harpax, Chloris u. a. vermittelte Labruyère. In Meißen traten die antiken Klassiker und die deutsche Kunstsatire der Hofdichter in Rabeners Gesichtskreis, während des Studiums in Leipzig Liscow, Swift und der Spectator; später boten ihm diese Vorbilder das Material für die Technik. Er konnte nun seine sächsischen Gestalten in den Rahmen der fremden Vorbilder stellen.

Bei *Zachariä* machte *Popes Lockenraub* (1712) Schule, eine höfisch gesellschaftliche Satire mit dem Aufgebot des mythologischen Götterapparats. Schon Rosts Tänzerin und Pyras Fragment Bibliotartarus (1741), in welchem das erhabene Renommieren verspottet werden sollte, zeigen Spuren des englischen Vorbildes. Zachariä griff in seinem Renommisten das alte Motiv des rauhbeinigen Studenten auf, eines Typus, der besonders in Halle und Jena gedieh. Das Gegenspiel führt der Leipziger Stutzer, den Zachariä ironisierte, so daß in diesem kleinen Kulturbild beide Parteien zu ihrem Recht kommen. Der fremde Raufbold verliebt sich in eine Leipziger Schöne und nimmt ihr zulieb feinere Manieren an, wird aber von ihr verspottet. Er fordert ihren Günstling zum Zweikampf, unterliegt und flieht nach Halle. In der Neubearbeitung (1754) straffte Zachariä die Handlung und schränkte die Gleichnisse ein. Später parodierte er Motive aus *Ovid* oder lehnte sich enger an Pope an, nur daß er nicht eine Locke, sondern ein *Schnupftuch* (1754) rauben ließ. In einer Parodie von Ovids *Phaeton* (1754) ging er vom gereimten, schwerfälligen Alexandriner zum Hexameter über. Die Tochter eines Obersten spricht den verwegenen Wunsch aus, die Pferde allein zu kutschieren. Er wird ihr gewährt, doch scheuen die Pferde und sie stürzt in einen See. Der bereitstehende Liebhaber aber rettet sie. Das Motiv, daß die Seele des unbestatteten Elpenor Odysseus um ein Grab für seinen Leichnam bittet, nimmt Zachariäs epische Dichtung *Murner in der Hölle* (1757) auf. Die Leiche des Katers wird am Ende von seiner Herrin Rosaura der Erde übergeben. Zachariä ist der eifrigste und vielseitigste Dichter dieser Gruppe. Er brach mit Gottsched dadurch, daß er sich an *Batteux* hielt, einen dichterischen *Nekrolog auf Hagedorn* (1754), den verehrten Gönner der Beiträger, verfaßte, woran er einen Angriff auf Gottsched als den großen Duns schloß, und schließlich auch noch *Milton* übersetzte.

2. DIE ÄLTERE GENERATION DER BRÜDER SCHLEGEL

Die fruchtbarsten Anregungen, welche in die Zukunft wiesen, gingen von Johann Elias Schlegel (1718–49) und dessen Bruder Johann Adolf (1721–93), dem Vater der Romantiker, aus, Johann Elias Schlegel wurde in Schulpforta herangebildet. Er studierte Rechtswissenschaft und Philosophie in Leipzig (1739–42), war

anschließend Privatsekretär des Geheimen Kriegsrates von Spener in Dresden und
ging mit diesem 1743 nach Kopenhagen. Zu Beginn des Jahres 1748 wurde er zum
außerordentlichen Professor an der Ritterakademie in Soröe ernannt. Johann Adolf
ist wie sein älterer Bruder in Meißen geboren. Er besuchte Schulpforta und studierte
1741–45 in Leipzig Theologie. Nachdem er mehrere Jahre als Hofmeister und Lehrer
in Schulpforta verbracht hatte und 1754 Prediger und Gymnasiallehrer in Zerbst
gewesen war, kam er 1759 an die Marktkirche nach Hannover und wirkte dort später
als Konsistorialrat (1775) und Generalsuperintendent in der Neustädter Kirche. Mit
seinen *Fabeln und Erzählungen* (1769), und den *Lehrgedichten und geistlichen Gesängen*
(1766–72) kam er über die dichterischen Ideale seiner Studentenzeit kaum hinaus.
Besonders anregend wirkte er mit seiner *Batteuxübersetzung* (1751).

Das bedeutendste dramatische Talent aus dem Umkreis Gottscheds
war *Johann Elias Schlegel*. Es ist allerdings fraglich, ob er dem klassizistischen Drama wirklich neue Entwicklungsmöglichkeiten eröffnet hat.
Seine frühen, mehrfach überarbeiteten und deshalb in ihren ersten
Grundrissen nicht zu erkennenden Tragödien gehen auf Schulanregun-
gen zurück. Den Übergang von Seneca zu Euripides kann sein Drama
Hekuba (1736), das er später *Trojanerinnen* (1742/43) nannte, zeigen.
Die *Geschwister in Taurien* (1739) halten sich an die taurische Iphigenie
des Euripides. Die späteren Fassungen (*Orest* 1739, 1742) suchen nach
einer Kompromißlösung zwischen dem französischen Regeldrama Corneilles und der antiken Tragödie. Sie zeigen seinen zunehmenden Einblick in die Praxis des Theaters. Er gleicht die Charaktere der französischen Kunstforderung an, verzichtet auf Chöre und Monologe,
kann die Confidente nicht entbehren und führt dadurch eine neue Verwicklung herbei, daß sich Pylades als Trojaner ausgibt. Doch verzichtet
er schon auf eine Liebestragödie. Gottsched hat auch Schlegels Dido
nach dem Vorbild des *Lefranc de Pompignan* (1734) in den 5. Band seiner
Deutschen Schaubühne (1744) aufgenommen. Ob die Ansätze zu einer
psychologischen Erfassung des Charakters der Heldin hier wirklich zu
beobachten sind, bleibe dahingestellt. Einen Fortschritt über die klassizistischen Dramen nach der Vorschrift von Gottsched bezeichnen die
Dramen Johann Elias Schlegels nicht, besonders was ihre Einstellung
zur Antike betrifft. Wenn er die Handlung der antiken Tragödie als
dürftig empfindet, so hält er sich an *Hedelin d'Aubignac*. Zu Gunsten
der Handlung und der Beobachtung der Regel verzichtet man auf die
Ruhepunkte, die Möglichkeiten monologischer Betrachtung und das
Einströmen der Gefühlswärme. Mittelpunkt der Handlung ist eine Person oder eine Begebenheit, woraus sich als Folgerungen die Einheit
der Handlung, die Notwendigkeit einer Intrige und des kausalen Zu-
sammenhanges der Begebenheiten ergeben. Schlegel bereichert das
dramatische Gerüst, welches Seneca und Euripides für die Trojanerinnen
boten, nach dem Vorbild von *Garnier* und *Pradon*. Er reflektiert und verlagert den Schwerpunkt der Tragödie vom Menschlichen ins Politische.

Auch im Iphigenienstoff interessiert Schlegel nicht die seelische Entwicklung der Priesterin, sondern die Freundschaft zwischen Orestes
und Pylades. Die beiden Helden überbieten einander in ihrer Opferbereitschaft. Sie sind die Verkörperung einer heroischen Tugend,
ähnlich wie in der Tragödie von *La Grange-Chancel, Oreste et Pylade*
(1699). Auch in der *Dido* lebt mehr vom Pathos Senecas als von der
natürlichen Einstellung des Euripides zu den Dingen. Dem Klassizismus Schlegels entspricht die mitleidige Überlegenheit, mit der er
über die Antike triumphiert. Das ist kein Anfang, sondern ein Abschluß.
In Schlegels Auffassung der Antike wird nicht zwischen Griechentum und
Römertum geschieden. Erst die Empfindsamkeit, welche in Wielands
Alceste sichtbar wird, zeigt neue Möglichkeiten in der Auffassung der
Antike. Weder in diesen Werken noch in dem (1740/41) selbständiger
gestalteten *Hermann*, der im 4. Band der Deutschen Schaubühne (1743)
herauskam, hat Schlegel den Versuch gemacht, mit den überlieferten
und reformierten festen Formbeständen zu brechen. Wie in den Haupt-
und Staatsaktionen Tugenden und Laster, so stehen nun deutsche Biederkeit und römische Verkommenheit im Hermann gegeneinander. Das
Pflichtbewußtsein Hermanns hat noch nichts mit dem kategorischen
Imperativ, wohl aber alles mit dem Stoizismus gemeinsam. Die Neben-
buhlerschaft zwischen Hermann und seinem Bruder Flavius wurzelt in
der unentbehrlichen französischen Liebesintrige. Von den Möglichkeiten, diesen Stoff zu entfalten, machte Schlegel keinen Gebrauch, und
doch ahnte er als Theoretiker, was ihm in der Praxis zu bieten versagt
blieb. Er muß gefühlt haben, daß der Verzicht auf die französische Vermittlung einen Weg zu neuer Formgebung eröffne; denn er wider-
spricht den französischen Theoretikern *Charles Perrault* und *St. Evre-
mond* und ihrer Anmaßung, sie hätten über die Alten triumphiert. In
seiner Übersetzung der *Elektra* des Sophokles (1739) lernte er die Technik des klassischen Dramas und die Kunst zu charakterisieren, wenn er
auch von solchen Erkenntnissen kaum Gebrauch machte.

Schon während die Auseinandersetzung zwischen Leipzig und Zürich den Boden
der Sachlichkeit verließ, legte Schlegel gegen Gottsched seinen Standpunkt über die
Komödie in Versen (1740) dahin fest, daß das Prinzip der Wahrscheinlichkeit durch
andere Gesetze empfindlicher verletzt werde, und erschütterte die moralisierende
Grundlegung der Dichtung. Er forderte die „Loslösung der Dichtung aus dem
Dienste der Utilität". Solche Erkenntnisse verdankte er zunächst den Ausführungen
von *Abbé François Fraguier*, während ihm für die Beweisführung die Methode Wolffs
maßgebend war. Das konnte die Entwicklung auf Lessing zuleiten. Weder in Leipzig
noch in Zürich hat man so scharf über Form und Technik nachgedacht wie Schlegel.
Daß groß angelegte und ausgeführte Charaktere die Tragödie tragen, konnte er aus
der Übersetzung von *Shakespeares Julius Caesar* durch *Kaspar Wilhelm von Borck* (1741)
lernen, den damaligen preußischen Gesandten in London. Sie regte ihn zu der *Vergleichung Shakespeares und Andreas Gryphs* (1741) an. Da steht nun Julius Caesar gegen
Leo Armenius. Vielleicht fühlte Schlegel, daß antikes und englisches Drama trotz

ihrer Verschiedenheit in einem inneren Zusammenhang stehen, und wies deshalb auf die Beziehungen zwischen geschichtlichem Vorwurf und dramatischer Bearbeitung hin. Er wollte zwar das freie Schalten mit den Tatsachen eingeschränkt wissen, betonte aber doch dessen Zulässigkeit, sobald es sich um die künstlerische Gestaltung eines Charakters handelte. Auch die *Abhandlung von der Nachahmung* setzt ihren Hauptakzent auf das Drama. Sie wurde durch ihre stückweise Veröffentlichung (1742/45) und das Erscheinen von Batteux' Hauptwerk (1746) um ihre Wirkung gebracht. Kaum ein Zeitgenosse ahnte, daß es hier um Lebensfragen der Dichtung, um die Voraussetzung zur Bestimmung der Wahrscheinlichkeit, die Überwindung der Grundsätze gelehrter Lyrik, die Wahlverwandtschaft zwischen dem Kunstwerk und unserem Gefühlsleben und damit die Grundlegung der Ästhetik ging. Solche Ansichten meldeten sich aber nicht revolutionär zu Wort. Schlegel wollte mit ruhig und verständig durchgeführten Reformen sein Ziel erreichen. Er ahnte die harmonische Einheit von Form und Inhalt und wußte um die Notwendigkeit, die Wirklichkeit durch die Idee zu vergeistigen. Dennoch kommt sein tragisches Heldenideal nicht von der alten Überlieferung los, sonst hätte er sich nicht so energisch auf *Longins* Schrift vom Erhabenen berufen. In seinen letzten Schriften *Gedanken zur Aufnahme des dänischen Theaters* (1747) und dem gleichzeitigen *Schreiben von der Errichtung eines Theaters in Kopenhagen* bemühte er sich um ästhetische Kritik und wendete sich der Theaterpraxis, den besonderen Bedingungen des dänischen Theaters zu. Er sah im Vergnügen den Endzweck der Kunst und legte dessen Verhältnis zum Lehren fest. Er verlangte für Tragödie und Komödie nationale Stoffe und Inhalte, verwies auf den Unterschied zwischen französischem und englischem Drama, setzte sich über das alte, von Opitz erlassene Gesetz der sozialen Unterschiede von Tragödie und Komödie hinweg und rechtfertigte so die bürgerlichen dramatischen Kunstformen. Er dachte noch nicht daran, die Einheiten der Zeit und des Ortes aufzuheben, weil sie den Voraussetzungen der Klugheit entsprachen, doch war er sich schon des Willkürlichen dieser Vorschrift bewußt. Er unterschied zwischen Regeln, welche die innerliche, und solchen, welche die äußerliche Form des Schauspiels betreffen. Damit errichtete er ein Wegzeichen, das auf eine direkte Interpretation der aristotelischen Poetik und eine Klärung der Katharsisfrage hinwies. Eingehende Beschäftigung mit Shakespeare verrät Schlegels letzte Tragödie *Canut* (1746), die Bearbeitung eines Stoffes aus der dänischen Geschichte. Da rüttelt der Bühnenbösewicht Ulfo, der über Seneca als gemeinsame antike Wurzel den Zugang zu einem shakespeareschen Charakter erschließt, noch etwas zaghaft an den Gittern der drei Einheiten; denn ein solcher Charakter, der allerdings völlig isoliert dasteht, zog Schlegel viel mehr in seinen Bann als die gutmütige Friedensfürst, der sich zu keiner energischen Tat aufraffen kann.

Wenn das neue Leipziger Theater 1766 mit Schlegels Hermann eröffnet wurde, so erweist dies die Lebensfähigkeit des französischen Klassizismus auf der deutschen Bühne. Besser als auf dem Boden der Tragödie läßt sich Schlegels Entwicklung auf dem der Komödie zeichnen. Wenn er in seinem ersten Leipziger Lustspiel, dem *Geschäftigen Müßiggänger* (1741, Schaubühne 4. Bd. 1743), auch Typen auftreten läßt, die ihre französische Herkunft nicht verleugnen, wie den Titelhelden, der seine wichtigsten Pflichten nicht erfüllen kann, weil er den Nichtigkeiten des Alltags nachgeht, und zahlreiche Nebengestalten, so hat er doch andere mit Zügen ausgestattet, die dem Leben abgelauscht sind und zeigen, daß er die Kunstübung veredeln und sich nicht in die unmittelbare Gefolgschaft der Frau Gottsched stellen wollte. In der geschickten Handhabung des Dialogs zeigt das an *Destouches* geschulte Lustspiel *Der Triumph der guten Frauen* (1746) einen Fortschritt. Das neue Theater in Kopenhagen wurde mit der Aufführung dieses Stückes und seines Nachspiels *Die stumme Schönheit* (1747) eröffnet. Darin wird sichtbar, wie ihm Holberg den Weg wies, von dem französischen Vorbild im Lustspiel loszukommen. Das konnte einerseits zur Karikatur führen, andererseits zur Verflechtung derb-komischer Elemente in die Handlung. Über den *Geheimnisvollen*, in welchem Holbergs Einfluß zuerst festgestellt wurde, geht die Entwicklung zur Stummen Schönheit (1747). Der Verzicht auf die moralische Überbetonung und auf die Prosa hob den Genuß an der unbeschwerten Fröhlichkeit des Inhalts und der Anmut des Verses. Darum wußte Lessing, wenn er das kleine Werk noch nach zwanzig Jahren als bestes deutsches Lustspiel in Versen pries.

3. GELLERT

Gellert kommt dem Ideal eines Volksschriftstellers der Aufklärungszeit nahe. Ist auch der Begriff des Volksschriftstellers nicht leicht festzulegen, weil er an die Wandlungen des Begriffes Volk gebunden ist, und dieses sich im Laufe der Zeit von einer aufmerksamen Zuhörerschaft zu einer eifrigen Leserschaft wandelte, so bleibt doch das Gemeinsame, daß die Schöpfungen des Volksschriftstellers einfacheren Ansprüchen genügen und einen Widerhall in der Breite suchen. Volkspredigt, Moralsatire, Erbauungsschrifttum, Gestalten wie Aegidius Albertinus, Grimmelshausen, Abraham a Sancta Clara und andere sind uns als Volksschriftsteller begegnet. Hält man diesen das Werk Gellerts, das seinen Ruhm als Volksschriftstellers begründete, die *Fabeln und Erzählungen* entgegen, so zeigt sich die Veränderung nicht nur der Formen, sondern auch der Voraussetzungen des volkstümlichen Schrifttums. Prosa gegen Fabeln oder Erzählungen in Versen, religiöse Erbauung und Mahnung gegen Moralunterricht für die bürgerliche Ordnung: das sind die sichtbarsten Unterschiede. Als Typus des Aufklärers kann Gellert kaum gelten. Dazu ist er zu wenig fortschrittsgläubig, zu hypochondrisch, zu tränenselig bei allen Erwägungen der Vernunft. Aber eben diese sonderbare Mischung bot jedem etwas, der bei ihm lernen wollte. Da er sich keiner Partei anschloß und mit seinem Urteil zurückhielt, konnte er mit der Sympathie seiner Zeitgenossen rechnen. Daß er ein akademisches Lehramt mit seinem Dichterberuf vereinigte, stellt ihn in die Überlieferung des 17. Jahrh.s, aber im Gegensatz zu Gottsched verzichtete er auf eine literarische Führerstellung. Wohl hat er als Erzieher eine weithin sichtbare, segensreiche Wirkung ausgeübt. Daß er den Briefstil durch eine *Sammlung vorbildlicher Briefe nebst einer praktischen Abhandlung von dem guten Geschmack in Briefen* (1751) der natürlichen Sprechweise anglich und dem Bildungsideal der Aufklärung dienstbar machte, erinnert an die Formelbücher und Anweisungen zum Briefstil, welche den Humanismus einleiteten. Dem Schwulst und Übermaß in der deutschen Prosa versetzte Gellert damit einen empfindlichen Stoß. Nicht der Glaube sondern die Frömmigkeit trug seine ethischen Anschauungen. Keine Konfession wurde von ihm verletzt.

Christian Fürchtegott Gellert (1715–1769) stammt aus Gräfenhainichen. Er besuchte die Fürstenschule in Meißen. Rabener und Gärtner waren seine Mitschüler. In Leipzig begann er 1734 mit dem Studium der Theologie. Anfangs schloß er sich eng an Gottsched an. Er fühlte sich trotz seiner Neigung zu den Beiträgern dem Literaturgewaltigen verbunden. Von 1745 an hielt er an der Leipziger Universität Vorlesungen über Moral, Poesie und Beredsamkeit. 1751 wurde er außerordentlicher Professor.

Um die Mitte des Jahrhunderts war Gellert der meistgenannte deutsche Dichter, von allen Ständen geachtet, von Fürsten beschenkt, von einem dankbaren Bäuerlein mit einer Fuhre Brennholz bedacht, Ratgeber von Eltern in Fragen der Erziehung, Heirats- und Eheangelegenheiten. Den Ruhm, aus dem Schatz seiner Erfahrungsweisheit mit vollen Händern spenden zu können, verdankt Gellert seinen *Fabeln*. Sie bilden die geruhsamen Stellen, an denen die leidige Polemik gegen die Zürcher Kunstrichter in Schwabes Belustigungen verstummte. Ihr erster Teil erschien 1746, der zweite 1748. Das meiste, was Gellert bearbeitete, hat er sich aus älteren und neueren Sammlungen, vor allem den Moralischen Wochenschriften angelesen. Die Technik der Bearbeitung verdankte er Anregungen von *Houdart de la Motte* und *Lafontaine*. Die behagliche Erzählweise ist seine besondere Art, bei deren Ausbildung ihn Hagedorns Beispiel unterstützt haben kann. Die liebenswürdigen und mit dem Leser ihr schalkhaftes Gesprächs- und Fragespiel treibenden Erzählungen und Fabeln erreichten ihr Ziel, den empfänglichen Leser zum Nachdenken über sich selbst zu bringen, besser als die bittere und zornige Satire. Gellerts Moral oder Nutzanwendung klingt nie wie ein Gebot, sondern gibt sich als einschmeichelnde Empfehlung. Sein Spott verletzt nicht. Er regt zu heiterem Lachen, nicht zu grübelndem Nachdenken und angstvoller Gewissenserforschung an. Diesen Absichten konnte der Alexandriner nicht mehr dienstbar gemacht werden. Die jambischen kurzen und langen Verse fügen sich nicht immer dem strophischen Bau. Sie erzählen vom Glück stiller Zufriedenheit und der Wahrung der Grenzen des Daseins, welche Natur und Moral setzen. Was diese Ordnung stört oder über sie hinausträgt, wirkt sich ungünstig aus. Mitunter hält sich Gellert ganz an Anweisungen, wie sie die moralischen

Wochenschriften geben. Der Spott, den er über die Frauenwelt ausgießt, hat die karikierende Schärfe der Ehespiegel und des 17. Jahrh.s verloren. Dem Wechsel der Moden, welche er auch in den philosophischen Systemen feststellt, setzt er die Beständigkeit entgegen. Seine Zeitkritik wird nie verletzend. Sie ist wohl begründet und führt das Treiben dadurch ad absurdum, daß sie die Sinnlosigkeit des Vorgehens zeigt. Wahrheitsliebe ist einer seiner bestimmenden Züge. Es ist ihm bitterer Ernst, wenn er sich an Heuchler, Lügner, Schmeichler, Kabalenmacher und Stänker wendet. Er anerkennt die sozialen Ordnungen, aber seine Liebe gehört den Bürgern. Nie läßt er sich von der Leidenschaft hinreißen. Er ist ein unbestechlicher Richter seines Zeitalters. Alle Stände und Lebensalter konnten etwas in Gellerts Fabeln finden. Den Plauderton seines Erzählerstils glich er der Umgangssprache an.

Gellert erschloß dem sächsischen Lustspiel die Empfindsamkeit. Auf den Spuren von Destouches trat das fröhliche Lachen zugunsten der Freude über die Besserung der menschlichen Fehler zurück. Mit dem Absinken der Intrige, dem Aufstieg des logisch entwickelten Gesprächs, das den Ton der wohlerzogenen, vornehmen Gesellschaft festhielt, führte sich die ernste Komödie ein. Richardsons Pamela (1740) rührte die Gemüter wie die Comédie larmoyante, welche *Nivelle de la Chaussée* den Parisern vorgesetzt hatte. Wenn Gellert in seiner akademischen Antrittsrede *Pro comedia commovente* (1751) diese dramatische Form verteidigte, so rechtfertigte er damit auch seine eigenen Lustspiele. Die neue Form bot die Möglichkeit, das Leben so wiederzugeben, wie es verläuft, den bürgerlichen Mittelstand und die Leute in geringerer Stellung ernst zu nehmen, sie nicht mehr komisch oder lächerlich zu finden. Darin hatten Erzählung und Drama Berührungspunkte, daß in beiden die schlichten Tugenden und Heimsuchungen bescheidener Bürger einer Träne wert waren. In der Komödie *Die Betschwester* (1745) verspottet Gellert nach dem Vorbild von Frau Gottsched die Scheinheiligkeit. Dann kam das *Loos in der Lotterie* (1746), in dem Frau Orgon als böses Weib alte Überlieferung zu beleben scheint. Am meisten verschrieb sich Gellert der neuen Gattung, als er die Leiden der Liebe in den *Zärtlichen Schwestern* (1747) auf die Bühne brachte. Von *Marivaux* her gewann Gellert Einblick in das weibliche Seelenleben (Julchen). Darin und in der Darstellung des wankelmütigen Liebhabers Siegmund, des schwachen Verführers, treten die alten Typen zugunsten der mündig werdenden Individuen zurück. So reden denn auch Gellerts Gestalten natürlicher. Sie gewähren Einblick in ihre seelischen Konflikte, die zum Teil auf gesellschaftlichen Voraussetzungen ruhen. Die Tätigkeit der moralischen Wochenschriften wird somit von der Bühne aus wirksam fortgesetzt. Gellert durchleuchtet Menschen und Welt. Lessing rühmte diesen Komödien nach, daß sie *wahre Familiengemälde* seien, d. h. daß Gellert die künstlerische Ausdrucksform des deutschen Bürgertums geschaffen habe. So wie sich dieses in *Richardsons Pamela* gegen die frivole höfische Lebenshaltung bewährt hatte, konnte es nun auch das sittliche Gute vermitteln.

Im Verein mit den Werken des *Abbé Prevost* bereitete der englische Familienroman die Empfindsamkeit vor. Die Prosa ohne literarische Schulung, welche in *Christian Melcher Holtzbechers* Übersetzung der *Memoires d'un homme de qualité* des Abbé Prevost erscheint, zeigt die

Unterschiede zwischen französischer und deutscher Gesellschaftsdichtung, der eleganten Delikatesse und soliden Bürgerlichkeit christlicher
Färbung. Sie vermittelt trotz aller Befangenheit etwas von der Innigkeit
und Kraft und bereitet der Aufnahme *Richardsons* in Deutschland den
Weg. Auf diesen Spuren vollzieht sich langsam die Anerkennung des in
der galanten Durchgangsperiode verpönten Prosaromans. Prevost stellte
sich in den Schatten Richardsons und seiner Nachfolger Fielding, Sterne,
Smollet und Goldsmith. Dennoch stehen die Anfänge des empfindsamen
deutschen Romans, Gellerts *Schwedische Gräfin* (1747/48), weniger im
Zeichen von Richardson, wie man fast überall lesen kann, als in dem
der *Histoire de M. Cleveland* von Prevost. Da wie dort steht eine Frau zwischen zwei Männern, werden wichtige Personen vom Motiv der Blutschande berührt, wird eine neue Ehe geschlossen, welche sofort aufgelöst
werden kann, sobald die alte Liebe ihre Rechte fordert. Da wie dort wird
die Leidenschaft nicht als Zustand, sondern als etwas von außen her
den Menschen Anfallendes angesehen, das unter der Herrschaft der Vernunft steht und nach deren Diktat einen Mechanismus in Bewegung
setzen kann. Hier bereitet sich die Empfindsamkeit vor, eine Erotik,
welche aus Lust an eingebildeten Schmerzen und seelischen Erregungen
dem natürlichen Gang der Entwicklung eines Liebeserlebnisses oder
einer Freundschaft unüberwindlich erscheinende Hindernisse in den
Weg legt, um das Leid in einer schwärmerischen Stimmung bis in Einzelheiten auszukosten. Gellerts Roman, die weinerliche Komödie, die
Freundschaftsdichtung Pyras und Langes und die aufsteigende Idylle
sind jene sentimentalen Stationen, an denen die Gefühlskräfte sich zu
regen beginnen. Die Darstellung des menschlichen Herzens entzieht
sich nun langsam der Vernunft. Nicht mehr die Empfindungen selbst,
wohl aber noch ihre Voraussetzungen unterstellen sich dem rationalistischen Mechanismus.

Das Leben der Schwedischen Gräfin v. G. spielt in Schweden, Rußland und Holland.
Krasse Motive, Geschwisterehe, Doppelehe, Giftmord, Verhör, Verleumdung, Nachstellung eines Günstlings erinnern an den galanten und den Abenteuerroman. Die
Heldin lebt in äußerst glücklicher Ehe. Ihr Gatte wird von einem Fürsten, der der
Gräfin nachstellt, in den Krieg geschickt. Sein Tod wird gemeldet. Aber er kommt
als Gefangener nach Sibirien. Die Gräfin, welche ihr ganzes Schicksal selbst erzählt,
entzieht sich den Nachstellungen des Fürsten, reist nach Holland und heiratet dort
einen Freund ihres Mannes. Dieser kehrt zurück. Darauf gibt der Freund sofort seine
Ansprüche auf Frau und Ehe auf. Die Gräfin setzt ihre erste Ehe mit ihrem rechtmäßigen Mann fort. Nach dessen Tode tritt automatisch die Ehe mit ihrem zweiten
Mann wieder in Kraft. Aus dieser Haupthandlung und den Nebenhandlungen ist die
Lehre zu ziehen, daß alles, was das Schicksal bringt, mit Gelassenheit zu tragen sei.
Von Leidenschaft ist nicht die geringste Spur vorhanden. Mütterlich sorgt die Gräfin
für die Jugendgeliebte ihres Mannes. Der Roman ist bis in die letzten Einzelheiten
am Schreibtisch erdacht worden und zeigt wenig Beziehungen zum wirklichen Leben.
Und doch machte er Schule.

Gellerts *Geistliche Oden und Lieder* erschienen 1757. Sie sind lehrhaft erbaulich. Er kann sich auf die Übereinstimmung mit der Bibel und den symbolischen Büchern berufen. Er hält sich bewußt an den Wortlaut besonders der Psalmen, ,,diese unnachahmliche Sprache voll göttlicher Hoheit und entzückender Einfalt". Der Aufklärung gegenüber bleibt er zurückhaltend. Er ist weltoffen, Freund eines maßvollen Lebensgenusses, behaglich ruhig ohne leidenschaftliche Erregung. Im Erkenntnisstreben und der Bevorzugung einer praktischen Lebenshaltung äußert sich die Aufklärung bei Gellert. Seine begriffliche Ausdrucksweise entspricht mehr einem Traktat als einer Dichtung. Lehnte er auch die äußeren Einseitigkeiten des Pietismus ab, so berührt er sich doch mit dieser Gedankenwelt und empfindsamer Rührseligkeit. In ihr wurzelt auch sein Freundschaftskult. Weil Gellerts Lieder dem Geschmack und den geistigen Bedürfnissen der Zeit entgegenkamen, wurden sie in die Gesangbücher aufgenommen und auch im katholischen Gottesdienst gesungen, teils nach alten Melodien, teils vertont von *Johann Friedrich Doles* und *Carl Philipp Emanuel Bach* (1758).

Die zwiespältige Bewertung Gellerts – hohe Einschätzung seiner Fabeldichtung, mitleidiges Achselzucken über das weinerliche Lustspiel und den Roman – mag darin begründet sein, daß man ihn entweder nahe an Gottsched oder nahe an den Pietismus heranrückte und dazu verführt wurde, daß man bei seiner Abhängigkeit von Vorbildern und Beeinflußbarkeit über seine Stellungnahme zu den künstlerischen, formalen und weltanschaulichen Erscheinungen hinwegsah. Erst die Untersuchung von *Kurt May* konnte zeigen, daß Gellert an einem entscheidenden Wendepunkt der deutschen Literaturentwicklung steht. Er suchte unbewußt den Ausgleich zwischen den Resten einer sinkenden Ordnung und den ahnungsvollen Vorboten einer neuen Kunstauffassung, ohne zu Entscheidungen bereit zu sein. Er bemühte sich um eine Überwindung der Aufklärung und ahnte von Pietismus und Empfindsamkeit her die Bedeutung des Irrationalismus. Das kann als Vorwegnahme des ästhetischen Individualismus und Kontrast zum Realismus angesehen werden. Fabel, Roman und Lustspiel unterstellen sich der Moralphilosophie. Die Darlegung des sittlichen Lehrgehaltes steht im Mittelpunkt. Doch zeigt das rührende Lustspiel mit den Ansätzen, vorbildliche Eigenschaften auf die Bühne zu bringen, das Zurücktreten solcher, welche abschreckend wirken sollen. Gellerts Blick für Eigentümlichkeiten des Seelenlebens hat sich geschärft. Doch gelingt es ihm kaum, die feststehenden Charaktertypen zu überwinden, was ihm bei der entwicklungsgeschichtlichen Darstellung im Roman besonders schwer zu fallen scheint. Dennoch wird der Rationalismus systematisch entwertet, sowohl was Gellerts Begriff von der Dichtung, wie den von der Wissenschaft betrifft. Nicht die gesellschaftliche, sondern die sittliche Ordnung war für Gellert das Entscheidende. Aber er hütete sich davor, jene durch diese zu ersetzen, und war sich der Gegensätze, in welche diese Ordnungen geraten können, kaum bewußt. Die Reform der Gesinnung, welche er vorschlägt, zeigt verwandte Züge mit der religiösen Reformation. Sie beabsichtigt

wie diese, einem starr gewordenen Mechanismus neue Lebenskraft
zuzuführen, ihn zu sentimentalisieren. Gellerts Lebensbejahung und
Diesseitsfreude öffnen die Verbindung zur Anakreontik, nur ist diese
oberflächlicher und weniger besinnlich. Er sieht in der Liebe weder eine
gefährliche, verzehrende Leidenschaft noch spielendes Getändel, sondern
eine Anregerin zur Mitfreude und zum Gutestun. Das gute Herz ist die
treibende Kraft in dieser Moral. Aber Gellerts Empfindsamkeit kann sich
gegen die Herrschaft der Orthodoxie schwer durchsetzen. Sie gleicht
die Gegensätze zwischen Offenbarung und Vernunft in seinem Glauben
aus und nimmt die Verbindung mit dem Pietismus auf. Das bedeutet
eine Verinnerlichung des Glaubens und die Abkehr von der rationalistischen Vernunftreligion, so wie Gellert ja auch mit Gottscheds Begriff
vom rationalistischen Dichter nichts mehr anfangen konnte, als er vom
Lustspieltypus der deutschen Schaubühne zur weinerlichen Komödie
kam. Er ist bewußter als die meisten Vertreter der Aufklärung Vertreter
des Bürgertums, Sprecher des gebildeten Mittelstandes. Er sagte sich von
der rationalistischen Moral, welche seinem Wesen nicht entsprach, los,
stellte sich unter das Banner der christlichen Ethik und folgte der Stimme
seines Herzens, ohne zum überschwenglichen Pathetiker seiner Gefühle
zu werden. Maßvoller Fortschritt war nach seinem Sinn. Aber ein kühner
Wegbahner konnte er nicht werden. Er mutete der beharrenden Masse
keine Unmöglichkeiten zu, sondern eben nur das, was ihr faßbar war
und einleuchtete. Dafür haben die mittelmäßigen Geister immer einen
Spürsinn.

So hat uns Gellert an eine Zeitwende herangeführt. Die Prinzipien
der Aufklärung haben in der Dichtung abgewirtschaftet. Das Schema
rationalistischer Dichtung ist durchbrochen, und doch bemüht sich
Gellert vergeblich, davon loszukommen; sonst hätte er in die Begeisterung eingestimmt, welche Klopstocks Messias entfesselte. Gleichgültig,
ob er ein anerkennendes Urteil Gottsched zu Liebe unterdrückte: zum
Herold einer geistigen Revolution war weder er noch die Empfindsamkeit berufen. Auch sie ist Wegbereiterin. Die sentimentale Naturauffassung eines *Ewald von Kleist* und *Salomon Geßner* eröffnete der Idylle neue
Gebiete, die Selbstbeobachtung und Erregtheit der Empfindsamen ließen
neue Kräfte freiwerden. *Klopstock* erfüllte seine Sendung als Dichter
eines religiösen Epos und Schöpfer einer neuen Dichtersprache, *Lessing*
befreite die poetische Theorie von Vorurteilen, *Winckelmann* wies den
Weg zu den Griechen, *Wieland* weckte die Grazien zu neuem Leben und
huldigte der Anmut. Neue Erkenntnisse oder Visionen, welche sich kritisch oder kühn über die alten Bestände hinwegsetzten, stehen wie Merkzeichen auf einer neuen Bahn. Sie bildet die Fortsetzung des Weges, auf
dem wir hier innehalten.

LITERATUR

Bremer Beiträge: Auswahl, hrsg. v. F. Muncker, DNL 43/44. K. Kühne, Studien über den Moralsatiriker G. W. Rabener, Diss. Berlin 1914. E. Petzet, Die deutschen Nachahmungen des Popeschen Lockenraubs, Zs. f. vergl. Litgesch. N. F. 4 (1891) S. 409–433. H. Kaspar, Die komischen Epen F. W. Zachariäs, Breslau 1935.

Schlegel: Johann Elias Schl. ästhetische und dramaturgische Schriften, hrsg. v. J. v. Antoniewicz, DLD 26 (1887). Eug. Wolff, J. E. Schl., Berlin 1889. H. Bünemann, J. E. Schl. und Wieland als Bearbeiter antiker Tragödien, Leipzig 1928. H. Bieber, J. A. Schlegels poetische Theorie in ihrem historischen Zusammenhang untersucht, Berlin 1912.

Gellert: J. Coym, G.s Lustspiele, Berlin 1899. W. Eiermann, G.s Briefstil, Leipzig 1912. E. Werth, Untersuchungen zu G.s geistlichen Oden und Liedern, Diss. Breslau 1936. H. Friedrich, Abbé Prevost in Deutschland, Heidelberg 1929. F. Brüggemann, G.s schwedische Gräfin, Aachen 1925. K. May, Das Weltbild in G.s Dichtung, Frankfurt 1928.

BIBLIOGRAPHISCHER ANHANG

Zur Ergänzung der jedem Kapitel angeschlossenen Literaturangaben werden hier *in Auswahl* die seit 1951 erschienenen Arbeiten über das Forschungsgebiet des 5. Bandes genannt sowie einige wichtige Titel aus der früheren Zeit nachgetragen.

ZUR EINLEITUNG

Seite 1–26

Nachschlagewerke und Bibliographien:

Reallexikon der deutschen Literaturgeschichte. Begr. von Paul Merker u. Wolfgang Stammler. 2. Aufl. neu bearb. u. unter redakt. Mitarb. von Klaus Kanzog sowie Mitw. zahlreicher Fachgelchrter hrsg. von Werner Kohlschmidt u. Wolfgang Mohr. [Bisher:] Bd 1–3, Lfg 2 [bis ‚Politische Dichtg'] Berlin: de Gruyter (1955 ff.)

Schüling, Hermann: Bibliographischer Wegweiser zu dem in Deutschland erschienenen Schrifttum des 17. Jahrhunderts. Gießen: Univ.-Bibl. 1964. (= Ber. u. Arb. aus d. Univ.-Bibl. Gießen. 4.)

Breslauer, Martin (Hrsg.): Das deutsche Lied, geistlich und weltlich bis zum 18. Jh. (Nachdr. d. Ausg. Berlin 1908.) Hildesheim: Olms; London: Breslauer 1966.

Benzing, Josef: Die Buchdrucker des 16. u. 17. Jhs im dt. Sprachgebiet. Wiesbaden: Harrassowitz 1963. (= Beitr. Buch- u. Bibl.wesen. Bd 12.)

– : Die dt. Verleger des 16. u. 17. Jhs. In: Arch. Gesch. d. Buchwes. Bd 2 (1960) S. 445–509.

Weller, Emil: Annalen der poet. National-Lit. d. Deutschen im 16. u. 17. Jh. (Nachdr. d. Ausg. Freiburg i. Br. 1862–64.) Bd 1. 2. Hildesheim: Olms 1964.

Faber du Faur, Curt von: German Baroque Literature. A catalogue of the collection in the Yale Univ. Libr. New Haven: Yale Univ. Pr. 1958.

– : Eine Sammlung dt. Lit. des Barock in der Bibl. der Yale-Univ. in New Haven. In: Philobiblon 2 (1958) S. 8–30.

Haus der Bücher AG u. M. Edelmann: Katalog Nr 706/707. Deutsche Literatur der Barockzeit. T. 1. 2. Basel [1967].

Short-title catalogue of books printed in the German-speaking countries and German books printed in other countries from 1455 to 1600 now in the British Museum. London: Trustees of the British Museum 1962.

Forster, Leonard: German baroque literature in Czechoslovak libraries. In: Germ. Life & Letters N. S. 15 (1961/62) S. 210–217.

Ritchie, J. M.: German books in Glasgow and Edinburgh, 1500–1750. In: Mod. Language Rev. 57 (1962) S. 523–540.

Wackernagel, Philipp: Bibliographie zur Gesch. d. dt. Kirchenliedes im 16. Jh. (Nachdr. d. Ausg. Frankfurt/M. 1855.) Hildesheim: Olms 1961.

Praz, Mario: Studies in seventeenth-century imagery. Vol. 2. A bibliography of emblem books. London: Warburg Inst.; Univ. of London 1947.

Landwehr, John: Dutch emblem books. A bibliography. Utrecht: Haentjes Dekker & Gumbert (1962).

Weller, Emil: Die ersten deutschen Zeitungen. Hrsg. mit einer Bibliogr. ⟨1505–1599⟩. Mit Nachtr. d. Autors u. von P. Bahlmann [u. a.] (Nachdr. d. Ausg. Stuttgart 1872.) Hildesheim: Olms 1961.

Anthologien, Faksimile-Drucke, Dokumentationen:

Schöne, Albrecht (Hrsg.): Das Zeitalter des Barock. München: Beck 1963. (= Die deutsche Literatur. Texte u. Zeugnisse. Bd 3.)

Cysarz, Herbert (Hrsg.): Barocklyrik. [2., verb. Aufl.] Bd 1–3. Hildesheim: Olms 1964. (Dt. Lit. in Entwicklungsreihen.) [Auch Darmstadt: Wiss. Buchges.]

Hederer, Edgar (Hrsg.): Deutsche Dichtung des Barock. 3. Aufl. München: Hanser 1961. [Auch Darmstadt: Wiss. Buchges.]

Becher, Johannes R[obert] (Hrsg.): Tränen des Vaterlandes. Dt. Dichtg aus d. 16. u. 17. Jh. Berlin: Aufbau-Verl. 1963. [Zuerst 1954.]

Wehrli, Max (Hrsg.): Deutsche Barocklyrik. 3., erw. Aufl. Basel, Stuttgart: Schwabe (1962). (Samml. Klosterberg. N. F.)

Cysarz, Herbert (Hrsg.): Deutsche Barock-Lyrik. 2., erw. Aufl. Stuttgart: Reclam (1964). (= Univ.-Bibl. Nr. 7804/05.)

Bauer, Heinz (Hrsg.): Lyrik des deutschen Barock. Bielefeld, Berlin, Hannover: Velhagen & Klasing [1955]. (= Dt. Ausgaben. 46.)

Grützmacher, Curt (Hrsg.): Liebeslyrik des dt. Barock. München: Winkler (1965). (= Fundgrube. Nr. 9.)

Flemming, Willi (Hrsg.): Barockdrama. Bd 1–6. (2., verb. Aufl. d. Ausg. Leipzig 1930–33.) Darmstadt: Wiss. Buchges. 1965 (Dt. Lit. in Entwicklungsreihen.)

Zeller, Winfried (Hrsg.): Der Protestantismus des 17. Jahrhunderts. Bremen: Schünemann (1962). (= Klassiker des Protestantismus. Bd 5. = Samml. Dieterich. Bd 270.)

Lohmeier, Georg (Hrsg.): Bayerische Barockprediger. Ausgewählte Texte u. Märlein bisher ziemlich unbekannter Skribenten des 17. u. 18. Jhs. München: Südd. Verl. (1961).

Moser-Rath, Elfriede (Hrsg.): Predigtmärlein der Barockzeit. Exempel, Sage, Schwank u. Fabel in geistl. Quellen des oberdt. Raumes. Berlin: de Gruyter 1964. (= Fabula. Suppl.-Serie. R. A.: Texte Bd 5.)

Lipsius, Justus: Von der Bestendigkeit ⟨De constantia⟩. Faks.-Dr. d. dt. Übers. des Andreas Viritius nach d. 2. Aufl. von c. 1601 mit d. wichtigsten Lesarten d. 1. Aufl. von 1599. Hrsg. von Leonard Forster. Stuttgart: Metzler 1965. (Samml. Metzler.)

Meißner, Daniel: Politisches SchatzKästlein/Das ist: Außerlesene schöne Emblemata vnnd Moralia . . . Die Dritte Edition Ersten Theils deß Ersten Buchs. Zu Franckfurt am Mayn: durch Eberhardt Kiesern . . . Anno M.D.C.XXVIII. [Faks.-T.] (Hamburg: v. Hofmann 1962.)

Stoltzius von Stoltzenberg, (Daniel): Chymisches Lustgärtlein. ([Aus d. Lat. übers. von] Daniel Meißner.) Im Anh.: Einf. in d. Alchimie des „Chymischen Lustgärtleins" u. ihre Symbolik von Ferdinand Weinhandl. (Nachdr. d. Ausg. Frankfurt 1624.) Darmstadt: Wiss. Buchges. 1964.

(Maier, Michael:) Atalanta fugiens hoc est Emblemata nova de secretis naturae chymica. Authore Michaele Majero. Faks.-Dr. der Oppenheimer Originalausg. von 1618. Hrsg. von Lucas Heinrich Wüthrich. Kassel, Basel: Bärenreiter-Verl. 1964.

Rystad, Göran: Kriegsnachrichten und Propaganda während des Dreißigjährigen Krieges. Die Schlacht bei Nördlingen in den gleichzeitigen, gedruckten Kriegsberichten. Lund: Gleerup (1960). (= Skr. utg. av Vet.-Soc. i Lund. 54.)

Nagel, Bert (Hrsg.): Meistersang, Meisterlieder u. Singschulzeugnisse. Stuttgart: Reclam (1965). (= Univ.-Bibl. Nr. 8977/78.)

Nürnberger Meistersinger-Protokolle von 1575–1689. Hrsg. von Karl Drescher. (Nachdr. d. Ausg. Stuttgart 1897.) Bd 1. [Beigedr.:] 2. Hildesheim: Olms 1963.

Widmann, Hans (Hrsg.): Der deutsche Buchhandel in Urkunden und Quellen. Bd 1. 2. Hamburg: Hauswedell 1965.

Forschungsberichte, Gesamtdarstellungen:

Tarot, Rolf: Literatur zum dt. Drama u. Theater d. 16. u. 17. Jhs. Ein Forschungsbericht ⟨1945–1962⟩. In: Euphorion 57 (1963) S. 411–453.

Angyal, Andreas: Der Werdegang der internationalen Barockforschung. In: Forsch. u. Fortschr. 28 (1954) S. 377–384.

Hartmann, Horst: Barock oder Manierismus? Eignen sich kunsthist. Termini für die Kennzeichng d. dt. Lit. d. 17. Jhs? In: Weimarer Beitr. 7 (1961) S. 46–60.

Capua, A[ngelo] G[eorge] de: Baroque and Mannerism: Reassessment 1965. In: Colloquia Germanica 1 (1967) S. 101–110.

Spahr, Blake Lee: Baroque and Mannerism: Epoch and style. In: Colloquia Germanica 1 (1967) S. 78–100.

Hubatsch, Walther: Barock als Epochenbezeichnung? Zu neuerem geschichtswiss. Schrifttum über d. 17. u. 18. Jh. In: Arch. Kulturgesch. 40 (1958) S. 122–137.

Szyrocki, Marian: Zur Differenzierung des Barockbegriffs. In: Kwartalnik Neofilologiczny 13 (1966) S. 133–149.

Wellek, René: Grundbegriffe der Literaturkritik. Stuttgart: Kohlhammer 1965. [S. 57 bis 94: „Der Barockbegriff in der Literaturwissenschaft"]

Whitlock, Baid W.: The counter-Renaissance. In: Bibl. d'humanisme et de renaissance 20 (1958) S. 434–449.

Die Kunstformen des Barockzeitalters. 14 Vorträge von Hans Barth [u. a.] Hrsg. von Rudolf Stamm. München: Lehnen (1956). (= Samml. Dalp. Bd 82.)

Aus der Welt des Barock. Dargest. von Richard Alewyn [u. a.] Stuttgart: Metzler (1957).

Alewyn, Richard (Hrsg.): Deutsche Barockforschung. Dokumentation einer Epoche. (2. Aufl.) Köln, Berlin: Kiepenheuer & Witsch (1966). (= Neue wiss. Bibl. 7.)

Hettner, Hermann: Geschichte d. dt. Lit. im 18. Jh. (Textrevision von Gotthard Erler.) Bd 1 [Vom Westf. Frieden bis zum Sturm und Drang]. Berlin: Aufbau-Verl. 1961.

Müller, Günther: Deutsche Dichtung von der Renaissance bis zum Ausgang des Barock. (Nachdr. d. 1. Aufl. von 1927.) Darmstadt: Gentner (1957). [Auch Darmstadt: Wiss. Buchges.]

Flemming, Willi: Das Jahrhundert des Barock. 1600–1700. In: Annalen d. dt. Lit. Stuttgart: Metzler 1952. S. 339–404.

Strich, Fritz: Der literarische Barock. In F. Str.: Kunst u. Leben. Vortr. u. Abh. zur dt. Lit. Bern, München: Francke (1960). S. 42–58.

Geschichte der deutschen Literatur von 1480–1600. Von Joachim G. Boeckh [u. a.] Berlin: Verl. Volk u. Wissen 1961. (= Gesch. d. dt. Lit. von d. Anfängen bis zur Gegenwart. Hrsg. von Klaus Gysi [u. a.] Bd 4.)

Geschichte der deutschen Literatur 1600–1700. Von Joachim G. Boeckh [u. a.] Berlin: Verl. Volk u. Wissen 1962. (= Gesch. d. dt. Lit. von d. Anfängen bis zur Gegenwart. Hrsg. von Klaus Gysi [u. a.] Bd 5.)

Hankamer, Paul: Deutsche Gegenreformation und deutsches Barock. Die dt. Lit. im Zeitraum d. 17. Jhs. (3. Aufl.) Stuttgart: Metzler (1964).

Kohlschmidt, Werner: Geschichte der dt. Literatur vom Barock bis zur Klassik. Stuttgart: Reclam (1965). (= Kohlschmidt: Gesch. d. dt. Lit. von d. Anfängen bis zur Gegenwart. Bd 2. = Univ.-Bibl. 10024–10036.)

Jantz, Harold: German baroque literature. In: Mod. Language Notes 77 (1962) S. 337 bis 367.

Wehrli, Max: Deutsche u. lateinische Dichtung im 16. u. 17. Jh. In: Das Erbe der Antike. Zürich u. Stuttgart: Artemis Verl. (1963). S. 135–151.

Böckmann, Paul: Formgeschichte der dt. Dichtung. Bd. 1. (2. Aufl.) Hamburg: Hoffmann u. Campe (1965).

Müller, Günther: Geschichte der deutschen Seele. Vom Faustbuch zu Goethes Faust. (Nachdr. d. 1. Aufl., Freiburg i. Br. 1939.) Darmstadt: Wiss. Buchges. 1962.

Philipp, Wolfgang: Das Bild der Menschheit im 17. Jh. des Barock. Entstehung, Erscheinung, Verwandlung. In: Studium Generale 14 (1961) S. 721–742.

Forster, Leonard: The temper of 17th century German literature. London: Lewis 1952.

Schöffler, Herbert: Deutsches Geistesleben zwischen Reformation und Aufklärung. Von Martin Opitz zu Christian Wolff. (2. Aufl.) Frankfurt/M.: Klostermann (1956).

Friedell, Egon: Kulturgeschichte der Neuzeit. (Ungekürzte Ausg. in einem Bd.) München: Beck [1960]. [S. 409–647: 2. Buch. Barock u. Rokoko.]

Benz, Richard: Kultur d. 18. Jhs. T. 1. Deutsches Barock. Stuttgart: Reclam 1949.

Hocke, Gustav René: Manierismus in der Literatur. Sprach-Alchimie u. esoterische Kombinationskunst. Hamburg: Rowohlt (1959). (= rowohlts dt. enzykl. 82/83.)

Hauser, Arnold: Der Manierismus. Die Krise der Renaissance u. der Ursprung der modernen Kunst. München: Beck (1964).

Langen, August: Deutsche Sprachgeschichte vom Barock bis zur Gegenwart. In: Dt. Philol. Aufr. 2. Aufl. Bd 1. (Berlin:) Schmidt (1957). Sp. 931–1396.

Hankamer, Paul: Die Sprache, ihr Begriff und ihre Deutung im 16. u. 17. Jh. Ein Beitr. zur Frage d. lit.-hist. Gliederung des Zeitraums. (Nachdr. d. Ausg. Bonn 1927.) Hildesheim: Olms 1965.

Alanne, Eero: Das Eindringen der romanischen Sprachen in den dt. Wortschatz des Frühbarock. In: Z. dt. Sprache 21 (1965) S. 84–91.

Henne, Helmut: Hochsprache und Mundart im schlesischen Barock. Studien z. literar. Wortschatz in d. ersten Hälfte d. 17. Jhs. Köln, Graz: Böhlau 1966. (= Mitteldt. Forsch. Bd 44.)

Zu Stoffen und Motiven:

Carnap, Ernst Günter: Das Schäferwesen in der dt. Lit. d. 17. Jhs u. d. Hirtendichtg Europas. Frankfurt/M., Phil. Diss. 1939.

Korn, Dietrich: Das Thema des Jüngsten Tages in d. dt. Lit. d. 17. Jhs. Tübingen: Niemeyer 1957.

Heren, Maria: Der Bethlehemitische Kindermord in d. dt. Lit. d. 17. Jhs. Wien, Phil. Diss. 1960. [Masch.]

Büse, Kunigunde: Das Marienbild in d. dt. Barockdichtg. Interpretationen u. Untersuchgn. Münster, Phil. Diss. 1956.

Bachem, Rolf: Dichtung als verborgene Theologie. Ein dichtungstheor. Topos vom Barock bis zur Goethezeit u. seine Vorbilder. Bonn: Bouvier 1956. (= Abh. Philos., Psychol. u. Pädag. Bd 5.)

Walz, Georg Herbert: Spanien und der spanische Mensch in der dt. Lit. vom Barock zur Romantik. Erlangen-Nürnberg, Phil. Diss. 1965.

Knight, K. G.: Seventeenth-century views of human folly. In: Essays in German literature. 1. London: (Inst. of Germ. Stud.) 1965. S. 52–71.

Hinman, Martha Mayo: The night motif in German baroque poetry. In: Germ. Rev. 42 (1967) S. 83–95.

Zur Lyrik:

Closs, August: Die neuere deutsche Lyrik vom Barock bis zur Gegenwart. In: Dt. Philol. Aufr. 2. Aufl. Bd. 2. (Berlin:) Schmidt (1960). Sp. 133–348.

Conrady, Karl Otto: Lateinische Dichtungstradition u. deutsche Lyrik d. 17. Jhs. Bonn: Bouvier 1962. (=Bonner Arb. z. dt. Lit. Bd 4.)

Pyritz, Hans: Petrarca u. d. dt. Liebeslyrik d. 17. Jhs. In H. P.: Schriften z. dt. Lit.-Gesch. Köln, Graz: Böhlau 1962. S. 57–72.

Fechner, Jörg-Ulrich: Der Antipetrarkismus. Studien zur Liebessatire in barocker Lyrik. Heidelberg: Winter 1966. (= Beitr. z. neueren Lit.-Gesch. F. 3, Bd 2.)

Wilms, Heinz: Das Thema der Freundschaft in d. dt. Barocklyrik u. seine Herkunft aus d. neulat. Dichtg d. 16. Jhs. Kiel, Phil. Diss. 1963.

Beißner, Friedrich: Deutsche Barocklyrik. In: Formkräfte d. dt. Dichtg vom Barock bis zur Gegenwart. Göttingen: Vandenhoeck & Ruprecht (1963). S. 35–56.

Beck, Adolf: Über einen Formtypus der barocken Lyrik in Deutschland und die Frage seiner Herkunft. Mit Exkurs: Über einen möglichen Ursprungsort der asyndetischen Worthäufung im Barock. In: Jb. d. Freien Dt. Hochstifts 1965. S. 1–48.

Beckmann, Adelheid: Motive und Formen d. dt. Lyrik d. 17. Jhs u. ihre Entsprechgn in d. franz. Lyrik seit Ronsard. Tübingen: Niemeyer 1960 (= Hermaea. N. F. Bd 5.)

Ingen, Ferdinand van: Vanitas und Memento mori in der dt. Barocklyrik. Groningen: Wolters 1966.

Ulrich, Wolfgang: Studien zur Gesch. d. dt. Lehrgedichts im 17. und. 18. Jh. Kiel, Phil. Diss. 1961. [Masch.]

Viëtor, Karl: Geschichte d. dt. Ode. (Nachdr. d. Ausg. München 1923.) Hildesheim: Olms 1961. [Auch Darmstadt: Wiss. Buchges.]

Hoßfeld, Reinhard: Die deutsche horazische Ode von Opitz bis Klopstock. Köln, Phil. Diss. 1962.

Wittlinger, Ernst C.: Die Satzführung im dt. Sonett vom Barock bis zu Rilke. Untersuchgn zur Sonettstruktur. Tübingen, Phil. Diss. 1956. [Masch.]

Müller, Günther: Geschichte des dt. Liedes vom Zeitalter des Barock bis zur Gegenwart. (Nachdr. d. 1. Aufl. von 1925.) Darmstadt: Wiss. Buchges. 1959.

Thomas, R[ichard] Hinton: Poetry and song in the German baroque, a study of the Continuo Lied. Oxford: Clarendon Pr. 1963.

Berger, Kurt: Barock und Aufklärung im geistlichen Lied. Marburg: Rathmann 1951.

Riemer, Siegfried: Philosemitismus im dt. evang. Kirchenlied des Barock. Stuttgart: Kohlhammer (1963). (=Studia Delitzschiana. 8.)

Fries, Johanna: Die deutsche Kirchenlieddichtung in Schleswig-Holstein im 17. Jh. Kiel, Phil. Diss. 1964. [Masch. vervielf.]

Jenny, Markus: Geschichte des deutschschweizerischen evangelischen Gesangbuches im 16. Jh. Basel: Bärenreiter-Verl. 1962.

Eis, Gerhard: Ein unbekanntes Barocklied zur Wallfahrt nach Walldürn. In: Stifter-Jb. 7 (1962) S. 197–201.

Rathner, Herbert: Eine Klosterneuburger Liederhs. aus der Mitte des 17. Jhs. In: Jb. d. Österr. Volksliedwerkes 14 (1965) S. 1–29.

Commenda, Hans: Weltliche Flugblattlieder des 17. Jhs. Ein neuer Fund aus Linz a. d. Donau. In: Jb. d. Österr. Volksliedwerkes 10 (1961) S. 3–20.

Hain, Mathilde: Rätsel. Stuttgart: Metzler 1966. (Samml. Metzler.)

– : „Lustige und erbauliche Rähtsel". Ein unbekanntes Rätselbüchlein aus dem 17. Jh. In: Z. Volkskde 62 (1966) S. 20–28.

Forster, Leonard: Fremdsprache und Muttersprache. Zur Frage der polyglotten Dichtg in Renaissance u. Barock. In: Neophilologus 45 (1961) S. 177–195.

Zum Drama:

Ziegler, Klaus: Das deutsche Drama der Neuzeit. In: Dt. Philol. Aufr. 2. Aufl. Bd 2. (Berlin): Schmidt (1960). Sp. 1997–2350.

Fechter, Paul: Das europäische Drama. Geist u. Kultur im Spiegel d. Theaters. Bd 1. Vom Barock zum Naturalismus. Mannheim: Bibliogr. Inst. (1956).

Hinck, Walter: Das deutsche Lustspiel des 17. u. 18. Jhs und die italienische Komödie. Commedia dell'arte und Théâtre italien. Stuttgart: Metzler (1965). (= Germanist.

Catholy, Eckehard: Komische Figur und dramatische Wirklichkeit. Ein Versuch zur Typologie des Dramas. In: Festschr. H. de Boor. Tübingen: Niemeyer 1966. S. 193–208.

Flemming, Willi: Deutsches Barockdrama als Beginn des Moskauer Hoftheaters ⟨1672⟩. In: Maske u. Kothurn 4 (1958) S. 97–124.

Lunding, Erik: Das schlesische Kunstdrama. Eine Darstellg u. Deutg. København: Haase u. Søns 1940.

Ligacz, Ryszard: Foreign influences on the Baroque tragedy of the Silesian playwrights in the 17th century. In: Germanica Wratislaviensia 9 (1964) S. 59–84.

Schöne, Albrecht: Emblematik u. Drama im Zeitalter des Barock. München: Beck 1964.

Benjamin, Walter: Ursprung des deutschen Trauerspiels. (Rev. Ausg. besorgt von Rolf Tiedemann.) (Frankfurt a. M.:) Suhrkamp (1963).

Welzig, Werner: Constantia und barocke Beständigkeit. In: Dt. Vjschr. Lit.-Wiss. Geistesgesch. 35 (1961) S. 416–432.

Reckling, Fritz: Immolatio Isaac. Die theol. u. exemplarische Interpretation in den Abraham-Isaak-Dramen d. dt. Lit., insbes. d. 16. u. 17. Jhs. Münster, Phil. Diss. 1961.

Monath, Wolfgang: Das Motiv der Selbsttötung in der dt. Tragödie d. 17. u. frühen 18. Jhs. Würzburg, Phil. Diss. 1956. [Masch.]

Jansen, Josef: Patriotismus und Nationalethos in den Flugschriften u. Friedensspielen des Dreißigjähr. Krieges. Köln, Phil. Diss. 1964.

Zum Theater:

Kindermann, Heinz: Theatergeschichte Europas. Bd 3. Das Theater der Barockzeit. Salzburg: Otto Müller (1959).

Schubart-Fikentscher, Gertrud: Zur Stellung der Komödianten im 17. u. 18. Jh. Berlin: Akad.-Verl. 1963. (=Sitz.-Ber. Sächs. Akad. Wiss. Leipzig. Phil.-hist. Kl. Bd 107, H. 6.)

Baumgart, Wolfgang: Die Gegenwart des Barocktheaters. In: Arch. Studium d. neueren Sprachen u. Lit. Jg 113, Bd 198 (1962) S. 65–76.

Alewyn, Richard, u. Karl Sälzle: Das große Welttheater. Die Epoche der höfischen Feste in Dokument u. Deutg. Hamburg: Rowohlt (1959). (=rowohlts dt. enzykl. 92.)

Tintelnot, Hans: Die Bedeutung der „festa teatrale" für das dynastische u. künstlerische Leben im Barock. In: Arch. Kulturgesch. 37 (1955) S. 336–351.

Baur-Heinhold, Margarete: Theater des Barock. Festliches Bühnenspiel im 17. u. 18. Jh. Aufnahmen: Helga Schmidt-Glassner. München: Callwey (1966). (Kulturgesch. in Einzeldarstellgn.)

Zielske, Harald: Handlungsort und Bühnenbild im 17. Jh. Untersuchgn zur Raumdarstellg im europ. Barocktheater. Berlin, F. U., Phil. Diss. 1965.

Sieber, Friedrich: Volk und volkstümliche Motivik im Festwerk des Barocks. Dargest. an Dresdner Bildquellen. Berlin: Akad.-Verl. 1960. (=Dt. Akad. d. Wiss. zu Berlin. Veröff. d. Inst. f. Volkskde. Bd 21.)

Schlick, Johann: Wasserfeste und Teichtheater des Barock. Kiel, Phil. Diss. 1963. [Masch.]

Schöne, Günter: Barockes Feuerwerkstheater. In: Maske u. Kothurn 6 (1960) S. 351 bis 362.

Frenzel, Herbert: Thüringisches Schloßtheater. Beitr. zur Typologie des Spielortes vom 16. bis zum 19. Jh. Berlin: Ges. Theatergesch. 1965. (= Schr. Ges. Theatergesch. Bd 63.)

Brockpähler, Renate: Handbuch zur Geschichte der Barockoper in Deutschland. Emsdetten/Westf.: Lechte (1964). (= Die Schaubühne. 62.)

Huber, Wolfgang: Das Textbuch der frühdt. Oper. Untersuchgn über literar. Voraussetzgn, stoffl. Grundlagen u. Quellen. München, Phil. Diss. 1958.

Rommel, Otto: Die Alt-Wiener Volkskomödie. Ihre Gesch. vom barocken Welt-Theater bis zum Tode Nestroys. Wien: Schroll (1952).

Zum Roman:

Weydt, Günther: Der deutsche Roman von der Renaissance und Reformation bis zu Goethes Tod. In: Dt. Philol. Aufr. 2. Aufl. Bd 2. (Berlin:) Schmidt (1960). Sp. 1217–1356.

Cholevius, Leo: Die bedeutendsten deutschen Romane des 17. Jhs. E. Beitr. zur Gesch. d. dt. Lit. (Nachdr. der Ausg. Leipzig 1866.) Stuttgart: Teubner 1965. [Auch Darmstadt: Wiss. Buchges.]

Alewyn, Richard: Der Roman des Barock. In: Formkräfte d. dt. Dichtg vom Barock bis zur Gegenwart. Göttingen: Vandenhoeck & Ruprecht (1963). S. 21–34.

Romberg, Bertil: Studies in the narrative technique of the first-person novel. Stockholm [usw.]: Almqvist & Wiksell (1962).

Lockemann, Wolfgang: Die Entstehung des Erzählproblems. Untersuchgn zur dt. Dichtungstheorie im 17. u. 18. Jh. Meisenheim am Glan: Hain 1963. (= Dt. Studien. Bd 3.)

Liepe, Wolfgang: Die Entstehung des Prosaromans in Deutschland. In W. L.: Beitr. zur Lit.- u. Geistesgesch. Neumünster: Wachholtz 1963. S. 9–28.

Cohn, Egon: Gesellschaftsideale u. Gesellschaftsroman des 17. Jhs. Studien zur dt. Bildungsgesch. Berlin: Ebering 1921. (= Germ. Studien. H. 13.)

Schäfer, Walter Ernst: Hinweg nun Amadis und Deinesgleichen Grillen! Die Polemik gegen den Roman im 17. Jh. In: Germ.-Rom. Mschr. 46 (1965) S. 366–384.

Spahr, Blake Lee: Protean stability in the baroque novel. In: Germ. Rev. 40 (1965) S. 253–260.

Singer, Herbert: Joseph in Ägypten. Zur Erzählkunst des 16. u. 17. Jhs. In: Euphorion 48 (1954) S. 249–279.

Schnitzer, Katharine: Die Darstellung der Hölle in der erzählenden Dichtung der Barockzeit. [T. 1. 2.] Wien, Phil. Diss. 1962. [Masch.]

Riedel, Herbert: Musik und Musikerlebnis in der erzählenden dt. Dichtung. Bonn: Bouvier 1959. (= Abh. Kunst-, Musik- u. Lit.-Wiss. Bd 12.) [zum Barock: S. 421 bis 623.]

Zur Gebrauchsprosa:

Markwardt, Bruno: Geschichte der deutschen Poetik. Bd 1. Barock u. Frühaufklärung. Berlin, Leipzig: de Gruyter 1937. (= Grundriß d. germ. Philol. 13, 1.) – 2., um e. Nachtr. erw. Aufl. 1958.

Windfuhr, Manfred: Die barocke Bildlichkeit und ihre Kritiker. Stilhaltungen in der dt. Lit. des 17. u. 18. Jhs. Stuttgart: Metzler 1966. (= Germanist. Abh. Bd 15.)

Hildebrandt-Günther, Renate: Antike Rhetorik und deutsche literarische Theorie im 17. Jh. Marburg: Elwert 1966. (= Marburger Beitr. zur Germanistik. Bd 13.)

Dyck, Joachim: Ticht-Kunst. Dt. Barockpoetik u. rhetor. Tradition. Bad Homburg v. d. H.: Gehlen (1966). (= Ars poetica. Bd 1.)

Raymond, Marcel: Baroque et Renaissance poétique. Paris: J. Corti 1955.

Stötzer, Ursula: Deutsche Redekunst im 17. u. 18. Jh. Halle: Niemeyer 1962.

Mitrovich, Mirco: Deutsche Reisende und Reiseberichte im 17. Jh. Ein kulturhist. Beitr. Univ. of Illinois, Urbana (Ill.), Diss. 1963.

Schenda, Rudolf: Die deutschen Prodigiensammlungen des 16. u. 17. Jhs. In: Arch. Gesch. d. Buchwes. Bd 4 (1963) Sp. 637–710.

Schöne, Albrecht: Emblemata. Versuch einer Einfuhrg. In: Dt. Vjschr. Lit.-Wiss. Geistesgesch. 37 (1963) S. 197–231.

Vodosek, Peter: Das Emblem in d. dt. Lit. der Renaissance und des Barock. In: Jb. Wiener Goethe-Ver. 68 (1964) S. 5–40.

Jong, H. M. E. de: Michael Maier's Atalanta fugiens. Bronnen van een alchemistisch emblemenboek. Utrecht: Schotanus & Jens 1965.

Intorp, Leonhard: Westf. Barockpredigten in volkskundl. Sicht. Münster: Aschendorff (1964). (= Schr. d. Volkskundl. Komm. d. Landschaftsverb. Westf.-Lippe. H. 14.)

Dyck, Joachim: Ornatus und Decorum im protest. Predigtstil d. 17. Jhs. In: Z. dt. Altertum dt. Lit. 94 (1965) S. 225–236.

Winkler, Eberhard: Die Leichenpredigt im deutschen Luthertum bis Spener. Rostock, Theol. Hab. Schr. 1965. [Masch. vervielf.]

Mohr, Rudolf: Protestantische Theologie und Frömmigkeit im Angesicht des Todes während des Barockzeitalters. Hauptsächlich auf Grund hessischer Leichenpredigten. Marburg, Theol. Diss. 1962.

Reich, Wolfgang: Die deutschen gedruckten Leichenpredigten des 17. Jhs als musikalische Quelle. [1. 2.] Leipzig, Phil. Diss. 1963. [Masch.]

Moser-Rath, Elfriede: Rätselzeugnisse in barocken Predigtwerken. In: Märchen, Mythos, Dichtung. Festschr. z. 90. Geb.tag F. von der Leyens. München: Beck (1963). S. 409–421.

– : „Schertz und Ernst beysammen". Volkstümliches Erzählgut in geistlichen Schriften des 18. Jhs. In: Z. Volkskde 61 (1965) S. 38–73.

ERSTER ABSCHNITT: VORBEREITUNGEN

I. DER WANDEL IN DER BEHANDLUNG DES VERSES

Seite 27–46

Rauhe, Hermann: Dichtung und Musik im weltlichen Vokalwerk Johann Hermann Scheins. Stilist. u. kompositionstechn. Untersuchgn zum Wort-Ton-Verhältnis im Lichte der rhetorisch ausgerichteten Sprach- u. Musiktheorie d. 17. Jhs. Hamburg, Phil. Diss. 1960. [Masch.]

Das Raaber Liederbuch. Aus der Hs. hrsg., eingel. u. mit Anm. vers. von Eugen Nedeczey. Wien: Rohrer in Komm. 1959. (= Österr. Akad. d. Wiss. Phil.-hist. Kl. Sitz.-Ber. Bd 232, 4.)

Forster, Leonard: Ein viersprachiger Gedichtzyklus G. R. Weckherlins. In: Jb. Dt. Schillerges. 1 (1957) S. 11–29.

– : Aus der Korrespondenz G. R. Weckherlins. In: Jb. Dt. Schillerges. 4 (1960) S. 182–197.

– : Two drafts by Weckherlin of a masque for the queen of England. In: Germ. Life & Letters. N. S. 18 (1964/65) S. 258–263.

– : Tagwerk eines Hofmannes [über ein neu aufgefundenes engl. Gedicht G. R. Weckherlins]. In: Festschr. f. Richard Alewyn. Köln, Graz: Böhlau 1967. S. 103 bis 122.

Lentz, Hans: Zum Verhältnis von Versiktus und Wortakzent im Versbau G. R. Weckherlins. München: Fink 1966. (= Stud. u. Quellen zur Versgesch. Bd 1.)

Cohen, Fritz R.: Barocke Stilzüge der frühen Lyrik Georg Rudolf Weckherlins. In: Germ. Quart. 35 (1962) S. 482–491.

Beck, Adolf: Über ein Gedicht von Georg Rudolf Weckherlin. In: Jb. Dt. Schillerges. 6 (1962) S. 14–20.

II. ALTE ÜBERLIEFERUNGEN

Seite 47–76

Sobel, Eli: Georg Rollenhagen, sixteenth-century playwright, pedagogue and publicist. In: Publ. Mod. Language Ass. 70 (1955) S. 762–780.

Urban, Ingrid: Antike Dichtung in den weltlichen Liedern des Meistersängers Johannes Spreng. In: Euphorion 55 (1961) S. 146–162.

Dünninger, Josef, u. Dorothee Kiesselbach: Jakob Ayrers Spiegel weiblicher Zucht und Ehr. In: Das Komödi-Spielen. München: Süddt. Verl. (1961). S. 52–76.

Kiesewetter, Carl: Faust in der Geschichte und Tradition. Mit bes. Berücks. des occulten Phänomenalismus u. des mittelalterl. Zauberwes. (Nachdr. d. Ausg. Leipzig 1893.) Hildesheim: Olms 1963.

Engel, Karl: Bibliotheca Faustiana. Zusammenstellung der Faust-Schriften vom 16. Jh. bis Mitte 1884. (Nachdr. d. Ausg. Oldenburg 1885.) Hildesheim: Olms 1963.

Das Faustbuch nach der Wolfenbütteler Hs. Hrsg. von H[arry] G. Haile. (Berlin:) Schmidt (1963). (= Philol. Studien u. Quellen. H. 14.)

Haile, H[arry] G.: Die bedeutenderen Varianten in den beiden ältesten Texten des Volksbuchs vom Dr. Faustus. In: Z. dt. Philol. 79 (1960) S. 383–409.

– : Reconstruction of the Faust book: The disputations. In: Publ. Mod. Language Ass. 78 (1963) S. 175–189.

Historia von D. Johann Fausten. Neudr. d. Faust-Buches von 1587. Hrsg. u. eingel. von Hans Henning. Halle: Verl. Sprache u. Lit. 1963. (= Literar. Erbe. 1.)

Henning, Hans: Das Faust-Buch von 1587. Seine Entstehg, seine Quellen, seine Wirkg. In: Weimarer Beitr. 6 (1960) S. 26–57.

– : Beiträge zur Druckgeschichte der Faust- und Wagner-Bücher d. 16. u. 18. Jhs. Weimar: Arion Verl. 1963. (= Beitr. z. dt. Klassik. [Quellen.] Bd 16.)

Ertz, Stefan: Schilda und die Schildbürger. In: Euphorion 59 (1965) S. 386–400.

Schreinert, Kurt: Wer war Lazarus Sandrub? In: Gedenkschr. F. J. Schneider. Weimar: Böhlau 1956. S. 6–23.

Meid, Volker: Sprichwort und Predigt im Barock. Zu einem Erbauungsbuch Valerius Herbergers. In: Z. Volkskde 62 (1966) S. 209–234.

III. NEUE KRÄFTE IM DRAMA

Seite 77–104

Boeckh, Joachim G.: „Gastrodes". Ein Beitr. zu Salomon Schweiggers „Ein newe Reißbeschreibung" und zu Nicodemus Frischlins „Rebecca". In: Wiss. Z. Martin-Luther-Univ. Halle-Wittenberg. Gesellsch.- u. sprachwiss. R. 10 (1961) S. 951 bis 957.

Cohn, Albert: Shakespeare in Germany in the sixteenth and seventeenth centuries: An account of English actors in Germany and the Nederlands. (Neudr. d. Ausg. von 1865.) Wiesbaden: Sändig (1967).

Fredén, Gustaf: „Those that play your clowns". Clowns on the Shakespearian stage and in the plays of the English comedians in Germany. In: Moderna Språk 58 (1964) S. 317–331.

Heinrich Julius von Braunschweig: Von einem Weibe. Von Vincentio Ladislao. Komödien. Hrsg. von Manfred Brauneck. Stuttgart: Reclam (1967). (= Univ.-Bibl. Nr 8776/77.)

Knight, A. H. J.: Heinrich Julius, Duke of Brunswick. Oxford: Blackwell 1948. (Mod. Language Stud.)

Emmrich,Christian: Das dramat.Werk des Herzogs HeinrichJulius vonBraunschweig. Jena, Phil. Hab. Schr. 1964. [Masch.]

– : Die Darstellung von Ehe und Ehebruch in den Dramen des Herzogs Heinrich Julius von Braunschweig ⟨1564–1613⟩. In: Wiss. Z. Fr.-Schiller-Univ. Jena. Gesellsch.- u. sprachwiss. R. 14 (1965) S. 663–676.

Müller, Hans: Wolfhart Spangenberg ⟨gegen 1570–1636⟩. In: Z. dt. Philol. 81 (1962) S. 129–168 und 385–401; 82 (1963) S. 454–471.

– : Zur Blütezeit des Straßburger Meistergesangs 1591 bis zum 30jährigen Krieg. Zugleich Veröffentlichgn aus Wolfhart Spangenberg „Von der Musica, Singekunst oder Meistergesang". In: Z. Gesch. d. Oberrheins 110 (1962) S. 151–169.

Vizkelety, András: Wolfhart Spangenbergs Singschul. In: Euphorion 58 (1964) S. 153 bis 185.

Adel, Kurt: Das Jesuitendrama in Österreich. Wien: Bergland Verl. (1957). (= Österreich-Reihe. Bd 39/40.)

– : Das Wiener Jesuitentheater und die europäische Barockdramatik. Wien: Österr. Bundesverl. (1960).

König, Hermann: Jakob Gretser S. J. 1562–1625. Ein Charakterbild. In: Freiburger Diözesan-Arch. 77 (1957/58) S. 136–170.

Bidermann, Jakob: Ludi theatrales 1666. Hrsg. von Rolf Tarot. Bd 1.2. Tübingen: Niemeyer 1967. (= Dt. Neudr. R. Barock. 6. 7.)

– : Cenodoxus. Abdr. nach den „Ludi theatrales" ⟨1666⟩ mit den Lesarten der Kelheimer und Pollinger Hs. Hrsg. von Rolf Tarot. Tübingen: Niemeyer 1963. (= Neudr. dt. Lit.werke. N. F. 6.)

– : Cenodoxus. Dt. Übers. von Joachim Meichel ⟨1635⟩. Hrsg. von Rolf Tarot. Stuttgart: Reclam (1965). (= Univ.-Bibl. Nr 8958/59.)

Tarot, Rolf Günter: Jakob Bidermanns „Cenodoxus". Köln, Phil. Diss. 1960.

Wehrli, Max: J. Bidermann „Cenodoxus". In: Das dt. Drama. Interpretationen. Hrsg. von Benno von Wiese. Bd 1. Düsseldorf: Bagel (1958). S. 13–34.

Bidermann, Jacob: Philemon Martyr. Lat. u. dt. Hrsg. u. übers. von Max Wehrli. Köln, Olten: Hegner (1960).

Burger, Heinz Otto: Dasein heißt eine Rolle spielen. Das Barock im Spiegel von J. Bidermanns „Philemon Martyr" u. Chr. Weises „Masaniello". In H. O. B.: „Dasein heißt eine Rolle spielen". Studien z. dt. Lit.-Gesch. München: Hanser (1963). S. 75–93.

Burger, Harald: Jacob Bidermanns „Belisarius". Edition und Versuch einer Deutung. Berlin: de Gruyter (1966). (= Quellen u. Forsch. z. Sprach- u. Kulturgesch. d. germ. Völker. N. F. 19 ⟨143⟩.)

Schmidt, Josef H. K.: Die Figur des ägyptischen Joseph bei Jakob Bidermann ⟨1578 bis 1639⟩ und Jakob Boehme ⟨1575–1624⟩. Zürich: Keller 1967.

Kindig, Werner: Franz Lang. Ein Jesuitendramatiker des Spätbarock. Graz, Phil. Diss. 1966. [Masch.]

Sieveke, Franz Günter: Johann Baptist Adolph. Studien zum spätbarocken Wiener Jesuitendrama. Köln, Phil. Diss. 1966.

Enzinger, Moriz: Der Engelsturz. Fastnachtspiel in Tiroler Bauernreimen von Joseph Sieberer S. J. In: Maske u. Kothurn 10 (1964) S. 324–375.

Kellner, Edith: Ignaz Weitenauers Ars Poetica und Tragoediae Autumnales. Innsbruck, Phil. Diss. 1958. [Masch.]

IV. PROSA

Seite 105–133

Fischart, Johann: Das glückhafte Schiff von Zürich ⟨1577⟩. Nach d. Ausg. von G. Baesecke besorgt von G. Gebhardt. 2. Aufl. Halle: Niemeyer 1957. (= Neudr. dt. Lit.werke. Nr 182.)

– : Das Glückhafft Schiff von Zürich. Hrsg. von Alois Haas. Stuttgart: Reclam (1967). (= Univ.-Bibl. Nr 1951.)

– : Geschichtklitterung ⟨Gargantua⟩. Text d. Ausg. letzter Hand von 1590. Mit einem Glossar hrsg. von Ute Nyssen. Nachw. von Hugo Sommerhalder. Text [nebst] Glossar. Düsseldorf: Rauch (1963–64). [Auch Darmstadt: Wiss. Buchges.]

Sommerhalder, Hugo: Johann Fischarts Werk. Eine Einführung. Berlin: de Gruyter 1960. (= Quellen u. Forsch. z. Sprach- u. Kulturgesch. d. germ. Völker. N. F. 4 ⟨128⟩.)

Peter-de Vallier, Otto: Die Musik in Johann Fischarts Dichtungen. In: Arch. Musikwiss. 18 (1961) S. 205–222.

Kocks, Günter: Das Bürgertum in Johann Fischarts Werk. Köln, Phil. Diss. 1965.

Lukasser, Hubert: Die Centurien des Johannes Nas. Ihre Wurzeln und Formen. Ein Beitr. zur Prosa d. 16. Jhs. Innsbruck, Phil. Diss. 1952. [Masch.]

Amadis. Erstes Buch. Nach d. ältesten dt. Bearb. hrsg. von Adelbert von Keller. (Nachdr. d. Ausg. Stuttgart 1857.) Darmstadt: Wiss. Buchges. 1963.

Beck, Werner: Die Anfänge des dt. Schelmenromans. Studien zur frühbarocken Erzählung. Zürich: Juris-Verl. 1957. (= Zürcher Beitr. z. vergl. Lit.-Gesch. Bd 8.)

Schulze-van Loon, Reiner: Niclas Ulenharts „Historia". Beitr. zur dt. Rezeption der Novela picaresca u. zur Frühgesch. des barocken Prosastils. Hamburg, Phil. Diss. 1956. [Masch.]

Pörnbacher, Karl: Jeremias Drexel. Leben u. Werk eines Barockpredigers. München: Seitz 1965. (= Beitr. altbayer. Kirchengesch. Bd 24, H. 2.)

V. SOCIETAS CHRISTIANA UND UNIO MYSTICA

Seite 134–154

Peuckert, Will-Erich: Pansophie. Ein Versuch zur Gesch. der weißen u. schwarzen Magie. 2. überarb. u. erw. Aufl. Berlin: Schmidt (1956).

Scholtz, Harald: Evangelischer Utopismus bei Johann Valentin Andreä. Ein geistiges Vorspiel zum Pietismus. Stuttgart: Kohlhammer 1957. (= Darst. aus d. württ. Gesch. Bd 42.)

Johann Valentin Andreäs Geschlechtsregister 1644. Faks. (Schwäb.-Gmünd: H. Aupperle [Antiquariat]) 1954. (= Hptw. Quellen u. Beispiele. 1.)

Raberger, Walter: Formgebung u. dichterische Gestaltung im Werk Johann Valentin Andreaes. Wien, Phil. Diss. 1964. [Masch.]

Seyppel, Joachim: Zu unbekannten Gedichten Daniel Sudermanns. In: Z. dt. Philol. 79 (1960) S. 150–155.

Buddecke, Werner: Die Jakob Böhme-Ausgaben. Ein beschreibendes Verzeichnis. T. 1.2. Göttingen: Häntzschel 1937–1957. (= Hainbergschriften. H. 5 u. N.F., Bd 2.)

Böhme, Jacob: Sämtliche Schriften. Faks.-Neudr. d. Ausg. v. 1730, begonnen von August Faust, neu hrsg. von Will-Erich Peuckert. Bd 1–11. Stuttgart: Frommann 1955–61.

– : Die Urschriften. (Hrsg. von Werner Buddecke.) [Bisher:] Bd 1.2. (Stuttgart-Bad Cannstatt:) Frommann (1963 ff.)

Hankamer, Paul: Jakob Böhme. Gestalt u. Gestaltg. 2., unveränd. Aufl. Hildesheim: Olms 1960.

Bornkamm, Heinrich: Das Jahrhundert der Reformation. Gestalten und Kräfte. Göttingen: Vandenhoeck & Ruprecht (1961). [S. 291–321: Jakob Böhme.]

Hutin, Serge: Les disciples anglais de Jacob Boehme aux XVIIᵉ et XVIIIᵉ siècles. Paris: Éditions Denoël (1960).

Solms-Rödelheim, Günther Graf zu: Die Grundvorstellungen Jacob Böhmes und ihre Terminologie. München, Phil. Diss. 1962.

Schäublin, Peter: Zur Sprache Jakob Boehmes. Winterthur: Keller 1963.

Deinert, Herbert: Die Entfaltung des Bösen in Böhmes „Mysterium Magnum". In: Publ. Mod. Language Ass. 79 (1964) S. 401–410.

Popper, Hans: Schöpfung und Gnade. Betrachtungen über Jacob Boehmes „Gnaden-Wahl". In: Antaios 3 (1961/62) S. 458–475 und 544–559.

Llewellyn, R. T.: Jacob Boehmes Kosmogonie in ihrer Beziehung zur Kabbala. In: Antaios 5 (1963/64) S. 237–250.

ZWEITER ABSCHNITT: IM ZEICHEN DER POETIK

I. MARTIN OPITZ

Seite 155–172

Opitz, Martin: Buch von der deutschen Poeterei. Abdr. d. ersten Ausg. ⟨1624⟩. 7., erl. Aufl. Halle: VEB Niemeyer 1962. (= Neudr. dt. Lit.werke. Nr 1.)

– : Buch von der deutschen Poeterey ⟨1624⟩. Nach d. Ed. von Wilh. Braune neu hrsg. von Richard Alewyn. Tübingen: Niemeyer 1963. (= Neudr. dt. Lit.werke. N. F. 8.)

– : Geistliche Poemata. 1638. Hrsg. von Erich Trunz. Tübingen: Niemeyer 1966. (= Dt. Neudr. R. Barock. 1.)

– : Weltliche Poemata. 1644. T. 1. Unter Mitw. von Christine Eisner hrsg. von Erich Trunz. Tübingen: Niemeyer 1967. (= Dt. Neudr. R. Barock. 2.)

Schulz-Behrend, G[eorge]: On editing Opitz. In: Mod. Language Notes 77 (1962) S. 435–438.

– : Opitz' „Zlatna". In: Mod. Language Notes 77 (1962) S. 398–410.

Alewyn, Richard: Vorbarocker Klassizismus u. griech. Tragödie. Analyse d. „Antigone"-Übers. d. M. Opitz. (Nachdr. aus Neue Heidelberger Jb. N. F. 1926.) Darmstadt: Wiss. Buchges. 1962. (= Libelli. Bd 79.)

Szyrocki, Marian: Martin Opitz. Berlin: Rütten & Loening (1956). (= Neue Beitr. z. Lit.-Wiss. Bd 4.)

Gose, Walther: „Dacia Antiqua". Ein verschollenes Hauptwerk von M. Opitz. In: Südostdt. Arch. 2 (1959) S. 127–144.

Ravicovitch, Boris: Les conceptions religieuses de Martin Opitz. In: Ét. Germ. 21 (1966) S. 329–347.

Cysarz, Herbert: M. Opitz, Drei Sonette. In: Die dt. Lyrik. Interpretationen. Hrsg. von Benno von Wiese. Bd 1. Düsseldorf: Bagel (1956). S. 109–130.

Weydt, Günther: Nachahmung und Schöpfung bei Opitz. Die frühen Sonette u. d. Werk der Veronica Gambara. In: Euphorion 50 (1956) S. 1–26.

Berent, Eberhard Ferdinand: Die Auffassung der Liebe bei Opitz und Weckherlin und ihre geschichtl. Vorstufen. Cornell Univ., Ithaca (N. Y.), Diss. 1960.

Faber du Faur, Curt von: Der Aristarchus. Eine Neuwertung. In: Publ. Mod. Language Ass. 69 (1954) S. 566–590.

Gundolf, Friedrich: Martin Opitz. In F. G.: Dem lebendigen Geist. Heidelberg, Darmstadt: L. Schneider 1962. S. 87–136.

Storz, Gerhard: Martin Opitz u. d. dt. Dichtung. In G. St.: Figuren u. Prospekte. Stuttgart: Klett (1963). S. 40–48.

Foitzik, Waltraud: Tuba Pacis. Matthias Bernegger und d. Friedensgedanke des 17. Jhs. Münster, Phil. Diss. 1955. [Masch. vervielf.]

II. DIE AUSBREITUNG DER NEUEN VERSLEHRE

Seite 173–202

Buchner, Augustus: Anleitung zur deutschen Poeterey. – Poet. Hrsg. von Marian Szyrocki. Tübingen: Niemeyer 1966. (= Dt. Neudr. R. Barock. 5.)

Fleming, Paul: Deutsche Gedichte. Hrsg. von J. M. Lappenberg. (Nachdr. d. Ausg. Stuttgart 1865.) Bd 1. 2. Darmstadt: Wiss. Buchges. 1965.

– : Gedichte. Ausw. u. Nachw. von Joh. Pfeiffer. Stuttgart: Reclam (1964). (= Univ.-Bibl. Nr 2454.)

Pyritz, Hans: Paul Flemings Liebeslyrik. Zur Gesch. des Petrarkismus. Göttingen: Vandenhoeck & Ruprecht 1963. (= Palaestra. Bd 234.)

Supersaxo, Liselotte: Die Sonette Paul Flemings. Chronologie u. Entwicklg. Zürich, Phil. Diss. 1956. [Umschlagt.: Beck-Supersaxo.]

Dürrenfeld, Eva: Paul Fleming und Johann Christian Günther. Motive, Themen, Formen. Tübingen, Phil. Diss. 1964.

Kozielek, Gerhard: Christoph Köler. Aus d. hs. Nachl. In: Euphorion 52 (1958) S. 303–311.

Althaus, Hans Peter: Landsknechtssprache und Rotwelsch in Schlesien. Wencel Scherffers „Teutsche Ordonantz" 1652. In: Jb. ostdt. Volkskde 7 (1962/63) S. 66 bis 91.

Piprek, Jan: Wacław Scherffer von Scherffenstein. Poeta śląski i polonofil 17. wieku. Opole: Inst. śląski 1961. [Mit dt. Zsfassung.]

Mackensen, Lutz: Die Entdeckung der Insul Pines. Zu Georg Greflinger u. seinem „Nordischen Mercurius". In: Mitt. aus d. dt. Presseforsch. zu Bremen H. 1 (1960) S. 7–47.

Blühm, Elger: Neues über Greflinger. In: Euphorion 58 (1964) S. 74–97.

Zeman, Herbert: Kaspar Stieler. Versuch einer Monographie. [T. 1.2.] Wien, Phil. Diss. 1966. [Masch.]

Ising, Gerhard: Die Erfassung der dt. Sprache des ausgehenden 17. Jhs in den Wörterbüchern Matthias Kramers und Kaspar Stielers. Berlin: Akad.-Verl. 1956. (= Dt. Akad. d. Wiss. zu Berlin. Veröff. d. Inst. f. Dt. Sprache u. Lit. 7.)

III. SPRACH- UND DICHTERGESELLSCHAFTEN

Seite 203–233

Bulling, Klaus: Bibliographie zur Fruchtbringenden Gesellschaft. In: Marginalien 20 (1964) S. 3–110.

(J[ohann] J[oachim] Becher:) Zur mechanischen Sprachübersetzung. Ein Programmierungsversuch aus dem Jahre 1661. J. J. Becher: Allgemeine Verschlüsselung der Sprachen ⟨Character, pro Notitia Linguarum Universali⟩. Dt.-lat. Mit e. interpretierenden Einl. von W. G. Waffenschmidt. Stuttgart: Kohlhammer (1962). (= Veröff. d. Wirtsch.-Hochsch. Mannheim. R. 1. Bd 10.)

Spahr, Blake Lee: The archives of the Pegnesischen Blumenorden. A survey and reference guide. Berkeley, Los Angeles: Univ. of Calif. Pr. 1960. (= Univ. of Calif. Publ. in Mod. Philol. Vol. 57.)

Harsdörffer, Georg Philipp, Johann Klaj u. Sigmund von Birken: Pegnesisches Schäfergedicht 1644–1645. Hrsg. von Klaus Garber. Tübingen: Niemeyer 1966. (= Dt. Neudr. R. Barock. 8.)

– : Die Pegnitz Schäfer. Gedichte. Hrsg. von Gerhard Rühm. Berlin: Gerhardt (1964).

Tittmann, Julius: Die Nürnberger Dichterschule. Harsdörfer, Klaj, Birken. Beitr. zur dt. Lit.- u. Kulturgesch. d. 17. Jhs. (Nachdr. d. Ausg. 1847.) Wiesbaden: Sändig (1965).

Zirnbauer, Heinz: Bibliographie der Werke Georg Philipp Harsdörffers. In: Philobiblon 5 (1961) S. 12–49.

(Harsdörffer, Georg Philipp:) Das Schauspiel Teutscher Sprichwörter. Aus d. Frantz. mit zulässiger Freyheit übers. Durch den Spielenden. (Berlin: Gerhardt 1964.)

Kayser, Wolfgang: Die Klangmalerei bei Harsdörffer. Ein Beitr. zur Gesch. d. Lit., Poetik u. Sprachgesch. d. Barockzeit. 2., unveränd. Aufl. Göttingen: Vandenhoeck & Ruprecht 1962. (= Palaestra. Bd 179.)

Kappes, Evamarie: Novellistische Struktur bei Harsdörffer und Grimmelshausen unter bes. Berücks. des Großen Schauplatzes Lust- und Lehrreicher Geschichte u. des Wunderbarlichen Vogelnestes. Bonn, Phil. Diss. 1954. [Masch.]

Hasselbrink, Rolf: Gestalt und Entwicklung des Gesprächsspiels in d. dt. Lit. d. 17. Jhs. Kiel, Phil. Diss. 1957. [Masch.]

Risse, Wilhelm: Georg Philipp Harsdörffer und die humanistische Tradition. In: Worte u. Werte. Br. Markwardt zum 60. Geb.tag. Berlin: de Gruyter 1961. S. 334 bis 337.

Knight, K. G.: G. Ph. Harsdörffer's „Frauenzimmergesprächsspiele". In: Germ. Life & Letters N. S. 13 (1959/60) S. 116–125.

Neveux, Jean B.: Un „Parfait Secrétaire" du XVIIᵉ siècle: Der Teutsche Secretarius ⟨1655⟩. In: Ét. Germ. 19 (1964) S. 511–520.

Klaj, Johann: Redeoratorien und „Lobrede der Teutschen Poeterey". Hrsg. von Conrad Wiedemann. Tübingen: Niemeyer 1965. (= Dt. Neudr. R. Barock. [4.])

Wiedemann, Conrad: Johann Klaj und seine Redeoratorien. Nürnberg: Carl 1966. (= Erlanger Beitr. Sprach- u. Kunstwiss. Bd 26.)

Rist, Johann: Sämtliche Werke. Unter Mitw. von Helga Mannack hrsg. von Eberhard Mannack. [Bisher:] Bd 1: Dramat. Dichtungen ⟨Irenaromachia. Perseus⟩. Berlin: de Gruyter 1967. (Ausg. dt. Lit. d. 15. bis 18. Jhs.)

Atkins, Stuart: Ristiana. In: J. Engl. Germ. Philol. 59 (1960) S. 70–75.

Zesen, Philipp von: Moralia Horatiana. Bd 1. 2. Wiesbaden: Pressler 1963.
   1. Philipp von Zesen: Moralia Horatiana. Das ist horazische Sittenlehre. Nach d. dt. Erstausg. Amsterdam 1656. Mit d. Kupfern d. Originalausg. von H. Verdussen, Antwerpen 1607 in Faks.
   2. Marin le Roy de Gomberville: La Doctrine des Moeurs. Tirée de la philosophie des stoiques. Nach der franz. Orig.-Ausg. Paris 1646. Einf. u. Bildkommentar von Walter Brauer.

Scholte, Jan Hendrik: Dertig jaar Zesen-onderzoek in Nederland. In: Jb. van het Genootschap Amstelodamum 41 (1947) S. 67–109.

– : Zesens „Adriatische Rosemund". In: Dt. Vjschr. Lit.-Wiss. u. Geistesgesch. 23 (1949) S. 288–305.

Weber geb. Stockmann, Renate: Die Lieder Philipp von Zesens. Hamburg, Phil. Diss. 1962.

Lindhorst, Eberhard: Philipp von Zesen und der Roman der Spätantike. E. Beitr. z. Theorie u. Technik d. barocken Romans. Göttingen, Phil. Diss. 1955. [Masch.]

Stanescu, Heinz: Wirklichkeitsgestaltung und Tendenz in Zesens „Adriatischer Rosemund". In: Weimarer Beitr. 7 (1961) S. 778–794.

Rausch, Ursula: Philipp von Zesens „Adriatische Rosemund" und C. F. Gellerts „Leben der schwedischen Gräfin von G.". Eine Unters. zur Individualitätsentwicklg im dt. Roman. Freiburg i. Br., Phil. Diss. 1961. [Masch.]

Meid, Werner Volker: Zesens Romankunst. Frankfurt, Phil. Diss. 1965.

IV. MYSTIK UND GEISTLICHE LYRIK

Seite 234–272

Adolf, Hans-Peter: Das Kirchenlied Johann Heermanns und seine Stellung im Vorpietismus. Tübingen, Phil. Diss. 1957. [Masch.]

Czepko, Daniel von: Geistliche Schriften. Hrsg. von Werner Milch. (Nachdr. d. Ausg. Breslau 1930.) Darmstadt: Wiss. Buchges. 1963.

– : Weltliche Dichtungen. Hrsg. von Werner Milch. (Nachdr. d. Ausg. Breslau 1932). Darmstadt: Wiss. Buchges. 1963.

Hultsch, Gerhard: Daniel Czepko von Reigersfeld. 1605–1660. In: Jb. schles. Kirchengesch. N. F. (Ulm) 39 (1960) S. 91–113.

Spee, Friedrich: Lied und Leid. Ausw. aus „Trutznachtigall", „Güldenem Tugendbuch", Kirchenliedern und „Cautio Criminalis". (Ausgew., mit Anm. u. e. Nachw. vers. von Wilhelm Bondzio.) Berlin: Union Verl. (1961).

Rosenfeld, Emmy: Probleme der Speeforschung. In: Germ.-Rom. Mschr. 36 (1955) S. 115–128.

– : Theologischer Prozeß. Die Rinteler Hexentrostschrift – ein Werk von Friedrich von Spee. In: Dt. Vjschr. Lit.-Wiss. Geistesgesch. 29 (1955) S. 37–56.

– : Friedrich Spee von Langenfeld. Eine Stimme in der Wüste. Berlin: de Gruyter 1958. (= Quellen u. Forsch. zur Sprach- u. Kulturgesch. d. germ. Völker. N. F. 2 ⟨126⟩.)

– : Neue Studien zur Lyrik von Friedrich von Spee. Milano [usw.]: Ist. Ed. Cisalpino (1963). (= Collana Università Commerciale „L. Bocconi". Lingue e lett. straniere. 13.)

Neveux, Jean B.: Friedrich von Spee S. J. ⟨1591–1635⟩ et la société de son temps. La grâce et le droit. In: Ét. Germ. 19 (1964) S. 399–428.

Zwetsloot, Hugo: Friedrich Spee und die Hexenprozesse. Die Stellg u. Bedeutg d. Cautio Criminalis in d. Gesch. d. Hexenverfolgungen. Trier: Paulinus-Verl. 1954.

Honselmann, Klemens: Friedrich von Spee und die Drucklegung seiner Mahnschrift gegen die Hexenprozesse. In: Westf. Z. 113 (1963) S. 427–454.

Zeller, Paul: Friedrich von Spee und seine Weltschau. Fribourg, Thèse lettres 1956.

Jacobsen, Eric: Die Metamorphosen der Liebe u. Friedrich Spees „Trutznachtigall". Studien zum Fortleben der Antike I. København: Munksgaard in Komm. 1954. (= Dan. Hist. Filol. Medd. 34, Nr 3.)

Eikel, Elfriede: Die Entstehung der religiösen Schäferlyrik von Petrarca bis Spee. Heidelberg, Phil. Diss. 1957. [Masch.]

Lüthi, Max: Eine Ringerzählung ⟨Clock Tale⟩ bei Friedrich von Spee. In: Fabula 4 (1961) S. 209–230.

Bankl, Susanne: Friedrich Spee von Langenfeld und die europäische Mystik. [Bd 1. 2.] Wien, Phil. Diss. 1960. [Masch.]

Hiller, Robert L.: A protestant answer to Spee's „Trutznachtigall". [Zu Johann Ulrich Erhard: „Himmlische Nachtigall".] In: J. Engl. Germ. Philol. 61 (1962) S. 217–231.

Gentner, Margarete: Das Verhältnis von Theologie und Ästhetik in Spees „Trutznachtigall". Tübingen, Phil. Diss. 1965.

Szövérffy, Josef: Ein Lied Friedrich Spees u. die spätmittelalterl. dt. Erzählung. In: Fabula 6 (1964) S. 131–140.

Gerhardt, Paul: Dichtungen und Schriften. Hrsg. u. textkrit. durchges. von Eberhard von Cranach-Sichart. München: P. Müller (1957).

Greiffenberg, Catharina Regina von: Gedichte. Ausgew. u. mit e. Nachw. hrsg. von Hubert Gersch. Berlin: Henssel (1964).

Frank, Horst-Joachim: Catharina Regina von Greiffenberg. Leben und Welt der barocken Dichterin. Göttingen: Sachse u. Pohl (1967). (= Schr. zur Lit. Bd 8.)

Villiger, Leo: Catharina Regina von Greiffenberg ⟨1633–1694⟩. Zu Sprache u. Welt d. barocken Dichterin. Zürich: Atlantis Verl. (1952). (= Zürcher Beitr. z. dt. Sprach- u. Stilgesch. Nr 5.)

Daly, Peter Maurice: Die Metaphorik in den „Sonetten" der Catharina Regina von Greiffenberg. Zürich: Juris-Verl. 1964.

Balde, Jacob: Dichtungen. Lat. u. dt. In Ausw. hrsg. u. übers. von Max Wehrli. Köln, Olten: Hegner (1963).

Müller, Martin Heinrich: „Parodia christiana". Studien zu Jacob Baldes Odendichtung. Zürich: Juris-Verl. 1964.

Angelus Silesius: Cherubinischer Wandersmann. Eingel. u. unter Berücks. neuer Quellen erl. von Will-Erich Peuckert. Bremen: Schünemann [1956]. (= Samml. Dieterich. Bd 64.)

Althaus, Horst: Johann Schefflers „Cherubinischer Wandersmann": Mystik u. Dichtung. Gießen: Schmitz 1956. (= Beitr. z. dt. Philol. Bd 9.)

Seyppel, Joachim H.: Freedom and the mystical union in „Der Cherubinische Wandersmann". In: Germ. Rev. 32 (1957) S. 93–112.

Tarracó, Jaime: Angelus Silesius und die spanische Mystik. Die Wirkg d. span. Mystik auf d. „Cherubinischen Wandersmann". Münster/W.: Aschendorff 1959. (= Span. Forsch. d. Görresges. R. 1, Bd 15.)

Schäfer, Renate: Die Negation als Ausdrucksform mit bes. Berücks. der Sprache des Angelus Silesius. Bonn, Phil. Diss. 1958.

Gnädinger, Louise: Die spekulative Mystik im „Cherubinischen Wandersmann" des Johannes Angelus Silesius. In: Studi Germanici 4 (1966) S. 29–59 u. 145–190.

Meier-Lefhahn, Elisabeth: Das Verhältnis von mystischer Innerlichkeit und rhetorischer Darstellung bei Angelus Silesius. Heidelberg, Phil. Diss. 1958. [Masch.]

Kuhlmann, Quirin: Himmlische Libes-Küsse . . . Nach d. einzigen Druck von 1671 hrsg. von Arnfrid Astel. (Mit e. Vorw. von Herbert Heckmann.) (Heidelberg: Astel 1960.) (= Lyrische Hefte. Sonderh.)

Beare, Robert L.: Quirinus Kuhlmann. Ein bibliogr. Versuch. In: Nouvelle Clio 6 (1954) S. 164–182.

– : Quirinus Kuhlmann: Where and when? In: Mod. Language Notes 77 (1962) S. 379–397.

Bock, Claus Victor: Quirinus Kuhlmann als Dichter. Ein Beitr. z. Charakteristik des Ekstatikers. Bern: Francke 1957. (= Basler Stud. z. dt. Sprache u. Lit. H. 18.)

Dietze, Walter: Quirinus Kuhlmann. Ketzer und Poet. Versuch einer monograph. Darstellg von Leben u. Werk. Berlin: Rütten & Loening 1963. (= Neue Beitr. z. Lit.-Wiss. Bd 17.)

Vordtriede, Werner: Quirinus Kuhlmanns „Kühlpsalter". In: Antaios 7 (1965/66) S. 501–527.

Flechsig, Rolf: Quirinus Kuhlmann und sein „Kühlpsalter". Bonn, Phil. Diss. 1952. [Masch.]

Forster, Leonard: Zu den Quellen des „Kühlpsalters". Der 5. Kühlpsalm und der Jubilus des Pseudo-Bernhard. In: Euphorion 52 (1958) S. 256–271.

Balthaser, Wilhelm: Quirinus Kuhlmann. In: Jb. schles. Kirchengesch. N. F. (Ulm) 39 (1960) S. 114–130.

Cozzi, Alfio: Quirinus Kuhlmann. L'uomo, il mistico e il poeta. In: Ann. Sez. Germ. 3 (1960) S. 67–121.

Lackner, Martin: Geistfrömmigkeit und Enderwartung. Studien zum preuß. u. schles. Spiritualismus, dargest. an Christoph Barthut u. Quirin Kuhlmann. Stuttgart: Evang. Verlagswerk (1959). (= Beih. z. Jb. „Kirche im Osten". Bd 1.)

V. DAS DRAMA IN DEUTSCHER SPRACHE. GRYPHIUS

Seite 273–294

Gryphius, Andreas: Werke. (Hrsg. von Hermann Palm; Erg.-Bd: von Friedr.-Wilh. Wentzlaff-Eggebert.) (Nachdr. d. Ausg. Tübingen 1878–84; Erg.-Bd: Leipzig 1938.) Bd 1–3 [nebst] Erg.-Bd. Hildesheim: Olms 1961. [Auch Darmstadt: Wiss. Buchges.]

1. Lustspiele. (Mit e. Vorw. z. Neuausg. [der Werke von] Eberhard Mannack.)
2. Trauerspiele.
3. Lyrische Gedichte. (Mit e. Neudr. d. Lissaer Sonettbuchs von 1637 u. d. Berichtigungen u. Nachträgen zur Palmschen Ausg. d. Lyr. Gedichte nach Victor Manheimer: D. Lyrik d. A. Gryphius. Berlin 1904.)
Erg.-Bd. Lat. u. dt. Jugenddichtgn. (Mit e. textl. Nachtrag u. e. Bibliogr. d. Gryphius-Drucke.)

– : Gesamtausgabe der deutschsprachigen Werke. Hrsg. von Marian Szyrocki u. Hugh Powell. [Bisher:] Bd 1–6. Tübingen: Niemeyer 1963 ff. (= Neudr. dt. Lit.-werke. N. F. 9–12. 14. 15.)
1. Sonette. Hrsg. von M. Szyrocki. 1963.
2. Oden u. Epigramme. Hrsg. von M. Szyrocki. 1964.
3. Vermischte Gedichte. Hrsg. von M. Szyrocki. 1964.
4. Trauerspiele 1. Hrsg. von H. Powell. 1964.
5. Trauerspiele 2. Hrsg. von H. Powell. 1965.
6. Trauerspiele 3. Hrsg. von H. Powell. 1966.
Bespr.: Hans-Henrik Krummacher, Z. dt. Philol. 84 (1965) S. 183–246.

– : Werke in einem Band. (Ausgew. u. eingel. von Marian Szyrocki.) Weimar: Volksverl. 1963. (Bibl. dt. Klassiker.)

– : Frühe Sonette. Abdr. d. Ausgaben von 1637, 1643 u. 1650. Hrsg. von Marian Szyrocki. Tübingen: Niemeyer 1964. (= Neudr. dt. Lit.werke. Sonderreihe. 1.)

– : Drei unbekannte Gedichte. Mitgeteilt von Marian Szyrocki. In: Text u. Kritik Nr 7/8 (1965) S. 16 f.

– : Gedichte. Ausgew. von Hans Magnus Enzensberger. (Frankfurt/M.:) Insel-Verl. 1962. (= Insel-Bücherei. Nr 703.)

– : Catharina von Georgien. Abdr. d. Ausg. von 1663 mit d. Lesarten von 1657. Hrsg. von Willi Flemming. 3., verb. Aufl. Tübingen: Niemeyer 1955. (= Neudr. dt. Lit.werke. Nr 261/262.)

– : Carolus Stuardus. Ed. with introd. and comm. by Hugh Powell. Leicester: Univ. Coll. 1955.

– : Herr Peter Squentz. Ed. with introd. and comm. by Hugh Powell. Leicester: Univ. Pr. 1957.

– : Cardenio und Celinde. Ed. with introd. and comm. by Hugh Powell. Leicester: Univ. Pr. 1961.

– : Verliebtes Gespenst. Gesangspiel. – Die geliebte Dornrose. Scherzspiel. Text u. Materialien zur Interpretation besorgt von Eberhard Mannack. Berlin: de Gruyter 1963. (= Komedia. 4.)

– : Absurda comica oder Herr Peter Squenti. Schimpfspiel. Hrsg. von Herbert Cysarz. Stuttgart: Reclam (1963). (= Univ.-Bibl. Nr 917.)

– : Großmütiger Rechtsgelehrter oder Sterbender Aemilius Paulus Papinianus. Trauerspiel. Text d. Erstausg., besorgt von Ilse-Marie Barth mit e. Nachw. von Werner Keller. Stuttgart: Reclam (1965). (= Univ.-Bibl. Nr 8935/36.)

Flemming, Willi: Andreas Gryphius. Eine Monographie. Stuttgart: Kohlhammer (1965). (= Sprache u. Lit. 26.)

Szyrocki, Marian: Der junge Gryphius. Berlin: Rütten & Loening (1959). (= Neue Beitr. z. Lit.-Wiss. Bd 9.)

– : Andreas Gryphius. Sein Leben u. Werk. Tübingen: Niemeyer 1964.

Plard, Henri: Sur la jeunesse d'Andreas Gryphius. In: Ét. Germ. 17 (1962) S. 34–40.

– : Gryphiana. In: Ét. Germ. 19 (1964) S. 429–450 – Dt. Übers. von Ilse Keseling in: Text u. Kritik Nr 7/8 (1965) S. 37–51.

Powell, Hugh: Gryphius, Princess Elisabeth and Descartes. In: Germanica Wratislaviensia 4 (1960) S. 63–76.

Just, Klaus Günther: Andreas Gryphius und kein Ende? In: Schlesien 10 (1965) S. 1–12.

Jöns, Dietrich Walter: Das „Sinnen-Bild". Studien zur allegorischen Bildlichkeit bei Andreas Gryphius. Stuttgart: Metzler (1966). (= Germanist. Abh. 13.)

Joos, Heidel: Die Metaphorik im Werk des Andreas Gryphius. Bonn, Phil. Diss. 1956. [Masch.]

Clark, Robert T.: Gryphius and the night of time. In: Wächter u. Hüter. Festschr. f. H. J. Weigand. New Haven: Yale Univ. 1957. S. 56–66.

Wentzlaff-Eggebert, Friedrich-Wilhelm: Dichtung und Sprache des jungen Gryphius. Die Überwindung der lat. Tradition u. die Entwicklung zum dt. Stil. (2., stark erw. Aufl.) Berlin: de Gruyter (1966).

Weydt, Günther: Sonettkunst des Barock. Zum Problem der Umarbeitung bei Andreas Gryphius. In: Jb. dt. Schillerges. 9 (1965) S. 1–32.

Zeberiņš, Modris: Welt, Angst und Eitelkeit in der Lyrik des Andreas Gryphius. Münster, Phil. Diss. 1950. [Masch.]

Conradt, Edelgard E.: Barocke Thematik in der Lyrik des Andreas Gryphius. In: Neophilologus 40 (1956) S. 99–117.

Krummacher, Hans-Henrik: Andreas Gryphius und Johann Arndt. Zum Verständnis d. „Sonn- und Feiertags-Sonette". In: Formenwandel. Festschr. z. 65. Geb.tag von Paul Böckmann. (Hamburg:) Hoffmann u. Campe (1964). S. 116–137.

Wehrli, Max: Andreas Gryphius und die Dichtung der Jesuiten. In: Stimmen der Zeit Jg 90, Bd 175 (1964/65) S. 25–39.

Trunz, Erich: A. Gryphius „Über die Geburt Jesu" – „Tränen des Vaterlandes" – „Es ist alles eitel". In: Die dt. Lyrik. Interpretationen. Hrsg. von Benno von Wiese. Bd 1. Düsseldorf: Bagel (1956). S. 133–151.

– : A. Gryphius „Thränen in schwerer Krankheit". In: Wege zum Gedicht. Hrsg. von Rupert Hirschenauer u. Albrecht Weber. (Neuaufl.) [Bd 1.] München u. Zürich: Schnell u. Steiner (1962). S. 71–76.

Kollmann, Horst Wilhelm: Der Ausdruck barocken Lebensgefühls bei Francisco de Quevedo Villegas und Andreas Gryphius. Hamburg, Phil. Diss. 1962.

Geisenhof, Erika: Die Darstellung der Leidenschaften in den Trauerspielen des Andreas Gryphius. Heidelberg, Phil. Diss. 1958. [Masch. vervielf.]

Schöne, Albrecht: Säkularisation als sprachbildende Kraft. Studien zur Dichtg dt. Pfarrersöhne. Göttingen: Vandenhoeck & Ruprecht 1958. (= Palaestra. Bd 226.) [S. 29–75: Andreas Gryphius.]

Heselhaus, Clemens: A. Gryphius „Catharina von Georgien". In: Das dt. Drama. Interpretationen. Hrsg. von Benno von Wiese. Bd 1. Düsseldorf: Bagel (1958). S. 35–60.

Isler, Hermann: Carolus Stuardus. Vom Wesen der barocken Dramaturgie. Basel, Phil.-hist. Diss. 1966.

Heckmann, Herbert: Elemente des barocken Trauerspiels, am Beispiel des „Papinian" von Andreas Gryphius. Darmstadt: Gentner (1959). (Literatur als Kunst.)

Voßkamp, Wilhelm: Untersuchungen zur Zeit- u. Geschichtsauffassung im 17. Jh. ⟨Andreas Gryphius und Daniel Casper von Lohenstein.⟩ Kiel, Phil. Diss. 1965. [Masch. vervielf.]

Eggers, Werner: Wirklichkeit und Wahrheit im Trauerspiel von Andreas Gryphius. Heidelberg: Winter 1967. (= Probl. d. Dichtung. Bd 9.)

Hartmann, Horst: Die Entwicklung des deutschen Lustspiels von Gryphius bis Weise ⟨1648–1688⟩. Potsdam, P. H., Diss. 1960. [Masch.]

Mannack, Eberhard: Andreas Gryphius' Lustspiele – ihre Herkunft, ihre Motive und ihre Entwicklung. In: Euphorion 58 (1964) S. 1–40.

Hinck, Walter: Gryphius und die italienische Komödie. Unters. zum „Horribilicribrifax". In: Germ.-Rom. Mschr. 44 (1963) S. 120–146.

Schings, Hans-Jürgen: Die patristische und stoische Tradition bei Andreas Gryphius. Unters. zu den Dissertationes funebres u. Trauerspielen. Köln, Graz: Böhlau 1966. (= Kölner germanist. Stud. Bd 2.)

VI. ZEITKRITIK

Seite 295–316

Moscherosch, Hanss Michael: Gesichte Philanders von Sittewald. Hrsg. von Felix Bobertag. (Nachdr. d. Ausg. Stuttgart 1883). Darmstadt: Wiss. Buchges. 1964.

Faber du Faur, Curt von: Johann Michael Moscherosch, der Geängstigte. In: Euphorion 51 (1957) S. 233–249.

Knight, K. G.: Moscherosch's novel Soldaten-Leben. In: Germ. Life & Letters N. S. 7 (1953/54) S. 48–55.

Höft, Brigitte: Johann Michael Moscheroschs „Gesichte Philanders von Sittewald". Eine Quellenstudie zum 1. T. des Werkes. Freiburg i. Br., Phil. Diss. 1964.

DRITTER ABSCHNITT: SCHWULST UND PROSA

I. MARINISMUS

Seite 317–353

Benjamin Neukirchs Anthologie „Herrn von Hoffmannswaldau und andrer Deutschen auserlesener und bißher ungedruckter Gedichte erster theil (anderer Theil)" Nach einem Druck (T. 2: Nach dem Erstdruck) vom Jahre 1697 mit einer krit. Einl. u. Lesarten. Hrsg. von Angelo George de Capua u. Ernst Alfred Philippson. Tübingen: Niemeyer 1961–1965. (= Neudr. dt. Lit.werke. N. F. 1. 16.)

Capua, Angelo George de, u. Ernst Alfred Philippson: Benjamin Neukirchs Anthologie . . . Toward a history of its publication. In: Monatshefte (Madison) 48 (1956) S. 196–202.

Beare, Robert L.: The so-called „Neukirch Sammlung": Some speculations. In: Mod. Language Notes 77 (1962) S. 411–434.

– : The „Hofmannswaldau Miscellanies": Order or confusion? In: Mod. Language Notes 79 (1964) S. 414–426.

Plard, Henri: Une traduction de Boileau dans le recueil de Benjamin Neukirch ⟨1695⟩. In: Ét. Germ. 20 (1965) S. 295–304.

Capua, A[ngelo] G[eorge] de, u. Ernst Alfred Philippson: The so-called „Neukirch Sammlung": Some facts. In: Mod. Language Notes 79 (1964) S. 405–414.

Hofmann von Hofmannswaldau, Christian: Gedichte. Ausw. u. Nachw. von Manfred Windfuhr. Stuttgart: Reclam (1964). (= Univ.-Bibl. Nr 8889/90.)

– : Gedichte. Ausgew. u. hrsg. von Johannes Hübner. Berlin: Henssel (1962).

– : Sinnreiche Helden-Briefe verliebter Personen von Stande. (Hrsg. von Friedhelm Kemp.) (Frankfurt/M.:) Insel-Verl. (1962). (= Insel-Bücherei. Nr 779.)

Rotermund, Erwin: Christian Hofmann von Hofmannswaldau. Stuttgart: Metzler 1963. (Samml. Metzler.)

Ryder, Frank G.: The design of Hofmannswaldau's „Vergänglichkeit der Schönheit". In: Monatshefte (Madison) 51 (1959) S. 97–102.

Stöcklein, Paul: Christian Hofmann von Hofmannswaldau „Vergänglichkeit der Schönheit". In: Wege zum Gedicht. Hrsg. von Rupert Hirschenauer u. Albrecht Weber. (Neuaufl.) [Bd 1.] München u. Zürich: Schnell u. Steiner (1962). S. 77–84.

Müller, Hans von: Bibliographie der Schriften Daniel Caspers von Lohenstein, 1652 bis 1748. In: Werden u. Wirken. Ein Festgruß, Karl W. Hiersemann zugesandt. Leipzig: Koehler 1924. S. 184–261.

Casper von Lohenstein, Daniel: Türkische Trauerspiele. Hrsg. von Klaus Günther Just. Stuttgart: Hiersemann 1953. (= Bibl. d. Lit. Vereins in Stuttgart. 292.)

–: Römische Trauerspiele. Hrsg. von Klaus Günther Just. Stuttgart: Hiersemann 1955. (= Bibl. d. Lit. Vereins in Stuttgart. 293).

– : Afrikanische Trauerspiele. Hrsg. von Klaus Günther Just. Stuttgart: Hiersemann 1957. (= Bibl. d. Lit. Vereins in Stuttgart. 294.)

– : Cleopatra. Trauerspiel. Text der Erstfassg von 1661, besorgt von Ilse-Marie Barth. Nachw. von Willi Flemming. Stuttgart: Reclam (1965). (= Univ.-Bibl. Nr 8950/51.)

– : Gedichte. Ausgew. u. hrsg. von Gerd Henninger. Berlin: Henssel (1961).

Just, Klaus Günther: Die Trauerspiele Lohensteins. Versuch einer Interpretation. (Berlin:) Schmidt (1961). (= Philol. Stud. u. Quellen. H. 9.)

Gillespie, Gerald: Lohenstein's protagonists. In: Germ. Rev. 39 (1964) S. 101–119.

– : Daniel Casper von Lohenstein's historical tragedies. [Columbus:] Ohio State Univ. Pr. (1965).

Skrine, Peter: A Flemish model for the tragedies of Lohenstein. In: Mod. Language Rev. 61 (1966) S. 64–70.

Verhofstadt, Edward: Zur Datierung der Urfassung von Lohensteins Cleopatra. In: Neophilologus 44 (1960) S. 195–199.

– : Daniel Casper von Lohenstein: Untergehende Wertwelt u. ästhet. Illusionismus. Fragestellg u. dialekt. Interpretationen. Brugge: „De Tempel" 1964. (= Rijksuniv. te Gent. Werken uitg. door de Fac. van de Letteren en Wijsbegeerte. Afl. 133.)

Lubos, Arno: Das schlesische Barocktheater. Daniel Caspar von Lohenstein. In: Jb. d. Schles. Friedr.-Wilh.-Univ. zu Breslau (Würzburg) 5 (1960) S. 97–122.

Weier, Winfried: Duldender Glaube und tätige Vernunft in der Barocktragödie. In: Z. dt. Philol. 85 (1966) S. 501–542.

Bekker, Hugo: The dramatic world of Daniel Casper von Lohenstein. In: Germ. Life & Letters N. S. 19 (1965/66) S. 161–166.

Tarot, Rolf: Zu Lohensteins „Sophonisbe". In: Euphorion 59 (1965) S. 72–96.

Jacob, Herbert: Lohensteins Romanprosa. Der Stil eines Barockschriftstellers. Berlin [H. U.], Phil. Diss. 1949. [Masch.]

Günther, Johann Christian: Sämtliche Werke. (Hist.-krit. Gesamtausg. hrsg. von Wilhelm Krämer. Nachdr. d. Ausg. Leipzig 1930–37.) Bd 1–6. Darmstadt: Wiss. Buchges. 1964.

– : Werke in einem Band. (Ausgew. u. eingel. von Hans Dahlke. 3. Aufl.) Weimar: Volksverlag 1962. (Bibl. dt. Klassiker.)

– : Gedichte. Ausw. u. Nachw. von Manfred Windfuhr. Stuttgart: Reclam (1961). (= Univ.-Bibl. Nr 1295.)

Dahlke, Hans: Johann Christian Günther. Seine dichterische Entwicklg. Berlin: Rütten & Loening (1960). (= Neue Beitr. z. Lit.-Wiss. Bd 10.)

Delbono, Francesco: Umanità e poesia di Christian Günther. Torino [usw.]: Soc. Editrice Internaz. (1959). (= Pubbl. dell'Ist. di Lingue e Lett. Straniere dell'Univ. di Genova. 1.)

Conrady, Karl Otto: J. Chr. Günther „Als er der Phillis einen Ring mit einem Totenkopf überreichte". In: Die dt. Lyrik. Interpretationen. Hrsg. von Benno von Wiese. Bd 1. Düsseldorf: Bagel (1956). S. 152–162.

Wagner, Ludwig: J. Chr. Günther „An Gott um Hülfe". In: Wege zum Gedicht. Hrsg. von Rupert Hirschenauer u. Albrecht Weber. (Neuaufl.) [Bd 1.] München u. Zürich: Schnell u. Steiner (1962). S. 99–103.

Haufe, Eberhard: Die Behandlung des antiken Mythologie in den Textbüchern der Hamburger Oper 1678–1738. Erster Teil einer Gesamtdarstellg. Jena, Phil. Diss. 1964. [Masch.]

Capua, A[ngelo] G[eorge] de: Gottlieb Stolle and the theme of love in poetry. In: Monatshefte (Madison) 53 (1961) S. 347–352.

II. DER ROMAN

Seite 354–392

Maché, Ulrich: Die Überwindung des Amadisromans durch Andreas Heinrich Bucholtz. In: Z. dt. Philol. 85 (1966) S. 542–559.

Bender, Wolfgang: Herzog Anton Ulrich von Braunschweig-Wolfenbüttel. Biographie u. Bibliographie. In: Philobiblon 8 (1964) S. 166–187.

– : Verwirrung und Entwirrung in der „Octavia/Roemische Geschichte" Herzog Anton-Ulrichs von Braunschweig. Köln, Phil. Diss. 1964.

Lugowski, Clemens: Wirklichkeit und Dichtung. Untersuchgn zur Wirklichkeitsauffassg H. v. Kleists. Frankfurt/M.: Diesterweg 1936. [S. 1–62 zu Anton Ulrich von Braunschweig.]

Haile, H[arry] G.: „Octavia: Römische Geschichte" – Anton Ulrich's use of the episode. In: J. Engl. Germ. Philol. 57 (1958) S. 611–632.

Reichert, Karl: Das Gastmahl der Crispina in Anton Ulrichs „Römischer Octavia" – der erste dt. novellist. Rahmenzyklus. In: Euphorion 59 (1965) S. 135–149.

Spahr, Blake Lee: Anton Ulrich and Aramena. The genesis and development of a baroque novel. Berkeley, Los Angeles: Univ. of Calif. Pr. 1966. (= Univ. of Calif. Publ. in Mod. Philol. Vol. 76.)

Paulsen geb. Reuss, Carola: Die „Durchleuchtigste Syrerin Aramena" des Herzogs Anton Ulrich von Braunschweig und „La Cléopâtre" des Gautier Coste de La Calprenède. Bonn, Phil. Diss. 1956. [Masch.]

Heselhaus, Clemens: Anton Ulrichs Aramena. Studien zur dichter. Struktur des deutschbarocken „Geschichtgedicht". Würzburg: Triltsch 1939. (= Bonner Beitr. z. dt. Philol. 9.)

Adel, Kurt: Novellen des Herzogs Anton Ulrich von Braunschweig-Wolfenbüttel. In: Z. dt. Philol. 78 (1959) S. 349–369.

Zigler und Kliphausen, Heinrich Anshelm von: Asiatische Banise. (Mit e. Nachw. von Wolfgang Pfeiffer-Belli.) München: Winkler (1965). (= Fundgrube. Nr. 15.) [Auch Darmstadt: Wiss. Buchges.]

Schwarz, Elisabeth: Der schauspielerische Stil des deutschen Hochbarock. Beleuchtet durch Heinrich Anselm von Ziglers „Asiat. Banise". Mainz, Phil. Diss. 1956. [Masch. vervielf.]

Grimmelshausen, (Johann Jakob Christoffel von): Werke (Ausgew. u. eingel. von Siegfried Streller. 2. Aufl.) Bd 1–4. Berlin u. Weimar: Aufbau-Verl. 1964. (Bibl. dt. Klassiker.)

– : Simplicissimus Teutsch. Abdr. d. editio princeps ⟨1669⟩. Hrsg. von J. H. Scholte. 3. Aufl. Tübingen: Niemeyer 1954. (= Neudr. dt. Lit.werke. Nr 302–309.)

– : Der abenteuerliche Simplicissimus Teutsch. Unveränd. Abdr. der Editio princeps ⟨1669⟩. Hrsg. von Siegfried Streller. Halle: VEB Niemeyer 1959. (= Neudr. dt. Lit.werke. Nr. 19–25.)

– : Der abenteuerliche Simplicissimus. (Nach d. ersten Drucken . . . von 1669 hrsg. u. mit e. Nachw. vers. von Alfred Kelletat.) München: Winkler (1956). [Auch Darmstadt: Wiss. Buchges.]

–: Der Abentheurliche Simplicissimus Teutsch und Continuatio des abentheurlichen Simplicissimi. Abdr. der beiden Erstausg. ⟨1669⟩ mit d. Lesarten d. ihnen sprachl. nahestehenden Ausg. Hrsg. von Rolf Tarot. Tübingen: Niemeyer 1967. (Grimmelshausen: Ges. Werke in Einzelausg.)

– : Dietwalts und Amelinden anmuthige Lieb- und Leids-Beschreibung. Hrsg. von Rolf Tarot. Abdr. d. Erstausg. von 1670. Tübingen: Niemeyer 1967. (Grimmelshausen: Ges. Werke in Einzelausg.)

–: Lebensbeschreibung der Ertzbetrügerin und Landstörtzerin Courasche. Hrsg. von Wolfgang Bender. Abdr. d. Erstausg. ⟨1670⟩ mit d. Lesarten d. späteren unrechtm. u. d. 2. rechtm. Ausg. Tübingen: Niemeyer 1967. (Grimmelshausen: Ges. Werke in Einzelausg.)

– : Simplicianische Schriften. (Nach d. Text d. Erstdr. hrsg. u. mit e. Nachw. vers. von Alfred Kelletat.) München: Winkler (1958). [Auch Darmstadt: Wiss. Buchges.]

Iber, Gudrun: Studien zu Grimmelshausens „Josef" und „Musai" mit e. Neudr. d. „Musai"-Textes nach d. Erstausg. von 1670. Bonn, Phil. Diss. 1957. [Teildr. 1958.]

Streller, Siegfried: Grimmelshausens Simplicianische Schriften. Allegorie, Zahl u. Wirklichkeitsdarstellg. Berlin: Rütten & Loening (1957). (= Neue Beitr. z. Lit.-Wiss. Bd 7.)

Hachgenei, Wilhelm: Der Zusammenhang der simplizianischen Schriften des Grimmelshausen. Heidelberg, Phil. Diss. 1959. [Masch.]

Koschlig, Manfred: Grimmelshausen und seine Verleger. Unters. über d. Chronologie s. Schriften u. d. Echtheitscharakter d. frühen Ausgaben. Leipzig: Akad. Verlagsges. 1939. (= Palaestra. 218.)

– : Das Lob des „Francion" bei Grimmelshausen. In: Jb. Dt. Schillerges. 1 (1957) S. 30–73.

– : „Edler Herr von Grimmelshausen". Neue Funde zur Selbstdeutg d. Dichters. In: Jb. Dt. Schillerges. 4 (1960) S. 198–224.

– : „Der Wahn betreügt." Zur Entstehung des Barock-Simplicissimus. In: Neophilologus 50 (1966) S. 324–343.

– : Der Mythos vom „Bauernpoeten" Grimmelshausen. In: Jb. Dt. Schillerges. 9 (1965) S. 33–105.

Heining, Willi: Die Bildung Grimmelshausens. Bonn, Phil. Diss. 1962.

Konopatzki, Ilse-Lore: Grimmelshausens Legendenvorlagen. (Berlin:) Schmidt (1965). (= Philol. Stud. u. Quellen. H. 28.)

Gilbert, Mary E.: Simplex and the battle of Wittstock. In: Germ. Life & Letters N. S. 18 (1964/65) S. 264–269.

Jacobson, John W.: The culpable male: Grimmelshausen on women. In: Germ. Quart. 39 (1966) S. 149–161.

Weydt, Günther: Don Quijote Teutsch. Studien zur Herkunft des simplician. Jupiter. In: Euphorion 51 (1957) S. 250–270.

Kind, Helmut: Das Rokoko und seine Grenzen im dt. komischen Epos d. 18. Jhs.
Halle, Phil. Diss. 1945. [Masch.]
Beeken, Lüder: Das Prinzip der Desillusionierung im komischen Epos des 18. Jhs.
Zur Wesensbestimmg d. dt. Rokoko. Hamburg, Phil. Diss. 1954. [Masch.]
Schnabel, Johann Gottfried: Die Insel Felsenburg. In d. Bearb. von L. Tieck neu hrsg.
mit einem Nachw. von Martin Greiner. (Teilw. gekürzt.) Stuttgart: Reclam (1959).
(= Univ.-Bibl. Nr 8419–8428.)
Steffen, Hans: J. G. Schnabels „Insel Felsenburg" u. ihre formengeschichtl. Einord-
nung. In: Germ.-Rom. Mschr. 42 (1961) S. 51–61.
Haas, Rosemarie: Die Landschaft auf der Insel Felsenburg. In: Z. dt. Altertum u. dt.
Lit. 41 (1961) S. 63–84.
Werner, Käte: Der Stil von Johann Gottfried Schnabels „Insel Felsenburg". Berlin,
H. U., Phil. Diss. 1950. [Masch.]
Mayer, Hans: Die alte und die neue epische Form. J. G. Schnabels Romane. In H. M.:
Von Lessing bis Th. Mann. (Pfullingen:) Neske (1959). S. 35–78.
Stockum, Th[eodorus] C[ornelis] van: Robinson Crusoe, Vorrobinsonaden und Ro-
binsonaden. In Th. C. v. St.: Von Fr. Nicolai bis Th. Mann. Groningen: Wolters
1962. S. 24–38.
Gove, Philip Babcock: The imaginary voyage in prose fiction. A history of its criti-
cism and a guide for its study with an annoted check list of 215 imaginary voyages
from 1700 to 1800. [2nd ed.] (London:) Holland Pr. 1961.

II. THEORETISCHE AUSEINANDERSETZUNGEN

Seite 483–507

Gottsched, Johann Christoph: Versuch einer critischen Dichtkunst. (Nachdr. d. 4.,
verm. Aufl., Leipzig 1751.) Darmstadt: Wiss. Buchges. 1962.
– : Sterbender Cato. Im Anh.: Auszüge aus d. zeitgenoss. Diskussion über Gottscheds
Drama. Hrsg. von Horst Steinmetz. Stuttgart: Reclam (1964). (= Univ.-Bibl.
Nr 2097/97a.)
Conrady, Karl Otto: J. Chr. Gottsched „Sterbender Cato". In: Das dt. Drama. Inter-
pretationen. Hrsg. von Benno von Wiese. Bd 1. Düsseldorf: Bagel (1958). S. 61–78.
Slangen, Johannus Hubertus (Hrsg.): J. Chr. Gottsched „Beobachtungen über den
Gebrauch und Mißbrauch vieler dt. Wörter u. Redensarten". Utrecht, Phil. Diss.
1955.
Sparnaay, H[endricus]: Die erste deutsche Synonymik. Ein vergessenes Buch Gott-
scheds. In H. S.: Zur Sprache u. Lit. d. Mittelalters. Groningen: Wolters 1961.
S. 67–76.
Gottsched, Luise Adelgunde Viktorie: Der Witzling. Ein dt. Nachspiel in einem Aufzuge. – Johann Elias Schlegel: Die stumme Schönheit. Ein Lustspiel in einem Auf-
zuge. Texte u. Materialien zur Interpretation besorgt von Wolfgang Hecht. Berlin:
de Gruyter 1962. (= Komedia. 1.)
Neumann, Alfred R.: Gottsched versus the opera. In: Monatshefte (Madison) 45
(1953) S. 297–307.
Birke, Joachim: Gottsched's opera criticism and its literary sources. In: Acta Musico-
logica 32 (1960) S. 194–200.
Guthke, Karl S.: Die Auseinandersetzung um das Tragikomische und die Tragiko-
mödie in der Ästhetik d. dt. Aufklärung. In: Jb. Ästh. u. allg. Kunstwiss. 6 (1961)
S. 114–138.
Winterling, Fritz: Das Bild der Geschichte in Drama und Dramentheorie Gottscheds
und Bodmers. Frankfurt/M., Phil. Diss. 1955. [Masch.]
Kegel, Marlies: Der Erziehungsoptimismus in d. dt. Aufklärung, nachgewiesen an
J. Chr. Gottsched u. J. E. Schlegel. Greifswald, Phil. Diss. 1957. [Masch.] – Vgl.

Schnitzler, Felix Th.: Die Bedeutung der Satire für die Erzählform bei Grimmelshausen. Heidelberg, Phil. Diss. 1957. [Masch.]

Kohlschmidt, Werner: Simplicius in Bern. In W. K.: Dichter, Tradition u. Zeitgeist. Ges. Studien zur Lit.-Gesch. Bern u. München: Francke (1965). S. 199–205.

Mollay, Karl: Ungarischer oder Dacianischer Simplicissimus. Bilanz der bisherigen Forschung. In: Ann. Universitatis Scientiarum Budapestinensis. Sectio Philol. Tom. 3 (1961) S. 37–45.

Boeckh, Joachim G.: Der Tököly-Appendix des „Ungarischen oder Dacianischen Simplicissimus" ⟨1683⟩. In: Forsch. u. Fortschr. 33 (1959) S. 336–339.

Thomas, Johann: Damon und Lisille. 1663 und 1665. (Hrsg. von Herbert Singer u. Horst Gronemeyer.) Hamburg: Maximilian-Ges. 1966.

Beer, Johann: Das Narrenspital sowie Jucundi Jucundissimi Wunderliche Lebens-Beschreibung. Mit e. Essay „Zum Verständnis der Werke" u. e. Bibliogr. neu hrsg. von Richard Alewyn. Hamburg: Rowohlt (1957). (= Rowohlts Klassiker d. Lit. u. d. Wiss. 9.)

– : Kurtzweilige Sommer-Täge. Abdr. d. einzigen Ausg. ⟨1683⟩. Hrsg. von Wolfgang Schmitt. Halle: VEB Niemeyer 1958. (= Neudr. dt. Lit.werke. Nr 324.)

– : Die teutschen Winter-Nächte & Die kurzweiligen Sommer-Täge. (Hrsg. von Richard Alewyn.) (Frankfurt/M.:) Insel-Verl. (1963).

– : Printz Adimantus und der Königlichen Princeßin Ormizella Liebes-Geschicht. Hrsg. von Hans Pörnbacher. Stuttgart: Reclam (1967). (= Univ.-Bibl. Nr 8757.)

– : Sein Leben, von ihm selbst erzählt. Hrsg. von Adolf Schmiedecke. Mit e. Vorw. von Richard Alewyn. Göttingen: Vandenhoeck & Ruprecht (1965).

Knight, K. G.: The novels of Johann Beer ⟨1655–1700⟩. In: Mod. Language Rev. 56 (1960) S. 194–211.

– : Eine wiederaufgefundene Schrift Johann Beers: Der neu-ausgefertigte Jungfer-Hobel. In: Neophilologus 44 (1960) S. 14–16.

– : Johann Beer's Bellum Musicum. In: Germ. Life & Letters N. S. 18 (1964/65) S. 291–294.

Kremer, Manfred: Die Satire bei Johann Beer. Köln, Phil. Diss. 1964.

Müller, Jörg-Jochen: Studien zu den Willenhag-Romanen Johann Beers. Marburg, Phil. Diss. 1964.

Varas Reyes, F. P.: Notas a dos novelas de Johann Beer. In: Filol. mod. 3 (1962) Nr 7/8, S. 101–135.

Stöpfgeshoff, Susanne: Die Musikerromane von Wolfgang Caspar Printz und Johann Kuhnau zwischen Barock und Aufklärung. Freiburg i. Br., Phil. Diss. 1960. [Masch.]

Happel, Eberhard Werner: Der akademische Roman. Ehemals … Ulm 1690. Bern, Stuttgart, Wien: Scherz 1962.

Huet, Pierre Daniel: Traité de l'origine des romans. Faks.-Dr. nach der Erstausg. von 1670 u. der Happelschen Übers. von 1682. Mit e. Nachw. von Hans Hinterhäuser. Stuttgart: Metzler (1966). (Samml. Metzler.)

III. DAS BÜRGERTUM UND SEINE GRENZEN

Seite 393–416

Hirsch, Arnold: Bürgertum und Barock im dt. Roman. Ein Beitr. z. Entstehungsgesch. d. bürgerl. Weltbildes. 2. Aufl. besorgt von Herbert Singer. Köln, Graz: Böhlau 1957. (= Lit. u. Leben. N. F. Bd 1.)

Singer, Herbert: Der dt. Roman zwischen Barock und Rokoko. Köln, Graz: Böhlau 1963. (= Lit. u. Leben. N. F. Bd 6.)

– : Der galante Roman. (2. Aufl.) Stuttgart: Metzler 1966. (Samml. Metzler.)

Friederici, Hans: Das dt. bürgerliche Lustspiel der Frühaufklärung ⟨1736–1750⟩. Unter bes. Berücks. s. Anschauungen von d. Gesellschaft. Halle: Niemeyer 1957.

Wetzel, Hans: Das empfindsame Lustspiel der Frühaufklärung ⟨1745–1750⟩. Zur Frage der Befreiung der dt. Komödie von der rationalist. u. franz. Tradition im 18. Jh. München, Phil. Diss. 1956. [Masch.]

Altenhein, Hans-Richard: Geld und Geldeswert im bürgerlichen Schauspiel des 18. Jhs. Köln, Phil. Diss. 1952. [Masch.] – Zsfassung in: Das werck der bucher. Festschr. f. Horst Kliemann. Freiburg: Rombach 1956. S. 201–213.

Daunicht, Richard: Die Entstehung des bürgerlichen Trauerspiels in Deutschland. Berlin: de Gruyter (1963). (= Quellen u. Forsch. zur Sprach- u. Kulturgesch. d. germ. Völker. N. F. 8 ⟨132⟩.)

Schlegel, Johann Elias: Ausgewählte Werke. (Hrsg. von Werner Schubert.) Weimar: Arion Verl. 1963. (= Textausg. zur dt. Klassik. Bd 2.)

– : Vergleichung Shakespears und Andreas Gryphs. Faks.-Dr. Hrsg. m. Anh. u. Nachw. von Hugh Powell. Leicester: Univ. Pr. 1964.

Wilkinson, Elizabeth M.: Johann Elias Schlegel, a German pioneer in aesthetics. Oxford: Blackwell 1945.

May, Kurt: J. E. Schlegels „Canut" im Wettstreit d. geistesgeschichtl. u. formgeschichtl. Forschung. In: Trivium 7 (1949) S. 257–285.

Bayer, Fritz: Johann Elias Schlegels dramatisches Schaffen. Seine Bedeutg für d. dt. Dichtkunst d. 18. Jhs. Bonn, Phil. Diss. 1952. [Masch.]

Hofius, Margarete: Untersuchungen zur Komödie d. dt. Aufklärung. Mit bes. Berücks. Johann Elias Schlegels. Münster, Phil. Diss. 1954. [Masch.]

Salzbrunn, Joachim: Johann Elias Schlegel, seine Dramaturgie u. seine Bedeutg für d. Entwicklg d. dt. Theaters. Göttingen, Phil. Diss. 1957. [Masch.]

Schubert, Werner: Die Beziehungen Johann Elias Schlegels zur dt. Aufklärung ⟨in seinen frühen Dramen u. seiner poetischen Theorie⟩. Leipzig. Phil. Diss. 1959. [Masch.]

Wolf, Peter: Die Dramen Johann Elias Schlegels. Ein Beitr. zur Gesch. d. Dramas im 18. Jh. (Zürich:) Atlantis Verl. (1964). (= Zürcher Beitr. z. dt. Lit.- u. Geistesgesch. Nr 22.)

Steffen, Hans: Die Form des Lustspiels bei Johann Elias Schlegel. Ein Beitr. zur Lustspielform d. dt. Frühaufklärung. In: Germ.-Rom. Mschr. 42 (1961) S. 413–431.

Martini, Fritz: Johann Elias Schlegel „Die stumme Schönheit". Spiel u. Sprache im Lustspiel. In: Der Deutschunterricht (Stuttgart) 15 (1963) S. 7–32.

Gellert, Christian Fürchtegott: Die Betschwester. Lustspiel in drei Aufzügen. Text u. Materialien zur Interpretation besorgt von Wolfgang Martens. Berlin: de Gruyter 1962. (= Komedia. 2.)

– : Fabeln und Erzählungen. Ausgew. von Friedhelm Kemp. (Wiesbaden:) Insel-Verl. 1959. (= Insel-Bücherei Nr 679.)

Matthias, Walter: Kunst und Offenbarung. Ein Beitr. zur Gesch. d. Kirchenliedes d. Aufklärung. Dargest. an d. „Geistlichen Liedern und Oden" von Chr. F. Gellert. Göttingen, Phil. Diss. 1950. [Masch.]

Stamm, Israel S.: Gellert: religion and rationalism. In: Germ. Rev. 28 (1953) S. 195 bis 203.

Grotegut, Eugene K.: Gellert: wit or sentimentalist? In: Monatshefte (Madison) 54 (1962) S. 117–122.

Capt, Louis: Gellerts Lustspiele. Zürich, Phil. Diss. 1949.

Merkel, Gottfried F.: Gellerts Stellung in d. dt. Sprachgesch. In: Beitr. Gesch. dt. Sprache u. Lit. (Halle) 82, Sonderdb (1961) S. 395–412.

Abraham a Santa Clara: Hui und Pfui der Welt und andere Schriften. (Ausw. u. Einf.
von Jürgen von Hollander.) (München: Bruckmann 1963.) (Bruckmann Quer-
schnitte.)

Bertsche, Karl: Die Werke Abrahams a Sancta Clara in ihren Frühdrucken. 2., verb. u.
erw. Aufl. (Hrsg. von Michael O. Krieg.) Wien, Bad Bocklet, Zürich: Krieg 1961.

Kinsky, Eleonore: Das Predigtwerk des Paters Procopius vom Templin. Wien,
Phil. Diss. 1963. [Masch.]

Pfanner, Hildegard: Das dramatische Werk Simon Rettenpachers. Innsbruck, Phil.
Diss. 1954. [Masch.]

Haslinger, Adolf: Die Salzburger Periochen als literarische Quellen. Eine method.
Vorstudie zu e. Darstellg d. Benediktinerdramas. In: Festschr. Leonhard C. Franz.
Innsbruck: Sprachwiss. Inst. d. Univ. 1965 [vielm. 1967]. S. 143–158.

Stählin, Traugott: Gottfried Arnolds geistliche Dichtung. Glaube u. Mystik. Göttingen: Vandenhoeck & Ruprecht (1966). (= Veröff. Evang. Ges. Liturgieforsch.
H. 15.)

Dörries, Wolfgang: Geist und Geschichte bei Gottfried Arnold. Göttingen: Vandenhoeck & Ruprecht 1963. (= Abh. Akad. Wiss. Göttingen. Phil.-hist. Kl. F. 3, Nr
51.)

Zinzendorf, Nikolaus Ludwig von: Hauptschriften. Hrsg. von Erich Beyreuther u.
Gerhard Meyer. Bd 1–6 [nebst] Erg.-Bd 1–9. Hildesheim: Olms 1962–1966.

Beyreuther, Erich: Nikolaus Ludwig von Zinzendorf in Selbstzeugnissen u. Bild-
dokumenten. (Reinbek:) Rowohlt (1965). (= rowohlts monographien. 105.)

Mittner, Ladislao: Freundschaft und Liebe in d. dt. Lit. d. 18. Jhs. In: Stoffe – Formen
– Strukturen. Studien z. dt. Lit. H. H. Borcherdt zum 75. Geb.tag. München:
Hueber (1962). S. 97–138.

Schmitt, Wolfgang: Die pietistische Kritik der „Künste". Unters. über die Entstehg
e. neuen Kunstauffassg im 18. Jh. Köln, Phil. Diss. 1958.

VIERTER ABSCHNITT: AUFKLÄRUNG

I. DIE ERSTEN SPUREN DER AUFKLÄRUNG

Seite 445–482

Anthologien und Gesamtdarstellungen:

Brüggemann, Fritz (Hrsg.): Aufklärung. Bd 1–15. (Nachdr. d. Ausg. Leipzig
1930–1941.) Darmstadt: Wiss. Buchges. 1964–1967. (Dt. Lit. in Entwicklungsreihen.)

Elschenbroich, Adalbert (Hrsg.): Deutsche Dichtung im 18. Jh. München: Hanser
[1960]. [Auch Darmstadt: Wiss. Buchges.]

Windfuhr, Manfred (Hrsg.): Deutsche Fabeln des 18. Jhs. Stuttgart: Reclam (1962).
(= Univ.-Bibl. Nr 8429/30.)

Emmerich, Karl (Hrsg.): Der Wolf und das Pferd. Deutsche Tierfabeln d. 18. Jhs.
Berlin: Rütten & Loening 1960. [Auch Darmstadt: Wiss. Buchges.]

Philipp, Wolfgang (Hrsg.): Das Zeitalter der Aufklärung. Bremen: Schünemann
(1963). (= Klassiker des Protestantismus. Bd 7. = Samml. Dieterich. Bd 272.)

Hazard, Paul: Die Krise des europäischen Geistes. La Crise de la Conscience Europé-
enne [dt.]. 1680–1715. Aus d. Franz. übertr. von Harriet Wegener. Hamburg:
Hoffmann u. Campe (1939). – 5. Aufl. [1965].

– : Die Herrschaft der Vernunft. Das europäische Denken im 18. Jh. La Pensée Euro-
péenne au XVIIIe siècle de Montesquieu à Lessing [dt.]. (Aus dem Franz. übertr.
von Harriet Wegener u. Karl Linnebach.) Hamburg: Hoffmann u. Campe (1949).

Martini, Fritz: Von der Aufklärung zum Sturm und Drang. 1700–1775. In: Annalen d. dt. Lit. Stuttgart: Metzler 1952. S. 405–463. [bes. S. 405–429.]

Kaiser, Gerhard: Von der Aufklärung bis zum Sturm und Drang. 1730–1785. (Gütersloh: Mohn 1966.)

Wolff, Hans M.: Die Weltanschauung der deutschen Aufklärung in geschichtlicher Entwicklung. 2. Aufl. Durchges. u. eingel. von Karl S. Guthke. Bern, München: Francke (1963).

Markwardt, Bruno: Geschichte der deutschen Poetik. Bd 2. Aufklärung, Rokoko, Sturm u. Drang. Berlin: de Gruyter 1956. (= Grundriß d. germ. Philol. 13, 2.)

Philipp, Wolfgang: Das Werden der Aufklärung in theologiegeschichtlicher Sicht. Göttingen: Vandenhoeck & Ruprecht (1957). (= Forsch. z. syst. Theol. u. Religionsphilos. Bd 3.)

Bößenecker, Hermann: Pietismus und Aufklärung. Ihre Begegnung im dt. Geistesleben d. 17. u. 18. Jhs. Eine geistesgeschichtliche Unters. Würzburg, Phil. Diss. 1958. [Masch.]

Burger, Heinz Otto: Deutsche Aufklärung im Widerspiel zu Barock und „Neubarock" In H. O. B.: „Dasein heißt eine Rolle spielen". Studien z. dt. Lit.-Gesch. München: Hanser (1963). S. 94–119.

– : Vergnügen. Vorläufiges zur Gesch. von Wort u. Wert im 18. Jh. In: Studi in onore di Lorenzo Bianchi. Bologna: Zanichelli (1960). S. 11–28.

Schneider, Heinrich: Quest for mysteries: the Masonic background for literature in 18th century Germany. Ithaca: Cornell Univ. Pr. 1947.

Totok, Wilhelm: Das Problem der Theodizee in der deutschen Gedankenlyrik der Aufklärung. Marburg, Phil. Diss. 1949. [Masch.]

Hoff, Kay: Die Wandlung des dichterischen Selbstverständnisses in der ersten Hälfte des 18. Jhs, dargest. an der Lyrik dieser Zeit. Kiel, Phil. Diss. 1949. [Masch.]

Küfner, Hans K[arl]: Der Mißvergnügte in der Literatur der dt. Aufklärung 1688 bis 1759. Würzburg, Phil. Diss. 1960. [Masch. vervielf.]

Hirsch, Arnold: Barockroman und Aufklärungsroman. In: Ét. Germ. 9 (1954) S.97–111.

Götz, Max: Der frühe bürgerliche Roman in Deutschland ‹1720–1750›. München, Phil. Diss. 1958. [Masch.]

Engelsing, Rolf: Der Bürger als Leser. Die Bildg d. protest. Bevölkerg Deutschlands im 17. u. 18. Jh. am Beispiel Bremens. In: Arch. Gesch. d. Buchwes. 3 (1961) Sp. 205–368.

Wedemeyer, Irmgard: Das Menschenbild des Christian Thomasius. Göttingen, Phil. Diss. 1958. [Masch.]

Kirchner, Joachim: Die Grundlagen des deutschen Zeitschriftenwesens. Mit e. Gesamtbibliographie d. dt. Zss. bis zum Jahre 1790. T. 1. 2. Leipzig: Hiersemann 1928–31.

Hubrig, Hans: Die patriotischen Gesellschaften des 18. Jhs. Weinheim/Bergstr.: Beltz 1957. (= Göttinger Stud. z. Pädag. H. 36.)

Langenohl, Hanno: Die Anfänge der dt. Volksbildungsbewegung im Spiegel d. moralischen Wochenschriften. Ratingen b. Düsseldorf: Henn (1964). (Beitr. z. Erziehungswiss.)

Martens, Wolfgang: Der Hochgeehrte Herr Freymäurer. Über Freimaurerei und Moralische Wochenschriften. In: Euphorion 56 (1962) S. 279–299.

– : Zur Verfasserschaft am „Patrioten" ‹1724–26›. In: Euphorion 58 (1964) S. 396 bis 401.

– : Die Schriften wider und für den „Patrioten". Bibliographie. In: Arch. Gesch. d. Buchwes. 5 (1964) Sp. 1353–1368.

– : Über die österreichischen Moralischen Wochenschriften. In: Lenau-Almanach 1965/66, S. 110–121.

Brockes, Barthold Heinrich: Auszug der vornehmsten Gedichte aus dem Irdischen Vergnügen in Gott. Faks.-Dr. nach d. Ausg. von 1738. Mit e. Nachw. von Dietrich Bode. Stuttgart: Metzler (1965). (Dt. Neudr. R. Texte d. 18. Jhs.)

– : Irdisches Vergnügen in Gott. Gedichte. Ausw. u. Nachw. von Adalbert Elschenbroich. Stuttgart: Reclam (1963). (= Univ.-Bibl. Nr 2015.)

Krogmann, Willy: Ein Brockes zugeschriebenes Gedicht [„Gedancken üb. d. Gottesdienst d. Juden im Alten u. d. Christen im Neuen Testament."] In: Z. dt. Philol. 76 (1957) S. 407–419.

Wolff, Hans M.: Brockes' Religion. In: Publ. Mod. Language Ass. 62 (1947) S. 1124 bis 1152.

Kupffer, Imogen: Das Irdische Vergnügen in Gott von B. H. Brockes. Eine Unters. zu Wesen u. Entwicklg d. Naturlyrik. Göttingen, Phil. Diss. 1956. [Masch. vervielf.]

Riedl geb. Kranz, Eva Eleonore: Die Theodizee in der Popularphilosophie der Aufklärungszeit, exemplifiziert an B. H. Brockes' „Irdisches Vergnügen in Gott". Wien, Phil. Diss. 1960. [Masch.]

Mainland, William F.: Brockes and the limitations of imitation. In: Reality and Creative Vision in German Lyrical Poetry. Ed. by A. Closs. London: Butterworths 1963. S. 101–116.

Sauder, Gerhard: Drollinger an Bodmer – zwölf Briefe. In: Z. f. d. Gesch. d. Oberrheins 112 (1964) S. 163–185.

Roth, Paul: Hofrat Carl Friedrich Drollinger u. d. Baden-Durlachschen Sammlungen zu Basel. In: Basler Z. Gesch. u. Altertumskde 57 (1958) S. 133–170.

Lundsgaard-Hansen-von Fischer, Susanne: Verzeichnis der gedruckten Schriften Albrecht von Hallers. Bern: Haupt 1959. (= Berner Beitr. z. Gesch. d. Med. u. d. Naturwiss. 18.)

Haller, Albrecht von: Die Alpen. Bearb. von Harold T. Betteridge. Berlin: Akad.-Verl. 1959. (= Studienausg. z. neueren dt. Lit. 3.)

– : Die Alpen u. a. Gedichte. Ausw. u. Nachw. von Adalbert Elschenbroich. Stuttgart: Reclam (1965). (= Univ.-Bibl. Nr 8963/64.)

Siegrist, Christoph: Albrecht von Haller. Stuttgart: Metzler 1967. (Samml. Metzler.)

Guthke, Karl S.: Haller und die Literatur. Göttingen: Vandenhoeck & Ruprecht 1962. (= Arb. aus d. niedersächs. Staats- u. Univ.-Bibl. Göttingen. Bd 4.)

Kohlschmidt, Werner: Hallers Gedichte und die Tradition. In W. K.: Dichter, Tradition u. Zeitgeist. Ges. Studien z. Lit.-Gesch. Bern u. München: Francke (1965). S. 206–221.

Tonelli, Giorgio: Poesia e filosofia in Albrecht von Haller. Torino: Ediz. di „Filosofia" 1961. (= La filosofia nella letteratura. 14.)

Strahlmann, B.: Albrecht von Haller und Herzog Peter Friedrich Ludwig von Oldenburg. In: Berner Z. Gesch. u. Heimatkde. 1958. S. 115–149.

Betteridge, H[arold] T.: Notes on Albrecht von Haller. In: Mod. Language Rev. 46 (1951) S. 461–467.

Stäuble, Eduard: Albrecht von Haller, „Über den Ursprung des Übels". Zürich: Atlantis Verl. (1953). (= Zürcher Beitr. z. dt. Lit.- u. Geistesgesch. Nr 3.)

Pax, Gertraud: Der Wortkreis Schöpfung / Natur / Seele bei Albrecht von Haller und die Parallelen bei Johann Georg Hamann. Wien, Phil. Diss. 1947. [Masch.]

Meyer, Herman: Hütte und Palast in d. Dichtg d. 18. Jhs. In: Formenwandel. Festschr. z. 65. Geb.tag von Paul Böckmann. (Hamburg:) Hoffmann u. Campe (1964). S. 138–155. [S. 138–142: Haller.]

Guthke, Karl S.: Haller, La Mettrie und die anonyme Schrift „L'homme plus que machine". In: Ét. Germ. 17 (1962) S. 137–143.

Anger, Alfred (Hrsg.): Dichtung des Rokoko, nach Motiven geordnet. Tübingen: Niemeyer 1958. (= Dt. Texte. 7.)

– : Deutsche Rokoko-Dichtung. Ein Forschungsbericht. In: Dt. Vjschr. Lit.-Wiss. u. Geistesgesch. 36 (1962) S. 430–479 u. 614–648. – Auch als Einzeldr.: Stuttgart: Metzler 1963.

– : Literarisches Rokoko. Stuttgart: Metzler 1962. (Samml. Metzler.)

– : Landschaftsstil des Rokoko. In: Euphorion 51 (1957) S. 151–191.

Schultz, Franz: Die Göttin Freude. Zur Geistes- u. Stilgesch. d. 18. Jhs. In: Jb. d. Freien Dt. Hochstifts 1926, S. 3–38.

Cysarz, Herbert: Literarisches Rokoko. In H. C.: Welträtsel im Wort. Wien: Berglandverl. (1948). S. 125–167.

Schönberger, Arno, u. Halldor Soehner: Die Welt des Rokoko. Kunst u. Kultur d. 18. Jhs. München: Callwey 1959.

Stamm, Israel S.: German literary rococo. In: Germ. Rev. 36 (1961) S. 230–241.

Mazingue, Étienne: De la Renaissance Opitzienne au Frührokoko. In: Ét. Germ. 19 (1964) S. 482–492.

Sørensen, Bengt Algot: Das deutsche Rokoko u. d. Verserzählg im 18. Jh. In: Euphorion 48 (1954) S. 125–152.

Schlotthaus, Werner: Das Spielphänomen und seine Erscheinungsweise in d. Dichtg d. Anakreontik. Göttingen, Phil. Diss. 1958. [Masch. vervielf.]

Guthke, Karl S.: Friedrich von Hagedorn u. das literar. Leben seiner Zeit im Lichte unveröffentl. Briefe an Johann Jakob Bodmer. In: Jb. d. Freien Dt. Hochstifts 1966, S. 1–108.

Coffmann, Bertha Reed: Friedrich von Hagedorn's version of „Philemon und Baucis". In: Mod. Language Rev. 48 (1953) S. 186–189.

Schultze, Werner: Die Brüder Hagedorn. In: Arch. Kulturgesch. 41 (1959) S. 90–99.

Grotegut, E[ugene] K.: The popularity of Friedrich von Hagedorn's „Johannes der Seifensieder". In: Neophilologus 44 (1960) S. 189–195.

Gleim, Johann Wilhelm Ludwig: Versuch in Scherzhaften Liedern und Lieder. Nach den Erstausg. von 1744/45 u. 1749 mit den Körteschen Fassungen im Anh. krit. hrsg. von Alfred Anger. Tübingen: Niemeyer 1964. (= Neudr. dt. Lit.werke. N. F. 13.)

Uz, Johann Peter: Sämtliche poetische Werke. Hrsg. von August Sauer. (Nachdr. d. Ausg. Stuttgart 1890.) Darmstadt: Wiss. Buchges. 1964.

Hanson, William P.: Lange, Pyra and „Anakreontische Tändeleien". In: Germ. Life & Letters. N. S. 18 (1964/65) S. 81–90.

Kormann, Hilmar: Johann Christoph Rost. Eine literarkrit. Unters. als Beitr. zur Gesch. d. dt. Rokoko. Erlangen-Nürnberg, Phil. Diss. 1966.

Finze, Hansjoachim: Empfindung, Vergnügen und Arkadien bei Johann August Unzer (1727–1799) und den Hamburger Anakreontikern. Ein Beitr. zur Untersuchg d. patriz. Strömg d. Aufklärungsbewegung. Rostock, Phil. Diss. 1958. [Masch.] – Zsfassg in: Wiss. Z. Univ. Rostock. Gesellsch.- u. sprachwiss. R. 9 (1959/60) S. 133–136.

Kind, Helmut: Das Rokoko und seine Grenzen im dt. komischen Epos d. 18. Jhs. Halle, Phil. Diss. 1945. [Masch.]

Beeken, Lüder: Das Prinzip der Desillusionierung im komischen Epos des 18. Jhs. Zur Wesensbestimmg d. dt. Rokoko. Hamburg, Phil. Diss. 1954. [Masch.]

Reichert, Karl: Utopie und Staatsroman. Ein Forschungsbericht. In: Dt. Vjschr. Lit.-Wiss. Geistesgesch. 39 (1965) S. 259–287.

Stockum, Th[eodorus] C[ornelis] van: Robinson Crusoe, Vorrobinsonaden und Robinsonaden. In Th. C. v. St.: Von Fr. Nicolai bis Th. Mann. Groningen: Wolters 1962. S. 24–38.

Gove, Philip Babcock: The imaginary voyage in prose fiction. A history of its criticism and a guide for its study with an annoted check list of 215 imaginary voyages from 1700 to 1800. [2nd ed.] (London:) Holland Pr. 1961.

Reichert, Karl: Robinsonade, Utopie und Satire im „Joris Pines" ⟨1726⟩. In: Arcadia 1 (1966) S. 50–69.

Schnabel, Johann Gottfried: Die Insel Felsenburg. In d. Bearb. von L. Tieck neu hrsg. mit einem Nachw. von Martin Greiner. (Teilw. gekürzt.) Stuttgart: Reclam (1959). (= Univ.-Bibl. Nr 8419–8428.)

Stern, Martin: Die wunderlichen Fata der „Insel Felsenburg". Tiecks Anteil an der Neuausg. von J. G. Schnabels Roman ⟨1828⟩. Eine Richtigstellung. In: Dt. Vjschr. Lit.-Wiss. Geistesgesch. 40 (1966) S. 109–115.

Lamport, F. J.: Utopia and ‚Robinsonade': Schnabel's „Insel Felsenburg" and Bachstrom's „Land der Inquiraner". In: Oxford German Studies 1 (1966) S. 10–30.

Steffen, Hans: J. G. Schnabels „Insel Felsenburg" u. ihre formengeschichtl. Einordnung. In: Germ.-Rom. Mschr. 42 (1961) S. 51–61.

Haas, Rosemarie: Die Landschaft auf der Insel Felsenburg. In: Z. dt. Altertum u. dt. Lit. 41 (1961) S. 63–84.

Werner, Käte: Der Stil von Johann Gottfried Schnabels „Insel Felsenburg". Berlin, H. U., Phil. Diss. 1950. [Masch.]

Mayer, Hans: Die alte und die neue epische Form. J. G. Schnabels Romane. In H. M.: Von Lessing bis Th. Mann. (Pfullingen:) Neske (1959). S. 35–78.

II. THEORETISCHE AUSEINANDERSETZUNGEN

Seite 483–507

Gottsched, Johann Christoph: Versuch einer critischen Dichtkunst. (Nachdr. d. 4., verm. Aufl., Leipzig 1751.) Darmstadt: Wiss. Buchges. 1962.

– : Sterbender Cato. Im Anh.: Auszüge aus d. zeitgenöss. Diskussion über Gottscheds Drama. Hrsg. von Horst Steinmetz. Stuttgart: Reclam (1964). (= Univ.-Bibl. Nr 2097/97a.)

Conrady, Karl Otto: J. Chr. Gottsched „Sterbender Cato". In: Das dt. Drama. Interpretationen. Hrsg. von Benno von Wiese. Bd 1. Düsseldorf: Bagel (1958). S. 61–78.

Slangen, Johannus Hubertus (Hrsg.): J. Chr. Gottsched „Beobachtungen über den Gebrauch und Mißbrauch vieler dt. Wörter u. Redensarten". Utrecht, Phil. Diss. 1955.

Sparnaay, H[endricus]: Die erste deutsche Synonymik. Ein vergessenes Buch Gottscheds. In H. S.: Zur Sprache u. Lit. d. Mittelalters. Groningen: Wolters 1961. S. 67–76.

Östlund, Gisela: Gottscheds Übersetzung des Reinke de vos. In: Niederdt. Mitt. (Lund) 16/18 (1964) S. 132–185.

Rieck, Werner: Gottsched und die „Societas incognitorum" in Olmütz. In: Forsch. u. Fortschr. 40 (1966) S. 82–86.

Gottsched, Luise Adelgunde Viktorie: Der Witzling. Ein dt. Nachspiel in einem Aufzuge. – Johann Elias Schlegel: Die stumme Schönheit. Ein Lustspiel in einem Aufzuge. Texte u. Materialien zur Interpretation besorgt von Wolfgang Hecht. Berlin: de Gruyter 1962. (= Komedia. 1.)

Neumann, Alfred R.: Gottsched versus the opera. In: Monatshefte (Madison) 45 (1953) S. 297–307.

Birke, Joachim: Christian Wolffs Metaphysik und die zeitgenössische Literatur- u. Musiktheorie: Gottsched, Scheibe, Mizler. Berlin: de Gruyter 1966. (= Quellen u. Forsch. zur Sprach- u. Kulturgesch. d. germ. Völker. N. F. 21 ⟨145⟩.)

Guthke, Karl S.: Die Auseinandersetzung um das Tragikomische und die Tragiko-mödie in der Ästhetik d. dt. Aufklärung. In: Jb. Ästh. u. allg. Kunstwiss. 6 (1961) S. 114–138.

Winterling, Fritz: Das Bild der Geschichte in Drama und Dramentheorie Gottscheds und Bodmers. Frankfurt/M., Phil. Diss. 1955. [Masch.]

Kegel, Marlies: Der Erziehungsoptimismus in d. dt. Aufklärung, nachgewiesen an J. Chr. Gottsched u. J. E. Schlegel. Greifswald, Phil. Diss. 1957. [Masch.] – Vgl. dies. in: Worte u. Werte. Br. Markwardt zum 60. Geb.tag. Berlin: de Gruyter 1961. S. 155–164.

Brockmeyer, Rainer: Geschichte des deutschen Briefes von Gottsched bis zum Sturm u. Drang. Münster, Phil. Diss. 1959 (gedruckt 1961).

Wehr, Marianne: Johann Christoph Gottscheds Briefwechsel. Ein Beitr. zur Gesch. d. dt. Frühaufklärung. T. 1. 2. Leipzig, Philol. Diss. 1966. [Masch. vervielf.]

Lehmann, Ulf: Der Gottschedkreis und Rußland. Dt.-russ. Literaturbeziehungen im Zeitalter der Aufklärung. Berlin: Akad.-Verl. 1966. (= Dt. Akad. d. Wiss. zu Berlin. Veröff. d. Inst. f. Slawistik. Nr 38.)

Scheibe, Siegfried: Zur Druck- u. Wirkungsgeschichte der „Belustigungen des Ver-standes und des Witzes". Philol. Befunde. In: Forsch. u. Fortschr. 39 (1965) S. 119 bis 123.

Bodmer, Johann Jacob: Critische Abhandlung von dem Wunderbaren in der Poesie. Faks.-Dr. nach d. Ausg. von 1740. Mit e. Nachw. von Wolfgang Bender. Stuttgart: Metzler (1966). (Dt. Neudr. R. Texte d. 18. Jhs.)

Milton, John: Johann Miltons Episches Gedichte von dem Verlohrnen Paradiese [Paradise lost, dt.]. Faks.-Dr. der Bodmerschen Übers. von 1742. Mit e. Nachw. von Wolfgang Bender. Stuttgart: Metzler (1965). (Dt. Neudr. R. Texte d. 18. Jhs.)

Plückebaum, Gerd: „Von der erforderten Genauigkeit beym Übersetzen". Ein Beitr. Bodmers zur Übersetzungstheorie im XVIII. Jh. In: Arcadia 1 (1966) S. 210 bis 212.

Bodmer, Johann Jacob (u. Pietro di Calepio): Brief-Wechsel von der Natur des Poetischen Geschmackes. Faks.-Dr. nach d. Ausg. von 1736. Mit e. Nachw. von Wolfgang Bender. Stuttgart: Metzler (1966). (Dt. Neudr. R. Texte d. 18. Jhs.)

Calepio, Pietro dei Conti di: Lettere a J. J. Bodmer. A cura Rinaldo Boldini con Nota al testo e Glossario di R. S. Bologna: Commissione per i testi di lingua 1964. (= Scelta di curiosità letterarie inedite o rare dal secolo XIII al XIX. 263.) Bespr.: Enrico Bernardo Straub, Germ.-Rom. Mschr. 47 (1966) S. 314–319.

Straub, Enrico: Der Briefwechsel Calepio – Bodmer. Ein Beitr. zur Erhellung der Beziehungen zwischen italien. u. dt. Lit. im 18. Jh. Berlin, F. U., Phil. Diss. 1965.

Knight, Dorothy: Thomas Blackwell and J. J. Bodmer: The establishment of a literary link between Homeric Greece and mediaeval Germany. In: Germ. Life & Letters N. S. 6 (1952/53) S. 249–258.

Brown, A.: John Locke's Essay and Bodmer and Breitinger. In: Mod. Language Quart. 10 (1949) S. 16–32.

Grotegut, E[ugene] K.: Bodmer contra Gellert. In: Mod. Language Quart. 23 (1962) S. 383–396.

Betteridge, H[arold] T.: Klopstock's correspondence with Bodmer and Breitinger: Amendments and additions. In: Mod. Language Rev. 57 (1962) S. 357–372.

Breitinger, Johann Jacob: Critische Dichtkunst. Faks.-Dr. nach d. Ausg. von 1740. Mit e. Nachw. von Wolfgang Bender. Bd 1. 2. Stuttgart: Metzler (1966). (Dt. Neudr. R. Texte d. 18. Jhs.)

Breitinger, Johann Jacob: Critische Abhandlung von der Natur, den Absichten und dem Gebrauch der Gleichnisse. Faks.-Dr. nach d. Ausg. von 1740. Mit e. Nachw. von Manfred Windfuhr. Stuttgart: Metzler (1967). (Dt. Neudr. R. Texte d. 18. Jhs.)

Bräker, Jakob: Der erzieherische Gehalt in J. J. Breitingers „Critischer Dichtkunst". Zürich, Phil. Diss. 1950.

Hubschmid, Hans: Gott, Mensch und Welt in der schweizerischen Aufklärung. Eine Unters. über Optimismus u. Fortschrittsgedanken bei J. J. Scheuchzer, J. H. Tschudi, J. J. Bodmer und I. Iselin. Bern, Phil. Diss. 1950.

Flueler, Elisabeth: Die Beurteilung J. J. Bodmers in der deutschen Literaturgesch. u. Lit. Fribourg, Thèse lettres 1951.

Jantz, Harold: Spreng's Swiss Anthology of 1723. In: Mod. Language Notes 78 (1963) S. 427–430.

Richmond, Garland Campbell: The written document in German comedy: Its use as a dramatic device from Gottsched to Lessing. Univ. of Texas, Austin (Texas), Diss. 1962.

Geißler, Rolf: Das Ethos des Helden im Drama der Gottschedzeit. Köln, Phil. Diss. 1955. [Masch.]

Andres [vereh. Gräfin v. Pfeil u. Klein Ellguth], Astrid: Die Figur des Bösewichts im Drama der Aufklärung. Freiburg i. Br., Phil. Diss. 1955. [Masch.]

Schreiber, S. Etta: The German woman in the age of enlightenment, a study in the drama from Gottsched to Lessing. New York: King's Crown Pr. 1948. (= Columbia Univ. Germ. studies. N. S. 19.)

Promies, Wolfgang: Der Bürger und der Narr oder das Risiko der Phantasie. E. Unters. über d. Irrationale in d. Lit. des Rationalismus. München, Phil. Diss. 1961.

Steinmetz, Horst: Der Harlekin. Seine Rolle in d. dt. Komödientheorie u. -dichtg d. 18. Jhs. In: Neophilologus 50 (1966) S. 95–106.

Schmiedecke, Adolf: Die Neuberin in Weißenfels. In: Euphorion 54 (1960) S. 188 bis 194.

III. MORAL UND EMPFINDSAMKEIT

Seite 508–521

Schröder, Christel Matthias: Die „Bremer Beiträge". Vorgesch. u. Gesch. e. dt. Zs. d. 18. Jhs. Bremen: Schünemann 1956. (= Schriften d. Wittheit zu Bremen. R. D. Bd 21, H. 2.)

Meyen, Fritz: Bremer Beiträger am Collegium Carolinum in Braunschweig. K. Chr. Gärtner, J. A. Ebert, F. W. Zachariä, K. A. Schmid. Braunschweig: Waisenhaus-Buchdr. u. Verl. 1962. (= Braunschweiger Werkstücke. Bd 26.)

Reichmann, Eberhard: Johann Andreas Cramer u. d. dt. Geschichtsprosa d. Aufklärg. In: Monatshefte (Madison) 54 (1962) S. 59–67.

Wyder, Hansuli: Gottlieb Wilhelm Rabener. Poetische Welt und Realität. Zürich, Phil. Diss. 1953.

Biergann, Armin: Gottlieb Wilhelm Rabeners Satiren. Köln, Phil. Diss. 1961.

Steinmetz, Horst: Die Komödie der Aufklärung. Stuttgart: Metzler 1966. (= Samml. Metzler.)

Wicke, Günter: Die Struktur des dt. Lustspiels der Aufklärung. Versuch einer Typologie. Bonn: Bouvier 1965. (= Abh. zur Kunst-, Musik- u. Lit.-Wiss. Bd 26.)

Friederici, Hans: Das dt. bürgerliche Lustspiel der Frühaufklärung ⟨1736–1750⟩. Unter bes. Berücks. s. Anschauungen von d. Gesellschaft. Halle: Niemeyer 1957.

Wetzel, Hans: Das empfindsame Lustspiel der Frühaufklärung ⟨1745–1750⟩. Zur Frage der Befreiung der dt. Komödie von der rationalist. u. franz. Tradition im 18. Jh. München, Phil. Diss. 1956. [Masch.]

Altenhein, Hans-Richard: Geld und Geldeswert im bürgerlichen Schauspiel des 18. Jhs. Köln, Phil. Diss. 1952. [Masch.] – Zsfassung in: Das werck der bucher. Festschr. f. Horst Kliemann. Freiburg: Rombach 1956. S. 201–213.

Daunicht, Richard: Die Entstehung des bürgerlichen Trauerspiels in Deutschland. 2., verb. Aufl. Berlin: de Gruyter (1965). (= Quellen u. Forsch. zur Sprach- u. Kulturgesch. d. germ. Völker. N. F. 8 ⟨132⟩.)

Schlegel, Johann Elias: Ausgewählte Werke. (Hrsg. von Werner Schubert.) Weimar: Arion Verl. 1963. (= Textausg. zur dt. Klassik. Bd 2.)

– : Vergleichung Shakespears und Andreas Gryphs. Faks.-Dr. Hrsg. m. Anh. u. Nachw. von Hugh Powell. Leicester: Univ. Pr. 1964.

– : Canut. Ein Trauerspiel. Im Anh.: J. E. Sch.: Gedanken zur Aufnahme des Dänischen Theaters. Hrsg. von Horst Steinmetz. Stuttgart: Reclam (1967). (= Univ.-Bibl. Nr 8766/67.)

Wilkinson, Elizabeth M.: Johann Elias Schlegel, a German pioneer in aesthetics. Oxford: Blackwell 1945.

May, Kurt: J. E. Schlegels „Canut" im Wettstreit d. geistesgeschichtl. u. formgeschichtl. Forschung. In: Trivium 7 (1949) S. 257–285.

Bayer, Fritz: Johann Elias Schlegels dramatisches Schaffen. Seine Bedeutg für d. dt. Dichtkunst d. 18. Jhs. Bonn, Phil. Diss. 1952. [Masch.]

Hofius, Margarete: Untersuchungen zur Komödie d. dt. Aufklärung. Mit bes. Berücks. Johann Elias Schlegels. Münster, Phil. Diss. 1954. [Masch.]

Salzbrunn, Joachim: Johann Elias Schlegel, seine Dramaturgie u. seine Bedeutg für d. Entwicklg d. dt. Theaters. Göttingen, Phil. Diss. 1957. [Masch.]

Schubert, Werner: Die Beziehungen Johann Elias Schlegels zur dt. Aufklärung ⟨in seinen früheren Dramen u. seiner poetischen Theorie⟩. Leipzig. Phil. Diss. 1959. [Masch.]

Wolf, Peter: Die Dramen Johann Elias Schlegels. Ein Beitr. zur Gesch. d. Dramas im 18. Jh. (Zürich:) Atlantis Verl. (1964). (= Zürcher Beitr. z. dt. Lit.- u. Geistesgesch. Nr 22.)

Steffen, Hans: Die Form des Lustspiels bei Johann Elias Schlegel. Ein Beitr. zur Lustspielform d. dt. Frühaufklärung. In: Germ.-Rom. Mschr. 42 (1961) S. 413–431.

Martini, Fritz: Johann Elias Schlegel „Die stumme Schönheit". Spiel u. Sprache im Lustspiel. In: Der Deutschunterricht (Stuttgart) 15 (1963) S. 7–32.

Schlegel, Johann Adolf: Fabeln und Erzählungen. Faks.-Dr. nach d. Ausg. von 1769. Mit e. Nachw. von Alfred Anger. Stuttgart: Metzler (1965). (Dt. Neudr. R. Texte d. 18. Jhs.)

Gellert, Christian Fürchtegott: Fabeln und Erzählungen. Hist.-krit. Ausg., bearb. von Siegfried Scheibe. Tübingen: Niemeyer 1966. (= Neudr. dt. Lit.werke. N. F. 17.)

– : Schriften zur Theorie und Geschichte der Fabel. Hist.-krit. Ausg., bearb. von Siegfried Scheibe. Tübingen: Niemeyer 1966. (= Neudr. dt. Lit.werke. N. F. 18.)

– : Sämtliche Fabeln u. Erzählungen. Geistliche Oden u. Lieder. (Vollst. Ausg. nach d. Text d. Ausg. l. Hd. Mit e. Nachw. von Herbert Klinkhardt.) München: Winkler (1965). (= Fundgrube. Nr 13.)

– : Fabeln und Erzählungen. Ausgew. von Friedhelm Kemp. (Wiesbaden:) Insel-Verl. 1959. (= Insel-Bücherei. Nr 679.)

– : Lustspiele. Faks.-Dr. nach der Ausg. von 1747. Mit e. Nachw. von Horst Steinmetz. Stuttgart: Metzler (1966). (Dt. Neudr. R. Texte d. 18. Jhs.)

– : Die zärtlichen Schwestern. Im Anh.: Chassirons u. Gellerts Abhandlungen über d. rührende Lustspiel. Hrsg. von Horst Steinmetz. Stuttgart: Reclam (1965). (= Univ.-Bibl. Nr 8973/74.)

– : Die Betschwester. Lustspiel in drei Aufzügen. Text u. Materialien zur Interpretation besorgt von Wolfgang Martens. Berlin: de Gruyter 1962. (= Komedia. 2.)

Merkel, Gottfried F.: Gellerts Stellung in d. dt. Sprachgesch. In: Beitr. Gesch. dt. Sprache u. Lit. (Halle) 82, Sonderbd (1961) S. 395–412.

Schlingmann, Carsten: Gellert. Eine literarhistorische Revision. Bad Homburg v.d.H.: Gehlen 1967. (= Frankfurter Beitr. zur Germanistik. Bd 3.)

Matthias, Walter: Kunst und Offenbarung. Ein Beitr. zur Gesch. d. Kirchenliedes d. Aufklärung. Dargest. an d. „Geistlichen Liedern und Oden" von Chr. F. Gellert. Göttingen, Phil. Diss. 1950. [Masch.]

Stamm, Israel S.: Gellert: religion and rationalism. In: Germ. Rev. 28 (1953) S. 195 bis 203.

Grotegut, Eugene K.: Gellert: wit or sentimentalist? In: Monatshefte (Madison) 54 (1962) S. 117–122.

Martens, Wolfgang: Lektüre bei Gellert. In: Festschr. f. Richard Alewyn. Köln, Graz: Böhlau 1967. S. 123–150.

Capt, Louis: Gellerts Lustspiele. Zürich, Phil. Diss. 1949.

Spaethling, Robert H.: Die Schranken der Vernunft in Gellerts „Leben der schwedischen Gräfin von G.". Ein Beitr. zur Geistesgesch. d. Aufklärung. In: Publ. Mod. Language Ass. 81 (1966) S. 224–235.

ZEITTAFEL

1516 Ariost, Orlando furioso
1537 Schaidenreisser übersetzt die Odyssee
1541 Macropedius, Lazarus mendicus
1542 Montemayor, Diana
1547 Trissino, Italia liberata dai Goti
1549 Joachim du Bellay, Défense et illustration de la langue française; du Bellay und Ronsard, Häupter der Plejade
1554 Henricus Stephanus, Anacreontea. Lazarillo von Tormes
1562 H. Rauscher, Hundert auserwählte große papistische Lügen
1563 Orlando di Lasso in München
1564 Jh. Spreng übersetzt Ovids Metamorphosen
1565 Nas, Erste Sammlung
1566 Luther, Tischreden
1567 Nas, Zweite Sammlung
1568 Jesuitenfestspiel Samson in München
1569 Gg. Rollenhagen, Abraham
1570 Jean de Baïf, Académie de poésie et de musique. Surius, Legenden. Nas, Abschluß der Zenturien. Fischart, Nachtrab, Barfüßer Sekten- und Kuttenstreit
1571 Gg. Lauther, Drei christliche Predigten. Puschmann, Gründlicher Bericht vom Meistergesang
1572 Schede, Psalm 1–50. Fischart, Eulenspiegel, Praktik
1573 Tasso, Aminta. Oelinger, Deutsche Grammatik. Albert, Deutsche Grammatik. Husanus, Imagines. Collegii Posthimolissaei votum. Lobwasser, Psalmen
1574 Gg. Agricola, Constantinus. Schede, Schediasmata
1575 Lope de Vegas erstes Drama. Fischart, Gargantoa, Flöhhaz
1576 Puschmann, Nachruf auf Hans Sachs. Regnart, Kurtzweilige teutsche Lieder. Fischart, Glückhafft Schiff. Gg. Rollenhagen, Tobias. Frischlin, Rebecca. Calaminus, Carmius
1577 Husanus, Elogiae
1578 Lyly, Euphues I. Clajus, Deutsche Grammatik. Frischlin, Susanna. Fischart, Ehezuchtbüchlein
1579 Frischlin, Hildegardis magna, Frau Wendelgard. Calaminus, Philomusus. Fischart, Bienenkorb
1580 Tasso, Jerusalemme liberata. Lyly, Euphues II. N. Chytraeus, Ludi litterarii. Puschmann, Comedia von den Patriarchen. Fischart, Jesuiterhütlein
1581 Bargagli, Giuochi. Jh. Sturms Rücktritt von der Leitung der Straßburger Akademie. Frischlin, Dido
1582 Accademia della Crusca. N. Chytraeus, Niederdt. Sprachschatz. Ringwaldt, Hans Fromman. Philipp d. J. von Winnenberg, Christliche Reuterlieder
1583 Jh. Engerdus, Deutsche Prosodie
1584 Frischlin, Quaestiones grammaticae, Venus, Julius redivivus. Erzherzog Ferdinand, Speculum vitae humanae. Gretser in Freiburg i. d. Schw. Stricker, Düdescher Schlömer. Rexius übersetzt die Ilias
1585 Nicolas de Montreux, Les Bergeries de Juliette

1586 Englische Komödianten in Dresden. Frischlin übersetzt Aristophanes

1587 Selnecker, Kirchenlieder. Volksbuch von Dr. Faust

1588 Mocerus, Historia passionis. Philipp d. J. von Winnenberg, Dte. Psalmen. Puschmann, Singebuch

1589 Frischlin, Helvetiogermani

um 1590 Guarini, Pastor fido. Sidney, Arcadia. Schallenbergs Gedichte. Ringwaldt, Speculum mundi. Gg. Rollenhagen, Lazarus

1591 Calaminus, Helis. N. Chytraeus, Äsop. Fabeln

1592 Englische Komödianten in Frankfurt a. M. Heinrich Julius, Susanne.

1593 Possevino, Dramat. Theorie. Kober, lat. Lob Breslaus. O. Gryphius, Leben Jesu. Ayrer in Nürnberg

1594 Pontanus, Tyrocinium poeticum, Poeticarum institutionum libri III. Calaminus, Rudolphottocarus

1595 Pontanus, Floridorum libri octo. Demantius, Neue dte. weltliche Lieder. N. Chytraeus, Abraham. Gg. Rollenhagen, Froschmeuseler. Borstel übersetzt Nicolas de Montreux

1596 H. L. Haßler, Neue teutsche Gesang. Mocerus, Psychomachia

1597 Moller, Meditationes Sanctorum Patrum. Taubmann, De bello angelico. Lalebuch

1598 Gretser, Udo. Schiltbürger

1599 Aleman, Guzman von Alfarache. Frischlin, Hebraeis

1600 Wichgref, Cornelius relegatus

1601 Hock, Blumenfeld. Albertinus, Hausspolicey

1602 Owen, Epigramme. Bidermann, Cenodoxus

1603 Gb. Rollenhagen, Paradoxa. D. Chytraeus, Verlorner Sohn. Grillenvertreiber

1604 Ottoneum in Kassel

1605 Cervantes, Don Quijote. Hooft, Granida. Hollonius, Somnium vitae humanae. Vetter, Rittersporn

1606 d'Urfé, Astrée. Gb. Rollenhagen, Juvenilia. M. Behemb, Kirchenlieder. Arndt, Vom wahren Christentum

1607 Andreae, Veritas religionis christianae. Bidermann, Belisar. Liebholdt, Mars sive Zedlicius. Spangenberg, Ganskönig

1608 Joh. Sommer, Ethographia mundi

1609 O. Gryphius, Wirtembergias. Vläm. Gesangbuch der Jesuiten. Heermann, Flores. Gb. Rollenhagen, Amantes, amentes. Joh. Sommer, Martinsgans

1610 Bloemhof. Guarinoni, Die Grewel der Verwüstung menschlichen Geschlechts. Lundorff, Wissbadisches Wisenbrünnlein. Spreng übersetzt die Ilias

1611 J. P. Crusius, Crösus. Brülow, Andromeda

1612 Vocabulario der Crusca. Böhme, Morgenröte im Aufgang. Andreae, Geistliche Gemälde. Arndt, Paradiesgärtlein

1613 Cervantes, Novelas ejemplares. Bidermann, Macarius. Brülow, Elias. Rinckart, Eisleb. christl. Ritter. A. von Dohna, Histor. Reimen

1614 Brülow, Chariklea

1615 Seidel, Prosodiae latinae compendium. Brülow, Nebukadnezar. Vetter, Paradiesvogel. Albertinus übersetzt Aleman

1616 Heinsius, Niederländische Gedichte. Shakespeare †. Schein Thomaskantor in Leipzig. Schwabe von der Heide, Gedichte und Metrik. Brülow, Caesar. Andreae, Chymische Hochzeit, Turbo. Heermann, Andächtige Kirchen-Seuftzer. Albertinus, Lucifers Königreich. Spreng übersetzt die Aeneis

1617 Fruchtbringende Gesellschaft. Opitz, Aristarchus. J. P. Crusius, Heliodor. Andreae, Menippus. Ulenhart übersetzt Lazarillo v. Tormes

1618 Beginn des 30jähr. Krieges. Weckherlin, Oden. Zincgref, Facetiae pennalium. M. Behemb, Schuldramen. Regensburger Fastnachtspiele. Sandrub, Deliciae. Albertinus, Hirnschleifer.

1619 Zincgref, Emblemata. Andreae, Turris Babel, Reipublicae Christianopolitanae descriptio. Böhme, Drei Prinzipien. Schoppe, Classicum belli sacri. Es werden übersetzt: d'Urfé, Astrée (Borstel), Montemayor, Diana (Hans Ludwig von Kuffstein), Guarini, Pastor fido (Eilger Mannlich).

1620 Seidel, Excidium Hierichuntis

1621 Barclay, Argenis. Brandmüller, Glückwunschgedichte. Brülow, Moyses

1622 Hübner übersetzt du Bartas

1623 Marino, Adone. Andreae, Adenlicher Zucht Ehrenspiegel

1624 Opitz, Buch von der deutschen Poeterey, Teutsche Poemata (hrsg. v. Zincgref). Rinckart, Monetarius seditiosus. von dem Werder übersetzt Tassos befreites Jerusalem

1625 Opitz, Acht Bücher Deutscher Poematum. Flayder, Imma portatrix

1626 Bacon †. Pindus poeticus. K. von Barth, Deutscher Phönix. Vogel, Ungrische Schlacht. Zincgref, Apophthegmata. Opitz übersetzt Argenis

1627 Gongora †. Tschech, Vom wahren Licht. Flayder, Moria rediviva. Opitz, Daphne

1628 Calderon wird Hofdichter. Opitz, Lob des Kriegsgottes. Andreae, Kirchengeschichte. A. Musculus, Hosenteufel Neuausgabe

1629 Opitz, Vielgut. v. Hirschberg übersetzt Sidneys Arcadia

1630 P. Lauremberg, Acerra philologica. Opitz, Schäfferey von der Nimfen Hercinie. Heermann, Devoti musica cordis, Excercitium pietatis. Liebeskampf

1631 Fleming, Deutsche Psalmen. Spee, Cautio criminalis

1632 Fleming, Rubella. von dem Werder übersetzt Ariost

1633 Marino, La strage degli innocenti. Quevedo ins Französ. übersetzt. Donatus, Ars poetica 2. Ausgabe. Opitz, Vesuvius

1634 Gryphius, Herodis furiae. P. Lauremberg, Pasicompse nova. Rist, Musa teutonica. 1. Passionsspiel in Oberammergau. Rist, Perseus

1635 Beginn der Expedition nach Persien. Gryphius, Dei vindicis impetus. Lund, Poemata iuvenilia. Rist, Capitan Spavento. Seraphischer Lustgart. Opitz, Judith. Dach-Albert, Cleomenes.

1636 Heermann, Sonntags- und Festevangelia. Khuen, Epithalamium. Czepko, Pierie. J. M. Mayfart über Hexen. Opitz übersetzt Antigone

1637 Gaffarel, frz. Gesprächspiele. A. v. Franckenberg, Vita veterum sapientium. Bisselius, Icaria. Opitz, Psalter. Balde, Jephtias. Rist, Wallenstein

1638 Opitz in Königsberg. Czepko, Das inwendige Himmelreich. Kölner Jesuitenpsalter. Logau, 200 Reimensprüche. Homburg, Schimpf- und Ernsthaffte Clio. Buchner, Orpheus

1639 Bytner, Metrik. Buchholtz übersetzt Horaz. Opitz Hrsg. des Annoliedes

1640	Balde, Opera poetica. Gryphius, Sonn- und Feiertagssonette. Moscherosch, Gesichte I. Schottel, Totenklage der hinsterbenden Germania. Rist, Kriegs- und Friedensspiegel. Scherffer übersetzt Dedekind

1641	Schottel, Teutsche Sprachkunst. Harsdörffer, Frauenzimmer-Ge- sprächspiele. Zeiller, Bildungsbriefe. Franckenberg, Sendschreiben. Rist, Himmlische Lieder. Scultetus, Friedens Lob- und Leidgesang. Tscherning übersetzt Ali

1642	Titz, Poetik. Finckelthaus, 30 teutsche Gesänge. Voigtländer, Erste Lieder- sammlung. A. Scultetus, Österliche Triumphposaune. Schorer, Kalender

1643	Moscherosch, Gesichte II. Insomnis cura parentum. Czepko, Consolatio. Gry- phius, Epigramme. Girbertus, Fortunatus. Harsdörffer, Japeta. Titz übersetzt Owen

1644	Harsdörffer/Klaj, Pegnesisches Schäfergedicht. Schill, Ehrenkranz deutscher Sprache. Schorer, Sprachverderber. Wasserhun, Kauff-Fenster. Greflinger, Seladons beständige Liebe. Dach-Albert, Sorbuisa. von dem Werder übersetzt Loredanos Diana

1645	Schottel, Teutsche Vers- und Reimkunst. Finckelthaus, Lustige Lieder. Gref- linger, Epigramme. Zesen, Adriatische Rosemund. Jh. Talitz von Liechtensee, Kurtzweyliger Reissgespan

1646	Gryphius, Leo Armenius

1647	Harsdörffer, Poetischer Trichter. Czepko, Sexcenta Monodisticha Sapientium. Jh. Crüger, Pax pietatis melica. Gryphius, Catharina von Georgien (vermutl. später), Peter Squentz, Horribilicribrifax (beide 1647 oder später). Mitternacht, Schulkomödie. Rist, Friedewünschendes Teutschland. Zesen übersetzt de Ger- zan, Sophonisbe

1648	Westfälischer Friede. Simler, Teutsche Gedichte 1. Ausg. Schorer, Astrologischer Post-Reuter

1649	Gryphius, Cardenio und Celinde (1649 oder früher), Carolus Stuardus. Spee, Tugendbuch, Trutznachtigall. Andreae, Theophilus

1650	Rulmann, Kling-Gedichte. A. O. Hoyers, Geistl. und weltl. Poemata. S. Schwarz, Deutsche poetische Gedichte. Nürnberger Friedensspiel. Casper, Ibrahim Bassa. Greflinger übersetzt Corneilles Cid.

1651	Descartes †. Zesen, Rosemând. Franckenberg, Bericht über das Leben Jakob Böhmes. Rist, Sabbatische Seelenlust. Abele, Seltsame Gerichtshändel

1652	H. Lauremberg, Scherzgedichte. Hofmann übersetzt Guarinis Pastor fido, Schoch Ovids Metamorphosen

1653	Rist, Friedejauchzendes Teutschland. Albini, Qual der Verdammten. Loeber übersetzt Owen

1654	Schwieger, Gedichte. Logau, Sinngedichte. Olearius, Persianisches Rosenthal

1655	Journal des Savants. Harsdörffer, Ars apophthegmatica

1656	Gryphius, Kirchhofsgedanken. Casper, Cleopatra. Staudacher, Redverfas- sungen. de Memel, Lustige Gesellschaft. Stubenberg übersetzt Biondis Ero- mena

1657	Barzaeus, Heroum Helvetiorum epistolae. Czepko, Das hl. Dreieck. A. Sile- sius, Geistl. Sinn- und Schlußreime, Heilige Seelenlust. Gref- linger, Chronik des 30jähr. Krieges. Schirmer, Rosen Gepüsche. Stubenberg übersetzt Pallavicinis Simson

1658	Veiras, Heutelia

1659 Schwieger, Verlachte Venus. Rachel, Satiren. Avancini, Pietas victrix. Gryphius, Papinian. Buchholtz, Herkules

1660 Elbschwanorden. Beckh, Geistliches Echo. Nakatenus, Himmlischer Palmgarten. Stieler, Geharnschte Venus. Schoch, Lust- und Blumengarten. Schwieger, Verführte Cynthie. Schupp, Corinna. Gryphius, Gespenst und Dornrose. Helwig übersetzt Boetius

1661 Sacer, Poeterey. Hohberg, Unvergnügte Proserpina

1662 Greiffenberg, Geistliche Sonnette. Johannsen, Christkindlein

1663 Schottel, Hauptsprache. Rist, Monatsgespräche. Johnson, Damon und Lisille. Gorgias, Duldende Jungfer. Schirmer, Rauten-Gepüsche

1664 Rist, Passionsandachten. Hohberg, Habsburgischer Ottobert

1665 Casper, Agrippina, Epicharis. Schulkomödie in Heidelberg. Buchholtz, Herculiscus

1666 Neumark, Poetischer und historischer Lustgarten. M. von Cochem, Kinderlehrbüchlein. Butschky, Reden und Gemüts-Übungen, Senecaübersetzung. Casper, Sophonisbe. Hallmann, Theodoricus. Beckh, Theagenes und Chariklea, Schauplatz des Gewissens. Gorgias, Gestürzter Ehrenpreis

1667 Kaiser Leopold I. Erste Ehe. Anton Ulrich, Kirchenlieder. Beckh, Florabella. Grimmelshausen, Satir. Pilgram. Knorr und Helmont übersetzen Boetius

1668 Nevill, The Isle of Pines. Leyer-Matz. Weise, Der grünenden Jugend überflüssige Gedanken

1669 Clodius, Hymni. Hallmann, Mariamne, Antiochus. Grimmelshausen, Simplicissimus. Anton Ulrich, Aramena. Beckh, Polinte. Abele, Vivat

1670 Collegia pietatis in Frankfurt a. M. Kuhlmann, Entsprossene deutsche Psalmen. Zesen, Assenat. Grimmelshausen, Simplicissimus 6. Buch, Landstörzerin, Springinsfeld, Joseph, Kalender, Gaukeltasche, Ratio status, Dietwald und Amelinde. Schaubühne englischer Komödianten

1671 Kuhlmann, Himmlische Liebesküsse. Beckh, Eitelkeit. Rettenpacher, Professor und pater comicus in Salzburg. Hallmann, Sophia. Grimmelshausen, Teutscher Michel. Weise, Hauptverderber. Prokop, Predigtsammlung

1672 Hallmann, Schlesische Adlersflügel. Grimmelshausen, Vogelnest, Ratsstübel, Verkehrte Welt, Stolzer Melcher, Proximus und Limpida. Weise, Erznarren. Hessel, Sancta amatoria

1673 Kaiser Leopold I. Zweite Ehe. Abraham, Festpredigt. Schottel, Horrendum bellum grammaticale. Sacer, Reim' dich. Kuhlmann, Geschichtherold. Casper, Ibrahim Sultan. Hallmann, Sterbende Unschuld. Grimmelshausen, Galgenmännlein

1674 Gorgias, Frontalbo

1675 A. Silesius, Cherubinischer Wandersmann. Spener, Pia desideria. Hohberg, Psalmen. Beer, Zwischenspiel zum Mauritius imperator. Weise, Drei klügste Leute

1677 Morhof, Lat. Lyrik. Rettenpacher, Annales Cremifanenses. Scheffler, Eccelesiologica. Knorr, Kabbala denudata, Coniugium Phoebi et Palladis. Beer, Welt-Kucker

1678 Weise in Zittau, Politischer Näscher. Grob, Versuchsgab. Rettenpacher, Ludicra et satyrica

1679 Hobbes †. Pest in Wien. Abraham, Merck's Wien! Gracian, Politico. Hofmann, Gedichte. Zesen, Simson. Weise, Bäuerl. Macchiavell. Beer, Pokazi. Riemer, Hofparnassus, politischer Maulaffe, politische Colica

1680 Stechow, Psalmen. v. Stöcken, Holsteinisches Gesangbuch. Neander, A und Ω. Weise, Zweifache Poetenzunft. Abraham, St. Georgspredigt

1681 Acta eruditorum. Martin v. Cochem, Das große Leben Jesu. Riemer, polit. Stockfisch, Schatzmeister

1682 Morhof, Unterricht. Laurentius v. Schnüffis, Mirantisches Flötlein. Hohberg, Georgica curiosa. Rettenpacher, Herzog Welff. Beger, Aeneas Pius. Weise, Tobias. Beer, Winter-Nächte. Riemer, Politischer Grillenfänger, Ertz-Verläumder. von Berge übersetzt Milton

1683 Belagerung Wiens durch die Türken. Abraham, Auf, auf ihr Christen! Beer, Sommer-Täge

1684 Kuhlmann, Kühlpsalter. Knorr, Vermählung Christi mit der Seelen. Martin v. Cochem, Messe. Abraham, Reimb dich. Rettenpacher, Dramata selecta. Haugwitz, Soliman

1685 Männling, Europäischer Parnassus. Weise, Schlafender Bauer. Anton Ulrich, Octavia. Bohse, Liebescabinet der Damen

1686 Mühlpfort, Gedichte. Abraham, Judas, der Erzschelm

1687 Beger, Aeneas exul

1688 Morhof, Polyhistor. Thomasius, Freimütige Gedanken. Stieler, Wolredner. Grob, Aufwecker. Postels Opern in Hamburg

1689 Thomasius, Vorlesung über die Nachahmung der Franzosen. Casper, Arminius

1690 Stockfleth, Reformgesangbuch. Magdalene Sibylle v. Württemberg, Andachtsbuch. Printz, Sing- und Klingkunst. Cotala

1691 Printz, Pancalus, Battalus.

1692 Männling, Leichenreden

1693 Happel, Sächs. Wittekind

1694 Martin v. Cochem, Kirchische Historien. Weise, Kurzer Bericht vom politischen Näscher

1695 Neukirchs Sammlung beginnt zu erscheinen. Briefsteller. Reuter, Ehrliche Frau

1696 Reuter, Ehrliche Frau Krankheit und Tod, Schelmuffsky. Martin v. Cochem, History- und Exempelbuch

1697 Reuter, Gedächtnis-Sermon. Wagenseil, Meistersinger. Weise, Epigramme

1698 G. Heidegger, Mythoscopia romantica. Chr. Gryphius, Poetische Wälder. Ziegler, Asiatische Banise. Schade, Bedenck's Berlin!

1699 Fénélon, Télémaque. Schles. Helicon beginnt zu erscheinen. Arnold, Kirchen- und Ketzerhistorie

1700 Männling, Geistliche Lieder. Grob, Spazierwäldlein. Postel, Listige Juno. Kuhnau, Musikalischer Quacksalber. Hunold, Verliebte und galante Welt. Reuter, Graf Ehrenfried

1701 Beer, Bellum musicum. Zeidler, Priesterteufel, Schulmeisterteufel. Wernicke, Hans Sachs

1702 Peucker, Wohlklingende lustige Paucke

1704 Locke †. Männling, Europäischer Helikon. Arnold, Episteln. Abraham, Gemischgemasch. Assmann, Poetische Übersetzungen

Dichterkreis (Lange-Pyra). Haller geht nach Göttingen. Frau Gottsched, Pietisterey. J. E. Schlegel, Hekuba

1737 Pyra, Tempel der wahren Dichtkunst. Verbannung des Hanswurst von der Leipziger Bühne. Bodmer gibt die Gedichte von Canitz heraus

1738 Schnabel, Der im Irrgarten der Liebe herumtaumelnde Cavalier

1739 Zinzendorf fährt nach Amerika. J. E. Schlegel, Geschwister in Taurien, übersetzt Elektra

1740 Richardson, Pamela. Bodmer, Vom Wunderbaren. Breitinger, Crit. Dichtkunst, Gleichnisse. Zweiter Hallenser Dichterkreis (Anakreontiker). Neuberin geht nach Rußland. J. E. Schlegel, Hermann

1741 Bodmer, Gemählde. Schwabe, Belustigungen. Spreng, Hochdeutsche Psalmen. Dichterkrieg. Pyra, Bibliotartarus. Gottsched gibt Bayles Dictionnaire heraus. v. Borck übersetzt Shakespeares Julius Caesar. J. E. Schlegel, Vergleich Shakespeare – Gryphius, Geschäftiger Müßiggänger

1742 Bentley †. Gottsched, Critische Dichtkunst 2. Aufl., Deutsche Schaubühne. Bodmer, Komplott, übersetzt Milton in Versen. Rost, Vorspiel, Schäfererzählungen. Hagedorn, Neue Oden und Lieder. J. E. Schlegel, Von der Nachahmung, Trojanerinnen

1743 Spreng gibt Drollingers Gedichte heraus

1744 Vico †. Bremer Beiträge. Gärtner, Geprüfte Treue. Gleim, Scherzhafte Lieder. Zachariä, Renomist

1745 Gottsched, Neuer Büchersaal. Tintenfäßl. Pyra-Lange, Freundschaftliche Lieder. Gellert, Betschwester. Brockes übersetzt Thomsons Jahreszeiten

1746 Batteux, Von der Nachahmung. Gellert, Fabeln 1. Teil, Los in der Lotterie. J. E. Schlegel, Canut, Triumph der guten Frauen. Uz und Götz übersetzen Anakreon

1747 J. E. Schlegel, Dänisches Theater, Stumme Schönheit. Gellert, Zärtliche Schwestern, Schwedische Gräfin

1748 Gottsched, Deutsche Sprachkunst. G. F. Meier, Schöne Wissenschaften und Künste. Gellert, Fabeln 2. Teil. Klopstock, Messias 1.–3. Gesang. Bodmer, Altschwäbische Poesie

1749 Uz, Lyrische Gedichte

1750 Baumgarten, Aesthetica. Klopstock in Zürich

1751 Gottsched, Critische Dichtkunst 3. Aufl., Das Neueste aus der anmutigen Gelehrsamkeit. Neumayer, Idea poeseos. Gellert, Briefe. Rabener, Prosaaufsätze. J. A. Schlegel übersetzt Batteux

1752 Gottsched, De temporibus teutonicorum vatum mythicis. Stresow, Biblisches Vergnügen in Gott. Schönaich, Hermann. Bodmer, Noah, Rache der Schwester. Lange übersetzt Horaz

1753 Gottsched, Kern der deutschen Sprachkunst

1754 Chr. Wolff †. Zachariä, Schnupftuch, Phaeton. Fidelinus, Englische Banise. Lessing, Vademecum für Herrn Pastor Lange

1755 Cramer, Psalmen

1756 Schönaich, Ästhetik in einer Nuß

1757 Gellert, Geistliche Oden. Schönaich, Heinrich der Vogler. Zachariä, Murner
      in der Hölle. Bodmer, Fabeln aus den Zeiten der Minnesinger. Gottsched,
      Nötiger Vorrat
1758 Gleim, Grenadierlieder
1765 Bodmer, Noachide
1766 J. A. Schlegel, Lehrgedichte und geistliche Oden. Gleim, Lieder nach dem
      Anakreon
1769 J. A. Schlegel, Fabeln und Erzählungen. Gleim, Oden nach dem Horaz
1771 Bodmer, Karl von Burgund. Haller, Usong
1773 Gleim, Gedichte nach den Minnesängern. Haller, Alfred. Uz, Junkheim, Hirsch
      übersetzen Horaz
1774 Haller, Fabius und Cato
1775 Bodmer, Tell

PERSONENVERZEICHNIS

SACHVERZEICHNIS

ORTSVERZEICHNIS